U0922573

南宁市中心城区街道图

武鸣区
西乡塘区
江南区
马定水库
龙门水库
天雹水库
屯里水库
鸡村洞水库
老虎岭水库
龙潭水库
罗村水库
那寻水库
关门垌水库
鹤鸣岭水库
金沙湖水库
三塘镇
安吉互通
安吉东收费站
安吉收费站
高峰收费站
石埠收费站
沙井收费站
南宁收费站
五象西收费站
邕江
良凤江国家森林公园
五象岭森林公园
南湖公园
人民公园
南宁市动物园
江南公园
相思湖公园
明月湖公园
狮山公园
南宁绕城高速
南百高速
兰海高速
机场高速
机场第二高速
那安快速路
云桂铁路
南防铁路
G210
罗文大道
大学东路
大学西路
江北大道
北大路
民族大道
友爱北路
秀厢大道
科园大道
白沙大道
五一路
星光大道
沙井大道
亭洪路
国凯大道
清川大桥
邕宁大桥
葫芦鼎大桥
白沙大桥
英华大桥
凌铁大桥
良凤江大桥
自治区政府
自治区人大
良庆区政府
江南区政府
西乡塘区政府
美丽南方
至隆安
至吴圩
至吴圩机场

外环高速
兴宁区
青秀区
邕宁区
良庆区
中国—东盟国际商务区
南宁环城高速
南宁东收费站
五塘收费站
八鲤收费站
南宁港收费站
新江收费站
南宁南收费站
南宁火车东站
南宁国际园博园
青秀山风景区
柳南铁路
南广铁路
湘桂铁路
邕江
那安快速路
至宾阳
至横县
G322
G324
五塘镇政府
三塘镇政府
青秀区政府
邕宁区政府
良庆镇政府
自治区政协
市人大
图例
区党委、人大、政府、政协、纪委
市委、人大、政府、政协、纪委
城区政府
乡镇政府
学校
医院
酒店大厦
火车站
企事业单位
汽车站
河流
商场超市
桥
城区界线
国道
高速路
快速路
(虚线为在建)
现状路
规划路
高速铁路
隧道
普通铁路
地铁1号线(虚线规划或在建)
地铁2号线(虚线规划或在建)
地铁3号线(虚线规划或在建)
地铁4号线(虚线规划或在建)
地铁5号线(虚线规划或在建)
BRT快速公交(虚线规划或在建)
绿化线
比例尺 1：110000
本图界线不作权属划界依据；本图现势资料截止为2020年。 审图号：桂S(2021)01-23号
南宁市勘察测绘地理信息院有限公司 编制

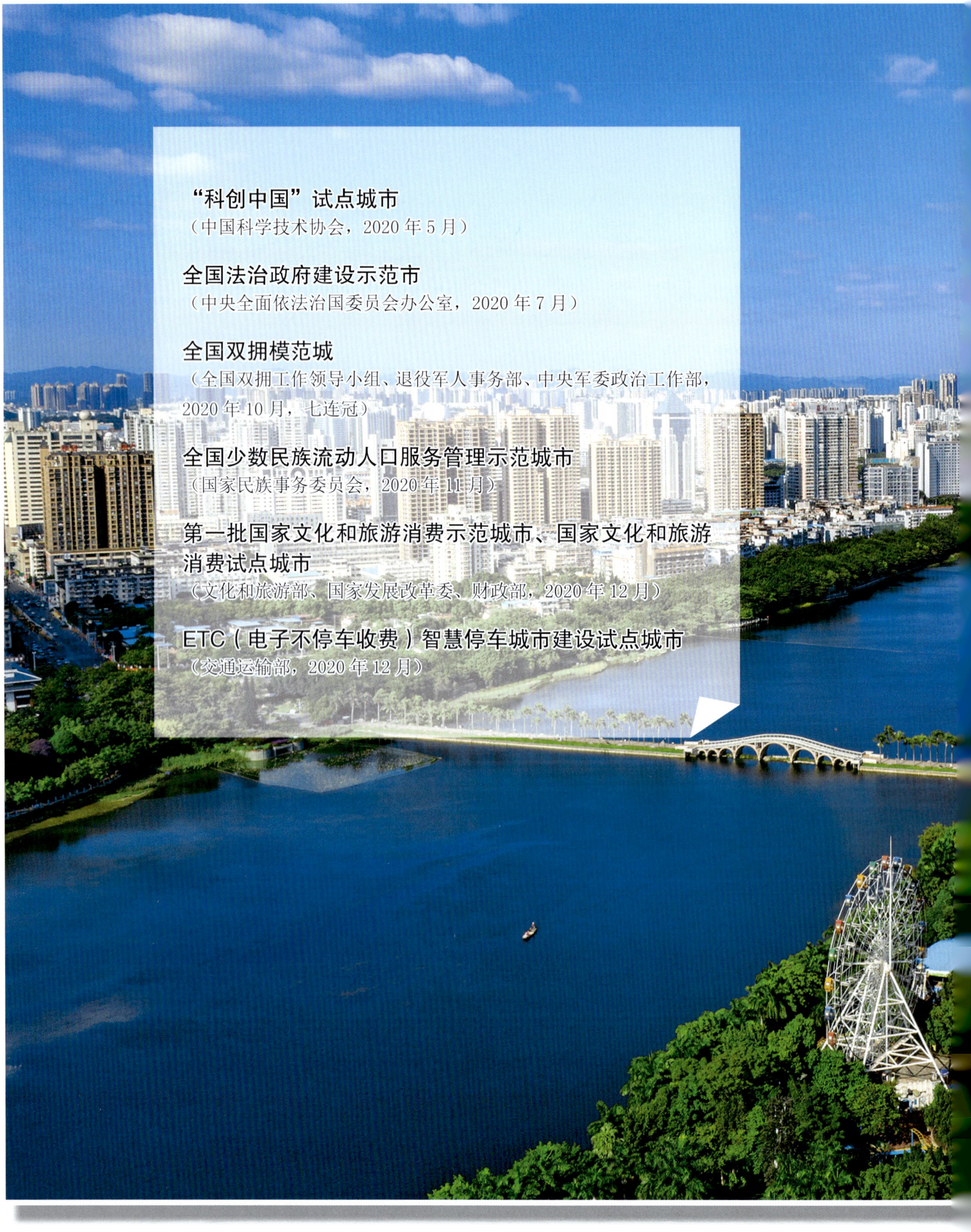

“科创中国”试点城市
（中国科学技术协会，2020 年 5 月）

全国法治政府建设示范市
（中央全面依法治国委员会办公室，2020 年 7 月）

全国双拥模范城
（全国双拥工作领导小组、退役军人事务部、中央军委政治工作部，2020 年 10 月，七连冠）

全国少数民族流动人口服务管理示范城市
（国家民族事务委员会，2020 年 11 月）

第一批国家文化和旅游消费示范城市、国家文化和旅游消费试点城市
（文化和旅游部、国家发展改革委、财政部，2020 年 12 月）

ETC（电子不停车收费）智慧停车城市建设试点城市
（交通运输部，2020 年 12 月）

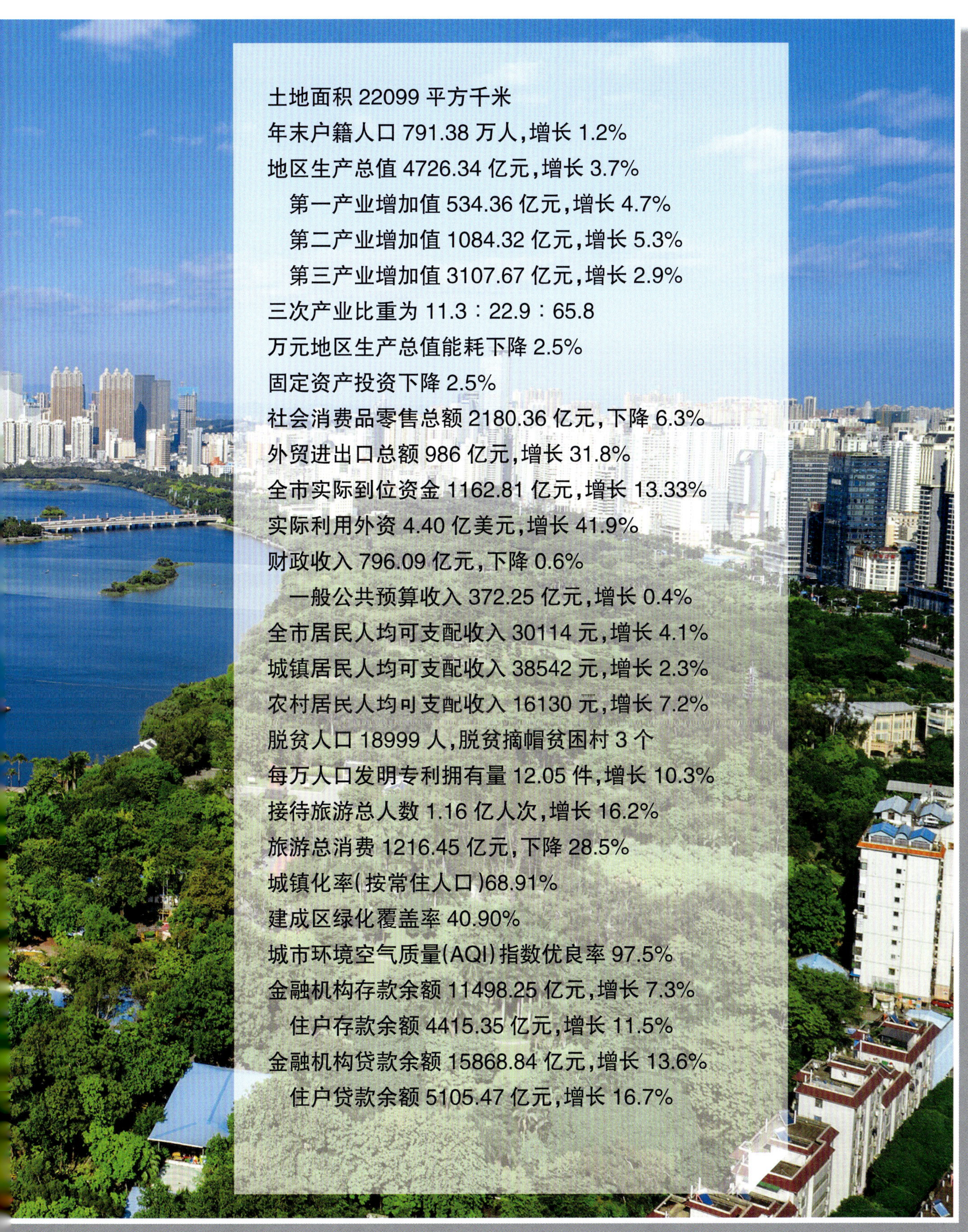

土地面积 22099 平方千米
年末户籍人口 791.38 万人，增长 1.2%
地区生产总值 4726.34 亿元，增长 3.7%
　第一产业增加值 534.36 亿元，增长 4.7%
　第二产业增加值 1084.32 亿元，增长 5.3%
　第三产业增加值 3107.67 亿元，增长 2.9%
三次产业比重为 11.3：22.9：65.8
万元地区生产总值能耗下降 2.5%
固定资产投资下降 2.5%
社会消费品零售总额 2180.36 亿元，下降 6.3%
外贸进出口总额 986 亿元，增长 31.8%
全市实际到位资金 1162.81 亿元，增长 13.33%
实际利用外资 4.40 亿美元，增长 41.9%
财政收入 796.09 亿元，下降 0.6%
　一般公共预算收入 372.25 亿元，增长 0.4%
全市居民人均可支配收入 30114 元，增长 4.1%
城镇居民人均可支配收入 38542 元，增长 2.3%
农村居民人均可支配收入 16130 元，增长 7.2%
脱贫人口 18999 人，脱贫摘帽贫困村 3 个
每万人口发明专利拥有量 12.05 件，增长 10.3%
接待旅游总人数 1.16 亿人次，增长 16.2%
旅游总消费 1216.45 亿元，下降 28.5%
城镇化率（按常住人口）68.91%
建成区绿化覆盖率 40.90%
城市环境空气质量（AQI）指数优良率 97.5%
金融机构存款余额 11498.25 亿元，增长 7.3%
　住户存款余额 4415.35 亿元，增长 11.5%
金融机构贷款余额 15868.84 亿元，增长 13.6%
　住户贷款余额 5105.47 亿元，增长 16.7%

2016 年至 2020 年，南宁市综合实力不断增强，地区生产总值、财政收入、固定资产投资等主要经济指标总量稳居自治区首位，地区生产总值、居民人均可支配收入比 2010 年翻一番目标提前 1 年实现，经济首位度稳步提升。民生福祉不断增强，全市新建中小学幼儿园 236 所，新增中小学幼儿园学位 22.75 万个；城镇新增就业人数 36.75 万人；基本医疗保险覆盖率 100%，基本养老保险参保率 90.3%，建成保障性住房 7.4 万套。南宁市进入全国经济 50 强城市行列，入选第一批全国法治政府建设示范市。

提前实现两个翻一番

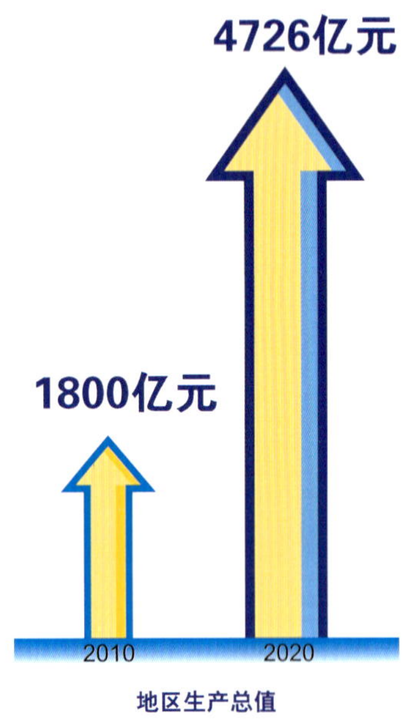

地区生产总值

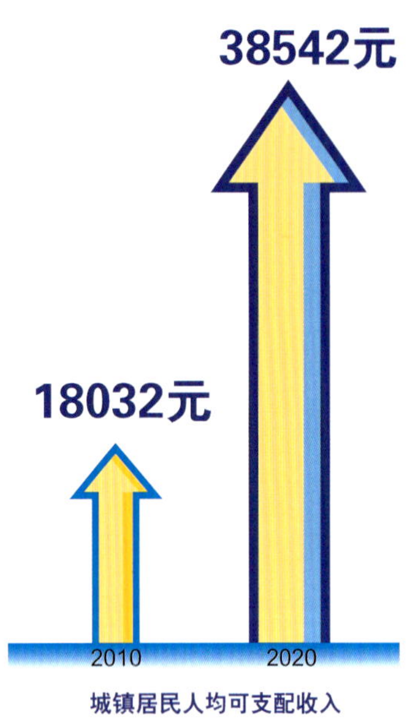

城镇居民人均可支配收入

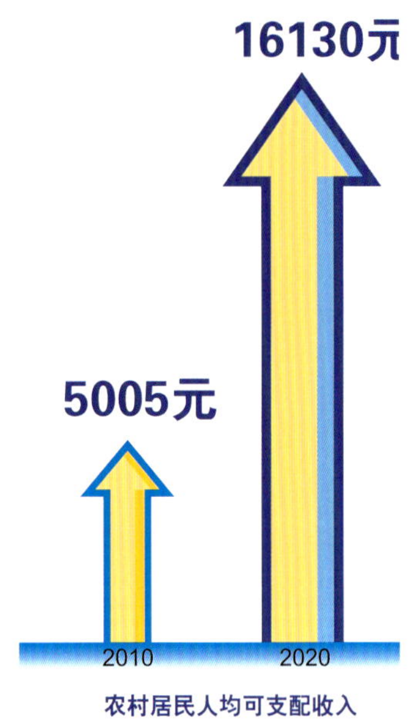

农村居民人均可支配收入

经济首位度稳步提升

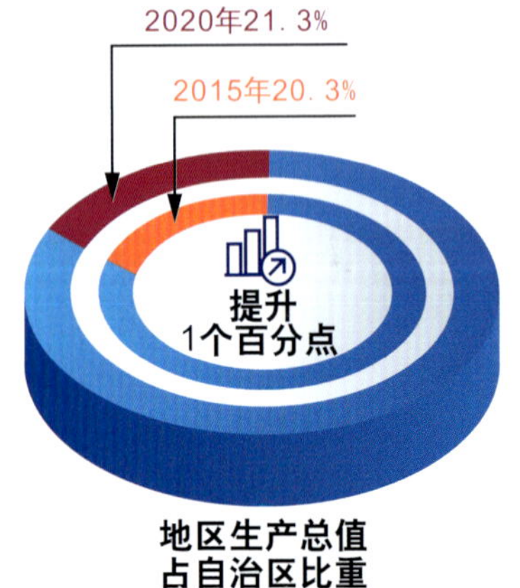

地区生产总值
占自治区比重

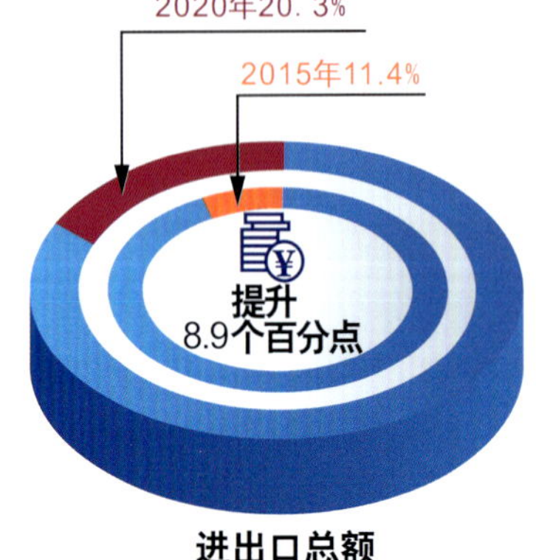

进出口总额
占自治区比重

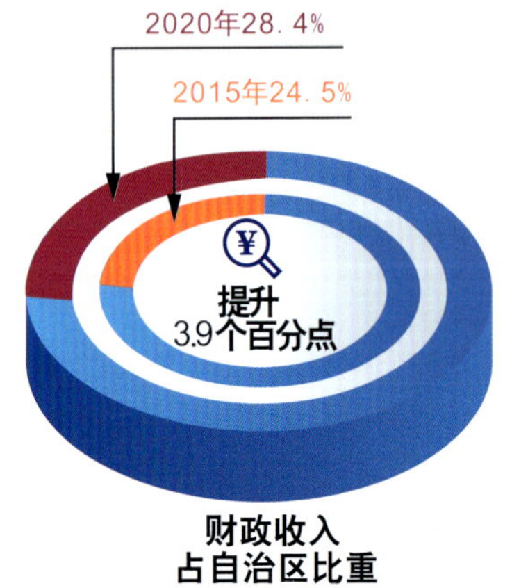

财政收入
占自治区比重

2021 年 1 月 1 日清晨，南宁迎来新年第一缕阳光　　彭寰　摄

2020 年，南宁市环境空气质量优良率 97.5%，比 2015 年提高 6.5 个百分点。图为蓝天白云下的南宁　　黄维业　摄

2016 年至 2020 年，南宁市强化创新引领，产业转型全面升级。2020 年，电子信息、先进装备制造、生物医药三大重点产业规模以上产值占全市比重 38.8%，全市规模以上工业企业突破 1000 家，亿元企业超 390 家。服务业增加值 3107.7 亿元，是 2015 年的 1.8 倍，占 GDP 比重 65.6%；金融业增加值年均增长 7.5%，电子商务重点企业交易额是 2015 年的 2.2 倍，新增国家 AAA 级以上旅游景区 49 家，年旅游消费金额突破 1700 亿元。

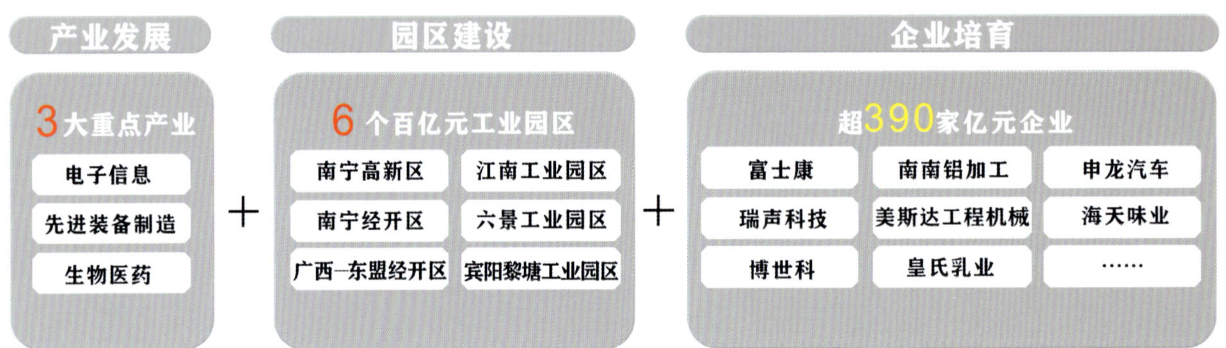

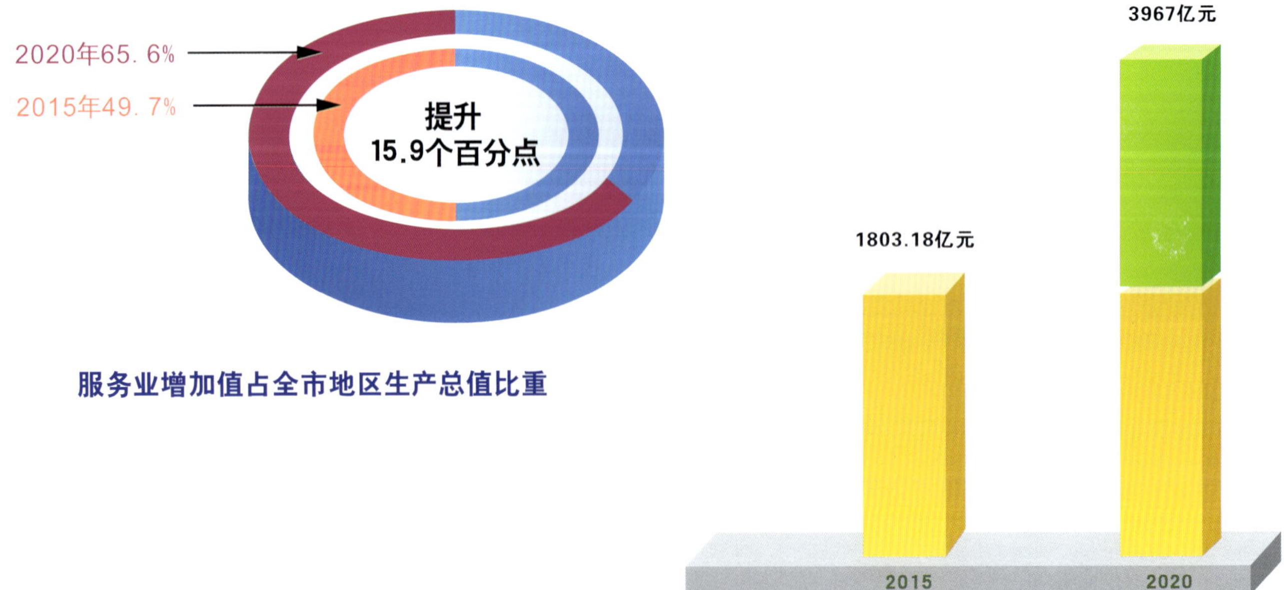

服务业增加值占全市地区生产总值比重

电子商务重点企业交易额增长

2016年6月28日，南宁地铁1号线东段开通试运营，标志着南宁地铁实现“南宁造”，成为南宁市现代工业发展的里程碑。至2020年，开通运营地铁线路4条，实现“四线齐发、八方通达”新格局。图为2020年6月9日地铁4号线五象车辆段以“八桂黄”为线路色的列车进行线上调试

叶子榕　摄

2016年至2020年，南宁市以科技创新驱动经济高质量发展。图为2019年9月10日中国—东盟新型智慧城市协同创新中心展示入驻的国内及东盟企业、科研院所

叶子榕　摄

2021年1月，南宁市入选第一批国家文化和旅游消费试点城市。图为2018年8月8日“十三五”文旅重大项目方特·东盟神画开园

陈卓凡　摄

2016 年至 2020 年，南宁市突出协调优化，统筹城乡发展。推动县域经济向高质量发展，推进现代特色农业示范区建设，主要农作物耕种收综合机械化率 70.64%，新增自治区级现代特色农业核心示范区 34 个，建成全国最大的茉莉花、火龙果、沃柑产区，“三品一标”产品 192 个，“横县茉莉花茶”入选首批中欧地理标志协定保护名录，沃柑成为首个以自主品牌出口的本地水果。“美丽南宁”乡村建设活动圆满收官，全市乡镇和建制村道路畅通率、建制村通客车率均 100%，实现有线电视、网络宽带“村村通”，农村集中供水率 95.97%；累计建成农村垃圾乡镇片区处理中心 36 个、集中式农村生活污水处理设施 736 套、市级乡村振兴（生态综合）示范村 40 个。

2019 年 5 月 20 日，联合国老龄所积极老龄化专家委员会授予上林县“世界长寿之乡”称号。图为上林县大龙湖风光

黄云清　摄

2020 年“美丽南宁”乡村建设活动圆满收官。图为 10 月 30 日良庆区那马镇坛板坡村容村貌

良庆区委宣传部提供

2017 年 12 月 7 日，隆安县那之乡火龙果产业（核心）示范区金福片区里万盏 LED 灯助果苗生长

隆安县志办提供

2020 年 7 月 20 日，横县茉莉花茶入选首批中欧地理标志协定保护名录；12 月，横县国家外贸转型升级基地（茉莉花产业）获商务部认定。图为横县茉莉花国家现代农业产业园　　黄汝德　摄

2020 年 12 月 1 日，武鸣沃柑特色农产品优势区获中国特色农产品优势区认定。图为武鸣区嘉沃沃柑合作社工人在包装沃柑　梁枫　摄

2016 年至 2020 年，南宁市坚持绿色发展，“中国绿城”品质不断提升。“百里秀美邕江”全面展现，空气质量综合指数稳居全国省会城市前列，“南宁蓝”成为常态，38 段城市建成区黑臭水体全面消除，那考河生态综合整治项目获“中国人居环境奖”范例奖。全市森林覆盖率、建成区绿地覆盖率分别为 48.8%、40.9%，成功举办第十二届中国（南宁）国际园林博览会，获全国首批“国家生态园林城市”，连续 3 年蝉联全国“美丽山水城市”。

2016 年至 2020 年，南宁市举全市之力开展水环境综合治理。图为 2020 年 12 月 24 日那考河流域湿地景观　黄维业　摄

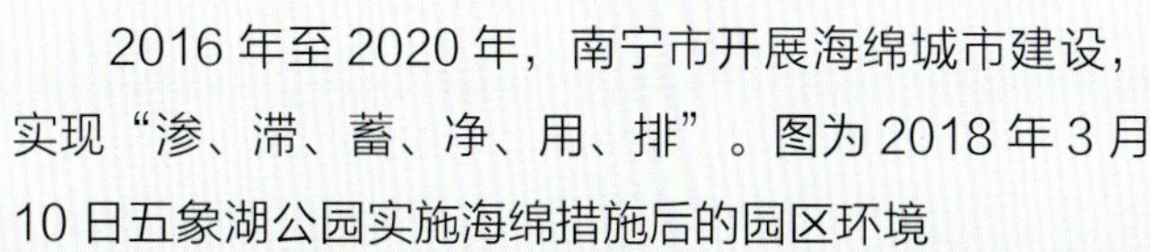

2016 年至 2020 年，南宁市开展海绵城市建设，实现“渗、滞、蓄、净、用、排”。图为 2018 年 3 月 10 日五象湖公园实施海绵措施后的园区环境

赖有光　摄

2018 年 11 月 26 日，贯通五象新区公共交通主动脉的南宁快速公交 BRT2 号线正式开通运营

黄维业　摄

2018 年 12 月至 2019 年 5 月，第十二届中国（南宁）国际园林博览会在南宁举行。图为广西首个本土罗汉松专类园——南宁园博园罗汉松园　宋延康　摄

2020 年，百里秀美邕江　黄维业　摄

2016年至2020年，"南宁渠道"影响力不断提升。2020年，外贸进出口总额986亿元，是2015年的2.7倍；吴圩国际机场实现全国省会城市航线全覆盖、东盟10国首都全通航。南宁市深化改革开放，加速释放市场活力，在全国首创公共资产负债管理智能云平台，营商环境进一步优化，推行"一枚公章管审批""拿地即开工""互联网+不动产登记""智慧人社"等经验做法获国家部委充分肯定，"容缺后补""一事通办""一证准营"等改革事项得到群众认可。2020年，全市有市场主体77.7万户，比2015年增长46.7%。

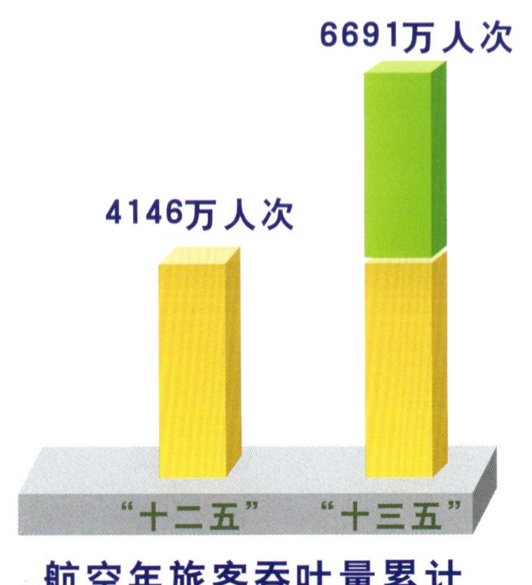

航空年旅客吞吐量累计

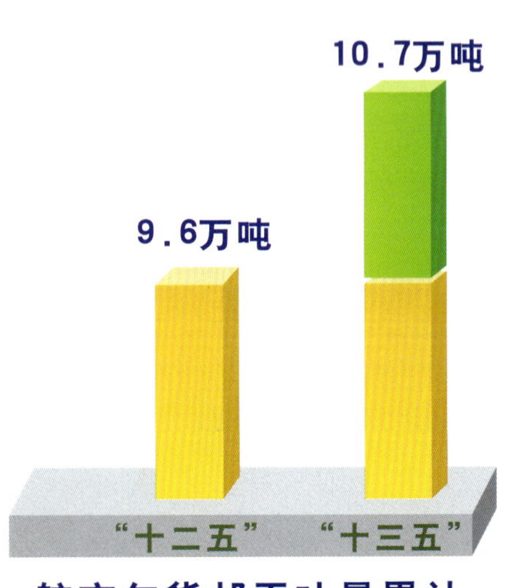

航空年货邮吞吐量累计

2017 年 8 月 29 日，南宁市“一枚公章管审批”工作正式启动，27 个市直部门的 49 枚审批专用章放入回收柜，并贴上封条，“南宁市行政审批局审批专用章”同时启用，分散在 27 个市直部门的 184 项行政许可事项全部划转市行政审批局　　肖瑛　摄

2018 年 9 月 17 日，市民吴先生在南宁市民中心领到南宁市首本不动产电子证照。为南宁市深入推进“互联网 + 不动产登记”改革后，在全国率先颁发的不动产电子证照　　韦静　摄

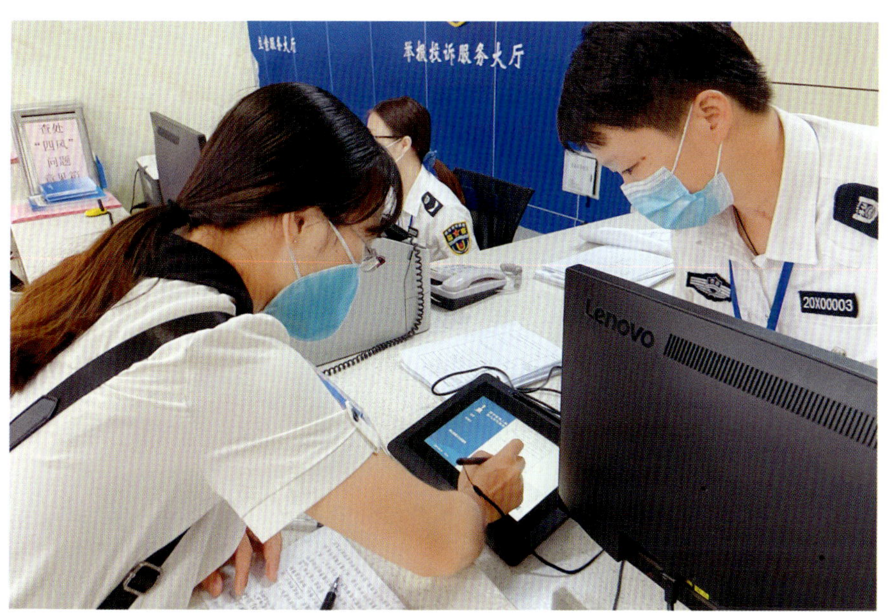

2020 年 8 月 17 日，南宁市在全国首创推出劳动维权“打包快办”服务。图为 8 月 19 日，群众在南宁市劳动保障监察支队办理劳动维权“打包快办”　　市人社局提供

2016年至2020年，南宁市坚持以人民为中心，全力办好惠民利民实事。民生支出2740.28亿元，是"十二五"的1.8倍。累计投入491.54亿元实施为民办实事项目328个子项。城镇新增就业36.75万人，建成保障性住房7.4万套，实现基本医疗保险全覆盖，企业退休人员养老金实现"16连调"；新增公办中小学学位17.86万个、幼儿园学位4.89万个；建成自治区示范性普通高中、特色高中27所，南职院入选国家"双高"院校；新增医疗卫生机构608家、床位1.57万张，新改扩建市级医疗机构13家、社区卫生服务中心38个；建设城市养老服务中心和社区日间照料中心187个。

2016年12月31日，南宁市保障性住房项目之一——林里桥家园小区外景

市住建局提供

2019年12月21日，南宁市第一中学五象校区建成投入使用

叶子榕　摄

2016 年至 2020 年，南宁市建成居家和社区养老服务设施 187 个。图为 2020 年 4 月，老人在南宁市五象养老服务中心打乒乓球　　　　叶子榕　摄

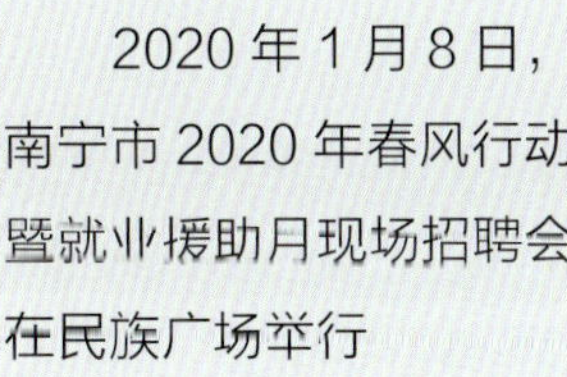

2020 年 1 月 8 日，南宁市 2020 年春风行动暨就业援助月现场招聘会在民族广场举行

叶子榕　摄

2018 年 9 月 15 日，广西首座综合性现代化国际民族医医院——广西国际壮医医院对外开业

叶子榕　摄

2020 年 11 月 27 日，第 17 届中国—东盟博览会、第 17 届中国—东盟商务与投资峰会开幕大会在南宁国际会展中心举行

2020 年 11 月 27 日，第 17 届中国—东盟博览会首次设中国（广西）自由贸易试验区展区

梁枫　摄

2020年11月27日至30日，第17届中国—东盟博览会、第17届中国—东盟商务与投资峰会在南宁举办，主题为“共建‘一带一路’，共兴数字经济”，中外国家领导人通过视频致辞，中国及东盟10国和巴基斯坦驻华使节等领导、贵宾出席，首次采取线上线下结合的模式，举办实体展和“云上东博会”，3624家企业9.4万人参展参会。

广西国际博览事务局提供

2020年11月27日，第17届中国—东盟博览会首次设置公共防疫和卫生展区。图为口罩生产机械

黄维业　摄

2020 年 11 月 27 日，第 17 届中国—东盟博览会先进技术展厅展示可弯曲超薄显示屏　　潘浩　摄

2020 年 11 月 27 日，第 17 届中国—东盟博览会“一带一路”国际展区巴基斯坦展位　　潘浩　摄

2020 年 11 月 27 日，第 17 届中国—东盟博览会东盟国家商品展区

叶子榕　摄

2020 年 11 月 27 日，第 17 届中国—东盟博览会投资合作圆桌会在南宁举行

广西国际博览事务局提供

2020 年 11 月 28 日，第 12 届中国—东盟金融合作与发展领袖论坛举行签约仪式

广西国际博览事务局提供

2020 年 11 月 30 日，第 17 届中国—东盟博览会公众开放日，市民游客满载而归　梁枫　摄

2020 年，南宁市推进文明城市创建，开展专项检查 55 场次，巡查各类点位 34 类 990 个，清理住宅小区环境 1.89 万个次，升级改造老旧小区 869 个，维护、改造小区设施设备 1.31 万处；整治 61 个城中村、1011 条背街小巷及 183 个城乡接合部；700 多个文明单位参与城乡结对共建，党员干部进社区走访活动 2.10 万人次；打造书香绿城，倡导理性健康消费，践行光盘行动，实施生活垃圾分类，引领城市文明新风。南宁市以 89.18 分通过全国文明城市年度测评，群众满意度 98.6%。

2020 年，南宁市持续推动书香绿城创建，营造重视读书、崇尚学习、持续学习的新风尚。图为 10 月 6 日青少年在南宁书城儿童文学区阅读

叶子榕　摄

2020 年，南宁市倡导理性健康消费，践行光盘行动。图为某餐厅显要位置张贴文明用餐宣传标语

宋延康　摄

2020年，南宁市倡导“垃圾分类　从你我做起”，引领城市文明新时尚，在全国46个重点城市垃圾分类工作通报中居第一档次。图为9月5日南宁市动物园举办垃圾分类知识小游戏　　　　叶子榕　摄

2020年，南宁市斑马线前文明礼让蔚然成风。图为北湖北路车辆礼让行人　　　　李创　摄

2020年7月1日，南宁地铁“文明专列”上线运行。图为车厢内展示的社会主义核心价值观等主题内容
叶子榕　摄

2020年，南宁市14.73万人挽袖献血，提升“文明温度”，献血人次和献血量位居自治区第一，第七次获“全国无偿献血先进市”称号。图为9月3日市民在排队献血

宋延康 摄

2020年，南宁市交通执法支队开创执法新模式，助力创建文明城市。图为6月23日市交通执法支队执法人员在南宁火车站站前广场引导出租车规范有序候客

赖有光 摄

2020年，南宁市落实“门前三包”责任制，营造宜商、宜业、宜居环境。图为8月13日南宁市朝阳商圈的商铺营业人员清理门前垃圾，保持环境卫生

叶子榕 摄

2020年，南宁市深化文明诚信市场创建活动，推进农贸市场改造升级。图为干净整洁的南宁高新区科德农贸市场　　梁枫　摄

2020年，南宁市引导城中村居民养成文明生活习惯。图为8月12日青秀区津头街道埌西村电动自行车在网格线内整齐排列

黄维业　摄

2020年，南宁市文明引导工作持续开展，游客文明习惯逐渐养成。图为8月13日游客在南宁市凤岭儿童公园售票处有序间隔排队购票　　黄维业　摄

2020 年 4 月 16 日，首套国产自主高端高精铝合金中厚板辊底炉在南南铝业点火热试车，实现高端高精铝合金材料
精铝合金产品在汽车、航空航天、高铁、舰船等制造领域的应用

2020 年 4 月 13 日，广西首台服务器暨浪潮南宁生产基地首台服务器和计算机产品在南宁下线，标志着浪潮南宁生产基地正式投产，广西实现服务器生产零的突破。图为技术员测试计算机主机产品

韦静　摄

和设备的自主可控，促进国产高端高

梁枫　摄

2020 年，南宁市围绕“强工业、强创新、强金融、强枢纽、强开放、强治理”落实强首府战略。规模以上工业增加值增长 3%，电子信息、先进装备制造、生物医药产业规模以上产值占全市比重 38.8%。高新技术企业保有量 1151 家，占自治区 41%，获批“科创中国”试点城市。金融业增加值增长 5.8%，对经济增长贡献率 19.5%。南宁国际铁路港一期等项目建成运营，中越跨境集装箱班列开行班次增长 49.5%，吴圩南宁机场国际货邮吞吐量增长 373.1%。外贸进出口总值 986 亿元、增长 31.8%，增速高于全国 29 个百分点、高于自治区 28 个百分点。市区环境空气质量优良率 97.5%，城市水质指数在全国省会城市排名第二，建成区生活垃圾分类基本实现全覆盖。

2020 年，南宁市加快打造生物医药产业集群。图为南宁经开区重点产业龙头企业　广西南宁百会药业集团有限公司口服液液体车间

南宁经开区管委会提供

2020 年 4 月 27 日，广西（南宁）民营小微企业首贷续贷中心在南宁市民中心挂牌成立　韦静　摄

2020 年，南宁高铁以南宁为中心，形成南通北联、西进东融的高速客运十字骨架，通达全国 18 个省会城市和广西 11 个地级市。图为高铁动车在宾阳古辣稻田中穿行　黄维业　摄

2020 年 12 月 30 日，广西“东融”新通道——大塘至浦北高速公路建成通车　　潘浩　摄

2020 年 6 月 4 日，西部陆海新通道（平陆）运河正式列入交通运输部《内河航运发展纲要》，南宁港作为平陆运河的重要启运港，将与北部湾港实现江海联运。图为南宁港牛湾作业区　　黄维业　摄

2020 年，南宁国际铁路港加快二期工程建设。图为 10 月 15 日南宁国际铁路港铁路集装箱作业区　　王志鹏　摄

2020 年，南宁农产品交易中心国家物流枢纽建设加快推进，引进水产企业、农产品流通企业、知名酒店入驻，完善业态布局，进一步打造“南菜北运”农产品集散枢纽　　黄维业　摄

2020 年，南宁市竹排江黑臭水体治理项目入选 2020 年生态环境部通报表扬典型案例。图为经过治理的竹排江　　潘浩　摄

2020 年 12 月 1 日，南宁市餐厨垃圾处理厂三期改扩建项目正式投产，具备每天 1000 吨有机垃圾处理能力。图为工作人员通过操控生产自动化管理系统处理厨余垃圾　　梁枫　摄

2020 年，中国（广西）自由贸易试验区南宁片区实现“互联网 + 政务服务”涉企政务服务事项 95% 以上事项网上可办，南宁市政策兑现综合服务平台在广西自贸试验区率先上线；形成 25 项可复制推广事项和创新案例，有 17 项被评为广西自贸试验区首批制度创新成果。南宁片区新增企业 6555 家，占同期广西自贸试验区 3 个片区增量 52.2%；引进投资额亿元以上区外境内项目 24 个、投资额 108.56 亿元；商务口径实际利用外资 1.47 亿美元。

2020 年，中国（广西）自由贸易试验区南宁片区成为首府开放型经济新高地、改革开放排头兵。图为南宁片区一角

赖有光　摄

2020 年，位于南宁片区的中国—东盟金融城初具规模　　潘浩　摄

2020 年 11 月 22 日，南宁片区“中国—东盟跨境金融改革创新”案例获评“2019—2020 年度中国自由贸易试验区制度创新十佳案例” 王日光 摄

2020 年，南宁片区重点产业加快集聚。图为广西数广宝德信息科技有限公司鲲鹏计算机生产线 赖有光 摄

2020 年 2 月，中国（南宁）跨境电子商务综合试验区创新打造全国首个国际邮件、跨境电商、国际快件“三合一”集约式监管模式。图为中国邮政的跨境电商货品通过快速分拣、查验 黄维业 摄

2020 年，中新南宁国际物流园项目周边道路陆续建成，基础配套设施逐步完善　　潘浩　摄

2020 年 12 月 18 日，南宁五象汽车生活广场项目一期投入使用

赖有光　摄

2020 年 11 月 18 日，南宁市良玉大道—玉象路立交建成通车，标志着良玉大道（物流基地 2 号路延长线、物流基地 2 号路—平乐大道、良玉大道—玉象路立交工程）全线贯通

黄维业　摄

2020 年新冠肺炎疫情发生后，南宁市第一时间启动应急响应机制，迅速全面动员部署。1 月 25 日，南宁市新冠肺炎疫情防控工作领导小组成立，统筹推进疫情防控和经济社会发展。仅用 27 天实现年内本土确诊病例“零新增”，1 个多月时间实现 55 例确诊患者全部治愈出院，专业救治医院医务人员“零感染”，年内境外输入、进口冷链食品引发疫情“零发生”，胜利完成援鄂援港任务。南宁市第四人民医院党委获全国抗击新冠肺炎疫情先进集体、全国先进基层党组织，涌现出梁小霞、韦球等全国抗击新冠肺炎疫情先进典型。

2020 年 1 月 26 日起，南宁市在市区周边各高速公路收费站进城方向设置防疫检查站。图为 1 月 27 日南宁东公路环邕检查站　　邱祥星　摄

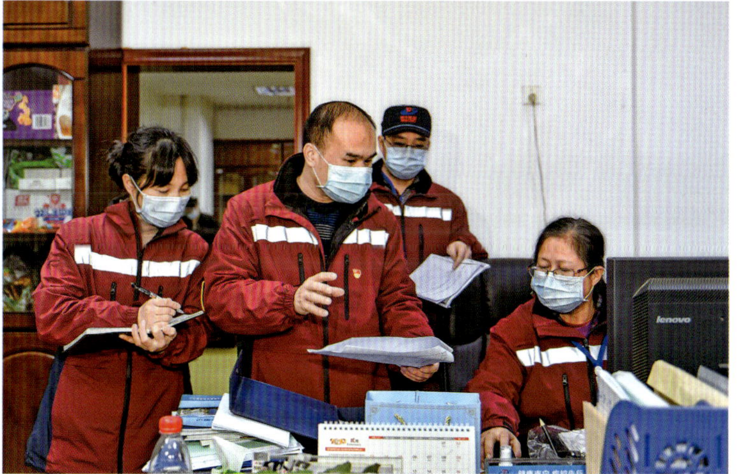

2020 年 1 月 30 日，南宁市疾病预防控制中心工作人员在进行疫情分析，研究防护方案　　潘浩　摄

2020 年，南宁市第一人民医院医学检验科医护人员担任核酸检测任务。图为 1 月 30 日新冠肺炎病毒核酸检测团队讨论检验结果　　何胜提供

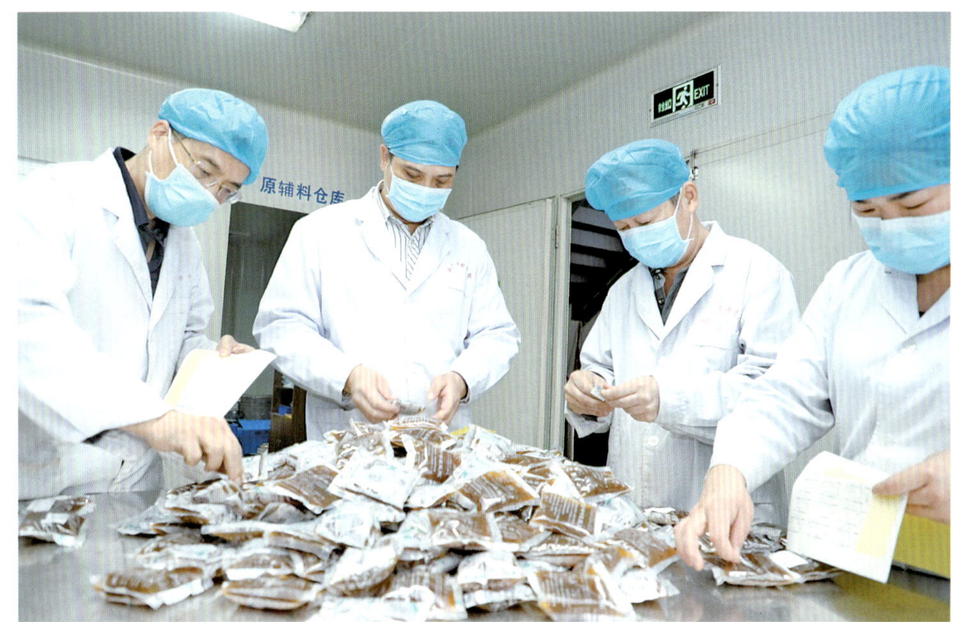

2020年1月25日至2月4日，南宁市中医医院制剂室生产“预防疫肺方”“防流感中药方”中药汤剂发放到疫情防控一线

市中医医院提供

2020年1月28日，广西—东盟经开区纺源医疗用品集团有限公司的口罩生产线开足马力生产，保障首府医疗物资供给

潘志安　摄

2020年2月1日，南宁腾科宝迪生物科技有限公司生产车间内，工人们加班加点生产医用防护服

陈麒元　摄

2020 年 2 月 2 日，南宁市医护人员在疫情防控隔离点核查物资落实情况　　　　　　梁枫　摄

2020 年 2 月 13 日，南宁社会各界为疫情防控贡献力量。图为爱心“疫”剪志愿者为广西“小汤山”医院——广西壮族自治区人民医院邕武医院（自治区级新冠肺炎患者定点收治医院）的医护人员剪发

宋延康　摄

2020 年 3 月 2 日，南宁市第四人民医院收治新冠肺炎确诊患者全部出院，实现院内确诊病例清零

潘浩　摄

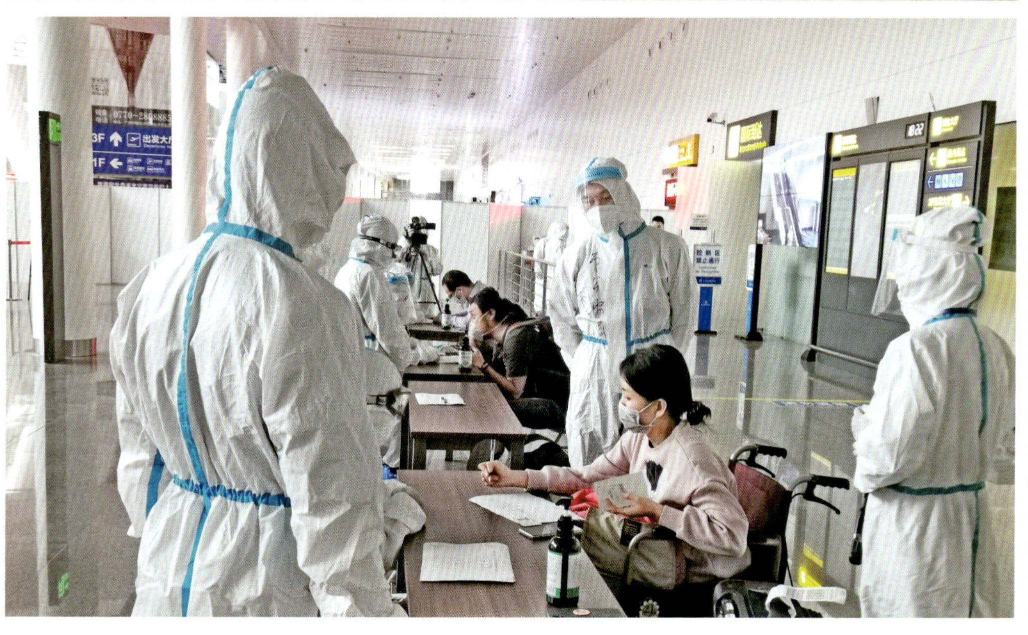

2020 年 4 月 12 日，南宁市公安局驻机场转运专班民警帮助行动不便的入境旅客填报基础信息表

市公安局提供

2020 年 2 月，南宁市在做好新冠肺炎疫情防控同时，抓好春季农业生产，保障市民“菜篮子”充足稳定。图为 2 月 20 日宾阳县农民在采收蔬菜　莫月娇　摄

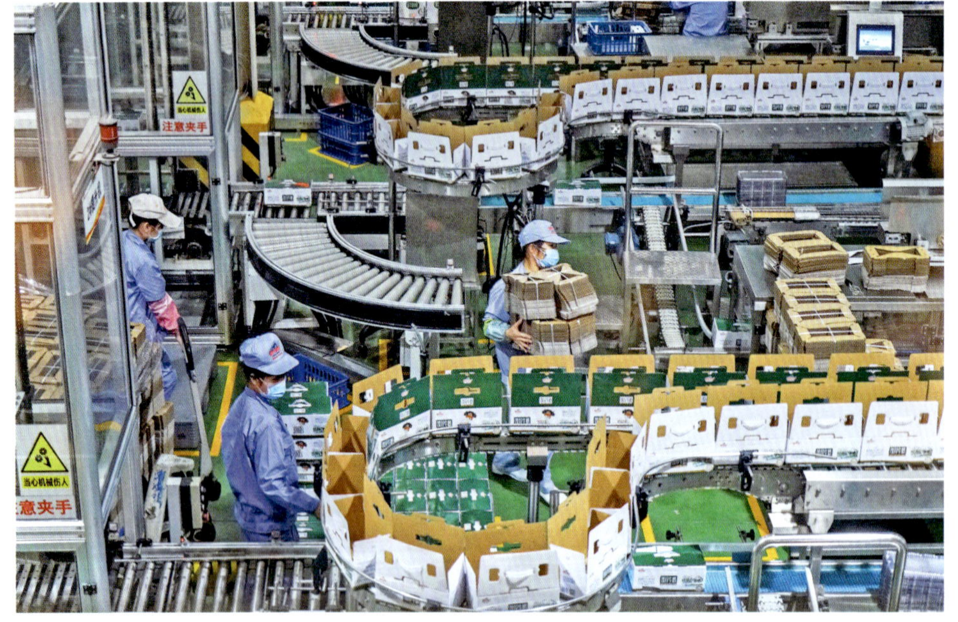

2020 年 2 月，南宁市出台政策支持企业复工复产，确保经济健康平稳发展。图为 2 月 27 日皇氏集团华南乳品有限公司繁忙生产线　叶子榕　摄

2020 年 5 月，南宁市中小学校陆续平稳开学，有序复课。图为 5 月 18 日滨湖路小学老师在校门口引导学生有序进入校园　赖有光　摄

2020 年 1 月 29 日，南宁市第二人民医院举行抗击新型冠状病毒肺炎疫情驰援湖北出征誓师动员大会，医护人员白衣执甲、逆行出征

市卫健委提供

2020 年 2 月 21 日，满载 400 余吨医疗物资、生活物资的广西支援湖北果蔬物资直达冷链专列从南宁国际铁路港出发

叶子榕　摄

2020 年 2 月 27 日，南宁市中医医院援鄂医疗队队员带领方舱医院的 40 多名新冠肺炎患者练习壮族养生操　　市卫健委提供

2020 年 3 月 18 日，首批广西援鄂医疗队队员返程抵达南宁吴圩国际机场

潘浩　摄

2020 年 3 月 29 日，南宁市第二人民医院援鄂医疗队队员抵达南宁

市卫健委提供

2020 年 4 月 8 日，湖北武汉开往广西南宁的 G431 次高铁列车抵达南宁东站，为离汉离鄂通道管控措施解除后湖北开往省外的首趟旅客列车。图为广西援鄂抗疫医疗队队员搭乘 G431 次高铁列车平安抵达南宁

黄维业　摄

目录

专　记

特　载

大事记

南宁概貌

中国—东盟博览会・商务与投资峰会

南宁与东盟

脱贫攻坚

投资促进与经济协作

公有制与非公有制经济

农业 水利

工　业

建筑业　房地产业

商贸服务业

交通运输　邮政

会展业

旅游业

信息化

金融业

经济管理与监督

新区　开发区

城市建设与管理

中国共产党南宁市委员会

南宁市人民代表大会

南宁市人民政府

中国人民政治协商会议南宁市委员会

中国共产党南宁市纪律检查委员会 南宁市监察委员会

民主党派　工商联

群众团体

法 治

军　事

教　育

科 学

文　化

体　育

卫生健康

社会生活

生态文明建设

区县概览

人　物

附　录

索　引

Special Recordation

Special Issue

Chronicle of Events

Introduction to Nanning

China—ASEAN Expo & China—ASEAN Business and Investment Summit

Nanning and ASEAN

Poverty Alleviation

Investment Promotion and Economic Cooperation

Public Sectors and Non-public Sectors of Economy

Agriculture & Water Conservancy

Industry

Construction Industry & Real Estate Industry

Commercial Service Industry

Transportation & Post Industry

Exhibition Industry

Tourism

Informationization

Financial Sector

Economic Management and Supervision

New Districts & Development Zones

Urban Construction and Administration

Nanning Committee of the Communist Party of China

People's Congress of Nanning

Municipal Government of Nanning

Nanning Committee of the Chinese People's Consultative Committee

Nanning Discipline Inspection Committee of the CPC & Nanning Supervisory Committee

Democratic Parties & Federation of Industry and Commerce of Nanning

Mass Organizations

Rule of Law

Military Affairs

Education

Science

Culture

Sports

Hygiene and Health

People's Livelihood

Ecological Civilization Construction

Districts and Counties

Figures

Appendix

Index

NANNING YEARBOOK

南宁市"十三五"经济社会发展综述

2016年至2020年，面对错综复杂的国际形势、艰巨繁重的国内改革发展稳定任务，特别是新冠肺炎疫情严重冲击，南宁市坚持以习近平新时代中国特色社会主义思想为指导，围绕全面建成小康社会总目标，全面贯彻落实中央、自治区关于"解放思想、改革创新、扩大开放、担当实干"十六字工作方针及决策部署，向改革要动力、向创新要活力、向开放要潜力，破除体制性障碍、打通机制性梗阻、推出政策性创新，顺利实施"十三五"规划，主要指标完成情况良好，重大战略任务全面落细落实，重大工程项目稳步推进，规划确定的各项目标任务顺利完成，强首府战略实现良好开局，决战脱贫攻坚取得全面胜利，全面建成小康社会取得伟大历史性成就。

一、经济社会发展主要成效

综合经济实力显著增强。地区生产总值、财政收入等主要经济指标总量稳居自治区首位，地区生产总值、居民人均可支配收入比2010年翻一番目标提前一年实现。经济总量持续增长，地区生产总值年均增长5.8%，2020年达到4726.34亿元，位居全国5个自治区首府城市之首，进入全国经济50强城市行列；占自治区总量21.33%，比2015年提高近1个百分点。财政收入年均增长6.82%，2020年达到796.09亿元，占自治区比重28.43%，比2015年提高3.89个百分点。固定资产投资年均增长8.9%，高于全国水平。社会消费品零售总额2180.36亿元，是2015年的1.22倍。

产业发展质量稳步提升。产业结构持续优化，工业高质量发展基础持续夯实。2020年，电子信息、先进装备制造、生物医药三大重点产业规模以上产值占全市工业产值比重38.8%；传统优势产业向精深加工发展，累计实施技改项目超过700项，新增广西南南铝业股份有限公司、广西博世科环保科技股份有限公司等5个国家级企业技术中心。服务业提质增效，拉动作用日益凸显，2020年服务业增加值突破3000亿元，占自治区总量27%；金融业增加值574.48亿元，占地区生产总值12.2%，对地区生产总值增长贡献率19.5%；获批首批国家物流枢纽。现代特色农业加快发展，新增自治区级特色农业核心示范区34个，建成全国最大茉莉花、火龙果、沃柑产区。

全方位开放格局初步构建。"南宁渠道"功能拓宽升级，以东盟为重点的国际交流合作不断深化，服务第13届至第17届中国—东盟博览会，国际友好城市增加至25个。开放合作平台活力迸发，获国务院批复同意设立南宁临空经济示范区、建设中国（广西）自由贸易试验区南宁片区；加快建设西部陆海新通道重要节点城市、面向东盟的金融开放门户南宁核心区、中国—东盟信息港南宁核心基地、陆港型国家物流枢纽等国家级开放平台。贸易往来拓展至205个国家和地区，外贸进出口总额年均增长22%，2020年总量986亿元，是2015年的2.7倍。区域性现代综合交通枢纽加速成型，吴圩国际机场航线实现东盟国家全覆盖，高铁动车直达香港特别行政区，高速公路初步形成以南宁为中心"一环六射三横一纵"网络，在自治区构建"南向、北联、东融、西合"全方位开放发展新格局中的龙头带动作用持续增强。

创新驱动能力不断增强。发展新动能加速形成，新增国家级科技孵化器4家，获国家科学技术奖12个，科技进步贡献率由2015年55%提升至2019年58.8%，全市发明专利申请量、授权量、拥有量增长率位居自治区首位。高新技术企业保有量占全自治区总量40%以上。加快完善知识产权保护机制，成为自治区首个国家知识产权示范城市，入驻南宁市知识产权服务业集聚区的服务机构22家。南宁高新区、横县获批国家双创示范基地，其中南宁高新区获批广西首个国家双创示范基地；南宁·中关村创新引领示范作用不断增强，累计入驻重点企业112家。

城市建设品质持续提升。五象新区核心区基本成型，"再造一个新南宁"蓝图成为现实。建成运营轨道交通4条，形成"井字形"网络，城市东西向快速路、南宁园博园、南宁市民中心等重大工程建成使用。朝阳、凤岭、会展等功能片区品质提升，南宁教育园区基本建成，"老南宁·三街两巷"历史文化街区展新貌。打造"百里秀美邕江"，城市环境更加优美；整治黑臭水体，建成区38个黑臭河段全部消除黑臭现象，入围国家2019年城市黑臭水体治理示范市，那考河生态综合整治项目获"中国人居环境范例奖"。2020年空气质量优良率97.5%，空气质量综合指数稳居全国省会城市前列，空气优良率保持在90%以上，"南

2016 年至 2020 年，南宁市持续提升城市品质，五象新区核心区建设成型。图为 2019 年五象新区总部基地　　南宁金融城投资运营有限公司提供

宁蓝”成为常态。获全国首批“国家生态园林城市”，连续三年蝉联全国“美丽山水城市”。

城乡区域发展协调性增强。乡村振兴战略加快实施，农村生产生活条件显著提升，乡村旅游、休闲农业等新业态涌现。新型城镇化建设成效初显，2020 年常住人口城镇化率 68%，较 2015 年上升 8.69 个百分点。主动融入国家区域发展战略，发挥北部湾城市群核心城市作用，共建北部湾信用生态圈城市联盟，推动与“北钦防一体化”深度联动发展，对接粤港澳大湾区建设，全面落实强首府战略，引领带动自治区高质量发展。

社会民生福祉持续增进。涉民生财政支出 2740.28 亿元，占一般公共预算支出的 77.34%。脱贫攻坚战取得全面胜利，贫困发生率从 9.33% 下降为零，邕宁区、上林县、马山县、隆安县 4 个贫困区县全部摘帽，421 个贫困村全部出列，现行标准下的农村贫困人口全部脱贫，易地扶贫搬迁入住率 100%。隆安县入选首批全国脱贫攻坚交流基地，获“‘十三五’搬迁成效明显县”称号，震东集中安置区入选首批全国脱贫攻坚考察点，成为产城融合综合安置区。城镇新增就业累计超过 36.75 万人，登记失业率控制在 3% 以内，实现基本医疗保险全覆盖。建成保障性住房 74004 套，惠及人口 25.26 万人，享受公租房货币补贴 3.97 万户、9.92 万人。教育事业均衡发展，新建中小学幼儿园 236 所，新增学位 22.75 万个，较“十二五”时期增长 224%，进城务工人员随迁子女在校生人数从 2015 年的 12.79 万人提高至 2020 年的 16.79 万人，增幅 31.3%，中等职校毕业生就业率 96% 以上。健康南宁建设扎实推进，新冠肺炎疫情防控取得重大战略成果，实现“国家卫生城市”三连冠。文体事业蓬勃发展，一批优秀精品剧目摘取多个国家级奖项。举办苏迪曼杯世界羽毛球混合团体锦标赛、环广西公路自行车世界巡回赛(南宁站)等国际文体赛事活动。

治理现代化再上新台阶。入选第一批全国法治政府建设示范市，建成全国首创的综治视讯、公共安全视频监控、综治信息“三网融合”整合应用，群众安全感从 2015 年 86.22% 提升至 2020 年 98.09%。民族团结进步事业全面发展，被命名为第四批“全国少数民族流动人口服务管理示范城市”。建成全国领先的城市级移动互联网公共服务平台“爱南宁 APP”，实现“一码通城”。城市信用体系建设成效显著，城市综合信用指数首次排名全国第十；荣膺“全国双拥模范城”七连冠、“全区双拥模范城”九连冠。

二、存在的主要问题和困难

面对错综复杂的宏观经济环境和艰巨繁重的改革发展任务，南宁市实现经济社会平稳健康发展和市民生活水平新提升，为“十四五”高质量发展奠定坚实的基础，但是对标高质量发展，仍然存在一定的差距和不少短板，一些深层次的矛盾和困难亟待解决。

经济下行压力大，结构性、深层次问题较突出。工业传统产业转型处在爬坡期，新动能虽加速集聚但短期内还无法形成较大的增长支撑，规模以上工业增长值增速放缓。传统服务业占比较大，大数据、金融、科技信息、文化创意、服务外包等现代服务业态占比不高。创新支撑产业高质量发展的功能不够强劲，2020 年，每万人发明专利拥有量 12.05 件，低于全国平均水平(15.8 件)3.75 件。

开放合作体系还不够高。2020 年，外贸进出口额占自治区 20.28%，与东盟国家进出口贸易总额不足自治区总量 5%，开放优势未转变为发展效能。

综合枢纽功能不强。陆海联通交通接驳不完善，骨干轨道交通网和高速公路网尚未成型，区域交通存在断点，出海出边出省通行能力受限。

城镇化进程不快。城市生活成本过高、就业情况不稳定使许多农村人口对进城落户的热情不高，城市人口集聚能力不强，2020 年，户籍人口城镇化率仅为 46.56%。

民生保障存在短板。公共产品供给与城市地位不够匹配，缺乏具有全局性、标志性的重大民生项目；中心城区与郊区基本公共服务不平衡，教育、医疗、住房等问题依然比较突出。

(市发展改革委)

南宁市抗击新冠肺炎疫情综述

2020 年春节，新型冠状病毒感染的肺炎(简称“新冠肺炎”)疫情席卷全国，市委、市政府带领全市各族人民坚持以习近平新时代中国特色社会主义思想为指导，认真贯彻落实习近平总书记关于疫情防控的重要指示精神，坚决贯彻落实党中央、国务院和自治区党委、政府的决策部署，迅速启动重大公共突发事件一级响应，抓紧抓实抓细疫情防控举措。同时，全市认真做好稳就业、稳金融、稳外贸、稳外资、稳投资、稳预期工作，全面落实保居民就业、保基本民生、保市场主体、保粮食能源安全、保产业链供应链稳定、保基层运转任务，制定系列纾困惠企政策措施，促进新业态发展，推动交通运输、餐饮商超、文化旅游等各行各业有序恢复，分批分次复学复课，统筹疫情防控和经济社会发展取得重大成果。

提高政治站位　落实责任担当

1月20日，南宁市启动疫情联防联控机制。1月22日，市委召开常委会，传达自治区防控部署决策精神，迅速贯彻落实。1月25日，南宁市新冠肺炎疫情防控工作领导小组成立，自治区党委常委、市委书记王小东，时任市委副书记、市长周红波担任组长，领导小组下设指挥部，指挥部下设综合协调组、医护物资保障组、联防联控组、疫情防控医疗救治组、宣传组、交通组、社会维稳组、生活物资保障组、组织纪律督查组、学校开学工作组、应急联络组、市场监管组12个工作组，组长全部由市领导担任。区县（开发区）参照市级做法成立相应机构，组织领导疫情防控。市政府、市疫情防控指挥部召开市政府常务会、市疫情防控指挥部会商会、视频调度会、专家会等会议，从严从实从细抓好工作落实。各级各部门切实增强责任感、危机感、紧迫感，降低疫情造成的损失；医疗卫生系统成立35支党员先锋队，组织2600名党员医务人员勇敢冲上疫情一线与病魔作斗争；3.57万名党员志愿者参与群防群控，27万多名党员捐款1700多万元支持抗疫，1292人在抗疫一线递交入党申请书，加入中国共产党168人。

全市各级纪委监委机关持续强化纪律保障，深入防控一线，跟进监督、精准监督、全程监督，督促中央、自治区有关统筹推进疫情防控和经济社会发展决策部署落细落实落地，查处违反疫情防控工作纪律问题50起，给予党纪政务处分19人，问责单位11个。

做好疫情防控宣传教育、舆论引导和舆情管控，刊播疫情防控报道7万余篇；出版抗疫新闻报道集《春天的生命礼赞——南宁市抗击新冠肺炎疫情新闻报道集萃》。发布《关于加强疫情防控期间外地返邕人员管理的技术指导意见》，印发《新冠肺炎通用预防指南》《预防新冠肺炎请您注意》《“六严格”应知应会手册》系列海报，《坚决打赢疫情防控阻击战》《专家教你科学应对疫情》《不信谣不传谣》等公益宣传片（广告），以及《致市民（农贸市场经营户、学生家长、返邕返岗人员）一封信（告知书）》等，提升民众知晓度。宣传广西第七批援湖北省抗疫医疗队员、市第六人民医院护士梁小霞的先进事迹，举办梁小霞同志先进事迹情景报告会，创作致敬梁小霞的MV《年轻的微笑》，撰写纪实文学。

2月4日至3月31日，南宁市选派105名医疗救治骨干组成援鄂医疗队驰援湖北。医疗队发挥南宁“能帮就帮、敢做善成”精神，以精湛医术、科学护理，与湖北人民手携手、肩并肩战斗。9月初，选派18名医疗队员组成新冠病毒核酸检测队支援香港特别行政区实施“普及社区检测计划”，完成检测样本180万份。7月至12月，派出医疗卫生工作队3批、8人，定点支援边境口岸疫情防控。

科学精准施策　提升救治能力

落实市、县两级定点救治医院，设置隔离病房297间、床位644张，抽调35名专家组成市级医疗救治专家组，组织2600多名医护人员分批组建医疗救治队、预备梯队，开展医疗救治。组建新冠肺炎特勤转运队22批次、233人，特勤转运队出车1030车次，转运确诊病例、疑似病例和密切接触人员等1697人次。改造医疗机构布局，优化预检分诊流程，建设发热门诊和发热哨点诊室项目147个。加大医院预检分诊点、发热门诊、隔离病房（区）、核酸检测实验室工作人员及救护车转运工作人员等重点人员安全培训；设立岗位安全监督员，采取“督查+暗访”对工作人员防护、手卫生等情况进行安全督查；对市区62家二级及以上医疗机构进行督导10次、暗访4次，确保院感防控到位。

按照“及时、精准、全面”原则，对报告或发现的疑似病例，12小时内高质量完成病例流行病学调查，对密切接触人员追踪和排查做到不落一户、不漏一人。组建流行病学综合调查组摸排行踪轨迹，分析疫情线索，排查风险点，提升流调质量和效率。1月25日，收治第一例确诊病例；累计收治本地病例55例、境外输入病例9例、无症状感染者30例，患者收治率、治愈率100%。3月15日，实现本土确诊病例和疑似病例“双清零”。仅用27天实现本土病例零新增，用一个多月实现55例确诊患者全部治愈出院，专业救治医院医务人员零感染。全年累计完成活动现场流调排查706例，其中本地病例55例、境外输入病例9例、无症状感染者30例、疑似病例612例，排查密切接触人员3804人。

1月26日至2月22日，启动联合检疫点和环邕公安检查站94个，对入邕车辆、人员开展全面检查，累计检测520.53万人。对来自中高风险地区及境外到邕返邕人员开展网格化、地毯式大排查。在地铁站、客运站、火车站、机场执行体温检测和扫码出入、扫码乘车制度，累计检测1.4亿人次，排查车辆340.3万辆，排查发热人员1712人。

紧盯社区村屯防反弹，统筹整合127个乡镇（街道）、1808个村（社区）力量和资源，把市域划分为7148个网格，组织专（兼）职网格员7000多人，压实属地责任。发动基层工作人员、网格员入户排查66.99万人次，排查小区（单位）8237个、农贸市场336个，劝导进行核酸检测43467人次；设置党员服务站1936个，组建党员服务队1318个，发放宣传资料30万份。

严格落实隔离管控服务，设置四类人员隔离点，其中确诊病例密切接触人员隔离点15个，疑似病例密切接触人员隔离点14个（未启用），国内疫情严重地区到邕返邕人员隔离点43个，境外到邕返邕人员隔离点38个。对入境人员按规定进行核酸检测和集中隔离医学观察，转运从泰国、印度尼西亚、菲律宾等国及澳门特别行政区抵达的航班96趟、8560人（全部进行集

2020年7月17日，梁小霞同志先进事迹情景报告会在南宁人民会堂举行　　潘浩　摄

中隔离医学观察),累计隔离医学观察入境人员9572人。开展“亮剑2020”打击非法入境违法犯罪专项行动,侦办妨害国(边)境管理类刑事案件38起,查获非法入境人员374人,遣送出境179人。

采取非常举措　复工复产复学

2月5日,在自治区率先出台应对新冠肺炎疫情支持中小企业保经营稳发展16条措施,从稳岗、融资、降本减负、审批服务四方面最大程度减轻疫情造成的负面冲击。随后,出台稳工业8条、稳投资6条、促消费12条等一系列援企稳岗、刺激增长政策举措。2月7日,采取“政策找人、补助找企业”办法,在全国率先落地疫情防控期间援企稳岗返还政策。采取“企业网上申报、部门主动核实”的做法,迅速兑现“16条措施”。印发《南宁市应对新型冠状病毒感染的肺炎疫情支持中小企业保经营稳发展若干措施》《关于应对新冠肺炎疫情支持工业企业发展的若干政策措施》,对2020年一季度小微企业对南宁市地方经济发展贡献的金额,给予全部奖励,惠及小微企业近20万家。纳入国家疫情防控重点保障企业49家,其中35家企业获专项再贷款6.55亿元;进入自治区重点支持工业企业97家,列入南宁市复工贷款重点支持工业企业155家,拨付第一、第二批复工贷款财政贴息资金1767.46万元。下达信贷风险补偿基金3241.03万元,支持企业356家。3月初,全市规模以上工业企业、资质等级建筑业企业、规模以上批零住餐企业、国家重点服务业企业和农业龙头企业基本实现复工复产。

根据常态化疫情防控要求,抓实抓细抓好各批次学校错时开学,由教育、卫健、公安、交通、市场监管等部门选派专业人员组成驻校指导工作组,指导学校做好校园疫情防控、食品安全管理、校园及周边治安、交通秩序维护、开学复课等工作。5月底,全市各级各类学校复学复课工作井然有序,无发生聚集性疫情。

抓常态化防控　社会正常运转

4月进入常态化疫情防控后,南宁市根据“外防输入、内防反弹”总体防控策略,始终按照三级应急响应的总体要求,做到统一指挥、统一调度、统一行动,建立健全疫情防控调度会议、工作报告、督查检查、信息收集、值班值守等工作制度,保持机构不撤、队伍不散。市委召开市委常委会、市疫情防控工作领导小组会议、视频调度会等,听取工作汇报,进行工作部署,协调解决工作问题,强化风险责任,构建从“国门”到“家门”的全链条防控网。

印发《南宁市新冠肺炎疫情常态化防控工作实施方案(第二版)》《南宁市境外疫情防控机场输入全闭环管理工作规范》,规范入境人员全闭环管理服务流程,做好入境人员信息采集、无缝对接转运和集中隔离医学观察。出台《南宁市进口冷链食品疫情防控实施方案》,抓好进口冷链食品从口岸入境、冷链运输、出入库、市场流通等环节全过程闭环管理。出台《提升南宁市公立医疗卫生机构新冠病毒核酸检测能力建设方案》,投入4450万元,建成核酸检测实验室48家(市本级二级以上综合医院35家、疾控中心8家、第三方检测机构5家),可独立开展新冠肺炎病毒核酸检测机构48家(含自治区、第三方检测机构),日检测能力4.7万人。

9月29日,举办突发新冠肺炎疫情应急处置综合演练活动,利用大数据、脸部识别等现代化防控手段,演练快速反应、迅速处置、科学管控、精准施策、联防联控、部门协处置,明确部门职责。

制定《南宁市服务第17届中国—东盟博览会、中国—东盟商务与投资峰会新冠肺炎疫情防控和医疗保障工作实施方案》,成立服务会议的新冠肺炎疫情防控和医疗保障执行小组,执行小组办公室设在市卫健委,下设8个工作组,抽调70多名骨干专门负责疫情防控。核酸检测工作人员3.53万人、环境物品510份,结果全为阴性。强化冷链食品全链条防控,采样检测18家定点酒店的冷链食品288份,核酸检测冷链从业人员3348人,结果全为阴性。采取“专项督查+联合巡查+定点督查”方式,抽调专人成立5个督导组,分片督查40个重点部门、酒店、场馆等单位落实防控措施。

(市疫情防控工作指挥部综合协调组)

编辑　陈洪毅

2020年3月10日,马山县向湖北省捐赠生活物资一批　　马山县融媒体中心提供

政府工作报告

——2021 年 4 月 11 日在南宁市第十四届人民代表大会第六次会议上

代市长　孙大光

各位代表：

现在，我代表市人民政府向大会报告政府工作，请予审议，并请市政协委员和列席会议的同志提出意见。

一、2020 年和“十三五”工作回顾

2020 年是极不平凡的一年。面对错综复杂的国际形势、艰巨繁重的国内改革发展稳定任务，特别是新冠肺炎疫情严重冲击，全市上下坚持以习近平新时代中国特色社会主义思想为指导，深入贯彻落实习近平总书记对广西工作的重要指示精神，在市委的正确领导下，扎实做好“六稳”工作、全面落实“六保”任务，统筹疫情防控和经济社会发展取得重大成果。

——这一年，我们坚定信心、精准施策，书写了一份万众一心战疫情、全力以赴稳增长的民生答卷。

疫情防控取得重大战略成果。迅速启动重大公共突发事件一级响应，建立指挥机构和工作机制，织密“五张网”，筑牢“三道防线”，实施“十严格”，仅用 27 天实现年内本土确诊病例“零新增”。仅用一个多月时间实现 55 例确诊患者全部治愈出院，专业救治医院医务人员“零感染”。压实“四方责任”，扎实推进常态化疫情防控，实现年内境外输入、进口冷链食品引发疫情“零发生”。在共克时艰的日子里，以广大医务人员为代表的抗疫勇士，挺身而出、逆行出征，以生命赴使命，用大爱护众生，胜利完成援鄂援港任务，涌现出梁小霞、韦球等全国先进典型。让我们向所有抗疫英雄致以崇高敬意！

复工复产复学快速高效。在疫情防控阶段性好转的第一时间，迅速组建专班，攻要素畅通，保物资供应，以“四个率先”推动产业链上下游企业协同复工复产。在全国较先、全区率先出台支持中小企业保经营稳发展 16 条措施，在全国率先落地疫情期间援企稳岗返还政策，在全区率先上线企业缺工登记和个人求职登记一体化服务平台，在全国率先上线高校毕业生就业“打包一件事”，重点跟踪服务 76 家工业企业，以点带面，3 月初全市“四上”企业、农业龙头企业基本实现复工复产。筑牢校园疫情防控网络，5 月中旬全市 3290 所学校近 170 万师生实现有序安全复学。

“六稳”“六保”落地落实。出台稳工业 8 条、稳投资 6 条、促消费 12 条等稳增长措施，集中力量打好“六大会战”，开展七个专项行动，聚焦重大项目建设实施征拆、前期和建设三大攻坚，全力稳住经济基本盘。全年地区生产总值完成 4726.34 亿元、增长 3.7%，其中一产增长 4.7%、二产增长 5.3%、三产增长 2.9%。财政收入增幅高于全区 5.1 个百分点。规上工业增加值增长 3%、高于全区 1.8 个百分点。5000 万元以上项目完成投资增长 13.6%，712 个区市层面统筹推进重大项目完成投资 963.4 亿元。

——这一年，我们慎终如始、善作善成，书写了一份决战脱贫攻坚、决胜全面小康的历史答卷。

脱贫攻坚战取得全面胜利。按照跟上、盯住、办好的要求，筹集 30.7 亿元各级财政资金，持续推进“四大战役”，打好“五场硬仗”，全力攻克最后的贫困堡垒，“两不愁三保障”问题全面解决。实现控辍保学“双清零”工作目标并持续保持，建档立卡贫困人口基本医疗保险参保率、贫困户住房安全保障率、饮用安全水源的人口比例均达 100%，全市 1559 个村（社区）集体经济收入全部达 5 万元以上。实现 4 个贫困县区全部摘帽、421 个贫困村全部出列、现行标准下的农村贫困人口全部脱贫，历史性解决了绝对贫困问题。奋战在脱贫攻坚战线的广大扶贫干部，无私奉献、倾情投入，不畏牺牲、战贫斗困，他们是新时代最美奋斗者！

决胜全面建成小康社会取得决定性成就。小康监测体系各项指标实现程度达到或接近 100%。提前一年实现“两个翻一番”，2020 年地区生产总值、居民人均可支配收入分别是 2010 年

的2.63倍、2.58倍。学前三年毛入园率97.3%、九年义务教育巩固率102%、高中阶段毛入学率98.8%。城乡居民基本养老、基本医疗保险参保率均达98%以上。实现每个乡镇建有1所标准化卫生院、每个行政村建成1个标准化村卫生室。每千人口拥有执业(助理)医师数和床位数分别达3.5名、7.6张。每千名老年人拥有床位数达28.3张。全市"三馆一站"免费开放,村级公共服务中心覆盖率达97%。

——这一年,我们敢想敢干、敢闯敢试,书写了一份奋楫扬帆强首府、砥砺奋进提质量的发展答卷。

强工业补短板。57个项目列入自治区"双百双新"计划,项目总数及"双新"项目数均居全区第一。合众、天际等强首府标志性重大项目顺利开工,浪潮南宁生产基地服务器和计算机产品下线,24个强首府重大工业项目实现投产。电子信息制造业产值占全区比重一半以上。医疗器械行业较快发展,成为生物医药产业的新支撑。规上高技术制造业增加值增长26.4%,新上规入统工业企业185家、为历史新高,其中新建入规工业企业数量居全区第一,工业发展势头良好。

强创新增活力。引进新型产业技术研究机构6家,获认定广西新型研发机构5家,新增国家级创新创业平台5个,南宁国家农业科技园区成功获批,在深圳建设广西首家"飞地孵化器",广西先进铝加工创新中心在研项目获批为首个"国家重大短板装备专项工程"。新增瞪羚企业31家、国家科技型中小企业853家,荣获中国专利优秀奖2个。获批"科创中国"试点城市。

强金融促集聚。金融业增加值增长5.8%、对经济增长贡献率达19.5%,人民币存贷款余额增长10.5%,保费收入增长17.8%。中国—东盟金融城新增入驻金融机构(企业)102家、增长170%。自贸试验区南宁片区金融创新指数在同批19个片区中排名第二。全市跨境人民币结算量624亿元、占全区40%。金融服务实体能力不断提升,普惠小微企业贷款增长34.4%,贷款利率下降69个基点;新增IPO在审企业2家、新三板挂牌企业2家。

强枢纽夯基础。实施重大交通基础设施项目49个,南崇、南玉城际铁路等项目加快推进;开工建设南宁至湛江、南宁至平果等5条高速公路,在建高速公路规模创历史新高。南宁国际铁路港一期、圆通速递广西物流总部等建成运营,中新南宁国际物流园、南宁牛湾物流园区等加快建设。新增AAA级以上物流企业8家,中越跨境集装箱班列开行166列、增长49.5%。吴圩国际机场国际货邮吞吐量突破万吨大关、增长373.1%。邮政业务总量增长43.7%、增速居全国省会城市第三。

强开放建平台。自贸试验区南宁片区年内新增企业6555家,累计达8418家。中国(南宁)跨境电商综试区进出口交易额增长198%。南宁综保区进出口总额增长69.8%。中国—东盟信息港南宁核心基地累计建成项目35个。南宁临空经济示范区获批建设。全市"三企入桂"签约项目203个、总投资3520亿元,项目"四率"综合排名全区前列。全市实际利用外资4.4亿美元、增长41.9%,新设外资企业149家、增长20.2%。

强治理促和谐。三级三类国土空间规划体系基本建立。蓝天碧水净土保卫战成果丰硕,市区空气质量优良率达97.5%,重点流域地表水水质优良比例保持100%,建成区38个黑臭河段全部消除黑臭,城市水质指数在全国省会城市中排名第二,竹排江黑臭水体治理项目入选2020年生态环境部通报表扬典型案例,农用地安全利用推进率和污染地块安全利用率实现"双100%"完成。开工改造老旧小区247个。生活垃圾分类试点工作卓有成效。平安南宁、法治南宁建设扎实推进,扫黑除恶专项斗争顺利收官,人民群众安全感达98.09%。安全生产形势稳定向好。城市综合信用指数首次排名全国前十。获评全国少数民族流动人口服务管理示范城市。荣膺全国双拥模范城七连冠。

2020年我市工作取得扎实成效,实现"十三五"规划胜利收官。五年来,我们着力推进"六大升级"工程,全力以赴稳增长、促改革、调结构、惠民生、防风险、保稳定,南宁进入全国经济50强城市行列。地区生产总值年均增长5.8%、总量占全区比重由2015年的20.3%提升至21.3%,财政收入占全区比重由2015年的24.54%提升至28.43%,经济发展呈现体量、质量双提升,站上了新的台阶。

这是强化创新引领、产业转型升级全面发力的五年。

我们坚持前端聚焦、中间协同、后端转化,以创新推动发展动力换档升级。创新发展能力持续增强。南宁·中关村创新示范基地、南宁·中关村科技园成为京桂两地由点到面深度合作的成功实践,示范基地聚集创新主体达339家,科技园入驻产业项目达19个。高新技术企业保有量达1151家、比2015年翻两番、占全区41.1%。实现国家技术发明奖零的突破,获批国家知识产权示范城市。工业加快转型升级。三大重点产业规模以上产值占全市比重达38.8%,以申龙、合众、天际等整车带动零部件生产的新能源汽车产业链加快形成,以瑞声科技为龙头的智能终端产业链初具成效,电子信息连续三年成为全市产值最大的工业产业。近三年工业税收占比从18%上升至22%。推动工业园区差异化特色化发展,产值超百亿元工业园区达6个。突出扶强扶优导向,规上工业企业突破1000家,亿元企业达392家,实现"南宁地铁南宁造""南宁产品上航天"等多项突破。现代服务业提质增效。全市服务业增加值达3107.7亿元、是2015年的1.8倍,总量占全区比重较2015年提升1个百分点。金融业增加值年均增长7.5%。电子商务重点企业交易额是2015年的2.2倍。新增国家AAA级以上景区49家,南宁万有等重大文旅项目开工建设,年旅游总消费突破1700亿元。

这是突出协调优化、统筹城乡发展硕果累累的五年。

我们始终把协调发展放在重要位置,坚持以城带乡、以工促农,不断发展壮大县域经济。现代特色农业产业"10+3"提升行动扎实推进,粮食总产量1062.4万吨,新增自治区级现代特色农业核心示范区34个,建成全国最大茉莉花、火龙果、沃柑产区,"三品一标"产品192个,国家地理标志保护产品9个,国家地理标志商标7个,"横县茉莉花茶"入选首批中欧地理标志协定保护名录,沃柑成为首个以自主品牌出口的本地水果。"美丽南宁"乡村建设活动圆满收官,全市乡镇、建制村和20户以上自然村屯道路通畅率、建制村通客车率均达100%,农村集中供水率达95.9%,累计建设36个农村垃圾乡镇片区处理中心、736套集中式农村生活污水处理设施。6个县区荣获广西高质量发展先进(进步)县区。

这是坚持绿色发展、"中国绿城"品质不断升级的五年。

我们积极践行绿水青山就是金山银山理念,突出"形、实、魂",坚持治水、建城、为民,生态宜居城市魅力彰显。五象新区进入高质量发展阶段,集聚全球最具价值品牌百强达12家、世界500强39家、中国500强28家,"再造一个新南宁"的蓝图正变为现实。生态优势巩固提升,"百里秀美邕江"全面展现,那考河生态综合整治项目获"中国人居环境奖"范例奖,获全国首批海绵城市建设优秀试点城市,园博园成为首府绿色新地标。城市功能日益完善,广西文化艺术中心、清厢快速路等重大工程建成使用,"老南宁·三街两巷"成为网红打卡地;地铁1—4号线相继开通运营,形成"井字形"网络;火车东站成为我国南方最大的综合性交通枢纽之一。城市治理更有温度,"美丽南宁·整洁畅通有序大行动"深入推进,创新推出"以学促管、学罚结合"的电动自行车管理南宁经验,"文明行车·礼让斑马线"成为首府文明新品牌,"一码通城"在全国率先实现公共服务多场景互联互通。

这是深化改革开放、发展动力活力加速释放的五年。

我们围绕释放市场主体活力破除藩篱，聚焦厚植发展优势扩大开放。重点领域改革深入推进，全国首创的公共资产负债管理智能云平台内涵和外延不断扩展，完成中区直国有企业退休人员5.7万人社会化管理移交，完成49家国有“僵尸企业”市场化出清，农村土地承包经营权确权颁证率达97.2%，国有林场主体改革基本完成。营商环境明显改善，推行“一枚公章管审批”、“拿地即开工”“互联网＋不动产登记”“智慧人社”等经验做法获国家部委肯定，“容缺后补”等改革得到群众广泛认可，全市各类市场主体达77.7万户、较2015年增长46.7%。“南宁渠道”影响力不断提升，国际友城达25个，成功服务第13—17届东博会，成功举办中国—中亚合作论坛等高级别国际论坛，苏迪曼杯世界羽毛球混合团体锦标赛、“环广西”自行车赛（南宁站）等重大国际赛事取得圆满成功。外向型经济加快发展，外贸进出口总额达986亿元、年均增长22%。

这是共享发展成果、增进民生福祉成效显著的五年。

我们坚持以人民为中心，全力办好惠民利民实事。“十三五”期间民生支出2740.3亿元，是“十二五”的1.8倍。如期实现公办园在园幼儿占比达50%的目标，累计新建成投入使用公办中小学校105所、新增学位17.9万个，全部县区通过全国义务教育发展基本均衡县（区）国家评估认定，累计建成27所自治区示范性普通高中、特色高中；南职院入选国家“双高”院校，南宁学院通过教育部本科教学工作合格评估，南宁教育园区入驻院校18所，实现招生入学7所。累计新增医疗卫生机构608家、床位15696张，新改扩建市级医疗机构13家、社区卫生服务中心38个，新建城区级医院5所，实现5家县级医院整体搬迁。荣获国家卫生城市“三连冠”。城镇登记失业率均控制在3.5%以内。基本养老保险、基本医疗保险制度实现全覆盖，企业退休人员养老金实现“16连调”。舞剧《刘三姐》等7部作品获广西精神文明建设“五个一工程”奖、广西文艺创作铜鼓奖。累计完成农村危房改造3万户、开工保障性安居工程7万套。市第二福利院建成运营，累计建设城市养老服务中心和社区日间照料中心187个。累计发放低保资金24.7亿元、特困人员供养补助7.1亿元。累计投入491.5亿元实施为民办实事项目328个子项。

五年来，市人民政府不断加强自身建设，深入落实中央八项规定及其实施细则精神，严格执行“约法三章”，持续纠治“四风”，严格精文减会。累计提请市人大常委会审议地方性法规草案18件，出台政府规章20件、规范性文件196件。人大代表议案和建议、政协提案办结率均达100%。入选第一批全国法治政府建设示范市。

各位代表，回顾过去五年的工作，我们深切地体会到，所有成绩的取得，最根本在于有以习近平同志为核心的党中央坚强领导，在于有习近平新时代中国特色社会主义思想的科学指引。五年来所取得的成绩，是自治区党委、政府正确领导的结果，是市委团结带领全市人民克难攻坚、拼搏奋进的结果，是市人大、市政协有力监督支持的结果，也是全市各级各部门履职尽责、共同努力的结果。在此，我代表市人民政府，向全市各族人民，向人大代表、政协委员，向各民主党派、工商联、无党派人士和人民团体，向驻邕部队、武警官兵、政法干警、消防救援队伍，以及所有参与、关心和支持南宁发展的各界人士表示诚挚感谢并致以崇高敬意！

在看到成绩的同时，我们也清醒地认识到，我市仍处在转型升级、爬坡过坎的关键时期，创新支撑产业高质量发展的动能不够强劲，开放合作水平还不够高，城乡协调发展、民生保障等领域仍存在短板弱项。我们将认真研究，以更加精准务实的措施解决突出问题，狠抓工作落实，绝不辜负全市各族人民对我们的期望！

二、“十四五”发展主要目标和重点任务

“十四五”时期是我市全面落实强首府战略的关键时期。根据《中国共产党南宁市委员会关于制定南宁市国民经济和社会发展第十四个五年规划和二〇三五年远景目标的建议》，市人民政府制定了《南宁市国民经济和社会发展第十四个五年规划和2035年远景目标纲要（草案）》（以下简称《纲要（草案）》），现提交大会审议。

“十四五”时期我市发展的指导思想是：高举中国特色社会主义伟大旗帜，坚持以习近平新时代中国特色社会主义思想为指导，深入贯彻党的十九大和十九届二中、三中、四中、五中全会精神，统筹推进“五位一体”总体布局，协调推进“四个全面”战略布局，深入贯彻习近平总书记对广西工作的重要指示精神，按照“建设壮美广西　共圆复兴梦想”总目标总要求，全面落实“三大定位”新使命和“五个扎实”新要求，准确把握新发展阶段、抢抓用好新发展机遇、深入贯彻新发展理念、加快融入新发展格局，坚持稳中求进工作总基调，以推动高质量发展为主题，以深化供给侧结构性改革为主线，以改革创新为根本动力，以满足人民日益增长的美好生活需要为根本目的，统筹发展和安全，牢牢扭住全面落实强首府战略这一总抓手，突出资源要素集聚、开放平台提升、营商环境优化、城乡融合发展四个关键支撑，持续推动“强工业、强创新、强金融、强枢纽、强开放、强治理”六个重点举措，加快建设现代化经济体系，推进首府治理现代化，加快打造引领全区高质量发展的核心增长极，实现经济行稳致远、社会安定和谐，在谱写建设壮美广西、共圆复兴梦想新篇章中走在前作表率，为与全国同步基本实现社会主义现代化奠定坚实基础。

围绕“加快发展、转型升级、全面提质”，《纲要（草案）》提出未来五年全市地区生产总值年均增长7.5%以上，财政收入年均增长5%，工业增加值年均增长14%，固定资产投资年均增长10%以上，社会消费品零售总额年均增长8.5%，进出口总额年均增长10%，粮食综合生产能力为210万吨，完成自治区下达的节能减排降碳目标，居民人均可支配收入增长与经济增长基本同步，城镇调查失业率控制在6.8%以内。未来五年努力实现“六个明显提升”：

——经济综合实力明显提升。经济首位度持续提高，经济增长速度高于全国、全区平均水平，产业结构持续优化，工业支撑作用凸显，现代服务业高端化加快，农业现代化加快推进，创新支撑能力显著增强，产业链现代化水平不断提高，现代化经济体系建设取得重大进展。

——改革开放水平明显提升。要素市场化配置改革和一流营商环境建设取得重大进展，市场主体更加充满活力，开放平台建设取得显著成效，开放型经济发展迈上新台阶，在全区构建“南向、北联、东融、西合”全方位开放发展新格局中的龙头带动作用进一步发挥。

——社会文明程度明显提升。社会主义核心价值观深入人心，人民思想道德素质、科学文化素质和身心健康素质明显提高，公共文化服务体系和文化产业体系更加健全，人民精神文化生活日益丰富，文化软实力和影响力不断增强。

——生态宜居水平明显提升。国土空间开发保护格局得到优化，生产方式和生活方式更加绿色、低碳，能源资源利用效率不断提高，主要污染物排放总量持续减少，生态文明制度体系更加完善，生态环境质量持续走在全国省会城市前列，“中国绿城”品牌进一步擦亮。

——人民生活品质明显提升。城乡居民收入增长和经济增

长基本同步,就业、教育、社保、养老、医疗卫生、住房保障等基本公共服务均等化水平大幅提高,脱贫攻坚成果持续巩固,乡村振兴战略全面推进,民生福祉达到新水平。

——社会治理效能明显提升。社会主义民主法治更加健全,社会公平正义进一步彰显,政府作用更好发挥,行政效率和公信力显著提升,社会治理特别是基层治理水平明显提高,防范化解重大风险能力、突发公共事件应急能力和自然灾害防御能力不断增强,发展安全保障更加有力,双拥创建水平全面巩固提升,民族团结进步事业开创新局面。

"十四五"时期,重点抓好9个方面工作:一是聚力"强首府",厚植现代化经济体系新根基。加快打造国内国际双循环战略链接核心城市,持续提升"南宁渠道"功能,发展更高层次的开放型经济,建设西部陆海新通道重要节点城市,引领北部湾城市群和粤港澳大湾区融合发展。二是聚焦"高质量",构建现代产业体系。着力提升工业高质量发展水平,推动服务业创新发展,做优做强现代特色农业,持续做强"数字引擎",加快建设创新型城市。三是全面实施乡村振兴战略,加快推进城乡融合发展。推进巩固拓展脱贫攻坚成果同乡村振兴有效衔接,推动乡村产业蓬勃发展,实施乡村建设行动,深化农村改革,推进以人为核心的新型城镇化,充分激发县域经济活力。四是优化国土空间布局,高标准建设南宁都市圈。加快构建南宁都市圈,加快形成开发保护总体格局,加快建设南宁大都市区,优化县域发展空间,提升城市功能品质。五是深化体制机制改革,推动有效市场和有为政府更好结合。深化要素市场化配置改革,持续转变政府职能,深化财税体制改革等重点领域改革,加快建设信用南宁,充分激发各类市场主体活力。六是坚持治水建城为民,打造更高水平的"中国绿城"。加快推动绿色低碳发展,全面提高资源利用效率,提升生态系统质量和稳定性,创建天蓝水清岸绿景美的国际花园城市。七是提升首府文化软实力,创建国家历史文化名城。传承弘扬首府优秀传统文化,繁荣发展文化事业和文化产业,持续提升社会文明程度。八是坚持以人民为中心,不断增强人民群众获得感幸福感安全感。持续提高就业质量,提升城乡居民收入水平,建设高质量首府教育体系,全面推进健康南宁建设,织密扎牢社会保障网,促进人口长期均衡发展。九是统筹发展和安全,构建城市安全运行体系,推进首府治理现代化。

三、2021年主要工作

2021年是中国共产党成立100周年,是开启全面建设社会主义现代化国家新征程的第一年,也是全面落实强首府战略、加快打造引领全区高质量发展核心增长极的关键之年。我们将按照市委十二届十一次全体(扩大)会议的部署要求,全面落实强首府战略,实现"十四五"发展开好局起好步。

今年全市主要预期目标为:地区生产总值增长8%以上,固定资产投资增长15%,规上工业增加值增长10%,社会消费品零售总额增长12%,财政收入增长5%,居民消费价格指数涨幅控制在3%左右,城镇登记失业率控制在4.5%以内,节能减排降碳控制在自治区下达目标内,居民人均可支配收入增长与经济增长基本同步。

围绕上述目标,我们要以坐不住、等不起、慢不得的紧迫感和危机感,把发展的方向、工作的重点和主观的努力有机结合起来,保持"闯"的精神、"创"的劲头、"干"的作风,铆足干劲,扛起重任,真抓实干,心无旁骛投入到全面落实强首府战略各项工作中,起步就要提速,开局就要争先。重点是抓好以下六个方面工作。

(一)深入实施创新驱动发展战略,加快产业转型升级。

坚持把发展经济的着力点放在实体经济上,扎实开展产业振兴三年行动,推动创新支撑产业高质量发展。

坚持创新在发展全局中的核心地位。实施创新平台建设提升行动,持续推进南宁·中关村创新示范基地、南宁·中关村科技园建设,不断发挥示范引领作用和溢出效应。引进和布局新型产业技术研究机构5家,新增各类自治区级以上创新创业平台7个,在上海建立"飞地孵化器"。纵深推进大众创业万众创新。鼓励开展重大产业技术攻关,实施重大科技计划项目10项和科技成果转化项目100项。强化企业创新主体地位,支持科技领军企业建设协同创新平台,力争高新技术企业达1300家,新增瞪羚培育企业25家。发展疾病防治攻关等民生科技。优化项目申报、评审、经费管理、人才评价和激励机制。建立人才一体化服务平台,实施顶尖人才"突破计划",引进和培育高层次科技人才和团队30人(个)。深入实施质量提升行动,造就更多"南宁工匠"。全市每万人口发明专利拥有量达13件。大力推进科创中国试点城市建设。

提质扩量做强工业。全面实施工业振兴三年行动,实施好产业基础再造工程,持续强龙头、补链条、聚集群。提升三大重点产业链现代化水平。力争三大重点产业产值占比同比提升1个百分点。电子信息产业加快培育网络通信、智能终端、新型显示等产业链,打造东盟—南宁—珠三角供应链,推动瑞声光学传动等项目竣工投产。先进装备制造业加快培育新能源汽车和工程机械装备、节能环保装备、轨道交通装备"一主三副"四条产业链,重点推进分别年产10万辆新能源汽车的合众项目投产、天际项目完成厂房建设,培育美斯达配套产业集群发展。生物医药产业发展现代中药和医疗器械,推进一力集团南宁基地等项目尽快投产。改造提升传统优势产业。推动铝、食品、木材加工等产业向高端化、精细化、绿色化发展,推动南南铝加工辊底炉首台套项目达产达效。扩能提质工业园区。三大国家级开发区力争工业总产值均增长20%以上。促进县区工业园区差异化特色化发展,形成"一区一主业"产业发展新格局。加快标准厂房建设。支持"园中园"建设。支持市属国有企业与县区合作共建园区。狠抓"5个100"工程。推进100项以上重大工业项目,实施100项以上重点技改项目,引进100项以上产业链重点招商项目,新建入规100家以上工业企业,培育100家以上"专精特新"中小企业。我们要持续攻坚,咬定青山不放松,脚踏实地加油干,全力打好工业振兴攻坚硬仗,不破楼兰誓不还!

提质升级做实服务业。推进生产性服务业向专业化和价值链高端延伸。现代金融业加大"引金入邕"力度,大力发展科技金融、供应链金融等新兴业态,力争新增上市企业1家、辅导备案企业2家,建成绿色金融综合服务平台,落实好桂惠贷政策,强化金融服务实体经济,进一步解决中小微企业融资难题。现代物流业完善拓展物流园区保税物流、跨境结算等服务功能,形成"通道+枢纽+网络"的现代物流大格局,引进品牌物流企业,培育本土物流龙头,加快推进苏宁广西智慧电商产业园等项目建设,新增AAA级以上物流企业6家。大数据产业加快卫星遥感、5G、地理信息等产业发展和应用,加快布局大数据中心等新型基础设施。会展服务业积极引进和培育会展生态链重点企业和品牌展会。推进生活性服务业向高品质多样化升级。大健康产业聚焦"医、养、管、食、游、动"等子产业发展,积极创建国家全域旅游示范区、国家中医药健康旅游示范区。现代商贸业扶持准入库企业,力争新增限额以上商贸法人企业100家,加快发展"流量经济"等新零售业态,加快建设区域性国际消费中心城市。现代旅游业重点推进区域性国际旅游中心城市建设,推进国家文化和旅游消费试点，加快南宁万有等一批重大文旅项目建设，推动百里秀美邕江·园博园、昆仑关创建国家5A级景区。

加快发展新经济。培育电子商务新业态，加快中国(南宁)跨境电商综试区建设，力争跨境电子商务交易额增长25%以上。培育发展枢纽经济，加快建设南宁陆港型国家物流枢纽，依托中新南宁国际物流园、南宁国际铁路港，打造多式联运体系，实现南宁至越南集装箱班列200班次以上，高标准高质量规划建设南宁临空经济示范区，发展航空物流等临空产业。大力发展数字经济，依托中国—东盟信息港南宁核心基地，加快发展云计算、人工智能、空间信息等产业，引进一批数字经济龙头企业项目，打造数字经济产业园区，加快建设五象新区、高新区、青秀区等数字经济集聚区。

推动改革和发展深度融合高效联动。完善土地储备及开发利用管理机制，加强规划编制与土地利用统筹联动。加强财政金融联动，降低企业融资成本。深入实施国企改革三年行动，分层分类推进国有企业混合所有制改革，支持改组国有资本运营公司试点高效运转，加快改组组建国有资本投资公司。优化民营经济发展环境，落实减税降费政策。纵深推进"放管服"改革，加强数字政府建设，推动政务服务由"互联网+"向"智慧+"转变，深化"证照分离"改革，探索将建设用地规划许可证、建设工程规划许可证、建设用地批准书合并为国土空间用途管制许可证。

(二)深化以面向东盟为重点的开放合作，提升"南宁渠道"国际影响力。

深入贯彻落实习近平总书记在第17届东博会上的重要致辞精神，强化开放引领，持续畅通"南宁渠道"，以高水平开放引领高质量发展。

增强开放平台带动效应。推动东博会从服务"10+1"向服务RCEP和"一带一路"拓展。全力推进自贸试验区南宁片区制度创新和开放型经济集聚发展，争创RCEP先行先试区，持续推进片区91项改革试点任务，全年新增企业9000家以上。推进金融开放门户核心区加快建设，突出面向东盟的金融开放创新，抓好保险创新、绿色金改"双示范区"创建，推动浙商银行、财达证券等金融分支机构落地，中国—东盟金融城新增入驻金融机构(企业)80家。

全面提升对外交通能力。围绕加快打造西部陆海新通道重要节点城市，加强大能力运输通道建设。建成柳南二高、吴圩机场至隆安、沙井至吴圩等高速公路，新增高速公路140公里以上，力争开工南宁二环(六景至大塘段)、南宁至大新等4条高速公路。加快建设南宁北站，推进市郊铁路机场线前期工作，力争开工建设南宁站改扩建工程和南宁枢纽五象站。优化港口规划布局，加快建设西津二线船闸，配合完成西部陆海新通道(平陆)运河工可报告。开工机场改扩建工程，推动南宁机场军民航分离。

培育开放型经济新动能。引领带动"两湾"融合发展，加强承接大湾区产业转移合作，积极融入大湾区先进制造业体系。深度融入国内国际双循环，加快构建大湾区—广西沿海—东盟的产业链、供应链、价值链、创新链。发挥外向型企业资金池和外贸孵化基地作用，做大做强外贸实体。提升开放型园区加工贸易项目承载能力，支持南宁综保区扩大中药材进口业务。深化与广西第一批CEPA先行先试示范基地合作，助力南宁名优特产打造品牌，销往港澳及海外。力争全市外贸进出口总额增长11%。

(三)加快融入新发展格局，扩大有效投资促进消费升级。

牢牢把握扩大内需这个战略基点，充分发挥投资的关键作用和消费的基础作用，以高质量供给引领和创造新需求。

积极扩大有效投资。优化投资结构，加强产业投资特别是工业投资，完善高质量的全面落实强首府战略重大项目库，重点推进13个市级强首府标志性重大项目和400个强首府重大项目。积极谋划推进工业振兴、以"五网"为重点的基础设施建设、新型城镇化、农业农村、现代服务业和社会民生等领域项目。坚持要素跟着项目走，保持工业用地占全市出让用地35%以上。引入社会资本投资PPP项目规模100亿元以上，进一步拆除妨碍民间投资的各种藩篱，在更多领域让社会资本进得来、能发展、有作为。严格落实"四定"要求，确保全年区市层面统筹推进重大项目完成投资900亿元以上。

持续务实精准招商。坚持把招商引资作为"一把手"工程，把更多的时间和精力放在招商引资上。加强招商引资制度创新和机制创新。积极开展"三企入桂项目落实、行企助力转型升级"行动，着力提高项目"四率"，加快形成投资实物量。聚焦"三大三新""双百双新"等重点领域，大力开展行业企业招商等市场化模式招商。抢抓用好RCEP签署等重大机遇，依托国家重大战略平台，着力引进战略性新兴产业和现代服务业，全市内外资到位资金增长10%以上。

全方位促进消费升级。推进特色商业街改造升级和商贸重点项目建设，依托中山路、"老南宁·三街两巷"、百益上河城、盛天地等打造夜间经济消费地标，高标准高品质新建综合型消费商圈。发展体验式商业，引导购物中心、大型百货向商业服务综合体转变，提升城市消费品质。提升以县城为重要载体的城乡融合消费网络节点，加快电商、快递进农村，扩大县乡消费。积极开展"33消费节"等系列促消费活动，扩大节假日消费。引导平台企业合理降低商户服务费。保障小店商铺等便民服务业有序运营。强化市场监管，畅通消费者维权机制，营造安全放心消费环境。

(四)优先发展农业农村，全面实施乡村振兴战略。

坚持把全面实施乡村振兴战略作为新时代"三农"工作的总抓手，落实好中央一号文件精神，促进农业高质高效、乡村宜居宜业、农民富裕富足，推动县域经济发展壮大。

着力推进巩固拓展脱贫攻坚成果同乡村振兴有效衔接。推动脱贫攻坚政策举措和工作体系逐步向乡村振兴平稳过渡，建立健全巩固拓展脱贫攻坚成果长效机制。严格落实"四个不摘"，按照对脱贫县从脱贫之日起设立5年过渡期的要求，过渡期内保持主要帮扶政策总体稳定。健全防止返贫动态监测和帮扶机制，对易返贫致贫人口实施常态化监测，重点监测收支状况和"两不愁三保障"巩固情况及饮水安全状况，继续精准施策，确保不发生规模性返贫。持续发展壮大脱贫地区乡村特色产业，大力实施消费帮扶。持续做好脱贫人口稳岗就业，推动粤桂乡村振兴协作，引导民营企业积极参与"万企兴万村"行动。持续开展劳务输出服务。强化易地扶贫搬迁后续扶持，完善配套基础设施和公共服务，确保搬迁群众稳得住、有就业、能致富。

提质增效做优农业。严防死守耕地红线，推进高标准农田建设，调动农民种粮积极性，全年粮食播种面积637.4万亩以上。推动特色优势农业向全产业链发展，重点整合打造水果、生猪、家禽等九大农业全产业链。加快恢复生猪产能，确保年底前恢复到常年水平。实施现代特色农业示范园区提升工程，力争打造6个以上自治区级农业现代化示范区，新增自治区级龙头企业4家以上。高标准规划打造一批农(林)产品加工集聚区，大力发展农村电商，加快补齐冷链物流短板。健全现代农业经营体系，新增农民专业合作社100家以上、家庭农场50家以上。

实施现代种业提升工程。健全动植物疫病防控体系。推进农业面源污染防治,确保农产品质量安全监测合格率在97%以上。发展智慧农业,强化农业装备支撑,推进南宁国家农业科技园区建设,打造3家自治区级农业科技园区。发展新型农村集体经济。深化农村集体产权制度改革和农村土地制度改革,稳妥有序探索推进农村集体经营性建设用地入市制度。完善林权抵押贷款机制。深化供销社综合改革。开展粮食节约行动。

大力实施乡村建设行动。实施乡镇基础设施和公共服务提升工程,将农贸市场纳入城镇规划布局管理,把乡镇建成服务农民的区域中心。注重保护历史文化名镇名村、传统村落和乡村特色风貌。树立全域环境整治理念,以"三清三拆"村庄环境整治和风貌提升示范带建设为抓手,持续推进农村人居环境整治提升行动。加快农村连片集中供水工程建设和病险水库除险加固,加大五化灌区等农田水利设施建设力度。推进四好农村路高质量发展,深化农村公路管理养护体制改革,全面推行农村公路"路长制",推动"美丽农村路"建设。强化农房建设管控,提升建设品质。倡导节俭节约,推进农村移风易俗。

(五)加强城市建设和社会治理,大力提升城市功能品质。

突出"形、实、魂",持续治水、建城、为民,打造更高水平的生态宜居城市。

持续完善基础设施和公共服务。加快建设城区15分钟社区生活圈。推进城镇七大项地下管网项目建设。深入推进生活垃圾分类,推动双定循环经济产业园一期工程点火试运行,新增垃圾焚烧发电处理量2250吨/天。推动快递包装绿色转型。加强危险废物、医疗废物收集处理。加大整治"两违"工作力度。持续提升小区物业管理水平。建设公交都市,开通运营轨道交通5号线一期工程,推进以机场线、6号线为主要内容的轨道交通第三轮建设规划,完善轨道交通线网为骨干、各类交通无缝衔接的城市公共交通体系。优化市区与各县区之间的交通运输网络体系。提高城市道路与高速公路通达效率,按3公里~5公里间隔设置高速市政道路互通工程。加强交通微循环建设管理。

实施城市更新行动。优化国土空间开发保护格局,加快市级国土空间总体规划编制报批,统筹推进各城区分区规划和县级国土空间总体规划编制,稳妥推进"多规合一"实用性村庄规划编制。扎实做好老旧小区改造,加快推进火车站片区等三个站城一体化城市更新项目。改造提升城中村,持续开展城镇棚户区改造,精细化开展中心城区更新,推进兴宁、西乡塘、江南等老城区传统商圈改造升级,提升青秀、江南、良庆等城区邕江沿岸生态优势。持续高标准高质量推进五象新区建设,聚焦聚力产业发展主线,加快打造成为广西改革开放创新的重要平台和窗口、中国与东盟全面合作示范区。

巩固提升首府生态优势。统筹划定并严格落实生态保护红线、永久基本农田、城镇开发边界等控制线,建立水资源刚性约束制度,加快促进经济社会发展全面绿色转型。落实国家碳排放达峰行动方案,推进低碳试点建设。持续提升"南宁蓝"品质,深入推进扬尘污染治理,加强大气污染防治区域联防联控联治,加强细颗粒物和臭氧协同控制,确保空气质量优良率不低于95%。持续整治城市噪声污染。强化河湖长制,深入推进城市内河流域系统综合整治,提高园区工业废水处置能力,持续提升黑臭水体治理示范城市创建水平,建设韧性城市。巩固提升邕江综合整治和开发利用成果,逐步优化邕江沿岸天际线,加快打造世界级城市滨水空间。全力保障饮水安全,升级改造居民生活饮用水二次供水设施,推进第二水源建设,加快建设石埠水厂一期。严格土壤污染源头防控。落实林长制,提升园林绿化管理水平,扎实推进公园城市建设。做好中央第二轮生态环境保护督察反馈问题整改。人不负青山,青山定不负人,我们将深入贯彻落实习近平生态文明思想,守护好首府南宁绿城碧水蓝天!

推进社会治理现代化。把安全发展贯穿首府发展各领域和全过程,有效防范和化解各种风险。加快推进市域社会治理现代化试点工作。建设更高水平的平安南宁,扎实推进基层社会治理体系建设,坚持和发展新时代"枫桥经验",健全完善多元化解矛盾纠纷机制,深入推进"五治融合"发展,拓展城乡社区治理"三社联动"的广度和深度,推广"逢四说事"和"老友议事会"协商模式;深入开展排查防范个人极端案事件风险隐患专项行动,常态化开展扫黑除恶斗争,深入打击整治电信网络诈骗、制毒贩毒吸毒等突出违法犯罪,积极创建全国社会治安防控体系建设示范城市。深化法治南宁建设,推进"八五"全民普法,完善公共法律服务体系。深化安全生产专项整治三年行动,加快创建国家安全发展示范城市。强化食品药品监管。建立全国文明城市、国家卫生城市和全国民族团结进步示范市创建工作长效机制,确保顺利通过复查复审。

(六)着力补短板强弱项,不断改善人民生活品质。

以满足人民日益增长的美好生活需要为根本目的,切实解决群众关心关注关切的重点难点问题,持续增进民生福祉。

促进更加充分更高质量就业。拓宽市场化就业渠道,促进创业带动就业。实施提升就业服务质量工程,突出抓好高校毕业生、农民工、退役军人、烈军属等重点群体多渠道就业创业,帮扶残疾人、低学历低技能劳动者等就业困难群体就业,实现零就业家庭动态清零。对劳动密集型企业用工支持政策延续5年。继续实施职业技能提升行动,新增技能人才2.5万人。

发展更加公平更高质量的教育。构建德智体美劳全面培养的教育体系。强化规划引领,编制教育设施布局专项规划,支持新改扩建一批中小学校。推进学前教育普及普惠安全优质发展。深化义务教育学区制管理改革,开展集团化办学试点工作,更好解决进城务工人员随迁子女就学问题,促进义务教育优质均衡发展和城乡一体化。持续推进"县管校聘"改革试点。健全教师工资保障长效机制,改善乡村教师待遇。提升高中阶段学校教育品质,稳步推进高考综合改革。深化职业教育产教融合,加快"双高"院校建设。办好特殊教育、继续教育,支持和规范民办教育。规范校外培训。优化南宁教育园区规划建设,新增招生入学学校3所。

提升城市文化软实力。坚持以社会主义核心价值观引领文化建设,弘扬伟大抗疫精神和脱贫攻坚精神,推进公民道德建设。围绕庆祝中国共产党成立100周年,创作反映时代新气象、讴歌人民新创造的文艺精品。挖掘和保护红色历史文化资源,传承发展骆越文化,改造提升"老南宁·三街两巷"、中山路、蒲庙老街等历史文化街区,在城市建设中融入更多壮元素,加快建设壮族歌圩文化(南宁)生态保护区和市非物质文化遗产展示中心。深化南宁国际民歌艺术节、"壮族三月三·八桂嘉年华"等品牌建设,广泛开展民歌湖周周演等群众性文化活动,提升公共文化服务效能。加强互联网内容建设和管理,发展积极健康的网络文化。深化文化体制改革,壮大文化产业,扩大对外文化交流。

全面推进健康南宁建设。一刻不松抓好常态化疫情防控,加快新冠病毒疫苗大规模接种,持续抓好"外防输入、内防反弹",坚持"人""物"同防,全面压紧压实"四方责任"。完善公共卫生特别是重大疫情应急体系,加快建设市第四人民医院综合传染病门诊住院楼等医疗卫生补短板项目，加强疾病防控和医疗救治能力建设及应急物资储备。深化医药卫生体制改革，推进县域医共体和城市医疗集团建设。推行多元复合式医保支付方式，做好药品、医用耗材集中带量采购。推进区域医疗中心建设，优化城乡公立医疗卫生机构布局，支持优质民营医疗机构发展，完善城市 15 分钟、农村 30 分钟医疗卫生服务圈，加强全科医生和乡村医生队伍建设。传承创新发展中医药壮瑶医药。加强精神卫生和心理健康服务。严守医保基金安全红线。开展与东盟及周边国家的国际公共卫生和抗疫合作。推进医养结合深度合作，探索推进托幼体系和示范点建设。积极配合自治区筹办 2023 年全国学生(青年)运动会。加快创建全民运动健身模范市。

健全多层次社会保障体系。推进全民参保精准扩面，探索以社会保障卡为载体建立居民服务“一卡通”。强化基本医疗保险、大病保险、医疗救助三重保障，落实长期护理保险试点工作。完善城乡最低生活保障、特困人员救助供养、临时救助等制度，推进居住地申办低保等社会救助改革。发展普惠型养老服务和互助性养老。发展社区养老、托幼、用餐、保洁等多样化服务，让社区生活更加便利。坚持“房住不炒”，探索建立房地产市场平稳健康发展长效工作机制。坚持配建和集中建相结合，多渠道筹集保障性租赁住房房源。加快完善长租房政策，加快推进住房租赁市场发展试点，解决好新市民、青年人等住房困难群体的住房问题。持续巩固双拥模范城建设成果，落实军转干部、退役士兵、军休干部和随军随调家属安置。加强家庭、家教、家风建设，保障妇女、儿童、老年人、残疾人合法权益。

各位代表，初心如磐、使命在肩，征途漫漫、惟有奋斗。我们将坚决落实全面从严治党要求，强化政府自身建设，以严实过硬的作风狠抓工作落实。旗帜鲜明讲政治，增强“四个意识”、坚定“四个自信”、做到“两个维护”，不断提高政治判断力、政治领悟力、政治执行力。扎实开展党史学习教育，做到学党史、悟思想、办实事、开新局。严格依法行政，深化全国法治政府建设示范市建设，依法接受人大及其常委会的监督，自觉接受人民政协的民主监督，主动接受社会和舆论监督。强化审计监督。切实转变作风，持之以恒落实中央八项规定及其实施细则精神，毫不松懈纠治“四风”，持续为基层松绑减负。坚持政府过紧日子，把宝贵的财政资金用在刀刃上。强化公仆意识，提升政府系统执行力，增强驾驭经济工作的本领，以担当见成效，以实干促发展。

各位代表，过往可鉴，当下可为，未来可期。让我们更加紧密地团结在以习近平同志为核心的党中央周围，坚持以习近平新时代中国特色社会主义思想为指导，进一步解放思想、改革创新、扩大开放、担当实干，永葆初心使命，忠诚履职尽责，真抓实干、善作善成、造福于民，全面落实强首府战略，推动“十四五”发展开好局起好步，以优异成绩庆祝中国共产党成立 100 周年！

（市政府办公室）

编辑　覃涓铌

大事记

1月

9日至11日　中国国际贸易促进会、国际展览业协会、国际展览与项目协会、独立组展商协会联合主办的第十六届中国会展经济国际合作论坛(CEFCO 2020)在南宁市举行，主题为“展无界，会无限”，打造“运营”“科技”“市场”3大论坛内容主线，旨在促进中国会展业转型升级，推动中外会展业交流合作。来自中国、美国、法国、德国等20个国家和地区的代表800余人参加。

10日　广西大学教授王双飞作为第一完成人的“大型二氧化氯制备系统及纸浆无元素氯漂白关键技术及应用”科技成果获国家技术发明奖二等奖、广西田园生化股份有限公司参与完成的“防治农作物主要病虫害绿色新农药新制剂的研制及应用”获国家科学技术进步奖二等奖。

15日　南宁市举行驻邕领事机构和香港特别行政区政府驻广西联络处新春招待会。市长周红波，缅甸驻南宁总领事梭岱南、越南驻南宁总领事黄玉荣、马来西亚驻南宁总领事阿兹利米·扎卡里亚、柬埔寨驻南宁总领事辉蕾娜、泰国驻南宁代总领事符万信、老挝驻南宁总领馆副领事坎平·苏立亚翁等驻邕领事机构官员代表，中国香港特别行政区政府驻广西联络处主任吴嘉俊出席。

同日　南宁市“区块链+人社”应用平台发布会在南宁国际会展中心举行，为全国人社系统首个上线的“区块链+人社”综合应用平台，也是自治区首个上线的“区块链+政务服务”应用平台。

19日　中国共产党南宁市第十二届委员会第九次全体会议在南宁召开。

22日　市委常委会召开会议，传达学习、贯彻落实习近平总书记对近期湖北省武汉市等多个地区发生新型冠状病毒感染的肺炎疫情作出的重要指示精神和李克强总理批示精神，按照自治区部署要求，部署安排全市疫情防控。

24日　南宁市“一种不动产登记系统及不动产登记的方法”“一种不动产电子权证系统”2项发明成果获国家知识产权局专利授权。

25日　南宁市确诊第一例新冠肺炎病例。

2月

4日　南宁市首批抗击新冠肺炎疫情援鄂医疗队34人出发；12日，第二批3人出发；15日，第三批26人出发；19日，第四批6人出发；21日，第五批36人出发。3月31日，南宁市援鄂医疗队最后一批36人返回；至此，南宁市援鄂医护人员105人全部返邕。

5日　《人民日报》刊发《让党旗在防控疫情斗争第一线高高飘扬》，报道南宁市第四人民医院党员干部奋战在战“疫”一线事迹。

7日　南宁市人社部门在全国率先落地新冠肺炎疫情期间援企稳岗返还政策，通过南宁智慧人社“免办”发放平台，全程“免填表”“免申报”“免跑腿”，一键确认“同意”就可发放稳岗补贴。

10日　南宁市人社部门支付首笔抗击新冠肺炎疫情工亡待遇，为在防疫工作中去世的西乡塘区职工麻保宁拨付一次性工亡补助金、丧葬补助金826745.98元，后续按新标准补差。

18日　南宁市公交、出租汽车行业全面推行新冠肺炎疫情防控期间实名、扫码乘车。

同日　南宁新冠肺炎疫情防控数据采集平台上线运行，采集平台关联药店登记发热人员的身份证号、联系方式、体温、身体状况、购买药品明细等14项信息。

21日　广西首班复工包机HU7827南宁—广州航班启航，搭乘广东格兰仕集团有限公司的134名员工从南宁出发飞往广州。广西运德集团5辆客运车辆分5条线路，为南宁市瑞志科技公司从区县接回返岗职工。

22日　南宁市新冠肺炎疫情防控工作领导小组指挥部交通组发布信息，为确保群众正常出行和生产生活物资运输通畅，24时前除马山县百龙滩(国道)、金钗镇东屏(省道)、金钗镇八甫(省道)3个联合检疫点外，高速公路、国省干线联合检疫点及所有农村公路联合检疫点67个全部撤销。

28日　《人民日报》图片报道《环卫工人的责任与担当》，点赞南宁市爱心驿站向环卫工人送爱心午餐。

3月

5日　落户于中国(广西)自由贸易试验区南宁片区的广西粮运集团子公司广西联帮盛物流科技有限公司领取“网络货运道路运输经营许可证”，是自治区内首张“网络货运”运营牌照，广西物流行业迈入“互联网+”智慧物流新时代。

7日　央视新闻“共同战‘疫’我的同乡英雄”主题活动与南宁市、北京市、上海市等十几座城市联动，将镜头对准奋战抗疫前线的女医护人员，致敬逆行中最美的“她”。3月6日至8日每天20时至

21时，南宁市在城市繁华路段的户外大屏连续播放广西支援湖北抗疫医疗队女医护人员照片，展播活动获央视新闻直播及《东方时空》报道。

8日　广西壮族自治区新型冠状病毒感染的肺炎疫情防控工作领导小组指挥部印发《关于调整全区各地新冠肺炎疫情分区分级名单的通知》，南宁市所有区县降为低风险区。

同日　南宁舞蹈节目《壮族扁担舞》在中央广播电视总台（央视）综艺频道《舞蹈世界》栏目“青春梦想季”专题节目上演。

13日　南宁市召开广西电网公司电力生产调度指挥中心项目、马巢河流域治理工程、横县瑞声精密制造项目等重大项目开（竣）工现场会。至年末，组织重大项目集中开（竣）工现场会10次，项目312个，总投资968亿元，项目涉及基础设施、产业、社会民生等领域。

15日　南宁市最后一例新冠肺炎确诊患者从自治区人民医院邕武医院治愈出院。至此，全市累计确诊新冠肺炎病例55例全部治愈出院，确诊新冠肺炎病例清零，治愈率100%。

30日　首批原出口越南的跨境电商退货包裹在东盟跨境电商监管中心办理出口退货手续，南宁综合保税区跨境电商出口退货海关监管业务启动，实现跨境电商商品“出得去、退得回”。

4月

7日　南宁市各中学高三、初三年级学生开学。5月6日，小学四年级至六年级、初中和普通高中一年级至二年级、中职学校（含技工学校）开学复课；18日，小学一年级至三年级开学复课；25日，特殊教育学校、幼儿园有序开学复课。至此，全市中小学、幼儿园、中职学校、特殊教育学校160万名学生返校复课。

8日　南宁至武汉列车恢复通行。湖北武汉开往广西南宁的G431次高铁列车抵达南宁东站，G432次列车由南宁东站开往武汉。

9日　广西数字国信安全技术服务有限公司获广西市场监管局检验检测机构资质认定审批，为中国（广西）自由贸易试验区南宁片区首个获检验检测机构资质认定的企业，也是中国（广西）自由贸易试验区首个获检验检测机构资质认定的企业。

13日　自治区首台服务器暨浪潮南宁生产基地首台服务器和计算机产品在南宁市下线，广西实现服务器生产零突破。

15日　《人民日报》刊发《支农出实招　惠农到地头》，报道南宁市发放种粮补贴等“政策礼包”，助推春季农业生产。

16日　南宁市高端高精铝材首台套重大短板装备及配套建设项目竣工点火热试车仪式在广西南南铝加工有限公司举行，首套国产自主高端高精铝合金中厚板辊底炉项目取得阶段性成果。

19日　南宁广播电视台新闻综合频道高标清同播暨10集纪录片《邕江》开播仪式在南宁广播电视台举行。南宁广播电视台承制的纪录片《邕江》4月20日起每天20:40在南宁新闻综合频道播出。

23日　南宁市五象养老服务中心（南宁市第二社会福利院）开业，由市政府立项建设，占地16.2万平方米，建筑面积9.5万平方米，有床位2000张，其中200张具有社会福利性质，用于安置特困优抚老人。

28日　上林县、马山县、隆安县的19家企业22个产品入选首批《全国扶贫产品目录》，产业项目合计带动贫困群众3823人，商品价值4.75亿元。

30日　2020年第一期《向人民承诺——电视问政》在南宁电视台开播。至年末，播出9期，涉及营商环境、城市建设、巡视整改等问题。

同日　“南宁火龙果”“横县甜玉米”获农业农村部颁发中华人民共和国农产品地理标志登记证书。

5月

1日　南（宁）崇（左）高铁南宁段首孔箱梁架设成功。

2日　《光明日报》刊发《南宁：治理一条江改变一座城》，报道南宁市实施邕江综合整治和开发利用工程，推动“中国绿城”生态宜居品质升级。

5日　国务院办公厅发布《关于对2019年落实有关重大政策措施真抓实干成效明显地方予以督查激励的通报》，通报南宁市促进社会投资健康发展、企业债券发行、债券品种创新与风险防范等工作成效。

8日　《南宁市诚信卡管理办法（试行）》实施，为全国首个采用电子卡形式开展诚信激励措施的城市。11月24日，全国首创电子诚信卡——南宁市诚信卡在“爱南宁APP”上线，首批符合南宁市诚信卡电子标志条件的自然人5518人，法人8754家，涵盖14类诚信电子标志。

8日至10日　中国人民政治协商会议第十一届南宁市委员会第五次会议在南宁人民会堂举行。

9日至11日　南宁市第十四届人民代表大会第五次会议在南宁人民会堂举行。

11日　自治区文化和旅游厅公布文化和旅游公共服务机构功能融合试点单位名单，青秀区图书馆入选国家级试点单位，隆安县文化馆、马山县白山镇民族村公共服务中心入选自治区级试点单位。

18日　2020年“云至自贸区诚邀聚五象”推介会议在中国（广西）自由贸易试验区南宁片区举行，通过网络会议系统、“云”直播平台，以线上线下相结合的方式推介南宁片区，300多家世界500强和中国500强企业、国内外企业及有关商协会机构代表参加，网络点击总量超5.20万人次，“云”签约重大合作项目10个。

23日　电视专题片《决战脱贫在今朝》第三集在中央广播电视总台央视综合频道首播，以马山县的扶贫故事为切入口反映南宁市脱贫攻坚成果。

30日　南宁市入选全国“科创中国”首批试点城市名单。

6月

5日　广西大明山国家级自然保护区获国家林业和草原局办公室、民政部办公厅、国家卫生健康委员会办公厅、国家中医药管理局办公室联合授予“国家森林康养基地”（第一批）称号。

10日　南宁市人民政府举行南宁市高校毕业生就业“打包一件事”上线仪式暨南宁市“人社服务快办行动”新闻发布会，在全国率先推出高校毕业生就业“打包一件事”服务，实现13个“一件事”线上打包办、9个“一件事”线下打包办。

16日　南宁市梦工谷众创空间入选科学技术部公布的2020年度国家备案众创空间名单。

21日　南宁市教育局发布《关于南宁市市区民办初中学校电脑随机录取有关事项的公告》，是南宁市首次实行市区民办初中学校电脑随机录取。

23日　南宁市在西乡塘区坛洛镇上中村颁发全国第一本通过“互联网+不动产登记”农村房地一体确权登记方式办理的农村不动产确权登记证书。

30日　“三街两巷”项目金狮巷、银狮巷保护整治改造（二期）开工建设，总用地5.73万平方米，规划范围东至兴宁路、南至民生路、西至解放路、北至西关路的围合区域。

同日　南宁市不动产登记与水、电、网络、电视业务联办功能在“邕e登”平台及手机 APP 上线，实现不动产登记与生活服务事项“一网通办”。

7月

2日　南宁市烟草专卖局稽查支队、南宁市公安局巡警支队、宾阳县公安局治安大队联合捣毁5个涉嫌非法生产销售伪劣烟草制品窝点，查获拼装卷烟机4台、烘丝机1台、切丝机2台、无牌号散装烟支45.09万支、烟丝1251.70千克、烟叶1274.87千克、卷烟盘纸1096.95千克，现货案值近300万元，抓获涉案嫌疑人10名，查获涉案车辆2辆，是南宁近5年来破获的最大“白皮烟”造假案。

4日　《人民日报》刊发《南宁扎实推进海绵城市建设》，并配发短评《让田园诗意可望可及》，报道南宁市推进城市精细化管理的成效。

7日　财政部印发《关于增设口岸出境免税店等问题的通知》，南宁吴圩国际机场获批设立出境免税店。

14日　南宁市消防救援支队经开区大队消防科普教育馆联合百度地图推出全国首个“消防科普教育馆720度室内全景虚拟参观项目”，打造“互联网+消防宣传”新模式。

同日　广西大学“一种海洋环境下混凝土结构耐久性定量设计的方法”，广西路桥工程集团有限公司、广西大学“一种拱桥施工缆索吊塔架位移控制系统及使用方法”2项专利获中国专利优秀奖。

20日　欧盟理事会作出决定，授权签署中欧地理标志保护与合作协定，南宁市“横县茉莉花茶”入选首批中欧地理标志协定保护名录。

21日　国家发展和改革委员会、中国民用航空局批复设立南宁临空经济示范区。

29日　贵(阳)南(宁)高铁广西段首个大跨度连续梁——濉侄西江双线特大桥80米大跨度连续梁合龙。9月15日，180米拱加劲连续梁合龙。12月5日，46榀598节段拼装梁架设完成，标志着全国体量最大高铁节段拼装梁架设完成。

31日　南宁市入选中央全面依法治国委员会办公室公布的《第一批全国法治政府建设示范地区和项目名单》。

8月

1日　《南宁市生活垃圾分类管理条例》施行。

10日　南宁市人力资源和社会保障局、南宁住房公积金管理中心联合打通数字认证共享路径，首创“认证共享通办”，南宁市“五险一金”（养老、失业、工伤、生育、医疗保险，公积金）实现一号认证、一网通办。

同日　南宁广播电视台、南宁市群众艺术馆联合马来西亚、菲律宾、印度尼西亚等13个国家及地区的23家媒体，打造的首档中国与东盟少儿成长记录类节目——2020“快乐童伴”在南宁启动，将在广西各地市、东盟各国甄选百名成员，共同组建第一支中国—东盟少年合唱团。

12日　《人民日报》刊发《南宁十措施支持高校毕业生就业创业创业有补助贷款提额度》，报道南宁市出台新政策促进高校毕业生就业创业。

14日　《经济日报》刊发《强龙头、补链条、聚集群——南宁“三招”补齐工业短板》，报道南宁市面对新冠肺炎疫情冲击，强振工业产业。

17日　南宁市人社部门整合流程相似、材料相近、结果关联的劳动维权服务事项，在全国率先推出劳动维权服务“打包快办”。

25日　南宁市举行“厉行勤俭节约制止餐饮浪费”活动启动仪式，100个餐饮品牌企业代表参加。

26日　中央广播电视总台《新闻联播》播发《走向我们的小康生活广西南宁：水清岸绿生活美》，报道南宁市生态文明建设成就。

28日　全国首个国产鼻喷剂型流感疫苗在南宁市青秀区凤岭北社区卫生服务中心开启广西首喷接种。

9月

1日　南宁市首单跨境电商企业对企业(B2B)直接出口(9710模式)货物在南宁综合保税区通关，标志着跨境电商B2B出口监管试点在南宁启动。

同日　《南宁市电动自行车管理条例》施行。

8日　南宁市第六人民医院原护士梁小霞，市第一人民医院呼吸内科副主任、主任医师韦球被评为全国抗击新冠肺炎疫情先进个人；市第四人民医院党委被评为全国抗击新冠肺炎疫情先进集体、全国先进基层党组织。

12日　取材于壮族非遗百鸟衣故事的电影《凤凰的微笑》发布会暨2020“非遗好物”国风网络直播季启动仪式在南宁市群众艺术馆举行。《凤凰的微笑》是中国第一部民间文学类非物质文化遗产题材电影，纳入庆祝中国共产党成立100周年“党的儿女”主题电影系列。

14日　南宁市良庆区宋厢路投运广西首个基于人工智能AI技术的“双环网+主干配”智能配电开关房，南宁成为国内少数应用此类自适应智能配电开关房的城市之一。

17日　《人民日报》刊发《电子社保卡百姓便利多》，报道南宁等地推广电子社保卡情况。

同日　持南宁市英才卡B卡的市民孙先生收到南宁住房公积金管理中心发放的住房公积金贷款110万元，为南宁市发放的第一笔高层次人才公积金贷款。

30日　南宁市完成国家第五次国民体质监测，是全国首个开展并完成监测的城市。

10月

9日　中国—东盟跨境医疗合作平台在广西医科大学第一附属医院启动。平台以云计算为基础、智能化为手段，是建设国际互联网医院的一次新尝试。

同日　2019年第十四届南宁国际马拉松比赛获中国田径协会授予“金牌赛事”称号。

15日　第十一届泛北部湾经济合作论坛暨2020北部湾国际门户港合作峰会在南宁市举行，主题为“聚焦国际门户港，共建陆海新通道：泛北合作的新时代”。来自中国及东盟各国的政府官员、专家学者、商界精英、业界人士和新闻媒体代表通过线上线下融合的方式参加。其间，举办钦州国际集装箱码头统一运营启动仪式、中谷钦州集装箱多式联运物流基地开工仪式、北部湾国际门户港港航互联服务平台上线仪式，开通东盟(柬埔寨)至北部湾港水果快线，发布广西水运港口发展基金等。

16日　国产双价人乳头瘤病毒疫苗(HPV疫苗)广西首批接种仪式在南宁市疾病预防控制中心举行。

同日　南宁籍运动员玉玲珑在2020年全国女子举重锦标赛暨东京奥运会模拟赛以抓举102公斤、挺举121公斤、总成绩223公斤的成绩获2金1银，抓举102公斤的成绩平世界纪录、全国成年纪录。

同日　南宁市人民政府公布全市第一批历史建筑保护名录，确定扬美古建筑群、三江坡古建群、青秀山龙象塔等46处建筑为南宁市第一批历史建筑。

20日　南宁市获评全国双拥模范城，实现“七连冠”。23日，南宁市举行“全国双拥模范城”七连冠迎匾仪式，自治区党委常委、市委书记、市双拥工作领导小组组长王小东，南宁警备区政委辜协辉参加迎匾仪式并共同揭匾。

20 日至 21 日　第二届“一带一路”侨商侨领交流合作大会在南宁举行，主题为“共建共享‘一带一路’新商机　谱写广西开放发展新篇章”。其间，举行重要活动 7 场，侨商侨领、企业家和专家学者 3500 多人出席大会，签订投资意向协议 1200 多亿元，面向 110 多个重要侨团侨社发出邀请，动员 30 多万海外侨胞通过各种形式关注支持大会活动，70 多个国家和地区 50 多万海外侨胞扫码观看，数千名侨商侨领和企业家在“云”上平台交流。

30 日　南宁国电电力科技有限责任公司的南宁国电科技企业孵化器入选 2020 年度国家小型微型企业创业创新示范基地名单。

11 月

2 日　南宁市“互联网 +”南宁不动产便民服务平台、智慧人社战“疫”平台在银川国际智慧城市博览会主论坛及成果评选活动中分获“智慧成果奖”“特殊贡献奖”。

17 日　南宁市入选第四批“全国少数民族流动人口服务管理示范城市”。

22 日　南宁市在北部湾经济合作组织第十一次成员大会暨城市合作组织第三次大会上，作为常设主席方加入北部湾经济合作组织。

23 日　南宁轨道交通 4 号线首通段、2 号线东延线开通试运营，与 1 号、2 号、3 号线构成“井”字形骨架线网，形成“四线齐发、八方通达”新格局，南宁市轨道交通运营总里程 108 千米。

26 日　南宁市扶贫开发领导小组发布公告，批准马山县加方乡忠党村、加方乡龙开村，宾阳县思陇镇六岑村为 2020 年脱贫摘帽村。至此，全市 421 个贫困村全部摘帽。

27 日至 30 日　第 17 届中国—东盟博览会、中国—东盟商务与投资峰会在南宁举行。主题为“共建‘一带一路’，共兴数字经济”。国家主席习近平在开幕式上发表视频致辞。中共中央政治局委员、中央外事工作委员会办公室主任杨洁篪出席开幕式、巡视博览会展馆并集体会见东盟国家、巴基斯坦驻华使节。实体展参展企业 1668 家，云上东博会参展企业 1956 家，举办 154 场线上线下经贸活动，云上东博会全网曝光量超 10 亿，站内访问量超 2005 万，签约国际、国内投资合作项目 86 个，总投资 2638.70 亿元。其间，举办高层论坛 11 个，首次采取“线上 + 线下”的形式，围绕自由贸易、卫生、信息港、技术转移、产能合作、统计、金融、电力等领域的热点问题进行交流。

28 日　第 22 届南宁国际民歌艺术节“大地飞歌·2020”晚会在广播电视、网络和新媒体播出。主题为“为美好歌唱”，分为“幸福小康年”“红色新乐章”“海上听潮音”三大篇章。第 22 届南宁国际民歌艺术节期间，举办中国—东盟文化艺术周戏剧展演暨第八届中国—东盟（南宁）戏剧周、南宁国际民歌艺术节“绿城歌台”群众文化活动晚会（实况录像）等系列活动。

12 月

4 日　南宁轨道交通 5 号线一期工程南段热滑试验完成，标志着全国少数民族自治区首个商业运营的全自动驾驶 B 型车地铁线具备行车条件。

5 日　西江经济带城市共同体及市长联席会议第五次会议暨西江经济发展论坛举行，珠江—西江经济带沿线广西 11 市、广东 5 市代表以及专家就会议主题进行互动交流，广西 11 市代表签署《西江经济带合作与发展论坛章程》。

同日　广西顺来茶业有限公司在第十二届中国国际商标品牌节上获 2020 中华品牌商标博览会金奖，南宁市市场监督管理局获 2020 中华品牌商标博览会贡献奖。

11 日　2020 年南宁市 60 岁以上重点优抚对象免费健康体检活动在南宁市第八人民医院启动。2020 年起，全市将每年分批次对 60 岁以上重点优抚对象开展免费健康体检。

15 日　2020 年数字政府服务能力评估暨第十九届政府网站绩效评估结果发布会上，南宁市人民政府网站获全国省会城市网站第四名，“南宁市智慧健康信息平台——构建惠民为本的全方位医疗健康信息服务体系”获评省会及计划单列市级“十大”优秀创新案例。

18 日　南宁市农村产权交易中心揭牌仪式在南宁农产品交易中心举行，启动市、县、乡三级农村产权交易业务运营。

同日　南宁市图书馆、南宁市科学技术协会、南宁市青秀区科学技术协会获中国科学技术协会办公厅授予“2020 年全国科普日活动优秀组织单位”称号。2020 年全国科普日南宁活动暨第八届广西青少年科学节南宁市启动活动（广西壮族自治区南宁市科技馆）获“2020 年全国科普日优秀活动”称号。

21 日　南宁高新技术产业开发区国家外贸转型升级基地（电子信息）、横县国家外贸转型升级基地（茉莉花产业）入选商务部《2020 年新认定国家外贸转型升级基地名单》。

23 日　南宁国家农业科技园区被科技部认定为第九批国家农业科技园区。

同日　南宁市被交通运输部确定为 ETC（电子不停车收费）智慧停车城市建设试点城市。

25 日　广西南宁大王滩国家湿地公园试点建设项目通过国家林业草原局验收。

同日　南宁市入选文化和旅游部、国家发展改革委、财政部联合公布的《第一批国家文化和旅游消费示范城市、国家文化和旅游消费试点城市名单》。

同日　南宁市入选 2020 年度中国高铁旅游名城。

28 日　南宁市保障住房建设管理服务中心组织撰写、广西科学技术出版社出版的《公租房查违实用指南》发行，是全国首部较全面系统且能够有效满足住房保障管理部门工作需求的高标准工具书。

编辑　李　康

自然地理

【地理位置】 南宁市位于广西南部，北纬 22° 12′～24° 02′、东经 107° 19′～109° 38′，面向东南亚、背靠大西南，东邻粤港澳、南临北部湾，具有沿江（邕江穿城而过，是珠江干流西江的上游段），近海（距钦州市 110 千米、防城港市 170 千米、北海市 200 千米），近边（距中越边境的东兴市 200 千米、凭祥市 230 千米），沿线（湘桂、黎湛、南昆、南广、南防、黎钦、邕北、云桂、柳南客专 9 条铁路在南宁交会）地缘优势，是面向东盟开放合作的区域性国际城市，衔接"一带一路"的重要门户城市，以及联动珠三角、沟通中南及西南地区、引领北部湾城市群的区域性综合交通枢纽城市。2020 年，总面积 22099 平方千米。

【土地资源】 2020 年，南宁市行政区域面积 220.99 万公顷，其中耕地 67.83 万公顷、林地 97.05 万公顷、建设用地 18.63 万公顷、水域及水利设施用地 7.41 万公顷、其他用地 30.07 万公顷。市本级土地面积 98.36 万公顷，市辖五县土地面积 122.63 万公顷。

【矿产资源】 2020 年，南宁市勘查发现矿产资源 63 种，主要有能源矿产褐煤、无烟煤、石煤，地热（热矿水）；黑色金属矿产铁、锰、钒、钛；有色金属矿产铜、铅、锌、铝土矿、镍、钴、钨、铋、钼、锑，贵金属矿产金、银；化工原料非金属矿产磷、硫铁矿、芒硝、砷、泥炭、重晶石；冶金辅助原料非金属矿产萤石、耐火黏土；建材和其他非金属矿产压电水晶、熔炼水晶、滑石、叶蜡石、石膏、水泥用石灰岩、建筑石材用灰岩、高岭土、膨润土、陶粒用黏土、砖瓦用黏土、玻璃用砂、玻璃用砂岩、水泥配料用砂岩、粉石英、水泥配料用黏土、砖瓦用页岩、水泥配料用页岩、饰面用花岗岩、建筑用花岗岩、方解石、硅灰岩、建筑用砂（河沙），水汽矿产矿泉水等。优势矿产有钨、银、钒、铜、金、石灰岩、花岗岩、芒硝、耐火黏土、滑石、水晶、砂岩。平势矿产有煤、锰、铝、铅、锌、硫、铁矿、膨润土、高岭土、石膏。在规划开采区内，根据矿产资源分布特点，综合考虑地质构造及地形上的相对独立性，资源赋存状态，开采技术条件，勘查开采现状等因素，第三轮矿产资源总体规划规划开采区块 89 个。

（韦欣辰）

【植物资源】 2020 年，南宁市分布有野生维管束植物 248 科 1254 属 3988 种。国家一级重点保护野生植物有钟萼木、石山苏铁、望天树、水松 4 种，国家二级重点保护野生植物有亨利原始莲座蕨、苏铁蕨、粗齿桫椤、大桫椤、黑桫椤、桫椤、金毛狗脊、七指蕨、水蕨、福建柏、白豆杉、香木莲、地枫皮、樟树、闽楠、土沉香、蚬木、海南椴、格木、任豆、花榈木、半枫荷、蒜头果、红椿、紫荆木、蛇根木、普通野生稻 27 种。广西重点保护植物有黄枝油杉、海南五针松、大明山松、长苞铁杉、长叶竹柏、百日青、小叶罗汉松、八角莲、金花茶、金丝李、小叶红豆、铁皮石斛、南方玉凤花、广西鸢尾兰、大明山舌唇兰等 162 种。主要分布在广西大明山国家级自然保护区、广西龙山自治区级自然保护区、广西龙虎山自治区级自然保护区、广西三十六弄—

表 1　　2020 年南宁市及市辖五县地类面积结构统计表　　单位：万公顷

名　称	总　计	耕　地	林　地	建设用地〔城镇村及工矿用地、交通运输用地（不含农村道路）、水库水面、水工建筑用地〕	水域及水利设施用地（不含水库水面、水工建筑用地）	其他用地（园地、草地、农村道路、其他土地）
市本级（含武鸣区）	98.36	32.06	39.87	10.01	3.70	12.72
市辖五县	122.63	35.77	57.18	8.62	3.71	17.35
全市总计	220.99	67.83	97.05	18.63	7.41	30.07
所占比例（%）	100	30.69	43.92	8.43	3.35	13.61

说明：1. 根据国家部署 2019 年度土地变更调查工作与第三次国土调查统一时点工作同步开展，暂无确认后 2019 年相关数据；表中数据为经自然资源部确认的 2018 年度土地变更调查成果；

2. 根据《第二次全国土地调查技术规程》，地类面积计算采用椭球面积计算公式，地类分类采用全国土地调查土地分类标准陇均自治区级自然保护区、广西弄拉自治区级自然保护区、广西西大明山自治区级自然保护区。

【动物资源】 2020年，南宁市有野生脊椎动物5纲41目135科408属727种。国家一级保护动物有穿山甲、黑叶猴、林麝、豹、大灵猫、小灵猫、冠斑犀鸟、凹甲陆龟8种，国家二级保护动物有熊猴、猕猴、蟒蛇、斑林狸、黑熊、白鹇、褐翅鸦鹃、小鸦鹃、黑翅鸢、灰背隼、红隼、猛隼、燕隼、游隼、斑头鸺鹠、领鸺鹠、雀鹰、苍鹰、凤头蜂鹰、赤腹鹰、日本松雀鹰、松雀鹰、草原鹞、鹰雕、蛇雕、鹊鹞、草鸮、领角鸮、黄嘴角鸮、褐鱼鸮、雕鸮、长耳鸮、鹦鹉(所有种)、长尾阔嘴鸟、大壁虎(蛤蚧)35种。广西重点保护动物有华南兔、红腹松鼠、红白鼯鼠、豪猪、黄猄、中华竹鼠、果子狸、豹猫(野猫、抓鸡虎)、白额山鹧鸪、环颈雉(雉鸡、野鸡、七彩山鸡)、八声杜鹃、戴胜(鸡冠鸟)、红尾伯劳、黑枕黄鹂(黄鹂)、八哥、鹩哥、红嘴相思鸟、黄眉柳莺、大山雀、大头平胸龟、变色树蜥、长鬣蜥、百花锦蛇(百花蛇)、金环蛇、银环蛇、眼镜王蛇、蝰蛇等116种。“三有”保护动物(国家保护的有重要生态、科学、社会价值的陆生野生动物)有刺猬、狼、椰子狸、野猪、松鼠、绿头鸭、环颈山鹧鸪、珠颈斑鸠、广西疣斑树蛙、中国林蛙、黑颈水龟、变色树蜥、广西棱蜥、广西林蛇、石鸡、灰雁、锡嘴雀、白腰文鸟等48种。主要分布在广西大明山国家级自然保护区、广西龙山自治区级自然保护区、广西龙虎山自治区级自然保护区、广西三十六弄—陇均自治区级自然保护区、广西弄拉自治区级自然保护区、广西西大明山自治区级自然保护区、良庆区那兰鹭鸟市级自然保护区、西津水库库区。

【湿地资源】 2020年，南宁市湿地面积6.31万公顷。其中：自然湿地(湖泊湿地、河流湿地、沼泽湿地)2.56万公顷，占湿地面积40.56%；人工湿地3.75万公顷、占59.46%。全市湿地有4类9型：湿地类中，河流湿地2.44万公顷、占38.58%，湖泊湿地1014.69公顷、占1.61%，沼泽湿地219.90公顷、占0.35%，人工湿地3.75万公顷、占59.46%；湿地型中，永久性河流湿地2.42万公顷、占38.37%，季节性河流湿地40.18公顷、占0.06%，洪泛平原湿地90.36公顷、占0.14%，永久性淡水湖758.11公顷、占1.20%，季节性淡水湖256.58公顷、占0.41%，草本沼泽219.90公顷、占0.35%，库塘湿地3.35万公顷、占52.99%，运河(输水河)592.70公顷、占0.94%，水产养殖场3496.11公顷、占5.54%。 （梁惠萍）

【水资源】 2020年，南宁市水资源总量118.81亿立方米，径流总量118.81亿立方米。地表水资源量118.81亿立方米，地下水资源量35.9亿立方米(皆为地表水径流补给)。人均水资源占有量(不含过境水量)1357立方米。总供水量37.95亿立方米。南宁市年度用水总量37.95亿立方米，万元地区生产总值用水量80.3立方米，万元工业增加值用水量19.9立方米，农田灌溉水有效利用系数为0.505。市境内主要河流有郁江(含邕江段)、右江、左江、八尺江、武鸣河、渌水江、清水河、西江干流红水河段8条，市区主要饮用水水源地有邕江三津、邕江陈村、邕江西郊、邕江中尧、邕江河南、那马泉、大王滩水库、西云江水库、天雹水库、龙潭水库、峙村河水库、老虎岭水库、东山水库13个。全年主要江河湖泊水功能区达标29个，水质达标率96.70%；跨市河流交界断面水质水量达标率100%；市区5个地表水集中式饮用水水源地及8个县级(含武鸣区)饮用水水源地水质达标率100%。

（卢明发　张　心　曾　宇）

【气　候】 2020年，南宁市年平均气温22.1℃，比常年偏高0.4℃，受拉尼娜现象和西太平洋副热带高压持续偏强影响，极端天气频发，气候异常，属偏差年景。年平均降水量1386毫米，比常年偏少2%；年日照时数1337小时，比常年偏少11.8%。汛期(4月至9月)平均降雨量971毫米，比常年偏少12%(129毫米)，属偏少年景；降雨时空分布不均，出现严重秋冬连旱、夏季旱涝共存。出现暴雨、台风、高温、雷暴、大风、冰雹、大雾、寒露风、霜(冰)冻、寒潮、干旱等灾害性天气。暴雨天气过程出现15次，全市性暴雨3次，区域性暴雨3次，局地性暴雨9次。受第2002号台风“鹦鹉”、2003号台风“森拉克”、2007号台风“海高斯”、2016号台风“浪卡”影响。主要异常气候事件：1月24日，出现历史第二早的雷暴、冰雹、大风等强对流天气过程；3月25日，出现破最早纪录的大范围暴雨过程，使入汛日期提前29天；6月25日，武鸣区出现破纪录特大暴雨过程；7月，出现罕见“空台”(西北太平洋及南海无台风生成)现象。

（谭容梅）

【水　文】 2020年1月至3月，南宁市辖区降水量与历年均值比较，偏多86.5%。汛期4月至9月，各区县降水量782.2毫米～1083.8毫米，与历年同期相比偏少3.86%～27.2%，比历年均值偏少13.1%，属正常偏枯年景。汛期洪水场次较少，时空分布不均，主要江河未出现全流域性大洪水，武鸣河流域发生较大洪水。受强降雨影响，10月17日过境主干流郁江发生年度最大洪水，洪峰水位69.01米，为常遇洪水。受局部强降雨影响，6月24日至27日武鸣区武鸣河城厢镇濑琶村河段发生相当于10年一遇的洪水，洪峰水位103.49米。 （黄兰清）

【自然灾害】 2020年，南宁市遭受台风、暴雨、洪涝、森林病虫害等自然灾害。全市受灾人口7.81万人，无人员伤亡，紧急转移安置177人；农作物受灾面积2719.20公顷，成灾面积1518.24公顷，绝收222.31公顷；居民住房倒塌15户20间，严重损坏22户53间，一般损坏86户157间；直接经济损失4544.10万元，其中农业损失2837.76万元、工矿企业损失9.30万元、基础设施损失1529.10万元、公益设施损失13.50万元、家庭财产损失154.44万元。林业有害生物发生面积6363.67公顷，成灾面积436.20公顷。

（李松民　梁惠萍）

历史人文

【历史变迁】 南宁历史悠久，1万多年前的旧石器时代，南宁先民已在这块土地上活动，之后逐步从栖息山洞转移到依山傍水的江河台地定居开拓，繁衍生息，从事渔猎和原始农业生产，逐步形成母系氏族部落组织；新石器时代，随着原始农业发展和社会生产力提高，先民的活动空间逐步向远离江河的丘陵地区拓展，生产方式由原先的采集、渔猎为主，兼营农业，向以农业为主，兼营采集、渔猎转变，原始先民开始进入父系氏族社会，形成原始村落，留下牛栏石遗址、灰窑田贝丘遗址、豹子头贝丘遗址、隆安娅怀洞遗址、顶蛳山贝丘遗址等史前文化遗存。商晚期至春秋时期，南宁先民已用翠羽、珠玑、玳瑁等土特产与中原商贾交换商品，掌握青铜冶铸技术并开始铸造青铜器，创造出干栏文化、铜鼓文化、龙母文化和反映宗教、表达情感的祭祀、巫卜、神话、山歌、舞蹈等，留下元龙坡古墓群、安等秧古墓群等文化遗存。南宁古属百越之地，秦隶属桂林郡，汉初隶属南越国，西汉隶属郁林郡领方县。秦汉时期，铁制农具、牛耕、灌溉、施肥等农作方法的推广和中原先进手工业制造技术传入，推动土地开垦，带动南宁手工业发展。三国为吴辖地，隶属郁林郡临浦县(临浦县为领方县改称)，一直延续至西晋。东晋元帝大兴元年(318年)，郁林郡分立晋兴郡，隶属广州，治所晋兴(今南宁)，晋兴县成为南宁的第一个地名，晋兴郡成为今南宁市属地最早的行政建制，晋城为南宁最早的古城。南朝的梁、陈时代，今南宁仍称晋兴郡。隋开皇十八年(598年)撤销晋兴郡，改设宣化县，治所宣化城(今南宁)。唐武德四年(621年)以宣化县地置立南晋州；贞观六年(632年)，南晋州因州西南有邕溪水而更名邕州，设邕州都督府，是南宁成为桂西南地区行政中心的开始，也是南宁简称"邕"之始。宋朝初，继袭邕州之称。唐宋两代，以水运和驿道为主的邕州水陆交通网络基本形成，成为岭南地区交通枢纽之一；金、银、铜、锡、铅、锌等矿藏丰富和采矿业兴旺，邕州一度成为唐宋两代朝廷指定的"贡金、贡银州"；白绒、缫子布等大量运销中原；商业活动得到发展，唐景云(710年至712年)年间，设置的逢卯圩农贸(杂货)市场(今桃源路尾至教育路一带)盛行200余年，宋代邕州僚市(今西乡塘区石埠街道)远近闻名，邕城和邕州横山寨为全国重要马市场之一。元至元十六年(1279年)，改邕州为邕州路；泰定元年(1324年)，改邕州路为南宁路(取南疆安宁之意)，为南宁得名之始。明代，南宁已经发展成左、右江的商品集散中心，有"小南京"之称。明洪武元年(1368年)，南宁路改南宁府，治所在今南宁城。清朝承袭明朝建置，光绪三十二年(1906年)十一月十七日，南宁开埠，允许外国商船进出、外国人到邕经商，订立《南宁开埠章程》；光绪三十三年(1907年)，南宁关正式成立，由此翻开南宁对外开放的第一页。南宁开埠后，外国工业品不断经此销往内地，内地农副产品、土特产品也经此销往国外。城市商业迅速发展，商铺林立，商贾云集，呈现百业兴隆的景象，行业涉及银行业、私营银钱业、金铺、经纪行、百货业、绸布业、五金建材业、医药业、香烟行、旅栈业、照相业、钟表业、爆竹业、典当业、外商和代理商等，五湖四海的外地人在南宁先后成立同乡会，建立粤东会馆、新会会馆(又称新会书院)、江西会馆、豫章会馆、福建会馆、玉林五属会馆等，南宁因此有"天南一大都会"之称。电信、公路、电力、航运和工矿企业等代表先进生产力的要素相继出现，科技文化教育卫生事业得到发展。民国元年(1912年)10月至民国25年(1936年)10月，南宁为广西省会，是广西政治、军事、经济、文化中心。抗日战争时期，日本侵略者在民国28年(1939年)、民国33年(1944年)占领南宁，南宁被破坏殆尽。抗日战争胜利后，内战又起，国民党政权滥发钞票，造成南宁金融市场动荡，工商业难以经营，市场萧条，农业停滞不前。

1949年10月1日，中华人民共和国成立；12月4日南宁解放，筹建南宁市，属省辖市，为广西省会。1958年3月，广西壮族自治区成立，南宁为自治区首府。全市人民艰苦奋斗，经过曲折历程，迎来社会持续稳定发展。1978年12月中共十一届三中全会后，南宁经济进入自我发展、自我完善的改革开放新时期。1992年6月15日，国务院批准南宁市进一步对外开放、实行沿海开放城市政策。2000年，国务院把广西列入国家实施西部大开放的重点区域，南宁成为享受中西部地区优惠政策的城市。2001年，国家"十五"计划纲要首次提出重点开发"南(宁)贵(阳)昆(明)经济区"，南宁成为国家发展的重中之重。2004年11月，首届中国—东盟博览会在南宁举办，南宁成为中国—东盟博览会永久举办地。2019年，南宁市被国家发展改革委纳入西部陆海新通道核心覆盖区，列为陆港型国家物流枢纽，作为重要节点之一参与西部陆海新通道建设；承担中国(广西)自由贸易试验区南宁片区建设、面向东盟的金融开放门户南宁核心区建设；全面落实强首府战略，加快打造引领自治区高质量发展的核心增长极。2020年，南宁市脱贫攻坚战取得全面胜利，"十三五"规划胜利收官，南宁市进入全国经济50强城市行列，经济发展呈现体量、质量双提升。 （全　尼）

【历史文化遗存】 2020年，南宁市分布不可移动文物592处，可移动文物32万件。有全国重点文物保护单位6处，自治区级文物保护单位42处，市、县级文物保护单位241处，未定级不可移动文物303处。主要有古建筑、古遗址、古墓葬、近现代重要史迹及代表性建筑、石窟寺、石刻等。12月31日，经自治区文化和旅游厅核定，昆仑关战役旧址、南宁育才学校旧址、共青团南宁地委旧址、中共广西省委机关秘书处旧址(雷经天故居)等35处文物保护单位列入自治区第一批不可移动革命文物名录，"太平天国丁巳七年"款铜炮、1929年中国红军第七军第一纵队第一营第四连连旗等1925件文物列入自治区第一批可移动革命文物名录。年内，市政府公布南宁市第一批、第二批历史建筑保护名录，确定扬美古建筑群、下楞村古码头等46处建筑为第一批历史建筑，共和路南段骑楼建筑群、烈士陵园群雕等64处建筑为第二批历史建筑。南宁市有"老南宁·三街两巷"、中山路、蒲庙老街、陈东村、宾州古城、雁江古镇6个自治区级历史文化街区，其中"老南宁·三街两巷"历史文化街区是全市最大的历史文化街区，片区内汇聚南宁市近60%的自治区级、市级文物保护单位、历史建筑。 （房诗琪）

【人　口】 2020年，南宁市年末户籍人口791.38万人，比上年增加9.41万人，增长1.2%。市区人口409.32万人，增加11.54万人，增长2.9%。全市人口出生率11.6‰，提高1.1个千分点；人口死亡率5.4‰，提高0.3个千分点；人口自然增长率6.1‰，提高0.7个千分点。常住人口875.25万人，增加21.42万人，增长2.5%。其中，城镇常住人口603.1万人，增加25.94万人。 （赵　旭）

【民　族】 南宁市是一个以壮族为主体、多民族聚居的首府城市。居住着壮、汉、瑶、苗、仫佬、侗、回、满、毛南、土家、布依、水、黎、京、彝、蒙古、白、朝鲜、傈僳、畲、仡佬、傣、哈尼、鄂温克、高山、藏、土、锡伯、纳西、拉祜、羌、维吾尔、达斡尔、景颇、佤、普米、布朗、基诺、东乡、裕固、哈萨克、保安、柯尔克孜、赫哲、俄罗斯、怒、塔塔尔、鄂伦春、德昂、塔吉克、独龙51个民族，其中人口总数超1000人的依次为壮、汉、瑶、苗、仫佬、侗、回、满、毛南、土家、布依、水、黎、京、彝、蒙古16个民族。壮族是世代居住在本地的民族，汉族为秦汉以后陆续迁入，回族为元朝以后迁入，瑶族和苗族大多为清代以后迁入，其余民族多于南宁解放后尤其是改革开放以后陆续从全国各地迁入。2020年，全市少数民族人口457.57万人，占总人口57.76%；壮族人口437.72万人，占55.25%；瑶族人口14.05万人，占1.77%。少数民族人口总数居全国5个少数民族自治区首府城市之首。7个城区少数民族人口254.61万人，占城区总人口62.72%；城区少数民族人口占城区总人口比重排序：邕宁区91.53%、武鸣区85.98%、良庆区80.04%、兴宁区60.65%、江南区51.37%、青秀区45.58%、西乡塘区44.79%。5个县少数民族人口202.86万人，占县总人口53.12%；县少数民族人口占县总人口比重排序：隆安县96.22%、上林县83.99%、马山县81.59%、横县39.76%、宾阳县21.90%。汉族在各区县均有分布，以宾阳县、横县和除邕宁区、良庆区以外的城区较为集中；瑶族主要聚居在马山县(瑶族人口4.83万人)、上林县(瑶族人口3.54万人)；苗族在各区县均有分布，以城区较为集中；回族、满族、侗族等其他少数民族主要居住在城区。全市有民族乡3个，分别为马山县古寨瑶族乡、里当瑶族乡，上林县镇圩瑶族乡。

【语言文字】 2020年，居住在南宁市的50个少数民族中，除回族、满族全部转用汉语外，其他少数民族保留自己的语言，部分少数民族保留自己的传统文字。普通话、规范汉字为公务用语用字，国家机关工作人员、教师从业人员实施普通话水平测试。全市推广普通话、推行规范汉字，公共服务行业基本以普通话为服务用语。

汉语方言　主要有白话(粤语)、平话、桂柳话(西南官话)、普通话4种。南宁市近郊农村汉族普遍使用平话，城区内汉族多使用普通话、白话，部分使用桂柳话。中心城区贸易及社会交往的汉语方言以南宁白话、普通话为主。

壮　语　是壮族主要的语言交际工具，使用较为广泛的区域为横县、上林县、马山县、隆安县、邕宁区、良庆区、武鸣区，以及兴宁区、江南区、青秀区、西乡塘区的边远乡镇。南宁壮语分为南部方言区、北部方言区，大致以邕江为界，并向西北伸展连接右江，邕江的南部地区属南部方言区，邕江的北部地区属北部方言区，俗称“南壮”“北壮”。北部方言区的壮话与武鸣壮话大同小异；南部方言区的壮话与邕宁壮话基本相同。壮语南部方言和北部方言语法结构、基本词汇大致相同，语音差异比较明显。如南部方言有一套送气的清音声母 ph、th、kh 等，北部方言一般无送气声母；此外，北部方言有独立的 r 声类（有多种方音变体，多数地方读 Y），南部方言多无此独立声类。词汇方面，南部方言区的壮语与北部方言区的壮语有 30%～40% 的词汇不相同，在语法上也存在一些差异。南宁市壮族聚居的村庄、圩镇，日常交际用语为当地壮语方言，壮族聚居的县城及乡镇行政驻地集市贸易的主要用语为当地壮语方言，其周边及杂居的汉族居民多数兼通壮语。壮、汉民族长期和睦相处，普通话的推广使用，以及广播、电视的普及和覆盖面的扩大，南宁市城乡壮族兼通普通话或白话的现象也较为普遍。

壮　文　古壮字、壮语拼音文字的简称。古壮字也叫土俗字，壮语称为 Sawndip，萌芽于秦汉时期，产生于唐代，是由壮族一些受汉文化教育的文人（包括巫师）借助汉字或汉字偏旁部首创造的，其构字方式大体有形声字（利用汉字的偏旁部首和意符组合成的字）、会意字（利用汉字本体的意义，加上一些特殊符号，或是以两个以上的汉字合并而成的字）、借汉字（直接借用汉字音或义，借音是借用汉字的正音或谐音记录壮语字，一经借用，其原来汉语语义不复存在，表示壮语语义；另一种是既借音又借义的字）、象形字（依物赋形，依事描样，以简单而富有概括力的笔画，勾画出物体基本形象的字）。古壮字兴于唐宋，盛于明清，民间普遍用于记录或书写神话、故事、传说、歌谣、谚语、剧本、楹联、碑刻、药方、家谱、族谱、契约、诉讼、经文、记账等。南宁市区县壮族地区民间仍流传有使用古壮字记录、抄录的山歌唱本、师公唱本，大部分民间老艺人、师公（师公戏）传承人在抄录、创作唱本时仍然在使用古壮字和沿用古壮字的创字方法。壮文拼音文字是 1952 年至 1955 年国家少数民族语言调查工作队到广西，根据壮族地区 47 个县 52 个点的壮语方言材料，以拉丁字母为基础，以武鸣双桥音为标准音，创制的拼音壮文，1957 年经政务院批准并公布实施，有字母 32 个（非拉丁字母 11 个），并以 z、j、x、q、h 等字母分别作第二、第三、第四、第五、第六调的调号标注于字尾，20 世纪 50 年代中后期开始在壮族地区推行使用。受“文化大革命”冲击，壮文推行中断 10 余年。1980 年 5 月，中共广西壮族自治区委员会、自治区政府决定在壮族地区恢复使用壮文。1981 年 9 月起，壮文开始陆续进入壮族地区的部分小学进行壮汉双语教学试点实验。由于原壮文方案夹杂有非拉丁字母 11 个，影响整个文字形体的一致性，造成壮文在学习、运用等方面的困难，1982 年在中国社会科学院、中央民族学院配合下，部分修改原壮文方案，同年 2 月 2 日获国家民委批准颁布。壮文方案从原来的 32 个字母减至 26 个，全部为拉丁字母。2004 年，市政府颁布实施《南宁市社会用字管理暂行规定》，明确壮文的使用纳入社会用字管理范畴，党政机关、社会团体、企事业单位名称牌匾、公章大都使用壮、汉两种文字，公共场所设置的部分挂牌、路牌、标志牌按规定同时标注壮文拼音文字。2013 年 5 月 15 日《南宁市壮文社会使用管理办法》颁布，明确同时使用壮、汉两种文字的场合、设施。2014 年 4 月 16 日南宁市印发《南宁市贯彻〈国家中长期语言文化事业改革和发展规划纲要（2012—2020）〉实施方案》，要求“科学保护少数民族语言文字及汉语方言文化、启动对南宁世居少数民族语言少数民族濒危语言的调查抢救和保护工作”。2016 年，将《南宁市壮文社会使用管理办法》贯彻落实工作纳入全市年度绩效考评体系。2017 年 11 月 30 日，《南宁市壮文社会使用管理条例》作为历史文化保护方面项目列入《南宁市第十四届人大常委会五年立法规划》。2018 年，将《广西壮族自治区少数民族语言文字工作条例》纳入新任公务员培训内容；青秀区把“按规定同时使用壮文、汉文两种文字”纳入青秀区绩效考评指标，城区 104 个社区（村）的牌匾，37 个建制村、291 个坡（街）的地名标志按规定使用壮、汉两种文字；良庆区完成城区内建制村、自然村的壮文翻译，乡镇、街道标识牌均含壮、汉两种文字。2019 年，将贯彻落实《广西壮族自治区少数民族语言文字工作条例》工作列入全市普法依法治理工作要点、全市绩效考评体系、市委党校主体班教学计划和全市新录用公务员培训内容；市、区县涉及机构改革的机关和企事业单位的牌匾、公章、政务网站名称等规范使用壮文比例近 95%；全市 64 个政务网站名称（含市政府政务网站和 11 个壮族聚居区县、1 个非壮族聚居县的政府政务网站）全部使用壮、汉两种文字。2020 年，南宁市投入运营的 4 条轨道交通线路、2 条快速公交线路、5 个大型客运站标识牌，市区 400 多条主要街道路牌，90% 以上区县村屯名称标识牌，南宁园博园、人民公园等公园景区标识牌均使用壮、汉两种文字。

瑶　语　主要属汉藏语系苗瑶语族苗语支或瑶语支，也有一些属壮侗语族（瑶族居地广阔，支系繁多，各语支差异大，不同语支的瑶族之间语言不通）。由于瑶族长期与壮族、汉族杂居，共同相处，交往密切，故受壮语、汉语影响较深。瑶语中借入大量汉语、壮语词。居住在马山县、上林县一带的瑶族和宾阳县、隆安县的瑶族大都兼通壮语，他们以瑶语、壮语为日常语言交际工具。居住在城区的瑶族兼通汉语，也有部分使用瑶语作为日常语言交际工具。

【宗　教】2020 年，南宁市有佛教、伊斯兰教、天主教、基督教，经批准登记的宗教活动场所 42 处，其中佛教活动场所 15 处（南宁市佛教观音禅寺、水月庵，横县宝华山应天寿佛寺、横州佛教活动点，宾阳县黎塘镇龙岩寺、莲华寺，上林县三教寺、莲音寺、法性寺、三里镇观音阁，马山县古零镇灵阳寺、圆觉寺、弄拉金刚山普陀寺、佛教居士林，广西佛教协会天宁寺），伊斯兰教活动场所 1 处（南宁市清真寺），天主教活动场所 4 处（天主教广西教区主教府、青秀区康乐路天主堂、武鸣区罗波镇联新村六塘屯天主教堂、宾阳县天主教堂），基督教活动场所 22 处（南宁市基督教共和路教堂、中山路教堂，广西基督教以马内利礼拜堂，南宁市苏圩基督教堂，西乡塘区坛洛镇下楞基督教堂，邕宁区蒲庙基督教堂，良庆区那陈六眼基督教聚会点，武鸣区城厢基督教堂，横县横州基督教堂、百合基督教堂，宾阳县基督教堂、黎塘基督教聚会点、新桥基督教聚会点、古辣基督教聚会点、大桥基督教聚会点，上林县基督教县城教堂、白圩镇基督教堂、巷贤镇基督教堂、三里镇基督教堂、乔贤镇基督教堂、乔贤镇良才基督教堂，马山县白山镇基督教堂）。全市登记备案宗教教职人员 85 人。有南宁市佛教协会、南宁市伊斯兰教协会、南宁市天主教爱国会、南宁市基督教“三自”（自治、自养、自办）爱国运动委员会、南宁市基督教协会 5 个全市性爱国宗教团体。宗教团体坚持中国共产党的领导，坚持独立自主自办原则，坚持宗教中国化方向，践行社会主义核心价值观；配合做好宗教活动场所疫情防控和建档登记，引导教职人员、信教群众依法有序开展慈善捐助活动，为留守妇女、儿童、老人、残疾人等特殊群体及疫情防控工作募集善款、慰问品;开展宗教政策法规学习月活动,团结广大信教群众,爱国爱教,遵守国家有关法律法规及教义教规,维持正常宗教生活。

(刘建安　韦雪妍)

建置区划

【建置沿革】南宁古属百越之地。秦始皇帝三十三年(前214年),秦统一岭南地区,设南海郡、桂林郡、象郡,今南宁市境域秦属桂林郡(今南宁市辖域大部分区县)、象郡(今南宁市城区一部分,即原武鸣县、邕宁县一部分,横县中南部,隆安县)。

汉高祖元年至汉武帝元鼎元年(前206年至前116年),今南宁市境域为南越国地;元鼎六年(前111年),析置领方、安广、增食3个县,隶属郁林郡,辖域相当于今宾阳县、横县、隆安县、武鸣区、南宁(含原邕宁县域)、马山县、上思县、扶绥县等地。领方县治今宾阳县宾州镇古城村,安广县治今横县境西南与原邕宁县(今为南宁市城区一部分)毗邻交界一带,增食县治于今隆安县东。

三国吴黄武五年(226年),领方、安广两县依旧隶吴国广州郁林郡。后于今横县地置平山、连道、昌平3个县,隶合浦(珠官)郡。末帝孙皓元兴元年(264年),领方县更名临浦县,依旧隶郁林郡。

西晋初,临浦县复更名领方县,隶郁林郡。晋武帝太康元年(280年),合浦北部都尉增置辖吴安县,连道县更名兴道县,昌平县更名宁浦县。太康七年(286年),合浦北部都尉改宁浦郡,并增置润阳县。东晋元帝大兴元年(318年),析郁林、合浦等郡部分县地置晋兴郡及晋兴等县,隶属广州。晋兴郡领晋兴、熙注、广郁、桂林、增翊、安广、晋城、晋阳等县,辖及今南宁市、崇左市、百色市、河池市、柳州市等部分县地。晋兴县与郡同置,为郡治,治所在今南宁市邕江南岸。晋兴县成为南宁第一个地名,晋兴郡成为今南宁市属地最早行政建制。东晋年间,宁浦郡亦移治润阳县(治今横县江口村古城)。

南朝齐移宁浦郡治安广县。梁置简阳郡,治辖简阳县(治今横县江口村古城);置岭山郡,治辖领岭山县(治今横县西部郁江南岸);置乐阳郡,治辖乐山县(治今横县东北郁江北岸)。以上3个郡均隶龙州(治今柳城县)。梁还置领方郡,治辖领方县(郡县同治今宾阳县宾州镇古城村);置安城郡,治辖安城县(天监二年由绥宁县改名,治今宾阳县东)。两郡均隶始置于天监二年(503年)之桂州。梁陈晋兴郡改隶桂州,简阳、岭山、乐阳3个郡改隶兴州。

隋开皇八年(588年),领方、安城两郡废,领方、安城两县改属南定州。次年,两县改隶尹州。开皇十年(590年),乐阳郡改乐阳县,岭山郡改岭县。次年,废宁浦、简阳两郡改置简州。开皇十四年(594年),晋兴郡及其晋兴县废。另在今南宁市江南区雷村(白沙)置晋兴县,隶尹州。开皇十八年(598年),简州更名缘州,乐阳县更名乐山县,岭县更名岭山县,晋兴县更名宣化县。大业二年(606年),废缘州,岭山、乐山、宁浦、宣化、领方、安城等县均改隶郁州;次年,岭山等6个县改隶郁林郡。

唐武德四年(621年),以原郁林郡之宣化县置南晋州,辖宣化1个县(治今南宁市青秀区中山街道一带),为今南宁市城区属地为地方最高行政建制之始。置南方州,州治今上林县澄泰镇古城村。置南尹州,治安城县。复置简州,治宁浦县。置淳州,治永定县(今横县峦城镇北邕江东岸)。武德五年(622年),南晋州析置横山县于今兴宁区五塘镇,置朗宁县于今西乡塘区金陵镇那龙,置晋兴县于今武鸣区南,并复置武缘县于今青秀区伶俐圩;于今江南区苏圩镇置如和县,隶钦州。武德六年(623年),简州更名南简州。贞观五年(631年),析南方州之岭方、琅琊、思干和南尹州之安城等县置宾州,以州内有宾水而名,治今宾阳县境。贞观六年(632年),南晋州因其州西南有邕溪水而更名邕州,设邕州都督府,是南宁成为桂西南地区行政中心的开始,也是南宁简称"邕"之始("邕"字来自唐《元和郡县图志》"因州西南邕溪水为名"的记述)。贞观八年(634年),以横槎江为名,改南简州为横州;南方州更名澄州。景云二年(711年),邕州增划辖原属钦州之如和县。天宝元年(742年),邕州、澄州、宾州、横州、淳州分别改朗宁郡、贺水郡、安城郡、宁浦郡、永定郡。乾元元年(758年),上述5个郡又分别复名邕州、澄州、宾州、横州、淳州,由州领县,隶属同年由监察区演变成政区的岭南道(治今广州市)。永贞元年(805年),为避朝讳,以州内多山峦,将淳州更名峦州。咸通三年(862年),分岭南为两道节度,以广州为岭南东道,邕州为岭南西道,邕州、澄州、宾州、横州、峦州均隶岭南西道;岭南西道,治邕州,旧址在今南宁市城区,是南宁相当于今省级政权治所开始。唐末,邕州领宣化、武缘、晋兴、朗宁、思笼、如和、封陵7个县,辖今南宁市各区(含武鸣区)及隆安等县地;横州领宁浦、从化、乐山3个县,辖今横县等地;峦州领永定、武罗、灵竹3个县,辖今宾阳、横县部分县地;宾州领岭方、琅琊、保城3个县,辖今宾阳等县地;澄州领上林、无虞、止戈、贺水4个县,辖今上林、忻城、武鸣等县部分属地。

五代晋天福七年(942年),邕州因避讳改名诚州,仍设建武军节度。后汉(947年至950年),复名邕州。

宋开宝五年(972年),峦州废入横州;澄州及其止戈、无虞、贺水等县俱省入上林县,上林县改隶邕州;宾州省废,岭方县改隶邕州;晋兴县更名乐昌县。次年,复置宾州,领岭方县。端拱元年(988年),邕州、横州、宾州属广南西路;上林县改隶宾州。天禧四年(1020年),宾州增划辖由思刚羁縻州改置的迁江县。熙宁四年(1071年),横州废永定县入宁浦县。元丰三年(1080年),邕州迁治今南宁市兴宁路西二里。元祐三年(1088年),复置永定县并更名永淳县。故宋末,邕州领宣化、武缘两县和48个羁縻州及其8个羁縻县,大致辖及今南宁市、崇左市及其辖县和百色市部分市县;宾州领岭方、上林、迁江3个县;横州领宁浦、永淳2个县。

元至元十三年(1276年),邕州改置邕州安抚司,隶广南西道宣抚司(旧治今桂林市);次年,横州改设横州安抚司,与宾州同隶广南西道宣慰司。至元十六年(1279年),邕州安抚司改邕州路,横州安抚司改横州路,宾州改宾州路。元贞元年(1295年),邕州、横州、宾州三路改属广西两江道宣慰司。元贞初,横州路复改横州。大德五年(1301年),宾州路复改宾州。泰定元年(1324年),邕州路改称南宁路(取南疆安宁之意),宣化县隶属南宁路,南宁得名取于此。至正九年(1349年),南宁路和横州、宾州改属广西行中书省。元末,南宁路领辖宣化、武缘2个县;横州领宁浦、永淳2个县;宾州领岭方、上林、迁江3个县。

明洪武元年(1368年),南宁路改南宁府,治所在今南宁城;横州改隶浔州路;次年,岭方县省入宾州,宾州改隶柳州府,横州改隶浔州府。洪武十年(1377年)五月,横州降改横县,改隶南宁府。洪武十三年(1380年),横县复改横州。嘉靖七年(1528年),原治今马山县乔利圩的思恩府迁治今武鸣区府城镇,始开今南宁属地同时置有相当于今两个地级行政建制之先河,置领都阳、安定、白山、古零、兴隆、那马、定罗、旧城、下旺等土司和奉议州、上林土县等(这些土司和州县分别治今马山、大化、都安、田阳等县地)。隆庆六年(1572年)二月,南宁府析宣化等县地置新宁州(治今崇左市扶绥县),将武缘县划新宁州领辖。万历七年(1579年),思恩府划辖武缘县。万历三十二年(1604年),思恩府置辖上映土州。明南宁府治今朝阳路19号。明末,南宁府领宣化、永淳、隆安3个县,横、上思、新宁3个州和归德、果化、忠、下雷4个土州及迁隆峒土巡检司;思恩府领武缘县、奉议州和都阳、安定、白山、古零、兴隆、那马、定罗、旧城、下旺9个土司及上林土县、上映土州。

清朝承袭明朝建置。至清末，南宁府治宣化，辖宣化、隆安、永淳3个县，新宁、横州2个州及忠、归德、果化3个土州；思恩府辖领武缘、上林、迁江3个县和那马厅、宾州及白山、兴隆、定罗、旧城、都阳、古零、安定7个土司。

民国元年(1912年)，宣化县省入南宁府，武缘县废入思恩府，并将思恩府改武鸣府；横州、宾州分别改横县、宾阳县；10月，广西军政府自桂林迁治南宁府，省府治今南宁民族大道西头与兴宁路南段西侧(时属中山路)，南宁成为广西省会。民国2年(1913年)6月，置邕南道，治南宁县(南宁府废改县)，隶广西省，领南宁、武鸣(武鸣府废改县)、新宁(今属扶绥县)、那马(今属马山县)、上思、横县、宾阳、永淳(今分属横县、宾阳县和青秀区、邕宁区)、上林、隆安10个县，归德(今属柳江县)、果化(今属平果县)、忠(今属扶绥县)3个土州，都阳(今属大化瑶族自治县)、安定(今属都安瑶族自治县)、白山(今属马山县)、古零(今属马山县)、兴隆(今属东兰县)、旧城(今属平果县)、定罗(今属马山县)、迁隆峒(今属宁明县)8个土司。民国3年(1914年)1月，南宁县为避云南省南宁县同名而易名邕宁县(时根据全国同名县份保留最先署名者其他一律避改的规定)；6月，邕南道易名南宁道。民国4年(1915年)8月，南宁道新置隆山(今属马山县)、都安、果德(今属平果县)3个县；9月，南宁道新置绥渌县(今属扶绥县)。民国15年(1926年)，南宁道废，所领14个县改隶广西省政府。民国18年(1929年)7月，设南宁市政府，与邕宁县政府合署办公；11月，撤市建制。民国19年(1930年)，置邕宁民团区，驻邕宁县，辖扶南(今属扶绥县)、上思、邕宁、绥渌、左县(今属崇左市江州区)、同正(今属扶绥县)、永淳、横县8个县；置宾阳民团区，驻宾阳县，辖宾阳、武鸣、隆山、果德、隆安、那马、上林、都安、迁江(今属来宾市兴宾区)9个县。民国21年(1932年)4月，邕宁、宾阳2个民团区合并置南宁民团区，治武鸣，并将邕宁民团区的左县划归龙州民团区，原属宾阳民团区的果德县划归百色民团区；不久，增划辖百色民团区之果德县。民国23年(1934年)1月，广西省政府迁至南宁河堤路新址(今青秀区中山街道植物路广西军区处)；3月，南宁民团区改南宁行政监督区，仍治武鸣，辖武鸣、邕宁、扶南、上思、绥渌、永淳、同正、横县、隆安、宾阳、迁江、那马、隆山、上林、都安、果德16个县；11月，南宁行政监督区划辖原属柳州行政监督区来宾县。民国25年(1936年)10月，南宁行政监督区划辖原属百色行政监督区平治县；广西省政府由南宁迁至桂林。民国26年(1937年)，南宁行政监督区析出同正县改属龙州行政监督区；10月，南宁行政监督区又划辖同正县，并析出来宾、迁江两县改属浔州行政监督区。民国28年(1939年)2月，南宁行政监督区析出都安、平治、果德、那马、隆山、上林、武鸣、宾阳8个县，另置武鸣行政监督区，治武鸣县。南宁行政监督区改驻南宁。民国29年(1940年)4月17日，武鸣、南宁2个行政监督区分别改第八区、第九行政督察区，辖县依旧。民国31年(1942年)3月，第八区、第九区合并为第四区，治南宁。民国37年(1948年)10月，第四区析出武鸣、上林、隆山、那马、果德、平治、都安、隆安8个县，另置第十一区，治武鸣县。民国末年(1949年1月1日至9月30日止)8月，广西省政府由桂林迁至南宁；9月，第四区辖邕宁、永淳、横县、宾阳、上思、同正、扶南、绥渌8个县，第十一区辖县不变。1949年10月1日，中华人民共和国成立。同年12月11日，广西全境解放，国民党在广西的统治全部被推翻。

1949年10月下旬，设立武鸣专区，治武鸣，辖武鸣、平治(今属平果县)、果德、那马、隆山、都安6个县；12月4日，南宁(邕宁县治)、邕宁、武鸣解放，邕宁县人民政府驻今南宁市江南区亭子路；12月28日，中共广西省委批准成立南宁市人民政府。1950年1月，南宁行政区专员公署成立，辖邕宁、绥渌、横县、同正、上思、永淳、扶南、宾阳8个县；2月8日，广西省人民政府正式成立，确定南宁为省会(1958年3月广西省改称广西壮族自治区，南宁市为自治区首府)；同月，析邕宁县城(今南宁旧城区部分)及附近的21个自然村(街)新置南宁市，直隶广西省；8月，邕宁县治迁至今南宁市邕宁区蒲庙镇。1951年1月25日，撤销武鸣专区，所属武鸣、都安、隆山、上林、迁江5个县划归南宁专区管辖，隆安、镇结2个县划归龙州专区(10月改称崇左专区)管辖，平治、果德、那马3个县划归百色专区管辖，忻城县划归宜山专区管辖；7月9日，南宁专区又划辖原系郁林专区的贵县(今属贵港市)；8月10日，南宁专区改名宾阳专区，治宾阳县新宾，辖邕宁、横县、宾阳、上林、武鸣、隆山、贵县、永淳(1952年7月撤销，其行政区域分别并入横县、邕宁、宾阳3个县)、迁江、都安10个县。1952年7月，宾阳专区、崇左专区合并改称邕宁专区，专署机关于11月从宾阳县新宾镇搬迁到南宁市白苍岭，辖邕宁、宾阳、横县、武鸣、上林、隆山、崇左、隆安、龙津(今龙州县)、大新、镇都(今天等县)、扶绥、上思、宁明14个县；12月9日，设置桂西僮(壮)族自治区(行政公署级，1956年3月2日更名桂西僮族自治州)，区治南宁(今南宁市西乡塘区明秀东路238号)，辖宜山专区、邕宁专区、柳州专区、百色专区及所属辖县和钦州专区所属的上思等34个县或县级自治区。是年，南宁市设立第一、第二、第三、第四、第五区和郊区。1953年，邕宁专区撤销，所属的邕宁、宾阳、横县、武鸣、上林、马山(1952年8月，由那马、隆山两县合并成立)、崇左、隆安、龙津(今龙州县)、大新、镇都、扶绥、上思、宁明14个县改由桂西僮族自治区直接管辖。1957年12月20日，国务院批准撤销桂西僮族自治州，设立邕宁专区，次年1月正式实施，原桂西僮族自治州直辖县市改属复置的邕宁专区，专区驻南宁(今南宁市西乡塘区明秀东路238号)，辖原直隶桂西僮族自治州的14个县和凭祥市、都安瑶族自治县。1958年7月28日，南宁市区分设江宁、兴宁、永宁3个区；9月，南宁市委与邕宁地委实行统一领导，邕宁地委更名南宁地委；11月14日，南宁地委复称南宁专区。1959年2月6日，南宁市改由南宁专区代管。1961年12月23日，南宁市复改由自治区直辖。1965年5月18日，南宁专区析出都安瑶族自治县，划归河池专区；6月26日，南宁专区析出上思县，划归钦州专区。1968年3月，成立南宁市郊区革命委员会。1971年11月，南宁专区更名南宁地区。1978年2月，撤销南宁市郊区。1979年2月26日，南宁市设立新城、永新、江南、朝阳、衡阳5个市辖区(县级)；次年4月5日，朝阳区更名兴宁区，衡阳区更名城北区。1983年10月8日，南宁地区析出邕宁、武鸣两县划入南宁市，次年1月26日正式移交南宁市。1984年6月23日，南宁市设立郊区(县级)。2001年12月5日，南宁市郊区撤销。2002年12月23日，国务院批准撤销南宁地区，原属南宁地区的横县、宾阳县、上林县、马山县、隆安县划入南宁市，次年6月27日五县正式划归南宁市。2004年9月15日，国务院批准南宁市部分行政区划调整，撤销城北区、永新区和邕宁县，设立西乡塘区、邕宁区、良庆区，新城区更名青秀区，次年3月18日正式调整。2015年2月16日，国务院批准南宁市部分行政区划调整，撤销武鸣县，设立武鸣区，次年5月27日武鸣县正式撤县设区。2020年，南宁市辖兴宁、江南、青秀、西乡塘、邕宁、良庆、武鸣7个区，横县、宾阳、上林、马山、隆安5个县。

(书　弄)

【行政区划】2020年，南宁市行政区划为兴宁区、青秀区、江南区、西乡塘区、良庆区、邕宁区、武鸣区、横县、宾阳县、上林县、马山县、隆安县12个区县，89个镇、10个乡、3个民族乡、25个街道。

(彭佳富)

表 2　　2020 年南宁市区县、乡镇(街道)、村(社区)情况一览表　　单位:个

区县	乡镇(街道)				村	社区	乡镇	街道
	镇	乡	民族乡	街道				
兴宁区	3			3	37	38	三塘镇、五塘镇、昆仑镇	民生、朝阳、兴东
青秀区	4			5	47	71	刘圩镇、南阳镇、伶俐镇、长塘镇	新竹、中山、建政、南湖、津头
江南区	4			5	68	48	吴圩镇、苏圩镇、延安镇、江西镇	福建园、江南、沙井、那洪、金凯
西乡塘区	3			10	79	74	金陵镇、双定镇、坛洛镇	衡阳、北湖、西乡塘、安吉、华强、新阳、上尧、安宁、石埠、心圩
良庆区	5			2	57	28	良庆镇、那马镇、那陈镇、大塘镇、南晓镇	大沙田、玉洞
邕宁区	5				65	16	蒲庙镇、那楼镇、新江镇、百济镇、中和镇	
武鸣区	13				198	27	城厢镇、太平镇、双桥镇、宁武镇、锣圩镇、仙湖镇、府城镇、陆斡镇、两江镇、罗波镇、灵马镇、甘圩镇、马头镇	
横县	16	1			276	32	横州镇、百合镇、那阳镇、南乡镇、新福镇、莲塘镇、平马镇、峦城镇、六景镇、石塘镇、陶圩镇、校椅镇、云表镇、马岭镇、马山镇、平朗镇、镇龙乡	
宾阳县	16				192	45	宾州镇、黎塘镇、甘棠镇、思陇镇、新桥镇、新圩镇、邹圩镇、大桥镇、武陵镇、中华镇、古辣镇、露圩镇、王灵镇、和吉镇、洋桥镇、陈平镇	
上林县	7	3	1		115	19	大丰镇、明亮镇、巷贤镇、白圩镇、三里镇、乔贤镇、西燕镇、澄泰乡、木山乡、塘红乡、镇圩瑶族乡	
马山县	7	2	2		134	22	白山镇、百龙滩镇、林圩镇、古零镇、金钗镇、周鹿镇、永州镇、乔利乡、加方乡、古寨瑶族乡、里当瑶族乡	
隆安县	6	4			118	14	城厢镇、南圩镇、雁江镇、那桐镇、乔建镇、丁当镇、古潭乡、都结乡、布泉乡、屏山乡	

说明：江南区含南宁经济技术开发区，西乡塘区含南宁高新技术产业开发区，武鸣区含广西—东盟经济技术开发区

物产　风俗

【物　产】南宁市物产丰富，以特色农产品、主要工业产品、传统手工艺品、地方传统食品著称。

特色农产品　有稻谷(优质稻)、糖料蔗、黑皮果蔗、西瓜、甜瓜、香蕉、火龙果、沃柑、杧果、龙眼、荔枝、百香果、杨梅、菠萝、波罗蜜、扁桃、茉莉花、甜玉米、木薯、板栗、茶叶、中药材、食用菌、桑蚕茧、黑山羊、叮当鸡等。2020 年，南宁市柑橘产量 202.04 万吨、蕉类产量 121.90 万吨、西(甜)瓜产量 111.72 万吨、玉米产量 54.01 万吨、火龙果产量 31.45 万吨、龙眼产量 6.95 万吨、百香果产量 5.97 万吨、荔枝产量 3.05 万吨，主要分布于江南区、青秀区、西乡塘区、邕宁区、良庆区、武鸣区、横县、宾阳县、上林县、马山县、隆安县。江南区、南宁经济技术开发区西瓜连片种植 1 万公顷以上，是全国大型的西瓜生产基地之一；广西—东盟经济技术开发区连片种植大棚网纹甜瓜面积 200 公顷以上，是广西最大的设施网纹甜瓜生产基地；横县玉米种植面积 1.6 万多公顷，是中国西南地区最大的甜玉米生产加工基地县。茉莉花种植面积 8000 公顷，产茉莉鲜花 9.50 万吨；横县茉莉花(茶)品牌综合价值 206.85 亿元。食用菌主要品种有双孢蘑菇、杏鲍菇、秀珍菇、凤尾菇、香菇、木耳、平菇、茶树菇等，产量 16.03 万吨。中药材主要品种有铁皮石斛、八角、佛手、郁金、牛大力、金银花、吴茱萸、鸡血藤等，种植面积 1.35 万公顷，产量 2.93 万吨。有横县茉莉花、横县大头菜、南山白毛茶、横县茉莉花茶、黎塘莲藕、古辣香米、上林大米、上林八角、马山黑山羊 9 个国家地理标志保护产品，横县茉莉花茶、上林八角、上林大米、南宁香蕉(2 件)、马山黑山羊、武鸣沃柑 7 个地理标志商标，武鸣砂糖橘、刘圩香芋、那楼淮山、南宁香蕉、南宁火龙果、横县甜玉米 6 个国家农产品地理标志产品。

主要工业产品　有白砂糖、红糖、赤砂糖、乳制品、卷烟、酒精、蔗渣浆、纸制品、茉莉花茶、复合肥、塑料制品、水泥、水泥制品、平板玻璃、铝型材、石材、黏土矿、商品混凝土、建筑陶瓷、防水卷材、矿山机械、建筑机械、水泥生产设备、发电机组、电缆线缆、搅拌机、电器设备、压缩式垃圾专用运输车等。2020 年，南宁市生产成品糖 96.44 万吨、乳制品 10.19 万吨、啤酒 27.92 万千升、卷烟 353.40 亿支、纸浆 19.03 万吨、水泥 1662.74 万吨、铝材 28.34 万吨、电力电缆 31.26 万千米、平板玻璃 1252.92 万重量箱、发电机组(发电设备)12.37 万千瓦。

传统手工艺品　有壮锦(包括壮锦被面、床单、坐垫、披巾、壁挂、挂包等)、壮族服饰、壮族刺绣、渡河公吉祥物、竹木根雕、石雕、红陶、油纸伞、牛角工艺品、竹编产品、桂作家具、壮刀、茶具等。2020 年，南宁市选送的刺绣作品《壮锦服装四件套——八桂锦缘》、泥兴陶《一鹭祥和》、刻陶装饰画《国泰民安》、漆器《繁花似锦》等 7 个工艺作品获第 55 届全国工艺品交易会“2020 中国工艺美术‘金凤凰’创新产品设计大奖赛”金奖；坭兴陶《三月歌圩》、手工玩具《壮锦布艺长颈鹿》、

2020 年 6 月 10 日，市民在南宁米粉制作技艺传承基地体验手工石磨米粉浆　程勇可　摄

红陶《手捏老树头茶叶罐》、印染《蚂拐声鸣，喜迎太平》等 16 个工艺作品获 2020 广西工艺美术作品“八桂天工奖”金奖。

地方传统食品　有南宁老友面(粉)、生榨米粉、干捞粉、卷筒粉、炖粉糕、宾阳酸粉、凉粉、粉虫、粉饺、粉利、油炸粽、蕉叶糍、艾糍、凉粽、猪肉绿豆粽、五色糯米饭、黄花饭、豆蓉糯米饭、瓦煲饭、八仙粉、八宝饭、酿苦瓜、炒田螺、粥品、汤品、鱼扣、脆皮扣、柠檬鸭、鱼生、酸肉、羊酱、羊红、清水羊肉汤、牛杂、腊肉、糯米血肠、土制红糖、米酒、腌菜、酸料等。2020 年 6 月 10 日，南宁米粉制作技艺传承基地在青秀区长湖路的粉之都米粉博物馆挂牌成立，市民可了解广西米粉文化的起源、演变、发展及形成，参与动手体验古代制粉过程。

【风　俗】 南宁市地方风俗以民俗节庆、民俗仪式、民俗艺术、民间传统体育、饮食习俗为主要表现形式。

民俗节庆　南宁市在沿袭中国传统节日过程中，形成富有地方特色的节日风俗。春节是全年最重要的节日，壮族民众焚香点烛，供奉猪肉、整鸡、粽子、年糕、米酒等，烧纸钱、放鞭炮，祭拜祖先诸神灵；正月初二起，开始走亲访友，举行舞狮、舞龙、舞春牛等传统文娱活动。宾阳县每年农历正月十一举办炮龙节，人们通过点睛仪式、游彩架、吃灯酒、舞炮龙、炸炮龙、钻龙肚、抢龙珠等活动祈求风调雨顺、添丁增财。农历正月十一，宾阳县、上林县、马山县等地仍有灯酒节习俗，在村内社坛祭祀祖先，公布新生婴儿名字，意为“报新丁”，全族人晚间就地会餐，祝贺添丁的主家。农历二月初二又称“春耕节”“农事节”，预示新一年农事活动的开始；上林县木山乡每年在“二月二”举行卢於春社活动，民众聚集于新甫庄卢於寺开展春耕开犁、斗牛、斗狗、斗鸡、山歌对唱、打陀螺等民俗活动。受新冠肺炎疫情影响，2020 年南宁市迎新春活动、宾阳炮龙节、区县新春民俗文化旅游活动等未能开展。壮族“三月三”既是壮族传统歌节，也是壮族祭祖扫墓节，每年农历三月初三前后，南宁各地举办山歌会、山歌擂台赛、千人竹竿舞、抛绣球、抢糍粑、龙狮表演、民族服饰展、壮家美食展、土特产商品交易会等活动；壮族民众返回家乡祭祖扫墓，以除草添土、修整墓地、上坟烧香、供上祭品、跪拜敬茶酒、焚烧冥钱冥物、插标挂钱、燃放鞭炮等方式祭奠祖先，祈求家人幸福安康。“壮族三月三”是南宁民族特色文化品牌。2020 年南宁市采用网络直播、随手拍视频、话题讨论弹幕互动等线上形式举办“壮族三月三・八桂嘉年华”系列活动，展播《壮乡歌海春潮涌——南宁市 2020 年“壮族三月三・八桂嘉年华”文艺节目集锦》，区县开展“云歌圩”线上对歌、非遗风采网上展播、特色农产品直播促销等活动。农历四月初八是壮族牛魂节、农具节，人放犁、牛脱轭，主人家清扫牛栏，给牛沐浴，举行敬牛仪式，演社戏、唱山歌，办百家宴，以示对牛的祝福。宾阳县露圩镇圩逢节、隆安县那桐镇“四月八”农具节延续壮族敬牛传统习俗。农历五月初五端午节，上林县三里镇 2020 年“渡河公”民俗文化旅游节在云姚村云姚花谷旅游景区举行，开展线上直播游三里镇、听壮山歌、看“渡河公”民俗风情等活动。瑶族达努节是瑶族人民不忘母恩的纪念日，每年农历五月二十九，瑶族人民着盛装、杀猪宰羊、杀鸡染蛋、宴请宾客、大摆歌台，表演铜鼓舞、舂米舞、雷公舞等，举办赛马、斗鸡、赛弓箭、“上刀山下火海”、踩花灯等活动，借此告诫后代慈孝为先、不忘母恩，宣扬瑶乡尊老爱幼、勤俭持家的传统美德。南宁市瑶族达努节活动主要集中在上林县镇圩瑶族乡、马山县里当瑶族乡。农历六月初六是壮族稻神节(芒那节)，壮族民众到田间用牲肉祭祀稻神，以求村寨平安，五谷丰收，盛行于隆安县、武鸣区等壮族农村，并逐步发展为隆安“那”文化旅游节等节庆活动。农历七月十四是壮族的祭祖魂节，俗称“鬼节”，相传为壮族始祖布洛陀逝世的日子，人们置办鸡鸭、祭品，举行祭拜仪式、聚餐，入夜时，各家在门口燃香点烛，洒水饭等。农历八月十五，群众普遍到圩市、商店购买月饼，杀鸡备肉、购置果品等，入夜供奉月神，合家欢聚。2020 年国庆、中秋同至，南宁市组织区县(开发区)联动商贸企业开展乡村游、夜经济、购物节、美食节、车展等 80 余场线上线下“迎中秋庆国庆”系列活动。庙会是中国民间宗教及岁时风俗，武鸣区有祭祀骆越始祖的罗波庙会，横县有祭拜马援将军的横县伏波庙会、祭神祈福的南山应天寺庙会、纪念三国历史英雄的三相庙庙会，上林县有祭祀万寿公韦阙的万寿节庙会，隆安县有布泉天王庙会等。

民俗仪式　古代傩仪式、师公舞发展而成的师公戏仍流传于江南区、西乡塘区、邕宁区、武鸣区、横县、宾阳县、上林县、马山县等地，在节庆、庙会时举行师公傩祭仪式，通过唱、念、做、舞等表演形式驱邪逐恶、祈求吉祥；西乡塘区上尧街道陈东村仍保留师公“大酬雷”祭祀仪式，每逢农历正月至二月初二，当地农民用傩祭形式表演水稻生产、酬雷求雨。农历二月初二，上林县木山乡举行春耕开犁仪式，祈求耕牛健壮、风调雨顺、五谷丰登。农历三月初三，上林县塘红乡举行“三月三・龙母”祭祀大典，“九龙祭母”仪式演绎龙母龙子慈孝故事，弘扬母慈子孝美德；武鸣区罗波镇罗波社区举行骆越祖母王祭祀大典，以骆越祖母王神像巡游、公祭骆越祖母王仪式纪念祖先，追根溯源不忘本。农历四月初八春耕结束，宾阳县露圩镇举行神牛祭祀仪式，感念牛给予农民的恩惠，祈求消灾免疫、六畜兴旺；隆安县那桐镇举行向天、地、水三界神求雨祭祀仪式，祈求风调雨顺。农历六月初六，隆安县乔建镇举办稻神祭(芒那祭)，祭祀人员在娅王庙举行求雨、祭农具、招稻魂、驱田鬼、请稻神仪式，沿田埂、城镇道路开展稻神巡游仪式，感恩稻神“娅王”庇佑，祈愿稻神赐福于民。达努节期间，瑶族群众举行“上刀山下火海”仪式，以赤足爬刀梯、过火炭、走灯排、踏火犁头的方式祭祀刀神、火神，祈福消灾，显示所向无敌的气概。随社会的进步，南宁各地民俗仪式增加现实内容，逐步发展成各类民俗节庆、重大活动上的技艺展示、文化表演。

民俗艺术　南宁市在文学、音乐、舞蹈、戏剧、手工技艺方面形成独特的民俗艺术。文学方面有壮族创世神话史诗《布洛陀》,反映壮族英雄事迹的诗歌《莫一大王》,壮族民间伦理道德长诗《传扬歌》,兴宁区三塘镇葫芦山传说《葫芦山》,反映南宁人民劳动、生活、习俗、时政和思想感情的南宁民谣、白话童谣,起源于古代南宁驯象养象时期的五象传说,口头交流与古壮字结合的歌体书信壮族信歌,反映农村生活的宾阳“老窍”故事,流传于横县的壮族民间故事《百鸟衣》,发源于邕江、左江、右江和红水河流域的传说妈勒访天边等;马山县壮族人民在节日、婚嫁、丧葬、劝和、集会上不同程度沿用《传扬歌》,并随时代更新、充实传唱内容;南宁现代城市建设融入五象传说元素,建成五象喷泉雕塑等地标和城市雕塑;大型壮族歌舞剧《百鸟衣》《妈勒访天边》成为每年展演、巡演的精品。2020年“壮族三月三”期间,市文广旅局推出“云观剧”,借助电视、网络等平台展播《妈勒访天边》《百鸟衣》等壮族舞剧。音乐方面有南宁平话民歌、隆安县壮话排歌、上林县镇圩瑶族乡瑶山歌、壮族哭嫁歌、多声部民歌(兴宁区松柏汉族二声部平话山歌、邕宁区和良庆区嘹啰山歌、武鸣区二声部民歌、上林县四六联民歌、马山县壮族三声部民歌),壮族高腔民歌(马山县永州镇高腔、武鸣区二声部高腔、隆安县高腔、上林县西燕镇高腔、西乡塘区坛洛镇高腔)、壮族八音(流传于邕宁区、宾阳县、上林县的吹打音乐)、马山县壮族会鼓等。第22届南宁国际民歌艺术节、“绿城歌台”群众文化活动采取录制播出、线上参与的方式继续传承、创新南宁民歌传统,晚会网络总播放量超过1200万次。舞蹈方面有青秀区长塘镇芭蕉香火龙舞、麒麟舞,江南区苏圩镇、邕宁区蒲庙镇的春牛舞,横县百合镇茅山舞,上林县瑶族猴鼓舞、蚩尤舞,隆安县雁江镇“九莲灯”花手舞,武鸣区锣圩镇骆垌舞,江南区苏圩镇、吴圩镇及武鸣区乡镇的道公舞,南宁傩舞、壮族师公舞、狮子舞等;社会进步和现代文化艺术使民间舞蹈的艺术性、表演性更加突出,南宁各地民间舞蹈表演者组成职业、半职业的演出团体,在节庆、旅游活动中演出传统舞蹈。戏剧方面有邕剧、南派粤剧、平话师公戏、壮族师公戏、丝弦戏、傩戏、壮族采茶戏、横县校椅镇临江壮歌剧等;民间在丧葬习俗、拜祖先、祭祀上依然盛行师公戏,加入更多现代内容。2020年,南宁市开展邕州剧场地方戏曲月月演活动12场次、“邕州神韵”新会书院地方戏曲周周演活动37场次、“传统戏曲、精品剧目进高校”活动20场次,抢救性复排大型邕剧《龙象塔奇缘》、大型古装粤剧《绣襦记》等传统经典剧目,创作排演四幕邕剧《骄傲的画眉鸟》,丝弦戏《平贵别窑》参加2020年戏曲百戏(昆山)盛典交流。手工技艺方面有壮族刺绣、壮族织锦、壮族服饰制作、壮族拼布、竹编、藤编、木器、雕刻、宾阳县大罗毛笔制作、宾阳县油纸伞制作、隆安县构树手工造纸、隆安县雁江镇红良打铁、邕州陶制作等。市二轻联社扶持实施南宁红陶技艺传承与创新、产学研创一体化产业发展、造型与装饰设计、原材料和产品研发项目4个,推动南宁红陶产业基地建设和传统技艺传承传授;在宾阳县露圩镇举办南宁市工艺美术(壮锦织造技艺)培训班,培训47人。

民间传统体育　南宁市民众在世代生产生活中形成划龙舟、打扁担、跳竹杠、打鸡毛球、打陀螺、壮族迪尺、斗竹马、投绣球、斗牛、斗鸡、抢花炮、香火球、打磨秋、壮拳、射弩、板鞋竞速等民间传统体育形式,随社会发展形成固定体育赛事或体育表演,进一步融入当地教育、体育事业和旅游、经济开发中。每年农历二月初二,邕宁区中和、百济、那楼、新江、蒲庙等乡镇举行抢花炮活动,中和乡孙头坡的活动规模最大、历史最悠久(600多年),活动包括“还炮”“抢炮”“送炮”3个环节,抢花炮是整个活动的高潮。斗竹马是踩在竹竿上比赛的竞技活动,意在斗智、斗勇、斗强、斗胆,主要流传于青秀区长塘镇及邕宁区、良庆区等地;板鞋竞速起源于壮族土司的三人木枷练兵法,若干人为一队,同穿一对长板鞋赛跑,参加者须步调一致、同心全力;壮族迪尺又名“打鸡头”“打勒则”,源于壮族人狩猎的投掷练习,2人为对手,打尺数多者赢;投绣球源于古时作战、狩猎的甩投飞砣练习,后演变为传情表意、娱乐身心、竞技强身的抛接绣球活动,纳入南宁市中小学体育课程;香火球起源于良庆区南晓镇古元村,由农民保护庄稼的措施发展为类似羽毛球的体育活动,流传于良庆区南晓镇、大塘镇一带,与其他传统体育活动发展为旅游、节庆和运动会的娱乐表演、竞赛项目。3月26日至4月26日,2020年“壮族三月三·民族体育炫”系列线上活动举办,宣传、展示民族传统体育项目、发展情况及成就,提供免费民族体育健身教学课等。

饮食习俗　南宁市民众主食以稻米为主,以玉米、薯芋、麦类和其他杂粮为辅;稻米大多加工成饭、粥、米粉、粉利供日常食用,通过煮、蒸、焖、炒及添加其他原料等方式制成南瓜饭、竹筒饭、黄花饭、豆饭、八宝饭、肉末粥、菜粥、瓜粥、艾草粥、汤粉、炒粉等;糯米多制成节日食用或祭祀用的五色饭、糍粑、粽子、米糕、汤圆、油团和其他小吃;利用薯芋、豆类加工成粉丝、粉条、豆腐等副食品。壮族人多喜食腌、生、酸、辣之物,在副食品加工制作上形成腌菜、生食生拌的特殊技法,常用白菜、芥菜、萝卜、黄瓜、豆角、木瓜、辣椒、姜、笋等以清水浸泡,或辅以盐、醋、酱制成腌菜;以辛香料、盐、醋等拌食生鱼片,以猪、鸭等动物生血拌以盐、醋、辣椒和姜末制成蘸酱,或拌和炒制的动物内脏、蔬菜食用。壮族人有饮酒、饮茶习惯,多以糯米、玉米、薯类等原料酿酒,用中药材泡制药酒。形成特有的大粽、沙糕、黄皮酱料、豆豉、鱼生、南山白毛茶、茉莉花茶等传统制作技艺,以及南宁老友粉(面)、生榨米粉、卷筒粉、柠檬鸭、横县鱼生、横县芝麻饼、宾阳酸粉、扬美沙糕、炒田螺等特色菜品和小吃,直接影响南宁餐饮业发展,饮食文化的挖掘、特色旅游餐饮的开发成为南宁旅游经营效益中新的增长点。2020年,南宁市餐饮业经营的桂菜系列主要由桂北风味菜、桂东南风味菜、桂西风味菜、滨海风味菜和少数民族风味菜,以及风味小吃组成,形成以明园新都大酒店、荔园山庄、南宁饭店、甘家界牌柠檬鸭、南宁肥仔饭店、瑶王府、小南国、桂小厨等为代表的桂菜经营饭店、酒店。　(全　尼)

经济建设

【概　况】 2020年,南宁市出台稳工业措施8条、稳投资措施6条、促消费措施12条,稳住经济基本盘,实现地区生产总值4726.34亿元,比上年增长3.7%。其中:第一产业增加值534.36亿元,增长4.7%;第二产业增加值1084.32亿元,增长5.3%;第三产业增加值3107.67亿元,增长2.9%;三次产业的比重为11.3:22.9:65.8。固定资产投资下降2.5%;高技术产业投资增长29.7%,其中高技术制造业投资、高技术服务业投资分别增长60.2%、16.0%。社会消费品零售总额2180.36亿元,下降6.3%。进出口总值986亿元,增长31.8%,增速高于全国29.9个百分点,高于自治区28.3个百分点。其中:出口470.8亿元,增长29.2%;进口515.2亿元,增长34.2%。财政收入796.09亿元、下降0.6%,一般公共预算收入372.25亿元、增长0.4%;一般公共预算支出819.86亿元,增长3.9%,其中科学技术支出13.22亿元、增长23.9%,社会保障和就业支出104.43亿元、增长12.9%,卫生健康支出85.88亿元、增长11.6%,教育支出增长5.7%,公共安全支出增长3.5%,节能环保支出增长3.4%。全市居民人均可支配收入30114元,增长4.1%,其中城镇居民人均可支配收入38542元、增长2.3%,农村居民人均可支配收入16130元、增长7.2%。金融机构存款余额11498.25亿元,增长7.3%;住户存款余额4415.35亿元,增长11.5%;金融机构贷款余额15868.84亿元，增长13.6%。居民消费价格指数102.3，涨幅2.3%，低于自治区0.5个百分点，低于全国0.2个百分点。 （市统计局 市发展改革委）

【工业平稳增长】 2020年，南宁市实现规模以上工业总产值比上年增长1.9%，工业增加值增长3%（规上高技术制造业增加值增长26.4%），高于自治区1.8个百分点；规模以上工业产值过百亿的6个行业中5个实现稳增长，其中计算机通信和其他电子设备制造业增长9.5%，占总量26.7%，非金属矿物制品业、烟草制品业、电力热力生产和供应业、木材加工业分别增长4.5%、5.4%、1.2%、3.3%。“三企入桂”（央企入桂、民企入桂、湾企入桂）引进工业项目103个，计划总投资1239亿元；列入自治区“双百双新”项目57个，其中投资超过百亿元或产值超过百亿元的重大产业项目14个，新产业、新技术项目43个，总投资1400亿元；投产强首府重大工业项目24个。扶持培育企业，获国务院给予申报企业债券直通车激励机制（广西唯一获此激励措施的城市），实行“即报即审”，审核时限从15个工作日缩减至5个工作日。出台16条支持中小企业发展措施，统筹推动企业复工复产，3月初4050家重点企业复工率超过99%。建设国家级和自治区级绿色园区，循环化改造工业园区，南宁经开区、广西—东盟经开区获批国家循环化改造示范试点园区，南宁高新区、六景工业园区、江南工业园区获批自治区循环化改造示范试点园区。加快建设绿色制造体系，建成国家级绿色工厂6家，自治区级绿色工厂12家，有木材加工类国家级林业龙头企业2家、自治区级现代林业龙头企业24家；广西南宝特电气制造有限公司、广西博世科环保科技股份有限公司列入工信部高质量发展之绿色制造系统解决方案提供商，南南铝业公司铝合金产品精深加工全流程绿色关键工艺系统集成项目列入工信部绿色制造系统集成项目。新增上规入统工业企业185家（居自治区第一位），有产值超亿元企业392家、规模以上工业企业1163家、高新技术企业1151家；新增瞪羚企业31家，国家科技型中小企业853家；广西先进铝加工创新中心在研项目获批首个“国家重大短板装备专项工程”。

【服务业稳步复苏】 2020年，南宁市规模以上服务业企业实现营业收入342.51亿元，比上年增长4.3%；第三产业增加值3108亿元，增长2.9%；第三产业增加值占国内生产总值65.8%；非营利性服务业从业人员工资总额增长13.5%。落实新冠肺炎疫情防控政策措施，开展服务业企业纾难解困专项行动，走访企业157家，协调解决问题63个。落实356家现代服务业信贷风险补偿3241.03万元，868家小微企业经营贡献奖励575万元，98家2019年度上规入统服务业企业奖励369万元，42家现代服务业企业发展奖励1937.25万元。金融业增长5.8%，其中人民币贷款余额增长13.9%、保费收入增长17.8%，增速分别在西部12个省会（首府）城市、直辖市中排名第二、第一；有主板上市公司16家、新三板挂牌公司30家，上市在审企业2家，广西证监局辅导备案企业3家，自治区上市（挂牌）后备企业35家；中国—东盟金融城新增金融机构（企业）102家，入驻机构数量连续两年翻番。货物运输总量36769.07万吨，增长1.1%；旅客运输总量6892.74万人，下降27.6%；公路客货运周转量下降0.6%，水路客货运周转量增长4.2%。新增AAA级以上物流企业8家，累计40家（AAAAA级5家、AAAA级16家、AAA级19家）；重点企业电子商务交易额3967亿元、增长11.4%；农村电子商务交易额30亿元；中国（南宁）跨境电子商务综合试验区入驻跨境电商企业88家（新增40家），进出口交易4607.2万单，交易额21.64亿元，增长198%；电信业务总量863.63亿元，增长12.4%；邮政业务总量（含快递业务）102.56亿元，增长43.69%；批发业增长16.9%。零售业、住宿业、餐饮业增速分别为-2.2%、-15.9%、-6.9%。商品房销售1837.58万平方米，增长1.8%。有国家AAAAA级旅游景区1家（南宁青秀山风景旅游区）、国家AAAA级旅游景区37家、国家AAA级旅游景区43家，广西星级乡村旅游区65家、广西星级农家乐91家；签约引进重大旅游项目万有（南宁）国际旅游度假区（总投资500亿元）、七彩世界森林旅游项目等；接待旅游总人数1.2亿人次，旅游总消费1215.5亿元。 （卢科平）

【现代特色农业发展】 2020年，南宁市第一产业增加值534.36亿元，比上年增长4.7%；农林牧渔业产值868.84亿元，增长4.8%；粮食生产面积42.44万公顷、增长1.19%，粮食总产量209.28万吨、增长1.9%（五年来首次实现正增长）；水果产量401.23万吨，增长19.1%；蔬菜产量657.02万吨，增长3.6%；肉类总产量57.02万吨，下降1.1%；禽蛋产量2.8万吨，增长8.1%；牛奶产量1.46万吨，增长15.4%；水产品产量22.49万吨，增长2.24%；全社会木材采运量629.73万立方米，增长16.5%；农村居民人均可支配收入16130元，增长7.2%。农机拥有量120.23万台套，总动力507.04万千瓦，主要农作物耕种收综合机械化水平70.64%，增长6.86%。推进农村集体产权制度改革，核实农村集体资产237.52亿元；推进经营性资产股份合作制改革，确认村集体经济组织成员525.53万人，量化资产总额31.6亿元，成立村集体经济组织1508个；农村土地承包经营权确权登记颁证率97.19%，土地流转12.65万公顷。推进农村宅基地管理改革，成立南宁市农村产权交易中心及12个县级农村产权流转交易服务中心。投入3.24亿元，建设乡村振兴农业全产业链提升项目十大类28项；投资1.4亿元，打造优质粮食、糖料蔗、生猪、优质家禽、蔬菜、特色水果、桑蚕、渔业、茉莉花（茶）九大产业全产业链。引进农业产业项目7个，投资额61亿元。新增农业产业化重点龙头企业38家（自治区级19家、市级19家），累计207家（国家级15家、自治区级49家、市级143家）；新增农业产业化联合体11家，累计17家；新增农民专业合作社533家，累计5757家；新增家庭农场167家，累计1333家；入围2020年农业农村部畜禽标准化养殖示范场3个、广西休闲农业与乡村旅游示范点6个，创建自治区级现代特色农业核心示范区25个。新增“三品一标”农产品（无公害农产品、绿色食品、有机农产品，地理标志农产品）11个，累计192个；入选2020年广西农产品加工百强企业23家、广西农业品牌目录品牌12个，横县茉莉花和茉莉花茶综合品牌价值206.85亿元，蝉联广西最具价值农业品牌（四连冠）；“南宁火龙果”“横县甜玉米”获农业农村部农产品地理标志登记认证；武鸣沃柑特色农产品优势区获农业农村部、国家林业和草原局等七部门认定为中国特色农产品优势区。武鸣区双桥镇被农业农村部认定为第十批全国“一村一品”示范村镇，青秀区南阳镇施厚村被农业农村部推介为“2020年中国美丽休闲乡村”。 （颜海宁）

【县域经济发展】 2020年，南宁市推进现代特色农业、第二产业发展、新型城镇化建设、乡村振兴战略，扩大县域开放合作，推动县域经济发展。横县地区生产总值320.44亿元，比上年下降5.1%，财政收入16.78亿元；宾阳县地区生产总值279.96亿元、增长3.4%，第二产业增加值83.19亿元、增长7.3%，第二产业对经济增长贡献率64.25%，拉动地区生产总值增长2.18个百分点；上林县地区生产总值90.57亿元、增长9.6%，第二产业增加值增长29.3%，其中建筑业增加值增长60.3%，建筑安装工程投资增长35%；马山县地区生产总值90.13亿元、增长3.0%；隆安县地区生产总值99.39亿元、增长3.0%。宾阳县获“2019年度广西高质量发展先进县（城区）”称号，隆安县、马山县获“2019年度广西高质量发展进步县（城区）”称号。推进市属国有企业集团公司与区县合作建设园区，南宁交投集团与横县共建六景工业园区,引进项目 11 个,投资额 5.94 亿元,建设项目 27 个(新开工 13 个、续建 2 个、竣工 12 个),投资 13.48 亿元。加快建设现代特色农业,新增广西现代特色农业核心示范区 9 个、自治区级现代农业产业园 2 个,横县现代农业产业园被认定为第二批国家现代农业产业园,武鸣区纳天山庄等 6 个休闲农业与乡村旅游观光园区获评 2020 年度广西休闲农业与乡村旅游示范点,武鸣沃柑特色农产品优势区获中国特色农产品优势区认定,横县茉莉花和茉莉花茶连续四年为广西最具价值农业品牌。 (刘学民)

政治建设

【概 况】 2020 年,南宁市加强全面从严治党,通过深化“书记引航担使命”主题活动,压紧压实全面从严治党政治责任,牢牢掌握意识形态工作主动权和用人导向,从“四个一线”(项目建设一线、改革创新一线、脱贫攻坚一线、维护稳定一线)提拔县处级领导干部占总数 88.2%。推进正风肃纪反腐,立案 1797 件,党纪政务处分 1930 人。加强地方立法、政治协商,审议“一府一委两院”(市政府、市监察委员会、市中级法院、市检察院)工作报告等 25 个,作出决议决定 25 项,开展立法调研 13 项,审议通过地方性法规案 7 件,颁布施行 3 件,立法后评估 2 件,审查政府规范性文件 35 件、政府规章 3 件,专项清理地方性法规 3 次,贴近民生热点开展协商议政,召开协商会议 64 次。统筹推进法治政府建设,社会公众评估行政执法的规范公正文明程度 95.82%,被中央全面依法治国委员会办公室确定为全国法治政府建设示范市。

【全面从严治党】 2020 年,中共南宁市委全面加强政治忠诚教育,巩固拓展“不忘初心、牢记使命”主题教育成果。持续深化“书记引航担使命”主题活动,坚持“书记抓、抓书记”,压紧压实全面从严治党政治责任。抓好党的十九届五中全会精神宣传贯彻,做好抗击新冠肺炎疫情、脱贫攻坚、全面落实强首府战略等重点宣传报道,牢牢掌握意识形态工作主动权、领导权。深入实施“先锋引领 +”系列行动,全面增强基层党组织的政治功能、组织力。注重激励干部担当作为,提拔县处级干部 68 人,晋升二级巡视员、一级至四级调研员 411 人次;晋升一级、二级高级警长,三级、四级高级法官、高级检察官等单独职务序列职级 153 人。提拔任用的县处级干部中,从“四个一线”提拔占总数 88.2%,56 个深度贫困村第一书记、脱贫攻坚指导员获提拔晋升或任用到重要岗位。抓紧抓实党中央、自治区党委巡视、审计、督察等反馈问题整改,提升巡察质量和水平。推进正风肃纪反腐,立案 1797 件,党纪政务处分 1930 人。 (市委办公室)

【人大监督与立法】 2020 年,南宁市人大及其常委会召开代表大会 1 次、常委会会议 7 次。审议市政府、市监察委员会、市中级法院、市检察院工作情况报告,以及有关开发区工业园区发展、“七五”普法、创建国家全域旅游示范区等报告 25 个,作出决议决定 25 项。其中,首次听取备案审查工作情况报告,首次进行市人大代表专题审议部门预算,实行全口径预算审查、全过程监管,实现市、区县国有资产管理监督情况报告制度全覆盖。应对新冠肺炎疫情作出加强重大传染病防治能力建设、提升公共卫生突发事件应急医疗救治能力决定 2 件;作出地方性法规进入执法融入司法列入普法工作的决定,首次听取法规贯彻实施情况专项报告;开展产业大招商工作专题询问 1 次、强化科技创新平台建设专项工作评议 1 次。推进饮用水水源保护、全域旅游促进等立法,开展立法调研 13 项;审议《南宁市扬尘污染防治条例》《南宁市城镇排水与污水处理条例》《南宁市献血条例(修改草案)》等地方性法规草案 10 件;通过《南宁市水土保持若干规定》《南宁市横县茉莉花保护和发展条例》《南宁市停车场管理条例》《南宁市特种行业治安管理条例》等 7 件;颁布施行《南宁市大王滩国家湿地公园保护条例》《南宁市生活垃圾分类管理条例》《南宁市电动自行车管理条例》3 件;开展《南宁市生活垃圾分类管理条例》《南宁市历史街区保护管理条例》立法后评估 2 件。参与备案审查政府规范性文件 35 件、政府规章 3 件,修改地方性法规 15 件、废止 5 件。在“南宁人大网”、南宁人大微信公众号及部门网站推出系列法律法规解读,在高校或律师事务所设立地方立法咨询服务基地 3 个,通过基地和基层立法联系点征集立法意见建议 2500 多条。开展《中华人民共和国野生动物保护法》《广西壮族自治区扶贫开发条例》《城市民族工作条例》《南宁市城市供水节水条例》执法检查 4 项,《全国人大常委会全面禁止非法野生动物交易、革除滥食野生动物陋习、切实保障人民群众生命健康安全的决定》贯彻实施检查 1 项;对实施满两年的《南宁市道路交通安全条例》《南宁市大明山保护管理条例》《南宁市昆仑关保护管理条例》开展专项检查各 1 次。 (韦杉娜)

【法治政府建设】 2020 年,南宁市审议通过地方性法规 3 件,颁布实施地方性法规 3 件、政府规章 3 件,完成立法调研 4 件。加快执法权运行机制改革,全面推行行政执法公示、执法全过程记录、重大执法决定法制审核“三项制度”,完善行政裁量权基准制度,社会公众评估行政执法的规范公正文明程度 95.82%。受理行政复议案件 461 件,审结 345 件;办理法律援助 7517 件、公证 1.89 万件、仲裁 1536 件、司法鉴定 2.44 万件。优化警务运行机制,通过“互联网 + 警务”办理事项 400 万件;深化公安“放管服”改革,承办公安部交管局深化“放管服”改革现场会。加强涉企法治监管,构建“一网联动、随机抽查、综合执法、联合监管”新型监管模式,双随机抽查覆盖率 100%,监管执法信息公示率 100%。建立健全信用法制体系,实施守信激励措施 25 项,在全国首创电子诚信卡。构建覆盖城乡居民的公共法律服务体系,搭建市、县、乡镇、村四级公共法律服务实体和网络平台,实现 1787 个村(社区)法律顾问全覆盖。开展以宪法为核心内容的法治宣传教育活动,掀起学习《中华人民共和国民法典》热潮,通过“七五”普法验收。被中央全面依法治国委员会办公室确定为全国法治政府建设示范市。 (黄丹丹)

【政治协商】 2020 年,南宁市政协围绕盘活南宁闲置与低效工业用地、加快推进中国(广西)自由贸易试验区南宁片区跨境电子商务发展、加快建成中国面向东盟跨境金融交易中心、加快南宁智慧物流枢纽建设等,召开政协全体会议 1 次、专题议政性常委会会议 2 次、专题协商会 3 次、双月协商座谈会 6 次、对口协商会 8 次、提案办理协商会 28 次,向中共南宁市委、市政府及自治区政协建言资政,获自治区领导和市委领导批示 62 篇(件)。聚焦统筹新冠肺炎疫情防控和经济社会发展工作,召开“科学有效应对新冠肺炎疫情造成的影响”“做大做强南宁市夜间经济以消费拉动疫后经济发展”双月协商座谈会,组织政协委员捐款捐物折价 1164 万元。召开“创建文明城政协在行动”活动,提交提案、社情民意信息 107 条。树立提案民生导向,收集提案 588 件,其中涉及城市管理、文化教育、就业创业、医疗卫生等民生提案 182 件;收集城市垃圾分类、应对突发公共卫生事件等社情民意信息 645 条,编报《社情民意信息》86 期;围绕乡村环境治理、重点流域水环境治理、扫黑除恶专项斗争、深化城建项目筹融资改革等问题开展调研资政、专项督察,提出意见建议 33 条,整改落实问题 23 个。以委员为基础,成立市政协委员智库;建立委员联络站(室)88 个;上报调研报告 30 份,提出对策建议 153 条。

(市政协办公室)

文化建设

【概　况】2020年，南宁市宣传、践行社会主义核心价值观，选树身边好人和道德模范，开展文明城市创建、树文明健康新风、争做中国好网民、“信用南宁美好生活”等活动，获自治区党委宣传部、自治区广播电视局等部门主办的广西践行社会主义核心价值观主题微电影征集展示活动奖项8部。打造“信用南宁”名片，在全国首创电子诚信卡，南宁市综合信用指数持续提升，首次进入全国36个省会及副省级以上城市综合信用排名前十。推进文化事业建设，举办第22届南宁国际民歌艺术节“大地飞歌•2020”晚会，首届中国—东盟文化艺术周闭幕演出、第八届中国—东盟（南宁）戏剧周活动、“壮族三月三·八桂嘉年华”系列大型活动等，获《人民日报》、新华社、中央广播电视总台、光明网等媒体报道；开展民歌专场、民歌湖大舞台周周演、“老南宁·三街两巷”周周演音乐角、乡村文艺进社区、戏剧进校园等群众喜闻乐见的活动，入选文化和旅游部主办的2020年戏曲百戏（昆山）盛典展演剧目1部、第十三届全国舞蹈展演剧目1部，获第二届广西对外传播奖剧目1部。　（李勇锋　覃　娜）

【培育践行社会主义核心价值观】2020年，南宁市广泛宣传社会主义核心价值观，在高层建筑大型户外显示屏，1900多座候车亭、900个地铁宣传灯箱、8000多台地铁联播电视、2万多块楼宇电子屏、65万平方米建筑工地围挡，以及网站新媒体平台首页首屏，统筹发布10个系列70款社会主义核心价值观公益宣传，获自治区党委宣传部、自治区广播电视局等部门主办的2020年“德行天下·微影故事”——广西践行社会主义核心价值观主题微电影征集展示活动一等奖2部、二等奖1部、三等奖1部、优秀奖4部。选树身边好人和道德模范，上榜中央文明网“中国好人榜”2人，获“全国新冠肺炎疫情防控最美志愿者”1人、全国“文明家庭”3户、自治区“最美志愿者”1人、自治区“新时代好少年”1人、自治区“文明家庭”9户。常态化开展“我们的节日”“930革命烈士公祭”“诚信教育月”等主题实践活动，拓展“清明祭英烈”“优秀童谣传唱”“传承红色基因　争当时代新人”等活动，承办2020年广西“新时代好少年”先进事迹发布会。开展文明城市创建“十大提升行动”，巡查场点34类990个，清理小区环境1.89万个次，维护改造小区设施设备1.31万处，整治城中村61个、小巷1011条、城乡接合部183处，700多个单位、2.1万党员干部参与共建，群众满意度98.6%，通过全国文明城市年度测评（测评分89.18）。开展“文明健康　有你有我”公益广告宣传，在机场车站、公共广场、主要干道、公园景区、街道社区、建筑围挡、餐饮服务单位等场所发布《文明南宁科学防疫“十倡议”》《南宁市“使用公筷、文明用餐”倡议书》《“厉行节约　制止餐饮浪费”倡议书》及主题公益广告，倡导文明新风，弘扬传统美德。继续实施争做中国好网民工程，参与网民300多万人次；开设“网络中国节”网络专题35个，制作网络文化作品183个，发布、转载稿件2400多篇；开展“动听南宁”线上音频挑战赛活动，分享16万次；举办“争做中国好网民·同创文明城”网络文明建设系列活动，开展线上线下网络文明传播活动25场；组织文明单位、网络文明传播志愿者参与中国文明网、南宁文明网开展网上重大传播活动，投稿3000多篇；向中国文明网报送重要信息稿、评论员文章，被中国文明网采用319篇。　（李勇锋）

【信用体系建设】2020年，南宁市推进信用立法，出台《南宁市诚信卡管理办法（试行）》《南宁市行政处罚信用信息修复指南》，完成《南宁市社会信用条例》立法调研。启用城市信用监测平台，每月常态化监测区县及生态环境、自然资源等10个重点领域信用状况，并对区县信用进行评分排名；升级南宁市公共信用信息共享平台，搭建事前信用承诺监管子平台，拓宽承诺事项239项；获评国家发展改革委主办的2020年全国信用信息共享平台和信用门户网站一体化建设“标准化平台网站”称号。加强信用监管，在交通、住建、自然资源、生态保护等24个领域实施信用评价管理，采用“双随机一公开”（在监管过程中随机抽取检查对象，随机选派执法检查人员，抽查情况及查处结果及时向社会公开）、“互联网＋监管”等办法归集信用信息17.75亿条。强化信用应用，出具信用报告12.30万份；在全国首创电子诚信卡，向5518名守信自然人、8754家守信企业发放首批电子诚信卡；在交通、医疗、旅游、健身、图书借阅、审批事项、金融贷款等7个领域中打造“信易＋”场景，享受守信激励措施5266人次；推行“信易贷”支持中小微企业融资，入驻全国中小企业融资综合信用服务平台企业266家，获授信33笔3375万元。依法依规惩戒失信行为，发布失信被执行人1.63万人次，发布限制高消费令3.54万人次，限制乘坐飞机10.89万人次、高铁2016人次。开展信用修复接力培训10场，现场培训500多人，线上培训6.6万人。选树诚信示范典型，获自治区“守合同重信用”企业公示484家，南宁市“守合同重信用”企业公示344家；开展第三届“信用南宁美好生活”主题宣传活动周活动，通过信用中国（广西南宁）网站发布资讯3.79万条、信用南宁微信公众号发布1183条；申报创建第三批全国社会信用体系建设示范城市，在36个省会及副省级以上城市综合信用排名第十。　（黄梦婷）

【文化产业】2020年，南宁市入选首批国家文化和旅游消费试点城市。自主研发帆布袋、新石器时代螺壳摆件、陆宝釉粗陶小茶盏、文物主题书签、胶装笔记本等文创产品8款。持续推进文化产业分级示范基地建设，新增自治区文化产业示范基地2个（方特东盟神画、广西南宁臻锦绣产业示范基地），自治区级文化产业示范园区1家（老南宁·三街两巷历史文化街区），实有文化产业示范基地（园区）120家，其中国家级文化产业示范基地有广西榜样传媒集团有限公司、华蓝设计（集团）有限公司2家，自治区级文化产业示范园区有南宁高新区软件园、南宁广告产业园、美丽南方·老木棉匠园、百益·上河城智慧型文化创意孵化产业园、老南宁·三街两巷历史文化街区，自治区级文化产业示范基地38家，市级文化产业示范基地72家，市级文化创意和设计服务业集聚区3家（南宁广告产业园、南宁403国际艺术中心文化创意和设计集聚区、百益·上河城文创科创孵化产业园）。市领导联系文旅重大项目8个：万有（南宁）国际旅游度假区、南宁牛湾文化旅游岛、上林县大庙江生态旅游景区项目、上林县鼓鸣寨养生旅游度假基地项目（一期）、南宁水锦·顺庄旅游综合开发项目、南宁市国际文化旅游休闲聚集区项目一期（南区）、南国乡村·农村综合旅游景区项目（一期）、南宁·桃李春风·健康颐养文旅项目，完成投资31亿元。　（黄小芸　梁　芬）

【文化活动】2020年3月25日至4月26日，南宁市组织开展2020年“壮族三月三·八桂嘉年华”文化旅游消费品牌线上活动，设精彩回顾、非遗传承、民族服饰、民歌湖畔、公共服务、丽人行汉服雅集、遥思骆越情、相约游南宁等9大板块，推送电视宣传片3600条次、新闻217条次、电视文艺晚会1台、专题片29条次、微信微博推文300条次、短视频100个、VR（虚拟现实云游）1场、网络直播50次，短视频全网播放量1300万。12月7日至14日，与自治区文化和旅游厅举办第八届中国—东盟（南宁）戏剧周活动（纳入文化和旅游部、自治区政府主办的首届中国—东盟文化艺术周），来自上海、河南、浙江、云南、湖南等11个省（市）及菲律宾、新加坡、泰国等8个东盟国家的33个艺术团体参演,采取“演、展、赛+闭幕演出”模式演出30场,通过“线上+线下”方式举办粤剧大赛、艺术展览、非遗传艺坊等活动36场,演出剧种有越剧、昆剧、花鼓戏、滇剧、莆仙戏、婺剧、粤剧等,吸引观众近2万人,“线上戏剧周”专栏点击量220万次,海外点击量37.6万次。在方特东盟神画乐园承办首届中国—东盟文化艺术周闭幕演出,中央电视台CCTV1新闻30分、CCTV13新闻直播间、CCTV3中国文艺报道,境外美国新闻网、澳门娱乐网等媒体进行报道。以文化惠民工程“送戏下基层进校园”为载体,组织“红色文艺轻骑兵”送戏下基层演出300场、进校园演出儿童剧、卡通剧、地方戏曲129场、“传统戏曲、精品剧目进高校”演出20场。在南宁民歌湖大舞台举办“相约民歌湖畔·共眷天下民歌”2020大型民歌专场演出4场;举办民歌湖大舞台周周演群众文化活动56场,“老南宁·三街两巷”周周演音乐角42场;扶持203支乡村社区文艺队演出2522场,观众175.2万人次。举办2020年“我们的中国梦”——文化进万家活动南宁启动仪式暨首场慰问演出、2020年桂粤港澳—东盟文化交流活动,其中开展珠江—西江经济带城市共同体群众文化合作研讨、签约、专场文艺演出、2020年第十届新加坡国际舞蹈节展播等。新冠肺炎疫情防控期间,开展线上“同心抗疫·共克时艰”广西南宁——湖北十堰群众文化交流“好歌声”展演、“云游非遗”公益展播和美术摄影作品展览活动13期。丝弦戏《平贵别窑》入选文化和旅游部举办的2020年戏曲百戏(昆山)盛典,舞剧《刘三姐》入选文化和旅游部主办的第十三届全国舞蹈展演,话剧《大山壮歌》入选武汉市文化和旅游局主办的第七届武汉国际戏剧展优秀展演剧目。

(覃　娜　宋良慧　彭知之　梁　敏)

社会建设

【概　况】2020年,南宁市民生支出638.56亿元,比上年增长2.1%;民生支出占一般公共预算支出77.89%。投入117.69亿元,承办自治区为民办实事项目10项33个子项,办理市级为民办实事项目10项28个子项,完成率均100%。筹集财政资金30.66亿元,攻克最后的贫困堡垒,实现3个贫困县全部摘帽、421个贫困村全部出列、现行标准下的农村贫困人口全部脱贫,历史性解决绝对贫困问题。决胜全面建成小康社会,地区生产总值、居民人均可支配收入分别是2010年的2.63倍、2.58倍,提前一年实现国民经济“两个翻一番”目标,小康监测体系各项指标实现程度达到或接近100%。科教文卫体育和社会保障事业全面发展,获专利授权11825件,增长68.18%;完成国家级教育科研课题结题1个,创建全国文明校园3所;应对新冠肺炎疫情,开展医疗救治救助、社会保障、“健康南宁”行动、“平安南宁”建设及常态化文化体育活动,在40天实现报告确诊病例治愈出院的前提下选派119名医务人员支援湖北和香港等地。被国家卫生健康委、中国红十字会总会等部门授予“2018—2019年度无偿献血先进市”称号,被中央政法委批准为全国第1期市域社会治理现代化试点地区,被自治区体育局、自治区文化和旅游厅认定为广西体育旅游示范试点市。市第四人民医院被中共中央、国务院、中央军委授予“全国抗击新冠肺炎疫情先进集体”称号,获“全国抗击新冠肺炎疫情先进个人”称号2人。

(谭春兰　龚可奉　黄丹丹)

【脱贫攻坚】2020年,南宁市筹措财政扶贫资金30.66亿元(财政专项扶贫资金21.74亿元),实施扶贫计划项目5344个(总投资37.69亿元),开工率100%。建设农村饮水安全工程776个,受益143.63万人,农村集中供水率从2015年83.2%升至95.97%,自来水普及率从80.5%提升至95.93%,水质达标率从44.9%升至73.49%,建档立卡贫困户安全饮水率100%;建设贫困村通屯道路730条874.95千米,改造县乡道联网道路143千米;建设10千伏供电线路181.12千米、新建或改造配电变压器163个;建成电信普遍服务4G基站73个,自然村4G网络覆盖率90%,光纤网络通达率80%。聚焦“两不愁、三保障”(不愁吃、不愁穿,义务教育、基本医疗、住房安全有保障),实施产业以奖代补政策,发展特色产业惠及贫困户11.24万户;新增建档立卡贫困劳动力转移就业3.29万人,累计26.69万人;补贴9.54万名外出务工贫困劳动力交通费用4529.41万元,核发8.20万名外出务工贫困劳动力稳岗补贴6594.49万元;免、助、奖建档立卡贫困户学生资金2.4亿元,资助35万人次,建档立卡贫困户学生控辍保学动态“清零”;实施农村义务教育学生营养改善计划学校1364所,受益学生45.12万人;建档立卡贫困人口参加城乡居民医疗保险59.78万人,参保率100%,医疗费用结算54.59万人次、4.43亿元,门诊特殊慢性病医疗费用平均报销比例94.29%,住院医疗费用平均报销比例94.30%,大病救治率99.67%,贫困人口家庭医生签约率100%;改造建档立卡贫困户危房2701户,建档立卡贫困户住房安全保障率100%。建档立卡贫困人口参加城乡居民基本养老保险43.64万人,参保率100%;按月发放60周岁以上参保建档立卡贫困人口9.61万人基础养老金1.65亿元,发放率100%;低保救助13.95万人,临时救助3568人次、594.64万元;发放农村建档立卡贫困人口困难残疾人生活补贴3万人、1.21亿元。募捐“防贫基金”2309.84万元,发放377人、217.7万元。上年度剩余的建档立卡贫困人口1.8万人全部脱贫、3个贫困村全部出列;所有脱贫村的村级集体经济年收入5万元以上。在国家级主要媒体(含网站)刊登扶贫信息1481篇次、自治区级主要媒体(含网站)1453篇次、市属主要媒体1904篇次,获2020年度全国脱贫攻坚贡献奖1人、“全国脱贫攻坚先进个人”称号9人,“2020年自治区脱贫攻坚先进工作者”3人。

(谭春兰)

【乡村振兴】2020年,南宁市把乡村振兴作为重大政治任务来抓,出台《南宁市贯彻落实〈关于深化农村改革激发乡村振兴新动能的实施意见〉责任清单》《2020年南宁市县(区)党政领导班子和领导干部推进乡村振兴战略实绩考核实施方案》《南宁市乡村振兴试点村创建工作实施方案》《关于进一步加强和改进乡村治理的工作措施》《南宁市开展全域土地综合整治助推乡村振兴实施方案》等文件,构建完整的乡村振兴制度框架和政策体系;区县均成立乡村振兴领导小组、党委农村工作领导小组,构建市、区县、乡镇、村“四级书记”抓乡村振兴工作机制。决胜脱贫攻坚,巩固乡村振兴基础,年度剩余的建档立卡贫困人口1.8万人全部脱贫、3个贫困村全部出列;全市1559个村(含乡镇社区)集体经济收入全部达到5万元以上。投入1.4亿元,发展特色农业,打造优质粮食、糖料蔗、生猪、优质家禽、蔬菜特色水果、茉莉花(茶)、桑蚕、渔业九大产业全产业链,新增自治区级农业产业化重点龙头企业19家,创建自治区级现代特色农业核心示范区25个,获认定中国特色农产品优势区1个(武鸣沃柑特色农产品优势区),国家地理标志登记认证品牌2个(“南宁火龙果”“横县甜玉米”)。打造乡村建设示范项目,建成广西“绿色村屯”167个、生态综合示范村40个、乡土特色示范村52个,获农业农村部推介为“2020年中国美丽休闲乡村”1个(青秀区南阳镇施厚村);完成村庄实用性规划编制69个,建成村级垃圾收集转运处理设施项目20个、镇级污水处理设施44座,实现镇级污水处理设施全覆盖;推进“厕所革命”,农村卫生厕所普及率96.5%,畜禽粪污综合利用率87.48%。持续推进乡村风貌提升三年行动,建成精品示范型村庄12个、基本整治型村庄1254个、设施完善型村庄62个;深化乡风文明建设,建立市、县、乡、村四级新时代文明实践中心(所、站)1916个，开展文明实践活动1.5万多场。深化基层治理，整顿软弱涣散(后进)村党组织105个，累计建成(广西)星级农村基层党组织702个;落实“四议两公开”(村党支部会提议、村“两委”会商议、党员大会审议、村民代表会议或村民会议决议，决议公开、实施结果公开)基层民主协商制度，强化群众自治。宾阳县古辣镇、马山县古零镇乔老村、上林县乔贤镇恭睦村、良庆区那陈镇邕乐村、青秀区南阳镇施厚村获评“全国文明村镇”，宾阳县古辣镇马界村、隆安县那桐镇定江村、兴宁区三塘镇围村村获评“全国乡村治理示范村”称号。 (廖锦鹏)

【平安南宁建设】 2020年，南宁市开展市域社会治理现代化试点，推进依法治理，健全平安建设体系及协调机制，在自治区率先完成乡镇(街道)政法委员配备(127个)，完善市、区县、乡镇(街道)、村(社区)四级综合治理中心1951个，实现1808个村(社区)法律顾问全覆盖，建立横向治理体系和市级统筹协调、县级组织实施、乡镇(街道)强基固本的纵向治理链条。推行行政执法公示、执法全过程记录和重大执法决定法制审核“三项制度”，完善行政裁量权基准制度，确保规范公正文明执法。推进“平安客运”“平安公交”“平安商场”“平安油站”“平安金融”建设，巡查大型商场、超市23家，排查储油用油单位73家，应急处置中国银行“原油宝”期货产品“负数”事件，配备公交车安全防范设施546辆。打击违法犯罪活动，立刑事案件5.53万起、破获1.95万起，查处治安案件6.55万起，逮捕刑事案件犯罪嫌疑人6752人、提起公诉9075起，审结案件22.31万件，受理行政复议案件461件，审结345件，办理法律援助7517件，公证1.89万件，仲裁1536件，司法鉴定2.44万件;开展打击传销“双清零·双提升”专项行动、电信诈骗线索“快查快打”及“断卡”行动，捣毁犯罪窝点257处，刑拘3002人;推进“扫黑除恶”线索清仓、逃犯清零、案件清结、伞网清除、黑财清底、行业清源“六清”行动，核查线索16条，打掉涉黑涉恶犯罪组织12个，刑拘125人，立案查处党员干部涉黑涉恶腐败和充当“保护伞”案件14件。开展全面从严治警专项行动，查处违纪违法政法干警156人，党纪政纪处理81人，移送司法处理38人。防范化解突出重大风险，侦破暴恐音视频案件13起，侦破“法轮功”邪教案件49起、“全能神”邪教案件39起，打掉地下团伙1个、捣毁窝点3处，抓获涉嫌邪教违法犯罪人员66人，教育转化24人;排查管控极端案事件隐患302个，依法打击处理扬言报复社会人员400多人，发生赴邕集体上访批次下降46%;承办自治区2020年区市联动处置重大涉稳突发事件应急演练现场观摩会，办理中央第二巡视组交办三批群众来信、来电1025件。承担新冠肺炎疫情联防联控任务，排查重点人员39.3万人，从快从严立案查处涉及新冠肺炎疫情的违法犯罪案件229起、446人。被中央政法委批准为全国第1期市域社会治理现代化试点地区。 (黄丹丹)

【科技事业】 2020年，南宁市实施市级科学研究与技术开发计划项目140项(重大计划专项16项、重点研发计划项目34项、技术创新引导专项54项、科技基地专项36项)，总投资2.70亿元，年增产值12.80亿元，节约外汇500万美元。获专利授权1.18万件，比上年增长68.18%，累计拥有发明专利8739件，每万人口发明专利拥有量12.05件，增长10.30%;新增高新技术企业161家，增长16.26%;总量1151家，占自治区41.06%;新增广西瞪羚企业31家，累计37家，占自治区34.58%;进入国家科技型中小企业培育库853家，占自治区32.46%;广西梯度科技有限公司成为自治区首批独角兽企业培育库入库企业。完成广西科技成果转化大行动项目148项，技术交易额19.44亿元;获自治区科技成果登记814项，获自治区吸纳类技术合同登记3015项，合同金额258.99亿元(技术交易额185.62亿元)，占自治区47.78%;获自治区输出类技术合同登记1727项，合同金额38.45亿元(技术交易额28.7亿元)，占自治区61.97%。建设企业创新创业平台，新增国家企业技术中心1家、国家级众创空间1家、国家级小型微型企业创业创新示范基地1个，国家海外人才离岸创新创业基地1个，累计国家级创新创业平台32个，占自治区34.41%;新增自治区级众创空间2家、市级孵化器6家;通过自治区发展改革委主办的广西工程技术研究中心认定11家，累计114家;建设南宁力合科创中心，签约入驻企业11家;在深圳市设立广西首家“飞地孵化器”南宁·中关村协同创新中心，面积2351平方米;在武鸣区、广西—东盟经济技术开发区建设以沃柑为主的南宁国家农业科技园区，获科技部批复为国家级农业科技园区。以南宁·中关村创新示范基地为载体，培育和引进科技型中小企业57家、国家高新技术企业30家、规模以上企业8家、广西瞪羚企业3家、新三板挂牌企业3家;有创新主体325个，年度营业收入63.57亿元，增长46%。引进广西桂华智能制造研究院、单原子催化产业技术研究院、西南交通大学广西轨道交通产业研究院、南宁市长寿科技新型产业技术研究院、桂林理工大学南宁产教融合基地、武汉理工大学东盟研究院新型产业技术研究机构6家，累计12家;引进国家级人才6名，累计14名。开展科技下乡、科普宣传培训教育等活动599场次，受益8.69万人;科技特派员举办农村实用技术培训469场次，指导服务科技种养基地1697个，服务农村合作组织54个、农民3.5万人次。 (董玉洁)

【教育事业】 2020年，南宁市教育经费投入221.77亿元，比上年增长14.54%;投入学校基建资金12.58亿元，建设项目443个，竣工334个，建成使用那考河小学等中小学校18所，新增学位2.73万个;新办青秀区百花岭路幼儿园等幼儿园35所，新增学位1.89万个。有幼儿园、普通中小学、中等职业技术学校、特殊教育学校3352所，在校学生166.13万人，专任教师9.44万人;学前三年毛入园率97.26%，九年义务教育巩固率102%，高中阶段教育毛入学率98.8%。投入助学资金(含奖学金、贷学金)9.75亿元，受惠学生83.73万人次(建档立卡贫困户学生34.85万人次、2.48亿元)，其中受新冠肺炎疫情影响致困学生3452人次、197.85万元。持续推进义务教育农村营养改善计划，投入资金3.48亿元，惠及学校1364所、学生45.12万人。优先就近安排本地户籍适龄儿童13.74万人、初中新生10.64万名免费就近入学，接收进城务工人员随迁子女入学16.79万人;参加中考学生8.59万人(市区4.31万人)，招生5.58万人;获批全国基础教育国家级优秀教学成果推广应用示范区。接受考生报考30多万人次(全国普通高考8.93万人、普通高考统考5.18万人、成人高考2.30万人、中考9.16万人、高等教育自学考试1.09万人、硕士研究生招生考试1.31万人)，报名全国中小学教师资格考试笔试1.31万人(上半年因新冠肺炎疫情影响未开考);中等职业学校全日制招生2.99万人，非全日制招生1.01万人;中等职业学校毕业生1.89万人，就业1.86万人，就业率98.22%;中等职业学校升入高职、本科院校学生11355人，升学率55%，参加中等职业对口升本科考试学生1059人，录取517人(含对口本科考试和普通高考)。评估示范性中学3所(市第四中学、市第十中学、市第二十六中学)，复查、验收评估南宁市示范幼儿园41所，通过复查32所，通过验收评估5所。加强中小学德育工作，创建文明校园参与率100%，获中央文明办公示为第二届全国文明校园3所(市第十四中学、市桂雅路小学、市秀田小学)，累计全国文明校园5所;获自治区文明校园34所，累计59所;市级文明校园352所。贯彻落实新冠肺炎疫情防控期间“停课不停学”要求，组织1500多名教师、250名技术人员，录制12个年级20门学科2105节中小学“空中课堂”优秀课例，在广电网络、南宁教育云等13个平台播放，点击量15.2亿次，点播3.42亿人次。参加2019年广西基础教育教学成果等次评定，获二等以上等次44项；完成国家级教育科研课题结题1个（《新课改视野下壮族地区开展儿童快乐阅读的策略研究》）。建设中等职业教育改革发展示范校5所、广西中等职业教育示范特色学校8所，获广西职业教育教学改革研究重点项目8项，一般项目31项；对接重点产业转型升级需求，增设职业教育专业17个，撤销20个，开设加工制造、交通运输等14个大类81个专业，重点培养电子信息、先进装备制造、生物医药、节能环保等新兴产业领域技术技能型人才。推进社区教育、终身教育、民族教育，开展壮汉双语教育教学学校126所。（叶 康）

【卫生医疗】 2020年，南宁市有市属医疗卫生机构4837个，床位3.89万张（医院2.60万张、卫生院1.00万张、社区卫生服务中心694张），卫生人员7.27万人，卫生技术人员5.60万人，执业（助理）医师2.06万人，注册护士2.48万人，比上年分别增长15.74%、8.48%、6.99%、10.11%。推进市级层面统筹推进卫生项目18个（开工3个、续建4个、投产4个、储备项目7个），市第一人民医院医技综合楼、市第一人民医院全科医生规范化临床培养基地、市第五人民医院精神卫生综合大楼、市妇幼保健院保健综合楼竣工；投入1.49亿元，建设规范化发热门诊（诊室）147个，完成29个；推进核酸检测实验室建设，检测能力每天4.70万人份。投入5269万元，建设标准化社区卫生服务机构6个、改扩建2个，累计128个（服务中心59个、服务站69个）；投入200多万元，修缮村卫生室188个。应对新冠肺炎疫情启动三级应急响应机制，成立抗疫前线指挥部，抽调医务骨干1164名分批组建医疗救治队、预备梯队、专家组开展医疗救治，27天实现本土确诊病例“零增加”，40天实现报告确诊的全部55例病例治愈出院；选派119名医务人员支援湖北、中国香港等地，市第四人民医院被中共中央、国务院、中央军委授予“全国抗击新冠肺炎疫情先进集体”称号，获“全国抗击新冠肺炎疫情先进个人”称号2人。加强公共卫生和重大疾病防治，法定传染病发病率下降50.71%、报告突发公共卫生事件下降47.88%；妥善处置和紧急医学救援Ⅳ级及以上突发事件72起，救治伤病员204人。无偿献血13.30万人次、捐献全血21.15万个单位，分别增长1.24%、2.11%，被国家卫生健康委、中国红十字会总会等部门授予“2018—2019年度无偿献血先进市”称号，南宁中心血站获“全国无偿献血促进奖”。开展生活饮用水质、医疗废水、医疗废物、医疗美容、疫苗流通、预防接种等专项整治，立案443起，处罚金166.02万元，没收违法所得11.73万元，警告253家，吊销执业证2家。启动健康南宁行动，创建健康家庭9.94万户，健康社区131个，健康村170个，健康促进医院（二级及以上）37家；编制大健康医疗产业专项规划，引进前海人寿南宁医院、明安医院等项目，签约浪潮集团、华润置地公司大健康项目，签约项目总投资7.65亿元。宾阳县城、横县县城，马山县古零镇、良庆区大塘镇、邕宁区那楼镇被全国爱国卫生运动委员会命名为“全国2017—2019周期国家卫生乡镇（县城）”，被自治区爱国卫生运动委员会命名为自治区卫生乡镇6个、卫生村127个、卫生先进单位45个，重新确认为自治区卫生乡镇12个、卫生村229个、卫生先进单位258个。（龚可奉）

【体育事业】 2020年，南宁市体育场地面积约1500万平方米，人均体育场地面积2.02平方米；有市级体育社会组织240个（单项体育协会46个、单项俱乐部194个）；审批国家二级运动员173人、二级裁判员996人、三级裁判员814人。投入1581.33万元，建设体育场地和设施项目64个，其中中央集中彩票公益金960万元建设横县云表镇全民活动中心、马山县城区合作扶贫移民小区全民健身活动中心，自治区财政安排80万元建设村屯篮球场16个，投入市财政和体彩公益金435.73万元建设健身路径器材40套。补助、奖励大型体育场馆免费或低收费开放资金1486万元，惠及李宁体育园、广西体育中心、武鸣体育馆、横县体育馆、宾阳县体育馆、马山县体育馆。开展第五次国民体质数据采集，抽样5县7城区3128人。推进创建全民健身和全民健康深度融合试点市工作，获自治区项目6个。推出会展城体育汇项目，推进南宁园博园户外运动中心、百里秀美邕江体育旅游经济带、世界智力运动城——三塘智力运动综合体等项目，培育建设青秀山、昆仑关、花雨湖、芦仙山、邕宁田园风光区等户外运动营地；创新开展夜跑、夜骑等潮流运动，发放体育运动消费券4.30万元，参与市民6万人，消费金额256万元；打造大明山体育旅游精品线路、兴宁区昆仑大道体育旅游精品线路，马山县攀岩特色体育小镇泛户外运动体育休闲线路获国家体育总局推介为“2020中国体育旅游精品线路”“十佳体育旅游精品项目”，乔老河片区休闲体育旅游精品线路被国家体育总局、文化和旅游部发布为“2020年国庆黄金周体育旅游精品线路”。举（承）办2020年南宁国际马拉松暨解放日长跑线上赛、2020年全国男子水球锦标赛，2020年“壮族三月三·民族体育炫”系列线上活动等大型运动会3项；举办冬泳邕江活动、社区全民健身运动会、第十一届南宁市老年人门球甲级队比赛、第20届南宁市老年人乒乓球交流活动等县级以上赛事300多项次；适应新冠肺炎疫情防控形势需要，推动“互联网+居家健身”运动健身模式，举办“酷动先锋·跃动绿城”全民健身网络运动会；参加全国举重锦标赛1项，获55公斤级抓举、总成绩金牌，3次打破全国青年纪录；南宁市籍运动员参加全国体育比赛，获金牌27枚、银牌19枚、铜牌17枚；参加广西单项青少年锦标赛，获金牌166枚、银牌176枚、铜牌133枚。被自治区体育局、自治区文化和旅游厅确认为广西体育旅游示范试点市，马山县、兴宁区、青秀区被确认为广西体育旅游示范试点县（区）。（黄永铁 张宗千）

【社会保障】 2020年，南宁市新增基本养老保险、失业保险、工伤保险参保人员37.24万人次，累计648.64万人次；发放基本养老保险、失业保险、工伤保险182.57亿元，惠及111.65万人；社保基金滚存结余79.87亿元，比上年下降60.94%；落实社会保险费“减、免、缓、降”政策，为6.45万家企业减免社保费50.73亿元，减轻企业社保人工成本18.14亿元。参加基本医疗保险717.07万人次（城镇职工基本医疗保险125.71万人、城乡居民基本医疗保险591.36万人、生育保险84.87万人）；参保人员就医结算1019.53万人次（职工321.09万人次、居民693.34万人次、参保生育人员5.1万人次），医疗费用117.64亿元，统筹、保险、救助、津贴、二次报销等保障支出81.51亿元，占医疗费用的69.29%；医疗保险基金收入107.63亿元，支出94.62亿元。创新开展“互联网+救助”模式，实现救助申请“足不出户”“24小时不打烊”目标，被民政部确定为居住地申办低保等社会救助试点地区；发放低保对象、特困人员供养资金159.43万户次、366.22万人次、11.71亿元，临时价格补贴144.70万户次、331.95万人次、1.40亿元，临时救助8228人次、1798.35万元，医疗救助65.55万人次、1.98亿元；救助流浪乞讨人员1.03万人次。开工建设保障房4663套，建成公租房438套，新增分配公租房1528套；分配入住公租房4.2万套，发放公租房货币补贴1.34万户（低收入家庭3098户、非低收入家庭1.03万户）；给予参与新冠肺炎疫情防控一线工作的医护、环卫、公交、物业、社区等从业家庭优惠，优先选房387户，减免3个月租金或一次性增发3个月租赁补贴1676

户，金额134.2万元；落实公租房非住宅租户租金减免措施，减免租金182万元，惠及租户119户；支持企业复工复产，协调帮助南宁国人通信公司、广西申龙汽车公司等企业解决公租房申请及租金缓缴问题，涉及住房28套，缓缴租金54万元。
（梁　敏　李群峰　潘　欣）

生态文明建设

【概　况】2020年，南宁市有自然保护区8个，面积6.26万公顷。其中：森林和野生动物类型自然保护区7个（广西大明山国家级自然保护区、广西龙虎山自治区级自然保护区、广西龙山自治区级自然保护区、广西三十六弄—陇均自治区级自然保护区、广西弄拉自治区级自然保护区、广西西大明山自治区级自然保护区、南宁市良庆区那兰鹭鸟市级自然保护区），面积6.26万公顷；地质遗迹自然保护区1个（横县六景泥盆系地层标准剖面自治区级自然保护区），面积20.99公顷。有国家湿地公园2处，面积7375.69公顷。其中：横县西津国家湿地公园，面积1855.69公顷（湿地1619.93公顷）；广西南宁大王滩国家湿地公园，面积5520公顷（湿地3800公顷）。有森林公园8处，面积6600.67公顷。其中：广西九龙瀑布群国家森林公园，面积1639.9公顷；五象岭森林公园，面积650公顷；广西朝燕自治区级森林公园，面积340公顷；良凤江国家森林公园，面积1321.3公顷；南宁老虎岭森林公园，面积306.67公顷；金鸡山自治区级森林公园，面积610.53公顷；广西七坡自治区级森林公园，面积495.2公顷；广西高峰自治区级森林公园，面积1237.07公顷。有石漠公园1处（广西宾阳八仙岩国家石漠公园），面积620公顷。有国家生态环境科普基地4个（南宁青秀山风景名胜旅游区、广西药用植物园、美丽南方，2020年新增南宁市三峰能源有限公司），第一批广西生态环境宣传教育实践基地15个（南宁青秀山风景名胜旅游区、南宁园林博览园、邕江南岸公园、那考河湿地公园、美丽忠良旅游投资有限公司、青秀区花雨湖生态休闲旅游区、武鸣区大明山风景区、武鸣区花花大世界景区、马山县小都百综合示范村、宾阳县古辣稻花香里旅游区、宾阳县水生态环境教育馆、上林县大龙湖景区、上林县鼓鸣寨景区、隆安县龙虎山自然保护区、横县西津国家湿地公园）。加强生态文明建设，环境空气质量优良率97.5%，比2015年提高6.5个百分点，环境空气质量连续5年稳定达标，空气质量综合指数3.12；主要流域水质优良比例100%，市级在用饮用水水源水质实现常年稳定达标，县级饮用水水源水质达标率100%，市区日污水处理能力183万吨，农村生活污水设施正常运行率93.94%，集中式农村生活污水处理设施建制村覆盖率42%，处于自治区领先。建立完善扬尘治理“慧眼”系统，强化扬尘污染“两点一线”精细化监管，开展“美丽南宁·幸福乡村”建设，完成建立河长制目标任务，集中整治河道“四乱”等问题；集中整治城市黑臭水体，建设海绵城市，竹排江黑臭水体治理项目入选2020年生态环境部通报表扬的典型案例；开展新能源项目建设，建设完善绿色制造体系，做好节能降耗。加强生态文明建设宣传，在《人民日报》、《光明日报》、新华社、中央广电总台、求是网等中央主流媒体头版头条、重要版面、重要时段报道邕江综合整治、海绵城市建设等，摄制广西首部全4K十集高清纪录片《邕江》，在广西卫视、澳门电视台黄金时段播出，菲律宾、泰国、马来西亚、印度尼西亚等国家主流媒体同期播出；南宁生态环境微信公众号、微博在全国392个副省级、地市级城市中排名前二十。（市生态环境局　李勇锋）

【生态保护与建设】2020年，南宁市主要流域水质优良比例连续5年100%，连续两年Ⅱ类水质占100%；纳入国家级、自治区级水功能区近期达标评价名录30个，河长692.10千米，达标29个，达标率96.70%；市级在用饮用水水源水质常年稳定达标，县级饮用水水源水质达标率连续四年100%达标；建成区内河河段38个黑臭水体黑臭消除比率100%，市区日污水处理能力183万吨。配合自治区完成涉及南宁市的左江、右江、郁江、清水河、八尺江等流域面积1000平方千米以上跨市河流水量分配；完成市辖区15条流域面积500平方千米以上跨区县河流水量分配，核发取水许可证用户208户，纳入计划指标管理的用水大户（1000立方米以上）5016个；建立公共供水企业、用水单位重点监控名录，工业企业用水户6个，居民生活或服务业用水户17个；示范推广节水技术，推广农业节水技术37.21万公顷次，认定广西水利电力职业技术学院、宾阳县水利局、广西糖业集团良圻制糖有限公司为节水型高校、节水型机关、节水型企业。完成山水林田湖草生态保护修复工程项目22个，正在施工1个，累计投入30.3亿元；争取农村环境综合整治专项资金4591万元，建设农村生活污水整治项目，无害化改造农村厕所9655座，整村推进示范村建设93个；投入1.41亿元，建成农村生活污水处理设施151套；排查农村黑臭水体1044个村水体4456个，识别农村黑臭水体51个；畜禽规模养殖场粪污处理设施装备配套率99.08%，大型规模养殖场粪污处理设施装备配套率100%，畜禽粪污综合利用率87.48%；农田秸秆综合利用率87.17%，治理水土流失面积182.13平方千米。植树造林1.78万公顷，森林抚育4.38万公顷，义务植树1019.6万株；森林覆盖率48.78%，比上年提高0.03个百分点；继续开展湿地建设与综合整治，横县西津、大王滩、凤亭河—屯六水库纳入第一批自治区级重要湿地，大王滩国家湿地公园试点建设与综合整治通过国家验收。统筹推动南宁市左江、右江流域山水林田湖草生态保护修复试点，新增水田261.82公顷；完成耕地提质改造（旱改水）项目54个，面积3226.86公顷，其中通过验收项目41个，面积2120.83公顷；组织开展建设项目土地复垦、表土剥离利用，剥离耕地面积57.81公顷。环境空气质量优良率97.5%，空气质量综合指数3.12，PM2.5平均浓度每立方米26微克，属大气污染防治“三年攻坚”（2018—2020年）以来最好水平。市区声环境昼间平均等效声级53.3分贝，下降0.7分贝，城市区域声环境质量等级二级。市区环境电磁辐射电强度年平均值为每米1.0伏，功率密度每平方米0.0004瓦～0.0208瓦，低于国家标准控制限值。
（卢明发　梁惠萍　梁克非　市生态环境局）

【“南宁蓝”打造】2020年，南宁市建立健全大气污染治理“大联动”机制。利用扬尘治理“慧眼”系统，接入有土方作业工地718个、消纳场78个、搅拌站52个、采石场16个、联合执法卡点9个；系统发现案件1185起，办结1153起，处置率97.3%。建立保障建筑施工扬尘治理措施投入机制，把防治扬尘污染费用列入工程造价，开工后及时支付扬尘污染防治费用，保证防治扬尘费用专款专用；建筑垃圾消纳场安装喷淋和雾炮等降尘设备，做好场内湿法作业及洒水降尘；加大执法监督，对落实措施不到位的单位给予信用扣分，严重违法的，采取停水、停电、责令停业等强制措施。加强渣土运输车管理，规定符合标准的运输车辆依法取得运输证后，方可运输建筑垃圾；推广新型智能密闭车，在市区入城路口设置联合执法卡点9个，24小时开展联合执法监督。全市空气质量综合指数3.12，PM2.5平均浓度每立方米26微克，比上年下降9微克，连续5年达标，空气质量在全国168个重点城市中排名第十七，在省会城市（首府、直辖市）中排名第六。市区空气质量达标天数比例（AQI优良率）97.5%，提高2.7个百分点。其中，空气质量为优222天，增加33天；良134天，减少22天；轻度污染8天，减少10天；中度污染1天，持平。大气中二氧化硫、二氧化氮、可吸入颗粒物、一氧化碳、臭氧、细颗粒物年均浓度达到国家二级标准，分别下降11.1%、17.2%、13.2%、23.1%、6.3%、13.3%。

（市生态环境局）

【"美丽南宁·幸福乡村"建设】 2020年，南宁市完成农村集体资产清产核资单位3.44万个、237.52亿元，其中经营性资产102.54亿元、非经营性资产134.98亿元；全市155个村（含乡镇社区）集体经济收入5万元以上。开展"环境秀美"专项活动，建成非正规垃圾堆放点9个，镇级污水处理设施44座、村级污水处理设施29个，在建9个，实现镇级污水处理设施全覆盖；建成屯内道路硬化项目17个、村屯公共照明项目159个、农村公厕项目41个、村级垃圾转运设施项目20个。建成村级公共服务中心项目224个、综合楼224个、篮球场224个、戏台224个、宣传栏224个，实现127个乡镇（街道）、1808个村（社区）综治中心全覆盖；完善村民自治章程、村规民约，加强乡村普法和法治文化宣传教育；配齐村级综合文化服务中心文化专管员，组建文艺队224支、体育队224支；实施"送戏进基层"300场，扶持600支乡村（社区）文艺队演出4万场，惠及2400万人次。持续推进乡村风貌提升三年行动，建设马山县环弄拉等6条乡村风貌提升示范带；建设精品示范型村庄12个（完工10个），投资7521万元，完成投资率104.46%。开展"三清三拆"，清理房前屋后6.59万户，清理池塘、沟渠淤泥0.62万处，拆除乱搭乱盖0.48万处、11.22万平方米，拆除农村危旧房、废弃猪牛栏及露天茅厕、断壁残垣等1.25万处、46.68万平方米；实施景观改造1.05万处、23.83万平方米。开展文明村镇、公共文化、平安乡村"三创建"活动，宾阳县古辣镇、马山县古零镇乔老村、上林县乔贤镇恭睦村、良庆区那陈镇邕乐村、青秀区南阳镇施厚村获"全国文明村镇"称号。开展幸福乡村活动示范创建，宾阳县中华镇新塘村委大庄村等10个村屯、横县那阳镇东安村委东安村等58个村屯，分别被评为市级生态宜居（乡村振兴）综合示范村、市级生态宜居提质升级村屯。横县入围中央网信办、农业农村部等七部门开展的首批国家数字乡村试点地区，武鸣区双桥镇入选农业农村部第十批全国"一村一品"示范村镇推荐名单，青秀区南阳镇施厚村获农业农村部推介为"2020年中国美丽休闲乡村"。（何雪丹）

【河长制工作】 2020年，南宁市重点流域地表水水质优良比例100%，在2019年度设区市河长制、湖长制工作综合评价中，排名第四，获自治区专项资金奖励200万元。邕江、那考河、南湖、凤凰塘水库列入2020年广西美丽幸福河湖建设名录，按防洪保安全、优质水资源、健康水生态、宜居水环境、先进水文化的标准加强建设治理，实现"水清、岸绿、河畅、景美"目标。推进河湖水域岸线空间管控，纳入管理的河流171条（段）；完成流域面积1000平方千米以上的左江（南宁段）、清水河、武鸣河、八尺江、南湖的规划编制，11月19日通过专家审查。推进河湖整治专项行动，自查自纠"四乱"问题328个，整治销号328个；清理岸线垃圾及水面漂浮物0.29万吨、菜地21.28万平方米，拆除违建面积3.21万平方米；整治黑臭水体，加强污水处理设施建设管理，整治影响水质达标的重点流域、重点排口区域，实现朝阳溪、那平江、亭子冲控源截污，消除建成区38段黑臭水体。搭建"河长通"手机APP平台，补贴基层河长"河长通"手机APP数据流量，通过平台接收问题报告952个；探索建立"河长+检察长"协作机制，督促河长、湖长和责任单位履职尽责，开展巡河巡湖16.30万人次，现场督查102次，下发市级整改通知200次；加强宣传引导，联合广西日报社、团市委、市青年志愿者协会等开展"民间河长"日常巡河活动4次，在报刊、网站、电视台和电台等媒体发布报道1243篇（次），在"南宁河长"微信公众号发布信息动态507篇，印发宣传资料3万余份，向热心市民发放话费奖励39人。（卢明发）

【水环境综合治理】 2020年，南宁市实施污水厂建设、污水泵站建设、管网建设改造、流域治理等水环境项目83个，完成投资77.24亿元，新建、改扩建污水处理厂6座，新增日污水处理能力40万吨，市区日污水处理能力183万吨；2018年至2020年建成污水管网约645千米、改造雨污管网错混接点8362个、整治断头点295处、管网清淤修复约296千米；消除建成区38段99.40千米黑臭水体，完善河湖长制、信息公开和公众监督、督查考核、排水许可及排污许可等8项机制，竹排江黑臭水体治理项目入选2020年生态环境部通报表扬的典型案例。开展试点区外海绵城市建设项目929个，涉及排水分区95个；完成海绵城市目标达标面积20.24平方千米，累计74.84平方千米，占建成区面积23.41%，那考河海绵城市建设项目入围迪拜国际可持续发展最佳范例奖。（潘　欣）

【节能降碳】 2020年，南宁市万元地区生产总值能耗0.272吨标准煤，占万元国内生产总值能耗55.5%，完成"十三五"时期下降14%的目标。完善绿色制造体系，进入国家级绿色园区1个（广西—东盟经济技术开发区）、国家级X绿色工厂2家（南南铝业股份有限公司、皇氏集团华南乳品有限公司）、自治区级绿色工厂9家，给予财政资金奖励250万元。实施清洁化改造项目，横县万力隆皮革皮业异地搬迁技改竣工；认定广西水利电力职业技术学院、宾阳县水利局、广西糖业集团良圻制糖有限公司为节水型高校、节水型机关、节水型企业；补助使用清洁能源的工业企业116家、4860.38万元。强化建筑节能，民用建筑项目获绿色建筑设计评价标识228个，建筑面积3099.13万平方米；获绿色建筑运行评价标识的17个，建筑面积245.99万平方米。加强交通运输节能减排，创建"公交都市"示范城市，完成交通运输行业节能减排4.3万吨标准煤，淘汰老旧柴油公共汽车162辆，建成公交充电桩164个，市区运营新能源公交车3347辆，占总数91.30%，绿色出行分担率80.72%。建设新能源汽车充电桩50个，改造车辆尾气排放160辆，累计新能源汽车2.68万辆、专用停车位8485个、充电桩7302个、充电插座5276个、新能源汽车推广应用示范单位77家。严格车辆准入制度，环保检测不合格的，不予配发道路运输证，环保检测不合格、未取得安全技术检验合格标志的营运车辆，不予办理2020年度道路运输证审验手续。开展港口污染治理，投入使用污染物接收船2艘；指导19家在营企业配套建设生活垃圾、生活污水和含油污水接收设施，引导企业改造高能耗船舶、装卸设备。加大扬尘污染防治，遏制超限超载运输车辆损坏公路、超标排放、扬尘污染环境的势头，打赢蓝天保卫战。南宁机场汽柴油用量7.86万升，用电269.29万千瓦时，用水12.13万吨，三项指标比上年下降。加快建立公共机构生活垃圾分类的常态化、长效化机制，配备分类收集容器2.13万组；推行公共机构绿色办公，禁止、限制一次性办公用品采购，停止使用不可降解一次性塑料制品。投入1798万元，节能改造市人防办等8个市直单位建筑面积25.13万平方米，综合节能率10%以上。开展低碳日能源紧缺体验、宣传和"云"竞答、新能源汽车推广体验等活动，组建环保志愿者队伍1万人、垃圾分类督导员队伍1232人。公共机构人均综合能耗51.65千克标准煤，单位建筑面积能耗每平方米3.4千克标准煤，人均用水22.59立方米，分别下降2.42%、5.14%、5.21%。

（喻昶鑫　戴晓敏　潘　欣　黄小川　陈　雄　李雄杰）

编辑　覃涓铌　陈洪毅

中国—东盟博览会·商务与投资峰会概览

【总体情况】 2020年11月27日至30日，第17届中国—东盟博览会、中国—东盟商务与投资峰会(分别简称“东博会”“商务与投资峰会”，合称“两会”)在南宁举办。中华人民共和国主席习近平、老挝总理通伦、印度尼西亚总统佐科、缅甸总统温敏、菲律宾总统杜特尔特、柬埔寨首相洪森、泰国总理巴育、越南总理阮春福、巴基斯坦总统阿尔维分别在“两会”开幕大会上视频致辞，柬埔寨、老挝、缅甸、菲律宾、泰国5国议长在中国共产党同东南亚国家政党对话会上视频致辞，中共中央政治局委员、中央外事工作委员会办公室主任杨洁篪及东盟10国和巴基斯坦驻华使节等领导、贵宾出席，9.4万人参展参会。此届“两会”，主题为“共建‘一带一路’，共兴数字经济”；首次采取线上线下相结合的新模式，举办实体展和云上东博会，商务与投资峰会举办系列交流活动，举办中缅、中菲、中泰3场建交纪念活动，以及中国—东盟自贸区全面建成10周年专题论坛、第3届中国—东盟卫生合作论坛等10个论坛(会期举办8个)；贵宾出席和企业参展参会保持热度，经贸实效成果丰富，宣传效果和影响力空前，新冠肺炎疫情防控“零感染”，办出特色和实效。

【开幕大会】 2020年11月27日上午，第17届中国—东盟博览会、中国—东盟商务与投资峰会开幕大会在南宁国际会展中心金桂花厅举行。中共中央政治局委员、中央外事工作委员会办公室主任杨洁篪，文莱、柬埔寨、印度尼西亚、老挝、马来西亚、缅甸、菲律宾、新加坡、泰国、越南及巴基斯坦驻华大使，中国国家部委有关领导、各省(区、市)有关负责人、广西壮族自治区有关领导，金融机构负责人、商协会会长、有关国际组织负责人、企业家、专家学者、各界人士代表等出席。开幕大会以“同舟共济，云聚丝路”为主题，由杨洁篪主持。中华人民共和国主席习近平发表视频致辞，全面回顾近年来中国同东盟合作取得的丰硕成果，高度评价中国—东盟关系成为亚太区域合作中最为成功和最具活力的典范，成为推动构建人类命运共同体的生动例证。习近平主席就建设更为紧密的中国—东盟命运共同体提出4点倡议：提升战略互信，深入对接发展规划；提升经贸合作，加快地区经济全面复苏；提升科技创新，深化数字经贸合作；提升抗疫合作，强化公共卫生能力建设。老挝总理通伦、印度尼西亚总统佐科、缅甸总统温敏、菲律宾总统杜特尔特、柬埔寨首相洪森、泰国总理巴育、越南总理阮春福、巴基斯坦总统阿尔维，以及东盟秘书长林玉辉分别通过视频方式致辞，高度评价东盟—中国战略伙伴关系发展，感谢中国为东盟和其他国家抗击新冠肺炎疫情作出的积极贡献，期待中国—东盟博览会等平台持续发挥重要作用，促进各国商业往来，增强区域互联互通，探索合作发展新机遇，确保未来的东盟—中国战略伙伴关系更加牢固、更具价值。杨洁篪宣布：第17届中国—东盟博览会、中国—东盟商务与投资峰会开幕！杨洁篪等15位嘉宾共同为“两会”启幕。

【主要成果】

指明新发展阶段中国—东盟关系发展方向 “两会”开幕大会上，习近平主席发表视频致辞，擘画“后疫情时代”中国—东盟关系发展蓝图，宣示中国坚定不移扩大开放的坚定信心，是积极推动构建新发展格局的具体行动，得到国际社会的高度评价。老挝总理通伦、印度尼西亚总统佐科、缅甸总统温敏、菲律宾总统杜特尔特、柬埔寨首相洪森、泰国总理巴育、越南总理阮春福、巴基斯坦总统阿尔维，以及东盟秘书长林玉辉在视频致辞中高度评价中国—东盟战略伙伴关系，肯定“两会”在促进双方合作中发挥的重要作用，表明加强自贸合作、共同维护多边贸易体制、携手抗击新冠肺炎疫情、加快恢复区域经济的坚定信心。

推动构建中国—东盟命运共同体 “两会”期间，举办中国共产党同东南亚国家政党对话会，东南亚国家近40个执政党、参政党和重要在野党，包括20多位党首、5位议长及中国驻东盟国家大使等通过视频连线方式参会，东盟国家驻华大使现场出席会议。会议通过《中国共产党和东南亚国家政党关于促进新时代中国—东盟合作的共同倡议》。举办中国—东盟自由贸易区全面建成10周年专题论坛，东盟10国经贸部长视频致辞，论坛总结自贸区“黄金十年”发展成果，展望未来10年发展愿景。举办中缅建交70周年、中菲建交45周年、中泰建交45周年3场纪念建交活动，分别回顾建交以来双边经贸合作成果，展望双边经贸合作提质方向和路径。

务实推动“一带一路”经贸合作 东博会实体展展览总面积10.4万平方米，其中东盟及区域外展览面积1.9万平方米；展位总数5400个，同时上线“云上东博会”。实体展有1668家企业参展，广西区外企业占70%，华为等一批世界500强和知名企业参展。东盟和区域外展览面积占比18.2%，有22个“一带一路”沿线国家108家企业参展。国内23个省(区、市)组织近3万名、各行业协会组织3000

2020 年 11 月 27 日,2020 南宁投资贸易洽谈会暨重大项目签约活动现场 陈麒元 摄

多名专业观众到会采购洽谈。"云上东博会"有 1956 家企业参展,其中外国展商占 21%,实现参展企业上云全覆盖和全域营销推广。国内外 84 个采购团组线上线下参会。举办 154 场线上线下经贸活动,其中云上会议 40 场、云上对接推介活动 30 场。云上东博会全网曝光量超过 10 亿,站内访问量超过 2017 万,为国内外客商促成 3000 对精确配对。集中签约国际、国内投资合作项目 86 个,合作项目规模创历史新高。"三大三新"(大规模、大数据、大物流、新创作、新材料、新能源)及金融领域项目占比 85.3%,总投资比上届增长 67.8%。重大项目在体量和质量上均比往届提升。扩大西部陆海新通道展区规模,举办多场推介会等,签订物流企业合作协议和 9 省、市城市商业银行支持西部陆海新通道建设倡议书。首次整体展示中国(广西)自由贸易试验区,举办试验区推介会,宣介试验区建设成果及制度创新、产业发展等商机。首次设置粤港澳大湾区合作展区,展示大湾区高端装备制造、现代服务业等优势产业。金融展区围绕面向东盟的金融开放门户建设,展示面向东盟市场的金融创新产品和服务。中国—东盟信息港论坛围绕 5G、人工智能、电商等 7 个主题开展交流,签约一批数字经济合作项目。首次设置公共防疫和卫生展区,服务中国—东盟携手抗击新冠肺炎疫情和卫生健康合作。

务实促进中国—东盟商界合作 商务与投资峰会举办系列交流活动,促进中国与东盟在新能源、新基建、数字经济、智能制造、生命健康等新兴领域的合作。举办老挝领导人与中国企业 CEO 圆桌对话会,老挝副总理宋赛与中国企业 CEO 就电力、农业、贸易、交通基础设施等领域合作达成共识。举办中国—东盟商界领袖论坛,深入探索疫情防控新常态和疫情后中国—东盟自贸区经贸合作新领域,为进一步推进中国与东盟经贸关系发展作出工商界应有的贡献。中国—东盟青年企业家论坛引进一批青年企业家在广西投资大数据、酒店、文旅项目。举办中国—东盟商事法律合作研讨会,持续提升中国—东盟法律合作水平。在中国—东盟高新技术产业发展大会上,举行中关村信息谷科技园意向入驻企业签约仪式,上线南宁高新区双创服务云平台。中国—东盟汇商聚智高峰论坛、中国—东盟人工智能峰会促成一批成果落地。

"南宁渠道"进一步丰富 东博会框架下举办 10 个高层论坛,会期举办 8 个,丰富"南宁渠道",取得丰硕成果。发布一批重要倡议,如《第三届中国—东盟卫生合作倡议》《10+3 青年科学家科技创新合作倡议》等;发表一系列研究报告,如《中国—东盟信息港建设数字广西建设白皮书》《中国数字经济发展和东盟企业机会》(英文蓝皮书);启动一批重大合作机制和项目,如中国—东盟跨境医疗合作平台、中国—东盟地球大数据区域创新中心、中国银行面向东盟跨境金融创新中心等。

展会影响力空前扩大 "两会"受到中外媒体高度关注,有 116 家媒体 1217 名记者到会报道。习近平主席在开幕大会上发表重要致辞后,《人民日报》头版头条刊发,并配发评论员文章,新华社播发消息通稿,央视《新闻联播》头条播出。各国领导人对此届"两会"给予高度评价。会期《人民日报》刊发 236 篇相关报道,新华社播发报道 500 多篇(条),央视播出新闻 40 多条。东博会官方微博总阅读量 6800 万,东博会 Facebook、Twitter 等官方账号页面覆盖超过 1200 万人次、互动人数超过 80 万。

推动广西开放发展再添新成果 广西壮族自治区领导在会期系列活动中介绍落实习近平总书记赋予广西的"三大定位"(构建面向东盟的国际大通道、打造西南中南地区开放发展新的战略支点、形成丝绸之路经济带和 21 世纪海上丝绸之路有机衔接的重要门户)新使命的最新进展,传递与各方合作推动构建新发展格局的坚定信心,推进广西重点开放战略。此届"两会",有 19 家世界 500 强、中国 500 强、民营企业 500 强及上市公司投资项目签约落户广西,比上届增加 4 家,累计总投资额 1616 亿元。广西壮族自治区人民政府与长安大学签署战略合作协议,与多家金融机构签署共同建设面向东盟的金融开放门户战略合作协议。广西壮族自治区有关部门和企业分别签署数字经济、金融、物流、农业等领域的合作项目。广西 14 个设区市组织 2 万名专业观众参会。南宁市人民政府与中国太平东

2020 年 11 月 27 日至 30 日,第 17 届中国—东盟博览会展位上,南宁企业展示一款用马铃薯制成的老友粉 黄维业 摄

盟保险服务中心共建的跨境保险创新联合实验室揭牌，与京东零售集团签署战略合作框架协议，举办世界茉莉花大会；百色重点开发开放试验区揭牌；钦州市举办石化论坛；桂林市举办可持续发展创新合作论坛。

【闭幕新闻发布会】 2020年11月30日下午，中国—东盟博览会组委会、中国—东盟商务与投资峰会组委会在南宁国际会展中心新闻发布厅举行第17届中国—东盟博览会、中国—东盟商务与投资峰会闭幕新闻发布会。中国—东盟博览会秘书处秘书长王雷、中国—东盟商务与投资峰会秘书处副秘书长丁元龙，以及媒体记者等出席。发布会由商务部驻南宁特派员办事处特派员王德生主持；王雷代表“两会”组委会发布新闻，介绍此届“两会”情况和下届安排；王雷、丁元龙回答记者提问。经与东博会各共办方沟通，达成共识：第18届中国—东盟博览会初步定于2021年9月10日至13日在南宁举办；主题国为老挝；特邀合作伙伴为巴基斯坦；中国“魅力之城”为贵阳；继续同期举办第18届中国—东盟商务与投资峰会。第17届中国—东盟博览会、中国—东盟商务与投资峰会闭幕。

服务保障

【概　况】 2020年，南宁市按照办出特色、办出水平、办出实效的工作要求，提高政治站位，强化责任担当，虑周、抓细、落实，高标准严要求地完成“两会”各项服务保障任务。成立以自治区党委常委、市委书记王小东为组长，市相关领导为副组长的领导小组，按照工作职责到一线指挥，部署检查工作情况，解决存在问题。全市服务“两会”的各级各部门以特殊精神、特殊作为，精益求精地做好各项筹备工作。制定南宁市服务“两会”总体方案和实施细案，按照定责任、定人员、定时间、定进度的原则制定倒计时工作表；同时，组织开展各类监督检查，发现并督促整改问题，统筹推进全市服务“两会”各项工作任务的落实。

【主要成效】

经贸活动效果显著　“两会”期间，南宁市利用“两会”平台，举办2020南宁投资贸易洽谈会暨重大项目签约仪式。邀请京东集团、华为公司等多家世界500强、中国500强、行业龙头知名企业及院校代表100多人参会，签约项目49个，总投资额155.28亿元。此届东博会期间，南宁市完成签约项目53个，总投资额204.78亿元，显现科技创新动能足、制造产业占比高、项目涵盖领域广、现代服务业项目质量优等特点。同时，组织1.2万名专业观众观展。

“南宁渠道”更加彰显畅通　2020年，南宁市利用“两会”平台开展对外开放合作工作。继续办好“南宁国际友城进东盟”品牌活动，邀请乌拉圭派桑杜市、菲律宾达沃市、泰国孔敬市、日本秋田市、意大利克雷马市、法国普罗旺斯6个国际友城参与。采取委托设展方式，在东博会展示各自在制造业、农业、食品加工、科技、文化、教育、旅游等方面的优势产品和项目，进一步打开投资合作渠道，以“开放合作”的积极性和韧劲助推地区经济全面复苏，更深层次上加强东博会与“一带一路”沿线国家的链接，拓展“南宁渠道”的内涵外延。利用国际友城商贸资源，在南宁百货全球购体验馆开设“南宁友城馆”，在“两会”期间正式运营。将南宁市的25个友好城市和超过30个友好交往城市的资源、产品、项目和商机，通过跨境电商的形式，与南宁、广西乃至全国的企业串联起来，搭建南宁与友城间“永不落幕”的博览会，让友城的商品“走进来”，让当地的产品“走出去”，推动双方产业链、供应链、价值链深度融合。

民歌节首次“云端”上演　第22届南宁国际民歌艺术节“大地飞歌·2020”晚会在疫情防控常态化背景下，首次采用现场不组织观众、录制播出的方式进行，2020年11月28日，通过广播电视、网络和新媒体播出。晚会以“为美好歌唱”为主题，分“幸福小康年”“红色新乐章”“海上听潮音”三大篇章，将人民幸福生活、多元民族文化、南宁故事、抗疫精神、中国与东盟国家友好情谊等元素以原创和改编多种形式进行表达，涵盖民歌、流行音乐、网络直播、舞蹈、器乐、走秀等多样化的作品种类，展现南宁的城市的发展前景，演绎中国与东盟国家、“一带一路”沿线国家的友好情谊。同时，现场设置弹幕屏，增加观众线上互动。中国网、央视频、南宁新闻网等中央、自治区、南宁市主流网络媒体和所属客户端、头条号等新媒体平台，以及北京、广州、武汉等地的22家主流媒体下属新媒体平台同步播出，网络总播放量超过1200万次。新浪微博有关话题累计阅读量400万人次，抖音、南宁云等网络直播近25万人次观看，中央广播电视总台ChinaNews多语种客户端对晚会进行中英文同步推广。

【市政设施保障与市容环境改善】 2020年，南宁市结合“美丽南宁·整洁畅通有序大行动”和“城市精细化管理年活动”，抓好市容环境美化亮化及综合整治工作，以文明、优美、整洁、靓丽的城市环境迎接“两会”召开。实行网络化管理，做好清扫保洁及扬尘治理工作；维修道路路面、人行道，对公共景观亮化节点进行安全检测和维护，保障市政设施安全运转；修剪乔木、灌木、地被，种植鲜花，营造“花化”市容环境。出动执法人员和车辆，强化扬尘污染源头治理，整治市容市貌“五乱”（乱摆设摊点、乱停放车辆、乱扔弃垃圾、乱张贴广告、乱搭建工地）及临时占道施工围挡乱象。

【宣传服务】 2020年“两会”期间，南宁市充分利用大型屏幕、高杆广告牌、公交车、出租车、地铁及标志性建筑楼体等设施悬挂“两会”标语、宣传画，播发宣传片，营造热烈、隆重的社会氛围。“两会”开幕后，在全市45座大型户外电子屏循环播放习近平主席在开幕大会上的重要致辞。在良庆区、兴宁区、青秀区、五象新区等区域的30座地标建筑开展灯光秀，播出“两会”标语和主题口号；在全市2万多各类电子屏高密度、高频率播发公益宣传片、宣传标语；设置POP旗5150多杆、喷绘画面超过8.5万平方米。组织南宁日报、南宁广播电视台、南宁新闻网开设“共建‘一带一路’共兴数字经济”“第17届中国—东盟博览会、中国—东盟商务与投资峰会”等专栏专题，在重要时段、重要版面，通过消息、综述、图文、视频等形式，全面报道“云上东博会”情况、“两会”在多领域交流合作的成果和影响。各级媒体刊发“两会”相关重点稿件630多篇。组织市属网络新闻媒体开设“两会”网络专题，关注“两会”消息，专题宣传突出“云上东博会”的办会特点，重点宣传“两会”的重大意义、活动和成果，以及南宁市服务“两会”的各项工作，互联网上传播相关信息近20万条。

【疫情防控与医疗保障】 2020年，南宁市成立机构、全员动员、制定方案、加强培训演练和督查指导，抓实抓细各项防控措施，构筑严密防控链条，确保“两会”期间新冠肺炎疫情“零发生”。聚焦“人、物、馆”3个重点；紧盯入城口、居住地、流动中、展馆门、活动点和监测哨6个关键环节；实施“全程封闭环管理、全链条可追溯、全量核酸检测、全部查验准入、全面环境清消”5项措施；对参展参会人员进行分类管理，严密构筑“国境、城市、区域和展区”4道新冠肺炎疫情防控线，第一时间将与新冠肺炎疫情相关风险的影响控制到最小化，确保不发生社区传播新冠肺炎疫情、不发生与“两会”相关的新冠肺炎聚集疫情。组织对全市服务“两会”各成员单位、“两会”定点接待酒店和定点餐饮供应等70多家单位进行培训,强化全市新冠肺炎疫情防控整体方案、专项方案、防控指引、应急处置工作的解读和宣传;对“两会”40多个重点部门、酒店、场馆的新冠肺炎疫情防控情况进行督查。组织服务“两会”工作人员、服务人员、专业观众进行全员核酸检测,检测人员3.5万人。派出医护人员90人次、救护车组30车次,承担南宁国际会展中心现场医疗保障任务;派出医护人员27人次、负压救护车9车次,配合“两会”现场新冠肺炎疫情防控保障;抽调50名医疗卫生人员进驻各定点接待酒店开展新冠肺炎疫情防控和医疗保障服务。

【安全保卫】 2020年,南宁市设置22个职能组,制定各类安保方案89个,全面保障“两会”安全。组织开展3次统一行动,出动警力1.5万人次,盘查人员3万多人,车辆2.5万辆。设立17个环邕安全检查站,出动警力1.3万人次,检查车辆24万辆次、人员48万人次;加强风险预知、预警和预判工作,严厉打击各类违法犯罪行为,强化行业管理和重点人员稳控;在南宁国际会展中心等处设置“疏导区”“控制区”“核心区”的基础上,按照“防疫、验证、安检”三融合的原则设置入场通道,确保所有参加活动的入场人员必须经过防疫测温、票证查验、入场安检。加强与相关技术团队对接,对“云上东博会”等90个重保单位的145个重保系统进行24小时实时监测,全力保障“两会”网络安全。

【社会维稳】 2020年,南宁市制定32项措施,成立10个督导组到一线开展专项调研督导,维护社会稳定。推动矛盾纠纷化解关口前移、重心下移,开展重大涉稳问题和信访问题化解攻坚(化解31件重大涉稳问题),防止矛盾问题向上传导、向外溢出。“两会”期间,组织志愿者开展义务大巡防活动,排查矛盾纠纷792件、调处557件,发现治安、火灾隐患、城市治理、安全生产等隐患1784件,现场整改问题1700多个;同时,组织人员在“两会”活动场所等区域进行维稳巡查,有力维护社会安全稳定。

【交通安全保障】 2020年“两会”期间,南宁市打造近、中、远三层管控圈,实行人、车、证绑定管理,分级分类加强住地、场馆和线路的警卫勤务,综合调控“两会”开幕大会政要车队的场内调控和与会嘉宾的退场安排。完成等级交通警卫任务14次,非等级警卫任务91次,全市没有发生长时间、长距离、大范围的交通拥堵。

【综合应急救援】 2020年,南宁市成立服务“两会”的综合应急救援部,制定方案,做好相关工作,完成“两会”综合应急救援保障任务。织密“两会”核心区防控措施,健全涉会场馆及宾馆饭店“一馆一档一团队”“一活动一方案”“一路线一方案”制度。按功能将场馆核心区划分网格,强化防灭火网格力量部署,围绕安检、静默、巡馆、撤展“四个时段”开展巡查,发现并整改火灾隐患278处。将全国首套智能接处警系统接入“两会”消防安保指挥部,实现安保资源“一张图”显示及作战指挥实景化,并集成城市高点监控系统24小时不间断扫描可疑热源,织密火情动态监控网。落实行业单位责任,做好社会面火灾防控工作,推动行业履职、强化单位主责、加强消防监管,检查单位9.2万家,督促整改隐患4600多处。

【安全生产监督管理】 2020年,南宁市提前谋划,周密部署,切实加强安全生产监督管理,落实安全防范措施,持续开展安全检查,保障“两会”期间的安全稳定。盯紧盯牢高危行业领域,强化非煤矿山安全隐患大排查、工贸重点企业监督及危险化学品重大危险源的管理。11月5日至20日,市委、市政府领导分别带领11个组到“两会”重要活动场所和企业一线开展安全生产专项检查。同时,成立工作组,按照标准对南宁国际会展中心金桂花厅和19个展馆的临时搭建设施质量安全等进行审查,并派驻专人值守,对现场施工进行全程监督。

【市场监督管理】 2020年,南宁市采取落实企业主体责任、全方位安全检查、全链条监督检验、强化值守制度等措施,做好“两会”食品安全、特种设备安全、市场价格监管和广告监管工作。出动执法人员,检查、检验特种设备1100多台次,检查各类重点场所100多家次,发现问题40多处,督促责任单位于会前完成整改,确保会期使用安全。“两会”期间,保障16家接待酒店2万多人次就餐安全,7家快餐生产单位供餐2万份,保障南宁国际会展中心现场接收、制作和销售快餐2.3万份。

【交通运输保障】 2020年“两会”期间,南宁市采取多种措施调整交通运力满足“两会”需求,会期完成客运量715万人次。其中,日均投放公交车3300多辆,客运量216万人次;巡游出租车和网约车客运量123万人次;轨道交通客运量376万人次。调整轨道交通1号线运营时间,开通轨道交通4号线和2号线东延线初期运营。组织400辆出租车到南宁国际会展中心指定停车区开展客商乘运服务。组建由76名驾驶员和63辆公交车组成的应急保障队伍,应对交通突发情况。

【通信保障】 2020年“两会”前及举办期间,南宁市组织参与“两会”通信保障的各成员单位编制工作方案和应急预案,做好各项工作,完成“两会”通信保障任务。通过落实对通信线路和管道进行巡查、派驻通信保障车、应急通信抢修队伍全天候待命等措施,确保会期网络通信畅通、安全。

【供电与供水保障】 2020年,南宁市供电部门根据“两会”保供电级别及分类、实施阶段时间、场所范围等进行职责划分,落实保供电工作计划,完成会期保供电任务。供水部门成立设备维护保障组、管网抢修队等工作机构,对90个管网水质检测点进行监测,17个重点接待酒店和供餐企业进行实地检查,全天候24小时保障“两会”主要活动场所、接待宾馆及相关地段的用水安全。

【气象服务】 2020年“两会”前及举办期间,南宁市气象部门有针对性地制定工作方案,以精细化预报预警为主线,制作并及时发布周天气趋势预报、未来三天精细化天气预报等气象信息。其间,发送决策短信26份,专项服务材料20期,气象服务短信5万余人次,完成“两会”气象保障服务任务。

【志愿服务】 2020年“两会”前及举办期间,南宁市招募576名青年志愿者为“两会”提供专业和场馆等志愿服务。组织166名志愿者每天在9个公共场所志愿城市服务站、15个重要交通劝导路口开展志愿服务。同时,组织志愿者上千人次在“两会”各场馆附近开展“绿色出行、文明用车、有序摆放,共建整洁畅通有序大南宁”共享自行车志愿服务活动。

(南　亚)

编辑　李志楠

南宁与东盟

综　述

【南宁与东盟交往概览】 2020年，南宁市克服新冠肺炎疫情影响，实现对东盟进出口贸易逆势增长，商品进出口额181.15亿元，比上年增长62.94%，占全市进出口18.38%。中国（南宁）跨境电商综试区进出口交易额增长198%。南宁综合保税区进出口总额增长69.80%。中国—东盟金融城新增入驻金融机构（企业）102家、增长170%；中国（广西）自由贸易试验区南宁片区金融创新指数在同批19个片区中排名第二。中国—东盟信息港南宁核心基地累计建成项目35个。服务第17届中国—东盟博览会、第17届中国—东盟商务与投资峰会，举办中国—东盟（南宁）戏剧周等品牌活动。融入RCEP（《区域全面经济伙伴关系协定》）和“一带一路”，推进中国广西自由贸易试验区南宁片区、面向东盟的金融开放门户核心区和西部陆海新通道建设，“南宁渠道”影响力不断提升。　（梁佳和）

【面向东盟开放合作】 2020年，南宁市推进面向东盟的金融开放门户核心区建设。中国—东盟金融城新增入驻金融机构（企业）102家，累计入驻企业5000多家，其中金融机构（企业）162家。形成可复制可推广创新事项41项（全国首创13项、自治区首创28项）、重要创新案例29个。南宁成为广西唯一获批绿色金融改革创新示范区和保险创新综合示范区的“双示范区”地市。打造中国—东盟博览会升级版，出台《南宁市人民政府关于进一步促进会展业高质量发展的实施意见》，推动会展与电商跨界融合，全年举办展会活动59场。累计筹建数字经济类项目103个（竣工35个）、完成投资313.49亿元，形成五象新区、高新技术产业开发区、青秀区等集聚区，核心基地框架基本形成。地理信息小镇、中国电信东盟国际信息园、浪潮·东盟总部基地等重大项目加快建设。中越跨境电商公路常态化运行，开行中越跨境集装箱班列166班，南宁—胡志明全货机航线614起降架（班）次、装载率70%，南宁吴圩机场年国际货邮吞吐量1.09万吨，比上年增长373%，首次突破万吨大关。中国（南宁）跨境电子商务综合试验区新增入驻企业40家，累计入驻88家。创新业务监管模式，率先在第三批综试区实现跨境电商B2B（9710）出口业务，总体出口通关时长从8小时以上压缩至1小时。

（市金融办　市大数据局　市商务局）

经贸往来

【概　况】 2020年，东盟成为南宁第二大贸易伙伴。南宁市克服新冠肺炎疫情影响，发挥地理优势和产品竞争优势，扩大对东盟进出口贸易，对东盟进出口181.15亿元，比上年增长62.94%，其中出口108.71亿元、进口72.44亿元，占全市进出口18.38%。12家企业在东盟6个国家进行非金融类投资，协议总投资4.50亿美元，中方协议投资额3.43亿美元。东盟国家在南宁投资新设企业22家，总投资1.93亿美元，注册资本5043.08万美元，合同外资额3592.34万美元；累计投资企业185家，总投资48.87亿美元。

【进出口贸易】 2020年，南宁市与东盟进出口额181.15亿元（出口108.71亿元、进口72.44亿元），比上年增长62.94%。其中，越南86.82亿元（出口57.28亿元、进口29.55亿元），马来西亚46.21亿元（出口29.94亿元、进口16.27亿元），泰国12.95亿元（出口6.34亿元、进口6.61亿元），印度尼西亚12.72亿元（出口2.58亿元、进口10.15亿元），新加坡11.11亿元（出口7.42亿元、进口3.69亿元），菲律宾8.04亿元（出口2.90亿元、进口5.14亿元），柬埔寨1.27亿元（出口1.19亿元、进口800万元），老挝1.12亿元（出口5100万元、进口6100万元），缅甸8900万元（出口5300万元、进口3600万元），文莱214.35万元（出口212.52万元、进口1.83万元）。

（市商务局）

【东盟企业在邕投资】 2020年，东盟国家在南宁投资新设企业22家，总投资1.93亿美元，注册资本5043.08万美元，合同外资额3592.34万美元，实际利用外资额1250万美元。其中：新加坡15家，总投资1.78亿美元，注册资本3541.69万美元，合同外资额2363.11万美元，实际利用外资额771万美元；泰国4家，总投资401.07万美元，注册资本401.07万美元，合同外资额235.97万美元，实际利用外资额300万美元；马来西亚3家，总投资1100.31万美元，注册资本401.07万美元，合同外资额235.97万美元，实际利用外资额179万美元。投资行业主要涉及科学研究和技术服务业、制造业、批发和零售业、租赁和商业服务业等。东盟在南宁投资企业累计185家，总投资48.87亿美元，注册资本40.40亿美元，实际利用外资4.90亿美元。　（市投促局）

【南宁企业在东盟国家投资】 2020年，12家企业在东盟6个国家进行非金融类投资，协议总投资4.50亿美元，中方协议投资额3.43亿美元。其中：菲律宾2家，协议总投资3.95亿美元，中方协议投资额2.88亿美元；新加坡2家，协议总投资2111万美元，中方协议投资额2111万美元；越南2家，协议总投资2100万美元，中方协议投资额2100万美元；马来西亚3家，协议总投资789.02万美元，中方协议投资额767.02万美元；柬埔寨1家，协议总投资420万美元，中方协议投资额420万美元；印度尼西亚2家，协议总投资132.53万美元，中方协议投资额132.53万美元。主要涉及制造业、批发和零售业、采矿业、农林牧渔业、物流仓储业等。

（市商务局）

【启迪Lazada跨境生态创新服务中心(南宁)启动运营】 2020年6月29日，启迪Lazada跨境生态创新服务中心(南宁)揭牌仪式暨2020年第一届启迪Lazada东南亚跨境直播人才大赛启动仪式在南宁综合保税区举行。泰国驻南宁总领事馆、越南驻南宁总领事馆、自治区商务厅、市政府、阿里巴巴集团等领导及企业代表出席。启迪Lazada跨境生态创新服务中心(南宁)是启迪创新跨境和阿里巴巴(中国)有限公司联合打造的电商孵化服务平台，是中国(南宁)跨境电子商务综合实验区亮点工程之一，面积4000平方米，分为Lazada展区、创新创业区、卖家孵化区、跨境直播区、入孵企业集群和桂货出海区域。利用广西东南亚小语种人才资源优势，构建跨境卖家孵化、跨境电商直播、跨境电商培训等服务体系，吸引120多名东盟主播入驻直播间，在越南、泰国、马来西亚等国家开办电商服务中心，发展海外分销团队，向当地创业者传授中国电商发展经验。

【南宁—马尼拉跨境电商“客改货”包机航线开通】 2020年6月11日，首趟南宁—马尼拉跨境电商“客改货”包机航线班机装载2.08万单、6.50吨跨境电商货物从南宁吴圩国际机场飞往菲律宾马尼拉，是南宁开通的第二条东盟货运航线。航线由菲律宾皇家航空RW411航班执飞，初始班期为每周三、周五、周日各1班，当日北京时间17：00从南宁吴圩国际机场起飞，19：30抵达马尼拉国际机场。

（梁佳和）

【中国(广西)—越南进出口商品网上交易会】 2020年4月21日至23日通过网络视频“一对一”方式举办。自治区商务厅、越南工贸部贸易促进局主办，南宁市外贸综合服务试点企业——广西桂贸天下公司承办。南宁市组织南宁波音工贸有限公司、广西华联综合超市股份有限公司等15家进出口企业参展，现场成交5.60亿元，意向成交近6亿元。5月28日至30日，举办2020年中国广西—越南商品网上交易会建材及家居产品专场，南宁市组织广西南宁英泰商贸有限责任公司、南宁派吉纸业有限公司等20家企业参展，在线交易额8.36亿元。

【中国(广西)—印尼网上交易会】 2020年11月23日至25日通过网络视频会议举办。自治区商务厅主办，启动仪式设南宁会场、印度尼西亚雅加达会场，商务部、广西壮族自治区商务厅、中国驻印度尼西亚大使馆、印度尼西亚中华总商会、印度尼西亚中国商务理事会、印度尼西亚商协会、印度尼西亚机电协会等代表现场或视频出席。南宁市组织广西双健科技有限公司、南宁朗胜贸易有限责任公司等17家企业参展，产品涉及食品、农产品、家居、建材、五金、医疗、器械等，意向成交额4.24亿元。

（市商务局）

2020年6月29日，启迪Lazada跨境生态创新服务中心(南宁)揭牌仪式在南宁综合保税区举行

广西启迪创新跨境电子商务有限公司提供

文化交流

【走近东盟——2020新年音乐会】 2020年1月5日在南宁市博物馆举办。市人民对外友好协会、市博物馆主办。柬埔寨、老挝、马来西亚、缅甸、泰国、越南等东盟国家驻南宁总领事馆外交官、东盟国家留学生及观众300多人出席，中国青年钢琴家陈斯凡演绎《友谊地久天长》《爱的礼赞》《梁祝》等经典钢琴曲目、流行金曲，广西演艺集团艺术家演唱东盟歌曲串烧，东盟国家留学生表演缅甸金坡舞、泰国撒花舞、老挝火箭节等特色文化节目。

【2020年南宁·东盟人才交流活动月】 2020年11月12日，开幕启动仪式在南宁南湖名都大酒店举行。采取线上线下相结合形式，推出18项活动，来自俄罗斯、德国、意大利、马来西亚、新加坡5个国家，以及北京、广东等省市14项人才项目在开幕式上签约，包括院士2人、全球知名科技机构3个、海创大赛获奖项目6项。现场为2020年第三届中国·南宁海(境)外人才创新创业大赛获奖项目代表颁奖，公布2019年度“邕江计划”创新创业人才(团队)资助名单，为23个获得资助的人才(团队)代表颁发50万元～500万元项目资助资金。开幕式后，举行第七届南宁市海内外高层次人才与项目对接会，包括电子信息、先进制造、生物医药大健康、能源材料化工4个分组项目对接会。

【首届中国—东盟文化艺术周举行电影展映活动】 2020年12月8日启动仪式在南宁广影国际影城(星光店)举行。自治区电影局、自治区外事办公室指导，广西文化产业集团主办，广西八桂同映电影院线、广西电影集团承办。展映影片9部，老挝影片《你好，琅勃拉邦》《巴色没有回答》《唯一的爱》《新年回忆》和中国影片《一秒钟》《赤狐书生》《我的父亲母亲》《一个都不能少》《再见，在也不见》。12月9日，中国—东盟(马来西亚)电影展映在南宁民族影城开幕，展出马来西亚影片《那个人》《威拉》《最后的较量》和中国影片《一秒钟》《保家卫国——抗美援朝光影纪实》。

【第三届中国—东盟疾病防控合作论坛】 2020年11月24日至25日在南宁市以线上线下相结合形式举办。是第三届中国—东盟卫生合作论坛主题论坛之一，主题为“携手应对新冠危机·共建共享区域健康”。论坛交流共享新冠肺炎疫情监测检测技术、防控策略、疫苗研发等方面经验，探讨新冠肺炎疫情防控区域合作机制，共商中国—东盟区域疾病防控合作健康发展和新冠肺炎疫情危机应对策略；中国与东盟国家卫生部官员进行主旨演讲，介绍本国应对新冠肺炎疫情措施和经验；就新型冠状病毒疫情防控策略及中国与东盟各国联络员机制等议题进行专题研讨，推进中国—东盟新冠肺炎防控合作长效机制。

【中国—东盟（南宁）粤剧大赛】 2020年12月5日，中国—东盟（南宁）粤剧大赛决赛在南宁新会书院以线上线下相结合形式举办。自治区文化和旅游厅、市政府主办，市文化广电和旅游局、市外事办公室、广西戏剧院承办，南宁市民族文化艺术研究院执行。大赛分为专业组、业余组、少儿组，面向广西、广东、中国香港地区、中国澳门地区，以及东盟各国粤剧（曲）团体专业演员、戏曲院校学生、中小学生和业余粤剧（曲）爱好者，国内线下组获一等奖23人、二等奖63人、三等奖55人，国外线上组获优秀表演奖4人、表演奖22人。中国选手在南宁市新会书院现场演唱，青少年学生成为戏曲文化传承新生力量，其中来自南宁市、柳州市、贵港市、梧州市等地中小学生38人、高等院校学生9人参赛。越南、柬埔寨、泰国、马来西亚、新加坡等东盟国家27名选手通过录制视频线上参赛。

【首届中国—东盟文化艺术周戏剧展演暨第八届中国—东盟（南宁）戏剧周】 2020年12月7日至14日在南宁举办。自治区文化和旅游厅、市政府主办，市文化广电和旅游局、市外事办公室、广西戏剧院承办，市民族文化艺术研究院执行。展演汇聚上海、河南、浙江、云南、湖南、福建、江苏、山西、内蒙古、广东、广西11个省份及菲律宾、新加坡、泰国、越南、印度尼西亚5个东盟国家24个艺术团体23场演出，涵盖越剧、昆剧、花鼓戏、滇剧、莆仙戏、婺剧、晋剧、锡剧、粤剧、漫瀚剧等戏剧种类。活动采取“演、展、赛＋闭幕演出”模式，包括中国—东盟（南宁）戏剧周戏剧展演、“金色殿堂”中国—东盟优秀艺术家个人艺术专场、中国—东盟艺术展览、中国—东盟（南宁）粤剧大赛、中国—东盟文化艺术周闭幕演出5大板块。展演剧目有上海昆剧团《牡丹亭》、宁波市小百花越剧团《洗心记》《梁山伯与祝英台》、深圳市粤剧团《风雪夜归人》、浙江婺剧艺术研究院《穆桂英》等。活动首次启用“线上戏剧周”专栏，网络点击量220万次，其中海外点击量37.60万次。

2020年12月11日晚，2020年桂粤港澳—东盟文化交流活动专场文艺演出在南宁民歌湖大舞台举办　市群众艺术馆提供

【2020中国—东盟职业院校烹饪技能大赛暨青年厨师大赛】 2020年11月19日至12月8日在南宁职业技术学院以线上线下相结合方式举办。自治区教育厅、香港职业训练局主办，桂港现代职业教育发展中心、南宁职业技术学院承办，广西烹饪餐饮行业协会、广西广播电视台都市频道协办。来自中国内地、中国香港地区和中国台湾地区，以及东盟、乌拉圭的45支代表队76名选手参加。大赛分为中国—东盟职业院校学生网络邀请赛和青年名厨争霸赛，均为个人赛，南宁职业技术学院、广西商业技师学院、顺德职业技术学院、浙江旅游职业学院4名选手获金奖。

【2020年桂粤港澳—东盟文化交流活动】 2020年12月10日至12日在南宁以线上线下相结合形式举办。自治区文化和旅游厅、市政府主办。12月10日，举办珠江—西江经济带城市共同体群众文化合作研讨会暨战略合作联盟签约仪式，来自南宁市、梧州市、贵港市、佛山市、珠海市、云浮市等地的群众文化工作者探讨文化发展趋势和创新经验。12月11日晚，2020年桂粤港澳—东盟文化交流活动专场文艺演出在南宁民歌湖大舞台举办。12月12日，南宁市群众艺术馆通过广西云、南国早报客户端对2020年第十届新加坡国际舞蹈节进行线上展播，来自中国、新加坡、美国、英国、澳大利亚、马来西亚等国家近400人参加。

【第二届中国—东盟农业职业教育交流会暨中国—东盟农业职业教育学术论坛】 2020年12月13日在南宁举办。自治区农业农村厅、自治区教育厅主办，中国—东盟职业教育研究中心、广西农业职业技术学院承办。通过专家报告、主题发言交流及现场参观，探讨中国—东盟农业职业教育发展的现状与方向，促进中国与东盟涉农院校、科研机构、企业的合作与交流。开幕式上，成立中国—东盟农业职业教育联盟，有成员单位38家，遍及东盟5个国家，基本涵盖中国—东盟农业职业教育的各个方面。与会代表到广西农业职业技术学院及学院校企合作企业参观交流。自治区教育厅、老挝驻南宁总领事馆、越南驻南宁总领事馆、宁波职业技术学院、27所涉农院校和企业负责人、代表约100人出席线下会议，老挝教育与体育部的嘉宾及东坎商农业技术学院等11所东盟院校代表线上参加会议。　（梁佳和）

编辑　梁富鑫

综　述

【概　况】2020年,南宁市扶贫开发领导小组设综合协调专责小组、教育保障专责小组、医疗保障专责小组、住房保障专责小组、饮水安全专责小组、资金保障专责小组、基础设施专责小组、产业开发专责小组、扶贫搬迁专责小组、公共服务专责小组、组织保障专责小组、督查考评专责小组、就业扶贫车间专责小组13个专责小组;领导小组下设办公室,办公室设在南宁市扶贫开发办公室(简称"市扶贫办")。南宁市脱贫攻坚战前线指挥部办公室设在市扶贫办,下设统筹协调组、资金政策组、信息数据组、项目推进组、社会扶贫组、粤桂扶贫协作组、信息宣传组、整改组、驻区县工作组、督查考评组10个组,具体承担前线指挥部办公室各项任务。南宁市筹措财政扶贫资金30.66亿元(财政专项扶贫资金21.74亿元),聚焦"两不愁、三保障",完成剩余建档立卡贫困人口1.90万人全部脱贫,剩余3个贫困村(宾阳县思陇镇六岑村,马山县加方乡龙开村、忠党村)全部出列。实现马山县、上林县、隆安县、邕宁区4个扶贫开发工作重点区县全部摘帽,421个贫困村全部出列,现行标准下农村贫困人口全部脱贫,如期完成脱贫攻坚目标任务。巩固脱贫攻坚成果。帮助受新冠肺炎疫情影响的贫困地区和贫困人口复工复产;出台对边缘易致贫人口的监测和帮扶措施,设立精准防贫基金,实施全方位立体防贫举措。督促指导区县发展"5+2"特色产业(从自治区特色产业目录中选定5个主导特色产业、2个自选特色产业),指导贫困村发展"3+1"特色产业(从本区县5个主导特色产业里选3个,从2个本区县自选特色产业或自治区扶贫办确定的特色产业目录中选1个),全市12个区县"5+2"特色产业覆盖率96.49%,贫困村"3+1"特色产业覆盖率90%以上。建档立卡贫困家庭学生控辍保学动态清零,资助建档立卡贫困家庭学生35万人次,发放和拨付建档立卡贫困家庭学生免、助、奖学金2.48亿元。建档立卡贫困人口参加城乡居民基本医保率100%,大病救治率99.67%,贫困人口家庭医生签约率100%,办理门诊特殊慢性病治疗卡2.42万人。完成5814户农村危房改造任务,其中建档立卡贫困户2701户;全市建档立卡贫困户住房安全保障率100%。建设农村饮水安全工程776个,受益143.63万人;全市建档立卡贫困户安全饮水率100%。加强易地扶贫搬迁后续扶持。全市421个贫困村集体经济年收入均5万元以上。主要存在脱贫地区发展不平衡不充分,部分脱贫人口自我发展能力不强等问题。

【"战疫"与"战贫"双线战斗】2020年新冠肺炎疫情发生后,南宁市2月2日起每周选取170户(建档立卡贫困户占70%)农户作样本,统计、监测、研究疫情对脱贫攻坚影响。受疫情影响,全市鸡鸭、柑橘等部分农产品销售困难,部分务工贫困人口返工时间推迟,扶贫项目开复工时间延后。2月,市商务局、市农业农村局联合印发《关于印发南宁市沃柑和家禽收购实施临时补助鼓励措施的通知》,鼓励屠宰企业积极收购、通过冷库过渡收储,给予收购本市家禽5万羽以上的企业一次性临时补助,每只补贴2元。3月,市委办公室、市政府办公室联合印发《南宁市2020年决战决胜脱贫攻坚若干措施》,采取驻区县帮扶集中攻坚、强化资金保障、加大产业扶贫力度等举措,将疫情对脱贫攻坚工作影响降到最低。提前做好项目谋划、设计等前期工作,利用扶贫项目"绿色通道",优化审批流程;用好用活以奖代补优惠政策,提高奖补标准,加快奖补资金拨付进度,促进项目实施。通过搭建线上招聘平台、发放贫困人口外出务工交通补贴、"点对点"包车送工返岗、增加乡村临时公益性岗位等措施,保障贫困劳动力复工增收。通过加强产销对接、加大补贴力度、线上线下共同发力、解决交通运输难题的方式,促进农产品销售流通,保障产业扶贫收益。全市建档立卡贫困户无新冠肺炎确诊病例、无疑似病例;脱贫攻坚年度目标任务如期完成。

(谭春兰)

【脱贫攻坚专项行动】2020年,南宁市脱贫攻坚战前线指挥部实施"扁平化"管理模式,抽调2200人次,分批次安排到县、乡、村扶贫一线,开展"固成果、提质量、下沉帮扶促振兴"专项行动10余次,打通"扶贫最后一公里"。工作组织模式为"1+15动车组":"1"即由市脱贫攻坚战前线指挥部牵头,15个行业部门组成12个行业扶贫工作组。工作内容为"一比二核三解决":"一比"即围绕"两不愁三保障"及行业专项问题,清洗、比对、分析全国扶贫开发信息系统与教育、医保、住房、民政等行业部门数据,找出异常点;"二核"即系统核查与实地核查,由市信息数据组将疑似问题提供给区县,运用数据分析成果,找出工作薄弱环节,精准"对症下药";"三解决"即根据核查分析结果,由市脱贫攻坚战前线指挥部督促行业部门、区县分类施策,提出解决方案,责任落实到部门、落实到人,在限定时间内开展问题"清扫行动",力争在现场、在被核查区县内立即解决问题。全市坚持问题发现在一线、问题解决在一线,确保工

作不走样、政策不变形的做法，获新华社、《内参选编》《半月谈》《中国扶贫》等媒体、刊物专题刊载。（单松松）

【“脱贫感党恩　奋进新起点”主题活动】2020年，南宁市开展“脱贫感党恩　奋进新起点”主题活动，举办脱贫攻坚故事会、座谈会71场次，文艺演出活动142场，演讲比赛、摄影比赛、征文比赛15场次。通过媒体宣传报道十八大以来特别是“十三五”时期脱贫攻坚成果，重点突出脱贫攻坚前后发生的变化。算清“四笔账目”（收入账、受益账、标准账、帮扶账），盘点帮扶投入及成效，梳理完善2016年以来建档立卡贫困户享受的扶贫政策，由帮扶责任人传达给贫困户，让贫困群众感受党的恩情，鼓励贫困群众奋发有为追求更美好生活。选树“扶贫典型事”“脱贫示范户”“最美扶贫人”“最佳帮扶单位”“最好安置点”5类先进典型，全市挖掘“扶贫典型事”327件，选树“脱贫示范户”1016户。开展“讲好‘六大变化’”主题活动，通过召开村民代表大会、现场参观、交流座谈、干部群众讲扶贫等方式，畅谈脱贫攻坚五年来群众增收、住房条件、基础设施、基本公共服务、村集体经济发展、乡风文明和精神面貌的变化。从住房、教育、医疗、水利、产业、就业、基层党建7个方面全面梳理巩固脱贫攻坚成果。通过开辟宣传专栏、组织巡回宣讲、举办故事会、开展文艺演出、歌曲创作、录制视频等形式，开展系列宣传活动，为巩固脱贫成果、实现乡村振兴提供精神动力。（谭春兰）

【精准防贫基金】2020年，南宁市创新设立精准防贫专项保障基金。通过“中华慈善日”“扶贫日”等活动，开展以“扶贫济困，奉献爱心”等为主题的宣传活动，动员全市机关、事业单位、爱心企业、社会组织及爱心人士参与捐助，扩大和稳定基金来源渠道。全市募捐精准防贫专项保障基金2309.84万元。围绕因病、因学、因灾、因意外事故等4项内容，全面排查农村贫困家庭致贫、返贫人群，摸清底数，形成数据链条，为精准施助提供参考。制定因病、因学、因灾、因意外事故四类发放标准，简化县、乡镇、村申请审批流程。为377位符合条件困难群众发放精准防贫基金217.69万元。（单松松）

【关爱扶贫干部】2020年，南宁市有3740名第一书记、工作队员奋战脱贫攻坚一线，第一书记、工作队员保持稳定率分别为93.35%、82.73%，全市投入脱贫攻坚干部4.67万人。组织部门与所有工作队员开展谈心谈话，派驻后盾单位定期走访慰问工作队员家属，从严保障工作队员级别、待遇、休假、体检等权益，落实驻村补助、往返交通费、通信补助、购买保险等保障。按不低于所在区县上年度农民人均可支配收入2.5倍落实村党组织书记年基本报酬，给予如期实现脱贫摘帽贫困村951名村“两委”干部和扶贫信息员发放绩效奖励440万元。全市提拔县处级干部68人，其中60人来自“四个一线”，56个深度贫困村的第一书记、脱贫攻坚指导员全部获提拔晋升或调任重要岗位。获“2020年全国脱贫攻坚先进集体”称号3个（隆安县扶贫开发办公室、上林县西燕镇岜独村党支部、马山县金钗镇龙印村党支部）；获“2020年全国脱贫攻坚先进个人”称号9人；获2020年度全国脱贫攻坚贡献奖1人。扶贫干部中获“2020年广西壮族自治区先进工作者”称号3人；获“全区优秀贫困村党组织第一书记”称号8人，获“全区优秀脱贫攻坚（乡村振兴）工作队员”称号18人。在自治区脱贫攻坚（乡村振兴）工作队专项考核中获评“好”等次748人。获评2020年度南宁市脱贫攻坚先进个人99人，获市级通报表扬第一书记、工作队员1129人。（张　倩）

【扶贫宣传】2020年，市扶贫办加强脱贫攻坚宣传，配合中央广播电视台开展政论纪录片《决战脱贫在今朝》《摆脱贫困》《新春走基层》等栏目拍摄。全国人大、政协“两会”期间，电视专题片《决战脱贫在今朝》在央视综合频道黄金时段播出，报道南宁市脱贫攻坚战前线指挥部深入基层，为基层扶贫工作疏堵点、解难点的做法及成效。组织开展脱贫攻坚大型主题宣传，5月中旬推出《南宁日报》128版、《南宁晚报》108版的大型特刊；“全国扶贫日”期间，在《广西日报》刊登20版专题报道，全方位报道展示全市脱贫攻坚经验做法、成效和感人故事。全年脱贫攻坚宣传报道在国家级主要媒体（含网站）刊登1481篇次，自治区级主要媒体（含网站）刊登1453篇次，市属主要媒体刊登1904篇次。围绕脱贫攻坚重点总结全市经验做法，《南宁市推进贫困地区农产品稳产保供》等9篇信息获自治区《精准脱贫攻坚简报》采用，《广西南宁市打通数据互通壁垒　筑牢返贫“隔离墙”》获推送国务院扶贫办。市扶贫开发领导小组各专责小组及各区县编写内参信息963条，其中获自治区、市委市政府及各级媒体采用512条。（黄长志）

【脱贫攻坚“明白人”活动】2020年6月，南宁市开展争当脱贫攻坚“明白人”活动，推动实现每个建档立卡贫困户家庭有1名懂政策、明事理、会感恩的脱贫攻坚“明白人”。根据贫困户推荐，每户贫困户确定1名熟悉本家庭情况的脱贫攻坚“明白人”，驻村工作队通过与贫困户尤其是“明白人”拉家常、谈变化，激发贫困群众内生动力。以村民小组或自然屯为单位开展“明白人”集中交流会，宣讲中央和自治区决策部署、宣传扶贫政策、鼓励争当脱贫榜样，了解贫困群众思想动态、存在困难和意见建议，帮助解决实际问题，增强贫困群众获得感、幸福感。结合“一帮一联”“五级书记”遍访及扶贫干部培训等，与“明白人”沟通交流，解决困难、问题，激励脱贫致富信心。至年底，培养脱贫攻坚“明白人”15.66万人，召开集中交流会活动3920次，帮助贫困群众解决困难和问题4284个，通过中国社会扶贫网帮助贫困群众发布需求390个。（单松松）

扶贫开发

【义务教育保障】2020年，南宁市劝返失学辍学学生99人，无建档立卡学生失学辍学。10月15日起，全市持续实现控辍保学工作“双清零”目标，并保持动态清零。年内，全市资助建档立卡贫困户学生35万人次，发放和拨付建档立卡贫困家庭学生免、助、奖学金资金2.48亿元。优先安排贫困地区教师1.72万人次参加“国培计划”“区培计划”和市级培训。落实中小学教师支教走教计划，提高贫困、薄弱地区教育教学质量，2019—2020学年全市支教考核期满304人，走教考核期满292人。投入经费3.48亿元，在五县一区（武鸣区）1364所学校（含教学点）实施农村义务教育学生营养改善计划，受益学生45.12万人；投入农村义务教育学校新建改扩项目资金11.65亿元，建设项目421个，建筑面积64.52万平方米。全市开展“推普脱贫送测下乡服务基层”活动，测试7773人次，其中组织马山县、隆安县、邕宁区普通话培训和测试2264人次。29所市区义务教育阶段学校与区县级35所学校结成帮扶对子，15所市级直属学校与19所县级普通高中结成帮扶对子。市教育局选派64名支教教师到上林县、马山县、隆安县开展支教，实现国家扶贫开发工作重点县均派驻支教教师。推进乡镇公办幼儿园建设，马山县、上林县、隆安县32个乡镇公办中心幼儿园覆盖率100%。（余世松）

【基本医疗保障】2020年，南宁市推进贫困人口参加城乡居民基本医疗保险

"应保尽保"。建立动态信息调度机制，对建档立卡贫困人口实行差异化参保补助政策，对未脱贫贫困人口、两年继续扶持期内脱贫人口参加城乡居民基本医疗保险个人缴费部分给予100%补助，不在两年继续扶持期内脱贫户个人缴费部分给予60%补助，2014年、2015年退出户个人缴费部分给予30%的补助。全市应参保贫困人口59.77万人，参保率100%。贫困人口医保待遇实现"应享尽享"。组织县、乡镇、村三级医疗机构医疗资源，利用基本公共卫生服务、家庭医生签约服务等条件，摸清贫困人口患病情况，实施大病集中救治、慢病签约服务管理、重病兜底保障"三个一批"行动计划，对贫困患者实行分类救治。市属定点公立医院和基层定点医疗机构实行农村建档立卡贫困人口"先诊疗后付费"政策和"基本医保+大病保险+城乡医疗救助"三重保障待遇"一站式、一单制"即时结算服务，全市行政村公办卫生室实现"村医通"就医门诊医保统筹直接结算。农村建档立卡贫困人口结算医疗费用54.59万人次，涉及医疗费用4.43亿元，其中基本医疗保险统筹基金支付3.19亿元，大病保险支付4073.41万元，基本医疗保险二次报销支付1139.09万元，医疗救助支付2726.43万元，兜底保障支付1620.33万元，患者自付费用0.28亿元；农村建档立卡贫困人口(含未脱贫贫困人口、两年继续扶持期内脱贫人口)门诊特殊慢性病医疗费用平均报销比例94.29%，住院医疗费用平均报销比例94.30%。市卫健委、市医保局持续推动农村建档立卡贫困人口门诊特殊慢性病治疗卡"集中办""上门办"认定办理，实现认定工作从群众自发到医院认定转变为医生主动上门集中认定，从全部病种到二级以上医院认定转变为部分病种放权至具有资质的一级定点医疗机构认定，从备案发卡后才能享受待遇转变为认定后先享受待遇后备案三个转变。全市建档立卡贫困人口新增办理门诊特殊慢性病治疗卡2.42万人，累计10.58万人。家庭医生签约服务覆盖农村建档立卡贫困人口及边缘户，实现"应签尽签"。组建家庭医生团队1596个，符合家庭医生签约服务条件的农村建档立卡贫困人口60.59万人，签约率100%。农村建档立卡贫困人口大病确诊人数1.78万人，救治1.77万人，救治率99.67%，保障贫困群众病有所医。实现上下级医院之间远程医疗协同，解决基层群众"看病贵、看病难、看病远"问题，贫困人口县域内就诊率98.82%。

(吕承颐　赖秀英　龚可奉　磨　嘉)

【住房安全保障】 2020年，南宁市农村危房改造5814户，其中建档立卡贫困户2701户，全市建档立卡贫困户住房安全保障率100%。提高危改补助标准，住房未达标的建档立卡贫困户(危房户、无房户)在原补助标准3.30万元基础上，每户增加1.35万元，补助总额4.65万元；无任何自筹能力、需兜底解决的贫困户，每户增加3万元，补助总额6.30万元。开展建档立卡贫困户住房保障实地核查行动3次，核查4类重点对象(建档立卡贫困户、低保户、农村分散供养特困人员、贫困残疾人家庭)16.22万户，发现六大类问题946个，指导区县整改问题并建立问题销号制度；将核查信息录入"桂农安居"APP，实施实时监测。组织454名专业施工人员组成农村住房安全保障专业施工队伍与当地工匠结对共建农村住房，完成危房改造新建34户，拆除危旧房7户，惠及贫困群众129人。协调企业认购装配式农房107套，作为自然灾害或其他原因不能如期完成危改工期的应急保障用房。

(朱　磊)

【农村饮水安全工程】 2020年，南宁市投入4.84亿元，建设农村饮水安全工程776个，受益143.63万人。其中：承办自治区为民办实事农村饮水安全巩固提升项目48个，总投资2204.87万元(自治区财政资金1739万元)，受益群众8.97万人；实施市本级农村饮水安全工程、集中连片供水工程36个，总投资2.06亿元，受益群众121.49万人；实施农村饮水安全巩固提升工程692个，总投资2.56亿元，受益13.17万人。市农村集中供水率95.97%，自来水普及率95.93%，水质达标率73.49%。

(彭宇姗)

【扶贫基础设施建设】 2020年，南宁市建设贫困村通屯道路730条、874.95千米，完成县乡道联网路提级改造工程143千米，贫困地区电力设施建设完成实施10千伏线路、181.12千米，新建及改造配电变压器163个，确保农村地区生产生活用电安全稳定。贫困地区建成电信普遍服务4G基站73个，实现全市自然村光纤网络通达率88%、自然村4G网络覆盖率90%的目标。贫困村委20户以上自然村(屯)全部通达硬化路，贫困户全部通生活用电。

(郑杰文)

【产业扶贫】 2020年3月，南宁市应对新冠肺炎疫情，实施坚决打赢疫情防控阻击战推进产业扶贫若干措施，抓好产业扶贫以奖代补、农产品产销对接等。帮助878户参与人工繁育野生动物的建档立卡贫困户转产转型。调整以奖代补政策门槛，明确6月30日前完成项目验收的扶贫产业，单户单项产业最低奖补规模降低50%；贫困户在3月31日前、4月1日至6月30日发展的产业，奖补标准在单位补助标准基础上分别增加50%、30%的补助。简化以奖代补项目审批流程，6月30日前完成项目验收的，公示时间缩短为3天。全年累计发放产业以奖代补资金5.32亿元，惠及建档立卡贫困户11.24万户。12个区县"5+2"特色产业覆盖率由2016年60%提升至2020年96.49%，贫困村"3+1"特色产业覆盖率均90%以上。全市贫困村新型农业经营主体、创业致富带头人、产业基地覆盖100%，带动4.09万户贫困户发展产业。实施临时补助措施鼓励收购扶贫农产品，收储"白条"鸡鸭1496.60吨，销售沃柑111.65万吨。发动社会力量购买、代销滞销扶贫农产品助力消费扶贫；发挥粤桂扶贫协作平台作用，开展直播带货，推介南宁扶贫农产品；安排资金360万元，给予直接参与农产品销售的电商企业、大宗产品采购经销商促销补助。给予受疫情影响严重的家禽类、柑橘类贫困村扶贫示范园恢复生产补助每个3万元～6万元，补助扶贫示范园65个，补助金额306万元。组织2900名特色产业发展指导员进村入户服务4万多次，科技特派员服务农户1.77万人次；举办产业扶贫培训班1084期，培训群众6.17万人次。政策性农业保险受益建档立卡贫困户7.27万户。

(黄兰芳)

【转移就业扶贫】 2020年，南宁市建档立卡贫困劳动力新增转移就业3.29万人，扶持贫困人口创业936人；全市建档立卡贫困劳动力外出务工26.69万人，其中贫困劳动力赴东部9省市务工8.95万人，赴广东务工8.50万人；召开贫困劳动力专场招聘会114场；扶贫公益性岗位新增安置贫困劳动力1220人；开展建档立卡贫困劳动力职业技能培训8383人次；开展贫困家庭"两后生"(未继续升学的适龄初中、高中毕业生，含退学、辍学等)中期就业技能培训499人。新冠肺炎疫情期间，全市为9.54万名外出务工贫困劳动力发放交通补贴4529.41万元，为8.20万名外出务工贫困劳动力核发稳岗补贴6594.49万元。市人社局、市财政局、市扶贫办联合印发《关于疫情期间鼓励建档立卡贫困劳动力在南宁市稳定就业的通知》，为285家市场主体核发就业稳岗奖励277.35万元，受益贫困劳动力3261人，其中核发就业扶贫车间120家、就业稳岗奖励195.54万元、受益贫困劳动力2332人。全市累计发出482辆赴粤返岗

2020 年，隆安县丁当镇金福农业火龙果种植园　　何宏生　摄

爱心专车，组织农民工“点对点”返岗复工、平安就业 1.02 万人，其中贫困劳动力 3027 人。（邓学欢　张　柏）

【就业扶贫车间】 2020 年，南宁市累计认定就业扶贫车间 351 家，提供就业岗位 3.70 万个，吸纳劳动力就业 3.35 万人（建档立卡贫困劳动力 6188 人）。全年有就业扶贫车间 276 家（累计认定 351 家，退出 75 家），其中新增认定就业扶贫车间 80 家，吸纳劳动力 2.31 万人（建档立卡贫困劳动力 4512 人）。新冠肺炎疫情期间，发布车间用工信息约 5400 个，涉及电工、鸡场饲养员、生产班长、原料仓管等岗位；发放防疫物资补贴 27.02 万元，发放口罩 8.98 万个、消毒水 560 瓶、消毒片 934 瓶。向吸纳贫困劳动力的就业扶贫车间发放就业奖补 258.10 万元，发放工厂式就业扶贫车间建设和租赁补助资金 78.11 万元。评定星级就业扶贫车间 15 家。（韦　莉）

【易地搬迁扶贫】 2020 年，南宁市易地扶贫搬迁工作重心转移到后续扶持及管理。全市 27 个集中安置点义务教育学校配套完善，搬迁户义务教育适龄子女就学 1.03 万人，就学率 100%。全市 27 个集中安置点实现医疗机构全覆盖。参加城乡基本养老保险 3.50 万人，覆盖率 100%。落实后续扶持措施建档立卡贫困户 1.52 万户，覆盖率 100%。全市有劳动能力且有就业（创业）意愿的搬迁贫困户实现就业（创业）1.50 万户、3.51 万人，有劳动能力且有就业（创业）意愿的搬迁户家庭每户至少有 1 人以上实现就业。12 个 800 人以上的安置点，建成社区综合服务中心、新时代文明实践中心、就业社保服务中心、文体活动中心、老年服务中心、儿童之家、平价购物中心（农贸市场）、社会治安综合治理中心、物业服务中心“9 个中心”便民利民服务中心 108 个。全市“十三五”时期易地扶贫搬迁已拆除旧房 5655 户，旧房拆除率 91.67%。27 个集中安置点中成立党支部集中安置点 20 个，设立党群服务中心 616 个。安置点设立村（居）委会 6 个、村（居）民小组 77 个，13 个规模较小安置点纳入当地村（居）民小组管理。设立工会组织 27 个、共青团组织 25 个、妇联组织 25 个、其他组织 6 个。（韦晓莉）

【生态补偿扶贫】 2020 年，南宁市在马山县、上林县、隆安县、宾阳县、横县、江南区、武鸣区等 7 个区县继续实施生态护林员项目。选聘 3112 名生态护林员，均为建档立卡贫困户，发放国家重点生态功能区转移支付资金 2160 万元，7 个区县 59 个乡镇 391 个贫困村 1.26 万贫困人口受益。市林业局组织开展生态护林员业务培训 25 次，到 7 个区县 28 个乡镇 148 个村屯开展入户实地检查，确保项目平稳实施。（谌慧平）

【社会保障扶贫】 2020 年，南宁市参加城乡居民基本养老保险的建档立卡贫困人口 43.64 万人，参保率 100%。全市 9.61 万名符合条件的 60 周岁以上建档立卡贫困人口全部纳入城乡居民基本养老保险范围并按月发放基础养老金，发放率 100%；全年累计发放基础养老金 1.65 亿元。1 月 1 日起，市农村低保资金补助标准从平均每人每月 230 元提高至 235 元。4 月 1 日起，市农村居民最低生活保障标准从每人每年 4600 元提高至 5500 元。农村居民最低生活保障三个档次补助标准：一档特别困难家庭补助标准每人每月 340 元，二档比较困难家庭补助标准每人每月 230 元，三档一般困难家庭补助标准每人每月 155 元。全年低保救助农村建档立卡贫困对象 13.95 万人；临时救助农村建档立卡贫困人口 3568 人次 594.64 万元。领取困难残疾人生活补贴的农村建档立卡贫困人口 3 万人，领取重度残疾人护理补贴的农村建档立卡贫困人口 2.44 万人；享受残疾人两项补贴 150.61 万人次，发放补贴资金 1.25 亿元。残疾人“六大扶贫工程”投入资金 2571.70 万元，受益残疾人 1.58 万人。其中：“阳光家园计划”投入 1064.40 万元、受益 7096 人；“阳光助残扶贫基地”投入 330 万元、受益 1632 人；“党员扶残温暖同行”工程投入 351.70 万元、受益 3517 人；贫困残障者康复工程投入 67 万元、受益 200 人；贫困残疾人家庭无障碍改造项目投入 681.60 万元、受益 1813 人；农村残疾人实用技术培训投入 77 万元、受益 1540 人。（邓学欢　张　柏　梁　敏　兰卫东）

【旅游扶贫】 2020 年，南宁市成立文化广电和旅游局决战决胜脱贫攻坚工作领导小组，统筹、指导全市文旅行业扶贫工作。重点支持上林县、马山县、隆安县发展乡村旅游，分别安排旅游专项资金 431 万元、1531.89 万元、84.40 万元；推动全市 10 个旅游扶贫重点村发展乡村旅游。马山县古零镇羊山村三甲屯、西乡塘区石埠街道忠良村入选第二批全国乡村旅游重点村。挖掘乡村旅游资源，培育环大明山养生游、昆仑大道康养游、美丽南方田园游、武鸣壮乡风情游、横州茉莉风情游等乡村旅游精品线路；投入 500 万元，支持马山县乔老河片区沿线 4 个旅游项目；创建武鸣壮族五色糯米饭制作技艺传承基地、横县杨村红陶制作技艺基地 2 家自治区级非遗项目扶贫就业工坊；创建广西三

星级以上乡村旅游区13家、星级农家乐4家,广西休闲农业与乡村旅游示范区6家,累计星级乡村旅游区65家、星级农家乐91家,广西休闲农业与乡村旅游示范区35家。推进乡村旅游公共服务设施建设,新建改建旅游厕所117座。举办"南宁市农村党员暨乡村旅游扶贫致富带头人专项培训示范班""2020年滇桂黔文化和旅游脱贫攻坚创客研修班"等,提升贫困地区乡村旅游从业人员经营服务水平。举办"壮族三月三·相约游南宁"等线上线下文旅复苏宣传推广;组织贫困区县文旅部门及旅游企业赴广东、贵州、云南、河北、湖南开展"冬游广西乐在南宁"等系列文旅推介活动;组织贫困地区文旅部门和旅游企业参加"2020广西文化旅游扶贫电商大会""2020年乐游广西·乡村旅游嘉年华活动",推介南宁市旅游扶贫产品、提升贫困地区乡村旅游产品吸引力和知名度。开展粤桂扶贫协作,组织广西特色旅游名县、贫困县文化和旅游部门、旅游企业走进广东省,宣传贫困县文化旅游资源和精品旅游线路。　(白秀峰)

【电商扶贫】 2020年,南宁市有贫困村农村电商服务点576个,2016年至2020年累计帮助建档立卡贫困户销售农产品900万元。全年开展农村电商培训约5500人次,其中培训贫困户952人次。推进电子商务进农村示范县项目建设,实现五县国家电子商务进农村综合示范县全覆盖,建成县级电商服务中心7个,农村电商产业园6个,村级服务点(体验店)约2400个。新冠肺炎疫情期间,安排市财政配套资金180万元,指导各区县(开发区)设立特色产业扶贫产品补助资金,给予直接参与产品销售的电商企业、大宗产品采购经销商促销补助。举办2020年南宁沃柑节,"南宁沃柑"依托京东、阿里巴巴、拼多多等电商平台实现全网热销,累计销售3万吨,销售额超1.20亿元。组织开展"壮美广西·三月三暖心节"电商直播带货活动,其中市长直播带货活动点击量超250万人次,线上销售订单超15万单,总销售额超500万元;市长"助力脱贫攻坚　大型公益直播活动"观看人数超106万人次,火龙果、茉莉花茶系列产品、上林大米、宾阳古辣大米、隆安辣椒酱等特色扶贫农产品及网销爆品实现线上销售额超200万元。　(沈思明)

【消费扶贫】 2020年新冠肺炎疫情期间,南宁市号召政府机关、企事业单位及社会力量购买、代销滞销扶贫农产品助力消费扶贫。累计购买、代销扶贫农产品351.22万元。利用电商进农村综合示范县线上县级产品特色馆及重点电商平台,设立线上消费扶贫专区,展销县域扶贫产品。淘宝网马山特色扶贫馆、京东商城中国特产·上林馆、中国特产·横县扶贫馆上架特色扶贫产品超30个。6家超市在73个门店设立"抗疫情促消费助脱贫"销售专区促销扶贫产品,销售扶贫产品423.35万元。开展广西百万职工"抗疫情促消费助脱贫"活动,27家扶贫产品销售专点企业、174个企业基层工会、1.67万名工会会员参与活动,销售扶贫产品488.14万元。开展消费扶贫月专项活动,市文广旅局系统各级工会消费扶贫产品34万元;23家景区、星级乡村旅游区(农家乐)、公共图书馆、文化馆(站)、博物馆等单位,设置扶贫产品展销专区专柜,促进农副产品增产扩销。

(李照刚　白秀峰　潘贤新)

扶贫管理

【扶贫信息管理】 2020年,南宁市建立健全防止返贫致贫监测机制,动态监管脱贫不稳定户和边缘易致贫户。2019年底至2020年,全市累计纳入脱贫不稳定户4353户、1.71万人,纳入边缘易致贫户4237户、1.42万人,其中2020年纳入脱贫不稳定户631户、2282人,纳入边缘易致贫户860户、3036人。开展4次较大规模数据清洗,组织17个市级部门定期推送脱贫攻坚数据,通过每季度数据比对分析,生成主要涉及人口基础信息、帮扶信息及"两不愁三保障"等重点指标数据,发送区县排查关注。全年比对分析、应用基础数据5000多万条。开展脱贫攻坚普查,完成现场登记及审核数据,通过国家验收。组建市指导(复核)工作组,实地指导(复核)区县未脱贫贫困户的脱贫指标达标情况、脱贫认定程序和认定标准。

(韦懿芳)

【扶贫项目管理】 2020年,南宁市落实脱贫攻坚项目"绿色通道"管理政策,简化扶贫项目开工复工程序,加快脱贫攻坚项目实施。派出工作组深入镇村开展督导,推进"两不愁、三保障"及农村饮水安全巩固提升等项目开工复工。全年实施项目5344个,总投资37.69亿元;开工项目5344个,开工率100%。应对新冠肺炎疫情,做好特种养殖转产转型及处置,摸排统计建档立卡贫困户参与人工繁育陆生野生动物品种及数量,落实帮扶政策,确保贫困户稳定收入。全市参与人工繁育野生动物的建档立卡贫困户878户,完成繁育野生动物集中处置789户,其余89户不在集中处置范围;获处置补偿616户、2049.24万元,有新型经营主体带动134户,不符合补偿政策标准39户。转产家畜、家禽等产业712户,获产业奖补334.76万元;落实就业377户;纳入低保兜底206户。加强日常项目库监测,纠正库中产业项目占比低于30%、入库项目内容和绩效目标不精准等问题。登记确权历年投入扶贫资金的实施项目,建立项目台账,运营、管护、管理项目;完成2016年

2020年,上林县白圩镇登山村光伏扶贫电站新貌　潘永　摄

至2019年扶贫项目资产确权和移交。加强光伏扶贫项目管理，全市投入9474.49万元在上林县、马山县、隆安县等9个区县218个村（贫困村190个）建设234个光伏扶贫电站，建设规模1.15万千瓦，总装机容量1.14万千瓦。234个光伏扶贫电站均接入全国光伏扶贫信息管理系统，纳入国家光伏扶贫目录并获国家补贴，签约13个运营维护企业落实27名运维管理人员；234个光伏扶贫电站确权给项目所在村委，收益纳入贫困村集体经济收入，主要用于贫困人口承担公益岗位工资及参加村级公益事业建设的劳务费用支出。（张　全）

【扶贫资金管理】2020年，南宁市筹措各级财政扶贫资金30.66亿元，其中财政专项扶贫资金21.74亿元（中央和自治区资金12.03亿元、市本级资金6.87亿元、区县资金2.84亿元）、债券资金2.25亿元、其他资金6.67亿元，重点用于支持基础设施、产业发展、人饮工程等脱贫攻坚项目。市本级财政专项扶贫资金继续向巩固脱贫成果任务重的区县倾斜，分配至上林县、马山县、隆安县、邕宁区5.44亿元。完善资金结算方式，简化报账手续和审批环节，加快资金支出进度，提高资金使用效率。全市财政专项扶贫资金支出率95%以上。继续委托第三方机构专项审计2019年财政专项扶贫资金1.56亿元；整改审计组反馈问题，以审促管。不定期调研扶贫资金使用管理情况，核查扶贫资金公示公告、扶贫资金支出情况，督促区县规范扶贫资金使用管理。通过“固成果、提质量，下沉帮扶促振兴”专项行动及扶贫项目资金绩效管理调研，实地督导扶贫资金项目公开及扶贫资金问题整改情况。持续加大扶贫小额信贷政策宣传，确保符合贷款条件、有贷款意愿的贫困户、边缘易致贫户如期获贷；累计发放扶贫小额信贷11.04亿元、受益2.51万人，为脱贫攻坚和乡村振兴提供金融支撑。（周凤锦　韦晓媚）

协作与帮扶

【茂名南宁扶贫协作】2020年，南宁市与广东省茂名市继续开展扶贫协作。茂名市向南宁市援助财政帮扶资金1.41亿元，帮扶上林县、马山县、隆安县基础设施、产业发展、劳务协作、教育医疗等项目29个；选派10名优秀干部、186名专业技术人员到上林县、马山县、隆安县参与脱贫攻坚、医疗援助及支教。5月22日，广东省对口帮扶广西壮族自治区、贵州省、云南省、四川省东西部扶贫协作现场会在南宁召开。上林县、马山县、隆安县选派8名优秀干部、191名专业技术人员到茂名市电白区、高州市、化州市交流挂职及跟岗学习。全市累计从广东省引进并建成投产发挥带贫作用的企业14家，实际到位投资额1.95亿元，其中13家企业通过人社部门认定成为就业扶贫车间，吸纳建档立卡贫困家庭劳动力就业405人；在广东省务工贫困劳动力8万多人。新冠肺炎疫情期间，全市通过“点对点”输送农民工返岗复工，组织赴粤返岗爱心专车482辆，输送农民工1.02万人，其中贫困劳动力3027人。帮助贫困人口到广东省就业2220人；举办劳务协作培训班81期，帮助2978名贫困劳动力提升职业技能。（黄洁平）

【定点帮扶】2020年，南宁市235个市直单位定点帮扶366个贫困村，单位主要领导到村现场办公882人次，单位分管领导到村指导1808人次，3790名帮扶干部结对帮扶4617户贫困户，联系3699名贫困家庭学生。定点帮扶单位直接投入帮扶资金1986.91万元、引进资金6717.65万元，直接实施帮扶项目260个、引进帮扶项目224个，在全国扶贫日募集款物价值4157.37万元。

【对口帮扶】2020年，南宁市落实自治区内对口帮扶百色市的靖西市、那坡县各300万元。在靖西市实施项目8个，新建产业道路11千米、基础设施8个，受益3776人，其中贫困人口1966人；在那坡县实施项目2个，修建产业道路9.30千米。落实市内对口帮扶资金3540万元。青秀区、南宁经开区对口帮扶马山县财政扶贫资金1000万元，其中青秀区、南宁经开区分别对口帮扶500万元，实施帮扶项目22个，受益7382人（贫困人口2627人）。江南区、兴宁区对口帮扶上林县财政扶贫资金1000万元，用于上林县振林（粤桂）扶贫庄园项目，受益425户（贫困户215户）、2185人，户均增收5000元以上。广西—东盟经开区、五象新区对口帮扶邕宁区540万元，实施帮扶项目全部完工，受益贫困户1083户、4237人。南宁高新区、西乡塘区对口帮扶隆安县财政扶贫资金1000万元，其中南宁高新区、西乡塘区分别对口帮扶500万元，实施帮扶项目8个，受益2.93万人（贫困人口2.70万人）。（单松松）

【企业帮扶】2020年，南宁市持续推进“万企帮万村”活动。2188家民营企业累计投入资金11.13亿元，帮扶1028个行政村（421个贫困村实现民营企业帮扶100%覆盖），实施帮扶项目5408个，受益贫困人口51.40万人，连续3年本地民营企业参与精准帮扶数量居自治区第一。引导16家市工商联系统商会、会员企业结对帮扶21个脱贫攻坚重点村，投入帮扶资金100多万元；引导民营企业开展消费扶贫，累计购买、代销扶贫农产品351.22万元。68家企业结对帮扶56个深度贫困村，投入资金1467万元，实施产业项目146个。4月，57家民营企业（社会组织、协会）投入帮扶资金、物品价值约170万元。市工商联所属59家商会、会员企业投入深度贫困村资金626万元。新冠肺炎疫情期间，结对帮扶企业、商会向深度贫困村捐赠抗疫物资54批次、价值43万元，其中现金21.52万元。（单松松　林宇翔）

编辑　钟婉悦

投资促进与经济协作

综　述

【概　况】2020年，南宁市克服新冠肺炎疫情影响，创新招商渠道，推进“三企入桂”活动。重大项目纷纷落地，产业结构持续优化，固定资产投资整体波动，到位资金逆势上扬。全市“三企入桂”签约项目203个、总投资3520亿元。固定资产投资比上年下降2.5%。实际到位资金1162.81亿元，增长13.33%。

（市统计局　王晶晶）

【投资促进】2020年，南宁市受新冠肺炎疫情影响，投资整体波动较大，未能实现正增长。全市固定资产投资比上年下降2.5%，其中第一产业投资增长27%、第二产业投资增长14.6%（工业投资增长8.1%）、第三产业投资下降5.1%，民间投资下降13.5%。国有经济投资增长9.3%、集体经济投资下降30%、私营个体投资下降7.2%、港澳台商投资增长23.7%、外商投资增长35.6%、其他经济投资下降44.5%。房地产开发投资1378.2亿元、下降5.7%，其中商品住宅投资988.63亿元、下降4.4%，办公楼投资50.33亿元、下降39.2%，商业营业用房投资95.76亿元、下降17%。外贸进出口总值986亿元、增长31.8%，其中出口总值470.82亿元、增长29.2%，进口总值515.19亿元、增长34.2%。实际到位资金1162.81亿元、增长13.3%，实际利用外资4.40亿美元，增长41.9%。

（市统计局）

【经济协作】2020年，南宁市抢抓多重战略下招商机遇，利用中国（广西）自由贸易试验区南宁片区、中国面向东盟金融开放门户、西部陆海新通道、珠江—西江经济带、粤港澳大湾区等重大战略平台，加快项目聚集。中国（广西）自由贸易试验区南宁片区新增企业6555家，累计8418家。中国（南宁）跨境电商综试区进出口交易额增长198%。南宁综合保税区进出口总额增长69.8%。中国—东盟信息港南宁核心基地累计建成项目35个。南宁临空经济示范区获批建设。

（市政府办公室　张　霞）

固定资产投资

【概　况】2020年，南宁市固定资产投资比上年下降2.5%，其中工业投资增长8.1%，房地产开发投资下降5.7%。固定资产投资项目3928个、下降11.6%，其中投资额5000万元及以上项目1517个、增长14.8%（亿元及以上项目1068个、增长12.3%），投资额500万元～5000万元项目1629个、下降32.5%，房地产开发项目782个、增长10.9%。新开工项目1288个，下降29%，其中投资额5000万元及以上项目395个、增长32.1%（亿元及以上项目245个、增长36.1%），投资额500万元～5000万元项目795个、下降43.1%，房地产开发项目98个、下降16.2%。受新冠肺炎疫情影响，投资整体波动较大，未能实现正增长。

【投资结构】2020年，南宁市固定资产投资比上年下降2.5%，其中第一产业增长27%，第二产业增长14.6%（工业投资增长8.1%），第三产业下降5.1%（房地产开发投资下降5.7%，其中住宅投资988.63亿元、下降4.4%）。按投资构成划分：建筑安装工程增长0.9%，其他费用下降10.7%，设备、工具、器具购置增长11.9%。按社会行业划分：农林牧渔业增长19.2%，采矿业下降57.6%，制造业增长8%，电力、燃气及水的生产和供应业增长16.2%，建筑业增长971.9%，批发和零售业下降20.1%，交通运输、仓储及邮政业增长10.2%，住宿和餐饮业增长1.8%，信息传输、计算机服务和软件业增长62.2%，金融业增长6%，房地产业下降7.3%，租赁和商务服务业增长28.1%，科学研究和技术服务业投资下降13.5%，水利、环境和公共设施管理业下降19.1%，居民服务、修理和其他服务业增长15.3%，教育投资增长3.9%，卫生和社会工作增长26.2%，文化、体育和娱乐业下降47.4%，公共管理、社会保障和社会组织下降57%。

【投资来源】2020年，南宁市固定资产投资资金来源总计3705.45亿元，其中上年末结余资金729.74亿元、比上年下降19.7%，本年资金来源2975.71亿元、增长5.2%。本年资金来源：国家预算内资金112.41亿元、增长64.8%，国内贷款515.03亿元、下降2.7%，债券5.25亿元、下降82.4%，利用外资1.33亿元、增长63.1%，自筹资金982.07亿元、增长16.3%，其他资金来源1359.63亿元、增长0.3%。

【民间投资】2020年，南宁市民间投资比上年下降13.5%。

（陈明海）

【重点领域项目投资】2020年，南宁市712个区市统筹推进重大项目投资963.41亿元，完成计划106.08%。其中：产业项目完成投资370.84亿元，完成率104.03%；基础设施项目完成投资345.48亿元，完成率101.47%；社会民生项目完成投资174.11亿元，完成率116.12%；生态环保项目完成投资72.98亿元，完成率118.98%。

（张年平）

【区县与开发区投资】 2020年，南宁市固定资产投资比上年下降2.5%，其中兴宁区下降4%、江南区增长6.6%、青秀区下降9.8%、西乡塘区增长19.5%、邕宁区下降45.5%、良庆区下降3%、武鸣区增长14.1%、横县增长2.8%、宾阳县增长1.5%、上林县增长19.4%、马山县增长10.2%、隆安县增长1.8%，南宁高新区增长11.6%、南宁经开区增长12.3%、广西—东盟经开区增长18.9%。

【"五网"大会战】 2020年，南宁市纳入自治区"五网"（交通网、能源网、信息网、物流网、地下管网）大会战项目库实施项目完成投资207.7亿元、完成计划115.79%，开工项目260个、开工率92.86%。市级"五网"大会战实施项目完成投资556.28亿元，其中交通网完成投资337.35亿元、能源网完成投资68.54亿元、信息网完成投资47.77亿元、物流网完成投资63.24亿元、地下管网完成投资39.38亿元，开工项目517个。

（陈明海）

招商引资

【概　况】 2020年，南宁市聚焦"强龙头、补链条、聚集群"，把推动"三企入桂"作为全年工作主线，持续完善统筹机制和考评体系，强化产业链研究和方式创新，加快产业精准招商。实际到位资金1162.81亿元、比上年增长13.33%，实际利用外资4.40亿美元，增长41.9%。新签约5000万以上项目303个，引进恒大新能源汽车广西基地、天际新能源汽车、瑞声科技微机电半导体封装及声学等重点产业项目，经自治区认定"三企入桂"新签约项目203个，总投资3520亿元。中央直属企业华润、民航机场集团、南方电网，民营企业中关村信息谷、天际汽车、国千科技，粤港澳大湾区企业华为、恒大、瑞声科技等重点工业和现代服务业知名企业开展投资或扩大投资。主要存在区县、开发区项目推进成效不平衡，对大型企业及配套中小企业转移的吸引力不足，招商引资面临引进项目成本增加、代价增大等问题。

（王晶晶）

【国内招商引资】 2020年，南宁市投资促进局（简称"市投促局"）组织招商小分队赴广东、山东、江苏、湖南、四川等地开展产业精准招商活动，举办2020年民企入桂（山东）投资合作洽谈会、南宁市"三企入桂"暨大健康和文旅产业投资合作座谈会、2020年南宁（广州）投资合作洽谈会等宣传推介活动，参加2020年民企入桂（四川）投资合作洽谈会、2020年中国国际服务贸易交易会、腾讯全球数字生态大会厦门峰会、第二届世界大健康博览会等招商洽谈活动，拜访深圳航空有限责任公司、成都巴莫科技有限公司、杭州春沐晓茶文化公司、合肥市政府等企业高层、政府机构，考察中南集团、绿地集团、上海韵达货运有限公司等企业项目生产基地、产业规划、扶持政策，对接浙江森禾集团、北汽福田长沙普罗可环境装备分公司、深圳市易成自动驾驶技术有限公司等企业合作事项，签订天际新能源汽车、瑞声科技千亿高端电子、世纪创新智慧显示园等重大项目。接待华润、国千科技、威高集团、牧原实业等世界500强、国内500强、行业龙头企业负责人到南宁市考察投资环境，洽谈投资事宜。

（张　剑　曹家群　左明聪　黄嘉莹）

【国（境）外及中国港澳台地区招商引资】 2020年受新冠肺炎疫情影响，南宁市未到国（境）外及中国港澳台地区开展招商引资活动。市投促局组织成立外资招商工作组，赴上海、江苏开展2020年南宁市外资专题招商活动，拜访新加坡淡马锡控股旗下的全资子公司上海丰树管理有限公司、无锡麦肯希亩精密模塑有限公司等外资企业，推介南宁市投资环境，考察上海丰树虽想广场商业园项目和欧罗物流园区。在第17届中国—东盟博览会投资贸易洽谈会上，西乡塘区政府与海丰树管理有限公司签订战略合作框架协议。

（李秋锰）

【招商引资服务】 2020年，南宁市持续推进政企沟通、投资项目代办服务、投资投诉举报3大平台机制建设，落实专人负责联络。持续强化落实党政领导协调推进招商引资重点项目制度，抓新签约、新开工、新投产项目进展，解决项目推进过程中的重点难点问题。建立招商引资项目代办服务机制，落实专人为外来投资者提供投资项目行政审批的法律法规、政策和办事程序等咨询和指导，对符合产业导向的市级重大项目，提供免费代办服务；出台《南宁市兑现落实利用外资有关政策措施实施细则》《广西籍及其他人才携项目落地奖励实施细则（试行）》等政策，强化政策引导和兑现服务，推进要素集聚和项目落地；通过定期跟踪、实地走访等方式协调解决项目落地及企业运营过程中存在问题。各级招商部门受理代办服务事项742个，召开项目协调会议433次，涉及项目423个，协调解决问题662个。建立健全"统一受理、按责承办、强化监督、限时办结"的投诉处置机制，受理南宁市效忠糖业设备有限公司、南宁市鸿博商贸有限责任公司、南宁广州商会、广西中茂物资集团有限公司等投资投诉案件18件，案件办结率100%。

（程曼婷）

【招商方式】 2020年，市投促局推行"不见面招商"，通过"屏对屏、线对线、云签约"等新媒体方式对接企业、洽谈项目，推动项目签约落地。新冠肺炎疫情期间，全市组织"不见面招商"425批次，"云推介"活动16场次，"云签约"16场次。通过设立投资基金，以增资入股母公司反投南宁项目、出资代建厂房设备后由母公司回购的股权投资模式，引进天际新能源汽车等项目。依托腾讯全球数字生态大会，与腾讯公司合作在全国首创"以商招商"城市专场招商推介会模式，挖掘数字经济产业上下游、配套和关联企业（项目）；深化与粤港澳大湾区、长三角、中国港澳台等地区在邕投资的重点企业、知名会计师事务所、商协会和第三方专业机构开展中介招商、委托招商，先后聘请投促顾问7人、委托机构3家，拓宽全球化招商引资网络渠道。利用中国（广西）自由贸易试验区南宁片区、中国面向东盟的金融开放门户、西部陆海新通道等重大战略平台开展战略性新兴产业、现代服务业专题招商，中国—东盟金融城新增引进深圳证券交易所广西基地、蚂蚁集团、农行中国—东盟跨境人民币业务中心等金融机构（企业）102家，推进数字经济项目腾讯云启、枢纽经济、临空经济项目中通快递、百胜中国冷链物流、菜鸟智能骨干网、京东南宁商服产业园等项目洽谈，推动中石油、中交建、桂民投、中铁交投、雪松控股等企业总部落户。第17届中国—东盟博览会期间，南宁市签约项目53个，总投资204.78亿元。

（王晶晶）

【"三企入桂"活动】 2020年，南宁市推动"三企入桂"招商引资，围绕"强龙头、补链条、聚集群、抓创新、创品牌、拓市场"，聚焦"三大三新"（大健康、大数据、大物流，新制造、新材料、新能源）"双百双新"等领域，瞄准中央直属企业、民营企业、粤港澳大湾区企业，市级成立指挥部及4个工作小组，市直部门、市属集团公司及区县（开发区）开展对口招商、小分队招商，引进一批龙头企业、补链企业、优质项目。经自治区认定"三企入桂"新签约项目203个，总投资3520亿元，其中工业项目103个，总投资1238.99亿元。华润、民航机场集团、南方电网、中航建、中交建、国电投、中石化等"央企入

南宁年鉴

2020 年 12 月 21 日,全国工商联与自治区政府共同举办的全国知名民营企业助推"建设壮美广西 共圆复兴梦想"大会在南宁举行。图为 2020 年"民企入桂"重点项目签约仪式现场

市投促局提供

桂"签约项目 28 个,总投资 1888.77 亿元;中关村信息谷、天际汽车、国千科技、北京滴滴、绿创产城、正邦集团、牧原实业等"民企入桂"签约项目 100 个,总投资 551.08 亿元;华为、恒大、瑞声科技、卓能新能源、菜鸟网络、海天集团、海大集团等"湾企入桂"签约项目 75 个,总投资 1080.15 亿元。亿元以上"三企入桂"签约项目 122 个,其中 100 亿元以上项目 8 个、50 亿元以上项目 13 个、10 亿元以上项目 57 个。"三企入桂"签约项目三次产业总投资额比值为 2∶70∶28,工业投资占 50.73%。 (市投促局)

区域经济合作

【概　况】 2020 年,南宁市全面对接粤港澳大湾区建设,加快珠江—西江经济带发展,深化粤桂黔滇高铁经济圈合作,打造西部陆海新通道重要节点城市和物流枢纽,主动承接东部产业转移,借助自治区重大活动和区域展会平台,开展产业项目对接;借助中国—东盟博览会品牌优势,围绕南宁市区位优势和投资环境开展推介宣传,签约一批高质量招商项目。中国(广西)自由贸易试验区南宁片区新增企业 6555 家,累计 8418 家。中国(南宁)跨境电商综试区进出口交易额增长 198%。南宁综合保税区进出口总额增长 69.8%。中国—东盟信息港南宁核心基地累计建成项目 35 个。南宁临空经济示范区获批建设。全市实际利用外资 4.40 亿美元、增长 41.9%,新设外资企业 149 家、增长 20.20%。主要存在受新冠肺炎疫情影响,部分企业投资意愿趋于谨慎,引进产业龙头项目数量有待提升等问题。

(市政府办公室　张　霞)

【面向东盟开放合作】 2020 年,南宁市实现对东盟进出口 181.15 亿元,比上年增长 62.94%,占全市进出口总额 8.40%。全市 11 家企业在东盟沿线 7 个国家进行非金融类投资,总投资额 4.26 亿美元,涉及领域有有色金属冶炼、互联网、农林牧渔业、物流运输代理等。第 17 届中国—东盟博览会、中国—东盟商务与投资峰会期间,实体展参展企业 1668 家、"云上东博会"参展企业 1956 家,举办线上线下经贸活动 154 场,签约项目 53 个,总投资 204.78 亿元。中国(广西)自由贸易试验区南宁片区新增企业 6555 家,中国—东盟信息港南宁核心基地累计筹建数字经济项目 103 个(建成 35 个),完成投资 313.49 亿元,形成五象新区、南宁高新区、青秀区等集聚区。南宁国际铁路港项目一期等建成运营,南宁经横县至玉林、南宁至湛江高速公路等项目开工建设,西部陆海新通道(平陆)运河正式列入交通运输部《内河航运发展纲要》;铁路跨境班列实现常态化运行,开通南宁—马尼拉"客改货"国际货运航线,中越跨境集装箱班列开行 166 列,增长 49.5%。南宁临空经济示范区获国家批复建设,吴圩国际机场国际货邮吞吐量增长 373.1%。全市服务外包入统企业数量 370 家,接包合同执行金额 11.49 亿美元、增长 33.14%。南宁高新区电子信息基地、横县茉莉花产业基地获评国家外贸转型升级基地,阿里巴巴集团东南亚旗舰电商平台 Lazada 首个跨境生态创新服务中心落地运营,广西新外贸孵化基地暨南宁市外向型企业服务中心揭牌成立,入驻企业 65 家。中国(南宁)跨境电子商务综合试验区新增入驻企业 40 家,率先实现跨境电商 B2B(9710)(跨境电子商务企业对企业直接出口)出口业务,总体出口通关时长压缩至 1 小时。南宁综合保税区进出口总额增长 69.8%。组织超 200 家企业参加越南商品网上交易会、线上广交会等国际线上展会,企业累计直播 1000 余场。中国—东盟金融城入驻企业超 5000 家,其中金融机构(企业)162 家,形成可复制、可推广创新事项 41 个(全国首创 13 个、广西首创 28 个),重要创新案例 29 个。南宁市是广西唯一获批绿色金融改革创新示范区、保险创新综合示范区"双示范区"地市。

(市金融办　市大数据发展局　江发将)

【广西北部湾经济区区域经济合作】 2020 年,南宁市获批广西北部湾经济区发展专项资金支持项目 3 个,补助专项资金 6004.64 万元,全部拨付到位。11 月 22 日,南宁市以常设主席方身份加入北部湾经济合作组织暨城市合作组织,并与北部湾城市群各城市签署《北部湾共建中国滨海度假旅游目的地合作框架协议》《北部湾共建现代农业产业发展集聚区合作协议》等协议 4 个。

【粤港澳大湾区经济合作】 2020 年,南宁市聚焦基础设施互联互通、产业转移承接、科技人才合作等领域,统筹推进全面对接粤港澳大湾区建设。建立工作月报、工作会商、工作情况通报、工作组组长牵头负责等制度,组建南宁市全面对接粤港澳大湾区重点项目库,跟踪重点工作、重大项目进展,协调解决存在的问题,在自治区 14 个地市中率先召开全面对接粤港澳大湾区建设情况新闻发布会。克服新冠肺炎疫情影响,出台企业复工复产政策,打通物流运输、砂石、水泥、商用混凝土供应、土方消纳等产业链或供应链上的堵点,推动与粤港澳大湾区互联互通基础设施重点项目复工。3 月 28 日,南宁经横县至玉林、南宁至湛江高速公路开工。南宁—玉林—深圳铁路(南宁段)完成投资 29.07 亿元;南宁机场改扩建项目预可行性研究报告基本通过评审,南宁国际空港综合交通枢纽项目累计完成投资 12.10 亿元;中国—东盟信息港南宁核心基地建设累计筹建数字经济项目 103 个,完成投资 313.49 亿元,建设开通 5G 站点 6092 个,已建、在建互联网数据中心 20 个。签约"湾企入桂"招商项目 75 个,总投资 1080.15 亿元,在谈项目 105 个;安排 10 亿元滚动资金支持园区基础设施建设和工业用地储备,获批 24.6 亿元地方

2020 年 11 月 22 日，南宁市在北部湾经济合作组织第十一次成员大会暨城市合作组织第三次大会上，作为常设主席方正式加入北部湾经济合作组织　　市北部湾办提供

政府专项债券支持园区建设；粤桂黔滇高铁经济带合作试验区广西园南宁分园产业发展规划通过自治区发展改革委评审。通过 CEPA（内地与香港关于建立更紧密经贸关系的安排）项目绿色通道新设港澳企业 70 家，商务口径实际利用港澳外资 4.20 万美元，比上年增长 36.68%。引进粤港澳籍高层次人才 7 人，广西桂华智能制造研究院与清华大学深圳国际研究生院南宁科技合作基地在良庆区揭牌，南宁—中关村深圳协同创新中心项目签约，打造南宁市在粤港澳大湾区的“飞地科技孵化器”，第三届中国·南宁海（境）外人才创新创业大赛决赛在南宁·中关村创新示范基地举办。南宁市参加西江经济带城市共同体及市长联席会议第五次会议暨西江经济发展论坛，签署《西江经济带合作与发展论坛章程》。

（市北部湾办　江发将）

【中德工业城市联盟合作】 2020 年 1 月 10 日，市投促局一行参加中德工业城市联盟秘书处在广东省佛山市举办的中德工业城市联盟 2019 年中方成员城市年终座谈会，介绍南宁市与德国在经贸、教育等领域的合作情况，听取联盟工作计划和要求。受新冠肺炎疫情影响，中德工业城市联盟线下交流活动减少。7 月 16 日，市投促局组织人员参加中德工业城市联盟秘书处举办的线上培训，交流在新冠肺炎疫情背景下开展中德合作途径。12 月 29 日，市投促局通过中德工业城市联盟平台开展对德招商宣传推介。

（张　霞）

利用外资及中国港澳台地区资金

【概　况】 2020 年，南宁市新设外商投资企业 149 家、比上年增长 20.16%，投资总额 20.28 亿美元、下降 85.23%，合同外资额 6.91 亿美元、下降 89.28%。实际利用外资 4.40 亿美元，增长 41.9%。主要存在外资实际到位和项目建设期限延缓、新设外资企业投资总额和合同外资额下降等问题。

【利用外资及中国港澳台地区资金特点】 2020 年，南宁市实际利用外资及中国港澳台地区资金来源地前三位是中国香港、中国澳门、新加坡，实际利用外资额分别为 3.92 亿美元、2760 万美元、771 万美元，分别占 89.12%、6.27%、1.75%。实际利用外资 500 万美元以上项目 14 个，占总数 43.75%，到位外资 4.07 亿美元，占全部实际利用外资 92.41%，其中实际利用外资超 1 亿美元项目 1 个，超 1000 万美元项目 12 个。实际利用外资行业涉及水力与风电发电、投资与资产管理、制造业、批发业、其他仓储业、房地产、工程和技术研究和试验发展等，其中水力与风电发电 1.18 亿美元、占 26.84%，房地产 8958 万美元、占 20.35%，投资与资产管理 8392 万美元、占 19.06%，制造业 7481 万美元、占 16.99%，批发业 4905 万美元、占 11.14%。中国港澳台地区新设投资企业 111 家、占 74.5%，投资总额 18.10 亿美元、占 89.28%，合同外资额 6.45 亿美元、占 93.38%，实际利用外资 4.22 亿美元、占 95.91%。新设港资企业 66 家、占 44.3%，投资总额 16.86 亿美元、占 83.12%，合同境外资金 5.73 亿美元、占 82.86%，实际利用境外资金 3.92 亿美元、占 89.12%；澳门新设企业 5 家，台湾新设企业 41 家。新设外商投资企业主要投资行业为科学研究和技术服务业、租赁和商务服务业、批发和零售业、制造业和房地产业。实际利用外资位列前五的行业是电力、热力、燃气及水生产和供应业，房地产业，制造业，批发和零售业，建筑业，实际利用外资分别为 1.18 亿美元、8958 万美元、8720 万美元、4833 万美元、4442 万美元。

【外资企业管理与服务】 2020 年，市投促局协调外商投资企业复工复产，支持外商投资企业应对新冠肺炎疫情和恢复正常生产经营，组织 388 家外商投资企业填报《存量外商投资企业调查表》，收集企业融资需求，组织企业参加银企对接会。联合自治区商务厅外资处赴南宁经开区、广西—东盟经开区实地调研瑞声精密、巴迪泰、百威、李宁体育等重点外商投资企业复工复产情况、生产经营中存的困难和问题，宣传疫情期间扶持政策，向企业捐赠防疫物资。开展 2020 年南宁市扩大利用外资百日攻坚行动，走访服务重点外商投资企业和项目 94 个。给予李宁体育（广西）有限公司等 16 家外商投资企业 2019 年度利用外资奖励 659.51 万元。推进外商投资企业年报“多报合一”工作，安排专员指导、督促外商投资企业按时参加年报，通知、排查 260 家外商投资企业补报年报及核实异常数据。　（李秋锰）

编辑　李　康

公有制与非公有制经济

综　述

【概　况】 2020年，南宁市新登记市场主体12.36万家，比上年增长2.51%。其中：新增内资非私营公司企业（含国有企业、登记为企业的家庭农场等）3075家，增长18.91%；新增私营企业4.67万家，增长0.2%；新增个体工商户7.37的万家，比上年下降1.50%；新增农民专业合作社530家，增长1.14%；新增外商与中国港澳台地区投资企业194家，下降11.42%。累计市场主体80.10万家，增长12.81%，市场主体存量排自治区首位。其中：企业30.72万家，增长10.21%；内资非私营公司企业（含国有企业）2.17家，增长72.22%；私营企业30.23万家，增长21.14%；个体工商户47.47万家，增长11.49%；农民专业合作社5757家，增长4.08%；外商与中国港澳台地区投资企业2186家，下降19.52%。

【市场主体活力保护与激发】 2020年，南宁市应对新冠肺炎疫情对经济产生的冲击及对市场主体带来的压力，采取积极措施保护、激发市场主体活力，稳住经济基本盘。在全国较先、自治区率先出台支持中小企业保经营稳发展16条措施，在全国率先落地疫情期间援企稳岗返还政策。3月初，全市“四上”（规模以上工业、资质等级建筑业、限额以上批零住餐、规模以上服务业）企业、龙头企业基本实现复工复产。进一步改善营商环境，推行“一枚公章管审批”“拿地即开工”“互联网＋不动产登记”“智慧人社”“容缺后补”等重点领域改革，激发市场主体活力。全年地区生产总值4726.34亿元，比上年增长3.7%。

国有经济

【概　况】 2020年，南宁市国资委监管企业主要有南宁城市建设投资集团有限责任公司、南宁威宁投资集团有限责任公司、南宁建宁水务投资集团有限责任公司、南宁交通投资集团有限责任公司、南宁产业投资集团有限责任公司、南宁轨道交通集团有限责任公司、南宁金融投资集团有限责任公司、南宁农工商集团有限责任公司8大企业集团，国有资产总额3675.95亿元，比上年增长12.99%；净资产1460.20亿元，增长15.05%；营业总收入185.71亿元，增长3.35%；利润21.64亿元，增长19.79%。

【南宁城市建设投资集团有限责任公司】 市属国有企业。2020年，注册资本93.21亿元，资产总额1197.43亿元，净资产591.95亿元，国有资产保值增值率100.39%，员工2254人。子公司有南宁市城市建设投资发展有限责任公司、南宁纵横时代建设投资有限公司、南宁城市路桥投资管理有限责任公司、南宁城建管廊建设投资有限公司、南宁市富申建设投资有限责任公司、南宁市万町工程项目管理有限责任公司、南宁市西部时代房地产开发有限责任公司、南宁城投小额贷款有限责任公司、南宁富航资产管理有限责任公司、广西华宏建材有限公司、南宁城投现代园区开发有限责任公司、南宁城市建设晟湾银投资有限公司、南宁城市建设集友智投资有限公司13家，受市政府委托管理南宁市基础工程总公司。完成营业收入20.75亿元，比上年同期增长0.19%；利润2.69亿元，增长54.6%；缴税1.58亿元，增长3.95%；融资59.87亿元。推进企业改革，对属下广西华宏水泥股份有限公

2020年，沙井—南站立交工程获中国施工企业管理协会主办的2020—2021年度第一批国家优质工程奖。图为沙井—南站立交工程实景　　徐榕君　摄

司(2018年前关停)实施“企业分立—无偿划转—增资扩股”混改,组建广西华宏建材有限公司,华宏水泥为全资子公司,华宏水泥保留年产150万吨水泥熟料生产线建设指标、1万元注册资本金,其余资产、债权债务、员工等划转广西华宏建材有限公司;10月,华宏水泥增资扩股,广西和泰置业投资集团有限公司出资占股80%,广西华宏建材有限公司占股降至20%;改制后,华宏水泥盘活水泥熟料生产线建设指标,完成工业总产值9.1亿元。建设城建项目351个,完成投资72.94亿元,完成率115.75%。其中:自治区、南宁市层面统筹推进重大项目41个,完成投资41.86亿元,完成率145.31%;教育基建计划项目14个,完成投资3亿元,完成率100.41%。建成吴圩机场第二高速公路(城市快速路段)工程(玉洞主线)、青秀万达广场人行天桥、南宁市现有高速公路东环改快速路一期工程—邕武路立交工程、平乐大道立交工程、高速公路东环改快速路二期工程、那元路改扩建(八鲤路—玉洞大道)工程、沙井大道清川桥底改造及五一路口南乡路口工程等项目42个,通车里程55千米;维护管养市政道路及涉及桥梁149条(座),完成施工产值2.14亿元;建设工程获广西优质工程奖47个,获中国施工企业管理协会主办的2020—2021年度第一批国家优质工程奖2个(凤岭—高速环路立交桥工程、沙井—南站立交工程)。房地产项目营收6亿元,增长325%;推进租赁住房建设、国有产权房运营管理、竞配产权房接收,建设改造美林湾项目租赁房源和改造竞配产权房(租赁型)2448套;出租国有产权房住宅42949套,面积175.8万平方米,租金收缴率95.17%;接收公租房配套商业面积14.71平方米,选定竞配产权房42.18万平方米;交通银行广西分行入驻南宁城建集团总部地块项目1号楼,使用面积6.4万平方米。开拓信贷市场,发放贷款1.27亿元,增长95%。落实新冠肺炎疫情政策,免收车辆通行费4085万元,减免中小企业租金674万元,减免中小企业广告租金112万元。

(南宁城投集团)

【南宁威宁投资集团有限责任公司】 市属国有企业。2020年,注册资本86.12亿元,资产总额415亿元,净资产184亿元,国有资产保值增值率101.3%,员工4100人。一级监管企(事)业有南宁大地飞歌文化产业集团有限责任公司、南宁百货大楼股份有限公司、金宁发展有限公司、光达国际发展有限公司、南宁学院、南宁威宁资产经营有限责任公司、南宁威宁市场发展有限责任公司、南宁威宁房地产开发有限公司、南宁威宁文化体育发展有限公司、南宁威宁酒店投资股份有限公司、南宁市融达小额贷款有限责任公司、广西粮食物流产业园区有限公司、南宁威沃教育投资有限公司、南宁威凯智慧物业服务有限公司、南宁威耀集采集配供应链管理有限公司15家。完成固定资产投资43.77亿元,比上年增长70.78%;融资73.15亿元,增长109.78%;实现营业收入66.1亿元,增长4.68%;利润2亿元,增长27.64%;新增授信50亿元,累计249.7亿元,增长22.4%;入围中国服务业企业500强(第443名)、广西企业100强(第45名)、广西服务业企业50强(第20名)。深化南宁市改组国有资本运营公司试点,修订完善企业管控制度143个、流程199项;以威宁酒店公司为首家授权放权试点单位,试行授权放权;实施监管单位人事管理改革,完成一级监管单位定岗定编9家;启动纪检监察、党群、人力、财务、审计和监事会协同的“大监督”体系。整改落实国务院大督查移交广西问题涉及星湖影城及江南电影院综合楼项目;将集团公司、南宁威宁资产经营有限责任公司、南宁市国立房地产开发有限公司持有的南宁威宁建设投资有限责任公司66.86%股权、集团公司持有的南宁威宁邻家投资股份有限公司80%股权划转南宁威宁房地产开发有限公司,将南宁威宁资产经营有限责任公司、南宁市国立房地产开发有限公司持有的南宁威宁文化体育发展有限公司47.62%股权划转集团公司;完成南宁沛宁资产经营有限责任公司部分实物资产剥离,完成南宁市演出公司事业单位转企业改革,出清市林业局木材公司等国有“僵尸企业”12家;完成天恒公司51%国有股权转让挂牌准备,推进新征程科技开发公司、盛穗建筑工程公司注入集团公司前期工作。抓好南宁市新冠肺炎疫情密切接触者观察点(乡村大世界)服务保障,接待密切接触者和康复隔离人员541人(解除隔离528人、转医疗机构12人);抓好非疫情严重国家入境人员及湖北籍人员指定接待酒店(银河大酒店)定点接待服务保障,接待境外人员75人、湖北籍人员90人,无感染或疑似病例发生;做好第五批、第六批广西援鄂抗疫医疗队返邕接待酒店(五象山庄)休整服务保障,服务医疗人员200人;发挥南宁百货大楼股份有限公司、南宁威宁市场发展有限责任公司等单位商贸货源及渠道作用,保障超市、监狱、企事业单位饭堂等粮油供应,供应大米158吨、食用油5800升,应急加工大米3.22万吨,确保物资不断货、不涨价。落实复工复产政策,争取社保、税收、稳岗补贴等资金约6000万元,减免1万多户疫情受困中小企业、个体经营户租金约8000万元。建设市级层面统筹推进重大项目7个,自营项目37个;开工“老南宁·三街两巷”二期、广西(中国—东盟)粮食物流产业园区一期、威宁世纪花城二期、威宁青运村项目,建设2019年南宁市城镇老旧小区改造工程一期、二期项目18个,竣工“老南宁·三街两巷”二期仓西门城门楼、金菊邻家广场、利福邻家广场、南宁市皮鞋厂第二生活区老旧小区改造等项目,封顶广西(中国—东盟)粮食物流产业园区项目物流板块交易中心主体结构、威宁首府·德逸园项目主体结构。收储那洪大道北侧土地4宗,完成朝阳路9号702、703号房等4宗资产确权办证、3宗土地及18宗房产入账,出租东盟文化产业研发大厦、中尧路52号等资产,租金收入2.2亿元,增长11%;跟进广西体育中心公交首末站项目涉及的土地资产等征地拆迁补偿项目23个,推进危旧房改住房改造项目4个,竣工明秀东路北四里4号项目;组织135期资产公开竞价招租,出租资产235宗,成交月租金总额381万元,溢价16%。创新商业经营,与瑞士、巴西、乌拉圭、泰国等国客户达成冷冻肉类、冷冻(冰鲜)水产、水果等农产品合作意向,从巴西订购冷冻去骨牛肉460吨;拓展国家储备肉及鸡蛋、大米等农副产品购销业务,销售收入2479万元;优化大宗贸易结构,销售白糖9亿元;推进宁家鲜生、宁家便利店同质业务融合,退市宁家鲜生三街两巷店、青秀万达店,收缩宁家便利店业务;建成南宁百货美美购保税仓项目,拓展跨境电商、海外直采业务,通过南宁保税区订单2.1万单;开设南宁百货家电直营门店1家、合作门店1家、加盟门店3家;组建南宁威耀集采集配供应链管理有限公司,中标南宁市学校食材集采集配服务合同,为邕江以南片区80所学校配送食材;配合自治区举办2020年全国“消费促进月”暨广西“百日促消费”活动12场,游客580万人,商业收入6500万元;参与“壮美广西·三月三暖心生活节”活动,南宁百货大楼股份有限公司销售额4.38亿元。推动以威宁青运村为代表的智慧住宅、商业、公寓等产品开发销售运营,销售11.51万平方米、8.52亿元;开展威宁青川里、东盟·威宁文创中心前期工作,立项2020年南宁市城镇老旧小区改造工程3批17个;与华润置地(南宁)有限公司签订战略合作框架协议,更新改造中山路片区、水街片区、乡村大世界等项目,预算投资215亿元;承接“老南宁·三街两巷”运营,招商率96%。采取不组织观众、录制播出的方式举办“大地飞歌·2020”晚会,在中国网、国际在线、央视频等新媒体平台同步播出,网络播放量1200万次,微博话题阅读量400多万

2020年11月28日,第22届南宁国际民歌艺术节"大地飞歌·2020"晚会通过电视、广播、网络等平台播放。图为晚会现场　　南宁威宁集团提供

次,抖音话题"云上民歌节"话题播放量2200万次;举办"中国—东盟电影文化展映"活动,入选自治区首届"中国—东盟文化艺术周"项目,放映20场次;通过"云上健身""云上剧院"等线上营销,在广西体育中心举办活动32场、进场观众13.78万人次,在广西文化艺术中心举办活动137场、观众9.62万人次,在"老南宁·三街两巷"举办大型活动、街头音乐会62场;"老南宁·三街两巷"被自治区文化和旅游厅命名"广西壮族自治区文化产业示范园区"。实施酒店门店运营机制改革,通过委托经营、承包经营等方式引进第三方专业管理,推出新菜品研发、食品外卖拓展等业务,开展线上促销活动11场,官微商城实现营业收入844万元,增长15.78%。发行第三期私募债权募集资金4亿元,注册中期票据20亿元,申报成功私募公司债发行额度15亿元,在重庆金融资产交易所融资平台挂牌定向债务工具10亿元;向国开行、农发行等政策性银行申请疫情防控专项贷款9.9亿元,新增授信50亿元;集团资金结算中心归集资金101.91亿元,系统内存量担保额度114.35亿元。旗下南宁市融达小额贷款有限责任公司增资1.5亿元(到位0.49亿元),发放贷款1.48亿元(房抵贷58笔2532万元),增长18.15%,不良贷款率控制在3%以内。

(南宁威宁集团)

【南宁建宁水务投资集团有限责任公司】 市属国有企业。2020年,注册资金16.10亿元,资产总额378.37亿元,净资产79.28亿元,国有资产保值增值率101.63%,职工2405人。控股或实际控制子公司有广西绿城水务股份有限公司、南宁市排水有限责任公司、南宁建宁康恒环保科技有限责任公司、广西万丰房地产开发有限公司、广西金水建设开发有限公司、南宁水城旅游开发有限公司、南宁市三好物业服务有限公司、南宁市凉元帅工贸有限公司、南宁市流量仪表检测有限责任公司9家,参股公司有南宁开通塑管有限公司、广西南宁化学制药有限公司、南宁市华信小额贷款有限公司、南宁市区农村信用合作联社、南宁联培人才教育科技有限公司、南宁博湾水生态科技有限公司、光大水务(南宁)有限公司、南宁北排水环境科技有限公司、南宁北排水环境发展有限公司、广西南宁北投心圩江环境治理有限公司、广西棕榈生态城镇环境发展有限公司、南宁市国冶基础设施建设投资有限公司12家。完成固定资产投资84.50亿元,比上年增长3.21%;融资71.84亿元,增长47.21%;营业收入28.52亿元,增长0.52%;利润2.7亿元,下降33.84%;缴税2.69亿元,下降29.31%。被中华慈善总会评为全国慈善会爱心企业。承担城建计划项目120个,完成投资70.95亿元。完善陈村水厂三期工程及其配套工程,全线贯通陈村水厂出厂管(大学路—安武大道)工程,实现通水试运行,日供水能力新增20万立方米,累计187万立方米;建成广西—东盟经济技术开发区武华供水加压站、西乡塘区邕隆路延长线(市戒毒中心—兴贤村)南侧DN400球墨铸铁给水管工程等供水管道工程9个,铺设市政供水管道40千米;完成高速公路东环改快速路一期工程、陈村水厂出厂管(大学路—安武大道)等供水管道迁改工程5个,迁改给水管12千米;编制完成邕江上游二期引水和应急引水工程可行性研究报告,获市发展改革委批复;完成三津水厂一期扩建工程、石埠水厂一期工程、河南水厂挖潜改造工程前期工作;启动城市二次供水控新改造项目,受理技术方案初审344项、二次审核151项,出具初审意见337项、复审意见145项,与33个小区33747个用户签订二次供水设施委托管理协议。完成朝阳溪、物流园、那平江、茅桥、五象5座污水处理厂水质提标及一期扩建工程,实现通水试运行,日污水处理能力新增37万立方米,累计167.2万立方米;继续开展黑臭水体治理,自2018年以来,累计投入133亿元,建设污水管212.56千米,改造错混接2006个,实现朝阳溪、那平江、亭子冲控源截污,基本消除黑臭水体。接收市政污水管网设施707千米、污水泵站4座,累计雨水(含雨污合流)管网设施2761.18千米,泵站、闸坝31座;完成自治区邕武医院扩建项目供水系统;排查市区内涝点167处,完成新民立交、青环路(恒大苹果园)等积水点改造整治项目67处;投入3775万元建设排水设施地理信息系统,实现智慧化管理。启动南宁市环卫一体化(良庆区、邕宁区、南宁

2020年7月25日,综合整治后的沙江河流域"水清岸绿"　　市生态环境局提供

综合保税区)特许经营项目,投入12.7亿元推进双定循环经济产业园生活垃圾焚烧发电厂、有机垃圾处理厂、污泥处置厂项目;转运生活垃圾70万吨、填埋68万吨;启用大坑口站、五象站、相思湖站、八尺江站粪便处理中心处理粪便污水11.25万吨;建成南宁三塘大件垃圾处理中心,处置大件垃圾927吨。推出降低工业、经营服务用水价格及减免租金等措施,减免中小企业租金1821万元,减少水费649万元;出资300万元参与南宁应急转贷资金,解决中小企业之困。 (张 晓)

【南宁交通投资集团有限责任公司】 市属国有企业。2020年,注册资金15.86亿元,资产总额440.29亿元,净资产138.02亿元,国有资产保值增值率102.54%。境内主体信用评级为“AA+”,国际信用主体评级为“BBB-”。有员工5107人。全资子公司有南宁公共交通集团有限公司、南宁交投能源发展有限责任公司、南宁高速公路建设发展有限公司、南宁交投凯通实业有限责任公司、南宁旅游发展有限公司、南宁交投置业投资有限公司6家,控股子公司有南宁交通资产管理有限责任公司、南宁交投六景园区开发有限责任公司、南宁市市民卡信息服务有限责任公司、广西赛扬文化传媒有限公司、广西交创科技有限公司、南宁交投桂隆建设工程有限责任公司、南宁交投桂晟建设工程有限责任公司、南宁交投桂祥建设工程有限责任公司、南宁交投桂昶建设工程有限责任公司、南宁交投桂弘建设工程有限责任公司、南宁交投桂乾建设工程有限责任公司11家,参股南宁国际铁路港开发运营有限公司、广西白马文化传媒有限公司2家。完成固定资产投资44.72亿元,比上年增长93.17%;营业收入26.61亿元,增长18.25%;利润1.44亿元,增长16.44%。主要新建项目:张村—六景公路(一期)工程,2月开工,完成投资1.91亿元;国道G322/358南宁—宾阳—黎塘公路,11月20日开工,完成投资1.2亿元;上林—横县高速公路,12月9日开工;南宁国际铁路港口岸物流区海关监管作业场所,7月开工,完成投资0.73亿元;瑞声科技精密制造项目一期厂区,10月28日开工,完成投资0.6亿元;六景工业园区五个产城开发及配套建设项目,12月31日开工,完成投资1.17亿元。主要续建项目:六景—宾阳高速公路(桂林—钦州港公路六景—宾阳段),完成征地拆迁,主线路基及桥涵工程完成约60%,完成投资16.19亿元;南宁—大王滩二级公路,完成投资1.43亿元,实现基本通车;建成龙岗片区30号路东段(龙岗大道—江湾路),9月28日通车;建成良玉大道(物流基地2号延长线,东风路—平乐大道),12月29日通车。主要运营项目:新增那陈、那团、马山南扶贫加油站3座,星光(城市道路)加油站1座,在建五塘、伶俐等扶贫加油站等11座,累计运营加油加气站23座;营运水利(航运)枢纽2座,发电8.4亿千瓦时(牛湾电厂3.3亿千瓦时、宋村电厂售电5.1亿千瓦时);新建扩建充电站点36座、充电桩258个;承接道路路内机动车泊位2.39万个,停车带总长1.14万米;投放共享电车5000辆,“出行南宁”App注册用户341.31万人次;组建“交投社区团购群”14个,覆盖3218人;建设第一期住房租赁市场试点项目,12月31日开工;建设马山县农产品交易中心项目,12月中旬建成开放营销中心和农产品展示区。3月28日,复航邕江夜游项目,年内接待游客5.11万人次。开放老口研学项目,全年接待研学团队15批次、2046人。竞拍取得横县石龙麓矿区建筑用花岗岩区采矿权。融资33.56亿元(财政性投资项目7.59亿元、经营性项目25.97亿元),完成年度融资计划121.52%。 (谢弘晖)

2020年12月,六景—宾阳高速项目完成工程量60%。图为六屋郁江大桥施工现场

南宁交投集团提供

【南宁产业投资集团有限责任公司】 市属国有企业。2020年,注册资本74亿元,资产总额148亿元,净资产74.3亿元,国有资产保值增值率148.77%,员工3624人。全资子公司有南宁壮宁资产经营有限责任公司、南宁振宁资产经营有限责任公司、南宁广发重工集团有限公司、南宁统一资产管理有限责任公司、南宁产投工业园区开发有限责任公司、南宁产投通用航空有限责任公司、广西南宁创侨建设投资开发有限责任公司、南宁创宁恒达商贸有限责任公司、南宁产投新能源汽车投资有限责任公司、南宁科技创新投资有限责任公司10家;控股子公司有广西南宁凤凰纸业有限公司、南宁五菱桂花车辆有限公司、南宁南机环保科技有限公司、南宁民生天胜新能源产业基金合伙企业(有限合伙)、广西南宁航瑞艺兴股权投资合伙企业(有限合伙)5家;参股公司有南宁民生新能源产业投资合伙企业(有限合伙)、北京华鼎新动力股权投资基金(有限合伙)、广西南南铝加工有限公司、南宁吉锐生物医药有限责任公司、广西思钺生物科技有限责任公司、广西先进铝加工创新中心有限责任公司、广西汇京宁新兴产业投资管理有限公司、南宁华数轻量化电动汽车设计院有限公司、南宁五丰联合食品有限公司、南南铝业股份有限公司、斐讯通信南宁有限公司、广西南宁化学制药有限责任公司、南宁联培人才教育科技有限公司、南宁化工股份有限公司14家;授权管理企业有广西壮族自治区南宁机械厂、广西壮族自治区南宁筑路机械厂、南宁市中捷思威特制鞋机械技术培训中心、南宁市伞厂、南宁市自行车总厂、南宁市第一轻工业局供销设计公司、南宁市包装装潢研究设计所、南宁市化学医药工业供销公司、南宁市矿务局砖厂、南宁发电设备总厂、南宁手扶拖拉机厂、南宁重型机器厂、南宁壮宁木材公司13家。完成投资总额28.2亿元,获授信额度51.74亿元;工业总产值9.83亿元,比上年增长2.50%;营业收入14.91亿元,增长1.50%;利润6.21亿元,增长5.99%;缴税7063万元;入围广西百强企业(第53名)、广西制造业企业50强(第25名)。获中国物流与采购联合冷链物流专业委员会“新冠肺炎疫情防控工作先进集团”称号,南宁市“工人先锋号”称号。开展亏损企业专项治理,亏损面下降22.22%;处置低效无效企业和“僵尸企业”,安置职工及解决债务等费用2.6亿元,安置五菱桂花公司、南宁

市自行车总厂职工 475 人,解决未列入统筹的 1650 名离退休人员费用问题;投入 2671 万元,推进国有企业职工家属区"三供一业"(供水、供电、供气、物业管理)分离移交和改造。实施"三企入桂项目落实、行企助力转型升级"行动,加大对先进装备制造、先进新材料、生物医药等新兴产业的投资,开工建设南宁合众新能源汽车产业项目、南宁天际新能源汽车产业项目 2 个年产 10 万辆新能源乘用车项目。南宁合众新能源汽车产业项目 1#2#3# 主体厂房封顶,11 月 3 日上市发布新能源乘用车"哪吒 V(南宁品牌)";南宁天际新能源汽车产业项目联合厂房完成基础施工,Pack 车间封顶施工,加快推进新能源多功能跨界车型。引进整车制造、动力电池、驱动电机等上下游项目及汽车大部件生产企业落户南宁,引进深圳市卓能新能源股份有限公司,开展锂离电池和电动汽车电源系统的研发制造;收购广西白马新能源汽车配件有限公司股权,增资广西申龙汽车制造有限公司,以 KD 件(零部件组装生产的一种方式)形式在海外合作工厂组装。聚焦战略新兴产业,参与设立总规模超过 500 亿元的产业基金,投向新能源、新材料、电子信息、先进制造装备、生物医药等领域重大产业;扶持新兴科技产业,组建南宁产投科技创新投资有限责任公司,投资重大产业、新兴产业、新型产业研究机构等。建设南宁产投创新产业园,建成 3 号厂房,推动产业集聚,签约南宁中车等项目;南宁产投江南企业公园入驻企业 50 家,获"广西壮族自治区特色小微企业示范园"称号,申报南宁市创业孵化基地。投资 500 万元,新增口罩生产线 10 条,生产防护口罩 6000 多万只,供应南宁市教育系统、市属企业;做好全市应急冷链保障,建立自治区第一个外埠入邕进口冷链食品监管仓,落实新冠肺炎疫情防控期间减租扶持政策,给予符合条件的中小企业、个体户减免租金 4847.7 万元;所属企业南宁锦虹公司生产加工医院非手术用隔离服、生产医用防护服 1.40 万套。参与创建全国文明城市整治,投入 1050 万元,参与 4 万人次,开展集中整治 700 余次,整改建筑工地、生产厂区、老旧生活小区 157 个。 (郑北杰)

【南宁轨道交通集团有限责任公司】 市属国有企业。2020 年,注册资金 87.06 亿元,资产总额 977.42 亿元,净资产 337.35 亿元,国有资产保值增值率 101.37%,国内主体信用评级 AAA 级。员工 8161 余人。分公司有南宁轨道交通集团建设分公司、南宁轨道交通集团运营分公司、南宁轨道交通集团资源开发分公司 3 家,全资子公司有南宁轨道地产集团有限责任公司、南宁轨道交通 2 号线建设有限公司、南宁轨道交通 5 号线建设有限公司、南宁轨道城市发展有限责任公司 4 家,控股子公司有南宁轨道江南混凝土有限公司、南宁轨道交通四号线建设有限公司、南宁轨道交通 2 号线东延工程建设有限公司 3 家,参股公司有南宁轨道交通 3 号线建设有限公司、南宁中车轨道交通装备有限公司、南宁中铁广发轨道装备有限公司、南宁市市民卡信息服务有限责任公司、广西南宁机场综合交通枢纽建设有限公司、广州城市轨道交通培训学院股份有限公司、云宝宝大数据产业发展有限责任公司、广西交控智维科技发展有限公司 8 家。完成固定资产投资 84.32 亿元,融资 60.45 亿元;营业收入 19.15 亿元,比上年增长 20.8%;利润 3.99 亿元,增长 37.1%;缴税 0.52 亿元,增长 48.1%。公司获南宁市市长质量奖;轨道交通 3 号线工程获 2020—2021 年度中国建设工程鲁班奖(国家优质工程)、广西建筑工程"真武阁杯"奖(广西最高质量奖)、广西建设工程施工科技进步奖;南宁国际旅游中心 1 号楼工程获中国建筑工程装饰奖;科研成果《盾构隧道近距离穿越微沉降控制智能预警方法与技术》获教育部科学技术进步二等奖,《南宁强透水复杂地层地铁深大基坑设计施工关键技术创新与应用》获广西科学技术进步一等奖。在建轨道交通项目 3 个(2 号线东延线工程、4 号线一期工程、5 号线一期工程),全长 51.10 千米,工程概算 388.06 亿元,年度完成投资 76.17 亿元。2 号线东延线工程(玉洞站—坛泽站),长 6.30 千米,设车站 5 座,与 3 号线平良立交站换乘,与 3 号线、4 号线在江南及五象新区形成闭合环路,工程概算 48.98 亿元,项目 2017 年 5 月 26 日开工,2020 年 11 月 23 日开通试运营。4 号线一期工程(洪运路站—龙岗站)长 24.60 千米,设车站 19 座,工程概算 174.09 亿元,西段(洪运—楞塘村)线路横穿广西自贸试验区南宁片区,长 20.70 千米,设车站 16 座,与 2 号线、3 号线分别在大沙田站、总部基地站换乘,项目 2016 年 6 月开工,2020 年 11 月 23 日开通试运营。5 号线一期(国凯大道—金桥客运站),长 20.2 千米,设车站 17 座,工程概算 164.99 亿元,项目 2017 年 9 月 7 日开工,2020 年 12 月全线短轨通,车站主体结构封顶,南段(国凯大道站—五一立交站)热滑实验完成附属工程 67%、车站装饰装修工程 30%。运营轨道交通线路 4 条(1 号线、2 号线、3 号线、4 号线),运营总长 108 千米,年度线网总运营里程 932.54 万列千米,列车正点率 99.99%,运行图兑现率 100%,列车服务可靠度每次 932.54 万列千米,客运量 2.08 亿人次,日均 61.22 万人次,单日最高 139.57 万人次。其中:1 号线运营里程 394.89 万列千米,列车正点率 99.99%,运行图兑现率 100%,客运量 1.12 亿人次,日均 30.48 万人次,单日最高 73.60 万人次;2 号线运营里程 238.50 万列千米,列车正点率 99.99%,运行图兑现率 100%,客运量 6083.37 万人次,日均 16.62 万人次,单日最高 37.34 万人次;3 号线运营里程 278.13 万列千米,列车正点率 99.98%,运行图兑现率 100%,客运量 3415.89 万人次,日均 9.33 万人次,单日最高 21.22 万人次;4 号线年度运营里程 21.02 万列千米,列车正点率 99.99%,运行图兑现率 100%,客运量 186.91 万人次,日均 4.79 万人次,单日最高 7.40 万人次。组建南宁铁路枢纽投资有限公司,推进南宁北站、南宁站、五象站等站城一体化铁路综合交通枢纽项目前期工作。编制完

2020 年 4 月 18 日,南宁产业投资集团有限责任公司研究加快南宁产投创新产业园建设发展问题 郑北杰提供

2020 年 11 月 23 日，南宁轨道交通 4 号线首通段、2 号线东延线通车　　黄胤　摄

成《2020 年—2035 年新一轮轨道小镇选址研究成果》，纳入全市国土总体规划，首批 4 个轨道小镇项目纳入 2020 年国民经济和社会发展计划；完成中心城区轨道沿线城市更新项目选址研究，推动五一中路片区、火车站片区、中尧路片区招标，推进土地作价出资开发项目 8 个、城市更新片区、首批轨道小镇规划建设。开发轨道沿线地产，储备土地 20 宗 88.25 公顷，开发 8 宗 23.37 公顷，销售 28 万平方米，收入近 36 亿元，增长 77%，回笼资金 31 亿元，利润 3.11 亿元；开发附属资源项目利润 0.77 亿元。（陶丽莎）

【南宁金融投资集团有限责任公司】市属国有企业。2020 年，注册资金 15.94 亿元，资产总额 39.91 亿元，净资产 22.83 亿元，国有资产保值增值率 103.48%。员工 304 人。全资子公司有南宁金控大数据服务有限公司、南宁市恒富小额贷款有限责任公司、南宁金融资产交易中心有限责任公司(2020 年 11 月获自治区财政厅、自治区金融局批复成为非上市金融企业国有产权交易机构)、南宁投资引导基金有限责任公司、南宁金控融资租赁有限责任公司、南宁金控资产管理有限责任公司、广西南宁北部湾经济区基础设施投资引导基金管理有限公司 7 家；控股子公司有广西联合产权交易所有限责任公司、南宁市南方融资担保有限公司、南宁金融城投资运营有限公司、南宁市华信小额贷款有限公司、广西联合股权托管中心有限责任公司、广西融通拍卖有限责任公司 6 家；参股公司广西黄金投资有限责任公司、南宁市爱森恩投资管理有限责任公司、广西北部湾股权交易所股份有限公司、广西北部湾银行股份有限公司、交通银行股份有限公司、广西文投文化产权交易中心有限责任公司、北京金马甲产权网络交易有限公司、广西信金服科技有限公司、南宁优易大数据有限责任公司、南宁联培人才教育科技有限公司、北京中关村协同创新投资基金、南宁市华盛新材料产业投资基金(有限合伙)、南宁交轨投资合伙企业(有限合伙)、南宁慧科嘉投资中心(有限合伙)、南宁红土邕深创业投资有限公司、广西北部湾厚润德基金管理中心(有限合伙)、南宁市良庆区云创投资基金中心(有限合伙)、南宁北投创新产业投资中心(有限合伙)、南宁青蓝晟禾投资管理中心(有限合伙)、南宁久仁建新生物科技有限公司 20 家；受托管理政府引导基金有南宁市创业投资引导基金、南宁产业发展基金、南宁城市发展基金、广西北部湾经济区产业基础设施投资(南宁)引导基金、南宁市天使投资基金 5 支；受托管理国有企业南宁市小微企业融资担保有限公司。完成固定资产投资 144 万元，完成营业收入 2.02 亿元，比上年增长 26.57%；利润 7918 万元，增长 17.16%；缴税 3364 万元，增长 30.09%；获中国有限合伙人联盟授予“CLPA2019—2020 年度引导基金最具潜力 10 强”称号；旗下的南宁金控资产管理有限责任公司入围自治区高级人民法院破产管理人名册，为二级管理人，成为广西破产管理人协会会员。担保发生额 54.74 亿元。其中：南宁小微担保公司为小微企业和“三农”融资担保 24.51 亿元，增长 99%，年末在保余额 22.23 亿元，增长 94%，在保户 863 户，增长 194%；南方担保公司担保发生额 30.23 亿元，年末在保余额 30.25 亿元。小额信贷业务发放贷款 383 笔 1.86 亿元，其中南宁市华信小额贷款有限公司 217 笔 7409 万元、南宁市恒富小额贷款有限责任公司 166 笔 1.12 亿元。完成应急转贷资金 69 笔 4.59 亿元，贷款量增长 341.95%，为企业节约 1293.74 万元。完成南宁市外向型企业扶持资金池垫税业务放款 1 笔，金额 300 万元。广西联合产权交易所有限责任公司挂牌要素交易业务项目 547 宗 78.07 亿元，成交 361 宗 37.25 亿元。推进广西联合产权交易所房产交易中心建设，引进直营楼盘 20 个、联营楼盘 179 个，交易额 2 亿元。南宁金融资产交易中心有限责任公司开展应收账款转让挂牌业务和不良金融资产挂牌转让业务，应收账款转让挂牌金额 7200 万元。南宁投资引导基金有限责任公司推动设立南宁产业发展基金参股子基金 2 支，代表南宁产业发展基金完成 3 支子基金和 1 个直接股权投资项目出资，新增出资 2.86 亿元；设立南宁市创业投资引导基金参股子基金 5 支，新增项目出资 3793 万元；选聘南宁市天使投资基金投资运作机构 9 家，筛选投资项目 9 个，出资南宁久仁建新生物科技有限公司 500 万元；北京中关村协同创

2020 年 6 月 18 日，南宁担保联盟成立签约仪式在南宁金融集团举行　　甘泉　摄

新投资基金子基金出资项目 146 个，母基金累计出资子基金总额 4.04 亿元。南宁金控大数据服务有限公司承建中国—东盟信息港南宁智慧城市综合信息服务中心子项目 3 个，分别为智慧南宁大数据中心、南宁市灾备中心、公共信息服务平台(产业地图)，项目进入资产移交阶段；推进农业大数据基地选址和展厅建设，入驻农业企业 5 家；承建南宁金融集团综合管理平台，完成担保和 OA(办公自动化)子系统开发；实现商贸业务营业收入 1305.79 万元。举办政金企融资对接活动 19 场，为 928 家企业完成融资超过 36 亿元，为受新冠肺炎疫情影响企业减少融资成本 500 万元。在媒体宣传报道中国—东盟金融城招商推介活动 120 次，中国—东盟金融城累计入驻金融企业、机构 162 家，引进"三企入桂"签约项目 8 个。南宁金控融资租赁有限责任公司通过售后回租业务为广西百色兴和铝业有限公司发放融资租赁款项 1000 万元。

(黄思谕)

【南宁农工商集团有限责任公司】 市属国有企业。2020 年，注册资本 10.02 亿元，资产总额 55.38 亿元，净资产 22.36 亿元，国有资产保值增值率 105.02%；有农用地 995.42 公顷，建设用地 93.93 公顷(工业用地 33.64 公顷、产业用地 23.73 公顷、其他用地 36.56 公顷)，经营性物业 77 万平方米；职工 635 人。全资子公司有南宁农业投资集团有限公司、南宁市崇善颐养服务有限公司、南宁市罗文实业有限责任公司、南宁市红星鲜活禽市场有限责任公司、南宁市秀和物业服务有限责任公司、广西南宁华顺房地产有限责任公司、广西新农商贸易有限公司、南宁市金谷隆粮油购销有限责任公司、南宁市柳沙企业有限责任公司、广西秀宁房地产有限公司、南宁共圆房地产开发有限责任公司 11 个，控股公司有南宁农产品交易中心有限责任公司 1 个，授权管理企业有南宁市名优水果业发展中心、南宁市扶贫开发中心、南宁市江西粮油管理所、南宁市坛洛粮油管理所、南宁市那龙粮油管理所、南宁市沙井粮油管理所、南宁市金陵粮油管理所、南宁市富庶粮油管理所、南宁市郊区心圩粮油管理所、南宁市那洪粮油管理所、南宁市三塘粮油管理所、南宁市双定粮油管理所、南宁市郊区石埠粮油贸易中心、南宁市江西粮油贸易中心、南宁市坛洛粮油贸易中心、南宁市郊区心圩粮油贸易中心、南宁市那洪粮油贸易中心、南宁市金陵粮油贸易中心、南宁市富庶粮油贸易中心、南宁市津头粮油贸易中心、南宁市明秀粮油贸易中心、南宁市沙井粮油贸易中心、南宁市三塘粮油贸易中心、南宁市西乡塘粮油贸易中心、南宁市那龙粮油贸易中心、南宁市双定粮油贸易中心、南宁市五一粮油贸易中心 27 个。完成固定资产投资 2.7 亿元，营业收入 5.59 亿元，比上年增收 8483 万元，增长 17.90%；利润 1.68 亿元，增加 1.89 亿元，增长 880.66%，缴税 1.49 亿元，增加 7713 万元，增长 106.96%。深化企业改革，处置南宁市金谷隆粮油购销有限责任公司代管的粮所(粮贸中心)25 家，重组市双定粮油管理所等 18 家，进入破产程序 7 家；破解历史遗留问题，12 月 26 日开工建设"青湖苑"项目，设计建筑面积 7.91 万平方米，概算总投资 9.32 亿元。盘活资源，确权登记发证土地 8 宗 23.08 公顷，推进争议土地办理 50.80 公顷；盘活资产物业，引进广西农投集团、乐村淘、南宁市扶贫开发协会、南宁市农村产权交易中心及一批农产品流通企业；建设南宁市农村产权交易中心，建设面积 1000 平方米，12 月 18 日挂牌运营；引入红星美凯龙公司、雅斯特、城市便捷等酒店，完善市场功能。南宁红星鲜活禽市场年交易量 2979.73 万羽，日交易禽类最高 12 万羽，占全市日均交易量 40%；南宁农产品交易中心引进水产业态，打造水产批发市场，出租物业 10.61 万平方米，日均交易量超过 1000 吨，年交易额约 80 亿元，实现年均收入 4277 万元。推进项目建设。8 月，与正邦集团有限公司签约合作建设生猪养殖全产业链项目，计划投资 5.76 亿元，在良庆区南晓镇布局生猪养殖点 3 个 100 公顷，完成项目流转土地 93.97 公顷(陵桂村 41.26 公顷、新民村 18.03 公顷、团城村 34.68 公顷)；11 月，与广西中投华农控股有限责任公司在兴宁区八塘村合作打造智慧牛谷和"牛产业 + 文化旅游 + 康养 +"大平台，项目规划用地 333.33 公顷，分三期实施，其中一期规划面积 66.67 公顷，总投资约 1 亿元，发展"种、养、加"循环农业、旅游观光农业。拓展活禽上下游产业链，与武汉华牧科技集团在马山县苏博工业园合作建设现代特色禽业养殖及农产品精深加工扶贫产业园一期项目，项目占地 6 公顷，总投资 9500 万元，规划建设蛋鸡舍 8 栋，引进现代化层叠式养殖设备，可年产鸡蛋 1.10 万吨，淘汰蛋鸡 60 万只。签约崇左市生态公墓、百色市平果市人文纪念公园项目 2 个。投资 230 万元，建设南宁安吉康养服务中心，建筑面积 1200 平方米、配置床位 50 个，12 月 30 日开业，入住 5 人；投资 1581 万元，建设改造南宁青山康养服务中心，建设面积 4200 平方米，设计床位 200 个；投资 150 万元，建设百色市西林康养服务中心，建筑面积 6430 平方米，配置床位 200 个，12 月 19 日开业，入住 6 人。建立新冠肺炎疫情防控及复工复产稳增长工作协调机制，调动资源保供应稳价格，引导南宁农产品交易中心、南宁红星鲜活禽市场经营户合理安排上货，春节期间正常营业；引进广西美加美新零售有限公司入驻南宁农产品交易中心开展云仓配业务，开通美加美线上商城，稳定市场预期，严控哄抬物价；落实疫情防控期间支持中小企业发展政策，减免 1585 户中小企业或个体经营户铺面、摊位租金 2463.46 万元。

(陆锡健)

混合所有制经济

【概 况】 2020 年，南宁市新增内资非私营公司企业 3075 家，占全市新增企业 2.49%；累计内资企业 2.17 万家，占全市

2020 年 12 月 18 日，南宁市农村产权交易中心揭牌　　陆锡健　摄

经济主体总数2.71%。

【行业分布】2020年，南宁市内资企业行业分布：农、林、牧、渔业新增65家，占本行业新增企业总数1.36%，占新增内资企业总数2.11%；累计450家，占本行业企业总数1.72%，占内资企业总数2.07%。采矿业新增9家，占本行业新增企业总数8.18%，占新增内资企业总数0.29%；累计57家，占本行业企业总数8.88%，占内资企业总数0.26%。制造业新增108家，占本行业新增企业总数1.97%，占新增内资企业总数3.51%；累计1136家，占本行业企业总数3.62%，占内资企业总数5.23%。电力、热力、燃气及水生产和供应业新增46家，占本行业新增企业总数25%，占新增内资企业总数1.50%；累计305家，占本行业企业总数26.99%，占内资企业总数1.40%。建筑业新增194家，占本行业新增企业总数4.26%，占新增内资企业总数6.31%；累计1166家，占本行业企业总数4.55%，占内资企业总数5.37%。批发和零售业新增589家，占本行业新增企业总数1.22%，占新增内资企业总数19.15%；累计5268家，占本行业企业总数1.38%，占内资企业总数24.25%。交通运输、仓储和邮政业新增76家，占本行业新增企业总数2.18%，占新增内资企业总数2.47%；累计868家，占本行业企业总数3.74%，占内资企业总数4%。住宿和餐饮业新增98家，占本行业新增企业总数0.62%，占新增内资企业总数3.19%；累计497家，占本行业企业总数0.65%，占内资企业总数2.29%。信息传输、软件和信息技术服务业新增88家，占本行业新增企业总数11.04%，占新增内资企业总数2.86%；累计740家，占行业业企业总数6.82%，占内资企业总数3.41%。金融业新增65家，占本行业新增企业总数30.81%，占新增内资企业总数2.11%；累计1641家，占本行业企业总数57.34%，占内资企业总数7.55%。房地产业新增220家，占本行业新增企业总数10.08%，占新增内资企业总数7.15%；累计1293家，占本行业企业总数11.24%，占内资企业总数5.95%。租赁和商务服务业新增627家，占本行业新增企业总数5%，占新增内资企业总数20.39%；累计4179家，占本行业企业总数5.13%，占内资企业总数19.24%。科学研究和技术服务业新增670家，占本行业新增企业总数6.62%，占新增内资企业总数21.79%；累计2808家，占本行业企业总数5.88%，占内资企业总数12.93%。水利、环境和公共设施管理业新增21家，占本行业新增企业总数6.65%，占新增内资企业总数0.68%；累计174家，占本行业企业总数6.29%，占内资企业总数0.80%。居民服务、修理和其他服务业新增57家，占本行业新增企业总数0.51%，占新增内资企业总数1.85%；累计423家，占本行业企业总数0.69%，占内资企业总数1.95%。教育新增39家，占本行业新增企业总数6.60%，占新增内资企业总数1.27%；累计155家，占本行业企业总数9.31%，占内资企业总数0.71%。卫生和社会工作新增31家，占本行业新增企业总数5.26%，占新增内资企业总数1.01%；累计154家，占本行业企业总数4.38%，占内资企业总数0.71%。文化、体育和娱乐业新增72家，占本行业新增企业总数3.23%，占新增内资企业总数2.34%；累计408家，占本行业企业总数3.59%，占内资企业总数1.88%。

私营经济

【概　况】2020年，南宁市新增私营企业4.67万家，占全市新增企业37.75%；累计私营企业30.23万家，占全市经济主体总数37.74%。

【行业分布】2020年，南宁市私营企业按行业分布：农、林、牧、渔业新增734家，占本行业新增企业总数15.38%，占新增私营企业总数1.57%；累计9076家，占本行业企业总数34.72%，占私营企业总数3%。采矿业新增94家，占本行业新增企业总数85.45%，占新增私营企业总数0.20%；累计542家，占本行业企业总数84.42%，占私营企业总数0.18%。制造业新增2130家，占本行业新增企业总数38.76%，占新增私营企业总数4.56%；累计1.67万家，占本行业企业总数37.24%，占私营企业总数3.86%。电力、热力、燃气及水生产和供应业新增136家，占本行业新增企业总数73.91%，占新增私营企业总数0.29%；累计767家，占本行业企业总数67.88%，占私营企业总数0.25%。建筑业新增4184家，占本行业新增企业总数91.88%，占新增私营企业总数8.96%；累计2.31万家，占本行业企业总数90.05%，占私营企业总数7.63%。批发和零售业新增1.14万家，占本行业新增企业总数24.37%，占新增私营企业总数23.55%；累计9.74万家，占本行业企业总数25.58%，占私营企业总数32.21%。交通运输、仓储和邮政业新增902家，占本行业新增企业总数25.85%，占新增私营企业总数1.93%；累计5911家，占本行业企业总数25.45%，占私营企业总数1.96%。住宿和餐饮业新增1007家，占本行业新增企业总数6.34%，占新增私营企业总数2.16%；累计4926家，占本行业企业总数6.41%，占私营企业总数1.63%。信息传输、软件和信息技术服务业新增528家，占本行业新增企业总数66.25%，占新增私营企业总数1.13%；累计9066家，占行业业企业总数83.57%，占私营企业总数3%。金融业新增141家，占本行业新增企业总数66.82%，占新增私营企业总数0.30%；累计1129家，占本行业企业总数39.45%，占私营企业总数0.37%。房地产业新增1916家，占本行业新增企业总数87.81%，占新增私营企业总数4.11%；累计9927家，占本行业企业总数86.28%，占私营企业总数3.28%。租赁和商务服务业新增9007家，占本行业新增企业总数71.80%，占新增私营企业总数19.30%；累计6.34万家，占本行业企业总数77.87%，占私营企业总数20.99%。科学研究和技术服务业新增8807家，占本行业新增企业总数87.06%，占新增私营企业总数18.87%；累计4.29万家，占本行业企业总数89.82%，占私营企业总数14.19%。水利、环境和公共设施管理业新增267家，占本行业新增企业总数84.49%，占新增私营企业总数0.57%；累计2147家，占本行业企业总数77.65%，占私营企业总数0.71%。居民服务、修理和其他服务业新增3320家，占本行业新增企业总数29.46%，占新增私营企业总数7.11%；累计1.04万家，占本行业企业总数16.78%，占私营企业总数3.43%。教育新增548家，占本行业新增企业总数92.72%，占新增私营企业总数1.17%；累计1486家，占本行业企业总数89.30%，占私营企业总数0.49%。卫生和社会工作新增217家，占本行业新增企业总数37.54%，占新增私营企业总数0.46%；累计914家，占本行业企业总数25.98%，占私营企业总数0.30%。文化、体育和娱乐业新增1360家，占本行业新增企业总数61.01%，占新增私营企业总数2.91%；累计7630家，占本行业企业总数67.16%，占私营企业总数2.52%。

个体经济

【概　况】2020年，南宁市新增个体工商户7.37万家，占全市新增企业59.61%；累计个体工商户47.47万家，占全市经济主体总数59.27%。

【行业分布】2020年，南宁市个体工商户按行业分，农、林、牧、渔业新增3971家，占本行业新增企业总数83.23%，占新增个体工商户总数5.39%；累计1.66万家，占本行业企业总数63.40%，占个体工商户总数 3.49%。采矿业新增 7 家,占本行业新增企业总数 6.36%,占新增个体工商户总数 0.01%;累计 38 家,占本行业企业总数 5.92%,占个体工商户总数 0.01%。制造业新增 3241 家,占本行业新增企业总数 58.98%,占新增个体工商户总数 4.40%;累计 1.83 万家,占本行业企业总数 58.50%,占个体工商户总数 3.86%。电力、热力、燃气及水生产和供应业无新增;累计 45 家,占本行业企业总数 3.98%,占个体工商户总数 0.01%。建筑业新增 173 家,占本行业新增企业总数 3.80%,占新增个体工商户总数 0.23%;累计 1347 家,占本行业企业总数 5.26%,占个体工商户总数 0.28%。批发和零售业新增 3.63 万家,占本行业新增企业总数 75.13%,占新增个体工商户总数 49.24%;累计 27.72 万家,占本行业企业总数 72.84%,占个体工商户总数 58.40%。交通运输、仓储和邮政业新增 2507 家,占本行业新增企业总数 71.83%,占新增个体工商户总数 3.40%;累计 1.64 万家,占本行业企业总数 70.63%,占个体工商户总数 3.46%。住宿和餐饮业新增 1.48 万家,占本行业新增企业总数 92.88%,占新增个体工商户总数 20.03%;累计 7.12 万家,占本行业企业总数 92.71%,占个体工商户总数 15%。信息传输、软件和信息技术服务业新增 175 家,占本行业新增企业总数 21.96%,占新增个体工商户总数 0.24%;累计 923 家,占本行业企业总数 8.51%,占个体工商户总数 0.19%。金融业新增 3 家,占本行业新增企业总数 1.42%;累计 27 家,占本行业企业总数 0.94%,占个体工商户总数 0.01%。房地产业新增 39 家,占本行业新增企业总数 1.79%,占新增个体工商户总数 0.05%;累计 181 家,占本行业企业总数 1.57%,占个体工商户总数 0.04%。租赁和商务服务业新增 2889 家,占本行业新增企业总数 23.03%,占新增个体工商户总数 3.92%;累计 1.35 万家,占本行业企业总数 16.57%,占个体工商户总数 2.84%。科学研究和技术服务业新增 596 家,占本行业新增企业总数 5.89%,占新增个体工商户总数 0.81%;累计 1840 家,占本行业企业总数 3.85%,占个体工商户总数 0.39%。水利、环境和公共设施管理业新增 27 家,占本行业新增企业总数 8.54%,占新增个体工商户总数 0.04%;累计 430 家,占本行业企业总数 15.55%,占个体工商户总数 0.09%。居民服务、修理和其他服务业新增 7889 家,占本行业新增企业总数 69.99%,占新增个体工商户总数 10.70%;累计 5.09 万家,占本行业企业总数 82.48%,占个体工商户总数 10.72%。教育新增 4 家,占本行业新增企业总数 0.68%,占新增个体工商户总数 0.01%;累计 22 家,占本行业企业总数 1.32%。卫生和社会工作新增 329 家,占本行业新增企业总数 56.92%,占新增个体工商户总数 0.45%;累计 2441 家,占本行业企业总数 69.39%,占个体工商户总数 0.51%。文化、体育和娱乐业新增 794 家,占本行业新增企业总数 35.62%,占新增个体工商户总数 1.08%;累计 3283 家,占本行业企业总数 28.90%,占个体工商户总数 0.69%。

外商与中国港澳台地区投资企业

【概　况】 2020 年,南宁市新增外商与中国港澳台地区投资企业 194 家,占全市新增企业 0.16%;累计外资企业 2186 家,占全市经济主体总数 0.27%。

【行业分布】 2020 年,南宁市外商与中国港澳台地区投资企业按行业分布:农、林、牧、渔业新增 1 家,占本行业新增企业总数 0.02%,占新增外资企业总数 0.52%;累计 40 家,占本行业企业总数 0.15%,占外资企业总数 1.83%。采矿业无新增;累计 5 家,占本行业企业总数 0.78%,占外资企业总数 0.23%。制造业新增 16 家,占本行业新增企业总数 0.29%,占新增外资企业总数 8.25%;累计 198 家,占本行业企业总数 0.63%,占外资企业总数 9.06%。电力、热力、燃气及水生产和供应业新增 2 家,占本行业新增企业总数 1.09%,占新增外资企业总数 1.03%;累计 13 家,占本行业企业总数 1.15%,占外资企业总数 0.59%。建筑业新增 3 家,占本行业新增企业总数 0.07%,占新增外资企业总数 1.55%;累计 34 家,占本行业企业总数 0.13%,占外资企业总数 1.56%。批发和零售业新增 51 家,占本行业新增企业总数 0.11%,占新增外资企业总数 26.29%;累计 736 家,占本行业企业总数 0.19%,占外资企业总数 33.67%。交通运输、仓储和邮政业新增 5 家,占本行业新增企业总数 0.14%,占新增外资企业总数 2.58%;累计 43 家,占本行业企业总数 0.19%,占外资企业总数 1.97%。住宿和餐饮业新增 27 家,占本行业新增企业总数 0.17%,占新增外资企业总数 13.92%;累计 173 家,占本行业企业总数 0.23%,占外资企业总数 7.91%。信息传输、软件和信息技术服务业新增 6 家,占本行业新增企业总数 0.75%,占新增外资企业总数 3.09%;累计 119 家,占行业企业总数 1.10%,占外资企业总数 5.44%。金融业新增 2 家,占本行业新增企业总数 0.95%,占新增外资企业总数 1.03%;累计 65 家,占本行业企业总数 2.27%,占外资企业总数 2.97%。房地产业新增 7 家,占本行业新增企业总数 0.32%,占新增外资企业总数 3.61%;累计 104 家,占本行业企业总数 0.90%,占外资企业总数 4.76%。租赁和商务服务业新增 21 家,占本行业新增企业总数 0.17%,占新增外资企业总数 10.82%;累计 349 家,占本行业企业总数 0.43%,占外资企业总数 15.97%。科学研究和技术服务业新增 43 家,占本行业新增企业总数 0.43%,占新增外资企业总数 22.16%;累计 211 家,占本行业企业总数 0.44%,占外资企业总数 9.65%。水利、环境和公共设施管理业新增 1 家,占本行业新增企业总数 0.32%,占新增外资企业总数 0.52%;累计 14 家,占本行业企业总数 0.51%,占外资企业总数 0.64%。居民服务、修理和其他服务业新增 5 家,占本行业新增企业总数 0.04%,占新增外资企业总数 2.58%;累计 32 家,占本行业企业总数 0.05%,占外资企业总数 1.46%。教育无新增;累计 1 家,占本行业企业总数 0.06%,占外资企业总数 0.05%。卫生和社会工作新增 1 家,占本行业新增企业总数 0.17%,占新增外资企业总数 0.52%;累计 9 家,占本行业企业总数 0.26%,占外资企业总数 0.41%。文化、体育和娱乐业新增 3 家,占本行业新增企业总数 0.13%,占新增外资企业总数 1.55%;累计 40 家,占本行业企业总数 0.35%,占外资企业总数 1.83%。 (市市场监管局)

农民专业合作社与家庭农场

【农民专业合作社】 2020 年,南宁市新增农民专业合作社 533 家,累计 5757 家。分布情况:兴宁区新增 13 家,累计 127 家;江南区新增 18 家,累计 166 家;青秀区新增 16 家,累计 253 家;西乡塘区新增 25 家,累计 235 家;邕宁区新增 102 家,累计 381 家;良庆区新增 18 家,累计 208 家;武鸣区新增 42 家,累计 607 家;横县新增 42 家,累计 678 家;宾阳县新增 84 家,累计 956 家;上林县新增 36 家,累计 783 家;马山县新增 118 家,累计 974 家;隆安县新增 18 家,累计 312 家;南宁高新区无新增,累计 18 家;南宁经开区无新增,累计 41 家;广西—东盟经开区新增 1 家,累计 18 家。 (苏洁霞)

【家庭农场】 2020 年,南宁市新增家庭农场 192 家,比上年增长 27.15%。累计 1362 家,增长 16.81%。有自治区级示范性家庭农场 21 家,市级示范性家庭农场 35 家。 (罗慧玲)

编辑　陈洪毅

农业 水利

综 述

【概 况】 2020年,南宁市坚持农业农村优先发展,实施乡村振兴战略,发展现代特色农业,推动农村综合改革。第一产业增加值534.36亿元,比上年增长4.7%,农村居民人均可支配收入16130元,增长7.2%。粮食总产量五年来首次增长,粮食生产面积42.44万公顷、增长1.19%,粮食总产量209.28万吨、增长1.86%。水果产量401.23万吨、增长19.1%,蔬菜产量657.02万吨、增长3.64%。肉类总产量57.02万吨、下降1.1%,禽蛋产量2.8万吨、增长8.1%,牛奶产量1.46万吨、增长15.4%。牧业产值191.36亿元,下降4.3%,占农林牧渔业比重22%。生猪及能繁母猪存栏量连续16个月环比双增长,家禽出栏1.82亿羽、增长14.5%。水产品产量22.49万吨、增长2.24%,水产养殖面积2万公顷。市财政投入资金1.4亿元,打造优质粮食、糖料蔗、生猪、优质家禽、蔬菜、特色水果、桑蚕、渔业、茉莉花(茶)等"九大产业"全产业链。南宁市获"中国水牛乳之都"称号,"南宁火龙果""横县甜玉米"获农业农村部农产品地理标志登记认证,全市有效期内"三品一标"(无公害农产品、绿色食品、有机食品、农产品地理标志)产品192个,新增入选广西农业品牌目录品牌12个。横县茉莉花和茉莉花茶综合品牌价值206.85亿元,实现广西最具价值农业品牌四连冠。武鸣沃柑特色农产品优势区获认定为中国特色农产品优势区。有25个现代特色农业示范区入围自治区级核心示范区创建名单。新增自治区级农业龙头企业21家、自治区产业化重点龙头企业19家、市级农业产业化重点龙头企业19家,新增农民专业合作社531家、家庭农场167户。创建县级以上农产品加工集聚区15个,23家农产品加工企业入选2020年广西农产品加工百强企业名单,入选名单数量位列自治区第一。横县获评自治区农产品加工强县。广西富凤农牧集团有限公司、广西一遍天原种猪有限责任公司、南宁精菲生态农业有限公司入围2020年农业农村部畜禽标准化养殖示范场。推进三产融合,新增广西休闲农业与乡村旅游示范点6个。武鸣区获批第三批全国农村创业创新典型县,西乡塘区坛洛镇入选2020年国家农业产业强镇建设名单,青秀区南阳镇施厚村获评2020年中国美丽休闲乡村,武鸣区双桥镇获评第十批全国"一村一品"示范村镇。市农机总动力507.04万千瓦,农机拥有量120.23万台套。主要农作物耕种收综合机械化水平70.64%,增长6.86%。宾阳县获评全国第五批率先实现主要农作物生产全程机械化示范县,南宁市获评全国"平安农机"示范市,青秀区获评自治区"平安农机"示范县区。南宁市农业农村局(简称"市农业农村局")推广节水技术37.21万公顷,水肥一体化技术8.43万公顷;实施测土配方施肥58.71万公顷次,绿色防控34.59万公顷;主要粮食作物实施专业化统防统治面积18.07万公顷。秸秆还田44万公顷,完成自治区下达任务111.9%。农药使用量减少3.29%。推进畜禽养殖废弃物资源化利用,畜禽粪污综合利用率87.48%。累计完成1个市级运营中心、7个县级运营中心及3921个益农信息社建设,益农信息社村级覆盖率100%。抽样检测蔬菜水果、畜禽产品、"瘦肉精"、水产品等14.49万批次,合格14.48万批次,合格率99.86%。完成春秋季集中免疫任务,重大动物疫病免疫密度超99.5%。产地检疫猪302.98万头。检查农资生产经营企业7118家次,立案查处违法违规案件134件。农作物病虫防治面积170.55万公顷次,处置率98.5%,总体危害损失率低于5%。柑橘园黄龙病普查率95%。农用地安全利用完成总面积占自治区下达任务124%。加强桂台农业合作和对外合作,4家企业获2020年第一批桂台农业合作示范基地认定。2020年产业大招商引进农业产业项目7个,累计引进投资额61亿元,全部签约。引进"湾企入桂"农业产业项目3个,投资额12.94亿元,"民企入桂"完成签约引进民企项目6个,投资额54亿元。推进农村集体产权制度改革,完成2018年—2019年清产核资数据录入上报,累计核实农村集体资产237.52亿元。推进经营性资产股份合作制改革,确认村集体经济组织成员525.53万人,量化资产总额31.6亿元,成立村级集体经济组织1508个。上林县被评为全国农村承包地确权登记颁证工作典型地区。推进农村宅基地管理改革,印发《关于做好农村宅基地管理工作的通知》。推进政策性农业信贷担保体系建设,实现新型农业经营主体"建档立卡"业务全覆盖,推荐有融资担保需求新型农业经营主体4298户,金额25.08亿元。区县"5+2"特色产业覆盖率平均为96.49%。举办产业扶贫培训班1084期,培训贫困群众6.17万人次。开展县长"直播带货"8场,销售农产品超100万单,销售额800万元。主要存在农业经济发展受新冠肺炎疫情影响,新建、改扩建规模猪场项目新增产能尚未充分释放,中小规模场复产仍存在一定困难,农业产业链短、产品附加值低、冷链物流程度不高,农业整体效益和竞争力有待进一步提升等问题。 (颜海宁)

【农业产业化发展】 2020年,南宁市克服新冠肺炎疫情影响,调整农业产业发展策略,优化农品生产结构,加强以水果、桑蚕、肉鸡、粮食为重点的特色农产品产业发展,扶持生猪产业,提升农产品精深加工水平,畅通销售渠道;累计发展农业产业化重点龙头企业207家(国家级15家、自治区级49家、市级143家);新增发展自治区农业龙头企业21家,累计81家;新增发展农业产业化联合体11家,累计17家;新增发展农民专业合作社531家,累计5718家;新增发展家庭农场167家,累计1333家。 (黄海宁)

【农业农村基本建设投资】 2020年,南宁市本级财政投资乡村振兴农业全产业链提升项目10大类28个,总投资3.24亿元,年计划投资1.91亿元,安排市本级财政资金3491万元,重点支持生猪、优质家禽、优质大米、蔬菜、特色水果、桑蚕、渔业、茉莉花(茶)、种业、地理标志农产品保护等相关产业、领域提升发展。安排市本级财政切块资金3369.5万元支持贫困区县开展农业产业项目建设,助力脱贫攻坚。推进落实投资160亿元生猪家禽全产业链项目,其中屠宰加工项目产能规模达到年屠宰生猪360万头、肉鸡8500万羽。依托中央财政广西三黄鸡优势产业集群项目,支持家禽重点龙头企业通过"强联补链延链"建设肉鸡屠宰加工项目,完善优势家禽产业链。 (李亦菁)

【农业交流合作】 2020年,南宁市实施境外农业合作示范区建设。组织广西瀚林农业科技有限公司、广西美大水科生态科技有限公司申报农业对外合作"两区"建设项目——2020年马来西亚—中国(广西)农业合作示范区项目,获项目补助200万元;基本完成项目基础设施建设、设施设备购置安装和农业合作示范区建设规划编制等。开发引进适宜养殖优良品种罗非鱼、鲈鱼100万尾,养殖示范5000立方米。实施桂台农业合作示范基地建设,组织市百果香农业投资有限公司申报桂台农业合作示范基地建设——上林县桂台农业合作毛塘百香果种植示范基地项目,获项目补助50万元。建成符合中国台湾百香果生产技术要求的连片百香果标准化种植基地33.33公顷,引进中国台湾百香果新品种"台农一号""满天星""台湾黄金百香果"等,年销售额超500万元。开展技术交流与培训,邀请中国台湾、澳大利亚、越南等地百香果行业专家到基地考察交流指导,畅通境内外百香果种植技术交流渠道。利用上林县桂台农业合作毛塘百香果种植示范基地,市县农业部门与上林县科协、扶贫办、创富办联合举办中国台湾百香果种植技术培训班,培训种植户200户。 (林为兵)

种植业

【概　况】 2020年,南宁市落实国家、自治区关于保障粮食安全的重大决策部署,坚持一手抓新冠肺炎疫情防控、一手抓农业生产,压实粮食安全行政首长负责制,做好粮食生产。全市农作物播种面积97.61万公顷、比上年下降0.1%。其中:粮食种植面积42.44万公顷、增长1.2%;经济作物种植面积55.17万公顷、下降1.1%,其中甘蔗种植面积13.04万公顷、下降6.2%,油料种植面积5.04万公顷、下降0.9%,蔬菜种植面积27.30万公顷、增长2.2%。经济作物种植面积占农作物总播种面积56.5%,粮食作物与经济作物种植面积比例为1∶1.3。粮食总产量209.28万吨、增长1.9%,蔬菜产量657.02万吨、增长3.64%,水果产量401.23万吨、增长19.07%,甘蔗产量1091.94万吨、下降7.6%,花生产量15.14万吨、下降1.9%,木薯产量21.24万吨、下降3.3%。主要存在蔬菜种植机械化程度低等问题。

(市统计局　李思瑶)

【稻谷生产】 2020年,南宁市以绿色高质高效创建活动为抓手,巩固宾阳县水稻绿色高质高效创建成果,推进横县整县制绿色高质高效创建活动,实施农药化肥零增长行动,发展绿色生态农业和富硒农业,通过适用优化品种结构、统防统治与绿色生态种养样板示范带动,推动绿色高质农业发展。在宾阳县、横县、上林县、马山县、隆安县、武鸣区、邕宁区7个主产区发展优质稻,在横县、宾阳县、隆安县3个优势区发展绿色稻、富硒稻,在宾阳县、青秀区、邕宁区发展有机稻。水稻播种面积26.95万公顷、比上年增长2.7%,其中优质稻23.5万公顷。水稻公顷产5479.88千克、增加0.2%,总产量147.71万吨、增加2.8%。主要品种有百香139、珍桂矮、佛山油粘、丝香一号等;杂交稻有特优7571、特优831、野香优2号、野香优9号、中浙优8号等品种。

【玉米生产】 2020年,南宁市在玉米主产区武鸣区、马山县、隆安县、横县发展优质杂交玉米,适度发展鲜食甜玉米、功能玉米、青贮玉米等。玉米播种面积11.02万公顷、比上年增加0.8%,公顷产4900.07千克、减少0.2%,总产量54.01万吨、增加0.7%。推广应用玉米套种大豆、玉米套种木薯、玉米套种花生种植模式。主推正大808、迪卡008、迪卡007等品种。

【豆类生产】 2020年,南宁市豆类播种面积2.16万公顷、比上年减少4.8%,公顷产1559.21千克、增加5.1%,总产量3.37万吨、增加0.3%。主要种植桂春6号、桂春8号、桂夏3号等品种。

【薯类生产】 2020年,南宁市薯类播种面积2.27万公顷、比上年减少6.2%,公顷产1817.57千克、减少6.1%,总产量折合粮食4.12万吨、减少12.2%。以公司(企业)、种植大户为主体连片开发,采用"果薯套种""蕉薯套种"等种植模式,马铃薯播种面积5876.3公顷、减少23.28%,总产量折合粮食1.18万吨、减少35.87%。主推荷兰15号(费乌瑞它)、希森3号、合作88、大西洋、丽薯6号、桂农薯、内蒙系列等品种。

2020年2月,南宁市横县校椅镇蔬菜基地大白菜采收　　市农业农村局提供

【蔬菜生产】 2020年，南宁市继续实施蔬菜产业发展提升行动，扶持蔬菜基地建设3个，市本级财政安排蔬菜基地建设项目资金400万元，推进蔬菜标准化生产，补助蔬菜基地基础设施和生产、采后处理预冷运输环节的设施建设。全市蔬菜播种面积27.30万公顷、总产量657.02万吨，分别比上年增长2.2%、3.6%，总量保持自治区第一。其中，叶菜类种植8.66万公顷、产量200.60万吨，白菜类2.68万公顷、65.07万吨，根茎类2万公顷、52.24万吨，瓜菜类4.95万公顷、137.87万吨，茄果类4.35万公顷、102.04万吨。

【油料生产】 2020年，南宁市油料作物播种面积5.04万公顷，比上年减少0.9%，总产量15.29万吨、减少1.8%。发展高产优质油料新品种，重点推广中花11、桂花17、桂花21、梧油7号、桂花红35、桂花红95、桂花772等花生品种。

【食用菌生产】 2020年，南宁市食用菌产量16.03万吨、比上年减少22.6%。主产区横县，产量13.4万吨，占全市食用菌产量83.6%，主要品种有双孢蘑菇、杏鲍菇、秀珍菇、凤尾菇、香菇、木耳、平菇、茶新菇等。在隆安县发展猪肚菇、灵芝等药食同源珍稀品种种植，通过温控、喷淋循环降温、高低温菇循环种植等技术，实现食用菌周年工厂化生产。以横县为试点开展秸秆综合利用试点县项目，通过综合利用水稻秸秆收集，开展培育双孢菇基料化利用，提高农作物秸秆消纳潜力与效益，基料经二次发酵种植过双孢菇后留下的菌糠直接当作有机肥用于农业生产，提高生产技术水平。　（李思瑶）

【糖料蔗生产】 2020年，南宁市糖料蔗种植面积12.78万公顷、比上年减少5.57%，产量1060.40万吨、减少6.47%。推广粤糖93/159、新台糖22号、新台糖16号、桂柳05136、桂糖42号等品种，全市良种率超90%。完成糖料蔗脱毒健康种苗推广任务，核定新植面积3.98万公顷，配套补助蔗农、合作社、种植企业、农场和其他实际种植者507.2万元。甘蔗耕种收综合机械化水平66.51%。自治区下达南宁市高效机收糖料蔗生产全程机械化示范基地建设后补助项目2个，分别由宾阳县农业农村局、横县农业农村局承担，项目实施单位为广西慧拓农业发展有限公司、广西高丰农业有限公司，补助资金各200万元。

【茶叶生产】 2020年，南宁市茶园总面积2666.67公顷、与上年持平，产量0.4万吨、增长5%。采摘面积2426.67公顷、持平，主要分布在武鸣区、横县、上林县，主要栽培南山白毛茶、六堡茶、福云六号、福鼎大白、瑞灵1号、云南大叶茶、铁观音、大明山红茶和绿茶等品种，有"金花""周顺来""聖種"牌南山白毛茶、"聖種"牌六堡茶、圣山茶、六凤茶等品牌。有涉茶自治区级龙头企业6个、茶叶加工厂165个，通过有机产品认证茶叶基地3个(广西南山白毛茶茶业有限公司、广西金花茶业有限公司、横县桔扬茶业有限公司)，通过无公害认证企业2家(横县南方茶厂、广西顺来茶业有限公司)，通过地理标志产品认证1个(横县茉莉花茶)。"聖種"茶叶品牌价值评估1.49亿元，入围中国茶叶企业产品品牌100强。　（谭雅中）

【茉莉花(茶)生产】 2020年，南宁市茉莉花种植面积8000公顷，年产茉莉鲜花9.5万吨、比上年增长5%，年均花价每千克20元，产值19亿元；茉莉盆景700万盆，增长33%，年销售额超6000万元，茉莉花(茶)产业综合年产值125亿元。横县有花茶企业超130家，其中自治区级农业产业化重点龙头企业2家(广西南山白毛茶茶业有限公司、横县南方茶厂)，市级农业产业化龙头企业6家(广西金花茶业有限公司、横县桔扬茶业有限公司、广西顺来茶业有限公司、广西春之森茶业有限责任公司、广西茉莉芬芳茶业股份有限公司、横县长海茶厂)。南宁市横县获中国茶叶流通协会授予"2020茶业百强县""'十三五'茶业发展十强县""2020茶业最佳投资县域"，长海茶厂"香茹怡茉"牌"长海极萃"茉莉花茶获第17届中国—东盟博览会指定国宾礼茶，广西顺来茶业有限公司获中国茶叶流通协会授予"2020年度茶业新锐十强企业"称号。　（黄海宁）

【果用瓜生产】 2020年，南宁市果用瓜种植4.55万公顷、比上年减少4.3%，产量111.72万吨、减少10.47%。南宁市是全国西瓜主产区之一，主要分布在江南区、南宁经开区、西乡塘区、良庆区、武鸣区、横县，主要栽培品种有小麒麟、黑美人、小富、花无籽等。甜瓜主要分布在西乡塘区、武鸣区、青秀区、广西—东盟经开区等，主要栽培品种广蜜1号、丰甜1号、珍珠香瓜等薄皮甜瓜及北海1号厚皮甜瓜。西甜瓜种植推广膜下滴灌等技术和间套种栽培模式，厚皮甜瓜主要采用大棚栽培模式。

【中药材生产】 2020年，南宁市促进中医药壮瑶医药传承创新，推动中药材产地标准化种植和初加工标准化、规模化、集约化，提升生产效率，促进流通使用，推行"企业+合作社+基地+农户"的农业产业化发展模式，为贫困户提供相关就业技能培训服务、就业信息、就业机会，帮助农户脱贫致富。全市中药材种植面积1.35万公顷，种植(养殖)品种主要有铁皮石斛、八角、佛手、莪术、郁金、牛大力、金银花、吴茱萸、鸡血藤等，主要分布在邕宁区、宾阳县、上林县、隆安县、马山县、良庆区、兴宁区、横县、武鸣区、青秀区、江南区、西乡塘区、广西—东盟经开区。中药材产量2.93万吨、销售总额2.91亿元，引进和培育中药种植企业32家、中药生产企业25家(中药饮片加工企业6家、中成药生产企业19家)。青秀区金花小镇、江南区弄峰山铁皮石斛种植基地、宾阳县佛手莪术郁金中药材种植示范基地3个中药材种植单位入选首批自治区中药材种植示范基地，西乡塘区鸡血藤种植基地获自治区认定为首批"定制药园"。　（谭雅中）

【桑蚕生产】 2020年，南宁市制定"3稳2保1推进"(稳蚕农信心、稳养蚕连续性、稳桑园面积，保桑蚕产业基本盘、保桑蚕产业扶贫成果，推进以家庭农场为载体的适度规模养蚕)工作目标，保障桑蚕生产。全市桑园面积3.31万公顷、比上年减少8.43%，发种量170.1万张、减少13.1%，累计产鲜茧7.82万吨、减少5.82%，农民卖茧收入25.5亿元，减少25.53%。有缫丝加工企业19家，缫丝机组6.98万绪、减少5.42%，生丝产量3919吨、减少11%，生丝质量4A～6A级，缫丝企业产值16.79亿元，减少6.1%。　（宋桂荣）

【水果生产】 2020年，南宁市水果种植面积14.84万公顷、比上年增长2.66%，产量401.23万吨、增长19.1%。主要水果品种有柑橘、香蕉、火龙果、龙眼、荔枝、百香果等。其中，柑橘7.27万公顷，产量202.04万吨，主要分布在武鸣区、上林县、隆安县、西乡塘区、横县、宾阳县、邕宁区等；香蕉2.8万公顷，产量121.9万吨，主要分布在武鸣区、西乡塘区、隆安县等；火龙果1.17万公顷，产量31.45万吨，南宁市是全国最大的火龙果产区，主要分布在隆安县、武鸣区、良庆区、邕宁区等；荔枝0.70万公顷，产量3.05万吨，主要分布在良庆区、邕宁区、横县；龙眼0.76万公顷，产量6.95万吨，主要分布在武鸣区、邕宁区、良庆区、横县；百香果0.32万公顷，产量5.97万吨；杧果0.25万公顷，产量2.71万吨；菠萝103.5公顷，产量0.17万吨；梨402.29公顷，产量1.28万吨；枣471公顷，产量0.08万吨；柿子236.93公顷，产量0.90万吨；李457.52公顷，产量0.66万吨；桃222公顷，产量0.30万吨；葡萄1302.39公顷，产量2.68万吨。3月3日、

4月15日,鸣鸣果园沃柑2次远销加拿大,实现南宁沃柑出口海外零突破;4月,"南宁火龙果"获国家农产品地理标志登记保护,是第二个以邕字头冠名的地理保护标志登记水果产品,成为农业农村部扶持地理标志农产品保护对象,获中央财政支持资金318万元。 (陆 丹)

林 业

【概 况】 2020年,南宁市林业产业总产值888.37亿元,其中第一产业产值286.37亿元;第二产业产值490.28亿元,其中木材加工和木、竹、藤、棕、苇制品制造产值336.88亿元,木、竹、苇浆造纸和纸制品产值76.25亿元,林产化学产品制造产值5.52亿元;第三产业产值111.73亿元。人造板产量895.99万立方米、花卉及其他观赏植物种植产值50.03亿元、林业旅游与休闲服务产值88.23亿元、林下经济产值77.31亿元。完成植树造林1.78万公顷,森林抚育4.38万公顷,全民义务植树1019.6万株。全市林地面积110.39万公顷,其中自治区级以上生态公益林32.52万公顷。全市森林覆盖率48.78%。主要存在森林资源保护工作压力大、措施软、积案多,基层防治检疫机构不健全等问题。

【集体林权制度改革】 2020年10月17日,市政府办公室印发《南宁市林权登记档案资料移交工作方案》,林权档案资料从林业部门移交至不动产登记机构,林权登记纳入不动产登记范围。全市政策性森林保险(含区直林场)投保面积42.98万公顷,其中公益林投保29.18万公顷、商品林投保13.80万公顷。

【森林资源】 2020年,南宁市林地面积110.39万公顷,其中自治区级以上生态公益林32.52万公顷;森林覆盖率48.78%。有野生维管束植物248科1254属3988种,野生脊椎动物5纲41目135科408属727种。

【造林育林】 2020年,南宁市植树造林1.78万公顷、完成年度任务121.5%,其中人工造林3109.60公顷、封山育林2166.70公顷、退化林修复107公顷、其他造林(含萌芽更新)1.24万公顷。石漠化治理封山育林2166.67公顷、完成年度任务100%,珠防林工程106.67公顷、完成年度任务100%,优化树结构桉树更新改造720公顷、完成年度任务69.5%,森林抚育4.38万公顷、完成年度任务109.6%,全民义务植树1019.6万株、完成年度任务102%。

【林业种苗】 2020年,南宁市苗木产量4138万株、比上年增加8.55%,其中桉杉松460万株、珍贵阔叶树种苗木177万株、经济林苗木844万株。实际用苗1990万株,下降5.78%,其中桉杉松407万株、经济林苗木226万株、珍贵树种苗木75万株。开展打击假冒伪劣林木种苗和植物新品种权保护专项行动1次,检查49家造林苗圃、经济林苗圃、城镇绿化苗圃的林木种苗生产经营许可等,督促27家查验不合格企业整改。南宁市林业局(简称"市林业局")组织技术人员对珍贵树种种质资源调查,形成南宁市珍贵树种种质资源调查报告,对主要珍贵树种利用提出评价意见。

【花卉产业】 2020年,南宁市花卉苗木产业产值50.03亿元。1月10日,市林业局承办2020年广西迎春花市,布展1790平方米。10月16日至18日,组织23家重点单位和企业到桂林市参加第一届广西花卉苗木交易会,获优秀组织奖;展品获特等奖1个、金奖6个、银奖5个、铜奖4个。

【国有林场】 2020年,南宁市有国有林场10个,其中市属1个(丁当林场)、区县管辖9个(横县石塘林场、横县镇龙林场、宾阳县黎塘林场、马山县光明山林场、马山县永州林场、隆安县礼智林场、邕宁区八里亭林场、良庆区南州林场、武鸣区朝燕林场)。经营总面积3.98万公顷;活立木蓄积量294.58万立方米,其中天然林蓄积29.41万立方米。人工造林面积5805.86公顷(含场外造林1300.82公顷),其中速生丰产林面积4505.04公顷,人工更新面积728.76公顷,低产低效林改造面积267.5公顷,森林抚育5144.1公顷,木材产量16.9万立方米。

【林下经济】 2020年,南宁市推广"龙头企业+专业合作社+基地+农户"运作模式,推动形成"龙头企业、专业合作组织带动,农民共同参与"的林下经济发展局面。林下经济发展面积19.20万公顷,林下经济产值77.31亿元,从事林下经济农户13.86万户,惠及林农72.54万人,新增林下经济专业合作社4家,累计65家。

【木材加工】 2020年,南宁市木材加工业产值449亿元,人造板产量896万立方米。横县新威林板业有限公司定向刨花板生产线、乐林集团高密度薄板生产线技改等重大项目建成投产,重点支持横县现代林业产业园、兴宁高端绿色家居产业园建设。市林业局组织明源木业等重点企业赴玉林市参加首届广西家具家居博览会,其中明源木业参展的定制衣柜面板获特等奖。

【森林旅游】 2020年,南宁市有森林公园8处,总面积7612.74公顷。其中,国家级森林公园2处(良凤江国家级森林公园、横县九龙瀑布群国家森林公园),自治区级森林公园6处(武鸣朝燕森林公园、七坡森林公园、南宁市五象岭森林公园、老虎岭森林公园、金鸡山森林公园、高峰森林公园)。获国家林业和草原局、民政部、国家卫生健康委员会、国家中医药管理局评定为第一批"国家森林康养基地"1个(广西大明山自然保护区),广西森林旅游资源开发利用与服务质量评定专家委员会评定"花卉苗木观光基地基地"1个(南宁南国紫薇园花卉苗木观光基地)、"四星级森林人家"3个(南宁侯哥花果山森林人家、南宁威宁生态园森林人家、南宁拉最壮家美食森林人家)。累计获评定国家A级森林旅游景区10家,其中国家AAAAA级景区1家(南宁青秀山风景旅游区),国家AAAA级景区8家(广西大明山风景旅游区、南宁市良凤江森林旅游区、隆安龙虎山风景区、横县九龙瀑布群景区、广西高峰森林公园、花雨湖生态休闲旅游区、马山水锦·顺庄旅游景区、南宁龙门水都旅游景区),国家AAA级景区1家(南宁市凤凰谷景区)。林业旅游与休闲服务产值88.23亿元,接待游客1885.45万人次。

【林业招商与林业产业龙头企业】 2020年,南宁市纳入广西林业招商引资项目库项目9个。引进南宁七彩世界森林旅游度假区(投资300亿元)、中林生态城(投资200亿元)、蛇医药制剂生产(投资1亿元)、蛇药用加工(投资7000万元)等重点项目,其中中林生态城一期工程、蛇医药制剂生产、蛇药用加工3个项目开工建设。有自治区级以上现代林业龙头企业30家,新增9家(广西润展农业投资有限公司、广西绿城园林工程有限公司、广西锦一方园林绿化有限公司、广西上林福人湖休闲农业综合开发有限公司、广西鑫赞建设工程有限公司、广西拓远市政工程有限公司、广西亿成花王生物科技有限公司、南宁市卉芜园林有限责任公司、广西增年林农发展有限公司)。

【林政管理】 2020年,南宁市许可采伐林木蓄积量539万立方米,比上年增长8.25%,155个建设项目获许可长期使用林地1807.61公顷。兑付森林生态效益补偿项目公益林管护补助资金6999.57万元,签订公益林管护合同31.24万公顷,资金兑付率 94.63%。森林公安机关立刑事案件 1012 起，破 765 起，取保候审 656 人，刑事拘留 55 人，逮捕 49 人，直接起诉 417 人。林业执法机构办理林业行政案件 579 起，结案 518 起，行政处罚 507 人，罚款 1467.11 万元。

【森林防火】 2020 年，南宁市发生森林火灾 19 起（一般森林火灾 15 起、较大森林火灾 4 起），过火面积 86 公顷，受害森林面积 8.39 公顷。无重大、特大森林火灾发生，森林受害率控制在 0.0076‰以内。

【林业有害生物发生与防治】 2020 年，南宁市有市级森林病虫害防治机构 1 个，有县级森林病虫害防治机构 7 个（横县、宾阳县、上林县、马山县、隆安县、邕宁区、武鸣区），武鸣区、宾阳县、马山县、横县、隆安县为国家级中心测报点。全市林业有害生物发生面积 6363.67 公顷，发生种类主要为松材线虫病、薇甘菊、桉树紫斑病、桉树青枯病、桉树叶斑病、八角叶甲、桉蝙蛾、油桐尺蛾、马尾松毛虫及其他害虫；成灾面积 436.20 公顷，成灾种类为桉树青枯病、松材线虫病、马尾松毛虫、薇甘菊，成灾率 0.42‰。松材线虫病累计发生 182.28 公顷，分布区域为兴宁区、西乡塘区（含南宁高新区）、江南区（含南宁经开区）、青秀区、横县、武鸣区等区县部分乡镇（街道）；林地薇甘菊累计发生 89.07 公顷，分布区域为上林县、江南区、青秀区、武鸣区；桉树紫斑病累计发生 173.20 公顷，分布区域为隆安县；桉树青枯病累计发生 41.47 公顷，分布区域为马山县、横县；桉树叶斑病累计发生 127.85 公顷，分布区域为武鸣区、马山县、宾阳县；八角叶甲累计发生面积 200 公顷，分布区域为上林县；桉蝙蛾累计发生 605.60 公顷，分布区域为江南区、武鸣区、隆安县、马山县、宾阳县、横县；桉袋蛾累计发生 1.60 公顷，分布区域为江南区、邕宁区；油桐尺蛾累计发生 917.27 公顷，分布区域为江南区、武鸣区、马山县、宾阳县、横县；马尾松毛虫累计发生 3918.73 公顷，分布区域为青秀区、江南区、武鸣区、马山县、上林县、横县；其他害虫累计发生 106.60 公顷。林业有害生物监测任务 1.38 亿亩次，投入防治经费 677.19 万元，监测调查 1.40 亿亩次，实施防治作业 3852.40 公顷，其中应用白僵菌、松墨天牛诱剂等无公害农药实施防治作业面积 3733.80 公顷，无公害防治率 96.92%。应施种苗产地检疫面积 804.33 公顷，实施种苗产地检疫面积 804.33 公顷，种苗产地检疫率 100%。实施木材调运检疫 179.2 万立方米。开展春秋两季松材线虫病专项普查和每月巡查，调查松林面积 15.39 万公顷，松材线虫病发生面积 182.28 公顷，疫情发生区发现和清除枯死松木 9171 株（兴宁区 3285 株、西乡塘区 3182 株、江南区 293 株、青秀区 2130 株、横县 238 株、武鸣区 43 株）。开展春秋两季薇甘菊专项普查，调查林地面积 3105.36 万亩次，发现薇甘菊分布面积 221.41 公顷，防治面积 144.09 公顷，林地薇甘菊盖度小于 15%。 （梁惠萍）

【农村能源建设】 2020 年，南宁市有农村能源机构 16 个，其中市级 1 个、县级 15 个。新建自治区财政林业改革发展资金中小型农村有机垃圾沼气工程项目 13 个，总池容 2360 立方米，总投资 340 万元。新建自治区财政林业改革发展资金农村太阳能公共照明示范项目 15 个，总投资 150 万元。 （市农业农村局）

【山林纠纷调处】 2020 年，南宁市自然资源局根据《关于进一步明确我市土地山林权属纠纷调处职责的通知》精神；5 月，成立山林权属纠纷调处办公室，从市自然资源局、市林业局抽调人员专门负责市本级和上级交办的山林权属纠纷调处。组织完成横县六景镇那莫村那宏经联社与青秀区伶俐镇望齐村水通坡山林权属纠纷、江南区江西镇同江村三江坡与西乡塘区金陵镇兴贤村新联坡长渌岭一带山岭山林土地权属纠纷案件的调查取证。9 月 18 日、12 月 12 日，市政府对以上 2 宗历时 40 多年的山林权属纠纷案件分别作出处理决定。 （市自然资源局）

【林业科技与推广】 2020 年，南宁市获林业科技项目资金 277.10 万元（中央财政 123 万元、自治区财政 130 万元、市科学技术局 3.8 万元、其他经费 20.3 万元），实施及管理的林业科技项目 15 个。市林业局利用全国科技活动周、科技下乡、林业系统科普大行动开展科普宣传活动、科技下乡扶贫，开展科技下乡指导培训 27 次、自治区内林业科技交流 7 次。《提高格木成活率的嫁接方法》《一种香椿采穗圃营建的方法》申报专利通过初审。通过自治区林业局、市林业局主持验收的项目 3 项（中央财政 1 项、自治区财政 2 项）。 （梁惠萍）

2020 年 11 月 12 日，武鸣区林业局组织技术人员对甘圩镇唐历村进行林地薇甘菊防治
市林业局提供

畜牧业

【概 况】 2020 年，南宁市主抓生猪恢复生产，重点打造生猪、家禽全产业链，促进畜禽产业转型升级，推动养殖产业扶贫，发展“短平快”肉禽产业，肉类市场整体供应充足。肉类产量 57.02 万吨、比上年下降 1.1%，其中猪肉产量 24.22 万吨、下降 10.5%，生猪出栏 319.48 万头、下降 9.3%，生猪存栏 229.03 万头、增长 18.7%。禽蛋产量 2.8 万吨、增长 8.1%，牛奶产量 1.46 万吨、增长 15.4%。牧业产值 191.36 亿元，下降 4.3%，占农林牧渔业比重 22%。主要存在生猪恢复生产任务依旧艰巨，新建、改扩建规模猪场建设项目新增产能尚未充分释放，非洲猪瘟疫情防控形势依然严峻，中小规模场复产仍存在困难等问题。

【畜禽养殖】 2020 年，南宁市实施强首府战略，抓好生猪稳产保供，围绕强龙头、补链条、增效益，做优做强生猪百亿元产业，打造三黄鸡优势特色产业集群，促进畜禽产业高质量发展，引进牧原集团、新希望集团、正邦集团、海大集团、双胞胎集团等大型企业，投资建设饲料加工、种苗繁育、生态养殖、屠宰加工、品牌培育等生猪、家禽全产业链,推进投资总额160多亿元的生猪、家禽重点项目开(竣)工。全市生猪出栏319.48万头、比上年下降9.3%,生猪存栏229.03万头、增长18.7%,其中能繁母猪存栏26.61万头、增长21.89%。全产业链项目攻坚行动落地项目55个(投产12个、在建25个、开展前期18个),其中武鸣牧原40万头基地、新希望35万头基地、宾阳牧原6万头基地投产,宾阳县益豚生态农业有限公司、广西正邦畜牧发展有限公司、广西首牧种猪育种有限公司、马山县双胞胎乔利畜牧有限公司等大型种猪基地存栏超万头,新增生猪存栏17.4万头、能繁母猪存栏5.3万头。全市家禽出栏1.82亿羽、增长14.5%,年末家禽存栏6145.34万羽、下降2%。争取中央财政资金4620万元,支持兴宁区、西乡塘区、邕宁区、隆安县开展三黄鸡优势产业集群建设,依托广西富凤农牧有限公司、广西金陵农牧集团有限公司、隆安凤翔家禽有限责任公司、南宁市广东温氏畜禽有限公司等国家级、自治区级重点龙头企业,计划总投资2.2亿元,用3年时间,建设标准化良种基地3个、示范合作社8个、示范家庭农场12个、肉鸡屠宰加工厂3个,打造广西三黄鸡优势产业集群;全年开工子项目24个,建成良种繁育基地3个。良凤花鸡、金陵麻鸡、金陵黄鸡、金陵花鸡、金陵黑凤鸡5个配套系被国家畜禽遗传资源委员会评定为国家级畜禽新品种(配套系)。组织实施国家粮改饲项目、奶牛家庭农场和奶农合作社项目及牛羊现代生态养殖示范场建设项目等,对收贮青贮玉米、甘蔗尾稍、优质牧草等进行补贴,通过"以养带种"推进种植结构调整,"以种带养"发展草食动物养殖,扩大牛羊生产规模;依托青秀田野牧歌肉牛产业示范区、上林山水牛扶贫产业(核心)示范区、武鸣香山源种羊产业示范区、隆安桂西牛养殖产业示范区等自治区级、市级现代特色农业(核心)示范区,加快节粮型草食动物产业发展。全市牛出栏14.65万头、增长6.1%,牛存栏43.58万头、下降0.2%,羊出栏16.98万只、增长1.25%,羊存栏21.06万只、增长0.8%。组织实施品种改良,完成牛杂交配种5.98万头,生产杂交牛犊4.19万头(含本交),其中黄牛2.90万头、水牛1.27万头、奶牛259头;完成自治区下达的人工授精杂交配种黄牛、水牛年度任务123%、135%。引进努比亚等优秀种公羊个体,对马山黑山羊等本地山羊品种进行改良,全市有种公羊1983只,其中良种公羊存栏1706只,带动羊杂交改良配种14.18万只,产仔22.41万只。

【生态养殖】 2020年,南宁市推广畜禽生态养殖模式,鼓励种养有机结合,发展生态立体循环农业。推广栏舍生态化建设改造及微生物、酶制剂养殖技术应用,指导建设生态养殖及养殖废弃物资源化利用设施,促进有机肥生产、粪肥资源循环利用;推广应用饲料精准配方、全程益生菌发酵技术,提高饲料转化效率和养殖效益;推行农作物秸秆饲料化利用,促进循环农业发展。累计通过自治区畜禽现代生态养殖场认证畜禽规模养殖场746家(五星39家、四星229家、三星478家),认证通过比例超90%。投入财政资金1.35亿元,在武鸣区、横县、宾阳县、青秀区等地实施中央、自治区财政畜禽粪污资源化利用整县推进项目。全市畜禽规模养殖场粪污处理设施装备配套率99.08%,大型规模养殖场粪污处理设施装备配套率100%,畜禽粪污综合利用率87.48%。

【生鲜乳生产与管理】 2020年,南宁市奶牛存栏5288头(奶水牛2920头),牛奶产量1.46万吨、增长15.4%。设立生鲜乳收购站10个(奶企奶站4个、养殖场奶站5个、合作社奶站1个),配套生鲜乳运输车15辆(生鲜乳收购站自有2辆、乳制品企业自有11辆、运输服务公司车辆2辆)。组织开展全覆盖的生鲜乳专项整治行动,出动人员167人次,检查生鲜乳收购站70家次、检查生鲜乳运输车31辆次,完成市级生鲜乳质量安全监督抽检390批次、生鲜乳抽样送检任务96批次,主要检测生鲜乳中的三聚氰胺、β-内酰胺酶、皮革水解蛋白、碱类物质、青霉素残留、四环素残留等情况,检测合格率100%。

(许丽丹)

【重大动物疫病强制免疫】 2020年,南宁市免疫生猪、牛、羊牲畜口蹄疫分别为686.43万头、45.57万头(含A型)、21.64万只,免疫鸡、鸭、鹅高致病性禽流感分别为1.43亿羽、5296.19万羽、93.22万羽,免疫生猪猪瘟650.16万头次、高致病性猪蓝耳病260.87万头,免疫家禽鸡新城疫1.46亿羽,免疫羊小反刍兽疫21.08万只,免疫犬狂犬病32万只。各类兽用疫苗入库6635.71万毫升(万头份、万羽份),发放6589.48万毫升(万头、万羽份)。动物疫情平稳,未发生重大动物疫情。

【动物检疫】 2020年,南宁市加强对上市畜禽及其产品的产地检疫、屠宰检疫。125个动物产地检疫申报点电子出证实施率100%,17个畜禽屠宰场屠宰检疫电子出证实施率100%。持续加强对区县产地检疫、屠宰检疫的监督管理,督促区县动物卫生监督机构加强对辖区内官方兽医动物检疫的监管;全市动物产地检疫申报受理率、到场实施检疫率均为100%;产地检疫生猪372万头、牛7.07万头、羊0.26万只、禽类2.82亿羽(只);有屠宰场22家(定点生猪屠宰厂17家、家禽屠宰企业4家、生猪及家禽屠宰企业1家),动物卫生监督机构全部入驻实施检疫,受检率100%;屠宰检疫生猪229.62万头(检出病猪1075头),屠宰检疫合格牛3.37万头(检出病牛2头),家禽4313.69吨(未发现问题家禽)。

【动物疫病监测】 2020年,南宁市完成15个区县(开发区)、30个乡镇、30个村、562户散养户、478个规模养殖场现场检查,高致病性禽流感、新城疫、口蹄疫、猪瘟、小反刍兽疫应免畜禽群体免疫密度均为100%。完成血清免疫抗体检测11.47万份,合格10.99万份,合格率95.77%;病原学检测1.20万份,其中猪口蹄疫病原学检测出1份核酸阳性,其余为阴性,合格率99.99%。

【非洲猪瘟防控】 2020年,南宁市采取落实生猪养殖场网格化管理、日排查日报告、消毒灭源、非洲猪瘟监测、打击私屠滥宰、打击违法违规调运生猪百日专项行动等措施防控非洲猪瘟,全年未发生非洲猪瘟疫情。累计排查养猪场3.9万个次,散养户6.2万户次,屠宰场3110个次,无害化处理场点2925个次,排查生猪3924.69万头次,未发现异常。消毒生猪养殖场1.50万场次、无害化处理场72场次、病死动物收集(掩埋)点251个次、饲料兽药生产经营场所2828场次、定点屠宰场404场次、肉品加工厂4个次、生猪产品交易市场2658场次、冷库480个次和运输车辆6542车次,使用消毒药433.05吨。对养殖环节、屠宰环节、病死猪无害化处理环节、消毒灭源环节进行采样监测,检测猪全血9470份、猪组织522份、猪肉及制品22份,环境样棉拭子3774份,猪眼鼻、肛口拭子857份,其中18份环境样检测结果为非洲猪瘟核酸阳性(已对相关场所消毒灭源)。出动执法人员1935人次开展生猪私屠滥宰违法行为打击行动577次,没收生猪产品47.80吨、活猪99头(已进行无害化处理)。出动执法人员137人次、车辆45台次开展生猪调运专项打击行动,开展生猪运输车辆备案审核856辆次、运输台账监管(轨迹跟踪)1045辆次,对辖区63家生猪养殖场进行监督检查,排查运输车辆82辆次,涉及生猪数量

2020年6月10日，市农业农村局工作人员在广西洁源动物无害化处理有限公司进行非洲猪瘟流行病学监测采样 孙婧 摄

2692头。监控来自自治区外生猪调运情况，查处涉嫌非法调运车辆案件2起，查处违法调运生猪96头。

【病死动物监管】 2020年，南宁市各级农业主管部门和动物卫生监督机构落实专人负责养殖环节病死猪无害化处理报表的统计上报和补助申报核实管理等工作。2019年3月至2020年2月，养殖环节统计上报监督处理病死猪40.06万头(区间数)，补助经费3204.63万元(中央2403.47万元、自治区400.58万元、市200.29万元、区县200.29万元)。区县按要求公示通过“一卡通”形式发放养殖环节病死猪无害化处理补助经费。完成区县级病死猪监管平台体系建设，涵盖畜禽养殖场(户)、动物防疫合作社、病死畜禽集中收集暂存点、无害化处理中心等全方位管理信息，实现对病死畜禽收集、入库、调运、处理等环节的无缝监管。

【人畜共患病监测】 2020年，南宁市组织开展奶牛布鲁氏菌病和结核病集中监测，检测家畜布鲁氏菌病血清0.82万头次、奶牛结核病血清4756头次，检出并无害化处理布鲁氏菌病阳性家畜6头。血吸虫病检测706份；宠物犬狂犬病抗体检测596份次，抗体阳性率98.40%。

【兽药安全监管】 2020年，南宁市结合非洲猪瘟防控工作部署，强化养殖投入品监管，加强对兽药经营企业执行兽药GSP(经营质量管理规范)情况、兽药经营出入库台账的监管，加强养殖场落实动物产品质量主体责任和兽药采购及使用等记录情况的监管。全市有兽药生产企业10家、兽药经营企业494家，全部兽药生产经营企业实现GSP平台100%追溯管理。兽药质量抽检51批，合格率100%；兽药残留抽样35批，合格率100%；协助河南郑州兽药监察所风险监测抽样45批次，合格率100%。区县办结兽药违法案件7起，罚没款1.10万元。 (林 贤)

渔 业

【概 况】 2020年，南宁市水产品产量22.49万吨、比上年增长2.24%，其中淡水养殖产量21.48万吨、淡水捕捞产量1.01万吨。水产养殖面积2万公顷，其中池塘养殖面积9192公顷、水库养殖面积9716公顷、河沟养殖面积898公顷、其他养殖面积196公顷。主要存在渔业产业链不完善、缺乏深加工等问题。

【水产养殖】 2020年，南宁市重点推进水产养殖业绿色发展，发展循环水设施高密度养殖模式、稻渔综合种养模式。安排市本级财政资金400万元，推动渔业设施化改造，推广循环水设施高密度养殖模式。在横县、西乡塘区、广西—东盟经开区等新建高密度循环水养殖示范基地建成投产循环水槽(池)74个；新增发展稻虾养殖面积800公顷，年产小龙虾1510吨，稻虾养殖规模位居自治区首位，养殖区域主要集中在上林县、隆安县、江南区、良庆区等；在隆安县、上林县、西乡塘区，新建大型鳗鱼工厂化养殖示范基地3个。南宁市蔡哥水产科技有限公司、广西南宁市宝泓水产养殖有限责任公司、广西桂之渔农业科技有限公司、广西三超农业投资有限公司、上林县珠玥农业有限责任公司5个养殖基地被评为国家级水产健康养殖示范场，上林县珠玥农业有限责任公司、广西三超农业投资有限公司、南宁饭记农业科技有限公司、广西桂之渔农业科技有限公司4个养殖基地被评为自治区级水产健康养殖示范场。

【渔政执法】 2020年，南宁市渔政部门组织执法巡查检查655次，出动执法人员2785人次，检查渔船自然停靠点468个、渔船859艘次、网具经营商户53家。签订安全生产责任书1563份，签订率100%。渔业船员人数2400人，持证上岗率100%。排查渔业安全隐患46项，整改率100%；取缔、拆除违法网具663件(套)；查获非法捕捞“三无”(无船名船号、无船舶证书、无船籍港)船只31艘；查办违规违法捕捞案件32起，移送司法机关4起，查处违规渔具企业1家，没收涉案渔获物167.06千克，行政处罚9.82万元。 (何姝祯)

农村经济管理

【概 况】 2020年，南宁市坚持农业农村优先发展，推进农村集体产权制度改革，累计核实农村集体资产237.52亿元。农村土地承包经营权确权登记颁证率97.19%，土地流转面积累计12.89万公顷。南宁市农村产权交易中心正式挂牌，建成县级农村产权流转交易服务中心12个。家庭农场、农民合作经济组织和农业社会化服务体系进一步发展壮大。完成年度农村集体经济项目评审，向中央和自治区申报实施村集体经济发展项目157个，每个项目获上级财政扶持资金50万元。完成2019年中央和自治区农村集体经济扶持项目建设验收124个。全市1559个村(含乡镇社区)集体经济收入超5万元。创建乡村治理示范试点，宾阳县古辣镇马界村、隆安县那桐镇定江村、兴宁区三塘镇围村村等案例入选第二批全国乡村治理典型案例(广西篇)。开展农业社会化服务体系建设，推荐武鸣区起凤农机专业合作社、横县鑫源果蔬种植专业合作社等案例申报第二批全国农业社会化服务典型案例。 (苏洁霞)

【农村综合改革】 2020年，南宁市全面完成农村集体资产清产核资。开展农村集体资产清产核资“回头看”，规范农村清产核资台账档案。完成2018年—2019年清产核资数据录入上报，盘点3.44万个单位资产、负债、所有者权益等情况，累计核实农村集体资产237.52亿元，其中经营性资产总额102.54亿元、非经营性资产总额134.98亿元。完成村级经营性资产股份合作制改革。完成1508个村集体经济组织成员身份确认、资产量化和股权设置、成立村集体经济组织和村集体经济组织登记赋码，确认村集体经济组织成员525.5万人，改革时点量化资产总额31.6亿元，成立村级集体经济组织1508个。建成全市农村集体“三资”（资金、资产、资源）管理平台。实现市、县两级农村产权流转交易中心全覆盖。12月18日，南宁市农村产权交易中心在南宁农产品交易中心揭牌成立，开展“三变”（资源变资产、资金变股金、农民变股东）改革行政村764个，占涉农行政村总数52.01%，超额完成自治区规定30%以上任务。全市累计完成农村承包地确权面积43.23万公顷，签订完善土地承包合同105.26万份，实现颁证农户数102.66万户，颁证率97.19%。全市农村土地流转面积12.89万公顷，比上年新增6373.33公顷，涉及农户42.3万户，其中农户承包地流转总面积12.44万公顷，占农户承包地总面积28.47%。连片流转土地3.33公顷以上的经营主体3917家，流转面积8.68万公顷，连片流转土地133.33公顷以上的经营主体75家，流转面积2.05万公顷。宾阳县、上林县、西乡塘区整区县完成确权成果档案数字化。完成一户一档确权档案数字化90.25万卷，综合档案数字化2.25万卷。上林县被中央农村工作领导小组办公室、农业农村部评为全国农村承包地确权登记颁证工作典型地区。（谢奇灵）

【高标准农田建设】2020年，南宁市筹集高标准农田建设项目资金4.20亿元，实施高标准农田建设项目45个，实施高标准农田建设面积1.78万公顷。完成自治区下达高标准农田建设任务，实施1.77万公顷，其中高效节水灌溉面积846.67公顷，重点实施灌溉、排水、田间道路等农田设施建设。市本级农田建设安排资金3755万元，重点建设小农户急需的通田到地末级灌溉渠道、机耕生产道路等设施。（李欣怡）

【农产品质量安全】2020年，市农业农村局开展蔬菜水果、畜禽产品、“瘦肉精”、水产品等抽检14.49万批次、合格14.48万批次、合格率99.86%，其中食用农产品配套抽检8691批次、合格8528批次、合格率98.12%，发出不合格产品跟踪抽查通知9份、调查处置率100%。开展“利剑”农产品质量安全专项整治行动，印发《2020年农产品质量安全专项整治“利剑”行动方案》《农产品质量安全风险隐患排查实施方案》《关于开展2020年“质量月”活动的通知》；以种禽、生鲜乳、种植业生产为主体开展“双随机一公开”（执法对象随机、检查人员随机，抽查情况及查处结果及时向社会公开）监督检查，出动监管人员5491人次，检查生产经营主体2997家次，查处9起。开展农资打假“春雷”行动，出动8305人次，检查农资生产经营企业7118家次，查处违法违规案件134起，办结82起。指导横县百合镇农业站、横县云表镇农业站创建自治区农产品（种植业）质量安全监管服务示范站，建立监管名录、监管区域分布图、网格化监管图和监管责任分配图，打造标准化网格化监管示范样板；通过自治区验收示范站2个，累计成功创建农产品质量安全监管服务示范站7个。推行食用农产品合格证制度，开具合格证1.54万张，附带合格证上市农产品5.83万吨，附带合格证捐赠农产品486.78吨。推进2020年全市农产品质量安全追溯管理项目建设，在国家农产品质量安全追溯平台注册企业188家。向市公共信用信息共享平台报送农产品质量安全信息114条，录入主要农产品和农资生产经营主体名录2401家，采集主体信用档案2586家。开展农产品质量安全宣传，设立咨询台23个、宣传展板5块，悬挂横幅68条，发放宣传资料2万余份，接待咨询群众8000余人次；开展“农产品质量安全月”活动，发放宣传资料3万余份。召开南宁市农产品质量安全监管培训会，培训50余人次；召开第一期火龙果地理标志质量控制技术规范生产培训班，培训119人；举办“安全用药大讲堂”11场，培训750人。（周　琼）

【农业执法】2020年，南宁市农业综合行政执法立案查处涉农违法违规案件208起，比上年增加184起、上升766.6%；其中农机案件62起、占29.8%，农药案件48起、占23.1%，动物卫生监督案件45起、占21.6%，肥料、兽药等案件53起、占25.5%；结案146起，结案率70.2%。检查农药、种子、肥料、兽药饲料经营门店（企业）、种养基地、生鲜乳收购站、农机、动物诊疗机构、屠宰企业、水产苗种场等2236个（次、家、辆），纠正违法违章农机96台次，查处生猪私宰窝点23个，查获生猪96头，现场收缴生猪产品59.08吨，没收生猪屠宰工具12批次，拆毁“迷魂阵”、拖兜等禁用渔具112张（套），没收渔获物85千克。罚没渔船16艘、肉品30.2吨、其他涉案物品7122.65包（袋、桶），罚没金额117.21万元。集中销毁渔业禁用器具一批，为近3年查获“三无”（无船名船号、无船舶证书、无船籍港）船只43艘、三相同步发电机14台、逆变升压设备10套、船用电瓶21个、船用挂机等禁用器具17台。建立部门联动机制和齐抓共管长效监管机制，开展联合执法行动22次，检查拖拉机80多台，查处违章行为25起，其中强制报废2起、行政处罚23起，教育驾驶员30多人次；查扣生猪91头，生猪产品5吨，立案2起，排查冷冻生猪产品经营企业28家；查处违规安装禁用渔具2艘、“三无”船舶2艘，刑事拘留1人，移送公安部门及其他行政部门案件8起。（颜海宁）

农业科技

【概　况】2020年，南宁市重点开展农业科技创新、技术引进、成果转化推广、农民科技培训和生态家园建设等工作。主要农作物良种覆盖率96%。建成国家级育繁推一体化企业3家，国家级农业繁育核心基地5个，自治区级良种培育中心12个。种业企业中，有国家级龙头企业4家、自治区级3家、市级16家。广西有生猪国家级核心育种场5家，其中在南宁4家。南宁市建立黄龙病综合防控示范区53个。实施农作物病虫鼠草害防治面积170.55万公顷次，挽回农作物经济损失99.44万吨，总体防效86.5%。农药使用量1380吨（有效成分），比上年减少3.29%。主要粮食作物实施专业化统防统治面积18.07万公顷，覆盖率45.2%；实施绿色防控面积34.59万公顷，主要农作物病虫害绿色防控覆盖率37.98%。有耕地土壤质量监测点98个，其中国家级监测点5个。投入土壤肥力改良资金598.89万元。年度耕地质量等级评价土样采集1023个，化验数量5403项次；采集测土配方土样1247个，化验数量1.30万个。完成土壤肥料田间试验数量15个，实施测土配方施肥58.71万公顷，施用新型肥料15.27万吨。

【科技培训】2020年，市农业农村局组织开展高素质农民教育，培训1648人，参加自治区农业农村厅举办的“三农达人”自媒体训练营，打造“一地一网红”，在自媒体训练营交流平台上交流学习人数约200人。录取150名学员参加新型职业农民中职教育。市级财政补助每人5万元，实施现代青年农场主托举培训项目，遴选优秀现代青年农场主、新型农业经营主体带头人25人为托举对象。落实《关于开展2020年农业经理人培养工作的通知》，开展2020年农业经理人培养对象申报，向自治区级推荐78名对象参加培训。组织马山县、隆安县、上林县等贫困县区的优秀学员80人,参加农村实用人才带头人和大学生村官创业富民主题培训班。组织新一届村"两委"干部示范培训,培训村"两委"干部425人。举办农村党员培训班180期,投入经费97.80万元,培训1.30万人次,发放培训资料2.52万份。围绕冬季农业生产和春耕春播春管需求,派出专家、农技人员组成服务队、辅导团实地举办培训班249期,投入经费96.1万元、增加53.15%,培训农民7.4万人次,发放资料56.3万份。

【新技术新品种引进与推广】 2020年,南宁市农业农村部门继续示范和推广新品种新技术,提高优良品种覆盖率。市农业技术推广站与横县农业技术推广站在横县浩宇农业种植有限公司种植基地开展"甜玉米+水稻+冬季马铃薯"周年生产模式试验示范,示范面积7.13公顷,示范种植金百甜15号、桂甜612号、桂甜613号等新品种,每公顷产1.80万千克,每公顷收入5.40万元;推广美香黏2号、恒丰优郁香、中浙优H7等水稻新品种,每公顷产9吨,每公顷收入3万元。加强横县那阳镇、陶圩镇"稻—螺""稻—鸭""稻—鱼"等生态种养技术示范与推广。在横县陶圩镇开展无人机旱稻直播试验示范,建立示范基地3.47公顷,开展水稻等农作物不同种植密度、不同施肥量及新品种简比等试验,总结配套栽培技术。市级科技项目"生态发酵垫料养牛技术集成与示范推广"完成项目调研,筛选8个示范场开展对比试验。推广示范稻虾综合种养模式,面积466.67公顷,小龙虾每公顷产量2.25吨~3吨,年产销小龙虾1050吨~1400吨,创产值3500万元~4200万元,每公顷效益3万元。南宁市上林县珠玥农业有限责任公司和广西润爽生态农业科技有限公司养殖的小龙虾参加第二届广西稻渔丰收节优质稻渔产品评选获金奖。实施《罗非鱼等淡水特色品种生态养殖技术集成创新与示范》《罗非鱼链球菌病生态综合防控技术创新示范》项目,重点推广"微生物+水产生态健康养殖"技术,建立示范基地4个、138.4公顷,推广535.53公顷。开展水产养殖疾病现场诊断、实验室检测、水质监测,完成检测44批次。承担自治区农业农村厅下达的"生态健康养殖模式示范""养殖尾水治理示范"项目示范。推广水稻、甘蔗、玉米、马铃薯生产全程机械化技术,重点推广果园多功能机械、水肥一体化(喷淋)设施、烘干机械、单(双)轨运输机、农用无人机等机械设备。市本级预算安排农机化新机具新技术示范推广项目(甘蔗健康种茎工厂和甘蔗宽行距套种项目)经费50万元。承担自治区农业重大技术(优势粮油果蔬)协同推广项目有武鸣区"花生+"、隆安县"火龙果"、横县"水稻直播"、上林县"百香果"、广西—东盟经开区"区站科技园"等。开展优势果蔬与"水稻+"绿色高质高效技术示范推广和技术指导,推进特色果蔬、食用菌、水稻等优质优良新品种和绿色高质高效技术(模式)推广,促进地方特色产业转型升级。推进武鸣区、宾阳县、隆安县、马山县、上林县基层农技推广体系改革与建设补助项目实施。11月,南宁市第十三届"看禾选种、助农增收"(晚造)暨新品种新技术培训现场会在宾阳县马碳垌基地举行,征集25家种子企业的超级稻、普通杂交稻、常规优质稻品种进行新品种引进、试验和展示,展示面积10公顷,品种116个,筛选出粮发香丝、广粮香2号、昌两优8号、野香优莉丝、广8优香丝苗、又香优龙丝苗、香黏优1号、野香优丝苗、恒丰优郁香、万千香黏等适宜南宁市推广种植的晚稻品种。

(梁克非)

【现代特色农业示范区建设】 2020年,市农业农村局落实现代特色农业示范区建设增点扩面提质升级(2018—2020)三年行动,打造现代特色农业示范区。创建自治区级核心示范区25个,新认定市级示范区8个、县级示范区21个、乡级示范园125个、村级示范点472个。累计获认定自治区级核心示范区39个、市级示范区61个、县级示范区109个、乡级示范园346个、村级示范点1479个。示范区核心区面积5.93万公顷,土地流转面积4.23万公顷,入驻企业889家、农民合作社1230家、家庭农场415家,吸纳农民就业8.04万人,辐射带动19.63万户农民从事特色农业生产。

(苏洁霞)

【农作物种子生产与管理】 2020年,南宁市主要农作物良种覆盖率96%。持有农作物种子生产经营许可证的企业79家,有种畜禽生产经营许可证企业28家,年产值1亿元以上企业16家。建成国家级育繁推一体化企业3家,国家级农业繁育核心基地5个,自治区级良种培育中心12个。种业企业中有国家级龙头企业4家,自治区级3家,市级16家。广西有国家级生猪核心育种场5家,在南宁4家。加强种业市场事中事后监管,出动执法检查人员1233人次,检查种业生产经营企业、门店645家次,抽取种子样品49个,立案4起,办结3起,罚款13.1万元,其中开展春季农作物种子市场监管专项行动,主要检查水稻、玉米、蔬菜种子、果树种苗,涉及种子经营门店35家,随机抽取水稻样品20个、玉米样品15个;开展2020年蚕种和商品小蚕生产经营质量监督检查,随机抽取蚕种生产、经营企业及个体工商户4户;开展秋季、冬季农作物种子季执法检查,主要检查蔬菜交易市场经营门店,水稻、玉米种子生产基地和种畜禽企业生产经营管理情况。实施2020年现代种业提升工程项目,市本级投入财政资金530万元扶持种畜禽企业。

(梁克非)

【植物检疫】 2020年,南宁市建立黄龙病综合防控示范区53个,安排市本级财政经费1041万元,柑橘园黄龙病普查率95%。12月1日,市政府在隆安县召开2020年南宁市柑橘黄龙病防控工作现场会议,各区县政府、农业农村局及基层农技人员、种植大户120人参会并开展现场经验交流。市农业农村局委托第三方检测机构检测黄龙病疑似病株,确检黄龙病病毒,指导区县清除病树。举办红火蚁专题培训班18期,培训1000余人次,发放技术资料1万余份,

2020年3月16日,横县农业农村局科技人员下乡开展红火蚁防控 谭雅中提供

向区县农业部门发放杀灭红火蚁专用药300千克,组织农业科技专业人员到灾害现场开展防控。 (谭雅中)

【农作物病虫鼠草害防治】 2020年,南宁市农作物重大病虫害总体发生程度中等,局部中等偏重,与上年基本持平。发生总面积173.11万公顷次,其中水稻病虫害发生面积41.95万公顷次、玉米病虫害发生面积8.73万公顷次、甘蔗病虫害发生面积17.19万公顷次、果树病虫害发生面积26.39万公顷次、蔬菜病虫害发生面积15.11万公顷次、农田鼠害发生面积14.05万公顷次。实施防治总面积170.55万公顷次,挽回农作物损失99.44万吨,总体防效86.5%。农药使用量1380吨(有效成分),比上年减少3.29%。利用中央和自治区转移支付资金和各级财政资金建设统防统治与绿色防控相融合示范区83个,示范面积6480万公顷,辐射带动面积12.78万公顷,示范区累计减少化学农药使用量18.6吨,粮食作物、经济作物平均每公顷节本增效分别为591元、1315.5元。主要粮食作物实施专业化统防统治面积20.35万公顷,覆盖率61.6%;实施绿色防控面积34.59万公顷,主要农作物病虫害绿色防控覆盖率37.98%。 (农珍玉)

【土壤肥力改造】 2020年,南宁市有耕地土壤质量监测点98个,其中国家级监测点5个、自治区级监测点3个、县级监测点90个。投入土壤肥力改良资金598.89万元,主要用于绿肥种植(含补贴),部分用于购买商品有机肥和测土配方施肥等耕地土壤改良与培肥。年度耕地质量等级评价土样采集1023个,化验数量5403项次;采集测土配方土样1247个,化验数量1.30万个。完成土壤肥料田间试验数量15个。实施测土配方施肥58.71万公顷,其中水稻24.17万公顷、玉米8.84万公顷、甘蔗10.48万公顷、水果蔬菜等15.22万公顷,完成上级下达任务110.8%,主要农作物测土配方施肥覆盖率91.4%。实施土壤改良措施有增施有机肥、土壤调理剂、秸秆还田、冬种绿肥、减少化肥用量、深耕深松、增施石灰等;完成酸化土的中低产田改良2.38万公顷,冬种绿肥播种1.53万公顷(专用绿肥0.62万公顷、兼用绿肥0.91万公顷),完成秸秆还田44万公顷(水稻秸秆还田21.81万公顷、玉米6.03万公顷、其他16.16万公顷);施用有机肥498.82万吨(含绿肥),面积4.34万公顷,分别比上年增加260%、193%;施用新型肥料15.27万吨,与上年基本持平。推进武鸣区果菜茶有机肥替代化肥试点项目和马山县、隆安县国家级化肥减量增效示范点建设;推广化肥减量增效技术,基本实现化肥使用量零增长。推广节水技术37.21万公顷,其中推广水肥一体化技术8.43万公顷。参与富硒开发企业57家,农产品生产基地60个,富硒农产品生产面积0.39万公顷,获认证产品9个,累计58个,其中获评广西名优富硒产品7个(横县南方茶厂的茶叶、广西顺来茶叶有限公司的茶叶、广西农垦永新畜牧集团有限公司的猪肉、隆安县昌隆开发有限公司的西秀山大米、广西金福农业有限公司的伊蜜火龙果、隆安县桂西牛专业合作社的牛肉、广西力拓农业开发有限公司的大米),获世界硒都(恩施)硒产品博览交易会组委会评为中国名优(特色)硒产品1个(横县莉香生态农牧业科技有限公司的富硒香米)。 (粟学军)

【绿色食品产品】 2020年,南宁市有效期内绿色食品(绿色食品生产资料)有6类76个,主要有大米(国色天香米、雁江香米、香丝苗大米、一品象州金油黏米、正庄上林金油黏米、紫砂香黏米、长粒香米、壮香米)、水果(沃柑、茂谷柑、红肉脐橙、香蕉、番石榴、火龙果、杧果、凤梨释迦)、蔬菜(莜麦菜、红薯、横县甜玉米)、糖类(白砂糖、红糖、黑糖)、饮用天然矿泉水、肥料(含腐殖酸水溶肥料、生物有机肥料、含氨基酸水溶肥料、微量元素水溶肥料、有机水溶肥料),生产企业56家。 (韦悦妮)

表3 2020年南宁市绿色食品(生产资料)企业名录一览表(56家)

获证企业	产品名称	产品编号	证书有效期
广西南宁碧湾园生态农业开发有限公司	莜麦菜	LB-15-17122010363A	2017年12月2日至2020年12月1日
广西海泉农业有限公司	火龙果	LB-18-18022000889A	2018年2月2日至2021年2月1日
广西农垦糖业集团良圻制糖有限公司	白砂糖(一级)	LB-12-18032003137A	2018年3月6日至2021年3月5日
广西桂洁农业开发有限公司	红肉脐橙	LB-18-18072004862A	2018年7月3日至2021年7月2日
	沃柑	LB-18-18102008830A	2018年10月20日至2021年10月19日
	茂谷柑	LB-18-18102008831A	2018年10月20日至2021年10月20日
广西农垦明阳农场有限公司	沃之王向阳红	LB-18-18082006147A	2018年8月2日至2021年8月1日
广西联翔农业投资有限责任公司	沃柑	LB-18-18082006971A	2018年8月27日至2021年8月26日
广西惠旺尔农业科技有限公司(生资)	多砋、图形牌微量元素水溶肥料	LSSZ-01-1808200089	2018年8月31日至2021年8月30日
	甜家、图形牌含腐植酸水溶肥料	LSSZ-01-1808200090	2018年8月31日至2021年8月30日
隆安县高明农业水果种植专业合作社	沃柑	LB-18-18122010507A	2018年12月7日至2021年12月6日
广西佳年农业有限公司	红心火龙果	LB-18-1601200277A	2019年1月13日至2022年1月12日
宾阳县佳年农业有限公司	火龙果	LB-18-18062004458A	2019年1月13日至2022年1月12日
广西广美农业有限公司	沃柑	LB-18-19022001389A	2019年2月28日至2022年2月27日
广西滨地生态农业投资有限责任公司	香蕉	LB-18-19042005329A	2019年4月21日至2022年4月20日
广西南宁桂柑果业科技发展有限公司	沃柑	LB-18-19042003282A	2019年4月22日至2022年4月21日

续表 3

获证企业	产品名称	产品编号	证书有效期
广西农垦糖业集团金光制糖有限公司	白砂糖	LB-12-19052005328A	2019 年 5 月 21 日至 2022 年 5 月 20 日
广西金穗农业集团有限责任公司	香蕉	LB-18-19062008509A	2019 年 6 月 29 日至 2022 年 6 月 28 日
	火龙果	LB-18-19062008508A	2019 年 6 月 29 日至 2022 年 6 月 28 日
南宁糖业股份有限公司	白砂糖	LB-12-19072007543A	2019 年 7 月 13 日至 2022 年 7 月 12 日
	白砂糖	LB-12-19072007544A	2019 年 7 月 13 日至 2022 年 7 月 12 日
	白砂糖	LB-12-19072007545A	2019 年 7 月 13 日至 2022 年 7 月 12 日
	白砂糖	LB-12-19072007546A	2019 年 7 月 13 日至 2022 年 7 月 12 日
横县峦城镇方村淳茹红薯种植专业合作社	方村淳茹红薯	LB-13-19082007710A	2019 年 8 月 21 日至 2022 年 8 月 20 日
广西龙穗农业有限公司	火龙果	LB-18-19082007814A	2019 年 8 月 23 日至 2022 年 8 月 22 日
南宁市亿豪种养农民专业合作社	沃柑	LB-18-19112010945A	2019 年 11 月 21 日至 2022 年 11 月 20 日
广西铭康名优农业有限公司	火龙果	LB-18-19122013225A	2019 年 12 月 25 日至 2022 年 12 月 24 日
南宁市杏花香芒种植专业合作社	杧果	LB-18-19122013248A	2019 年 12 月 25 日至 2022 年 12 月 24 日
横县校椅镇桂果果蔬种植家庭农场	横县甜玉米	LB-18-19122013222A	2019 年 12 月 25 日至 2022 年 12 月 24 日
广西金沃田生态农业有限公司	金沃田茂谷柑	LB-18-19122013251A	2019 年 12 月 25 日至 2022 年 12 月 24 日
	金沃田沃柑	LB-18-19122013252A	2019 年 12 月 25 日至 2022 年 12 月 24 日
南宁市横县铭通现代农业技术有限公司	横县甜玉米	LB-18-19122013264A	2019 年 12 月 25 日至 2022 年 12 月 24 日
广西横县万源农业有限公司	横县甜玉米	LB-18-19122013262A	2019 年 12 月 25 日至 2022 年 12 月 24 日
横县校椅现代农业果蔬种植专业合作社	横县甜玉米	LB-18-19122013250A	2019 年 12 月 25 日至 2022 年 12 月 24 日
横县鑫源果蔬种植专业合作社	横县甜玉米	LB-18-19122013261A	2019 年 12 月 25 日至 2022 年 12 月 24 日
广西横县汇佳农业科技发展有限公司	横县甜玉米	LB-18-19122013249A	2019 年 12 月 25 日至 2022 年 12 月 24 日
横县校椅镇红桥农产品种植专业合作社	横县甜玉米	LB-18-19122013263A	2019 年 12 月 25 日至 2022 年 12 月 24 日
横县石塘镇旺壮甜玉米种植专业合作社	横县甜玉米	LB-18-19122013275A	2019 年 12 月 25 日至 2022 年 12 月 24 日
横县百合镇基旋养殖家庭农场	横县甜玉米	LB-18-19122013266A	2019 年 12 月 25 日至 2022 年 12 月 24 日
广西铭和农业科技发展有限公司	火龙果	LB-18-19122013181A	2019 年 12 月 26 日至 2022 年 12 月 25 日
	沃柑	LB-18-19122013180A	2019 年 12 月 26 日至 2022 年 12 月 25 日
	茂谷柑	LB-18-19122013179A	2019 年 12 月 26 日至 2022 年 12 月 25 日
广西力拓米业集团有限公司	香丝苗大米	LB-03-19071005748A	2019 年 7 月 1 日至 2022 年 6 月 30 日
	一品象州金油黏米	LB-03-19072005749A	2019 年 7 月 1 日至 2022 年 6 月 30 日
	正庄上林金油黏米	LB-03-19072005750A	2019 年 7 月 1 日至 2022 年 6 月 30 日
	紫砂香黏米	LB-03-19072005751A	2019 年 7 月 1 日至 2022 年 6 月 30 日
	长粒香米	LB-03-20102009782A	2020 年 10 月 12 日至 2023 年 10 月 11 日
	壮香米	LB-03-20102009781A	2020 年 10 月 12 日至 2023 年 10 月 11 日

续表 3

获证企业	产品名称	产品编号	证书有效期
广西垂青生物科技有限公司(生资)	含氨基酸水溶肥料	LSSZ-01-1910200116	2019 年 11 月至 2022 年 11 月
	有机水溶肥料	LSSZ-01-1910200117	2019 年 11 月至 2022 年 11 月
	含腐殖酸水溶肥料(大量元素型)	LSSZ-01-1709200023	2020 年 9 月 21 日至 2023 年 9 月 20 日
广西南宁市宾阳县聚丰米业有限公司	国色天香米	LB-03-20012000241A	2020 年 1 月 16 日至 2023 年 1 月 15 日
广西横县西津矿泉水有限公司	饮用天然矿泉水	LB-38-20032006472A	2020 年 3 月 11 日至 2023 年 3 月 10 日
	饮用天然矿泉水	LB-38-20032006473A	2020 年 3 月 11 日至 2023 年 3 月 10 日
广西金福农业有限公司	红心火龙果	LB-18-20052008766A	2020 年 5 月 2 日至 2023 年 5 月 1 日
广西南宁市绿滋宝农业科技公司	红心火龙果	LB-18-20052005911A	2020 年 5 月 8 日至 2023 年 5 月 7 日
广西福兴农业发展有限公司	横县甜玉米	LB-05-20052002390A	2020 年 5 月 18 日至 2023 年 5 月 17 日
广西马山南华糖业股份有限责任公司	红糖	LB-12-20062003372A	2020 年 6 月 8 日至 2023 年 6 月 7 日
	黑糖	LB-12-20062003373A	2020 年 6 月 8 日至 2023 年 6 月 7 日
广西隆安昌隆农业科技有限公司	雁江香米	LB-04-20072006501A	2020 年 7 月 31 日至 2023 年 7 月 30 日
上林县鸿栖高森农业开发有限公司	火龙果	LB-18-20082007079A	2020 年 8 月 11 日至 2023 年 8 月 10 日
广西鑫湖农业科技有限公司	红心火龙果	LB-18-20082007189A	2020 年 8 月 14 日至 2023 年 8 月 13 日
广西智红农业有限公司	火龙果	LB-18-20082007201A	2020 年 8 月 14 日至 2023 年 8 月 13 日
广西金穗生态科技股份有限公司	生物有机肥	LSSZ-01-1706200019	2020 年 8 月 24 日至 2023 年 8 月 23 日
广西硕果农业开发有限公司	凤梨释迦	LB-18-20092009092A	2020 年 9 月 22 日至 2023 年 9 月 21 日
	火龙果	LB-18-20092009091A	2020 年 9 月 22 日至 2023 年 9 月 21 日
广西慧毅农业有限公司	火龙果	LB-18-20092009496A	2020 年 9 月 27 日至 2023 年 9 月 26 日
广西智诚农业有限公司	火龙果	LB-18-20092009508A	2020 年 9 月 28 日至 2023 年 9 月 27 日
广西隆香火龙果专业合作社	火龙果	LB-18-20102009691A	2020 年 10 月 9 日至 2023 年 10 月 8 日
广西起凤橘州生态农业有限公司	沃柑	LB-18-20102010430A	2020 年 10 月 22 日至 2023 年 10 月 21 日
隆安县隆达农业投资有限公司	金都一号红心火龙果	LB-18-20102010514A	2020 年 10 月 23 日至 2023 年 10 月 22 日
广西锦一方园林绿化股份有限公司	火龙果	LB-18-20102010637A	2020 年 10 月 27 日至 2023 年 10 月 26 日
广西金泽农业有限公司	火龙果	LB-18-20112010953A	2020 年 11 月 9 日至 2023 年 11 月 8 日
广西鸣谷农业有限公司	沃柑	LB-18-20112010953A	2020 年 11 月 24 日至 2023 年 11 月 23 日
横县六躬番石榴种植专业合作社	番石榴	LB-18-20122013474A	2020 年 12 月 20 日至 2023 年 12 月 19 日
南宁振企农业科技有限公司	火龙果	LB-18-17122010191A	2020 年 12 月 23 日至 2023 年 12 月 22 日

农业机械化

【概　况】 2020 年，南宁市重点推广植保无人机、轨(索)道运输机、割铺机等甘蔗生产机械化及丘陵山区优势特色农作物生产急需机械装备。有农机具 120.23 万台(套)，农机总动力 507.04 万千瓦。南宁市被评为全国“平安农机”示范市，宾阳县被评为全国主要农作物生产全程机械化示范县，青秀区被评为自治区“平安农机”示范县。市农业综合行政执法支队、上林县农业农村局各 1 人被评为自治区农机安全监理示范岗位标兵。主要存在丘陵山地地区适用机械匮乏、甘蔗机械化收获水平低、农机服务组织发展缓慢等问题。

【农业机械拥有量】 2020 年，南宁市有农机具 120.23 万台(套)，其中拖拉机 12.61 万台、耕整地机械 18.37 万台、种植机械 0.49 万台、农业动力机械 29.24 万台、排灌机械 15 万台、田间管理机械 1.42 万台、收获机械 1.5 万台、收获后处理机械 13.09 万台、农产品初加工机械 10.74 万台(套)、畜牧机械 2.16 万台、水产机械 0.39 万台、农田基本建设机械 0.14 万台、农用航空机械 351 台。农机总动力 507.04 万千瓦。有水稻机械化育秧中心 12 个。

2020 年 7 月 9 日至 10 日，南宁市甘蔗生产机械化技术培训班在横县举行。图为机械植保操作培训　　市农业农村局提供

【农业机械化作业水平】 2020 年，南宁市主要农作物耕种收综合机械化水平 70.64%，居自治区第三；水稻耕种收综合机械化水平 86.84%，居自治区第二；甘蔗耕种收综合机械化水平 66.51%，居自治区第五。完成机耕 79.80 万公顷、机械深耕 4.15 万公顷、机播(插)335.67 万公顷、机械灌溉作业 9.51 万公顷、农用航空器作业面积 3.18 万公顷。检修农机具 108.21 万台(套)。

【农业机械化技术推广应用】 2020 年，南宁市推广水稻、甘蔗、玉米、马铃薯等主要作物生产全程机械化技术，加大水果、茶叶、桑蚕等经济作物生产机械化技术及设施装备推广，重点推广果园多功能机械、水肥一体化(喷淋)设施、烘干机械、单(双)轨运输机、农用无人机等机械设备。推广应用畜牧水产养殖绿色环保机械化技术及机械装备、蔗叶粉碎还田机械化技术、水稻、玉米秸秆粉碎还田机械化技术等农机化技术和装备设施应用。投入专项资金 50 万元，组织实施甘蔗健康种茎工厂和甘蔗宽行距套种项目并通过验收。

【农业机械购置补贴】 2020 年，南宁市获农机购置补贴资金 1.37 亿元，其中中央补贴资金 1.16 亿元、自治区补贴资金 2131.33 万元，自治区绩效考评任务为中央资金 6800 万元、结算任务为结算中央资金超 5780 万元。全年使用补贴资金 1.36 亿元，其中中央补贴资金 1.16 亿元、自治区补贴资金 2026.73 万元，结算中央补贴资金 6699.49 万元，完成绩效考评使用任务 170.16%、完成结算任务 98.52%。全市发放农机购置补贴申请表 3582 份，受益户数 3059 户，补贴机具 4278 台，拉动社会资金 3.99 亿元，财政资金引导效果 1∶2.91。

【农业机械社会化服务】 2020 年，南宁市以甘蔗、水稻等主要优势特色农作物为重点推进农机社会化服务。鼓励和引导农机服务组织、农机跨区作业服务队开展跨区作业，办理农机跨区作业证 460 份，跨区作业面积 6.52 万公顷，收入超 2.5 亿元。推动糖料蔗生产全程机械化，自治区下达高效机收糖料蔗生产全程机械化示范基地建设后补助项目 2 个，资金各 200 万元，丘陵山区糖料蔗高效机收宜机化建设"慧拓模式""高丰模式"通过自治区验收。推动"农业＋农机＋科研院所＋企业＋合作社＋行业协会"合作共建，打造特色优势农产品生产机械化样板，自治区下达优势特色农作物生产机械化示范基地建设项目 1 个，财政补助资金 100 万元，青柚生产全程机械化创新示范基地建设项目通过自治区验收。推进水稻生产育秧、插秧、烘干等薄弱环节机械化进程，重点支持工厂化育秧中心和烘干中心建设。12 月，宾阳县被评为全国主要农作物生产全程机械化示范县。

【农业机械质量投诉监管】 2020 年，南宁市主要采取线上方式开展主题为"聚力提质量，护农保春耕"的"农机 3·15"消费者权益日活动。在市、区县农业农村局网站开设"农机 3·15"网站专栏宣传，34 家经销商参加网上质量承诺；7 个微信公众号推送活动相关信息 3540 条，其中推送农机化质量管理宣传动漫"小明漫画"系列点击量 432 次，组织人员到 89 家经销商现场宣传，发放宣传材料 5450 份，张贴横幅 27 条，设置宣传板报 9 版，接受群众网络咨询 211 次、电话咨询 96 次。

【农业机械安全监管】 2020 年，南宁市年检拖拉机 8152 台；新机注册登记 571 台，其中轮式拖拉机 468 台、履带式拖拉机 6 台、手扶拖拉机运输机组 97 台。新核发农机驾驶证 837 人。在微信公众号、"今日头条"APP 平台、市(县、区)农业信息网系列报道"平安农机"创建工作，在南宁电台投放农机安全生产和"平安农机"宣传广告，在广西电视台播出"平安农机"创建宣传专题片等。开展农机安全现场宣传活动 26 次，出动宣传人员 334 人次，发放宣传材料 6060 份，受益人数 5700 人次。开展农机安全生产执法检查 52 次，出动执法人员 306 人次，检查车辆 213 台，查处违章行为 45 起，立案查处 28 起。

（苏　霏）

表 4　　2020 年南宁市主要农业机械拥有量情况统计表

农机总功率（万千瓦）	大型及以上拖拉机		中型拖拉机		小型拖拉机		耕整机及微耕机		种植机械		收获机械						谷物烘干机(台)	排灌机械(万台)
											谷物联合收割机		甘蔗联合收割机		其他收获机械			
	数量（台）	功率（万千瓦）	数量（台）	功率（万千瓦）	数量（万台）	功率（万千瓦）	数量（万台）	功率（万千瓦）	插秧机(台)	甘蔗种植机械（台）	数量（台）	功率（万千瓦）	数量（台）	功率（万千瓦）	数量（万台）	功率（万千瓦）		
507.04	1208	11.87	9395	43.38	11.55	112.32	7.60	40.12	4503	404	4437	21.02	598	7.40	1	9.74	212	15

说明：数据来源于 2020 年自治区农业机械服务中心统计年报

水 利

【概 况】 2020年,南宁市落实资金8.14亿元实施18批次370项水利基础设施建设,实施776项农村饮水安全工程,受益143.63万人;提前完成承接自治区为民办实事项目48项、市政府为民办实事项目15项;组织开展"党员先锋引领·决胜饮水安全"行动等饮水安全大排查活动3次。推进邕宁区防洪工程二期、那平江堤、邕江防洪工程信息化建设;市抗洪救灾物资储备中心一期工程完成主体建设,年度累计投资8400万元。新建续建17座水库(闸)除险加固,完工11座;完成4座水库2.94千米进库道路硬化。推进大中型灌区节水配套改造和农业水价改革。治理水土流失面积24.22平方千米。组织迎战强降雨天气18次,减少灾害损失。主要存在水库、堤防管理信息化、智能化应用程度较低等问题。

【水利改革】 2020年,南宁市灌溉试验站加挂南宁市农村供水管理中心牌子,南宁市五化灌区工程管理处更名南宁市灌区管理中心,加挂南宁市五化灌区工程管理中心牌子。南宁水利电力设计院、南宁水利电力工程处转企改制,由广西北部湾投资集团有限公司收购。原南宁水利电力设计院注册(变更)登记为广西南宁水利电力设计院有限公司,原南宁水利电力工程处注册(变更)登记为广西勇智水利工程有限公司。年内,南宁市落实资金865万元,完成隆安县布良、那降、渌水江、白马灌区,兴宁区西云江灌区,良庆区大王滩灌区等1.69万公顷中型灌区农业水价改革。实施大型灌区——五化灌区农业水价综合改革,完成投资824.07万元,完成率80.08%。

【农田水利建设项目】 2020年,南宁市农田水利项目建设实施五化灌区续建配套与节水改造工程,完成总投资1320.52万元(中央资金完成1019万元、地方配套资金301.52万元),完成率104%。推进乐滩水库引水灌区二期工程(宾阳段)建设,Ⅰ标段完成投资1721万元、占合同投资95.24%,Ⅱ标段完成投资1410万元、占合同投资96.91%。开展武鸣区暮定灌区续建配套和节水改造项目,完成投资496.92万元,完成渠道防渗加固3.05千米,配套改造渠系主要附属建筑物24座(分水闸12座、暗涵1座、生活码头11处),电控沙盘制作安装完成。

【水库除险加固工程】 2020年,南宁市新建、续建水库(水闸)除险加固工程17座,其中新建工程4座、开工建设4座,续建中型项目完工2座,续建小型项目11座、完工9座。南宁市水利局(简称"市水利局")精准监管年度水库(水闸)除险加固工程竣工验收,加强信用管理逐项节点推进,累计向责任单位发出问询函44件、警示函28件;分3批约谈5个区县水行政主管部门,涉及项目51个、市场主体41个;累计向全国水利建设监管服务平台报送不良行为记录信息7条。通过节点考核、信用评价、责任追究、行政处罚等信用监管措施,推进病险水库除险加固遗留问题整改。完成竣工验收水库78座(横县8座、宾阳县27座、上林县3座、马山县5座、隆安县4座、兴宁区1座、西乡塘区7座、良庆区2座、武鸣区21座),完成水利部、自治区水利厅年度下达攻坚任务。

【农村饮水安全工程】 2020年,南宁市投入资金4.84亿元保障饮水安全,实施农村饮水安全巩固提升工程776个,受益人口143.63万人。其中:承办自治区为民办实事农村饮水安全巩固提升项目48个,计划下达投资2204.87万元,总投资5143.40万元,全部完成,受益人口8.97万人;市本级实施农村饮水安全工程和集中连片供水工程36个,总投资2.06亿元,受益人口121.49万人,其中列入为民办实事实施农村区域集中连片供水工程15个,总投资5.93亿元,市、县年内资金下达1.49亿元,完成项目建设8个;扶贫项目库实施农村饮水安全巩固提升工程692个,总投资2.56亿元,受益人口13.17万人。全市农村集中供水率95.97%,比2015年提高12.77%,自来水普及率95.93%、比2015年提高15.43%,水质达标率提高73.49%、比2015年提高28.59%。

【水行政执法】 2020年,市水利局实行权责清单动态调整,制定《南宁市水利局权责清单》,涉及行政处罚、行政强制、行政检查、行政征收、行政奖励、行政确认、行政裁决、其他行政权力8大类214项。制定《南宁市水利局行政执法公示制度》《南宁市水利局水行政执法全过程记录制度》《南宁市水利局重大执法决定法制审核制度》3项制度。做出行政处罚决定3件,行政执法案件进行音像记录3件,开展重大执法决定法制审核3件,执法决定公示3件,处罚6万元;开展行政检查109次,作出行政征收(水资源费征收)决定11次,征收173.97万元;依法暂停9个水利工程8家企业在南宁市水利行业开展招投标活动。修订《南宁市水利管理行政裁量权细化标准》。加大涉河违法案件查处力度,打好河湖执法三年行动收官战,水事违法积案48件全部清零。协调指导邕宁区开展百济镇桥学村与钦州市钦北区新棠镇平况村委大廖村水事纠纷化解。配合完成《广西南宁大王滩国家湿地公园保护条例》立法,经自治区第十三届人民代表大会常务委员会第14次会议批准,5月1日起施行。起草《南宁市农村饮水安全工程运行管理指导意见》,经市十四届人民政府第110次常务会议审议通过,4月23日印发实施。

【水旱灾害防御】 2020年,南宁市平均总降雨量1386毫米,与常年同期(1419毫米)基本持平,其中隆安县、宾阳县、武鸣区偏多5%,其余区县偏少5%。出现暴雨天气过程18次。3月25日进入汛期,较历年相比提早29天。邕江河段全年无明显洪水过程,中小河流6月24日至25日受局部强降雨影响,造成武鸣区各监测河段水位全线超警,超警戒的河流有香山

2020年5月12日,市水利局检查组到兴宁区核查媒体曝光的饮水安全问题

卢明发 摄

河、府城河、双桥河、锣圩河、武鸣河,分别超警戒 0.53 米、0.08 米、0.15 米、0.41 米、1.98 米~3.39 米。武鸣河武鸣城区河段出现五年一遇洪水,涨幅 6.27 米;武鸣区城厢镇濑琶村河段、隆安县丁当镇河段出现建站以来实测最高洪水位,涨幅分别为 8.5 米、7.49 米。12 月 30 日,水库有效蓄水 6.81 亿立方米,占有效库容 40.79%,有效蓄水比上年同期增长 1091 万立方米,比历年均值多 1195 万立方米。全市降雨相对均匀、平衡,降雨量与历年基本持平;6 月 24 日至 25 日,武鸣区出现强降雨,造成城区严重内涝;7 月 19 日至 20 日,上林县、马山县、武鸣区等区县遭受强降雨,马山县、上林县出现较严重的涝情,马山县 3 个站点 24 小时降雨量超过 200 毫米,其他区县没有遭受集中雨情水情。严格执行防汛双值班制、领导 24 小时带班制度,加强监测预报预警,转发气象信息和预警信息 161 份。落实全市 746 座水库防汛预案,抓好超标洪水、水库失事、山洪灾害"三大风险"防御,加强防汛"三个责任人"(水库防汛行政责任人、防汛技术责任人、防汛巡查责任人)、"三个重点环节"(水雨情测报、水库调度运用方案、水库大坝安全管理及防汛应急预案)巡查值守;调配防汛抢险专家开展明察暗访,检查水库 98 座,抽查水库值班 3850 座次,暗访 258 人次;加强调度监管应对 18 次强降雨,加强水库汛限水位运行监督管理,全市水库、水电站、堤防、江河总体运行平稳。

【堤防工程建设】 2020 年,南宁市实施堤防工程建设主要有邕宁区防洪工程二期、那平江堤项目。邕宁区防洪工程二期(三星店—园博园段)建设长度 5920 米,园博园段(梁村大桥—清水泉段)建设长度 2920 米;工程累计完成建设安装投资 1.80 亿元(含金属结构安装),占合同总金额 1.75 亿元 102.86%,其中梁村大桥—园博园段(园博园范围内)完成 1.03 亿元、占合同总金额 1.10 亿元 93.64%,三星店—梁村大桥(园博园范围外)完成投资 7766 万元、占合同总金额 7200 万元 107.86%。那平江堤(列入中央规划内公益性水利建设项目)工程概算投资 5.04 亿元,项目面积完成征收 13.53 公顷,累计完成征地补偿费 3005 万元;年内计划投资 1.64 亿元(中央资金 9862 万元、自治区配套 3287 万元、市配套 3287 万元),完成投资 1.71 亿元,完成率 104.27%;累计申请中央资金拨付 8202.25 万元,完成率 83.17%,超额完成年度目标要求。

【水利行业监督】 2020 年,市水利局成立水利督查工作领导小组,加强水利监督工作统筹协调、组织领导。印发《南宁市水利局关于明确水利监督有关工作要求的通知》,梳理规范水利监督工作要求和程序。加强河湖长制落实情况、最严格水资源管理制度落实情况、水利行业"强监管"3 方面监督检查。以开展安全生产"强监管严执法年"专项行动为主线,印发《2020 年南宁市水利行业安全生产工作要点》《南宁市水利行业安全生产专项整治三年行动实施方案》,坚决防范重特大生产安全事故。3 月至 5 月,市水利局开展对纳入水利基本建设程序的 52 个在建工程项目(标段)复工复产暨质量与安全工作监督检查,督促整改复工复产安全生产问题 92 个、工程安全与质量管理问题 99 个。监督检测水库除险加固、灌区续建配套节水改造、中小河流治理、集中供水、进库道路、水库移民后期扶持项目道路等 85 个工程质量,检测取样 228 组。组织开展监督检查 3 次,发现质量安全问题 352 个,发出检查整改通知单 71 份,完成问题整改 331 个。受理新开工工程质量与安全监督登记项目 30 个,完成监督交底 30 个。签订《2020 年安全生产目标管理责任书》43 份。落实安全生产例会制度,召开安全生产暨防范重特大安全生产事故工作会议 4 次、监督工作联席会议 1 次。加强危险源辨识与评价工作,举办安全生产专题培训会议,培训 95 人;市水利系统完成危险源辨识与风险评价 4174 个,落实管控措施 3969 个,排查隐患 41 个,完成整改 29 个。构建防范中小学生溺水联防联控社会体系,排查溺水隐患点 700 多处。开展防溺水联合督查活动 10 余次,组织督查 2 次,防溺水检查 80 多人次,设置完善安全警示牌 300 多块、救生设施 356 套,劝导戏水、游泳 1700 余人,整改防护栏损坏、救生设备损坏等安全隐患 430 余处。 (卢明发)

编辑 卢景林 李 康

工 业

综 述

【概　况】 2020年，南宁市工业和信息化局（简称"市工信局"）有事业单位2个：南宁市工业和信息化综合行政执法支队、南宁市中小企业服务中心（南宁市中小企业培训中心、南宁市中小商贸流通企业服务中心）。南宁市将强工业作为强首府的首要任务，围绕"强龙头、补链条、聚集群"，统筹推进新冠肺炎疫情防控和复工复产，工业生产持续恢复，新动能不断集聚，转型升级步伐加快，工业经济保持稳定增长。编制完成《南宁市工业用地发展研究》，出台《南宁市人民政府关于加强工业用地管理提高综合效益的若干意见》及其配套文件《南宁市工业项目招商引资联合审查制度》《南宁市部分工业用地出让年期指导目录（2020年本）（试行）》。新增规模以上工业企业185家，其中新建投产并入规模以上企业93家，数量居自治区第一，成为全市工业增长主要动力。产值超亿元企业392家，产值比上年增长7.2%，增速高于全市平均5.3个百分点。智能终端产业链企业50家，智能终端产业链初具规模，形成以整车带动零部件生产的新能源汽车产业链。持续夯实食品及生物医药产业基础。通过"三企入桂"活动引入工业项目103个，计划总投资1239亿元。列入自治区"双百双新"项目57个，总投资1400亿元，其中"双新"项目43个，"双百双新"项目总数、"双新"项目数量均居自治区第一。全市15个工业园区规模以上企业产值增长3.9%，占全市规模以上企业产值77.05%，提高1.44个百分点，其中南宁高新区、南宁经开区、广西—东盟经开区3个国家级开发区规模以上企业产值增长13.8%，占全市规模以上企业产值32%，提高3.7个百分点。主要存在受中美贸易摩擦影响，部分重点企业出现较大幅度减产，企业投资意愿不强，国外新冠肺炎疫情影响部分外贸型企业，国际货品物流运输费及原材料价格大幅上涨，出口型企业订单延后，出货速度减缓等问题。

（赵　莉　陈仕乐）

【工业主要经济指标】 2020年，南宁市规模以上工业总产值比上年增长1.9%，高于自治区平均增速0.6个百分点，规模以上工业增加值增长3%，高于自治区平均增速1.8个百分点；工业投资增长8.1%，高于自治区平均水平0.4个百分点。电子信息、先进装备制造、生物医药三大重点产业产值增长7.3%，占全市规模以上工业产值38.8%，提高1.9个百分点。全年新增规模以上工业企业185家，再创历史新高，其中新建投产入规工业企业93家，数量居自治区第一；有规模以上工业企业1096家，主营业务收入2418.68亿元，增长1.2%；规模以上工业企业从业人员平均人数17.58万人。

【工业产业转型升级】 2020年，南宁市电子信息、先进装备制造、生物医药三大重点产业产值比上年增长7.3%，占全市规模以上工业产值比重38.8%，提高1.9个百分点。电子信息产业连续3年成为全市产值最大的工业产业，2020年产值占自治区规模以上电子信息产业产值50%以上。规模以上高技术制造业产值增长11.1%，占全市规模以上产值29.7%，提高2个百分点。以电子信息产业为代表的战略性新兴产业引领工业发展的新格局初步形成，增长动能从传统产业向高技术产业转换。（陈仕乐）

【新兴工业产业】 2020年，南宁市加快培育发展战略性新兴产业，加速推进新一代信息技术、智能装备制造、节能环保、新材料、新能源汽车、大健康产业等产业发展。入选广西新增战略性新兴产业企业名单37家，其中新一代信息技术产业企业19家、智能装备制造产业企业1家、节能环保产业企业4家、新材料产业企业7家、大健康产业企业6家在财政政策、融资服务、税费减免、土地政策、农林支持政策、科技扶持、人才政策等方面获重点扶持。（海　明）

【工业招商引资】 2020年，南宁市着力培育"工业树"、打造"产业林"，开展"三企入桂"活动，实施精准招商、以商招商。引进瑞声科技（香港）有限公司的精密元器件生产基地、微机电半导体封装及声学项目等，推动瑞声科技在南宁市投资项目增至7个，产业集群加速汇聚；引进天际汽车科技集团有限公司和恒大新能源汽车投资控股集团有限公司的新能源汽车项目，新能源汽车整车生产项目增至4个；引进佛山市海天调味食品股份有限公司的调味品生产基地建设项目等重点项目。签约"三企入桂"工业项目103个，占全市工业项目50.73%，总投资1239亿元。（胡一茹）

【工业投资与项目建设】 2020年，南宁市工业投资比上年增长8.1%，其中制造业投资增长8%、工业技术改造投资下降0.4%。重点行业工业投资保持增长，其中医药制造业增长127.1%、汽车制造业增长102.3%。南宁市100个计划开工、50个续建重点工业项目完成投资101.48亿元，其中新开工项目67个（亿元项目58个），投产48个（亿元项目42个）。推动329家工业企业实施技术改造，投产180家；"投贷补”（对企业技术改造项目的投入、融资、技术改造补助等）联动发放贷款企业45家，贷款金额12.24亿元；“投贷补”联动45家企业技改项目计划总投资35.23亿元，完成投资8.60亿元，累计完成投资15.80亿元，总投资完成44.85%。75个强首府工业重大项目完成投资73.65亿元，其中新开工瑞声精密传动元器件、浩源废钢铁加工等22个项目，投产瑞声科技产业园、世纪联合创新、桂芯集成电路芯片封装等24个项目，加快建设美斯达数字化智能工厂、博世科环保产业基地、一力桂西、桂达纸业等13个项目。57个自治区级“双百双新”产业项目计划投资57.30亿元，完成投资64.42亿元；新开工19个，竣工5个。（孙美玲）

【工业技术创新与新产品开发】 2020年，南宁市实施创新驱动发展战略，重点支持广西先进铝加工创新中心高端高精铝材热处理重大短板装备项目、南宁华数轻量化电动汽车设计院轻量化新能源车辆项目研发建设，通过攻克核心关键共性技术，推动产业协同创新平台技术成果转化。广西先进铝加工创新中心的国内首台套型材辊底炉式连续热处理生产线投产，4月16日首套国产自主高端高精铝合金中厚板辊底炉点火热试车成功，突破国家重要战略领域关键材料装备技术瓶颈，填补国内空白，打破国外垄断；华数轻量化电动汽车设计院被认定为自治区新型研发机构；支持组建南宁武汉理工大学先进技术产业研究院等新型产业技术研究机构，加速形成具有自主知识产权的核心技术和产品。广西东蒙乳业有限公司获评定国家认可实验室，新增自治区认定企业技术中心5家、自治区技术创新示范企业6家、广西工业企业质量管理标杆4项、南宁市企业技术中心15家。列入自治区技术创新项目计划95个，广西博世科环保科技股份有限公司“污染场地修复关键技术及大型装备升级项目”、广西天力丰生态材料有限公司“年产2万吨擦手纸高配比甘蔗浆生产线建设项目”列入南宁市2020年产品升级项目补助资金计划。（梁卫平）

【工业绿色发展】 2020年，南宁市对照国家《产业结构调整指导目录》及相关行业准入条件，年度无淘汰落后产能计划项目。深入实施绿色制造工程，加快构建绿色制造体系。进入自治区级绿色工厂名单9家（南南铝业股份有限公司、皇氏集团华南乳品有限公司、广西力源宝科技有限公司、广西太古可口可乐饮料有限公司、广西伊利冷冻食品有限公司、广西彩星科技有限公司、广西阳工电线电缆有限公司、广西瑞熙特种票证印务有限公司、广西柏景地板有限公司），其中进入国家级绿色工厂名单2家（南南铝业股份有限公司、皇氏集团华南乳品有限公司）；广西—东盟经济技术开发区进入自治区级、国家级绿色园区名单；安排资金250万元，奖励进入国家级和自治区级绿色制造体系名单的企业、园区。在造纸、焦化、氮肥、有色金属、印染、农副食品加工、原料药制造、制革、农药、电镀等行业中实施清洁化改造，横县万力隆皮革皮业异地搬迁技改项目竣工。在化工、纺织、造纸、制糖等重点用水行业组织开展年度市级“节水型企业”创建，认定广西糖业集团良圻制糖有限公司为2020年度市级节水型企业。在工业企业中推广清洁能源使用，对116家工业企业给予燃气入网费、燃气锅炉购置费、燃料费及使用天然气分布式能源站供冷、供热费补助等清洁能源使用补助4860.38万元。（戴晓敏）

【亿元工业企业建设】 2020年，南宁市规模以上工业企业中，完成亿元产值企业392家，占全市规模以上工业企业35.8%；实现产值占全市规上工业总产值88.5%，比上年同期增长7.2%；拉动全市规模以上工业产值增长6.1个百分点。产值100亿元以上企业3家，产值10亿元～50亿元企业33家，产值5亿元～10亿元企业41家，产值1亿元～5亿元企业315家。（江洁虹）

【中小工业企业扶持】 2020年，南宁市出台《南宁市应对新型冠状病毒感染肺炎疫情支持中小企业保经营稳发展若干措施的通知》《关于应对新冠肺炎疫情支持工业企业发展若干政策措施的通知》等政策，助力企业加快复工复产。121家企业获补贴利息638.42万元；48家企业纳入国家重点保障企业名单，其中35家企业获贷款6.55亿元，平均利率2.33%；232家工业企业及工业个体工商户获复工贷18.4亿元，享受金融机构降低2%后的优惠利率贷款，减少利息成本3535.02万元；75家工业企业及工业个体工商户获“稳企贷”财政贴息632.9万元，356家工业企业获租赁标准厂房补助资金6105.93万元。发挥“两台一会”（南宁市中小企业服务中心为融资平台、南宁市南方融资性担保有限公司为担保平台，南宁市企业信用协会为项目推介协会）中小企业贷款平台作用，协调金融机构给予正常续贷、还本付息可延期、续贷展期等融资支持及降费让利优惠；全年“两台一会”平台财政配套资金拨款7.52亿元，贷款企业946家，财政资金引导金融机构加大贷款投放比例1∶35.85，解决中小企业流动资金贷款269.5亿元，贷款余额44.31亿元。高新基金投放0.51亿元，余额0.51亿元；担保风险补偿基金发放企业13家1.21亿元；专项转贷资金投放贷款企业5家3900万元；非公开可转换债券余额4000万元；“投贷补”联动发放贷款企业65家24.86亿元。完成线上线下公益性和市场化培训170场次，培训企业3000家次1.30万人次；市本级组织现场调研等服务工业企业活动648次，协调解决企业生产要素保障、融资、企业招工等问题392个；收到企业信用评级申请267家，完成信用评级报告205家，对评级企业授信总额23.5亿元；开展“两强两促”（强保障、强服务，促资源配置、促项目建设）服务中小企业大行动，组织250家中小企业到标杆企业现场传帮带学习，帮助20家企业获用地约100公顷，“两台一会”为中小企业融资44.31亿元，解决企业创新难、落地难、融资难等问题。获自治区工业和信息化发展专项资金（中小企业）项目扶持资金180万元、自治区支持中小微企业到贫困地区发展补助资金680万元；5家担保机构获2020年国家中小企业发展专项资金1040万元；4家企业获2019年度自治区中小微企业信用担保机构风险补偿资金607.68万元；5家机构获2019年度自治区小企业贷款风险补偿专项资金37.49万元。（吕 新）

表5 2020年南宁市规模以上工业主要产品产量情况统计表

产品名称	计量单位	产 量	比上年增长(%)
配混合饲料	吨	4746399	7.4
成品糖	吨	964431	−24.8
饮 料	吨	1825653	5.6

续表 5

产品名称	计量单位	产　量	比上年增长(%)
啤　酒	千升	279240	-5
卷　烟	万支	3533950	0.9
人造板	立方米	6587446	4.7
纸　浆	吨	190256	-38.3
机制纸及纸板	吨	227361	-34.1
水　泥	吨	16627368	5.4
平板玻璃	重量箱	12529172	10.3
铝　材	吨	283367	32.8
小型拖拉机	台	1236	10.5
电力电缆	千米	312603	-0.1
乳制品	吨	101904	14.2
合成复合肥料	吨	800679	25.5
塑料制品	吨	245860	-0.8
商品混凝土	立方米	31695579	1.57
发电机组(发电设备)	千瓦	123670	21.07
配电或电器控制设备	台(套、面)	109484	-21.5
家用电风扇	台	145324	16.2

（陈仕乐）

【纺织工业建设】 2020年，南宁市有规模以上纺织工业企业34家(纺织业28家，纺织服装、服饰业6家)，从业人员7533人。规模以上纺织工业总产值比上年增长17.15%；主营业务收入33.42亿元，增长10.77%；利润总额1.04亿元，增长36.68%。南宁锦虹棉纺织有限责任公司的防过敏用高支赛络紧密纺纱项目、活性单染抗菌保暖用纱项目，上林县中兴丝业有限公司的锅炉余热利用蚕蛹烘干装置的应用研究项目认定为自治区技术创新项目。主要存在缺少产业链环节、企业规模小等问题。

【造纸与纸制品工业建设】 2020年，南宁市有规模以上造纸工业企业44家(纸浆制造4家、造纸15家、纸制品制造25家)，从业人员6845人。规模以上造纸工业工业总产值比上年下降18.17%；主营业务收入47.71亿元，下降14.72%；利润总额0.67亿元，下降70.36%。全市造纸与纸制品工业完成投资比上年同期下降43.8%。主要续建项目有南宁市桂达纸业有限公司的年产卫生纸、擦手纸、有光纸、包装纸5万吨及A级瓦楞项目，总投资7亿元，完成投资1.08亿元。通过自治区认定的企业技术中心1家(广西国旭林业发展集团股份有限公司技术中心)，通过南宁市认定的企业技术中心1家(广西天力丰生态材料有限公司)。广西天力丰生态材料有限公司的生产2万吨擦手纸高配比甘蔗浆生产线建设项目列入南宁市2020年产品升级项目补助金计划。主要存在产业链不全、企业环保技术创新力度不够等问题。　（胡一茹）

【印刷工业建设】 2020年，南宁市通过2020年度报告的印刷企业447家，其中出版物印刷企业70家、内部资料性出版物印刷企业5家、排版制版装订专项企业8家、数字印刷企业22家、包装装潢印刷企业193家、其他印刷品印刷企业149家。印刷企业工业总产值46.60亿元，比上年下降0.49%；收入49.13亿元，增长5.08%；利润总额2.16亿元，下降31.08%；工业增加值10.05亿元，增长3.72%；研发投入2690.32万元，增长37.81%；从业人员1.25万人。出版物印刷企业工业总产值增长0.30%，包装装潢印刷企业工业总产值下降5.25%，排版制版装订专项企业工业总产值下降6.57%，专营数字印刷企业工业总产值增长9.87%，其他印刷品印刷企业工业总产值下降11.67%。全市规模以上重点印刷企业(年工业总产值超过5000万元)20家，其中超亿元企业9家；实现工业总产值25.73亿元，下降2.84%；收入28.06亿元，增长5.51%；利润总额1.73亿元，增长21.59%。主要存在因原材料价格上涨导致用工成本增加，企业新增设备等投入加大，行业竞争加剧导致印刷工价下降，排版制版装订专项企业的工业总产值比例较小，严格符合节能环保要求的企业较少等问题。　（市新闻出版局）

电子信息产业

【概　况】 2020年，南宁市电子信息产业规模以上工业总产值640.49亿元，比上年增长9.6%，连续3年成为全市产值最大的工业产业；2020年产值占全市规模以上工业比重26.72%，产业聚集效应逐步凸显。全市软件和信息技术服务业主营业务收入210.28亿元(不含中国电信、中国联通、中国移动3大运营商)，增长29.6%，主营业务收入前30名企业收入占行业主营业务收入93.39%；主营业务收入超亿元企业22家。4月，自治区首台服务器暨浪潮南宁生产基地首台服务器和计算机产品在南宁下线。主要存在产业链环节不够齐全、产业园区配套服务不够完善等问题。

【项目建设与投资】 2020年，南宁市电子信息产业完成投资比上年增长47.1%。有13个新开工、7个续建电子信息产业项目列入市“双百双新”重点项目。主要新开工项目有横县瑞声精密电子有限公司投资的瑞声科技精密制造项目，规划建设高速数据传输产品，总投资20亿元，完成投资6000万元；广西数广宝德信息科技有限公司投资的广西—东盟北部湾自主安全可控计算机整机系统及上下游生态生产研发基地项目，主要开展国产化芯片服务器、安全可靠PC(个人计算机)终端及整机周边配套产品的研发和生产，总投资20亿元，完成投资3000万元；广西岑科电子工业有限公司投资的基于5G应用高频电感器核心元器件扩建项目，主要规划建设5G应用高频电感器、一体成型微型高能电感器、贴片功率电感器、NR系列电感器生产线，配套电磁滤芯生产线和电子元器件表面处理中心，总投资3.80亿元，完成投资4800万元。主要续建项目有瑞泰精密(南宁)科技有限公司、瑞声光学(南宁)有限公司投资的瑞声科技南宁产业园项目，主要开展扬声器、受话器、精密结构件、光学模组及上下游器件的研发与生产，总投资80亿元，完成投资5.50亿元；广西音卓科技有限公司投资的AI(人工智能)可穿戴设备项目，主要开展AI可穿戴产品的设计、研发和生产，总投资10亿元，完成投资1.19亿元；广西科林半导体有限公司投资的大疆半导体封装检测产业园项目，主要建设封装生产线2条、测试线2条、包装线2条，总投资约2亿元，完成投资6600万元。

【技术创新与产品研发】 2020年，广西岑科电子工业有限公司技术中心被认定为自治区级技术中心，广西博禄德电子有限公司被认定为自治区“专精特新”中小企业。南宁市获自治区工业和信息化发展专项资金信息化项目19个，项目研发涉及物联网、大数据、北斗网格码、云计算、虚拟卡等关键技术，产品涉及跨国跨区域通信服务平台、智慧公共服务平台、闸机物联网安全系统、冷链物流配送系统以及智慧伴游系统等。

（韦逦娜 杨浩铭）

先进装备制造业

【概 况】 2020年，南宁市有规模以上机械工业企业198家，工业总产值260亿元，比上年增加3.16%；营业收入205.12亿元，下降19.71%；利润总额7.67亿元，下降34.44%。主要产品产量：小型拖拉机1236台，下降10.5%；电力电缆31.26万千米，下降0.10%；发电机组(发电设备)12.37万千瓦，下降13.8%；配电或电器控制设备10.95万台(套)，下降21.50%。南宁市手表厂工业总产值3364万元，增长11.17%；入库产量50.75万只，下降0.61%；销售数量51.51万只，下降4.74%；主营业务收入(含税)3495.89万元，下降3.51%；利润66.65万元，下降34.38%；从业人员455人。主要存在装备制造业企业尚未形成产业群、产业链环节不齐全，龙头企业数量还比较少，受新冠肺炎疫情影响，部分产品市场份额有所萎缩，企业面临生产和市场双重压力加大等问题。

【项目建设与投资】 2020年，南宁市机械装备制造业主要投资项目有浙江合众新能源汽车有限公司年产10万辆乘用车项目，占地53.33公顷，建设冲压、焊装、涂装、总装及PACK(加工组装)五大工艺厂房，配套建设研发中心、试验试制中心等，总投资35亿元，完成投资5.28亿元；天际汽车科技集团有限公司年产10万台新能源乘用车项目，用地53.33公顷，新建冲压、焊装、涂装、总装及电池包等全工序生产厂房，总投资58亿元，完成投资3.17亿元；广西申龙汽车制造有限公司新能源客车及物流车生产基地项目，建设冲压、焊装、涂装、总装四大工艺车间，年产新能源客车1万辆、新能源物流车3万辆，总投资24.08亿元，完成投资0.61亿元，累计完成投资9.63亿元；广西美斯达投资有限公司数字化智能工厂项目，用地13.33公顷，建设生产车间、展示中心、研发中心建安工程、生产设备购置安装及室外附属工程，建成后形成年产2000台履带式移动破碎筛分设备的生产能力，总投资6亿元，完成投资0.42亿元；广西燚能新能源有限公司锂离子电池生产基地项目，总投资14亿元，一期投资建设锂离子电池生产线8条、PACK生产线3条，日产锂离子电池40万只及电池模组5000组；广西新谊新能源汽车有限公司新能源汽车产业园项目，用地面积6公顷，建设电动新能源汽车零部件展示厅、车厢生产、装配车间、新能源车辆研发中心等设施，年产物流车类、市政环卫工程车类新能源汽车3000台，总投资2.60亿元，完成投资0.36亿元；深圳市路远智能装备有限公司智能装备产业园项目，建设形成完整的贴片机产业链，总投资12亿元，完成投资1.63亿元，累计完成投资2.64亿元。

【技术创新与产品研发】 2020年，南宁市装备制造业获评自治区技术创新示范企业2家(广西电力线路器材厂有限责任公司、广西三维铁路轨道制造有限公司)，获南宁市认定企业技术中心5家(南宁中车铝材精密加工有限公司、思屋电气集团有限公司、中桂电力设备有限公司、广西南亚电器有限公司、南宁市安和机械设备有限公司)，获评广西工业企业质量管理标杆企业2家(广西建工集团建筑机械制造有限责任公司、广西纵览线缆集团有限公司)；列入南宁市2019年度高层次创新创业领军人才“邕江计划”项目资助名单：广西宁达汽车科技有限公司——纯电动乘用车(EP12)的研究开发及产业化人才团队、广西先进铝加工创新中心有限责任公司——高端高精铝材热处理成套装备项目人才团队，分别获资助500万元。认定为自治区技术创新项目13个：广西景典钢结构有限公司的钢结构厂房金属屋

2020年11月，顾客在哪吒汽车NETA潮玩生活馆体验首款“南宁制造”哪吒V新能源汽车　梁枫 摄

面系统防水性能研究与构造设计项目,广西南宝特电气制造有限公司的带接地功能智能低压综合配电箱研发项目、组合式变压器(美式箱变)研发项目、高低压预装式变电站研发项目、智能低压综合配电箱研发项目,广西网联电线电缆有限公司的中大铜拉丝机蒸汽保护改为氮气保护节能减排技术的研发项目、一种四苯乙烯人造橡胶柔性移动电缆的研发项目、一种静电过粉器设备的研发项目,南宁中车铝材精密加工有限公司的南宁5号线无人驾驶端部结构工艺研发项目、南宁5号线无人驾驶顶盖工艺研发项目、南宁5号线无人驾驶底架工艺研发项目,广西申龙汽车制造有限公司的HQK6109系列纯电动双层城市客车研发项目、HQK6663系列纯电动城市客车研发项目。

【新能源汽车产业】 2020年,南宁市抢抓新能源汽车发展机遇,以全产业链思维布局现代汽车产业,通过资本招商、重资产招商模式,引进天际、恒大2个新能源乘用车整车项目,加上2019年引进的合众新能源汽车项目和原有的申龙商用车项目,建成达产后将形成乘用车40万辆、商用车4万辆的整车生产规模,产值400亿元。2月28日,浙江合众新能源汽车有限公司年产10万辆乘用车项目、天际汽车科技集团有限公司年产10万台新能源乘用车项目开工,成为新冠肺炎疫情期间全国较早开工的重大工业项目;合众汽车从签约到开工仅93天,天际汽车仅44天,创造重大工业项目建设的“南宁速度”。 (胡 华)

生物医药产业

【概 况】 2020年,南宁市生物医药工业有规模以上企业51家,工业产值比上年增长1.27%,占全市工业总产值1.88%,平均用工人数6423人。其中:医药制造业有规模以上企业41家,工业产值下降2.37%,工业增加值下降0.60%;营业收入29.14亿元,下降8.34%;利润总额1.20亿元,增长136.78%。从各子行业看,化学药品原料药制造产值增长15.81%,化学药品制剂制造产值增长19.20%,中药饮片加工产值下降20.01%,中成药生产产值下降7.14%,兽用药品制造产值下降32.01%,生物药品制品制造产值增长14.36%,卫生材料及医药用品制造产值增长768.43%,医疗仪器设备及器械制造产值增长13.32%,医学生产用信息化学品制造产值增长6.48%。因新冠肺炎疫情防控需求,卫生材料及医药用品制造业成为增速最快的子行业,拉动生物医药产业增长2.61个百分点。主要存在企业规模比较小、产品创新研发力度不够、中药开发利用程度不够高等问题。

【化学药品制造】 2020年,南宁市有规模以上化学药品制造企业7家。其中,化学药品原料药制造企业4家,工业总产值比上年增长15.81%,工业增加值增长11.9%;营业收入4.31亿元,下降14.49%;利润总额1528万元,下降30.99%;平均用工人数331人。化学药品制剂制造企业3家,工业总产值增长19.2%,工业增加值增长15.7%;营业收入5139万元,下降12.53%;利润总额-484万元,下降25.81%。平均用工人数133人。

【中药饮片加工】 2020年,南宁市有规模以上中药饮片加工企业6家,工业总产值比上年下降20.01%,工业增加值下降19%;营业收入6.65亿元,下降7.23%;利润总额4354万元,增长40.06%。平均用工人数907人。

【中成药生产】 2020年,南宁市有规模以上中成药生产企业19家,工业总产值比上年下降7.14%,工业增加值下降10%;营业收入12.91亿元,下降17%;利润总额2321万元,下降179.3%。平均用工人数3232人。

【兽用药品制造】 2020年,南宁市有规模以上兽用药品制造企业2家,工业总产值比上年下降32.01%,工业增加值下降31%;营业收入2702万元,下降30.28%;利润总额-1052万元,下降37.73%。平均用工人数161人。

【生物药品制品制造】 2020年,南宁市有规模以上生物药品制品制造企业2家,工业总产值比上年增长14.36%,工业增加值增长12.1%;营业收入3.3亿元,增长13.75%;利润总额5260万元,增长3.73%。平均用工人数364人。

【卫生材料及医药用品制造】 2020年,南宁市有规模以上卫生材料及医药用品制造企业5家,工业总产值比上年增长768.43%,工业增加值增长755.5%;营业收入1.18亿元,增长694.93%;利润总额107万元,下降347.22%。平均用工人数399人。

【项目建设与投资】 2020年,南宁市医药制造业完成投资比上年增长127.1%。主要续建项目有南宁科创制药有限公司的科创控股花海国药南宁医药产业园项目,总投资5亿元,完成投资5632万元;广东一力集团制药有限公司的南宁药品生产基地,总投资2.50亿元,完成投资9604万元,12月试生产。新开工项目有广西九州通医药有限公司的西南现代中药生产项目,总投资2.50亿元,完成投资7800万元。

【技术创新与产品开发】 2020年,南宁市生物医药工业中认定为自治区技术创新项目5个(广西巨星医疗器械有限公司的可透视医用胶片研发、设置柔性吸盘的X射线胶片输片装置研发,广西中医药大学制药厂的保健食品五味珍菊片研发,广西白云山盈康药业有限公司的中药颗粒剂新工艺技术研究及应用,广西昌弘制药有限公司的护肝宁制剂优化工艺项目);认定为南宁市企业技术中心1家(广西仙茱中药科技有限公司);确定为自治区中药配方颗粒研究试点企业3家(广西万通制药有限公司、广西昆泽药业有限公司、广西昌弘制药有限公司)。 (刘巧稚)

铝加工业

【概 况】 2020年,南宁市有规模以上铝加工企业7家,规模以上企业总产值比上年增长11.81%;主营业务收入45.49亿元,下降21.79%;利润总额下降2.81亿元,下降26.2%。平均用工人数3039人。主要产品铝材产量28.33万吨,增长32.8%。主要存在企业规模不够大、产业链环节不齐全等问题。

【项目建设与投资】 2020年,南宁市铝加工业完成投资比上年下降15.7%。主要投资项目有南南铝业股份有限公司的南南电子汽车新材料精深加工技术改造项目,总投资21.13亿元,完成投资0.56亿元,累计完成投资15.03亿元;广西南南铝加工有限公司的南宁市铝合金整体挤压壁板展平关键技术研究及产业化能力建设项目,总投资1.3亿元,完成投资0.04亿元,累计完成投资0.59亿元,以及高端高精铝材首台套重大短板装备及配套建设项目,总投资6.4亿元,完成投资0.93亿元,累计完成投资1.47亿元。

【技术创新与产品开发】 2020年,以广西南南铝加工有限公司、南南铝业股份公司为代表的铝加工企业与广西先进铝加工创新中心、南宁华数轻量化电动车设计院等研究机构合作研发,取得一系列应用创新成果:在铝合金轻量化新材料应用领域,突破铝的合金成分配比、中间合金添加及精炼除气除渣的工艺控制技术，合金纯化智能控制及铸棒均匀化热处理等技术，高性能、高一致性的铝合金材料热处理技术，解决铝合金型材生产高性能及均匀性问题，研发出高性能的2系列、5系列、6系列、7系列铝合金型材产品。在汽车轻量化领域，重点研究榫卯连接、粘接、激光焊接等先进连接技术，突破全铝车身轻量化原理及设计方法研究、铝合金榫卯结构的几何结构原理、铝合金榫卯结构的强度设计方法及粘接工艺研究等关键技术，研发出4.50吨新能源物流车厢、5.50吨燃油源物流车厢、防撞梁及防护裙板、电池托盘等铝合金轻量化汽车零部件产品；与南宁华数轻量化电动汽车设计院合作开发小巴白车身、场地观光车白车身、8米公交车白车身等轻量化全铝车身产品，突破白车身模块化设计、基于铝合金榫卯结构的平面模块设计、铝合金轻量化车架拓扑设计及铝合金整车结构研究设计等关键技术，实现整车的轻量化设计，相对传统钢质材料，整车总量减重45%以上，达到国内领先水平。国内首套国产铝合金型材辊底式固溶热处理炉生产线试制开发出6082等高性能铝合金材料，成功开发东风凯普特物流车全铝车厢、比亚迪物流车全铝车厢、海尔空调高表面铝合金面板产品、乘用车铝合金电池托盘等铝合金新产品。

【铝合金中厚板辊底炉点火热试车】 2020年4月16日，南宁市高端高精铝材首台套重大短板装备及配套建设项目竣工仪式在广西南南铝加工有限公司举行。作为2020年广西"双百双新"产业竣工项目之一，辊底炉项目属于高端高精铝材重大短板装备及配套建设项目之一，解决国内高品质板材热处理生产线成套装备开发中存在的关键装备技术难题，填补国内空白，实现中国高性能高精铝合金材料关键技术自主可控。高端高精铝材首台套重大短板装备项目包括型材辊底炉、中厚板辊底炉和薄板气垫炉3台替代进口重大短板装备研制。 （黄开慧）

食品工业

【概　况】 2020年，南宁市有规模以上食品工业企业217家，其中农副食品加工业120家，食品制造业43家，酒、饮料和精制茶制造业52家，烟草制品业2家。规模以上食品工业企业实现工业产值比上年下降2.55%，占全市工业总产值22.22%；工业增加值189.09亿元，下降4.56%；主营业务收入537.52亿元，下降0.38%；利润总额33.13亿元，增长18.53%。主要食品工业产品产量：成品糖96.44万吨，下降24.8%；乳制品10.19万吨，增长14.2%；饮料182.57万吨，增长5.6%；啤酒27.92万千升，下降5%；卷烟353.40亿支，增长0.9%；配混合饲料474.64万吨，增长7.4%。主要存在缺少国内、国际品牌产品，龙头企业数量较少、规模不够大等问题。

【农副食品加工业】 2020年，南宁市农副食品加工业完成工业产值277.48亿元，比上年下降0.12%；工业增加值41.72亿元，下降11.39%；主营业务收入298.36亿元，增长2.49%；利润总额10.75亿元，增长68.67%。平均用工人数1.83万人。

【食品制造业】 2020年，南宁市食品制造业完成工业产值33.57亿元，比上年增长1.25%；工业增加值8.79亿元，下降0.24%；主营业务收入31.83亿元，增长1.42%；利润总额1.19亿元，下降27.03%。平均用工人数5907人。

【酒、饮料和精制茶制造业】 2020年，南宁市酒、饮料和精制茶制造业完成工业产值77.39亿元，比上年下降21.62%；工业增加值26.14亿元，下降22.4%；主营业务收入81.22亿元，下降17.89%；利润总额12.43亿元，下降2.40%。平均用工人数6942人。

【烟草制品业】 2020年，南宁市烟草制品业完成工业产值144.19亿元，比上年增长5.36%；工业增加值112.43亿元，增长3.4%；主营业务收入126.11亿元，增长6.70%；利润总额8.75亿元，增长21.52%。平均用工人数1203人。 （胡一茹）

【饲料工业】 2020年，南宁市获饲料生产许可证企业127家，从业人员6854人；持有生产许可证146张(双证企业20家、三证企业2家)，其中配合饲料、浓缩饲料、单一饲料生产许可证86张，添加剂预混合饲料生产许可证37张，饲料添加剂生产许可证23张。到期换证的企业15家，新增企业12家。饲料(配混合饲料)产量524.62万吨，比上年增长8.4%。其中：配合饲料产量508.38万吨，占总产量96.9%；浓缩饲料产量6.35万吨，占总产量1.2%；添加剂预混合饲料9.89万吨，占总产量1.9%。全市饲料年产值179.89亿元，增长17.7%，年产值亿元以上企业42家。持续开展饲料质量安全监测，监测抽样饲料产品385批次；对全市饲料和饲料添加剂生产企业进行拉网式检查和粉尘防爆安全生产现场检查，组织检查组24个，出动检查人员336人次，检查企业124次，发放相关宣传资料900多份。 （许丽丹）

【项目建设与投资】 2020年，南宁市食品工业主要续建项目有广西广老大食品有限公司项目，总投资0.85亿元，完成投资1200万元；南宁嘉能可食品股份有限公司的嘉天下集团(东盟)健康食品产业园项目，总投资1.90亿元，完成投资1770万元；南宁新希望六和饲料有限公司年产50万吨饲料生产项目，总投资1.50亿元，完成投资3621万元；南宁海大集团股份有限公司年产40万吨生物饲料项目，总投资2亿元，完成投资5856万元，6月投产。新开工项目有南宁东鹏食品饮料有限公司东鹏饮料南宁生产基地二期，总投资1.30亿元，完成投资5600万元；佛山市海天(南宁)调味食品股份有限公司的海天调味品生产基地建设项目，总投资20亿，完成投资3000万；广西福广食品有限责任公司百草味休闲食品系列生产加工项目，总投资0.70亿元，完成投资610万元；温氏食品集团股份有限公司温氏集团宾阳肉鸡全产业链项目，总投资8亿元，完成投资1.20亿元；广西壮美那食品有限公司项目，总投资0.74亿元，完成投资1157万元；广西邕之泰实业有限公司的屠宰精深加工及冷链配送项目，总投资1.10亿元，完成投资2211万元；广西恒得润生物科技有限公司的高纯度辣椒碱加工基地项目，总投资3.48亿元，完成投资2000万元。

【技术创新与新产品开发】 2020年，南宁市食品工业通过自治区认定的企业技术中心1家(广西红豪淀粉开发有限公司技术中心)；通过南宁市认定的企业技术中心2家(广西朗盛食品科技有限公司、南宁双胞胎饲料有限公司)。认定为自治区技术创新项目6个(广西红豪淀粉开发有限公司的用作橡胶填充料的改性木薯渣产品的研发、低黏度木薯复合变性淀粉制备方法的研发，广西朗盛食品科技有限公司的蛋黄酥出炉输送设备的研发、制酥机的传送装置的研发、制作蛋黄酥用的打面机的研发、锅炉余热利用蚕蛹烘干装置的应用研究)。广西东蒙乳业有限公司被认定为国家认可实验室(CNAS)。

（胡一茹）

化学工业

【概　况】 2020年，南宁市有规模以上化学工业企业139家，工业总产值比上年下降4.85%；主营业务收入151.63亿元，下降0.49%；利润总额12.89亿元，增长

31.53%。主要产品产量:合成复合肥料80.07万吨,增长25.5%;塑料制品24.59万吨,下降0.8%。主要存在龙头企业数量较少,企业规模不够大,产品创新不足等问题。

【石油加工业】 2020年,南宁市有规模以上石油加工业企业1家,工业总产值比上年增长10.96%,工业增加值增长18.5%;主营业务收入8.43亿元,增长1.20%;利润总额2334万元,增长200%。平均用工人数457人。

【化学原料及化学制品制造业】 2020年,南宁市有规模以上化学原料及化学制品制造业企业84家,工业总产值比上年下降10.01%,工业增加值下降9.9%;主营业务收入110.65亿元,下降3.48%;利润总额10.71亿元,增长43.33%。平均用工人数6485人。

【橡胶和塑料制品业】 2020年,南宁市有规模以上橡胶和塑料制品业企业49家,工业总产值比上年下降10.91%,工业增加值下降10.3%;主营业务收入32.54亿元,下降10.98%;利润总额1.95亿元,下降13.42%。平均用工人数4543人。

【技术改造与投资】 2020年,南宁市化学工业主要投资项目有广西普慧能源有限公司年产1亿颗高性能18650锂电池项目,总投资2.6亿元,完成投资3500万元;广西交科新材料科技有限责任公司年产2.50万吨废旧轮胎再生橡胶粉项目,总投资6258万元,完成投资3500万元。

(农　刚)

建材工业

【概　况】 2020年,南宁市有规模以上建材工业企业155家,规模以上工业总产值262.8亿元,比上年增加4.37%;主营业务收入254.18亿元,增加0.73%;利润总额35.96亿元,增长10.68%。主要产品:水泥、水泥制品、平板玻璃、镀膜玻璃、玻璃纤维、砖、砂、石材、黏土矿、排水管、水泥压力管、水泥电杆、水泥枕轨、商品混凝土、建筑陶瓷、高温耐火材料、防水卷材等。主要产品产量:水泥1662.74万吨,增长5.4%;商品混凝土3156万立方米,与上年持平;平板玻璃1206万重量箱,增长17%。对全市小散乱污机制砂生产企业开展联合治理,关停非法机制砂企业119家。新增自治区级企业技术中心1家(广西云燕特种水泥建材有限公司技术中心),新认定自治区技术创新示范企业1家(广西三维铁路轨道制造有限公司)。主要存在缺乏龙头企业规模不够大,企业在技术创新和产品开发方面力度不够等问题。

【非金属矿采选业】 2020,南宁市有规模以上非金属矿采选业企业15家,工业总产值比上年下降0.97%,工业增加值下降0.73%;主营业务收入6.2亿元,下降5.5%;利润总额-1631万元,增长11.22%。平均用工人数590人。

【非金属矿物制品业】 2020年,南宁市有规模以上非金属矿物制品业企业139家,工业总产值比上年增长4.52%,工业增加值增长2%;主营业务收入248亿元,增长0.89%;利润总额34.5亿元,增长9.41%。平均用工人数2.02万人。全市散装水泥供应量1063.29万吨,增长10.23%,水泥总产量1662.74万吨,增长5.4%,水泥散装率64.44%。

【技术改造与投资】 2020年,南宁市建材工业主要投资项目有南宁红狮水泥有限公司的日产5000吨新型干法生产线及配套9兆瓦纯低温余热发电项目,总投资8.9亿元,完成投资4.20亿元,完成生产线设备及新办公楼主体施工;华润水泥(南宁)有限公司年产千万吨级新型优质建筑骨料与30万吨干混砂浆项目,总投资1.7亿元,完成投资69.5万元,完成项目一期4公顷土地使用权出让摘牌,1月22日举行开工仪式,11月9日项目供电方案通过南宁供电局专家评审;广西欣阳玻璃科技有限公司的玻璃精深加工项目,总投资4.29亿元,完成投资1.24亿元,新建Low-E(低辐射)玻璃磁控溅射镀膜生产线1条、钢化玻璃生产线8条、中空玻璃生产线6条和夹层玻璃生产线2条,开展厂房基础设施建设。

【散装水泥生产与应用】 2020年,南宁市生产散装水泥1063.29万吨,比上年增加98.74万吨,完成年度任务111.33%;生产预拌混凝土2996.60万立方米,增加45.57万立方米,增长1.54%,完成年度任务119.86%;生产预拌砂浆241.71万吨,增加80.59万吨,增长50.02%,完成年度任务161.14%。

【预拌混凝土生产企业评价】 2020年,南宁市开展混凝土生产企业绿色生产评价,参评企业55家,通过考核38家,其中获评二星级33家。运用预拌混凝土生产企业信用考核评价系统,完成预拌混凝土生产企业2020年度信用考核评价,评定AAA级企业13家、AA级企业36家、A级企业15家,不予定级2家,构筑南宁市预拌混凝土行业诚信体系。(农　刚)

制糖工业

【概　况】 2019/2020年榨季,2019年11月13日南宁糖业股份有限公司明阳糖厂率先开榨,至2020年3月29日广西糖业集团良圻制糖有限公司最后收榨,历时138天,比上榨季短35天,全市有15家糖厂开榨生产。受开榨前糖价比上年同期增长10%以上、利润空间增加等因素影响,本榨季南宁市制糖企业开榨时间较上个榨季总体提前2周左右,主要集中在2019年11月中下旬,最迟12月中旬开榨。受前两个榨季糖价持续下跌、蔗农种蔗积极性降低、糖料蔗种植面积减少、持续少雨天气糖料蔗含水少等因素影响,糖料蔗和食糖产量较上榨季不同程度减产。因入榨糖料蔗量减产,且榨季生产期出现多年来罕见持续晴好少雨天气,利于糖料蔗的糖分储存和提高出糖率,全市平均含糖分、产糖率两个指标创近15个榨季新高。全市一级白砂糖平均售价保持在每吨5700元~5900元,与上榨季同期相比,涨幅持续保持在10%左右。糖价持续相对高位运行和糖分、产糖率大幅提高的双重作用一定程度上抵消糖料蔗大幅减产的负面影响。由于糖价上涨制糖企业资金压力减缓,制糖企业力图增强蔗农续签订单合同意愿、巩固原有蔗源,蔗款兑付进度较上个榨季大幅加快。9月24日,在云南省昆明市召开的第32届全国糖业质量工作会议上进行的全国食糖产品质量评比中,南宁糖业股份有限公司再获亚硫酸法一级白砂糖第一名、碳酸法一级白砂糖第一名,实现亚法类白砂糖十八连冠。

【糖料蔗订单农业推行】 2019/2020年榨季是广西糖业改革放开蔗区蔗价、推行订单农业后的第一个生产季,南宁市履行属地管理职责,通过拉横幅、发短信微信、办培训班等方式加强订单农业和法制宣传教育,按时完成糖料蔗订单合同签订及从制糖企业到乡镇政府再到区县(开发区)糖业主管部门的三级备案等前期基础工作,建立完善县乡村三级调处和风险预警防控机制,加强订单农业履约监督,打击违规抢购糖料蔗的违建地磅,规范订单农业各实施主体市场行为,维护糖料蔗购销市场正常秩序和蔗区社会稳定。全市签订、备案糖料蔗订单合同3.45万份,糖料蔗订单合同签约率、备案率均100%。12个区县、南宁经开区、广西—东盟经开区、97个种蔗乡镇、961个种蔗村全部建立调处机制，市本级和12个区县及南宁经开区、广西—东盟经开区全部建立风险预警防控机制。

【糖料蔗生产】 2019/2020年榨季，南宁市蔗区分布在12个区县、南宁经开区、广西—东盟经开区等地的97个乡镇及20个农场，其中武鸣区、江南区、横县、宾阳县、隆安县列入广西500万亩“双高”（产量高、含糖量高）糖料蔗核心基地县（市、区）名单。全市糖料蔗种植面积10.87万公顷，比上个榨季减少0.98万公顷，下降8.27%；进厂糖料蔗688.25万吨，减少203.85万吨，下降22.85%；平均单产每公顷63.3吨，减少12吨，下降15.94%；甘蔗平均含糖分为14.99%，提高1.83个百分点，增长13.91%。全市甘蔗进厂单位成本每吨565.16元，增加17.64元，增长3.22%；平均甘蔗价款每吨514.89元，增加6.01元，增长1.18%。糖料蔗主要品种有：新台糖22号、新台糖25号、桂糖29号、桂糖42号、桂糖46号、桂柳05136号、粤糖93/159、粤糖94/128、粤糖00-236等。

【制糖企业生产经营】 2019/2020年榨季，南宁市有15家糖厂开榨生产，平均日榨蔗能力8.86万吨，比上个榨季增加0.03万吨，增长0.34%；糖业产业链主要产品有白砂糖、红糖、赤砂糖、蔗渣浆、机制纸、环保纸模、复合肥等，其中，机制糖产量91.01万吨，减少11.02万吨，下降10.80%；全市白砂糖单位含税成本每吨5640.66元，减少595.28元，下降9.55%；白砂糖含税平均售价每吨5618.25元，增加329.47元，增长6.23%；实现工业总产值（现价）47.57亿元，减少3.34亿元，下降6.56%；实现工业增加值11.63亿元，减少0.03亿元，下降0.26%；完成销售产值（现价）50.37亿元，增加4.38亿元，增长9.52%；实现利税总额0.69亿元，增加7.57亿元；万吨蔗税利10.08万元，增加87.33万元；实现利润总额-0.67亿元，增加7.30亿元。

【项目建设与投资】 2020年，南宁市制糖工业技术改造项目主要有南宁糖业宾阳大桥制糖有限责任公司糖厂热力系统升级技术改造项目，总投资5089万元；南宁糖业股份有限公司伶俐糖厂碳法改亚法新技术及提升环保工程项目，总投资3906万元；南宁钛银科技有限公司糖机设备高性能复合材料关键制备（铜钢双金属稀土铜合金轴承）技改升级项目，总投资1300万元；广西糖业集团金光制糖有限公司生产线自动化升级及提质节能改造项目，总投资1100万元；广西马山南华糖业有限责任公司生产线综合技术改造项目，总投资1068.25万元；广西糖业集团良圻制糖有限公司节能降耗技术升级建设项目，总投资1031万元；南宁糖业股份有限公司明阳糖厂安全均衡、环保、信息化改造项目，总投资915万元；南宁糖业股份有限公司香山糖厂工艺设备自动化升级改造项目，总投资741万元；南宁市甜蜜蜜饲料有限公司年产甘蔗糖蜜饲料1万吨加工技改项目，总投资650万元。广西建工集团第一安装有限公司智能制造项目——糖机设备制造生产线项目获2020年自治区糖业发展专项补助资金300万元。南宁钛银科技有限公司糖机设备高性能复合材料关键制备（铜钢双金属稀土铜合金轴承）技改升级项目获2020年自治区糖业发展专项补助资金132万元。南宁糖业宾阳大桥制糖有限责任公司糖厂装备提效减排升级改造项目获2020年自治区糖业发展专项补助资金127万元。横县东糖糖业有限公司石塘分公司平衡日榨量每日4500吨技改项目获2020年自治区糖业发展专项补助资金140万元。

【技术创新与新产品开发】 2020年，南宁市糖业技术创新和产品开发项目主要有隆安超润生物质开发有限公司隆安华

表6　2019/2020年榨季南宁市制糖企业主要经济指标情况统计表

企业名称	工业总产值（现价）（万元）	销售产值（现价）（万元）	工业增加值（现价）（万元）
南宁糖业股份有限公司明阳糖厂	86647.30	103914.90	25359.10
南宁糖业股份有限公司伶俐糖厂	52098.70	59193.70	12038.70
南宁糖业宾阳大桥制糖有限责任公司	46493.77	53453.59	10139.94
南宁糖业股份有限公司香山糖厂	37621.00	38545.00	8174.00
横县东糖石糖糖业有限公司	35011.94	35011.94	5563.45
广西农垦糖业集团良圻制糖有限公司	34414.14	34414.14	12044.95
广西农垦糖业集团金光制糖有限公司	30893.09	26599.00	3182.00
广西华盛集团廖平糖业有限责任公司糖厂	30696.52	30696.52	7297.24
广西南宁东糖新凯糖业有限公司	26110.76	26110.76	6334.48
隆安南华糖业有限责任公司（含南圩糖厂、那桐糖厂）	24940.96	24981.27	3310.73
南宁糖业股份有限公司东江糖厂	22762.00	25807.00	7934.00
南宁良庆东糖糖业有限公司	19380.87	19380.87	3045.69
上林南华糖业有限责任公司	17348.54	15782.81	4223.90
广西马山南华糖业有限责任公司	11270.42	9842.35	7667.30

（唐亚亚）

侨管理区秸秆气化清洁能源综合利用工程项目，总投资3000万元；中国—东盟信息港股份有限公司基于大数据与GIS（地理信息系统）技术的糖料蔗可视化购销管理服务云平台建设项目，总投资2210.99万元；广西泛糖科技有限公司糖业销售储运一体化服务平台项目，总投资1000万元；广西卡西亚科技有限公司糖业“第一车间”工业互联网管理平台建设与示范应用项目，总投资900万元；广西润桂科技有限公司“蔗理”糖料蔗全链产业服务平台研发与应用示范项目，总投资337.22万元。广西泛糖科技有限公司泛糖产品供应链综合服务平台项目获2020年自治区糖业发展专项资金187万元。有自治区级企业技术中心2家（南宁糖业股份有限公司技术中心、广西农垦糖业集团良圻制糖有限公司技术中心），广西博士后创新实践基地1家（南宁糖业股份有限公司）。（唐亚亚）

卷烟工业

【概　况】2020年，广西中烟工业有限责任公司（简称“广西中烟公司”）有南宁卷烟厂、柳州卷烟厂2家不具有独立法人资格的卷烟生产厂，从业人员2902人。有广西中烟天成投资管理有限责任公司、广西真龙物流有限责任公司等14家全资、控股公司。统筹做好新冠肺炎疫情防控、复工复产，公司没有出现确诊病例、疑似病例，主要经济指标向好。总资产234.62亿元，其中固定资产（净值）38.52亿元、流动资产163.65亿元，资产负债率4.01%。实现降本增效7429万元，超出国家烟草专卖局下达任务0.18亿元。捐款1705.06万元，用于脱贫攻坚、新冠肺炎疫情防控等社会公益活动。

【生产保障】2020年，广西中烟公司编制卷包设备产能布局规划和设备规划，推进“细短中爆”卷烟生产设备和细支滤棒成型设备、多元复合滤棒成型设备的购置和安装调试，补齐设备短板。柳州“双喜”专线技改项目一期二期工程全部完成、三期工程辅料一级库基本完工。编制公司智能制造规划，完成公司私有云平台和数据中台搭建，数据共享中心一期上线运行。搭建供应链管理平台，实现生产资源全流程数据可视化、精准化管理。公司“互联网＋智能物流建设”项目被广西壮族自治区数字广西建设领导小组办公室认定为第二批数字广西建设标杆引领重点示范项目——大数据与工业深度融合重点示范项目。原料保障方面，加强与广西壮族自治区烟草专卖局（公司）合作，在广西烟叶基地推广种植K326烟叶品种，按照“工业主导、商业主体，技术协同、质量稳定”的原料开发体系，从生态、品种、栽培、调制、质量评价等环节共同制订开发方案，推动烟叶原料与品牌需求深度融合。在百色、贺州、河池产区种植K326烟叶品种4666.67公顷，涉及县（市）10个，烟农2500多户。申报、实施《基于土壤碳氮调节技术提升广西烟叶品质》《广西K326品种关键生产技术研究与应用》等科研项目9项，推广小苗井窖式移栽等先进技术，适当提前5天移栽，延长烟株田间生育期，提高烟叶成熟度。广西K326烟叶上等烟比例60.39%，均价每千克25.98元，百色、贺州、河池3个产区K326品种对比云烟87品种上等烟比例分别提高2%、1.54%、1.48%，收购均价分别提高5%、0.42%、4.20%。

【品牌建设】2020年，广西中烟公司完成12个在销产品提质改进；完成“真龙（刘三姐）”“真龙（硬凌云）”新品开发上市；开展“真龙（海韵中支）”新产品开发，获国家烟草专卖局准产批复；推进高价位新品“真龙（甲天下中支）”研发；首款加热非燃烧新型卷烟产品海外上市。形成以高端为引领、普一类为主体、二类为基座的品牌格局，构建“横向到边、纵向到底”的卷烟产品数据库。生产“真龙”品牌卷烟（含出口）525.48亿支（105.10万箱），比上年增长17.95%；“甲天下”品牌卷烟13.65亿支（2.73万箱），下降38.69%。销售“真龙”品牌卷烟（含出口）525.12亿支（105.02万箱），增长16.12%；“甲天下”品牌13.65亿支（2.73万箱），下降38.69%。公司合作生产卷烟总量167.50亿支（33.50万箱），其中合作生产江苏中烟“南京”品牌67.50亿支（13.50万箱），浙江中烟“利群”品牌57.50亿支（11.50万箱）、“大红鹰”品牌12.50亿支（2.50万箱），广东“双喜”品牌30亿支（6万箱）。

【技术创新】2020年，广西中烟公司实施科技计划项目181项，其中承担或参与行业重点项目7项、省部级项目50项、产学研项目101项。完成中支双铝包商标、双仓同侧翻盖式创新盒型、低透气度细支卷烟纸、常规卷烟定位框架纸、空腔颗粒复合滤棒等新型烟用材料开发应用；实现“单柜贮叶”等自主创新工艺技术的孵化应用；香精香料自主掌控比例由9.8%提升至22.71%。《基于二维码的智能制造管控与供产销全链路追溯关键技术研发及应用》获2020年度广西科学技术进步奖二等奖。举办小微创新大赛，参赛作品获2020年中国创新方法大赛全国总决赛三等奖1项，广西区域决赛一等奖1项、三等奖1项。通过2020年度知识产权管理体系监督与认证审核，获授权专利100件，其中发明专利19件；累计获授权专利502件，其中发明专利151件。

【交流与合作】2020年，广西中烟公司应对新冠肺炎疫情与全球贸易局势紧张产生的叠加影响，强化渠道管理和品牌培育，稳步推进“真龙”品牌国际市场拓展。“真龙”品牌出口总销量1.01亿支，比上年同期下降79.6%，均为一般贸易量，无境外生产量；实现出口总值435.76万美元，实现收入2991.82万元。首次推出加热非燃烧产品“CTOM真龙”并在马尔代夫上市，实现加热非燃烧烟出口业务零的突破。

【南宁卷烟厂生产】2020年，南宁卷烟厂有从业人员924人，生产的卷烟品牌有

2020年9月8日，行业细支卷烟升级创新重大专项——卷接包机组研制项目鉴定会在广西中烟公司召开。图为与会代表在南宁卷烟厂考察样机运行情况　　杜鹏鹏提供

“真龙”“利群”“大红鹰”。生产“真龙”品牌283.40亿支(56.68万箱),比上年同期增长13.23%,其中一类烟68.83亿支(13.77万箱)、二类烟77.29亿支(15.46万箱)、三类烟137.28亿支(27.46万箱)、五类烟29万支(5.80箱)。万支卷烟生产综合能耗2.14千克标准煤。 (陶海游)

电 力

发 电

【概 况】2020年,南宁境内有水力发电厂5个(桂冠电力西津水力发电厂、桂冠电力百龙滩电厂、南宁市邕宁水利枢纽牛湾电厂、桂冠电力金鸡滩水力发电厂、广西郁江老口航运枢纽宋村电厂),发电量31.09亿千瓦时;风力发电场7个(横县霞义山风电场、武鸣安凤岭风电场、宾阳马王风电场、宾阳双桥风电场、马山协和杨圩风电场、马山苏仪风电场、马山状元风电场),发电量8.92亿千瓦时;火力发电厂1个(国电南宁发电有限责任公司南宁电厂),发电量52.82亿千瓦时。部分区县分布有小水电站,其中横县有农村小水电站6座,发电量0.03亿千瓦时;上林县有小水电站20座,发电量0.35亿千瓦时;隆安县有小水电站10座,发电量0.21亿千瓦时。全市规模以上工业企业生物质发电量4.15亿千瓦时,下降13%;太阳能发电量2.19亿千瓦时,增长12.5%;天然气发电量2.33亿千瓦时,增长117.2%;垃圾焚烧发电量3.07亿千瓦时,增长1.7%。

【水力发电】2020年,南宁境内5个水力发电厂发电量31.09亿千瓦时。桂冠电力西津水力发电厂(横县江南发电有限公司)装机4台、总容量244.7兆瓦,兼航运、防洪、灌溉等功能;对外输出线7回(220千伏3回,送西横一线、西横二线、西燕线,110千伏4回,送西谢茉线、西海线、西海良线、西新线);完成发电量10.74亿千瓦时,电费回收率100%,经营成果货币化100%;实现抢发增发电量7359万千瓦时,发电增收近1200万元。桂冠电力百龙滩电厂装机6台、总容量192兆瓦;对外输出线4回(220千伏3回,送乐滩变电站、响泉变电站、贡模变电站,110千伏1回,送都安变电站);完成发电量8.8亿千瓦时,电费回收率100%,经营成果货币化100%;实现抢发增发电量2000万千瓦时,发电增收近450万元。南宁市邕宁水利枢纽牛湾电厂装机6台,总装机容量57.6兆瓦;对外输出线1回(110千伏1回,送屯亮变电站);完成发电量3.35亿千瓦时,完成率100%,电费回收率100%,经营成果货币化100%。桂冠电力金鸡滩水力发电厂装机3台、总容量72兆瓦;对外输出线2回(110千伏2回,送南方电网隆安变电站);完成发电量3亿千瓦时,电费回收率100%,经营成果货币化100%;实现抢发增发电量879.35万千瓦时,发电增收198.67万元。广西郁江老口航运枢纽宋村电厂装机5台、总容量150兆瓦;对外输出线2回(110千伏2回,送石西变电站);完成发电量5.20亿千瓦时,完成率100%,电费回收率100%,经营成果货币化100%。

【风力发电】2020年,南宁境内有横县霞义山、武鸣安凤岭、宾阳马王、宾阳双桥、马山协和杨圩、马山苏仪、马山状元7个风电场,发电量8.92亿千瓦时;新开工建设西乡塘安吉分散式风电场项目。霞义山风电场是广西龙源风力发电有限公司在广西投产运营的首个风电场,装机容量95.50兆瓦,接入南方电网;发电量2.96亿千瓦时,完成回收电费补贴968.24万元。武鸣安凤岭风电场一期总装机容量50兆瓦,发电量1.51亿千瓦时;7月,二期装机容量50兆瓦项目获自治区发展和改革委员会批复,计划总投资4.47亿元。宾阳马王风电场总装机容量30万千瓦,投入运营装机容量20万千瓦,发电量1.2亿千瓦时。宾阳双桥风电场总装机容量50.4兆瓦,接入南方电网,发电量0.7亿千瓦时。马山协和杨圩风电场总装机容量40.90兆瓦,电能送马山变电站,发电量1.45亿千瓦时。马山苏仪风电场总装机容量60兆瓦,总投资4.82亿元;10月,24台风电机组全容量并网发电,接入南方电网;发电量0.52亿千瓦时。马山状元风电场总装机容量70兆瓦,总投资6.54亿元;9月,22台机组全容量并网发电,接入南方电网;发电量0.58亿千瓦时。西乡塘安吉分散式风电场项目4月开工建设,是南宁市第一个开工建设的分散式风电场项目,总投资1.6亿元,项目装机容量20兆瓦,分两期建设,每期装机容量各10兆瓦;首期建设安装单机容量2.5兆瓦风力发电机组4台,新建35千伏汇流站1座。

(广西桂冠电力股份有限公司 南宁交通资产管理有限责任公司 横县县志办 武鸣区志办 宾阳县志办 马山县志办 海 明)

【火力发电】2020年,南宁境内有火力发电厂1个(国电南宁发电有限责任公司南宁电厂),装机容量3320兆瓦。11月,二期供热管线贯通,供热在网用户23家。南宁电厂为南方电网“西电东送”主网架提供电源支撑,为南宁六景工业园区提供优质热源和工业水源。至年末,供热量208.7万吉焦,发电量52.82亿千瓦时。累计供热量795万吉焦、发电398.6亿千瓦时,主营业务收入累计超过100亿元,累计纳税5.6亿元。未发生人身、涉网、重大设备和环境污染等事故,机组连续安全生产3288天。 (高惠玲)

供 电

【概 况】2020年,广西电网有限责任公司南宁供电局(简称“南宁供电局”)直属机构有输电管理所、变电管理一所、变电管理二所、供电服务中心、计量中心、信息中心、物流服务中心、综合服务中心(离退休服务中心)、青秀供电分局、

2020年,金鸡滩水力发电厂夜景 唐华 摄

兴宁供电分局、城西供电分局、江南供电分局、五象供电分局,有员工2715人(劳动合同制员工2064人、劳务派遣制员工56人,非全日制员工595人),其中管理类人员207人、专业技术类员工322人、技能类员工1498人、辅助类员工651人、支援多种经营企业34人,有技术技能专家159人(技术专家53人、技能专家106人)。售电量242.83亿千瓦时,比上年同期增长5.71%;参与市场化交易66.32亿千瓦时,增长18.23%,新增交易410户;新增非居民类客户4.54万户;电费回收率100%,节约企业用电成本3.69亿元。电网基建投资完成11.58亿元,增长5%;完成自动抄表率99.94%,增加0.44%;电子化结算率99.98%。南宁市全社会用电量262.71亿千瓦时,其中第一产业7.97亿千瓦时、第二产业90.77亿千瓦时、第三产业81.38亿千瓦时、城乡居民生活用电82.59亿千瓦时,占全社会用电量比重分别为3.03%、34.55%、30.98%、31.44%。在第二产业中,工业用电83.77亿千瓦时,新增工业用电1.53亿千瓦时,增长1.86%。南宁网区新建及整体增容改造220千伏变电站1座(220千伏沙田站1号主变增容改造工程),扩建220千伏变电站4座(220千伏定忠变电站扩建工程、220千伏亭洪变电站扩建工程、220千伏翰峰变电站扩建工程、220千伏良庆变电站扩建工程),新增220千伏主变压器容量1020兆伏安;新建110千伏教育(东盟)送变电工程、110千伏八鲤送变电工程,增容改造110千伏谷塘站增容扩建工程、110千伏杨丁站增容扩建工程,扩建110千伏变电站4座(110千伏六景变电站扩建工程、110千伏云景变电站扩建工程、110千伏江滨变电站扩建工程、110千伏长堽变电站扩建工程),新增110千伏主变压器容量432兆伏安。南宁供电局管辖变电站232座,其中500千伏变电站2座(邕宁、金陵,对南宁变电站有不完全管辖权),220千伏变电站22座,110千伏变电站87座(移动变电站1座),35千伏变电站121座(移动变电站1座)。变压器总数420台,其中500千伏主变压器3台、220千伏主变压器46台、110千伏主变压器157台、35千伏主变压器208台,整体容量2.02万兆伏安。有500千伏线路7条534.91千米,220千伏线路90条2712.18千米,110千伏线路182条2228.98千米,35千伏线路256条2971.42千米;有110千伏至500千伏输电线路279条5476.06千米,增长0.41%,其中500千伏交流线路长度与上年持平,220千伏线路增长1.40%,110千伏线路增长2.52%,35千伏线路增长4.60%。220千伏智城变电站工程获广西建设工程最高质量奖"真武阁杯",220千伏碧竹变电站工程获2020年度中国电力优质工程奖,实现南宁电网基建项目获广西建设行业工程质量最高荣誉奖、中国电力行业工程质量最高荣誉奖零的突破。主要存在线路跳闸、低电压、临时停电现象还未完全解决、针对客户投诉的服务水平还有待进一步提升等问题。

【电网规划】 2020年,南宁市开展《南宁市电力专项规划(2020—2035年)》编制,将保障南宁市"十四五"电网规划及饱和年目标网架项目变电站选址及线路走廊等需求纳入市国土空间规划及城市控制性详细规划;完成中国(广西)自由贸易试验区南宁片区电力专项规划,提出自贸试验区智能电网建设方案;南宁供电局与市发展改革委共同牵头完成《南宁市绿色智能电网建设三年行动方案(2020—2022年)》编制,明确未来3年南宁市绿色智能电网建设目标及重点任务,研究提出绿色智能电网建设保障措施,加快建成"安全、可靠、绿色、高效"的国际一流智能电网;推进南宁市重点清洁能源项目并网,完成6个重点风电项目接入系统报告评审。组织南宁供电局职能部门、二层机构、县级供电企业编制小型基建"十四五"规划,将南宁供电局备勤用房、兴宁分局生产用房、马山局金钗供电所等22个项目纳入规划;编制发布《南宁供电局精准投资专项行动方案》《提升配农网投资效益专项行动2020年措施表及考核评价表》,到基层开展配网精准投资调研。

【电网建设】 2020年,南宁供电局基建项目投资16.99亿元(主网6.62亿元、配农网9.89亿元、小型基建4761.17万元)。投产项目有220千伏定忠变电站、220千伏亭洪变电站、220千伏翰峰变电站、220千伏良庆变电站扩建工程,以及220千伏沙田站1号主变增容改造工程,解决主变重载,缓解迎峰度夏电网压力;110千伏长堽变电站扩建工程及10千伏3段母线同步启运,满足长堽片区新增负荷接入需求;220千伏东葛(碧竹)送变电工程6回220千伏线路全线贯通,实现500千伏金陵站、220千伏琅东站、翰峰站、南宁东牵引站的"220千伏双环网供电模式";新建110千伏教育(东盟)送变电工程、110千伏八鲤送变电工程,增容改造110千伏谷塘站增容扩建工程、110千伏杨丁站增容扩建工程。总部基地高可靠智能配电网6个网格24回线路建设持续推进;9月4日南宁供电局开关房项目投产,属国内首个全功能主干层自适应、联络开关自动判负荷"双环网+主干配"智能开关房;推进"1小时区域"59项10千伏配套送出工程。220千伏智城变电站工程获广西建设工程最高质量奖"真武阁杯",220千伏碧竹变电站工程获2020年度中国电力优质工程奖。碧竹变电站配套220千伏线路、220千伏利华(玉洞)送变电工程、220千伏翰峰变电站扩建工程、220千伏亭洪变电站扩建工程、110千伏云景变电站扩建工程、110千伏蟠龙(古军)送变电工程6个重点项目开展"验建合一"工作试点。安城—古安110千伏线路工程交接验收一次通过率100%,实现首个基建工程"零缺陷"投产。220千伏碧竹变电站工程、110千伏歌海站10千伏新出04线新建工程、石南924线老口10队1组公变台区改造工程获2020年度南方电网公司优质工程奖;5个QC(质量控制)成果获中国南方电网有限责任公司基建优秀QC成果奖,其中一等奖1个(研制10kV架空线路挂接式验电器)、二等奖3个、三等奖1个。南宁电网新增马山状元风电场等8个新能源项目并网,发电容量46.62万千瓦,完成年度清洁能源全额上网消纳。南宁供电局落实广西电网有限责任公司与南宁市签订的落实强首府战略"十四五"电力合作协议,与市、区县政府及市直部门召开工作对接会8次,协调解决电网项目落地问题;与市住建局、市行政审批局、市自然资源局共同研究拟定变电站工程办理施工许可证的流程、前置条件等,形成电力工程施工许可证政审批流程"南宁模式",为自治区首创;编制发布《南宁供电局电网基建项目合法合规建设专项工作方案》,在自治区率先建立变电站消防验收备案制通道,以及电力工程施工许可证绿色通道;完成自治区首个分步式建设试点项目110千伏梅花岭送变电工程前期工作,启动推进110千伏慧成站、蟠龙站建设,全面建成五象总部基地高可靠性配电网络示范项目,保障万有国际旅游度假区、南宁合众新能源汽车等重大产业项目及重点开发区用电需求。

【供电服务】 2020年,南宁供电局打造"邕电速办多快好省"服务品牌,创新"互联网+政务"服务改革。推出22项用电业务全部实现"线上办",为客户办电"一次都不跑";实现电水气"一窗受理",外线工程开挖行政审批从5个工作日压缩至1个工作日,简易低风险电力工程"免审批";实现全国首例二手房转移登记、用电更名过户"零资料""零审

2020 年 12 月 2 日，马山县周鹿镇拔翠村龙力屯新建台区接火供电，南宁电网马山辖区最后 1 根竹电杆移除　　蓝宗群　摄

核”同步办理；是中国西部首个在互联网平台上线“用电日历”模块的供电局，实行 160 千伏安及以下客户低压供电，实现小微企业办电“零投资”，高低压客户办电时间平均压缩 50% 以上。组建“优营商、强首府”专属党员服务队 12 支，完成“强首府”战略 6 个标志性项目和 15 个“双百双新”项目、重大产业项目临时基建接火送电服务；建立“优营商、强首府”重点项目清单，通过现场走访、电话、微信等方式服务辖区相关政府部门、产业园区等客户。在“爱南宁 APP”上增加“透明用电”模块，用电客户可查询每日电量、开展用电分析、设置余额提醒等，增加业扩报装预约和线上签订供用电合同功能；依托“邕 e 登”和“爱南宁 APP”，不动产变更与用电做到“零资料”“零审核”无感过户，办理业务 5.41 万户，远程业务比例 98%，客户关注 117 万人次。对超 4 小时未复电的停电事件进行日常提级联动管控；分群管理产生违约金客户，完善自动催收功能；新增专变客户推广远程费控，存量预付费卡表客户增加余额提醒功能，实现远程自助购电。打造南宁吴圩片区绿色出行生态圈，吴圩片区成为南宁市首个实现“1 公里充电圈”的区域，国际物流单一窗口服务中心停车场、海关监管国际货仓多式联运中心停车场等项目建成投运。南湖公园、仙葫充电站营业厅建成投运；局属 25 个站点投入运行，有直流桩 23 个、交流桩 112 个。5 月 29 日，南方电网广西电动汽车服务有限公司成立，电动汽车充电运维接入统一服务平台。

【用电计量（费控）管理】 2020 年，南宁供电局加强综合业务人才培养，提高数据分析准确率及计量工单派发的准确性和针对性；梳理电能量数据异常告警规则，加强每日监控及时发单、处理。核查南宁网区公用变压器 2.65 万个，维护问题档案 393 个；抓实配变计量月统计准确率，核查故障配电变压器终端 2952 个；指导核查南宁网区低电压重过载台区 335 个。推进线损管理标准化、规范化，参与编写《南宁供电局主网线损异常分析导图》等标准文件。通过对营销—计量档案一致性整改，计量系统各类线损模型自动建模实现 100%；通过专项核查，配变终端计量准确率从 88.21% 提升至 96.81%；维护营销系统与计量自动化系统档案不一致数据 103 万条，行业一致率从 95% 提升至 100%，档案一致率指标排名自治区第二。借助“数字电网研究应用工作室”平台，研发数据补采复算机器人，每日自动补采约 9000 个～27000 个表计、重算约 5000 个计量点电量，提升网区自动抄表率 0.30 个百分点～0.50 个百分点，人机功效提高约 300 倍。采用储备方式采购单相表 19 万只、三相表 2.34 万只、终端 1.41 万台、互感器 0.34 万只，采集器 3.78 万台。

【电费电价管理】 2020 年，南宁供电局执行国家发展和改革委员会、自治区政府、南方电网公司印发的《关于阶段性降低企业用电成本支持企业复工复产的通知》等阶段性降低用电成本政策，对因新冠肺炎疫情防控影响的工业企业放宽基本电费计收方式变更周期和减容（暂停）期限限制，快速办理基本电费计收方式变更等业务，允许申请资料容缺后补，促进企业尽早复工复产；对除高耗能行业用户外的执行一般工商业及其他电价、大工业电价的电力用户，统一按应收电费 95% 结算。通过微信、网厅、短信等渠道全方位宣传，确保政策宣传到位，为用电企业节省用电成本 2598.11 万元；采用客户检修计划与主网停电计划相结合模式，减少客户重复停电 4 次，增加用电量 490.12 万千瓦。

【营销稽查】 2020 年，南宁供电局开展专变客户全业务稽查、电费稽查联动等专项稽查，将营销项目、市场化交易等营销新业务纳入营销稽查范围。针对各级巡视巡察审计检查、营销稽查发现业务问题 8485 个，限时整改；落实对责任单位的绩效考核及责任人的考核问责，做好闭环管控；对屡查屡犯等问题按要求提级处理 109 人次；通过周监控周通报、月检查月考核机制加大营销稽查力度，督促整改问题 8485 个。开展涉电公共安全客户侧隐患排查，联合输电所使用“无人机”开展客户线路巡视检查，指导客户安装和完善线路安健环警示标识牌，组织用电检查人员开展客户变电站隐患排查；累计排查并督促客户整改危害电气设备安全隐患 7 起、线树距离不足 2 处、线路保护区范围内施工作业点 3 处。

【安全生产】 2020 年，南宁供电局完善应急组织体系，调整应急指挥中心机构；修订局级综合、专项预案 18 件，现场处置方案 185 件，修订专业型应急处置卡 48 件；组建应急特勤队、抢修协作队、应急通信队和应急专家队伍，外派应急特勤队参加训练，开展防风防汛暨大面积停电、设备事故、重要用户停电等综合应急演练；强化库存应急装备管理，探索实施发电设备第三方维保项目；加强政企应急联动，与市应急管理局、市消防救援支队等部门签订应急联动协议，制定并落实防风防汛专项工作措施 116 项，应对暴雨、强对流天气 16 次。落实《南宁市涉电公共安全隐患专项整治三年行动实施方案》，联合政府部门及新闻媒体搭建涉电公共安全“公益宣传联建平台”，推动涉电公共安全治理纳入社会公共治理体系；突出源头管控，开展承包商电气工作票“两种人”（工作负责人和工作票签发人）资格审核备案，审查承包商 255 家次、施工人员资质 2.34 万人次，退回报审材料 182 批次，查出假证 14 本；排查与治理配电设备涉电公共安全隐患 2.69 万起；整改安健环警示标识缺失类涉电安全隐患 1.37 万处，改造 1074 千米低压裸导线绝缘化、17 座变电站小电阻接地方式、25 座变电站小电流接地选线装置。　（李沅洺）

编辑　梁　坤　唐柯杰

建筑业　房地产业

综　述

【概　况】 2020年，南宁市新增入库(统计库)具有资质等级建筑业企业48家，累计497家。建筑业总产值2237.40亿元，比上年增长15.40%。在自治区率先推行建筑业企业诚信库入库承诺制试点。获国家优质工程奖10个：市凤凰岭—高速环路立交桥，南宁园博园项目，邕江综合整治沿岸灯光亮化工程1标、2标及邕江综合整治和开发利用提升工程，市沙井—南站立交，广西农业科学院科研实验大楼，广西东盟信息交流中心一期，昊壮·一品尊府居住小区四期，太平金融大厦，广西大学文科教学大楼，广西国际壮医医院一期。获广西建设工程"真武阁杯"奖80个；自治区建设工程施工安全文明标准化示范工地7个，自治区装配式建筑示范基地4个。"三企入桂"引进中国交通建设集团。房地产开发投资1378.20亿元，下降5.67%；新建商品房销售面积1837.59万平方米，增长1.79%，居自治区首位。房地产税收13.13亿元，下降35.21%，占全市税收收入1.83%。3月20日，南宁市核发自治区首批电子版商品房预售许可证，实现商品房预售许可全流程线上办理。主要存在市场竞争激烈，低资质建筑企业实力较弱；建筑专业技术人才短缺，制约企业发展等问题。

(潘　欣　市统计局)

【建筑市场监管】 2020年，南宁市新增入库建筑业企业48家。6月1日，正式实施《南宁市建筑施工企业信用管理办法》，建立以信用评价为手段的新型建筑市场监管模式。年内，南宁市住房和城乡建设局(简称"市住建局")收集企业信用行为信息3195条。其中，守信行为2922条、失信行为273条。推行建筑业企业诚信库入库承诺制试点，提交入库承诺书企业2014家，实现信息自行上传入库。市财政局将农民工工资保证金专户移交市住建局直属事业单位市房产资金管理中心，接管建筑行业、水利行业农民工工资保证金2个专户超22亿元，办理农民工工资保证金退款272笔、1.55亿元，转存70笔、4438.82万元。

【房地产市场监管】 2020年2月17日，南宁市印发《关于进一步加强房源发布信息管理的通知》，规范全市房地产市场房源发布行为。2月28日，正式启用2019版房屋交易网签合同示范文本，新版合同文本包括《南宁市商品房买卖合同(预售)》《南宁市商品房买卖合同(现售)》《南宁市存量房买卖合同》《南宁市房屋租赁合同》和《南宁市房地产抵押合同》。6月1日，施行《南宁市房地产交易企业及从业人员信用信息管理办法》，对房地产交易企业及从业人员在房地产交易经营活动中所形成的信用信息的采集、公示、评价、使用等内容作具体规定，至12月，失信企业降至21家、失信信息降至27条。市住建局加强查处和打击房地产市场违法违规经营行为，印发实施《新建商品住房违规销售综合整治长效机制工作方案》，7月联合市市场监管局、市城管综合执法局开展随机抽查，抽查房地产企业30家、中介机构32家，对2家企业发出整改通知；建立房地产市场网格化管理机制，将市区划分为22个网格区域，每个网格区域设置网格员2人～4人，分片负责网格内房地产市场监管；动态核查53家房地产估价机构及注册人员执业情况。年内，印发《南宁市人民政府关于规范房屋租赁行为有关事项的通知》，明确住房租赁最低标准，区分界定合理合租与违法群租，为维护房屋租赁市场秩序提供执法依据。市住建局接到租赁企业投诉17条，查处违规企业3家，发出整改通知书3份；接到群众反映涉嫌群租房投诉7户，入户调查5户，发出整改通知书5份；配合执法部门处理违规案件4起，查处房地产开发企业2家、中介机构2家，发出行政处罚决定书4份，帮助群众调解挽回房产交易经济损失60.98万元。

(潘　欣)

建筑业

【概　况】 2020年，南宁市新增入库具有资质等级建筑业企业48家，累计497家。建筑施工企业(资质企业)完成施工产值2237.40亿元，比上年增长15.40%。其中：建筑工程产值2005.01亿元，增长19.03%；安装工程产值137.75亿元，下降3.89%；其他产值94.63亿元，下降14.83%。建筑业新签订合同额增长6.13%。住宅工程质量总体满意度88.50%。通过专项检查、日常巡查、随机抽查等方式加强在建工程质量安全监督管理，发出责令整改通知书1325份、停工整改通知书298份，对157个项目进行质量安全信用考评扣分。引进中国交通建设集团，中国交通建设集团有限公司广西区域总部及投资公司项目签约金额500亿元。外地建筑业企业在南宁市注册成立子公司28家，其中取得建筑业企业资质18家、取得资质及安全生产许可证8家。工程建设项目试行"拿地即开工"改革，采用"拿地即开工"模式建设项目142个。推行竣工联合验收改革，总建筑面积不大于1万平方米的社会投资低风险项目实行承诺制，只需提供承诺书 1 份，联合验收事项缩减至 3 项，办结时间压缩至 5 日，247 工程项目申报联合验收，其中联合验收工程项目 155 个。11 月 13 日，市建筑质量安全管理中心在建管大厦举办建筑施工机械设备使用业务培训班，培训 100 余人。

（潘 欣 市统计局）

【建设工程招投标管理】 2020 年，南宁市为企业办理招投标单项交易 1774 个，其中公开招标 1383 个、直接发包 347 个、邀请招标 44 个；工程总造价 834.59 亿元，其中公开招标 514.85 亿元、直接发包 274.77 亿元、邀请招标 44.97 亿元。使用《南宁市房屋建筑和市政工程施工招标文件范本(2019 年版修改版)》(5 月 11 日正式实施）施工项目 351 个，开标项目 293 个，预算金额 230.34 亿元。发布中标公告项目 285 个，中标金额 190.2 亿元，其中本地企业中标（含联合体）项目 261 个，本地企业中标金额 178.44 亿元，中标金额占 85.92%。9 月 17 日至 18 日，市住建局举办市建设工程类评标专家培训班 2 期，参加培训评标专家 300 多人。《南宁建设工程造价信息》发布 12 期，每月发布土建、水电安装材料价格 5300 余种。其中，土建材料 2520 种、水电安装材料约 2180 种、苗木约 600 种。

【建筑业企业资质核查】 2020 年 5 月，市住建局开展诚信库承诺制入库信息随机检查，抽查企业 40 家，合格企业 3 家，不合格 33 家，未提交材料不配合检查 4 家；发出限期整改通知书企业 32 家，期限内整改合格 20 家，整改不合格 6 家，未按要求提交材料 6 家。开展建设领域专业技术人员职业资格“挂证”清理整治，清理整治疑似“挂证”人员 150 人，锁定尚未整改的 636 人证件，禁止参与工程建设。

【农民工工资支付保障】 2020 年 1 月 19 日，南宁市农民工工资保证金专户由市财政局移交市房产资金管理中心，市房产资金管理中心接管建筑行业、水利行业农民工工资保证金 2 个专户超 22 亿元，办理农民工工资保证金退款 272 笔、1.55 亿元，转存 70 笔、4438.82 万元。市住建局接到拖欠工程款和农民工工资投诉 97 起，组织召开清欠协调会 5 次，解决拖欠工程款约 800 万元、农民工工资 180 万元。推进农民工“一金七制”（农民工工资保证金，按月足额支付工资、签订劳动合同、农民工实名制管理、工资分账管理、分包企业委托总承包企业通过银行代发工资、施工现场设立维权告示牌、工资支付承诺制度）管理，南宁市在建工程在“桂建通”平台录入采集工人实名制信息 21.60 万人、发放桂建通卡 20 万张、完成农民工工资专户平台绑定和线上代发工资项目 1287 个。

【装配式建筑建设】 2020 年，南宁市新开工装配式建筑项目 5 个（保利领秀前城 24 地块和 16 地块、万丰新新江湖一期、华润置地广场一期、荣和东站城市广场东一区 2 号楼及西区 3 号楼），新开工建筑面积 58.86 万平方米；累计竣工投产装配式 PC（混凝土预制件）构件生产基地 7 家（中天建设集团第八建设公司广西仰创建筑产业化基地、广西泰和远大建筑科技有限公司智能数控机械加工装备及 PC 生产基地、广西景典装配式建筑产业基地、广西建工集团南宁装配式建筑产业基地、广西中交建设发展有限公司武鸣建筑产业现代化构件生产基地、广西万德铝膜装配式建筑有限公司装配式建筑生产基地、广西华润装配式建筑有限公司伊岭鸿基基地 PC 项目，广西华润装配式建筑有限公司伊岭鸿基基地 PC 项目 12 月迁至贵港市），产能 70 万立方米。广西景典钢结构有限公司被住房和城乡建设部认定为 2020 年第二批国家级装配式示范产业基地；广西建工集团南宁装配式建筑产业基地、广西中交建设发展有限公司武鸣建筑产业现代化构件生产基地、广西万德南宁隆安华侨管理区生产基地、广西新峰钢构有限公司 4 个基地被自治区住房城乡建设厅认定为 2020 年自治区装配式建筑示范基地。

【建设工程消防管理】 2020 年，市住建局办理市本级消防设计审查意见书 128 份，消防竣工验收意见书 282 份，消防竣工验收备案 46 份；配合五象新区管委会建设局办理消防设计审查意见书 127 份，消防竣工验收意见书 273 份，消防竣工验收备案 14 份。完成《南宁市市政消防设施专项建设规划》《南宁市消火栓管理办法》终期成果编制和评审。 （潘 欣）

房地产业

房地产开发

【概 况】 2020 年，南宁市房地产开发投资 1378.20 亿元，比上年下降 5.67%。其中：商品住宅投资 988.63 亿元，下降 4.40%；办公楼投资 50.33 亿元，下降 39.20%；商

表 7 2020 年南宁市房地产开发与销售主要指标及增长情况统计表

指 标	单 位	绝对数	比上年增长(%)
房地产开发投资	亿 元	1378.20	−5.70
住宅投资	亿 元	998.63	−4.40
商品房施工面积	万平方米	10712.49	10.40
住宅面积	万平方米	6919.21	9.60
商品房新开工面积	万平方米	2079.58	−3.60
住宅面积	万平方米	1343.00	−12.40
商品房竣工面积	万平方米	799.91	12.50
住宅面积	万平方米	500.85	7.30
商品房销售面积	万平方米	1837.59	1.80
住宅面积	万平方米	1486.19	−4.10
商品房销售额	亿 元	1581.21	4.20
住宅销售额	亿 元	1367.28	2.90
本年实际到位资金小计	亿 元	2070.60	3.10
国内贷款	亿 元	393.40	8.40
自筹资金	亿 元	458.97	13.90
定金及预付款	亿 元	770.29	0.10
个人按揭贷款	亿 元	363.50	−2.60

业营业用房投资95.76亿元,下降17%。实际成交经营性招拍挂住宅用地347.10万平方米,环比增加10.28%。在建在售房地产项目615个,其中新开发项目82个。商品房施工面积1.07亿平方米,增长10.40%;房屋新开工面积2079.58万平方米,下降3.55%;商品房竣工面积799.91万平方米,增长12.50%。

(潘　欣　市统计局)

【区县房地产开发】 2020年,南宁市兴宁区房地产开发投资122.24亿元,比上年下降6.75%;新入库房地产项目13个(在库76个)。江南区房地产开发投资182.67亿元,增长1.87%,其中江南区本级106.63亿元、增长10.05%,南宁经开区76.05亿元、下降7.74%;在建房地产项目30个。青秀区房地产开发投资194.82亿元,下降30.34%。西乡塘区房地产开发投资187.47亿元,增长6.06%,其中西乡塘区本级104.08亿元、增长12.67%,南宁高新区83.39亿元、下降1.18%;房地产开发企业56家,在建房地产项目50个,在售房地产项目48个。邕宁区房地产开发投资94.21亿元,下降41.49。良庆区房地产开发投资431.27亿元,增长11.06%。武鸣区房地产开发投资80.19亿元,增长28.54%,其中武鸣区本级56.41亿元、增长54.71,广西—东盟经开区23.79亿元、下降8.26%。横县房地产开发投资19.37亿元,下降6.15%;在建房地产项目25个,建成商品房面积70.53万平方米。宾阳县房地产开发投资40.84亿元,增长2.72%。上林县房地产开发投资14.19亿元,增长12.50%。马山县房地产开发投资4.34亿元,增长0.06%;开工建设房地产项目5个。隆安县房地产开发投资6.61亿元,增长27.70%。　(市方志办)

房地产市场

【概　况】 2020年,南宁市商品房销售面积1837.59万平方米,比上年增长1.79%;商品房销售额1581.21亿元,增长4.20%。市区存量房成交面积309.35万平方米、下降21.94%,其中存量住房成交面积295.65万平方米、下降19.75%。房屋租赁总面积109.65万平方米,环比上升26.84%;租赁住房面积77.98万平方米,环比上升12.27%,占总租赁面积71.10%。

【房地产市场调控】 2020年,南宁市应对新冠肺炎疫情,研究出台稳增长措施2批次30条,减轻疫情对房地产市场影响。优化商品房预售许可审批流程,实现商品房预售许可网上全流程办理,为自治区首个核发商品房预售许可证电子证照城市,办结时限从10个工作日减至3个工作日,项目首次申请的收件材料从21项简化至12项,只需提交电子文件。研究制订非住宅类商品房去库存、房地产市场储备等政策措施,出台商品房改出租房措施。组织编制《南宁市"十四五"住房发展规划》。　(潘　欣)

【房地产销售】 2020年,南宁市商品房销售面积1837.59万平方米,比上年增长1.79%。其中:住宅1486.19万平方米,下降4.10%;办公楼35.61万平方米,下降4.90%;商业营业用房76.76万平方米,增长19.80%;其他用途239.03万平方米,增长55.90%。商品房销售额1581.21亿元,增长4.20%。其中:住宅1367.28亿元,增长2.90%;办公楼42.55亿元,下降9.40%;商业营业用房82.88亿元,增长3.30%;其他用途88.50万元,增长45%。兴宁区销售125.21万平方米,下降24.74%;销售额113.97亿元,下降20.89%。江南区销售249.64万平方米,增长9.53%,其中江南区本级160.50万平方米、增长50.30%,南宁经开区89.14万平方米、下降26.41%;销售额208.48亿元,增长24.57%,其中江南区本级140.82亿元、增长68.71%,南宁经开区67.66亿元、下降19.35%。青秀区销售262.86万平方米,增长16.75%;销售额336.62亿元,增长28.51%。西乡塘区销售204.21万平方米,下降18.79%,其中西乡塘区本级136.18万平方米、增长19.35%,南宁高新区68.03万平方米、下降50.48;在售房地产项目48个,销售额185.37亿元,下降16.44%,其中西乡塘区本级130.24亿元、增长16.03%,南宁高新区55.13亿元、下降49.70%。邕宁区销售146.28万平方米,增长23.19%;登记销售商品房8786套,销售额105.55亿元,下降0.31%。良庆区销售532.49万平方米,增长11.67%;销售额467.51亿元,增长6.04%。武鸣区销售139.45万平方米,增长12.56%,其中武鸣区本级72.80万平方米、下降3.79%,广西—东盟经开区66.65万平方米、增长38.20%;销售额79.10亿元,增长5.28%,其中武鸣区本级47.34亿元、增长0.5%,广西—东盟经开区31.76亿元、增长13.30%。横县销售41.35万平方米,下降26.38%;登记销售商品房6913套,销售额22.32亿元,下降23.86%。宾阳县销售58.61万平方米,下降0.54%;销售额29.65亿元,下降5.26%。上林县销售36.68万平方米,增长1.81%;销售额16.86亿元,增长1.76%。马山县销售12.57万平方米,下降31.14%;商品房交易1251套,交易面积15.09万平方米,网备网签1583套;销售额5.16亿元,下降23.49%。隆安县销售28.24万平方米,下降37.92%;销售额10.62亿元,下降35.52%。

(市统计局　市方志办)

【商品房预售资金监管】 2020年,南宁市商品房预售资金监管账户余额93.50亿元。监管房地产项目公司423家,预售项目楼盘553个,账户3119个,申报预售资金总额6726亿元,预售商品房建筑面积6018万平方米。市住建局下调预售资金监管比例,放宽按工程进度使用预售资金要求,提前释放监管资金214.65亿元。

【房产中介市场管理】 2020年2月,南宁市房地产中介行业管理协会与全国28个城市共同建立房地产中介行业信用信息联合公示平台,共享行业不良人员名单,构建同业监督机制,建立全市中介机构、人员信用档案,培育引导市场主体依

2020年6月4日晚,市房产资金管理中心举办商品房预售资金监管实务夜校第一堂课开讲
市房产资金管理中心提供

法诚信经营。3月，组织50多家中介公司参与公安部门打击传销工作。向房地产中介人员提供线上星级培训课程，培训经纪人1000多人；8月，组织房产专家授课，培训房地产中介人员600多人；11月，组织会员单位代表18人到深圳市房产中介协会、乐有家、美联物业等机构学习交流。全年受理客户投诉案件80多件，调解退费8万元。

（市房地产中介行业管理协会）

【住房租赁市场发展试点】 2020年，南宁市入围第二批中央财政支持住房租赁市场发展试点城市，获每年8亿元的中央专项资金扶持。筹集租赁住房房源3.67万套（间），筹集盘活类租赁住房房源1.63万套（间），培育专业化、规模化住房租赁企业5家，初步建成南宁市住房租赁服务监管平台，实现个人、企业用户的租赁房源发布、房源自动核验、合同网上签订、网签备案一键完成等功能。开展《2020年南宁市房屋租金参考价（居住用房）》编制，完成《南宁市长租公寓发展策略及建议专题研究报告》。12月15日，印发《南宁市人民政府关于非住宅用房改建为租赁住房有关问题的通知》，明确增加多元化住房租赁供应主体，支持和规范非住宅用房改建为租赁住房行为。

（潘　欣）

房产管理

【概　况】 2020年，南宁市办理商品房预售许可证893份，现售备案证398份，商品房合同网签备案18万份，存量房网签备案2.31万份。在市住建局办理备案的中介机构742家（经纪机构683家、租赁企业59家）。市住建局通过不定期开展物业专项检查、建立集体约谈和重点约谈制度等，规范物业企业服务行为。南宁市物业服务管理平台（一期）部分功能模块试运行，实现全物业管理统一平台数据共享。建立房屋安全鉴定行业信用体系，完成相关配套政策和技术规范。南宁市白蚁防治所承担的自治区城市白蚁智能监控技术试点城市项目通过自治区住建厅验收。

（潘　欣）

2020年3月26日，自治区项目验收组到南宁市试点小区检查城市白蚁智能监控技术试点城市项目实施情况　　市住建局提供

【房屋产权管理】 2020年，南宁市不动产登记中心受理市本级房屋、土地不动产登记业务86.38万宗，其中房产类86.08万宗。完成登簿84.23万宗，其中房产类83.95万宗。完成落宗7.88万宗，其中房产类7.80万宗。办理房屋转移登记业务22.69万宗，其中新建商品房产权转移登记15.83万宗、存量房转移登记6.07万宗、赠与3647宗、继承4237宗、析产2869宗、交换218宗。办理抵押登记43.23万宗，抵押金额2.72万亿元，比上年增长58.57%。

（市不动产登记中心）

【房产资金管理】 2020年，南宁市房产资金管理中心归集物业专项维修资金8.75亿元，比上年下降47.22%，使用3651.90万元，增长122.23%。涉及房屋建筑面积3611万平方米，业主39万户。归集房改资金3772.85万元，拨付1561.76万元，上缴财政4.79亿元，账户余额2.98亿元。收取差价款2052户、2.09亿元，核退墙改基金项目205个、1.03亿元，结转墙改专项基金项目55个、427.75万元。

【房屋使用安全管理】 2020年，市住建局完成房屋安全鉴定321栋，发出危险房屋告知书161份。组织开展全市老旧（危险）房屋安全隐患排查治理、房屋使用安全专项监督，排查安全隐患房屋1637栋，初步建立南宁市房屋使用安全预警预报体系。5月26日，组织召开市房屋安全鉴定行业企业座谈会，24家房屋安全鉴定单位业务负责人、市房屋安全鉴定所负责人以及广西大学有关专家参加会议。开展农村住房安全鉴定核实培训3期，培训600人次。

【白蚁防治】 2020年，南宁市白蚁防治所承接新建房屋白蚁预防工程426个，总建筑面积3318.15万平方米；实施新建房屋白蚁预防回访复查工程1123个，总面积3246万平方米；开展新建房屋白蚁灭治工程1197个，施工2498次；完成新建房屋白蚁预防和白蚁灭治现场监督1046次。承担的自治区城市白蚁智能监控技术试点城市项目通过自治区住房城乡建设厅验收。

（潘　欣）

编辑　班　铭

商贸服务业

综 述

【概 况】 2020年,南宁市受新冠肺炎疫情影响,社会消费品零售总额比上年下降6.30%;批发业销售额增长16.90%、零售业、住宿业、餐饮业销售额分别下降2.20%、15.90%、6.90%。6月,批零住餐限额以上商贸企业复工率100%,主要商场超市开业率超95%,119家重点外贸企业全部复工,带动就业超3万人。26万家企业参与广西"暖心生活节"等大型促消费活动,带动消费58亿元。入库限上企业445家,完成任务445%;培育新开业限上企业入库75家,完成任务188%。广西新外贸孵化基地落户广西自贸试验区南宁片区,入驻企业65家。服务第17届云上中国—东盟博览会,举办2020中国—东盟国际直播购物节。外贸逆势增长,全年外贸进出口总值986亿元,增长31.78%,增速高于全国(1.90%)29.88个百分点、自治区(3.50%)28.28个百分点,占自治区20%,拉动自治区外贸增长5个百分点。与东盟进出口181.15亿元,增长62.94%。加工贸易进出口692.71亿元,增长34.23%。在第三批跨境电商综合试验区中率先实现跨境电商1210(海关监管方式代码)保税进口,出口通关时长从8小时以上压缩至1小时。跨境电商综合试验区新增入驻企业40家,跨境电商进出口21.60亿元,增长198%。南宁—马尼拉"客改货"国际货运航线开通,中越跨境电商公路常态化运行,中越跨境集装箱班列开行166班,南宁—胡志明全货机国际航线开行614班、装载率70%。备案境外(非金融类)投资企业及机构19家,中方协议投资4.46亿美元,增长250.60%,占自治区比重56%;通过CEPA项目绿色通道新设港澳企业70家,占新设企业47%;服务外包合同执行金额11.49亿美元,增长33.14%。主要存在外贸高质量发展基础不牢、主体数量不多、头部企业少、质量不高、发展后劲不足,居民消费价格指数偏高、市场消费预期不稳固等问题。 (卓可然)

【消费品市场发展特点】 2020年,南宁市消费市场呈稳步复苏态势。社会消费品零售总额2180.36亿元,比上年下降6.30%。城镇消费品零售额1982.96亿元,占全市社会消费品零售总额90.90%,下降6.40%;乡村消费品零售额197.40亿元,下降5.60%。批发业销售额增长16.90%。零售业、住宿业、餐饮业销售额分别下降2.20%、15.90%、6.90%。

【批发与零售业】 2020年,南宁市批发与零售业对服务业贡献较大,占服务业12%,对服务业贡献率9.60%,拉动服务业增长0.30个百分点。批发业销售规模突破5000亿,比上年增长16.90%,高于自治区(16.10%)0.80个百分点。龙头企业及新增入库企业拉动批发业稳增长,批发前10名企业增长19.70%,拉动批发业增长6.70个百分点,新增入库企业如柳钢国际贸易、瑞声开泰、广投新材料、国网(广西)总部等企业成为批发业快速增长新动能。零售业销售额下降2.20%,增速分别比一季度、上半年、前三季度提升19.90个百分点、6.80个百分点、2个百分点。22类限上单位商品零售中,超半数商品零售额增速较1月至2月收窄10个百分点以上;汽车零售连续8个月单月正增长,增速较1月至2月收窄35.40个百分点,占零售业约42%的汽车市场恢复至95.10%,基本恢复正常运行;升级类如智能手机、新能源汽车商品零售增长9.70%、130.30%;网络零售在促消费、保民生等方面作用增强,限上企业通过公共网络实现商品零售额增长28.80%,高于全国(14.80%)14个百分点。

【促消费活动】 2020年,南宁市促消费活动主要由南宁市商务局(简称"市商务局")主办。1月1日至3月31日、6月18日至30日,举办2场家电"以旧换新"促消费活动,南宁百货大楼、苏宁易购、国美电器3家销售企业销售家电2.50万台,总销售额1.22亿元,发放补贴849万元。3月1日至30日,依托"爱南宁APP",整合南宁市各大商场、超市、餐饮、汽车等行业企业开展"南宁市云上购物节"促消费活动,商家实现销售额超4.90亿元。3月26日至6月30日,举办"壮美广西·三月三暖心生活节"促消费活动,发放暖心卡消费券,举办云上购车、家电以旧换新、5G新消费补贴、文化旅游主题等活动,参与活动企业15.10万家,核销消费券超2371万张,政府财政补贴约2.30亿元,直接带动消费18亿元,杠杆比例1∶10。7月至8月,组织开展"抗疫情促消费助脱贫"活动,27家扶贫产品销售专点企业97个门店参与,向基层工会销售广西扶贫产品超734万元;指导6家超市在73个门店设立"抗疫情促消费助脱贫"销售专区。11月17日至2021年2月28日,举办"广西33消费节(第二季)"促消费活动,组织商贸企业参加"车油联动""云上购物嘉年华""千企万店扫码购"等促销活动,参与商家超15万家。支持重点汽车企业开展促销让利活动,对重点限额以上汽车销售企业给予促销活动综合性补贴,每家企业最高不超过10万元。12月10日至14日,举办2020南宁欢乐消费季系列活动之东盟国际车展,观展17.80万人次,现场成交量8618台,成交额13.50亿元。 (曾维一)

2020年11月20日至22日,南宁市兴宁区汽车生活节在南宁印象城举办

市商务局提供

【商业街区与城市商业综合体】 2020年,南宁市商业街区经营商品涉及服装、电动自行车、汽车汽配、餐饮、装饰装潢、茶叶、盆景石艺等,有邕州老街、江南水街、兴宁路步行街、民生路步行街、亭洪路10+1商业大道、南宁中国—东盟国际商务区商业街、人民路装饰材料一条街、星湖路电子科技信息一条街、东葛路通信商品一条街、白沙大道汽车销售一条街等;有以文化、休闲为主题的特色民歌湖餐饮酒吧区、金汇如意坊、欧洲风情小镇、唐人文化园等。美食商业街有中山路小吃一条街、长湖路餐饮一条街、民歌湖现代艺术酒吧街、青秀山东南亚美食街、江北大道酒吧一条街、邕州老街文化旅游美食一条街、建政路小吃街、明秀路青岛啤酒厂酒吧一条街、农院路小吃街、仙葫开发区富兴路美食街等。中心城区有大型百货商场30多家,从经营档次看,南宁梦之岛百货、南宁百货大楼、南宁万象城、南宁青秀万达广场等以经营中高档次百货商品为主,北京华联、南城百货、沃尔玛、人人乐、华润万家等百货、超市以经营中档次百货商品为主,交易场、和平商场、大和平商场、大和平华西商业城等以经营大众化百货商品为主。城市商业综合体主要有南宁华润万象城、南宁会展航洋城、南宁青秀万达广场、南宁绿地中央广场、南宁盛天地购物中心、南宁印象城、南宁安吉万达广场、南宁万达茂、南宁三祺广场等。8月,印发实施《南宁市人民政府办公室关于加快发展夜间经济的实施意见》,“老南宁·三街两巷”、盛天地、百益·上河城3个高品质商业街区列入重点发展项目。“老南宁·三街两巷”是南宁民俗文化产业集群,以传统商业、传统居住、文化体验、休闲旅游为主要功能的城市中心体验式历史文化街区,金狮巷、银狮巷主要业态有特色美食、手工艺品制作零售、传统技艺展示体验、旅游纪念品销售、情景酒吧、餐饮等。盛天地步行街是开放式商业街区,入驻主力店和网红潮店200余家,国内外知名品牌专卖店、餐饮店占30%以上,主要业态有服饰、餐饮、休闲、美容健身、教育培训等。百益·上河城将城市工业旧厂房改造成商业街区,系统升级亮化、景观、雕塑、绿化、导视等,发掘街区夜间文化特色,主要业态有文化创意园区、展览演艺、小剧场、工业文化长廊、非遗生活馆、艺术酒店、音乐酒吧、创意零售、特色餐饮等。 (周 旻)

【农产品流通体系建设】 2020年,南宁市推进以本地产业型农产品交易市场和地头冷库为主的流通基础设施建设。建设南宁农产品交易中心、广西(中国—东盟)粮食物流产业园五象粮油食品加工仓储基地,改造提升金桥农产品批发市场、广西海吉星农产品物流中心、广西金穗农产品物流中心等大型农产品流通平台。强化县域农村本地产业型农产品交易市场配套建设,开展马山农产品交易中心、武鸣水果集散中心、宾阳农产品物流中心等项目前期工作。南宁农产品交易中心、马山农产品交易中心、武鸣水果集散中心列入“物流网”重大规划项目。实施《广西冷链物流业发展三年行动计划》,依托现代特色农业示范区,因地制宜建设农业主产区产后商品化处理设施设备,建成广西万乡河农产品冷链配送中心等一批集物流配送、分拣加工、产品检测、预冷等为一体的服务设施。组织全市新型农业经营主体申报农业农村部“三农”领域补短板储备库项目24个(包括农产品骨干冷链物流基地、区域性农产品产地仓储冷链物流设施、乡镇田头仓储冷链物流设施、村级仓储保鲜设施项目)。100多座100立方米至3000立方米不等的县域农村地头冷库建成投入使用,主要集中分布于武鸣区、西乡塘区、隆安县等,库容较大的有隆安金穗、横县锦绿等“南菜北运”基地冷库,以及武鸣嘉沃农业、佳年科技、鸣鸣果业等标准化基地产后商品化处理配套冷库,南方果仓、宏辰农业等市场配套型冷库。提升农产品消费末端惠民服务水平,争取中央服务业发展资金支持,推进南城百货、苏宁小店、广百家超市等一批农商互联,完善农产品供应链项目建设,完善集采集配供应链,特别是生鲜食品消费终端“最后一公里”配送服务体系,开展从田头到餐桌的集采直供。南宁威宁集团威耀集采集配供应链管理有限公司投资建设集采集配信息化平台,建设包括9000平方米集收货、检测、分拣、堆放、存储、配送为一体的集采集配分拣配送基地,以及配套80余台标准冷链配送车,实现食谱制定、供应商管理、食材统一采购、

2020年,百益·上河城景色

谢瑜婷 摄

供采交易监督、索票索证、检验检测、分拣配送、来源追溯、车辆调度、物流追踪、评价反馈等功能。加大冷链物流招商力度，引进菜鸟、顺丰、京东等物流龙头企业。鼓励和支持“货运+互联网”新业态发展，新型物流企业南宁震洋物流集团有限公司有普通集装箱和冷冻集装箱超100个，在全国范围内设立超过8万平方米的仓储及配送中心，形成覆盖珠三角、长三角，遍布全国的物流服务网络。（潘贤新）

【服务中小商贸流通企业】 2020年，南宁市“两台一会”给予中小商贸流通企业助保金贷款累计293笔、发生额17.79亿元，服务企业123家。中小商贸流通企业助保贷余额3.06亿元。结合帮助餐饮等行业复工复产，委托信用评级专业机构开展企业信用评级，完成评级报告50份并通过专家评审。助力企业获融资授信，为5家中小商贸流通企业免费提供管理咨询与评估、政策信息咨询、信息化建设、市场拓展、法律援助等服务。（周　旻）

电子商务

【概　况】 2020年，南宁市重点企业电子商务交易额3967亿元，比上年增长11.40%。推进京东南宁电子商务产业园及运营结算中心（一期）等重点项目建设，Lazada（来赞达）跨境创新生态服务中心等重点项目落地。应对新冠肺炎疫情影响，组织主要商贸企业及电商快送平台开展“无接触配送服务”，全市超1500个社区居民通过各类社交APP购买日常生活用品。组织开展电商直播带货活动，参与企业455家，直播带货销售额超1亿元。

【跨境电商】 2020年，南宁市推进中国（南宁）跨境电子商务综合试验区建设。全市跨境电商进出口交易4607.20万单，交易额21.64亿元，增长98%。落实《中国（南宁）跨境电子商务综合试验区建设支持政策》，吸引大型电商企业入驻，带动物流、金融、支付等配套企业集聚。编制完成《中国（南宁）跨境电子商务综合试验区发展规划（2021—2025）》，明确跨境电商“十四五”发展方向、工作目标、主要任务和重点项目。建成东盟跨境电商孵化中心、跨境电商大数据中心、跨境电商冷链设施等一批重点项目，打造全国首个国际邮件、跨境电商、国际快件“三合一”集约式监管模式。推动阿里巴巴集团东南亚旗舰电商平台Lazada首个跨境创新中心落户南宁。

【农村电商】 2020年，南宁市农村电子商务交易额超30亿元。有县级电商服务中心7个、农村电商产业园6个，村级服务点（体验店）约2400个，农村电商覆盖率90%。横县、宾阳县、上林县、马山县、隆安县5个县实现电商进农村综合示范县创建全覆盖；横县获批国家2020年电商进农村示范县，打造电商进农村综合示范“升级版”。开展农村电商培训约5500人次。引导各示范县打造和培育网销农特产品品牌，如横县茉莉花、木瓜丁、甜玉米，宾阳旱藕粉，上林大米，马山黑山羊、里当鸡等。（沈思明）

特殊商品经营

【食盐专营】 2020年，广西盐业集团有限公司南宁分公司盐品购进2.86万吨，销售2.96万吨（直接食用盐销售2.27万吨、加工用盐5215吨、小工业盐1658吨），销售收入5651.38万元，资产租赁收益306.69万元，利润2521.30万元。有配送客户8899个、零售终端客户8106个、消费终端客户295个、加工用盐客户238个、农牧盐客户48个、小工业盐客户212个。新冠肺炎疫情期间，组织配送车辆1万多辆次，配送食盐1.50万吨，保障食盐市场供应稳定。（李琳芳）

【烟草专卖】 2020年，南宁市烟草专卖局（公司）辖（设）12个区县烟草专卖局（营销部），从业人员881人。查处涉烟案件2746起，其中百万元以上案件14起；查获非法卷烟7934万支、烟叶烟丝33.12吨、烟草机械19台；移送公安机关追究刑事责任案件89起、拘留57人、逮捕56人、判刑34人。构建共建共治共享卷烟市场治理格局，建成诚信互助小组2088个，乡镇以上示范小组占23.32%。专卖行政许可审批推行“互联网+政务服务”，网办率53.02%。合理布局南宁市烟草制品零售点，清理中小学周边持证户21户。获广西烟草商业2020年度“先进单位奖”、南宁市“守合同重信用”公示企业。（市烟草专卖局）

【成品油经营】 2020年，南宁市有成品油零售企业386座（中石化南宁分公司加油站158座、中石油南宁分公司加油站55座、中国海洋石油集团加油站7座、其他国有控股成品油企业加油站50座、外资企业加油站1座、社会办加油站115座）。成品油销售148.80万吨（汽油86.30万吨、柴油39.90万吨、航空煤油22.60万吨），比上年下降3.93%。成品油销售调价12次，6升6降。年末油品零售价格：98号（国Ⅵ）车用汽油每升7.23元、95号（国Ⅵ）车用汽油每升6.42元、92号（国Ⅵ）车用汽油每升5.95元、0号（国Ⅵ）车用柴油每升5.55元。中石化南宁分公司成品油销售90多万吨，缴税1.40亿元，完成加油站提量改造项目27个，新发展投营加油站5座，取得加油站建设用地1宗，续租加油站9座，推进屯里油库整体搬迁项目；配合开展打非治违行动311次，取缔非法加油站1座、窝点90个，查封油罐120个，查扣非法流动加油车275辆，收缴油品725.47吨。未发生事故。（兰　贞　梁春微）

【烟花爆竹经营】 2020年，南宁市供销社系统仅有南宁市鸣欢（供销）烟花爆竹有限公司开展烟花爆竹经营配送业务，销售燃放类烟花爆竹商品18大类100多个品种。受烟花爆竹禁放、新冠肺炎疫情及社会经营企业冲击，烟花爆竹经营销售大幅下降。全系统烟花爆竹销售1.33亿元，比上年下降34.30%。（覃著辉）

农资与农副产品经营

【概　况】 2020年，南宁市供销合作联社（简称“市供销社”）有直属出资企业6家（南宁市供销投资有限公司、南宁市桂果香果品有限公司、南宁市冠腾综合贸易公司、南宁市供销电子商务有限公司、广西烟农农业科技发展有限公司、南宁市鸣欢烟花爆竹有限公司），区县供销合作联社12个，县级社有企业34家、基层供销合作社78个。商品购进137.12亿元，比上年增长16.12%，其中农副产品购进31.73亿元、增长26.59%。商品销售160.73亿元，增长15.90%。其中，消费品零售76.88亿元、增长16.36%，农资销售55.62亿元、增长13.8%，再生资源销售1.37亿元、增长19.23%，电子商务销售2.63亿元、增长22.94%。利润总额6346万元、增长14.12%。收购蚕茧、马铃薯、木薯、辣椒等农副产品31.73亿元，增长26.59%。获自治区供销合作社系统综合业绩考核一等奖。加强与金融机构合作，在乡镇综合服务站或其他经营网点创办“三农金融服务室”，新增1家，累计20家，发放贷款1.18亿元，发卡2665张，存款余额2.08亿元。存在项目建设实施难推进慢，市本级直属企业仓储库区、经营铺面面临旧城改造征拆影响企业可持续发展，企业经营单一无新增长点,电商公司缺乏新亮点等问题。

【农资商品供应】 2020年,市供销社系统做好淡季储备,保障农业生产用肥、用药、用膜需求,配合开展农资商品打假。农资销售55.62亿元,比上年增长13.80%;化肥销售167.65万吨,增长11.78%;农药销售1.08万吨,下降23.08%;农膜销售3603吨,增长8.10%。

【农资再生资源回收】 2020年,市供销社继续实施废弃农资包装物回收和集中处置扩大试点,安排财政补助资金836.70万元,巩固完善横县、青秀区、邕宁区、良庆区回收体系建设,扩大在武鸣区开展第三批试点。试点区县建成仓储点15个,仓储面积5932平方米。设立回收网点216个,回收废弃农药包装物5588.86万只,回收率80%以上,处置652.12吨,处置率100%。全系统再生资源销售1.37亿元,比上年增长19.23%。

【专业合作社与"农合联"】 2020年,市供销社新建南宁市邕供种植专业合作社联合社、南宁市富供畜牧专业合作社联合社、南宁市强供家禽专业合作社联合社3个市级"农合联"(3个以上专业合作社组成农合联)。全系统领办创办专业合作社364个,专业合作社联合社87个,入社成员1.21万个,带动农户4.86万个。

【供销农村电子商务】 2020年,南宁市供销电子商务有限公司完成"供销优品"小程序商城开发,上架产品97种,销售218.91万元。隆安县"惠民供销网"线上销售雁江镇渌龙村笋,都结供销飞扬农牧电商"扶贫驿站"线上销售本地豆腐、黄豆、土鸡等。上林县引导专业合作社打造"联翔自然乐""维度泥鳅"品牌,线上销售沃柑、火龙果、百香果、泥鳅等。青秀区、邕宁区在乡镇举办电商业务培训5期次,基层社管理人员、村"两委"干部、农村电商工作人员、脱贫致富带头人、农村种养殖能手、新型经营主体参训。全系统电子商务销售2.63亿元,比上年增长22.94%。

【新网工程建设】 2020年,市供销社实施新网工程建设项目3个,总投资463万元,安排财政补助资金230万元,年内竣工验收。南宁市供销消费扶贫平台门店建设项目投资40.60万元,补助资金20万元;宾阳县农业生产资料公司黎塘帽子仓库建设改造项目投资82.40万元,补助资金40万元;广西烟农农业科技为农服务配送中心项目投资340万元,补助资金170万元。 (覃著辉)

粮食和物资储备

【概　况】 2020年,南宁市有归口粮食和物资储备部门管理、独立核算的国有(控股)粮食和物资储备企业30家,从业人员714人。粮食企业总资产27.58亿元,总负债21.46亿元,资产负债率77.81%。国有(控股)粮食企业购进粮食73.72万吨,销售粮食74.38万吨。粮食库存13.76万吨,国有(控股)粮食企业实现粮油商品(产品)销售收入23.56亿元。投资9112万元的南宁市军粮供应站新站建成投入使用,投资3837.80万元的南宁市粮油质量检验检测大楼主体结构竣工。南宁市粮食和物资储备局(简称"市粮食和储备局")被评为全国政策性粮食库存数量和质量大清查工作先进单位、全国粮食和物资储备系统抗击新冠肺炎疫情工作先进集体。主要存在粮食和物资储备安全体系尚未完善,粮食产业经济发展水平不高,干部队伍素质和能力存在短板,依法管粮管储能力仍需加强等问题。

【粮食安全保障】 2020年,南宁市粮食和物资储备局(简称"市粮食和储备局")实施《疫情防控期间粮食市场保供稳市实施方案》。加强粮油市场价格监测预警,1月24日起,实行日监测报告制度,掌握企业加工、粮油库存、消费量、价格变化等情况。帮助粮食企业协调解决粮源组织、物流运输和用工、资金不足等问题,为粮食承储企业争取金融部门流动资金贷款3.13亿元,市辖区29家粮食应急加工供应企业3月下旬全部复工复产。做好粮源筹措、调拨、运输、加工和供应,增加市场粮食投放量,适时轮换销售各级储备粮,通过本地粮食收购和到自治区外采购满足市场需求。全市入统粮食企业累计购进粮食454.60万吨,销售(转化)粮食443.90万吨,实现总量、购销、品种供求平衡,粮食价格基本稳定。组织修订《南宁市粮食应急预案》;有粮食应急供应网点240个、粮食应急加工企业38家、粮食应急配送中心9个、粮食应急储运企业9个;完成新增1300吨应急成品油储备入库,市本级应急成品粮(大米)和应急花生油储备,分别可满足市场供应15天和18天,达到国家对36个大中城市储备规模要求。粮食流通基础设施建设项目26个,完成投资1.16亿元。其中,粮食仓储设施项目建设9954.1万元,粮食现代物流设施建设项目120万元,"危仓老库"(不符合安全储粮标准的危险仓房、超过30年以上的老仓库)维修改造项目494.2万元,粮食信息化建设项目25万元,其他项目建设1030.5万元。横县、宾阳县、上林县、马山县、隆安县、武鸣区、邕宁区、市储备粮管理有限责任公司8个储备粮库(点)实现智能化管理。开展安全生产"强监管严执法年"专项行动,组织230人次开展安全生产大检查4次。重点检查库存粮油安全储存情况、储粮化学药品、用电、消防、危房、食品生产安全和粮食行业防范粉尘防爆情况;检查安全生产制度和措施落实情况,排查全市20处储粮库点储粮和生产安全隐患,整治安全隐患18处,全市无安全责任事故。

【政策性粮食库存检查】 2020年,南宁市对纳入辖区检查范围的政策性粮食,按属地管理原则进行检查。4月1日起,区县开展粮食库存自查。5月11日至15日,市粮食和储备局按照"双随机一公开"原则及自治区划定抽取企业的样本框,抽调粮食保管、统计、会计人员组成市级政策性粮食库存检查组,检查6家政策性粮食存储企业实际存储库点17个、仓房(货位)36个。核实库存粮食数量质量情况,检查政策性粮食轮换管理、粮权归属、补贴拨付等情况,验证库存粮食真实可靠性。5月下旬,自治区粮食和物资储备局派出抽查组抽查南宁市辖区政策性粮食库存。检查表明:承储企业政策性粮食库存账实相符,账账相符,粮情稳定;承储企业轮换储备粮符合要求,政策性粮食补贴及时足额拨付,粮食购销储政策执行到位,政策性粮食库存数量真实,质量安全。

【稻谷生产者售粮补贴政策实施】 2020年,自治区下达南宁市稻谷生产者售粮补贴订单收购计划(调整后)13.60万吨,其中横县1.70万吨、宾阳县6.80万吨、上林县3.40万吨、隆安县0.30万吨、邕宁区1.01万吨、武鸣区0.39万吨。安排到户的粮食数量一般每户在500千克以上,对有订单收购计划的村屯单户售粮数量不足500千克的,允许周边户联合推选一户代表售粮,售粮计划上明确各单户售粮数量,一般每个联合户不超过10户种粮农户。新型粮食生产经营主体根据种粮情况向乡镇政府申报,乡镇政府审核公示,由国有粮食收储企业与稻谷生产者签订《售粮计划单》。按普通早籼稻每千克2.42元(国家规定的2020年早籼稻最低收购价格)、优质早籼稻(含专用稻,普通中、晚籼稻)每千克2.66元、优质晚籼稻每千克3.04元收购。按普通早籼稻每千克0.24元、优质稻每千克0.40元给予稻谷生产者售粮补贴。市粮食和物资储备部门累计收购订单稻谷13.59万吨,完成任务99.9%。其中宾阳县、上林县、隆安县、邕宁区、武鸣区完成100%,横县完成

98.90%。全市发放稻谷生产者售粮补贴5034.98万元,惠及稻谷生产者售粮农户3.81万户。

【粮食产业化经营】 2020年,市粮食和储备局组织粮食企业实施“优质粮食工程”项目,抓好“五优联动”(优粮优产、优粮优购、优粮优储、优粮优加、优粮优销),延伸粮食产后服务体系,参与优质稻产业示范区建设,在主产粮区县选育、引进米质优、产量高且适合本地口味、适销对路的优质稻新品种,建立优质稻生产、加工基地。参与“中国好粮油”行动,加入“广西香米”产业联盟创建及“广西香米”区域公用品牌建设,7家粮食企业15个产品获2019—2020年度“广西好粮油”产品称号。粮食和物资储备部门结合稻谷生产者售粮补贴政策实施,订单收购农民优质稻11.10万吨,开展粮油精加工、深加工,打造“广西香米”区域“南宁香米”品牌,粮食产业化经营利润595.30万元。市军粮供应站加强粮油科技创新,生产加工的“万田”牌、“君颂”牌、“红土思乡”牌系列优质米、面、油,销售收入1.32亿元,利润303.36万元;市金谷隆粮油购销有限责任公司发展粮食产业化经营,利润30万元。区县粮食产业化经营,江南区利润20.90万元、青秀区利润5.90万元、邕宁区利润1.57万元、横县利润18.62万元、隆安县利润5.93万元;上林县实行产、供、销、加粮食产业化经营链,利润159.49万元;宾阳县粮食企业参与“中国好粮油”行动,以“宾阳古辣万顷香米产业示范基地”为依托,建设粮食产后服务体系,利润49.53万元。

【粮油食品饲料加工】 2020年,南宁市纳入市粮食和储备局日常统计范围粮油加工企业117家(大米加工企业63家、食用植物油加工企业3家、饲料加工企业49家、酒精企业2家)。国有及国有控股粮食企业9家、民营企业108家(外商及中国港澳台商投资企业5家)。粮油加工生产能力分别为日处理稻谷6404.60吨、日处理花生10吨、日调配制成调和油32.90吨、日灌装小包装油脂220.40吨、日饲料生产能力2.94万吨。加工转化产品产量:大米30.92万吨、精炼食用植物油236.6吨、饲料415.66万吨。粮油加工企业资产总额84.10亿元,其中大米加工企业25.48亿元、食用植物油加工企业1.80亿元、饲料加工企业56.81亿元;工业总产值145.61亿元,其中大米加工企业16.38亿元、食用植物油加工企业0.55亿元、饲料加工企业128.68亿元;销售收入157.19亿元,其中大米加工企业28.87亿元、食用植物油加工企业1.74亿元、饲料加工企业126.59亿元,利润6.14亿元。

【粮食流通执法督查】 2020年,市粮食和储备局开展粮食流通执法督查509次,出动检查人员2282人次,检查企业794家。其中:综合性执法检查47次,出动人员215人次,检查企业72家;粮食收购资格核查35次,出动人员150人次,检查企业89家,核查经营场所是否与申办粮食收购许可证时条件一致,粮油质量检测仪器设备是否符合要求,粮食经营台账是否建立,报表是否按时报送;政策性粮食收购检查69次,出动人员239人次,检查企业59家,督查邕宁区、武鸣区、横县、宾阳县、上林县、隆安县落实订单粮食收购政策情况,重点督查粮食收购企业执行“五要五不准”(要敞开收购、随到随收,不准折腾农民,要依质论价、优质优价,不准坑害农民,要公平定等、准确计量,不准克扣农民,要现款结算、不打白条,不准算计农民,要优质服务、排忧解难,不准怠慢农民)收购守则情况;市场化收购检查41次,出动人员231人次,检查企业124家次,督查粮食经营企业是否存在压级压价或抬级抬价、短斤少两、克扣农民等情况;最低最高库存政策实施检查49次,出动人员239人次,检查企业83家次,检查粮食经营企业是否执行国家规定的最低最高粮食库存义务;粮油库存检查66次,出动人员397人次,检查企业79家次,督查2019年全国政策性粮食库存数量和质量大清查发现问题整改“回头看”工作;政策性粮食销售出库检查72次,出动人员241人次,检查企业69家次,重点督查国有粮食企业政策性粮食销售出库的政策执行情况;粮食统计制度执行情况检查56次,出动人员224人次,检查企业104家次,对纳入粮食流通统计范围粮食企业执行统计制度情况进行专项检查;粮食质量检查38次,出动人员134人次,检查企业49家次,政策性粮油和收获粮食质量安全风险监测15批次,抽检粮油样品574份,完成自治区下达任务148.2%;配合相关部门开展其他检查36次,出动人员212人次,检查企业66家次。监管食品安全指标超标粮食处置,协助外地粮食和物资储备部门做好超标粮食交易,监督检查流入南宁市的粮食,严禁不符合食品安全标准粮食流入口粮市场。

【粮食政策法规宣传】 2020年,南宁市投入经费30.70万元,印发粮食政策法规、粮油食品安全、爱粮节粮宣传资料2.30万份,悬挂横幅92幅,出版板报83版。开展稻谷生产者售粮补贴政策实施、粮食储存安全、粮食产后服务、粮油食品健康消费、绿色仓储、节粮减损等粮食法律法规政策宣传。通过网站、微信公众号、《南宁日报》等新闻媒体,发布粮食安全战略、爱粮节粮科普文章。10月16日第40个世界粮食日,市粮食和储备局在江南万达广场举行世界粮食日暨全国粮食安全周主题宣传活动启动仪式,参加活动500多人,现场解答问题、悬挂横幅、摆放宣传展板、发放粮食安全资料和宣传手册、展示优质粮油产品。

【物资储备】 2020年,南宁市本级有猪肉储备企业10家(生猪活体储备企业7家、冻猪肉储备企业3家)。新冠肺炎疫情期间,市粮食和储备局根据市政府指令将790吨市级储备冻猪肉投放到市区64个大中型超市和农贸市场应急供应投放点,平抑市场猪肉价格。冻猪肉出库销售后及时补库,年末猪肉储备2630吨,其中冻猪肉储备880吨,生猪活体储备3.50

2020年10月16日,市粮食和储备局在江南万达广场举行世界粮食日暨全国粮食安全周主题宣传活动启动仪式　　市粮食和储备局提供

万头(折合1750吨),完成自治区下达任务106.10%。开展储备猪肉检查8次(生猪活体储备检查3次、冻猪肉储备检查5次),检查结果表明市本级储备猪肉数量真实,质量合格,储存安全。市粮食和储备局接收市民政局救灾储备物资管理职能,会同市民政局、市应急管理局核查市民政局救灾物资储备盘库,接收市民政局移交救灾储备物资25个种类、1.26万件;会同市应急管理局印发《南宁市救灾物资使用管理联动机制(试行)》,建立南宁市救灾物资使用管理联动机制。市本级防汛抢险水泥储备60吨,2家承储企业各承储30吨。（陆兆强）

2020年9月1日,南宁跨境电商综试区9710出口首票货物顺利通关　　市商务局提供

物流业

【概　况】2020年,南宁市推进物流集聚区和重大项目建设,培育现代化物流龙头企业。物流货运总量3.68亿吨,比上年增长1.26%;新增AAA级以上物流企业8家,累计40家。吴圩机场国际(含地区)货邮吞吐量1.09万吨,增长373.10%;新开通南宁—马尼拉“客改货”国际货运航线;南宁—胡志明全货机国际货运航线常态化运营;中越跨境集装箱班列开行166列,增长49.55%。南宁市基础设施补短板“物流网”建设计划实施项目43个,年度计划投资58.38亿元,完成投资108.32%。流通领域现代供应链体系建设基本完成,遴选出的4条供应链累计投资1.77亿元,完成投资90.20%。

【物流园区建设】2020年,南宁市开展“物流网”三年大会战建设,加大物流园区建设力度,开展《南宁市物流园区布局规划(2021—2035年)》研究,主要物流园区有中国—东盟国际物流基地、南宁空港物流基地、南宁国际铁路港等。中国—东盟国际物流基地入驻中新南宁国际物流园、南宁国际综合物流园、玉洞物流中心、万纬南宁金海物流园等重点项目,主要包含保税物流、电商物流、冷链物流、多式联运、国际运输、公共仓储、城市配送、智慧物流、粮食物流等功能区;中新南宁国际物流园内新中智慧园项目和新中信泰中国智能医药物流网络南宁枢纽项目、万纬南宁金海物流园(一期)、圆通速递广西区快递中转物流枢纽总部、威宁学校食材集采集配项目一期等建成运营。南宁空港国际物流基地重点发展航空物流、仓储和加工贸易、快递转运、航空货代等产业,7月南宁获批临空经济示范区;民生电商(南宁)现代金融物流产业园、广西平安不动产产业园等项目投入使用;顺丰创新产业基地、邮件处理中心(一期)、宇培(南宁)电商冷链产业园、唯品会东盟电商现代物流中心一期、零公里空港产业园(大通关基地)、机场国内公共货站二期、广西农垦明阳物流园项目在建。南宁国际铁路港海关监管作业场所主体竣工,农产品物流区、二期项目在建。

【现代物流企业】2020年,南宁市新增国家AAA级以上物流企业8家。其中,AAAA级物流企业1家(广西宁铁国际物流有限公司),AAA级物流企业7家(广西铁捷物流有限责任公司、广西闪电物流有限公司、广西星速道物流股份有限公司、广西物产桂储物流有限公司、南宁桂运物流有限责任公司、广西大德物流有限公司、广西南宁华晨物流有限公司)。累计国家AAA级以上物流企业40家。

【第七届南宁物流周】2020年6月22日至24日,采用线上线下结合的形式举办。活动主旨为物流行业搭建线上线下交流学习平台,聚焦行业痛点,剖析物流企业在新冠肺炎疫情冲击下面临的机遇与挑战,探讨后疫情时代商贸物流新思维,帮助物流企业探索疫情之下发展机遇;南宁市物流企业代表,南宁市商贸业、制造业、跨境电商企业代表等30余人参加现场开幕式,围绕“疫情后南宁市物流业发展新思路”等专题探讨交流;近3000人通过互联网在线观看开幕式参与互动。（付焱鑫）

社会服务业

【概　况】2020年,南宁市服务业稳步复苏,第三产业增加值比上年增长2.9%。其中,金融业增长5.8%,其他服务业增长5.3%,批发和零售业增长2.2%,房地产业增长1.3%,交通运输、仓储和邮政业下降2%,住宿和餐饮业下降11.3%。1月至11月,规模以上营利性服务业营业收入增长4.3%。其中,软件和信息技术服务业增长12.7%、科学研究和技术服务业增长33.4%、租赁业增长43.5%;商务服务业、娱乐业、体育业、电影放映业分别下降17.3%、48.9%、17%、69.6%。租赁与商务服务业新登记1.25万户,累计8.15万户。其中,内资企业4179户,私营企业6.34万户,外资企业349户,个体工商户1.35万户。居民服务、修理和其他服务业新登记1.13万户,累计6.17万户。其中,内资企业423户,私营企业1.04万户,外商投资企业32户,个体工商户5.09万户。卫生与社会工作经营性服务业新登记578户,累计3518户。其中,内资企业154户,私营企业914户,外商投资企业9户,个体工商户2441户。（林　婕）

【家庭服务业】2020年,南宁市列为全国家政服务业提质扩容“领跑者”试点城市。有注册登记家政企业3700家,家政从业人员5.70万人。家政服务不再局限于传统日常清洁、饮食照料,居家养老、康复护理、育婴托幼、烹饪保洁等,向营养搭配、幼儿早教、儿童心理学、催乳、产后康复等专业服务拓展,对家政服务人员在礼仪、西餐、茶艺、烘焙、英语、学历、驾驶等有个性化需求。家政服务业服务扩展至10多个门类60多个项目,在传统的保姆服务、保洁服务、维修服务、搬家服务基础上,衍生家庭管家、月子中心、照料中心、托管中心、家具家电保养等新型服务业态。市发展改革委印发《关于开展南宁市家政服务业“领跑者”企业、社区、学校遴选的通知》,市商务局指导家政服务企业申报南宁市家政服务业“领跑者”企业,市旭东社区服务有限公司、市南方家政家庭服务有限公司被确定为南宁市家政服务业提质扩容"领跑者"企业。中央服务业发展家政服务信用体系建设项目资金下达南宁市173万元,拨付154.31万元,主要使用于建立家政企业及所管理的家政从业人员信用记录、信用体系建设宣传推广、家政服务业信用体系建设等项目。自治区本级商务发展专项资金内贸类"2019百城万村家政扶贫项目"资金下达70万元,年内拨付22.40万元,主要支持家政企业建立家政扶贫服务网点、举办家政扶贫宣传供需见面会等。有市家庭服务行业协会1家,会员单位135个,开展家政行业自律,规范行业行为,家政服务业知识和技能培训,家政信息、法律和经营等咨询服务。 (姚宗秀)

【养老服务业】 2020年,南宁市养老服务机构总床位3.58万张,每千名老人拥有床位28.30张。建设社区居家养老服务设施187个,其中社区日间照料中心161个,城市养老服务中心26个。落实新冠肺炎疫情防控要求,向养老服务机构发放口罩20万余只、防护服和消毒液一批、疫情防控补助432万元。推进15个区县(开发区)各新建1所300张~500张床位的公办示范性养老福利机构,建成公办示范性养老福利机构10个,在建5个;兴宁区恩山路北侧福利用地项目确定建设方案;投入691万元,开展23个居家和社区养老服务设施项目建设;市本级采用PPP模式(政府和社会资本合作)建设2000张床位的市第二福利院一期投入试运营,二期完成主体建设;建设750张养老床位的市社会福利院提升改造工程纳入亚洲开发银行贷款项目开展前期工作。6月,南宁市被自治区政府列为落实重大政策措施真抓实干成效明显地方予以督查激励通报。 (韦丽娟)

【拍卖业】 2020年,南宁市有合法拍卖企业167家,拍卖师168人。主要经营项目有工商行政管理、海关和司法机关等罚没的物品、抵债物品、无主物品、闲置物品、积压物品、生活资料、艺术品、房地产、无形资产、银行不良资产、土地使用权、生产经营权、股权、市政设施广告经营权等。拍卖总场次925场,拍卖总额115.04亿元,上缴国家税款335.37万元。

(周 旻)

住宿与餐饮业

【概 况】 2020年,南宁市住宿与餐饮业受新冠肺炎疫情影响,增加值比上年下降11.30%。1月至12月,限上餐饮业营业额下降6.90%,降幅较1月至11月收窄9.90个百分点,较1月至2月收窄27.90个百分点;限上住宿业营业额下降15.90%,降幅较1月至11月收窄9.60个百分点,较1月至2月收窄30.80个百分点。住宿与餐饮业新登记1.59万户,累计7.68万户。其中,内资企业497户,私营企业4926户,外资企业173户,个体工商户7.12万户。

【餐饮业复苏】 2020年5月21日,市政府召集市商务局、市税务局、市财政局等部门及南宁餐饮协会召开餐饮行业对冲新冠肺炎疫情影响破解困局座谈会,10家餐饮企业代表参会。印发《应对新冠肺炎疫情促进消费稳增长若干措施》,通过建立重点企业专项帮扶工作机制、加大对企业复工复产防疫物资保障等12条措施促消费稳增长。推行"共享员工"模式缓解餐饮企业工资压力,帮助企业稳岗就业。引导商业综合体、专业市场适当减免商户疫情期间租金,大型商业综合体为商户减免1月至2月租金、物业费等超1亿元。免费向餐饮企业发放口罩1.12万个。指导餐饮企业申报南宁市服务业中小企业贷款贴息。召开餐饮行业信用评级对接会2次,通过信用评级助力企业获融资授信。组织餐饮企业参加"壮美广西三月三·暖心生活节"活动,至5月6日,实体商贸企业9万家、网店2万家参与活动,占自治区27%,其中限上餐饮企业参与率80.30%。配合"美食嘉年华"促消费活动,通过市长"云逛街"直播、网红直播、深夜食堂等带动餐饮消费超3亿元。印发《南宁市市直机关"食堂云"服务平台建设工作方案的通知》,由市商务局指导,云宝宝大数据产业发展有限责任公司联合交通银行广西壮族自治区分行,依托"爱南宁APP""食堂云"平台,推出全国首创"云上食堂"模式,通过消费平台,扩宽餐补消费领域,可支持自治区内各政府机关单位、国有企业餐补消费。1月至6月,南宁市限上餐饮业营业额下降23.20%;1月至12月,下降6.90%。 (周 旻)

【住宿业应对新冠肺炎疫情】 2020年新冠肺炎疫情期间,南宁红林大酒店、南宁南湖名都酒店、南宁邕州饭店等客房入住率不到10%。酒店按照疫情防控指南,做好定期消毒、视频网络培训、线上外卖直播。3月18日至4月20日,南宁沃顿国际大酒店完成广西3批332名援鄂返邕医务人员集中休整接待。全市酒店从业者参与广西旅游协会举办的公益空中课堂在线学习。南湖名都大酒店启动产品售卖,注重服务人员培训,给客人提供增值服务;红林大酒店开展促销和特产优惠,通过网络引流客户;万豪酒店开展针对会员的大促销活动。1月至6月,南宁市限上住宿业营业额比上年下降37.90%;1月至12月,比上年降15.90%。10月29日,新修订的《南宁市特种行业治安管理条例》施行,明确从事旅馆业经营的,应当核对住宿旅客的身份证件,如实登记其姓名、住址、身份证件种类和号码,以及入住、退房时间等信息,并实时传输至特种行业治安管理信息系统。 (姚宗秀)

【桂菜经营】 2020年,南宁市餐饮业经营的桂菜系列主要由桂北风味菜、桂东南风味菜、桂西风味菜、滨海风味菜和少数民族风味菜,以及各种风味小吃组成,桂菜有微辣、带甜、有酸、新鲜的特色,风味独特,别具一格。南宁、梧州、玉林等地方风味菜讲究鲜嫩爽滑、用料多样,常以岭南瓜果入菜,如玉林三宝(牛巴、牛腩、牛肉丸)、菠萝焗饭,梧州纸包鸡,南宁腰卷、

2020年4月10日晚,中山路美食街复市开街 潘浩 摄

邕州鱼角、猪肚鸡、荔浦芋头鸭等;少数民族风味菜多就地取材,讲究实惠,制法独特,具有浓郁的乡土气息,如客家皇蒸鸡、壮乡田螺猪手等;桂北(桂林、柳州等地)风味菜品味醇厚、色泽浓重,擅长以山珍野味入菜,如桂林黄焖鸡、"酿三宝"等。桂菜原料采用鱼、鸡、虾、蟹、猪、牛、羊等,素料有芋头、马蹄、莲藕、竹笋等,在佐料上采用豆腐乳、辣椒酱、白酒、黄皮酱、柠檬等,烹调方式采用扣、蒸、炖、酿、焖、炒、炸,成为清甜、鲜香、脆嫩风味特色。成菜讲究粗物细作、形量协调,形成香气蕴藉、色彩清丽的广西风味菜。代表菜有巴马烤整猪、苗家竹板鱼、侗乡竹笋肉、瑶山泥巴鸡、壮家粉芭肉、毛南烤香猪、京族花衣蜇皮、脆皮扣肉、脆皮狗肉、白切狗肉、纸包鸡等。南宁市较有特色的桂菜经营餐馆主要有明园新都大酒店、荔园山庄、南宁饭店、味江南邕城家宴、甘家界柠檬鸭、南宁肥仔饭店、瑶王府、小南国、老友王、味道制造、漓雨村私房菜、八桂坊、金龙寨、明桂御膳坊、邕城小福楼、沙头醋血鸭馆、阿谋美食、诚如金餐厅、桂林仔、文家油茶、桂小厨、桂野新派广西菜餐厅等。南宁餐饮行业协会成立"邕菜专业委员会""老友粉专业委员会""茶饮专业委员会"等专业机构,挖掘南宁餐饮行业亮点,提升南宁餐饮经营水平和品牌实力。

【传统食品】 2020年,南宁市主要有南宁老友粉、生榨米粉、粉饺、脆皮扣、佛手酥、油炸粽、锅烧牛杂粉、糯米水圆、绿豆大肉粽、蕉叶糍等传统食品,富于地方特色。南宁餐饮行业协会牵头申报南宁老友粉国家地理标志产品。

南宁老友面(粉) 传统做法先将精面粉加适量水和鸡蛋反复搓揉,用竹杠反复压打成面片,精切成细条,现多用机器压榨成湿面条,再以爆香的蒜泥、豆豉、辣椒、酸笋、碎肉、醋、骨头汤等配料与之烹煮而成。

米　粉 选用大米淘净浸透加水磨浆,掺入用开水冲兑的适量熟浆拌匀(或用适量米饭与米一同磨浆)放入金属托盘(米浆仅铺过盘底),蒸成薄片,折叠切成条,叫作切粉;在舀米浆入托盘后加入碎肉、葱花、香菇末、碎虾米等配料,蒸煮后卷成筒状称卷筒粉,在梧州及广东一带叫肠粉;将用布滤干成粉团的米浆煮至五成熟,放在石臼中舂成软硬适度有韧性的稠浆(现代多用机械搅拌)用粉榨器就着沸水锅压榨入锅煮熟,叫生榨粉。

干捞粉 取切粉置于捞篱内放入开水锅中汆一下,装碗后加入叉烧或牛锅烧、焯过水的绿豆芽、炸黄豆或炸花生仁,淋上用10多种配料熬成的酸甜卤水及少许熟花生油拌匀即可食用。

宾阳酸粉 宾阳县传统小吃。精选上好的晚稻大米,经24小时浸泡并淘洗,用土制的石磨磨浆。经过7天时间反复的漂浆,其间,根据气温的不同进行不定时换水。蒸制时采用大铛木盖浮托法蒸米粉,蒸熟一条折叠一条并抹上一层花生油。配菜有叉烧、炸波肉、炸牛肉巴、炸灌风肠、炸花生或黄豆和腌制的新鲜黄瓜。用纱布包好陈皮、八角、葱条等10多种香料,加水、盐、蚝油、味精等煮制卤水,再用糖、盐、米醋调制糖醋至酸甜适口。切好米粉放在碗内,叉烧等配料平摊在米粉上,再放些鲜红的生辣椒和蒜茸、香菜,浇上卤水及糖醋,加些花生油即成。

八仙粉 选用带有韧性的新鲜切粉,煮粉前先在热锅里盛入大半碗猪骨熬成的上汤,汤沸后放入鱼饺、肉片、熟鹌鹑蛋、香菇、黄花菜、鱿鱼、鸡肉丝、瘦猪肉片、鱼片、新鲜嫩蔬菜等各两三件,猛火煮沸片刻,再倒入200克切粉,待锅中汤水再沸后加少许香葱、香油、盐、味精等调味,即可装碗食用。

炖粉糕 将大米淘净,兑水磨成米浆,分成几盆调入可食用的红、黄色素,用浅陶盆置锅中分层匀入米浆,先蒸一层原色米浆,待第一层蒸熟后,再依次分别加入黄色、红色米浆,反复依次加入各色米浆,每层约0.20厘米厚直至蒸满盆,在面上洒入些碎肉、花生仁、葱花即可,称夹层炖粉糕。

凉　粉 将凉粉果中的白色粉粒加工榨出液体,加热冷却后形成晶莹透明的晶体,将熬过的红糖水加入,捣碎晶体作凉拌吃。

粉　虫 用黏米洗净浸透、磨成稀稠适宜的米浆,滤成湿粉团置锅内煮至半熟,起锅揉搓至软硬适度有韧性的粉团,然后搓成条状,扯下小段在专用竹箕背搓几下,成虫状,置于蒸笼蒸熟。

粉　饺 选用黏米浸透磨成稀稠适度的米浆,滤成湿粉团置沸水中煮至半熟,加入适量薯粉(生粉),将粉团反复搓揉至有韧性,搓成条状擀成薄片饺皮,包入拌食盐、香油、味精、五香粉的碎猪肉、虾米、香菇、马蹄或凉薯末合成的馅心,置托盒蒸熟。食用时配以黄皮酱、海鲜酱、豉熟油及少许葱花、芫荽之类的佐料。

粉　利 将浸透的大米加水磨成浆,滤成湿米粉,搓揉成团,放入沸水锅蒸至半熟,置于案板揉搓至有韧性,搓成直径4.50厘米的圆条状,切成段,置笼屉蒸熟。蒸熟的粉利须入水保存,以防干裂。食用时切成片,配以各种肉类制成"炒粉利""粉利汤",亦可作打火锅的食材。

油炸粽 将糯米淘洗浸透,捞起沥干,取100克~150克加少许绿豆,用粽叶包成长12厘米、宽7厘米、厚5厘米扁形粽子,置锅中煮熟,然后捞起晾干,剥去粽叶,放到烧滚约180℃的油锅内炸至外皮色泽金黄即可。

蕉叶糍 选用糯米淘净浸透磨浆,用布袋滤干成湿粉团,经搓揉捏成长条状,用经热水烫软洗干净并刷上食油的芭蕉叶把粉团包好,置蒸笼蒸约20分钟即可食用。可制成咸味、甜味2种。做甜味的方法是将糖煮成浓浆,加入猪油与湿米粉搓匀;咸味的即在湿粉中加入些许盐搓匀,或包入炒干的横县头菜末、碎猪肉、花生之类的咸馅。

艾　糍 也称艾粑粑。摘下野生的艾草或白头翁草嫩叶用石灰和水浸泡两三天以去污(白头翁草洗净即可),然后洗净捞起剁碎(越碎越好),加入赤砂糖和水,煮艾叶或白头翁草碎成糊,将其和入糯米粉中,艾糍外衣即成;炒花生仁舂碎后拌入赤砂糖和炒过的白芝麻(味甜而不腻且香)作馅;将馅包入已和好的艾叶糊面团中(像包汤圆一样)压扁,把摘来的

粽子　　回南天提供

新鲜柚子叶或芭蕉叶剪成巴掌大小洗净(再放些油入热水中略煮更好),再给每个包好的艾糍附上一小片柚子叶或芭蕉叶,环状放入蒸笼蒸15分钟~20分钟即可食用。

凉　粽　将糯米浸透,拌入少许枧水,用几张竹叶包成条状,用细线捆扎牢,置沸水锅煮熟。食用时除去竹叶,蘸以糖浆。

猪肉绿豆粽　将去皮肥猪肉洗净切条,加入佐料腌制半天待用;绿豆磨碎淘洗去皮,选用大糯米淘净沥干,将粽叶若干张洗净摊开,放上适量糯米,在中间开凹沟,放入绿豆和一条腌制猪肉,再盖一层绿豆,加一层糯米覆盖好豆、肉,然后包起,中部微突隆,用粽绳扎牢,置沸水锅中煮半天左右即可。

五色糯米饭　分别将旱米果、香饭花或姜葱、枫叶或枫树皮、红蓝草捣烂加水加热制成大红色、黄色、黑色、紫红色液体,将糯米分别浸泡在各色液体中,待米粒通体染上颜色后滗去余汁,分别入甑蒸煮,出甑后再将各色熟饭放入大铁锅中搅匀,便呈黑、红、紫、黄、白5种色彩。

黄花饭　先将黄花树的黄花置锅中加水煮沸,水变黄,滤去渣,留水蒸饭即成黄花饭。

豆蓉糯米饭　摊档主将大口陶盆放在箩中,盆内盛满糯米饭,饭旁放着绿豆蓉;不论冬夏,盆底均置一炭炉,盆上放着一钵油炸糯米锅巴,另一钵则放着一块块卤熟的半肥瘦肉或腊肠。出售时档主用双手将糯米饭捏好,夹入绿豆蓉、油炸锅巴或猪肉或腊肠在糯米饭中间,捏成饼状,沾上香酥芝麻、葱花、生晒豉油,放在一块清洁的荷叶上,顾客即可拿着食用。

瓦煲饭　选优质米入沙煲,采用转炉煮饭,炉的一半有火,一半无火。先用猛火烧沸,然后转到无火焗饭。焗饭时,将配好佐料的肉类菜蔬,铺陈于饭面,饭熟菜熟。

八宝饭　选用优质的香糯米浸洗后用竹箕滤干水,置蒸笼或饭甑蒸熟,倒在盘里加些猪油、白糖拌匀,然后将少许蜜枣、杏仁、莲子、冬瓜糖、桂圆肉、葡萄干、蜜饯等干果放入碗内摆好,再将一些干果拌入饭中,盛入碗里压实,中间压成窝状,放些豆蓉馅,再用糯饭盖住压平,重新置蒸笼内蒸三四十分钟即可。食用时把碗里的八宝饭扣于碟中,浇上少许用糖和菱粉调制的芡汁。

酿苦瓜　制作方法:选用中粗直的青嫩苦瓜,洗净切成每节长圆寸的瓜筒,掏出瓜瓤,将猪肉与花生仁剁成肉泥,与浸透的糯米、猪油、盐、香葱、香料拌匀作馅,填入瓜筒中,置锅中蒸熟即可上碟食用。

炒田螺　将田螺置清水盘中养数日,常换水,让田螺吐尽泥污,然后洗净外壳的泥苔,用刀敲碎螺尾顶尖,剥去螺盖后入锅,加入少许食油、姜、盐、酒等配料爆炒片刻,以除去腥味,再加些水煮至熟透,最后加入紫苏、假蒌、香葱、蒜苗、酸笋、啤酒及适量油、盐调味拌匀,便可上桌食用。

粥　品　选用上好大米,明炉微火煮至米烂待用。食用时可根据口味,明火现煮配制成猪肉粥、牛肉粥、鸡肉粥、鱼片粥、猪杂粥、鸡杂粥、皮蛋瘦肉粥、三鲜粥、猪红粥等,上碗时加入姜丝、葱花、胡椒粉即成为美味粥品。

鱼　扣　邕宁区蒲庙镇那路村一道传统的特色菜肴。选择500克左右的鲮鱼做原料。将活鱼洗净,去头、去皮,取鱼肉,把鱼肉剁成泥(也可用绞肉机绞)倒入盆里摔打20分钟后(把一小块鱼泥投入水中能浮上来即可),加入适量的食盐、胡椒粉,拌均匀后待用(用作包鱼扣的皮)。接着制作鱼扣馅。鱼扣馅使用瘦猪肉、虾米、香菇、马蹄、花生、芝麻、头菜、葱等8种材料。把花生、芝麻用文火炒香,把其他馅料剁碎,加入适量的生粉和少许鱼肉泥(使蒸熟的鱼扣切开时馅不容易散开)及舂碎的花生、芝麻,搅拌均匀后即成鱼扣馅,把馅包入先前制作好的鱼肉泥中即制成鱼扣(包好的鱼扣形状像只大包子),再把鱼扣放入烧开的锅里煮30分钟,待鱼扣从锅底浮到水面即可捞起,趁热滴上几滴老抽抹匀,冷却后,将鱼扣放入油锅里炸至表面金黄后捞起冷却,切成片状装盘,再放入蒸笼蒸20分钟即可以上桌(蒸得越软越好吃)。

脆皮扣　良庆区、邕宁区的特色菜肴。选上好皮薄的五花肉1000克,清洗干净,改刀切成500克一块的大块,取干净的锅,放入改刀后的五花肉,加入冷水,放入姜块葱条和酒,猛火烧开,改小火煮20分钟,捞出放在盘中,然后在肉皮上均匀地抹上盐和大红浙醋;取炒锅,垫上锅箅,将抹好醋的肉皮向下放到锅中箅子上。然后倒入花生油,至泡到猪皮但不超过猪皮为好,盖上锅盖,大火烧制,待油发出爆炸声后,关至中小火,炸40分钟,待皮炸到金黄时即可捞出,切片食用。

高峰柠檬鸭　起源于武鸣区一带的一道特色菜,尤以武鸣区高峰境内酒家饭店最优故得名。将鸭宰后洗净、去内脏切成块,入锅用猛火炒至六成熟,再将切成丝的酸辣椒、酸姜、酸柠檬、酸藠头、酸梅、生姜、蒜泥等佐料入锅同炒,拌匀后改文火至八成熟后加入豆瓣酱同炒至熟透,淋上适量香油即可出锅上碟。

横县鱼生　横县传统食俗。将1.50千克~2.50千克重的活鲩鱼杀死去皮,把鱼两侧面的肉削除出来,用卫生纸包好吸干水分,将鱼肉切成"双飞"薄片,摆在盘里。然后用冷开水将生姜、紫苏、鱼腥草、柠檬叶、大头菜、洋葱等佐料洗干净,甩干水分后切成细丝,指天椒、蒜瓣、酸藠头等切成片。将酱油、花生油、酸醋、胡椒粉等放入小碗拌匀作调料。食用时各取少许青料、姜丝、花生米、酸藠头,连同蘸了调料的鱼生片一起吃。

酸　肉　壮族传统食品。把猪肉(最好是五花肉)的皮面置锅中煮成金黄色,加入蒸熟的玉米粉(小米粉更好)、精熟盐(每千克猪肉掺60克~70克,以不太咸为宜),经反复搓揉,至肉变软后置瓷罐中密封,两个星期后肉即变酸,便可吃用。酸肉有2种吃法:一是切片后即吃;二是把黄豆或玉米炒熟和酸肉一起吃。

羊　酱　又叫"羊精""羊瘪"。羊杀好后,将羊的一段细嫩的小肠割下,分绑两头,入锅用油煎至小肠爆裂、黄熟,内容物溢出后,加水煮10分钟,将小肠捞起滴水沥干,切成小块,再放入锅中,配以适量的羊血和剁碎的羊肉、羊杂以及盐、姜、辣椒等佐料制成。

羊　红　用刚宰杀的黑山羊鲜血和炒好的羊内脏(俗称"羊下水""羊杂"),加上香菜、花生等佐料制成。

清水羊肉汤　马山县特色菜。将黑山羊羊肉砍块,放入有清水的锅中烧开去除血水,沥水后用清水洗净,再倒进放有枸杞、花菇、红枣、生姜等开沸的锅中煮熟后,蘸料汁即可吃。蘸料以新鲜香椿嫩芽为主料。

腊　肉　南宁传统风味食品。冬天腊月时人们将新鲜猪肉搓适量的盐放在盘里腌到农历二月,用菜叶清洗除去肉表里油腻盐质,然后串挂起来,风干即成腊肉。

糯米血肠　壮族普遍喜爱的传统食品,壮语称为"楞棒"。把蒸到半熟的大米或糯米趁热拌上鲜猪血以及各种香料,紧紧灌入洗干净的猪肠内封口蒸熟即成。食用时可切成片,或用油煎炸,或用甑蒸热。　(书　弄)

【时尚餐饮】2020年,南宁市餐饮业具有包容性,在南宁可以吃到全世界有代表性的特色美食,蛙小侠等南宁企业走出自治区进入全国市场。餐饮商家注重消费者体验感,除了菜品推陈出新,还丰富装修风格、服务、营销内涵。不少老牌餐饮企业将传统与创新相结合,弘扬和推广本土餐饮文化。部分商家为迎合年轻人喜欢拍照留念的习惯,主打北欧风、日系风、美式风等时尚风格的奶茶店、咖啡店、汉堡店、螺蛳粉店出现,顾客一边品尝美食,一边拍照"打卡"。广西日报传媒集团南国早报、南宁餐饮行业协会共同举办的"食物链接一切"美食文化峰会暨2020

年度南宁食尚新榜颁奖典礼在南宁书巢·红椅剧场举行，评出2020年度南宁食尚新榜。年度南宁人气餐饮品牌：饭桌故事传家菜、韩国大金刚、刃阵烧鸟酒场、Villabee法餐音乐酒廊、阿樂膳滋补品、一握一席盛宴、熹雨阁、森荟和牛寿喜烧·烧肉。年度南宁必吃餐饮品牌：蛙小侠、五条友烧烤大趴、猫神烧肉社、大满足、大龙燚火锅、漓江小聚民族餐厅、芭蕉缘餐饮、椰妹椰子鸡。年度南宁新势力餐饮品牌：谷肆牛排、威记大排档、乾吧爹居酒屋、宁粤汇·海鲜粤菜餐厅、岭头凰·竹盐鸡、珮姐老火锅。年度南宁餐饮老品牌：万国酒家、茶道夫。年度南宁人气烘焙品牌：荔园饼屋。年度南宁人气餐饮连锁：螺公堂、今邕烧烤、郑嫂广雅云吞、钟姐炖品、路易十三西餐厅、探鱼、蛙小帅、大三元豆乳火锅。年度南宁新锐商业购物中心：长虹路万科里。年度南宁必吃米粉品牌：螺公堂、螺三喜螺蛳粉、珍粉轩、凌满记螺蛳粉、西环肥仔螺蛳粉。年度南宁必吃火锅品牌：贤合庄卤味火锅、南宁市勇品火锅餐厅、珮姐老火锅、三个椰子、大龙燚火锅。年度南宁人气茶饮品牌：萃茶师。年度南宁人气酒吧品牌：CHANGE换洗房。年度南宁必吃小店：螺小堂。食尚新榜活动分享南宁本土餐饮市场分析及经营之道，累计举办3届，超过300个品牌、2000名餐饮人士参与。（姚宗秀）

2020年，市民打卡网红螺蛳粉店　　姚宗秀　摄

对外及与中国港澳台地区经济贸易

【概　况】2020年，南宁市外贸进出口总值986亿元，比上年增加238.21亿元，自治区排名第二，增长31.78%，高于全国(1.90%)29.88个百分点，高于自治区(3.50%)28.28个百分点。出口470.82亿元，增长29.22%；进口515.18亿元，增长34.20%。有进出口实绩企业942家，其中进出口总值1亿元以上企业67家，进出口927.80亿元，占全市进出口94.10%。出口总值5000万元以上企业53家，出口441.60亿元，占全市出口93.80%；进口总值5000万元以上企业52家，进口501.90亿元，占全市进口97.40%。

【贸易往来】2020年，南宁市与全球超200个国家和地区开展贸易往来。与亚洲进出口780.24亿元，比上年增长39.78%，占与全球贸易进出口79.13%；与欧洲进出口64.21亿元，增长70.61%，占6.51%；与北美洲进出口46.66亿元，下降33.27%，占4.73%；与拉丁美洲进出口34.36亿元，增长169.33%，占3.48%；与大洋洲进出口31.54亿元，下降5.59%，占3.19%；与非洲进出口28.55亿元，下降19.11%，占2.89%。与前五贸易伙伴中国香港地区、东盟、中国台湾地区、美国、日本贸易往来合计720.81亿元，占73.10%。与第一大贸易伙伴中国香港地区贸易往来319.63亿元，增长26.4%，占32.35%。与第二大贸易伙伴东盟进出口181.15亿元，增长62.94%，占18.37%，其中对越南进出口86.82亿元，增长101.07%，占与东盟贸易47.92%。对中国台湾地区、日本贸易往来分别增长36.76%、84.56%。受中美经贸摩擦影响，与美国进出口38.17亿元，下降42.69%。

【出口贸易】2020年，南宁市出口贸易总值470.82亿元，比上年增长29.22%。出口额较大的商品有计算机与通信技术、电子技术、计量检测分析自控仪器及器具、自动数据处理设备及零部件、中央处理部件、电子元件、医疗仪器及器械、通用机械设备、电工器材、手机、家用电器、汽车零配件等。主要销往马来西亚、越南、荷兰、美国、澳大利亚、加拿大、墨西哥、捷克、德国、英国等国家及地区。

【进口贸易】2020年，南宁市进口贸易总值515.18亿元，比上年增长34.20%。进口额较大的商品有自动数据处理设备、存储部件、肉类、金属矿及矿砂、煤及褐煤、电工器材、电子元件、集成电路、液晶显示板、光电技术、计算机与通信技术、电子技术等。主要购买自日本、马来西亚、韩国、越南、南非、巴西、澳大利亚、菲律宾、新加坡、朝鲜、德国、俄罗斯、泰国等国家及地区。

【对外贸易活动】2020年，南宁市组织广西宏发重工机械有限公司、广西怡凯家居用品有限公司等164家企业，参加春秋两季中国进出口商品交易会(线上举办)，设展位292个，直播904场，参展商品有家居用品、大型机械及设备、化工产品、汽车配件、纺织原料面料、箱包、编织及藤铁工艺品等。4月21日至23日，组织南宁波音工贸有限公司、广西华联综合超市股份有限公司等15家进口企业，参加自治区商务厅与越南工贸部贸易促进局举办的“2020年中国(广西)—越南进出口商品网上交易会”，广西和越南双方企业现场成交5.60亿元，意向成交近6亿元。5月28日至30日，组织广西南宁英泰商贸有限责任公司、南宁派吉纸业有限公司等20家出口企业参加“2020年中国(广西)—越南商品网上交易会(建材及家居产品专场)”，广西和越南双方企业在线交易8.36亿元。11月5日至10日，组织130家企业、单位参加在上海国际会展中心举办的第三届中国国际进口博览会，达成意向合约32单，意向采购金额7007.93万美元。其中，医疗器械及医药保健类意向采购3468.93万美元，占49.50%；食品及农产品类2854万美元，占40.70%；技术装备类360万美元，占5.10%；服务贸易类305万美元，占4.40%；消费品类20万美元，占0.30%。精选南宁万国食品有限公司、横县南方茶厂、广西顺来茶业有限公司、广西金花茶业有限公司4家企业的老友粉、老友饼、蛋黄酥、茉莉花茶等特色产品参展。11月18日至20日，组织

17 家企业参加自治区商务厅举办的“2020 年中国(广西)—日本网上交易会(食品、农产品专场)”,参展商品有茉莉花茶、绿茶、蜂蜜、食品调味剂、罐头食品、桂皮、八角、干姜、沃柑、沉香纯露、茉莉香米、螺蛳粉等。11 月 23 日至 25 日,组织广西双健科技有限公司、南宁朗胜贸易有限责任公司等 17 家企业参加自治区商务厅举办的“2020 年中国广西—印尼网上交易会”,参展商品有食品、农产品、家居、建材、五金、医疗、器械等,广西和越南双方企业意向成交额 4.24 亿元。（王聪仁）

【加工贸易】 2020 年,南宁市加工贸易进出口总值 692.71 亿元,比上年增长 34.23%。占自治区加工贸易进出口 73.82%,上升 10.30 个百分点;占全市对外贸易进出口 70.25%,为南宁市第一大对外贸易方式。出口 345.46 亿元,增长 28.92%;进口 347.24 亿元,增长 39.97%。实施“第二轮加工贸易倍增计划”(2017—2020),累计引进加工贸易产业项目 25 个,总投资 40 亿元,完成进出口超 300 亿元。加工贸易出口商品结构从机电产品为主向高新技术产品为主升级,网络通信、集成电路、智能终端等商品占 80%,电子信息类工业产品 50% 以上以加工贸易方式销售海外市场。加工贸易企业工业设计、集成电路设计等服务出口 1.75 亿美元,带动全市国际服务外包执行额增长 70%。打造富士康南宁科技园与南宁综合试验保税区双集群;富桂精密工业有限公司占全市加工贸易进出口 35%,连续 4 年出口超百亿,带动宏拓电子、信同电子等一批配套企业入驻;南宁综合保税区加工贸易进出口 387.51 亿元,增长 65.16%,占全市加工贸易进出口 56.10%。（李 锋）

【与中国港澳台地区经济贸易】 2020 年,南宁市与中国香港地区贸易往来 319.63 亿元,比上年增长 26.35%;与中国台湾地区贸易往来 146.46 亿元,增长 36.76%;与中国澳门地区贸易往来 1515.06 万元,增长 73.26%。（王聪仁）

表 8　2020 年南宁市对外贸易主要进出口企业情况统计表

排名	名称	累计进出口值（万元）	比上年增长（%）	累计出口值（万元）	比上年增长（%）	累计进口值（万元）	比上年增长（%）
1	南宁富桂精密工业有限公司	2557633.10	11.40	1311508.17	4.30	1246124.94	20
2	广西益顺盈智能科技集团有限公司	729348.07	—	333599.22	—	395748.85	—
3	广西柳钢国际贸易有限公司	554004.87	222.30	0	—	554004.87	222.30
4	广西蓝水星智能科技有限公司	532697.06	211	273380.61	411	259316.45	120.20
5	广西格思克实业有限责任公司	492782.52	10.80	247113.92	12.50	245668.60	9
6	南宁烯宝声电子科技有限公司	460186.38	307.60	230429.38	334.80	229757	283.60
7	广西桂芯半导体科技有限公司	356522.44	12.70	158036.90	1	198485.54	24.20
8	广西创盈联科电子有限公司	304807.34	151.60	153616.34	200.30	151191	116
9	广西亿安捷电子科技有限公司	292324.84	—	139345.20	—	152979.64	—
10	广西齿贝美科技发展有限公司	207557.80	216.90	106091.26	280.70	101466.54	169.60
11	南宁瑞声开泰科技有限公司	206270.83	485.90	44118.25	651.20	162152.58	452.90
12	广西拓航科技有限公司	204617.76	7.10	102941.05	7.90	101676.71	6.30
13	广西鸿楷供应链管理有限公司	203864.21	—	92792.14	—	111072.07	—
14	广西南大门跨境电商运营有限责任公司	203215.51	208	203215.51	208.60	0	−100
15	广西北港资源发展有限公司	177939.12	−57.10	0	—	177939.12	−57.10
16	南宁市和正顺兴珠宝有限公司	164972.14	−81.40	83829.72	−81.50	81142.42	−81.20
17	广西同汇益达电子科技有限公司	148963.81	—	74912.03	—	74051.78	—
18	广西铁投商贸集团有限公司	107454.25	−23.90	0	—	107454.25	−23.90
19	南宁星源光电有限公司	84476.35	129.30	40634.72	150.10	43841.63	112.90
20	广西金运进出口贸易有限公司	77744.45	35.50	811.53	−0.90	76932.92	36.10

说明:进出口前 20 名企业进出口值合计 8067382.85 万元,占全市进出口 81.8%

表 9　　2020 年南宁市对外贸易进出口主要国别(地区)情况统计表

名　称	进出口		出　口		进　口		比上年增长(%)		
	累计金额(万元)	比重(%)	累计金额(万元)	比重(%)	累计金额(万元)	比重(%)	进出口	出　口	进　口
总　额	9860037.90		4708186.40		5151851.50		31.80	29.20	34.20
亚　洲	7802494.15	79.13	3854043.35	81.86	3948450.80	76.64	39.80	42.70	37
北美洲	466585.30	4.73	367612.56	7.81	98972.74	1.92	−33.30	−36.10	−20
大洋洲	315398.04	3.20	33115.90	0.70	282282.14	5.48	−5.60	−53.90	7.60
非　洲	285510.42	2.90	26782.31	0.57	258728.11	5.02	−19.10	69.30	−23.30
欧　洲	642142.20	6.51	351860.70	7.47	290281.50	5.63	70.60	59.80	85.80
拉丁美洲	343615.50	3.48	74771.50	1.59	268843.90	5.22	169.30	25.20	296.10
东　盟	1811546.10	18.37	1087107.40	23.09	724438.80	14.06	62.90	114.50	19.70
欧　盟	476731.50	4.83	335578.40	7.13	141153.10	2.74	54.60	67.10	31.20
越　南	868211.30	8.81	572757.50	12.17	295453.80	5.73	101.10	90.30	126
马来西亚	462099.40	4.69	299395.30	6.36	162704.10	3.16	134	1909.70	−10.90
美　国	381683	3.87	343267.90	7.29	38415	0.75	−42.70	−38.20	−65.30
韩　国	353426.20	3.58	43796.60	0.93	309629.50	6.01	89.70	16.40	108.20
日　本	354104.60	3.59	65141.20	1.38	288963.40	5.61	84.60	35	101.20
澳大利亚	292338.80	2.96	30374.40	0.65	261964.40	5.08	−8.20	−56.20	5.20
巴　西	224956.90	2.28	11462	0.24	213494.90	4.14	405.10	19.60	510.80
南　非	168381.80	1.71	7862.50	0.17	160519.20	3.12	−39.20	19.40	−40.70

编辑　姚宗秀

综 述

【概 况】2020年，南宁市以建立综合交通网络、打造区域性国际综合交通枢纽中心为目标，参与西部陆海新通道建设，持续畅通"南宁渠道"。推进综合立体交通网建设，建成通车大塘至浦北高速公路、G359灵山沙坪至大塘公路，全市公路总里程1.6万千米，市域高速公路通车里程982千米，位列自治区第一；新开工南宁至湛江、上林至横县等5条高速公路及六景至兴业路面改造工程；县、乡、村及20户以上自然村庄道路通畅率100%，行政村通客车率100%；西部陆海新通道(平陆)运河列入交通运输部《内河航运发展纲要》进入建议书编制阶段。南宁铁路营业里程775千米，铁路客运3731.66万人次，实现运营列车3小时内通达自治区内主要城市，4小时内直通粤港澳大湾区核心城市。南宁吴圩国际机场客流量突破1500万人次，累计开通航线196条，培育南宁至胡志明国际全货机国际航线，推进南宁机场改扩建工程前期工作。国家公交都市创建进入收官阶段，全市绿色出行分担率上升至80.72%；开通试运营轨道交通4号线及2号线东延线，轨道交通1号、2号、3号、4号线运营总里程108千米，形成"四线齐发、八方通达"的井字形线网骨架，客运量2.08亿人次；全市持证网约车1.42万辆，网约车合规率居全国第三；地铁接驳公交率在全国已开通轨道交通城市中排名第一，市区内公交500米覆盖率100%，基本实现全市"轨道＋公交＋出租汽车＋非机动车＋共享单车"便捷换乘。服务脱贫攻坚，全市102个乡镇1386个行政村道路通畅率100%，20户及以上自然村屯通硬化路率100%，乡镇通二(三)级路率89.2%，县道、乡道、村道通中等以上公路率分别为81%、76%、71%，行政村100%通客车。公路货运量3.25亿吨，货运周转量340.94亿吨千米，公路客运量3902万人次，货运周转量68.6亿吨千米。南宁机场国际货邮吞吐量比上年增长373.1%，全市国际邮件和快件业务量增长170%，增幅均居全国省会城市前列。全市邮政业务总量102.56亿元，增长43.69%，增幅高于自治区8.66个百分点、位列全国省会城市第三。快递业务量4.28亿件，增长43.66%，占自治区55%。

【交通投资】2020年，南宁市实施重大交通基础设施项目49个，全部开工建设，完成投资337.35亿元，投资完成率119.71%。新开工南宁至平果、南宁至横县、南宁吴圩至上思、南宁至湛江、上林至横县5个新建高速公路项目及六景至兴业路面改造工程，新建和改造高速公路项目700千米，创历史新高。西津水利枢纽二线船闸工程完成年度投资计划109.69%、总体形象进度75.62%。南宁至贵阳客运专线(广西段)、南宁至崇左城际铁路、南宁至玉林城际铁路3个在建铁路项目完成投资82.34亿元，投资完成率120.01%。南宁国际空港综合交通枢纽工程(GTC)建设年度完成投资12.11亿元，投资完成率121.06%。南宁机场总规划修编获批，南宁机场改扩建工程报国家发展改革委立项。

【综合交通运输】2020年，南宁市公路客货运周转量、水路货运周转量比上年同期分别增长0.52%、3.8%。公铁联运和跨境运输方面，服务东盟国家的铁路、航空货物运输显著增长；中越集装箱班列计划开行150列，实际开行166列，增长49.5%；服务东盟国家的货运航班3条，南宁机场完成国际含地区货邮吞吐量1.09万吨、增长373.1%，南宁机场7月国际货邮吞吐量1208.1吨，单月首次突破1000吨、增长959.7%。运营邕江水上旅游线路3条，以南宁港为重点打造多式联运示范线路，水铁联运量15.03万吨。公路货运量3.25亿吨、增长1.81%，货运周转量340.94亿吨千米、增长1.15%；公路客运量3902万人次、下降21.52%，客运周转量68.6亿吨千米、下降23.23%。水路货运量4079.5万吨、下降2.08%，货运周转量293.24亿吨千米、增长3.8%；水路客运量7.96万人次、下降11.46%，客运周转量113.85万人千米、下降14.05%。新增AAA级以上物流企业8家、企业总数40家，社会物流总额增长2.5%。

【交通营商环境】2020年，南宁市推进"放管服"改革和对外交通服务网络基础建设。政务服务方面，市本级72项依申请政务服务事项全部入驻市民中心，市交通运输局政务服务实现"一门、一网、一窗、一次"改革要求，办理政务服务事项6.47万件，PC端、微信受理2.93万件，手机APP办理2.87万件，网办率89.67%，市民中心交通运输局窗口获2018—2019年度"全国交通运输行业文明示范窗口"称号；会同市行政审批局下放南宁高新区、南宁经开区、广西—东盟经开区范围内的道路货运经营许可及事中事后监管权限，明确毗邻县道路客运班线行政许可及事中事后监管权限，出台《关于落实中国(广西)自由贸易试验区交通运输"证照分离"改革全覆盖试点工作实施方案》，承接行政许可5项、行政确认3项、其他行政权力2项。政务公开方面，建立公开定期审查、通报机制，规范设置调整门户网站政府信息公开专栏，组织审核正式文件4005份，发布微博信息1179条、微信信息1179条，受理并办理依申请公开事项3件。“双随机、一公开”方面，单部门随机抽查出租汽车客运等10个细分行业领域企业105家，接收自治区交通运输厅下派两项检查任务检查企业63家；首次推行跨部门联合抽查，抽查一类机动车维修经营企业11家；全面推广应用广西“双随机、一公开”监管平台，对检查对象库、检查人员库、抽查事项清单进行梳理、分类、录入，启动《交通运输部门双随机抽查事项工作规范》地方标准项目编制。信用体系建设方面，建立完善道路运输、水路运输、城市客运和公路建设市场行业四大领域信用制度，推动行业信用体系建设内控监测试行，交通运输信用信息综合数据平台完成一期建设，上报“双公示”（行政许可、行政处罚等信用信息作出决定后上网公示制度）信息2021条，“双公示”率100%。根据中国科学院地理科学与资源研究所2020年发布的广西营商环境第三方评估结果，2019年南宁市综合立体交通指数等7项指标排名自治区第一。

【春运旅客运输】 2020年春运期间（1月10日至2月18日），南宁市客运运力供给充足，车辆档次提升、应急运力储备到位，道路客运企业服务能力、高峰期旅客疏运能力提高，未发生旅客滞留情况。日均投放客车2031辆（日均加班30辆、日均包车2辆），日均总座位约9万个，总开行12.55万个班次（加班1224个班次、包车73个班次）；完成客运量183.48万人次，比上年下降49.54%。中国铁路南宁局集团有限公司发送旅客723.2万人次，日均18.08万人次。受新冠肺炎疫情影响，春运客流减少684.8万人次，降幅48.6%。铁路客流呈“前高后低”特点，春节前主要以务工流、学生流为主，节前15天客发532.2万人次，增长19.2%；节后受疫情影响，客流持续低位运行，为近年来最低，节后25天客发191.0万人次，下降80.1%。南宁局集团公司发送跨省长途旅客224.5万人次、下降49.9%，自治区内短途旅客498.7万人次、下降48%。南宁站发送213.1万人次，下降44.9%。为帮助务工人员返乡过年，在桂粤两地间组织开行爱心返乡专列8趟，免费运送贫困务工人员4546人次。南宁吴圩国际机场运送旅客约200万人次，增长5.7%。南宁机场增加上海、成都、青岛、长沙、海口、三亚、西双版纳、腾冲及大阪、卡利博等30个国内外城市的航线加班航班1680架次，春运40天日均航班量350架次，增长6%。

【交通运输安全生产】 2020年1月26日至2月21日，南宁市按照新冠肺炎疫情防控部署，精准设立联合检疫站点189个，检测人员超1.4亿人次，排查车辆超340.3万辆次。制定入境机组人员闭环管理、入境人员机场转运车辆管理、新冠肺炎疫情常态化防控应急处置等制度7项，完成吴圩机场123个境外到邕航班8516名入境旅客的转运任务550车次。组建货车60辆（总载重720吨）、客车15辆（700个座位）紧急转送队伍，预备客运大巴200辆、公交车200辆运力应对全员检测准备。2月22日起，防控形势变化，逐步撤销联合检疫点及农村公路检查卡点以保障市区正常通行。提供“点对点、一站直达”复产复工预约运输推进春运错峰返程，采取延长道路运输车辆和业务的年审期限、延长出租汽车经营期和使用期、减免巡游出租汽车承租金、减免船舶过闸费等措施推动复产复工，减免巡游出租汽车驾驶员承租金0.95亿元，船舶过闸费减免政策惠及船舶2288艘。组织开展交通运输行业安全生产“强监管严执法年”专项行动，消除安全隐患，强化打非治违；开展货车超限超载违法行为常态化执法管控；加快实施安防工程和隐患路段整治，完成“一灯一带”（交通信号灯、减速带）工程建设；开展“渡运安全月”活动，推进“坚守公路水运工程质量安全红线”专项行动；统筹推进交通运输行业安全生产专项整治三年行动。全市公路建设和轨道交通行业未发生生产安全事故。水路运输事故1起，死亡2人；道路运输行车事故52起，死亡75人，受伤38人，分别下降40%、16%、12%，安全生产形势平稳可控。经公安交警部门事故责任认定，同责及以上的事故23起，死亡29人。其中：客运事故1起，死亡5人；普通货运事故18起，死亡23人；出租车事故2起，死亡0人；公交车事故1起，死亡0人；网约车事故1起，死亡1人；无危险货物事故。全行业发生较大生产安全事故6起，死亡23人，其中次责3起、同责1起、全责2起。开展企业专职安全员安全生产知识宣传教育164次，组织企业负责人、安全生产管理人员1109人参加考试，合格681人，发放手册、治超宣传单3.53万余份，悬挂横幅标语3500多条，设立宣传栏1260多个，播放宣传视频800多条，发送安全提示信息1.5万余条。　（黄小川）

铁路运输

【概　况】 2020年，南宁市境内铁路有湘（湖南）桂（广西）、黎（塘）湛（江）、南（宁）昆（明）、邕（南宁）北（海）、南（宁）防（城港）、黎（塘）钦（州）、南（宁）广（州）、云（云南）桂（广西）、柳（州）南（宁）客运专线9条通车铁路（湘桂、黎湛、南昆铁路为国家铁路，南广、南防、黎钦、邕北、云桂铁路和柳南客专为合资铁路），境内铁路总里程775.90千米（不含复线）。铁路职能机构、单位有中国铁路南宁局集团有限公司（简称“南宁局集团公司”）经营管理职能机构27个，生产机构1个，附属机构29个；党群部门9个；公安部门驻南宁机构2个（公安局、公安处）。南宁局集团公司驻南宁下属单位25个，其中运输单位11个（南宁车站、南宁客运段、南宁车务段、南宁货运中心、南宁机务段、南宁车辆段、南宁南车辆段、南宁工务段、南宁电务段、南宁供电段、南宁通信段）。境内发送旅客2410.76万人；发送货物178.88万吨，到达货物405.79万吨；客货运输收入28.34亿元。面对新冠肺炎疫情，南宁局集团公司驻南宁市各单位与地方防疫部门形成联防联控合力，运输防疫物资21批次、2206件；承担务工专列任务10趟，运送6318人；承运入境人员941人。加强与自治区商务厅等地方部门沟通联系，向武汉等地区运送防疫物资15批次2012.07吨。完成应用系统升级15次，故障处理973件，施工33次，春运巡检1次，实施客票、旅客服务系统应急演练各1次。完成“货运安全管理评价系统”“装卸设备管理信息系统”“客运设备综合管理信息系统”“客运安全综合管理信息系统”“铁路限界与超限货物运输安全问题研究”科技科研项目验收。南宁客运段在媒体平台刊稿422篇，其中国家级媒体108篇。南宁车站保持“全国文明单位”称号。主要存在受新冠肺炎疫情影响客货运输量下降等困难。

【铁路旅客运输】 2020年，南宁客运段担当图定列车178.5对，其中动车组列车开行145.5对（直通79.5对、管内66对，G字头动车19对、D字头动车123.5对、C字头动车3对），运用动车组车底124组，开行93组交路；普速列车开行33对（直通22对、管内11对），运用车底73组。完成列车总工作量74.15万千辆千米（含动车），比上年减少29.20%。安全运送旅客8567.4万人，减少5225.8万人，减幅38%。受新冠肺炎疫情影响，完成车补税后收入1.15亿元，为集团公司年考核预算91.78%。其他业务完成利润1081万元，完成年度任务507%。运输业务有权支出2.58亿元，较预算节支2266万元，有权支出节支率8%。妥善处置发热人员328例，担当10趟务工专列，运送6318人，承运入境人员941人。杜绝疫情通过列车传播、无员工及家属发生疑似及确诊病例。在2019年度全路客运站车竞赛评比中，15对动车组列车被评为“红旗列车”称号。南宁东—北京西G422/421次

南宁年鉴

列车、南宁—北京西Z6/5次列车获2019年度全路客货运输窗口用户满意单位。接到各级旅客表扬3651件。南宁车务段对段管内9个普速客运车站电子客票系统进行升级改造和设备安装调试，为9个普速车站配备并调试门式自助验证闸机25台、柱式半自助检票闸机18台、手持式检票一体机22台，补强13个人工售票窗口、5个人工核验通道系统功能。12月31日7时，宾阳站历时8个多月改建工程完成投入运营，新站房建筑面积2254平方米，其中候车室面积967平方米。新增检票口1个，安检通道1个，实名验证闸机1台，验票闸机5台。增设母婴室，设立综合服务台等功能场所。旅客发送401.1万人，超年度计划11.4%；完成运输收入2.36亿元，超年度计划10.2%。南宁车站管辖南宁站、南宁东站，发送旅客2275.36万人，超任务目标7.6个百分点；运输收入22.77亿元，超任务目标3.2个百分点，两项指标均占南宁局集团公司总量三成。分析疫情防控常态化后客流回暖形势，抓住周末和小长假重点时期，实现周末客发增幅超过20%，国庆首日南宁东站再创日发新高12.7万人。“桂莲创新工作室”课题小组攻关解决影响现场生产组织和服务体验问题20个。以服务台为中心，构建重点旅客服务网络，服务重点旅客3600多人。

【铁路货物运输】 2020年，南宁货运中心发送货物750.59万吨，比上年增加114.44万吨，增幅15.25%；运输收入8.94亿元，增加4336.27万元，增幅4.85%；有权可控支出节494.70万元，节支比例2.8%。11月8日，南宁南站解体71列、编组75列，解编列数创新高。12月12日，办理车数9862辆，刷新历史纪录。12月5日，黎塘站办理车数突破1万辆大关，达1.03万辆。南宁客运站运输防疫物资21批次2206件。

【铁路建设】 2020年，南宁局集团公司贵南铁路引入南宁枢纽工程投资12亿元，云桂铁路引入南宁枢纽工程投资26.65亿元，南昆铁路南百段增建二线工程投资9.65亿元，完成年度投资。技改项目35项，投资1.53亿元，完成年度投资。

【铁路运输维护】 2020年，南宁局集团公司管内铁路运输维护主要由驻南宁下属单位负责。南宁机务段配属机车368台（内燃机车145台、电力机车223台），机车整备5.44万台次。机车牵引总重816.2亿吨千米，总走行7.54万千机千米，日走行526千米，日产量120.1万吨千米，技术时速55.9千米，平均牵引总重每列3115吨。检修电力机车477台、内燃机车300台。南宁车辆段配属动车组138组，图定开行动车146.5对（高峰线37.5对），走行5.29万千组千米。一级修12737组次、二级修3028组次，动车运用率56.56%。配属客车1575辆，代管邮政车4辆，担当图定客车32对73组（跨局22对64组、管内10对9组），开行临客97列1277辆、旅游专列13列132辆，走行37.25万千辆千米。段内维修客车638辆、外委维修81辆、A1修（提速列车行走20万千米或1年进行的维修）1043辆，客车运用率50.02%。南宁南车辆段管辖区段1740千米，安全保证区段4537千米；完成段修机车9701辆、临修8079辆、整治破损车6355辆，分别比上年增长23.9%、22.5%、40.8%；列检作业7.4万列、357.9万辆，分别增长10.2%、9.8%。南宁工务段管辖高速铁路营业里程343.39千米，线路延展长825.97千米，道岔406组，桥梁255座13.02万延长米，隧道44座4.31万延长米，涵渠630座1.86万延长米；普速铁路营业里程623.39千米，线路延展长1370.89千米，道岔1400组，道口126处。高铁线路精测415千米，大机捣固400千米，钢轨大机打磨168千米，精调改道73千米，道岔小机打磨38组，卸砟2.4万立方米，维修保养桥梁56座、隧道6座、涵洞131座；普铁更换钢轨15千米、道岔59组、轨枕3.72万根、清筛换砟18.43千米，联合整治道岔1102组，线路捣固374.38千米、道岔捣固158组、钢轨打磨278千米、道岔打磨104组。南宁电务段管辖信号线路2390.54千米（含复线1422.68千米，普铁1650.02千米、高铁740.52千米），186个站、场（含机务运用车间、折返段，高铁131个、普铁52个）信号设备，换算道岔6.49万组（高铁1.62万组、普铁4.87万组）。维护长途光缆4414.67千米、长途电缆893.74千米、地区光电缆2687.2千米、无线漏泄同轴电缆163.28千米、光传送网设备24台、SDH数字传输设备521台、接入网设备272台（套）、数字调度设备132套、铁路数据网设备215套、动车车载无线通信设备215套、GSM-R基站设备140台、直放站设备230台、无线列调固定设备796台（套）、通信铁塔443座、综合视频监控点552处、客运广播系统18套、列车广播设备27套、通信机房495

表10　　2020年南宁市境内铁路火车站运输完成情况统计表

车　站	旅客发送量（万人）	货物发送量（万吨）	货物到达量（万吨）	运输收入（万元）
南　宁	2275.36	0.09	0.06	227715.53
南宁南		33.85	237.20	28742.13
南宁西	1.64			97.45
黎　塘	10.48	67.94	106.22	7161.65
宾　阳	121.64			7235.90
六　景		23.42	30.70	3459.47
邕　宁		0	0	0
屯　里		52.88	25.76	6416.57
金鸡村		0.03	0.76	0
隆　安		0.67	5.09	196.85
隆安东	1.64			2419.43

2020 年 5 月 21 日，南宁货运中心组织开行首趟泰国水果进境冷链班列　　刘雅琴提供

个、铁路现场应急通信设备 238 台(套)。南宁供电段负责 2396.30 千米铁路牵引供电及生产供水供电。高铁牵引供电接触网换算里程 9962.23 条千米、普铁 5535.54 条千米。牵引供电受电量 4.01 亿千瓦时，下降 64.00%，供电量 5.70 亿千瓦时，下降 23.90%；电力受电量 1.36 亿千瓦时、供电量 1.28 亿千瓦时，分别下降 12.82%、13.51%；供水量 155.82 万吨，下降 47.26%；水损 14.19%，下降 24%；净水合格率 100%，消毒水合格率 100%。南宁通信段通信设备换算 10.65 万皮长千米，增幅 7.4%；动环设备及综合视频障碍信息分别为 26 件、23 件，下降 33%、50%；车载无线设备障碍信息 58 件，下降 35%。

【铁路安全】 2020 年，南宁局集团公司各单位加强安全管理，落实安全责任。南宁客运段实现无一般 D 类及以上事故 2441 天；南宁站无高铁、旅客列车一般 D 类及以上责任事故，实现第 28 个安全年，安全生产 10430 天；南宁机务段实现安全生产 3596 天；南宁车辆段实现动车安全运营 7 周年，安全生产 957 天；南宁南车辆段未发生铁路交通一般 C 类及以上责任事故、人身轻伤责任事故、火灾爆炸责任事故、设备责任重大事故和责任行车设备故障，安全生产 3645 天；南宁工务段消灭 D 类及以上责任事故，安全生产 1473 天，实现第 7 个高铁安全年；南宁电务段无铁路交通一般 C 类及人身伤亡事故，连续安全生产 6207 天；南宁供电段实现行车安全 458 天；南宁通信段消灭 D 类及以上责任事故，安全生产 3310 天，实现无职工责任重伤及以上事故 3310 天；南宁物资供应段安全生产 4334 天，实现第 11 个安全年，连续保持“自治区文明单位”称号。　（徐海涛）

公路运输

【概　况】 2020 年，南宁市交通运输局(简称“市交通运输局”)管辖农村公路 1.02 万千米，其中国道 21.56 千米、县道 1647.56 千米、乡道 2474.68 千米、村道 6238.04 千米；建制村(含农林场)通畅率 100%。有道路旅客运输企业 25 家(市直属企业 19 家)，含子公司、分公司共 48 家；营运车辆 3392 辆(班车客运 2562 辆、旅游包车 830 辆)，其中三类及以上客运班线 1758 辆、四类班线 804 辆。有客运站 64 个(一级 7 个、二级 13 个、三级 9 个、四级 26 个、五级 6 个，未评级 3 个)，县城均有二级客运站，部分乡镇建有等级客运站。开通公路客运班线 1777 条，涵盖自治区内各市县及周边省市；开通南宁至越南河内、下龙湾、海防等地的国际客运班线，建成南宁公路主枢纽客运系统，形成以高速公路为主骨架，国道省道公路为干线，沟通周边各省，连接境内各城镇村屯、江河港口等干支结合、四至通达的运输网络。营业性道路运输客运量 3902 万人，比上年下降 21.52%，客运周转量 113.85 亿人千米，下降 14.05%。有道路货物运输企业 2042 家(危险货物运输 37 家、普通货物运输 2005 家)，个体户 1.22 万家。普货企业营运车辆 10.35 万辆(登记在册 4.5 吨以上 4.87 万辆、12 吨以上 3.40 万辆)，危货企业营运车辆 1368 辆。持有效道路运输从业资格证 12.7 万人。公路货运量 3.25 亿吨，增长 1.81%，货运周转量 340.94 亿吨千米，增长 1.15%。主要存在公路路网结构不完善，市、县、乡、村路网连接不够便捷等问题。

【高速公路建设】 2020 年，南宁市计划投资 104.4 亿元，实施高速公路项目 14 个。其中：竣工 1 个(大塘至浦北)，新开工 5 个(南宁至平果、南宁至湛江、南宁经横县至玉林、南宁吴圩至上思、上林至横县)，路面改造 1 个(兴业至六景)，在建 7 个[柳州经合山至南宁、六景至宾阳、吴圩至隆安、沙井至吴圩、隆安至硕龙、巴马至平果、贺州至巴马(来宾至都安段)]。全年完成投资 139.6 亿元，完成率 133.74%。其中：大塘至浦北高速公路完成 5.95 亿元，完成率 99.19%；柳州经合山至南宁高速公路完成 39.53 亿元，完成率 114.2%；隆安至硕龙高速公路完成 9.13 亿元，完成率 65.21%；六景至宾阳高速公路完成 21.19 亿元，完成率 176.57%；吴圩至隆安高速公路完成 7.42 亿元，完成率 110.07%；沙井至吴圩高速公路完成 23.06 亿元，完成率 144.12%；贺州至巴马高速公路(来宾至都安段)完成 3.35 亿元，完成率 159.92%；巴马至平果高速公路完成 1.3 亿元，完成率 79.95%；南宁至平果高速公路完成 12.58 亿元，完成率 456.92%；南宁至横县高速公路完成 10.2 亿元，完成率 340%；南宁吴圩至上思高速公路完成 0.85 亿元，完成率 57%；南宁至湛江高速公路完成 0.69 亿元，完成率 126.93%；兴业至六景高速路面改造工程完成 3.27 亿元，完成率 124.44%。

【农村公路建设】 2020 年，自治区下达南宁市农村公路建设工程项目 720 个(新建 702 个、续建 18 个)，建设里程 606 千米，桥梁 607 延米，计划总投资 27.66 亿元，年计划投资 10.78 亿元，实际开工 718 个、完工 699 个，未开工 2 个，完成投资 11.37 亿元。其中：新建项目开工 700 个，完工 693 个，完成投资 4.41 亿元；续建项目 18 个全部开工、完工 6 个，完成投资 6.96 亿元。乡乡通二级(三级)路(续建)项目 12 个，计划总投资 15.93 亿元，年计划投资 3.60 亿元，建设里程 239.941 千米，开工 12 个，完工 5 个，完成投资 5.73 亿元；窄路加宽工程(含续建)项目 44 个，计划总投资 4027 万元，年计划投资 4027 万元，建设里程 129 千米，开工 44 个，完工 43 个，完成投资 3920 万元；农村公路县乡联网路(含续建)项目 18 个，总投资 23.75 亿元，计划投资 7.06 亿元，建设里程 330 千米，开工 18 个，完工 6 个，完成投资 7.48 亿元；中央预算内投资扶贫旅游路(含续建)项目 1 个，计划总投资 2860 万元，年计划投资 2040 万元，建设里程 14.8 千米，完成投资 858 万元；农林场通沥青水泥路项目 1 个，计划总投资 429 万元，新开工并建设完工，建设里程 5 千米，完成投资 429 万元；渡改桥和新建桥梁(续建)项目 2 个，建设桥梁 421 延米，计划总投资 1.22

亿元,年度下达投资535万元,开工2个、完工1个,完成投资4742万元;村际联网(以奖代补)项目43个,年计划投资9714万元,建设里程94.55千米,全部完工,完成投资9714万元。

【农村公路养护】 2020年,南宁市农村公路养护里程1.25万千米,县道优良路率52.29%,乡道优良路率42.21%,村道优良路率36.41%,完成自治区公路管理局下达任务。自治区交通运输厅下达养护工程项目(含续建)611个,完工605个,计划总投资2.05亿元,累计完成投资1.93亿元。印发《南宁市深化农村公路管理养护体制改革推进"四好农村路"高质量发展实施方案》,加大"四好农村路"示范县创建力度,兴宁区、江南区通过自治区专家评审和现场校验,获评2020年"四好农村路"自治区示范县。

【站场基础设施建设】 2020年,南宁市新建公交候车亭72个,完成公交专用道新建设计19条、现状公交专用道整治方案设计3条,92.05千米,完成公交充电桩建设164个。加快开展教育园区3个公交场站前期工作。有公交场站105处,覆盖各城区。

【路政管理】 2020年,市交通运输局查处交通运输违法违规案件5570起,比上年减少12.49%。非法营运类案件1607起,其中小轿车、小型普通客车869起,不合规网约出租汽车204起,克隆出租汽车44起,两轮电动自行车402起,两轮摩托车17起,无证运输危险品车59起,无证运输货车4起,无证经营客运车8起;占总案件28.85%,减少53.39%。其他类案件3963起,其中超限超载2308起,1年内超限运输超3次(车)14起,企业1年内超限运输超百分之十6起,巡游出租汽车违规180起,网约车违规36起,客运车违规234起,货运车违规959起,危险货物运输车违规18起,地铁口违停127起,驾培业务5起,教练车4起,路产补赔61起,客货企业违规2起,安全生产执法类9起,占71.15%,增加35.86%。依法集中销毁逾期未处理非法营运车1151辆。与公安部门联勤联动查处向非法营运提供客源的非法中介123人次。开展创建全国文明城整改提升,出动执法人员1.90万人次,查处违法违章案件1785起,教育劝离不规范经营出租车、客车等5835辆次,纠正不按秩序停放车辆462辆,登记整理乱停放共享车辆732辆,开具执法告知书97份,开具证据保存104份,清理公路沿线非标124处,出租车司机签订创建全国文明城勇当行业标兵承诺书326份。联合交警部门、城区及自治区高速公路管理局等单位,采取定点和流动治超相结合方式开展专项治超行动。普通公路治超方面,出动执法人员9185人次,区域联合执法513次,检查重型货车3.63万辆次,查处违法超限超载2329辆次(查处"百吨王"111辆次),查处非法改装、拼装275起,强制恢复原状272辆次,卸载货物6.98万吨。高速公路治超方面,联合多部门对全城28个高速公路收费站入口实行24小时执勤,出动执法人员2426人次,发放宣传资料3.41万份,检查车辆90.62万辆次,查处违法超限超载车辆30辆,劝返超限超载车辆5354辆,高速公路收费站入口超限率降至0.21%。

【公路安全生产】 2020年,市交通运输局以"两客一危一货"(公路客运、旅游客运,危化品运输车、货运车辆)、城市客运和严重安全隐患路段为重点,加强长途客运班线、省际旅游客运、农村客运、危险品运输车辆安全监管。市交通运输系统成立安全督导检查组328个,督导检查1420次,检查单位1876家,督导问题411个,排查一般隐患615处,整改587处,整改率96%,重大隐患3处,已完成整改。组织执法人员3.96万人次、车辆6418辆次,检查车辆22.94万辆次,查处违法违章案件4940起(非法营运类1572起、其他交通运输违法违规3368起),罚款908万元,其中安全生产行政处罚254家77.56万元。建设农村公路生命安全防护工程596个,完工595个,整治隐患里程893千米,完工率99.8%;未完工1个(马山县下局州至里往安防工程),自治区交通厅同意调整。整治农村公路交通事故多发点路段5处、严重安全隐患路段1处、公路交通安全设施缺失11处。排查整治桥梁隧道安全隐患,排查四类危桥18座、五类危桥1座,实施危桥改造项目9座,完成总投资70%。推进完成农村公路平交路口减速带建设66个。成立9个公路应急抢险小组120人,储备防汛应急平板车5辆、汽车20辆、拖船1艘、公交车20辆、挖掘机2台、铲车1台、推土机1台、振动压路机1台、抢险车辆15台等应急运力。

【交通运输行业质量信誉考核】 2020年,市交通运输局开展2019年度道路客货运输企业质量信誉考核,考核72家,评定为AAA级30家、AA级22家、A级8家,未参与考核2家。其中:道路旅客运输企业26家,获AAA级19家、AA级5家、A级1家,未参与考核1家;道路危险货物运输企业36家,获AAA级11家、AA级17家、A级7家,未参与考核1家。

【公路运输市场监管】 2020年,市交通运输局编制年度道路危险货物运输运力发展计划,利用市安全生产综合信息动态监控平台,实现道路运输企业情况每月通报、每周总结和每日动态信息发布。对"两客一危"车辆时时监控,将存在不入网或长期未在线等情况车辆提交市交通运输综合行政执法支队依法查处。

【运政投诉处理】 2020年,市交通运输综合行政执法支队办理行政复议案件31件、行政诉讼案件16件,申请法院行政强制执行294件,受理12345市长热线、12328交通运输服务热线、网上留言等渠道投诉、举报类案件3273件,没有举行听证会。道路运输发展中心收到涉及道路货物运输和旅客运输的工单41件,依法办结25件、退回16件,均处理反馈。

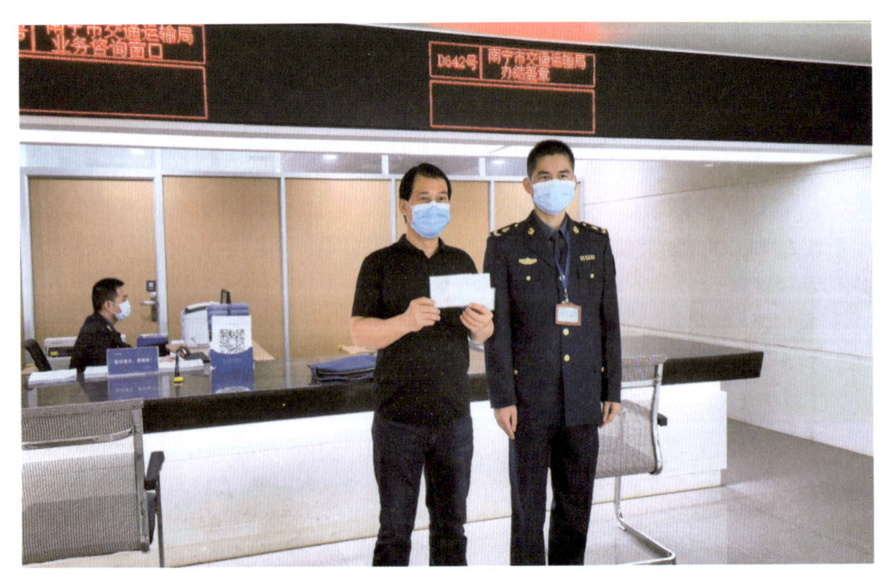

2020年4月20日,市交通运输局政务服务窗口发出首张道路运输从业资格证

市交通运输局提供

【驾驶员培训】2020年，南宁市有驾驶员培训机构133家（市区101家、县域32家），其中一级驾培机构8家、二级31家、三级94家，教练员7845人，教练车6976辆，均使用计时培训系统开展教学。参加道路客货运输驾驶员从业资格证考试6121人次，通过考试4321人。设有道路运输企业主要负责人、安全生产管理人员安全考核考点4个，参加考试1169人次，合格715人，其中"两客一危"企业参加考试人员671人，合格471人。通过从业资格考试系统网上报名考试人员4785人次，合格4321人次，其中双科合格259人次、货运合格3942人次、旅客合格120人次。开展驾驶员培训考试数据对比5次，为驾培行业管理提供依据，驾培机构建档率99.42%、计时培训率15.31%。

（黄小川）

水路运输

【概　况】2020年，南宁市水路运输业完成货运量4079.5万吨、比上年减少2.08%，货运周转量293.25亿吨千米、增长3.8%；完成客运量7.96万人、减少11.46%，客运周转量113.86万人千米、减少14.05%。港口吞吐量845.18万吨，增长6.12%；集装箱吞吐量326标准箱，下降97.57%。南宁港开发投资有限公司完成水铁联运15.03万吨，下降0.49%；南宁市西江黄金水道交通建设项目完成投资3.59亿元，实现年度预期目标。有水路运输企业53家，其中经营沿海运输企业8家、内河省际运输企业43家（持有港澳航线运营资质企业3家）、自治区内运输企业2家；有港口企业20家、水路运输辅助企业43家（船舶管理企业4家、船代货代企业39家）。船舶拥有量1084艘，净载重量161.68万吨，集装箱吞吐量1.31万标准箱，载客量599客位，拖船功率38.36万千瓦，运力结构优化。货船平均净载重量每艘1498.4吨，增长4%。主要存在水运基础设施网络不够完善，航道通航设施建设滞后，产业未能与港口深度融合发展等问题。

【水路运输基础设施建设】2020年，南宁港一期锚地工程取得竣工验收合格证；南宁港青山上落点旅游码头12月底投入使用；南宁港牛湾作业区上游锚地锚泊设施施工设计图9月获批，12月完成主体工程建设，下游锚地迁移重建完成初步设计并上报审批。西津水利枢纽二线船闸工程建设完成投资2.74亿元，2019年11月开工累计投资25.61亿元，完成概算投资32.99亿元的77.63%，开展船闸主体土石方开挖、混凝土浇筑、边坡防护等施工。继续推进金鸡滩水利枢纽二线船闸工程、百龙滩船闸扩能工程前期研究。

【水路运输监管】2020年，南宁市开展全市国内水路运输及其辅助业和国际船舶运输业核查，核查全部水路运输企业52家，核查通过48家，通过率92.30%；核查全部运输辅助企业41家，核查通过38家，通过率92.68%；核查全部营运船舶1065艘，核查通过1051艘，通过率98.69%。开展堆场扬尘污染治理，出动巡查车辆56辆次、人员187人次，巡查港口码头堆场122个次。市交通运输局、南宁海事局联合开展郁江邕宁水利枢纽至大冲邕江特大桥水域内非法装卸作业点专项整治行动，出动检查人员311人次，排查出非法砂石装卸作业点11处。对航道设施实施专业一类维护，执行365天航标养护制度，养护示位标34座、鸣笛标4座、4.8米侧面标36座。左江航道升级为Ⅲ级航道后，继续开展地方航道养护，巡查25次、发现问题6处、维修整改6处。落实水上运输船舶污染物零排放总体目标，市交通运输局组织相关单位制作船舶污染物接收、转运、处置联单监管凭证，通过招投标确定船舶污染物清运服务中标单位，桂洁001、桂洁002两艘污染物回收船11月正式投入使用。接收船舶垃圾21.62吨，船舶生活污水616吨，船舶含油污水2.6吨。

【水路运输安全生产】2020年，市交通运输局组织水路运输安全生产检查168次，派出检查人员301人次，出动检查车辆145辆次，检查码头78家次、渡口102处次、船舶822艘次。开展新冠肺炎疫情防控，在港口码头设置联合检测站点19个，其中客运码头2个、货运码头17个，对进出港船舶一律消毒、船员一律体温检测正常后方可过闸出港，消毒杀菌货船3523艘次，检测船员体温1.08万人次。开展安全宣传50余次，制作宣传横幅53条、发放宣传手册1300余份，利用企业LED屏幕滚动播放宣传片100余次。指导南宁旅游发展有限公司、广西和顺水运集团有限公司完成二级达标。召开全市航运企业安全生产会议，集中约谈事故企业5家；开展"渡运安全月"活动，复核65个渡口渡船证件，排查渡口渡船安全隐患，检查乡镇渡口28处、渡船130艘次，发现并纠正安全隐患15处。联合南宁海事局在青秀区、邕宁区开展非法装卸作业点联合执法行动，组织执法人员388人次，检查船舶57艘，劝导15艘船舶到合法码头装卸砂石，约谈港口企业1家，整治非法装卸作业点11处，清除违规靠泊占用航道船舶。

【水路运输服务】2020年，南宁市港航企业（除旅游客运外）3月底复工复产率96%，五一节前复工复产率100%。市交通运输局推动行业招商引资，开展线上招商，引入企业2家、注册资本1亿元，企业新建船舶9艘2.21万载重吨；开展"桂慧贷"宣传服务，向自治区交通运输厅推送第一批15家申报名单制服务产品的优质企业，拓宽航运企业融资渠道；向交通运输部报转2家公司新增沿海省际危险货物道路运输运力综合评审材料。

【水上应急搜救】2020年，南宁市重新修订《南宁市西江黄金水道通航突发事件应急预案》。南宁港航基地坚持24小时值班制度，做好因船舶失控发生撞桥事故等水上突发应急事件处置，出动巡航船舶35艘次，排查水路运输安全隐患2处；处置4月12日左江航道南运8788平凤挂碰跨江高压电缆事故，确保航道安全畅通；推动成立广西内河运输南宁应急中队、广西港口装卸南宁应急中队，有应急成员65人，配备货船10艘、拖轮1艘，单船最大载重吨位2026吨，配备应急时可调用的码头吊机和运输机械等设备，码头最大起吊能力40吨。

（黄小川）

航空运输

【概　况】2020年，广西机场管理集团有限责任公司南宁吴圩国际机场（简称"南宁吴圩国际机场"）运输起降8.77万架次，旅客吞吐量1058.4万人次，货邮吞吐量10.7万吨。保持在全国千万级机场行列。2020年，南宁吴圩国际机场执飞航线共计205条，其中国内180条、国际地区25条。新增40多条航线，航线网络覆盖全国省会城市。通航城市124个，其中国内101个、国际地区23个。主要存在面临高铁竞争的压力，以及新冠肺炎疫情带来的运输生产困难等问题。

【绿色机场建设】2020年，南宁吴圩国际机场完成打赢蓝天保卫战三年计划任务，超额完成新能源设施设备建成投入使用及更新改造相关指标。建设新能源汽车充电桩50个，改造车辆尾气排放160辆，完成桥载设备监控系统改造，实现与A-CDM（机场协同决策）平台联动；建立新能源共享汽车租赁点；制定节能降耗工作方案，落实绿色低碳要求。汽柴油用量78.61千升，用电269.29万千瓦时，用水12.13万吨，3项指标比上年均有下降，除用电量因新冠肺炎疫情防控需要略超年度指标，其余均控制在年度用量范围。

【机场安全管理】 2020年,南宁吴圩国际机场将安全工作作风建设纳入安全责任体系,逐层签订安全责任书。开展“抓作风、强三基、守底线”安全整顿,围绕“四个一”(工作思路一条线、安全责任一张图、重点任务一张表、自纠自查一张单)开展专项整治。建立健全自查机制,将集团公司特聘安全监察员纳入机场层级法定自查小组。采取技能比武、岗位胜任度评估、线上线下安全培训等措施,严把关键岗位人员资质能力关。开展三年一度的应急救援综合演练。保障全国人大、政协“两会”,第17届中国—东盟博览会、中国—东盟商务与投资峰会,全国工商联第十二届四次执委会议等重大航空运输任务,无机场保障原因造成飞行事故,无重大、特大航空地面事故。

【航空市场经营】 2020年,南宁吴圩国际机场旅客吞吐量1058.4万人次,恢复至上年的67.15%,恢复速度实现“四个高于”(高于全国机场、全国千万级机场、中南地区机场、中南地区千万级机场增幅);全国机场旅客吞吐量排名第二十六,与上年持平。2月,应对新冠肺炎疫情,与民航广西安全监督管理局、部队及各航空公司沟通协调,维持杭州、曼谷等多条国内外防疫物资运输航线不断航。4月,恢复原在飞省会城市航班。5月,实现运输生产恢复增长率“三个高于”(高于全国机场、中南地区机场、全国千万级机场同比增长率的平均水平);联合各航空公司推出复工复产定制包机业务,保障包机航班6架次、432人次。10月,国内航班量、国内客流量实现正增长。年内,新增航线超40条,加密超20个城市的航线航班。南宁至北京航班新增、加密至日均14班次,南宁至拉萨直飞航线航班开通,实现南宁航线网络省会城市全覆盖;南宁至梧州、桂林三地环飞通程短途运输通航航班开通;南宁至芽庄、马尼拉等国际“客改货”航线航班首次开通;再次引进中国联合航空公司进驻南宁航空市场,投放过夜运力飞机1架。

【民航服务】 2020年,南宁吴圩国际机场航班放行正常率88.86%,比上年提升4.55%。1月27日,完成首批援鄂医疗队航空运输保障。2月18日,启用“扫码抗疫情”二维码进出候机楼。2月20日,首创身份证阅读器,方便不会扫码旅客进出候机楼。5月15日,实现5G信号全覆盖,率先在广西交通枢纽中应用5G超清视频传输。11月26日,启用3台测温智能机器人,T2航站楼内配备启用自动除颤器。年内,成立航班正常管理室,全程管控航空器地面保障关键节点,加强临界航班协调。应用A-CDM系统,建立航班正常率考核机制,分析航班延误原因。利用快速过站和取消白天时段出港引导车引导等手段,缩短滑行时间,降低延误率。制定《南宁机场始发及长过站航班上客流程方案(试行)》,在部分航班试行。开展“民航服务质量品牌建设”专项行动,打造“七色花”服务主品牌,完善推广朱槿花、锦绣、向阳花等子品牌建设,其中“朱槿花”获评中南地区2020年“民航服务质量品牌建设”专项行动先进单位。“七色花·航美臻品”糕点饮品店正式揭牌营业,“七色花”云课堂线上直播课程30余期。建立健全服务激励工作机制,开展首届最美机场代言人、最佳服务质量监督员、最佳服务之星、最佳服务模范岗位评选。

(陈　雄)

邮　政

【概　况】 2020年,南宁市邮政管理局(简称“市邮政管理局”)发挥市场监管和服务职能,深入实施“邮政在乡”工程,加大“一市一品”精品项目培育力度,完善县、乡、村三级快递物流配送体系,助力乡村振兴和精准脱贫。3月,中国邮政集团公司南宁市分公司更名中国邮政集团有限公司南宁市分公司(简称“中国邮政南宁市分公司”),有市场经营部门2个(市场营销部、服务质量部),经营支撑部门3个(金融业务部、集邮与文化传媒部、渠道平台部),直属单位3个(城区营业局、郊区分局、广西鑫达保安押运服务有限公司南宁市分公司),区县分公司6家(武鸣区分公司、横县分公司、宾阳县分公司、上林县分公司、马山县分公司、隆安县分公司),员工3008人。全市有许可快递企业188家,分支机构336个。邮政业务总量102.56亿元,比上年增长43.69%;收入59.45亿元,增长9.54%。中国邮政南宁市分公司被中国交通企业管理协会评为2019年度全国交通运输安全文化建设优秀单位、2019年度全国交通运输质量文化建设优秀单位,被自治区交通运输厅评为2019年度全区交通运输工作成绩突出集体,被广西安康杯竞赛组委会评为广西“安康杯”竞赛优胜单位,被自治区邮政分公司评为党建工作示范单位、抗击新冠肺炎疫情先进单位。主要存在无县级邮政管理部门及县级邮政业安全发展中心等管理机构,缺乏人力物力等方面导致监管能力不足的问题。

【邮政寄递】 2020年,中国邮政南宁市分公司设邮政营业网点197个,邮政储蓄网点118个,有投递段道1460条,其中城市投递段道1066条、单程投递段道长度1.16万千米,农村投递段道394条、单程投递段道长度0.99万千米,投递服务覆盖全市域。有投递汽车424辆、投递电动三轮车1052辆、投递摩托车140辆。寄递业务比上年增长6.40%,市场占有率12.40%,其中特快业务增长22.20%。

【函　件】 2020年,中国邮政南宁市分公司自主研发抗击新冠肺炎疫情邮资封、战役必胜明信片等,推动传统函件业务与线上媒体融合,整合微信朋友圈、抖音、微博等新媒体资源为客户提供一站式融媒体服务。横县分公司策划举办“首届横县青桐甜玉米开园节暨横县甜玉米品牌发布会”,连续两年协助横县承办“世界茉莉花大会——茉莉之旅”活动,打响中邮传媒品牌。中国邮政南宁市分公司与南宁园博园合作探索研学科普项目,在园博园演艺中心联合举办“2020园博端午民俗科普节”。

【邮票代发与集邮】 2020年,南宁市集邮协会有会员8829人。1月5日,中国邮政南宁市分公司发行《庚子年》特种邮票;在市保爱邮所推出《致敬医护,共抗疫情》2020年世界卫生日宣传戳、《外防输入,内防反弹,确保疫情防控向好》纪念戳各1枚。宣传推广中国邮政微邮局、中国邮政集邮网厅、“八桂好物”等线上平台,推动传统集邮业务销售渠道向线上营销转型。

【报刊图书发行】 2020年,中国邮政南宁市分公司报刊业务比上年增长3.50%。重点开发政务图书、校园报刊等重点市场,以活动促传统报刊业务转型;以“红色党建”“有声图书墙”为载体,推动函件媒体与传统报刊业务的融合转型,为41家企事业单位建设“有声图书墙”;市委宣传部、市民主路小学共同举办“阅读圆梦·决胜小康”南宁市2020年全民阅读进学校暨南宁邮政惠民图书巡展活动启动仪式,带动七区五县开展“阅读圆梦·决胜小康”主题全民阅读图书巡展。

【邮政代理金融】 2020年,南宁邮政代理金融业务收入比上年增长6%。9月初,中邮保险业务完成全年总保费目标,对自治区中邮保险业务贡献率80.33%。全年手机银行、快捷绑卡、“邮储花呗”新增户数超额完成年度目标并位居自治区邮政企业前列,其中手机银行交易替代率97.57%。推动移动支付场景建设,新增建设菜市场景、餐饮场景各6个，拓展商户161户，移动支付示范商圈累计28个。

【邮政商务服务】 2020年，市邮政管理局继续挖掘南宁市各区县特色，打造特色农产品品牌，加大"一市一品"精品项目培育力度，完善县、乡、村三级快递物流配送体系。推动邮政快递企业以场站建设、电商物流为突破口，加快农村地区三级快递物流网络体系建设，加快快递物流配送网络向农村延伸，推进农村电子商务发展，建设县级仓储配送中心、乡镇物流服务站、村级物流服务点、农村快递公共取送点，为农村提供覆盖到村的末端快递配送服务。全市邮政快递外发杧果、沃柑、百香果、火龙果、甜玉米等农产品快件超过1.6亿件，其中"快递＋沃柑"特色农产品品牌的寄递量超1500万件。中国邮政南宁市分公司完成3个扶贫地方馆建设，培育电商扶贫能手42人；助农销售农产品超40吨，使农民增收近80万元。探索社区团购和淘宝、抖音直播带货等新营销模式，联合拼多多、淘宝、抖音开展邮乐"919电商节"线上直播，单日成交量超3000单。横县分公司立足横县茉莉花衍生品、农特产品、扶贫产品，建设横县邮政直播间，与地方分销商的直播认证号和"网红"私营自媒体号进行网格化组合，搭建打通抖音、快手、今日头条、火山视频等直播平台的新媒体营销平台，通过"直播带货"形式销售甜玉米产品超2000件，重量超5000千克。

【快递业务】 2020年，南宁市有许可快递企业188家，分支机构336个。快递业务完成4.28亿件，比上年增长43.66%；收入46.88亿元，增长18.17%。其中，同城业务量7728.07万件（占总数18.04%），增长25.43%；异地业务3.45亿件（占总数80.62%），增长47.07%；国际、中国港澳台地区业务571.85万件（占总数1.33%），增长231.65%。中国邮政南宁市分公司深化揽投、网运改革，邮件处理从全散件向集包模式转变，组开22条县乡往返邮

2020年1月5日，中国邮政发行《庚子年》特种邮票1套2枚。图为样票　谢世思提供

路，邮件"分频投递"，全网日处理能力25万件。完成玉洞同城邮件分拨中心等4个寄递业务生产场地建设或改造，新增广西职业技术学院等3个校园服务中心，与兴宁区法院合作建成广西首家邮政进驻的法律文书集约送达中心。新增有效运营的快递超市站点216家、菜鸟驿站78家，累计投放快递包裹197.40万件。

【邮政客户服务】 2020年，市邮政管理局通过"12305"邮政行业消费者申诉电话、国家邮政局申诉网站受理并结案消费者申诉954件，其中邮政服务60件、快递业务894件。已处理申诉中有效申诉（确定企业责任的）84件，比上年下降49.70%。其中邮政服务8件，下降52.94%；快递业务76件，下降49.33%。调解处理消费者申诉，为消费者挽回经济损失28.58万元，消费者对邮政管理部门申诉处理满意率100%、对企业申诉处理结果满意率95.70%。中国邮政南宁市分公司抓好新冠肺炎防疫情防控与企业复工复产，全年收寄、发运防疫物资9117件、61趟车次，支援医护、交管部门消毒酒精1.20吨，协助地方政府运送防疫物资近50吨，参与地方政府防控措施落实排查或值守225人次，配合开办学生教材配送、线上车管业务办理、税务空白发票寄递、防疫知识宣传等服务。

【邮政行政执法】 2020年，市邮政管理局严格落实"双随机"（随机抽组执法人员、随机抽检检查对象）检查制度，检查企业及分支机构465家次，出动检查人员1026人次，办理行政处罚案件28件，停业整顿企业2家，发出责令改正通知书17份，约谈企业19家次。

【邮政普遍服务】 2020年，中国邮政南宁市分公司将巡视类专用邮箱专项检查内容、条码平信和普服给据邮件信息断点工作纳入常态化监控范围；对标客户视角开展普遍服务、寄递、金融业务体验；"服务质量提升三年行动"收官，横县飞龙邮政所等5个网点连续3年被评为星级网点；直派工单及时处理率96.69%、关联工单及时处理率93.02%、有责投诉率百万分之零点五五，指标均达上级考核要求。推进普遍服务网点试点转型，通过业务叠加和场景打造、加载包裹自提功能引客入店，完成集团公司"四类网点"（乡镇、校园、商圈、社区网点）转型试点目标。农村地区通邮率100%，投递及时率95.09%。

（潘语诗　谢世思）

编辑　李敬江

会展业

综　述

【概　况】 2020年，南宁市有南宁国际会展中心、广西农业会展中心、南宁华南城会展中心3个专业会展展馆。全市举办展览59场，累计展览面积68.70万平方米，其中规模以上备案展会49场、展览面积57.20万平方米；举办会议398场；会展业收入超20亿元。南宁国际会展中心占地约41万平方米，建筑面积约64万平方米，室内展览面积9.20万平方米，可搭建国际标准展位5300个，其中超1万平方米以上展会20个，承接主要展会有2020广西迎新年货节暨第8届南宁年货博览会、2020广西全域旅游大集市、2020年全国科技活动周广西活动暨第二十九届广西科技活动周·广西创新驱动发展成果展、第24届南宁国际学生用品交易会暨中国东盟(南宁)国际教育展览会等。广西农业会展中心总建筑面积约6万平方米，室内展览面积1.20万平方米，可搭建国际标准展位700个，承接2020CIIMAX动漫游戏嘉年华、2020广西FLOCKY PET(绒毛宠物)2个展览项目，其中1万平方米以上展会1个。南宁华南城会展中心总建筑面积1.41万平方米，室内展览面积1.04万平方米，可搭建国际标准展位614个，承接幸福城·中国年暨2020南宁华南城新春年货节、2020南宁·东南亚国际旅游美食街、中国(广西)—东盟现代种业发展大会3个展览项目，其中1万平方米以上展会1个。

【会展场馆疫情防控】 2020年新冠肺炎疫情发生后，南宁市暂停举办线下展会。6月，南宁会展业开始复工复产。按照《广西国际博览集团有限公司新冠肺炎流行期间展会活动防控工作方案》《广西国际博览集团应对疫情克服时艰工作举措》等要求，严格做好疫情防控。组织人员2次赴湖南长沙国际会展中心学习考察疫情防控期间工作措施及举办展会的防疫防控流程，交流借鉴疫情防控常态化下办会办展经验，制定《南宁国际会展中心展会疫情防控工作方案》。与市商务局、市卫健委、市疾控中心、市消防支队、市公安局治安支队，市公安局南湖分局共同制定《展会活动期间突发新冠肺炎疫情防控应急预案》等；邀请广西安协科学技术服务中心安全生产管理专家组织开展安全生产管理培训、疫情防控应急演练。南宁国际会展中心展厅为参展单位划分区域进行施工，开展地毯式喷洒消杀作业，确保会展中心区域内展厅、展台、会议室、设施、桌椅、仪器、过道、垃圾桶、卫生死角防疫安全。展期内，每2小时对展馆中步梯、电梯等人流量较密集地方消毒1次；每4小时对电动扶梯、卫生间等地方消毒1次；对中央空调过滤网定期消毒；对进入会展中心车辆的车体外部进行严格消毒，对接送公交大巴车及长时停放车辆进行车内外消毒。 （张　豪）

重要展会

【2020广西迎新年货节暨第8届南宁年货博览会】 2020年1月4日至20日在南宁国际会展中心举办。自治区商务厅、市政府主办，展览面积1.50万平方米，展位800个。设桂字号展区、广西春节特色美食展示区、品牌年货区、名优特产区、潮流服饰区、迎春食品区等展区，展示名优土特产、休闲食品、茶叶、家居用品、珠宝饰品、小家电、工艺品、节庆用品等。其中桂字号展区、广西春节特色美食展示区组织有桂茶、桂酒、桂果、广西米粉等名特优产品。2020年广西迎春花市在会展广场同期举办。自治区林业局、广西国际博览事务局、市政府、广西国际博览集团有限公司主办，市林业局、广西花卉协会、广西八桂林木花卉种苗股份有限公司、广西东博会展览工程服务有限公司承办，展览面积1.80万平方米，展位233个。设城市企业林场展销区、综合活动区、鲜花盆花区、盆景工艺区、年桔插花区，有荷泽牡丹、云南兰花、广东朱顶红、福建水仙、年桔、茶花、多肉等近千个品种花卉植物。

【2020广西全域旅游大集市】 2020年7月17日在南宁国际会展中心举办。自治区文化和旅游厅、广西旅游协会主办，广西乡村旅游行业协会、广西旅游商品行业协会、广西旅游协会民宿客栈、精品酒店分会等文化旅游协会承办，主题“预约旅游　快乐出行”。搭建展位143个，设广西全域旅游风采馆、山水广西旅游驿站馆、阳朔全域旅游馆、金秀全域旅游馆4个特装展区。从“山歌撩你、山水秀你、美味馋你、手礼随你”四个层面，整合文化旅游资源，形成大集市文化活动区、旅游产品区、特色小吃区、文化旅游商品区，配套策划山歌“带货”展演、广西百家精品民宿产品预售推介、健康特色小吃评比大赛等活动。活动集合区直及95个区县文旅企业300家参展，开展非物质文化遗产(民俗风情)节目展演23场、全方位融媒体直播、花山VR(虚拟现实)体验、真人娃娃机互动等活动，汇集文化旅游系列促销优惠措施266项，涵盖特色餐饮、酒店住宿、民宿体验、主题景区、文创商品、扶贫商品等文化旅游消费产品。访客5000人次，现场文化旅游产品销售102万元。

【2020 第三届 BAA 万商大会暨农业产销博览会】 2020 年 7 月 20 日至 21 日在南宁国际会展中心举办。《农资与市场》传媒主办，自治区农业农村厅、全国农业技术推广服务中心、中国农业技术推广协会、中国农药发展与应用协会为支持指导单位，展览面积 8100 平方米，主题"万商互链，产销协同"，旨在为全国农资厂商、作物服务商、农资终端服务商、果品收购商、农技专家、职业种植者搭建一站式资源精准对接平台，来自全国各地品牌 150 多家企业参展。同期举办 2020 万商赋能产业生态发展大会、2020 第三届高品质果蔬产销对接论坛、2020 第三届高品质果蔬产销对接论坛。

【2020 第 31 届北部湾广西医疗器械及防疫防护用品展览会】 2020 年 7 月 8 日至 12 日在南宁国际会展中心举办。广西医疗器械行业协会主办，南宁林杰商务策划有限公司、广西南宁力邦展览有限公司承办，参展企业 500 多家，展品包括诊断治疗设备、口腔设备、互联网＋移动医疗、康复设备、辅助设备、医用耗材、新冠肺炎疫情防控防护用品，参展产品近万种。

【2020 年第 21 届广西广告展览会】 2020 年 7 月 31 日至 8 月 2 日在南宁国际会展中心举办。广西标识行业协会、广西机械工程学会主办，南宁南春展览公司承办，展览面积 1 万多平方米，120 多家企业参展。展品包含广告设备、图文设备、广告标识、材料灯箱、LED、照明光源等。

【2020 年全国科技活动周广西活动暨第二十九届广西科技活动周·广西创新驱动发展成果展】 2020 年 8 月 23 日至 25 日在南宁国际会展中心举办。自治区科学技术厅、自治区科技创新发展办公室主办，主题"科技战疫　创新强国"，展览面积 3200 平方米，活动包括启动仪式，广西创新驱动发展成果展，以及创新成果转移对接活动、创新政策大宣讲活动、科技精准扶贫活动、广西"十佳科普"大赛、"科学之夜"活动、科技下基层系列主题活动、优质科技资源开放活动、科技宣传活动 8 个主题活动。展会采用线下实体展览、线上网络展览结合方式，展示广西科技创新工程新成果，以及战胜新冠肺炎疫情的科技支撑和成果。3900 多家科技企业、高校、科研院所 4400 余个项目参展。

【2020 广西工艺美术作品旅游工艺品暨大师精品展览】 2020 年 9 月 4 日至 7 日在南宁国际会展中心举办。自治区工业和信息化厅、自治区文化和旅游厅、自治区二轻城镇集体工业联社主办，广西工艺美术协会协办，展览面积 8100 平方米，设标准展位 400 个。设工艺美术作品展区、旅游工艺品展区、广西工艺美术大师精品创作工程展区，特设"决胜全面小康决战脱贫攻坚"作品专区。同期举办广西工艺美术作品、旅游工艺品"八桂天工奖"、广西工艺美术大师精品创作工程"精品奖"评审，以及广西工艺美术创意设计论坛。500 多家企业、院校、研究所 2 万件作品参展，2299 件作品申报参评。现场设置手工艺品制作教学亲子互动体验、广西工艺美术大师技艺展示、工艺美术品现场竞价等活动。

【第 24 届南宁国际学生用品交易会暨中国·东盟（南宁）国际教育展览会】 2020 年 10 月 16 日至 18 日在南宁国际会展中心举办。市政府、中国国际贸易促进委员会广西分会主办，广西教育装备行业协会、市教育局、市人力资源和社会保障局、市文化广电和旅游局、广西东博会场馆运营有限公司、广西东博会国际会展有限公司承办，展览面积 2 万平方米，设智慧校园装备展区、创客教育展区、学前教育展区、音体美教育装备展区、普教仪器展区、后勤装备展区、大学生就业、创业展区等展区，300 家企业参展。首次增设学前教育装备展区，涵盖学前教育园所设计、教程、教材、玩教具、园所家具、智慧管理系统等产品。

2020 年 8 月 23 日至 25 日，2020 年全国科技活动周广西活动暨第二十九届科技周·广西创新驱动发展成果展在南宁国际会展中心举办　　黄锴　摄

【2020 年南宁共好家装建材博览会】 2020 年 10 月 23 日至 25 日在南宁国际会展中心举办。广西南宁共好时代会展有限公司主办，建设银行南宁民主支行协办，展览面积 8100 平方米。展品包括瓷砖、全屋定制、木门、卫浴、地板、吊顶、橱柜、厨电、墙布、灯具、家电、家具、装修设计等家居建材行业全系列产品。有欧派橱柜、百得胜衣柜、晚安家居、涂鸦智选、日立空调、大金空调、顾家家居、芝华仕沙发、兰舍硅藻泥、舒达床垫、马可波罗瓷砖、林内热水器、星艺装饰等品牌参展。

【2020 中国地理信息产业大会】 2020 年 10 月 23 日至 24 日在南宁国际会展中心举办。自治区政府指导，中国地理信息产业协会主办，展览面积 7000 平方米，主题"迎难而上、锐意进取、促进产业高质量发展"，通过高端论坛及分论坛、"创新秀"、产业成果展等形式展示技术，分享成果。同期举办地理信息产业成果展。发布 2019 中国地理信息产业百强企业、最具活力中小企业、高成长企业 TOP50 榜单，表彰地理信息科技进步企业、优秀工程《中国地理信息产业发展报告(2020)》，举办三维 GIS 软件技术、时空大数据、区块链＋自然资源信息化、卫星遥感数据应用等专题论坛。

【2020 广西书展】 2020 年 12 月 17 日至 20 日在南宁国际会展中心（主会场）及自治区各市新华书店举办。广西出版传媒集团有限公司主办，主题"八桂书香·共圆梦想"，展览面积 1.10 万平方米，设主题出版物展区、"红色传奇"成果展、百家优秀出版社展区、新华·文创造物节、活动体验区等特色展区 13 个，200 家出版单位、民营书商参展，展出图书 10 万种。同期举办第三届中国全民阅读年活动，开展作家签售会、新书发布会、读书分享、阅读讲座讲堂、绘本互动、科学实验等活动 50 余项。

【第 5 届中国—东盟糖业博览会】 2020

年12月19日至21日在南宁国际会展中心举办。中国—东盟博览会秘书处、中国糖业协会、中国农业机械化协会、中国农业机械工业协会、中国农业机械流通协会、自治区糖业发展办公室、自治区农业农村厅、自治区农业机械化服务中心共同举办,展览面积4.90万平方米,主题“共享数字经济发展新机遇、共创高质量新糖业新农机”。设农业机械及相关产品展区,制糖技术、设备及配套产品展区,食糖展区,涉糖食品及酒类展区,配套服务展区等展区,300多家企业参展。展品包括传统的白糖、红糖、冰糖,以及冰淇淋、果汁饮料、腊味等涉糖食品。机械展区、配套设备产品等展区,展示数字化糖业转型升级成果与智慧糖业高质量发展进程。同期举办中国糖业高峰论坛、中国糖业技术创新发展论坛、智慧糖业发展论坛、中国糖业技术创新发展论坛、“八桂品牌 桂之有礼”发布会等活动。 (黄 锴)

2020年12月17日至20日,2020广西书展在南宁国际会展中心举办 黄锴 摄

表11 2020年南宁市备案展会情况一览表

日 期	名 称	展览面积(平方米)	主办(承办)单位	地 址
2020年1月1日	九州国风动漫展	4200	四川次元漫娱文化传媒有限公司	南宁国际会展中心
2020年1月4日至19日	第二届广西旅游年货节	500	广西广播电视台	航洋城南广场
2020年1月4日至20日	第8届南宁年货博览会	20000	自治区商务厅、南宁市政府	南宁国际会展中心
2020年1月4日至21日	幸福城－中国年暨2020南宁华南城新春年货节	5000	南宁华南城商业管理有限公司	南宁华南城
2020年1月5日至21日	广西展览馆年货会	5700	上海伟灵展览策划有限公司	广西展览馆
2020年1月10日至18日	2020年广西迎春花市	18000	广西壮族自治区林业局、广西国际博览事务局、广西国际博览集团有限公司	南宁国际会展中心
2020年1月16日至20日	南宁市第十八届教育系统师生迎春艺术作品展暨首届师生艺术实践工作坊展	2600	南宁市教育局	南宁国际会展中心
2020年1月30日至31日	第十五届(2020)月邪动漫冬季盛典	26660	南宁良牙文化传播有限责任公司	南宁国际会展中心
2020年2月7日至9日	2020新喜爱春季婚博会	1500	南宁合乐汇庆典策划有限公司	江南区亭洪路45号
2020年6月19日至21日	2020第16届广西装饰文化节	2600	广西共好时代会展有限公司	南宁国际会展中心
2020年6月25日至27日	2020北部湾(南宁)第二十届汽车展	12000	广西汽车流通协会	南宁国际会展中心
2020年7月3日至5日	2020年广西婚纱、婚宴及结婚服务博览会	504	南宁市水明漾餐饮投资股份有限公司	江南区亭洪路45号
2020年7月4日至5日	2020年第三十八届广西南宁婚庆文化博览会	1500	南宁市好友缘国宴饭店有限公司	好友缘酒家皇冠店三楼皇冠厅
2020年7月9日至12日	2020第九届南宁国际汽车展览会	30000	中国—东盟博览会秘书处、南宁尚格会展股份有限公司	南宁国际会展中心
2020年7月10日至12日	2020第31届北部湾广西医疗器械及智慧安防产品展览会	6000	广西南宁力帮展览有限公司	南宁国际会展中心
2020年7月16日至19日	南宁市台铃电动车暑期大促销活动	3000	南宁奥铃斯商贸有限公司	广西展览馆

续表 11

日　期	名　称	展览面积（平方米）	主办(承办)单位	地　址
2020 年 7 月 17 日至 19 日	2020“广西人游广西”全域旅游大集市	6000	自治区文化和旅游厅	南宁国际会展中心
2020 年 7 月 20 日至 21 日	2020 农资与市场 BAA 万商赋能大会	8100	河南赢销界文化传播有限公司	南宁国际会展中心
2020 年 7 月 31 日至 8 月 2 日	2020 年第二十一届广西广告展览会	7600	广西机械工程学会	南宁国际会展中心
2020 年 8 月 15 日至 16 日	广西麦琪第八届孕博会	6000	南宁格林斯堡文化传媒有限公司	南宁国际会展中心
2020 年 8 月 15 日至 16 日	无毒青春　健康生活第十五届(2020)月邪动漫夏季盛典	19440	西乡塘区政府	南宁国际会展中心
2020 年 8 月 20 日至 26 日	2020 年全国科技活动周广西活动暨第二十九届广西科技活动周·广西创新驱动发展成果展	3200	自治区科学技术厅、自治区科技创新发展办公室	南宁国际会展中心
2020 年 8 月 22 日至 23 日	2020 第二届尚格(南宁)痛车展	10000	中国东盟博览会秘书处、南宁尚格会展股份有限公司	南宁国际会展中心
2020 年 8 月 28 日至 30 日	2020 第三届广西广电家博会	5200	广西共好时代会展有限公司	南宁国际会展中心
2020 年 8 月 28 日至 30 日	2020 第三届广西建材新产品暨全屋定制博览会	9800	广西易之泓展览有限公司	南宁国际会展中心
2020 年 8 月 28 日至 30 日	2020 年广西装配式建筑暨绿色建材博览会	10000	广西装配式建筑发展促进会	南宁国际会展中心
2020 年 9 月 4 日至 7 日	2020 广西工艺美术作品旅游工艺品暨大师精品展览	8100	自治区工业和信息化厅、自治区文化和旅游厅、自治区二轻联社	南宁国际会展中心
2020 年 10 月 1 日至 3 日	2020 第九届广西汽车交易会	20000	中国—东盟博览会秘书处、南宁尚格会展股份有限公司	南宁国际会展中心
2020 年 10 月 1 日至 3 日	2020CIIMAX　动漫游戏嘉年华	8000	南宁曦景商贸有限责任公司	南宁农业会展中心
2020 年 10 月 1 日至 3 日	第一届月邪 ALIVE 动漫游戏展	11560	南宁良牙文化传播有限责任公司	南宁国际会展中心
2020 年 10 月 1 日至 11 日	2020 南宁·东南亚国际旅游美食街	2800	南宁华南城有限公司	南宁华南城 2 号广场
2020 年 10 月 10 日至 13 日	2020 全球特种肥料展览会暨 18 届南方农资、节水灌溉、农业机械博览会	16000	广州中威展览服务有限公司	南宁国际会展中心
2020 年 10 月 16 日至 18 日	第 24 届南宁国际学生用品交易会暨中国东盟(南宁)国际教育展览会	20000	南宁市政府、中国国际贸易促进委员会广西分会	南宁国际会展中心
2020 年 10 月 16 日至 18 日	第 18 届广西食品糖烟酒博览会暨 2020 广西扶贫产品订货大会	11560	广西食品工业协会、南宁环博会展服务有限公司	南宁国际会展中心
2020 年 10 月 21 日至 24 日	2020 中国地理信息产业大会	7000	中国地理信息产业协会	南宁国际会展中心
2020 年 10 月 21 日至 24 日	中国(广西)—东盟现代种业发展大会	10000	自治区种子站	南宁华南城会展中心
2020 年 10 月 23 日至 25 日	2020 南宁共好家博会	8100	广西共好时代会展有限公司	南宁国际会展中心
2020 年 10 月 25 日	广西高校毕业生就业创业推进行动暨 2021 届高校毕业生双选会	15800	自治区人力资源和社会保障厅	南宁国际会展中心
2020 年 10 月 30 日至 11 月 1 日	2020 年孩子王广西首届孕婴童特惠购物博览会暨南宁儿博会	4200	广西爱乐儿童用品有限公司	南宁国际会展中心
2020 年 11 月 6 日至 8 日	2020 北部湾(南宁)第二十一届汽车展	12000	广西汽车流通协会	南宁国际会展中心
2020 年 11 月 6 日至 8 日	2020 广西(FLOCKY PET)	10000	广西南宁莹彩盛商务服务有限公司	南宁农业会展中心
2020 年 11 月 6 日至 8 日	第五届广西新能源汽车电动(摩托)车及零配件博览会	18760	广西电动车行业协会	南宁国际会展中心

续表 11

日　期	名　称	展览面积（平方米）	主办（承办）单位	地　址
2020 年 11 月 6 日至 9 日	第 10 届中国（南宁）国际茶产业博览会暨紫砂、陶瓷、茶具用品展	20000	深圳市华巨臣实业有限公司	南宁国际会展中心
2020 年 12 月 5 日至 7 日	创意青秀 2020 广西设计周	6704.60	青秀区政府	南宁国际会展中心
2020 年 12 月 10 日至 14 日	2020 年第十三届中国—东盟（南宁）国际汽车展览会暨新能源·智能汽车展	60000	中国—东盟博览会秘书处、南宁尚格会展股份有限公司	南宁国际会展中心
2020 年 12 月 12 日至 13 日	广西麦琪第九届孕博会	6000	南宁格林斯堡文化传媒有限公司	南宁国际会展中心
2020 年 12 月 17 日至 20 日	2020 广西书展	11180	广西出版传媒集团有限公司	南宁国际会展中心
2020 年 12 月 18 日至 21 日	2020 年马山第十四届文化旅游美食节	10000	马山县政府	马山县人民广场
2020 年 12 月 19 日至 21 日	第 5 届中国—东盟糖业博览会、中国—东盟农业机械暨甘蔗机械化博览会	49000	中国—东盟博览会秘书处、自治区农业厅、自治区农业机械化服务中心、中国糖业协会、自治区糖业发展办公室	南宁国际会展中心

编辑　班彩梅

旅游业

综　述

【概　况】2020年，南宁市接待旅游总人数1.16亿人次，恢复至上年同期水平75.85%；旅游总消费1216.45亿元，恢复70.51%。其中：接待国内旅游者1.16亿人次、恢复76.17%，旅游消费1215.49亿元、恢复71.54%；接待入境旅游者4.28万人次、恢复6.20%，国际旅游消费1383.59万美元、恢复3.65%。全市有国家AAA级以上旅游景区81家（新增11家），广西休闲农业与乡村旅游区35家（新增2家），广西星级乡村旅游区65家（减少2家），广西星级农家乐91家（减少31家），旅游星级饭店42家（新增2家）。南宁市入选首批国家文化和旅游消费试点城市、2020年度中国高铁旅游名城。新开工、续建文旅重大项目13个，完成年度投资额约43亿元；其中，总投资500亿元的万有（南宁）国际旅游度假区，首期子项目探秘世界酒店会议中心（文化特色景区文旅项目展示基地）竣工。受新冠肺炎疫情影响，1月26日全市A级景区、星级乡村旅游区（农家乐）暂停运营；2月25日，各景区景点有序恢复开放。协调落实旅游企业恢复发展奖补资金2000多万元。

（樊　璐　白秀峰　黄小芸）

【旅游资源】2020年，南宁市旅游资源分布广、种类齐、数量多，相对集中在市区和县城附近。主要有新会书院、两湖会馆、粤东会馆、扬美古镇、鼓鸣寨、霞客桃源壮乡旅游度假区等历史景点；智城碑、六合坚固大宅颂碑、青秀山摩崖石刻、青龙崖石刻、灵水石刻、起凤山石刻、凿字山石刻、六公祠碑石刻、雷婆岭摩崖石刻等古代摩崖石刻和古碑石刻；徐汉林红色教育基地示范点、昆仑关旅游风景区、邓颖超纪念馆等爱国主义教育基地；云顶观光、民歌湖，嘉和城、融晟天河·海悦城、万达茂、华南城、百益·上河城等现代城市景观；广西科技馆、广西民族博物馆、南宁博物馆、南宁海王生命与健康科普馆、广西规划馆等科普教育场馆；南宁园博园、青秀山风景旅游区、动物园、凤岭儿童公园、人民公园、南宁海底世界、新秀公园、江南公园、狮山公园、广西药用植物园、金花茶公园、花卉公园等游园胜地；顶蛳山田园风光、金花茶业工业旅游园、那贵坡樱花园、广西八桂田园、乡村大世界、花花大世界等市郊田园风光；三甲攀岩小镇、小都百景区等具有民族文化特色的体育旅游景点；良凤江森林旅游区、凤凰谷、那考河湿地公园、横县西津国家湿地公园沙埠景区等森林湿地景观；南湖、西津湖、不孤湖、大龙湖等湖泊景观；水锦·顺庄、龙门水都、九龙瀑布、大王滩风景区等峡谷溪水瀑布景观；弄拉旅游景区、白鹤观旅游度假区、灵阳寺等佛道文化旅游景点；九曲湾温泉度假村、花雨湖生态休闲旅游区等生态休闲景区；大明山风景旅游区、伊岭岩、金伦洞、龙虎山、芦仙山、蒲津公园等喀斯特地貌景观；明阳向阳红现代农业庄园、广西香流溪谷农业生态旅游区、美丽南方·老木棉匠园、中华茉莉园景区、顺来茉莉花茶展览馆、莲塘圣茶谷、万古茶园、禾田农耕文化园、古朗瑶乡金银花公园、古辣稻花香里旅游区等现代农业文化旅游景区。保留有“三月三”歌圩、炮龙节、春牛舞、师公戏、打扁担舞、壮族三声部民歌、那桐农具节、那僚庙会、关公磨刀诞等壮族风情和地方文化习俗。

（凌红俏）

【全域旅游】2020年，南宁市持续推进创建全域旅游示范区、国家中医药健康旅游示范区。通过认定为广西全域旅游示范区或广西特色旅游名县6个，其中广西特色旅游名县有上林县、马山县、邕宁区，广西全域旅游示范区有青秀区、兴宁区、江南区（新增）。南宁市被文化和旅游部、国家中医药管理局确定为全国首批15家国家中医药健康旅游示范区创建单位之一。广西药用植物园、广西国际壮医医院、美丽南方紫薇庄园、上林县霞客桃源壮乡旅游度假区、广西大明山、太和自在城、南宁海王生命与健康科普馆、南宁市金花茶公园、九曲湾温泉度假村、大弄拉金银花示范区10家单位被南宁市文化广电和旅游局确定为“南宁市十大中医药健康旅游品牌”。推荐广西大明山、南宁市金花茶公园、美丽南方康养中心、九曲湾温泉度假村、太和自在城5家单位（企业）参与2020年自治区中医药健康旅游示范基地遴选。

（吕光华）

【文旅营商环境优化】2020年，南宁市继续实施《南宁市支持重大文化旅游项目办法》，通过贴息补贴、市政配套设施补助、进口补贴、公共服务设施建设补助、林相改造补助等方式，对落户南宁市的重大文化旅游项目予以优惠支持，释放政策红利。出台《关于应对新冠肺炎疫情影响促进文化旅游企业持续健康发展若干措施》，制定应对新冠肺炎疫情保发展十条措施，包括加快企业各类奖励、补助资金的兑现，暂退旅行社部分旅游服务质量保证金，实施旅游促销补贴刺激旅游行业复苏，加大文化惠民服务购买、文旅演艺扶持力度等。持续优化营商环境，开展商事登记制度改革和“一事通办”改革。开展“同城通办”试点，打破全市政务服务层级与地域限制，实现政务服务事项在市区各级政务服务中心均可办理，达到就近能办、异地可办。打造“套餐式服务”，将关联性较强的文化旅游政务服务事项组合为“一个套餐”，实现“一套材料、一表登记、一次采集”，进一步减轻办事企业和群众负担。依托广西政务服务一体化平台，推进政务服务事项线上线下相融合，全市文化和旅游政务事项均可在广西一体化平台上实现“网上办理”，整体提速率85%，“零跑腿”政务事项占比100%，政务服务群众办事满意度98%以上。

（彭　昀）

【智慧旅游】 2020年，南宁市继续完善文化和旅游数字平台建设。完成“乐游南宁”APP和微信小程序项目验收，上架旅游产品550个，为游客提供全域全时智能化出游体验。实现线上旅游产品交易8.10万单；应对新冠肺炎疫情防控，部署景区限流开发、非接触式预约、扫码购票功能，引导游客间隔入园、错峰出行。9月，实现与广西文化旅游预约服务平台预约数据的实时对接；加强对AAAA级以上景区监控视频接入广西旅游应急指挥平台规范管理，印发《关于做好AAAA、AAAAA级旅游景区视频监控接入常态化工作的通知》，规范景区视频监控接入；旅游智能可视化系统数据信令采集和大数据分析共采集移动运营商数据5000万条、互联网数据500万条，产出POI(信息点)数据监测数据1000万条，对旅游市场运行监测、应急监控、疫情高风险客源地客流监测、统计分析应用。全年新建广西游直通车网点28个，完成率140%，与广西旅发科技有限公司共同推动联动云提供广西游直通车网点网约车租赁服务。完成“公共数字文化服务平台”调研，草拟《南宁市公共数字文化服务平台项目初步设计方案和投资概算》，与《南宁市全域旅游数据中心》《南宁市智慧图书馆二期》申报2021年智慧城市项目；编制《南宁市博物馆数字化保护方案》；初步完成南宁市群众艺术馆数字文化馆建设框架，书法体验机、数字唱吧等线下数字体验设备投入使用；市群艺馆、市图书馆与南宁旅游应用、“爱南宁APP”实现数据对接。

（黎国华）

【境外旅游推介】 2020年，南宁市开展境外线上文化旅游宣传推广，借助中国—东盟博览会“南宁朋友圈跨国云访谈”平台，与意大利克雷马市、泰国孔敬市市长、法国普罗旺斯地区副主席进行主题为“友城云访谈”远程视频连线，宣传推广南宁市人文风情、旅游资源、精品旅游产品、文旅项目等。推动南宁市加入由中国与柬埔寨、老挝、缅甸、泰国、越南等东盟国家旅游城市组成的澜湄旅游城市合作联盟，成为联盟首批13个中方城市之一。

（覃　娜）

景区景点

【概　况】 2020年，南宁市有国家AAA级以上旅游景区81家，其中国家AAAAA级旅游景区1家(青秀山风景旅游区)；国家AAAA级旅游景区37家，新增广西高峰森林公园、江宇梦想小镇、秀美邕江·邕州古韵旅游景区3家；国家AAA级旅游景区43家，新增振林·澳益渔耕新韵扶贫庄园、福人湖生态旅游区、卡拉奇遇工业旅游景区、南宁289上海天地、明秀园、雪松灵水壮乡文化小镇、亭子码头、南宁孔庙博物馆8家。园博园入园人数22.87万人次，下降73.78%，经营收入1173.40万元。

（覃　茜）

【青秀山旅游风景区】 位于青秀区凤岭南路6号，海拔82米～289米，占地13.54平方千米。有千年苏铁园、兰园、樱花园、竹园、雨林大观、观音禅寺、状元泉、董泉、龙象塔、棕榈园、抗日学生纪念碑、桃花岛、广西珍贵树种展示园、桂花园、水月庵、中泰友谊园等景点50多个。2020年，南宁青秀山风景名胜旅游区有后勤服务中心、城市管理综合行政执法队、建设工程和园林绿化所、南宁市五象岭森林公园、南宁园博园管理中心(南宁市热带植物研究所)5个事业单位，青秀山风景名胜旅游开发有限责任公司1家企业。派驻机构有市纪委监委驻青秀山风景区纪检监察组、青秀山风景区税务局、市自然资源局青秀山风景区分局、青秀山风景区生态环境局、市市场监督管理局青秀山风景区分局、市公安局青秀山风景区分局、市交警九大队。4月29日，青秀山风景区南宁植物园挂牌。5月，完成青秀山风景区与五象岭森林公园自然资源价值评估。6月，邀请自治区自然保护地体系建设工作领导小组成员及市相关部门对青秀山与五象岭关于自然保护地情况、生态红线进行论证。9月，被生态环境部科技与财务司评为2020年“我是生态环境讲解员”活动“优秀组织单位”。11月，通过中共中央精神文明建设指导委员会复查，保留“全国文明单位”称号。青秀山在迈点研究院组织的全国AAAAA旅游景区品牌100强中位列第十五。青秀山景区财政收入6.17亿元，比上年增长4.41%，完成年初预算数的105.53%；受疫情影响，入园人数197.94万人次，下降44.62%；经营收入7243.01万元，下降42.23%。

年内，景区的桃花、樱花、金鱼草景观登上中央广播电视总台新闻频道，微博直播观看量65.10万次；青秀山抖音号发布视频180个。开展扬尘治理联合检查17次，制止燃放烟花爆竹、焚烧垃圾和露天烧烤59起，排查户外广告74处。约谈广西交创科技有限公司(交投杧果)、南宁汉骑信息科技有限公司(美团)、上海钧正网络科技有限公司(哈罗)等共享车辆负责人。开展邕江沿岸公园(青秀山段)综合整治，开展扫黑除恶工作网格覆盖巡查等，收到并处置数字城管案件1853起；运用无人机等科技手段和车辆、步行巡查相结合，开展“两违”(违法用地、违法建设)巡查365次。组织AAAAA景区评定标准检查18次。利用植物专类园资源，开展趣味科普活动200场，参与人数2.70万人次；通过采购、野外引种、植物交换、外单位赠送等方式获得植物725种；东南亚美食街区完成投资968万元；竹园樱花园路口至茶园路口段道路工程建设完工，完成投资950万元；夏令营区主干道路工程完成投资450万元；游客服务中心至黄花风铃谷(南侧)段工程清淤道路工

2020年4月25日，青秀山风景区东区夜游项目大型灯展恢复开放　青秀山管委会提供

程完成投资500万元；竹园景观提升工程完成投资698万元；叶子花园景观工程完成投资1397万元。完成义务植树点（水生植物园）6.60公顷交地工作。发放叶子花园二期、蜡烛湾水系、亚热带植物岛等44.67公顷地块惠农款2200万元；五象岭森林公园红线范围内房屋和土地征收补偿协议签订，拆除违建面积1.05万平方米。举办“锦绣中华、美丽绿城”青秀山迎新春大型灯展（1月23日闭展）、青秀山夜游品牌（东区亮灯）、青秀山第三届丰收节、重阳登高、周末星乐夜、第五届菊花展等活动。（何晓吟）

【广西大明山保护区】 位于广西中部偏南，横跨南宁市武鸣区、上林县、马山县，总面积1.70万公顷，主峰龙头山海拔1760.40米，为桂中第一峰。2020年，大明山保护区公益林管护率、保持率及森林病虫害防治监测率均保持100%。保护区监测到动物53种，其中国家一级重点保护野生动物2种（黑叶猴、林麝），二级重点保护野生动物13种（熊猴、短尾猴、中华鬣羚、斑林狸、豹猫、黄喉貂、白眉山鹧鸪、白鹇、画眉、仙八色鸫、红嘴相思鸟、黑喉噪鹛、红尾噪鹛）。监测到野生兰科植物新记录种对茎毛兰，累计拍摄相片（视频）数量近10万多张（个）。开发览胜之旅（有鱼跃龙门、灯笼花苑、大地峰林、观雪亭、云龙佛光、橄榄大峡谷景点）、养生之旅（有不朽古松、神女披纱、化石铁杉、养生台、秀峰古隘、仙人台、天然氧吧、骆王点兵、金龟瀑布景点）、休闲之旅（沿着龙湖仙境步行游览观赏）、神奇之旅（有北回归线科普廊、观阳亭、北回归线标志塔、腾龙叠水、玉脉石英景点）、仙境之旅（有天然药浴谷、杜鹃花长廊、望兵山、飞鹰峰、龙母恬睡、梦想成真石、虎猴相伴、骆越王庙景点）游览线路5条。开通安吉客运站、南宁东站（凤岭客运站）至大明山专线直通车，与水锦·顺庄景区合作开通直通车线路。2月，大明山歌圩传承基地被市文化广电和旅游局评为2019年度南宁市非物质文化遗产十佳保护平台；保护区被自治区教育厅评为广西中小学研学实践教育基地。5月，大明山“森林康养绿色明珠”品牌入选“南宁市十大中医药健康旅游品牌”。6月，景区被国家林业和草原局、民政部办公厅、国家卫生健康委员会、国家中医药管理局评为国家森林康养基地；与南宁博物馆共建山歌文化传承基地，开展线上《大明山歌圩》系列活动5期；开展科普研学活动6期。11月，举办第三届“飞越大明山”户外运动大会。查处林政案件1起，处罚和教育3人，罚款300元。接待游客10.04万人次，旅游总收入1018.38万元。

年内，景区实施项目44个，完成扶持资金100%。其中，大明山大门广场完善工程、入口区游客服务中心等竣工项目22个，在建大明山运动体验中心、天坪区供水管道等项目7个，前期筹备南宁市大明山生态宣教中心、三宝至天坪区公路边坡防护治理等项目15个。大明山科研中心优化为广西自然保护区实训基地，开展自然研学宣教等活动。邀请中央广播电视总台合作制作大明山景区“中国天然氧吧”专题片，在中央电视台发现之旅频道《美丽家园》栏目播出；大型人文纪录片《大明山》分别在南宁电视台、广西电视台等平台播放；在南宁日报、南宁电视台、大明山官网、大明山微信公众号、官方抖音等平台媒体发布信息累计500多条，受众200万人次；在地铁1号、2号线分别发布公益广告22天、50天，在南宁东站及全国12城移动电视上播放景区宣传视频各30天。

（马佳钰）

2020年，大明山旅游风景区飞鹰峰景点　　黄发俊　摄

【昆仑关风景区】 位于兴宁区昆仑镇南梧二级公路昆仑段2号，面积112.66公顷。是首批国家级抗战纪念设施、遗址，首批国家国防教育示范基地，自治区唯一国家级海峡两岸交流基地，全国民族团结进步教育基地，全国红色旅游经典景区，中国华侨国际文化交流基地，全国中小学生研学实践教育基地，港澳青少年游学基地，广西爱国主义教育基地，广西关心下一代党史国史教育基地等。现存有1940年至1944年修建的“陆军第五军昆仑关战役阵亡将士墓园”，其中含有南牌坊、331级花岗岩台阶、阵亡将士纪念塔、烈士公墓、纪战碑亭、北牌坊、日军少将中村正雄墓等多处遗迹，以及昆仑关战役博物馆、昆仑关战役的阵地、草帽山工事遗迹、古关楼、古驿道、石景碑林园等，墓园的石质文物上完整保留15位国民政府军政要人的题词、题联、书刻碑文真迹。昆仑关战役博物馆是广西首家抗战专题博物馆，设展厅5个（序厅、中国人民抗战展厅、昆仑关战役展厅、广西与抗战展厅、缅怀英烈展厅）3D景厅1个。2020年，南宁昆仑关战役遗址保护管理委员会征集文物藏品及资料71件（套），复制画报13件。中央军委装备发展部赠送59式中型坦克、59式130毫米加农炮、66式152毫米加农榴弹炮等大型武器装备。梳理馆藏文物藏品1902件（套），形成盘点报告及文物藏品清册。添置双目体视显微镜、三目金相显微镜打磨机、超声波清洗机等设备。设重温抗战精神、重走英雄之路、重访雄关漫道旅游线路3条。举办纪念中国人民抗日战争暨世界反法西斯战争胜利75周年系列活动、纪念中国人民抗日战争暨世界反法西斯战争胜利75周年向抗战烈士敬献花篮仪式、《中国人民抗日战争大事记展》《烽火时代热血青年—广西学生军的战火青春》专题巡展、纪念中国人民抗日战争暨世界反法西斯战争胜利75周年及纪念昆仑关大捷81周年艺术作品展、“5·18”博物馆日、壮族三月三“浓情三月三·文化传承·民俗古韵”、五一劳动光荣月、国庆中秋“爱国研学·礼赞祖国——同心共筑中国梦”等活动。与旺旺中时媒体集团合作，发布“烽火昆仑关·海峡两岸情”设计奖创作主题，收到参赛作品1166件（中国台湾地区参赛作品384件），依托2020金犊学习月“品牌策略大讲堂”，线上开展昆仑关文化精神主题演讲。接待游客21.21万人次，参观团队1002个，讲解858场次。

年内，景区宾阳县思陇镇昆仑村委陶石村村屯给排水等配套工程完成工程量60%，完成投资350万元；新建石景碑林园旅游厕所，完成工程量30%，完成投资15万元；景区WLAN（无线局域网）覆盖

2020年12月18日,纪念中国人民抗日战争暨世界反法西斯战争胜利75周年及纪念昆仑关大捷81周年艺术作品展在南宁市图书馆召开,图为南宁市良庆区大联小学学生参观展览后合影 黄小录 摄

项目列入市2020年智慧城市投资计划,获前期经费8933元。博物馆外立面及广场改造、景区配套服务设施提升改造完工。制定《广西南宁昆仑关战役旧址博物馆可移动文物预防性保护方案》,申报可移动文物预防性保护项目资金200万元。与桂林理工大学课题合作,定点测量景区附近19个昆仑关战役战场遗址遗迹。 (农晓岚)

【广西高峰森林公园】 位于兴宁区邕武路168号,建设面积1237.07公顷,总投资9.27亿元。2019年10月1日对外开放。集运动健身休闲、森林康养度假、科普文化体验为一体的全国最大城市森林公园。拥有松树、杉木、红椎、降香黄檀等树种,森林覆盖率90%,负氧离子含量每立方米超6000个。园内有中国最古老的中越友谊林、广西第一条公路——邕武公路、桂南会战高峰坳战役之地。公园打造"一心两轴"("一心"为游客中心,"两轴"为东线和西线)浏览路线,有广西首个山地越野森林卡丁车、南宁市首个360° 极限飞球影院、9D玻璃桥、天空之城、登峰栈道、生命河谷、山涧喊泉、七彩旱滑、彩虹滑道、时光隧道、精灵王国、魔毯、拾青栈道、丛林穿越、BBQ(烧烤大会)野趣营地、星月湖、星空露营、百鸟林餐厅、森林嘉年华、蘑菇工坊、高空滑漂、高峰阁、火车风情园、四季花海等景点。2020年10月,被自治区旅游资源规划开发质量评定委员会评为国家AAAA级旅游景区。全年接待游客52.35万人次。 (卢钦标)

【江宇梦想小镇】 位于武鸣区南武大道中段伊岭岩风景区旁,建设面积11.50公顷,2019年6月对外开放。建设大型婚庆产业园、骆越民族文化产业园、飞跃营地3大主题区,特色项目100多个。打造以唯美浪漫婚庆主题园区、多元化民族文化传承、喀斯特原生山林地貌景观资源和新型农业度假体验为主,集骆越民族文化体验、一站式婚庆服务、山水体验式旅游、度假养生旅游、都市田园休闲旅游的特色文化旅游区。2020年10月,被自治区旅游资源规划开发质量评定委员会评为国家AAAA级旅游景区。全年接待游客50.20万人次。 (覃 茜)

【秀美邕江·邕州古韵旅游景区】 位于兴宁区,建设面积1.50平方千米,总投资约2亿元,2018年1月向游客开放。建成洋关码头历史雕塑、邕字石碑、广西历史神话故事雕塑、饮食文化铜雕、畅游阁、冬泳亭及组画、邕州八景壁画、风情骑楼、江侧长廊、音乐喷泉广场和古城墙、古堤防等景观。展示邕江美景及南宁红色历史和民生民俗,建有滨水绿道和骑行驿站;开设有邕江游船项目,配有趸船1艘、旅游船4艘(80客位、120客位各2艘);冬泳作为景区常设专项旅游活动项目。2020年10月,被自治区旅游资源规划开发质量评定委员会评为国家AAAA级旅游景区。全年接待游客5.64万人次。 (樊 璐)

2020年南宁市AAA级以上景区(点)

AAAAA级景区(点):南宁青秀山风景旅游区

AAAA级景区(点):南宁嘉和城景区、南宁九曲湾温泉景区、广西八桂田园、南宁市动物园、广西药用植物园、南宁大明山风景旅游区、广西科技馆、广西民族博物馆、南宁市乡村大世界景区、南宁市武鸣区伊岭岩景区、南宁市良凤江森林旅游区、广西规划馆景区、南宁市民歌湖景区、隆安县龙虎山旅游景区、南宁市凤岭儿童公园、南宁马山金伦洞景区、上林县金莲湖景区、南宁市人民公园、南宁花花大世界景区、南宁昆仑关旅游风景区、南宁上林县大龙湖景区、九龙瀑布景区、水锦·顺庄、龙门水都景区、广西马山弄拉旅游景区、南宁园博园景区、南宁万达茂景区、南宁市那贵坡樱花园、南宁金花茶公园、广西百益·上河城旅游景区、邕宁区蒲津公园、融晟天河海悦城、南宁花雨湖生态休闲旅游区、古辣稻花香里旅游区、广西高峰森林公园、江宇梦想小镇、秀美邕江·邕州古韵旅游景区

AAA级景区(点):横县西津湖景区、南宁市大王滩风景区、南宁市凤凰谷景区、南宁海底世界景区、南宁金湖地王云顶观光旅游景区、宾阳县白鹤观旅游度假区、南宁市华南城景区、上林县鼓鸣寨养生旅游度假区、上林县禾田农耕文化园、上林县霞客桃园壮乡旅游度假区、南宁市江南区扬美古镇景区、横县中华茉莉园景区、上林县万古茶园景区、横县莲塘圣茶谷景区、南宁市狮山公园、广西农垦明阳向阳红现代农业庄园、南宁海王生命与健康科普馆、广西金花茶业工业旅游园、横县西津国家湿地公园沙埠景区、马山县三甲攀岩小镇、马山县小都百旅游景区、马山县灵阳寺旅游景区、马山县古朗瑶乡金银花公园、南宁市新秀公园、顶蛳山田园风光区、广西香流溪谷农业生态旅游区、徐汉林红色教育基地示范点、南宁不孤湖景区、横县顺来茉莉花茶展览馆、南宁市江南公园、西乡塘区芦仙山风景区、西乡塘区美丽南方·老木棉匠园、南宁市花卉公园、南宁博物馆、武鸣区大明山汉江欢乐谷、振林·澳益渔耕新韵扶贫庄园、福人湖生态旅游区、卡拉奇遇工业旅游景区、南宁289上海天地、明秀园、雪松灵水壮乡文化小镇、亭子码头、南宁孔庙博物馆

旅游市场开发

【市场交流合作】 2020年，南宁市在自治区恢复跨省团队旅游业务后，启动国内旅游客源市场开发。8月至12月，组织区县、旅游企业采取“走出去”“请进来”方式，开展“五省八城联动游南宁”“冬游广西　乐在南宁”等南宁文旅推广活动，在广州、深圳、珠海、茂名、石家庄、郑州、长沙、南昌、昆明、贵阳举办南宁文旅专场推介会10场，邀请广东、上海、四川、云南省(市)旅行商代表到邕踩线考察，邀请中央、自治区媒体代表到邕采风报道。组织参加2020广东国际旅游产业博览会、中国国际旅游交易会、海南世界休闲博览会、2020中国—东盟博览会旅游展4个国内专业旅游展会，南宁市旅游形象展馆在2020中国—东盟博览会旅游展获最佳展示奖。举办2020年“冬游广西　乐在南宁”联合促销活动，南宁市旅行社组织46个专列团、近300个航班切位团到邕旅游。在第八届中国旅游产业发展年会上，南宁市入选2020年度中国旅游产业影响力风云榜2020年度中国高铁旅游名城。

【区域旅游合作】 2020年，南宁市作为北部湾(广西)旅游联盟轮值市，持续推进广西北部湾区域旅游合作，整合广西北部湾6市(南宁市、北海市、钦州市、防城港市、玉林市、崇左市)旅游资源。3月，完成北部湾(广西)旅游联盟形象宣传片《三生三世北部湾》摄制并播放宣传，提升“秀美南疆、浪漫滨海”广西北部湾旅游整体形象。4月26日，组织北部湾(广西)旅游联盟6市在南宁龙门水都景区九龙广场举行广西北部湾旅游精品线路发布仪式，推出海滨自驾游、山顶露营体验自驾游、边关公路自驾游、康养美食自驾游4条“发现最美广西北部湾”自驾游精品线路，组织2个踩线采风团开展体验宣传报道。7月，利用南宁市双层巴士，机场高速公路灯箱，北海、钦州、防城港、玉林动车站、崇左国际旅游客运站LED屏及灯箱开展广西北部湾旅游户外广告宣传。11月，开展“壮美大直播　唱游北部湾”大型全媒体宣传推广，“唱游北部湾”线上话题阅读量超5亿次，线下游客引流超5万人次。组织北部湾(广西)旅游联盟6市参加2020年(第五届)海南世界休闲旅游博览会，搭建广西北部湾文游形象特装展台，开展特色节目表演、非遗项目展示、文创产品展卖等活动，北部湾(广西)旅游联盟旅游形象展馆获评2020年海南世界休闲旅游博览会最佳组织奖、最佳产品销售奖。融入粤港澳大湾区、粤桂滇黔高铁经济带区域旅游合作，昆明、南宁、贵阳与红河、桂林、黔南“3+3”跨区域合作。10月15日，在云南省红河州发起成立三省(区)六市(州)“3+3”文化旅游推广联盟，发布健康生活目的地精品旅游线路。11月22日，在茂名与中国北部湾城市群15市、县(广西壮族自治区南宁市、北海市、钦州市、防城港市、玉林市、崇左市，广东省湛江市、茂名市、阳江市，海南省海口市、儋州市、东方市、澄迈县、临高县、昌江县)共同签订《北部湾共建中国滨海度假旅游目的地合作框架协议》。

【旅游促销宣传】 2020年，南宁市加大南宁旅游新浪微博、南宁旅游今日头条号、南宁旅游微信公众号、南宁旅游抖音号、“乐游南宁”APP等新媒体推广力度，向社会发布南宁文旅资源、产品、精品线路、节庆活动等资讯服务，以及制造“美景尚在等你归来”“云上游邕城”“壮族三月三·相约游南宁”“三姐邀你来嗨歌　南宁等你来”“唱游广西北部湾”“夜游南宁”“冬游广西　乐在南宁”等话题10个。南宁旅游微博、今日头条号、抖音号入榜文旅产业指数实验室发布1月至4月全国地市级文旅新媒体传播力指数TOP10(南宁旅游微博位列全国第六、南宁旅游今日头条号位列全国第九、南宁旅游抖音号位列全国第三)。全年南宁旅游微博、南宁旅游微信公众号发布信息4826条，阅读量3896万次；南宁旅游抖音号发布视频492条，播放量2235万次。在Facebook(脸书)、Twitter(推特)等海外社交平台推送南宁文旅信息653条，帖子覆盖量近100万次。3月至6月，组织区县及复工复产的涉旅企业参加“山水壮乡　畅游广西”文旅专场促销活动，兴宁区、上林县、马山县举办“市长、县长当网红直播带货”活动。175家涉旅企业参与推广、营销旅游景区、文创产品、旅游商品，全市接待游客800多万人次，旅游消费近100亿元。在“乐游南宁”APP、微信小程序开展“乐游南宁优惠季”专题促销活动，组织全市50多家涉旅企业推出惠民优惠举措。在自治区文化和旅游厅“三姐游广西”直播平台开展百里秀美邕江、武鸣、大明山直播活动，以百里秀美邕江、老南宁·三街两巷、园博园、青秀山等旅游地标为背景，实景高清拍摄“南宁等你来”手势舞短视频8部，“学习强国”广西平台《相约游广西·南宁等你来》系列视频播放量1433万次。 (赵婷婷)

旅游活动

【概　况】 2020年，南宁市深入推进月月文化旅游节品牌打造，举办文旅节庆及主题活动21个。1月，举办2020年南宁月月旅游节开年仪式暨民生码头新船首航典礼。2月，2020隆安县“那”文化旅游节。3月，南宁市2020年“壮族三月三·八桂嘉年华”系列文化旅游活动、2020年中国壮乡·武鸣壮族三月三歌圩暨骆越文化旅游节。4月，组织开展2020年“广西人游广西”南宁文旅复苏自驾游启动仪式、乐游南宁房车自驾游活动、广西线上旅游交易会文旅市集南宁专场活动、“百趟专列进广西”首趟专列欢迎仪式等系列文旅复苏主题活动。5月，2020年“中国旅游日”南宁主会场暨上林生态旅游养生节。6月，昆仑关民俗文化旅游节。7月，方特东盟神画老挝宋干节。9月，第三届兴宁体育旅游休闲大会。10月，2020南宁·东南亚国际旅游美食节。11月，南宁国际民歌艺术节大地飞歌2020年晚会、第二届世界茉莉花大会、飞越大明山户外运动大会、广西首届温泉文化旅游节、2020年邕宁八音文化旅游节暨“邕宁味道”生榨米粉美食节。12月，南宁青秀区创意生活节、2020年广西汽车旅游大会、中国黑山羊之乡——马山第十四届文化旅游美食节、南宁国际民歌艺术节2020绿城歌台系列群众文化活动、中国嘹啰山歌之乡·良庆区2020年民俗文化旅游节、第八届中国—东盟(南宁)戏剧周等。九曲湾温泉度假村、方特东盟神画被自治区文旅厅、广西旅游协会评为2020广西十佳夜游景区，中山路夜市、淡村庙街公益夜市被评为2020年广西十佳美食夜市，老南宁·三街两巷、荟金台湾夜游文化街区被评为2020年广西十佳夜游文化街区。安排旅游发展专项资金200万元，对新冠肺炎疫情后组织旅游、节庆活动实现恢复性增长的单位给予资金补助。

(赵婷婷)

【上林生态旅游节】 2020年5月19日，2020“中国旅游日”南宁主会场暨上林生态旅游养生节·电商创业大赛在上林县举办。活动采取线上线下有效互动的方式举办，主题为“壮族老家·养生上林”；举办开幕式、产业扶贫成果电商推介、电商创业、招商营商系列活动，开展特色展示活动6大板块28个项目。同期举办媒体记者采风、上林县首套风光故事明信片发行启动仪式、广西人游上林、漂流体验、游船和水上运动体验、壮族民居文化体验、养生茶文化体验、徐霞客文化体验活动、壮族农耕体验活动等，以及大龙湖东方梦幻国际文旅康养项目投资框架协议签订仪式。23日，举行“上林人游上林”赵坐垂钓园试钓活动。在线举办“dou在养生上林”抖音挑战赛、上林精品民宿直播、网红带您体验上林景区(乡村旅游区)

直播、农旅产品展销会直播、上林特色美食直播等活动。　　(樊守辉)

【南宁·东南亚国际旅游美食节】 2020年10月1日至11日在南宁华南城举办。市文化广电和旅游局、江南区政府指导,南宁华南城有限公司主办,以"汇聚天下美食,重启安心'食'客"为主题,活动涵盖美食、文化、旅游、购物4大板块,吸引游客72万人次,成交额近2亿元。　　(赵婷婷)

【第二届世界茉莉花大会、2020年中国(横县)茉莉花文化节】 2020年11月28日至30日在南宁市、横县两地举办。主题为"绿色引领健康美丽",分大会官方活动、经贸合作活动、产业发展活动、文化旅游活动4个板块,举办第二届世界茉莉花产业发展高峰论坛、2020海峡两岸茶产业技术交流会、2020国际茉莉花(茶)形势分析会暨花草茶联盟二次会议、世界茉莉花都院士行活动、2020年第十二届全国茉莉花茶质量推选活动、"好一朵横县茉莉花"文艺晚会、"千年茉莉情　世界花都行"文旅活动等活动15项。签约重点项目5个,总投资24.3亿元。中国茶叶流通协会授予横县"2020茶业最佳投资县域"牌匾。接待游客5.26万人。　　(韦斯步)

【青秀创意生活节】 2020年12月5日至7日在南宁国际会展中心设主会场。以"创意"为主线,采用"政府主导、企业参与、市场化运作"模式举办,引入现代艺术、新潮产业设计文化等,与音乐、戏剧、舞蹈、电竞等相互融合,做到创意化、国际化、潮流化。举办生活节新闻发布会、开幕式、绿野音乐节、广西设计周创意大会、ECM(电子对抗)暴雪全民挑战赛、新青年戏剧节、第七届"青秀杯"舞蹈大赛、儿童艺术周、青秀区新的社会阶层人士"同心"系列文化活动、"庆暖冬手上青秀购物节"等主题活动。接待游客约10万人次;通过"手上青秀"APP、微博及人民网、新华网等观看活动直播221.8万人次。项目签约合作1.30亿元,累计带动消费1.39亿元。　　(熊雅琴)

【2020马山第十四届文化旅游美食节】 2020年12月18日至21日在马山县举办,主题为"乐游鼓乡歌海,攀登祥寿马山"。举办2020中国攀岩自然岩壁精英挑战赛(广西马山站),文艺和展览活动(含中国黑山羊之乡——马山第十四届文化旅游美食节开幕式暨文艺演出、扶贫公益书画摄影展、脱贫攻坚山歌擂台赛),2020中国攀岩自然岩壁精英挑战赛(广西马山站)颁奖仪式暨"共筑梦想·爱在马山"扶贫公益晚会,消费扶贫展销活动,招商引资暨扶贫协作项目宣传推介会5大板块活动。132个爱心单位、社会组织、企业和13位爱心人士开展公益捐款2798.85万元。接待游客12万人次,旅游收入7200万元。　　(陆惠华)

旅游行业管理

【概　况】 2020年,南宁市发放重点场所文明旅游宣传宣传资料7万份。受理旅游投诉378起,其中涉嫌违法违规案件(诉转案)10起,组织调解25次,投诉受理率、按时办结率均为100%,为投诉人挽回经济损失204.04万元。全市有旅行社154家(出境资质旅行社38家、国内一般旅行社116家);旅行社分支机构279家(分社78家、门市部201家);有旅游星级酒店42家(五星2家、四星12家、三星28家)。

【旅游饭店管理】 2020年,南宁市组织开展满3年的星级旅游饭店软硬件设施和服务工作复核评定。南宁明园饭店、南宁景都国际大酒店、南宁邕州饭店、南宁国宾美景养生酒店、广西金旺角国际大酒店5家四星级旅游饭店通过复核评定;创建星级旅游饭店2家,南宁荣荣大酒店被评定为四星级,南宁精通101酒店被评定为三星级。

【旅行社管理】 2020年,南宁市推广应用全国旅游监管服务平台,实现全市旅行社使用覆盖率100%。推广使用旅游电子合同,帮助旅行社加强合同管理、科学统计分析、降低人力财力成本。指导督促旅行社建立健全内部管理制度,完善业务运行机制,强化安全生产,规范门市、广告管理。举办2020年南宁市导游服务技能大赛,采取在景区和旅游大巴车上模拟带团、导师带战队PK(对决)等创新比赛形式,82名参赛选手分段晋级。

【旅游市场整治】 2020年,南宁市持续整治规范旅游市场秩序,在元旦、春节、国庆节等重大节日开展旅游市场执法检查专项保障行动。组织开展2020年文化和旅游市场秩序、旅游大巴一日游、旅游市场突出问题专项治理等。市旅游部门联合市公安、市场监管、交通运输等部门,打击各种线上线下文化和旅游市场经营违法行为。办结旅游案件7起(导游案件1起、旅行社案件2起、其他未经许可经营旅行社业务的单位和个人案件4起),罚没金额33.30万元。广西北航国际旅行社有限公司在旅游行程中擅自变更旅游行程案件被文化和旅游部列为2019—2020年度全国文化市场综合执法重大案件。

【诚信体系建设】 2020年,南宁市纳入国家企业信用信息公示系统文旅企业840余家,执法人员101人。市文化广电和旅游局"双公示"目录102条。报送信用建设工作信息70余条。开展市场随机抽查,跨部门联合抽查娱乐场、旅行社,抽查网吧3.74万家次、旅行社493家次、娱乐场所2.16万家次。　　(刘秋园)

表12　　2020年南宁市三星级以上酒店情况一览表

名　称	星　级	地　址	名　称	星　级	地　址
广西沃顿国际大酒店	五星级	南宁市民族大道88号	南宁市状元坡宾馆	三星级	南宁市秀灵路77-1号
广西红林大酒店		南宁市民族大道东段129号	广西发改委培训中心		南宁市葛村路1号
南宁明园饭店	四星级	南宁市新民路38号	南宁市银林山庄		南宁市邕武路23号
广西南宁凤凰宾馆		南宁市朝阳路63号	南宁简约酒店		南宁市桂春路11-1号
南宁市世纪君悦大酒店		南宁市金湖路71号	宾阳黎都大酒店		宾阳县黎塘镇金龙大道2号
南宁圣展酒店		南宁市金湖路62号	宾阳花园大酒店		宾阳县广场路小区广场南路地段

续表 12

名称	星级	地址	名称	星级	地址
南宁景都国际大酒店	四星级	南宁市茶花园路 31-1 号	广西宾阳县金世纪大酒店	三星级	宾阳县商贸城城中大道西排 21 号
南宁邕州饭店		南宁市新民路 59 号	横县横州国际大酒店		横县横州镇茉莉花大道
广西相思湖国际大酒店		南宁市大学东路 188 号	上林圣龙大酒店		上林县政府路 30 号
广西怡养花园大酒店		南宁市长堽路 189 号广西药用植物园内	上林翔源大酒店		上林县大丰镇明山大道
上林(天龙湾)曼悦酒店		上林县大丰镇林康路 17 号	马山县易珑山庄		马山县金伦大道 666 号
金旺角国际大酒店		南宁市民族大道 182 号	南宁威宁生态园乡村大世界		南宁市邕宾路三塘镇蒙村
南宁国宾美景养生酒店		南宁市桃源路 63 号	马山汇龙大酒店		马山县白山镇金伦大道 593 号
南宁荣荣大酒店		南宁市星光大道 223 号	名洋国际大酒店		南宁市龙亭路 8 号
南宁市银河大酒店	三星级	南宁市朝阳路 84 号	南宁市湘鸿大酒店		南宁市龙岗大道龙华路 58 号
南宁万兴酒店		南宁市共和路 174 号	广西马可波罗假日大酒店		南宁市金湖路 37 号
广西新华大酒店		南宁市民族大道 69 号	广西艾美酒店		南宁市教育路 4-1 号
南宁华星酒店		南宁市七星路 125 号	广西南宁沃沃商务酒店		南宁市五一路 150 号
广西天妃商务酒店		南宁市明秀东路 238 号	南宁三丰酒店		南宁市龙亭路 8 号南宁学院
南宁大王滩度假村		南宁市那马镇大王滩风景区	广西榕华酒店		南宁市定秋路
广西满江红大酒店		南宁市祥宾路 63 号	南宁精通 101 酒店		南宁市葛村路 13 号

编辑　班彩梅

信息化

综　述

【概　况】 2020年，南宁市继续推进信息基础设施建设，“信息网”开工率、年度投资率均位列自治区第一。开通5G(第五代移动通信技术)基站5244个，主城区5G网络连续覆盖；城市光网覆盖率100%，自然村光纤接入通达率90%。广西首台服务器暨浪潮南宁生产基地首台服务器和计算机产品在南宁下线，填补广西电子信息领域核心计算产品空白；广西首台鲲鹏服务器(与华为技术有限公司合作)和台式机在南宁下线。开工建设中国—东盟信息港小镇(研发中心)项目、中国—东盟数字经济产业园，促进五象新区、南宁高新区、青秀区等数字产业集聚区形成。通过组织“2020中国北斗东盟行”线下互动及线上“云签约”活动、第三届中国—东盟北斗应用与产业发展合作论坛活动，促进南宁软件和信息技术服务业企业与东盟各国开展交流与合作。继续推进中国—东盟信息港南宁核心基地建设，建设南宁·中关村创新示范基地、中国—东盟新型智慧城市协同创新中心、广投数字经济示范基地等载体平台。建成启用一批智慧城市应用平台，为民生保障、政务服务、城市治理、招商引资等服务。利用信息化手段助力新冠肺炎疫情防控，2月21日正式启用“爱南宁健康码”。横县被确定为首批国家数字乡村试点地区。举办网络安全攻防演练，增强网络安全保障能力，多部门联合组织开展南宁市“护网2020”暨卫生健康系统网络安全攻防实战演习、南宁市服务第17届中国—东盟博览会暨电子政务网络安全攻防演习。　（市方志办）

【数字南宁建设】 2020年，南宁市印发《南宁“信息网”基础设施建设三年大会战实施方案(2020—2022年)》，计划投资205亿元以上，推进“光网南宁”建设、5G网络建设及应用、4G(第四代移动通信技术)网络城乡深度覆盖及质量提升等12项重点任务。印发《南宁市华为软件开发云服务管理暂行办法》，规范华为软件开发云服务资源的申请、分配、使用基本规则和具体流程，创新以激励券制度为核心的激励机制。纳入广西项目云信息库的“信息网”项目开工率100%，年度投资23.19亿元，投资率204.86%；纳入“信息网”市级项目库项目66个，开工建设64个，开工率96.97%，年度计划投资44.65亿元，完成投资47.77亿元，投资完成率106.97%。4月13日，广西首台服务器(浪潮英信服务器NF2180M3)下线，浪潮南宁生产基地正式投产；4月30日，广西首台鲲鹏服务器和台式机在南宁下线，数广宝德鲲鹏服务器和PC(个人计算机)产品率先在广西实现批量生产。中国—东盟信息港小镇(研发中心)在五象新区开工建设；中国—东盟数字经济产业园在仙葫经济开发区开工建设；南宁市与瑞声科技签署微机电半导体封装及声学项目合作协议，瑞声科技将投资40亿元建设微机电半导体封装及声学项目。横县打造“数字茉莉”全产业链大数据平台，被确定为首批国家数字乡村试点地区。南宁市智慧人社战“疫”平台、“互联网+不动产登记”便民服务平台在2020银川国际智慧城市博览会上分别获“特殊贡献奖”“智慧成果奖”，南宁市12345政府服务热线在第五届中国客户联络中心行业发展年会中国客户联络中心奖颁奖典礼上获“最佳政务服务示范单位”称号。“爱南宁APP”实现城市服务超100个，注册用户超550万人，日活跃用户80万人，“一码通城”刷码量超2.70亿人次。10月29

2020年10月26日，南宁市大数据发展局联合市委网信办、市公安局网安支队举办南宁市服务第17届中国—东盟博览会暨电子政务网络安全攻防演习　宁顺田　摄

日至11月20日，第三届(2020年)中国—东盟新型智慧城市协同创新大赛在南宁和新加坡举行，分为南宁主赛、东盟分赛和动漫分赛，中国、新加坡、马来西亚、泰国、尼泊尔等9个国家423支队伍参赛，其中境外参赛队伍125支，为历届最多；评出一等奖7项、二等奖7项、三等奖11项、优秀奖15项。（市大数据发展局）

【互联网服务】 2020年，南宁市有固定宽带用户334万户，其中电信企业基础光纤到户(办公室)用户占91%，100兆及以上固定宽带接入用户占87%。移动互联网用户1002万户，普及率144%。有网站3.02万个，其中出版类6个、药品和医疗器械类46个、文化类76个、广播电影电视节目类13个、新闻类10个；按主办者性质分，政府机关备案199个、事业单位备案416个、企业备案1.53万个、社会团体备案281个、个人备案3269个、其他类型网站1.08万个。有互联网企业711家，注册资本565.53亿元，注册资本规模1000万元以上306家。按企业性质分，民营控股企业667家、国有控股企业44家；按业务覆盖范围分，在全国范围内经营业务480家、在自治区范围内经营业务231家。全市互联网企业申请经营电信业务1083项，其中仅限互联网信息服务业务533项、不含互联网信息服务业务118项、在线数据处理与交易处理业务257项、国内呼叫中心业务70项、经营数据中心业务28项、互联网接入服务业务45项、其他业务32项。

（广西通信管理局）

【信息安全】 2020年，南宁市组织开展网络安全风险评估、网络安全检查、网络安全等级保护测评，排查网络安全风险。中国共产党南宁市委员会网络安全和信息化委员会办公室(简称“市委网信办”)牵头出台《南宁市网络安全事件应急预案》《南宁市网络安全信息共享和通报工作机制》，10月起每月编报《南宁市互联网安全情况月报》。6月15日至19日，联合市卫健委、市公安局开展南宁市“护网2020”暨卫生健康系统网络安全攻防实战演习，卫生健康系统20家单位参加演习。11月2日至6日，联合南宁市大数据发展局(简称“市大数据发展局”)、市公安局网络安全保卫支队开展南宁市服务第17届中国—东盟博览会暨电子政务网络安全攻防演习；8月5日至18日，联合公安等有关部门抽查市直20家单位的关键信息基础设施网络安全情况，督促被抽检单位整改。市大数据发展局组织开展全国人大、政协“两会”，中国—东盟博览会及国家法定节假日等网络安全预警监测、应急值守、处置响应，未发生较大网络安全事件；组织网络安全宣传培训，培训单位81家、网络安全业务骨干229人；参加自治区“护网2020”网络安全攻防实战演练，获自治区电子政务防护单位第一名。新冠肺炎疫情发生后，市委网信办加强医疗机构网络安全检测，动员网信企业为南宁市(含自治区直属)医疗机构免费提供春节期间“7×24小时”应急响应技术支撑；联合公安机关发出网络安全预警，防止党政机关、企事业单位、医疗机构的计算机感染以“冠状病毒”等热点词汇为名的病毒；复工复产后，部署联防联控和复工复产中数据安全与个人信息保护，确保数据和信息安全。国家网络安全宣传周期间，市委网信办组织开展个人信息保护专题讲座200多场，到集市、车站、工地、卖场、公园等人流密集活动场所宣传13场；利用交通信息提示屏、市区主干道的30多个LED电子显示屏、地铁沿线LCD屏滚动播放网络安全视频，覆盖受众超1000万人次；发放定制防盗刷银行卡保护套1.50万个，发放折页、书签等宣传资料20多万份，录制网络安全讲座视频供网络传播和各单位使用。市工信局组织区县(开发区)对规模以上工业企业开展工业控制系统信息安全自查，聘请专业网络安全机构协同对19家规模以上工业企业开展网络安全抽查，反馈存在问题并出具网络安全整改报告；建立市中小企业网络安全公共服务平台，每月开展472个中小企业网站的漏洞检测与分析，发现安全风险立即整改加固。

（市委网信办　市大数据发展局
市工信局）

信息化建设

【概　况】 2020年，南宁市“信息网”开工率、年度投资率均位列自治区第一，开通5G基站5244个，主城区5G网络连续覆盖。加快数字政府建设，电子政务云平台(二期)投入使用，电子政务外网纵向覆盖市、县、乡、村4级政务外网，横向接入单位3618个。加强新冠肺炎疫情防控、民生保障、城市建设、招商引资等领域信息化建设，推动智慧城市建设。市卫健委通过微信公众号、“爱南宁APP”和“健康南宁”微信小程序上线“抗肺炎专栏”主题应用，2月21日正式启用“爱南宁健康码”；通过南宁“智慧人社”上线“免办”发放平台，在全国率先落实疫情期间援企稳岗返还政策；市大数据发展局发布《南宁市支持疫情防控助力复工复产数字技术产品和服务参考目录(第一批)》，发布46家数字企业115项数字技术产品和服务助推复工复产；市教育局组织录制“空中课堂”优秀课例保障学生居家学习。政务数据“聚通用”连续6个月在自治区考核评估中排名第一，与广西数字政务一体化平台对接事项总数位列自治区第一；市政府门户网站在全国政府网站绩效评估中获省会城市第四名，获自治区政府网站绩效评估五连冠。主要存在大数据发展、建设和应用领域的政策、规范、标准不够健全，缺少有效推动各个部门数据交换和共享的体制机制，尤其缺乏推动数据开放的数据隐私保护的相关法规；政府资金投资压力大，信息化项目建设模式和筹资渠道较单一；数字经济发展较慢等问题。

（市大数据发展局）

【信息基础设施建设】 2020年，南宁市有移动电话基站5.13万个，其中4G基站3.29万个、5G基站6985个；互联网宽带接入口657.20万个，其中光纤到户(办公室)端口539.93万个；城市光网覆盖率100%。4G网络实现行政村全覆盖，自然村覆盖率99%。完成《南宁市5G基础设施专项规划》《南宁市公共资源向5G基础设施建设开放指导意见》编制。推动电信普遍服务试点城市建设，2019年度申报的4G基站全部建成。向工信部申报建设4G基站256个，获批123个，其中广西电信中标61个、广西移动中标62个。推动光纤向自然村延伸，自然村光纤接入通达率88%，其中50户以上自然村光纤接入通达率95%。

【信息化与工业化融合】 2020年，南宁市两化融合发展水平指数93.23，比上年增长3.46%。其中，ERP(企业资源计划系统)普及率、电子商务(采购和销售)应用率及装备数控化率高于自治区平均值。新能源汽车、机械装备、电子信息等行业领域运用新型网络技术进行企业内网和外网改造，推进标识解析集成、“5G+工业”互联网内网改造等，发展工业大数据，推进工业互联网建设，促进制造业转型升级。推动企业参与两化融合管理体系贯标，广西田园生化股份有限公司、广西纵览线缆集团有限公司、广西美斯达工程机械设备有限公司、广西大都混凝土集团有限公司、广西朗盛食品科技有限公司、广西沃森木业科技有限公司、广西金德泰电气有限公司、广西富丰集团有限公司、广西雄塑科技发展有限公司、广西南星科技有限公司、南宁中车铝材精密加工有限公司、广西南宁都宁通风防护设备有限公司、广西春江食品有限公司13家企业通过工信部两化融合管理体系贯标评定。广西田园生化股份有限公司企业云平台、广西泛糖科技有限公司基于糖产业链的

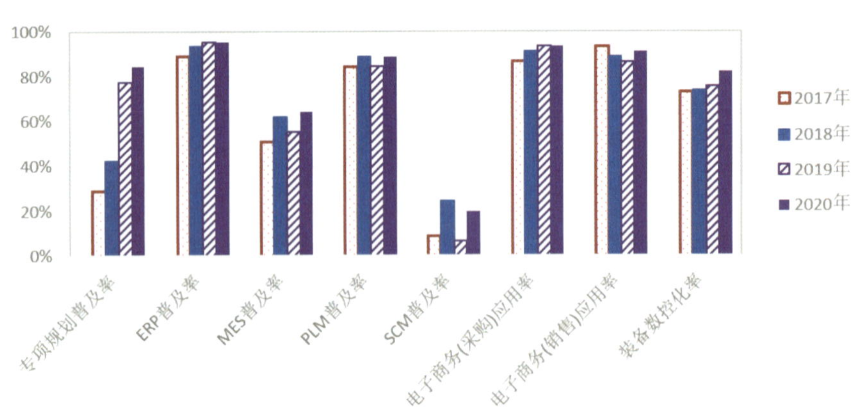

图1 2017年至2020年南宁市两化融合应用水平示意图

智慧管理平台等24个项目获自治区信息化专项资金支持;华润水泥(南宁)有限公司、广西中建西部建设有限公司2家企业被评为2020年广西智能工厂示范企业;广西岑科电子工业有限公司、广西亿凯玻璃科技有限公司2家企业被评为2020广西数字化车间企业。（曾小妮）

【数字政府建设】 2020年,南宁市电子政务云平台(二期)投入使用,有政务云虚拟机2547台,存储容量1368太字节,部署全市政务信息系统201个。市电子政务外网纵向覆盖市、县、乡、村4级政务外网,横向接入单位3618个,其中接入市级单位211个、县级单位1206个、乡镇级单位393个、村(社区)1808个。对全市4184个单位(含二层机构)开展政务信息化资产普查。开展非涉密数据中心和非涉密业务专网认定,有非涉密信息系统734个;非涉密数据中心388个,认定暂时保留9个,暂时保持现状178个,租用7个,不予保留194个;非涉密业务专网75个,认定保留66个,取消8个,租用1个;互联网出口3668个,总带宽每秒488.94千兆比特,认定保留2892个,取消776个。完成自然资源专网等66个专网的融合互联及数字城管专网等8个专网迁移整合;734个非涉密信息系统迁移上“云”,其中部署在“政务云”201个、部署在认定保留数据中心533个。完成南宁市自建政务服务专业办理系统与广西数字政务一体化平台对接,超4.40万个政务服务事项可通过广西数据政务一体化平台办理。市大数据发展局梳理汇总形成扬尘治理、行政审批、获得信贷专题政务数据资源需求清单(第一批)55条需求目录,实现房产、税务、民政、工商、公安等部门数据共享集成,整合相关数据支撑扬尘治理、不动产登记业务应用办理;推动“互联网+监管”,入库监管行为信息192.58万条,监管事项数据覆盖率79.29%。政府门户网站发布信息超2.60万条,受理依申请公开政府信息136件,网站点击量734.10万次,访问用户381.70万人。

【智慧城市建设】 2020年6月24日,市大数据发展局与市发展改革委、市财政局联合下达《南宁市2020年智慧城市建设项目投资计划》,投资9000万元,安排项目86个,重点推进工程建设项目审批系统、扬尘治理视频综合管理系统(二期)、公共服务大数据治理与应用平台等智慧应用。1月15日,南宁市“区块链+人社”应用平台发布首批服务应用,实现民生服务在自治区率先上“链”,构建链上民生服务新生态;2月7日,南宁“智慧人社”上线“免办”发放平台,实现“政策找人”“补贴找企业”,由企业一键确认“同意”立即发放补贴,全程“免填表”“免申报”“免跑腿”。3月20日,市住建局核发自治区第一批电子版商品房预售许可证,实现企业在线申请办理商品房预售许可业务。5月11日,南宁地铁“全态识别”系统面向大众进入公测阶段,通过采集乘客脸部特征、体态特征及步态特征等信息识别过闸;15日,市教育局完成“空中课堂”优秀课例录制,1513名教师、250名技术人员参与录制,播出12个年级20门学科2095节优秀课例,全区点击量15.20亿次、点播人数3.42亿人次。7月28日,“南宁市政策兑现综合服务平台”上线,为广西自贸试验区首个政策兑现应用平台。8月11日,市人社局与南宁公积金管理中心打通数字认证共享路径,首创“认证共享通办”,实现“五险一金”一号认证、一网通办。11月20日,南宁电子印章公共服务平台启用,在自治区率先实现“电子营业执照+电子印章”同步发放;24日,全国首创电子诚信卡——南宁市诚信卡在“爱南宁APP”上线,首批符合南宁市诚信卡电子标志条件的自然人5518人、社会法人8754家,涵盖所有14类诚信电子标志。南宁市公共信用信息共享平台被评为2020年全国信用信息共享平台和信用网站一体化建设“标准化平台网站”,南宁市《着眼信息惠民 构建就医新体验》被评为2018—2019年新型智慧城市建设评价典型优秀案例。市大数据发展局在浙江大学举办政务数据“聚通用”专题研讨班,培训55人。

【数字经济建设】 2020年,南宁市引进华为、浪潮、阿里、腾讯等企业,培育中国—东盟信息港股份有限公司、数字广西集团有限公司等本土企业,有数字经济企业6429家,占自治区58.40%。筹建数字经济类项目103个,完成投资324.20亿元。364家企业通过国家高新技术企业认定,其中数字经济类企业152家以上。71家单位被

2020年12月,五象远洋大数据产业园数据中心机房(A1)及机电一期配套工程完工
贺雨扬 摄

评为第二批数字广西建设标杆引领重点示范项目(企业、平台);广西首台服务器暨浪潮南宁生产基地首批服务器和计算机产品在南宁下线,搭载鲲鹏芯片的数广宝德服务器产品和PC产品在南宁实现批量生产。形成五象新区、南宁高新区、青秀区等数字产业集聚区,中国—东盟信息港南宁核心基地框架基本形成。建设南宁·中关村创新示范基地、中国—东盟新型智慧城市协同创新中心、广投数字经济示范基地、中国—东盟地理信息与卫星应用产业园、中国—东盟空间信息技术创新示范基地等载体平台,占自治区十大数字经济产业园一半。累计建成项目35个。

【区县信息化建设】 2020年,南宁市区县(开发区)开展益农信息社村级站点建设,益农信息社行政村覆盖率100%。6月23日,西乡塘区坛洛镇上中村颁发第一本通过"互联网+不动产登记"农村房地一体确权登记方式办理的农村不动产确权登记证书。青秀区完成基地种植产品溯源档案及基地实时视频观看系统建设,消费者可通过实时视频观看基地生产情况,实现农产品全程溯源。邕宁区扶持重点养殖企业建设管理、原材料采购和种猪销售网络技术平台,利用数字信息为培育优质种猪和生产商品肉猪提供技术保障。武鸣区建立旅游大数据平台,通过分析全样本数据挖掘游客的基本属性、行为特征、兴趣偏好。7月9日,横县与中国移动通信集团广西有限公司南宁分公司、上海依图网络科技广西公司、亚创云(广东)数据科技有限公司、中国铁塔股份有限公司南宁市分公司举行大数据产业项目签约仪式,总投资约31亿元;投入410万元,建设66.67公顷茉莉花生产数字化试点基地,配备智能监测系统、数字农业设备、茉莉花生产智能数据平台,实现茉莉花生长数字化精准管理;入选首批国家数字乡村试点地区。隆安县建设秸秆禁烧智能化视频监控系统,建立人防和技防结合的监管工作机制。上林县利用邮政电商自媒体平台,发展"特色农业+电商扶贫",销售百香果、大米、茶叶、火龙果、柑果等农副产品超3.50万件。马山县实施"互联网+"农产品出村进城工程,推进电子商务进农村,在线上销售马山农特产品7000多万元。

(市大数据发展局)

软件和信息技术服务业

【概　况】 2020年,南宁市软件和信息技术服务业主营业务收入210.28亿元(不含中国电信、中国移动、中国联通3大运营商),比上年增长29.60%。主营业务收入亿元以上企业22家,收入190.80亿元,占行业总量90%。其中,润建通信股份有限公司、中国—东盟信息港股份有限公司、广西壮族自治区公众信息产业有限公司、数字广西集团有限公司等企业主营业务收入占行业93.39%。9月28日,市工信局组织"2020中国北斗东盟行"线下互动及线上"云签约"活动,线下组织越南、柬埔寨、缅甸、泰国、老挝、马来西亚6国驻邕官员,中国香港特别行政区政府驻广西联络处代表等到中国—东盟北斗/GNSS(南宁)中心交流。11月26日,在第三届中国—东盟北斗应用与产业发展合作论坛上,组织南宁软件和信息技术服务业企业分别与菲律宾、柬埔寨、泰国企业线上签订项目合作协议3个。

【软件产品研发】 2020年,南宁市软件和信息技术服务业企业数量、技术水平和收入居自治区首位,软件产品主要以应用软件、系统平台为主。列入自治区工业和信息化发展专项资金信息化项目19个,涉及物联网、大数据、北斗网格码、云计算、虚拟卡等技术,产品涉及跨国跨区域通信服务平台、智慧公共服务平台、闸机物联网安全系统、冷链物流配送系统及智慧伴游系统等,技术研发和产品应用达到行业先进水准。组织数字广西集团有限公司、广西泛糖科技有限公司、广西国信云服科技有限公司、广西桂能软件有限公司、广西梯度科技有限公司5家软件企业到杭州市参加第二十四届软件博览会,一铭软件股份有限公司的"国产Linux桌面系统"进入部分省市采购目录。广西梯度科技有限公司自主研发的梯度智能云平台完成与龙芯、兆芯、飞腾、鲲鹏、中科曙光5个CPU厂商兼容认证,并完成与银河麒麟操作系统、统一操作系统、达梦数据库、国产整机服务器、国产储备设备国产化信息技术应用创新产品的兼容适配,长期服务中国国防科技大学、中国电信翼支付、广西商务厅等数百家客户。

【软件公共服务体系建设】 2020年,南宁市主动联系对接服务企业,落实政策支持。南宁市研祥特种计算机软件有限公司、广西金庚科技有限责任公司、广西壮族自治区数字证书认证中心有限公司、广西网信信息技术有限公司、数字广西集团有限公司、云宝宝大数据产业发展有限责任公司、广西东信数建信息科技有限公司、广西茜英信息技术有限公司、广西阳晨伟业科技有限公司、广西南方天网电子科技有限公司、广西泰盈信息技术有限公司、广西西能自动化设备工程有限公司、广西海颐软件有限公司、广西捷通高科技有限公司、广西壮族自治区公众信息产业有限公司、中国—东盟信息港股份有限公司、广西巨拓电子科技有限公司、广西联正达通信技术有限公司18家企业获2019年度南宁市规模以上营利性服务业企业奖励76万元。其中,南宁市研祥特种计算机软件有限公司获月度入库奖励5万元,广西壮族自治区公众信息产业有限公司、广西捷通高速科技有限公司、中国—东盟信息港股份有限公司3家企业获上台阶奖励25万元,广西巨拓电子科技有限公司、广西联正达通信技术有限公司2家企业获增速奖励10万元。

【产业集聚区建设】 2020年,南宁市软件和信息技术服务业形成五象新区、南宁高新区、青秀区等集聚区。软件和信息技术服务业新增上规入统企业23家,累计67家,产业园区载体功能和孵化能力提升。推进中国—东盟信息港南宁核心基地建设,打造五象新区总部基地板块区域、产业板块区域以及一批产业承载园区,推进南宁软件园等软件和信息技术服务业集聚区发展,支持南宁·中关村创新示范基地以及南宁创客城等"互联网+"众创平台建设。培育北斗时空信息产业链,以广西北斗综合应用示范项目为契机,围绕"一平台四应用"(北斗综合位置服务平台,基于北斗的中国—东盟车船跨境物流监管与服务、智慧糖业、西江船舶智能通航管理与服务、城市化精细4个领域综合应用)建设,打造新一代信息技术产业发展亮点,构建面向东盟的北斗时空信息枢纽。

(庞伟民)

通信业

【概　况】 2020年,南宁市电信业务总量863.63亿元,比上年增长12.40%。有中国电信股份有限公司南宁分公司(简称"中国电信南宁分公司")、中国移动通信集团广西有限公司南宁分公司(简称"移动南宁分公司")、中国联合网络通信有限公司南宁市分公司(简称"联通南宁分公司")3家通信运营商,通信主营业务收入82.24亿元。其中:中国电信南宁分公司主营业务收入28.73亿元,增长4.23%;移动南宁分公司主营业务收入超44亿元,增长5.84%;联通南宁分公司主营业务收入9.51亿元,下降4.50%。

(市方志办)

【中国电信股份有限公司南宁分公司】2020年，中国电信南宁分公司辖兴宁区、江南区(五象新区)、青秀区、西乡塘区、邕宁区(城郊)、武鸣区、横县、宾阳县、上林县、马山县、隆安县11个区县分公司。有员工3570人，其中合同制员工1366人。主营业务收入28.73亿元，比上年增长4.23%。有移动电话用户304.67万户，净增25万户，其中5G套餐用户81.70万户(4G升5G套餐签转36万户)；宽带用户133.64万户，净增4.08万户；固定电话用户50.17万户。新增有线宽带终端用户20.50万部，发展千兆宽带用户13万户。打造“样板间+样板社区”1701个，发展天翼看家用户6.10万户。双线(同时接入两家不同运营商的宽带)接入用户5.67万户(7.17万端)，两类专线(有线宽带终端用户专线、千兆宽带用户专线)用户净增0.86万户。新增IPTV(交互式网络电视)用户10.98万户，宽带渗透率69.50%。拓展政企天翼用户11.20万户，新增校园天翼用户7.30万户，集群网续约率92.44%。DICT(智能分布式数字监控核心服务器)收入1.20亿元，增长22%；云业务发展1.40万核，收入增长127%；“天翼大喇叭”智能音箱在横县、宾阳县、上林县、马山县、隆安县及武鸣区超1548端。丰富分期业务模式，电子渠道办理业务9.20万单。有销量网点1541个，有销量渠道份额56%；高价值业务销售网点701个，占全网业务销售网点52%；开展专营连锁化运营，完成300家专营门店5G换标；销售策略转型，社会渠道积分发展4317万分。FTTH(光纤到户)全网端口285万个、实占率50.21%，覆盖城市小区4639个、覆盖率99.83%，覆盖自然村1.17万个、覆盖率89.32%，其中50户以上自然村通达率97.80%。宽带光衰达标率93.55%。工信部重点专项投诉考核指标下降22.86%，宽带催修率2.70%。完成重大活动网络与信息安全保障4次，出动保障人员600多人次、应急保障车100多辆次；协助公安机关破获盗窃破坏通信线路案件4起，抓获嫌疑犯11人。受新冠肺炎疫情影响，第17届中国—东盟博览会、中国—东盟商务与投资峰会采取“云上东博会+线下实体展会”模式，投入保障人员500多人次、车辆100多辆次，整治重要保障场所故障隐患170多个，完成现场5G网络全覆盖，安装千兆互联网专线16条、网络信息接入点80多个及网络设备30多套。保障“空中课堂”运行，为全市各学校开通“天翼云课堂”账号几十万个；在南宁政府部门、地铁站、医院、学校等100多家单位安装5G热成像人体测温系统，在村屯安装“天翼大喇叭”智能音箱；提前优化、维护通信设备，采用新型室内分布5G设备，保障新冠肺炎疫情后复工复产通信稳定。主要存在移动用户规模发展不足，宽带用户离网率未达预期，DICT发展渠道发展不均衡；光缆中断多，基站断站率偏高，政企客户业务频繁出现重大故障，产品品质受损；千兆交付标准不明确，满意率偏低；管理创新能力不足，存量经营的精准派单流转和闭环管理效率低等问题。（许辉坚）

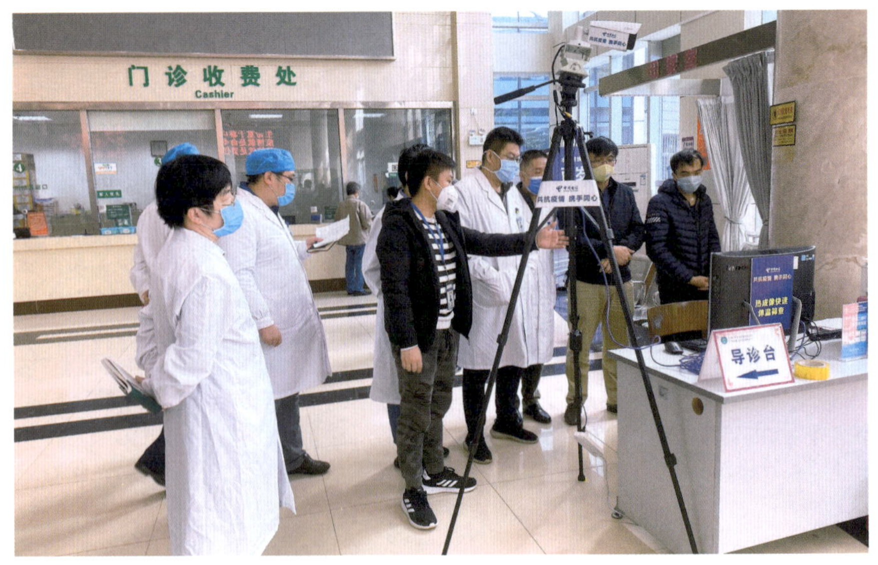

2020年2月20日，中国电信南宁分公司技术人员在广西医科大学肿瘤医院进行5G热成像设备使用培训　　许辉坚　摄

【中国移动通信集团广西有限公司南宁分公司】2020年，移动南宁分公司下辖东区、西区、邕城、武鸣、横县、宾阳、上林、马山、隆安9个分公司，有员工1864人。有自控渠道约100个、社会渠道约1100个。主营业务收入超44亿元，比上年增长5.84%。有移动电话用户约600万户，宽带用户133.82万户。交换机容量约28万爱尔兰。有移动基站3.09万个，移动通信网络行政村覆盖率100%，自然村覆盖率97.31%。光纤通达行政村比例99%，通达自然村比例90.30%。为市新冠肺炎疫情防控指挥部、市卫健委、市疾控中心、医院等机构提供对讲机、移动5G体温精准筛查系统、千里眼摄像头、防疫应急专线、云视讯设备等硬件；配合城区卫健局、街道办、乡镇政府发布公益短信超500万条；将覆盖南宁市65家医院、3个定点隔离酒店的154个基站纳入“7×24小时”重点监控，完成重点单位线路保障50余次。与市城管综合执法支队合作建设的5G智慧城市“5G+扬尘监控项目”在工信部主办的第三届“绽放杯”5G应用征集大赛中获优秀奖；与市河长办合作建设河长制信息化监督管理平台累计汇总信息超28万条；参与市第十四中学“5G+智慧校园”项目建设，通过“5G网络+全息投影技术”将主课堂教室实时情况

2020年4月23日，南宁急救医疗中心和移动南宁分公司的工作人员在南宁急救医疗中心120指挥中心进行5G智慧急救车场景搭建及环境测试　　麦小丽　摄

在听课教室再现；与市第一人民医院、市第一人民医院埌东医院、市第二人民医院、市第三人民医院、市第四人民医院、市第五人民医院合作“5G+智慧医疗”项目，5G智慧救护车的医疗设备音视频信息和数据实时传回急救中心。重点建设广西大学、东盟商务区、南宁吴圩国际机场、南宁地铁4号线及南宁地铁2号线东延线等5G场景，市区移动5G网络覆盖率升至99.30%，基本实现市区及县城5G网络连续覆盖，是全国首批达到SA（独立组网）精品网标准的城市，入选中国移动全国十大非独立组网网络优秀城市。建设2020年电信普遍服务项目站点36个，自然村4G网络覆盖率97.31%。市区、县城及重点乡镇具备千兆宽带接入能力。开展综合整治骚扰电话、不良信息治理、系统病毒治理、防范打击电信诈骗治理等专项行动，关停涉嫌诈骗号码860个，封堵高危号码4.20万个。移动南宁分公司团队被评为2020年全国优秀质量管理小组、通信行业优秀质量管理小组，自治区级质量管理小组金奖和质量信得过班组金奖，获“广西劳动模范”称号1人、“广西五一劳动奖章”1人。主要存在发展不平衡、运营机制转型有待加快、营销单元IT（互联网技术）赋能意识转型不足、融合营销能力和网业协同效能有待提升等问题。（林　荣）

【中国联合网络通信有限公司南宁市分公司】2020年，联通南宁分公司下设划小单元38个（网络划小单元7个、生产划小单元31个），员工1349人，其中合同制员工615人、第二方派遣人员734人。主营业务收入9.51亿元，比上年下降4.50%。发展移动电话用户44.60万户，宽带用户6.30万户。自营渠道线上线下一体化运营，终端销量4.94万台。新建社会渠道71家，有销量渠道占全渠道数量71.80%。异业渠道发展移动网络用户6.70万户，其中中高端用户占比36.60%，提升33%。线上渠道增量开账收入2400万元，增长42.80%。中标及签约重大项目35个，其中百万级以上项目15个，合同总金额5573万元，上升51%。依托“钉钉”平台搭建南宁市“空中课堂”，用户访问量560万次，出售热成像仪设备241套，服务学校、单位185家。开通广西防疫定点医院5G基站，重点保障医院区域和党政机关基站858个、专线341条，为749个政企客户提供公益短信服务超百万条。承接“三企入桂”、泛北部湾经济合作论坛等23场国际、国家级视频会议的云视频与网络保障。共享开通2976个5G站点，共享率100%，全网具备5G SA业务能力。建设4G基站166个，开通室内分布系统292个，新增楼宇覆盖3076栋，与电信共建共享4G站点473个，南宁市主城区及主要乡镇4G信号覆盖率90%以上。推出“5G智慧·服务上云”服务品牌，把数字生活服务专家推送给客户及合作伙伴，完善线上便捷查询、服务缴费、业务办理等功能。移动网口碑场景小区退服率改善50.22%，固定宽带网光衰合格率97.24%，装机及时率91.93%；客户投诉率下降8%，有效申诉率下降36%。主要存在成本效益和创收能力有待提升，数字化转型成效不明显，微观主体活力、动力需进一步激发，重点领域资源配置不足等问题。（黄思敏）

无线电管理

【概　况】2020年，南宁市无线电监测中心（简称“市无线电监测中心”）进行日常无线电监测2.25万小时，查处“黑广播”4起，为考试提供无线电安全保障26次。新冠肺炎疫情期间，保障中国电信、中国移动、中国联通3大运营商及广播、民航、社会应急、轨道交通、电力等重点用户用频。落实《广西水上无线电频率保护工作协同机制》，与南宁海事局、崇左市无线电监测中心签订三方合作协议，深化频台监管、监督检查、干扰排查等方面的协调联动。承办2020年广西南宁市青少年无线电测向、定向竞赛。主要存在人手严重不足等问题。

【无线电监测】2020年，市无线电监测中心继续执行固定监测站和移动监测站相结合的日常监测制度，日常无线电监测2.25万小时，归档整理监测数据。派出3人参与自治区无线电监测中心组织的北部湾沿海区域无线电监测，获取沿海区域监测数据、港口通信频率和台站使用情况，为航空、航海无线电通信安全及无线电干扰查处提供技术支持。

【无线电频率台站管理】2020年，市无线电监测中心受理、办理行政许可审批52项。其中：呼号申请8项，指配呼号8个；频率申请11项，指配频率每组15个；设台申请33项，新设电台53台。承诺时限内办结率100%，无投诉事件发生。受理干扰申诉8起，主要涉及航空、铁路和通信运营商，均在收到干扰申诉5个工作日内安排查找。在5G建设协调联络机制框架内，为移动运营商排查3起5G基站受无线视频监控干扰，协调解决电信运营商和气象部门、广电系统卫星地球站干扰事宜，加强对无线网桥设备等监管。与市教育局建立校园屏蔽器监管联合机制，解决校园屏蔽器干扰问题。

【无线电安全保障】2020年，市无线电监测中心完成全国人大、政协“两会”，第17届中国—东盟博览会、中国—东盟商务与投资峰会重大活动保障2次。为考试提供无线电安全保障26次，派出187人次、89车次、设备178套次。受新冠肺炎疫情影响，“黑广播”在上半年未出现，下半年有所恢复，与公安、文化广电和旅游部门、公众通信运营商协作，采用无人机等技术在青秀区、西乡塘区、横县、隆安县分别定位和查处“黑广播”4起；为广西广播电视监测中心“黑广播”监测网站点建设提供技术支持和协助。首次完成AIS（船舶自动识别系统）干扰查处，消除安全航行隐患。（覃　巍）

编辑　班　铭

2020年12月18日，联通南宁分公司“5G智慧·服务上云”发布会暨南宁联通成立二十周年企业成果展在青秀山风景区举办　联通南宁分公司提供

南宁年鉴

综　述

【概　况】 2020年，南宁市金融工作办公室（简称“市金融办”）围绕服务实体经济、防控金融风险、深化金融改革三大任务，抓好“六稳”工作，落实“六保”任务，实现金融业逆势上扬。新增贷款1904亿元，支持企业复工复产和重点领域、重点项目实施。金融业增加值对国内生产总值增长贡献率19.50%，比上年提高2.20个百分点，占国内生产总值12.20%，提高0.4个百分点。人民币存款余额11498.25亿元，增长7.28%；人民币贷款余额15868.84亿元，增长13.64%。新增资本市场直接融资945.20亿元，增长16.20%。保费收入246.87亿元，增长16.25%。小额贷款公司贷款余额290.03亿元，下降28.57%；融资担保公司担保余额472.06亿元，增长44.91%；典当总额14.17亿元，增长76.60%。金融业发展仍面临金融创新承载主体和有效需求不足、金融高端人才缺乏、金融风险防控压力大等问题。

【金融服务实体经济】 2020年，市金融办用好市县两级政金企对接机制，发动市、县行业主管部门，聚焦薄弱环节和重点领域，组织召开农业、扶贫、“五网”（交通网、水利网、能源网、信息网、物流网）建设、“双百双新”“稳企贷”等政金企对接活动81场。设立广西（南宁）民营小微企业首贷续贷中心，为企业提供首贷、续贷受理、政策咨询等一站式综合金融服务，首贷续贷中心与广西综合金融服务平台、爱南宁企业金融超市线上平台推动政金企实现线上线下全面对接，3200多家企业通过广西综合金融服务平台和企业金融超市开展融资对接，获贷款超100亿元。落实复工贷稳企贷财政贴息政策，推动银行机构下浮2个百分点发放贴息贷款91亿元，支持2636家企业生产发展，为企业节约成本近2亿元，贷款金额居自治区首位。优化营商环境，增加信贷投放，普惠型小微企业贷款余额691亿元，在自治区排名第一；普惠型小微企业有余额贷款户数10.78万户。降低企业融资成本，新发放普惠型小微企业贷款利率5.46%，比上年降低0.69个百分点，费用降低0.21个百分点。

【金融开放门户南宁核心区建设】 2020年，南宁市保费收入246.80亿元，占自治区33.60%，保费收入增速、保额增速分别高于自治区6.30个百分点、56.30个百分点，保险密度、保险深度均居自治区首位。

保险创新综合示范区建设　南宁市推动中国太平保险集团设立太平—中财东盟保险研究院及全国首家面向东盟的保险总部——太平东盟保险服务中心，与太平东盟保险服务中心共建跨境保险创新实验室，创设太平东盟保险服务中心入选2019年度广西金融创新十大案例。推动太平保险发布《东盟国别风险及财险监管报告》《东盟国家灾害风险与财险市场报告》，深化跨境保险基础研究。实现跨境车短期保险、跨境“保险＋医疗”服务模式、跨境协同联动机制等创新超20项，推出复工企业新冠肺炎疫情防控综合保险，提供保险保障640万元；在自治区率先推出首个进口冷链食品安全防疫综合保险，提供风险保障1.14亿元；推出自治区首单生猪“保险＋期货”价格指数保险；推动中小微企业出口信用保险，企业线上线下投保累计343家。

绿色金融改革创新示范区建设　全市绿色贷款余额1643亿元，占自治区58%，占南宁市、柳州市、桂林市、贺州市4个创建设区市绿色贷款80%；创新推出绿色产业风险保障类、绿色金融信用风险保障类等绿色保险种类45个。培育上市后备绿色企业5个（广西力源宝科技有限公司、西牛皮防水科技有限公司、华鸿水务集团股份有限公司、广西东林木业有限公司、广西佳年农业有限公司）。推动全市设立绿色金融专营机构75个，以及多个省级绿色专营机构和特色绿色支行，在广西（南宁）民营小微企业首贷续贷中心加挂绿色金融服务中心牌子；建立绿色项目（企业）库，首批入库59个，总投资额93.50亿元；与广西北部湾股权交易所等建立绿色债券发行合作机制。

跨境金融改革创新　全市跨境人民币结算量624亿元，占自治区40%；落地创新成果超70项，其中“政银合作”一站开户模式，企业融资、股权融资、民营小微企业首贷续贷“三合一”服务中心，地方金融监管风险预警平台，中国—东盟跨境金融改革创新，中国—东盟（南宁）金融服务平台5项金融创新案例入选中国（广西）自由贸易区首批制度创新成果，广西自贸区南宁片区金融创新指数在第四批19个片区排名第二，“中国—东盟跨境金融改革创新”入选“2019—2020年度中国自由贸易试验区制度创新十佳案例”。

【金融招商】 2020年，南宁市建立“448”（组建4人核心团队，即主要领导1人、分管领导1人、业务骨干2名；实行招商项目“4个1”服务，即确定1名牵头领导、制定1个推进方案、明确1名项目对接人、建立1个微信工作群，推动项目8步走，即规划先行、确定产业定位、构建招商网络、锁定目标企业、制定服务方案、逐步对接落地、后续精准服务、项目绩效跟踪）金融招商机制，构建市、区县（开发区）联动、统筹推进的招商格局，开展“云招商”“资本＋产业”、金融“以商招商”等，将金融招商与金融开放门户工作一体推进。组织招商团队赴北京、上海、合肥、成都、深圳、长沙等地开展招商10次，举办中国—东盟金融城专场推介及圆桌会议6场次，开展“走进中国—东盟金融城”系列活动6场次，接洽中国光大集团、交通银行、平安集团等重点企业760余家次。推动市政府与富邦华一银行、中国光大集团等签订共建面向东盟的金融开放门户战略合作协议，引进深圳证券交易所、上海证券交易所“双基地”，与交通银行合作成立广西（南宁）金融创新联合实验室，农业银行中国—东盟跨境人民币业务中心、中国—东盟金融合作学院揭牌。中国—东盟金融城新增入驻企业102家，累计超5000家，其中金融机构（企业）162家。

【多层次资本市场】 2020年，南宁市新增深交所创业板上市在审企业2家（华蓝集团股份公司、广西森合高新科技股份有限公司），其中华蓝集团首发上市申请获深交所创业板上市委员会通过，成为创业板改革并试点注册制后广西首家过会企业；新增证监局辅导备案企业3家（华蓝集团股份公司、桂润环境科技股份有限公司、华鸿水务集团股份有限公司）；新增新三板挂牌企业2家（广西宏桂印务股份有限公司、广西中新正大国际旅游股份有限公司），累计30家；新增自治区上市（挂牌）后备企业7家（广西辽大农业科技集团股份有限公司、广西蜂鸟科技有限公司、广西力源宝科技有限公司、广西轩妈食品有限公司、华鸿水务集团股份有限公司、广西博繄科技发展有限公司、广西北部湾银行股份有限公司），累计35家。境内外累计上市企业16家，占自治区36%；新增资本市场直接融资945.20亿元，占自治区48%。南宁市创业投资引导基金设立子基金5支、总规模5.20亿元，其中创投基金实缴0.62亿元，撬动社会资本实缴1.97亿元，实现财政资金4.20倍规模放大。新增创投基金对外投资项目4个（华蓝集团股份公司、北京酷炫网络技术股份有限公司、桂林光隆科技集团股份有限公司、苏州清研微视电子科技有限公司），累计16个；新增投资额3793万元，累计2.08亿元。创投基金受托管理机构南宁金融集团被中国有限合伙人联盟（中合会CLPA）评为第十三届中国有限合伙人榜单2019—2020年度引导基金最具潜力10强。南宁市天使投资基金投资南宁久仁建新生物科技公司500万元项目落地。率先采用政府购买服务组建由证券保荐人、会计师、律师组成的专家智库，对全市100余家重点上市（挂牌）后备企业开展“诊断式精准服务”“一对一”访谈企业80余家。利用新媒体“云课堂”，开展“一周一课”精准培训，举办资本市场专题培训13场次，参加企业超1000家。举办“邕城创投会”“邕城创客行”等活动20余场次，促成融资对接超40亿元，支持生物医药、电子信息、5G通信、新材料等企业（项目）转化落地；举办2020年南宁市创新创业项目投融资路演大赛，60余个高成长性创新项目开展融资对接12.61亿元。

【金融风险防控】 2020年，南宁市将防范和处置非法集资纳入网格化服务管理，修订出台《南宁市非法集资举报奖励办法》，将社区网格员纳入非法集资举报奖励对象范围，受理非法集资举报线索45条，梳理移交公安机关18条，发放非法集资举报奖励3356元。开展防范非法集资线下宣传“七进”（进机关、进工厂、进学校、进家庭、进社区、进村屯、进网点）活动985次，在南宁火车东站、地铁、公交等公共媒体播放公益广告12.58万次；微信公众号、微博等线上宣传阅读量43.94万次；宣传活动覆盖140余万人。6月，将438家涉非涉稳重点关注企业移交属地排查，经市场监管部门吊销营业执照或要求企业整改，8月重点关注企业降至373家，均被列入南宁市地方金融监测预警风险平台重点关注名单。列入整治范围的28家网贷机构全部停业，其中转型2家、良性退出22家、立案打击退出4家。

【金融环境优化】 2020年，市金融办牵头制定《南宁市金融生态建设评价暂行办法》，从行政服务环境、信用环境、金融运行质量、金融运行安全环境及创新加分项5项指标对15个区县（开发区）分类进行“红黑榜”督查考核通报，其中隆安县被列入贫困县类“红榜”，南宁经开区被列入开发区类“红榜”，江南区、良庆区被列入其他区县类“红榜”。开展优化营商环境获得信贷指标百日攻坚行动，召开优化营商环境获得信贷、保护中小投资者指标工作专题会议，引导驻市银行业金融机构压缩信贷办理时间、降低企业融资成本、优化动产抵押融资、提高企业融资便利度，推动民营和中小企业融资“获贷提速降本”，优化企业融资环境。

【农村金融改革】 2020年，南宁市涉农贷款余额2510.66亿元，比上年增长15.07%。鼓励广西北部湾银行、桂林银行、柳州银行等地方法人机构在县域新设分支机构，广西北部湾银行、桂林银行在县域分支机构覆盖率100%。推广百色市田东县“农金村办”模式，区县与辖区涉农金融机构合作在1300个村民委员会（不含乡镇社区）设立“三农金融服务室”，行政村覆盖面100%。打通农村金融服务最后一公里。农村信用“四级联创”（创建信用户、信用村、信用乡镇、信用县）创建信用户72.84万户、信用村727个、信用乡镇60个，创建面分别为58.67%、55.92%、58.82%。推动区县在乡村振兴试点村推广武鸣区农村承包土地经营权抵押贷款试点经验，22个乡村振兴试点村开展“两权”（农民住房财产权、农村土地承包经营权）抵押贷款业务25笔，金额371.50万元。

【政府性融资担保体系建设】 2020年，南宁市小微企业融资担保有限公司有合作银行18家，获银行准入授信62.50亿元；开展“4321”（市小微担保公司，广西再担保有限公司，银行业金融机构，市本级和融资担保业务发生地区县、开发区财

2020年9月11日，南宁市创新创业项目投融资路演大赛在良庆区裕达国际酒店举行
李焕 摄

政按照 4:3:2:1 比例分担代偿责任)政府性融资担保业务 21.72 亿元,比上年增长 76.16%,实现 15 个区县(开发区)业务全覆盖,平均担保费率 0.78%。年末在保余额 22.23 亿元,增长 93.87%。(杨　培)

银　行

【概　况】2020 年,南宁市驻市银行业金融机构 51 家,其中政策性银行 3 家(国家开发银行、进出口银行、农业发展银行),国有商业银行 5 家(工商银行、农业银行、中国银行、建设银行、交通银行),股份制商业银行 10 家(光大银行、浦发银行、华夏银行、兴业银行、中信银行、招商银行、民生银行、广发银行、平安银行、渤海银行),城市商业银行 3 家(广西北部湾银行、柳州银行、桂林银行),外资银行 4 家(星展银行、南洋银行、汇丰银行、东亚银行),资产管理公司 4 家(华融资产管理公司、长城资产管理公司、东方资产管理公司、信达资产管理公司),非银机构 3 家(北部湾金融租赁公司、南方电网财务公司广西分公司、广西交通投资集团财务有限责任公司),农村商业银行 4 家(宾阳农村商业银行、隆安农村商业银行、马山农村商业银行、上林农村商业银行),农村信用社联社 6 家(广西壮族自治区农村信用社联合社、南宁市区农村信用合作联社、邕宁区农村信用合作联社、武鸣区农村信用合作联社、横县农村信用合作联社、宾阳县农村信用合作联社),村镇银行 8 家(南宁江南国民村镇银行、南宁隆安长江村镇银行、南宁马山长江村镇银行、广西上林国民村镇银行、南宁兴宁长江村镇银行、南宁武鸣漓江村镇银行、宾阳北部湾村镇银行、广西横县桂商村镇银行),邮政储蓄银行 1 家(邮政储蓄银行广西壮族自治区分行)。南宁辖区银行业金融机构营业网点 1259 个,从业人员 2.40 万人。银行业金融机构总资产 2.03 万亿元,比年初增长 5.14%。存款余额 1.16 万亿元,增长 7.31%;贷款余额 1.63 万亿元,增长 12.71%。

【中国人民银行南宁中心支行】2020 年,设分支机构 7 个(南宁中心支行、武鸣支行、宾阳县支行、横县支行、隆安县支行、马山县支行、上林县支行)。全市金融机构本外币存款余额 11573.75 亿元,比年初增加 788.75 亿元,增长 7.31%,增速提高 1.42 个百分点;本外币贷款余额 16254.06 亿元,增加 1833.29 亿元,增长 12.71%,增速下降 2.11 个百分点。引导支持实体经济信贷投放,再贷款余额 67.07 亿元,增长 185%;发放再贷款 116.57 亿元,增加 14.42 亿元;办理再贴现 375.02 亿元。落实普惠小微企业贷款延期还本付息政策和信用贷款支持计划政策,向南宁市符合条件的法人金融机构提供激励资金及零利率资金 1.43 亿元,引导普惠小微贷款延期率 49.47%,信用贷款占比 19.70%。开展“民营中小微信贷增量”“制造业中长期信贷提速”“稳企贷查访”“百名行长下百县”等专项行动,民营企业贷款余额 1644.95 亿元、增长 19.55%,制造业中长期贷款余额 316.57 亿元、增长 72.08%,小微贷款余额 1788.54 亿元、增长 20.76%。推动创业担保贷款线上办理,审批时间由 28 个工作日缩短至 13 个工作日;帮助南宁市民贸民品企业申请贴息金额 2398 万元;春耕备耕金融服务重点做好对粮食生产、农资调度、农机购置等“米袋子”“菜篮子”工程信贷支持,涉农贷款余额 2510.66 亿元,增长 15.07%。深化利率市场化改革,压降融资成本,新发放的贷款中运用 LPR(贷款基础利率)定价占比近 100%,法人金融机构完成存量转换;发挥地方金融监管协调机制,加强对结构性存款、存款创新产品联合监管。发行非金融企业债务融资工具 526.70 亿元,占自治区发行额 65.33%;银行结售汇 91.99 亿美元、下降 2.33%,产生结售汇逆差 35.79 亿美元、下降 27.55%;推进跨境金融区块链服务平台试点,银行业金融机构通过区块链服务平台为企业办理出口应收账款融资 38 笔,放款 18.6 亿元,缓解出口企业融资难、融资贵问题。支持银行创新跨境金融服务,开发针对性外汇衍生产品,银行外汇衍生品业务签约金额 113.53 亿美元,增长 10.16%;倡导外汇业务线上办理,办理经常项目外汇业务行政许可 647 笔,其中线上办理 342 笔。推动 19 家银行分支机构及中银香港东南亚运营中心、广西(南宁)金融创新联合实验室在中国(广西)自贸实验区南宁片区落户(地)。推动双向跨境投融资活动,新登记外资企业 32 家,累计流入外汇资本金 3.41 亿美元,增长 86.63%;新登记境外投资企业 16 家,境外投资资本金汇出 1.25 亿美元,增长 64.76%;新登记跨境贷款 27 笔,合同金额 9.48 亿美元,增长 14.08%。有征信查询点 7 个、自助查询机具 45 台,接入机构月均查询征信系统逾 28 万次;南宁市区县农户信用信息系统建设率 100%,农户入库率超 93%,信用户、信用村、信用乡镇创建面均超 55%,创建“三农金融服务室”1292 个;运用中征应收账款融资服务平台促成融资 64.97 亿元,累计融资 178.85 亿元;发展支付体系,处理业务 0.70 亿笔 30.46 万亿元,实现资金净流出 0.67 亿元。推进移动支付便民工程,“云闪付”APP 新增注册用户 312.73 万户,12 个综合性商圈、9.43 万户小微商户、327 个连锁品牌、8300 多个门店完成移动支付受理环境改造。提升国库服务水平,开通新冠肺炎疫情防控资金拨付“绿色通道”,及时准确拨付防疫资金;畅通减税降费惠民政策落地“最后一公里”,助力市场主体复工复产复市,国库收支 5251.67 亿元,比上年增长 23%。保护金融消费权益,12363 投诉咨询平台受理有效金融消费投诉 713 笔,季度平均办结率 90% 以上,接到咨询 7307 笔;排查金融广告 24 条,处理涉嫌违规金融广告 9 条。(易昌军)

【国家开发银行广西壮族自治区分行】2020 年,有员工 223 人;信贷资产总额 3572 亿元,表内贷款余额(含转贷款)3629 亿元,比年初增长 7%。其中:人民币贷款余额 3374 亿元,增长 10%;外币贷款余额 38.93 亿美元;不良贷款率 0%。社会融资总量超 1100 亿元,重点投向扶贫、棚改、交通、电力和公共基础设施等领域。在广西金融同业市场的本外币贷款、人民币中长期贷款、外币贷款、棚改贷款、专项建设基金、助学贷款等领域保持市场份额首位。建立应急贷款快速响应机制和审批绿色通道,发放新冠肺炎疫情防控和复工复产专项贷款 161 亿元;建立疫情防控和经济社会发展项目融资对接推进机制,推动对广西重点领域重大项目支持“项目化、清单化、责任化”,与 3 家自治区重点企业签署合作协议,推动银政企关系再上新台阶。发放生源地助学贷款 39.38 亿元,受益贫困学生 51.55 万人。发放交通领域贷款 288 亿元,重点支持柳州经合山至南宁公路、新建云桂铁路等重大交通基础设施项目。发放制造业中长期贷款 54 亿元,支持柳州汽车城、玉柴新能源纯电动商用车等重点项目。发放转贷款 25.50 亿元,支持保民生稳就业,惠及小微企业和个体经营户逾 1000 户。发放绿色产业贷款 107 亿元,支持打好污染防治攻坚战。发放专项贷款 66.35 亿元,服务“一带一路”建设。通过“云签约”方式分别与斯里兰卡锡兰银行、柬埔寨 ACLEDA 银行签署贷款协议,支持斯里兰卡、柬埔寨疫情防控和经济建设。发行债券 82 亿元,其中广西交通投资集团有限公司 2020 年度第一、第二期超短期融资券等债券发行利率创发行时点广西债券发行历史新低;发行广西首单银行间市场双创债,注册广西首个非金融企业债务融资工具(DFI)项目,助力企业拓展融资渠道。(尚晓常)

【中国进出口银行广西壮族自治区分行】2020 年,有员工 42 人。本外币贷款余额350.1亿元，比年初增加94.17亿元，增长36.80%。资产质量连续3年保持“零不良”，上缴税金8000余万元，增长35%。发挥政策性金融逆周期调节作用，支持新冠肺炎疫情防控和复工复产，发放复工复产贷款251亿元，其中信用贷款占59%；支持稳外贸外资，投向外贸骨干企业贷款余额增长39%，投向外资企业贷款余额增长64%；投放贷款25.72亿元支持中小微外贸企业发展，为上年5倍；投放边贸（含重点开发开放试验区、边境合作经济区）创新贷款余额74.89亿元，增长46%；投放面向东盟贷款余额增长30.08%，占“一带一路”国家贷款66.47%，支持马中关丹产业园联合钢铁贷款项目被评为广西建设面向东盟的金融开放门户年度十大创新案例；牵头70亿元华谊化工业气体岛银团贷款、46亿元金桂浆纸业银团贷款项目等“双百双新”重大项目；支持西部陆海西通道建设，投向交通运输领域贷款余额增长29.48%，授信170亿元重点支持北部湾港、南宁港等重点项目；发放贷款1亿元支持中国—东盟信息港公司建设电子口岸，推动中国—东盟数字互联互通；强化小微企业银行转贷款运用，小微企业银行转贷款业务余额16亿元，增长33%，服务广西小微企业302家，其中首次获转贷款小微企业占96%；加强中国人民银行再贷款、总行专项债为抗疫贷、复工贷、稳企贷等创新产品运用，为防疫重点企业申请专项额度2.80亿元，满足大额防疫资金需求。降低外贸、边贸、工业、小微等重点领域企业资金成本，贷款加权平均利率低于自治区金融机构平均水平150个基点，免收受疫情影响较大的中小企业贷款利息1422万元，延收困难企业利息超3000万元。建立评审“绿色通道”和“项目分类”机制，平均评审时间缩短至4个工作日，防疫紧急贷款最短1.5天完成审批放款，对有需求的复工复产企业提供每周7天“不间断”资金收付服务。（蒋　涛）

【中国工商银行股份有限公司南宁分行】

2020年，辖支行13家（民族支行、琅东支行、南湖支行、共和支行、新城支行、江南支行、高新支行、五象支行、民主支行、武鸣支行、横县支行、宾阳县支行、隆安县支行），经营性网点114个，员工2209人。本外币存款余额1244.68亿元，比年初增加11.27亿元，其中储蓄存款余额587.08亿元、增加34.55亿元，对公存款（不含同业）余额603.92亿元、减少38.57亿元；本外币贷款余额1370.94亿元、增加144.83亿元。发放抗击新冠肺炎疫情贷、复工贴息贷8.14亿元，支持企业复工复产。投放高速公路、机场物流、农网改造升级、轨道交通、污水治理、管网建设等重大项目贷款123.52亿元。其中：投放黑臭水体治理领域贷款26.83亿元，发放南宁轨道交通项目贷款13.74亿元，发放南宁城建集团、南宁五象新区建设投资有限责任公司棚户区改造贷款18.33亿元；以项目前期贷款提前介入，加速发放六（景）宾（阳）高速公路贷款5.65亿元，支持“五网”建设。发放普惠贷款75.12亿元，普惠金融超额完成2项监管口径（人民银行定向降准口径和银保监口径）任务，2项监管口径贷款余额均比上年超16亿元。创新服务方式优化营商环境，10月南宁琅东支行营业大厅投放商事登记自助一体机，办理企业设立登记相关业务。办理跨境人民币结算业务395.32亿元，市场占比67.65%；办理结售汇业务14.58亿美元，增加7.13亿美元，同业市场占比38.59%。新发卡6.44万张，信用卡消费额168.14亿元，分期付款交易额26.81亿元，e支行商户数净增1.46万户，e支付活跃商户数净增6060户，收单交易额142.69亿。个人住房贷款453.64亿元，增加17.86亿元。推出“公积金个人信用贷款金闪借”“万象城线上直播购物支付”“机器人智能外呼营销e分期”等项目，通过“工银e生活”平台为客户提供养老金、社保、住房公积金等信息查询和贷款融资等金融服务，疫情初期投产红十字疫情线上直捐项目受理3万多名爱心人士捐款328万元。实现数字信用凭据融资突破，办理全市同业首笔银担“总对总”（国家融资担保基金牵头政府性融资担保体系与全国性银行总行联手推进的银担业务）批量担保业务，担保金额150万元。（王庆林）

【中国农业银行股份有限公司南宁分行】

2020年，辖一级支行14个（城区8个、县域6个），有营业网点146个（城区95个、县域51个），员工2245人。本外币贷款余额1189.62亿元，比年初增加171.12亿元；本外币存款余额1073.55亿元，增加55.12亿元。全额优先满足新冠肺炎疫情防控信贷需求，支持企业复工复产1304户，发放贷款276.60亿元；为25家重点防疫单位投放防疫贷款7.14亿元；为抗击疫情重点单位及其上下游相关单位拨付资金753笔，金额3206万元。加快实现五象新村村民回建安置、龙湖集团春江天越棚户区改造、旭辉五象新区13-1号地块农民安置点棚户区改造、南宁交通设施仓储加工、侨虹孖纺生产线等重点民生领域项目报批，获批贷款66.24亿元。报批重点项目33个，审批金额237.46亿元，投放实体贷款322.76亿元。开展“春蕾”“夏融”“秋实”“冬蕴”小微企业专项服务活动，推进“百行进万企”融资对接，加快“抵押e贷”“链捷贷”“药商e贷”“助业快e贷”等线上产品营销投放，银保监会监管口径普惠型小微企业贷款31.50亿元、比年初增加9.02亿元，人民银行降准口径普惠金融贷款45.97亿元、增加10.86亿元。在林业、水果、油茶等优势产业中挖掘潜力，加快“惠农e贷”特色产业模式推广，3家重点贫困县支行（上林县支行、马山县支行、隆安县支行）扶贫贷款余额71.80亿元，增加14.08亿元，完成计划204.06%，贷款增速24.39%；“惠农e贷”3.80亿元，惠农卡发卡73.02万张，增加53.22万张。搭建线上线下一体化渠道网络，将金融服务延伸到村到户，惠农通服务点471个，县以下电子机具覆盖行政村522个。做好线下和线上消费扶贫，帮助销售扶贫地区农产品金额494.07万元，线上交易客户数3203户。支持农村水电、公路等项目及生猪产业发展，生猪相关产业贷款余额3.59亿元，增加2.85亿元，完成计划570%。深化数字化转型，投产上线项目14个，其中自行立项研发投产9个；推进学校、医院、缴费、商圈4大重点场景建设，开展消费促销、满减优惠活动，促进客户用卡活卡；做好网点“基础人员＋客户经理”人员配置，提升服务品质。（曾　敬）

【中国银行股份有限公司南宁分行】

2020年，辖邕城、西乡塘、青秀、江南4家管辖支行，宾阳、横县、武鸣3家县支行；直管1家经营性支行，有网点53个、员工1121人。本外币贷款余额955.12亿元，比上年增加120.35亿元，其中公司贷款余额530.67亿元，增加65.95亿元；本外币日均贷款余额893.67亿元，增加131.67亿元。本外币时点存款余额682.13亿元，增加2.05亿元；本外币日均存款余额635.22亿元，增加4.38亿元。资产不良率0.38%。国际贸易结算业务量完成33.94亿美元，市场份额22.96%；跨境人民币业务量完成61.34亿元，市场份额23.54%。推动普惠金融业务发展，贷款户数2815户，新增532户；贷款30.89亿元，增加10.35亿元；中国人民银行普惠金融定向降准贷款29.52亿元，增加8.72亿元。信用卡新增有效客户3.23万户；信用卡消费额86.87亿元，减少8.44%；信用卡分期交易额8.64亿元，增长40.94%；中银智慧付新增商户3090户，增长46.65%；全量收单金额110.96亿元；银行卡非息收入2.17亿元，增长34.31%。为新冠肺炎疫情防控相关企业报批信用贷款总量14亿元，为290家复工复产企业给予资金支持超130亿元。“稳外贸”贸易融资投放37亿元。投放贷款超260亿元,支持基础设施建设、制造业、债权融资、建设面向东盟开放门户,落地全辖首笔标准化产房固定资产贷款;以注册发行牵头主承销商身份,中标50亿元超短期融资券;发行广西中国银行系统首笔五年期境外债权;落地中国(广西)自贸区南宁片区首笔NRA账户(境内银行为境外机构开立的境内外汇账户)福费廷业务。中国银行南宁市邕城支行营业部被中国银行业协会评为中国银行业文明规范服务"千佳单位"。

(黄艳萍)

2020年,中国建设银行广西区分行依托善融商务平台帮助销售贫困地区产品7367万元。图为6月21日,建行广西区分行员工在进行扶贫直播　　建行广西区分行提供

【中国建设银行股份有限公司广西壮族自治区分行】 2020年,有经营机构349个,员工7093人,其中南宁辖区经营机构100个、员工2676人。一般性存款日均余额3331.05亿元,比年初增加79.86亿元。其中对公存款日均余额1632.40亿元、个人存款日均余额1698.65亿元。各项贷款余额3490亿元,增加511.90亿元。其中:对公贷款余额1951.48亿元,增加327.56亿元;个人贷款余额1538.52亿元,增加184.34亿元。为900多家新冠肺炎疫情防控相关企业及医疗卫生机构投放贷款超130亿元;投放自治区财政贴息复工贷105笔33.21亿元,其中工业企业74笔27.16亿元,占比81.78%;为3万多家企业和个体工商户提供贷款超1200亿元。重点支持南宁轨道交通4号线、柳州经合山至南宁高速公路、南宁棚户区改造、良庆清岭风电、新能源汽车青秀产业园、研祥科技装备东南亚总部等重大项目,授信项目67个615亿元,实现投放121亿元;联合自治区9家银行组建广西金融投资集团流动性融资再安排银团贷款,首期投放南宁市52亿元。为南宁市1.30万家小微企业和个体工商户发放普惠贷款128亿元,投放制造业企业贷款105亿元,支持骨干民营企业发展贷款206亿元;中国人民银行统计口径绿色信贷贷款余额379亿元,增加89亿元。集中式存房业务实现"竞配产权房"存房、"工业园区"存房、"集体用地租赁住房"存房3种模式6个项目(云星·钱隆御景、云星·绿城华府、原子社区青年公寓、金号大楼、昌泰东盟园、虎丘星时代)突破;公租房系统在14个地级市公租房管理部门实际应用,覆盖12个地级市本级和56个县域,服务24万人,80万套,租出4万套;建成"CCB建融家园"项目5个(广西泉港工业园人才公寓、原子社区青年公寓、金号大楼、昌泰东盟园、虎丘星时代),为5万户家庭和个人找到安居之所。推出建融慧学、建融智医、善行宗教、安心养老、智慧医保、智慧社区等社会化服务平台,为超15万家企事业单位、150万个人提供服务;在建行智慧柜员机上线公积金查询、社保卡自助办理、学费缴纳等74项政务办理事项。开展线上直播带货和线下专场促销,帮助销售贫困地区产品7367万元;金融精准扶贫贷款比年初增加26.73亿元,帮扶建档立卡贫困人口16.11万人;支持糖业、养殖、茧丝等行业,打造"甜蜜通达"综合金融服务,推出"蜜农贷""扶贫贷""芒果贷""茶业贷"等普惠型扶贫贷款产品,产业扶贫贷款余额38.55亿元,受益贫困人口2878人。手机银行用户850万户,交易8.20亿笔;累计建立"云工作室"450个,为102万人次提供线上金融服务。南宁高新支行被中央文明委员会授予"第六届全国文明单位"称号;南宁高新支行营业部、南宁民主支行营业部被评为2019年银行业文明规范服务五星级网点。　　(陈美荣)

【交通银行广西壮族自治区分行】 2020年,有人工网点57个,离行式自助银行50个,离行单机服务点34个,员工1837人,其中南宁辖区人工网点24个、员工803人。本外币资产总额1232亿元,比年初增长8.53%;本外币社会融资总量1627亿元,增加189亿元,增长13.14%;存款余额1128亿元,贷款余额1013亿元;不良贷款余额5.56亿元,不良率0.54%。在册信用卡43.97万张,消费额1108亿元。支持交通运输、环境保护、有色金属、旧城改造等行业,为广西重点平台公司转型发展提供融资服务,主要支持南(宁)崇(左)铁路银团贷款、南宁市黑臭水体治理等项目,授信额度183亿元。支持中国(广西)自由贸易试验区建设,1月与市政府发起成立广西(南宁)金融创新联合实验室,实现中国(广西)自由贸易试验区南宁片区首笔NRA(境外机构境内结算账

2020年11月17日,交通银行广西区分行在南宁举办政银企融资对接会,面对面为企业提供金融服务　　交通银行广西区分行提供

户)账户跨境人民币贸易融资、首笔跨境人民币资金双向流动创新、首笔一级市场“债券通”等首单业务落地。实现国际收支25.8亿美元;跨境人民币结算49.41亿元,增长20.14%。推进绿色金融,绿色信贷贷款余额71.14亿元,增加36.10美元,增长103.30%。做好普惠金融服务,通过“线上抵押贷”等线上产品为小微企业提供高效应急金融服务;持续推进“百行进万企”等线下专项行动,“两增”(增贷款余额、增小微企业户数)贷款49.83亿元,增长73.41%,“两增”贷款客户3884户,增长50.72%。落实防疫专项再贷款要求,支持企业复工复产,累计发放医院及自治区防疫重点企业贷款20亿元、发放财政贴息复工贷款11.45亿元、发放疫情防控国家重点企业名单专项贷款2.60亿元,为1195户小微客户办理延期还本付息。

(王文富)

2020年8月20日,光大银行南宁分行举办“火红盛夏共赢未来”民营企业产品推介暨签约会,与14家民营企业家代表签订全面战略合作协议 光大银行南宁分行提供

【中国光大银行股份有限公司南宁分行】 2020年,有营业网点26个、社区支行6家,员工829人。资产总额506.10亿元,比年初增长2.30%;一般性存款余额464.50亿元,增长0.70%;贷款余额502.20亿元、增长6.40%,其中个人贷款余额236.50亿元、增长13.80%;营业收入25.70亿元,增长2.50%。通过投融资业务支持广西制造业超118亿元,为526家民营企业提供金融支持,表内外授信投放209.20亿元。通过直接融资帮助企业降低资金成本,发行非金融企业债务融资工具17笔80.50亿元,其中涉及制造业等实体企业债券10笔58亿元;加大普惠金融支持力度,推出阳光米粉贷、阳光蔗农贷等产品;对受新冠肺炎疫情影响较大的餐饮、文化旅游、批发零售、物流等行业给予专项信贷额度、开启定价审批绿色通道、加大FTP(内部资金转移定价)减点优惠,支持疫情防控企业79家,投放信贷资金(含票据贴现)52.71亿元,其中帮助企业获取财政贴息1368.68万元;投放自治区首单“疫情防控债”3000万元,用于减免南宁高新区科技工业园区内受疫情影响的中小企业房租;信用卡业务交易量连续两年突破1000亿元,稳居广西银行业第二;光大云缴费在广西实现水、电、燃气、通信、有线电视等基础民生缴费全覆盖,为广西1659万用户提供线上缴费服务,累计交易5000万笔,交易金额突破112亿元,其中广西电费、广西社保线上缴费规模均位居广西银行业第一;出台精准扶贫“惠计划”,开展扶贫信贷投放,涉农贷款余额48.88亿元,普惠型涉农贷款余额4.43亿元,精准扶贫贷款余额5.76亿元;发挥中国光大集团股份公司综合金融、产融结合和陆港两地服务优势,打造泛跨境交易产品服务体系,推介集自贸结算、融资、财富管理等为一体的“阳光自贸通”产品,加强与卢森堡分行、悉尼分行、首尔分行等境外机构在海外代付、内保外债等跨境业务合作,为企业办理内保外债业务约17亿元,跨境金融区块链服务平台交易量居当地可比同业第一。光大集团与南宁市政府签署战略合作框架协议,推动光大银行南宁分行、光大永明保险广西分公司落户南宁五象新区。南宁桃源支行被中国银行业协会评为中国银行业文明规范服务“千佳单位”。

(黄永辉)

【华夏银行股份有限公司南宁分行】 2020年,辖属机构网点11个(同城支行7个、异地分支行4个),员工500多人。资产总额265.74亿元,比年初增加11.23亿元,增长4.41%。存款余额202.14亿元,增加18.51亿元,增长10.08%;贷款余额247.90亿元,增加19.32亿元,增长8.45%。通过“商行+投行+投资”业务组合提供投融资超120亿元;发挥广西地方政府专项债全流程顾问业务优势,落地发行项目43个约34亿元。实施金融科技战略,推动政府政务平台、区域级、行业级产业互联网平台建设,搭建消费互联网金融合作生态,对接自治区级平台8个、重点集团客户8家、服务超10类重点行业。服务广西“双百双新”产业项目、“民微首贷”提升计划、“百行进万企”、“银税互动”、金融扶贫等系列活动,推出“餐饮贷”“小微E贷”等产品,落实“桂惠贷”“无还本续贷”“稳企贷”;投放稳企贷近1亿元,解决民营小微企业融资难、融资贵问题;对受新冠肺炎疫情影响的小微企业采取“一户一策”,给100多

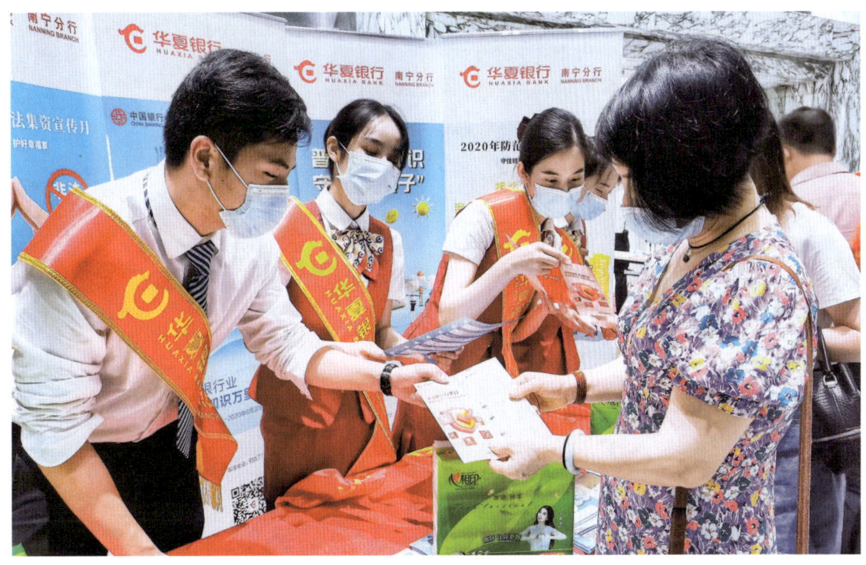

2020年6月14日至15日,华夏银行南宁分行开展金融知识公众宣传活动

华夏银行南宁分行提供

户企业办理延期利息支付、阶段性降息和无还本续贷,涉及金额近7亿元;为小微企业提供结算、网上银行、代发工资及授信融资等金融服务,表内外授信余额超47亿元。自2018年获广西建筑农民工实名制管理公共服务平台服务资格以来,累计开立农民工"桂建通"卡3万多张,代发专户92户。 (熊巧利)

【兴业银行股份有限公司南宁分行】

2020年,有营业网点29个,分(支)行19家、社区支行10家,员工854人,其中南宁辖区有分(支)行18家、社区支行7家、员工582人。广西全辖资产总额815.84亿元,比年初减少86.02亿元,下降9.54%;负债总额806.22亿元,减少95.58亿元,下降10.60%。本外币存款余额541.40亿元,减少2.17亿元,减幅0.42%,其中对公存款418.04亿元、储蓄存款91.69亿元、非存款类金融机构存款31.67亿元;本外币贷款余额600.79亿元,增加75.41亿元,增长14.35%,其中对公贷款274.21亿元、个人贷款242.09亿元、票据贴现84.49亿元。南宁辖区资产总额480.09亿元,减少101.47亿元,下降17.45%;负债总额477.39亿元,减少100.13亿元,下降17.34%。南宁市区域本外币一般性存款余额278.28亿元,增加11.77亿元,增长4.42%;贷款余额307.85亿元,增加23亿元,增长8.07%。投放贴息"稳企贷"客户226户10.27亿元;通过"兴E贴+再贴现"模式支持抗击新冠肺炎疫情企业融资,办理贴现2400万元,贴现利率低于市场价格40基点;与国海证券开展"北向通"(债券通资金结算)业务代理清算合作,金额23亿元;跨境结算18.80亿美元;落地自治区内银行首笔"北向通"跨境人民币清算,跨境人民币结算27.75亿元,居自治区股份制银行首位。开发南宁不动产中心数据共享系统,自动抓取南宁不动产中心发布的押品变动情况,减少人工检索时间,提高检查准确率。连续3年中标广西项目收益专项债财务顾问资格,完成80个政府专项债项目辅导发行,涉及149.42亿元,项目个数及金额均列12家财务顾问机构首位;债务融资工具承销24只、108.5亿元,为广西首家年度承销规模突破百亿商业银行;承销发行2只全国首单创新债券;承销广西北部湾银行股份有限公司小型微型企业贷款专项金融债券3亿元,为广西首家承销金融债券股份制银行。 (黄子珊)

【中信银行股份有限公司南宁分行】

2020年,辖柳州、钦州、桂林3个二级分行,有营业网点18家(南宁市13家),员工554人。综合融资余额778.02亿元,比年初增加171.57亿元,增长28.29%;负债余额301.10亿元,减少13亿元,下降4.14%。贷款余额407.93亿元,增加63.19亿元,增长18.33%;营业净收入11.36亿元,净利润5.03亿元。支持广西博世科、绿城水务等绿色信贷项目,扶持梧州医药、云宝宝大数据等战略新兴产业,覆盖先进制造业、新能源、新基建、现代服务业。成为上汽通用五菱汽车金融网络业务全国唯一主办行。作为美国签证传递业务独家代理行,将法国申根、英国如意签等上门签证服务引入广西;落地家族信托、全权委托等私人银行定制产品;住房按揭、房抵贷、信秒贷等产品满足客户多元化资金需求。 (黄良涵)

【招商银行股份有限公司南宁分行】

2020年,辖二级分行(柳州分行)1家,全辖营业网点20家,员工643人,其中南宁辖内支行14家、社区支行2家、员工553人。资产总额335.14亿元,比年初增长10.12%;负债总额330.95亿元,增长10.20%;存款余额213.29亿元,增长14.78%;贷款余额328.54亿元,增长10.03%。"招商银行"和"掌上生活"APP、用户238万人,月活用户(一个月内登录APP的用户)超110万人;推出10家集人工智能、远程视频为一体的"科技+生活"3.0网点。推出"闪电贷""招贷APP""云按揭"三大线上个人贷款产品,"闪电贷"接入征信、工商、法院、税务、社保、公积金等外部数据,为自治区3.60万个人客户投放贷款60.08亿元,余额20.55亿元。新冠肺炎疫情期间,推出保函"闪电开"产品,企业无须跑银行即可"秒批秒开",为43家企业提供担保金额10.62亿元,涉及铁路、公路、桥梁隧道、新能源技术推广、互联网技术、工业制造、批发零售、金融租赁等行业;通过"云闪贴"等渠道,为客户提供线上贴现126.45亿元,贴现通业务成交额31.07亿元,为近百家企业盘活企业沉淀票据。支持地方政府专项债发行,为自治区本级高校、文旅板块专项债唯一指定服务商,协调总行投资广西专项债32亿元。通过贷款投放、产品运用、引资入桂等支持企业客户全口径融资超200亿。12月,承办自治区政银企合作交流会暨战略合作协议签约仪式,南宁分行与15家自治区直属企业签订战略合作协议,推动广西国企改革。作为主承销商承销发行广西首单"次级"永续债——广西桂冠电力股份有限公司2020年度第一期中期票据,为企业降负债。普惠金融服务中心定期开展针对小微企业主的"生意会""网点微课堂"活动,为小微企业主建立交流平台,发放普惠型小微企业贷款34.61亿元(含票据),增长14.90%。通过与政府部门合作,新增接入公积金、医保、社保、不动产等便民场景30多个,群众可通过招商银行APP办理公积金查询提取、电子社保卡签发支付、社保账户信息查询、养老待遇资格认证、医保电子凭证领取支付、不动产线上查询、个人征信查询等服务。与自治区社会保险事业管理中心开展社保银行服务战略合作,20天内完成系统开发及上线。实现地铁、公交、网约车、共享电单车和主要商业综合体停车场等出行场景全覆盖;"爱南宁APP"地铁一网通支付用户超20万人,交易超800万笔;地铁PAY支付交易量占比超25%;搭建智慧停车场,华润万象城停车场交易116万笔超1300万元;与广西银联合作,在广西幼儿师范高等专科学

2020年3月15日,兴业银行南宁分行开展金融消费者权益保护宣传活动

兴业银行南宁分行提供

校、美宜佳、美加美连锁便利店和丰润家超市开展银联二维码支付，交易超30万笔。（招商银行南宁分行）

【广西北部湾银行】2020年，设一级分支机构20家，其中南宁市辖区9家、辖区外10家（不含村镇银行）、专营机构1家（小企业金融服务中心）；营业网点202个，其中同城支行90家、县域支行40家、社区支行19家、小微支行53家；在自治区设立村镇银行3家，营业网点14个；新设立营业网点67个（含村镇银行营业网点1个），员工超3300人。资产总额3052.79亿元，比年初增加702.49亿元、增长29.89%；负债总额2839.72亿元，增加664.78亿元、增长30.57%；存款余额2058.50亿元，增加516.49亿元、增长33.49%；贷款余额1577.95亿元，增加362.56亿元、增长29.83%。营业收入133.30亿元，增加32.74亿元、增长32.56%；利润总额19.91亿元，增加4.72亿元、增长31.07%；净利润15.51亿元，增加3.89亿元、增长33.47%；缴纳税金12.88亿元，增加5.58亿元、增长76.42%。南宁辖区存款余额1217.13亿元，增加238.06亿元、增长24.31%；贷款余额898.53亿元，增加152.62亿元、增长20.46%。投放超1700亿元支持经济发展，"引金入桂"1050亿元壮大广西资金总量，中标自治区政府地方专项债券35.33亿元，投放近50亿元支持"三企入桂"（央企入桂、民企入桂、湾企入桂），投放近70亿元支持"7+4"产业链（汽车、机械、电子信息、高端金属新材料、绿色高端石化、高端绿色家居、生物医药7条重点支柱产业链，新能源汽车、5G通信设备及应用、高端装备制造、前沿新材料4条战略性新兴产业链）发展，支持广西广投新材料集团有限公司链属铝产业约3亿元、广西建工集团智慧制造有限公司采购原材料2.5亿元、中新南宁国际物流园新中智慧园"科创苑"项目二期建设与运营1.50亿元。投放复工贷22.84亿元，利率不高于4.55%；普惠型小微贷款余额117.62亿元，增加44.19亿元、增长60.18%。支持新冠肺炎疫情防控，投放407.23亿元支持复工复产企业5286家，捐款捐物830万元。其中投放南宁市的企业贷款余额451.19亿元，支持城市建设、开放开发等金融需求，其中支持受疫情影响较大的民营小微企业贷款余额101.85亿元、批发零售业贷款余额107.31亿元。工业贷款余额86.90亿元，支持新技术、先进数字技术研发和传统制造业升级，以及工业与现代服务业深度融合。与南宁威宁市场发展有限责任公司、皇氏集团股份有限公司、广西广投银海铝业集团有限公司等广西40家供应链核心企业合作，开展贷款、票据业务。铺放标准版智能柜台203台（带现金附柜68台），综合版智能柜台110台（带现金附柜24台），高速大额一体机43台；推出好友团轻量电商平台强化线上线下业务协同，个人客户157.40万户。投资广西首单银行间债券市场"双创债"（创新创业公司债券）等创新业务，金融市场投资收益增长27倍，新增债权融资计划备案金额突破百亿元。参与承办第12届中国—东盟金融合作与发展领袖论坛，发起与四川银行、重庆银行等8家"一带一路"沿线城市商业银行共同签署金融支持西部陆海新通道建设倡议书。获泰国开泰银行、澳门华人银行同业授信，办理首笔境外港币资金拆出业务，向澳门华人银行拆入资金，通过开泰银行开展境内外资同业代付业务。边境贸易结算21.96亿美元，增长63.51%；非边境贸易结算23.91亿美元，增长26.04%，市场占比约30%。主体长期信用等级在广西城市商业银行中提升至AAA，在英国《银行家》"全球银行1000强"排名第四百二十三位。（陆欣骅）

【南宁市区农村信用合作联社】2020年，有营业网点65个，离行式自助服务区（点）77个，员工704人。资产总额587.82亿元，比上年增加89.58亿元，增长17.98%。存款余额509.70亿元，增加90.75亿元，增长21.66%，其中储蓄存款余额245.54亿元、对公存款余额264.16亿元。贷款余额392.13亿元，增加35.51亿元，增长9.96%，其中涉农贷款余额98.03亿元、小微企业贷款余额159.33亿元。财务总收入22.87亿元，增加2.41亿元，增长11.76%。纳税2亿元，被自治区税务部门评为纳税信用评价"4连A企业"称号。加大对新冠肺炎疫情防控相关领域信贷支持，创新推出"防疫贷""复业贷""复农贷""安馨贷""信易贷""评级贷"等信贷产品，发放复工复产贷款141.13亿元。独家发放江西镇、坛洛镇、金陵镇、双定镇4个乡镇小额扶贫贷款，累计8269万元，帮助1709户贫困户脱贫致富。支持轨道交通、绿色公共交通、铝型材加工、高效校园建设等南宁市重大项目，贷款余额19.35亿元；加大对特色种养业和批发零售业等民营企业信贷支持，贷款余额165.97亿元。推进服务创新，利用流动银行服务车深入乡镇、村（社区）。以南宁桃源分社为示范网点打造全国首家健康运动产业主题银行，创新"体育+金融"合作模式，推进体育产业合作。（莫亦滨）

2020年，广西北部湾银行投放1.50亿元，支持中新南宁国际物流园新中智慧园"科创苑"项目二期建设与运营　广西北部湾银行提供

保　险

【概　况】2020年，南宁市有法人保险公司2家（北部湾财产保险股份有限公司、国富人寿保险股份有限公司），自治区级保险分公司、支公司68家，其中驻市财产保险公司41家、人寿保险公司27家。保险公司地市级分公司中心支公司22家，支公司及营业部141家，营销服务部182家；保险代理公司法人机构18家、分支机构73家，保险经纪公司分支机构40家，保险公估公司法人机构1家、分支机构10家。

【保险经营】2020年，南宁保险业实现原保险保费收入246.82亿元，比上年增长16.23%,占自治区总保费33.61%,居自治区首位;其中财产保险公司保费收入107.15亿元、增长16.03%,人身险公司保费收入139.67亿元、增长16.38%。南宁保险业为社会提供风险保障44.28万亿元,增长72.88%。南宁保险业支付赔款、给付保险金81.82亿元,其中财产险公司赔付支出61.34亿元,人身险公司支付赔款、给付保险金20.47亿元。推动车险综合改革落地,南宁整车保费下降17.98%,第三者责任保险平均限额增加35.22万元。提升大病保险效能,南宁市大病保险承保587.96万人,赔付23.97万人次,赔付总额6.62亿元,基本医保、大病保险实际报销比例66%。健全农业保险业务经营条件管理机制,农业保险为南宁市114万户农户提供风险保障5238亿元,分别增长32%、18%,其中承保种植业面积1.23万平方千米,承保养殖业464万头。支持生猪产业复养保供,累计承包生猪365万头,增长36%。 (申　婧)

2020年驻南宁市保险公司名录

财产保险公司(41家):北部湾财产保险股份有限公司、中国人民财产保险股份有限公司广西壮族自治区分公司、中国太平洋财产保险股份有限公司广西分公司、中国平安财产保险股份有限公司广西分公司、华安财产保险股份有限公司广西分公司、天安财产保险股份有限公司广西壮族自治区分公司、中国大地财产保险股份有限公司广西分公司、安邦财产保险股份有限公司广西分公司、都邦财产保险股份有限公司广西分公司、阳光财产保险股份有限公司广西分公司、渤海财产保险股份有限公司广西分公司、太平财产保险有限公司广西分公司、永诚财产保险股份有限公司广西分公司、华泰财产保险有限公司广西分公司、鼎和财产保险股份有限公司广西分公司、安盛天平财产保险股份有限公司广西分公司、中国人寿财产保险股份有限公司广西壮族自治区分公司、中银保险有限公司广西分公司、紫金财产保险股份有限公司广西分公司、北部湾财产保险股份有限公司广西分公司、中华联合财产保险股份有限公司广西分公司、华农财产保险股份有限公司广西分公司、永安财产保险股份有限公司广西分公司、中国出口信用保险公司广西分公司、国任财产保险股份有限公司广西分公司、北部湾财产保险股份有限公司南宁分公司、中国人民财产保险股份有限公司南宁市分公司、中国大地财产保险股份有限公司南宁中心支公司、中华联合财产保险股份有限公司南宁中心支公司、中国太平洋财产保险股份有限公司南宁中心支公司、中国平安财产保险股份有限公司南宁中心支公司、天安财产保险股份有限公司南宁中心支公司、太平财产保险有限公司南宁中心支公司、永诚财产保险股份有限公司南宁中心支公司、安盛天平财产保险有限公司南宁中心支公司、阳光财产保险股份有限公司南宁中心支公司、渤海财产保险股份有限公司南宁中心支公司、中国人寿财产保险股份有限公司南宁市中心支公司、鼎和财产保险股份有限公司南宁中心支公司、紫金财产保险股份有限公司南宁中心支公司、安邦财产保险股份有限公司南宁中心支公司

人寿保险公司(27家):国富人寿保险股份有限公司、中国人寿保险股份有限公司广西分公司、中国太平洋人寿保险股份有限公司广西分公司、中国平安人寿保险股份有限公司广西分公司、新华人寿保险股份有限公司广西分公司、泰康人寿保险有限责任公司广西分公司、平安养老保险股份有限公司广西分公司、太平人寿保险有限公司广西分公司、中国人民人寿保险股份有限公司广西分公司、信诚人寿保险有限公司广西分公司、民生人寿保险股份有限公司广西分公司、合众人寿保险股份有限公司广西分公司、富德生命人寿保险股份有限公司广西分公司、阳光人寿保险股份有限公司广西分公司、泰康养老保险股份有限公司广西分公司、太平养老保险股份有限公司广西分公司、农银人寿保险股份有限公司广西分公司、工银安盛人寿保险股份有限公司广西分公司、国富人寿保险股份有限公司广西分公司、中邮人寿保险股份有限公司广西分公司、建信人寿保险股份有限公司广西分公司、中国人寿保险股份有限公司南宁分公司、中国人民人寿保险股份有限公司南宁分公司、中国太平洋人寿保险股份有限公司南宁中心支公司、新华人寿保险股份有限公司南宁中心支公司、太平人寿保险有限公司南宁中心支公司、富德生命人寿保险股份有限公司南宁中心支公司

证　券

【概　况】 2020年,南宁市有证券分公司27家,与上年持平(中信证券华南广西分公司撤销、华林证券金浦路证券营业部升格为华林证券广西分公司);证券营业部60家,比上年减少9家(国海证券佛子岭路证券营业部、国海证券英华路证券营业部、国海证券枫林路证券营业部、国海证券民族大道证券营业部、国海证券燕敦路证券营业部、太平洋证券凯旋路证券营业部、国海证券教育路证券营业部、上海华信证券南宁金湖路证券营业部撤销,华林证券金浦路证券营业部升格为华林证券广西分公司);基金管理公司1家(国海富兰克林基金管理有限公司)。全市证券经营机构营业收入1.01亿元,比上年增长42.01%,从业人数2509人。有期货分公司5家、期货营业部20家,期货经营机构营业收入2014.14万元,增长21.20%,从业人数352人。有A股上市公司14家,营业收入351.50亿元,降低2.70%,从业人数3.26万人。

【证券经营】 2020年,南宁市有证券分公司27家、证券营业部60家,投资者开户数250.71万户,比上年增长8.18%;托管证券市值1225.08亿元,降低10.94%。证券经营机构全年代理证券交易总额18018.61亿元,增长41.36%;营业收入1.01亿元,增长42.01%。国海富兰克林基金管理有限公司管理基金产品36只,其中股票型基金5只、混合型基金17只、债券型基金8只、货币市场基金2只、QDII基金(在一国境内设立,经该国有关部门批准从事境外证券市场的股票、债券等有价证券业务的证券投资基金)4只,基金总份额371.72亿份,基金资产净值518.05亿元;国海富兰克林基金管理有限公司总资产10.66亿元,增长20.45%;净利润1.58亿元,增长50.48%。

【期货经营】 2020年,南宁市有期货分公司5家(国海良时期货有限公司广西分公司、华融融达期货股份有限公司华南分公司、中州期货有限公司广西分公司、中信期货有限公司广西分公司、天富期货有限公司广西分公司),期货营业部20家。代理期货交易量2838.96万手,比上年增长16.74%;代理期货成交额16192.61亿元,增长15.47%;投资者开户数2.47万户,降低18.83%;营业收入2014.14万元,增长21.2%,净利润−922.59万元。

【上市公司】 2020年,南宁市有A股上市公司14家,与上年持平,分别为广西绿

城水务股份有限公司、南宁八菱科技股份有限公司、百洋产业投资集团股份有限公司、南宁百货大楼股份有限公司、广西五洲交通股份有限公司、南宁糖业股份有限公司、广西桂冠电力股份有限公司、广西丰林木业集团股份有限公司、南宁化工股份有限公司、广西博世科环保科技股份有限公司、皇氏集团股份有限公司、阳光新业地产股份有限公司、广西广播电视信息网络股份有限公司、润建股份有限公司。上市公司营业收入351.50亿元,净利润28.14亿元,平均每股收益0.17元,平均净资产收益率5.99%;年末总股本166.58亿股,比上年增长0.30%,总市值788.54亿元,降低12.87%,总资产1278.20亿元,增长7.64%,总股本、总市值、总资产分别占广西全部38家A股上市公司35.07%、27.04%、25.93%。（蒋倩怡）

表13　　2020年南宁市A股上市公司情况统计表

序号	公司名称	总股本（亿股）	总市值（亿元）	总资产（亿元）	净资产（亿元）	营业收入（亿元）	净利润（亿元）	每股收益（元）	净资产收益率（%）
1	阳光新业地产股份有限公司	7.50	23.47	59.24	36.24	5.70	1.15	0.14	3.56
2	南宁糖业股份有限公司	3.24	24.86	58.25	2.54	35.47	0.70	0.14	45.62
3	皇氏集团股份有限公司	8.38	38.03	60.59	23.24	24.90	−1.13	−0.16	−6.46
4	南宁八菱科技股份有限公司	2.83	9.49	14.68	7.70	6.05	−9.12	−2.57	−63.49
5	百洋产业投资集团股份有限公司	3.49	20.82	27.86	14.17	24.83	0.26	0.06	1.67
6	润建通信股份有限公司	2.21	52.89	69.38	33.08	41.93	2.30	1.08	7.85
7	广西博世科环保科技股份有限公司	4.06	48.69	120.04	27.77	36.09	1.92	0.52	9.07
8	广西桂冠电力股份有限公司	78.82	351.55	447.80	193.60	89.74	24.95	0.28	14.07
9	南宁化工股份有限公司	2.35	15.73	3.73	3.32	7.28	0.09	0.04	2.77
10	广西五洲交通股份有限公司	11.26	41.20	104.77	47.36	17.23	5.61	0.5	12.37
11	南宁百货大楼股份有限公司	5.45	24.46	18.04	8.93	7.79	−1.30	−0.24	−13.58
12	广西广播电视信息网络股份有限公司	16.71	55.65	104.21	36.18	21.66	−1.43	−0.09	−3.86
13	广西绿城水务股份有限公司	8.83	47.33	151.27	43.65	15.43	2.48	0.28	5.79
14	广西丰林木业集团股份有限公司	11.45	34.37	38.34	29.07	17.40	1.66	0.15	6.07

说明：净资产收益率=归属于母公司的净利润/［（期初归属母公司的股东权益+期末归属母公司的股东权益）/2］*100%

2020年南宁市证券、期货营业部名录

证券分公司(27家):国泰君安股份有限公司广西分公司、太平洋证券股份有限公司广西分公司、国信证券股份有限公司广西分公司、申万宏源证券有限公司广西分公司、中国银河证券股份有限公司广西分公司、海通证券股份有限公司广西分公司、招商证券股份有限公司广西分公司、国开证券有限责任公司广西分公司、世纪证券有限责任公司广西分公司、东北证券股份有限公司广西分公司、兴业证券股份有限公司广西分公司、安信证券股份有限公司广西分公司、平安证券股份有限公司广西分公司、九州证券股份有限公司广西分公司、中泰证券股份有限公司广西分公司、天风证券股份有限公司广西分公司、长江证券股份有限公司广西分公司、中信证券股份有限公司广西分公司、粤开证券股份有限公司广西分公司、西南证券股份有限公司广西分公司、华福证券有限责任公司广西分公司、国盛证券有限责任公司广西分公司、申港证券股份有限公司广西分公司、民生证券股份有限公司广西分公司、五矿证券有限公司广西分公司、华林证券有限责任公司广西分公司、方正证券股份有限公司南宁分公司

证券营业部(60家):方正证券股份有限公司南宁衡阳西路证券营业部、国海证券股份有限公司南宁凤凰岭路证券营业部、国海证券股份有限公司南宁东葛路证券营业部、国信证券股份有限公司南宁东葛路证券营业部、湘财证券股份有限公司南宁东葛路证券营业部、南京证券股份有限公司南宁竹溪大道证券营业部、申万宏源证券有限公司南宁英华路证券营业部、中信建投证券股份有限公司南宁中文路证券营业部、中银国际证券股份有限公司南宁金湖路证券营业部、浙商证券股份有限公司南宁金湖路证券营业部、中国银河证券股份有限公司南宁园湖南路证券营业部、海通证券股份有限公司南宁双拥路证券营业部、招商证券股份有限公司南宁民族大道证券营业部、国海证券股份有限公司南宁滨湖路证券营业部、国海证券股份有限公司南宁双拥路证券营业部、国海证券股份有限公司南宁西江路证券营业部、国海证券股份有限公司南宁友爱路证券营业部、山西证券股份有限公司南宁长湖路证券营业部、申万宏源证券有限公司南宁长湖路证券营业部、国盛证券有限责任公司南宁汇春路证券营业部、广发证券股份有限公司南宁凤翔路证券营业部、长城证券股份有限公司南宁民族大道证券营业部、东北证券股份有限公司南宁东葛路证券营业部、东海证券股份有限公司南宁东葛路证券营业部、光大证券股份有限公司南宁金浦路证券营业部、国泰君安证券股份有限公司南宁民族大道证券营业部、长江证券股份有限公司南宁双拥路证券营业部、东方证券股份有

南宁年鉴

限公司南宁金湖路证券营业部、国海证券股份有限公司南宁新民路证券营业部、华泰证券股份有限公司南宁中泰路证券营业部、招商证券股份有限公司南宁金湖路证券营业部、大通证券股份有限公司南宁金湖路证券营业部、国联证券股份有限公司南宁民族大道证券营业部、中泰证券股份有限公司南宁金湖路证券营业部、东兴证券股份有限公司南宁祥宾路证券营业部、国海证券股份有限公司南宁金湖路证券营业部、国海证券股份有限公司南宁鲁班路证券营业部、中航证券有限公司南宁中柬路证券营业部、国金证券股份有限公司南宁民族大道证券营业部、华福证券有限责任公司南宁民族大道证券营业部、国海证券股份有限公司南宁合作路证券营业部、恒泰证券股份有限公司南宁民族大道证券营业部、国海证券股份有限公司南宁仙葫大道证券营业部、国融证券股份有限公司南宁金湖路证券营业部、财信证券有限责任公司南宁金湖路证券营业部、国海证券股份有限公司南宁横县茉莉花大道证券营业部、国海证券股份有限公司南宁宾阳县财政路证券营业部、国海证券股份有限公司南宁香山大道证券营业部、国海证券股份有限公司南宁白沙大道证券营业部、华融证券股份有限公司南宁民族大道证券营业部、国泰君安证券股份有限公司南宁双拥路证券营业部、联储证券有限责任公司南宁东葛路证券营业部、天风证券股份有限公司南宁东葛路证券营业部、银泰证券有限责任公司南宁亭洪路证券营业部、安信证券股份有限公司南宁民族大道证券营业部、东方财富证券股份有限公司南宁民族大道证券营业部、华金证券股份有限公司南宁金湖路证券营业部、万联证券股份有限公司南宁枫林路证券营业部、万和证券股份有限公司南宁中柬路证券营业部、华创证券有限责任公司南宁民族大道证券营业部

期货营业部(20家)：国海良时期货有限公司南宁营业部、华泰期货有限公司南宁营业部、宝城期货有限责任公司南宁营业部、海通期货股份有限公司南宁营业部、混沌天成期货股份有限公司南宁营业部、宏源期货有限公司南宁营业部、广发期货有限公司南宁营业部、光大期货有限公司南宁营业部、中粮期货有限公司南宁营业部、国联期货股份有限公司南宁营业部、弘业期货股份有限公司南宁营业部、海航期货股份有限公司南宁营业部、瑞达期货股份有限公司南宁营业部、倍特期货有限公司南宁营业部、北京首创期货有限责任公司南宁营业部、民生期货有限公司南宁营业部、新晟期货有限公司南宁营业部、东兴期货有限责任公司南宁营业部、银河期货有限公司南宁营业部、华金期货有限公司南宁营业部

小额贷款　融资担保　典当

【概　况】 2020年，南宁市有小额贷款公司113家、融资担保公司33家、典当行85家，从业人员3394人。小额贷款公司收入30.23亿元，比上年下降18.93%；缴税总额1.99亿元，下降32.31%；利润14.81亿元，下降17.72%。融资担保公司总担保余额472.06亿元，增长45%；总代偿余额3.20亿元，下降28.09%。典当余额6.19亿元，增长65.89%。主要存在小额贷款公司盈利能力下降，运行风险较大；融资担保行业代偿风险增加；典当行业务大部分集中在房地产典当结构较单一等问题。

【小额贷款】 2020年，南宁市有小额贷款公司113家，新增5家(南宁市金瑞达小额贷款有限公司、南宁市慕珑小额贷款有限公司、南宁市皓源小额贷款有限公司、南宁市鼎荣小额贷款有限公司、南宁市惠桂邕小额贷款有限公司)，注销宾阳县兴民小额贷款有限公司1家，迁入南宁市桂钦小额贷款有限公司1家，从业人员1564人；注册资本181.33亿元，比上年下降0.07%；贷款余额290.03亿元，下降28.57%；发放贷款108.57亿元，下降37.62%；营业收入30.23亿元，下降18.93%；缴税总额1.99亿元，下降32.31%；利润14.81亿元，下降17.72%。其中，县域小额贷款公司4家，注册资本0.80亿元，贷款余额0.70亿元、下降41.18%，发放贷款700万元，下降23.16%。在自治区小额贷款公司2019年年度考核评价中，获评A类以上的小额贷款公司15家，占自治区38.46%，其中4家被评为AA级。

【融资担保】 2020年，南宁市有融资担保公司33家，减少2家(广西恒大融资性担保有限公司、鼎盛鑫融资担保有限公司南宁邕城分公司)；注册资本162亿元，比上年增长30.17%，从业人员1576人；融资担保公司年末融资担保余额472.06亿元，增长45%，融资担保放大倍数3倍；净利润3.49亿元，增长86.63%。获自治区地方金融监管局批准换发《融资担保业务经营许可证》27家，其中市属国有担保公司4家，注册资本11.75亿元，在保余额33.19亿元，平均担保放大倍数3.82。

【典　当】 2020年，南宁市有典当行85家，新增18家(广西开元典当有限公司、广西吉吉宝典当有限公司、南宁市远益典当有限公司、广西瑞驰典当有限公司、广西荣丰泰典当有限公司、广西聚宝典当有限公司、广西金百川典当有限公司、广西丰华典当有限责任公司、广西信付典当有限公司、广西柴宣纪元典当有限公司、广西荣桂典当有限责任公司、广西锦辰典当有限公司、广西中鼎典当有限公司、广西涌福典当有限责任公司、广西鑫玺典当有限公司、广西诚明典当有限公司、广西壹诚典当有限公司、广西九合典当有限责任公司)；注册资本10.24亿元，比上年增长35.63%；实收资本10.23亿元，增长35.6%；从业人员353人。发生典当业务4204笔，典当总额14.17亿元，增长76.60%；典当余额6.19亿元，增长65.89%；利息收入3646.57万元，增长191.83%；上缴税金100.34万元，增长599.72%。

（杨　培）

2020年南宁市融资担保公司、小额贷款公司、典当行公司名录

南宁市融资担保公司名录(33家)：广西融资再担保有限公司、广西中小企业融资担保有限公司、南宁市小微企业融资担保有限公司、平安普惠融资担保有限公司广西分公司、广西中悦融资担保有限公司、广西农业信贷融资担保有限公司、宾阳县农业信贷融资担保有限公司、南宁市南方融资担保有限公司、广西中港兴融资担保有限责任公司、南宁联合创新融资担保有限公司、广西泓浩容大融资担保有限公司、广西广投融资担保有限公司、广西联晟融资担保有限公司、广西农垦融资担保有限公司、广西昊业融资担保有限公司、广西广信融资担保有限公司、广西恒润融资担保有限公司、广西投资集团融资担保有限公司、广西联成融资担保有限公司、广西若森融资担保有限公司、广西顺宁融资担保有限责任公司、广西北港融资担保有限公司、南宁市汇铭融资担保有限公司、广西融资担保集团有限公司、广西北部湾泛鑫融资性担保有限公司、广西南大融资性担保有限公

司、广西信利融资性担保有限公司、广西中汇通融资性担保有限责任公司、南宁市骏通融资性担保有限公司、瀚华担保股份有限公司广西分公司、广西保捷信用担保有限责任公司、广西泰盛融资性担保有限公司、广西澳亚融资性担保有限公司

南宁市小额贷款公司名录(113家):南宁市长荣小额贷款股份有限公司、南宁市鑫正小额贷款有限公司、南宁市五象小额贷款有限公司、南宁市兴宁区桂嘉汇小额贷款有限责任公司、南宁市益生小额贷款股份有限公司、南宁市信义小额贷款股份有限公司、南宁市联众小额贷款股份有限公司、南宁市汇潮小额贷款有限责任公司、南宁市利丰小额贷款股份有限公司、南宁市四方小额贷款股份有限公司、南宁市保通融小额贷款有限责任公司、横县鑫翰小额贷款有限责任公司、南宁市华信小额贷款有限公司、南宁市电科小额贷款有限公司、南宁市鉴洋小额贷款股份有限公司、南宁市金通小额贷款有限公司、南宁市恒隆小额贷款股份有限公司、南宁市现代联华小额贷款有限公司、南宁市东汇小额贷款有限责任公司、南宁市益信小额贷款股份有限公司、南宁市昊中小额贷款有限公司、南宁市瀚华小额贷款有限公司、南宁市民泰小额贷款有限公司、南宁市恒通小额贷款股份有限公司、南宁市友资小额贷款有限责任公司、南宁市长通小额贷款股份有限公司、南宁市邦信小额贷款有限责任公司、南宁市金石小额贷款股份有限责任公司、南宁市融易小额贷款有限责任公司、南宁市五千年小额贷款有限公司、南宁市金沙小额贷款有限公司、南宁丽原小额贷款有限公司、南宁市吉信小额贷款有限责任公司、南宁市尚银小额贷款有限公司、南宁市广达小额贷款股份有限公司、南宁市名邦小额贷款有限责任公司、南宁市晨丰小额贷款有限公司、南宁市利和小额贷款有限责任公司、南宁市诚海小额贷款有限公司、南宁市北港小额贷款股份有限公司、南宁市海利通小额贷款股份有限公司、南宁市城投小额贷款有限责任公司、南宁市五丰小额贷款有限公司、南宁市万融小额贷款有限责任公司、南宁市佳信小额贷款有限公司、南宁市广丰小额贷款股份有限公司、南宁市至诚小额贷款有限公司、南宁市达利行小额贷款股份有限公司、南宁市恒富小额贷款有限责任公司、南宁市兄弟小额贷款有限公司、南宁市融达小额贷款有限责任公司、南宁市安美小额贷款有限公司、南宁市汇博小额贷款有限公司、南宁市乘数小额贷款有限公司、南宁市宝信小额贷款有限责任公司、南宁市恒丰小额贷款有限责任公司、南宁市粤桂小额贷款有限公司、南宁市久瑞小额贷款股份有限公司、南宁市新长丰小额贷款股份有限公司、南宁市天诚小额贷款股份有限公司、南宁市长美小额贷款有限公司、南宁市楚商巨金小额贷款有限公司、南宁市广源小额贷款有限责任公司、南宁市海富小额贷款有限公司、南宁市君信小额贷款有限公司、南宁市驰程宝资小额贷款有限责任公司、南宁市鹏祥小额贷款有限公司、南宁科信小额贷款有限公司、南宁市聚兴小额贷款有限责任公司、南宁市富峰小额贷款有限责任公司、南宁市爱代小额贷款股份有限公司、南宁市浩成小额贷款有限公司、南宁市富憬时贷小额贷款有限公司、南宁市荣荣小额贷款有限公司、南宁市三月花小额贷款有限公司、横县信益小额贷款有限公司、南宁市银润小额贷款股份有限公司、南宁市融开鑫小额贷款有限责任公司、南宁市麦子小额贷款有限公司、南宁市国信财富小额贷款有限公司、南宁市亚联财小额贷款有限公司、南宁市大都小额贷款有限公司、南宁市骏杰小额贷款有限公司、南宁市钱塘小额贷款有限公司、南宁市冠宇小额贷款股份有限公司、南宁市鑫源小额贷款有限责任公司、南宁市金钱天下小额贷款有限公司、南宁市桂冠小额贷款有限公司、南宁市鑫视小额贷款有限公司、南宁市瑞信小额贷款有限公司、南宁市宝资天小额贷款有限公司、南宁市海源小额贷款有限公司、南宁市中铁鑫昱小额贷款有限责任公司、南宁市永润小额贷款有限公司、南宁市茂晨小额贷款有限责任公司、南宁市新发展小额贷款有限公司、南宁市全国小额贷款股份有限公司、南宁市华南城小额贷款有限公司、上林县信赢小额贷款有限责任公司、南宁市嘉和小额贷款有限责任公司、南宁市华盈小额贷款有限公司、南宁市厚泽小额贷款有限公司、南宁市金物小额贷款有限责任公司、南宁市鼎立小额贷款有限公司、南宁市金瑞达小额贷款有限公司、南宁市葇珑小额贷款有限公司、南宁市皓源小额贷款有限公司、南宁市桂钦小额贷款有限公司、南宁市鼎荣小额贷款有限公司、南宁市惠桂邕小额贷款有限公司、南宁市易金普惠小额贷款有限公司、南宁市蓝天小额贷款有限公司、宾阳县兴民小额贷款有限责任公司

南宁市典当行公司名录(85家):广西融资典当有限责任公司、南宁市银源典当有限责任公司、南宁市桂银典当有限责任公司、南宁市桂泰典当有限责任公司、南宁市利得兴典当有限责任公司、南宁市朝阳典当有限责任公司、南宁市华盛典当有限责任公司、南宁市泰金典当有限责任公司、广西南宁桂金典当有限责任公司、南宁市荣利典当有限责任公司、广西保利典当有限责任公司、南宁市广泰典当有限责任公司、南宁市金利典当有限责任公司、广西红虹典当有限公司、广西久颂典当有限公司、广西邦民典当有限公司、南宁鑫锴典当有限公司、广西八桂通典当有限责任公司、广西宝象典当有限公司、广西德鑫典当有限责任公司、广西东方典当有限公司、广西盛世典当有限责任公司、广西金宝典当有限责任公司、广西南宁市益进典当有限公司、广西金控典当有限公司、广西财富典当有限公司、广西金泰诚典当有限公司、广西信邦典当有限公司、广西南宁帮得典当有限公司、广西金麒麟典当有限公司、广西汇通典当有限责任公司、广西恒丰典当有限责任公司、广西华隆典当有限责任公司、南宁市龙和典当有限公司、南宁银港典当有限责任公司、广西中汇典当有限公司、广西擎天典当有限公司、广西立德典当有限公司、广西创丰典当有限公司、广西南宁市燕云楼典当有限责任公司、广西群鑫典当有限责任公司、南宁市汇泓典当有限责任公司、广西盛凯典当有限公司、广西友水典当有限责任公司、广西宝筹典当有限公司、广西万汇典当有限公司、广西八号典当有限公司、广西百升典当有限公司、广西宝德赢典当有限公司、广西昌易典当有限责任公司、广西万众典当有限公司、广西华来利典当有限公司、广西施马辉典当有限公司、南宁海资通典当有限公司、广西鑫利典当有限公司、广西鑫森典当有限责任公司、广西助兴典当有限公司、广西大钱门典当有限公司、广西乾元典当有限公司、广西中财典当有限公司、广西长隆典当有限公司、广西广衍典当有限公司、广西鸿源典当有限责任公司、广西金久典当有限公司、广西利巢典当有限公司、广西万合典当有限责任公司、北海中泰创展典当有限公司南宁分公司、广西开元典当有限公司、广西吉吉宝典当有限公司、南宁市远益典当有限公司、广西瑞驰典当有限公司、广西荣丰泰典当有限公司、广西聚宝典当有限公司、广西金百川典当有限公司、广西丰华典当有限责任公司、广西信付典当有限公司、广西柴宣纪元典当有限公司、广西荣桂典当有限责任公司、广西锦辰典当有限公司、广西中鼎典当有限公司、广西鑫玺典当有限公司、广西诚明典当有限公司、广西壹诚典当有限公司、广西九合典当有限责任公司、广西涌福典当有限责任公司

编辑　唐　娟

经济管理与监督

综　述

【经济发展主要预期目标执行】2020年，南宁市探索建立高质量发展监测督查评价体系，抓好“六稳”“六保”工作，出台稳工业措施8条、稳投资措施6条、促消费措施12条等，实现地区生产总值4726.34亿元，比上年增长3.7%，其中第一产业增长4.7%，第二产业增长5.3%（规模以上工业增加值增长3%、高于自治区1.8个百分点），第三产业增长2.9%；固定资产投资3705.45亿元，下降2.5%；社会消费品零售总额2180.36亿元，下降6.3%；财政收入796.09亿元，下降0.6%；居民人均可支配收入30114元，增长4.1%；居民消费价格指数上涨2.3%；小康监测体系各项指标实现程度接近100%，地区生产总值、居民人均可支配收入提前一年实现比2010年翻一番目标。（苏志立）

【经济领域改革】2020年，南宁市应对新冠肺炎疫情，在全国率先落地援企稳岗返还政策，上线高校毕业生就业“打包一件事”；在自治区率先出台支持中小企业保经营稳发展措施16条，上线企业缺工登记和个人求职登记一体化服务平台，促进企业复工复产。持续深化“放管服”改革，优化营商环境，整合企业登记、印章刻制、申领发票为一个环节，与企业银行基本账户开户环节实行联办，企业开办由3个环节缩减至2个；整合部门业务表单，在开办企业注册登记环节，同时完成企业社会保险登记、企业医保备案登记、企业住房公积金缴存登记开户，实现“一个平台、一次登录、一次受理、一窗登记、一套材料、七个事项”；推行线上“一个平台、一次填报”，线下“前台受理、后台流转”制度，办结时间由1个工作日缩短至0.5个。通过改革企业名称登记制度，实行身份网上实名验证、容缺受理、“最多跑一趟”、免费领取税务U盾钥匙、免费赠送新开办企业印章（法定名称章、法定代表人名章、财务专用章、发票专用章）等措施，为企业减负。推开“证照分离”改革，优化部分审批流程，精简审批材料，实现市场准入领域的“先照后证”，办理许可8.15万户，其中直接取消审批106户、告知承诺8537户、优化准入服务7.37万户。改革企业名称登记制度，推进企业名称预先核准与设立登记合并办理，实行网上自主申报，减少企业开办环节，压缩开办时间。新增市场主体12.36万户，比上年增长2.51%；累计80.10万户，增长12.81%。（市市场监管局）

【防范化解经济领域重大风险】2020年，南宁市加大防范化解经济领域重大风险力度。市财政局加强政府债务管理，遏制隐性债务增量，化解存量隐性债务，增加偿债资金有效供给，保障债务还本付息支出，全市还本付息支出164.16亿元，到期债务均按时偿还；利用直达资金监控系统联通各级优势，采用单独下达、单独标识、单独调度方式，实现全链条全过程、常态化监控，确保账务清楚、流向明确，确保财政资金用到刀刃上；防范化解基层“三保”（保基本民生、保工资、保运转）风险，建立风险评估监控指标体系，按风险实施分类管理，调整过高民生支出标准，加大财政暂付款项清理力度，严控支出规模。市税务局加强税收风险模型建设，开发税收风险任务管理系统内网版和收集客户端版，建立风险任务闭环管理模式；推送税收风险任务176批次、4.35万户，查补入库税款、滞纳金2.87亿元，发起增值税发票风险任务13批次、625户，任务命中率92%；落实“房住不炒”要求，通过行业管理系统对房地产行业按项目实行一体化管理，实现项目管理数字化、项目监控动态化、资料报送精简化，补入库增值税692.70亿元、土地增值税244.30亿元。市金融办强化地方金融组织监管，建设南宁市地方金融监管风险预警平台，建立“红黑名单”管理制度，在自治区率先探索建立以信用为基础的新型监管机制；严厉打击非法集资，加强宣传预警，推动化解非法集资陈案积案；推动网贷机构风险化解，加快司法审判进度，推进网贷领域征信体系建设，压降借贷余额；开展交易场所清理整顿；做好农村中小金融机构和扶贫小额信贷风险控制，督促金融机构加快处置风险，加快执行涉金融胜诉案件、清收公职人员逾期欠款，加大扶贫小额信贷回收处置力度和应贷尽贷。

【财税营商环境优化】2020年，南宁市应对新冠肺炎疫情，实施积极财政政策，在自治区率先出台支持中小企业保经营稳发展、稳工业、稳投资措施。筹集0.89亿元，落实“复工贷”“稳企贷”财政贴息政策，推动复工贷款投放，降低企业经营成本；加快惠企政策兑现，落实减税降费，激发市场活力，全市新增减税降费77.27亿元、减免企业社会保险费50.73亿元、减征医疗保险费2.92亿元；统筹商贸服务业发展专项资金2615万元，支持实体商业创新线上经营模式，力保市场主体；安排现代工业发展资金13亿元，重点支持“双百双新”项目及工业发展；筹集2.22亿元，重点支持面向东盟的金融开放门户南宁核心区和中国—东盟金融城建设，加快构建现代金融体系；筹集150.63亿元，投入交通运输领域，提高城镇综合路网承载能力，加快建设综合交通体系；筹集1.62亿元，支持跨境电商发展及物流通道建设，稳固东盟国家客货运航线。推进“互联网＋政府采购”，使用政采云平台项目采购信息系统和电子卖场信息系统，开展在线询价和反向竞价模式，加强政府采购领域信用管理。市税务局落实更大规模减税降费政策，编制“最多跑一次”清单207项、“一次不用跑”清单297项，为6.21万户次纳税人线上办理发票发售和免费寄递1128.53万份；在自治区率先实现纳税人网上申请留抵退税，办理时长缩短至平均2个工作日；限时办理发票业务时间缩短至1.67天，一般注销业务办理缩短至2.46天，退（抵）税费业务办理缩短至1.21天；实现所有容缺业务线上办理，办理178户次；建立“税务服务专员”制度，分级分类为企业提供针对性税务服务。全市单户授信总额1000万元以下的小微企业抵押贷款银行办理时间缩短至3.60个工作日；市金融办印发《南宁市加强金融服务支持中小企业复工复产的若干措施的通知》，助力市场回暖；出台金融职业资格人员补贴实施细则和高层次金融人才培养方案，支持金融人才发展。

（马利芳）

【诚实守信与公平竞争市场环境维护】2020年，南宁市清查市、县两级涉及公平竞争新增政策文件146件，发现违反公平竞争审查标准文件7件，督促修改后出台；清查存量政策文件446件，无违反公平竞争审查标准情形。清理规范涉企收费，对供水供气企业（点）123家、商业银行16家、不动产登记环节企事业单位及中介机构23家，电网企业及转供电主体45家、高速道路救援机构6家等进行收费检查，确保减税降费、价格优惠政策落到实处。以创建第三批全国社会信用体系建设示范城市为契机，营造诚实守信与公平竞争市场环境，每月常态化监测区县及生态环境、自然资源等10个重点领域信用状况，并对区县信用进行评分排名。在交通、医疗、旅游、健身、图书借阅、审批事项、金融贷款等7个领域中打造“信易＋”场景，享受守信激励措施5266人次；推行“信易贷”支持中小微企业融资，入驻全国中小企业融资综合信用服务平台企业266家，获授信33笔、3375万元。依法依规惩戒失信行为，列入经营异常名录存续企业2.92万户次，列入严重违法失信企业名单存续企业3303户，在公司登记环节拦截“老赖”任职2751人次，发布失信被执行人1.63万人次，发布限制高消费令3.54万人次。指导企业开展信用修复，开展信用修复接力培训10场，完成信用修复企业105家。选树诚信示范典型，获自治区“守合同重信用”企业公示484家，南宁市“守合同重信用”企业公示344家。在36个省会及副省级以上城市综合信用排名第十。

（黄梦婷）

发展计划管理

【概　况】2020年，南宁市发展和改革委员会（简称“市发展改革委”）做好稳增长工作统筹，探索建立高质量发展监测督查评价体系；开展经济形势综合分析及投资、服务业、价格等重点领域专项分析。安排城市建设投资计划项目1033个，计划投资435.88亿元；安排教育基本建设投资计划项目180个，计划投资24.45亿元。推进经济高质量发展，全市地区生产总值4726.34亿元，比上年增长3.7%；固定资产投资3705.45亿元，下降2.5%；社会消费品零售总额2180.36亿元，下降6.3%；财政收入796.09亿元，下降0.6%；居民人均可支配收入30114元，增长4.1%；居民消费价格指数（CPI）上涨2.3%。主要存在全市经济发展受新冠肺炎疫情冲击和外部环境影响，经济稳增长形势压力增大等问题。

【经济调节与监测预测】2020年，市发展改革委科学编制年度计划目标，完成《南宁市2019年国民经济和社会发展计划执行情况与2020年国民经济和社会发展计划草案报告》，研究制定《南宁市2020年第一季度经济增长“提速争先开新局”工作方案》等系列稳增长政策措施文件。关注全国、自治区宏观经济形势，了解行业运行动态，每月开展经济形势综合分析及投资、服务业、价格等重点领域专项分析，形成经济运行分析材料，为市委、市政府宏观决策与经济调控做参谋。探索建立高质量发展监测督查评价体系，牵头起草制定《2020年全市推动经济高质量发展情况“红黑榜”督查通报工作方案》，以高质量发展标准指导区县转变发展方式。

【年度计划编制】2020年，市发展改革委编制完成《南宁市2019年国民经济和社会发展计划执行情况与2020年国民经济和社会发展计划草案报告》，经市第十四届人民代表大会第五次会议审议通过。起草《南宁市2021年经济发展主要目标建议》，经市委、市政府审议通过，形成《南宁市2020年国民经济和社会发展计划执行情况与2021年国民经济和社会发展计划草案报告》报市人大审议。完成2020年国民经济和社会发展计划上半年执行情况检查总结。

（苏志立）

【“十四五”规划编制】2020年，市发展改革委印发《南宁市国民经济和社会发展“十四五”规划编制工作方案》，成立工作领导小组，部署、推进编制工作。开展“十四五”规划前期研究及调研，统筹推进重点课题12个，重点领域规划基本思路研究报告11个。通过书面征求意见、集中封闭写作、专家咨询论证、召开人大代表政协委员座谈会等形式，收集人大代表、政协委员、市民群众“建言献策”2000多条，梳理形成市级重大工程、重大政策、重大改革“三个重大”项目253项。5月，“十四五”规划基本思路通过市委常委会审议；12月，形成规划纲要草案送审稿。

【“十三五”规划收官】2020年是“十三五”规划收官之年，南宁市继续实施产业转型升级、开放合作（“南宁渠道”）升级、生态宜居升级、深化改革升级、法治南宁升级、民生福祉升级“六大升级”工程，推进经济高质量发展，全市地区生产总值、财政收入总额、固定资产投资总量等主要经济指标位居自治区首位，地区生产总值、居民人均可支配收入提前一年实现比2010年翻一番目标；经济首位度提升，地区生产总值占自治区比重提升至21.3%，比2015年高1个百分点；现代特色农业发展加快，建成全国最大的茉莉花产区、沃柑产区、火龙果产区，打响南宁火龙果、武鸣沃柑、横县茉莉花品牌。建设西部陆海新通道重要节点城市、中国（广西）自由贸易试验区南宁片区、面向东盟的金融开放门户南宁核心区、中国—东盟信息港南宁核心基地、陆港型国家物流枢纽、南宁临空经济示范区等国家级开放平台，外贸进出口总额986亿元，是2015年的2.7倍。加快创新发展，实现国家技术发明奖零的突破，成为自治区首个国家知识产权示范城市；拓展南宁·中关村创新引领示范作用，培育发展高新技术企业1151家，国家科技型中小企业853家，高新技术企业数量占自治区40%以上；南宁高新区、横县获批国家双创示范基地。提升“中国绿城”品质，打造“百里秀美邕江”；整治并消除建成区所有的38个黑臭河段，那考河生态综合整治项目获“中国人居环境奖”范例奖；空气质量优良率97.5%，空气质量综合指数居全国省会城市前列；获全国首批“国家生态园林城市”称号，连续三年蝉联全国“美丽山水城市”称号。发展民生社会事业，现行标准下农村贫困人口全部脱贫；就业、教育、科技、文化、旅游、医疗卫生、体育、养老等社会事业全面发展，民族团结进步，获“国家卫生城市”三连冠、“全国双拥模范城”七连冠、“自治区双拥模范城”九连冠，获“全国少数民族流动人口服务管理示范城市”称号，群众安全感从2015年的86.22%升至98.09%。

（冯子乐）

2020 年，计划年产 10 万辆的南宁合众新能源汽车产业项目(强首府战略重大产业项目)在青秀区伶俐工业园施工建设　　市发展改革委提供

【专项投资计划】 2020 年，南宁市安排城市建设投资计划项目 1033 个，计划投资 435.88 亿元。其中：建设项目 533 个，计划投资 314.17 亿元；经费开支项目 30 个，计划投资 15.03 亿元；前期经费项目 466 个，计划投资 4.27 亿元；配套资金项目 2 个，计划投资 60.68 亿元；完工结算专项 1 个，计划投资 30 亿元；电网专项 1 个，计划投资 11.73 亿元。安排教育基本建设投资计划项目 180 个，计划投资 24.45 亿元(市财政 20 亿元，申请中央、自治区补助资金 3.78 亿元，银行贷款 0.67 亿元)。下达农口投资计划项目 12 批次 356 个，计划投资 24.79 亿元。其中：中央投资计划项目 8 批次 45 个，计划投资 6.79 亿元(中央 5.09 亿元、自治区 4710 万元、市财政 3287 万元、区县自筹 1247 万元、业主自筹 7747 万元)；自治区投资计划项目 1 批次 72 个，计划投资 15.38 亿元(自治区 3.73 亿元、区县自筹 11.66 亿元)；市本级财政投资计划项目 3 批次 239 个，计划投资 2.62 亿元(市财政 2.1 亿元、区县自筹 5203.8 万元、业主自筹 75.1 万元)。市本级财政预算内基本建设投资计划项目 27 个，计划投资 3.57 亿元(续建 22 个、新建 5 个)；市本级财政资金项目 17 个，计划投资 0.73 亿元；竣工决算项目计划投资 0.7 亿元。　　(陈明海)

【重点项目管理】 2020 年，南宁市投资规模 1 亿元以上自治区层面、市级层面统筹推进重大项目 618 个，总投资 9692.46 亿元，年度计划投资 889.08 亿元，完成投资 940.36 亿元。其中：新开工项目 151 个，年度计划投资 242.71 亿元，完成投资 248.29 亿元；续建项目 255 个，年度计划投资 578.87 亿元，完成投资 606.90 亿元；竣工投产项目 74 个，年度计划投资 67.50 亿元，完成投资 79.87 亿元；前期项目 138 个，提前开工 12 个，完成投资 5.30 亿元。　　(张年平)

国有资产监督管理

【概　况】 2020 年，南宁市人民政府国有资产监督管理委员会(简称“市国资委”)监管南宁城投集团、南宁威宁集团、南宁建宁水务集团、南宁交投集团、南宁产投集团、南宁轨道交通集团、南宁农工商集团、南宁金融集团国有资产，至年末，8 家集团公司资产总额 3655.13 亿元，比上年增长 12.36%；净资产 1440.61 亿元，增长 13.14%；营业总收入 183.35 亿元，增长 1.44%；利润总额 23.07 亿元，增长 27.18%。8 家集团公司逐步从一般竞争性行业领域退出，转向城市基础设施投融资、公共事业等功能性和民生服务领域，其中南宁城投集团、南宁交投集团承担城市基础设施建设职责，南宁威宁集团承担政府楼宇管理、文体场馆建设职责，南宁建宁水务集团承担内河整治、城市供水职责，南宁轨道交通集团承担城市轨道交通建设、运营职责，南宁产投集团负责工业园区建设、重大产业项目招商引资，南宁农工商集团负责政府农产品物流基地建设、运营，南宁金融集团承担政府投资基金管理职责。主要存在国有经济规模发展不快、国有资本运营效率不高、企业转型升级缓慢、可持续发展能力偏弱等问题。

【国资国企改革】 2020 年，市国资委在市属国有企业退休人员实现“退一接一”的基础上，完成中央直属和自治区直属国有企业退休人员社会化管理移交约 5.7 万人，“统一预约、多点移交、一站办结”做法获国务院国资委宣传推广。推动完成市域内中央直属企业、自治区直属企业、市属国有企业职工家属区“三供一业”(供水、供电、供气、物业)分离移交和维修改造。49 家国有“僵尸企业”全部实现市场化出清；推进混合所有制改革，市国资系统混合所有制企业 123 家，混改比例 40.59%；完成指导 24 个市本级经营类事业单位改革。实施国有资本运营公司试点，将 17 项审批事项授权南宁威宁集团；深化国有企业人事、劳动、考核分配制度三项制度改革，加快构建国有企业市场化经营机制；出台授权放权清单，授权放权 6 大类 16 项事项；取消审计、评估、法律三类中介机构备选库，赋予企业更多经营自主权。推进国资国企“人才强企”战略，将人才工作列入企业负责人经营业绩考核，强化人才引进和培养。8 家集团公司基本建立市场化劳动用工和收入分配管理体系，形成企业内部管理人员能上能下、员工能进能出、收入能增能减机制。

【国企复工稳增长】 2020 年，市国资委监管企业统筹推进新冠肺炎疫情防控和复工复产稳增长，企业国有资产规模持续扩大，收入实现稳增长，经济效益稳中有升，国有资产持续保值增值，其中南宁建宁水务集团、南宁交投集团、南宁轨道交通集团、南宁农工商集团、南宁金融集团实现营业收入、利润双增长。完成固定资产投资 330.70 亿元，开工建设南宁—宾阳—黎塘公路、轨道交通站城一体化(TOD)、双定循环产业园、威宁青运村等重大项目，南宁合众新能源汽车项目、南宁天际新能源汽车项目全面施工，拉动经济恢复性增长；开通试运营南宁轨道交通 4 号线、2 号线东延线，形成地铁“四线齐发、八方通达”新格局。推进产城融合发展，与横县合作设立南宁交投六景园区开发公司，推进六景工业园区五个产城开发及配套建设项目建设；与良庆区合作设立南宁城投现代园区开发公司，开发南宁现代工业产业园；推动“央企入桂”，签订央企投资合作项目 28 个(市国资系统 7 个、占 25%)，投资总额 1888.77 亿元(市国资系统 993.87 亿元、占 53%)；引进中车铝材、广西先进铝加工创新中心、湖北美科等项目入驻南宁产投创新产业园，推进已签约的生态农业养殖、永年 3D 金属打印等产业项目落地。发行债券、中期票据 90 亿元，融资到位资金 303.03 亿元，完成年度任务 120.99%。向南宁产投集团、南宁城投集团、南宁轨道交通集团等企业注入优质资产，其中企业货币 11 亿元、房产 1.26 亿元、土地 57.58 亿元。

2020 年 8 月 21 日，南宁国有企业人才培养基地在市国资委揭牌并举办首届“菁英班”开班仪式　　苏林　摄

【国资国企监管】 2020 年，市国资委加快推进国资监管智能云平台迭代升级，实现对 312 家企业重要资产、财务数据动态监控。在融资服务平台公开挂牌企业融资项目 347 宗，成交 231 宗，节约融资成本 12.27 亿元。完善国资监管体制机制，出台《南宁市国资委监管提示工作规则》《南宁市国资委监管约谈和通报工作规则》等监督制度，建立横向、纵向工作联系机制，强化全过程监督；指导督促企业做好资产负债率分类管控，督促企业优化内控体系，防范化解企业债务风险；与市纪委监委派驻市国资委纪检监察组联合开展“三重一大”（重大问题决策、重要干部任免、重大项目决策、大额资金使用）专项检查，以南宁威宁集团改组国有资本运营公司为试点，规范企业董事会、监事会工作。

【国企社会责任】 2020 年，市国资委出台监管企业新冠肺炎疫情防控期间减免租金实施细则，为中小企业减免经营用房、场地、广告位租金 2.25 亿元，受益企业、个体户 1.42 万户；南宁金融集团为 841 家企业提供放款担保 31.4 亿元，南宁城投集团减免南宁吴圩机场第一高速路、第二高速路通行费 4084.5 万元。开展创建全国文明城市活动，投入经费 1.02 亿元，完成整改项目 457 个。实施脱贫攻坚帮扶项目 131 个，投入资金 2854.14 万元，8 家集团公司帮扶的 23 个深度贫困村如期摘帽。　（秦　庆）

财　政

【概　况】 2020 年，南宁市财政系统包括南宁市财政局（简称“市财政局”）、12 个区县财政局，以及南宁高新区、南宁经开区、广西—东盟经开区、青秀山风景名胜旅游区财政局；在职干部 1697 人，其中市财政局 285 人、区县（开发区）财政局 1412 人。应对新冠肺炎疫情影响，加强预算管理促进财政平稳运行。全市组织财政收入 796.09 亿元，比上年提高 0.57%，占自治区收入 28.43%。全市一般公共预算收入 372.25 亿元、增长 0.36%，其中非税收入 108.65 亿元，占一般公共预算收入比重提高 2.31 个百分点。一般公共预算上级转移支付资金 357.03 亿元，增加 56.48 亿元；新增一般政府债券资金 13.95 亿元，增长 45.27%；盘活财政存量资金 27.14 亿元；压减一般性支出 10.35 亿元。全市预算执行率 96.65%。发挥财政直达资金惠企利民作用，分配下达直达资金 51.81 亿元，重点支持公共卫生领域和重大疫情防控体系建设，提升基层财政保障能力；全市直达资金支出进度 99.50%，其中抗击新冠肺炎疫情特别国债支出进度 100%。主要存在经济形势复杂严峻，财政收入增长不确定性因素明显增加；财政支出刚性增长，财政处于紧平衡状态；财税体制改革需深入推进，政府债务管理、基层“三保”等方面有潜在风险等问题。

【财政收入】 2020 年，南宁市一般公共预算总收入 1002.60 亿元。其中：一般公共预算收入 372.25 亿元，比上年增长 0.36%，税收收入 263.61 亿元、下降 2.80%，非税收入 108.65 亿元、增长 8.95%；上级补助收入 357.03 亿元，增加 56.48 亿元；上年结余收入 30.73 亿元，减少 3.60 亿元；调入资金 104.52 亿元，减少 34.36 亿元；地方政府一般债务转贷收入 98.57 亿元，增加 64.46 亿元；动用预算稳定调节基金 39.49 亿元，增加 11.30 亿元。专项收入 21.50 亿元，下降 31.82%；行政事业性收费收入 15.88 亿元，增长 23.07%；罚没收入 10.38 亿元，增长 23.61%；国有资源（资产）有偿使用收入 45.69 亿元，增长 50.06%；捐赠收入 0.07 亿元，下降 62.94%；政府住房基金收入 7.45 亿元，增长 137.66%；其他收入 5.25 亿元，下降 30.19%。市本级一般公共预算总收入 765.55 亿元。其中：一般公共预算收入 205.25 亿元，增长 2.84%（税收收入 136.16 亿元、增长 0.72%，非税收入 69.08 亿元、增长 7.30%）；上级补助收入 357.03 亿元，增加 56.48 亿元；上解收入 22.88 亿元，增加 1.86 亿元；上年结余收入 10.35 亿元，减少 4.28 亿元；调入资金 47.47 亿元，减少 21.64 亿元；地方政府一般债务转贷收入 98.57 亿元，增加 64.46 亿元；动用预算稳定调节基金 24 亿元，增加 7 亿元。

【财政支出】 2020 年，南宁市一般公共预算总支出 974.12 亿元，其中一般公共预算支出 822.79 亿元，上解支出 15.26 亿元，安排预算稳定调节基金 38.99 亿元，地方政府一般债务还本支出 97.08 亿元。收支相抵，年终结余 28.48 亿元。南宁市一

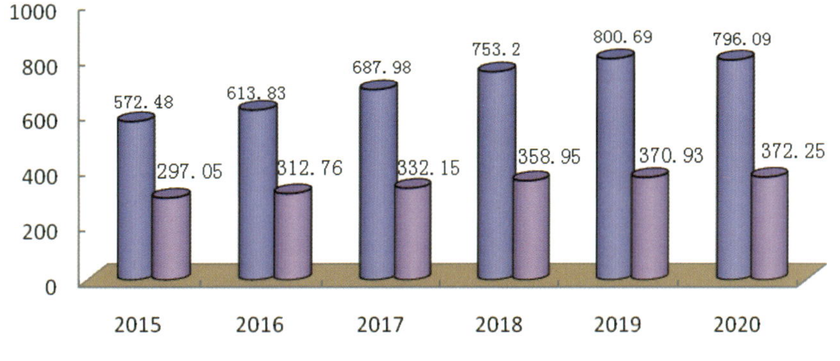

图 2　2015 年至 2020 年南宁市财政收入趋势图　单位：亿元

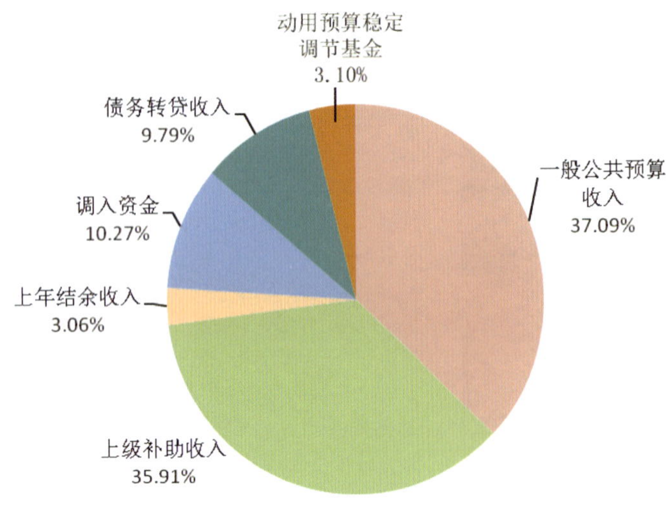

图 3　2020 年南宁市一般公共预算总收入各占比情况图

般公共预算支出 822.79 亿元，比上年增长 4.26%。重点用于卫生健康支出 85.28 亿元，完成预算 98.58%，增长 10.87%；农林水支出 85.47 亿元，完成预算 92.38%，增长 7.54%；教育支出 149.76 亿元，完成预算 97.97%，增长 6.31%；社会保障和就业支出 104.60 亿元，完成预算 99.08%，增长 13.12%；科学技术支出 13.20 亿元，完成预算 99.06%，增长 23.71%；文化旅游体育和传媒支出 13.19 亿元，完成预算 97.08%，增长 12.26%。市本级一般公共预算总支出 756.31 亿元，其中一般公共预算支出 280.69 亿元，上解支出 15.26 亿元，补助下级支出 326.75 亿元，安排预算稳定调节基金 28.43 亿元，地方政府一般债务转贷支出 30.77 亿元，地方政府一般债务还本支出 74.41 亿元。收支相抵，年终结余 9.24 亿元。市本级一般公共预算支出 280.69 亿元，完成预算 96.81%，下降 0.68%。重点用于卫生健康支出 24.45 亿元，完成预算 97.85%，增长 15.92%；农林水支出 7.73 亿元，完成预算 88.78%，下降 23.00%；教育支出 37.51 亿元，完成预算 98.21%，增长 7.45%；社会保障和就业支出 26.48 亿元，完成预算 99.28%，下降 7.19%；科学技术支出 4.70 亿元，完成预算 97.84%，增长 39.72%；文化旅游体育和传媒支出 8.85 亿元，完成预算 98.31%，增长 12.89%。市本级一般公共预算安排预备费 2.60 亿元，动用 1.60 亿元，主要用于南(宁)广(州)铁路和城市道路地质灾害治理，其中南广铁路地质灾害治理 0.17 亿元、凤岭北路和翠竹路边坡治理 1.43 亿元。市本级一般公共预算“三公”经费、会议费和培训费支出 1.43 亿元，下降 23.32%，其中公务接待费支出 0.04 亿元、因公出国(境)经费支出 0.01 亿元、公务用车购置费及运行维护费支出 0.40 亿元、会议费支出 0.10 亿元、培训费支出 0.88 亿元。市本级对区县税收返还和转移支付支出 326.75 亿元，增长 15.45%。其中：税收返还 19.22 亿元，与上年持平；一般性转移支付 232.36 亿元，增长 18.05%；专项转移支付 75.18 亿元，增长 12.23%。

【市本级预算稳定调节基金】 2020 年，南宁市本级年初动用预算稳定调节基金 24 亿元，用于市本级一般公共预算支出，动用后预算稳定调节基金余额 1.21 亿元。年末安排预算稳定调节基金 28.43 亿元后，市本级预算稳定调节基金余额 29.64 亿元。

【政府性基金预算】 2020 年，南宁市政府性基金预算总收入 813.16 亿元。其中：当年政府性基金预算收入 638.65 亿元，完成预算 116.69%，比上年增长 17.58%，增长主要原因是国有土地使用权出让收入增加；上级补助收入 24.01 亿元；上年结余收入 94.04 亿元；地方政府专项债务转贷收入 150.50 亿元。全市政府性基金预算总支出 823.04 亿元。其中：当年政府性基金预算支出 644.32 亿元，完成预算 95.66%，增长 51.37%，增长的主要原因是征地和拆迁补偿、土地开发等支出增加；上解支出 57.52 亿元；调出资金 92.77 亿元；地方政府专项债务还本支出 28.43 亿元。收支相抵，年终结余 84.16 亿元。市本级政府性基金预算总收入 801.84 亿元。其中：当年政府性基金预算收入 558.12 亿元，完成预算 119.87%，增长 19.18%；上级补助收入 24.01 亿元；上年结余收入 69.21 亿元；地方政府专项债务转贷收入 150.50 亿元。市本级政府性基金预算总支出 756.79 亿元。其中：当年政府性基金预算支出 400.23 亿元，完成预算 98.85%，增长 53.64%；补助下级支出 151.02 亿元，其中抗疫特别国债转移支付支出 13.91 亿元；上解支出 57.52 亿元；调出资金 36 亿元；地方政府专项债务转贷支出 69.70 亿元；地方政府专项债务还本支出 28.41 亿元。收支相抵，年终结余 58.97 亿元。

【国有资本经营预算】 2020 年，南宁市国有资本经营预算总收入 15.23 亿元。其中：当年国有资本经营预算收入 15.16 亿元，完成预算 362.49%，比上年增长 125.78%，增长的主要原因是国有资本收益上缴比例提高，清查补缴历年国有资本收益，国有企业上缴资产处置收益增加；上级补助收入 0.06 亿元；上年结余收入 0.01 亿元。全市国有资本经营预算总支出 14.79 亿元。其中：当年国有资本经营预算支出 3.04 亿元，完成预算 98.69%，增长 323.51%，增长的主要原因是国有企业注册资本金支出增加；调出资金 11.76 亿元，将国有资本经营预算调入一般公共预算统筹安排。收支相抵，年终结余 0.44 亿元。市本级国有资本经营预算总收入 12.16 亿元。其中：当年国有资本经营预算收入 12.10 亿元，完成预算 1225.81%，增长 92.12%；上级补助收入 0.06 亿元。市本级国有资本经营预算总支出 11.80 亿元。其中：当年市本级国有资本经营预算支出 0.26 亿元，完成预算 98.91%，下降 52.80%，下降的主要原因是受新冠肺炎疫情影响，国有企业“三供一业”(供水、供电、供热、物业管理)分离移交进展较慢；补助下级支出 0.08 亿元；调出资金 11.47 亿元，将国有资本经营预算调入一般公共预算统筹安排。收支相抵，年终结余 0.36 亿元。

【社会保险基金预算】 2020 年，南宁市社会保险基金预算收入 182.23 亿元，完成预算 99.57%，比上年增长 5.06%，增长的主要原因是部分区县改革实施准备期清算收入增加，增加长期护理保险基金(试点)收入。全市社会保险基金预算支出 169.21 亿元，完成预算 94.93% 增长 14.37%，增长的主要原因是部分区县改革实施准备期清算支出增加，及失业保险援企稳岗政策支出增加。收支相抵，当年结余 13.02 亿元，年末滚存结余 219.35 亿元。市本级社会保险基金预算收入 130.65 亿元，完成预算 100.36%，增长 1.31%。其中：机关事业单位基本养老保险基金收入 15.60 亿元，下降 10.02%，下降的主要原因市本级机关事业单位集中清算基本养老保险基金收入单位减少，以及机关事业单位养老保险费率下调；城镇职工基本医疗保险基金(含生育保险基金)收入 58.33 亿元，增长 2.31%；城乡居民基本医疗保险基金收入 49.30 亿元，增长 2.90%；工伤保险基金收入 1.19 亿元，下降 36.95%，下降的主要原因是阶段性减免工伤保险费；失业保险基金收入 3.90 亿元，下降 19.20%，下降的主要原因是阶段性减免失业保险费；长期护理保险基金(试点)收入 2.34 亿元。市本级社会保险基金预算支出 124.65 亿元，完成预算 96.48%，增长 16.05%。其中：机关事业单位基本养老保险基金支出 14.63 亿元，增长 19.09%，增长的主要原因是机关事业单位退休人数增加和基本养老金水平提高；城镇职工基本医疗保险基金（含生育保险基金）支出42.63亿元，增长5.85%；城乡居民基本医疗保险基金支出52亿元，增长5.85%；工伤保险基金支出1.94亿元，增长20.66%，增长的主要原因是领取工伤保险待遇人数增加；失业保险基金支出13.46亿元，增长226.10%，增长的主要原因是扩大失业保险保障范围和实施失业保险稳岗计划。收支相抵，当年结余5.99亿元，年末滚存结余182.24亿元。

【政府债务】 2020年，自治区政府批准核定下达南宁市政府债务限额1266.38亿元（一般债务限额650.12亿元、专项债务限额616.26亿元），其中市本级政府债务限额980.92亿元（一般债务限额520.41亿元、专项债务限额460.51亿元）。南宁市政府债务余额1190.06亿元（一般债务余额608.14亿元、专项债务余额581.92亿元），其中市本级政府债务余额912.61亿元（一般债务余额483.93亿元、专项债务余额428.68亿元）。自治区政府批准核定转贷南宁市地方政府一般债券98.13亿元，其中转贷市本级67.69亿元（再融资一般债券64亿元、新增一般债券3.69亿元），转贷区县30.44亿元（再融资一般债券20.18亿元、新增一般债券10.26亿元）。自治区政府核定转贷南宁市地方政府专项债券150.50亿元，其中转贷市本级80.80亿元（再融资专项债券23.50亿元、新增专项债券57.30亿元），转贷区县69.70亿元，全部为新增专项债券。全市政府债券还本支出120.18亿元（一般债券还本93.88亿元、专项债券还本26.30亿元），其中市本级政府债券还本支出97.51亿元（一般债券还本71.21亿元、专项债券还本26.30亿元）。全市政府债券付息支出38.48亿元（一般债券付息支出21.37亿元、专项债券付息支出17.11亿元），其中市本级政府债券付息支出31.09亿元（一般债券付息支出17.06亿元、专项债券付息支出14.03亿元）。

【疫情防控与复工复产资金保障】 2020年，南宁市筹集财政资金19.21亿元，优先保障新冠肺炎疫情防控，对确诊和疑似患者个人负担部分费用实行财政兜底，发放疫情防控人员临时性工作补助，支持公共卫生体系和重大疫情防控救治体系建设，补齐公共卫生领域基础设施短板，完善应急物资保障体系。筹集资金0.89亿元，支持“复工贷”“稳企贷”财政贴息政策，推动复工贷款投放，降低企业经营成本；筹集资金3.31亿元，缓解疫情对工业企业影响；统筹资金1.60亿元，支持开展“壮美广西·三月三暖心生活节”促消费活动；筹集资金0.26亿元，支持商贸服务业发展，促进消费市场回暖。推动减税降费政策落实到位，新增减税降费77.27亿元、减免企业社会保险费50.73亿元、减征医疗保险费2.92亿元，减轻企业负担，激发市场活力。

【脱贫与“三农”发展资金支持】 2020年，南宁市筹集财政扶贫资金30.66亿元；4个贫困区县（马山县、上林县、隆安县、邕宁区）统筹整合涉农资金10.85亿元，重点支持贫困地区和贫困户发展生产，改善基础设施。财政资金向农业农村倾斜，支持现代农业发展和乡村建设；筹集资金1.90亿元，扶持壮大村级集体经济，筹集资金1.38亿元，支持乡村振兴农业全产业链提升工程，筹集资金0.89亿元，开展现代特色农业示范区及高标准农田建设；筹集资金2.89亿元，推动乡村风貌提升，筹集资金1.61亿元，支持推进“四建一通”（乡乡通二级或三级公路建设、农村公路安全生命防护建设、农村公路“畅返不畅”整治建设、行政村窄路拓宽改造建设，行政村通客车）工程及村道养护。

【实施强首府战略资金支持】 2020年，南宁市财政支持打造工业高质量发展新格局，筹集现代工业发展资金13亿元，重点支持瑞声科技（南宁）有限公司、合众新能源汽车有限公司、天际汽车科技集团有限公司等重大项目、重点企业发展；滚动安排工业用地储备和工业园区基础设施建设资金10亿元、争取政府专项债券7亿元，完善园区基础设施建设和综合配套建设。支持科技创新驱动发展，投入13.22亿元重点支持技术研究与开发，推动建立以政府投入为引导、以企业投入为主体、提升社会资本投资的多元化、多渠道、多层次研发投入体系；筹集资金0.30亿元，注资创业投资引导基金，推动科技成果转化。支持加快构建现代金融体系，筹集资金2.22亿元，重点支持面向东盟的金融开放门户南宁核心区和中国—东盟金融城项目建设，发放金融机构入驻及企业上市挂牌奖励350万元。支持加快建设综合交通体系，筹集资金150.63亿元，推进贵（阳）南（宁）高铁、南（宁）崇（左）城际铁路、南（宁）玉（林）城际铁路、南宁国际空港综合交通枢纽、城市轨道交通等现代交通体系建设。支持做实重点开放平台，筹集自贸区专项发展资金2亿元，加快南宁片区建设；筹集资金0.12亿元，打造中国—东盟博览会升级版，支持“云上东博会”线上参展；筹集资金1.62亿元，支持跨境电商发展及物流通道建设，稳固东盟国家客货运航线。支持加快建设宜居城市，筹集资金86.51亿元，支持生态环境治理；筹集资金8.70亿元，提升城市污水处理能力；筹集资金3亿元，保障垃圾分类设施运营；引导社会资本投入12.79亿元，参与垃圾分类终端设施建设，鼓励社会资本参与公用事业建设运营。

【民生保障与改善】 2020年，南宁市民生支出638.56亿元，增加12.96亿元，占一般公共预算支出77.89%，落实为民办实事资金117.69亿元，支持全面建成小康社会。就业补助资金支出5.07亿元，支持重点群体就业创业，保障就业形势总体稳定；筹集资金4.20亿元，支持加大人才培训力度，提升职业技能；发放失业补助金和企业稳岗返还资金4.96亿元，扩大失业保险保障范围。筹集资金16.43亿元，保障困难群众基本生活，城市居民低保标准由每人每月690元提高至790元，农村居民低保标准由每人每年4600元提高至5500元；筹集资金2.34亿元，设立长期护理保险基金，支持建设长期护理保险国家试点城市，应对人口老龄化。筹集资金149.50亿元，投入教育领域，支持教育优先发展。筹集资金25.22亿元，支持公租房建设、棚户区改造、老旧小区改造和发展住房租赁市场等保障性安居工程项目，入选第二批中央财政支持住房租赁市场发展试点城市。市本级动用自身财力安排困难城区均衡性补助资金6亿元，比上年增加1亿元，支持保障基层运转。安排社会管理监控报警联网系统租金约1亿元，支持平安南宁建设；安排资金1950万元，建设南宁市智能安防数据应用平台，实现“城中村”人口和车辆数据信息汇集、分析、研判；安排农村“雪亮工程”提升项目资金500万元，提升农村治安防控、社会治理信息化水平；安排公路交通安全防控体系经费535.87万元，强化道路秩序管理。安排少数民族发展专项资金360万元、少数民族教育专项补助资金200万元，支持民族地区经济发展，维护民族团结。安排食安惠民工程项目资金1139.60万元，支持创建国家级食品安全示范城市。

【国有资产管理】 2020年，市财政局加强国有资本经营预算管理，市本级国有资本经营预算收入12.10亿元、比上年增长92.12%，支出0.26亿元、下降52.80%。落实向市人民代表大会报告国有资产管理情况制度；完成由企业国有资产报告、金融企业国有资产报告、行政事业单位国有资产报告和自然资源国有资产报告4个专项报告组成的全市国有资产管理综合报告;代市政府草拟行政事业单位国有资产管理专项报告并在市人民代表大会常务委员会上接受审议。加强行政事业单位国有资产处置审核(批),受理市直单位国有资产处置申请136批次、涉及金额2.24亿元,其中车辆报废处置38批次、108辆、涉及金额1955万元。加强处置收入收缴管理,督促市本级行政事业单位国有资产处置收入及时上缴国库,实行“收支两条线”管理。完善国有资产管理制度,修订完善国有资产使用和处置管理办法,为行政事业单位管理利用国有资产提供依据。

【投资评审管理】 2020年,市财政局开展投资评审范围包含预算、招标控制价、结算和决算审核,接收报审项目1480个,审结1110个,审结率75%;审核项目金额286.91亿元,审定265.28亿元,审减21.63亿元,审减率7.54%。做好政府投资工程招标控制价评审,开展南宁市核心城区户均年停电时间小于1小时电力管线建设工程、轨道交通2号线东延工程配套道路工程及轨道交通4号线一期工程等项目招标控制价评审,完成招标控制价评审项目310个,审核金额92.85亿元,审定80.74亿元,审减12.11亿元,审减率13.04%。做好政府投资项目预算评审,完成轨道交通2号线配套工程银象立交二期、南宁市拘留所(收容教育所)及配套设施改造项目、清川立交工程涉及给水管永久迁改工程等项目预算评审94项,审核金额15.80亿元,审定13.91亿元,审减1.89亿元,审减率11.96%。做好政府投资项目工程竣工结算评审,完成南宁大桥工程、邕江综合整治沿岸灯光亮化工程及长堽路三期工程雨污水治理应急工程等工程竣工结算评审项目689个,审核金额168.55亿元,审定160.92亿元,审减7.63亿元,审减率4.53%。做好政府投资项目工程竣工财务决算评审,完成南宁市精品线路综合整治(一期)工程、民族大道维修整治项目绿化整治工程及龙潭水库除险加固工程等工程竣工财务决算评审项目17个,涉及金额9.71亿元。

【政府采购监督管理】 2020年,南宁市完成政府采购预算114.18亿元,实际采购金额107.48亿元,节约采购资金6.70亿元,资金节约率5.87%。推进南宁市政府采购制度改革,通过政府购买服务方式建设电子化采购平台,使用政采云平台项目采购信息系统和电子卖场信息系统,开展在线询价和反向竞价新采购模式;印发《南宁市财政局关于开展政府采购意向公开工作的通知》,明确各单位是采购意向公开的责任主体,需按规定时间和指定渠道发布采购意向公告信息;印发《南宁市本级政府采购不良行为记录名单管理办法》,强化政府采购领域信用管理。

【会计管理】 2020年,市财政局推进行政事业单位内部控制建设,组织开展2019年全市行政事业单位内部控制报告编报及内控编报质量“回头看”,抽取692家行政事业单位内部控制报告进行全面复核。开展会计基础规范化及内部控制制度建设监督检查,实地检查市文化广电和旅游局等12个单位,发出检查结论及整改通知,要求相关单位限期整改。做好拔尖会计人才培养,举办“十百千”拔尖会计人才知识更新培训,市级拔尖会计人才“行政事业一期”“企业一期”学员68人参加培训并结业。做好会计人员服务,南宁市考区组织初级、中级和高级会计资格考试报名考生6.38万人,其中初级4.92万人、中级1.43万人、高级207人。办理会计继续教育登记3.60万人次,发放初级资格证书871本、中级987本,办理南宁市注册会计师非执业会员年检登记240人次。做好代理记账审批,在全国代理记账管理系统通过年度备案审核代理记账机构409户。

【财政监督管理】 2020年,市财政局运用“互联网+监管”、专项检查等手段,开展直达资金常态化监管、扶贫资金检查、会计信息质量检查、“三公”经费督查及违规吃喝、违规发放津贴补贴等问题专项整治,检查单位381家,督促被检查单位整改或追回违规违纪资金,维护财经秩序,保障财政资金安全。开展预算监督、强化内部控制和内部监督,推进财政监督与财政管理融合,保障重大财税政策贯彻落实。出台市本级绩效评价结果应用暂行办法,建立“调整、整改、报告、公开、问责”的综合应用机制,明确评价结果作为预算安排和政策调整的重要参考依据,在2021年部门预算中,根据2019年度项目支出的绩效再评价结果调减预算安排资金0.29亿元,督促资金使用单位根据评价结果制定整改方案,发挥绩效评价以评促管的作用。

【财政体制改革】 2020年,市财政局推进分领域财政事权和支出责任划分改革,出台市以下科技、交通运输、教育领域财政事权和支出责任划分改革实施方案,理顺各级支出责任。配合深化农村改革,推进横县六景镇、宾阳县黎塘镇等经济发达镇财政管理体制改革,激发乡村振兴新动能。深化政府公共资产信息化管理改革,推进市公共资产负债管理智能云平台建设,拓展平台功能,推动政府公共资产精准管理,提升风险防控能力。推动财政投入方式创新,统筹推进PPP(政府与社会资本合作)项目,全市纳入财政部PPP综合信息管理平台项目70个,总投资688.81亿元;推动那考河流域治理、广西文化艺术中心和五象新区总部基地地下空间等30个落地PPP项目实施。加强预算绩效管理,制定《南宁市全面实施预算绩效管理实施方案》《南宁市本级财政支出绩效评价结果应用暂行办法》,首次对市本级所有一级预算单位开展整体支出绩效监控,纠正绩效目标执行偏差;拓宽预算绩效目标编审范围,编审预算绩效目标新增119个,累计489个,市本级部门整体支出绩效目标编审实现一级预算单位全覆盖。 (马利芳)

税　务

【概　况】 2020年,国家税务总局南宁市税务局(简称“市税务局”)有派出机构6个,区县(开发区、青秀山风景区)税务局16个。管辖南宁市登记纳税人49.84户,其中单位纳税人29.43万户、个体工商户20.15万户、临时税务登记纳税人0.26万户。负责全市增值税、消费税、车辆购置税、企业所得税、个人所得税、资源税、环境保护税、城镇土地使用税、城市维护建设税、房产税、印花税、土地增值税、车船税、烟叶税、耕地占用税、契税16个税种,以及社会保险费、教育费附加、工会经费、残疾人就业保障金、地方教育附加、文化事业建设费等收费、基金征收管理。市税务局组织税务总局考核口径收入717.09亿元、自治区政府考核口径收入699.54亿元、市政府考核口径收入698.26亿元。在自治区年中营商环境测评中,南宁市纳税时间指标排名自治区第一;在广西数字一体化服务平台政务服务评价中无差评。主要存在税收管理水平与税收现代化要求有差距,征管基础不扎实,基础数据质量不高,办税系统科学化、智能化水平待提升,办税体验感与纳税人的期待有较大差距等问题。

【税收收入】 2020年,市税务局组织税务总局考核口径收入717.09亿元,减收13.44亿元,比上年同期下降1.84%;自治区政府考核口径收入699.54亿元,减收13.76亿元,下降1.93%;市政府考核口径收入698.26亿元,减收13.83亿元,下降1.94%。全市各口径税收收入总量大,比上年减收但降幅收窄。全市对应口径税收收入占全市财政收入87.71%,占自治区税收收入31.27%,税收形势呈缓步回升、低位运行状态。中央级税收收入完成369.19亿元,减收2.14亿元;地方级税收收入完成347.90亿元,减收11.30亿元。国内增值税税收264.37亿元,下降8.95%;国内消费税税收72.30亿元,增长3.82%;企业所得税税收180.59亿元,增长5.84%;个人所得税税收43.80亿元,增长9.37%;房产税税收13.13亿元,下降35.21%;城镇土地使用税税收3.75亿元,下降39.57%;耕地占用税税收6.23亿元,增长33.12%;环境保护税税收0.45亿元,增长27.09%;车船税税收7.34亿元,增长8.95%;城市维护建设税税收24.63亿元,下降0.75%;印花税税收9.16亿元,增长14.85%;车辆购置税税收28.37亿元,增长0.06%;契税税收31.6亿元,增长16.88%;土地增值税税收30.07亿元,下降6.80%;资源税税收1.16亿元,增长3.39%。第一产业税收1.24亿元,增收3878万元,增长45.7%;第二产业税收218.64亿元,减收2.34亿元,下降1.06%;第三产业税收478.38亿元,减收11.87亿元,下降2.4%。行业大类中,电力热力燃气水生产和供应业、科学研究和技术服务业、金融业、租赁和商务服务业、公共管理社会保障和社会组织业税收分别增长24.23%、19.08%、15.19%、6.49%、32.93%;税收占比较大的房地产业、批发零售业、建筑业、交通运输仓储和邮政业分别下降7.10%、6.08%、8.31%、24.84%。制造业下降0.06%,其中烟草制品业、非金属矿物制品业、计算机通信和其他电子设备制造业、农副食品制造业、化学原料和化学制品制造业分别增长4.60%、4.47%、11.71%、22.16%、63.99%,造纸和纸制品业、食品制造业、汽车制造业分别减收3.38亿元、1.07亿元、0.50亿元,分别下降82.63%、48.75%、49.68%。16个征收单位中兴宁区、上林县、武鸣区、隆安县、青秀山风景区、西乡塘区、良庆区7个税务局税收分别增长10.59%、5.44%、3.61%、3.32%、3.30%、0.83%、0.53%;邕宁区、宾阳县、高新技术产业开发区、横县、青秀区、广西—东盟经开区、马山县、江南区、南宁经开区9个税务局税收分别下降19.97%、18.15%、13.49%、9.22%、8.30%、5.68%、5.27%、1.52%、0.72%。

【减税降费】 2020年,南宁市新增减税降费71.71亿元,占自治区38.02%,其中支持新冠肺炎疫情防控和经济社会发展税费优惠政策新增减税降费24.52亿元、2019年年中出台政策在2020年翘尾新增减税降费47.19亿元。为462户出口企业办理出口退(免)税额14.64亿元,其中退税额7.88亿元、免抵税额6.76亿元。

【税收征管】 2020年,市税务局核实“三类人员”(法定代表人、财务负责人、办税人)联系方式,整改疑点数据19批、2.53万户次;加强征管户籍管理,全市登记纳税人49.8万户;做好中国(广西)自由贸易试验区南宁片区8894户税务户籍管户归类。开展征管质量5C监控评价(以税款征收、纳税服务、风险管控、税务检查、自我纠正及法律救济5个主维度建立监控指标和评价模型的征管质量监控评价体系),提出指标修正、优化建议15条,组织5C监控评价体系培训。通过行业管理系统对房地产行业按项目进行一体化管理,由“经验管理”向“数据管理”转变,自系统上线至年末补入库增值税692.70万元、土地增值税244.30万元。加强税收风险模型建设,开发税收风险任务管理系统内网版和收集客户端版,探索建立“统筹管理、扎口推送、专业应对”的风险任务闭环管理模式。推送税收风险任务176批次、4.35万户,查补入库税款、滞纳金2.87亿元;发起增值税发票风险任务13批次、625户企业,任务命中率92%。释放改革红利,采取分批分类、梯次提醒、市和区县两级联动、网格管理等措施,全市71.13万纳税人完成首次个税综合所得年度汇算,占自治区28.94%。加强与市住建、公安、人社等协税部门联系,构建从市到乡镇间部门配合协作网络体系,成员单位向税务部门提供涉税信息37万余条,通过综合治税入库税款约31亿元。

【社会保险费征管】 2020年,市税务局与市人社、医保等部门建立沟通协调、联动响应、舆情处置及争议解决等工作机制,通过费源摸底调研、数据清洗关联、人社税务系统联调测试、联合宣传辅导等工作,实现企业、灵活就业人员社保费征收职责如期平稳划转,完成人社医保系统切换配合。推出用人单位网上全程办理、税务驻点社保征收、人社税务共同受理退费等服务,提升满意度。组织社会保险费收入160.91亿元,占自治区22%。

【非税收入征管】 2020年,市税务局组织非税收入93.92亿元,占自治区55.89%。其中,组织国有资本经营收入14.99亿元、比上年增长6.32%,可再生能源发展基金19.38亿元、增长13.14%,残保金收入4.37亿元、下降31.54%。通过联合非税项目主管部门确定费种的核定、征收、管理等工作流程,开展联调测试,完成城市园林绿化补偿费、城市绿化用地面积补偿费、国家重大水利工程建设基金、水利建设基金4项基金的划转征收任务。与财政、残联等部门研究采取措施解决残保金应报未报问题,提升缴费遵从度。

【依法治税】 2020年,市税务局全面推行权责清单制度,规范行政执法裁量行为,开展涉税法制专题调研,做好税收规范性文件日常管理和各项清理,持续推行“三项制度”(行政执法公示制度、执法全过程记录制度、重大执法决定法制审核制度)优化执法。开展现金税费征缴专项整治,对检查发现的问题立行立改。审理重大税务案件1184件,受理税务行政复议案件24件,办理税务行政应诉案件3件。

【税务稽查】 2020年,市税务局深入推行“双随机、一公开”监管模式,立案检查976户,结案853户,查补税款、滞纳金、罚款13.50亿元,入库1.99亿元,入库数比上年增长17.96%;联合公安部门打掉虚开发票作案团伙7个,捣毁窝点21个,抓获犯罪嫌疑人41人,涉及发票金额4.34亿元;配合开展扫黑除恶专项斗争,立案调查涉黑涉恶案件50件,查补税款9202.42万元,罚款1.17亿元;对725件重大税收违法案件实施联合惩戒。

【纳税服务】 2020年,市税务局全面推行集成核准管理,实现依申请事项“一站式办结”,核准人员从559人精简至129人;限时办结类发票业务平均办理时间由5天缩短至1.67天,提速66.60%;一般注销业务平均办理时间由10天缩短至2.46天,提速75.40%;退(抵)税费业务平均办理时间由12天缩短至1.21天,提速89.92%。通过确保发票领用、拓展办税渠道、提升办税便利等措施,为纳税人纾困解难。率先在自治区推行“五税合一”(企业所得税、城镇土地使用税、印花税、房产税、土地增值税,实行一张报表、一次申报、一次缴款、一张凭证)综合申报;所有主要涉税事项同城通办实现100%覆盖;上线容缺办理信息化项目,实现所有容缺业务线上办理,容缺办理服务178户次;建立“税务服务专员”制度,分级分类为企业提供“一企一人”和网格服务专员;建设纳税人线上办税为主、自助终端办税为辅、窗口办税兜底的智慧办税服务厅。在自治区率先推出17项纳税信用“3连A”企业激励措施,南宁市“银税互动”授信2.18万笔、金额267.77亿元,放款2.68万笔、金额275.06亿元,惠及纳税人22747户。

【税收宣传】 2020年,市税务局与阿里巴巴钉钉办公软件合作打造“南宁税企互动平台”,纳税人、缴费人可随时随地登录学习和咨询,实名绑定的企业法人代表、财务负责人、办税(费)人员近29万人;按纳税人规模、行业、成长期间等特点,分类分级建立 280 个网格化管理税企交流 QQ 群、微信群,做好企业跟踪服务;精准推送纳税人可享受的优惠政策信息 619 类、920.53 万户次。在钉钉"南宁税企互动平台"搭建智能客服——邕税宝为纳税人提供"7×24 小时"咨询服务,邕税宝知识库新增 18 个地方政策专题问答 727 个,访问量 14.87 万人次,咨询对话 13.13 万人次,答复准确率 94.15%。推出"老友学堂"税课云超市,录制线上课程 42 期、短视频 16 期,直播辅导 8 场,点击量 50 万人次。发挥南宁税务"老友号"支持"非接触式"办税作用,解决纳税人涉税(费)问题 26.81 万个;加强老友号座席人员培训与管理,座席答复零差错,接通率 97.88%,流失电话回拨率 100%,为纳税人解决涉税(费)问题 26.82 万个。

(黄舒爽)

2020 年 5 月 26 日,市税务局利用互联网云直播宣讲中小企业税收热点政策　李赞　摄

表 14　　2020 年南宁市税务局分税种收入统计表

项　目	累计收入（万元）	占总口比例（%）	上年同期（万元）	增减额（万元）	比上年同期增长（%）
税务总局口径收入	7170876		7305318	−134442	−1.84
自治区政府口径收入	6995376		7132983	−137607	−1.93
南宁市政府口径收入	6982628		7120906	−138278	−1.94
一、税收收入合计	7170876		7305318	−134442	−1.84
1. 国内增值税	2643680	36.90	2903432	−259752	−8.95
2. 国内消费税	722996	10.10	696381	26615	3.82
3. 企业所得税	1805885	25.20	1706267	99618	5.84
4. 个人所得税	438029	6.10	400504	37525	9.37
5. 资源税	11568	0.20	11189	379	3.39
6. 城市维护建设税	246339	3.40	248199	−1860	−0.75
7. 房产税	131315	1.80	202690	−71375	−35.21
8. 印花税	91641	1.30	79789	11852	14.85
9. 城镇土地使用税	37468	0.50	62001	−24533	−39.57
10. 土地增值税	300731	4.20	322679	−21948	−6.80
11. 车船税	73440	1.00	67404	6036	8.95
12. 车辆购置税	283700	4.00	283540	160	0.06
13. 烟叶税					
14. 耕地占用税	62255	0.90	46767	15488	33.12
15. 契税	315980	4.40	270346	45634	16.88
16. 环境保护税	4466	0.10	3514	952	27.09
17. 营业税	1383	0.00	616	767	124.51

续表 14

项 目	累计收入（万元）	占总口比例（%）	上年同期（万元）	增减额（万元）	比上年同期增长（%）
二、成品油消费税退税					
三、出口退税合计	−146435		−157830	11395	7.22
四、社会保险基金收入合计	1609126		925703	683423	73.83
五、非税收入合计	939148		905368	33780	3.73
1. 教育费附加	108216		111254	−3038	−2.73
2. 地方教育附加	72121		71282	839	1.18
3. 文化事业建设费	510		4411	−3901	−88.44
4. 税务部门罚没	484		972	−488	−50.21
5. 残疾人就业保障基金	43732		63882	−20150	−31.54
6. 废弃电器电子产品处理基金					
7. 农网还贷资金	267847		259707	8140	3.13
8. 大中型水库移民后期扶持基金	84096		75108	8988	11.97
9. 中央大中型水库库区基金	1751		2476	−725	−29.28
10. 国家重大水利工程建设基金	14747			14747	
11. 可再生能源发展基金	193834		171317	22517	13.14
12. 国有资本经营收入	149856		140946	8910	6.32
13. 地方水利建设基金	1889		4048	−2159	−53.33
14. 价格调节基金	49		−53	102	192.45
15. 免税商品特许经营费	16		18	−2	−11.11
六、其他收入合计	72969		65916	7053	10.70
1. 工会经费	72969		65916	7053	10.70
2. 职业年金					

表 15　　2020 年南宁市税务局各征收单位市政府口径收入情况统计表

征收单位	2020 年（万元）	2019 年（万元）	比上年同期增减额（万元）	增减率(%)
全市合计	6982628	7120906	−138278	−1.94
兴宁区税务局	599637	542236	57401	10.59
青秀区税务局	1014001	1105836	−91835	−8.30
江南区税务局	361857	367426	−5569	−1.52
西乡塘区税务局	1272050	1261522	10528	0.83
良庆区税务局	791500	787364	4136	0.53
邕宁区税务局	192225	240200	−47975	−19.97
武鸣区税务局	163206	157520	5686	3.61
高新技术产业开发区税务局	400796	463317	−62521	−13.49
经济技术开发区税务局	458672	462017	−3345	−0.72

续表 15

征收单位	2020 年(万元)	2019 年(万元)	比上年同期增减额(万元)	增减率(%)
青秀山风景区税务局	1239691	1200143	39548	3.30
广西—东盟经济技术开发区税务局	123830	131287	-7457	-5.68
横县税务局	139199	153344	-14145	-9.22
宾阳县税务局	111635	136390	-24755	-18.15
上林县税务局	41532	39389	2143	5.44
马山县税务局	28011	29569	-1558	-5.27
隆安县税务局	44786	43346	1440	3.32

物　价

【概　况】 2020 年,南宁市应对新冠肺炎疫情对价格的冲击,采取措施强化重要民生商品保供稳价,保持价格总水平基本稳定。居民消费价格指数(CPI)累计涨幅 2.3%,低于自治区水平 0.5 个百分点,低于全国水平 0.2 个百分点。受非洲猪瘟、新冠肺炎疫情等因素叠加影响,第一季度猪肉等部分重要民生商品供应偏紧,居民消费价格指数(CPI)涨幅较高;随着国内疫情防控向好发展、复工复产逐步推进及一系列保供稳价政策持续显效发力,重要民生商品市场供给不断增加,二季度起(CPI)涨幅呈逐月下降趋势。

【价格调控】 2020 年,南宁市受非洲猪瘟、新冠肺炎疫情等影响,上半年猪肉等部分重要民生商品食品价格高位运行,市政府建立定期调度机制,组织相关责任部门定期研究会商,通过组织销售平价放心猪肉、投放储备冻猪肉、发放临时价格补贴等措施,保障重要民生商品市场供应和价格基本稳定,减轻物价上涨对群众基本生活影响。销售平价放心猪肉 4.89 万头(456 万千克),减轻群众负担 2800 万元。增强政府储备调节能力,投放市本级储备冻猪肉 790 吨。落实社会救助和保障标准与物价上涨挂钩联动机制,根据 CPI 走势,1 月至 9 月,启动联动机制发放价格临时补贴 1.58 亿元,惠及困难群众 305 万人次。持续发挥平价商店稳价惠民作用,全市平价商店网点每日以低于市场价格 15% 以上幅度销售平价蔬菜,销量 430 万千克,减轻群众负担约 330 万元。全年南宁市 CPI 累计上涨 2.3%,完成自治区下达年度涨幅控制在 3.7% 左右价格调控目标。

【收费管理】 2020 年,市发展改革委依法实施政府定价项目调定价工作,疏导价格矛盾,制定或调整收费标准 60 项。1 月 13 日,制定南宁市城市地下综合管廊有偿使用费收费标准,促进管廊建设和发展。3 月 31 日,制定马岭公益性公墓、凤凰山公益性公墓价格和维护管理费,规范城市公益性公墓收费行为。12 月 17 日,市发展改革委联合市教育局、市财政局印发《关于调整我市公办幼儿园收费标准有关问题的通知》,自 2021 年春季学期起调整南宁市公办幼儿园收费标准,完善学前教育成本分担机制,促进幼儿园改善办园条件提升保教质量。落实行政事业性收费收支情况年报制度,2019 年度南宁市全市行政事业性收费收入 16.81 亿元。减免部分行政事业性收费和经营服务性收费。1 月 1 日起,全面取消城市路桥车辆通行费,降低摩托车号牌工本费等 3 项行政事业性收费标准。7 月 28 日起,免征灵活就业划定区域范围的城市道路占用费;每年为企业和社会减轻负担超过 1.3 亿元。清理规范涉企收费,会同市民政局、市场监管部门开展全市行业协会商会收费专项治理,做好行政事业性收费项目目录、口岸收费目录等收费清单动态管理,提升涉企收费的规范性、透明度。

(尹丽波)

【价格管理】 2020 年,南宁市同意公交运营企业在保持线路全程总票价水平不变,对部分里程过长的常规公交线路自主实施分段计价。落实粮食烘干用电价格政策:粮食烘干属于农产品“脱水”范围,执行农业生产用电价格;进入初级市场后的粮食脱水(烘干)用电,按照电力用户性质分类执行相应电价。落实在农村建设的保鲜仓储设施用电实行农业生产用电价格政策,支持家庭农场、农民合作社、供销合作社、邮政快递企业、产业化龙头企业建设产地分拣包装、冷藏保鲜、仓储运输、初加工等设施,对其在农村建设的保鲜仓储设施用电实行农业生产用电价格,1 月 2 日起执行。批复南宁市五化灌区农业用水价格,农业用水分为粮食作物、经济作物、养殖业和其他用水四个类别。基准水价:粮食作物每立方米 0.05 元,每亩每年 30 元;经济作物每立方米 0.15 元,每亩每年 35 元;养殖业每立方米 0.3 元;其他用水每立方米 0.5 元。实行超计划(定额)累进加价收费,超计划(定额)20%(含)部分的水量按基准水价的 50% 加收;超计划(定额)20% 以上部分水量按基准水价的 100% 加收。落实管道燃气价格联动机制降低用气成本政策,科学测算燃气企业天然气气源购进价格情况,及时启动销售价格联动调整。核定保障性住房富乐新城拆迁安置小区项目一期 22 号、23 号多层住宅楼有限产权住宅销售价格按照《关于江南区富乐新城拆迁安置小区多层住宅销售价格有关问题的复函》价格执行;三期高层住宅楼有限产权住宅最高销售价格每平方米 3000 元。调整威宁 · 世纪花城经济适用住房项目(含一期、二期)住宅最高销售价格:安装太阳能供热系统的住宅每平方米 4968 元;不安装太阳能供热系统的住宅每平方米 4918 元。不允许保障性住房价格上浮,下浮幅度不限。落实国家、自治区发展改革委关于新冠肺炎疫情防控期间采取支持性两部制电价政策,降低企业用电成本。对疫情防控期间暂不能正常开工、复工的企业,放宽容(需)量电价计费方式变更周期和减容(暂停)期限,电力用户即日可申请减容、暂停、减容恢复、暂停恢复,不受“暂停用电不得小于 15 天”等条件限制,减免收取容(需)量电费,并可适当追溯减免时间;对因满足疫情防控需要扩大产能的企业,原选择按合同最大需量方式缴纳容(需)量电费的,实际最大用量不受合同最大需量限制,超过部分按实计取;保障为疫情防控直接服务的场所用电需求,采取免收高可靠性供电费等措施;执行时间截至 6 月 30 日。落实自治区发展改革委关于疫情防控期间企业用电功率因数调整电费政策,2 月 1 日至 6 月 30 日,对生产医疗防疫物资企业,功率因数调整电费不予考核。落实国家、自治区发展改革委关于阶段性降低企业用电成本支持企业复工复产政策,2月1日至12月31日,对除高耗能行业用户外,执行一般工商业及其他电价、大工业电价的电力用户(含已参与市场交易用户),电网企业在计收电费时,统一按原到户电价水平95%结算。落实自治区关于临时降低部分行业用水价格的政策,2月1日至6月30日,临时降低非居民用水中的工业、经营服务用水价格(不含污水处理费、水资源费),临时降价幅度按现行水价降低10%执行。落实国家、自治区发展改革委关于阶段性降低非居民用气成本支持企业复工复产政策,2月1日至6月30日,降低非居民用气价格,其中2月1日至4月30日,住宿餐饮、批发零售企业,定点收治医院、疫情防控紧缺医疗物资重点生产企业,以及3月底前复工和新开工的重大项目(不含天然气发电项目)等用户的非居民用天然气销售价格,降价幅度在销售价格基础上降低5%。

(杨　松)

【价格监测】 2020年,南宁市防控新冠肺炎疫情保供应稳价格,抓稳抓实重要商品、关键节点、特殊时段价格监测,对100多个监测点、近500种商品和服务、36万余条价格进行监测,每天在市发展改革委网站"价格地图"、广西扶贫产业特色农产品价格监测微信公众号以及"爱南宁APP"发布全市20家农贸市场、65种生活必需品价格,稳定市场和消费者预期。在平价猪肉投放期间,连续8个月执行一日一报制度,为调整最高价格提供数据支撑;每周对20种海鲜产品,以及黑山羊、百香果、火龙果、沃柑、砂糖橘等5种扶贫产业特色农产品进行价格常规监测。组织16支监测队伍每天深入21家主要农贸市场、17家连锁药店,严密监控价格动态,稳定市场预期、安抚社会百姓恐慌情绪,采集上报价格数据18.30万条,撰写每日价格动态75篇、保供稳价工作简报68份。在春节、新冠肺炎疫情、非洲猪瘟疫情等时段,深入疫情一线、种养殖基地开展价格调研和巡查,撰写生猪、民用能源、工业品、农资等价格动态信息47篇,自治区党委办公厅、国家价格监测中心各采用1篇,市委、市政府信息办采用20篇,《南宁日报》等主流媒体发布15篇次,引导社会舆论和稳定市场价格预期。每月对全市8大类(食品烟酒、衣着、居住、生活用品及服务、交通和通信、教育文化和娱乐、医疗保健、其他用品和服务)商品的CPI(居民消费价格指数)运行情况进行分析研判,提出意见建议,被市领导签批5次。发挥农副产品平价商店"稳价惠民"作用,30家平价商店全年销售平价蔬菜超过431.50万千克,为市民减负超过328万元;被人力资源和社会保障部、国家发展和改革委员会、国家市场监督管理总局评为全国价格工作先进集体。

(黄　斌)

【价格服务】 2020年,南宁市价格认证中心办理价格认定业务3263宗,认定金额8.32亿元。其中,涉刑事案件财物价格认定案件2885宗,认定金额2.23亿元;涉税财物价格认定332宗,认定金额6.06亿元;行政执法类案件46宗,认定金额222.49万元。

(罗　敏)

【价格宣传】 2020年,南宁市利用"爱南宁APP"推送、网友互动、网站宣传等形式,宣传价格调控、收费管理政策。在市发展改革委网站及"南宁发改"微信公众号等平台,发布收费政策文件、收费政策解读、收费目录,以及制定或调整价费政策征求意见等价费政策宣传信息。发布价费宣传信息70条,其中政策解读类信息2条,收费管理工作动态7条,价格政策宣传类信息2条,公布收费政策文件、收费目录及制定或调整价费政策征求意见59条。

(尹丽波)

2020年上半年猪肉价格持续高涨,市政府通过组织销售平价放心猪肉、投放储备冻猪肉、发放临时价格补贴等措施,保障市场供应和价格基本稳定。图为淡村市场平价猪肉销售

市发展改革委提供

审　计

【概　况】 2020年,南宁市审计局(简称"市审计局")二层事业单位有南宁市公共投资审计中心;12个区县设审计局,广西—东盟经济技术开发区、南宁高新技术产业开发区、南宁经济技术开发区3个开发区审计局为开发区内设机构。市审计机关审计项目259项,查出问题金额100.06亿元,促进整改落实有关问题资金63.74亿元;其中,市本级审计项目36项,查出问题金额41.77亿元,促进整改落实有关问题资金58.93亿元。向市纪委监委等部门单位移交《审计事项移处理书》22份,涉及移送问题线索52条。审计报告107篇、审计信息被国家审计署、自治区、南宁市采用并得到批示,发挥审计"经济体检"作用。金融审计项目1项,查出问题金额5623.34万元。实现一级预算单位审计全覆盖,查出问题金额4.30亿元。开展就业补助资金和失业保险基金专项审计调查,查出问题金额1150.59万元。领导干部经济责任审计涉及主要领导干部(人员)93名。市审计局获2020年自治区信息化建设考核第一名,《地理信息技术和无人机技术在领导干部自然资源资产离任审计中的应用》在全国创新应用优秀案例评选中获二等奖,《构建数字化审计平台打造大数据审计新模式》项目被市委、市政府评为2019年南宁市优秀改革创新项目,AO应用实例、"三小"软件评比获奖数量、等次均排自治区首位,大数据审计工作经验获人民网刊登。主要存在审计成果运用还有待加强,反映经济运行中的薄弱环节和风险隐患需更深入等问题。

【财政审计】 2020,市审计局开展2019年度南宁市本级预算执行和决算(草案)情况审计、全市新增财政资金直达市县基层直接惠企利民情况专项审计项目2项,查出问题71个,涉及金额17.72亿元。报送审计成果材料6篇均获市政府领导批示。开展市财政局及市属开发区管委会等单位本级预算执行和决算草案编制情况审计，创新大数据审计思路和运用“两级联动”组织方式，全面审计财政资金分配、预算执行管理和决算草案编制等方面，揭示预算编制不够科学准确、非税收入未缴入国库、结转两年及两年以上结余资金未及时统筹使用等问题44个，涉及金额12.53亿元。

【金融审计】 2020，南宁市开展部分国有小额贷款公司、融资担保公司两类金融机构经营情况专项审计项目1项，查出主要问题18个，涉及金额1246.41万元。全面分析12家单位基本情况及相关数据，发现部分国有小额贷款公司对小微企业和“三农”（农业、农村、农民）等领域贷款支持力度不足、个别小额贷款公司对部分质押物评估审核不严，存在损失风险等问题。报送审计信息1篇均获市政府领导批示。

【行政事业审计】 2020年，市审计局采取“流水线式”作业方式，通过财政国库支付体系、全市统一财务核算系统，开展市直部门2019年度预算执行和决算草案审计，对全市107个一级预算单位及379个所属单位实施审计，实现一级预算单位审计全覆盖。反映8大类7项386个问题，涉及金额4.30亿元。督促10家主管部门建立及修改规范、制度19个。报送审计成果材料并获市政府领导批示3篇。

【农业农村审计】 2020年，市审计局按照自治区审计厅脱贫攻坚工作审计及《南宁市本级2018—2020年扶贫审计三年滚动计划》安排，对兴宁区、江南区、马山县、宾阳县4个区县2019年脱贫攻坚政策落实和扶贫资金及乡村振兴资金管理使用情况开展审计，发现教育保障政策落实不到位、农村饮水项未按时间完工，扶贫项目超额拨付进度款、个别扶贫项目设计不合理等违规违纪问题35个，涉及金额1553.54万元。向市政府报送审计信息2篇均获采用。开展涉农产业受新冠肺炎疫情影响情况审计调查，实地调查3个区县(武鸣区、横县、隆安县)，6个乡镇(横州镇、陶圩镇、南圩镇、那桐镇、丁当镇、锣圩镇)及20家企业，了解涉农产业受疫情影响的主要困难和原因，分析涉农产业后续发展和脱贫攻坚工作受到影响情况，提出意见建议。

【自然资源与生态环境审计】 2020年，市审计局组织开展上林县党政主要领导干部自然资源资产离任(任中)审计、朝阳溪流域水环境综合治理专项审计调查2项资源环保审计项目，重点审计土地资源、污染防治建设项目等情况，发现水源地保护不够到位等问题44个，移送案件线索2条，涉及金额2841.9万元，转送重要情况1件。同步开展相关经济责任审计项目，完善审前共商、审中协作模式。邀请6名自然资源资产管理方面专家协助审计，利用市勘测院技术设备，深化地理信息技术、无人机技术在审计中的应用。数据分析疑点成果与上林县审计局共享共用，指导上林县审计局开展2个乡镇党政主要领导干部自然资源审计项目、退耕还林专项审计调查项目，落实“一审多项”“一审多果”工作要求。

2020年10月15日，市审计组在轨道交通项目现场核实进场材料质量情况
市审计局提供

【固定资产投资审计】 2020年，市审计局组织开展重大项目推进情况专项审计调查、南宁轨道交通1号线项目建设管理情况审计、富士康南宁科技园项目一期工程项目执行情况审计3项固定资产投资审计项目，发现多计建设成本等问题28个，涉及金额3.49亿元。报送专题报告获市政府领导批示。申报《南宁市重大项目推进情况审计调查及对策研究》课题获2020年南宁市社会科学研究项目以市厅级项目级别批准立项。在开展南宁轨道交通1号线项目建设管理情况项目审计中，创新审计组织模式，联合单位工程审计人员、市各平台公司造价审核人员及多家造价咨询机构等力量开展审计；创新审计方式方法，开发工程造价数据分析工具，批量采集处理项目造价数据，分析项目在招标、投标、结算等阶段中的造价数据变化，形成比对差异文件及统计分析图表，实现“批量审计”。审计轨道交通1号线130多亿报审金额的工程造价，发现虚报工程结算价款近2亿元及超付工程款约2300万元等问题。

【社会保障审计】 2020年，市审计局开展就业补助资金和失业保险基金专项审计调查，查出问题金额1150.59万元。项目审计主要从就业补助资金发放入手，对政策落实、对象认定等方面进行审计，通过对孵化企业发放调查问卷方式，统计分析享受政策比例、知晓度等数据，发现存在政策覆盖面较低问题。

【企业审计】 2020年，市审计局开展南宁百货大楼股份有限公司2019年度财务收支审计，查出问题6个，促进企业加强内部管理，上缴结余专项补助资金13.5万元。牵头组织核查全市33家全国性重点保障企业获财政补贴情况和相关专项再贷款的到位及使用情况，到部分重点扶持企业实地开展新冠肺炎疫情优惠贷款情况跟踪审计。

【经济责任审计】 2020年，市审计局对64个单位、93名领导干部开展经济责任审计。首次成立经济责任审计工作领导小组，统筹组织协调经济责任审计工作；首次尝试开展经济责任审计数据集中分析，按照“政策先行、数据先行、思路先行”思维，加大对国家、自治区、南宁市宏观政策研究力度，聚焦领导干部责任落实及权力运行，探索“政策＋数据”审计方法，对重点事项进行预先研判、提前分析，确定“必审清单＋重点事项”，形成2020年领导干部经济责任审计数据分析疑点印发审计组，为审计组提供审计重点方向。

【审计信息化】 2020年，市审计局开展“大数据审计提升年”活动，依托数字化审计平台，对多项专项资金进行审计，将大数据技术深化应用于财政、社保、扶贫、自然资源资产、政府投资等审计领域。深化审计平台建设，完成2019年平台数据的采集转换入库，平台数据量增加7.2TB。在自治区率先成立区县财政一级预算单位审计全覆盖工作，首次实现对全部区县700多家一级预算单位“横向到编纵向到底”的审计监督全覆盖印发《区县一级预算单位审计全覆盖。工作方案》《数据分析方案》，构建预算编制执行、资金绩效等问题，数据分析模型69个。

【审计整改】 2020年，市审计局落实整改工作主体责任，严格审计整改责任制及整改销号制，健全审计整改工作机制，协调解决整改过程中存在的问题。推进审计结果公告及整改情况公开，加强与组织人事、纪委监委等部门信息共享及沟通协作，构建多部门联动、多层次推进的审计整改工作机制，促进审计发现问题整改落实。落实市人大常委会审议意见，推动审计工作报告反映的39类368个事项问题整改落实，报告反映问题整改率93.70%。

（唐　毅　莫小萍）

统　计

【概　况】 2020年，南宁市统计局（简称“市统计局”）推动农业农村统计制度改革，完成上林县基层统计工作网格化管理试点基本单位统计调查、采集、上报等。建立市、县、乡镇、村四级全覆盖的人口普查机构，落实普查经费6705万元，选聘普查“两员”（普查员、普查指导员）4.50万人，完成乡级130个、村级普查区1800个、3.57万个普查小区区域划分及270万座建筑物绘图。撰写统计专报3篇、统计快报11篇、统计分析58篇、统计信息85篇、统计报告24篇、统计动态165篇。组织培训班44期，培训县、乡镇、企业统计人员2500人次。存在统计服务能力水平还不强，分析预判能力不足；基层统计队伍人员不专、变换频繁，统计工作水平和服务能力不能适应新要求等问题。

【统计改革】 2020年，市统计局推动农业农村统计制度改革，完成上林县基层统计工作网格化管理试点基本单位统计调查、采集和上报等。加强劳动工资统计组织领导，强化培训、完善名录库建设、台账建设、数据审核和质量评估，做好样本单位核实，推进劳动工资统计改革。对2018年、2019年进行测算，探索数据测算组织实施模式，开展数据生产各环节全流程试点试算。开展名录库动态维护更新机制改革，定期接收编办、民政、税务和市场监管等资料，收集农业部门登记农村集体经济组织、司法部门登记律师事务所资料，完善基本单位名录库相关信息，建立健全乡镇基本单位统计业务流程，对每期名录维护结果进行数据质量评估，建立名录差错率周报制度，确保名录库数据真实准确。完成基层统计工作网格化管理名录库维护试点，将基本单位维护节点延伸至社区网格一级，为名录库网格化维护全面铺开提供借鉴。推进新时代基层统计规范化建设，印发《南宁市贯彻落实提升基层统计队伍能力加快现代化基层统计调查体系建设工作方案的通知》，以“强县固乡提村”为目标，推动政府加强统计基层统计力量，改善统计基层工作条件。推动政府出台设立村级统计协管员岗位的措施，提出在全市范围内各村（居）委员会设置统计协管员1名，明确统计协管员岗位职责，落实相关工作待遇。

【统计管理】 2020年，市统计局构建统计执法监督工作合力，印发《关于建立防范和惩治统计造假工作机制的实施方案》《南宁市统计局关于统计违法问题线索发现和移送工作办法》，加强与纪检监察部门沟通，推动审计部门将统计造假监督工作纳入日常审计工作，审核验收归集领导干部违规干预统计工作记录业务信息，向社会公布统计违法举报电话、电子邮箱、受理地址等举报信息。对西乡塘区、邕宁区、广西—东盟经开区、南宁经开区、上林县、宾阳县、横县等65家单位开展统计“双随机”执法检查，无差错40家、基本一致16家、轻微差错2家、差错率10%～15%企业3家、差错率30%以上企业4家，对3家企业行政罚款13万元。

【常规统计调查】 2020年，市统计局严格执行国家报表制度，完成GDP核算及农业、工业、投资、建筑业、商贸、房地产、人口就业、劳动工资、社会科技等月季年报表工作，完成规模以下工业、限额以下批零住餐业、规模以下服务业、资质等级外建筑业、劳动力抽样调查、乡镇农民人均纯收入抽样调查等调查任务。市联网直报企业上报率100%，直报率100%，验收率100%。

【全国统计普查】 2020年，市统计局做好第四次全国经济普查先进表彰和开发利用后续工作。市第四次全国经济普查领导小组通报表扬先进集体99个、先进个人778人，发布《南宁市第四次全国经济普查公报》，撰写经普信息30篇、经普分析17篇。开展《南宁市经济普查年鉴2018》编辑。撰写第四次全国经济普查典型经验案例60篇，其中7篇收录《广西第四次全国经济普查经验选编》。开展第七次全国人口普查。建立市、县、乡、村四级全覆盖的人口普查机构，落实普查经费6705万元，选聘普查“两员”4.50万多人，完成乡级130个、村级普查区1800个、3.57万个普查小区区域划分及270万座建筑物绘图。开展以“大国点名、没你不行”为主题的“中国统计开放日”宣传活动，在市区主要商场、路口30多块大型LED显示屏、6000多块楼宇电视、6000多辆出租车播放公益宣传广告。

【统计服务】 2020年，市统计局撰写统计专报3篇、统计快报11篇、统计分析58篇、统计信息85篇、统计报告24篇、统计动态165篇。其中，获市政府办公室采用59条、市委办公室采用22条、市领导批示11篇，为市委、市政府科学决策提供统计数据。南宁统计微信公众号跻身全国统计调查系统市级微信公众号综合影响力前10名，在全国统计调查系统排行榜中位列第33名，南宁统计网站主动公开统计信息1000条以上；公开发行《南宁市情手册》《南宁市国民经济和社会发展统计公报》等统计数据宣传产品4000多册；以来函回复、电话咨询、网站答复等形式受理公开数据咨询1000余次，为全市重要报告、会议提供及核对数据1万多笔。新冠肺炎疫情防控期间，实施援企稳岗政策，给予4329家企业统计员返岗补贴246.69万元，确保企业统计资料及时上报，全面、准确反映全市经济运行状况。

（赵　旭）

金融监管

【概　况】 2020年，中国银行保险监督管理委员会广西监管局（简称“广西银保监局”）、市金融办引导银行业、保险业和地方金融机构克服新冠肺炎疫情影响，服务实体经济。广西银保监局采取加强金融支持政策落地组织与实施，做好政银企工对接，加大重点领域信贷投放，做好受疫情影响企业、个人的展期、延期及续贷，持续做好民营、小微企业帮扶纾困，积极发挥保险保障和风险管理作用，加大金融服务创新，加强政策落地的监督检查8条措施，引导银行业保险业支持复工复产；出台《中国银保监会广西监管局关于进一步加强金融支持企业保就业工作的通知》支持稳企业保就业，督促银行机构做好“六稳”，落实“六保”任务，惠企惠民政策获得率99%以上。南宁辖区新增贷款1904亿元，比上年增长13.60%，支持南宁经济企稳回升。破解融资难融资贵问题，开展小微企业金融服务监管评价,推动广西(南宁)民营小微企业首贷续贷中心在南宁市民中心挂牌。南宁市普惠型小微企业贷款余额691亿元,增加176亿元,增长34.38%;有余额贷款户10.78万户,增加0.96万户,信贷计划完成率127%。市金融办以服务实体经济、防控金融风险、深化金融改革为重点,为疫情防控和经济社会发展提供金融供给保障,实现南宁金融业逆势上扬。建设自治区首个地方金融监管风险预警平台,在线监测企业超6万家,归集网络舆情超450万条,实现P2P(网络借贷平台)在营机构清零,网络贷款风险下降,防范化解金融风险等获自治区督查激励。

【银行业监管】 2020年,广西银保监局联合政府相关部门出台扶贫信贷专项政策,在全国率先明确扶贫小额信贷政策保持稳定至2023年;督促银行机构加大涉农贷款投放,围绕农业龙头企业、农产品深加工产业等强化金融服务,南宁辖区涉农贷款余额2510.66亿元,比上年增长14.78%;启动"金融支持乡村振兴专项行动"前期调研,强化乡村振兴战略实施政策储备。出台加强广西辖区法人银行保险机构监管意见,推动机构将党的领导融入公司治理,完成首次公司治理监管评估;推动农民专业合作机构转变经营机制,督促广西农村信用社南宁市区联社出台董(理)事长和高管履职评价制度,指导出台高管异地交流、薪酬延期支付等制度20多个。在全国首创以转股协议存款形式落实地方政府专项债补充法人银行机构资本,推动南宁辖区法人机构补充资本42亿元,指导广西北部湾银行股份有限公司通过永续债、二级资本债等形式补充资本50亿元。联合相关部门出台《关于金融支持中国(广西)自由贸易试验区建设的若干政策措施》《加快建设面向东盟的金融开放门户若干措施》等政策文件,激发市场主体积极性,简化自贸区银行机构市场准入条件,将部分事项由事前审批转为事后报告或备案;支持南宁建设中国—东盟金融城,设立行政许可服务专窗,引导银行业金融机构向中国—东盟金融城集聚,实现中国—东盟金融合作学院等重大标志性平台落户。

【保险业监管】 2020年,广西银保监局指导保险行业推进线上承保理赔,为企业和个人提供远程保险服务,为复工复产提供保险保障。创新"金企对接"模式,推动举办保险资金在线支持广西实体经济暨"险资入桂共建金融开放门户"线上线下活动,线上发布会参与融资主体8个,发布融资项目(产品)29个,融资规模400亿元;线下组织险资利用宣介活动,为险资投融方搭建交流合作平台。推进南宁市保险创新示范区建设,探索建立保险创新激励保护制度,指导拓宽跨境劳务人员人身保险范围。太平财产保险有限公司广西分公司、太平人寿保险有限公司广西分公司、泰康人寿保险有限责任公司广西分公司等省级保险机构落户自贸区,中国太平东盟保险服务中心落户中国—东盟金融城,光大永明人寿广西分公司筹建获批。"央地联动推动保险创新综合试验区建设""四融合力推动面向东盟金融开放门户建设""打造中银香港东南亚业务营运中心""多行联动筹组境外项目经营周转国际银团""创新关税担保模式降低企业通关成本""创设中国太平保险集团东盟保险服务中心"6个创新项目入选金融开放门户十大创新案例。出台《广西农业保险业务经营条件管理实施细则》,激发农业保险市场活力,农业保险为南宁市114万户农户提供风险保障5238亿元,分别增长32%、18%,其中承保种植业面积123.20万公顷,承保养殖业464万头;承包生猪365万头,增长36%。推动车险综合改革落地,建立健全车险改革统计监测机制,对机构不当宣传、非理性竞争等行为纠偏。 (申 婧)

【地方金融监管】 2020年,市金融办对小额贷款公司、融资担保公司、典当行等地方金融组织开展行政检查204家次,其中小额贷款公司103家次、融资担保公司5家次、典当行84家次、交易场所12家次。约谈重点监管企业21家次,其中小额贷款公司1家次、融资担保公司1家次、典当行10家次、交易场所9家次。督促地方金融组织做好监管信息系统数据上报,通过行业监管信息系统、全国企业公示信息系统、中国执行信息公开网、中国法院裁判文书网等系统网站分析企业是否存在超额发放贷款、贷款利率过高、违规开展业务等情况,重点关注小额贷款、融资担保公司网络舆情。处理交易场所存量信访问题,督促涉法涉诉的南宁大宗商品交易所有限公司处理好历史遗留问题,做好风险化解。开展商业保理、融资租赁行业清理规范工作,督促非正常经营类、违法违规类企业整改,促进行业规范健康发展。 (杨 培)

市场监督管理

【概 况】 2020年,南宁市市场监督管理局(简称"市市场监管局")有派出机构28个,区县市场监督管理局12个。监管全市市场主体77.71万户。市市场监督管理系统开展农贸市场监管,出动执法人员5293人次,整治农贸市场1671个次,检查经营主体8.98万户次,发放宣传资料1.50万份,检查发现野生动物制品1千克(按程序移交相关部门处理)。办理涉及"证照分离"改革事项许可8.15万户,其中直接取消审批106户,告知承诺8537户,优化准入服务7.37万户。市、县两级部门开展单部门"双随机"抽查1349批次、抽查市场主体1.79万户,开展跨部门联合抽查168次、抽查市场主体909户。全市归集行政许可信息11.65万条、行政处罚信息6121条,抽查检查信息2.29万条,信息归集数居自治区第一。开展房地产领域多部门联合执法,对45家房地产开发企业、32家房地产中介机构进行检查。开展广告专项整治行动6次,配合开展其他专项行动广告整治6次,查处虚假违法广告案件249件,罚没金额193.30万元。出动执法人员4975人次,检查线下化妆品经营(使用)单位2953家,责令限期整改化妆品经营单位112家,查扣(封)涉嫌违法违规化妆品236盒(瓶),责令下架停止销售化妆品数量298盒(瓶)。存在职责分工有待调整明确、人员队伍能力水平不适应新监管要求等问题。

【企业开办改革】 2020年,市市场监管局持续深化"放管服"改革,优化营商环境,以"环节最简、流程最优、服务最好"为标准,压缩企业开办时间,激发市场主体活力。整合企业登记、印章刻制、申领发票为一个环节,与企业银行基本账户开户环节实行联办,企业开办由3个环节缩减至2个。通过广西数字政务一体化平台,推行线上"一个平台、一次填报",线下"前台受理、后台流转"制度,整合各部门业务表单,打通各业务部门数据接口,在开办企业注册登记环节,完成企业社会保险登记、企业医保备案登记、企业住房公积金缴存登记开户,做到"一个平台,一次登录,一次受理,一窗登记,一套材料,七个事项"。办结时间由1个工作日缩短至0.5个。优化服务企业方式,增配综合窗口人员,对外反馈办理结果,实现"一网通办、一窗核发"。通过企业名称登记制度改革、企业登记注册经营范围规范化、容缺受理、网上身份实名验证,推进"不见面审批"和让办事群众"最多跑一趟";降低企业开办成本,免费领取税务U盾钥匙,在全市基本实现免费赠送新开办企业印章一套四枚,为企业减时减负。全市新增市场主体13.37

万户，比上年增长 9.42%，累计登记市场主体 77.71 万户，增长 9.44%，市场主体存量居自治区第一位。

【证照分离改革】 2020 年，市市场监管局把“放得更活、管得更好、服务得更优”作为改革工作目标，在全市推开“证照分离”改革。解决市场主体“办照容易办证难”“准入不准营”等突出问题，提高审批效率。实现“证照分离”改革在自治区、市、县三级同步推进。完善协同监管平台建设，实现审批与监管无缝连接。通过“证照分离”改革，优化部分审批流程，精简审批材料，提高审批事项办理进度。“证照分离”后实现市场准入领域“先照后证”，减少时间、金钱成本，实现惠及企业。全市办理涉及“证照分离”改革事项许可 8.15 万户，其中直接取消审批 106 户、告知承诺 8537 户、优化准入服务 7.37 万户。

【住所申报承诺制改革】 2020 年，南宁市在南宁经开区继续推行住所申报承诺制改革，申请人只需提交《南宁经济技术开发区市场主体住所（经营场所）登记申报承诺书》，对房屋产权权属、使用功能及法定用途等做出符合事实和规定的承诺，对申报信息的真实性、合法性、有效性负责，即可免予提交权属证明和租赁协议等场所证明材料，用“一纸承诺”代替“住所证明”，破除“隐形”准入门槛，实现市场主体“非禁即入”。新增市场主体 12066 户，比上年增长 46.50%；享受改革便利市场主体 16520 户，其中企业约 9440 户，个体工商户及农民专业合作社约 7080 户；经济主体入市量增长 38%。

【市场监管行政执法】 2020 年，市市场监管局立案查办行政处罚案件 9301 起，结案 9141 起，其中简易程序结案的案件 267 起，一般程序结案的案件 8874 起（吊销“长期停业、未经营企业”案件 3919 件），结案案值 1252.77 万余元；做出行政处罚决定罚款 2570.67 万余元，没收违法所得 193.10 万余元，没收非法财物价值 106.96 万余元；向公安机关移送达到刑事追诉标准案件线索 33 起，公安机关立案 22 起，法院作出判决 1 件。

【“双随机、一公开”监管】 2020 年，南宁市商事制度改革暨“双随机、一公开”部门联席会议办公室印发《南宁市 2020 年“双随机、一公开”监管工作要点》，动态调整《南宁市政府部门随机抽查事项清单》。市、县两级开展单部门双随机抽查 1349 批次，抽查市场主体 1.79 万户，开展跨部门联合抽查 168 次，抽查市场主体 909 户。

【市场主体年报】 2020 年，市市场监管局通过加强组织领导、召开专题推进会、宣传引导、依法清理长期停业未经营企业、强化督促等举措，推进市场主体年报工作。全市企业、个体工商户、农民专业合作社 2019 年度年报率分别为 92.03%、80.65%、95.26%。

【涉企信息归集】 2020 年，市市场监管局指导、督促相关政府部门依据《南宁市政府部门涉企信息归集资源目录（第二版）》开展涉企信息统一归集公示工作。全市归集行政许可信息 11.65 万条，行政处罚信息 6121 条，抽查检查信息 2.29 万条，信息归集数居自治区第一。

【商品房销售价格行为监管】 2020 年，市市场监管局开展房地产领域多部门联合执法，对 45 家房地产开发企业、32 家房地产中介机构进行检查。根据人民网、政民互动等平台转来的 71 件房地产价格咨询投诉举报件，对 42 家房地产经营者进行检查、调查；查处房地产领域价格违法案件 7 起，罚款 100.12 万元；依托南宁市 12315 中心信息化平台监测房地产行业投诉热点，召开全市房地产行业行政约谈会，约谈房地产企业 30 家、房地产行业协会 2 家，指导企业诚信守法经营，构建企业守法自律、行业规范自治、社会共同监督的工作格局。

【农贸市场监管】 2020 年，市市场监管局利用智慧市场监管视频监控抓拍系统对农贸市场实行远程非现场监管，视频督查市场 93 个，抓拍督办整改市场秩序和环境卫生问题 3520 条。全年整治建成区农贸市场 149 个，纠正农贸市场内的超摊位（门店）范围经营 1 万处、占道经营 1.30 万处、物品乱堆放 7234 处、车辆乱停放、乱穿行 1.30 万起，清理乱张贴、乱涂写、乱刻画 6092 处、乱悬挂 3010 处。查办市场内案件 323 起，罚没款 1.77 万元。出动检查人员 8.26 万人次，整治规范农贸市场、专业市场及农产品批发市场等各类市场 373 个，检查频次 8087 个次，发现并指导督促问题落实整改 1.67 万处，发出督办函 271 份、工作指导意见函 26 份，发出协调解决农贸市场难点问题相关报告 25 份，约谈市场开办方 15 家；纠正市场环境卫生秩序等问题 5.25 万处，作出行政处罚 323 件。在 149 个农贸市场全部达标的基础上，打造创建全国文明城示范市场 50 个、优秀标杆市场 10 个。全年发放宣传资料 18 万份，滚动播放宣传知识 2.70 万处，制作张贴宣传板报 2.29 万份，开展市场环境卫生集中清理 810 次，清理垃圾 3 万吨，疏通下水道 133 处，督促市场开展公厕整治 396 次。集中灭“四害”1268 次，降低“四害”密度水平。开展农贸市场活禽经营整治，指导农贸市场开办方和经营户落实休市消毒或者市场区域轮休消毒制度和“111”防控措施（一日一清洗、一周一消毒、一月一休市），全年开展休市市场 589 个次、市场消毒 1.16 万个次。督促市场开办方严把市场准入关，杜绝野生动物极其制品进入市场销售，严厉查处涉及销售野生动物行为。累计出动执法人员 5293 人次，整治农贸市场 1671 多个次，检查经营主体 8.98 万户次，发放宣传资料 1.50 万份，检查过程中发现野生动物制品 1 千克（按程序移交相关部门处理）。推动农贸市场生活垃圾分类试点建设，完成 50% 典型案例创建目标。加强对农贸市场生活垃圾分类宣传教育和培训力度，设置垃圾分类宣传栏 149 个，印发南宁市农贸市场垃圾分类指引宣传册子 3.50 万份，更新农贸市场垃圾分类标识 5 万贴，制作《南宁市生活垃圾分类管理条例》宣传册 4 万份。

【网络交易市场监管】 2020 年，市市场监管局持续强化技术支撑，不断提升网络市场监管水平。通过向技术公司购买监测技术服务，组织开展定向监测，摸清基础数据、抓取违法线索，发现市场风险点，为实施精准监管、靶向式监管提供指引。责令整改网站 231 个，查处违法违规行为 120 次，立案 106 起，办结涉网案件 80 起，罚没款 80.92 万元。加强政企联动，与 58 同城、美团、饿了么、京东到家、苏宁易购等电商平台建立健全协同监管机制，界定平台责任，从源头抓起，减少侵害消费者的违法行为，维护公平竞争市场秩序。

【广告市场监管】 2020 年，市市场监管局围绕重点领域开展广告专项整治行动。开展广告专项整治行动 6 次，配合开展其他专项行动的广告整治 6 次，查处虚假违法广告案件 249 件，罚没金额 193.30 万元。其中，查处虚假医疗违法广告案件 30 件，罚没金额 24.08 万元。严厉查处“小产权房”广告，检查在售房地产项目 221 个，其中小产权房 150 个；检查房地产售楼部 141 家、房地产中介 57 家、广告经营者 62 家、广告发布者 47 家；检查传统媒介电视 2 家、报纸杂志 4 家、互联网网站 13 个、互联网新媒体 9 个、户外广告 129 处；开展行政约谈 2 次；查办房地产虚假违法广告案 19 件，罚没金额 79.50 万元；查处“小产权房”虚假违法广告案件 2 起、结案 1 起，罚没金额 6100 元；办理房地产领域价格违法案件 5 起，办结 2 起，罚没款 4.90 万元。办理房地产领域投诉举报件 68 件,促使相关经营者自行向消费者退款 26.89 万元,调解“小产权房”的项目消费纠纷 3 起,退回房款 51 万余元。利用自主广告监测系统对全市大众媒体开展广告监测。利用全国互联网广告检查平台监测 PC 端违法广告案件线索 73 条,自媒体平台发布违法广告案件线索 63 条,分派移送互联网广告监测平台违法广告信息 70 条,均按规定操作流程派发相关基层执法机构开展案件侦办。

【消费维权】 2020 年,市市场监管局将消费者权益保护作为优化消费环境突破点,加强消费市场监管、畅通消费者投诉举报渠道,持续推进消费环境建设,构建消费者权益保护社会共治新格局。中国消费者协会发布《2020 年 100 个城市消费者满意度测评报告》显示,南宁市 2020 年消费者满意度得分 82.65,在全国 100 个城市中排名第十五,在 27 个省会城市中排名第四,在广西 3 个参评城市中排名第一。在“双 11”“双 12”网络促销期间,全市市场监管部门以服装、鞋帽、食品、化妆品和服务交易为重点开展专项监测。南宁市放心消费创建活动覆盖商贸流通、交通、金融、家居建材、电子商务、快递、旅游等 20 多个行业,全市电子商务放心消费示范单位 112 家,放心消费示范街 33 条,放心商场(超市)31 家,放心市场 18 个,放心消费参创经营户 5475 户。修订完善《南宁市市场监督管理局 12315 消费投诉信息公示办法》,进一步提升公示的规范性、科学性。通过线上线下、立体式公示渠道,让消费投诉公示信息直接触达消费第一线。开展“12315 消费投诉”信息公示 5 期,涉及 9 个重点行业、97 个市场主体。南宁市“12315 热线”接收消费者来电 13.81 万件,挽回经济损失 7817.86 万元,受理率、处理率、反馈率 100%,回访消费者满意率 96.75%。

【计量监管】 2020 年,市市场监管局加强计量基础性工作,组织 6 家县级法定计量技术机构参加燃油加油机量值比对,确保量值传递准确;组织开展能源计量审查,现场审查 3 家重点用能企业,指导企业规范能源计量器具的配备和管理,运用能源计量数据进行生产,将能源计量审查工作与相关计量监管、计量服务等工作结合,夯实企业计量基础,提升计量管理水平,将节能减排工作落实到位。对眼镜制配场所、集贸市场开展计量专项监督检查,抽查 79 家眼镜制配场所的眼镜配制用焦度计、验光机、验光镜片等计量器具 585 台(件),有 13 家眼镜店 38 台(件)眼镜配制用计量器具未经检定合格,责令相关眼镜制配场所进行整改并实施追踪。抽查 152 家集贸市场的电子计价秤 1.33 万台、公平秤 166 台,其中经检定合格在用衡器有 1.22 万台,现场抽查 2289 台在用衡器的计量性能,对 9 台计量性能不合格衡器进行纠正和查处,责令相关集贸市场进行整改并实施追踪。

【标准化建设】 2020 年,南宁市在建标准化示范试点 6 个,其中国家级标准化试点 1 个(广西健康体检服务业标准化试点),自治区级标准化试点 5 个(武鸣区绿色火龙果标准化示范区、自治区沃柑种植标准化示范区、自治区无花果种植标准化示范区、自治区旅游标准化示范单位、广西物业服务业标准化试点)。广西“太和自在城”智慧康养服务标准化试点、广西国际壮医医院壮瑶医诊疗服务标准化试点等 2 个示范试点申报 2020 年度国家级服务业标准化试点项目。全市有 1 个国家级服务业标准化项目进入考核验收阶段,2 个自治区级农业、服务业标准化项目进入评估验收阶段;2 个“美丽乡村”标准化试点、1 个旅游标准化试点通过自治区级考评验收。征集、上报涉及城市生活垃圾分类、园林绿化管理、地理标志产品横县茉莉花茶生产技术、汽车产品用铝合金板材生产及生坯绸检验等广西地方标准制定计划项目 25 项,获批立项 5 项;全市参与制(修)定标准 132 项,其中发布国家标准 28 项、行业标准 11 项、广西地方标准 18 项、团体标准 75 项。全市 1067 家企业公开声明标准 7751 项,公开企业和标准的数量均居自治区首位。

【商标品牌建设】 2020 年,南宁市新增注册商标 2.14 万件,有效注册商标总量 11.40 万件,比上年增长 23.15%,占自治区 38.60%,位居自治区第一。有地理标志商标 7 个,地理标志保护产品 9 个,驰名商标 4 个,广西商标品牌战略实施示范企业 5 家。“横县茉莉花”“武鸣沃柑”入选首批广西“桂字号”区域公用品牌。“横县茉莉花茶”入选“中欧 100+100”地理标志互认互保产品,“横县茉莉花茶”地理标志证明商标注册马德里国际商标,商标保护延伸至英国、乌克兰等国家。南宁商标受理窗口增加免费寄存、快递送达、绿色通道等多项便民服务,新增窗口微信预约功能,优化群众体验感;新增 14 个商标咨询服务窗口,窗口商标注册业务受理量位居全国第十一、自治区第一。

【特种设备安全监管】 2020 年,市市场监管局通过压实责任全面构建安全监管网格,创新模式优化大数据物联网云平台监管,强监管严执法守底线落实安全主体责任。全市 7.21 万台特种设备(锅炉 2310 台、压力容器 9646 台,电梯 4.59 万台、起重机械 1.00 万台、大型游乐设施 176 台、场内机动车辆 4039 辆)全年未发生特种设备安全生产事故。

【工业产品质量安全监管】 2020 年,市市场监管局组织对全市 206 家获证工业产品生产企业开展现场检查,对检查中发现问题督促企业落实整改实现闭环管理。加强重点产品生产企业监督,对电线电缆、危险化学品及其包装物等高风险产品开展隐患排查治理,引入技术专家与监督人员共同对企业开展检查,督促企业落实产品质量安全责任。向社会公开发布监督抽查工作计划和 50 个产品监督抽查实施细则,完成 50 大类 667 批次 206 万元产品质量监督抽查公开招标,监督抽查合格率 96.50%。

【认证认可与检验检测监管】 2020 年,南宁市获各类有效认证证书 8862 张,通过质量认证企业(组织)2964 家,有效证书比上年增长 11.60%。全市有机产品认证获证企业 45 家,有机产品认证证书保有量 67 张,22 家企业获香港优质“正”印认证证书,5 家企业获广西优质认证证书。开展 2020 年交通安全暨消防安全领域强制性认证产品“强监管严执法年”综合治理。对全市机动车、食品、生态环境、建筑工程检验机构、人防工程检验机构开展专项监督检查,通过“双随机、一公开”监管平台,从全市检验检测机构中随机抽取车检机构 21 家、食品检验机构 6 家、生态环境检验机构 13 家、建筑工程检验机构 16 家、人防检验机构 4 家进行专项监督检查。对 1 家机动车检测机构、3 家生态环境检验机构、1 家食品检验机构不按标准开展检测,涉嫌出具失实数据等问题进行立案处理。

【食品安全抽检监测】 2020 年,市市场监管局完成食品抽检 3.41 万批次(每千人 4.7 批次),任务完成率 156.80%,总体合格率 98.28%,不合格率 1.72%。其中市本级监督抽检 8491 批次,市本级食用油专项、糕点专项、节日食品专项、重大活动保障等专项抽检 2115 批次,开展八角二氧化硫、食用油塑化剂、五色糯米饭染色剂、奶茶、外卖快餐、柑橘(沃柑)等风险监测 1185 批次。完成自治区局下达食品抽检 4088 批次、市县级食用农产品抽检 7153 批次。

【食品生产安全监管】 2020 年,南宁市获证食品生产企业 1484 家(食品添加剂生产企业 42 家),食品生产加工小作坊

3899家。食品生产企业自查率91.51%，其中乳制品、肉制品、食用植物油、白酒等4类食品生产企业自查率100%，鲜湿米粉生产企业自查率96.94%。全市在产食品生产企业1175家、1351名食品安全管理人员参加考试，考核覆盖100%，考核合格率95.34%。全市食品生产企业追溯体系建成率95%以上，其中乳制品、肉制品、食用植物油、白酒等重点食品追溯体系建成率100%。市市场监管部门开展乳制品、白酒、包装饮用水、食用植物油、糕点、肉制品、固体饮料7项专项整治行动，其中市本级开展专项监督抽检810批次，市抽专项合格率98.27%。围绕重点品种及往年监督抽检多次出现不合格产品的食品生产企业开展飞行检查、体系检查。派出职业检查员240人次，检查食品生产企业83家(飞行检查44家、体系检查39家)，检查发现问题1240个。

【食品经营安全监管】 2020年，市市场监管局利用快检技术，对批发市场开展快速检测1万批次，对农贸市场食用农产品开展快速检测81.80万批次，把好食用农产品的进场查验关。深入开展“放心肉菜示范超市”创建，对5家自治区评定的“放心肉菜示范超市”食用农产品进行抽样200批次，对20家“放心肉菜示范超市”申创单位食用农产品开展监督抽检200批次。开展进口冷链食品、干制蔬菜、校园及其周边、生鲜配送供货商等重点产品、重点场所、重点经营者专项整治。排查冷藏冷冻库2003家次，建立完善冷藏冷库台账1234家，组织开展进口冷链食品从业人员核酸检测2.79万人次；检查干制蔬菜经营者976家次，对黄花菜等干制蔬菜开展快速检测775批次，监督抽检321批次；通过加强日常巡查、集中行动等方式加大检查力度，重点整顿无证经营、销售“三无”(无生产厂名、无生产厂址、无生产卫生许可证编码)过期变质及其他不符合食品安全标准食品等违法行为，检查校园及其周边食品经营户1267家次。对生鲜配送供货商开展摸底排查，建立生鲜配送供货商台账，指导生鲜配送供货商规范食品进货、贮存、销售、配送各环节管理。

【食品餐饮安全监管】 2020年，南宁市开展春季、秋季开学学校新冠肺炎疫情防控、食品安全监管，检查学校食堂7261家次，校外供餐单位17家次，校内外食品经营单位3476家次。对632家申请复课的校外培训机构、1776家申请恢复服务的校外托管机构进行评估验收检查，分别验收合格584家、1431家。与教育部门联合开展无证幼儿园专项整治，检查幼儿园食堂2554家次，发出责令整改通知书129份。完成自治区、市重大活动食品安全保障任务，保障接待酒店用餐3000多人次，未发生食品安全事故。帮扶餐饮行业复工复产，指导南宁市食品安全智能服务平台、南宁市餐饮行业协会和餐饮企业联合成立“南宁市城市集中供餐服务联盟”，利用“食安八桂”微信公众号，搭建集体用餐配送服务平台，为疫情期间复工复产单位提供集中供餐保障服务。组织开展为抗疫一线献爱心关爱行动，发展联盟成员单位餐饮企业近200家，向应急中心、医院等抗疫一线单位捐赠用餐2万多份。

【“明厨亮灶”建设】 2020年，南宁市通过实施学校食堂“明厨亮灶”建设，在全市3500所学校食堂新建视频监控点1.05万个，出台《南宁市学校食堂明厨亮灶智能监管工作制度》。南宁市7家学校集体用餐配送单位全部实现“互联网+明厨亮灶”，学校食堂“互联网+明厨亮灶”覆盖率100%。运用AI智能和大数据分析实现智慧监管，抓取违规类型包括有害生物(老鼠、飞蛾等)，未戴帽子、口罩，吸烟、玩手机，未盖垃圾桶盖6种。抓取的违规信息自动通过平台发送整改通知至学校和监管人员，督促学校限期整改。

【特殊食品与食盐安全监管】 2020年，南宁市全面落实特殊食品生产经营企业主体责任，确保产品质量安全，开展保健食品行业专项清理整治、食盐质量安全专项整治、婴幼儿配方乳粉排查等。出动执法人员1.20万余人次，发现问题90多项，责令整改75家次，立案4起。对全市4家保健食品生产企业进行体系检查，13家保健食品生产企业进行年度信用等级评定检查。举办保健食品科普宣传73场次，参与群众4000多人次，发放宣传材料8000余份。完成100批保健食品、18批婴幼儿配方食品、83批食盐的专项抽检，提高特殊食品与食盐的质量安全监管。

【药品安全监管】 2020年，南宁市有药品零售流通企业3300余家，新冠肺炎病毒疫苗配送企业8家，医疗机构4600余家。市市场监管部门在流通环节、医疗机构专项检查基本药物、含特殊药品复方制剂、终止妊娠药品、冷链药品等药品；开展执业药师及中药饮片专项整治、疫苗配送企业约谈及使用单位专项检查。药品流通重大专项检查采取“三统一、一随机”(统一组织、统一标准、统一时间，随机抽查)方式，交叉检查，记录问题，依法保留违法违规证据。日常监督抽验药品150个批次。在全市开展家庭过期药品回收活动。优化办理药材进口通关，通过启用新系统、打通退运渠道、培训药材进口企业、优化办理流程，南宁口岸中药材进口量位居全国前列。承接自治区迎接世卫组织对新冠肺炎病毒疫苗国家监管体系评估试点任务，初步完成自评。

【医疗器械安全监管】 2020年，南宁市有医疗器械经营企业9420家，其中从事第三类医疗器械经营企业3315家，从事第二类、三类医疗器械经营企业9120家。为其他医疗器械生产经营企业提供贮存、配送平台企业24家。市市场监管部门组织开展无菌和植入性医疗器械专项整治、避孕套质量安全管理专项整治、严厉打击非法经营装饰性彩色平光隐形眼镜行为专项整治、医疗器械“清网”行动等专项整治和口罩质量监督抽样，对5个品种13个批次的口罩实施监督抽样，完成国家抽样任务3个批次、自治区抽样任务6

2020年3月25日，市市场监管局工作人员加强对农贸市场巡查力度　　何正君　摄

个批次。新冠肺炎疫情期间，为8家企业开通绿色通道办理“第一类医疗器械产品备案凭证”“第一类医疗器械生产备案凭证”。协调自治区药品监督管理局，帮扶13家医疗器械生产企业获一次性医用口罩生产许可。组织专业人员检查指导各监测哨点不良事件监测报告工作，收集上报医疗器械不良事件病例1720例。

【化妆品安全监管】 2020年，市市场监管局出动执法人员4975人次，检查线下化妆品经营(使用)单位2953家，责令限期整改化妆品经营单位112家，查扣(封)涉嫌违法违规化妆品236盒(瓶)，责令下架停止销售化妆品数量298盒(瓶)。监测淘宝、京东、天猫等6个平台、154家化妆品店铺、企业自建网站63家。查处化妆品违法案件164起，罚没款10.80万元，没收违法所得6.36万元；针对安全风险性较高的类别产品，在经营环节组织开展化妆品监督抽检174批次；完成化妆品不良反应监测报告1134份。

【知识产权试点示范】 2020年，南宁市开展国家知识产权示范城市建设立项实施高价值专利培育、专利导航知识产权运营平台培育等工作，国家知识产权示范城市建设项目25项，项目经费685万元，自治区首批4个通过备案的知识产权联盟均为南宁市单位牵头。首次认定市级知识产权智库4家。年内，南宁市每万人口发明专利拥有量12.05件比上年增长10.30%。

【知识产权运用促进】 2020年南宁市建立多部门联合的“政银企”知识产权质押融资风险分担机制，市科技局、市工信局和市市场监管局联合出台《南宁市科技和知识产权信贷风险资金池实施方案》，组建科技和知识产权信贷风险资金池，投入资金1765万元。南宁市知识产权质押融资4.37亿元，增长44.70%，其中专利质押融资3.37亿元，占自治区62.76%，质押专利173件；商标质押融资9961万元，质押商标42件。23家企业获专利质押融资贴息和评估费补助361.27万元。全市新增中国专利优秀奖2个；自治区知识产权优势企业培育单位28家。

【知识产权保护】 2020年，南宁市强化知识产权保护工作。6月23日，中国(广西)知识产权维权援助中心南宁分中心、中国(广西)知识产权维权援助中心广西自贸试验区南宁片区分中心在市市场监督管理局揭牌，标志着南宁市知识产权维权援助工作走上法制化、规范化轨道。依托中国(广西)知识产权维权中心南宁分中心和中国(广西)知识产权维权援助中心广西自贸试验区南宁片区分中心，探索建立知识产权快速维权机制，构建便捷高效维权援助工作体系，运用维权援助柔性手段，为维护权利人和创新主体合法权益提供多方位服务。严厉打击假冒商标、侵犯商标权违法行为，受理专利侵权投诉举报、为专利权人调解专利侵权纠纷。全市办理专利侵权案件27起；商标案件163起，案值93.47万元，罚没款83.46万元。

(彭　忠)

海　关

【概　况】 2020年，业务所辖南宁市的邕州海关、南宁吴圩机场海关、南宁邮局海关全年监管进出口货物1.18万批次，货值22.25亿元。第17届中国—东盟博览会期间，受理展品申报322件、货值5.32万元，重量4813.99千克。监管进出境航班2357架次、进出境人员13.93万人次，采样送检6886份，检出新冠肺炎病毒核酸阳性35例，获“全国海关系统抗击新冠肺炎疫情先进集体”称号。南宁市外贸进出口986亿元，增长31.80%，增速在自治区外贸总额超百亿地市中排名第一。南宁综合保税区进出口总值418.68亿元，增长67.76%。

【海关监管】 2020年，邕州海关监管进出口货物1.18万批次，货值22.25亿元。第17届中国—东盟博览会期间，受理展品申报322件、货值5.32万元，重量4813.99千克。监管进出境航班2357架次、进出境人员13.93万人次；采样送检6886份，检出新冠肺炎病毒核酸阳性35例，获“全国海关系统抗击新冠肺炎疫情先进集体”称号。推行“两步申报”改革，全年进口、出口整体通关时间比上年分别压缩35.06%、25.29%。监管进出境国际货机1067班次，受理进出口报关单(结关)2669票，增长187.30%，南宁机场全年国际货邮吞吐量首次突破万吨大关。南宁邮局海关推行跨境电商出口改革，提升监管效能及通关效率，实现跨境电商出口商品通关时长压缩1小时内。全年跨境电商(9610)出口清单4603.77万份，逆增长41.82%，跨境电商出口排名全国前列。南宁综合保税区实现进出口总值418.68亿元，增长67.76%。

【征收税款】 2020年，南宁海关税收2.60亿元。其中：邕州海关税收1.02亿元；南宁吴圩机场海关税收3467.34万元，比上年增长125.2%，创历史新高；南宁邮局海关税收1.23亿元，增长2.13倍。

【打击走私】 2020年，邕州海关开展“蓝天2020”专项行动、“国门利剑2020”行动、全员打私“百日会战”行动，严打固体废物及濒危物种走私，查发涉固废案件8起，濒危植物1300余株，涉毒刑事案件1起。全年办理刑事案件1起，案值42万元，涉税20万元；办理一般案件5起，案值102.83万元，涉税6.79万元；办理“两简”案件(简单案件、简易程序案件)53起，涉检案件40起。加强反走私综合治理，持续保持打击走私的高压态势。刑事立案10起，行政案件立案14起；办理涉检案件3起，非涉检“两简”案件8起。

【海关统计与研究】 2020年，邕州海关加强政策研究分析，撰写《一季度广西对香港进出口由降转增 3月进出口实现2位数增长》《1至4月广西口岸中欧班列增长快速孕育新机遇，企业成本亟待进一步降低》《1至5月广西外商投资企业进出口企稳回升》等统计分析文章14篇，开展广西口岸进口铁矿砂及广西对香港、日韩进出口分析等专项分析工作。在南宁海关《政研参考》刊发《加快南宁国际铁路港建设助力中欧班列(南宁—河内)快速发展》等文章5篇。南宁吴圩机场提供统计服务咨询20余次，撰写统计分析动态、专题12篇；研发“旅检业务统计小程序”正式上线，实现旅检业务数据智能化汇总及提取使用，便于旅检业务数据统计、汇总及查询，服务各级领导决策部署。南宁邮局完成《前5个月广西加工贸易进出口稳步增长》《2020年上半年广西加工贸易进出口稳步增长》《一季度广西对欧盟出口下降进口增长》《2019年南宁海关跨境电商进口数据专题评估报告》等专题统计分析文章。

【抗疫情稳外贸】 2020年，邕州海关应对新冠肺炎疫情给外贸进出口带来严峻挑战，落实抗疫情稳外贸措施。全市外贸进出口986亿元，比上年增长31.80%，增速在自治区外贸总额超百亿地市中排名第一。助力“强首府”战略重大标志性工程南宁国际铁路港建设，创新设计配套便利化通关监管模式。推动“两步申报”改革落地实施，单月“两步申报”使用率提升至79%，推动通关效率实现再提速，出口整体通关时间压缩94%，进口时间压缩59%，南宁市跨境贸易指标得分位列自治区第一。南宁吴圩机场落实抗疫情稳外贸系列措施，抓经济、稳增长，设立防疫物资专用受理窗口和绿色通道，实行“7×24”小时预约通关，对救援物资实行“先登记放行、后补办手续”的通关模式，确保防疫物资即到、即卸、即验、即放、

2020年5月14日，海关人员在南宁吴圩机场监管查验货物　　邕州海关提供

即提，保证防疫物资“零延时”验放，助力打赢疫情防控阻击战。全力支持外贸企业复工复产，支持和保障国际航空货运航班。支持南宁临空经济示范区发展，成立工作专班，提前介入、参与规划建设。推动机场国际物流“单一窗口”（参与国际贸易和运输的各方，通过单一的平台提交标准化的信息和单证）建成使用，南宁空港国际快件中心项目通过验收，支持国际新货站建设，推动空港口岸国际物流跨越式升级。南宁邮局海关贯彻落实抗疫情稳外贸系列措施，引导企业运用综保区政策开拓新业务，促进国内国际双循环。支持企业出口转内销、拓宽国内市场；简化生产型企业办理业务手续，保障货物快速通关。指导加贸企业使用“提前申报、两步申报”便捷通关模式，优化业务流程，推动落实“简化进出区管理”“便利货物流转”等一系列措施，持续为企业生产经营增效赋能。南宁综合保税区实现进出口总值418.68亿元，增长67.76%。

（吴江华）

口岸管理

【概　况】 2020年，南宁市采取抗疫情稳外贸帮扶措施，进出口货物反逆势增长。南宁口岸进出口货物3.74万吨，比上年增长69.74%。受新冠肺炎疫情全球蔓延影响，南宁空港口岸国际航班、出入境人数大幅下降。运行国际航线缩减为4条，涵盖马尼拉、雅加达等4个东盟国家地区，南宁空港口岸出入境13.98万人次，下滑91.15%。

【通关便利化改造】 2020年，南宁口岸推进南宁国际铁路港海关监管场所建设，5月成立南宁国际铁路港开发运营公司，7月项目开工建设，12月基本完成综合楼、卡口雨棚、查验场地等主体工程建设。推进在南宁吴圩国际机场口岸设立进境水果指定监管场地进行材料申报。

【跨境贸易营商环境优化】 2020年，南宁口岸优化跨境贸易营商环境，印发《2020年南宁市优化营商环境跨境贸易专项实施方案》并组织实施。推广进口货物“两步申报”模式，提高出口货物“提前申报”覆盖面，优化企业主动发布容错机制，开展口岸收费公示及价格检查，落实海关总署、南宁海关应对新冠肺炎疫情稳增长帮扶措施，提升服务意识，针对企业受疫情影响的困境，采取“量身定制”式帮扶举措，助力企业复工复产。继续清理规范口岸收费，进一步完善口岸收费目录清单，做好目录清单公示，加强目录清单动态管理，组织市市场监管局、市发展改革委等部门对收费清单中的企业进行价格检查。国际贸易“单一窗口”上线出口信用保险投保功能，企业可通过单一窗口平台的小微投保模块参加“2020年广西中小出口企业海外信用风险保障政府计划”，以应对疫情和中美贸易摩擦造成出口收汇风险；93家小微企业完成投保。

（莫荣旭）

海事管理

【概　况】 2020年，中华人民共和国南宁海事局（简称“南宁海事局”）南宁市辖区内有河流7条，通航里程637千米，有南宁港、崇左港2个口岸，其中南宁港为国家二类开放口岸，设有中心城港区牛湾作业区、六景港区、横县港区、隆安航区，崇左港为非开放口岸。有船水库12座，渡口61道，装卸码头10个，跨航道桥梁48座，枢纽、船匣4座，过江管线169条，取水口70处；有运输企业55家（海运公司9家、内河航运公司46家），其中纳入安全管理体系管理公司7家，登记在册内河船舶3457艘、海船54艘，注册船员1.17万人，砂石船137艘，渡船877艘。南宁海事局强化水上交通安全监督管理，持续开展打非治违行动，开展电子巡航3585次，检查船舶3242艘次，检查水工项目91项次，辖区未发生一般等级以上水上交通事故，实现“零死亡、零沉船、零污染”；完成政务办理事项1.30万件，服务保障26.60万艘次船舶、1661.50万吨货物安全航行，护送1100万人次安全便捷出行。被授予“全国文明单位”称号。主要存在发展根基相对薄弱，影响海事高质量发展的制度障碍、

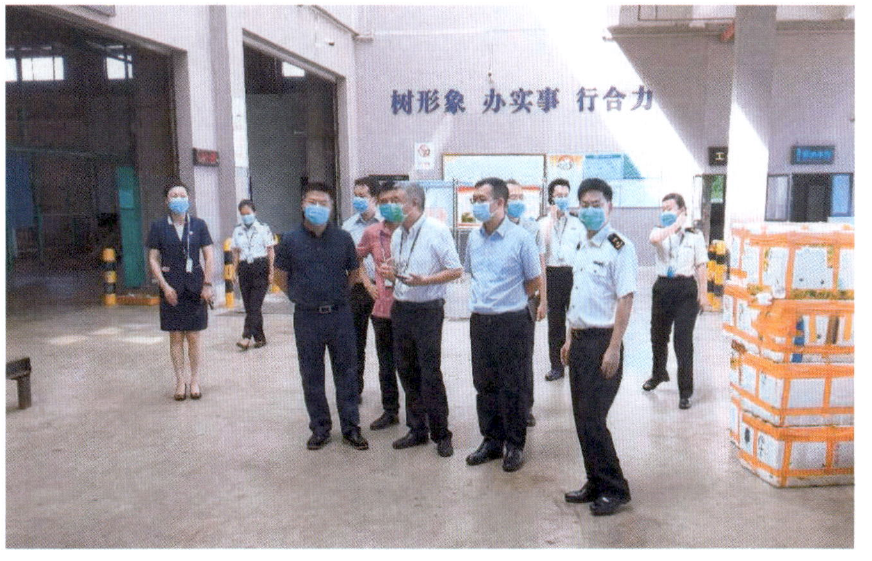

2020年6月28日，南宁口岸工作人员在南宁空港口岸调研抗疫情保通关情况

莫荣旭提供

思想障碍、机制障碍未能突破等问题。

【通航管理】 2020年,南宁海事局保持"电子+现场""集中+日常"双巡航,保障1100万人次出行。创新推行"零接触"检查、"远程核查",电子巡航查处客渡船违规夜航等违法行为60起。开展水上交通安全专项整治三年行动,协同推进水上无线电秩序专项整治、长期逃避海事监管船舶专项整治等专项执法行动,实现到港超过18小时船舶全覆盖检查、走访辖区航运公司全覆盖、督促航运公司开展自由船舶自查"3个100%"全覆盖。将12个船闸码头作为违法违章船舶"阻断站",开展"白+黑""工作日与周末5+2"设点驻守,敦促整治范围内11家非法装卸作业点全部停止作业,封堵周末48小时期间到港船舶无法检查的监管漏洞。对辖区108个风险点进行辨识评估、分级并制定分级分类管控措施及应急措施,对事故易发水域编制22幅"电子滩图"等实用性教材。"清单式""派单式"深入开展风险防控及隐患排查,协同市安全生产委员会办公室督办并整治消除雁江渡口人车混渡等安全隐患11个。强化涉客船舶问题综合整治,推动撤销江南区白沙渡口等无实质营运渡口11个。开展涉客船舶安检294艘次,督促涉客船舶整改缺陷934项次,实施行政处罚206起,处罚金额82万元。

【船舶监督管理】 2020年,南宁海事局建立以信用为基础的新型监管机制,实施航运公司分级分类管理,推动航运公司信用信息在保险公司航运保险定价、贷款业务机制中的应用,创新航运公司安全监督机制。打出"自纠+严查+共管"组合拳,采取督促航运公司自查自纠、开展专项检查、约谈通报、航运公司岸基管理人员培训等举措,推动辖区航运公司落实安全管理主体责任。开展航运公司监督检查138家次,发现问题481个。航运公司所属船舶没有发生一般等级以上事故。开展航运公司安全管理体系审核,审核航运公司6家次,船舶审核23艘次,审核不符合数114项。

【船员管理】 2020年,南宁海事局做好常态化新冠肺炎疫情防控下船员培训考试,开展船员考试30期、参与人数1423人。组织开展航运公司海员证签发资质验收,推进横县辖区新建船员培训机构进程。推进典型事故案例"双进"(进航运公司、进船员)活动,开展典型事故案例进船员培训课堂54次,培训800人。

【船舶水污染防治】 2020年,南宁市实施船舶水污染物零排放试点航区建设,打造西江干线首个船舶污染物"零排放"示范区。深化"平安邕江绿色水城"共建行动,把邕江打造成为水上安全和水域保护示范区。创新采取"染色法"对船舶生活污水直排进行取证,填补对生活污水直排取证难问题,全年处罚生活污水排放5艘次。走访市交通运输局、市生态环境局、市市政园林局等单位,协商船舶污染物接收、转运、处置的联合监督机制,推动建设南宁市邕江船舶水污染物零排放示范航区。

【海事服务】 2020年,南宁海事局应对新冠肺炎疫情,开展"党旗飘在一线、堡垒筑在一线、党员冲在一线"突击行动,组建党员、志愿服务队130多人走进社区渡口码头开展防疫宣传、人员排查。与江南区延安镇那齐村签订共建协议,援鄂助力解决特色农产品滞销,累计购买扶贫产品18万余元。保障西津船闸复航获中央电视台宣传报道。创新审核模式,通过校核关口前移的审核模式办理抵押权登记,助力辖区船舶抵押融资5.1亿元。完成政务办理事项1.30万件。配合无线电专项整治,为1051艘应办未办的长航船舶办理船舶电台执照,辖区登记长航船舶无线电法定证照配备合规率90%以上。联合教育等部门围绕"水上平安交通,安全伴我成长"主题,到辖区学校开展水上交通安全进校园活动5次,水上安全教育实践活动6次,参加活动约2000人,发放水上安全知识读本1000余本,宣传资料2000多份。

【水上应急搜救】 2020年,南宁海事局修订完善并强化落实水上应急搜救预案,组织并指导应急演练19次,发布预警短信57.17万条,接水上险情报警12次,组织搜救行动12次,遇险船舶12艘次,获救船舶12艘,获救39人,搜救成功率100%。 (覃慧宇)

2020年11月20日,南宁海事局执法人员在凤翔路小学展示"智慧海事"新装备,宣传水上交通安全知识 覃慧宇提供

编辑 陈洪毅 唐娟 唐祯麟

新区 开发区

综 述

【概 况】 2020年，南宁市有新区1个（五象新区），开发区（工业园区）15个，其中国家级开发区3个（南宁高新技术产业开发区、南宁经济技术开发区、广西—东盟经济技术开发区），自治区级开发区4个（广西良庆经济开发区、南宁六景工业园区、南宁江南工业园区、南宁仙葫经济开发区），隆安华侨管理区（隆安县宝塔医药产业园区）依法享受自治区级经济开发区政策开发区，区县工业园区（工业集中区）7个（南宁市兴宁产业园区、南宁市西乡塘产业园区、南宁市邕宁新兴产业园区、南宁市伊岭工业集中区、宾阳县黎塘工业园区、上林县象山工业园区、马山县苏博工业园区）。南宁五象新区完成投资581.26亿元；引进投资额5000万元以上项目51个，计划总投资773.67亿元；有新开工项目161个、在建项目509个、竣工项目65个。全市开发区（工业园区）有规模以上工业企业849家，比上年增加12家；规模以上工业总产值1846亿元，增长3.90%，占全市规模以上工业总产值77%，其中3个国家级开发区完成规模以上工业总产值767亿元，增长13.81%，占全市32%。规模以上工业增加值357亿元，增长7%。主要存在部分工业园区工业用地不足影响重大工业项目的引进与园区发展；部分区县工业园区资金不足，融资不畅，园区基础设施及配套设施建设滞后，跟不上发展需求等问题。

【营商环境优化】 2020年，南宁市开发区（工业园区）优化项目报建审批流程，在施工许可阶段推行试行“拿地即开工”改革，探索产业项目由“先批后建”改为“先建后验”，为企业项目节省时间；推行“证照分离”“一网通办”“一窗受理”等服务，促进行政审批许可事项提速，增加“一次不用跑”比例，优化营商环境。南宁五象新区推进工程建设项目行政审批制度改革，实施第一批企业投资项目告知承诺制管理事项；南宁高新区推行“不见面审批”，提升行政审批许可事项效率，开展“首贷宝”业务，帮助企业解决首贷难问题；南宁经开区提供政策兑现，集中受理政策兑现事项，实行“立等可取”审批模式，优化审批流程，压缩审批时限。广西—东盟经开区出台房屋建筑和市政基础设施工程竣工联合验收方案，办理时限压缩至原来一半；实行“一企一策”量身定制服务模式，支持企业开拓市场，扩大销量和产能。联合融资担保公司、银行等金融机构为开发区（工业园区）提供资金支持；出台支持企业复工复产政策，协调解决用工难、融资难问题；推进园区道路、排水系统、学校、医院等公共基础设施建设，为企业发展提供保障。

【招商引资】 2020年，南宁市开发区（工业园区）引进深圳东创技术股份有限公司、国千科技集团有限公司、瑞声科技为基点半导体封装及声学项目、广东海天集团股份有限公司海天调味品生产基地建设配套项目等知名企业和项目。南宁五象新区通过“不见面招商”“云签约”等形式开展招商引资，实行社会化招商机制，2家招商公司（南宁五象商务服务有限责任公司、南宁金融城投资运营有限公司）完成注册；建设面向东盟的金融开发门户南宁核心区，推动深圳证券交易所及上海证券交易所的广西基地、跨境保险创新联合实验室等重大平台落地，与交通银行股份有限公司广西区分行共建广西（南宁）金融创新联合实验室。南宁高新区开展“三企入桂”招商，促进签约项目落地数量和质量。广西—东盟经开区推行“招商大使”模式，针对产业链关键环节精准招商；南宁经开区培育引进高新技术企业，实施高新技术企业倍增计划，打造由科技型中小企业、高新技术企业、瞪羚企业、创新性企业组成的创新梯队，实现引进项目新突破。

【园区特色产业发展】 2020年，南宁市支持南宁高新区电子信息、生命健康、智能制造3大主导产业发展，实现产值占南宁高新区规上工业总产值78%。南宁经开区电子信息、生物医药及都市型食品3大主导产业规模以上工业总产值总和占该园区规模以上工业总产值总量的比重逾50%。广西—东盟经开区食品加工、生物医药、环保家居3大主导产业产值占园区规模以上工业总产值49.60%，其中规模以上食品加工产业企业24家，完成产值占规模以上工业产值40.41%。江南工业园区主导产业电子信息产业和铝加工产业产值占园区规模以上工业总产值95.39%。邕宁新兴产业园区主导产业新能源汽车、轨道交通、铝精深加工3大主导产业产值占园区规模以上工业总产值73%。六景工业园区电力化工、机械装备制造、造纸及纸制品、建材、农林产品加工5大支柱产业产值占园区工业总产值97%。黎塘工业园区以岑科电子为重点，引进电子加工类企业，打造电子信息产业园，依托南宁浮法玻璃产品延伸、拓展打造新型硅材料产业园，完成规模以上工业总产值145亿元，比上年增长19.90%。

【园区发展模式创新】 2020年，南宁市探索市属国有平台公司与区县工业园区合作共建新模式。9月，横县县政府、南宁交通投资集团及南宁交通投资集团六

南宁年鉴

景园区开发有限责任公司签署《南宁六景工业园区投资开发合作协议》,六景工业园区提升规划、合作项目顶层设计及园区运营规划完成初步成果,园区产业规划编制完成终稿,5个产城项目开工建设。7月,市政府出台支持良庆区与南宁城市建设投资集团有限公司合作开发运营南宁现代工业园的若干意见,良庆区政府与南宁城投集团签订《战略合作框架协议》,园区5条道路完成设计、勘察单位招标等。对"飞地园区"——南宁高新区武鸣产业园实行封闭式管理,园区完成产值28.33亿元、比上年增长26.75%,完成固定资产投资7.10亿元、增长21.68%;新增新建入规模口统计企业1家、规模以下转规模以上企业5家。利用地方政府专项债券支持开发区(工业园区)建设,16个工业项目及园区基础设施项目获得地方政府专项债券支持24.60亿元。

【园区创新能力增强】 2020年,南宁市坚持以企业为主体,不断完善园区技术创新体系,开发区(工业园区)建立起科技企业孵化器,推进科技创新。南宁高新区高新技术企业422家,比上年增长20.23%,占全市36.67%;新认定广西瞪羚企业12家,保有量17家,占全市46%;新认定自治区级企业技术中心1家,市级企业技术中心1家。加快建设创新平台,南宁·中关村创新示范基地和南宁·中关村科技园新增创新主体115家,累计358家,其中南宁·中关村科技园集聚浪潮(南宁)计算机科技有限公司、广西世纪联合创新显示电子有限公司、南宁瑞智电子有限公司、广西柯瑞机械设备有限公司等19个产业项目;南宁·中关村创新示范基地科技企业孵化器成为全市唯一获推荐认定国家级孵化器;南宁·中关村创新示范基地和南宁·中关村科技园实现营业收入110亿元。自治区"双百"重大项目电子信息产业园一期建成投产,成为南宁市科技创新、产业发展的新名片。广西大学教授王双飞的科技成果获国家技术发明奖二等奖,是广西科技人员首次牵头获国家技术发明奖。南宁经开区有高新技术企业113家、国家级重点实验室1家、国家级科技企业孵化器1家、国家级众创空间1家、国家认可实验室(CNAS)6家、自治区级研发平台19家、自治区级瞪羚企业5家、市级孵化器2家、市级众创空间2家、市级研发平台24家、院士工作站1家,以及重大科技成果转化任务9项(新增国家认可实验室2家、瞪羚企业3家、市级孵化器2家、市级研发平台4家)。安吉·华尔街工谷产业园打造"智汇安吉·双创"核心区,获"国家级科技企业孵化器""国家级小型微型企业创业创新示范基地""国家级众创空间基地"等称号,入驻中小微企业800多家。

(彭远利)

五象新区

【概　况】 南宁五象新区地处邕江之南,东至八尺江,西邻水塘江,北面邕江,南望北部湾,规划面积近200平方千米,涉及邕宁区、良庆区。2020年,自治区党委同意设立中国(广西)自由贸易试验区南宁片区管理委员会,由南宁市管理,与广西南宁五象新区规划建设管理委员会合署办公,中国(广西)自由贸易试验区南宁片区(简称"南宁片区")规划实施范围46.80平方千米(含南宁综合保税区2.37平方千米)。完成投资581.26亿元,比上年增长16%。其中:重点产业项目完成投资476.71亿元、增长11.30%;社会项目完成投资484.87亿元,占总投资83.42%。引进投资5000万元以上项目51个,计划总投资773.67亿元;实际到位资金185.67亿元,实际到位外资(商务部口径)1.69亿美元。公开"招拍挂"出让面积260.64公顷、成交金额233.27亿元。有全球最具价值品牌百强12个(新增2个)、世界及中国500强企业67家;金融机构(企业)162家(新增102家)。新开工项目161个、在建项目509个、竣工项目65个,其中新开工建筑面积995.48万平方米、在建项目建筑面积4337万平方米、竣工项目建筑面积680.14万平方米。主要存在产业发展空间制约瓶颈问题突出,中国(广西)自由贸易试验区南宁片区建设产业发展质量不高等问题。

【中国(广西)自由贸易试验区南宁片区】 2020年,南宁片区新增企业6555家,占广西自由贸易试验区增量52.20%;引进投资额亿元以上自治区外境内项目24个、总投资108.56亿元;商务口径实际利用外资1.47亿美元。形成25项可复制制度推广事项和创新案例,其中"信用+智慧"电子诚信卡场景应用,外籍驾驶证验真快办,国际邮件、快件、跨境电商"三合一"集约式监管新模式,未获准入动植物产品及动植物源性食品类展品监管模式创新,"互联网+"不动产登记模式,援企惠企补贴"免申即办"兑现服务模式6项成果入选广西首批向商务部申报的14项"最佳实践案例";工程建设项目"分阶段审批+提前介入监督"模式改革、中国—东盟跨境金融改革创新、公共资源交易"降低成本+创新制度+信用管理"改革模式等17项被评为广西自由贸易试验区首批制度创新成果;中山大学自贸区综合研究院研究成果显示,2019—2020年度南宁片区制度创新指数在同批自由贸易试验区19个片区中综合排名第五、居广西首位,其中金融创新、法治环境指数排名均排名同批自由贸易试验区第二。《中国(广西)自由贸易试验区一周年建设成效评估报告》显示,南宁片区试点任务显著成效率在广西3个片区排名第一。"互联网+政务服务"涉企政务服务事项95%以上事项网上可办;南宁市政策兑现综合服务平台在广西自由贸易试验区率先上线,可自动匹配企业是否可以享受相关政策并推送信息,实现"政策找人";出台南宁片区重大项目审批代办服务实施办法,加快项目落地,营商环境得到优化。

【广西建设面向东盟的金融开放门户南宁核心区】 2020年,南宁市加快推进广西建设面向东盟的金融开放门户南宁核心区建设,金融机构(企业)加速集聚,中国—东盟金融城新增金融机构(企业)102家,连续两年存量翻番,深圳证券交易所及上海证券交易所的广西基地、跨境保险创新联合实验室等重大平台相继落地,提升金融集聚效应。加快创建绿色金融改革创新示范区和保险创新综合示范区,为自治区唯一获批双创示范区城市。推进金融创新发展,与交通银行股份有限公司广西壮族自治区分行共建广西(南宁)金融创新联合实验室,推动NRA账户(境外机构在中国境内银行业金融机构开立的人民币银行结算账户)便利化创新、陆海新通道跨境金融创新、"债券通"业务等创新成果落地,"中国—东盟跨境金融改革创新"入选"2019—2020年度中国自由贸易试验区制度创新十佳案例",是广西唯一入选案例。完善金融发展环境,中国—东盟金融城一站式服务大厅正式运营,为金融机构(企业)提供征信查询、机构审批等服务;规划打造投资大厦、基金大厦等金融特色楼宇,形成保险创新产业园、数字经济产业园等产业集聚园中园;配套人才公寓第一期384套交付使用。

【营商环境优化】 2020年,南宁五象新区推进工程建设项目行政审批制度改革,实施《五象新区企业投资项目告知承诺制管理办法(试行)》,启动实施第一批企业投资项目告知承诺制管理事项;试行《中国(广西)自贸区试验南宁片区建设工程"信用+承诺"绿色审批模式工作实施意见》,通过承诺后容缺方式,串联改并联,达到简化审批手续,推动极简审批落地,实现项目审批提速;推行"拿地即开工"改革,项目拿地当天即具备开工建设条件,可为企业项目节省时间至少2个月;

开展南宁片区水土保持区域评估全覆盖工作，将范围内建设项目水土保持手续由审批简化为承诺备案；实施南宁片区夜间建筑施工许可、部分环境影响登记类建设项目环境影响评价豁免管理、探索产业项目由“先批后建”改为“先建后验”。

【招商引资】 2020年，南宁五象新区围绕现代金融、智慧物流、数字经济、文化传媒等产业及新兴制造业等重点产业开展招商引资，新签约5000万元以上产业项目20个，其中工业项目5个，5亿元以上产业项目6个，年内签约并开工项目12个；实际到位资金185.67亿元，实际到位外资（商务部口径）1.69亿美元。应对新冠肺炎疫情影响，通过“不见面招商”“云签约”等形式开展招商引资；赴北京、上海、广州、深圳等地开展专题招商推介15批次。实施社会化招商机制，南宁五象商务服务有限责任公司、南宁金融城投资运营有限公司2家招商公司完成注册。

【项目建设】 2020年，南宁五象新区完成投资581.26亿元，其中重点基础设施项目完成投资104.55亿元、比上年增长44%。新开工项目161个，在建项目509个，竣工项目65个。推进玉洞片区、龙岗片区等路网建设，冬花路、庆安街、仙岭路、利华路、华安路等道路项目开工，新建成通车道路3条（龙祥路、马岭路、永福路）；完善配套产业项目市政设施，物流园污水厂主体完工，五象污水处理厂扩建工程试运行，其余新建道路配套污水管同步建设，玉洞、顶花、远详3个变电站开工建设。威宁·利福邻家广场项目竣工；南宁哈罗礼德学校幼儿园招生开学；南宁市第二社会福利院一期试运营、二期进入收尾阶段；广西前海人寿医院接诊开业；广西医科大学东盟国际口腔医学院主体封顶。3月13日，广西电网公司电力生产调度指挥中心项目开工，位于凯旋路6号，总建筑面积16.90万平方米，总投资16.88亿元，是新冠肺炎疫情复工复产后首个开工项目。4月17日，中国—东盟信息港小镇（研发中心）项目开工，位于平乐大道西侧、秋月路北侧，总建筑面积3.50万平方米，总投资约5亿元。5月28日，五象投资创新型信息产业基地二期项目开工，位于金良路以北、那约路以东，总建筑面积27.80万平方米，占地7.80万平方米，总投资约13亿元。9月28日，中通快递南宁转运中心项目开工，用地面积4.67万平方米，总投资2.40亿元。11月3日，新英路（华威路—物流基地11号路）项目开工，位于物流片区，总投资2.20亿元，施工路线全长2.20千米。

【产业发展】 2020年，南宁五象新区加快产城融合发展，重点产业项目完成投资476.71亿元，比上年增长11.3%。现代金融业方面，推进面向东盟的金融开放门户南宁核心区建设，新增入驻金融机构（企业）102家，累计162家，深圳证券交易所及上海证券交易所的广西基地、跨境保险创新联合实验室等平台相继落地，中国—东盟金融城一站式服务大厅正式运营，完善金融发展环境。数字经济产业方面，加快推进中国—东盟信息港南宁核心基地项目建设，南宁五象新区大数据智能服务呼叫中心基地竣工验收，中国—东盟地理信息与卫星应用产业园（一期）、浪潮集团东盟运营总部、迈越大数据产业园等项目开工建设，广投数字经济示范基地、中国—东盟新型智慧城市协同创新中心、中国—东盟地理信息与卫星应用产业园、中国—东盟网络视听产业基地、南宁启迪东盟科技城5家数字经济产业园落户五象新区，华为、阿里巴巴、腾讯、蚂蚁集团等知名龙头企业入驻。先进制造业方面，重点推进要素集约、技术密集和市场定位明确的制造业，实现广西首台鲲鹏服务器及台式机下线，可满负荷运行25万台台式机及4万台服务器；天际新能源汽车年产10万辆新能源乘用车项目开工建设；以新兴产业园为主要载体的工业项目加快建设，国人通信产业园开展1号生产车间施工，申龙新能源客车及物流车生产基地开展总装车间、焊装车间、涂装车间施工。

【用地保障】 2020年，南宁五象新区加大土地供应力度，完成供地307宗、总面积6.23平方千米、供地价款236.41亿元，其中“招拍挂”出让面积2.41平方千米、成交金额233.27亿元，工业仓储用地出让比上年增长31.45%。加大征地拆迁力度，协调邕宁区和良庆区完成征地结算17.81平方千米、增长74.11%；完成房屋拆迁176.54万平方米、增长25.65%；统筹协调解决绿地东盟产业总部项目、广西体育产业城项目（体育创意板块）、屯里油库置换用地（五象岭营区）、龙岗A16回建安置点地块等重大项目征地拆迁问题。推进安置工作，出让安置用地36.94万平方米；新建成交付安置房5672套、可安置人口8700余人，7735人选取安置房5305套。

【筹融资保障】 2020年，南宁五象新区增强发展资金支撑，融资到位13.46亿元，完成年度任务112.10%，其中五象投资创新型信息产业基地二期及配套道路获2020年地方政府专项债1亿元，中国—东盟新型智慧城市协同创新中心获2020年中央预算双创支撑平台专项资金600万元，体育产业城路网完善工程庆安街（良庆大道—延庆路段）获保障性安居工程2020年奖励项目中央预算500万元，获2020年新增一般政府债券1亿元支持五象新区玉洞片区路网一期、平乐大道东片区路网二期、振良大道（平乐大道—良华路）等项目建设。自治区核拨2019年税收返还资金5.47亿元，支持新区（片区）基础设施建设和产业发展。

【绿色生态建设】 2020年，南宁五象新区提升生态品质首位度，PM10（可吸入颗粒物）、PM2.5（细颗粒物）平均浓度分别降低（改善）14.30%、16.70%，环境空气优良天数比率96.90%，为历年最好，PM10、PM2.5年均浓度并列全市最优。完善绿地系统，新增绿地面积约63公顷，建成区绿地率42.75%、绿化覆盖率46.38%，人均公园绿地面积18.01平方米，均高于南宁

2020年，五象新区核心区（中国—东盟金融城）夜景　　五象新区管委会提供

市平均水平。缸瓦窑村、广西华劲集团股份有限公司南宁纸业分公司绿化恢复工程完工,绿化项目移交攻坚战等任务如期完成。 (黄 艳)

南宁高新技术产业开发区

【概 况】 南宁高新技术产业开发区(简称"南宁高新区")1988年创建,1992年经国务院批准为国家级高新技术产业开发区。2020年,托(代)管心圩、安宁2个街道,分心圩片区、安宁片区、相思湖片区、南宁综合保税区、武鸣产业园5个片区(产业园),人口约42万人(含常住人口、流动人口)。规模以上工业产值439.56亿元(含武鸣产业园),增长20.40%;规上工业增加值96.85亿元(含武鸣产业园),增长16.40%;财政收入43亿元,下降9.57%;固定资产投资173.38亿元,增长11.62%,其中工业投资46亿元,增长30%;社会消费品零售总额191.08亿元,下降2.20%;规模以上营利性服务业营收97.35亿元,增长12.27%;进出口总额487.10亿元,增长54%。新增服务业企业18家、建筑业企业10家、工业企业28家、商贸业企业13家。主要存在发展质量待提升,创新能力待增强,产业结构、产业链生态系统待完善,开放平台建设需加强等问题。

【营商环境优化】 2020年,南宁高新区推行"证照分离""一网通办",政务服务事项"一窗"分类受理率95%以上,网上可办率100%,行政审批许可事项提速78.56%,"一次不用跑"比例99%以上,企业开办、办理建筑许可、获得电力等项目审批环节办理成本降低;为企业免费赠送税控设备、免费刻制4枚公章,实现企业开办零成本;推行"不见面"审批,拓展网上办、掌上办、邮寄办、预约办、自助办、上门办"六办"审批服务;发挥代办服务、政企沟通、投诉举报平台作用,推出重点领域代办服务,安排专职代办人员"一对一"免费全程指导。开通政企通APP、12345政府服务热线,接入数字政务一体化平台"好差评"系统,了解企业提出问题,完善营商环境评价体系;对办结政务服务事项电话回访满意率97.99%。《2020年南宁市营商环境监测报告》显示,南宁高新区营商环境统计监测位列3个国家级开发区第一,其中"开办企业""获得电力""创新创业"等指标得分全市最高,"办理建筑许可"得分全市第二,"政务环境""对外开放"指标得分全市第三。参股国千科技集团有限公司、上海欣巴自动化科技股份有限公司等项目,培育支持电子信息、生命健康、智能制造等重点产业发展。撬动银行信贷资金约5亿元,推动中国人民银行对园区801家企业再贷款16.73亿元,对85家企业再贴现24.84亿元。创新开展"首贷宝"业务,帮助企业解决首贷难问题,为广西蜂鸟汽车科技有限公司开展融资服务,开创广西首笔计算机软件著作权质押担保融资业务;与南宁市南方融资担保有限公司、南宁市小微企业融资担保有限公司、广西中港兴融资担保有限责任公司、南宁联合创新融资担保有限公司4家国有担保公司组建南宁担保联盟,为重点项目提供资金支持;出资参与南宁市外向型企业扶持资金池建设。

【招商引资】 2020年,南宁高新区招商引资区外境内实际到位资金127.70亿元,商务部口径实际利用外资9914万美元。评审招商项目135个,引进深圳东创技术股份有限公司、湖南容润控股集团有限公司、国千科技集团有限公司等32个5000万元以上项目(落地武鸣产业园项目4个),总投资126.30亿元。开展"三企入桂"招商,落实国家电力投资集团有限公司、深圳市世纪创新显示电子有限公司等签约项目22个,总投资137.30亿元;国家电力投资集团有限公司、瑞声科技(香港)有限公司、旭辉集团股份有限公司等8个投资额超过5亿元项目,总投资112.30亿元;新签约项目履约率100%,到位资金53.10亿元,资金到位率38.60%,落地项目质量得到提升。完成项目产业用地招拍挂55.60万平方米,标准厂房招商面积32万平方米,为园区经济发展提供保障。

【项目建设】 2020年,南宁高新区46个自治区、市层面统筹推进重大项目完成投资37.15亿元;开工项目7个,竣工投产工业项目11个。签约项目29个,其中5000万元以上项目有麟祉照明项目、瑞声光学项目、乐创精密项目、美斯达高端制造项目、圳鑫科技显示屏模组生产项目等。世纪联合创新显示器项目投产一年内产值3.26亿元;浪潮服务器和计算机产品下线,实现广西服务器生产零的突破;柯瑞机械通过盘活低效用地,实现工业产值3.08亿元,比上年增长167%。在库工业项目116个(新增5000吨中药配方颗粒异地改造项目、南宁中关村电子信息产业园二期、东鹏饮料南宁生产基地二期等52个项目),其中5000万以上72个,占比62%。新增列入自治区级统筹推进"双百双新"项目7个,累计14个,总投资353.58亿元(新增154.15亿元)。"双百双新"项目完成投资29.88亿元。完成"双百双新"项目谋划任务15个,完成率125%。181个"五网"建设中开工项目171项,完成投资27.99亿元。

【开放合作】 2020年,南宁高新区外贸进出口总额487.10亿元,比上年增长54%;跨境电商进出口交易额21.64亿元,增长198.07%;培育和引进亿元企业13家。南宁综合保税区聚合效应扩大,围网内外累计注册企业379家,新增272家,增长254.21%;进出口总额60.23亿美元,增长69.80%;加工贸易进出口额52.36亿美元,增长59.14%。中国(南宁)跨境电子商务综合试验区核心区跨境电商进出口业务量4607.27万单,增长41.67%。引进阿里巴巴集团东南亚旗舰店电商平台Lazada,为落户南宁综合保税区首个跨境创新中心,打造"桂货出海"品牌形象;发挥中国(广西)自由贸易试验区南宁片区多语种人才集聚优势,打造中国—东盟跨境电商网络直播集聚区、中国(南宁)跨境电子商务综合试验区核心区海外人才离岸创新创业基地;助推开通南宁至河内、马尼拉跨境电商物流线路,引进跨境电商相关企业38家,引入广西莱旺国际跨境电商等项目,产业集聚初步形成;推动开展跨境电商保税进口水果、跨境电商转口及跨境电商B2B(企业对企业)业务,促进跨境电商新业态发展。中新南宁国际物流园启动建设工程项目13个,累计完成投资47.62亿元,其中一期E地块新中智慧园、F地块新中信泰中国智能医药物流网络南宁枢纽项目8月竣工运营,获批中国(广西)自由贸易试验区首批创新示范项目。12月,南宁高新区电子信息基地获批国家级外贸转型升级基地。

【科技创新】 2020年,南宁高新区组织科技型企业申报高新技术企业3批次303家,获认定155家,高新技术企业保有量422家,比上年增长20.23%,占全市36.67%;新认定广西捷佳润科技股份有限公司、广西曼彻斯特自动化设备有限公司、广西南宝特电气制造有限公司、广西慧云信息技术有限公司、广西佳微科技股份有限公司等广西瞪羚企业12家,保有量17家,增长30.77%,占全市46%;完成重大科技成果转化项目58项,占全市40%;新引育国家级人才2人、自治区级人才3人、市级人才83人。创新孵化能力增强,南宁创新创业联盟、高新区孵化器联盟辐射影响扩大,吸引50多家双创载体、科技服务机构参与南宁高新区科技创新建设。国家级众创空间南宁创客城累计吸引初创科技企业近200家。10家企业获南宁市创新创业大赛奖项,占全市50%,21家企业获广西创新创业大赛"优胜企业"奖,占全市 58.33%。深化产学研合作，促成广西区块链科创园落户建设，协同推动自治区首个“飞地孵化器”——南宁·中关村深圳协同创新中心落地深圳市启动运营。全年发明专利申请 2885 件，占全市 22%；专利授权 1764 件，占全市 21%。

【产业发展】 2020 年，南宁高新区电子信息、生命健康、智能制造 3 大主导产业有工业企业 141 家，工业产值 351 亿元（含武鸣产业园），比上年增长 43.85%；利润总额 13.45 亿元，增长 26.26%；3 大主导产业内部结构持续优化，占园区规模工业总产值比重分别由上年 30.05%、17.77%、20.25% 调整为 44%、13.48%、22.37%，电子信息产业作为第一大主导产业地位得到增强。电子信息技术产业企业 36 家，工业产值 193.43 亿元，占总产值 44%；生命健康产业 34 家，工业产值 59.26 亿元，占总产值 13.48%；智能制造产业 71 家，工业产值 98.32 亿元，占总产值 22.37%。高技术产业快速发展，完成产值 226.30 亿元，增长 79.27%，占规模以上工业产值 51.47%。战略性新兴产业产值 223.51 亿元，占规模以上工业产值 50.85%。产值 5000 万元以上企业 95 家，产值 417.6 亿元、增长 33.28%，其中亿元企业 66 家（含武鸣产业园企业 11 家），产值 396.64 亿元、增长 34.31%；完成广西益顺盈智能科技集团有限公司、广西鸿楷供应链管理有限公司等 17 家企业（武鸣产业园企业 2 家）入规模口统计，完成工业产值 82.81 亿元。南宁烯宝声电子科技有限公司、广西蓝水星智能科技有限公司、广西桂芯半导体科技有限公司等 20 家加工贸易企业完成产值 215.94 亿元，增长 42.40%，平均增加值率 21%，其中产值超 5 亿元企业 12 家。

【南宁·中关村建设】 2020 年，南宁高新区借助中关村品牌及平台、理念、资源，推动南宁·中关村创新示范基地、南宁·中关村科技园吸引来自中关村、粤港澳大湾区行业重点企业、创新主体 115 家，累计 358 家，实现营业收入 110 亿元。其中：南宁·中关村创新示范基地累计入驻滴滴出行、国千科技集团有限公司、万航星空科技发展有限公司、南宁众册生物科技有限公司等创新主体 339 家，新增广西北斗天衡航天科技有限公司、广西态金新材料科技有限公司、广西品田智能科技有限公司等 112 家形成新一代信息技术、先进装备制造、生命健康、科技服务、节能环保 5 大产业微集；南宁·中关村科技园累计完成征地 333.34 万平方米，一期 177 万平方米基本完成开发，初步形成四纵三横路网格局，引进广西世纪创新显示电子有限公司、浪潮（南宁）计算机科技有限公司、南宁瑞智电子有限公司、广西柯瑞机械设备有限公司等产业项目 19 个。自治区“双百”重大项目电子信息产业园一期建成投产，成为南宁科技创新、产业发展新名片。南宁·中关村创新示范基地科技企业孵化器被认定为国家级孵化器；南宁·中关村创新示范基地带动环明月湖创新创业集聚区建设，和德科创中心入驻企业 64 家；力合南宁科技园正式运营，实现入孵企业 14 家、授权专利 10 项、双创人才 14 人。

2020 年，建设中的南宁·中关村科技园　　南宁高新区管委会提供

【南宁高新区武鸣产业园】 2020 年，南宁高新区武鸣产业园完成规模以上工业产值 28.33 亿元、比上年增长 26.75%，固定资产投资 7.10 亿元、增长 21.68%；新增新建规模以上企业 1 家（南宁新希望农牧科技有限公司）、规模以下转规模以上企业 5 家（广西伟冠集成房屋有限公司、广西兴辉腾塑有限公司、广西桂盾人防工程有限公司、广西南宁鑫鹤源钢管有限公司、广西建机起重设备有限公司）。园区经一路、经六路、纬十六路 3 条道路及配套设施完成建设。（黄　敏）

南宁经济技术开发区

【概　况】 南宁经济技术开发区（简称“南宁经开区”）1992 年创建，2001 年 5 月经国务院批准为国家级经济技术开发区，代管那洪街道、金凯街道，托管吴圩镇，辖区总面积 302.42 平方千米（实际管辖面积），人口 47.89 万人；中心区占地约 30 平方千米，初步形成“四园一区”（金凯工业园、银凯工业园、北部湾现代产业园、生物医药产业园和中央商住区）格局。7 月 21 日，国家发展和改革委员会、中国民用航空局联合复函支持南宁临空经济示范区建设，是中国第一个定位为面向东南亚的区域航空枢纽，标志着广西新增 1 个国家级重大开放开发平台；南宁临空经济示范区规划面积 118 平方千米，包括吴圩片区和江南片区，其中吴圩片区面积 92 平方千米（含南宁吴圩国际机场 32.25 平方千米）、江南片区面积 26 平方千米，按照整体规划、分步实施、集约开发、融合发展的思路，构建“一核一廊五区”（机场核心控制区、五象岭森林公园—良凤江国家森林公园生态走廊、临空物流区、航空维修制造区、高端制造区、飞行商务区、公共服务区）空间格局，重点建设面向东盟的区域航空枢纽、临空高端产业集聚区、绿色生态智慧安全空港区、对外开放发展先导区。财政收入 46.42 亿元，比上年增长 5.16%；规模以上工业总产值 241.57 亿元，增长 4.82%；规模以上工业增加值 43.40 亿元，增长 4.90%；固定资产投资 164.70 亿元，增长 12.33%；社会消费品零售总额 134.01 亿元，下降 8.30%；实际到位资金 147.44 亿元；商务部口径直接利用外资 4251 万美元。主要存在项目储备和投资不足；受用地紧缺、标准厂房不足等制约，工业投资增长不高等问题。

【营商环境优化】 2020 年，南宁经开区建成市政道路 47 条约 72 千米，形成以白沙大道、金凯路、那洪大道、国凯大道的四横及星光大道、友谊路、壮锦大道、那历路四纵为主干道的园区路网系统，建成雨水管网约 109 千米、污水管网约 100 千米、自来水供水管网约 50 千米、燃气管网约 41 千米。开发及平整北部湾科技园、金凯工业园区、银凯工业园区、白沙片区等土地 16.87 平方千米；重点整理开发瑞声千亿产业园地块，完成园区内土地规划调整、报批及林地征占手续、征地拆迁。发挥征

地拆迁公司化运作机制优势，完成集体土地征收 2.92 平方千米，拆迁房屋及建构筑物 21 万平方米，重点保障七彩世界森林旅游度假区、新扶(新江—扶绥)公路、广西民族大学相思湖学院转设投资、沙吴(沙井—吴圩)高速等自治区、南宁市重点项目建设。完成出让住宅用地 34.26 万平方米，完成出让非住宅用地 51.46 万平方米，成交金额 48.23 亿元。盘活利用低效工业用地，促进土地资源合理配置，通过企业转让、增资技改等方式盘活利用低效工业用地 20.33 万平方米。开展优化营商环境攻坚突破年活动，推进行政审批模式改革，提升政务服务，出台优化营商环境方案、“营商环境大提升”专项行动和“还权于企”工作考评实施方案，开展“营商环境大提升”思想大讨论活动；提供政策兑现“一窗受理”服务，集中受理政策兑现事项(清单有 11 个主项、26 个子项)；推出购地工业、物流仓储项目免费代办审批服务，为客商提供工程报建全流程代办审批服务；在政务服务中心构建帮办服务区提供“一事通办”“一网通办”帮办服务；推行“拿地即开工”审批模式，实现项目在签订土地出让合同后，1 个工作日完成施工许可证核发全部审批事项；实行“立等可取”审批模式(事项清单含 23 个主项、56 个子项)；优化审批流程，压缩审批时限，一般社会类投资项目建筑许可办理压缩至 12 个环节、46 个工作日，涵盖立项用地规划许可证、工程建设规划许可证、施工许可、监督检查、供排水接入、竣工验收、不动产登记等全过程，其中对建筑面积 1 万平方米以下、功能单一、技术要求简单的新建、扩建、改建社会投资建设低风险产业类备案制项目压缩至 4 个环节、14 个工作日；新开办企业审批优化为 2 个环节(办结 7 个事项)，时间压缩至 2 小时，为 1538 户企业发放“免费刻章礼包”，为企业节约成本 47.70 万元。培育“妈妈式”服务企业品牌，促成瑞声科技(南宁)有限公司增加投资，将光学模组、半导体封装及声学等项目布局在南宁经开区，总投资由 30 亿元增加至 130 亿元。

【招商引资】 2020 年，南宁经开区开展招商引资“突破年”活动，实际到位资金 147.44 亿元，商务部口径直接利用外资 4251 万美元。新签约 5000 万元以上项目 61 个，总投资 256.03 亿元。引进龙光东盟生鲜食品智慧港项目、传音手机及智能穿戴项目、南宁联纲光通信类、声学信号类及电源传输类产品生产项目等总投资 1 亿元以上重点产业项目 11 个。新一代信息技术、高端装备制造、新材料、生物、新能源和节能环保等战略性新兴产业规模以上工业企业 29 家，产值占规模以上工业总产值 23.30%，比上年提高 3.41 个百分点。培育和引进高新技术企业，实施高新技术企业倍增计划，打造由科技型中小企业、高新技术企业、瞪羚企业、创新型企业组成的创新梯队，高新技术企业新增 21 家，累计 113 家。

【项目建设】 2020 年，南宁经开区新开工项目 50 个，完成投资 19.64 亿元；在建项目 159 个，完成投资 88.66 亿元；竣工项目 54 个，完成投资 12.19 亿元。其中：工业新开工项目 27 个，完成投资 8.37 亿元；在建工业项目 100 个，完成投资 37.53 亿元；竣工工业项目 39 个，完成投资 7.97 亿元。4 月，广西临空投资发展有限公司南宁“零公里”空港产业园项目开工建设，总投资 11.70 亿元，建筑面积 5.80 万平方米，规划建设南宁空港保税物流中心(B 型)、冷库、分拨中心及相关综合配套设施。11 月，广西燃气集团有限公司天然气基础设施建设及运营一体化项目开工建设，总投资 100 亿元，建成后负责广西范围内天然气管网投资建设、维护和抢修。12 月，广西诺仕达信息科技有限公司传音手机及智能穿戴 OEM 项目开工建设，位于吴圩镇芳华路绿港科创产业园，总投资 2 亿元，主要代工生产传音品牌手机产品；瑞声科技东盟研发中心开工建设，位于高岭路与沛友路交叉路口，总投资 4 亿元，占地 2 万平方米，总建筑面积约 7 万平方米，建设辐射全国、面向东盟的区域核心研发总部，可推动中国和东盟科研交流、人才培养，提升南宁在精密元器件领域的科研实力及制造能力。广东一力集团制药股份有限公司南宁药品生产基地项目完成设备安装；顶米智能终端产品生产项目完成生产线安装；广西南佳电线电缆有限公司年产 8500 千米电线电缆项目完成部分设备购置；广西沃垄酒店管理有限公司沃垄酒店建成运营。

【产业发展】 2020 年，南宁经开区开(竣)工项目 30 个，总投资 36.87 亿元；电子信息、生物医药、机械装备制造、食品加工等主导产业完成规模以上工业总产值 155.81 亿元。列入自治区、市层面统筹推进重大项目 48 项。其中：列入自治区层面统筹推进重大项目有南宁空港经济区现代服务业配套基础设施工程项目、空港科技产业园开发建设工程、南宁空港经济区产业配套基础设施工程、南宁生物医药产业园二期基础设施建设工程、瑞声科技南宁产业园项目、南宁三燃液化气有限公司储灌容检厂搬迁项目、空港经济区重点产业发展区域(C 区)水系改造工程、金蓉颗粒生产基地项目、南宁零公里空港产业园项目、广西民族大学相思湖学院转设投资项目 10 项；列入市级层面统筹推进重大项目有同兴路(国凯大道—海城路)、南宁中药饮片产能扩建项目、南宁空港科技产业园 B 区项目、龙旗 AI 人工智能可穿戴设备合作项目、一力集团南宁药品生产基地项目、宇培(南宁)电商冷链产业园项目等 38 项；计划总投资 390.69 亿元，年度计划投资 22.10 亿元，完成投资 49.55 亿元；新开工项目 13 个、竣工项目 6 个，开工率、竣工率均 100%。列入自治区、市领导联系重大项目 6 个：南宁空港经济区申报国家临空经济示范区、南宁生物医药产业园二期基础设施建设工程、瑞声科技南宁产业园项目、吴圩空港经济区开发建设工程、音阜人工智能可穿戴设备合作项目、南宁三燃液化气有限公司储灌容检厂搬迁项目；总投资 147.41 亿元，年度计划投资 6.28 亿元，完成投资 14.34 亿元。新增瑞声科技(南宁)有限公司、诚瑞光学

2020 年，南宁经开区通过“妈妈式”服务，促成诚瑞光学(南宁)有限公司增加投资。图为技术人员操作光学模组生产设备　南宁经开区管委会提供

(南宁)有限公司、南宁腾科宝迪生物科技有限公司等20家规模以上工业企业。

【南宁临空经济示范区】 2020年7月21日,国家发展和改革委员会、民航局函复支持南宁临空经济示范区,规划面积118平方千米,其中吴圩片区面积92平方千米(含南宁吴圩国际机场32.25平方千米),江南片区面积26平方千米。规划建设成为面向东南亚的区域航空枢纽、临空高端产业集聚区、生态智慧安全空港区、对外开放发展先导区。南宁临空经济示范区中心片区形成以白沙大道、壮锦大道、快速环道、机场高速为主干道,完善交通路网系统;吴圩片区建成道路15条约40千米,管网105千米,以及消防站、污水处理厂、空港幼儿园等20个基础设施项目;推进吴圩镇3号路北段等16条核心道路建设,空港国际学校、养老院、水系改造等配套项目建设。示范区内有经济实体1.70万家、工业企业720家,引进南宁普洛斯物流园、南宁邮政陆运中心、民生电商(南宁)现代物流产业园项目等世界500强企业项目和诚瑞光学(南宁)有限公司、上海龙旗信息技术有限公司南宁分公司、南宁海王健康生物科技有限公司、广西葫芦娃药业集团维威制药有限公司等电子信息、生物医药行业龙头项目。

(陈伟冬)

广西—东盟经济技术开发区

【概　况】 广西—东盟经济技术开发区(简称"广西—东盟经开区")总面积180平方千米,1960年2月创建,2013年3月国务院批准升级为国家级经济技术开发区,先后安置印度尼西亚、越南、柬埔寨、老挝、缅甸、泰国、马来西亚、新加坡、菲律宾9个国家的归侨、难侨1.20万人,是全国最大的华侨农场,是国务院侨务办公室重点联系单位,是广西北部湾经济区重点产业园区、国家循环化改造示范试点园区。广西—东盟经开区实行三块牌子(广西—东盟经济技术开发区、南宁华侨投资区、广西国营武鸣华侨农场)一套人员管理模式。2020年,有农业单位9个,生产队78个,社区2个,总人口9万人,其中归侨、侨眷7600多人。入驻企业约1490家,其中工业企业489家,其中规模以上工业企业115家;规模以上工业总产值比上年增长13.12%;规模以上工业增加值增长11.40%;产值超亿元工业企业26家;固定资产投资增长18.92%;财政收入12.80亿元,下降8.14%;区外境内实际到位资金83.12亿元,商务口径实际利用外资2276万美元;外贸进出口总额59.61亿元,增长160.40%;规模以上其他营利性服务业收入1.45亿元,增长10.51%;社会消费品零售总额7.65亿元,下降5.30%。被工业和信息化部、自治区工业和信息化厅分别评为国家级绿色园区、自治区绿色园区;华侨城社区、中心区社区分别被评为国家级、自治区级综合减灾示范社区。主要存在产业增长基础不够牢靠、招商项目质量尚待提高、筹融资困难、产城融合度待提升等问题。

【营商环境优化】 2020年,广西—东盟经开区投入约4000万元,完成中心区7条道路"白改黑"及80多个市政设施管护项目。完成省道309线武鸣府城至隆安(府城经锣圩至丁当段)涉及开发区段征地拆迁;建成5G基站30个;推进地下管网排水管网和燃气基础设施项目建设,完成投资4142.54万元;推进广西物产桂储物流有限公司仓储物流项目建设,完成投资3100万元。出台房屋建筑和市政基础设施工程竣工联合验收方案,办理时限由6个月压缩至12个工作日;政务服务事项网上可办率100%,"一窗"分类受理率100%。出台新冠肺炎疫情期间支持企业复工复产政策,编印政策摘要汇编900余册,规模以上工业企业及服务业企业复工率100%。走访企业140余家,协调解决用工难、融资难等问题190余项。实行"一企一策"量身定制服务模式,为南宁双汇食品有限公司、广西品冠食品有限责任公司2家食品加工企业举办产品推介会;制定助力劳动密集型企业扩产提量试点方案,支持企业开拓市场、招工,扩大销量和产能;举办"双节一起·约惠东盟"特色产品展销会活动,帮助36家企业搭建产品购销平台。培育企业入规模口统计,实施高新技术企业倍增计划,新增入规模口统计企业21家。强化企业人才服务,引入博士人才1人、推荐申报南宁市高层次人才11人。助力企业降本减负,拨付企业奖补资金约1亿元,落实企业及个人退税2.20亿元。

【招商引资】 2020年,广西—东盟经开区出台《在招商引资工作中推行"招商大使"的若干规定》,针对产业链关键环节精准招商,引进项目79个,总投资64.39亿元,其中粤港澳大湾区企业13个、民营企业17个,总投资50.07亿元;有广西和美新材料科技有限公司年生产5万吨薄膜级超细(纳米)活性炭酸钙项目、广西宜和医疗科技有限公司医疗器械及防护用品生产项目、纺源医疗用品集团有限公司无纺布生产项目等超5000万元项目22个,佛山市海天(南宁)调味食品有限公司海天调味品生产基地建设配套项目、南宁科天新材料科技股份有限公司"KT高聚生态板"生产项目、广西金圣堂健康产业投资有限公司生物医药制剂生产项目等超亿元项目5个,租赁标准厂房项目66个,租赁面积36.38万平方米。

【项目建设】 2020年,广西—东盟经开区征地238.53万平方米、拆迁面积8.27万平方米,供应土地26宗、148.55万平方米,依法收回低效闲置土地9.53万平方米;2个产业园(食品产业园、绿色新材料产业园)建设项目获政府专项债券资金支持3亿元,增强土地、资金保障。开工项目52个,完成投资2.62亿元;续建项目10个,完成投资2.22亿元;竣工项目59个,完成投资2.48亿元。推进南宁市国际文化旅游休闲聚集区项目一期(南区)、海天调味品生产基地建设配套项目等自治区、市级层面统筹推进重大项目25个,完成投资29.78亿元。6月,广西桂昊管道有限公司年产10万吨管道产品项目开工,租赁宁武路正光标准厂房及宿舍楼1.13万平方米,计划总投资8000万元,建设年产10万吨管道产品项目,完成投资2110万元。10月,广西桃李面包有限公司广西烘焙食品生产基地项目开工,位于长岗大道与宝源北路西南侧,总投资3.01亿元,项目总用地6.18万平方米,计划安装生产线12条,完成投资2298万元。11月,广西福广食品有限责任公司休闲食品系列生产加工项目开工,位于长岗大道与宝源北路东南侧,计划总投资7000万元,占地2.67万平方米,主要生产果脯系列、果干系列、酱腌菜系列、休闲干脆面等休闲食品,完成投资612万元。广西南宁中健包装有限公司环保新材料包装膜项目、南宁侨虹新材料有限公司新材料生产项目及迁建项目、金红叶纸业公司年产3.5万吨生活用纸及纸制品项目竣工。

【产业发展】 2020年,广西—东盟经开区有工业企业483家(规模以上工业企业120家),规模工业总产值比上年增长13.12%。食品加工企业81家,其中规模以上企业23家,占规模以上工业总产值40.41%;生物医药企业27家,其中规模以上企业7家,占规模以上工业总产值2.13%;环保家居制造企业42家,其中规模以上企业18家、占规模以上工业总产值7.09%;制鞋企业6家,其中规模以上企业1家、占规模以上工业总产值1.82%;纸制品企业22家,其中规模以上企业11家,占规模以上工业总产值9.20%,其他行业企业305家,其中规模以上企业60家,占规模以上工业总产值39.35%。有服务业企事业单位 390 家，其中规模以上企业 6 家（广西精英人力资源有限公司、广西社税企业管理服务有限公司、广西物产桂储物流有限公司、太和自在城股份有限公司、南宁双汇物流有限公司、广西绿邦安全教育投资有限公司），营业收入 4.21 亿元，增长 11.32%。有交通运输、仓储和邮政业 49 家，住宿和餐饮业 34 家，信息传输、软件和信息技术服务业 17 家，金融业 10 家，租赁和商务服务业 119 家，科学研究和技术服务业 68 家，水利、环境和公共设施管理业 1 家，居民服务、修理和其他服务业 15 家，教育 42 家，卫生和社会工作 9 家，文化、体育和娱乐业 7 家，公共管理、社会保障和社会组织 19 家。

2020 年 10 月 15 日，广西制造工程职业技术学院招生，有在校师生约 600 人 蓝必祠 摄

【科技创新】 2020 年，广西—东盟经开区有高新技术企业 39 家，其中新增认定高新技术企业 11 家，科技型中小企业 21 家。完成科技成果转化 10 项，累计有效发明专利 168 件，比上年增长 8.93%。1 家企业（广西网联电线电缆有限公司）获认定为 2020 年南宁市企业技术中心，1 家企业（广西南宁侨盛木业有限责任公司）获认定为南宁市工程技术研究中心。南宁市嘉旺水泥制品有限公司“一种再生混凝土”项目，广西南宁侨盛木业有限责任公司“一种 E1 三聚氰胺改性实木地板基材用的脲醛树脂”“一种细条型实木复合集成板材的制备方法”“一种细条型实木榫卯复合镶嵌结构集成材”项目，南宁市创宇茶叶机械有限公司“一种复热节能茶叶滚筒杀青机”项目，南宁新泰瑞科建材股份有限公司“一种高性能聚羧酸保坍剂及其制备方法”项目，恒拓集团广西圣康制药有限公司“一种妇炎舒片剂及其制备方法”“一种清肝解毒片及制备方法”项目，广西徐沃工程机械设备有限公司“一种挖掘机电控夹具”项目，广西大海阳光药业有限公司“一种益脉康微囊的制备方法”项目 7 家企业 10 项科技成果获认定为 2020 年广西重大科技成果转化项目。4 家企业（南宁市六分仪生物科技有限责任公司、广西壮要方医院有限公司、广西徐沃工程机械设备有限公司、广西和美新材料科技有限公司）获评广西创新创业大赛优胜企业奖；2 家企业（南宁多灵生物科技有限公司、广西徐沃工程机械设备有限公司）获评南宁市“邕城创客行”科技创新创业路演优秀路演项目。

【现代特色农业示范区建设】 2020 年，广西—东盟经开区有现代特色农业示范区 5 个，其中建成宁武都市农业（核心）示范区、特色农业核心示范区、沃柑产业核心示范区 3 个自治区级示范区，武帽农场西甜瓜产业示范区 1 个县级示范区，在建祈福康养小镇休闲农业示范区 1 个自治区三星级示范区。投入资金 1733 万元，推进示范区内产业项目 5 个，其中建成华香国际百香果种质果源与繁育中心、兆辰百香果现代农业核心示范区、祈福康养小镇休闲农业示范区 3 个项目；在建宁武彩椒基地及展示中心配套设施、宁武都市农业（核心）示范区彩椒园 2 个项目。

【南宁教育园区（西片区）建设】 2020 年，广西—东盟经开区推进南宁教育园区（西片区）建设，完成基础设施建设投资 1.49 亿元，累计完成基础设施建设投资 18.69 亿元，其中开工建设道路 12 条，总长 25.62 千米，完成投资 1.06 亿元。发展大道（聚源路—永和路）、长岗大道东延长线（永安路—经 10 路）2 条道路竣工，百威英博大道（联杰路—发展大道）、思源南路（里建大道—发展大道）、建设南路（里建大道—发展大道）、发展大道（聚源南路—永和南路）、长岗大道东延长线（永安路—经 10 路）、发展大道（新庆南路—聚源南路）6 条道路通车。累计到位建设资金 31.51 亿元，其中上级补助资金 5.43 亿元、银行贷款 8.97 亿元、入园院校缴纳征地预付款及履约保证金 17.11 亿元。累计入园院校 11 所，开工建设 9 所，其中新增广西市场监督管理职业技术学院（筹）、广西建设职业技术学院 2 所，全部实现单体落地；广西制造工程职业技术学院、桂林理工大学博文管理学院东盟校区建成并招生，分别有在校师生约 600 人、4000 人。

【侨务及涉港澳台事务】 2020 年，广西—东盟经开区登记涉侨人员 8570 人，华侨华人投资企业 4 家；涉台人员 23 人，台资企业 11 家。落实惠侨政策，免去归侨侨眷创业商铺 2 年租金，吸引侨眷入驻创业商铺 18 家；组织慰问困难归侨侨眷、困难侨眷生 317 人次，发放慰问金、资助金 22.6 万元。接待调研考察 22 批 207 人次。开展“六个一”（召开一次台胞台企代表座谈会、慰问一批台资企业、制定出台一批惠台利民政策措施、解决一批台资企业发展问题、跟踪落实一批邕台合作项目、调处化解一批投诉信访纠纷）服务台企台商活动，走访慰问台商台胞 18 人；走访服务台资企业 18 家次，帮助解决台胞台企在投资、学习、创业、就业和生活中遇到的困难，协助克服新冠肺炎疫情影响，助力复工复产和投资发展。

（邓秋秋 蒙 昕 黄 晖）

南宁六景工业园区

【概 况】 南宁六景工业园区（简称“六景工业园区”）2002 年 2 月创建，12 月被自治区政府批准为自治区级开发区；2010 年 1 月，被自治区政府列入广西北部湾经济区 14 个重点产业园区之一。位于横县六景镇，由六景园区、那阳集中区 2 个片区组成，规划面积 72.61 平方千米（六景片区 48 平方千米、那阳片区 24.61 平方千米），已开发面积 21.87 平方千米（六景片区 17.53 平方千米、那阳片区 4.34 平方千米）。2020 年，六景园区供水、供电、通信、路网、污水处理等基础设施配套完善；产业结构以工业为主，物流业、仓储业和商住业为辅，有 10 万平方米标准厂房，引进企业 16 家、累计 126 家，建成投产 4 家、累计 65 家；主要工业产品有电力、纸浆、机制纸、钢结构厂房（办公楼）、输电（通信）线路铁塔、通风设备、白蚕丝、蚕丝被、中成药、饲料等。那阳工业集中区主导产业有建材、农林产品加工，有规模以上工业企业 7 家，主要产品为糖浆纸、建材、矿产品等。工业总产值157.97亿元，比上年下降10.80%；规模以上工业总产值146.72亿元，下降17%；固定资产投资13.48亿元，下降25.93%；财政收入5.63亿元，下降8.16%；招商引资到位资金（区外境内）16.37亿元，下降48.88%。受新冠肺炎疫情影响，主要经济指标增速持续低位运行，存在产业集群化发展程度不高，土地存量不足，用地指标紧缺及部分基础设施项目推进缓慢等问题。

【营商环境优化】 2020年，六景工业园区加强企业用工、厂房补助、用电、融资、入规模口统计增等奖励扶持政策宣传。深入服务企业，对新冠肺炎疫情期间出台的新政策开展针对性指导，组织开展稳增长奖励、新增入规模口统计奖励、厂房补助申报、疫情期间员工补助、融资服务等；鼓励规模以上企业加速生产，列入一季度稳增长奖励审核企业21家；组织企业申报南宁市应对疫情工业企业租赁标准厂房补助资金，其中获补助资金企业17家（规模以上企业5家、规模以下企业12家）。实行企业全程跟踪服务，培育新增规模以上企业5家。落实扶持资金政策，指导企业申报市级技术改造扶持资金，其中广西都宁通风防护设备有限公司、广西宏瑞泰纸浆有限责任公司、广西云燕特种水泥建材有限公司、横县丽冠人造板有限责任公司获南宁市级技改扶持资金补助1299万元；指导那阳集中区和南宁交投六景园区开发有限责任公司申报纵一路（工业大道至横三路段）道路工程、横三路（纵一路至纵二路段）道路工程、六景工业园区产城开发及配套建设项目、瑞声科技精密制造厂区一期建设项目基础设施建设扶持资金。宣传高新技术企业相关政策，引导企业加大科研投入，提升企业产品竞争力，组织广西联源机械化工有限公司、南宁双胞胎饲料有限公司、南宁金鼎锅炉制有限公司积极申报高新技术企业认定，其中广西联源机械化工有限公司获批复认定、南宁双胞胎饲料有限公司及南宁金鼎锅炉制有限公司通过专家评审；指导广西云燕特种水泥建材有限公司通过自治区级企业技术中心认定；指导广西怡神糖业有限公司2种产品（金怡神黑糖及其制品、金怡神红糖及其制品）通过生态原产地产品保护标志复核认定。做好电力市场化交易服务，促进企业享受电改政策红利，园区企业申报交易电量20416.42万千瓦时，总获利1484.35万元；推进增量配电，广西景诚能源有限责任公司报装客户17户，报装容量3.41万千伏安；开展售电代理业务，为16户客户代理电量601.84万千瓦时，售电收入约7万元，提高配电网运营效率。

【招商引资】 2020年，六景工业园区签订投资项目23个，签约总投资87.41亿元。其中：进驻园区厂房项目11个，总投资5.94亿元；新增用地项目11个，总投资80.28亿元；利用原有土地和法院拍卖用地进行项目建设1个，总投资1.18亿元。入驻园区厂房项目：广西六月化工科技有限公司租赁金鼎锅炉制造有限公司标准厂房1600平方米，投资5100万元，建设年产7000吨造纸助剂生产项目；广西诗琳茉莉生物科技集团有限公司租赁和凯科技园厂房3888平方米，投资6000万元，建设日产20万个医用（民用）口罩生产项目；广西盛誉嘉纸业有限公司租赁广西港景造船有限公司标准厂房4000平方米，总投资5200万元，建设年产1万吨生活用纸加工项目；广西鑫汇峰新材料有限公司租赁南宁市上峰纸业有限公司土地和厂房2.53万平方米，总投资1.16亿元，建设年产1万吨建筑铝合金模板生产项目；广西科普医疗器械有限公司租赁和凯科技园厂房1944平方米，总投资5000万元，建设日产30万只一次性医用口罩生产项目；广西尖品医疗科技有限公司赁和凯科技园厂房3888平方米，总投资5000万元，建设日产30万只一次性医用普通（外科）口罩研发及生产项目；广西景兴产业开发建设有限公司租赁宁港公司六景分公司后方陆域库房9400平方米，总投资6206.50万元，建设金属材料仓储加工项目；广西美力德材料科技有限公司租赁和凯科技园厂房3888平方米，总投资5100万元，建设医疗及环保耗材生产项目；广西建庄尚亿建筑装配科技有限公司租赁广西华杭制浆造纸设备工程有限公司标准厂房1800平方米，总投资3000万元，建设年产60万套铝合金模板支撑系统生产项目；广西涂料人材料科技有限公司（原广西南宁桑和法环保新材料有限公司）租赁广西新久阳科技有限公司标准厂房1500平方米，总投资1200万元，建设年产3000吨粉末涂料项目；广西华瑞盛驰交通设施有限公司租赁广西凯威铁塔有限公司轻钢结构标准厂房6000平方米，总投资6000万元，建设年产2万吨新型钢材制品项。新增用地项目：南宁交通设施仓储加工及码头工程项目，占地16.67公顷，投资6.69亿元；高性能复合桩及装配式建筑生产项目，占地6.33公顷，投资6.80亿元；水牛乳制品智能工厂建设项目，占地2.33公顷，投资8000万元；汽车零部件再制造项目，占地3.33公顷，投资1.20亿元；人防专用设备生产基地项目，占地3.33公顷，投资2亿元；智能电梯生产基地项目，占地3.33公顷，投资1.20亿元；广西LED（发光二极管）显示屏制造产业园项目，占地3.33公顷，投资1.50亿元；广西浩源再生资源利用有限公司废钢铁仓储加工配送中心暨广西德源冶金有限公司搬迁技改项目，占地49.73公顷，投资19.60亿元。利用原有土地和法院拍卖用地进行项目建设1个：广西吉祥天健康产业有限公司中药健康产业工程（一期）项目，占地8公顷，投资1.18亿元。

【项目建设】 2020年，六景工业园区完成项目建设投资13.48亿元，有新开工项目12个，续建项目2个，竣工项目12个。4月，广西骏鼎云数据科技有限公司云存储—分布式存储数据中心项目开工，租用标准厂房，总投资10亿元，完成备案、变压器安装、电信专线布设、中心办公区域装修、安装机位1500多个；瑞声精密电子有限公司精密制造项目开工，总投资20亿元，完成土地平整工作并开展部分厂房建设；南宁交通设施仓储加工及码头工程项目开工，总投资6.67亿元，场站建设完成并投入使用，完成房建工程75%。5月，诚格电子五金制品项目开工，总投资0.60亿元，完成一期厂房和废水处理池地基，一期厂房和废水池封底。7月，特种水泥生产线异地搬迁改造项目开工，占地约15公顷，已完善投资评审相关材料。8月，广西浩源再生资源利用有限公司钢材综合开发产业项目开工，占地约53公顷，总投资19.60亿元，进行场区内排水施工。9月，广西景春产业开发建设有限公司开发及配套建设项目开工，占地57.33公顷，总投资5.33亿元，完成清表6万平方米，挖土方2万立方米，放用地红线完成100%，原地貌收方完成70%，经一路（宏瑞泰—纬九路）排水完成10%；广西景州产业开发建设有限公司开发及配套建设项目开工，占地50.67公顷，总投资4.54亿元，完成砌围挡1500米，清表6万平方米，挖土方3000立方米，放用地红线完成100%，原地貌收方完成100%；广西八联产业开发建设有限公司开发及配套建设项目开工，占地57.47公顷，总投资3.21亿元，完成砌围挡300米，清表2万平方米，放用地红线完成100%；广西景江产业开发建设有限公司开发及配套建设项目开工，占地65.07公顷，总投资3.57亿元，纬九路完成路清表2万平方米，原地貌测量收方50%。10月，广西金鲤水泥有限公司年产160万吨水泥粉磨技改项目开工，占地1.92公顷，总投资2.20亿元，完成项目备案；广西承朴产业开发建设有限公司开发及配套建设项目开工，占地56.87公顷，总投资3.19亿元，纬十一路原地貌收方完成15%，累计完成60%；纬十一路左侧鱼塘抽水已完成；纬十一路左侧鱼塘抽水完成15%；纬十一路地勘累计完成76%。6月，广西

2020年4月，南宁交通设施仓储加工及码头工程项目开工，总投资6.70亿元，图为项目现场施工俯瞰图　　黄素倩　摄

诗琳茉莉生物科技集团有限公司日产20万个医用(民用)口罩生产项目竣工，总投资6000万元；广西尖品医疗科技有限公司日产30万只一次性医用普通(外科)口罩研发及生产项目竣工，总投资2800万元；广西科普医疗器械有限公司日产30万只一次性医用口罩生产项目竣工，总投资2500万元；广西宏瑞泰浆纸有限公司生产优化技改项目竣工，总投资1.30亿元；广西鑫汇峰新材料科技有限公司年产1万吨建筑铝合金模板生产项目竣工，总投资1.16亿元。7月，广西景兴产业开发建设有限公司金属材料仓储加工项目(一期)竣工，总投资6207万元；广西盛誉嘉纸业有限公司年产1万吨生活用纸加工项目竣工，总投资5200万元；广西天力丰生态材料有限公司年产2万吨3500/700长网双缸擦拭纸项目竣工，总投资2500万元。11月，广西金鲤水泥有限公司石灰石皮带输送技改工程竣工，总投资3.09亿元。12月，横县万力隆皮业有限责任公司异地搬迁技术改造项目竣工，总投资1.12亿元；南宁香兰纸业有限公司新增年产5万吨生活用纸及后加工生产项目竣工，总投资9800万元；国电南宁发电有限责任公司#1、#2机组烟气超低排放改造项目竣工，总投资2.87亿元。

【产业发展】 2020年，六景工业园区有企业126家，其中规模以上工业企业54家，工业总产值157.97亿元；电力化工、机械装备制造、造纸及纸制品、建材、农林产品加工5大支柱产业总产值142.37亿元，占园区工业总产值90.12%。国电南宁发电有限责任公司、南宁九禾测土配肥有限责任公司等电力化工产业重点企业11家(规模以上工业企业9家)，产值26.48亿元，比上年下降34.31%；广西景典钢结构有限公司、广西凯威铁塔有限公司等机械装备制造产业重点企业18家(规模以上工业企业7家)，产值19.33亿元，下降29.98%；广西永凯糖纸有限责任公司、广西天力丰生态材料有限公司等造纸及纸制品产业重点企业23家(规模以上工业企业15家)，产值25.20亿元，下降24.17%；广西金鲤水泥有限公司、广西德源冶金有限公司等建材产业重点企业17家(规模以上工业企业10家)，产值36.70亿元，下降5.16%；南宁双胞胎饲料有限公司、广西广联饲料有限公司等农林产品加工产业重点企业18家(规模以上工业企业9家)，产值34.66亿元，增长15.30%。　(黄素倩)

南宁仙葫经济开发区

【概　况】 南宁仙葫经济开发区(简称“仙葫开发区”)1994年4月创建，2006年3月获国家发展改革委批复为自治区开发区；地处民族大道东段，分为五合工业园、五合大学城、伶俐工业园区、中国—东盟数字经济产业园4个园区。2020年，辖区面积132.93平方千米(土地行政区域面积96.17平方千米)，重点开发面积66.35平方千米，核心区规划面积18平方千米，实际开发面积11.31平方千米，驻区工业、学校、商贸业等单位102家。辖蓉茉、金葫、通福、盘古、龙祥、江湾、那舅、五合、莫村、德福10个社区(村)，总人口22.63万人。规模以上工业企业19家(产值亿元以上企业5家)，规模以上工业总产值41.25亿元、比上年增长82.80%，规模以上工业增加值12.04亿元、增长111.80%；固定资产投资53.67亿元、增长42.38%，工业投资14.17亿元、增长41.80%；财政收入8464.93万元，增长17.07%。限额以上社会消费品零售总额19.65亿元、减少2.92%。主要存在辖区土地供应不足，缺乏支柱销售商家支撑，社会消费品零售额增速无法较快提升；项目投资建设薄弱，投资结构单一，企业规模偏小，缺乏带动性强的龙头企业，企业的辐射和带动效应不明显；农民征地拆迁安置滞后，受征地拆迁安置政策变动、安置用地和产业用地规划办理、社会资金引入纠纷等因素影响，开发区安置规划建设工作推进缓慢；龙祥社区服务用房建设推进滞后，影响基层运作；开发区运作体制不顺，同时履行街道和乡镇的职责，但编制配备又区别于街道、乡镇的运作体制等问题。

【营商环境优化】 2020年，仙葫开发区投资3.99亿元，建设五合社区中坡二队安置地产业用地供水及输变供电工程、27个雨污错接混接点改造工程、临仙路北段及丽春路路灯安装工程等基础设施。培育规模以上工业企业和限额以上商贸企业，新增入库规模以上工业企业3家(广西卿蕊捷智能制造有限公司、广西建工集团建筑产业投资有限公司、广西美斯达环保科技有限公司)，新增入库限额以上商贸企业3家(广西天魁新能源有限公司、广西班旺能源科技有限公司、广西畅源汽车销售服务有限公司)。为项目建设提供用地保障，完成项目规划红线内征地135.60万平方米，房屋拆迁1.28万平方米，项目红线外协议签约21.27万平方米。组织600多人对非煤矿山、住宅小区、学校(含幼儿园)、养老机构、超市、农家乐、加油站、农贸市场、建筑工地、燃气经营店、商铺等重点、人员密集场所进行安全生产排查检查，发现隐患22项，督促立行立改19项，开具《事故隐患整改通知书》3项。

【招商引资】 2020年，仙葫开发区招商引资实际到位资金32.87亿元，比上年增长110.71%。引进项目2个，投资29.72亿元。固定资产投资项目81个，累计投资额增长42.38%。广西德福旅游康养暨现代农业庄园计划总投资200亿元，累计投资1.17亿元，新增投资1734万元；中海半山壹号计划总投资28.98亿元，累计投资16.67亿元，新增投资6.35亿元；荣和澜山府项目计划总投资20.82亿元，累计投资11.39亿元，其中土地购置费9.65亿元；中国铁建西派御江(南区与北区)项目计划总投资32亿元，完成投资1.23亿元；青秀·十里云裳计划总投资29亿元，完成投资 2.75 亿元；中国—东盟数字经济产业园项目总投资 58 亿元，完成投资 1660 万元。

【项目建设】 2020 年，仙葫开发区有固投资产投资项目 81 个（新开工 17 个、续建 64 个），完工 3 个，完成投资 53.67 亿元。南宁中海宏洋海悦房地产有限公司中海半山壹号项目，一期工程主体建设 27 栋，封顶 16 栋；广西德福旅游康养暨现代农业庄园项目完成环山道路、临时接待中心、水上乐园、团队拓展高空多面体、七彩滑道、花海等建设；广西景和停车设备有限责任公司停车设备生产项目完成停车设备生产主体建设工程；霖峰牛湾文旅岛项目，规划建成集商贸、特色旅游、休闲度假、居住为一体面向东盟的国际性现代高端服务产业集聚区，进行前期征地拆迁。4 月，南宁招商汇盈房地产有限公司以 12.04 亿拍得地块 8.47 万平方米，项目为青秀·十里云裳，总建筑面积 36.80 万平方米，12 月开工建设。7 月，中国铁建西派御江（南区与北区）项目拍得地块 7.23 万平方米，总价 17.68 亿元，12 月开工建设；中国—东盟数字经济产业园项目总投资 58.88 亿元，完成投资 1660 万元，完成产业园首栋单体建筑展示中心基础施工；强宇·青秀东景 1 號三产综合楼验收，累计投资 3669 万元；广西新发展米业有限公司大米车间及配套储粮仓库改造项目验收，累计投资 980 万元。12 月，莫村 2 队鑫和园综合楼项目竣工，累计投资 9576 万元，新增投资 5626 万元。

【五合大学城】 2020 年，五合大学城总规划面积 21.50 平方千米，办学总规模 10 万人，有院校 9 所。其中：南宁师范大学（五合校区）在校生 9700 人，开设历史学，法学，社会工作、思想政治教育、数学与应知用数学，统计学类、计算机科学与技术、软件工程、教育技术学、学前教育、教育学、应用心理学、公共事业管理、特殊教育、体育教育、社会体育指导与管理等专业；南宁市第六职业技术学院在校生 3839 人，开设信息技术、商贸旅游、财经、文秘、机电、艺术等 7 大类 17 个专业方向，其中电子商务、会计、计算机及应用专业为自治区级示范专业，现代物流管理、旅游服务管理、高星饭店运营与管理、制冷和空调设备运用与维修专业、金融会计等专业为自治区特色专业；广西中医药大学在校生 6269 人，开设中医学、针灸推拿学、壮医学、临床医学、口腔医学、康复治疗学、医学检验技术、护理学、中药学类、药学类、临床药学、市场营销（医药营销方向）、公共事业管理（卫生方向）、应用心理学（医学心理学）、食品质量与安全等专业；广西中医药大学赛恩斯新医药学院在校生 1.09 万人，设医学系、医学技术系、护理系、药学系、公共管理系 5 个系部，有中医学、针灸推拿学、护理学、中药学、药学、药物制剂、康复治疗学、医学检验技术、医学影像技术、口腔医学技术、食品质量与安全及市场营销 12 个专业，其中中医学、针灸推拿学专业为广西民办高校重点专业，护理与养生类为广西新建本科学校转型发展试点专业群，药学专业为广西高校特色专业及课程一体化建设项目；广西警察学院（五合校区）（原广西政法管理干部学院）在校生 8620 人，开设行政执行、贸易法律及应用、涉外法律及应用、东盟法律及应用、社区管理与服务、营销与策划、计算机网络技术等 39 个专业；国家法官学院广西分院（培训教育职能机构）教职工 141 人，主要负责组织国内法官教育培训和开展援外法官研修、组织学术研讨、学术论文评比、其他有关法官培训；广西外国语学院在校生 1.66 万人，设教学单位 11 个、本科专业 32 个，含泰语、越南语、柬埔寨语、印度尼西亚语等 8 个外语本科专业；广西二轻高级技工学校学生 5600 人、教职工 200 人，开设幼儿教育、计算机应用与维修、工艺美术、烹饪、汽车维修、酒店服务、电气自动化设备安装与维修、制冷设备运用与维修、数控加工、工业机器人应用与维护等专业。国家检察官学院广西分院（培训基地）举办培训班 60 期，培训 5000 人次。

【伶俐工业园区】 2020 年，仙葫开发区伶俐工业园区工业总产值 11.16 亿元、比上年增长 25%，固定资产投资 8.24 亿元、增长 185%，税收 2453.62 万元；基础配套设施累计投资 3.60 亿元，其中固定资产 3.07 亿元（含伶俐大桥资产投资 1 亿元）。引进项目 1 个，开工项目 1 个，建设项目 2 个。2 月，南宁产投汽车青秀产业园项目（合众新能源汽车项目）开工建设，总投资约 35 亿元（固定资产投资约 18 亿元），规划建设年产 10 万辆整车含冲压、焊装、涂装、总装及包装工艺厂房，配套建设研发中心、试验试制中心等，完成标准厂房及其他配套工程项目基础施工、食堂及员工活动中心砌体和钢结构安装，园区内道路施工进度 66.56%。5 月，恒大新能源汽车广西基地项目入驻，计划用地 166.67 万平方米，总投资约 300 亿元（含研发资金及流动资金），规划建设年产 50 万辆新能源乘用车，分两期建设，项目一期计划总投资 170 亿元，用地面积约 70 万平方米，完成土地平整。年内，广西建工集团南宁装配式建筑产业基地项目混凝土预制构件（PC）生产线与蒸压加气混凝土板（ALC）生产线项目占地面积 19.95 万平方米，累计完成投资 0.84 亿元，进行围墙基础施工。广西美斯达投资有限公司数字化智能工厂项目总投资约 6 亿元，建设用地 13.33 万平方米，规划建设生产型厂房、研发中心及配套设施等，生产美卓系列高端移动破碎设备和 MK 系列小型移动破碎设备，基本完成场地平整土方工程。

【中国—东盟数字经济产业园】 2020 年 9 月 28 日开工，广西投资集团全资子公司数字广西集团联合中国科学院信息工程研究所、华为技术有限公司、中航建设集团有限公司、南宁晟宁资产经营投资有限公司等单位合作共建，是自治区“双百双新”重大项目，位于仙葫开发区高新技术板块，毗邻五合大学城。产业园规划占地 16 平方千米，其中一期用地面积 21.33 万平方米、总投资约 58 亿元，重点建设“六中心一基地”，包括展示中心、信创学

2020 年 12 月 25 日，中国—东盟数字经济产业园国际交流中心工程二层脚手架搭设现场

刘珩波　摄

院(实训中心)、产业中心、研发中心、孵化中心、服务中心和中国—东盟信创产业适配基地,产业园首栋单体建筑开工建设,签订意向入园协议企业80多家,签订投资协议企业32家,投资额16亿元。

(曾　柳)

南宁江南工业园区

【概　况】南宁江南工业园区于2006年2月经广西壮族自治区人民政府批准设立,市政府授权江南区政府负责管理。管辖范围东至石柱岭一带,南以白沙大道南站大道为界,西至津江大道,北至江南大道、锦成路。实际管辖面积41.03平方千米,其中沙井分区31.97平方千米、富宁经济园7.90平方千米、石柱岭铝加工产业园1.16平方千米。主导产业定位为铝精深加工、电子信息及相关配套产业、生物医药产业;重点发展食品加工、现代装备制造产业。2020年,工业总产值445.24亿元,比上年下降10.59%;规模以上工业总产值440.07亿元,下降10.74%;规模以上工业增加值34.12亿元,下降14.30%。固定资产投资完成57.32亿元,下降9.27%,其中工业投资完成6.34亿元、增长6.56%;园区税收6.79亿元,下降44.68%,其中规模以上工业税收2.24亿元、下降35.82%;主要存在园区企业受国际贸易矛盾和新冠肺炎疫情双重影响,电子信息产业产值下降;工业用地储备不足,可供企业承载发展空间减少等问题。

【营商环境优化】2020年,江南工业园区完成市政基础设施投资5.25亿元,比上年下降11.18%。完善园区路网,亭洪路延长线(规划一路—规划四路)开工建设,推进智和路(三津大道—江南大道)、邕津路、贵和路、贵义路等道路建设。提升园区排水能力,推进马巢河—凤凰江连通渠道等内河施工及石牌路等市政排水管网建设。完善公共配套设施,南宁沛鸿民族中学沙井校区、南宁市江南区贵义路小学、南宁市江南区贵义路幼儿园等公共配套项目开工建设,续建沙井小学迁建项目、江南区人民医院二期工程等项目,江南区第二幼儿园、第三幼儿园项目竣工投入使用。改进服务模式,配合梳理优化标准厂房入驻联审工作流程,缩短准购证办结时限,实现企业提交入驻材料到审批实现5个工作日办结。优化项目报建审批流程,在施工许可阶段试行"拿地即开工"改革,金源·花语郡、新城和樾府、南宁江南中心、阳光城江南檀悦4个项目享受"拿地即开工"政策红利。

【项目建设】2020年,江南工业园区新开工项目4个,完成投资20亿元;续建项目33个,完成投资55.54亿元;竣工项目2个,完成投资3949万元。8月,金源·花语郡开工,位于仁和路3号、占地1.36万平方米、总投资5亿元。9月,新城锦樾府项目开工,位于贵和路88号、占地3.53万平方米、总投资8.74亿元。11月,南宁市江南国际汽车博览中心项目开业运营,位于沙井大道60号、占地7.01万平方米、总投资3亿元。12月,南宁江南中心一期项目开工,位于南建路68号、占地10.48万平方米、总投资30亿元;阳光城江南檀悦项目开工,位于亭洪路55号、占地5.08万平方米、总投资27亿元。12月,南宁·肉禽集散中心项目竣工,位于上津路1号、占地5.81万平方米、总投资5.43亿元;富乐新城拆迁安置小区一期、三期工程竣工,位于智兴路39号、占地9.24万平方米、总投资8.79亿元。

【招商引资】2020年,江南工业园区新建成标准厂房5.30万平方米,新增110家企业入驻富宁标准厂房、泉港电子信息标准厂房、广西—东盟国际医疗健康电子信息科技综合产业园、产投江南企业公园、弘信移动互联产业园5个标准厂房,认购面积5.03万平方米,其中主导产业电子信息产业及配套36家、医疗健康产业38家、其他产业36家。引进项目6个:广西迈瑞康医疗器械有限公司口罩生产线项目、聚科成熔喷布生产线项目、锂离子电池生产基地项目、金刚石纳米新材料项目、智能电子照明产品生产装配项目、兰丁医学检验实验室广西区项目。

【产业发展】2020年,江南工业园区有规模以上工业企业34家,新增5家,完成规模以上工业总产值440.07亿元,比上年下降10.74%。电子信息、铝加工两大主导产业实现工业总产值416.82亿元,其中电子信息产业实现工业总产值387.21亿元、下降13.33%,铝加工产业实现工业总产值29.61亿元、增长26.46%。电子信息龙头企业富士康南宁科技园(南宁富桂精密工业有限公司、南宁富泰宏精密工业有限公司)主要为国内外知名企业生产数字机顶盒、交换机、服务器、高端路由器等网络通信电子产品;南宁富桂精密工业有限公司获2020年国家工业化、信息化融合贯标体系认证、列入2020年广西企业100强、2020年广西制造业50强,成为2020年南宁市企业和企业家联合会副会长单位。铝加工龙头企业广西南南铝加工有限公司是一家集研发、生产和经营为一体的航空航天交通铝新材料先进制造商,产品应用于航空航天、轨道交通、汽车、船舶、3C电子等领域,获第三届中国航天创新创业大赛二等奖、广西铝合金新材料知识产权联盟、南宁市人才小高地两项平台资质等荣誉,"南南铝加工5G智慧工厂项目"获国家第三届"绽放杯"5G应用征集大赛二等奖。电子信息产业配套企业广西常润精密工业有限公司、南宁东洋塑胶制品有限公司、南宁王子新材料有限公司均成为规模以上工业企业,其中广西常润精密工业有限公司获国家级"高新技术企业"认定,实现产值2947万元,增长27%。园区标准厂房在产业培育中的作用增强,泉港江南企业总部被认定为自治区小微型企业创业创新示范基地,产投江南企业公园获"2020年度自治区特色小微企业示范园"称号。

(韦　佳　谢智勇　黄婷婷)

2020年2月,江南工业园区引进广西迈瑞康医疗器械有限公司口罩生产线项目,项目立项到产品通过质量检测仅用28天　　江南工业园区管委会提供

广西良庆经济开发区

【概　况】 2007年3月，南宁市大沙田经济开发区、邕宁沿海经济走廊开发区整合成立广西良庆经济开发区（简称“良庆经开区”），为自治区级开发区。2020年，区域面积2.49平方千米，分5个区块：区块1面积0.08平方千米，东起青龙岗墓园，南靠五象大道，西至东风路，北临邕江；区块2面积0.38平方千米，东起南宁市青龙岗墓园，南靠五象岭，西至东风路，北临五象大道；区块3面积0.81平方千米，东起良庆区玉洞村了蕾坡，南靠南坛高速公路，西至玉洞村蕾扫岭，北临建业路；区块4面积1.15平方千米，东起华兴路，南靠云桂铁路花油山隧道，西靠良庆区平乐村削济山、大刀岭，北临南宁市平乐水泥厂；区块5面积0.07平方千米，东起华兴路，南至良庆区平乐村亭子岭，西靠良庆区平乐村削济山、大刀岭，北临云桂铁路花油山隧道。有规模口统计企业65家，规模以上工业总产值74.82亿元，比上年增长7.87%；规模以上工业增加值19.16亿元、增长2.61%，含南宁综合保税区70.70亿元、增长40%；工业投资18.53亿元，增长53.63%；工业技术改造投资9.47亿元，增长47%；财政收入7.31亿元，增长8.13%；工业税收2.34亿元，增长8.58%；实际到位资金139.40亿元，完成率126.50%；广西区外境内到位内资134.95亿元，增长34.13%；商务部口径实际利用外资1.47亿美元，完成率122.26%。主要存在园区工业发展空间不足、产业结构不优、企业规模较小、企业创新能力不足等问题。

【营商环境优化】 2020年，良庆经开区制定新冠肺炎疫情联防联控工作方案，对管辖工业企业、在建项目实行网格化管理，协助企业解决用工、融资、上下游产业链及原材料供应、运输等问题，65家规模以上工业企业总产值74.82亿元，增长7.87%。对接人社局等部门，收集企业招工需求，通过政府网站、融媒体中心发布招工发布招工岗位300多个、求职信息100多条；举办“春风行动”线上招聘会，提供就业岗位68个；举办良庆区2020年精准脱贫暨易地扶贫搬迁专场招聘会，提供工种30多个、就业岗位400多个；组织良庆经开区4家企业参加2020年南宁市良庆区金秋招聘月活动专场招聘会。加强对产值和税收贡献大、带动力强的规模以上企业跟踪服务，协助企业延伸产业链，推进广西恒得润生物科技有限公司辣椒碱项目5月底动工。推进良庆经开区转型升级和南宁现代工业产业园开发建设，加大对高科技企业服务力度，推动广西桂润环保科技有限公司获认定自治区级瞪羚企业、获第四届南宁市市长质量奖，南宁市泽威尔饲料有限责任公司获第四届南宁市市长质量奖提名奖。深入中国（广西）自贸试验区南宁片区企业宣传解读稳增长激励政策、中国（广西）自由贸易区政策，搭建QQ、微信平台，发放宣传资料1000多份；组织专场学习会2场，发放宣传资料、解答相关政策。参与首府南宁创建全国文明城市整治，整治网格责任区18条道路沿线出现的乱堆积建筑垃圾、乱制作大型墙体广告、违章停放车辆、乱摆摊点等问题，打造宜居宜业环境。

【项目建设】 2020年，良庆经开区竣工项目4个，建设项目3个，其中工业项目5个、其他项目2个。其中：广西桂润环保科技有限公司、广西生凰投资有限责任公司、南宁市道顺贸易有限公司、南宁市国圳投资有限公司4家企业竣工投产；广西拓康科技有限公司、广西锦图投资有限公司在建施工；广西昌弘制药有限公司按要求修改总平。协调开通银海大道西片区3条公交路线，解决银海大道西片区企业员工及周边群众出行难问题；银海大道西片区供水管网与道路同步设计、同步建设，完成全部路网供水管道，保障企业用水；协调广西绿城水务股份有限公司建设银海大道市政污水主管道，南宁现代工业产业园累计完成污水管道埋设约32千米，协调建成连接工业园区与江南污水处理厂的市政污水主管道（银海大道一期、五象大道、金象大道等）长度约9千米；220千伏利华（玉洞）送变电工程开工建设，2个主要供电工程（110千伏玉洞站配套送出线路工程、110千伏那马站配套送出线路工程）投入运营；铺设银海大道西片区网络运营商光纤，覆盖无线基站，升级5G网络，保障企业用网需求。

【产业发展】 2020年，良庆经开区形成生物医药、建材、日用化工等主导产业，规模以上工业总产值74.82亿元，比上年增长7.87%；规模以上工业增加值19.16亿元、增长2.61%。有规模以上工业企业65家，其中亿元规模以上工业企业23家；新增产值超亿元企业22家（广西日星金属化工有限公司、南宁艾格菲饲料有限公司、南宁鸿牌饲料科技有限公司、南宁通威饲料有限公司、南宁正大畜牧有限公司、南宁扬翔农牧有限公司、广西数广宝德信息科技有限公司、南宁市蓝天钢管厂、广西南宁沧海钢材有限公司、广西南洋恒信混凝土有限公司、南宁市宏建混凝土有限公司、广西屹桂混凝土有限公司、广西盛东混凝土有限公司、南宁华润良庆混凝土有限公司、南宁市富裕达混凝土有限公司、南宁市嘉大混凝土有限公司、广西果木森建材有限公司、广西锦莹药业有限公司、广西石埠乳业有限责任公司、南宁良庆东糖糖业有限公司、南宁市储备粮管理有限责任公司、南宁聚焦优化食品有限公司）。新建投产入规模口统计企业5家（广西鼎盛混凝土有限公司、广西数广宝德信息科技有限公司、广西中科阿尔法科技有限公司、广西银鑫沥青混泥土有限公司、南宁聚焦优化食品有限公司），新纳入规模口企业4家（广西亚磊机电设备有限公司、广西盛和防护设备有限公司、广西托肯建材有限公司、南宁正麦食品有限责任公司），超额完成“小升规”（鼓励小微企业规范升级为规模以上企业）任务。对园区工业企业发放农民工防疫补贴15.13万元，惠及企业33家。　　（蒋倩倩）

编辑　唐　娟

2020年4月17日，广西桂润环保科技有限公司举行环保设备生产研发基地项目竣工仪式
良庆经开区管委会提供

城市建设与管理

综　述

【城市品质提升】 2020年，南宁市统筹推进重大项目计划开工184个、实际开工182个（含提前开工数），计划竣工95个、实际竣工98个（含提前竣工数）。城建重大项目建设倒排计划表列入项目97个，打通"断头路"3条，建成人行过街天桥6座。供水基础设施建设项目153个，开工项目90个，完成供水设施管网建设和改造122.47千米，南宁市区朝阳溪污水厂、那平江污水厂等6座新改扩建污水处理厂完成通水调试；现状道路污水管网建设262.81千米，新建道路配套污水管建设66.06千米，错混接点整治申报并完成改造8362个，完成市政道路污水断头管整治184处、管道清淤219.59千米、管道修复76.47千米。新增市政燃气主支管、干支管88.4千米。BRT（快速公交）2号线第二阶段建设竣工（甩项）验收，编制公交票价换乘优惠方案，开通广西医科大学武鸣校区定制专线，推行社区巴士运营模式，开通2条夜间定制公交网约巴士12号线、13号线；全市建成公交充电桩164座，累计866座；准许7家企业开展共享电动自行车试点运营，投放指标总数5万辆。南宁轨道交通4号线首通段、2号线东延线开通试运营。新建成地下综合管廊主体13.67千米，新增运营管理13.74千米。建成及在建防洪堤106.08千米，建成排涝泵站28座、防洪排涝闸44座。棚户区改造基本建成6283套，开工改造老旧小区247个、3.46万户、1025栋，建筑面积280.45万平方米。

【城市管理精细化】 2020年，南宁市探索"事权下放、管养分离、事企分开"的市政基础设施维护管理新体制。市市政工程管理处与南宁城投集团签订市政基础设施维修养护合同；与市排水公司完成移交设施档案（电子版）拷贝工作及排水设施现场核验，并移交道路排水设施及泵站；与市城市建设投资发展有限公司开展路网巡查，维修道路54.26万平方米、人行道13.68万平方米、路缘石2.34万米，维修、保养桥梁伸缩缝6.85万米，疏通桥梁泄水孔3.27万个，栏杆防腐处理2.93万平方米，维修城市家具353张。市环境卫生管理处开展南宁市智慧环卫信息管理（一期）项目建设，以南宁市基础地理信息（GIS）平台为基础，整合9个市辖区环卫保洁、作业车辆监管、环卫监督考核、终端处置等环卫业务数据，打造综合性管理、分析、决策、服务平台；建立含9.13万条信息的垃圾分类责任主体名录信息库，实行"日检查反馈、月小结通报、季总结点评、年综合评价"工作制度，每个季度检查考核对象实现全覆盖；推进"互联网＋建筑垃圾治理"，统筹相关部门重点培育建筑垃圾再生产品市场，推广"互联网＋建筑垃圾"模式，面向市属各平台公司推广南宁渣土信息网；指导广西绿宁渣土运输有限公司研发"土方云"建筑垃圾APP，实现建筑垃圾清运一键下单模式。完善及推进数字城管系统运行，考评城区（开发区）、市直部门及市属重点平台公司12次，受理"美丽南宁·整洁畅通有序大行动"暨扬尘污染治理专项考评数据111.98万条（含关联数据），审核申诉数据11.22万条，参与申诉仲裁陈述12次；城市管理监督员采集数字城管案件78.69万起，受理数字城管案件81.49万起，立案53.28万起，派遣案件53.28万起，发送案件督办函339份。指导协调责任不清类城市管理案件1002起，召开案件现场协调会15次。"12319"城市管理监督热线市民来电4.63万个，受理立案1.71万起；热线回访市民1.24万人次，满意1.05万人次，满意度84.16%。

【农村危房改造】 2020年，南宁市完成5814户农村危房改造任务，其中建档立卡贫困户2701户，全市建档立卡贫困户住房安全保障率100%。市住建局组织246人次赴区县对建档立卡贫困户住房开展安全保障实地核实并录入"桂农安居"APP。选派454名施工人员组成农村住房安全保障应急施工队，结对共建农村住房，完成危房改造新建34户，拆除危旧房7户，惠及贫困群众129人。协调企业认购装配式农房107套，作为自然灾害或其他原因不能如期完工的应急保障用房。

【新型城镇化建设与古村落保护】 2020年，南宁市建设广西新型城镇化示范县1个（宾阳县）、自治区百镇建设示范镇5个、自治区少数民族乡3个、乡土特色示范县1个（上林县）、乡土特色示范村52个，以及上林县、马山县、横县、宾阳县、邕宁区、武鸣区等贫困地区和革命老区35个村的公共服务设施和市政设施建设，列入传统村落名录村落27个（中国传统村落10个、广西传统村落27个），列入历史文化名村名录村落5个（中国历史文化名村3个、广西历史文化名村5个），累计完成投资14.75亿元，其中中央资金1200万元，自治区财政资金2亿元，市本级财政资金0.72亿元，区县自筹或整合社会资金11.91亿元。（潘　欣）

重点工程建设

【概　况】 2020年，南宁市统筹推进重大项目计划开工184个，实际开工182个（含提前开工数），开工率98.91%，其中自治区层面重大项目计划开工36个，实际开工49个（含提前开工数），开工率136.11%。重大项目计划竣工95个，竣工98个（含提前竣工数），竣工率103.16%，其中自治区层面重大项目计划竣工9个，竣工14个（含提前竣工数），竣工率155.56%。

【自治区与市级层面统筹推进重大项目】 2020年，南宁市统筹推进重大项目712个，计划投资908.23亿元，完成投资963.41亿元，完成计划106.08%。其中，自治区层面重大项目191个，计划投资244.37亿元，完成投资352.36亿元，完成计划144.19%。南宁国际铁路港二期、合众新能源汽车生产基地项目建设、南宁万有国际旅游度假区等新开工项目36个，中新南宁国际物流园（一期）、南宁教育园区基础设施建设项目（二期）、宾阳双桥风力发电场等竣工项目9个，美斯达数字化智能工厂项目、瑞声科技南宁产业园项目、南宁市体育运动学校建设工程等续建项目70个，南宁右江湾水乡康养旅游项目、海天调味品生产基地建设项目、武鸣区流域水环境综合整治项目等完成重点前期工作项目76个。

【重大项目竣工】 2020年，南宁市重大项目计划竣工95个，竣工98个（含提前竣工数），竣工率103.16%。自治区与市级层面统筹推进重大项目，中新南宁国际物流园（一期）、南宁轨道交通4号线一期工程、南宁轨道交通2号线东延工程（玉洞—坛兴村）、南宁市哈罗礼德国际学校、南宁市江北片内河生态基流补水工程、南宁市物流园污水处理厂（一期）工程、南宁市银海大道（K8+080—平乐大道）污水管工程、南宁高新区污水干管完善工程、南宁市陈村水厂三期工程、马山状元风电场工程、马山苏仅风电场工程、宾阳双桥风力发电场、南向电子信息产业园、南宁教育园区基础设施建设（二期）、南宁·肉禽集散中心、南宁市羁押中心等项目竣工。 （张年平）

城市基础设施建设

【概 况】 2020年，南宁市住房和城乡建设局（简称“市住建局”）调整所属部分事业单位机构编制职责，并接收市政府原直属事业单位南宁市城市内河管理处。有所属事业单位10个：南宁市建筑质量安全管理中心（副处级参公事业单位）、南宁市城市建设档案馆（副处级参公事业单位）、南宁市房屋产权交易中心（副处级）、南宁市保障住房建设管理服务中心（副处级）、南宁市保障住房资格审核和管理中心（副处级）、南宁市城市内河管理处（副处级）、南宁市城乡建设信息中心（副处级）、南宁市白蚁防治所（正科级）、南宁市住房和城乡建设信息管理中心（正科级）、南宁市住房和城乡建设资金管理中心（正科级），均为全额拨款。企业1家：南宁市勘察测绘地理信息院有限公司。城建计划建设项目完成投资350.23亿元，完成年度计划107.47%（不包含前期项目、经费开支项目、配套资本金项目）。城建重大项目建设倒排计划表列入项目97个，分7个大类，年度计划投资154.08亿元，累计完成投资171.04亿元，年度计划投资完成率111.01%。第一、第二期城建计划项目安排包含前期项目、新建项目、续建项目、经费开支项目、配套资本金项目及电网专项1032个，其中前期项目466个、建设项目534个（电网专项1项）、经费开支项目30个、配套资本金项目2个，年度计划投资405.88亿元。主要存在资金不足等问题。 （潘 欣 梁尹彦）

【打通“断头路”项目】 2020年，南宁市打通衡阳东路（规划二路—中兴大道）、亭洪路西延长线（五象大道延长线—江南大道）、翠湖路（富城路—沙井大道）3条“断头路”。衡阳东路（规划二路—中兴大道）长736米、宽40米，12月建成，起点连接长堽路三里，终点为规划中兴大道。亭洪路西延长线工程（五象大道延长线—江南大道）长872米、宽50米，12月建成，道路连接五象大道与江南大道。翠湖路（富城路—沙井大道）为新建城市次干路，红线宽30米，全长0.53千米，9月建成，双向4车道，东西走向，起点为翠湖新城交叉口，路线往西延伸，终点与沙井大道相交。

【人行过街天桥建设】 2020年，南宁市完成青秀万达人行过街天桥、铜鼓岭路南宁三中初中部人行过街天桥、凤凰岭路1号人行过街天桥、仙葫大道观澜溪谷人行过街天桥、仙葫大道滨江小区人行过街天桥、南宁吴圩机场第二高速公路工程（城市快速路段）二期人行过街天桥6座人行过街天桥建设。

【铁路建设】 2020年，南宁市铁路项目完成投资84.36亿元，完成年度计划108.87%。贵阳至南宁高速铁路项目完成投资35.33亿元，占南宁段年度计划投资104.8%。南宁至崇左城际铁路项目完成投资19.67亿元，占南宁段年度计划投资109.3%。南宁至玉林城际铁路项目完成投资29.36亿元，占南宁段年度计划投资113.9%。完成南宁国际铁路港项目二期征地79.6公顷及房屋拆迁4.40万平方米。 （梁尹彦）

【县城道路建设】 2020年，横县新开工建设横州镇长安大道改造工程（二期）Ⅱ标（原大竹大道），县城5路、11路公交线路开通使用。宾阳县投资2.7亿元，推进县城东环路改扩建工程（美食街至宾州镇政府段）、宾阳县风景路（黎塘转盘）至马潭路口改造工程、324国道（垃圾场门口至职业技术学校段）改造工程、建设南路工程等城建重点项目。上林县完成皇周片区新农村路网工程、新丰路食品公司西部区域市政道路项目、澄江河堤路园市政工程可施工面建设。马山县实施合作板伏易地扶贫搬迁安置点5条市政路网等配套基础设施，道路全长8.93千米，分6个标段，计划总投资4.20亿元，2号、4号、5号路12月竣工。隆安县新增道路3条、长度2.67千米、面积6.25万平方米，新增照明路灯147盏，新增路内停车位413个。

【城镇基础设施建设】 2020年，横县投资282亿元，实施补短板强弱项项目56个，大竹片区、侯塘片区、茉莉花大道西段片区开发提速，推进横州大桥、西津水利枢纽二线船闸工程建设，县城第二污水处理厂等项目建成使用。宾阳县投资680万元，改造宾阳中学宿舍区、县财政局宿舍区一区和二区、县住建局宿舍区、工商银行宾阳支行宿舍区、县环卫站宿舍区5个老旧小区；投资1.23亿元，完成7个乡镇污水处理厂通水试运行，实现镇级污水处理能力全县覆盖。上林县完成旅游集散中心至明澄小学市政道路、上林县城西公安局和酒店地块配套市政道路工程、明澄大道提升工程（移民安置点至县武装部）、城关中学至西环路建设前期工作；开工建设北归大道三期改扩建工程（那孔桥至云蒙庄路口）；完成明澄大道白改黑工程、锦绣湖和林康路提升建设；完成丰岭路往县妇幼保健院至大丰街二小学道路修建工程；实施南宁市上林县2020年庭院管网工程、绕城路市政管道等市政燃气管道的建设；开工建设锦绣湖公园无障碍设施工程，完成政府路和明山路无障碍改造。马山县完善环卫基础设施建设，实施乔老河片区2019年中央预算内投资项目，项目总投资800万元，完成投资800多万元；完成都武二级路百龙滩路段路灯照明一期工程。隆安县完成投资约3400万元，重点实施蝶城路文塔路改造、污水处理厂二期扩建、震东易地扶贫搬迁集中安置区污水总管、震东易地扶贫搬迁集中安置区配套水厂进厂道路、隆南大道改道工程等重点市政基础设施项目;新增道路长度10.76千米,安装路灯道路长度11.6千米;绿化覆盖面积337.52公顷,绿地面积166公顷。

(横县　宾阳县　上林县　马山县　隆安县地方志办公室)

城市公用事业

供水排水节水

【城市供水】 2020年,南宁市主城区供水由广西绿城水务股份有限公司、南宁市大沙田供水有限责任公司承担,完成供水量5.55亿立方米(不含南湖补水量)、比上年下降2.66%,售水量4.94亿立方米(不含南湖补水量)、增长1.15%,出厂水压力合格率100%,管网水压力合格率100%,水质综合合格率100%。在用居民用户40.22万户、增长5.71%,在用非居民用户1.75万户、增长4.11%,在用特种用户4263户、增长12.04%,在用建筑用户2180户、增长14.02%。

【供水设施建设】 2020年,市住建局推进陈村水厂三期工程、中关村供水加压站、邕武路供水加压站等项目建设,以及五象水厂一期工程、石埠水厂一期工程、三津水厂扩建工程、富宁供水加压站工程、金桥供水加压站工程等项目前期工作。南宁市供水基础设施建设项目153个,开工项目90个,完成管网建设和改造122.47千米,计划投资5.41亿元,完成投资4.38亿元。

【城市污水处理】 2020年,南宁市区朝阳溪污水厂、那平江污水厂等6座新改扩建污水处理厂完成通水调试,新增污水处理能力每日40万吨,市级污水处理能力每日183万吨,基本满足市区污水处理需求。市区污水处理总量4.83亿立方米(不含武鸣区)。

【城市排水管网建设】 2020年,南宁市安排现状道路污水管网建设任务202.66千米,其中20米以上现状道路污水管网140.79千米、20米以下(含20米)61.87千米。实际完成20米以上现状道路污水管网建设182.78千米、完成率129.82%,20米以下(含20米)80.03千米、完成率129.36%。新建道路配套污水管建设66.06千米,错混接点整治申报并完成改造8362个,完成市政道路污水“断头管”整治184处,管道清淤219.59千米,管道修复76.47千米。

【城市节水】 2020年5月10日至16日,南宁市开展节水在社区、节水在公共建筑、节水在校园、节水在企业等系列宣传,开展节水活动(含线上互动)3200余次,发放宣传材料5000余册,张贴宣传横幅(海报)800余条(幅),推送节水信息7000余条,线上活动及线上宣传材料点击量约40万次,覆盖53万人口。全市累计获“自治区节水型企业(单位)”称号180家,获“广西节水型居民小区”称号66个。

(潘　欣)

供　气

【天然气供应】 2020年,南宁市天然气供应由南宁中燃城市燃气发展有限公司承担,新增市政燃气主支管、干支管88.40千米,投资额3756.67万元。完成小区庭院管网1329.93千米、投资额2亿元,主要敷设青秀区、兴宁区715.46千米,南宁高新区、西乡塘区313.5千米,邕宁区、良庆区、江南区300.97千米。累计敷设城市高压管网110.51千米、市政中压燃气主干支管958.43千米、小区庭院管网6165千米、工业煤改气项目92个。完成燃气管道迁改项目19个,迁改工程量4.50千米。完成轨道交通4号线5个站点附属结构管线迁改650米,轨道交通5号线4个站点附属结构管线迁改530米。年销售管道燃气3.04亿立方米、比上年增长7.42%,开通居民用户103.86万户,增加17.06万户、增长19.65%,在用商业用户和非营业用户4793家、增长6.13%,在用工业用户177家。

【液化石油气供应】 2020年,南宁市有液化石油气企业16家,建成液化石油气储配站16座,储气能力2708.86立方米,供气总量10.52万立方米,销售气量10.51万立方米,居民家庭用气量5.61万立方米。用户49.23万户,其中居民家庭用户42.23万户,用气人口128.56万。

(潘　欣)

公共交通

【概　况】 2020年,南宁市市区(不含武鸣区)有公交企业8家(含快速公交BRT企业),在营公共汽车3666辆(4677.9标台),其中空调公交车3631辆、占99.05%,清洁能源与新能源公交车3347辆、占91.29%。累计有公交线路242条,其中新开通公交线路10条、优化调整公交线路24条,停运公交线路4条。公交线路总长4457.52千米,公交场站总面积77.43万平方米,万人公交拥有量15标台以上,公交站点500米覆盖率100%,公交客运量累计1.71亿人次,日均公交客运量49.8万人次,比上年下降43.8%。市区(含武鸣区)出租汽车行业办证车2.12万辆,巡游车6950辆、占32.84%,取得网约车运输证车辆1.42万辆、占67.16%,日均营运次数(单量)27.12万次,巡游车占49.7%,网约车占50.3%。有出租汽车企业12家,在营出租汽车6950辆,实载率54%,下降6个百分点;从业人员1.10万人,减少1086人;驾驶员单班车日均收入减少17.7%;双班车日均收入减少20.4%;获网络预约车经营许可的企业8家(滴滴出行、首汽约车、神州专车、万顺叫车、斑马快跑、网路出行、飞嘀出行、先锋智道),累计总客运量7356.15万人次;取得网约车驾驶员从业资格证3.43万人,网约车运输资格证车辆1.42万辆,其中以租代购车辆8060辆,纯电车1046辆;网约车日均订单13.64万单,减少16.1%;月接单车辆数1.38万辆,减少21.3%;全职驾驶员日均收入增长0.9%,兼职驾驶员日均收入增长12%。完成交通运输政务数据资源普查,推进南宁市交通运输大数据管理平台建设,建成公交都市智能化监管平台(行业监管部分)、轨道交通综合信息管理平台、互联网租赁自行车监管平台、交通运输综合行政执法系统、交通运输信用信息综合数据平台、治超非现场执法系统(二期)6个信息化项目,全市公共交通领域非现金支付比例超总客流60%。主要存在受新冠肺炎疫情影响,公共交通行业运行压力增大、营运收入下降等问题。

【城市公共汽车运营管理】 2020年,南宁市引入第三方考核机构对全市公交行业所有公交线路服务质量进行考核,完成快速公交BRT1号线、BRT2号线4次运营期考核,考核等级均为优秀,拨付可行性缺口补助2.83亿元。组织开展公交行业路检路查1950人次,对1.77万辆次公共汽车进行跟车及驻点检查,发现存在问题1447辆次,其中未礼让斑马线10辆次,城市路口斑马线前礼让率99.9%。

【出租汽车运营管理】 2020年,南宁市开展出租汽车驾驶员从业资格证考试292场,取得出租汽车驾驶员从业资格证7655人,其中取得巡游车驾驶员资格证1102人,取得网约车驾驶员资格证6553人。完成6770辆巡游出租汽车、6073辆网约车的车辆审验及技术等级审验。收到“12328”电话投诉案件5565件(巡游车5357件、网约车208件),比上年减少

1867件，均完成处理及反馈。对巡游出租汽车企业、网约车平台开展定期检查和“双随机”抽查，组织行业协会、企业开展暗访，检查车辆4508辆次，查处问题车辆100辆次，加强从业人员教育及信用评价，实行红黄牌警告等制度，累计给予违规经营驾驶员黄牌警告94人次、红牌26人次，解除驾驶员承包合同23人次、开除驾驶员4人次、劝退驾驶员3人次。为抗击新冠肺炎疫情，市交通运输局发动行业协会、企业设置巡游车消毒点14个、网约车消毒点6个，印发《南宁市交通运输局关于应对新冠肺炎疫情支持出租汽车企业保经营稳发展的通知》，与出租汽车企业签订《补充协议》，经营权期限延长6个月、在营巡游出租汽车使用期年限延长6个月，从2月1日起累计减免驾驶员承租金（每天160元）85日，减免9479万元。

【城市公共交通基础设施建设】 2020年，南宁市优化公交线路配套衔接轨道交通线路各站点，确保轨道交通站点出入口100米范围内公交站点100%覆盖率；全市建成公交充电桩164座，累计866座。6月29日，BRT2号线第二阶段建设竣工（甩项）验收。

【网约定制公交线路试运营】 2020年，南宁市开通网约定制公交线路5条，分别为网约巴士10号线（WD10）（凌铁江北路口—凤岭客运站）、网约巴士12号线（WD12）（朝阳广场—五合大学城）、网约巴士13号线（WD13）（朝阳广场—东风德政路口）、网约巴士16号线（WD16）（广西电子高级技工学校—江南客运站）、网约巴士17号线（WD17）（祥宾路—民主路）。

【文明交通】 2020年，市交通运输局协调市轨道交通集团、市出租汽车协会，以及8家市公交企业、11家出租汽车企业、3家网约车企业联合开展“爱心送考”活动，免费接送考生3.20万人次，比上年增长27.60%。开展“文明行车·礼让斑马线”活动，公交车、巡游出租汽车斑马线前礼让率99.80%。完成公交票价换乘优惠方案编制，优化调整公交线网，提升线路服务功能，开通广西医科大学武鸣校区定制专线。配套完善夜间经济公交配套服务，推行社区巴士运营模式，开通2条夜间定制公交网约巴士12号线、网约巴士13号线。开通五象片区社区公交W21路（良兴新良路口—庆歌平乐路口）。助力复工复产复学，先后开通甘圩中学—安吉客运站、友谊白沙路口—高岭小学、银海大道—那黄小学、五合村—彩虹小学、南宁八中高新校区—清川地铁站等中小学定制公交专线，为返校工人、师生提供“点对点”“一站式”的公交安全出行服务。开展交通运输行业最美交通人评选活动，评选“最美交通人”个人10人、“最美交通人”集体5个。市交通运输局蝉联“全国文明单位”，首次被评为全国交通运输行业精神文明建设先进集体，南宁市民中心交通窗口被评为全国交通运输行业精神文明窗口。

【首批有牌照共享电动自行车上路】 2020年，南宁市鼓励、规范互联网租赁自行车发展，准许南宁哈行网络科技有限公司、南宁汉骑信息科技有限公司、广西滴滴出行科技有限公司、人民出行（南宁）科技有限公司、广西交创科技有限公司、宁波小遛共享智能科技有限公司南宁分公司、广西喵走信息科技有限公司7家企业开展共享电动自行车试点运营，投放指标总数5万辆，其中人民出行（南宁）科技有限公司投放共享电动自行车1万辆，广西滴滴出行科技有限公司投放共享电动自行车1.5万辆，其余企业各投放共享电动自行车5000辆。 （黄小川）

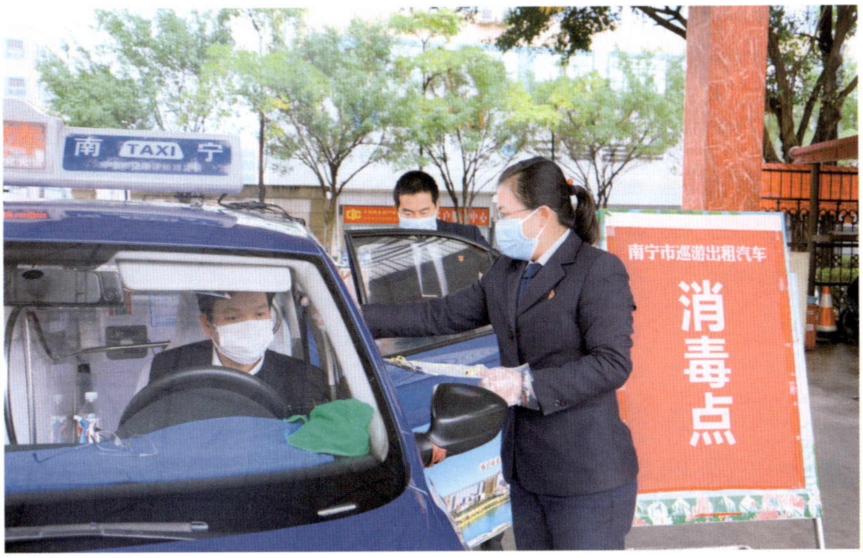

2020年2月13日，南宁市巡游出租汽车消毒点工作人员对车辆进行清洁消毒

钟太会提供

轨道交通建设运营

【概　况】 2020年，南宁轨道交通开通运营线路有1号、2号、3号、4号线，运营总长108千米，线网总运营里程932.54万列千米，列车正点率99.99%，运行图兑现率100%，列车服务可靠度每次932.54万列千米，客运总量2.08亿人次，日均客运量61.22万人次，单日最高客运量139.57万人次。在建轨道交通项目有2号线东延线工程、4号线一期工程、5号线一期工程，全长51.10千米，总投资388.05亿元。主要存在因新冠肺炎疫情影响导致运营客流减少等问题。

【轨道交通线网规划】 2020年，南宁轨道交通编制完成新一轮线网规划、第三轮建设规划，待上报审批。

【轨道交通建设】 2020年，南宁市在建轨道交通项目有2号线东延线工程、4号线一期工程、5号线一期工程，全长51.10千米，总投资388.05亿元。2号线东延线（玉洞站—坛泽站）工程，全长6.30千米，设车站5座，工程概算48.98亿元，2017年5月26日开工建设，2020年11月23日开通试运营；4号线一期（洪运路站—龙岗站）工程，全长24.60千米，设车站19座，工程概算174.09亿元，2016年6月开工建设，其中西段（洪运—楞塘村）2020年11月23日开通试运营；5号线一期（国凯大道—金桥客运站）工程，全长20.2千米，设车站17座，工程概算164.99亿元，2017年9月7日开工建设，2020年12月完成全线主体结构封顶、全线盾构贯通、全线短轨通、南段（国凯大道站—五一立交站）热滑，附属工程完成67%，车站装饰装修工程完成30%。

【轨道交通4号线首通段与2号线东延线开通试运营】 2020年11月23日，南宁轨道交通4号线首通段、2号线东延线开通试运营，与原有的1号、2号、3号线构成“井”字形骨架线网，形成“四线齐发、八方通达”的格局，全市轨道交通运营总里程108千米。南宁市轨道交通4号线首通段从洪运路站至楞塘村站，主要沿那洪大道、五象大道敷设，贯穿五象新区东西向骨干线，全长20.7千米，设车站16

2020 年 11 月 23 日,轨道交通 4 号线首通段、2 号线东延线开通试运营。图为市民在 4 号线体育中心东站上车　　黄红锦　摄

座,与 2 号线换乘大沙田站、与 3 号线换乘总部基地站,线路横穿中国(广西)自贸试验区南宁片区。2 号线东延线从玉洞站东至坛泽站,主要沿良玉大道敷设,全长 6.30 千米,设车站 5 座,与 3 号线换乘平良立交站,整条 2 号线成为贯通南宁市区南北向的骨干线,与 3 号、4 号线在江南及五象新区形成闭合环路,加强五象新区与旧城区的联系,拓展城市新空间。

【轨道交通运营】 2020 年,南宁轨道交通开通运营的线路有 1 号、2 号、3 号、4 号线,运营总长 108 千米,线网总运营里程 932.54 万列千米,列车正点率 99.99%,运行图兑现率 100%,列车服务可靠度每次 932.54 万列千米,客运总量 2.08 亿人次,日均客运量 61.22 万人次,单日最高客运量 139.57 万人次。1 号线运营里程 394.89 万列千米,列车正点率 99.99%,运行图兑现率 100%,客运量 1.12 亿人次,日均客运量 30.48 万人次,单日最高客运量 73.60 万人次;2 号线运营里程 238.50 万列千米,列车正点率 99.99%,运行图兑现率 100%,客运量 6083.37 万人次,日均客运量 16.62 万人次,单日最高客运量 37.34 万人次;3 号线运营里程 278.13 万列千米,列车正点率 99.98%,运行图兑现率 100%,客运量 3415.89 万人次,日均客运量 9.33 万人次,单日最高客运量 21.22 万人次;4 号线运营里程 21.02 万列千米,列车正点率 99.99%,运行图兑现率 100%,客运量 186.91 万人次,日均客运量 4.79 万人次,单日最高客运量 7.40 万人次。

【"轨道+"产业布局】 2020 年,南宁轨道集团公司落实首府南宁"强枢纽"战略。完成新一轮轨道小镇选址研究(2020—2035 年),成果纳入南宁市国土总体规划;屯里轨道小镇、新营房轨道小镇、2 号线东延长线轨道小镇纳入南宁市 2020 年国民经济和社会发展计划,完成土地前期开发项目合作方比选评审,开展意向合作方产业导入洽谈,完成概念性规划方案及城市设计方案编制。推动五一中路片区、火车站片区、中尧路片区的熟化人招标,完成市中心城区轨道沿线城市更新项目选址研究。按照 TOD(以公共交通为导向、以公共交通为中枢、综合发展的步行化城区)站城一体化理念推进 8 个土地作价出资项目开发、3 个城市更新片区及 4 个轨道小镇规划建设,开展《南宁市轨道沿线 TOD 规划设计导则》编制,完善政策保障方面顶层设计。完成南宁北站综合交通接驳土建预留工程(地下空间)项目建议书批复,推进南宁北站、南宁站、五象站等项目前期工作。签订央企入桂项目 2 个,与 17 家企业签订合作框架协议。与上海宝信软件股份有限公司共同推进智慧城轨建设,与交控科技股份有限公司合资设立广西交控智维科技发展有限公司。

(陶丽莎)

管廊管道

【城市地下综合管廊建设】 2020 年,南宁市新建成地下综合管廊主体 13.67 千米,新增运营管理 13.74 千米。入廊管线路 138.43 千米(累计 225.5 千米),入廊管线长度 237.59 千米(累计 348.57 千米)。

【管廊管道维护保养】 2020 年,南宁市累计运维管理管廊 47.06 千米,入廊管线 348.57 千米(含电力、给水、通信、污水),管廊有偿使用总收费 3360.98 万元(含入廊费 3085.87 万元、日常维护费 275.11 万元)。南宁市城建管廊建设投资有限公司运营维护管理的管廊项目有高坡岭路综合管廊、凤凰岭路综合管廊、凤岭北路综合管廊、佛子岭路综合管廊、凤凰岭路下穿铁路立交桥综合管廊、长虹路综合管廊、平乐大道(冬花路—金海路北)综合管廊、龙岗一号路综合管廊及凤岭北片区、龙岗片区监控中心,提前介入管理(尚未正式移交)的管廊项目有五象新区核心区市政综合管廊、玉洞大道拓宽工程综合管廊、金良路综合管廊、茅桥片区综合管廊、玉洞大道南北侧道路工程综合管廊、青山大桥综合管廊。广西中建综合管廊有限公司运营维护管理的管廊项目有蓉茉大道北延长线(长堽路延长线—昆仑大道)综合管廊、南宁国际物流基地振邦路(玉洞大道—英岭路)综合管廊、新邕路(龙岗片区 1 号路—江湾路)综合管廊、高棠路(壮锦大道—南建路)综合管廊、金华路(高棠路—亭洪路)综合管廊工程。

(潘　欣)

城市防洪

【概　况】 2020 年,南宁市建成及在建防洪堤 106.08 千米。其中,建成并移交运行管理单位 45.42 千米(五十年一遇洪水标准 38.75 千米、二十年一遇洪水标准 6.67 千米),附属设施交通闸 29 座、穿堤管 37 条、护岸 18.91 千米;建成未移交运行管理单位及在建 60.66 千米(五十年一遇洪水标准 48.13 千米、二十年一遇洪水标准 12.53 千米),分别为仙葫半岛堤、邕宁堤、五象堤、龟山堤、石埠堤、柳沙滨江堤等。建成排涝泵站 28 座,其中移交运行管理单位 21 座(投运机组 102 台、总装机容量 4.14 万千瓦、总排涝流量每秒 382.16 立方米)、项目业主管理 7 座;在建排涝泵站 2 座;规划待实施泵站 21 座。建成防洪排涝闸 44 座(移交运管单位 23 座、项目业主管理 21 座),规划待实施防洪闸 34 座。抵御超设防洪水 73 次。主要存在防洪基础设施设备陈旧老化、防洪信息化建设缺乏顶层设计等问题。

【河道管理】 2020 年,南宁市邕江防洪排涝工程管理中心(简称"市防洪中心")在邕江沿岸设置"一点一杆一绳一圈"(在一个水域关键点、放置一根救援杆、配备一条救援绳、放置一个救生圈)防溺水救助站 41 处,为各管理所配备防汛巡逻电动车 28 辆,加强河道堤防安全巡查。加强临河建设项目审核及监管,处置邕江两岸堤防违章违规投诉案件 6 起,协调处理涉水事件 10 起。协助市水利局进行河道管理及保护范围确权划界。

2020年6月11日，市防洪中心竹排冲管理所检修临胜泵站2号水泵机组　闫华威　摄

【防洪工程建设】 2020年，市防洪中心完成邕宁水利枢纽防洪排涝专项城区段18千米护岸接收，开展邕宁防洪堤一期工程、五象堤路园项目水利设施、邕江综合整治护岸工程城区段等移交接收对接，配合做好石巷口泵站拆除重建、临胜泵站拆除、中山泵站改造工程。加快实施可利江防洪闸除险加固工程、江北东堤精品段涌漏点处置等防洪项目。

【防洪设施维修与保养】 2020年，市防洪中心推进亭江和沙井泵站机电更新改造、年度运维项目、泵站大修项目、泵站机电技改项目等防洪体系工程的立项可研、设计和招标采购等前期准备。开展泵站安全技术等级鉴定，分类分批制定防洪设施设备更新改造计划，消除防汛工程隐患。完成水泵机组维护保养150台次，检查维护配电盘510面次，维护试运行防洪闸门38扇次，演练试关交通闸17座次，每月定期对6座泵站、11座水闸自动化设施设备、237个监控点摄像头、9处内河水位遥测设备、23处市区内涝雨量站点巡检维护，日常巡查检查出动960人次，防洪设施设备运行良好。

【防洪信息化建设】 2020年，市防洪中心持续推进水利部督办“邕江防洪工程监控和调度系统升级改造暨防洪排涝闸改造加固项目”建设(分邕江防洪排涝闸综合应用信息平台系统开发服务项目、防洪工程监控调度系统设备采购项目、可利江防洪闸改造加固3个分项建设)，7月项目整体完工，8月各系统全面投入上线测试，并应用于防洪演练和防洪值班。9月，市邕江防洪排涝工程管理处防洪自动化远程控制系统三级保护改造项目通过竣工验收，泵站远程自动化控制系统安全防控能力提升，项目整体运行良好。

【防洪排涝】 2020年，市防洪中心成立新型防洪组织机构，泵站运行技能培训131人次。按新编防洪防暴雨应急预案，利用信息平台及防洪调度指挥系统，采取“线上＋实地”相结合形式，开展防洪期间各种突发情况全员防洪应急专项演练1次、交通闸试关演练1次。加强防汛值班及防汛安全检查，做好吊车、皮卡车及机电零配件等防汛物资采购储备、超标洪水防御准备等。防汛日常值班177天，值班人员513人次，开机试运行机组18台次，运行泵站抽水1座次(抽排量1982立方米)，防暴雨值班8次。受第16号台风“浪卡”造成的上游区域性降雨影响，10月16日22时至18日12时防洪值班1次，投入人力346人次，出动车辆10辆次，投入运行泵站4座，累计运行机组77台次、7.23台时，总抽排水量20.06万立方米，关闭防洪闸1座、穿堤管6处。　(蒋　蓉)

城市更新

【城中村改造】 2020年，南宁市自然资源局牵头，结合国土空间规划编制旧城区改造专项规划，完成前期调研并出具初步成果。

【棚户区改造】 2020年，自治区下达南宁市棚户区改造开工目标任务5627户(套)，棚户区改造基本建成任务2816套。国家任务开工建设5772户(套)(含货币化安置户数)，开工率102.58%；棚户区改造基本建成6283套，完成率223.12%。

【老旧小区改造】 2020年，自治区下达南宁市改造任务小区240个，涉及户数3.29万户、1151栋、建筑面积226.53万平方米。开工改造老旧小区247个、3.46万户、1025栋、建筑面积280.45万平方米，开工率105.22%(按户数计)。受理既有住宅加装电梯204台，竣工12台。在老旧小区中探索设立“老友议事会”，编印《南宁市老旧小区改造老友议事会指导手册》，统一规范“老友议事会”设立和工作流程，全年设立“老友议事会”223个，组织召开“老友议事会”近500场次。南宁“老友议事会”助力老旧小区改造成果入选住房城乡建设部《城镇老旧小区改造十点成果汇编》，获《人民日报》刊发报道《老友来议事，不怕有分歧》。

(潘　欣)

市政市容管理

【概　况】 2020年，南宁市探索建立生活垃圾处理生态补偿机制，印发实施《南宁市生活垃圾处理生态补偿暂行办法》，制定《南宁市环卫一体化试点工作方案》。8月1日，颁布实施《南宁市生活垃圾分类管理条例》，为广西第一个出台垃圾分类地方性法规的城市。推广“互联网＋建筑垃圾”模式，实现建筑垃圾清运“一键下单”。推进市政基础设施维护管养模式改革，建成区市级管养市政公共资源上的、可经营部分的户外广告统一移交南宁城投集团经营管理。维修市管道路破损路面54.26万平方米、人行道13.68万平方米、伸缩缝6.85万米。路灯平均亮灯率99.58%，照明设施完好率97%以上。生活垃圾无害化处理率100%，处理157.48万吨，其中平里静脉产业园生活垃圾焚烧发电厂处理量76.14万吨、平里静脉产业园生活垃圾卫生填埋场处理量67.5万吨，餐厨垃圾处理量13.84万吨。主要存在城市公用设施建设缺乏长远规划，部分城市道路市容环境保障效果不佳，市容秩序管理存在反弹现象，双定循环经济产业园城西生活垃圾中转站项目征地拆迁难度大，生活垃圾硬件配置有待提升，垃圾分类投放准确设施率有待提高、终端处理能力有待加强等问题。

【市政设施管理】 2020年，南宁市探索“事权下放、管养分离、事企分开”的市政基础设施维护管理新体制，推进市政基础设施维护管养模式改革。6月23日，市市政工程管理处与南宁城投集团签订市政基础设施维修养护合同，涉及市管道路269条，桥梁、地下通道(隧道)434座，电梯21部；与市排水公司完成设施档案(电子版)移交、排水设施现场核验、道路排水设施及泵站移交，排水管网长度约2000

千米、泵站16座;5月,在南环泵站举行防涝设备移交仪式,将防涝设备移交市排水公司。市管359条道路(快速路14条、主干路115条、次干路145条、支路79条、公路6条)按区域划分为5个片区管理,市管653座桥梁涵洞专项管理(跨邕江大桥17座、道路立交桥69座、过街人行天桥87座、地下人行通道5座、隧道10座、桥梁178座、地下通道76座、排水涵洞211座)。市市政工程管理处与南宁市城市建设投资发展有限公司共同开展路网巡查,集中整治昆仑大道、324国道、南站大道、银海大道、平乐大道等城市主要出入口及沿线长虹路、松柏路、三塘南路、佛子岭路等南宁东站片区道路。全年维修道路54.26万平方米、人行道13.68万平方米、路缘石2.34万米;维修、保养桥梁伸缩缝6.85万米,疏通泄水孔3.27万个,栏杆防腐处理2.93万平方米;城市家具维修353件;维修金额1.15亿元。加强维修工地标准化管理,制定针对市管道路日常维修作业的标准化管理实施方案;制订并推广使用具有南宁特色的市政专用围挡;对市政维修现场物料加工、堆放、土方运输等各环节制定操作规定。开展市政设施存在问题摸底排查,对管养道路损坏情况编制三年建设计划,做好道路、井盖设施管理。推进数字化城管系统在市政设施管理中的应用,数字城管平台受理有效案件19760起,处置19758起,结案率99.99%。完善照明设施,市管安装路灯道路总长719千米,市管道路298条,路灯8.50万盏,建成区道路装灯率100%;景观亮化楼宇1576栋,公共景观亮化节点51个,纳入城市照明自动监控系统管理的终端2175台,亮化设施44.09万套,形成以南湖片区为中心、民族大道精品线路为轴线、会展中心等为节点的"一江两心多水系,四轴四区多节点"景观亮化格局。保障服务中国—东盟博览会、中国—东盟商务与投资峰会等重大活动照明任务。亮灯率再创新高,路灯平均亮灯率99.58%,照明设施完好率97%以上;出动车辆2.52万辆次,工作人员7.04万人次,巡查道路7.89万条次,处理路灯故障点1.05万处,更换故障路灯9869盏次,维修线路故障1439处,清洗灯杆2601杆,灯杆喷漆3926杆,维修电缆910米、故障灯杆工作门330处,巡查公共景观亮化2.42万处,处理亮化故障点1572处、亮化线路故障277处,更换亮化故障设施2545套,维修箱变故障2134台。完成数字化案件2619起,受理市长热线投诉案件353起,按时处置率及反馈率均100%。

【环境卫生管理】 2020年,南宁市有环卫人员1.63万人,环卫专用机动车辆1295辆,大型生活垃圾无害化终端处理设施1座(南宁市平里静脉产业园),生活垃圾中转站59座,市政环卫管理公厕251座;城市道路清扫保洁总面积7664万平方米(相对固定值),城市道路机械清扫面积4917万平方米(相对固定值),城市道路洒水降尘面积每月累计422600万平方米。新冠肺炎疫情防控期间,南宁市环卫工人1.6万人坚守一线作业,城区(开发区)环卫站在辖区范围内的车站、农贸市场、党政机关、居民小区、精品路线等区域设置封闭式废弃口罩收集专用桶5393个,收运处理废弃口罩560车、70.84吨。市环境卫生管理处检查组每月抽检城区(开发区)道路192条,道路达标率99%。城区(开发区)环卫站开展创城专项督查,出动环卫工人150万人次、检查人员7.80万人次,出动车辆30万辆次、用水量238万吨,清理卫生死角6.80万处,巡查市政公厕2.10万座次,维修市政公厕1600处,安装市政公厕导向牌1745个,维修果皮箱4300个,整治城中村环境卫生4万处,治理河岸及黑臭水体1800处,清理黑臭水体垃圾800吨。生活垃圾无害化处理量157.48万吨,其中平里静脉产业园生活垃圾焚烧发电厂处理量76.14万吨、上网电量2.67亿千瓦时,平里静脉产业园生活垃圾卫生填埋场处理量67.5万吨,餐厨垃圾处理量13.84万吨;城市生活垃圾无害化处理率100%。12月1日,南宁市餐厨废弃物资源化利用和无害化处理厂改扩建三期工程投产试运行,全年实现餐厨垃圾收处量13.84万吨、地沟油收处量4336.88吨、厨余垃圾收处量1939.37吨;产生粗油脂1652.36吨、沼气发电量569.32万千瓦时;12月28日,实现有机垃圾收处量突破千吨,南宁市完成生活垃圾回收利用率35%以上;项目入选2020年"美丽广西·宜居城市"宜居城市建设优秀范例,获财政奖励补助70万元。开展南宁市智慧环卫信息管理(一期)项目建设,整合9个辖区环卫保洁、作业车辆监管、环卫监督考核、终端处置等环卫业务数据,形成覆盖全市环卫业务信息平台,8月31日项目竣工验收并投入使用。

【生活垃圾处理设施建设】 2020年,南宁市实施城南生活垃圾填埋场渗滤液处理站升级改造工程,改善五象新区生态环境,概算总投资9248.42万元,总用地2.5万平方米,构筑物总建设面积2631.42平方米,业主为市环境卫生管理处,2016年7月28日开工建设,2020年12月31日土建工程竣工验收。实施南宁市餐厨废弃物资源化利用和无害化处理厂改扩建工程,位于南宁市邕隆公路85号石西生活垃圾堆肥厂内,项目业主为广西蓝德再生能源有限责任公司,新增用地面积3.20万平方米,核准总投资1.53亿元,2017年4月开工建设,2018年12月主体工程完工验收,2019年12月15日进入投料试运行阶段,完成投资1.35亿元,完成率88.1%,2020年底申请环保验收。实施南宁市餐厨废弃物资源化利用和无害化处理厂改扩建三期工程,总投资3.26亿元,位于原厂区西侧及南侧,增设厨余垃圾处理线2条、餐厨垃圾处理线1条,7月开工建设,12月1日投产试运行。双定循环经济产业园项目建设生活垃圾清洁焚烧发电厂1座,总处理规模每日3000吨;有机垃圾处理厂(餐厨+厨余)1座,总处理规模每日1200吨;污泥处置厂1座,总处理规模每日500吨(含水率不高于80%,另接纳园区脱水沼渣每日50吨及园区污水处理系统产生的污泥每日70吨)。一期项目于6月进入主体工程施工,计划于2021年11月底完工

2020年,南宁市南湖大桥灯光亮化景观　　市市政园林局提供

并投入使用。南宁市城西生活垃圾中转站取得核准批复、选址意见书、用地预审批复、可行性研究报告、项目地形测绘测量、压覆矿查询结果、占用林地查询结果(占用林地约0.20公顷)、地灾报告、环评报告。武鸣区、广西—东盟经开区生活垃圾中转站取得核准批复、选址意见书、用地预审批复、用地批复、可行性研究报告、项目地形测绘测量、压覆矿查询结果、占用林地查询结果、地灾报告、环评报告、稳评报告。

【生活垃圾分类试点】 2020年,南宁市巩固提升生活垃圾分类,成立以市长为组长的垃圾分类工作领导小组,区县成立相应工作领导小组,形成"市、区、街道、社区、小区"五级联动工作管理模式。8月1日,《南宁市生活垃圾分类管理条例》颁布实施,《南宁市生活垃圾分类投放、收运操作规程(试行)》《南宁市生活垃圾分类示范典型建设标准及设计指南》《南宁市生活垃圾处理生态补偿暂行办法》等政策法规文件、政府规章先后出台。将垃圾分类纳入课堂教学体系,建成垃圾分类宣教基地16个,开展垃圾分类进校园、进商超、进社区、进公园景区等主题宣传活动906次。将生活垃圾分类配套设施建设列入为民办实事项目,给予每个社区补助10万元购置前端分类设施,依托全国文明城市创建活动,新增采购垃圾收集容器30.12万个、分类桶14.07万组、宣传设施1.90万个。推行定时定点投放工作制度,示范片区建设扩大至30个街镇,覆盖建成区范围291个社区。开展示范典型创建活动,打造市第二人民医院、民主路小学青环校区、盛天茗城等分类示范点。更新配置标识规范的四类垃圾收运车辆,有厨余垃圾运输车125辆、有害垃圾运输车19辆、可回收物运输车36辆、其他垃圾清运车2174辆;建成小型其他垃圾转运站54座、大型综合垃圾转运站1座、可回收物分拣中心6个、有害垃圾暂存点10个;已建成投产的厨余垃圾处理设施日处理量1120吨;建成日处理能力100吨的大件垃圾处理中心1个;双定循环经济产业园日处理3000吨的生活垃圾清洁焚烧发电厂、日处理1200吨的有机垃圾处理厂及配套中转站开工建设,一期工程完成总工程量30%,基本满足南宁市生活垃圾收运和处理要求。建立含9.13万条信息的垃圾分类责任主体名录信息库,实行"日检查反馈、月小结通报、季总结点评、年综合评价"工作制度,每个季度检查考核对象实现全覆盖;有督导员7825人,分期分批开展桶边督导,重点督导已开展定时定点投放工作制度的小区及到点收运厨余垃圾的垃圾产生单位。8月,南宁市建成区基本实现生活垃圾分类全覆盖;9月起,生活垃圾回收利用率为35%以上。住建部通报2020年第三季度、第四季度全国46个重点城市生活垃圾分类工作情况,南宁市均位居第一档。

【建筑垃圾治理】 2020年,南宁市推进建筑垃圾治理工作制度化,摸清建筑垃圾排放底数,建筑垃圾总产生量6942.79万立方米。组织开展消纳场新冠肺炎疫情防控及安全隐患排查工作7次,检查消纳场43个;使用第三方无人机航拍监测162次,发现问题全部落实整改;开展建筑垃圾消纳场扬尘治理,全市消纳场出动保洁工人2366人次、洒水车941辆次,道路洒水降尘及车辆冲洗用水6.42万吨。推进制度建设,启动《南宁市城市建筑垃圾管理办法》立法调研;印发《南宁市建筑垃圾消纳场设置管理标准(试行)》《南宁市建筑垃圾消纳场行业监督管理工作制度(试行)》《关于规范建设管理我市建筑垃圾资源化利用企业有关问题的通知》,提升建筑垃圾消纳场建设标准。推进"互联网+建筑垃圾治理",重点培育建筑垃圾再生产品市场,推广"互联网+建筑垃圾"模式,面向市属各平台公司推广南宁渣土信息网,指导广西绿宁渣土运输有限公司研发"土方云"建筑垃圾APP,实现建筑垃圾清运一键下单模式。全市建筑垃圾资源化利用总量1061.68万立方米,有建筑垃圾资源化利用企业27家。5月14日,南宁市组织相关部门到兴宁区二塘建筑垃圾破碎循环利用试验基地,现场调研建筑垃圾再生产品应用及生产情况。6月30日,《南宁市推广使用建筑垃圾再生产品工作实施方案》印发实施。10月30日,将市动物园水环境综合治理工程等17项工程纳入全市2020年建筑垃圾再生产品示范项目。

【重大活动社会氛围营造】 2020年,南宁市市政和园林局(简称"市市政园林局")在第十一届泛北部湾经济合作论坛、中国—东盟博览会、中国—东盟商务与投资峰会、全国文明城市创建、国庆、春节等重大活动和节日期间,在重点道路及主要出入口设置灯杆POP旗(商业销售中的一种店头促销工具)、桥体广告、平面广告等,营造社会氛围。6月27日至9月30日,在民族大道、机场高速、竹溪大道等路段设置全国文明城市创建宣传灯杆POP旗5390杆。10月11日至16日,在民族大道、机场高速、竹溪大道等路段设置第十一届泛北部湾经济合作论坛宣传灯杆POP旗1683杆。11月5日至22日,在民族大道、机场高速等路段设置中国—东盟博览会、中国—东盟商务与投资峰会宣传灯杆POP旗4856杆,桥体广告2处、平面广告12处6846平方米。全年组织户外LED电子屏业主投放公益广告22期。 (易贝贝)

城市管理综合执法

【概　况】 2020年,南宁市城市管理综合行政执法局(简称"市城管综合执法局")有二层机构2个(南宁市城市管理综合行政执法支队、南宁市智慧城管信息中心),代管南宁市城市管理监督评价中心(南宁市城市管理指挥中心)。围绕"城市治理提升年"主线,推进城市治理体系和治理能力现代化,指导开展市政设施管养与户外广告治理提升行动,邕江沿岸公园综合治理提升行动,重要活动、重要区域市容环境综合治理提升行动,助力特色经济、城市温度提升行动,环卫管理水平提升行动,城市园林绿化管理水平提升行动"六大行动"。建立健全大气污染治理"大联动"机制。组织开展市容专项整治行动,出动执法人员167.59万人次、执法车40.14万辆次,巡查发现市容乱象85.42万处,立案查处市容环境违法违规案件3.63万起[乱摆卖案件2798起、车辆违停案件2.84万起、工程车辆违法案件4339起、消纳场类案件43起、非法弃土(随意倾倒建筑垃圾)案件702起],罚款2018.57万元。开展城乡建设领域安全生产"强监管严执法年"工作,立案办结建筑工地违法案件712起,罚款6992.14万元;加强房地产市场销售乱象执法检查,立案办结房产投诉案件91起,罚款49.23万元;加强矿产资源执法,立案办结案件36起,罚款132.75万元。出台《南宁市城市管理综合行政执法督察(试行)》《南宁市城市管理协管人员管理办法(试行)》等制度,组织修订《南宁市城市管理综合行政执法考核办法》。加强执法人员、协管人员管理,实行分级管理、动态跟踪、专人负责,提高出勤率和管事率。深化"强基础、转作风、树形象"专项行动,开展业务大轮训、岗位大练兵、技能大比武、作风大提升、执法大考核、服务大提质等活动,经验做法获住建部、自治区住建厅在系统内作先进经验推广。指导区县城管执法部门组建督察中队,开展常态化内部督察和交叉检查,构建全市"一体化"督察工作体系。采取明检与暗查、重点检与随机查相结合方式,开展周考核48次、季度考核4次、年度考核1次,按月度、季度、年度讲评通报,年度考核结果纳入全市年度绩效考评体系。南宁市城管执法系统单位被住建部评为全国“强基础、转作风、树形象”专项活动表现突出单位;市城管综合执法局、青秀区城市管理综合行政执法局、西乡塘区城市管理综合行政执法局、青秀山风景名胜旅游区城市管理综合行政执法队被自治区住建厅评为全区城市管理执法队伍“强基础、转作风、树形象”专项行动2020年度成效突出单位,被评为成效突出个人4人、优秀协管员10人。主要存在执法专业化水平有待提高、城市治理能力现代化水平有待提升等问题。

【市容环境整治】 2020年,市城管综合执法局开展市容乱象、地铁出入口周边乱象等专项整治,解决车辆乱停、乱摆卖行为、垃圾乱丢、广告乱贴、工地乱象等市容“五乱”。修改完善《南宁市城市扬尘治理条例》《南宁市城市建筑垃圾管理办法》等法律法规,建立健全大气污染治理“大联动”机制,应急预警启动时,利用扬尘治理“慧眼”系统应用,深化扬尘源头治理,巩固扬尘污染治理成效。加强与公安、交警等部门联合执法,对乱丢烟头垃圾、车辆乱停、违规占道经营等市容乱象实施严管严惩,查处乱扔垃圾4.02万起、乱扔烟头45.79万起,处罚509起,罚款2.55万元;整治占道经营9.62万起、流动摊贩4.87万处;查处共享单车乱停放19.05万辆次、违停非机动车14.22万辆次;检查小区6014个次,劝导不文明行为1.74万次,处罚违章搭建等违法行为430起。开展户外广告大清理,查处违法设置户外广告3219处、门店招牌1305处,加大对残旧破损户外广告牌及城市“牛皮癣”整治力度,发现并整改广告破损或脱落、违章设置、小广告乱粘贴等问题9.60万处。

(黄　玲　廖茜茜)

【“美丽南宁·整洁畅通有序大行动”开展】 2020年,围绕“城市治理提升年”活动主线,以创建全国文明城市为契机,南宁市“美丽南宁·整洁畅通有序大行动”指挥部办公室(简称市“大行动”办)推进市容环境治理、交通环境治理、城市文明程度提升、大气污染防治、城市治理长效机制完善5大板块工作,组织开展市政设施管养与户外广告治理提升,重要活动、重要区域市容环境综合治理提升,助力特色经济、城市温度提升,扬尘治理制度体系完善,秸秆焚烧和餐饮油烟管控,工地规范管理提升,道路交通畅通提升,城市重点车辆交通管控,国家第三阶段机动车污染物排放标准及以下柴油货车限行,执法服务水平提升,城市治理信息化水平提升等一系列行动。梳理综治网格员参与“大行动”责任网格管理中的具体任务清单,建立市级综治系统与数字城管系统转办机制;推进武鸣区“大行动”责任网格划分,加快武鸣区管理标准向城市管理标准转变。推动“大行动”考评工作由单项考评向双向服务转变,在原有“美丽南宁大行动暨扬尘考评系统”基础上,开发具备智能分析、数据查询、筛选功能的模块;通过关联考评成绩、构建以信用为基础的新型监管机制,将城市治理“人海战术”向有的放矢的精细化方向转变。制定《南宁市共享电动自行车协同管理方案(暂行)》,颁布实施《南宁市电动自行车管理条例》,在全区率先填补电动自行车地方立法空白。整合交警、住建、市政园林、生态环境等部门力量,组建联合执法队伍,组织开展联合执法专项整治行动19次。实行“门前三包”,指导施划经营线5.49万处、施划非机动车泊位13.10万处。全年立案城市管理问题53.28万件,通过派遣、处置督办及协调整改等方式推动问题整改;日常督查检查发现和督办问题8467处,整改8124处,整改完成率95.9%。

(廖茜茜)

2020年8月13日,南宁市城管、交警部门联合执法,对泥头车开展集中整治行动。图为对泥头车司机进行法律法规宣传　　李金洪　摄

【创城实地测评与创城执法】 2020年,市城管综合执法局运用“美丽南宁·整洁畅通有序大行动”平台,组建创城实地测评考评组及执法组,推进创城整改提升,创建全国文明城市。实地测评考评组统筹15个实测检查小组对城区(开发区)开展全覆盖实测检查,对标对表筛查问题,督促整改。6月至10月,实地测评考评组检查发现问题5.61万个,发出督办函2562份,采集创城专项问题31.28万件,指导、督促责任单位整改问题。执法组强化市容乱象执法整治,开展住宅小区、农贸市场、学校周边等重点区域创城专项执法行动,对乱丢烟头垃圾、车辆乱停、违规占道经营等不文明行为实施严管严惩。

【“两违”整治】 2020年,南宁市开展城市建成区违法建设专项治理五年行动收官。2016年至2020年,治理市本级建成区存量违法建设面积1408.7万平方米,100%完成自治区住建厅下达任务。2020年治理市本级建成区存量违法建设面积123.97万平方米,清理、拆除“两违”(违法用地、违法建设)8245处(栋),拆除违法建设面积470.77万平方米、清理违法用地面积439.59万平方米,超额完成年度326万平方米的综合违法建设拆除任务。

【铁路沿线环境及安全隐患综合治理】 2020年,市城管综合执法局印发《南宁市铁路安全专项整治三年行动实施方案》,深化南宁市铁路沿线环境及安全隐患集中整治大会战成果;印发《南宁市普铁环境安全隐患综合治理联系会议制度》《南宁市高铁沿线安全环境综合管控“双段长”责任制实施方案》,全面巩固整治成果。组织召开市级路地铁路安全联席会议2次、联络员会议8次、协调推进会25次、现场检查38次,边排查边整治,实行问题清单挂号、销号整改,10月底提前完成2270处普速铁路隐患治理。

【邕江沿岸综合整治】 2020年,南宁市提升邕江沿岸公园管理标准,强化督查、考评杠杆作用,发放奖补经费1754万元,以奖补激励规范公园管理;因地制宜设置邕江沿岸公园禁钓区,召开新闻发布会,向市民公布沿岸禁钓区示意图,加强政策宣传,规范、引导邕江沿岸公园垂钓行为;

以文明城市创建为契机，完善公园服务设施，强化公园精神文明宣传。

【重大活动服务保障】 2020年，市城管综合执法局加强整治施工乱象、路面污染、市政设施破损、物料乱堆放、卫生死角等市容问题，确保重大活动沿线及重要场所周边市容环境干净、整洁、有序，圆满完成自治区“两会”、南宁市“两会”、第17届中国—东盟博览会、中国—东盟商务与投资峰会、第十六届中国会展经济国际合作论坛、自治区新冠肺炎疫情牺牲烈士和逝世同胞悼念活动、第十一届泛北部湾经济合作论坛等重大活动、重要会议的服务保障工作。（黄 玲）

【城市管理监督与评价】 2020年，南宁市城市管理监督评价中心开展城市管理考评模式探索。完成“美丽南宁·整洁畅通有序大行动”专项考评12次，受理考评数据111.98万条(含关联数据)，审核申诉数据11.22万条，参与申诉仲裁陈述12次，报送专项考评分析报告22份。强化考评数据分析，服务全国文明城市创建。6月至12月，发布创城专项城市问题案件45.10万起；报送市创城办实测组督办的未整改案件2.16万起，报送申请督办的请示18份；报送创城分析报告材料746份。采集数字城管案件78.69万起，其中“美丽南宁·整洁畅通有序大行动”暨扬尘污染治理专项考评案件45.73万起，创城专项案件8.77万起。6月，印发实施《南宁市数字化城市管理指挥手册》，明确数字城管案件采集、立案、处置、结案标准。受理数字城管案件81.49万起，比上年增加57.87%，其中立案53.27万起、上升31.39%。受理案件中，监督员采集上报78.69万起，占受理总数96.56%；公众举报2.32万起，占4.49%。数字城管系统派遣案件53.28万起，其中“五乱”14.61万起，“12319”热线1.55万起，扬尘治理5.3万起，处理被责任单位驳回案件16.75万起。发出督办函339份。指导协调责任不清类城市管理案件1002起，召开案件现场协调会15次。数字城管案件应结案49.75万起，结案39.01万起，总结案率78.41%、增加9.19%。完成18.06平方千米约15万个城市管理部件信息的普查更新。市“12319”城市管理监督服务热线接到来电4.63万个(咨询2.91万个)，受理立案1.71万起；回访市民1.24万人次，满意1.05万人次、满意度84.16%。配合开展扬尘污染治理有奖举报，“南宁12319”微信公众号受理市民有奖举报案件212起，立案80起，奖励68起，发放奖金2040元。8月，南宁市城市管理监督评价中心座席员队伍获广西住房城乡建设系统“青年文明号”称号。（覃春华）

【智慧城管建设】 2020年，市城管综合执法局深化“慧眼”系统治尘应用，建立案件“发现采集—管理处置—执法处罚—联动考评—信用惩戒—反馈完结”的全链条闭环管理机制。“慧眼”系统接入全市718个有土方作业工地、78个消纳场、52个搅拌站、16个采石场、9个联合执法卡点实时监管扬尘源头，发现扬尘违规案件1185起，系统案件处置率95.8%。利用“慧眼”系统抓拍、录像等取证模式，简化执法流程，提高执法效率；5月至12月，通过“非接触式”执法办结“泥头车”密闭不严或无密闭类违法案件242起。建成南宁市城市管理综合行政执法数字化系统，并上线试运行，实现执法信息云录入、执法程序云流转、执法活动云监督。推进市级城市综合管理服务平台建设，与国家平台联网；推进区县数字城管建设，武鸣区接入数字城管系统并构建二级指挥中心系统，实现横县、上林县数字城管系统与市级平台数据共享。拓展升级数字城管系统应用功能，建设“创文明城”专项案件类型模块，新增案件类型25大类163小类，细化创城城市管理问题采集内容923项，增加“创文明城”专项案件数据统计分析模块；建设共享单车案件自动派遣、工地名录库信息实时更新等功能。推进数字城管系统数据共享应用，初步实现数字城管系统与交通设施维护管理系统、综治系统、市网络意识形态安全预警感知处置平台等数据共享流转。

（黄 玲 覃春华）

【“地摊经济”开放】 2020年6月2日，南宁市印发《关于做好占道经营、马路市场、流动商贩等服务工作的指导意见》，明确在新冠肺炎疫情防控常态化期间，在做好疫情防控、不占用消防通道和盲道、不侵害他人权益、不影响交通秩序，确保安全和环境卫生整洁等前提下，允许经营者在街头摆摊设点、占道经营，坚持以人为本，强化服务理念，实施审慎包容监管，助力经济发展；有效期至2020年12月31日。为保障经济发展，实施“四许”：允许设置临时摊点摊区；允许临街店铺跨门槛经营；允许大型商场在红线范围内开展户外促销活动；允许流动摊贩在小街小巷、小区周边等区域贩卖经营。审慎包容监管，做到“三不”：对企业和经营者因生产经营活动造成的轻微违法行为不予处罚；对允许临时占道经营、流动摊贩原则上不收取摊位费或摊租；暂不列入“美丽南宁·整洁畅通有序大行动”考评，对各城区、开发区、风景区已报备的促销行为，暂不列入“大行动”考评扣分。市城管综合执法局组织分批次合理设定流动摊贩经营场所，在兴宁区、江南区、西乡塘区、良庆区、邕宁区、南宁高新区、南宁经开区7个城区(开发区)14条街道，设置临时摆卖摊点(区)1441个。升级改造淡村市场油烟、污水处理硬件设施，增加市场夜市功能，提供摊位300多个，解决900多人就业问题；启动西关夜市街改造计划，建设“网红”综合夜市，设置摊位500余个，解决1000人～2000人就业问题。走访调查摊贩136人，从便民马路市场摆摊中增加家庭收入占75%，其中收入增加较多、家庭生活改善较大的占25%。

（廖茜茜 黄 玲）

【案例选介】 2020年，市城管综合执法局办理未经许可设置户外广告设施案、签订房地产经纪服务合同前不向交易当事人说明和书面告知规定事项案，违反禁渔区、禁渔期规定进行捕捞案等案件。

未经许可设置户外广告设施案 广西某投资有限公司未经许可，在金洲路民族大道交叉路口地铁3号线出入口外墙及周边设置广告设施，总面积164平方米，违反《南宁市户外广告设置管理条例》。市城管综合执法局对当事人处以罚款1.64万元，并限期自行拆除户外广告设施。当事人不服处罚决定，向市行政复议办提出行政复议，行政复议结果是维持处罚决定，当事人自行拆除违法设置的户外广告设施并缴纳罚款。

签订房地产经纪服务合同前，不向交易当事人说明和书面告知规定事项案 2019年3月26日，广西某地产代理公司在代理销售仙葫大道152号飞扬世代A座701号室的时候，在三方签订《房屋买卖合同》前未向交易当事人说明和书面告知规定事项，违反《房地产经纪管理办法》。市城管综合执法局对广西某地产代理公司处以罚款1.50万元。

违反禁渔区、禁渔期的规定进行捕捞案 3月15日，南宁市农业农村局渔业渔政大队开展夜间巡航执法，返航到南宁市水文站邕江水域时，发现有人在江中收网捕鱼。4月21日，市农业农村局移交案件线索至市城管综合执法局。市城管支队水上大队开展案件调查后查明，当事人彭某3月15日凌晨5时许驾驶橡皮艇到邕江南宁市水文站河段放网捕鱼，未办理相关船舶证书、捕捞许可证等证件。每年禁渔期3月1日至6月30日，当事人彭某在禁渔期内擅自捕捞，违反《广西壮族自治区实施〈中华人民共和国渔业法〉办法》。市城管综合执法局对彭某处以罚款2000元。（黄 玲）

编辑 李 康 唐柯杰

中国共产党南宁市委员会

综　述

【概　况】2020年，中国共产党南宁市委员会（简称"市委"）贯彻落实党中央、自治区党委决策部署，扎实做好"六稳"工作，全面落实"六保"任务，强首府战略开局良好，统筹新冠肺炎疫情防控和经济社会发展工作取得重大成果，脱贫攻坚任务全面完成，经济高质量发展取得新成效，改革开放再上新台阶，民生事业全面进步，党的建设创新发展，"十三五"规划顺利收官，决胜全面建成小康社会取得决定性成就，为"十四五"发展打下坚实基础。全市地区生产总值增长3.7%，规模以上工业增加值增长3%，财政收入量稳质优，固定资产投资保持平稳。

（市委办公室）

【全面落实强首府战略】2020年，南宁市把项目建设作为全面落实强首府战略重要抓手，建立健全重大项目推进协调机制和"要素跟着项目走"机制，推进各项攻坚目标任务顺利实施。克服新冠肺炎疫情影响，泰康之家桂园养老社区、合众新能源汽车、天际新能源汽车、南宁国际铁路港、南宁万有国际旅游度假区、中新南宁国际物流园6大标志性项目完成投资60.46亿元，完成年度计划105.88%。重点关注、强力推进涉及产业、基础设施、社会民生、生态环保4个领域的项目366个，"366"重大项目全年实现投资756.56亿元，完成计划109.07%。191个自治区层面重大项目完成投资352.36亿元，完成计划144.19%，完成率比上年提高7.2个百分点；712个市层面重大项目完成投资963.41亿元，完成计划106.08%。强首府战略成效显著，规模以上工业增加值增长3%，工业投资增长8.1%，分别高于自治区1.8个百分点、0.4个百分点，在没有上重化工、高耗能产业的前提下，工业投资总量排名广西第二。全市规模以上高技术制造业增加值增长26.4%；57个项目列入自治区"双百双新"计划，数量居广西首位；新建投产入规企业数量居广西首位。南宁市高新技术企业保有量1151家，占自治区41%；新增国家级创新创业平台5家，总数32家，占自治区34.41%；广西梯度科技有限公司成为广西首批3家独角兽培育企业之一。"大型二氧化氯制备系统及纸浆无元素氯漂白关键技术及应用"获国家技术发明奖二等奖，南宁市实现国家技术发明奖零的突破。中国—东盟金融城年内新增金融机构（企业）102家，南宁片区金融创新指数在第四批19个片区中排名第二。"交通网"项目全年完成投资337.35亿元，滴滴、万纬、中通等公司的广西运营总部落户南宁；邮政业务量完成102.56亿元、增长43.69%，增幅居省会城市第三；南宁机场国际货邮吞吐量增长373%。南宁市举办首届"云上东博会"；外贸进出口总值986亿元、增长31.8%，增速高于全国29个百分点、高于广西28个百分点，与东盟进出口总值181.1亿元、增长63%；商务部口径实际利用外资4.40亿美元，增长41.9%。"治水、建城、为民"理念更加深入人心，绿城品质持续提升。市区环境空气质量优良率97.5%，创实施空气质量新标准以来新高；竹排江黑臭水体治理项目入选2020年生态环境部通报表扬的典型案例，城市水质指数在全国省会城市排名第二；建成区生活垃圾分类基本实现全覆盖，2020年第三季度在全国46个重点城市垃圾分类工作通报中位居第一档次。入选第一批"全国法治政府建设示范市"。在全国首创电子诚信卡，城市综合信用排名首次跻身全国前十。

（市强首府办）

【壮大产业做强经济】2020年，南宁市坚持早谋划、早部署，聚焦"强二扬三优一"，做大做强现代工业，做强做优现代服务业、现代农业，做大做强新经济，持续做好产业发展、园区建设、企业培育，针对制约工业发展的瓶颈问题，实施系列措施；应对新冠肺炎疫情冲击，调整优化工作部署，打出系列政策"组合拳"，推动工业发展势头强劲、服务业加快回暖、农业生产平稳有序，产业转型升级步伐不断加快。电子信息、先进装备制造、生物医药3大重点产业规模以上产值占全市比重38.8%，高技术制造业规模以上产值比上年增长11.1%，电子信息连续3年成为全市产值最大的工业产业。合众、天际等强首府标志性重大项目顺利开工建设，年新上规入统工业企业185家，为历史新高，其中新建投产入规企业数量位居自治区第一。第三产业增加值稳步增长，对全市经济增长贡献率50%以上。"南宁火龙果""横县甜玉米"获农产品地理标志登记认证，水果产值超百亿元。全市"三企入桂"签约项目203个，项目履约率、开工率、竣工率、资金到位率"四率"综合排名自治区前列。县域经济发展有新亮点新成效，宾阳县、马山县、隆安县、江南区、青秀区、武鸣区获评为自治区高质量发展先进（进步）县区。

【深化改革扩大开放】2020年，南宁市市级113项改革任务基本完成，承担16项国家级改革试点、10项自治区级改革试点扎实推进。"拿地即开工"新审批模式获中央广播电视总台《新闻联播》宣传报道，并在第四届国家数据与治理高峰论坛峰会暨数字政务服务博览会上获2020

年度政务服务改革创新奖；“互联网 + 不动产登记”改革被国家发展和改革委员会评为《中国营商环境报告 2020》“登记财产”指标优化实践案例及典型经验；“区块链 + 人社”改革经验被人力资源和社会保障部作为全国典型案例上报国务院等，城市综合信用指数首次排名全国前十，营商环境在自治区评估中排在首位。南宁·中关村创新示范基地溢出效应不断显现，累计聚集创新主体 358 家。全市新增瞪羚企业 31 家，新入库国家科技型中小企业 853 家、占自治区 32.46%，高新技术企业保有量 1151 家、占自治区 41.06%。中国（广西）自由贸易试验区南宁片区、面向东盟的金融开放门户南宁核心区等国家级开放平台加快建设，南宁临空经济示范区获批建设。中国（广西）自由贸易试验区南宁片区新增企业 6555 家，占广西自由贸易试验区 3 个片区同期增量 52.2%，制度创新指数在全国同批 19 个片区中综合排名第五。中国—东盟金融城新增入驻金融机构（企业）102 家。外贸进出口实现逆势上扬，进出口总额突破 930 亿元，比上年增长 24%。

（市委办公室）

【强化绿色发展】 2020 年，南宁市突出“形、实、魂”，持续治水、建城、为民，持续打好蓝天、碧水、净土保卫战。市区空气质量优良率 97.5%，排名全国前列，环境空气质量连续 5 年稳定达标；南宁市主要流域水质优良比例连续 5 年 100%，连续 2 年二类水质占比 100%，连续 5 年实现“二类水入境、二类水出境”；市级在用饮用水水源水质实现常年稳定达标，县级饮用水水源水质达标率连续 4 年 100% 达标；建成区 38 个黑臭河段全部消除黑臭，竹排江黑臭水体治理项目入选 2020 年生态环境部通报表扬典型案例；南宁市农用地和污染地块安全利用率实现“双 100%”。南宁市绿色发展的经验做法获《人民日报》、中央广播电视总台《新闻联播》等主流媒体宣传推介。完成 377 个加油站 1266 个埋地油罐防渗改造；6 家危化品企业完成搬迁改造；污染地块风险管控与修复走出“南宁模式”。全市建成农村生活污水设施正常运行率 93.94%，行政村集中式农村生活污水处理设施覆盖率 42%，在自治区处于领先地位。

（市委办公室　市生态环境局）

【增进民生福祉】 2020 年，南宁市近八成财政支出投向民生领域，发展民生事业。全市新建成投入使用公办中小学校和幼儿园 53 所、新增公办学位 4.62 万个，就业、医疗、养老、社保等普惠性、基础性、兜底性民生事业全面进步，获“全国双拥模范城”七连冠。南宁轨道交通 4 号线、2 号线东延线开通运营。新冠肺炎疫情防控取得重大战略成果，建立完善战时指挥体系、工作机制，科学实施防控策略，安排 15 名市领导带队包区县（开发区），动员全市 1.7 万多个基层党组织、27 万多名党员投入到疫情防控一线，强化“早部署”、严格“大排查”、落实“严防控”、实施“强督导”、做到“善救治”，仅用 1 个多月时间，实现 55 例确诊患者全部治愈出院、专业救治医院医务人员零感染；推进常态化疫情防控，坚持“外防输入、内防反弹”，加快推进疾病预防控制体系改革，健全重大疫情救治体系；服务全国疫情防控大局，选派 5 批 119 名医疗队员，支援湖北武汉市、十堰市和中国香港地区疫情防控。市第四人民医院党委获全国抗击新冠肺炎疫情先进集体、全国先进基层党组织，获“全国抗击新冠肺炎疫情先进个人”称号 2 人。筹措财政资金 30.66 亿元投入脱贫攻坚，克服疫情给脱贫攻坚带来的不利影响，攻克最后贫困堡垒，“四大战役”（义务教育保障、基本医疗保障、住房安全保障、饮水安全）全面胜利，“两不愁三保障”问题全面解决，实现 4 个贫困县（区）全部摘帽、421 个贫困村全部出列、现行标准下农村贫困人口全部脱贫，脱贫攻坚目标任务如期完成。做好易地扶贫搬迁后续扶持和管理，强化返贫监测预警和动态帮扶，创新设立“南宁市精准防贫基金”，接收社会各界捐赠款 2309.84 万元，对因病、因学、因灾、因意外事故等有返贫或致贫风险的农户进行专项保障，多措并举巩固拓展脱贫成果，推进脱贫攻坚与乡村振兴有效衔接。南宁市脱贫攻坚经验做法获新华社《内参选编》《半月谈》等重要媒体及中央广播电视总台《伟大壮举》《决战脱贫在今朝》《新春走基层》等纪实片宣传推介。　（市委办公室）

【全面从严治党】 2020 年，南宁市加强政治忠诚教育，巩固拓展“不忘初心、牢记使命”主题教育成果，持续深化“书记引航担使命”主题活动，坚持“书记抓、抓书记”，压紧压实全面从严治党政治责任；掌握意识形态工作领导权，做好学习宣传贯彻党的十九届五中全会精神、抗击新冠肺炎疫情、脱贫攻坚、全面落实强首府战略等重点宣传报道；实施“先锋引领 +”系列行动，全面增强基层党组织政治功能和组织力；全市提拔使用 68 名县处级干部，从“四个一线”提拔使用县处级干部占提拔总数 88.24%；重点向脱贫攻坚一线倾斜，全市 56 个深度贫困村第一书记、脱贫攻坚“指导员”全部获提拔重用。将自治区党委第五巡视组反馈南宁市的意见细化分解为 249 项整改任务，其中完成整改 244 项、基本完成 5 项，问责追责 97 人，建立完善制度 36 项；制发纪检监察建议书 266 份，整改问题 581 个，建立完善制度 352 个；各级纪检监察机关处置问题线索 5573 件，立案 1797 件，党纪政务处分 1930 人，留置 36 人，涉嫌犯罪移送检察机关 45 人。

（市委办公室　市纪委监委）

重要会议

【中国共产党南宁市第十二届委员会第九次全体会议】 2020 年 1 月 19 日在市委、市政府会议中心召开。市委委员 52 人、候补委员 10 人出席，市纪委常委、监委委员、有关方面负责人、自治区第十一次党代会和市第十二次党代会部分代表列席。市委常委会主持，自治区党委常委、市委书记王小东作讲话。学习贯彻党的十九大和十九届二中、三中、四中全会及中央经济工作会议精神，听取、讨论王小东受市委常委会委托作的报告，总结市委十二届七次全会以来常委会工作，全面部署全力推进南宁治理现代化和 2020 年工作。

【十二届市委常委会第 127 次会议】 2020 年 2 月 24 日在市委第二会议室召开。自治区党委常委、市委书记、市新冠肺炎疫情防控工作领导小组组长王小东主持会议并讲话。学习贯彻中央统筹推进新冠肺炎疫情防控和经济社会发展工作部署会议精神，贯彻落实自治区部署要求，研究部署南宁市相关工作，动员全市继续抓紧抓实抓细各项防控工作，提高收治率和治愈率、降低感染率和病亡率，关心关爱医护人员，做好后勤保障，持续抓好防护物资生产保障和供应，严防疫情反弹，抓好复工复产、项目建设、促进消费、脱贫攻坚、民生保障、政策落实，最大限度化解疫情影响，全力以赴推动经济社会发展，确保完成全年目标任务。

【全市农村工作会议】 2020 年 3 月 12 日在市委、市政府会议中心召开。市委副书记杨维超出席并讲话。以电视电话会议形式召开，市四家班子领导出席会议，横县、宾阳县、江南区、青秀区依次在分会场作交流发言。传达中央农村工作会议、自治区农村工作会议和市委常委会会议精神，肯定 2019 年南宁市“三农”工作取得的新成效，要求全力以赴完成 2020 年“三农”工作各项任务，如期打赢脱贫攻坚战，补齐“三农”短板，加强基础设施建设，完善公共服务体系，推进重要农产品保供给，做优现代农业产业，推动富民增收、农村一二三产业深度融合，健全乡村治理体系，深入推进平安乡村建设，抓紧谋划好“三农”领域“十四五”规划，为乡村振兴战略顺利实施提供有力支撑。

【中国共产党南宁市第十二届委员会第十次全体（扩大）会议】 2020年8月19日在市委、市政府会议中心召开。市委委员52人、候补委员10人出席；不是十二届市委委员、候补委员的在职厅级领导干部，市政府党组成员，市政协秘书长，市委、市政府副秘书长，有关方面负责同志，市纪委常委、监委委员，自治区第十一次党代会和市第十二次党代会部分代表列席。市委常委会主持。自治区党委常委、市委书记王小东代表市委常委会总结上半年工作，分析当前形势，对下半年工作作部署。学习贯彻习近平新时代中国特色社会主义思想特别是习近平总书记对广西工作的重要指示精神，贯彻落实党中央关于统筹推进新冠肺炎疫情防控和经济社会发展的决策部署，贯彻自治区党委十一届八次全体（扩大）会议的部署要求，动员全市上下坚定信心、迎难而上、担当实干，全面落实强首府战略，坚决打赢疫情防控和经济社会发展两场硬仗，奋力夺取双胜利，决战决胜脱贫攻坚、与全国同步全面建成小康社会。批准李勤、农冰、李建华辞去中共南宁市第十二届委员会委员职务。

【全市“不忘初心、牢记使命”主题教育总结大会】 2020年1月19日在市委、市政府会议中心召开。自治区党委常委、市委书记王小东作总结讲话，自治区第一巡回指导组组长李振唐在会上讲话。市委副书记、市长周红波，市人大常委会主任束华，市人大常委会党组书记冯学军，市政协主席杜伟出席。市委副书记杨维超主持。市四家班子领导成员，市中级法院、市检察院主要领导，市直各单位党组织主要负责同志，市委“不忘初心、牢记使命”主题教育领导小组成员、市委“不忘初心、牢记使命”主题教育指导组有关负责同志等出席。学习贯彻中央、自治区“不忘初心、牢记使命”主题教育总结大会精神，总结南宁市主题教育工作，肯定南宁市主题教育取得的成效，达到预期的目标和效果，对巩固拓展主题教育成果进行部署，强调要巩固拓展主题教育成果，把不忘初心、牢记使命作为加强党的建设的永恒课题和全体党员干部的终身课题常抓不懈；要学习领会习近平总书记的最新重要讲话和重要指示精神，更加深刻地把握习近平新时代中国特色社会主义思想的核心要义、丰富内涵、精神实质，更好地用科学理论武装头脑、指导实践、推动工作。

【自治区党委第五巡视组巡视南宁市、横县、良庆区工作动员会】 2020年4月17日下午在市委、市政府会议中心召开。自治区党委第五巡视组组长廖昌军作讲话，自治区党委常委、市委书记王小东主持会议并作表态讲话。自治区党委第五巡视组副组长及有关同志，市委、市人大、市政府、市政协党组织班子成员，法院院长、检察院检察长及其自治区党委管理的其他干部在主会场出席会议；横县、良庆区党委、人大、政府、政协党组织班子成员、法院院长、检察院检察长及其他在职副处级以上领导干部在分会场出席会议。要求中共南宁市委要通过发现问题、整改纠偏，把习近平新时代中国特色社会主义思想和党的十九大有关决策部署贯彻落实到位，实事求是、客观公正地向巡视组反映情况，支持和配合巡视组工作，为巡视组工作创造必要条件，同时加强对巡视干部作风和纪律监督；坚持边巡边改，对巡前自查自纠出来的问题，立即行动、即知即改；对巡中指出的问题，扭住不放、立行立改；对巡后反馈意见和问题，统筹研究、全面整改。要科学统筹安排好复产复工、保障民生、新冠肺炎疫情防控和巡视配合等工作。全市各级党组织和广大党员干部要服从安排、支持配合，确保巡视工作顺利开展、取得实效。

【首府南宁创建文明城市工作推进会暨2020年市文明委全体会议】 2020年4月24日在市委、市政府会议中心召开。自治区党委常委、市委书记王小东作讲话。市委副书记杨维超主持。市委常委、宣传部部长、副市长邓亚平传达自治区精神文明建设工作推进会暨2020年自治区文明委全体会议精神，并就迎接2020年文明城市测评工作进行布置。会议以电视电话会议形式召开。张文军、严丽萍、谭向光、黄宁、邱明宏等市领导，各有关单位主要负责同志在主会场出席会议。各区县等设分会场。强调把创建工作作为塑造城市“形、实、魂”、提升绿城品质的重要抓手，全力冲刺全国文明城市五连冠目标；加快补齐设施短板，持续加强整治管理，广泛开展宣传动员，提升市容环境、市民文明素养，规范市场秩序，把创城、环境整治与新冠肺炎疫情防控科学结合起来，营造舆论宣传声势，教育引导群众珍惜文明城市荣誉，做好公益广告宣传，把工作抓紧抓实。各级党委要担负起主体责任和领导责任，各级文明委要发挥好牵头抓总作用，文明办要做好沟通协调、业务指导和督促检查。各级领导干部要弘扬务实作风，落实基层减负要求，杜绝形式主义、官僚主义，不断推动全市精神文明建设向纵深发展。

【2020年全市重大项目建设推进电视电话会议】 2020年4月17日在市委、市政府会议中心召开。自治区党委常委、市委书记王小东作讲话。市委副书记杨维超主持。冯学军、杜伟、韦力平、严丽萍、谭向光、缪佃江、黄宁、邱明宏、何颖、周中、朱会东、秦运彪、伍娟等市领导，市直有关单位主要负责同志等在南宁市主会场出席会议，各区县设分会场。强调要贯彻落实习近平总书记在统筹推进新冠肺炎疫情防控和经济社会发展工作部署会议上的重要讲话精神，以及自治区重大项目建设推进电视电话会议精神，在做好疫情防控的同时，加快推进重大项目建设、扩大有效投资；对正在洽谈的项目加强对接，及时跟进，提高项目签约成功率；纳入

2020年8月19日，中国共产党南宁市第十二届委员会第十次全体（扩大）会议在市委、市政府会议中心召开　陈麒元　摄

计划的待建项目抓紧做好前期准备，及时协调解决突出问题，推动项目尽快开工；在建的重大项目主动跟踪服务，落实各项政策，完善配套设施，努力实现及早竣工、尽快投产；已投产的项目支持扩大投资、提质升级，真正发挥龙头项目的示范带动作用；确保实现决胜全面建成小康社会、决战脱贫攻坚目标任务。

【南宁市2020年文化旅游发展大会】 2020年12月18日在市委、市政府会议中心召开。自治区党委常委、市委书记王小东作讲话。市委常委、副市长张文军主持。冯学军、杜伟、严丽萍、邓亚平等市领导，以及区县（开发区）和相关单位负责同志出席。对做好岁末年初南宁市各项重点工作提出要求，并为获得南宁市2020年文化旅游品牌单位的16家单位代表颁发证书。上林县、马山县作经验交流发言。会议指出，全市各级各部门要学习贯彻落实习近平总书记关于文化和旅游工作的重要论述，全面贯彻落实党的十九届五中全会和自治区党委十一届九次全会精神，按照2020年广西文化旅游发展大会工作部署，把握文化旅游发展变化的新趋势新特点新挑战，在做好常态化新冠肺炎疫情防控的基础上，推动首府文化旅游高质量发展；加强文化旅游规划与其他规划的有效衔接，创建国家全域旅游示范区、国家中医药健康旅游示范区；加大招商引资力度，加快文化、旅游、健康、农业、体育等产业深度融合发展，建设一批富有文化底蕴的世界级旅游景区和度假区，打造一批文化特色鲜明的国家级旅游休闲街区；创新实施文化惠民工程、文艺作品质量提升工程，打造具有南宁特色的城市文化旅游名片；强化面向东盟的国际旅游集散功能，唱响“老友南宁”品牌，推动南宁优秀文化走向东盟、走向世界；加强基础设施建设，全面提升交通设施旅游服务水平，实施智慧文旅提升工程，加强文旅市场监管，持续优化营商环境。

【市直机关党的建设工作座谈会】 2020年7月1日在南宁市发展和改革委员会机关会议室召开。自治区党委常委、市委书记王小东主持，谭向光、缪佃江、黄宁等市领导参加。听取市直机关工委党建总体情况汇报及市发改委、市纪委监委、市政府办公室机关第十三党支部、市疾控中心第四党支部代表发言，传达学习贯彻落实习近平总书记对防汛救灾工作的重要指示精神，研究部署有关工作。会议指出，全市各级机关要把政治建设摆在首位，严守党的政治纪律和政治规矩，贯彻党中央、自治区党委的决策部署，履职尽责，服务中心大局，推动党建与业务深度融合，推进支部建设标准化规范化，加强机关党风廉政建设，强化担当作为，推动机关党建工作责任制落实落地。各级机关党组织要深入开展“书记引航担使命”主题活动，把机关党建工作抓实抓好，进一步解放思想、改革创新、扩大开放、担当实干，不断开创全市机关党建工作新局面，为全面落实强首府战略、推动南宁高质量发展做出新的更大贡献。

【南宁市落实自治区党委第五巡视组巡视反馈意见整改工作领导小组会议】 2020年9月29日在市委第二会议室召开。自治区党委常委、市委书记、市巡视整改工作领导小组组长王小东主持并讲话。杨维超、张文军、韦力平、严丽萍、谭向光、缪佃江、黄宁、邓亚平、邱明宏等市领导出席。听取巡视整改工作推进落实情况，研究部署下一阶段工作。会议强调，抓好巡视整改，必须以问题为导向，推动巡视反馈问题整改到位，确保整改落实完成一个、销号一个、巩固一个；及时组织开展“回头看”，推动各项工作常态长效；注重把巡视整改与全面落实强首府战略有机结合起来，与其他工作同部署、同推进；建立健全解决问题、防范问题的长效机制，确保务实管用，防止形式主义。各牵头单位、责任单位持续跟踪督促检查责任落实情况，主动开展自查自纠，确保整改任务按时完成。督查组对整改不力、敷衍整改、虚假整改、拒不整改的追责问责。市领导特别是市委常委同志带头履行好分管职责，整改责任单位主要负责同志带头履职，确保各项整改成果要经得起历史、实践和人民的检验。

【南宁市黑臭水体治理迎检工作动员部署大会】 2020年11月10日在市委第二会议室召开。自治区党委常委、市委书记王小东作讲话。市委常委、副市长张文军主持，韦力平、刘志烈、李建文、朱会东等市领导参加。听取近期水质监测情况、黑臭水体治理迎检准备工作情况汇报，对黑臭水体治理工作进行再动员、再部署、再落实，打赢黑臭水体治理攻坚战，迎接国家的城市黑臭水体整治环境保护专项行动检查，全力抓好问题整改，推动首府生态环境持续改善。

重大决策

【首府南宁治理现代化】 2020年1月19日，中国共产党南宁市第十二届委员会第九次全体会议对全力推进首府南宁治理现代化作全面部署，要求全市各级各部门要迅速把思想和行动统一到市委的决策部署上来，强化责任担当，落实加强制度创新和治理能力建设、推进首府南宁治理现代化各项任务，推动各项事业在制度轨道上创新发展；围绕中央提出的要求，构建系统完备、科学规范、运行有效的制度体系，在推进广西治理能力现代化中走在前作表率；以习近平总书记对广西工作的重要指示精神统揽全局，在遵守好、执行好支撑中国特色社会主义制度的根本制度、基本制度、重要制度上下功夫，在坚持好、巩固好已经建立起来并经过实践检验、有利于南宁改革发展稳定的各项制度上下功夫，在完善好、发展好全面落实强首府战略急需的制度、满足人民对美好生活新期待必备的制度上下功夫，与时俱进、探索创新，使各方面的体制机制更加健全完善，充分发挥制度优势和治理效能，走出一条切合南宁实际的地方治理现代化路子；按照市委明确的9个方面制度，组织、推动各方面制度紧密联系、相辅相成，共同支撑南宁治理现代化；全面贯彻新发展理念，推动经济高质量发展，按照“强首府就要强经济、强产业”的要求，加快完善产业发展、科技创新、对外开放、区域融合等制度；坚持以人民为中心，加快完善社会事业、民生保障等方面制度，推进平安南宁、法治南宁、美丽南宁等建设，让全市人民享受到更多更公平的改革发展成果；把制度建设贯穿改革始终，按照“坚持改革方向、坚持实事求是、坚持高标准，以发展成效检验改革成果”的要求，结合已经部署的各项改革任务，持续深化机制创新、巩固完善制度、强化系统集成，推出更多重要制度成果。

【决战决胜脱贫攻坚】 2020年3月3日，南宁市印发《南宁市2020年决战决胜脱贫攻坚若干措施》，采取挂牌督战集中攻坚、强化资金保障、加大产业扶贫力度等举措，明确要重点对3个未摘帽贫困村、26个有20户（含）以上未脱贫贫困户的已摘帽贫困村、28个有20户（含）以上未脱贫贫困户的非贫困村实行挂牌督战；在原有厅级领导挂点联系贫困村的基础上，增加厅级领导挂点联系贫困村。在脱贫攻坚（乡村振兴）工作队员队伍保持稳定、不进行轮换的基础上，充实挂牌督战对象的驻村工作队伍；动员引导民营企业、社会组织与挂牌督战对象进行“一对一”结对帮扶，结合企业生产经营状况、产业优势和特点开展多种形式帮扶；在已经提前下达市本级财政专项扶贫资金5.20亿元的基础上，再次下达资金1.47亿元，由各区县结合当地实际,统筹用于脱贫攻坚项目;对2020年1月1日至4月30日受新冠肺炎疫情影响严重的贫困村家禽、柑橘类特色产业扶贫示范园恢复生产给予适当补助;为贫困区县安排不低于100万元、非贫困区县安排不低于50万元,直接参与产品销售的电商企业、大宗产品采购经销商给予促销补助,应对县级特色产业因疫情风险、市场风险引起的产品滞销;鼓励贫困劳动力返程返岗和外出务工,给予外出务工贫困劳动力发放交通补贴,市内就业一次性补贴100元,区内跨市转移就业一次性补贴300元,前往广东等外省务工的一次性补贴500元;对强化综合型保障兜底、发展村级集体经济等提出具体措施,补齐短板和薄弱环节,确保如期完成脱贫攻坚任务。

【文化旅游产业高质量发展】 2020年6月16日,市委、市政府联合印发《南宁市加快文化旅游产业高质量发展实施方案》,提出到2025年,通过推动文旅融合发展,培育文化旅游新业态,形成南宁文化旅游产业高质量发展体系,产业规模快速壮大,产业整体水平显著提升,建设成为以亚热带壮乡风情为特色、以会展商务和都市旅游为主要功能的区域性国际旅游中心城市。南宁市以"中国绿城　壮美南宁"为主题,打造绿城生态游、养生休闲游、壮乡风情游等精品旅游线路产品和中国—东盟(南宁)戏剧周等文化旅游精品工程;深化中国(广西)自由贸易试验区南宁片区国际文化创意和演艺合作,引进和培育一批优秀企业和优势品牌;推进旅游与中医药、体育、养生、养老等健康旅游产业融合发展,加快创建国家中医药健康旅游示范区,推进环大明山健康旅游圈、昆仑大道中医药温泉养生旅游带等健康旅游产业集聚区建设,打造南宁市十大中医药健康旅游品牌等;以青秀山、昆仑关、大明山、南宁园博园、美丽南方等一批优秀传统文化、革命传统教育、科技教育、自然生态等研学基地为依托,开发研学旅游产品;以文化创意产业园区为基地,策划推出文化创意设计、成果展示、夜市街区等活动,把"老南宁·三街两巷"历史文化街区、中山路美食街、邕江夜游、百益·上河城、方特东盟神画、青秀山、南宁万达茂等打造成为夜间旅游经济集聚区和"网红"地标;重点建设万有(南宁)国际旅游度假区等重大产业项目,推进一批投资规模大、规划建设理念先进、市场辐射带动能力强的新业态核心项目建设,打造有特色、上档次、具有重大影响力的精品户外实景演出;推动百里秀美邕江、南宁园博园、大明山和昆仑关创建国家AAAAA级旅游景区;重点打造提升"老南宁·三街两巷"历史文化街区、百益·上河城智慧型文化创意孵化产业园、老木棉·匠园(二期)等一批文化产业示范园区(街区);加快完善旅游汽车营地、旅游驿站、旅游交通标识牌系统等旅游公共服务体系建设,提升景区旅游停车场、游客中心等软硬件设施,开通环青秀山、环大明山、百里秀美邕江、美丽南方田园游、昆仑大道研学游等直通车专线;实施文化旅游品牌打造工程,打造一批中小型精品文化旅游演艺项目;与粤港澳大湾区、广西北部湾文旅全面对接,联手打造一批区域性生态旅游、红色旅游、休闲娱乐文化旅游品牌和精品线路;挖掘、包装乡村地区特色旅游资源,打造乡村旅游新产品;实施艺术精品创作工程,扶持精品文艺创作,创作主题性文艺晚会、大型剧目;做好"名家传戏、收徒传艺""青年人才孵化基地""大师工作室""戏曲人才创新团队"等平台建设;实施艺术精品惠民工程,推动舞剧《刘三姐》、话剧《大山壮歌》等大型舞台艺术精品下基层、进校园演出;创建国家历史文化名城,抓好周家坡古民居建筑群修缮保护利用,推进顶蛳山、娅怀洞等考古遗址保护项目建设和红色文化资源的保护利用;建设南宁市非物质文化遗产展示中心,发展文博创意产业,鼓励各级博物馆利用馆藏资源开发文化创意产品,推动深藏在博物馆的文物"活起来"。

【向梁小霞学习活动】 2020年9月4日,市委印发《中共南宁市委关于开展向梁小霞同志学习的决定》,在全市广泛开展向梁小霞学习活动。向梁小霞学习,就是要学习她对党忠诚、听党指挥、做到"两个维护"的政治品格。在抗击新冠肺炎疫情的关键时期,全国各地医疗队积极响应习近平总书记和党中央号召紧急支援湖北省。梁小霞两次主动向组织递交请战书,申请驰援湖北武汉。2月18日,她向医院党委递交入党申请书;2月19日,市第六人民医院接到广西第七批援鄂医疗队队员集结令,梁小霞作为援鄂队员出征武汉市。向梁小霞学习,就是要学习她逆行出征、敢于斗争、勇挑重担的担当精神。梁小霞奔赴抗疫最前线,不顾个人安危,克服穿戴防护装备不便和体能巨大消耗等困难,全力以赴开展救助护理危重症新冠肺炎患者,为打赢疫情防控阻击战做出突出贡献。向梁小霞学习,就是要学习她人民至上、爱岗敬业、精益求精的实干作风,立足本职岗位,干在实处、全力以赴,用模范行动树立良好形象,在平凡工作岗位上创造不平凡的业绩。梁小霞把病人当作亲人,真心实意为群众办实事、做好事、解难事,得到患者及家属的爱戴。她经常加班加点,锻炼出一身过硬本领,成为医院护理工作的标杆,先后9次获评科室"优质护理服务患者满意护士""星级护士",连续3年获评医院优秀带教老师,2018年获评医院优秀护士,2019年获评医院先进工作者、优秀共青团员。全市各级党组织要把开展向梁小霞学习活动与学习贯彻党的十九届四中全会精神、自治区党委十一届八次全体(扩大)会议精神、南宁市委十二届十次全体(扩大)会议精神结合起来,与巩固拓展"不忘初心、牢记使命"主题教育成果结合起来,教育引导广大党员干部群众向抗疫英雄看齐,努力做社会主义核心价值观的模范践行者,做全面落实强首府战略的坚定实践者。全市广大党员干部要以梁小霞为榜样,为全面落实强首府战略,奋力夺取首府疫情防控和经济社会发展双胜利,决胜全面建成小康社会、决战脱贫攻坚做出新的更大贡献。　　(市委办公室)

组织建设

【概　况】 2020年,中国共产党南宁市委员会组织部(含中共南宁市非公有制经济组织和社会组织工作委员会、南宁市公务员局)(简称"市委组织部")统一管理市委机构编制委员会办公室及市委老干部局;二层机构有南宁市党员干部现代远程教育管理办公室(中共南宁市委党的建设信息化管理办公室)、南宁市领导人才考试与测评工作办公室(南宁市公开选拔领导人才工作领导小组办公室)2个。全市有中国共产党地方委员会13个(设区市委员会1个、区县委员会12个),党组466个,中央、地方党委派出工作委员会60个(省市派出工作委员会8个、区县派出工作委员会52个),基层党组织1.82万个(基层党委697个、党总支部1325个、党支部1.61万个);党员29.54万人,其中女党员10.05万人、占党员总数34.04%,少数民族党员14.59万人、占49.41%,离退休党员7.51万人、占25.43%,新发展党员4606人、占1.56%。新发展党员中,女党员2158人,少数民族党员2319人。全市开展学习贯彻习近平新时代中国特色社会主义思想、党的十九届四中、五中全会精神,推进党的建设制度改革,持续深化"先锋引领+"系列行动,推进各领域基层党组织标准化规范化建设和发展党员工作,实施"先锋引领·脱贫攻坚"2020年行动计划,抓好党员远程教育,统筹实施全市公务员职务与职级并行制度,完善"四个一线"选人用人机制,激励干部担当作为,做好人才队伍建设。

【习近平新时代中国特色社会主义思想和党的十九届四中、五中全会精神学习培训】 2020年，南宁市把学习贯彻习近平新时代中国特色社会主义思想、党的十九届四中、五中全会精神作为干部教育培训的中心内容，纳入中共南宁市委党校（行政学院）培训和网络培训的必修课。举办“学习贯彻习近平新时代中国特色社会主义思想”专题研修班等65期，培训领导干部超6800人。新冠肺炎疫情防控期间，采取“行动学习＋网络培训＋专题授课”线上线下相结合方式，开展党的十九届四中全会精神学习培训，实现全市党员领导干部培训全覆盖。完成中央、自治区级调训77期次，举办市本级主体班12期，举办“贯彻落实强首府战略”等市本级专业化培训班49期；市本级培训干部1.68万人次。

【党建制度改革】 2020年，南宁市推进党的建设制度改革任务7项，完成5项，其余2项因上级政策未出台而调整；出台实施《关于聚焦全面落实强首府战略进一步激励干部担当作为的若干措施》，从选人用人、担当奖励、撑腰鼓劲和关心关爱等方面提出措施9条。巩固“不忘初心、牢记使命”主题教育成果，落实具体措施28条；深化“先锋引领＋”系列行动，健全抓党建促脱贫攻坚机制，构建抓党建促营商环境优化、促民营企业发展机制，其中深化街道管理体制改革获评为全市优秀改革创新项目；出台《关于加快集聚人才资源全面落实强首府战略的若干措施》《中国（广西）自由贸易试验区南宁片区支持人才发展若干措施》。健全“四个一线”选人用人机制激励干部担当作为、建设新型产业技术研究机构的改革经验获自治区宣传推广；南宁市党建制度改革亮点举措获中共中央组织部《组工信息》《党建研究》、新华社、《人民日报》、中央广播电视总台新闻频道、《中国组织人事报》等刊发报道。

【基层党组织建设】 2020年，南宁市推进各领域基层党组织标准化规范化建设，开展抓基层党建述职评议考核，召开2019年度落实管党治党主体责任述职评议考核会议，组织23名党委（工委、党组）书记（副书记）进行述职，接受评议，全市1.7万多个基层党组织逐级开展抓党建述职评议考核。建立基层党建“四不两直”（不发通知、不打招呼、不听汇报、不用陪同接待，直奔基层、直插现场）调研指导机制，到各区县（开发区）及部分市直单位的185个基层党组织开展“两随机”调研指导4次，印发“红黑榜”通报4期，督促基层党组织聚焦发现问题整改落实。

【农村党建】 2020年，南宁市实施“先锋引领·脱贫攻坚”2020年行动计划。完成涉及组织部门牵头的4项中央脱贫攻坚专项巡视“回头看”反馈广西意见整改，以及单独牵头整改的1项、共同牵头的3项国家脱贫攻坚成效考核反馈广西问题整改。安排市县两级财政资金1.17亿元，每年向每个村委划拨5万元村党组织服务群众专项经费、村党组织活动和培训经费；统筹推进224个村级公共文化服务中心项目建设，确保60%以上村（社区）组织活动阵地不低于300平方米；印发《全市农村基层党建“整乡推进、整县提升”示范县乡创建实施方案》，35名市级党员领导干部分别挂点联系1个农村党支部，示范带动农村基层党组织建设晋位升级；完成105个软弱涣散（后进）村党组织整顿，全市累计获自治区党委组织部命名星级农村基层党组织702个。全面启动村（社区）“两委”换届选举，开展现任村（社区）“两委”班子及新一届后备人选基本情况调研，摸排确定换届重点、难点村66个，按照不低于村（社区）“两委”干部职数1:1比例培养储备村级后备人才。印发《关于持续提高农村基层党建基础保障水平的通知》，统筹市县两级财政资金4545.66万元，按所在区县（开发区）上一年度农民人均可支配收入2.5倍的标准提高村党组织书记年基本报酬，每名村党组织书记每月报酬待遇最高3900元（含绩效），正常离任村干部养老补贴标准提高到每任满1年每月给予50元。关爱激励脱贫攻坚（乡村振兴）工作队员，56个深度贫困村第一书记、脱贫攻坚指导员全部获提拔晋升或调任重要岗位；1人获2020年度全国脱贫攻坚贡献奖，3名第一书记获评2020年自治区先进工作者，26名第一书记、工作队员获评广西壮族自治区优秀贫困村党组织第一书记、优秀脱贫攻坚（乡村振兴）工作队员，748名工作队员被自治区专项考核评为“好”等次，1129名第一书记、工作队员获中共南宁市委组织部通报表扬。采取“七个一”（召开一次领导小组会议、印发一份工作要点、下拨一笔专项扶持经费、发出一封信、编发一期专题表扬信息、开展一系列调研督导活动、建立一项制度）措施，投入财政扶持资金2.68亿元，推动区县（开发区）村级集体经济高质量发展，提前超额完成自治区下达各项任务指标，全市1559个村（农村社区）集体经济收入全部达5万元以上（10万元以上759个、20万元以上331个、50万元以上126个），总收入超6.54亿元，村均41.96万元；获自治区党委领导批示肯定，新华社、中国政府网、《中国组织人事报》等刊载推介，以及中央广播电视总台新闻频道报道。全市获评首批自治区级示范性农村集体经济组织6个、市级示范性农村集体经济组织20个，市级村级集体经济产业示范园区（江南区村级集体经济产业园）揭牌。

【城市基层党建】 2020年，南宁市开展“先锋引领·凝心聚力”大行动，主题为“织密红色经纬，建强壮乡首府”。制定《南宁市2020年度城市基层党建工作重点任务清单》，确定城市基层党建工作重点项目16项、重要细项指标69个；推进街道管理体制机制改革，全市25个街道全面取消招商引资、协税护税职能及相应考核指标和奖励，赋予街道党工委人事建议权、规划参与权、综合管理权、绩效考核权等6项权利；将兴宁区、青秀区、西乡塘区3个自治区级示范城区作为市本级示范城区，确定8个街道、20个社区、21个居民小区作为市本级城市基层党建示范点，划拨城市基层党建示范居民小区建设工作经费100万元；开展城市居民小区基层党组织的组织建设标准化、阵地建设规范化、管理服务精细化、服务队伍专业化、民主建设常态化、工作保障制度化“六化”建设，将260个基础较好、条件成熟的居民小区作为“六化”示范小区进行重点打造。“七一”前夕，自治区党委书记鹿心社到南宁市南湖小区社区参加主题党日活动，对南宁市城市基层党建工作给予充分肯定。南宁市服务企业复工复产的做法获中央广播电视总台《新闻联播》报道，以社区党建抓防控促复工的做法获《新华社内参选编》刊登，城市基层党建工作经验获新华社《习近平总书记关切事》栏目专题报道。

【国企党建】 2020年，南宁市深化“先锋引领·固根守魂”行动。印发《关于进一步加强市属国有企业党的建设和规范管理工作的若干措施》；指导市国有资产监督管理委员会出台实施《市直企业党组织前置研究重大经营管理事项清单参考文本（试行）》，从战略规划等11个方面、32个细项规范国有企业党组织前置研究讨论清单；召开2020年国有企业党的建设、党风廉政建设工作和贯彻国有企业基层党组织工作条例暨党支部标准化规范化建设现场推进会，命名表彰国有企业示范党支部21个。5月27日，市国资委党委代表南宁市在自治区贯彻国有企业基层党组织工作条例暨党支部标准化规范化建设现场推进会作典型发言。

【机关事业单位党建】 2020年，南宁市开展创建“让党中央放心、让人民群众满意的模范机关”活动，召开市直机关争创“模范机关”推进会暨党建工作先进经验现场观摩会,命名市纪委监委机关为市直机关第一批争创模范机关示范单位。市直机关领导干部建立党支部联系点531个,到联系点指导工作近900次。6月24日,中国共产党南宁市应急管理局党组改设党委,各区县应急管理局党组改设党委。新设立中国共产党南宁市社会主义学院党组,撤销中国共产党共青团南宁市委员会党组、中国共产党南宁日报社党组。全面落实党委领导下的院长负责制,完成市级13家公立医院党政领导班子议事规则和医院章程修订完善;在中小学校开展"先锋引领·校园党旗红"主题活动,打造中小学校党建品牌;推进科研院所党建,研究制定科研院所联席会议制度。

【非公有制经济组织和社会组织党建】2020年,南宁市实施"先锋引领·亲商强企"大行动。分级组织288名领导干部联系755家民营企业党组织,组织424个机关、国有企业党组织与669家民营企业特别是中小微企业党组织结对共建,调整充实两新组织党建工作指导员,到规模以上工业企业、重点企业及各类园区、商业街区、商务楼宇、专业市场助力疫情防控和复工复产;持续开展两新组织党建工作重点任务"百日攻坚",新选聘党建工作组织员92人,新建党组织208个;开展党支部达标创优行动,推行跨两新组织轮值主题党日活动,评定市级党建工作示范点32个,11个党组织获评自治区两新组织党建工作示范点;开展"关注党员成长·激发组织活力"大培训,创办"领航讲堂",培训382期、2.6万人次;开展"党旗领航+"电商扶贫、诚信经营、礼让斑马线等系列活动,促进两新组织作用发挥。南宁市"先锋引领·亲商强企"获评全国两新党建地方创新案例,两新党建相关亮点做法2次获《组工信息》刊发报道。7月30日,自治区两新组织党支部标准化规范化建设现场推介会在南宁市召开,南宁市作交流发言。

【发展党员】2020年,南宁市新发展党员4606人,比上年增加19.79%。注重在新冠肺炎疫情防控第一线培养、发展党员,有723名先进分子在抗疫一线向党组织提交入党申请,确定入党积极分子221人,在抗疫一线发展党员181人。6月9日,自治区党委批准追认牺牲在抗疫一线的援鄂护士梁小霞为中共党员。在贫困村致富带头人中发展党员107人。指导西乡塘区全面排查党的十八大以来新发展的农村党员717人,处理存在违规入党问题党员22人;开展党员档案规范检查,核查2014年以来发展的党员档案2.47万份。

【党员远程教育】2020年,南宁市开展"远教助力·精准送学"活动,完善"课堂+基地"实训模式,依托远教站点、党员教育示范基地开展点上送学活动40场,培训党员群众11万人次。提升建成兴宁区望州东社区、西乡塘区广西工业器材城、良庆区坛良村坛板坡、武鸣区纳天党建文化园、马山县那马革命老区红色教育基地5个远教示范基地为第一批市级党员教育培训示范基地。在"绿城党旗红"党建信息平台开设"先锋引领 共战疫情""为全面落实强首府战略提供坚强组织保证"等专题专栏,市级主网站发布信息8574篇,上传视频453部,推送公众号文章661篇。组织开展"党课开讲啦""学习身边榜样"及《红色传奇》进校园3项活动,22个市属党(工)委制作"优秀党课"和"先锋引领·榜样力量"等作品186部。"优秀党课"作品获自治区党员教育"八桂先锋"优秀作品评选一等奖1部、二等奖2部、三等奖3部、优秀奖4部,2人获评自治区党员教育十佳讲师;"先锋引领·榜样力量"作品获自治区级特等奖1部、二等奖3部、三等奖1部、优秀奖5部;梁小霞入选自治区榜样人物。市委组织部获评2020年自治区党员教育"八桂先锋"优秀作品(党课)摄制工作先进单位(组织奖)。

【公务员管理】2020年,南宁市统筹做好全市公务员职务与职级并行制度实施,晋升公务员(参公人员)3007人次;围绕全面落实强首府战略加大紧缺专业公务员、选调生招录招聘力度,首次面向社会公开招聘聘任制公务员5人;面向社会公开考试录用公务员计划623人,录用608人;拿出133个职位招录选调生,其中51个职位定向招录"双一流"高校(一流大学建设高校和一流学科建设高校)经济学类、土建类及医学类等急需紧缺专业人才。全市办理公务员(参照公务员法管理人员)登记840人,退出备案962人;开展市场监管、生态环境保护、文化市场、交通运输、农业5个领域综合执法改革;完成市直158家机关单位科级及以下公务员(含参照管理事业单位工作人员)1.14万人年度考核审核备案、1797人年度考核嘉奖、402人记三等功奖励的审核;组织开展公务员自主选学培训,设置岗位能力提升和综合素质提升两大模块11个专题59门课程,培训1万多人次。完成清理规范"一票否决"和签订责任状事项,市本级保留"一票否决"事项4项、签订责任状事项5项,取消"一票否决"事项1项、签订责任状事项38项。

2020年7月3日,南宁市兴宁区新成立两新党组织集中揭牌仪式在"老南宁·三街两巷"历史文化街区举行　　市委组织部提供

【干部队伍建设】2020年,南宁市完善"四个一线"选人用人机制,将激励干部担当作为贯穿干部选育管用全过程。提拔县处级干部68人,其中60人来自"四个一线",占提拔总数88.24%,56个深度贫困村的第一书记、脱贫攻坚指导员全部获提拔晋升或使用到更重要岗位。提拔在疫情防控一线表现优秀的卫健系统县处级干部3人,从卫健系统二层单位选拔2名干部进入市卫生健康委员会领导班子,晋升职级4人。全市晋升一级至四级调研员、二级巡视员411人次;晋升一级、二级高级警长,警务技术二级主任,三级、四级高级法官、检察官等单独职务序列职级153人。南宁市组织部门到疫情防控、强首府战略和创建全国文明城市整改等一线走访调研和谈心谈话,列席经济工作会议,了解领导干部担

当作为情况的做法获新华社《半月谈》推介。推动“昏庸懒散拖”干部调整常态化，调整不适宜担任现职的市管干部5人；开展市直部门科级干部交流任职，调整工作表现较差、干劲不足的科级及以下干部69人。全市获评第四届自治区“人民满意的集体”1个，获自治区级奖励表彰159人；以市委、市政府名义对市第四人民医院、赴鄂抗疫医疗队2个集体、6名医护人员给予记功奖励。市本级函询诫勉市管干部16人；安排2020年度领导干部经济责任审计101人次，领导干部个人有关事项随机抽查156人。

【人才队伍建设】 2020年，南宁市围绕全面落实首府战略、产业发展需要实施创新创业领军人才“邕江计划”，引进集聚23名领军人才及团队，给予资助3250万元；升级打造“一个品牌、三张名片”[南宁·东盟人才交流活动月品牌，中国·南宁海（境）外人才创新创业大赛、南宁市海内外高层次人才与项目对接会、在外广西籍杰出人才回乡交流三张名片]引才活动，通过“线上+线下”方式举办2020年南宁·东盟人才交流活动月系列活动，超过40万人次参加，促成俄罗斯科学院院士在内的14个海内外重大人才项目落地；举办中国·南宁海（境）外人才创新创业大赛，吸引全球693个项目报名参赛，比上年增长57%；举办第七届南宁市海内外高层次人才与项目对接会，邀请70名高端人才参会，达成意向合作15项；举办第二届在外广西籍杰出人才回乡交流活动，升格为自治区政府主办，市委、市政府承办，邀请15名杰出人才参加，促成中国科学技术大学吴宇恩教授产业化项目落地，另促成意向合作21项；举办“广西籍学子回家看看”活动，促成306名青年学子达成就业意向；试点探索“优绩优酬”政府雇员制，为广西南宁五象新区[中国（广西）自由贸易试验区南宁片区]选聘高层次急需紧缺专业人才3人；打造广西首家“国字号”海外人才离岸创新创业基地；引进5名持股创业的国家级领军人才及其团队，实现南宁市国家“双一流”大学实体分支机构和院士持股创办企业两个零的突破。全年发放高层次人才首次购房补贴940万元，发放青年人才生活补助1302万元，为2237名青年人才提供人才公寓；吸引自治区应届高校毕业生留邕超9.60万人，较2016年翻一番；南宁市人才工作经验做法获《组工信息》《专家通讯》刊发推广，南宁市重点领域人才引进和流动情况分析获2020年广西组织工作选题统计分析报告一等奖。

（市委组织部）

宣传教育

【概　况】 2020年，南宁市坚持以习近平新时代中国特色社会主义思想为指导，深入学习贯彻党的十九大和十九届二中、三中、四中、五中全会精神，以及习近平总书记关于宣传思想工作的重要思想和对广西工作的重要指示精神，贯彻落实党中央、自治区党委和市委的决策部署，在围绕中心、服务大局中展现新作为。举办南宁市领导干部学习《习近平谈治国理政》第三卷专题辅导报告会，组织开展“我喜爱的学习金句”学习习近平新时代中国特色社会主义思想体会征文活动，信息采用量在自治区宣传文化系统中排名第二；组织开展全市宣传思想文化战线大调研活动；在习近平总书记视察广西及南宁市3周年之际，推出“牢记总书记嘱托推动高质量发展”主题系列报道及特别报道，统筹做好学习宣传贯彻党的十九届五中全会精神、脱贫攻坚、新冠肺炎疫情防控和经济社会发展、生态文明建设等重点宣传报道和社会宣传；以社会主义核心价值观引领文化建设，举办群众文化活动3500多场次；加强和创新互联网内容建设，“互联网+文化”效应良好；持续深化文明城市、文明村镇、文明家庭、文明校园等群众性精神文明创建活动。中国共产党南宁市委员会宣传部（简称“市委宣传部”）获第27届全国青少年爱国主义读书教育活动组织特等奖，获评全市脱贫攻坚先进单位；中国共产党南宁市委员会网络安全和信息化委员会办公室获评自治区网评工作先进集体。

【理论学习与宣传】 2020年，南宁市把学习宣传贯彻习近平新时代中国特色社会主义思想作为首要政治任务，举办南宁市领导干部学习《习近平谈治国理政》第三卷专题辅导报告会，《习近平谈治国理政》第三卷南宁市征订发行总量、党员覆盖率均居自治区第一。市委理论学习中心组开展集中学习4次；建立理论学习中心组学习列席旁听机制。推进习近平总书记《论党的宣传思想工作》学习宣传；组织开展“我喜爱的学习金句”学习习近平新时代中国特色社会主义思想体会征文活动，南宁市获一等奖、二等奖、三等奖数量均居自治区第一。围绕党的十九届五中全会精神等重大主题，全市开展宣讲活动1.28万场，受众75.80万人次。“学习强国”学习平台认证学员17.81万人，供稿采用量居自治区前列。

【信息与调研】 2020年，南宁市向自治区党委宣传部等部门报送信息1600多条，被中共中央办公厅、中共中央宣传部内刊内网单条采用13条、综合采用168条，被自治区党委办公厅、自治区党委宣传部信息内刊单条采用28条、综合采用59条，信息采用量在自治区宣传文化系统中排名第二。组织开展全市宣传思想文化战线大调研活动，形成调研报告40篇、工作案例16篇。创新工作案例《广西壮族自治区南宁市：以春晚为媒，促文明互鉴——〈春天的旋律〉跨国春晚的实践与启示》入选《中宣部宣传思想文化工作案例选编》，调研报告《南宁市推进县级融媒体中心建设的调研报告》获2020年自治区宣传工作优秀调研报告一等奖，《宣传+实践党声入人心——横县扎实推进新时代文明实践中心与县级融媒体中心融合发展的实践和启示》获评自治区宣传工作优秀创新工作案例。

【新闻报道】 2020年，习近平总书记视察广西及南宁市3周年之际，《南宁日报》推出“牢记总书记嘱托　推动高质量发展”主题系列报道，南宁广播电视台播出特别报道。学习宣传贯彻习近平总书记在第17届中国—东盟博览、中国—东盟商务与投资峰会开幕式上的重要致辞精神；统筹内宣外宣、网上网下、传统媒体和新兴媒体，全媒体做好学习宣传贯彻党的十九届五中全会精神、脱贫攻坚、统筹疫情防控和经济社会发展、扫黑除恶专项斗争、全面落实强首府战略、创建全国文明城市等重点宣传报道。中央、自治区主要新闻媒体刊发南宁稿件1万多篇。7月4日，《人民日报》头版头条挂栏题“探索城市精细化管理新路子”刊发报道《南宁扎实推进海绵城市建设》，并配发评论《让田园诗意可望可及》。8月26日，中央广播电视总台《新闻联播》播发《走向我们的小康生活广西南宁：水清岸绿生活美》。南宁日报社整合“报网端微屏”，南宁云全媒体中心优化平台，把策、采、编、发、控等划分为9大功能区，100多名新媒体编辑同时在线。南宁广播电视台新闻综合频道实现高标清同播，为广西首个高标清同播地面频道。全市县级融媒体中心全部通过自治区验收。

【新闻发布】 2020年，南宁市出台加强新闻发布工作系列政策文件，将“4·2·1+N”例行新闻发布模式从市级层面拓展延伸至各区县、各部门，形成纵到底、横到边的新闻发布工作格局。“4”指与宏观经济、民生关系密切和社会关注事项较多的部门，每季度至少举行新闻发布会1次，每年4次；“2”指主要负责人每年至少出席新闻发布会2次;"1"指分管负责人每半年至少出席新闻发布会1次,每年2次;"N"指市委、市政府出台重要文件、制定重大政策举措或举办重大活动时,有关牵头部门的主要负责人或新闻发言人要出席新闻发布会或接受记者采访,发生突发事件和出现社会关注度高的热点敏感问题时,要主动发布信息。围绕中心工作、重大政策和社会关切召开新闻发布会140多场,市四家班子领导和厅级以上负责同志出席新闻发布活动38人次,区县(开发区)、市直部门主要负责同志出席发布会91人次,介绍重点工作、重大改革事项、重大项目进展情况51项,解读涉及民生领域的法规、政策12项。

【社会宣传】 2020年,南宁市围绕新冠肺炎疫情防控、创建全国文明城市、脱贫攻坚、中国—东盟博览会、中国—东盟商务与投资峰会、国庆节等重大主题、重大会议、重要节庆开展社会宣传。利用路灯灯杆设置国旗、公益广告POP旗数量8.59万杆;40多座城市地标建筑开展主题灯光秀;2万多台电子屏播放公益广告;2千多个工地围挡、1千多座公交候车亭设置公益广告画面超过65万平方米。

【对外宣传】 2020年,南宁市在"云端"举办第22届南宁国际民歌艺术节"大地飞歌·2020"晚会,网络播放总量超过1200万次。与马来西亚、缅甸等13个国家和地区21家媒体联合制作《春天的旋律·2020》跨国春晚,电视播放覆盖东南亚、北美洲、大洋洲,第五次入选国家广电总局"丝绸之路影视桥工程"国际传播能力建设专项支持项目。《春天的旋律·2021》跨国春晚入选文化和旅游部"欢乐春节"项目,在海外统一的"欢乐春节"平台同步播出。开展"乘风破浪新通道——南宁渠道持续升级"大型采访行动,到西部陆海新通道重要节点城市凭祥市、钦州市、防城港市、北海市、重庆市、贵阳市、兰州市采访。与法国普罗旺斯—吕贝隆—韦尔东地区、法国阁莱屋市、意大利克雷马市、泰国孔敬市4个友好城市开展"南宁朋友圈跨国云访谈"活动,向海外观众展现南宁融入新发展格局、扩大对外开放的新气象新成效;举办中国—东盟(南宁)戏剧周、中国—东盟(马来西亚)电影展映活动,推动中华优秀传统文化及南宁特色文化品牌走出去、走进去。

【文化文艺事业】 2020年,南宁市以社会主义核心价值观引领文化建设,1052个农家书屋出版物全部补充更新,1385个行政村实现广电光缆联网、数字农家书屋全覆盖;举办新春音乐会、戏曲进乡村进校园、文化进万家、"三月三"八桂嘉年华等群众文化活动3500多场次;出版发行"百里秀美邕江"美术、书法作品集;脱贫攻坚题材话剧《大山壮歌》全国巡(展)演16场,获第七届武汉国际戏剧演出季优秀展演剧目奖。广播剧《少年黄大年》在中央广电总台首播;公益电影放映1.67万场,观影人数超179万人次。全民阅读活动实现"七进"(进农村、进社区、进家庭、进学校、进机关、进企业、进军营)全覆盖。3人入选广西文化名家暨"四个一批"(一批全面掌握中国特色社会主义理论体系、学贯中西、联系实际的理论家,一批坚持正确导向、深入反映生活、受到人民群众喜爱的名记者、名编辑、名评论员、名主持人,一批熟悉党和国家方针政策、社会责任感强、精通业务知识的出版家,一批紧跟时代步伐、热爱祖国和人民、艺术水平精湛的作家、艺术家)人才。南宁市出台《支持文化产业高质量发展的若干措施》《南宁市加快文化旅游产业高质量发展实施方案》等政策文件。全市有文化产业示范基地(园区)120家,其中国家级示范基地2家、自治区示范基地(园区)43家、市级示范基地72家、南宁市文化创意集聚区3家。"老南宁·三街两巷"、中山路美食街、邕江夜游等成为首府夜间经济"网红地标"。万有(南宁)国际旅游度假区等35个文旅项目开工建设。全市有影院73家,票房1.73亿元,占广西总票房38%。

【网络宣传与管理】 2020年,南宁市围绕重大主题、重大活动、重要会议,在人民网、南宁新闻网等重点新闻网站开设专栏专题50多个,发布和转载稿件2万多篇;指导130家属地网站开通举报受理渠道,"南宁辟谣"微博话题阅读量累计770.68万次。回应网民诉求,办结自治区党委网络安全和信息化委员会办公室转办的《地方领导留言板》网友给自治区党委书记的涉邕留言994条。成立南宁市互联网行业党委,加强党对互联网行业的领导。网评文章《岂能追捧如此"网红"!》获中共中央网络安全和信息化委员会办公室通报表扬;持续举办"网友看南宁"活动,南宁市互联网舆情中心获评全国"走好网上群众路线典型征集展示活动"优秀机构案例。

【精神文明创建】 2020年,南宁市培育和践行社会主义核心价值观,持续深化文明城市、文明村镇、文明家庭、文明校园等群众性精神文明创建活动;调整首府创城指挥机构,任命市人大常委会主任为首府南宁创建全国文明城市总指挥部第一常务副总指挥长、市创城办主任;开展创建全国文明城市"十大提升行动"("党员当先锋、共创文明城"提升行动、"践行社会主义核心价值观、做新时代文明南宁人"提升行动、"防疫有我、爱卫先行"提升行动、"弘扬时代新风、倡导绿色生活"文明素质提升行动、"以绣花功夫推进城市精细化管理"提升行动、"以城带乡、乡村振兴"提升行动、"共建共享、宜居绿城"提升行动、"情暖万家、惠民利民"提升行动、"绿城闪耀志愿红、齐心共创文明城"提升行动、"强化诚信建设、优化营商环境"提升大行动),实行定人员、定职责、定时间、定进度"四定"责任制,推进创建工作全民动员、全员参与、全域覆盖、全民提升、全民共享,以89.18的分数通过2020年全国文明城市测评,群众满意度98.60%。推进横县、隆安县新时代文明实践中心中央级、自治区级试点,重点打造良庆区大塘镇新时代文

2020年4月9日,上林县工作人员在为大丰镇农家书屋配送图书　　蓝林　摄

明实践所等文明实践示范所(站)40个;全市1916个新时代文明实践中心(所、站)开展文明实践活动超1.50万场,惠及群众150多万人次。全市注册志愿者145万人,占全市常住人口比例19.82%,完成“十三五”期末占比13%的目标;现有县级以上文明村镇占比66.76%,完成“十三五”末占比50%的目标。全市获得全国文明村镇5个、全国文明单位7家、全国文明家庭2户、全国文明校园3所。南宁市科技馆获评全国未成年人思想道德建设先进单位;江南区江南街道二桥西社区获评全国最美志愿服务社区;横县、马山县入选全国文明城市县级提名城市。

【疫情防控宣传】 2020年,南宁市统筹推进新冠肺炎疫情防控和经济社会发展宣传教育,统一开设专栏专题,全媒体、全方位、全过程做好疫情防控宣传教育、舆论引导和舆情管控,媒体刊播疫情防控报道7万余篇。2月5日,《人民日报》刊发《让党旗在防控疫情斗争第一线高高飘扬》,宣传全国各地党组织和党员的抗疫事迹,报道市第四人民医院党员抗疫的先进事迹。编辑出版广西第一本抗疫新闻报道集《春天的生命礼赞——南宁市抗击新冠肺炎疫情新闻报道集萃》。全市宣传部门发挥文艺宣传作用,支援疫情防控和经济社会发展,开展“同心抗疫·共克时艰”广西南宁—湖北十堰群众文化交流活动,线上线下举办群众文化活动780场。开展疫情防控主题艺术作品征集活动,征集作品774件,出版《春天的旋律——南宁市抗击新冠肺炎疫情主题优秀书画作品集》,40多件作品被中国文艺网、《广西日报》、广西广播电视台等平台刊载。创作歌曲《小霞姑娘》、长篇报告文学《提灯天使:广西援鄂医疗队员梁小霞的故事》等作品,举办梁小霞先进事迹情景报告会,宣传南宁抗疫英雄梁小霞的感人故事。疫情防控期间,组织40多座地标建筑亮灯“武汉加油中国加油”“坚决打赢疫情防控阻击战”标语,获中央广播电视总台新闻频道以《不一样的元宵节,同样的温情暖暖》报道,新华社配发组图。第一时间启动互联网应急响应,加强应急值班值守,履行属地网站平台监管责任,做好网上宣传教育和舆论引导,发出《致南宁市网民的倡议书》,号召全市网民参与疫情群防群控。组织协调中央、自治区重点新闻网站、商业网络平台和南宁市属网络新闻媒体、市政务新媒体及时发布疫情防控重要信息;发起抖音、微博话题“战胜疫情南宁在行动”,阅读量超7亿次;指导属地网络媒体制作《抗击疫情榜样力量》等融媒体产品200多个。南宁市精神文明建设委员会办公室、南宁市爱国卫生运动委员会办公室联合发布《文明南宁科学防疫“十倡议”》。全市新时代文明实践中心(所、站)组织志愿者参与宣传教育、人员查访登记、医疗救助、募集物资、清洁卫生、慰问一线人员、防疫消杀等工作,上门入户排查重点人员160多万人次,发放疫情防控宣传资料500多万份,劝导丧事简办喜事缓办2000多起。全市注册志愿者145万人,占全市常住人口比例19.82%;发布宣传普及、走访排查、维护秩序、无偿献血、关爱困难家庭、清理卫生死角等疫情防控项目4133个,参与志愿者53万余人次,累计服务时长1421万小时;发起“雷锋的礼物——致敬南宁市抗疫志愿者”活动,为52位奋战抗疫一线、表现突出的志愿者赠送鲜花、饭盒,传递爱心。

【脱贫攻坚宣传】 2020年,南宁市组织开展“决战决胜走基层、总攻之势大采访”——千名记者一线行大型主题采访活动和“走向我们的小康生活”主题采访活动。《南宁日报》《南宁晚报》推出决胜全面小康、决战脱贫攻坚“双百版”特刊系列报道,其中《南宁日报》分5期推出124个版,《南宁晚报》推出108个版。南宁广播电视台推出脱贫攻坚纪实专题栏目《奋斗》23期,开展“行走在希望的田野上”大型融媒报道活动,全网点击量超500万次。全市举办“决胜全面小康 决战脱贫攻坚”美术书法摄影作品展。脱贫攻坚题材话剧《大山壮歌》在全国巡(展)演13场,获第七届武汉国际戏剧演出季优秀展演剧目奖。

【生态文明建设宣传】 2020年,南宁市开展“治水、建城、为民”理念宣传,《人民日报》、新华社、中央广电总台、求是网、《光明日报》等主流媒体在头版头条、重要版面、重要时段报道南宁市邕江综合整治、海绵城市建设等方面的成就。7月4日,《人民日报》头版头条刊发报道《南宁扎实推进海绵城市建设》,并配发评论《让田园诗意可望可及》。8月26日,中央广播电视总台《新闻联播》播发《走向我们的小康生活广西南宁:水清岸绿生活美》。市委宣传部指导,南宁广播电视台摄制广西首部全4K十集高清纪录片《邕江》,展示首府践行习近平生态文明思想,持续治水、建城、为民的生动实践和喜人成果,广西卫视、澳门电视台黄金时段播出,菲律宾、泰国、马来西亚、印度尼西亚等国家主流媒体同期播出。

(市委宣传部)

统一战线工作

【概 况】 2020年,南宁市有市、区县党委统战部机关13个,其中市级1个。中国共产党南宁市委员会统一战线工作部(简称“市委统战部”)统一领导民族宗教工作。全市统战部门抓好干部队伍建设,完善工作机制,创新工作方法,围绕中心服务大局。南宁市获“全国少数民族流动人口服务管理示范城市”称号;在全国首创在社区建立“南宁市青少年铸牢中华民族共同体意识研学实践教育基地”和“广西中华民族共同体意识研究院青少年研学实践教育基地”;助力脱贫攻坚、网络统战、民营经济统战、新的社会阶层人士实践创新基地创建、宗教督查整改等在自治区统战会议上作经验交流发言。主要存在服务民营经济的办法和措施不够多样,党外后备干部储备、民主党派队伍培养需加强等问题。

【参政议政】 2020年,南宁市开展“不忘合作初心,继续携手前进”主题教育活动,召开专题协商会和政党协商座谈会4次,听取各民主党派、工商联、无党派人士建议。南宁市各民主党派、工商联、无党派人士联络组根据“党委出题、党派调研、政府采纳、部门落实”制度,围绕中心工作、社会难点和热点问题开展重点课题研究,形成《关于进一步加强我市农村饮水安全保障的建议》(中国国民党革命委员会南宁市委员会)、《中小学卫生工作存在问题及对策》(中国民主同盟南宁市委员会)、《强首府战略下盘活工业用地的对策研究》(中国民主建国会南宁市委员会)、《“十四五”我市农村电商物流业发展研究》(中国民主促进会南宁市委员会)、《南宁市重大疫情防控救治体系建设情况调查》(中国农工民主党南宁市委员会)、《关于南宁空港经济区开发建设的建议》(中国致公党南宁市委员会)、《南宁市数字经济高质量发展研究》(九三学社南宁市委员会)、《南宁市发展夜间经济对策研究》(台湾民主自治同盟南宁市支部委员会)、《关于南宁市民营企业参与中国(广西)自由贸易试验区南宁片区建设的调查》(南宁市工商业联合会)、《南宁市社区共建共治共享社会治安治理体系的建设》(南宁市无党派人士联络组)10篇重点课题调研报告。各民主党派发展新成员155人,完成各民主党派市委会换届;各民主党派成员中人大代表、政协委员提交建议、议案、提案587件。

【理论研究与宣传】 2020年,市委统战部制定《关于成立南宁市统战部理论研究基地的方案》,通过基地建设创新推进全市统战理论研究。6月16日,自治区首个利用社会组织资源打造的南宁市委统战部理论研究(广西同望)基地在广西同望应用法学研究院挂牌,由市委统战部、广西同望法学研究会共同打造。全国首个青少年铸牢中华民族共同体意识研学实践教育基地在中华中路社区揭牌。《基于SWOT分析法浅析二三线城市网络统战工作途径策略——以南宁市为例》获2020年度自治区统战理论政策研究创新成果一等奖,《南宁市"四个重"推进新的社会阶层人士统战工作见成效》《南宁市实施"333"工程持续推进民族事务治理体系和治理能力现代化》《以"五建五促"构建网络统战工作大格局 谱写团结共进担当作为新篇章》3篇文章获2020年度自治区统战工作实践创新成果奖。市委统战部开展理论宣讲6次、"统战大讲堂"3期;收集整理报送社情民意信息596条(涉及新冠肺炎疫情防控295条),获市级及以上部门采用241条、各级领导批示45条。开展"同心美丽南宁"宣传主题活动,在《南宁日报》、南宁电视台新闻频道、公共频道和南宁人民广播电台进行宣传;市属新闻媒体报道统战系统发布网络统战、助力脱贫攻坚等新闻稿件70多篇、专版报道15期。改版"南宁统战"网站,维护"南宁统战"微信公众号运营,在新媒体平台(网站及微信公众号)发布消息700余篇,阅读量超过10万。拍摄统一战线"脱贫攻坚奋斗有我"视频3期,被"广西统一战线"微信公众号采用播放;在中国台湾网、"桂台之声"微信公众号等涉台媒体发表防疫抗疫复工复产信息(文章)9条(篇),编辑制作发布短视频宣传作品8部。

【经济统战】 2020年,南宁市建立机关单位工作人员与企业交往"负面清单"制度、市四家班子领导、非公领导小组成员单位联系服务非公有制企业和非公有制经济代表人士工作制度,开展为民营企业解决困难问题攻坚年活动。走访企业1436家次,收集244家民营企业反映问题293个,解决213个,持续跟进15个,列入计划解决24个。6月,出台《南宁市营造更好发展环境支持民营企业改革发展实施方案》,全方位提升新时代民营经济统战工作水平。奖励364家新认定高新技术企业资金1820万元;10家科技企业孵化器、众创空间减免277家在孵企业的租金620.39万元。开展引导企业转型升级、提升金融服务质量、营造公平竞争环境、构建清亲政商关系、保护企业家人身和财产安全等系列专题活动。10月16日召开市中小企业负责人座谈会;10月17日,举办市全面推进商会人民调解委员会筹建工作经验交流会;10月30日,召开市民营经济统战工作座谈会;11月8日至14日,在广西干部学院举办南宁市民营企业家培训班,培训80人。

【港澳台统战】 2020年,南宁市完善中国香港、中国澳门广西南宁市同乡联谊会内部机构机制;服务港澳企业,召开"湾企入桂"(大健康和文旅产业)座谈会及现场调研会,推进龙光集团"龙光·东盟生鲜食品智慧港"和"新营房轨道小镇"项目落地,帮助港资企业广西新弘基地产有限公司解决项目进展中遇到问题。市委统战部与市发展改革委联合印发《关于促进邕台经济文化交流合作的若干措施》和操作指南。9月27日,召开推进惠台利民措施座谈会。年内,开展服务台胞台企大走访,走访台资企业近100家,慰问台商台胞230人次;协助处理纠纷、求助19件,助推解决台资小微企业发展实际问题2个;开展税务、法律知识等培训5次;承办第十六届桂台经贸文化合作论坛平行主题活动桂台青年就业创业分享会。

【海外统战】 2020年,南宁市建立市侨务工作联席会议机制;开展为期3个月的《中华人民共和国归侨侨眷权益保护法》颁布30周年系列宣传纪念活动;春节慰问困难归侨侨眷630人,发放慰问金和慰问品价值31万元;受理、办结涉及华侨工资待遇等来信来访5件,受理电话咨询26人次,办理归侨侨眷身份证明86人,办理"三侨生"(归侨青年、归侨子女、华侨在国内的子女)高考加分资格审核110人。建立有34人的重点海外侨界代表人士队伍,纳入市委统战部海外人才资料库。借助广西第二届"一带一路"侨商侨领交流合作会议,邀请120多名海外侨商侨领到南宁市交流,现场签约项目2个,签约金额600亿元。

【网络统战】 2020年,南宁市推进自治区网络统战试点先行城市建设。10月9日,在南宁市网易联合创新中心揭牌自治区首个互联网统战工作示范点——南宁市新时代网络人士统战工作站。年内,召开中国共产党南宁市互联网行业第一次代表大会;开设"邕新聚力·云享会""直播五象企业课堂"、广西万益律师事务所"同心直播间"等一批线上课堂,打造网易产业园、百益上河城"南宁市互联网代表人士工作站"、万科大厦"南宁市网络统战工作创新基地"等一批线下载体,把互联网从业人员、网络名人和网民团结凝聚起来。累计成立党组织或参加联合党组织的互联网企业132家,建立15家头部互联网企业负责人组成的网络代表人士数据库、粉丝数超过2万人的30位网红人士数据库。承办广西统一战线助力脱贫攻坚直播带货网红评选表扬暨直播带货专场活动,广西102名网红代表参与活动,网络访问量324万多人次,投票总数近60万票,评选出直播带货网红最佳达人奖10人、最佳人气奖10人、最佳形象奖10人、最具潜力奖20人,优胜奖43人,优秀组织奖10人。12月4日,全国网络统战工作交流会在南宁市召开,南宁市代表广西作网络统战经验交流发言。

【建立统战工作列名联系制度】 2020年,南宁市建立党委、政府党员领导与党外知识分子、新的社会阶层人士列名联系制度。9月21日,指导成立南宁市欧美同学会(南宁市留学人员联谊会),选

2020年9月29日,广西统一战线助力脱贫攻坚直播带货网红评选表扬暨直播带货专场活动在南宁市举行。图为带货网红在直播　　市委统战部提供

举产生第一届理事会及班子成员，加强留学人员代表联系沟通。年内，健全完善《定期向党外代表人士通报制度》，通过通报会、座谈会、各界人士新春茶话会等，向党外知识分子通报经济社会发展情况，征求意见建议，为全市经济建设工作部署提供参考。印发《关于加强全市新的社会阶层人士统战工作实践创新基地建设的实施方案》，市财政安排240万元资金，支持"一县一品"创建实践创新基地，全市建立新联会15个，打造全国实践创新示范基地2个、自治区级6个，行业基地2个。

【党外代表人士队伍建设】 2020年，南宁市有副处级以上党外干部119人（正处级9人、副处级110人，民主党派59人、无党派人士52人、群众8人）；党外人士担任市政协委员293人，占委员总数60.40%。抓好党外代表人士培养锻炼，搭建党外干部成长平台，举办培训班7个班次，培训350多人次；组织统战干部和党外代表人士1300多人开展网络学习；申报"老南宁·三街两巷"和隆安华侨管理区（宝塔医药产业园区）2个文化街区（产业园）成为自治区党外代表人士创业专项实践锻炼基地，获自治区党委统战部批准授牌；完成第一批390名党外代表人士分类编码确认。

【助力疫情防控与脱贫攻坚】 2020年，南宁市统战成员、统战团体和民营企业为抗击新冠肺炎疫情捐款捐物7838.95万元；市委统战部、市工商联发起"霞光天使同心计划"，弘扬抗疫英雄梁小霞崇高精神，倡议关心关爱医务工作者，计划用5年每年安排20万元捐款，慰问全市先进医务工作者，首批捐款34.40万元。开展"解决民营经济突出问题攻坚年"活动，出台制度文件7个，解决问题252个；推出网络招聘、"云上招商"等创新举措，"民企入桂"签约项目133个，总投资662.18亿元，规模以上非公工业增加值比上年同期增长4.50%，非公企业吸纳新增就业增长103.97%。开展"产业扶贫攻坚年"活动，全市1890家民企参与帮扶2862个村委，实施帮扶项目4899个，投入资金10.65亿元，受益贫困人口49.42万人。

（刘学程）

政法委工作

【概　况】 2020年，南宁市设市、区县两级党委政法委机关13个（市级1个、区县级12个）。中国共产党南宁市委员会政法委员会（简称"市委政法委"）代管南宁市励志专门学校、南宁市法学会办公室、南宁市流动人口服务与管理办公室、南宁市见义勇为基金会秘书处。市委政法委以习近平新时代中国特色社会主义思想为指导，贯彻落实习近平总书记重要讲话精神，聚焦主责主业，一手抓新冠肺炎疫情防控、一手抓社会安全稳定，推动战疫情、防风险、保安全、护稳定等各项工作落实，防范化解重大安全稳定风险，打击各类犯罪，推进市域社会治理现代化试点，确保全市社会大局稳定，实现"大事不出、中事不出、敏感时期小事也不出"工作目标，推动南宁市实现高质量发展、高效能治理。南宁市获批为全国第一批市域社会治理现代化试点城市，获"全国法治政府建设示范市"称号。主要存在敌对势力借机渗透、网上意识形态防控压力增大等问题。

【维护社会稳定】 2020年，南宁市群体性事件比上年下降37.21%；进京到非接待场所上访5批、7人、7人次，分别下降77.23%、80.54%、81%，发生在邕到非接待场所上访9批、48人、48人次，分别下降18.12%、79.41%、80%；完成全国、自治区"两会"，平安清明，第17届中国—东盟博览会、第17届中国—东盟商务与投资峰会维稳安保任务，稳妥处置群体性事件54起；处置4月13日370多名自治区野生动物养殖户赴邕集体上访事件；保障在邕重大活动、重要会议维稳巡查任务63次，协助外市处置在邕群体性事件58起。举办2020年自治区区市联动处置重大涉稳突发事件应急演练现场观摩会，参加1100多人次。

【执法监督检查】 2020年，南宁市督办案件119件，其中自治区、市两级领导批示件11件；召开案件协调会、汇报会、专题研究会43次，推动解决新冠肺炎疫情期间涉黑涉恶案件远程视频开庭及律师会见等问题；接待群众来访107批、320人次、来信来电200余件次，引导群众依法维权。2月至6月，市公检法机关集中整治涉案财物管理处置突出问题，排查案件6.82万件，涉及金额9.42亿元、物品73.53万件，发现问题案件1.33万件，涉及金额4亿元、物品5.10万件，整改案件1.22万件，涉及金额2.62亿元、物品3.17万件。9月29日，市委政法委在自治区政法领域全面深化改革推进会上作题为《创机制破难题见成效南宁强化执法监督提升执法司法公信力》经验交流。对9起涉黑涉恶案件进行执法问题评查。出台《南宁市关于依法严厉打击疫情防控期间违法犯罪行为的通告》《南宁市刑事诉讼涉案财物管理办法》《市委政法委市纪委监委关于做好监督检查审查调查协作配合的暂行规定》《南宁市行政执法与刑事司法衔接工作联席会议制度》等文件。

【治安整治】 2020年，南宁市推行行政执法公示、执法全过程记录、重大执法决定法制审核"三项制度"，加快执法权运行机制改革，完善行政裁量权基准制度，确保规范公正文明执法。推进司法公正，全市法院审结案件22.31万件，审、执结19.66万件；检察机关批准或决定逮捕刑事案件犯罪嫌疑人6752人，提起公诉9075件；公安机关立刑事案件5.53万起，破案1.95万起，查处治安案件6.55万起；司法行政机关受理行政复议案件461件，审结345件，办理法律援助7517件，公证1.89万件，仲裁1536件；监督司法鉴定机构办理司法鉴定2.44万件。推进警务运

2020年12月2日，市委政法委第一党支部与兴宁区检察院党支部联合开展"党建联建　共未来"系列活动　　何如潮　摄

南宁年鉴

行机制、公安“放管服”(简政放权、放管结合、优化服务)改革,“互联网+警务”办理事项超过400万件。公安部交通管理局在南宁市召开交通管理“放管服”改革现场会。

【政法队伍建设】 2020年,南宁市组织开展政法队伍政治轮训,强化政治督察,持续抓好巡视巡察反馈意见整改,组织开展“党建引领平安南宁建设,固本强基创建模范机关”主题实践活动。以“双学双创”(学习近平新时代中国特色社会主义思想、学政法业务,创一流支部、创过硬队伍)为抓手,建立第一议题、双周学习等制度,实现抓党建、促业务、强队伍;开展全面从严治警“五查五整顿”专项行动,即查思想、整顿理想信念滑坡问题,查纪律、整顿有令不行问题,查作风、整顿不严不实问题,查担当、整顿不作为乱作为问题,查管理、整顿领导责任落实不力问题。查处政法系统违纪违法干警156人,党纪政纪处理81人,移送司法处理38人。

【新冠肺炎疫情维稳】 2020年,南宁市政法系统开展新冠肺炎疫情期间维稳工作。市委政法委书记任市疫情防控工作领导小组指挥部常务副指挥长、维护稳定组组长。1月26日至27日,召开新冠肺炎疫情防控期间维护社会稳定工作视频调度会,传达学习贯彻习近平总书记重要讲话精神和中央政治局常委会会议精神,以及自治区关于做好重点人群排查管控工作会议精神和市委常委会扩大会精神,部署南宁市重点人群排查管控和社会面维稳工作。市委政法委领导班子6名成员,每人包1个县、1个区(含开发区),重点督导区县(开发区)社会面维稳管控,重点人群摸排管理,乡镇(街道)综治专干、网格员一线巡查,网络信息核实,打击造谣、传谣行为等情况。全市政法干警春节期间坚持党员在岗,组织乡镇(街道)、村(社区)网格员按照《关于进一步发挥综治网格员作用全力做好新型冠状病毒感染肺炎疫情防控工作的紧急通知》要求及网格化管理要求,对全市7173个网格、5575栋楼宇进行全面排查。每天投入巡防警力约3000人次、派出警力160人次,对14个涉疫医疗机构进行巡逻防控和维护秩序。17个公路环邕检查站全部启动防疫检查,实行24小时值班检查制度,日均核查车辆8000多辆。市委政法委联合市级有关政法单位发布《南宁市关于依法严厉打击疫情防控期间违法犯罪行为的通告》。市检察机关介入侦查引导取证涉疫情刑事犯罪56件,受理审查逮捕41件61人,批准逮捕21件24人,受理审查起诉34件37人,提起公诉29件37人,第一次判决17件23人。

(市委政法委)

市直机关党建

【概　况】 2020年10月,中国共产党南宁市直属机关工作委员会更名中国共产党南宁市委员会市直属机关工作委员会(简称“市委市直机关工委”),设办公室(政策研究室)、组织部(市直属机关干部教育办公室)、基层组织建设指导部、宣传部、群众工作部(统战部)、市直机关团工委、机关党总支部,行政编制20名、后勤服务人员编制2名。市委市直机关工委直接管辖党组织100个,其中机关事业单位党组织90个(党委52个、党总支部16个、党支部21个、国有制经济控制企业党委1个),两新组织党组织10个(党委9个、党总支部1个);间接管辖机关事业党组织1090个(党委46个、党总支部29个、党支部1015个);间接管辖国有经济控制企业党组织25个(党总支1个、党支部24个);间接管辖集体经济控制企业党组织16个(党委1个、党总支部1个、党支部14个);间接管辖两新组织党组织301个(党委10个、党总支部5个、党支部286个)。管理党员2.54万人(在职党员1.72万人、退休党员6959人、其他党员1260人)。6月3日,印发《南宁市直机关开展“百名书记引航,推动消费扶贫”活动实施方案》,组织市直机关各党组织解决贫困村、贫困户农特产品因疫情滞销和季节性产品急销等问题。开展“亲商强企结对共建”主题活动,组织市直机关各党组织帮助民营企业解决生产经营中遇到的困难和问题,助力民营企业疫情防控和复工复产,构建亲清新型政商关系。南宁市直机关模范机关创建工作获中央和国家机关工委主办的《机关党建研究》杂志“创新案例”栏目刊载。主要存在个别单位抓基层党建主体责任压力传导不够到位,主体责任落实存在薄弱环节;模范机关创建工作不平衡,个别单位载体特色不够明显等问题。

【机关政治建设】 2020年,市委市直机关工委落实《中国共产党重大事项请示报告条例》《市委常委会关于坚决维护以习近平同志为核心的党中央权威和集中统一领导的规定》,督促指导市直机关党组织深入学习习近平总书记在“不忘初心、牢记使命”主题教育总结大会、统筹推进新冠肺炎疫情防控和经济社会发展工作部署会议、决战决胜脱贫攻坚座谈会、经济社会领域专家座谈会、全国抗击新冠肺炎疫情表彰会议上的重要讲话精神。7月1日,自治区党委常委、市委书记王小东在市直机关党的建设工作座谈会作讲话,全市各级机关党组织通过专题会议、座谈会、主题党课等形式传达学习讲话精神,结合实际制定贯彻落实方案,形成全市机关党建上下联动、整体推进、齐抓共管工作格局。年内,开展“党建引领、抗‘疫’先行”主题活动,组织市直机关各组织和党员投入抗击新冠肺炎疫情阻击战和全面复工复产。压实机关党建工作政治责任,开展“书记引航担使命”主题实践活动,坚持“书记抓”“抓书记”。开展2019年度党组织书记落实管党治党主体责任述职评议考核,90名机关党组织书记和10个两新组织党组织就基层党建、党风廉政建设、意识形态等工作向市委市直机关工委述职。

2020年6月8日,南宁市市直机关争创“模范机关”推进会暨党建工作先进经验现场观摩会在市纪委监委机关举行　　黄璐璐　摄

【机关思想建设】 2020年，市直机关党委（党组）理论中心组学习530多场次，带动机关党员干部学习2.50万人次。市委市直机关工委为基层党组织订购党的十九届五中全会精神学习资料、《习近平谈治国理政》（第三卷）等学习书籍1660册；市直机关党组织举办学习党的十九届五中全会精神专题学习会（班）560多场次，培训党员2.60万人次。机关党员参加自治区“我最喜爱的学习金句”学习习近平新时代中国特色社会主义思想体会征文活动、“决胜小康·奋斗有我”主题征文比赛及全市理论宣讲比赛等，有6篇征文获奖。举办“十四五”规划、公共卫生突发事件应急管理、抗疫精神、大数据发展“时代前沿知识”专题讲座4期，参加学习领导干部600多人。南宁机关“两学一做”网上党校改版，加强对习近平新时代中国特色社会主义思想、党章党规、党的十九届五中全会精神等内容解读，组织机关党员学习自治区党委十一届九次全会和市委十二届九次、十次全会及市委十二届十次、十一次全会精神，市直机关2.25万名机关党员注册学习。开展“书记引航强首府　正风肃纪转作风”主题党课巡讲53场，受教育党员1.50万人次。举办2020年市直机关意识形态工作培训班，培训180人。在南宁机关党建网、《南宁日报》开设“机关党建”专版，宣传报道市直机关党组织在疫情防控、复工复产、决战决胜脱贫攻坚战、创建全国文明城市等创新举措及成效，刊发机关党建专版9版，在南宁机关党建网发布信息2665条。围绕“创建让党中央放心、让人民群众满意的模范机关”等课题开展理论研究，收到课题研究成果232篇，表彰优秀作品48篇。在南宁电视台举办“抗疫一线党旗红——南宁机关优秀共产党员先进事迹情景报告会”，宣传推广疫情防控一线先进典型，表彰疫情防控一线先进党组织60个，优秀共产党员108人。

【机关党组织建设】 2020年，市委市直机关工委组织开展“党支部达标创优工作”“党支部组织生活质量提升行动”，推进党支部标准化规范化建设。有833个党支部组织生活质量提升达标，855个党支部达标创优。举办党务干部培训班10期，培训2500多人次；基层党组织自主举办党务干部培训班151期，培训近8000人次。开展“党课开讲啦”“学习身边榜样”活动，有4节党课被评为南宁市十佳优秀党课，1节党课被评为优秀观摩作品，4名党务干部（集体）被评为十佳党员教育好讲师。指导236个党组织完成换届选举。培训入党发展对象540多人，发展党员458人。开展机关党建“两随机”综合调研活动2次，采用“红黑榜”方式鼓励先进、鞭策后进。继续推行单位党组书记或主要负责人担任机关党组织书记，市直机关有65个党组织书记由党组书记或主要负责人担任，占机关党组织72.22%。市直机关领导干部建立党支部联系点531个，单位党组（党委）专题研究机关党建工作531次，党组（党委）书记给基层上党课356次，其他领导班子成员给基层上党课764次。市级两新组织“两个覆盖”（党的组织覆盖、工作覆盖）提升，新增两新组织党组织36个，两新组织党组织在非公企业覆盖率75%，在社会组织覆盖率72.22%。市直机关向两新组织选派第一书记、党建指导员310人，139个两新组织实现党组织领导班子成员与管理层人员“双向进入　交叉任职”。打造两新党建示范点，获“第三批自治区两新组织党建工作示范点”称号3个，获“第三批南宁市两新组织党建工作示范点”称号6个。落实党内关怀机制，增强党组织向心力。慰问困难党员、老党员、贫困群众6.11万人次，发放慰问金46.45万元；市直机关党员干部职工为牺牲抗疫一线护士梁小霞家属捐款150.59万元。

【机关党风廉政建设】 2020年，市委市直机关工委召开市直机关党的工作暨党风廉政建设工作会议，研究制定市委市直机关工委“书记引航担使命”主题教育活动领导班子和成员责任清单，专题听取班子成员落实“一岗双责”情况汇报，落实“第一责任人”。与市直机关纪检监察工委定期召开联席会议，分析研判市直机关党风廉政建设风险点。以专题辅导报告会、观看警示教育片、参观廉政教育基地等形式，督促各单位抓好经常性纪律教育。深入整治“四风”（形式主义、官僚主义、享乐主义、奢靡之风）新老问题，从严查处、通报曝光顶风违纪行为。组织党员进社区服务群众，推动窗口单位转变作风、优质服务。市直机关纪检监察工委受理党员干部违纪违法案件19件，审结27件，处分24人，其中党纪处分21人、政务处分3人，免予处分1人，组织处理2人。加强日常监督、专项治理，推动中央、自治区党委巡视和市委巡察反馈意见整改落实到位。市直机关开展“讲家史、立规矩、正家风、传家训”等主题教育680多场次，接受教育党员7800多人次。举办市直机关纪检干部培训班，培训105人。

【群团工作与精神文明建设】 2020年，市直机关32个基层工会、14个团组织、16个妇委会完成换届选举。开展“把爱带回家——与留守、困境儿童结对共度寒假特别行动”、2020年春节走访慰问困难职工活动，慰问困难职工112人，发放慰问金8.10万元。开展送清凉活动和金秋助学活动，为600多名基层职工送去价值9.20万元的清凉饮料、防疫用品和防暑药品，向31名困难学生发放助学金8.25万元。开展“青年大学习”网上学习活动，在线学习团员1.95万人次。举办“南宁市直机关‘致青春为家国——争做梁小霞式好青年主题团日’暨先进集体、优秀个人表彰”活动，授予2019年度“南宁市直属机关优秀共青团员”称号89人，授予2019年度“南宁市直属机关优秀共青团干部”称号43人，授予2019年度“南宁市直属机关五四红旗团委”称号3个，授予2019年度“南宁市直属机关五四红旗团（总）支部”称号14个。获广西青年五四奖章1人，获自治区优秀团干2人，获自治区优秀扶贫团员1人；获南宁青年五四奖章1人，获南宁市优秀团员9人，获南宁市优秀团干6人，获南宁市疫情防控专项优秀团员2人，获南宁市疫情防控专项优秀团干1人；获自治区优秀团组织1个，获南宁市优秀团组织8个，获南宁市疫情防控专项先进集体2个。举办“强首府·聚人心·促发展·比贡献”迎新送春联活动，邀请知名书法家为市直机关干部职工免费书写春联360多幅。举办第五届南宁机关“公仆杯”书法美术摄影作品比赛，参赛作品1298幅，评选优秀作品435幅，展出作品208幅。以“强首府·爱南宁”为主题开展“民族团结”健身运动会、干部职工才艺大展演、乒乓球、羽毛球、广播操、气排球、五人制足球、健身走等系列文体活动，参加活动3760人次。举办第二十届“寻爱之旅”活动，参加活动3260人。市直机关党员志愿者开展疫情防控、创建全国文明城市等志愿服务3.32万人次。

【“争做‘三个表率’、争创模范机关”】 2020年5月13日，市委市直机关工委印发《关于南宁市直机关开展“争做‘三个表率’、争创模范机关”的实施意见》，动员、组织市直各机关党组织创建让党中央放心、让人民群众满意的模范机关。推广宣传市纪委监委机关创建“模范机关”先进经验，在市纪委监委机关召开南宁市直机关争创“模范机关”推进会暨党建工作先进经验现场观摩会，编印《榜样示范 百舸争流——南宁市纪委监委机关党建先进典型暨辐射带动各党组织资料汇编》，命名市纪委监委机关、市税务局、市气象局、市发展改革委为市直机关争创模范机关示范单位，推动市直机关模范机关创建。南宁市直机关创建模范机关工作经验文章《强力推进模范机关创建，助力强首府战略全面落实》获中央和国家机关工委主办的《机关党建研究》杂志“创新案例”栏目刊载。12月25日,市纪委监委机关被自治区党委区直机关工委授予“全区争创模范机关示范单位”称号。

【“党建引领·抗‘疫’先行”主题活动】 2020年新冠肺炎疫情发生后,市直机关基层组织和党员响应号召投身疫情防控和复工复产,参与疫情防控和复工复产党员7800人。市委市直机关工委向抗疫一线党员发出慰问信,划拨党费20.70万元、工会费8.40万元慰问抗疫一线党员干部职工。在疫情防控和复工复产一线成立临时党支部26个,发展党员103人。市直机关全体党员为疫情防控捐款280.92万元。组织基层党组织解决贫困村、贫困户农特产品因疫情影响滞销等问题,形成机关党组织书记指挥、专职副书记牵线、第一书记推介、贫困户销售、党员以购代捐的消费扶贫模式,帮助贫困村销售农特产品320多万元,获《半月谈》《亚太日报》《南宁日报》、旗帜网专题报道。市直机关25个单位与75个规模以上民营企业建立党建联系点,37个党委与100个民营企业结对共建,助力民营企业疫情防控和复工复产。 (蓝 迅)

政策研究

【概 况】 2020年,中国共产党南宁市委员会政策研究室(中国共产党南宁市委员会全面深化改革委员会办公室)[简称“市委政研室(改革办)”],起草、审改市委重大文稿250多篇;起草《国民经济和社会发展第十四个五年规划和二〇三五年远景目标的建议》等重大政策文件9份;牵头完成重点课题研究6项;按计划推进市委部署改革任务113项,推进国家级改革试点工作16个、自治区级改革试点工作10个。编辑发行《南宁工作研究》6期。通报2019年南宁市改革优秀创新项目20项。开展10个领域35项改革典型题材宣传,在中央、自治区、南宁市新闻媒体刊发深化改革宣传报道40多篇。主要存在调研广度与深度、改革系统性协同性仍需加强,参谋助手作用有待进一步发挥等问题。

【重要文稿服务】 2020年,市委政研室(改革办)起草、审改重要文稿250多篇。牵头起草自治区领导调研强首府战略指挥部汇报材料、调研广西建设面向东盟的金融开放门户座谈会汇报材料等;起草市委十二届九次、十次全会会议材料,自治区党委巡视南宁市汇报材料等;起草、审改强首府指挥部会议、南宁市创建文明城市动员会、抓产业扶贫壮大村级集体经济会议、推进健康乡村建设专题协商会等会议材料。

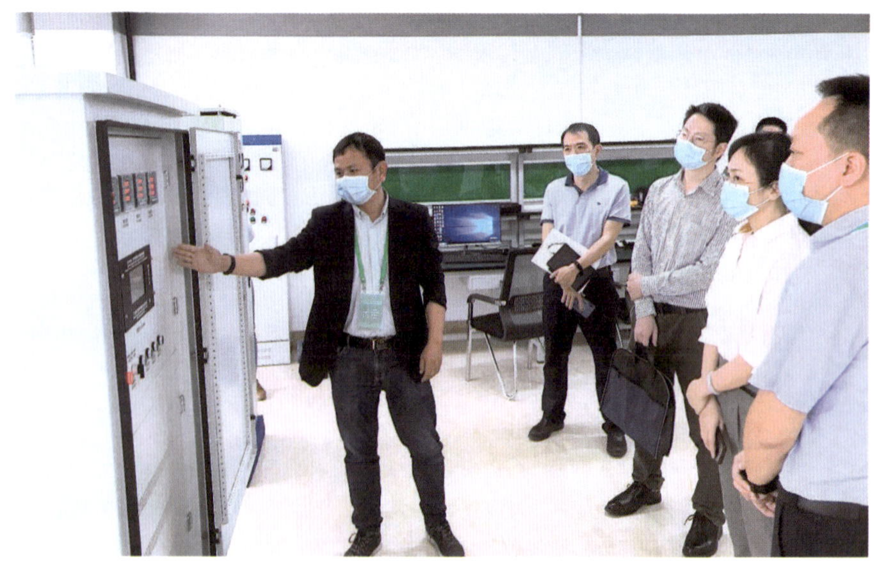

2020年4月29日,市委改革办、市经济体制改革专项小组办公室及市科技局等部门组成督察组到广西珞桂节能环保研究院了解新型产业技术研究机构建设情况 方梅 摄

【政策文件研究起草】 2020年,市委政研室(改革办)牵头、参与起草政策文件9份。牵头起草《国民经济和社会发展第十四个五年规划和二〇三五年远景目标的建议》,以及市委常委会2020年工作要点、深化改革系列文件等政策文件。

【课题研究与专题调研】 2020年,市委政研室(改革办)牵头开展“南宁工业高质量发展的实践与思考”“南宁市创新引领高质量发展的实践与思考”“南宁市加快农业园区高质量发展对策研究”“党的十八届三中全会以来南宁市全面深化改革的实践与思考”“南宁市扬尘污染治理长效机制研究”“南宁市优化营商环境实践与探索”重点课题研究6项,形成调研报告,为市委决策提供参考依据。组织区县(开发区)围绕脱贫攻坚、乡村振兴、优化营商环境、生态环保、基层党建等领域开展专项课题研究26个。

【服务推进全面深化改革】 2020年,市委政研室(改革办)推进市委部署改革任务113项,承担16个国家级改革试点及10个自治区级改革试点。筹办中国共产党南宁市委员会全面深化改革委员会(简称“市委深改委”)会议3次,审议重要改革方案(文件)7项、听取20项改革落实推进情况报告。起草《关于深入贯彻落实党的十九届四中全会精神奋力推进南宁治理现代化的实施方案》及任务分解表,将9个方面任务细分为243项、932个具体措施。起草“一要点一清单一计划”(2020年改革工作要点、各专项小组面上改革任务清单、督察计划),铺排10个领域47项重点任务和66项面上任务,规划并落实市委深改委2020年督察计划10个专项督察。建立健全市委深改委委员领衔推进重大改革任务制度、提升改革政策文件质量更好推动改革落地见效机制等。制定《南宁市推动改革集成试点工作方案》,推进青秀区、横县2个自治区城乡融合发展改革集成试点;在市委党校开展改革集成试点专题培训,培训40余人;组织试点单位及相关市直部门赴玉林北流、南京等地考察并形成报告。推动建立改革集成试点市县联动工作机制,成立南宁市改革集成试点工作指导小组,举行市改革集成试点工作指导小组第一次全体会议及改革集成试点工作现场会,建立试点任务问题清单。完善“市委深改委统筹推动,各专项小组跟进落实,人大、政协积极参与和第三方机构评估问效”的督察评估体系;对改革“四本台账”任务(年度改革任务、重点改革任务、改革试点、年度督察任务)实行半年一督促、动态跟踪,对年度重点任务实行双月一报告。建立重大改革事项提醒制度,跟进自治区党委深改委审议通过的重大改革方案、市委深改委部署的重点改革任务、专项督察任务等落实情况并进行调度,向有关单位发出提醒函督促任务落实。开展南宁市全面深化改革综合评估,盘点改革成效,梳理出改革思想认识不够到位、部分关键环节改革亟须攻坚、部分改革任务落实质量不够高、社会各方参与不够充分4个方面问题;邀请第三方机构开展扬尘污染治理专项评估,推动源头精细管控、智慧化治理、相关制度建设、联合执法水平、社会参与意识5个方面24个问题的整改。围绕优化营商环境、国资国企改革、科技体制创新等领域总结南宁市改革典型做法，其中南宁市推行企业化市场化运作模式建设新型产业技术研究计划、南宁市涉企政策兑现平台、“互联网 + 不动产登记”改革、健全“四个一线”选人用人机制、“智慧人社”系统5项改革经验入选自治区改革典型经验复制推广清单，采用量居自治区首位。（周建华）

机构编制与绩效管理

【概　况】 2020年，中共南宁市委员会机构编制委员会办公室（南宁市绩效考评领导小组办公室）[简称“市委编办（市绩效办）”]优化编制资源配置，为全面落实强首府战略、脱贫攻坚、补齐民生领域短板等工作提供助力。审核并报请市委、市政府印发市委编办、市委市直机关工委、市工信局3个部门“三定”规定；继续推进事业单位改革，完成91个经营类事业单位改革，调整理顺24个事业单位职责关系。优化绩效考评指标体系，确立“1+4”考核框架（1个年度综合考评+4个专项工作考评），建立“红黑榜”、例会、约谈、沟通4项制度促进考评指标落实。完成南宁市绩效管理智能化平台建设，推进机构编制实名制综合业务平台与绩效管理智能化平台“双融合”。主要存在事业单位仍待调整优化；机构编制供需矛盾仍然突出；考评指标设置与党委政府重大决策、重点工作的契合度不够；机构改革后，部分领域仍有职责交叉、边界不清、衔接不畅、运转不协调等问题。

【党政机构职能体系优化】 2020年，市委编办（市绩效办）组织开展机构改革“回头看”调研评估，到12个区县、69个市直部门重点调研制约高质量发展的体制机制障碍，对14个方面存在问题提出解决办法。完善党对重大工作领导的体制机制，研究出台全面深化改革委员会、全面依法治市委员会、国家安全委员会、网络安全和信息化委员会、外事工作委员会、审计委员会、教育工作领导小组、农村工作领导小组8个市委议事协调机构工作规则及其办事机构工作细则。制定市委组织部、市委统战部归口管理办法。厘清部门职责关系，对市发展改革委、市自然资源局、市农业农村局等12个部门间6项职责不清问题提出意见。根据机构改革部门职能变化情况，调整权责清单，依法保留权利事项4500项、共性权利10项、责任事项4.74万项。对规范市县人大、政协专委设置进行专题调研，提出优化调整意见建议；调整优化市金融办、市退役军人局等部门职责和工作体系。推进西乡塘区和南宁高新区管理边界和职责范围划分工作，找准双方在管理边界与职责范围划分方面的突出问题与症结，提出解决问题意见建议3次。

【基层审批服务执法改革】 2020年，市委编办（市绩效办）完善基层组织架构，整合归并街道有关行政审批、公共服务职责，在六景镇、黎塘镇设立行政审批服务局；在乡镇推进“四所合一”改革，整合乡镇国土资源管理、村镇规划建设、环保卫生、安全生产监管等职责，设立国土规建环保安监站，挂综合行政执法队牌子；加强基层审批服务平台建设，乡镇、街道、村（社区）分别设立政务服务中心；加强基层综合行政执法平台建设，市、区县、乡镇（街道）、村（社区）分别成立综治中心，依托其建立综合行政执法指挥平台，负责统一调度、指挥、协调基层执法力量，落实综治中心协调、指导、推动辖区内网格化管理。

【事业单位分类改革】 2020年，南宁市完成经营类事业单位改革91个（市级24个、区县67个），其中转企改制26个、撤销46个、调整或整合19个。调整理顺24个事业单位职责关系，厘清市政管养、工程结算、土地储备、退役军人服务保障、医保经办、综合治理等方面管理职责。按程序批复区县提出事业单位名称变更、科级机构规格申报等事宜91项。

【经济发达镇改革试点】 2020年，南宁市继续在横县六景镇、宾阳县黎塘镇推进经济发达镇行政管理体制改革。到六景镇、黎塘镇调研经济发达镇行政管理体制改革情况，指导、督促横县、宾阳县落实改革工作任务，掌握改革工作推进情况及存在问题，会同相关部门研究解决横县、宾阳县推进改革工作过程中需要市级层面协调解决事项，向上级有关部门反映需要自治区层面协调解决问题，按照时限要求推动2个经济发达镇做好改革验收准备。

【事业单位年度报告制度改革试点】 2020年，市委编办（市绩效办）继续完善、优化报告指标体系、扩大事业单位年度报告试点工作覆盖范围，试点区县增至12个。全市有试点单位85个，其中市级试点单位20个（新增12个），区县试点单位65个（乡镇试点单位20个）。通过开展专题培训、点对点指导等方式，指导试点单位对现有职能特别是公益服务职能进行全面梳理后制定职能清单，完成试点单位公益职能清单及公益项目制定。

【机构编制资源优化配置】 2020年，市委编办（市绩效办）重新核定南宁市中小学教职工编制总量控制数7.44万名，比上年增加7252名。重新明确市教育局所属13所多校区中小学校692名领导职数。核定纳入机构编制管理的207所公办幼儿园事业编制1720名、聘用教师控制数4226名（增加1521名），重新核定市级公办幼儿园利用财政资金聘用外聘人员321名；调剂140名事业编制给新成立的市翠竹实验学校、市第一中学五象校区、市第三十六中学江南校区。指导区县在现有编制总量内，原则上按照每个行政村配置1名挂点公共卫生人员标准，调整充实乡镇卫生院人员编制。到公立医院开展专题调研，调整优化13家医疗单位职责，增核聘用人员控制数4587名。为48名援鄂编外医护人员办理入编手续。

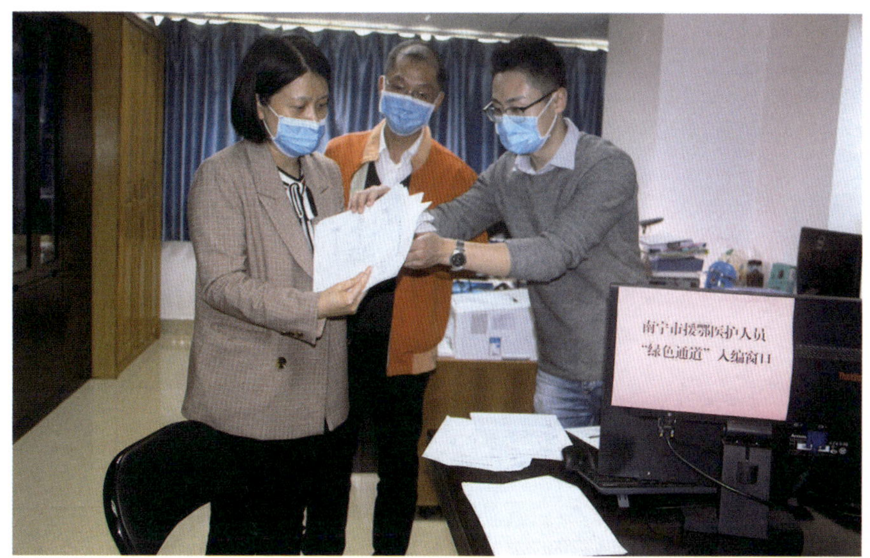

2020年4月14日，市委编办为南宁市编外援鄂医护人员开通绿色通道办理入编手续

路焕　摄

政法、民政、应急、大数据、司法等部门增核17名行政编制及21名科级领导职数，地铁公安增核274名辅警员额。

【机构编制与绩效管理信息化建设】 2020年，市委编办（市绩效办）投入153万元，完成南宁市绩效管理智能化平台建设。推进机构编制实名制综合业务平台与绩效管理智能化平台“双融合”，将部门“三定”职责、权责清单等嵌入绩效管理信息平台，绩效指标管理与部门履职相融合、考评结果运用与机构编制调整相结合。依托机构编制实名制综合业务平台，办理人员入编3662人、减编2055人、变更人员信息1万多项、审核工资异动2200多次。

【事业单位登记管理】 2020年，南宁市组织全市3928家事业单位在规定时限内进行2019年度报告公示，公示率100%。

【网上名称管理与统一社会信用代码赋码管理】 2020年，南宁市完成党政机关中文域名注册（续费）4989个，注册率、续费率均100%，实现党政机关加挂统一标识和中文域名续费“两个全面覆盖”。党政群机关统一社会信用代码赋码新发证26个、变更146个、换领15个、撤销8个。

【机构编制监督检查】 2020年，市委编办（市绩效办）完成机构编制存量违规问题整改销号任务99个，整改率100%。自查上报自治区党委编办超审批权限设置机构等问题9个，并制定整改措施。建立全市副处级以上、区县副科级以上机关事业单位领导职数管理台账，规范职数管理。落实机构编制监督检查协作联动机制，结合党政主要领导干部经济责任审计工作，选取上林县及市应急局、市绿化工程管理中心、市城市照明管理处3个单位开展机构编制审计，对上林县机构编制问题纳入经济责任审计报告进行反馈并要求限期整改；督促市十二届党委第七轮巡察发现的机构编制违规问题整改落实。

【绩效管理】 2020年，南宁市开展2019年度绩效考评，被考评责任单位111个，评出一等单位62个、二等单位39个、三等单位10个。确立2020年度绩效考评“1个年度综合考评+4个专项工作考评”考核框架，设置考评指标85项，综合考评指标81项，党的建设、精神文明建设、平安南宁建设、民族团结进步4个专项工作分别由市委组织部、市委宣传部、市委政法委、市委统战部牵头单独考评；缩减考评指标，市、区县（开发区）考评指标比上年减少28项。建立“红黑榜”、例会、约谈、沟通制度4项，发布“红黑榜”通报4期，召开全市绩效考评工作推进会3次，约谈推进工作缓慢部门7个。2019年自治区绩效考评反馈789条意见建议，完成整改95.39%；分解2020年自治区中期评议反馈727条意见建议，通过短信、微信等平台向特定人群发送绩效展示信息7万多条。绩效考评中被自治区扣分的责任单位，扣分倍数由2倍提至3倍；连续两年被自治区扣分的责任单位，扣分倍数由4倍提至6倍。

【服务强首府战略】 2020年，南宁市完成南宁片区管理机构设置，与五象新区管委会合署办公，增设五象新区管委会内设机构3个，增核行政编制24名，优化南宁片区与市发展改革委、市商务局、市金融办、市行政审批局等部门及属地城区的协同关系，探索推进政府雇员制。市委编办（市绩效办）将自治区增核南宁市的53名行政编制用于支持强首府战略、南宁片区、西部陆海新通道、面向东盟的金融开放门户、中国—东盟信息港建设等重大战略和重点项目实施，增核五象新区（南宁片区）管委会、市发展改革委、市金融办、市北部湾办等11个部门及相关城区行政编制。会同市行政审批局梳理36个市直职能部门提出的89项需要自治区授权或委托相关事项，以市政府名义报自治区审定。调剂600多名事业编制建立机构编制“蓄水池”，探索建立机构编制“周转池”管理制度，批复机关事业单位用编计划2275名、科级职数432名。研究南宁国际铁路港、南宁临空经济示范区涉及机构编制问题，对调整优化六景工业园区管理体制机制提出意见建议。报请市委、市委编委印发横县六景镇、宾阳县黎塘镇2个经济发达镇行政管理体制改革实施方案。完成25个街道深化管理体制改革，优化基层考核指标设置，基层服务水平和治理能力提升。

【助力脱贫攻坚】 2020年，市委编办（市绩效办）批复乡镇使用377名行政编制用于公务员考录及人才引进，乡镇空编率降至3%。指导区县（开发区）解决教师、乡村医疗队伍缺口问题，对教师、卫生医疗编制足额核定。提高脱贫攻坚在绩效考评体系中的考核权重，5个县设置50分、7个城区设置45分，在绩效考评指标体系中分值最高。 （路 焕 黄晓萍）

信访工作

【概 况】 2020年，南宁市信访总量3.06万件次、5.09万人次，比上年分别增长8.31%、12.34%。受理信件（含网上信访）9935件，增长320.08%。接待上访群众563批、1576人次，分别下降51.30%、62.02%。（因12345市长热线转为政务服务热线，以上数据不含市长热线数据。）自治区信访局交办中央第二巡视组来信、来电、来访信访事项2182件，其中重点交办件171件、占7.84%，重访件1023件、占46.88%。到自治区上访714件次、1849人次，分别增长2%、下降7.13%；进京到国家信访局上访89批、99人次，分别上升4.71%、15.12%。办理上级交办信访事项237件（国家信访局122件、自治区信访局115件），办结率100%。市本级自立信访件7件（市领导批办6件、市信访局自立1件），按期办结率100%。办理信访事项复查复核案件53件（复查案件22件、复核案件31

2020年1月11日至17日，南宁市在青秀区东宝路3号开展市领导信访接待日活动。图为市直部门代表接待来访群众 市信访局提供

件)，到期办结率100%。办结案件中，维持原办理机关答复或复查意见26件，撤销9件，不予受理14件，不再受理4件。主要存在中央交办南宁市集中治理重复信访、化解信访积案数量大，时间紧、任务重、重信重访多、涉法涉诉多，信访人息诉息访难度大；大部分涉房领域信访事项解决难度大，全市满意率、参评率较低；个别地方、部门落实信访工作责任仍存在差距等问题。

【来信办理】 2020年，南宁市信访部门办理信件9935件，比上年增长320.08%；其中传统来信5741件、增长280.45%，网上信访4194件、增长389.95%。办理信件中，上级部门转送7518件、占75.67%，市本级2378件，占23.94%。满意度信件646件，增长109%。

【接待来访】 2020年，南宁市信访部门接待上访群众563批、1576人次，比上年分别下降51.30%、62.02%。组织市领导信访接待日活动4次，市领导和市直部门接待群众126批、244人次，市领导批示件1件。1月10日，开展市领导信访接待日活动，接待群众65批、113人次，分别增加25%、减少5%。1月11日至17日自治区"两会"期间，5位市领导到东宝路接访点接待来访群众，9个市直部门接待来访34批、77人次。5月20日至28日全国"两会"期间，9位市领导到东宝路接访点值班接访。其中：副市长接待群众1批、1人次；参与现场接访市直部门15个，接待群众17批、31人次(集体上访1批、5人次)。11月25日至29日中国—东盟博览会、中国—东盟商务与投资峰会期间，5位市领导到市信访局东宝路接访点值班接访，参与现场接访市直部门11个，接待群众9批、22人次，其中集体访1批、5人次，为南宁经开区海游城商铺投资者反映投资纠纷要求赔偿事宜。群众来访主要涉及拆迁安置、土地规划、劳务工程款纠纷、社保政策咨询、产权交易、宅基地纠纷、涉法涉诉、土地确权、危旧房改造、合同纠纷等方面问题。受新冠肺炎疫情影响，"公开大接访"第一季度活动取消，其余3个季度活动正常举办，全年有148家单位、4223名领导干部参与接待(厅级1人、处级489人、科级2271人、科级以下1462人)，接待群众1506批、2568人，受理信访事项841件，当场解决497件。

【信访督查】 2020年，南宁市信访部门办理上级交办、市领导批示信访事项222件，其中国家信访局110件、自治区信访局106件、市领导批示件6件。按期办结187件，到期办结率100%，在办未到期35件。办结自治区信访局交办中央第二巡视组(脱贫攻坚专项巡视"回头看")群众来访、来信、来电事项2批、151件，其中来访14件，来信、来电137件；办理自治区交办重复访事项25件，第一季度、第二季度交办重复访事项全部按期办结并上报自治区信访局。加强与驻邕、驻京工作组及区县(开发区)、市直有关单位联系，掌握群众到邕、进京非接待场所上访、集体上访动态情况，每月综合分析到邕、进京接待场所上访情况1次，以通报形式印发区县(开发区)，督促采取措施化解信访案件。加强重点敏感信访问题督查督办，落实处理上级文件精神97件，转发文件53份，拟写情况报告30份，工作方案2份，呈市委、市政府主要领导、分管领导12份，发文63份，报送信息58条，编发通报10期，就重大敏感问题给相关职能部门发出督查督办通知9份，报送重要敏感信息13份。5月，市委领导带队到隆安县那桐镇易地扶贫移民安置点镇东集中安置区综治信访中心、西乡塘区苏卢村委综治信访中心、武鸣区群众来访接待中心督查。

【信访积案化解】 2020年，南宁市做好中央、自治区、南宁市本级"三重"(进京赴邕重复来访、重复来信、重复网投)信访积案化解攻坚，化解率100%，其中中央、自治区交办积案29件，实体化解24件，实体化解率82.76%。南宁市排查纳入信访矛盾攻坚战案件13件，实体化解率100%。自治区交办开展包案化解"三重"信访积案20件，实体性化解17件，化解率85%；完成自治区交办南宁市法学会会员包案化解"三重"信访积案20件，化解率100%。办结自治区交办信访矛盾化解攻坚"回头看"案件25件。强化办理自治区转交中央交办集中治理重复信访、化解信访积案。10月25日，自治区交办化解信访积案1126件，市信访局督促责任单位落实包案领导，均落实到位。出台《南宁市成立专项工作指导组暨分解治理重复信访及化解信访积案任务的实施方案》。

【信访基础建设】 2020年，南宁市推进信访工作"人民满意窗口"创建活动，马山县信访局、横县信访局获自治区"人民满意窗口"称号，市人社局、市公安局、市金融办、市退役军人局、市国资委、南宁经开区6个部门获2020年度全市信访工作"人民满意窗口"称号。继续实行律师参与信访接待制度，有121名律师参与信访接待，接待群众99批、184人次。安排"四率"(受理率、办结率、参评率、满意率)巡查员，定期查询广西信访综合系统"四率"情况，督查指导责任单位规范办理信访事项。创新开展信访心理服务与研究，心理咨询师参与信访接待38人次，接待群众39批次、82人次。以有奖问答、山歌擂台赛等形式开展《中华人民共和国信访条例》修订实施15周年宣传活动。

(蓝白晓)

老干部事务

【概　况】 2020年，南宁市有离休干部357人，其中市区(含城区、广西—东盟经开区)300人，县57人(横县16人、宾阳县18人、上林县4人、马山县14人、隆安县5人)；行政机关110人，事业单位105人，企业142人；享受自治区主席级医疗待遇2人，享受副省(部)长级医疗待遇1

2020年6月28日，市委老干局工作人员到宾阳县入户核实困难离休干部情况

姜亚文提供

人,享受按副省(部)长级标准报销医疗费待遇5人,享受正副厅(局)级待遇11人,享受正副县(处)级待遇270人,享受正副乡(科)级待遇66人,享受其他待遇2人;第二次国内革命战争时期入伍1人,抗日战争时期入伍30人,解放战争时期入伍326人。80岁～89岁122人,90岁以上235人,最高年龄102岁,最低年龄84岁,平均年龄91岁。主要存在各级老年大学需建设发展,市老年大学场地和规模需扩大,区县新成立的老年大学未实现开班招生等问题。

【老干部慰问】 2020年春节前夕,南宁市举办离退休干部迎春茶话会,市四家班子领导8人、离退休干部176人参加,自治区党委常委、市委书记王小东向老干部通报南宁市经济社会发展情况。年内,慰问市四家班子老领导55人,慰问自治区副省级以上部分老领导13人;到医院探望住院离休干部60人,发放慰问金3万元。组织人员对125名厅级及90岁以上离退休干部开展登门慰问和祝寿活动,通过电话慰问3名易地安置离休干部,转账慰问金6000元。受新冠肺炎疫情影响,市直属机关第一老干部休养所、第二老干部休养所通过电话、短信、微信了解离退休干部情况,电话联系或走访慰问老同志1200多人次。走访慰问参加抗日战争离休干部35人,发放慰问金7万元。

【为老干部办实事】 2020年,中国共产党南宁市委老干部局(简称"市委老干局")接待来信、来访、来电250人次。协调市财政局、市人社局审核、认证市本级财政负责发放的市属企业离退休人员310人,为符合条件的老同志落实生活补助费。落实移交城区管理的97名市属改制、破产企业离休干部公用经费34.92万元。督促有关单位落实建国初期参加革命工作的部分退休干部医疗补助及护理费发放,发放107.92万元。落实离休干部困难帮扶机制,帮扶困难离休干部及遗偶54人,发放帮扶资金30万。为76名副厅级以上领导办理青秀山通行证。协助办理24名离休干部丧事,慰问副厅级以上离休干部遗属3人。组织协调副厅级以上离退休干部参加南宁市2020年新春音乐会、2019年《政府工作报告》征求意见座谈会、传达贯彻全国"两会"精神大会以及中央宣讲团党的十九届五中全会精神报告会等重要会议。

【老干部阵地建设】 2020年,南宁市区县离退休干部党工委及老年大学(老年学校)全部挂牌成立,实现离退休干部党工委、老年大学(老年学校)全覆盖。对市老年大学、市老干部活动中心、上林县老干部活动中心、横县老干部活动中心4个自治区示范老年大学、老干部活动中心开展"两个阵地"(思想阵地、活动阵地)示范情况"回头看",完善活动场所功能。受新冠肺炎疫情影响,市老干部活动中心(市老年大学、市委老干部党校)暂停对外开放和线下教学,市老年大学开通"空中课堂",共享全国老年大学网络课程资源,点击率1.42万人次;组织市老年大学教师利用钉钉、腾讯会议、瞩目会议、微信群等开展直播、录播课堂教学,29位教师开通线上视频教学,教学时间826个课时;开设"金秋优课·智慧云播"免费网络公开课,组织教师6人录制公开课,播放课程56节,点击量超2.30万次。建设全市离退休老年教育网络,指导市老年大学与兴宁区老年大学、望州东社区辅导站、良庆区老年学校共享师资资源,引导老年学员分流、就近学习。以服务置换的方式推进5G基站建设,实现校园5G网络覆盖,提高学校官网信息系统安全等级保护,增开老年大学微信小程序等新功能。更新"绿城金秋"微信公众号信息110多期、300多条;优化"金色华年"电台栏目内容,播出250期,播出老同志学习生活相关信息近1000条、老干部工作有关信息250多条。6月、11月,组织人员到部分区县和单位围绕加强离退休干部党组织建设、"两个阵地"建设及机构改革后老干部工作运行机制等问题开展调查研究。

【老干部政治学习】 2020年,市委老干局在"绿城金秋"微信平台和"金色华年"电台栏目刊出信息34期,宣传南宁市获全国、自治区离退休干部先进个人及自治区离退休干部先进集体的典型事迹。在新冠肺炎疫情防控期间,通过微信公众号、QQ工作群等平台,组织离退休党员学习疫情防控有关文件精神。明确市委离退休干部工委主要职责及组成人员、制定工作规则,建立离退休干部党工委成员与离退休党支部工作联系点3个。依托市委老干部党校,举办全市离退休干部党组织工作培训班和政治经济形势报告会2期;组织离退休党组织负责人及党员65人赴百色干部学院举办"践行初心使命　凝聚奋进能量"专题培训班。打造南宁市市直机关离退休人员管理服务所第三党支部、南宁市第一人民医院第二离退休党支部、南宁市青秀区离退休工委第一支部、横县横州镇城北社区离退休党支部4个离退休干部党支部示范点。

【老干部文体活动】 2020年,市老年大学组织"众志成城·共同抗疫——我们在后方坚守"主题活动,通过书法、绘画、山歌、诗歌、摄影等艺术形式支持新冠肺炎疫情防控,在微信公众号发布作品12期,阅读量6000余次。市委老干局与南宁广播电视台围绕"我看脱贫攻坚新成就"主题开展专题访谈活动,采取电话采访、座谈采访、登门采访等形式,访谈离退休干部代表35人,并在"金色华年"电台栏目、"绿城金秋"微信公众号分期播出;参与专题访谈老同志650多人、座谈2000多人次、参观考察740多人次、撰写主题诗词和文章189篇。组织参加广西离退休干部"金秋辉映"展示活动,推荐37名离退休干部约150份成果、事迹材料报送自治区党委老干部局。7月29日,在市老干部活动中心举办"弘扬抗疫精神、砥砺奋进动力"主题宣讲活动,部分市直单位离退休党支部党员代表、市老年大学临时党支部党员代表、市老年大学工作人员100余人参加。10月,与南宁市老年书画研究会联合举办南宁市离退休干部"多彩金秋""夕阳如歌"杯书画摄影网络展,展出作品231幅。12月,举办南宁市离退休干部"多彩金秋""夕阳如歌"杯网络舞蹈展演,在网络平台播出舞蹈类节目16个,参与演出280人。11月,在线上举办2020年"唱响壮美广西"山歌歌友会,9个区县代表队52名老同志参加。选取作品、选拔代表队参加自治区第八届"多彩金秋"文化活动比赛,展出书法、绘画、摄影作品33幅,获奖作品9幅;乒乓球代表队获团体第二名;广场舞代表队获第一名;选送京剧和舞蹈2个文艺节目参加戏曲展演和文艺会演,获优秀节目奖。年内,各级关工委组织"五老"(老干部、老战士、老专家、老教师、老模范)志愿者和青少年开展"云"祭英烈、抗疫烈士和逝世同胞悼念活动,参加活动65万人次;开展"五老"进学校、进社区宣讲红色故事、抗疫英雄故事活动及社会主义核心价值观教育活动755场,受教育青少年22万人。

（市委老干局）

党校教育

【概　况】 2020年,中国共产党南宁市委员会党校(南宁市行政学院、南宁市经济干部学院、南宁市社会主义学院)(简称"市委党校"),开办市级培训班96个班次,培训1.47万人次;12个县级党校承办培训班272期,培训4.25万人次,其中主体班117期、培训1.17万人次;申报课题44项。修订《"三重一大"事项集体决策制度》等规章制度16项。贯彻落实《中国共产党党校(行政学院)工作条例》,首次将"党校工作"纳入市委党的建设工作年度目标考核,推动区县党委重视党校建设。新冠肺炎疫情发生后,市委党校根据市委、市政府决定,接纳497名新冠肺炎疫情防控一线防控人员集中轮休。5月23日,中共南宁市委党校正式对外接班,6月15日春季主体班开班。主要存在"用学术讲政治"精品课建设有待进一步加强,科研成果转化为高质量咨政成果不多,高层次人才队伍不够壮大,基础设施建设有待完善等问题。

2020年11月5日,市委党校组织2020年中青班学员开展"不忘初心 牢记使命——广西党组织成长的光荣之路"现场教学 达世廷 摄

【教育培训】 2020年,市委党校开办市管干部班、中青班、党外中青年干部培训班、乡镇(街道)党政班子成员专题培训班等主体班次17个,培训935人次。54位教师授课192次,占课时总数39%;邀请广西区委党校、广西社会主义学院等自治区知名专家学者、教授、企业家到党校授课39人次。开展党的理论解读宣讲,在党报党刊发表理论文章23篇,组织教师到基层单位宣讲92次。安排"深入学习贯彻习近平总书记关于扶贫工作重要论述 夺取脱贫攻坚收官之战全面胜利"等247门主课进入主体班课堂;建立形成习近平新时代中国特色社会主义思想"1+N"("1"指习近平新时代中国特色社会主义思想、"N"指分论和特色课程)系列课程,安排178门课程进入主体班课堂;在学制一个月以上的7个主体班安排党性分析会,开设"先进事迹学习:致敬抗疫英雄、感恩美好祖国"等党性教育课程;安排"南宁市打造北部湾城市群与粤港澳大湾区融合发展核心城市的实践和思考"等专题课;组织14个班629名学员到李明瑞、韦拔群革命烈士纪念馆,邓颖超纪念馆等基地开展现场教学。在1个月以上的主体班开设行动学习教学,以"理论导入+案例分享+实操演练"模式,推动学员把理论应用于工作;选派教师到各单位举办的"学习贯彻党的十九届四中全会精神轮训班"进行专题授课及行动学习法教学。坚持"线上"网络教学与"线下"教学结合,专题辅导与研讨交流、自学相结合,运用行动学习法、研讨式、案例式、体验式教学和现场教学等方式,安排"模拟法庭""新闻发布会"等课程;举办"用学术讲政治·行动学习基础理念与方法"专题培训暨南宁党校系统2020年行动学习推广应用启动会,邀请专家为党校系统行动学习师资团队78名教师做专题辅导。12月21日,在浙江生态文明干部学院举办南宁市党校系统校长专题研讨班,市委党校校长、常务副校长,区县委副书记、党校校长及常务副校长28人参加,是自治区、南宁市首次举办党校系统校长专题研讨班。开发职务犯罪预防警示教育现场教学基地、"数字广西"现场教学基地等9个现场教学基地,累计开发现场教学基地51个。12门专题课入选广西干部网络学院必修课;47门专题课全部通过验收,全市累计入课程库课程465门。课程"促进师的角色定位"获广西行动学习精品课程评选一等奖;2门课程获2020年全市理论宣讲比赛优秀奖,市委党校被评为优秀组织单位。2名教师入选第十一批南宁市新世纪学术和技术带头人培养人选;2名教师被认定为高层次人才;2名教师获南宁市培养新世纪学术和技术带头人专项资助4.50万元。举办"用学术讲政治·行动学习基础理念、工具方法、运用及演练"专题培训会、培训学员208人;选派教师到县级党校(分校)授课81人次。推进乡镇(街道)党(工)委党校建设,建成横县六景镇党校、横县校椅镇党校、宾阳县甘棠镇党校、马山县古零镇党校、武鸣区陆斡镇党校5所乡镇党校并规范办班。

【科研咨询】 2020年,市委党校立项研究课题52项;公开发表学术论文27篇,其中省级期刊16篇、市级期刊11篇;公开出版《中共南宁市委党校学报》6期,刊登理论文章64篇,在自治区新闻出版局组织的自治区哲学社会科学学报编校质量检查中排名第二。编发《党校咨政专报》10期,《打造"邕系"商标品牌 助力强首府战略实施》等10项决策咨询成果获自治区、市领导批示。修订完善《科研项目管理办法》《科研项目资助办法》《科研项目资助经费管理办法》。论文《西部民族地区生态治理路径探析》获广西第十六次社会科学优秀成果评选论文类三等奖。12月9日,市委党校、市社科联、南宁市党的建设研究会联合举办"发挥党建引领作用确保强首府战略全面落实"理论研讨会,获奖优秀论文30篇,其中一等奖3篇、二等奖6篇、三等奖9篇、优秀奖12篇。 (钟 逸)

编辑 梁 坤 班 铭

南宁市人民代表大会

综　述

【概　况】2020年，南宁市人民代表大会（简称“市人大”）及其常委会召开会议审议地方性法规立法，依法行使决定权、任免权，开展专项工作评议、专题询问、专题调研进行监督，做好执法检查，处理议案与建议等。在全市725个人大代表联络站、基层立法联系点开展深度融合标准化建设，接待、联系群众9.30万人次；站点召开民情沟通会、调研座谈会928场次，提出意见建议1200多条，其中重点建议129条。受理群众来访来信来电201件，其中接待群众来访82批131人次、处理群众来信91件、来电28次；转办、交办来信来访48件。7月，中共中央政治局常委、全国人大常委会委员长栗战书到青秀区新竹社区站点调研，对站点深度融合标准化建设予以充分肯定。12月21日，在全国人大常委会举办的“深入学习贯彻习近平总书记关于坚持和完善人民代表大会制度的重要思想交流会”上，栗战书委员长在讲话中再次对南宁市站点深度融合标准化建设予以充分肯定。南宁做法和经验获全国人大常委会办公厅《内部工作情况交流》、中国人大网、《人民代表报》《广西日报》专题刊载。举办代表履职能力提升班、示范站点负责人培训班，培训223人次。举办常委会组成人员、立法工作、财经监督等培训班6期，培训400多人次。接待各地人大考察组67批次。创新代表履职平台建设，建立市领导领衔督办代表建议制度，13名市领导领衔督办代表建议22件。主要存在人大工作围绕中心、服务大局能力还需要继续加强，打造人大工作“南宁品牌”还需要加大力度；以高质量立法推动高质量发展、以精准监督推动“一府一委两院”（市政府、市监察委、市中级法院、市检察院）改进工作、以优质服务推动代表主体作用有效发挥还做得不够等问题。

【为人民履职】2020年，市人大及其常委会召开常委会会议7次，作出决议决定25项；审议地方性法规案10件，通过7件，颁布施行3件；开展立法调研13项；听取审议“一府一委两院”工作报告25份，开展专题询问1次、专项工作评议1次、执法检查4项、专题调研6项；任免国家工作人员76人次；审议代表议案8件，办理代表建议、批评和意见224件。听取审议市政府关于突发公共事件应急工作的报告，对加强南宁市重大传染病防治能力建设、提升公共卫生突发事件应急医疗救治能力2件议案作出决定。对《全国人大常委会全面禁止非法野生动物交易、革除滥食野生动物陋习、切实保障人民群众生命健康安全的决定》和《中华人民共和国野生动物保护法》的实施情况开展检查。连续三年开展“立法引领、良法帮扶”“精准监督，鼎力支持”“攻坚克难、依法决定”“脱贫攻坚代表在行动”“担当作为、坚强后盾”五大行动，整合资源、力量助力脱贫攻坚。审议通过《南宁市水土保持若干规定》《南宁市横县茉莉花保护发展条例》，加快饮用水水源保护、全域旅游促进等项目立法步伐；开展《广西壮族自治区扶贫开发条例》执法检查，听取、审议农业生产安排和春耕春播生产情况、农村贫困人口“两不愁三保障”和饮水安全工作情况等报告，开展脱贫攻坚成果巩固提升专题调研。

重要会议

【市十四届人大五次会议】2020年5月

2020年5月9日至11日，市第十四届人民代表大会第五次会议在南宁人民会堂召开

市人大常委会办公室提供

9日至11日，南宁市第十四届人民代表大会第五次会议在南宁人民会堂召开。应到代表498人，出席代表468人，列席34人，主席团成员61人。听取、审议市政府、市十四届人大常委会、市中级法院、市检察院工作报告，表决通过4个报告并作出相应决议；审查、批准南宁市2019年国民经济和社会发展计划执行情况与2020年国民经济和社会发展计划草案的报告，批准南宁市2020年国民经济和社会发展计划；审查、批准南宁市与市本级2019年预算执行情况和2020年预算草案的报告，批准南宁市本级2020年预算。收到代表提出议案60件，主席团决定作为议案处理8件，转为代表建议、批评和意见52件；办理代表建议、批评和意见222件。补选冯学军为市十四届人大常委会主任，陈尧(女)为副主任，范卫东为秘书长，缪佃江为市监察委员会主任。

【市人大常委会2020年立法工作会议】2020年5月28日，南宁市人大常委会2020年立法工作会议在南宁人民会堂召开。市人大常委会主任冯学军，副主任周如斯，副市长秦运彪，市人大常委会秘书长范卫东、副秘书长宋道安出席。通报市人大常委会2019年以来立法工作情况及2020年度下一阶段立法工作安排。市人大各专委、常委会各部门负责人、市政府各部门、各开发区管委会等有关单位分管领导及其相关科室主要负责人，各县区人大常委会分管领导、横县人民政府、各县区人大法制内司委(监察和司法委)负责人，以及部分基层立法联系点负责人参加会议。

【市十四届人大常委会会议】2020年，市十四届人大常委会召开会议7次。

第25次会议　1月31日以书面形式召开。鉴于新冠肺炎疫情防控形势，决定推迟召开市第十四届人大五次会议。

第26次会议　4月28日至29日召开。审议、通过市人大常委会关于调整市十四届人大五次会议召开时间的决定，关于调整市十四届人大五次会议列席人员的决定，会议主席团和秘书长名单(草案)，市十四届人大议案审查委员会主任委员、副主任委员、委员名单(草案)。听取、审议市政府关于南宁市农业生产安排和春耕春播生产情况的报告及市人大常委会专题调研组的调研报告、市政府关于2019年度市行政事业性国有资产管理的专项报告及市人大常委会专题调研组的调研报告、市政府关于《野生动物保护法》《城市民族工作条例》实施情况的报告及市人大常委会执法检查组的检查报告、常委会代表资格审查委员会关于个别代表的代表资格审查情况报告。审议、批准《南宁市人民政府关于提请审议南宁市与乌拉圭派桑杜省派桑杜市建立友好城市关系的议案》；审议、通过《南宁市生活垃圾分类管理条例》《南宁市人民代表大会常务委员会关于全面推动地方性法规进入执法融入司法列入普法工作的决定》；审议《南宁市停车场管理条例(草案)》(二审)。接受東华辞去市十四届人大常委会主任、陈尧辞去常委会秘书长的请求；通过人事任免事项21项。

第27次会议　6月18日至19日召开。听取、审议市政府关于2019年全市环境状况和环境保护目标完成情况的报告，关于开发区、工业园区发展情况的报告及市人大常委会专题调研组的调研报告，关于创建全国民族团结进步示范市深化提升工作情况的报告及市人大常委会专题调研组的调研报告。听取、审议市检察院关于市检察机关未成年人检察工作情况的报告及市人大常委会专题调研组的调研报告。审议市政府关于2019年度国有资产管理情况的综合报告、关于南宁市工业发展情况的报告。听取、审议相关专委关于5件代表议案审议结果的报告，内容涉及传染病防治(第5号和第58号)、公益诉讼(第13号)、禽肉食品安全(第57号)、发展绿色种植(第59号)；对第5号、第58号议案作出决定，对第13号、第57号、第59号议案作出处理意见。对《南宁市扬尘污染防治条例(草案)》《南宁市横县茉莉花保护和发展条例(草案)》进行初审；对《南宁市特种行业治安管理条例(修订草案)》进行二审。决定任命杨鸿为副市长，通过人事任免事项17项。

第28次会议　8月26日至28日召开。听取、审议市政府关于南宁市强化科技创新平台建设工作情况的报告和市人大常委会专项工作评议调查组的调查报告，并进行专项工作评议。听取、审议市政府关于2019年市本级决算的报告、关于2019年度市本级预算执行和其他财政收支的审计工作报告、市人大财经委关于2019年市本级决算草案审查结果的报告，批准2019年市本级决算。听取、审议市政府关于南宁市2020年上半年国民经济和社会发展计划执行情况的报告、市政府关于市2020年上半年预算执行情况的报告、关于市农村贫困人口“两不愁三保障”和饮水安全工作情况报告及市人大常委会专题调研组的调研报告、市政府关于市创建国家全域旅游示范区工作情况的报告及市人大常委会专题调研组的调研报告。听取、审议相关专委关于3件代表议案审议结果的报告，内容涉及生态环境保护(第1号、第60号)、体育项目建设(第48号)。对第48号和第60号议案作出决定，交市政府执行；对第1号议案作出处理意见，同意按程序将邕江保护立法列入2021年市人大常委会立法工作计划。听取、审议市人大常委会执法检查组关于检查《南宁市城市供水节水条例》实施情况的报告和市政府实施情况的报告、市人大常委会立法后评估工作组关于《南宁市消防条例》立法后评估情况的报告。审议《南宁市人民代表大会常务委员会关于加强检察公益诉讼工作的决定(草案)》。通过关于许可公安机关对市十四届人大代表程维才采取刑事强制措施的决定。审议驻邕全国人大代表、自治区人大代表和南宁市人大代表2020年年中专题调研6个专题调研组的调研报告。决定任命高鑫为市监察委员会副主任，通过人事任免事项3项。

第29次会议　10月27日至29日召开。听取、审议市政府关于2020年市本级预算调整方案的报告和市人大财经委的审查结果报告。决定批准市2020年市本级预算调整方案。听取、审议市政府关于市行政机关在行政管理中执行地方性法规情况的报告及市人大常委会专题调研组的调研报告、市中级法院关于审判监督管理工作情况的报告及市人大常委会专题调研组的调研报告、市政府关于市突发公共事件应急工作情况的报告及市人大常委会专题调研组的调研报告、市政府关于市学前教育发展工作情况的报告及市人大常委会专题调研组的调研报告、市人大常委会执法检查组关于检查《广西壮族自治区扶贫开发条例》实施情况的报告和市政府实施情况的报告、市中级法院和市检察院关于市十四届人大五次会议代表建议办理工作情况的报告。审议通过《南宁市特种行业治安管理条例(修订)》《南宁市停车场管理条例》。对《南宁市水土保持若干规定(草案)》进行二审。对《南宁市城镇排水与污水处理条例(草案)》《南宁市献血条例(修改草案)》进行初审。审议通过《南宁市人民代表大会常务委员会关于加强检察公益诉讼工作的决定》。决定任命张自英为副市长，通过人事任免事项19项。

第30次会议　11月26日召开。为临时增开会议。听取、审议常委会代表资格审查委员会关于个别代表的代表资格的报告。2名市人大代表因涉嫌违纪违法而辞职，会议确认相关人员代表资格中止。通过人事任免事项1项。

第31次会议　12月28日至30日召开。听取、审议市政府关于市产业大招商工作情况的报告及市人大常委会专题询问调研组的调研报告、市政府关于市“十三五”规划实施情况和“十四五”规划编制情况的报告及市人大常委会专题调研组的调研报告、市政府关于2019年度市本级预算执行和其他财政收支审计查出问题整改情况的报告、市政府关于市“七五”普法工作情况的报告及市人大常委会专题调研组的调研报告、市政府关于《南宁市道路交通安全条例》《南宁市大明山保护管理条例》《南宁市昆仑关保护管理条例》实施情况的报告及市人大常委会专题调研组的相关调研报告、市人大常委会法工委关于规范性文件备案审查工作情况的报告、市政府关于市十四届人大五次会议代表议案决定执行情况代表建议办理工作情况的报告,通过《南宁市横县茉莉花保护发展条例》《南宁市水土保持若干规定》,审议通过市人大常委会主任会议关于提请审议《关于修改〈南宁市燃气管理条例〉等十五件地方性法规的决定(草案)》、废止《南宁市公共食(饮)具卫生管理条例》等5件地方性法规的议案。听取、审议市人大常委会立法后评估工作组关于《南宁市历史街区保护管理条例》立法后评估报告。书面审议驻邕全国、自治区人大代表和市人大代表2020年年终集中视察各视察组的视察报告。审议通过常委会代表资格审查委员会关于个别代表的代表资格审查情况的报告。通过人事任免事项7项。

市人大常委会主要工作

【监督工作】 2020年,市人大常委会服务经济高质量发展,组织开展产业大招商工作专题询问,与市政府及有关部门面对面开展询问和应询;开展强化科技创新平台建设专项工作评议,作出评议意见交市政府办理;听取、审议市政府关于开发区、工业园区发展情况的报告;听取、审议市政府关于创建国家全域旅游示范区工作情况报告;听取、审议上半年计划执行情况、“十三五”规划实施和“十四五”规划编制情况报告,围绕落实主要指标、重点任务和高质量编制新的五年规划等提出意见建议。做好预决算和国有资产管理监督,听取、审议上半年预算执行情况、市本级决算、预算调整、审计工作、审计查出问题整改情况等报告,审查、批准2019年市本级决算、2020年市本级预算调整方案;组织预算专家、市人大代表开展全口径预算审查、全过程预算监管。首次组织市人大代表对部门预算进行专题审议;全面应用预算联网监督平台,为市人大代表履行预算审查监督职责提供便利;强化重点支出与重大投资项目预算执行情况监督,深入推进全面实施预算绩效管理监督,提升财政资源配置效率和使用效益;加强政府债务监督,督促政府依法依规举债发展。听取、审议2019年度国有资产管理情况综合报告和行政事业性国有资产管理情况专项报告;加强县区人大国有资产管理的监督指导,实现市、县区建立国有资产管理情况报告制度全覆盖目标。做好社会关切回应监督,听取、审议市政府关于学前教育发展工作报告,督促政府抓好城镇住宅小区幼儿园治理;听取、审议市政府关于2019年度环境质量状况和环境保护目标完成情况报告,聚焦中央环境保护督察“回头看”及固体废物专项督察反馈问题整改工作;开展城市供水节水条例执法检查,聚焦老旧城区、老旧管网改造,推动完善供排水工程及配套管网建设;听取、审议市政府关于创建全国民族团结进步示范市深化提升工作情况报告,开展《城市民族工作条例》执法检查;开展职工代表大会制度建设和厂务公开民主管理工作、企业退休人员社会化管理服务、小产权房整治、红十字事业发展、市树市花种植培护等专题调研;受理人民群众来信来访201件次。做好法治工作监督,听取、审议市政府关于“七五”普法工作情况报告、市中级法院关于审判监督管理工作情况报告、市检察院关于未成年人检察工作情况报告;开展羁押场所建设及管理工作情况专题调研,推动完善人防、物防、技防安全体系。首次听取备案审查工作情况报告,创新引入第三方参与备案审查,备案审查市政府规范性文件35件、政府规章3件。

【重大事项决定】 2020年,市人大常委会作出决议决定25项。对关于全面推动地方性法规进入执法融入司法列入普法工作、年度农业生产安排和春耕春播生产、加强监察公益诉讼工作作出决议。审议、批准《关于加强利用有机肥修复土壤,发展绿色种植的议案》《关于加强禽肉食品供给安全的议案》《关于推进公益诉讼护航强首府战略的议案》《关于加强我市重大传染病防治能力建设的议案》《关于提升南宁市公共卫生突发事件应急医疗救治能力的议案》《关于尽快制定〈邕江流域生态环境保护条例〉的议案》《关于支持马山县攀岩特色体育小镇项目建设的议案》《关于解决大中型垃圾转运站、大型环卫车辆停车场、公厕建设选址难问题的议案》。决定通过《南宁市生活垃圾分类管理条例》《南宁市停车场管理条例》《南宁市特种行业治安管理条例》《南宁市横县茉莉花保护发展条例》《南宁市水土保持若干规定》《关于修改〈南宁市燃气管理条例〉等十五件地方性法规的决定》;决定废止《南宁市公共食(饮)具卫生管理条例》《南宁市征用集体土地条例》《南宁市城市房地产交易管理条例》《南宁市统计管理条例》《南宁市河道与堤防建设管理条例》;决定批准南宁市2019年市本级决算、南宁市2020年本级预算调整方案、南宁市与乌拉圭派桑杜市建立友好城市关系;决定调整市第十四届人大第五次会议召开时间、会议列席人员。作出接受陈尧、束华、周中、何颖辞职请求的决定。

【专项工作评议】 2020年,市人大常委会成立专项工作评议调查组,对南宁市强化科技创新平台建设工作情况开展调查,在市十四届人大常委会第28次会议上进行南宁市强化科技创新平台建设工作专项评议。评议认为,市政府在市强化科技创新平台建设工作中取得显著成效,但全社会科技研发投入、专业人才支撑、产业引领辐射作用有待加强,科技创新活跃度、创新能力仍需进一步提高;人才引育、创新平台开放共享力度需进一步加大,服务体系有待进一步完善等。会议对强化科技创新平台建设工作进行满意度测评,测评结果为满意。

【专题询问】 2020年,市人大常委会组成专题询问调研组,对南宁市产业大招商工作情况开展调研,在市人大常委会第31次会议上,对南宁市产业大招商工作情况开展专题询问。专题询问调研组围绕县区开发区用地、工业园区基础设施和公共服务供给、优化营商环境等10个方面问题,与市政府及相关部门开展面对面询问与应询。对产业大招商工作进行满意度测评,测评结果为满意。

【专题调研】 2020年7月,市人大常委会组织驻邕全国人大代表、自治区人大代表和市人大代表90多人,组成专题调研组6个,对南宁市水环境综合治理情况、公安机关羁押场所建设及管理工作情况、公共环境卫生治理工作情况、邕江流域生态环境保护、中国(广西)自由贸易试验区南宁片区建设情况、市脱贫攻坚成果巩固提升工作开展年中专题调研。

【执法检查】 2020年,市人大常委会组成执法检查组检查南宁市贯彻实施《野生动物保护法》、落实《全国人大常委会全面禁止非法野生动物交易、革除滥食野生动物陋习、切实保障人民群众生命健康安全的决定》情况,认为存在配套制度有待完善,宣传力度仍需加强,特种养殖产业存栏野生动物处置有难点等问题;检查南宁市实施《城市民族工作条例》情况,认为存在城市少数民族流动人员服务管理工作有待进一步优化,民族文化基础设施

2020年7月13日，市人大代表年中专题调研第一调研组对水环境综合治理情况开展专题调研　　市人大常委会办公室提供

建设仍需进一步加强，少数民族传统医药事业扶持力度亟待加大等问题；检查《南宁市城市供水节水条例》实施情况，认为存在实施中法律责任的落实还有差距，城市供水节水规划有待加强，供水节水管理工作有待提升等问题；检查南宁市贯彻实施《广西壮族自治区扶贫开发条例》情况，认为存在学习宣传及思想认识上仍需深化，扶贫资金项目监管及整合力度有待加强，扶贫产提业综合效益有待高，农村饮水安全保障存在薄弱环节，易地扶贫搬迁后续扶持工作有待加强等问题。同时，对检查发现问题提出相应整改建议。

【议案与建议办理】 2020年，市十四届人大五次会议主席团确定代表议案8件，常委会对4件作出决定、4件作出处理意见，交市政府和有关部门执行办理。市十四届人大五次会议期间，代表提出建议、批评和意见222件（含议案转建议、批评和意见52件），其中法制类2件、监察和司法类12件、财政经济类44件、农业类30件、城乡建设环境保护类80件、教育科学文化卫生类31件、民族华侨类1件、社会建设类22件；交由53个承办单位办理，均在法定时限内办理并答复代表。代表所提建议、批评和意见被采纳、问题得到解决或基本解决84件，占总数37.84%，比上年提高6.59个百分点；正在解决或列入计划逐步解决119件，占53.6%；因条件限制或暂时难以解决16件，占7.21%；不能办理只能作参考3件，占1.35%。闭会期间代表提出建议2件，交由市政府有关部门办理并按时答复代表。代表建议所提问题得到解决或计划逐步解决占91.43%，代表对办理结果均表示满意或基本满意。建立市领导领衔督办代表建议制度，13名市领导领衔督办代表建议22件。

【人事任免】 2020年，市人大常委会任免国家机关工作人员76人次，其中任命、决定任命28人次，免职、决定免职40人次，接受辞职8人次。

【代表工作】 2020年，市人大常委会完成全国、自治区人大交付的执法检查、专题调研、法律法规案征求意见等工作30多项。12月，组织驻邕全国、自治区人大代表及市人大代表400多人组成视察组5个，对2020年全市经济社会发展情况、区市重大项目建设及为民办实事项目落实情况、监察司法工作、城建环保工作、“两院”专项工作、教育科学文化卫生工作、民族华侨外事宗教旅游工作、“三农”工作、法治南宁建设情况进行视察。举办代表履职能力提升班、示范站点负责人培训班，参训223人次。组织全市1.10万名人大代表进入站点开展主题活动，召开民情沟通会、调研座谈会等928场次，提出意见建议1200多条，其中重点建议129条；人大代表在联络站点接待联系群众9.30万人次。

【理论研究与宣传】 2020年，市人大常委会举办纪念市人大设立常委会40周年系列活动，召开座谈会1次；举办“人民代表大会制度在南宁的生动实践”历程展、书画摄影作品展，参观人数200人次；编印纪念丛书2500套；开展专题宣传报道20次。印发《南宁人大》杂志6期；南宁人大网站发布信息6800多条；“人大之声”专题栏目在《南宁日报》刊发23期，在南宁电视台、南宁电台各播出46期；“两微”（微信公众号、新浪微博）发布信息1300多条。　　（韦杉娜）

表16　　2020年南宁市第十四届人大常委会依法任免国家机关工作人员一览表

时　间	会议(次)	任、免、辞	姓　名	职　务
4月29日	第26次会议	接受辞职	束　华	市第十四届人大常委会主任
		接受辞职	陈　尧(女)	市第十四届人大常委会秘书长
		决定任命	林　兢	市自然资源局局长
		决定任命	宁世朝	市住房和城乡建设局局长
		决定任命	许强初	市林业局局长
		决定免去	郭维宁	市自然资源局局长
		决定免去	林　兢	市住房和城乡建设局局长
		任命	冯彦波	市中级人民法院立案庭副庭长
		任　命	王瑛瑛(女)	市中级人民法院民事审判第一庭副庭长
		任命	蒙恪民	市中级人民法院民事审判第四庭副庭长

续表 16

时　间	会议(次)	任、免、辞	姓　名	职　务
4 月 29 日	第 26 次会议	任命	王文强	市中级人民法院执行一庭副庭长
		任命	卢玉梅(女)	市中级人民法院执行裁判庭副庭长
		免去	卢玉梅(女)	市中级人民法院民事审判第一庭副庭长
		免去	王文强	市中级人民法院民事审判第四庭副庭长
		免去	蒙恪民	市中级人民法院执行一庭庭长
		免去	冯彦波	市中级人民法院执行一庭副庭长
		免去	王瑛瑛(女)	市中级人民法院执行裁判庭副庭长
		免去	宁　静(女)	市中级人民法院行政审判庭副庭长、审判员
		免去	高　怀	市中级人民法院审判员
		免去	陆海燕(女)	市中级人民法院审判员
		免去	杜　昱(女)	市中级人民法院审判员
		免去	李　英(女)	市中级人民法院审判员
		免去	苏永革	市中级人民法院审判员
6 月 19 日	第 27 次会议	接受辞职	何　颖	副市长
		接受辞职	周　中	副市长
		决定任命	杨　鸿	副市长
		决定任命	汪述斌	市教育局局长
		决定免去	潘永钟	市教育局局长
		任命	颜晓兰(女)	市人民检察院检察委员会委员
		任命	黎　明(女)	市人民检察院检察委员会委员
		任命	杨　亮	市人民检察院检察委员会委员
		任命	何　芳(女)	市人民检察院检察委员会委员
		任命	华　健	市人民检察院检察委员会委员
		任命	孔德雨	市人民检察院检察委员会委员
		任命	曹　鹏	市人民检察院检察委员会委员
		任命	何晓莹(女)	市人民检察院检察委员会委员
		免去	邬锦峰	市人民检察院检察委员会委员
		免去	黄　强	市人民检察院检察委员会委员
		免去	贾健勇	市人民检察院检察委员会委员
		免去	谢　力(女)	市人民检察院检察委员会委员
		免去	农小娴(女)	市人民检察院检察员
		免去	王海涛	市茅桥地区检察院检察委员会委员、检察员
8 月 28 日	第 28 次会议	任命	高　鑫	市监察委员会副主任
		免去	麻清源	市监察委员会副主任
		免去	刘军辉	市人民检察院检察委员会委员、检察员

续表 16

时　间	会议(次)	任、免、辞	姓　名	职　务
10 月 29 日	第 29 次会议	接受辞职	伍　娟(女)	副市长
		接受辞职	刘长林	自治区第十三届人民代表大会代表
		接受辞职	尚文娟(女)	自治区第十三届人民代表大会代表
		免去	赵博如	市第十四届人大民族华侨外事宗教委员会副主任委员
		免去	黄　颖(女)	市第十四届人大财政经济委员会副主任委员
		免去	玉朝章	市人大常委会选举联络工作委员会副主任
		决定任命	张自英(女)	副市长
		任命	李志明	市监察委员会委员
		任命	周　卿	市监察委员会委员
		免去	邱卫新	市监察委员会委员
		免去	蓝江河	市监察委员会委员
		免去	李星林	市中级人民法院刑事审判第二庭副庭长、审判员
		免去	韦璐明(女)	市中级人民法院刑事审判第二庭副庭长、审判员
		免去	黄华莹(女)	市中级人民法院未成年人案件审判庭副庭长、审判员
		免去	魏　超	市中级人民法院民事审判第二庭副庭长、审判员
		免去	陆文勇	市中级人民法院执行庭副庭长、审判员
		免去	曾建华	市中级人民法院审判员
		免去	杨振宁	市中级人民法院审判员
		免去	李永清(女)	市中级人民法院审判员
		免去	樊海金(女)	市中级人民法院审判员
		免去	孙晓梅(女)	市中级人民法院审判员
		免去	黄　伟	市人民检察院检察员
11 月 26 日	第 30 次会议	免去	陈志强	市人民检察院检察员
12 月 30 日	第 31 次会议	接受辞职	東　华	自治区第十三届人民代表大会代表
		任命	梁镇康	市第十四届人大财政经济委员会副主任委员
		任命	王海屹	市第十四届人大民族华侨外事宗教委员会副主任委员
		任命	刘宇宁	市人大常委会选举联络工作委员会副主任
		任命	尹　翔(女)	市人大常委会法制工作委员会副主任
		免去	王海屹	市人大常委会法制工作委员会副主任
		任命	唐智峰	市人民检察院检察员
		任命	刘晶晶(女)	市人民检察院检察员

编辑　温燕聪

综　述

【概　况】 2020年，南宁市人民政府（简称“市政府”）召开全体会议1次、政府常务会议43次、经济运行分析会3次，作出应对新冠肺炎疫情稳发展、乡村医生“乡聘村用”、户口迁移政策调整完善、促进会展业高质量发展、规范房屋租赁行为、加快发展夜间经济、实施健康南宁行动等重大决定；提请市人大常委会审议地方性法规草案4件，出台政府规章4件，修改政府规章2件，废止政府规章6件，完成政府规章立法后评估9件，制定规范性文件38件，备案审查规范性文件150件；办理市人大代表议案和建议230件、市政协委员提案444件；实施、承办为民办实事工程20项61个子项。做好机构改革后续工作，厘清、明确相关部门职责边界30余项。统筹推进新冠肺炎疫情防控和复工复产复学工作。新冠肺炎疫情发生后，27天实现本土确诊病例“零新增”，1个多月实现55例确诊患者全部治愈出院，专业救治医院医务人员“零感染”，境外输入、进口冷链食品引发疫情“零发生”；推动产业链上下游企业协同复工复产，在自治区率先出台支持中小企业保经营稳发展16条措施，在全国率先落地疫情期间援企稳岗返还政策；出台稳工业8条、稳投资6条、促消费12条等稳增长措施，推进“六稳”“六保”政策落地落实。主要存在创新支撑产业高质量发展的动能不够强，开放合作水平不够高，城乡协调发展、民生保障等领域有短板弱项等问题。

【服务型政府建设】 2020年，南宁市12345政府服务热线接听群众有效来电21.90万个，比上年增长88.34%；热线通过电话、政府网站、微信公众号、国家投诉平台等渠道生成有效工单25.16万件，直接答复办结14.46万件。南宁市12345政府服务热线在中国客户联络中心奖（CCCCA）评选中获“最佳政务服务示范单位”称号，在全国最佳政务热线评选中获“2020年度卓越百姓服务奖”。市政府网站主动公开政府信息2.60万条，网站总点击量734.18万次，访问总用户数381.77万人；互动平台收到咨询、投诉等问题1.26万个，答复率96.11%；解读热门政策91个，回应群众关切问题60个。各级政务服务部门线上线下受理政务服务申请569.95万件，办结535.30万件。推进使用广西数字政务一体化平台（南宁平台），全市政务服务事项网上办理率92.66%，网上办事指南准确率98%以上。市行政审批局试行政务服务事项承诺审批1156项，审批时限压减30%以上；市、县两级依申请政务服务事项“一窗”分类受理比例95%以上。市人社局打造广西首个上线的“区块链+人社”综合应用平台，推进签订区块链电子劳动合同6000份；建成覆盖人社全业务的南宁“智慧人社”系统，实现“线上一网通、线下一门办”。市应急管理局处置突发事件618起，联动处置有效警情9.07万起；开展八桂应急先锋社区响应队示范建设，先期处置突发苗头性事件623件。市外事办公室配合开展好国际抗疫合作，探索“云交往”模式，服务南宁市与国外友好城市交流交往，协助处理南宁市居民海外领事保护案件19起，帮助368人。市民族宗教事务委员会推进社区党员干部与各族群众结对子、市直机关单位与“民族之家”结对联建，为群众解决难题500多件；南宁市被国家民族事务委员会确定为第四批全国少数民族流动人口服务管理示范城市。市侨务部门走访慰问困难归侨侨眷630人；新冠肺炎疫情发生后，引导帮助海外侨胞科学防疫、就地防疫，结合线上线下方式拓展海外联谊，搭建合作平台。南宁市全面对接粤港澳大湾区建设，持续推进邕港澳在经贸、金融、人才、医疗卫生等领域的交流合作；组织人员赴深圳转运2批19名香港企业家返回南宁复工复产；广西首个香港青年（内地）创业服务中心在广西华润大厦成立并投入使用。

【营商环境优化】 2020年，南宁市推动金融机构加大对企业减费让利力度，新发放普惠型小微企业贷款利率5.46%，比上年降低0.69个百分点，费用降低0.21个百分点；政府性融资担保、再担保机构平均担保费率降至1%以下。落实国家减税降费政策，全市累计新增减税降费71.71亿元，其中支持新冠肺炎疫情防控和经济社会发展税费优惠政策新增减税降费24.52亿元。为企业节省用电成本2598.11万元，减免水费1764万元、用气费5545.62万元。试行市级新增建设用地计划指标核销制，降低企业用地成本。深化“简易办”改革，全市即办件比例提升至34.13%；市本级涉及减税降费、财税优惠、政策奖补等62项涉企政策事项实现“一窗申办”，受理政策兑现申请5.14万件，办理时限平均压缩30%以上；市本级游泳馆（场）、药店、电影院、医疗美容、食品包装等10个行业许可实现“一证准营”；创新“拿地即开工”“多图联审”等审批模式，推动建设项目审批提速80%以上；不动产登记“24小时不打烊”业务扩充至96%；中国（广西）自由贸易试验区南宁片区“互联网+政务服务”涉企政务服务事项95%以上网上可办；在广西率先实现电子营业执照+电子印章同步发放，做到“物电同源、同章同模”，南宁市新增市场主体13.37万户，比上年增长

9.42%，市场主体存量居自治区首位。南宁市建立南宁产业发展基金、创业投资引导基金和天使投资基金联动投资机制，构建覆盖全生命周期的创业投资生态体系。广西(南宁)民营小微企业首贷续贷中心设立，提供一站式综合金融服务，与广西综合金融服务平台、“爱南宁 APP”的企业金融超市平台推动政金企线上线下对接，3200 多家企业获贷款超 100 亿元。加强涉企监管，构建“一网联动、随机抽查、综合执法、联合监管”新型监管模式，双随机抽查覆盖率、监管执法信息公示率均为 100%；建立覆盖重点领域的信用联合奖惩机制，在全国首创电子诚信卡，南宁市综合信用在 36 个省会及副省级以上城市中排名第十。加强知识产权保护，全市法院审结知识产权民事一审案件下降 51.17%；中国(广西)知识产权维权援助中心南宁分中心、中国(广西)知识产权维权援助中心广西自贸试验区南宁片区分中心、南宁国际仲裁院，以及国内首家进驻自贸试验区的电力行业调解组织——南宁市电力行业纠纷人民调解委员会等挂牌成立。社会公众评估南宁市行政执法的规范公正文明程度 95.82%。

【“六稳”“六保”政策落实】 2020 年，市政府印发《南宁市兑现落实利用外资有关政策措施实施细则》《南宁市应对新型冠状病毒感染的肺炎疫情支持中小企业保经营稳发展若干措施》《有效应对疫情促项目复工达产稳投资若干措施的通知》《应对新冠肺炎疫情促进外贸稳发展若干措施》《南宁市扎实做好“六稳”工作全面落实“六保”任务实施方案》等文件，对实际利用外资做出突出贡献的 16 家外资企业给予奖励 659.51 万元；采取“企业网上申报、部门主动核实”做法，完成 101 家工业企业租赁标准厂房补助资金申报和审核发放，拨付补助资金 2645.41 万元；对一季度产值增速达到一定条件的企业按产值增长额的 2% 给予补助，对一季度新建上归入统企业给予每家 60 万元补助；推动银行机构下浮 2 个百分点发放贴息贷款 91 亿元，支持 2636 家企业生产发展，为企业节约成本近 2 亿元，贷款金额居自治区首位。推动重大项目开工建设，贴息奖励重大产业项目。3 月，359 个市级层面在建重大项目全部实现复工并基本实现满产。年内，支持外贸企业复工复产，加快南宁跨境电商综合试验区建设，打造全国首个集国际邮件、跨境电商、国际快件监管于一体的“三合一”式集约化通关新模式，日均通关能力增长至 100 万件，通关时间缩短 50% 以上。启动社会救助和保障标准与物价上涨挂钩的联动机制，减轻物价上涨对困难群众基本生活的影响；组织平价商店网点以低于市场价格 15% 以上的幅度销售平价蔬菜；在全国率先推出高校毕业生就业、劳动维权服务等“一件事”打包办，鼓励企业设置公益性岗位，服务 47 万人次。推进线上教育，实现“停课不停学”，组织教师 1500 多人、技术员 250 人，录制 2105 节中小学优秀课例“空中课堂”，在广西广电网络、南宁教育云平台等 13 个平台播放，点播 3.42 亿人次。落实调整新冠肺炎诊疗项目价格政策，调整南宁市公立医疗机构呼吸、护理、病理、麻醉、中医等 100 项医疗服务项目价格，医保支付标准同步进行相应调整。落实社会保险费“减、免、缓、降”政策，为 6.45 万家企业减免社保费 50.73 亿元，减轻企业社保人工成本 18.14 亿元。

（市政府办公室）

重要会议

【南宁市新型冠状病毒感染的肺炎疫情防控工作领导小组指挥部工作会议】 2020 年 1 月 27 日召开。贯彻落实市委常委会会议精神，传达贯彻自治区物资保障专题会议、防控专题会议精神，听取疫情及存在问题通报，研究部署下一步疫情防控工作。会议强调，疫情防控阻击战的防控、治疗、保障要再升级，重点围绕在南宁市发生病例的密切接触者、湖北武汉游客及返乡人员，特别是农村边远地区人员和新进入南宁人员，开展排查、防控工作，早发现、早报告、早隔离、早治疗和集中救治；各医疗机构强化医院感染管理，实行最周密的医务人员安全防护措施；做好物资、资金和人员保障，充分发挥街道、社区作用，动员社会各方面力量，协助有关部门做好疫情防控；疫情防控阻击战的作风要再升级，各级各部门主要领导干部要坚守岗位、靠前指挥，深入防控疫情一线，聚焦关键防控环节，科学规范防控，坚决打赢疫情防控阻击战。

【市十四届人民政府第五次全体(扩大)会议】 2020 年 4 月 30 日召开。讨论通过即将提请市十四届人民代表大会第五次会议审议的《政府工作报告》。会议指出，新冠肺炎疫情对经济影响很大，各级各部门要做好较长时间应对外部环境变化的思想和工作准备，在常态化疫情防控基础上，统筹谋划部署经济社会发展各项工作，推动全面落实强首府战略开好局、起好步。会议强调，要尽快克服产业链或供应链断裂这一经济发展“拦路虎”，从推动企业复工复产转到推动产业链协同复工复产上来，对内完善上下游产业链，对外融入区域产业集群，抓好工业招商引资；释放“宅经济”新潜能，支持发展“互联网 + 社会服务”消费模式，推动受疫情影响较大的行业尽快恢复增长，挖掘农村消费潜力，发展新经济新业态；加快把五象新区打造为强首府发力点，以“新基建”抢进度补短板扩投资，加快强首府项目实施；毫不动摇保民生保运转，决胜全面建成小康社会、决战脱贫攻坚，统筹抓好生态文明建设、安全生产等工作，保持首府社会和谐稳定。

【政府常务会议】 2020 年，市政府召开政府常务会议 43 次，审议议题 279 个。审议《南宁市积极应对新冠肺炎疫情影响促进经济平稳运行工作方案》《南宁市 2020 年决战决胜脱贫攻坚若干措施》《南宁市扎实做好“六稳”工作全面落实“六保”任务实施方案》《中国(广西)自由贸易试验区南宁片区建设实施方案》《南宁市轨道交通第三轮建设规划(2021—2026)》《南宁市创建国家安全发展示范城市实施方案》《南宁市关于加快发展夜间经济的实施意见》《南宁市关于建立完善老年健康服务体系的实施方案》等文件；研究废止《南宁市商品房预售资金监管办法》《南宁市重大项目审批绿色通道工作制度》《南宁市科学技术奖励办法》等规章制度；听取南宁市 2019 年毒品整治、2019 年南宁市安全生产、2019 年度市本级预算执行和其他财政收支审计查出问题整改情况、南宁市高考综合改革准备情况等工作汇报和市自然资源局关于坚决制止耕地“非农化”工作情况的报告、中央环境保护督察“回头看”及自治区生态环境保护督察反馈问题整改等生态环境保护重点工作报告。

【经济运行分析会】 2020 年，市政府召开经济运行分析会 3 次，并召开全市经济运行分析暨第二次国民经济核算部门联席视频会议。4 月 15 日，第一季度经济运行分析会提出要着力补齐工业缺口，强化重点企业支撑，加快重点项目建设；降低技改项目申报门槛，推进一批技改项目；加快运营好中国(南宁)跨境电子商务综合试验区，加快建设面向东盟的金融开放门户南宁核心区；强化项目投资支撑，抓好招商任务落实；持续开展现代特色农业提质升级，保障生猪生产及肉品市场供应稳定。6 月 10 日，全市经济运行分析暨第二次国民经济核算部门联席视频会议强调要全面落实强首府战略，开发区要扛起工业主战场责任，区县要强弱项补短板，稳工业、稳三产、稳农业；聚焦国家政策、重点产业、生态优势加强重大项目策划；各级各部门持续优环境、转作风、强保障。7月23日,全市上半年经济运行分析会强调要巩固提升农业、建筑业、其他营利性服务业向好态势,全力攻坚工业、投资、服务业稳增长;盯紧重大产业发展、重大项目建设,攻坚推进产业大招商,强化项目储备;围绕中国—东盟金融城等重大项目建设,推进金融业、现代物流业、电子商务加速集聚;结合乡村振兴战略实施,推动区县聚焦大项目、培育大企业。10月22日,第三季度经济运行分析会传达自治区党委办公厅、自治区政府办公厅《关于打好2020年第四季度稳增长硬仗的通知》精神和自治区2020年第四季度经济形势座谈会精神;强调要确保工业企稳回升,推动新签约项目落实落地;稳住重点企业生产,做好停产半停产企业帮扶;加快重大项目建设,形成工业新增长点;攻坚中国—东盟金融城建设,提升金融业对服务业贡献率;攻坚现代物流和电商经济产业,提升首府消费水平。

重大决定

【应对新冠肺炎疫情稳发展措施】 2020年2月5日,市政府印发《南宁市应对新型冠状病毒感染的肺炎疫情支持中小企业保经营稳发展若干措施》,从助企稳岗、降本减负、融资支持、精准施策4方面支持中小企业,实施稳岗政策、缓缴社保、减免税费、贷款贴息、房租减免或补贴等16条措施,减轻疫情给南宁中小企业造成的负面影响;29日,印发《关于应对新冠肺炎疫情支持工业企业发展的若干政策措施》,实施鼓励骨干企业加快生产、加大新建入规企业补助、支持企业新上防控用品项目和扩能扩充、给予重点企业招工奖励、鼓励集中包车返岗、给予隔离费用补助、保障企业物流运输、开展精准帮扶活动等8项措施,推动工业企业复工复产。3月19日,印发《应对新冠肺炎疫情促进消费稳增长若干措施》,实施建立重点企业专项帮扶工作机制、加大对企业复工复产防疫物资保障、支持商贸企业稳就业、强化生活必需品供应保障、支持实体商业线上线下促销活动、实行销售增长奖励、培育发展新业态新模式、加强商贸企业金融支持、多措并举促进汽车消费、开展家电以旧换新活动、大力发展夜间经济、推进步行街改造提升等12项措施,确保消费品市场平稳健康发展;印发《应对新冠肺炎疫情促进外贸稳发展若干措施》,实施支持外贸企业复工复产、稳定并扩大进出口规模、拓展外贸企业融资渠道、降低企业进出口环节成本、推动跨境物流通道建设、加快南宁跨境电商综试区建设、支持外贸新业态发展、提升跨境电商通关效率、落实"稳外贸"资金、加强外贸企业服务指导等10项措施,确保全市商务经济平稳健康发展。

【乡村医生"乡聘村用"】 2020年4月11日,市政府印发《推进乡村医生"乡聘村用"的实施意见(试行)》,针对全市政府办村卫生室全面启动"乡聘村用"管理模式,实施改变村卫生室管理模式、规范乡村医生配置和准入、转变乡村医生身份、明确乡村医生职责、提高乡村医生待遇和防御风险能力、加强乡村医生管理和培训指导、规范村卫生室资产管理、严格执行绩效考核、建立乡村医生退出制度等措施,提高乡村医生待遇,稳定壮大乡村医生队伍,持续提升村级医疗卫生服务能力,推动乡村卫生服务一体化管理。

【户口迁移政策调整完善】 2020年5月1日,市政府印发《南宁市深化户籍制度改革户口迁移实施办法》,调整完善南宁市户口迁移政策,由总体目标、城镇落户条件、农村落户条件、集体户设立标准、实施时间五部分组成,明确以具有合法稳定住所(含租赁)或合法稳定就业为落户城镇的基本条件,通过全面放开城镇落户条件、严格迁往农村落户、放宽集体户设立标准等举措,让有意愿、有能力在城市落户的农业转移人口能落尽落,促进有能力在城镇就业生活的农业转移人口和其他常住人口有序实现市民化。

【促进会展业高质量发展】 2020年5月15日,市政府印发《关于进一步促进会展业高质量发展的实施意见》,提出到2025年形成具有核心竞争力的会展经济产业体系,把南宁打造成面向东盟的国际展会集聚区、中国—东盟和中南、西南地区重要会议目的地;以打造会展城市名片、提高会展服务能力、培育壮大会展主体、引进知名展览会议、推动会展跨界融合、规范会展行业管理作为主要任务,扶持重点培育的品牌展会、展会项目,优化会展营商环境。

【房屋租赁行为规范】 2020年6月4日,市政府印发《关于规范房屋租赁行为有关事项的通知》,规定出租用于居住房屋的最小出租单位、人均使用面积,明确房屋应符合建筑、消防、治安、环保等方面的标准和要求,具备给排水、供电等必要生活条件,明确单位宿舍或租赁企业经营开发改造的宿舍型公寓和集中式公寓住房租赁标准。填补南宁市住房租赁标准相关规范制度上的空白,为广西首个明确住房租赁标准的规范性文件。

【发展夜间经济】 2020年8月3日,市政府印发《关于加快发展夜间经济的实施方案》,提出培育一批高品质夜间消费集聚区、建设一批具有时尚气息的地标夜生活打卡地、提升一批业态多元的特色消费街区的发展目标;重点打造"老南宁·三街两巷"历史文化街区、中山路美食街、盛天地步行街、百益上河城等夜间经济集聚区,以及邕江夜游、内街文化创意园、289上海天地等夜间经济项目,拓展消费空间。

【健康南宁行动实施】 2020年9月23日,市政府印发《健康南宁行动实施方案》,提出到2022年全市健康促进政策体系基本建立、到2030年全市居民健康素养水平大幅提升的目标;围绕全方位干预健康影响因素、维护全生命周期健康、防控重大疾病3个方面,提出实施健康知识普及行动、合理膳食行动、全民健身行动、控烟行动、健康环境促进行动等举措16条,涉及心理健康、中小学生健康、老年健康、职业健康、妇幼健康等方面,加快推动以治病为中心转变为以人民健康为中心。

主要活动

【重大项目开(竣)工】 2020年,南宁市举行重大项目开(竣)工现场会10次。南宁天际新能源汽车产业项目、南宁合众新能源汽车产业项目、泰康之家桂园养老社区、五象新区威宁青运村、中科无线传感5G产业园、中国—东盟信息港小镇(研发中心)、中国—东盟数字经济产业园、五象投资创新型信息产业基地一期、五象新区桂民投总部基地、宝能环球金融中心、威宁·利福邻家广场、世纪创新智慧显示器制造项目、步步高南城百货总部大厦、市第一人民医院医技综合楼、中通快递南宁转运中心、南宁市仙葫水质净化厂一期等200多个重大项目开(竣)工。

【广西(南宁)金融创新联合实验室揭牌】 2020年1月6日,交通银行广西壮族自治区分行、市政府共同发起成立的广西(南宁)金融创新联合实验室在南宁五象总部大厦揭牌。通过试点金融创新政策,深度融入区域发展,研究推出一批金融创新应用,重点围绕广西自贸试验区及面向东盟的金融开放门户建设,打造金融便利政策沟通平台、政银企联合互通平台、金融创新培育平台、金融从业者和学者专家学术研究交流平台,为金融高质量发展提供智库支撑。

【南宁产教融合基地项目合作协议签署】 2020年3月12日，市政府与桂林理工大学签署南宁产教融合基地项目合作协议，共同建设高等教育、产业技术研究院、高新科技园区“三位一体”的产教融合基地。重点打造南宁研究生院、南宁产业技术研究院、南宁科技园、南宁国际教育园，开展新材料、节能环保、新一代信息技术、海洋工程和新型建材产业相关的高端智库建设，开展共性关键技术攻关、科技成果转化、高科技企业培育与孵化、高端人才引进和培养。

【鲲鹏计算产业战略合作协议签署】 2020年4月29日，市政府与华为技术有限公司签订鲲鹏计算产业战略合作协议。依托华为ICT技术优势及信息产业、政务服务、人才培养等领域经验，推进南宁数字经济建设，共同发展鲲鹏计算产业生态，把南宁建设成为产业生态完善、核心技术领先、应用场景丰富、产业竞争力较强的鲲鹏计算产业示范区。

【“5G+防灾减灾”应用征集大赛】 2020年6月29日，国家预警信息发布中心、自治区应急管理厅、自治区气象局、市政府联合主办的“5G+防灾减灾”应用征集大赛在南宁·启迪东盟创新中心举办，为广西首次举办气象相关的创新应用大赛，收到全国参赛项目55个(最佳创意解决方案组22个、最佳应用实践组33个)，项目涵盖5G+气象防灾减灾、5G+应急联动、5G+城市智能服务、5G+精准农业等领域。11月25日，大赛决赛落幕，“捷佳润智慧农业云平台”“大气污染云平台”等10个项目获奖。赛事全程线上直播，近5万人次观看。

【电子商务交易技术国家工程实验室广西实验室揭牌】 2020年8月28日，市政府与电子商务交易技术国家工程实验室战略合作框架协议签约仪式暨电子商务交易技术国家工程实验室广西实验室揭牌仪式在南宁·启迪东盟创新中心举行。广西启迪科技城集团获授权负责投资建设、运营管理，广西实验室重点在南宁市开展电商经济监测预测与政策模拟平台建设、电商产业研究服务体系建设、电商产业大数据中心建设、电商可信交易研究、中国—东盟电商产业研究与人才培训体系建设等5方面工作，推动电子商务领域前沿技术、创新成果在南宁落地。

【落实强首府战略“十四五”电力合作协议签署】 2020年9月21日，市政府与广西电网有限责任公司签署落实强首府战略“十四五”电力合作协议。市政府继续完善政府主导电网建设机制，统筹城市和电网规划建设，完善相关政策文件，保障电网项目顺利实施；广西电网有限责任公司全面加快建设国际一流南宁电网。双方持续优化南宁市电力营商环境，护航现代化产业体系构建；强化依法管网治网，确保首府安全可靠供电。

【为民办实事工程】 2020年，南宁市实施市本级教育惠民、健康惠民、文化惠民、敬老惠民、社保惠民、强基惠民、市政惠民、畅通惠民、食安惠民、平安惠民10项28个子项为民办实事工程；承办自治区社保惠民、健康惠民、教育惠民、水利惠民、安居惠民、农补惠民、生态惠民、文化惠民、扶贫惠民、科技惠民10项33个子项为民办实事工程。（市政府办公室）

人事人才

【概　况】 2020年，南宁市人力资源和社会保障局(简称“市人社局”)提高事业单位聘用手续办结效率，为南宁市派出援鄂的编外医护人员、事业单位急需紧缺人才开辟“绿色通道”，放宽教育、医疗卫生行业人才引入条件；联合市财政局、市卫健委、市教育局开展南宁市高校和科研院所人才薪酬制度改革试点、市直公立医院薪酬制度改革试点、市本级职业院校试行绩效工资管理新政策有关工作；分析、筛选企业在岗职工工资样本，整理公布工资指导价位；在市重点行业、企业推广应用“区块链+电子劳动合同”，依托南宁“智慧人社”系统搭建“宅家学技能”免费线上职业技能培训平台，启用南宁智慧人社职称证书信息在线核验系统。完成公开招录公务员考试、事业单位统一公开招聘工作人员考试、二级建造师(南宁考区)考试、执业药师职业资格(南宁考区)考试等工作。认定高层次人才30批次623人，新增高技能人才7760人。主要存在引才留才有待加强，人才政策落实精准度有待提高等问题。

【事业单位人事管理】 2020年，市人社局牵头编制并以市委人才工作领导小组办公室名义发布《2020—2021年度南宁市事业单位急需紧缺专业人才目录》，涉及教育、卫生、文化、经济、农业、园林、公共管理7个行业33个岗位。为南宁市派出援鄂的编外医护人员开通“绿色通道”，援鄂医护人员中51名编外人员以直接考核的形式办理聘用手续。为事业单位引进急需紧缺人才开辟“绿色通道”，事业单位可在编制限额内自主引进人才后，再办理相关手续；市第二中学通过“绿色通道”招聘急需紧缺人才1人。放宽教育、医疗卫生行业人才引入条件，为具有高级专业技术职务任职资格的12名医疗卫生人才、12名教师放宽年龄、学历要求办理聘用手续。批准23个市属事业单位、12个区县2020年事业单位公开招聘方案备案，各级事业单位招聘7038人；核准(重新核准)128批次999个单位岗位设置方案备案，办理岗位变动认定备案352个次、7231人次，2020年度事业单位考核备案215家、1.96万人；为21家单位办理51个特设岗位设置备案，缓解基层事业单位、部分行业单位岗位评聘矛盾突出问题。核定168个市本级事业单位2019年绩效工资总量(增量)增减调整及242个事业单位2020年度绩效工资总量。落实非营利性服务业劳动者报酬相关政策，401家单位完成机关工勤人员晋升岗位工资档次及事业单位薪级工资工作，核定市本级122家行政类、公益一类事业单位工作人员2019—2020年绩效工资额外增量。开展市直公立医院薪酬制度改革试点、高校和科研院所高层次人才薪酬制度改革试点、市本级职业院校试行绩效工资管理新政策工作，印发《南宁市人力资源和社会保障局　南宁市财政局　南宁市卫生健康委员会　关于进一步深入推进南宁市高校和科研院所人才薪酬制度改革试点有关工作的通知》《南宁市人力资源和社会保障局　南宁市财政局　南宁市教育局　关于南宁市本级职业院校试行绩效工资管理新政策有关工作的通知》《南宁市人力资源和社会保障局　南宁市财政局　南宁市卫生健康委员会　关于推进市直公立医院薪酬制度改革试点工作的通知》等改革试点文件。落实进一步关心爱护医护人员若干措施政策，印发《南宁市人力资源和社会保障局　南宁市财政局　南宁市卫生健康委员会　关于转发做好增核2020年疫情防控期间一次性绩效工资总量有关工作的通知》等文件。市人社局对接自治区人力资源和社会保障厅申报梁小霞(女，广西第七批援湖北省抗疫医疗队员、市第六人民医院护士)记大功，5月28日自治区党委组织部、自治区人社厅给予梁小霞追记大功奖励；推荐南宁市参与疫情防控的人员参加自治区激励干部担当作为专项奖励工作，124人获奖；配合市委、市政府开展抗击新冠肺炎疫情专项奖励，给予集体记功2个、个人记功6人。

【企业职工管理】 2020年，市人社局分析、筛选全市18个行业2451家企业在岗职工工资样本，整理公布238个职业(工种)和4类新参加工作人员的工资指导

2020年9月10日，南宁市2019年度高层次创新创业领军人才“邕江计划”项目资助名单公布。图为获资助的抗肿瘤小分子纳米药物研发平台建设项目　　市人社局提供

价位。开展企业薪酬调查，调查市属国有企业、集体企业、股份合资企业、联营企业、有限责任公司、股份有限公司、私营企业等单位2490家，覆盖国民经济18个行业90个门类。全市劳动合同签订率97%，涉及职工33.54万人；集体合同签订5734份，涉及企业2.62万家、职工38.01万人。市人社局在市重点行业、企业推广应用“区块链+电子劳动合同”，350家企业签订区块链电子劳动合同6000份。依托南宁“智慧人社”系统搭建“宅家学技能”免费线上职业技能培训平台，线上培训企业职工7.7万人次。推进高技能人才队伍建设，新增高技能人才7760人，评定南宁市第五批首席技师16人；向获“全国技术能手”“广西技术能手”等称号的高技能人才18人发放奖励金10万元。

【人事考试】 2020年，南宁市公开招录公务员考试考生2.87万人，事业单位统一公开招聘工作人员考试考生3.49万人，二级建造师考试南宁考区(含南宁市、崇左市)考生2.55万人，执业药师职业资格考试南宁考区考生6568人。

【人才服务】 2020年，南宁市认定高层次人才30批次623人(A类2人、B类9人、C类40人、D类156人、E类416人)。完成高层次创业创新人才(团队)项目验收19个(2015年度2个、2016年度4个、2017年度13个)。23个人才(团队)入选南宁市第二批“邕江计划”人才(团队)，将获资助金额3250万元，已拨付专项资助资金1525万元。审核发放人才安家费补贴127万元，36名南宁市特聘专家(第六批、第七批、第八批)专项经费835万元，2019年度南宁市5名新世纪学术和技术带头人培养人选专项资金资助36.50万元，2019年度31个南宁市人才小高地资金资助208万元，南宁市产业领域急需紧缺青年人才生活补助768人、1275万元，累计拨付人才项目资金4718.93万元。举办南宁市人力资源服务机构中高级人才培训班2期，培训104人。开展人才交流、招才引智活动，北京大学、同济大学等高校选派11名在校生到南宁市开展暑假社会实践活动；2020年南宁市“重点产业重点领域联合引智”夏季线上专场招聘与“前程无忧”网站合作，采用网上宣讲形式在全国80多所高校进行宣传，收到人才求职信息1.02万条。

【职称评定】 2020年，南宁市开展专业技术职务任职资格评定服务4.61万人次，其中初级专业技术职务任职资格3327人、中级5539人、高级9359人；办理职称认定1651人，重新确认93人，职称核验2.16万人，证书遗失补办19人；审发职称电子证书1.19万本。5月，南宁智慧人社职称证书信息在线核验系统启用，用人单位和持证人在南宁“智慧人社”系统可查询职称信息，支持南宁市人才跨单位、跨区域流动中的职称资格确认。市人社局配合自治区职称改革办公室分类推进职称制度改革，下放职称评审权限，推进工程、卫生、中小学教师、中等职业学校教师4个系列副高级职称评审组织工作，由相应系列职称改革办公室组织申报评审，发挥行业主管部门选人用人职能作用。

(廖书恒)

应急管理

【概　况】 2020年，南宁市应急管理局(简称“市应急局”)围绕创建国家“安全发展”示范城市试点，统筹推进新冠肺炎疫情防控和防范化解重大安全风险；依托城市应急联动系统平台，整合安全生产、城市交通、森林防灭火、防汛防内涝、地震监测等部门业务信息、应急资源，统一调度处理；在自治区率先开展小化工安全专项整治，完成企业甄别、确认和风险排查；启动屯里油库等城市重大危险源搬迁改造，扩大城市禁燃限放烟花爆竹范围，压减存量尾矿库数量；开展八桂应急先锋社区响应队示范建设，组建队伍328个、队员7166人；组织完成市级重点综合演练8个、区县级演练15个、社区演练1761个、企业演练9767个。未发生重特大事故，安全生产形势总体稳定。南宁市城市应急联动中心(简称“市应急联动中心”)做好全市119、120特服号码受理，以及110、122特服号码转来的普通案(事)件、一般性社会矛盾、社情民意等业务受理及联动处置；开展应急联动系统月(季)度维护103次，完成第17届中国—东盟博览会、中国—东盟商务与投资峰会现场应急通信保障和应急联动系统保障，为公安交警、120医疗急救、市消防救援支队等完成400台对讲机应急通信分组编程。南宁市消防救援支队(简称“市消防救援支队”)建立“一厂一组”“一地一策”消防服务机制，服务企业2853家，排查新冠肺炎患者定点收治医院、集中隔离观察点、防疫物资企业等“三类场所”风险点4715个，蹲点夜市区块27个；研发智能接处警系统，完成应急管理部消防救援局试点任务，形成“南宁模式”推广全国；将“乡镇微型消防站建设”“消防车登高作业区域标绘”纳入为民办实事项目，累计投入1.15亿元，设置消防车登高作业区域800个，建成乡镇微型消防站72个，实现乡镇微型站全覆盖；消防救援站3个主体竣工、3个投入使用。承办应急管理部消防救援局物联网装备管理系统研讨与试点工作部署会、全国消防宣传工作会议现场观摩任务、全区消防救援队伍正规化建设现场会等任务6项，在自治区率先制作“提升作战效能”“作战训练安全”等示范操法23项，接待全国30个总队、14个地市政府部门52个代表团、633人次来访交流。全年接处警出动1.10万次，抢救、疏散人员2318人次，抢救财产价值3.50亿元；获自治区“壮鹰竞技”比武竞赛团体第一名。创新研发的交通事故处理防闯入系统、漏电探测搜救呼救器、应急逃生气源等3项灭火救援装备革新成果在自治区消防救援队伍评比活动中分别获二等奖、三等奖、优秀奖。主要存在应急管理理论研究不足，安全防范、监管执法和救援处置能力有待提高，城中村、老旧小区、群租房等消防基层基础建设有短板，全社会齐抓共管意识不足等问题。

【应急监测预警与处置】 2020年，市应急局每月组织南宁市突发事件应急委员会成员单位会商研判分析突发事件，按月编制《突发事件定期会商报告》；承担南宁市新冠肺炎疫情防控指挥部应急联络组工作职责，协助卫健、公安、工信等部门核查掌握疫区人员动向，组织协调应急处置力量做好应对准备。应急指挥中心全年受理电话2万余个，处置突发事件618起，其中较大或较为敏感事件369起，编制发送《应急信息直报》短信3.64万条，通过突发事件预警信息发布系统发送防汛、预警和提示类短信3600万条次。市应急局参与"1·16"西乡塘区绕城高速交通事故、"4·8"廖平养殖场氨气中毒事故、"5·24"宾阳县儿童溺亡事故、"7·12"横县209国道交通事故等19起较大以上突发事件的应急调度和现场协调保障工作；点名检查市政府职能部门、基层单位、重要企业、应急队伍值班值守情况4023次；做好自然灾害监测预警及风险评估，编印《重大气象信息专报》13期、《气象服务信息》81期，发出预警短信860多万条，播放预警大喇叭5.52万次，发布预警微博2200多条，发送预警邮件1.59万次。汛期，市防汛抗旱指挥部启动市洪涝灾害四级应急响应3次，历时192小时。市地震监测中心地震监测台网平均运行率98.1%，2个微观前兆台平均运行率97.28%；监测到全球地震事件55次，其中国外零次、国内自治区外7次、自治区内48次（市内零次）。10月15日，市应急联动中心的应急联动系统应急事件联动功能正式运行，通过"一键流转"将重大敏感应急事件信息通报市应急局指挥中心，由指挥中心综合研判和后续指挥调度。市应急联动中心接到119、120应急求助电话44.62万个、咨询类电话2.31万个，受理处置有效警情9.07万起(120警情8.11万起、119警情9565起)。市消防救援支队在自治区率先组建抗疫救援突击队，赴自治区人民医院邕武医院专班驻勤100天；建成投用市、区县城市火灾风险预警平台监管中心4个，24小时动态轮巡消防重点单位1200个、电动自行车停放点3500个、火灾探测终端150余万个，预警处置火灾35起，线上线下受理和处置群众火灾隐患举报投诉3515起，形成"日常监管、隐患投诉、消防安保、行业管控、火险评估"全闭环火灾防控体系；搭建智能接处警系统，引入语音识别、智能检索、定位导航等技术，自动提取生成警情要素，平均缩短接处警用时15秒；接警出动1.10万次，抢救、疏散人员2318人次，抢救财产价值3.50亿元，成功处置"1·14"阳光100上东国际火灾、"6·27"江南机械市场火灾等事故。

（李松民　李诗婷　黄铭珩）

【应急救援队伍建设】 2020年，市消防救援支队规范完善灭火救援准备和作战资料，会审修订14大类759份数字化预案；利用"智能门禁""GPS车辆追踪""电子隔离栏"等技术打造智慧安防营区，指导基层开展物品点验、赌博情况排查、饮酒情况专项自查工作730余次，通过远程监控和工作系统开展督导7500余次，全市消防队伍无违纪、零事故、零疫情。发展多种形式消防力量，组建60人的重型地质灾害救援大队1支、40人的支队级抗洪抢险救援队1支、6人的站级抗洪抢险救援分队30支，完善石油化工灭火救援专业队、地下工程灭火救援专业队、高层建筑灭火救援队建设；招聘政府专职消防员150人；定期帮扶指导、集中轮训乡镇、企业专职消防队，在自治区2020年企业、乡镇专职消防队业务比武竞赛中获团体总分第一名。完成应急管理部消防救援局、广西消防救援总队、市政府组织开展的灭火救援综合演练8次；建成配强乡镇微型消防站72个，出警1757起，抢救被困群众168人、财产1100万元。南宁市有广西矿山救援大队南宁中队、广西危险化学品事故应急救援大队南宁中队2支专业救援队伍；南宁矿山救援中队在册人员33人，年度质量标准化考评为一级矿山救护队标准；南宁危险化学品事故应急救援中队有专职队员14人、兼职队员12人，获2020年自治区安全生产救援技能竞赛三等奖。南宁市被自治区减灾委员会办公室、自治区应急管理厅选定为八桂应急先锋社区响应队示范建设示范点，在7个城区和3个开发区的282个社区、青秀区的46个村委分别成立由20人～30人组成的八桂应急先锋社区响应队，有队员7166人；按"社区(村)响应队＋小区分队"模式，依托小区业主委员会和物业公司，组建由小区物业、保安、志愿者组成的住宅小区分队。市减灾委员会办公室、市应急局印发《南宁市八桂应急先锋社区响应队管理办法》，加强常态化管理；举办专题培训班20期，培训7166人；承办全区八桂应急先锋社区响应队建设现场会，展示、介绍南宁市八桂应急先锋社区响应队建设经验做法，组织17支社区响应队现场演练。南宁市八桂应急先锋社区响应队排查灾害风险点2314处，治理事故隐患5486个，开展群众性防灾减灾宣传1287场次，组织社区开展应急演练521场次，先期处置突发苗头性事件623起。

（李松民　黄铭珩）

【应急预案体系建设】 2020年，市应急局建立健全全市自然灾害、事故灾难、公共卫生、社会安全等突发事件应急预案体系，组织修编《南宁市生产安全事故灾难应急预案》《南宁市洪涝灾害应急预案》等市级预案14个，指导修编市级专项应急预案32个。督促编修区县应急预案128个、乡镇应急预案272个、社区应急预案1136个、企业应急预案3678个，形成覆盖市、区县、乡镇、社区(企事业单位)四级应急预案网络。市级层面建立总体应急预案1个、专项应急预案46个(自然灾害类11个、事故灾难类15个、公共卫生类6个、社会安全类14个)，区县层面建立总体应急预案15个、专项应急预案276个，企业层面按照"一企一案"建立综合预案9616个、专项预案2.88万个、

2020年12月8日，自治区八桂应急先锋社区响应队建设现场会演练在北京大学南宁附属实验学校举行。图为社区响应队队员灭火演练　　市应急局提供

现场处置方案 2.97 万个。

【安全生产事故统计直报】 2020 年,南宁市通过事故直报系统报送安全生产事故 432 起、死亡 292 人、受伤 311 人、直接经济损失 5222.45 万元,比上年分别下降 26.3%、18.9%、28.2%、16.9%;其中,较大事故 4 起、死亡 16 人、受伤 6 人,未发生重特大事故。发生道路运输事故 350 起、死亡 221 人、受伤 286 人,分别下降 25.7%、14.7%、27%,道路运输事故在全市事故总数中居首位;建筑施工事故 43 起、死亡 37 人、受伤 12 人,分别下降 36.8%、39.3%、58.6%,未发生重特大事故;冶金机械等行业事故 16 起、死亡 14 人、受伤 7 人,分别上升 6.7%、7.7%、133.3%;工商贸其他事故 16 起、死亡 15 人、受伤 4 人,事故起数、死亡人数分别上升 33%、50%,受伤人数下降 33.3%;金属非金属矿山行业事故 1 起、死亡 1 人、无人受伤;其他行业事故 3 起、死亡 3 人、无人受伤;铁路路外事故 2 起、无人死亡、受伤 2 人;水上交通事故 1 起、死亡 1 人、无人受伤。

【危险化学品、烟花爆竹、工矿商贸行业安全生产监管】 2020 年,市应急局推进危险化学品企业搬迁改造,南宁市列入国家清单的企业 6 家、自治区清单的企业 3 家均完成改造,并通过安全专项验收和综合验收。与消防部门共建重大危险源企业联合监管机制,开展全覆盖专项督导 2 轮、危险化学品安全风险隐患专项排查治理专项行动 7 轮;推进重大危险源企业 16 家接入国家、自治区危险化学品安全风险监测预警系统,完成率 100%;危险化学品 1172 项问题隐患完成整改;率先在自治区应急系统开展“小化工”安全专项整治,初步完成 1200 多家化工企业风险排查,筛选 30 家化工企业完成安全状况评估。市应急局联合公安、交通运输等部门开展烟花爆竹安全生产集中整治、烟花爆竹专项检查等行动,宾阳县 3 家烟花爆竹生产企业如期完成退出转型,2006 年以来关闭退出的 18 家烟花爆竹生产企业危险性废弃物处置清零,历年收缴暂存在 9 家批发企业仓库约 7000 件非法烟花爆竹产品实施销毁清零;市公安局查处烟花爆竹案件 246 起,行政处罚 257 人。南宁市投入 402 万元,完成华润红水河水泥公司露天采石场石灰石高边坡稳定性评估,整治南宁市福松建材公司石灰石矿、上林县澄泰乡安宁采石场等高边坡、“一面墙”开采矿山;投入 520 万元,治理关闭长期停用废弃无主尾矿库 26 座,全市尾矿库存量减至 8 座,降幅 78%;投入 128 万元,完成上林县木山煤矿那良斜井井下水害隐患致灾因素普查、矿井排水系统和安全监控系统升级改造,建成安全避险六大系统。市应急管理系统监督检查生产经营单位 4519 家次,其中煤矿、非煤矿山 813 家次,危险化学品企业 885 家次,烟花爆竹企业 734 家次,工贸企业 1702 家次,其他类 385 家次;实施行政处罚 467 次、罚款 2160.5 万元(监督监察罚款 744.17 万元、事故罚款 1416.33 万元),下达行政执法文书 8386 份。 (李松民)

【安全事故查处与隐患督办】 2020 年,市应急局参与处置生产安全事故 25 起,牵头组织开展较大事故调查 6 起(含跨年度 2 起),召开事故评审会 20 余次;批复结案 4 起,1 起事故调查报告上报自治区安全生产委员会办公室审核;挂牌督办一般生产安全事故 7 起;根据事故调查责任认定和处理建议,行政处罚 8 家单位和相关责任人 6 人,罚款 305.75 万元,移送司法机关 7 人,给予党纪政务处分 25 人,诫勉谈话 2 人,书面检查 9 人;完成中国移动通信集团广西有限公司南宁分公司友爱北路光缆敷设施工“4·26”中毒淹溺较大事故等 5 起事故的评估,形成事故责任追究和整改措施落实情况评估报告。市消防救援支队将技术服务机构、商场市场、学校、网吧等纳入专项抽查,开展集贸市场、危化品企业、打通“生命通道”等消防安全专项行动 6 次,检查单位 1.41 万家,排查火灾隐患 8773 处,督促整改 6836 处;调整确定全市消防安全重点单位 2275 家(一级重点单位 74 家、二级重点单位 2201 家),完善分级管控;挂牌督办市级重大火灾隐患单位 5 家,推进自治区挂牌督办重大火灾隐患单位虎邱农贸市场整改。

(李松民 黄铭珩)

【预防控制体系建设】 2020 年,市应急局对重点监管企业实施差异化监管,重点监管的矿山、危险化学品、烟花爆竹、建筑施工、道路交通等重点行业领域有 1096 家企业完成整体风险评级,排查风险点 1.22 万个(一级风险点 244 个、二级风险点 397 个、三级风险点 2149 个、四级风险点 7703 个、未分级 1658 个)。9421 家企业开展隐患自查自报,排查治理隐患 5.40 万个,自查自报率 93.27%,隐患整改率 99.89%。市应急局将广西马山县远洋工贸有限责任公司安全隐患等 15 个隐患项目列为年度市级重点督促整改对象,实行挂牌督办,完成整改验收并销号 13 项;完成危险化学品重大危险源普查、登记、辨识和建档工作,健全完善市、县两级危险化学品 31 家 38 处重大危险源数据库。推进安全生产责任保险工作,投保单位 868 家,保费 1727.49 万元,提供风险保障 33.88 亿元;报案 71 起,结案 70 起,赔付 49.22 万元,未决 1 起,估损 1.14 万元。“十三五”期末,南宁市亿元 GDP 事故死亡率从 0.616 下降至 0.31。 (李松民)

【重大活动与节假日安全保障】 2020 年,市应急局细化应急预案和救援力量部署,在重大活动、重点部位、重点时段靠前驻防,采取停产检修、暂时停业整顿、专人盯守、集中开展隐患排查、加强应急管理和 24 小时值守等措施,强化全国、自治区、南宁市的人大、政协“两会”,以及第 17 届中国—东盟博览会、中国—东盟商务与投资峰会、全国男子水球锦标赛、中秋节、国庆节等重大活动、节庆期间的安全监管、应急管理和新冠肺炎疫情防控,加强对重大活动举办场所及其临时搭建物、接待宾馆饭店的安全检查。市消防救援支队调配消防员 490 人参与消防安保;中秋节、国庆节期间,出动消防检查组 131 个,检查单位 404 家,发现火灾隐患 591 处,整改 553 处;针对大型活动现场,采取定点执勤、流动巡逻相结合的方式,设立临时执勤点 31 个,出动执勤车 36 辆次,开展动态巡逻 67 次。市公安局严格大型活动审批许可和安全管理,完成大型安保任务 607 场、1926 次,未发生社会影响较大的安全事故。 (李松民 黄铭珩)

【自然灾害防治与应对处置】 2020 年,南宁市调整市、区县两级森林防灭火指挥部、防汛抗旱指挥部,健全完善以行政首长负责制为核心的防灾救灾责任体系。市应急局提前组织分析研判汛期气象、水文对水库、防洪工程、山洪地质灾害影响,发送会商报告至各级各部门;派出工作组 102 个次、210 人次到强降雨乡镇指导;组织相关部门出动人员 3.68 万人次、车辆 1.02 万辆次,开展山洪灾害危险区、地质灾害隐患点、城市内涝易发点及受山洪地质灾害威胁的道路、桥梁、学校、工矿企业、旅游景区等重点区域隐患排查,排查地质灾害类隐患 1670 处、山洪危害类隐患 153 处、内涝建筑市政设施类隐患 28 处、道路交通类隐患 46 处、景区类隐患 16 处、危房类隐患 17 处。汛期,市应急局接到突发性地质灾害灾情报告 15 起,直接经济损失 93.30 万元,未有因灾造成人员伤亡的情况;全市出动冲锋舟 300 艘次、橡皮艇 210 艘次、抽水设备 1596 台次、车辆 3341 辆次、救援人员 2.57 万人次,组织受洪水影响和居住低洼区域的群众转移避险并妥善安置,紧急转移安置人口 177 人,无人员伤亡。10 月中旬,通过错峰削峰、科学联合调度,使邕江洪峰水位比南宁水文中心预测的洪峰水位降低 1 米,直接经济损失减少约 5000 万元。全市投入 500 余万元,加强森林防灭火基础设施建设，建设森林防火固定大型宣传牌(碑)6块，声控语音提示宣传杆60个，维修防火通道36.28千米，开设防火隔离带153.60千米，清理林区2269座坟头周边可燃物12吨，购置防灭火物资装备2000余台(套)。全年核验山林火险热点25次，发生森林火灾19起、比上年下降53.66%，过火面积86公顷、下降32.69%，受害森林面积8.39公顷、下降55.96%，无重特大森林火灾发生，无人员伤亡；森林火灾受害率控制在0.007‰，低于自治区0.8‰目标。

【自然灾害救助】2020年，南宁市遭受台风影响4次、较强降雨17次，发生局部内涝32次、突发性地质灾害15起，受灾人口7.81万人，无人员伤亡，紧急转移安置177人；农作物受灾面积2719.20公顷，其中成灾面积1518.24公顷、绝收222.31公顷；倒塌居民住房15户20间，严重损坏居民住房22户53间，一般损坏居民住房103户157间；直接经济损失4544.10万元，其中农林牧渔业损失2837.76万元、工矿商贸业损失9.30万元、基础设施损失1529.10万元、公共服务损失13.50万元、房屋及居民家庭财产损失154.44万元。市应急局组织发放2019—2020年度冬春救助资金756万元，救助受灾群众5.79万人；发放补助资金30.07万元，帮助受灾群众恢复重建上年因灾倒损住房11户38间。市、县投入保费360万元，为农户办理政策性农房保险，帮助受灾群众理顺农房损坏案件192件，获赔91.48万元。

【社区减灾准备认证与综合减灾示范社区创建】2020年，南宁市投入财政资金244万元，组织开展社区减灾准备认证和全国、自治区综合减灾示范社区创建。全市开展减灾准备认证社区1328个，申报综合减灾示范社区55个(国家级14个、自治区级41个)。青秀区长塘镇通福社区、西乡塘区北湖街道明秀南社区、西乡塘区心圩街道红豆社区、马山县白山镇造华村社区4个社区获2020年度“全国综合减灾示范社区”称号；青秀区建政街道长湖社区、南湖街道丹凤社区、津头街道金浦社区、建政街道方园社区、长塘镇金葫社区、中山街道河堤新街社区，西乡塘区安宁街道林科院社区、安吉街道安吉路社区、衡阳街道友爱北社区，兴宁区民生街道望州东社区，江南区福建园街道亭洪社区，良庆区良庆镇五象湖社区，邕宁区蒲庙镇新兴社区，武鸣区甘圩镇甘圩社区，隆安县乔建镇乔建社区，马山县古寨乡古寨社区，上林县塘红乡中可村社区，宾阳县王灵镇王灵社区，横县云表镇周璞村社区19个社区获2020年度“广西壮族自治区综合减灾示范社区”称号。全市累计有全国综合减灾示范社区48个、自治区综合减灾示范社区62个。（李松民）

2020年12月26日，市消防救援支队组织开展“南宁应急科普教育基地探秘行”活动。图为市民在学习消防知识　　市消防救援支队提供

【应急宣传与培训】2020年5月9日至15日，市应急局组织开展“5·12”防灾减灾宣传周活动，发放防灾减灾科普知识宣传资料32万册，展出板报4326板，悬挂防灾减灾宣传横幅1.92万条，发送宣传短信1062.46万条，举办线上讲座(培训)290多场，组织开展火灾消防逃生、地震应急疏散、防汛救援应急救助等应急演练100多场次。6月，组织开展“安全生产月”“安全生产八桂行”系列活动，举办安全生产专题培训会、研讨会15场，开展应急演练85场、警示教育67场，区县(开发区)开展安全宣传进企业、农村、社区、学校、家庭活动172场。7月27日至8月31日，组织参与第二届全国应急普法管理知识竞赛，近4000人通过“应急普法”微信公众号参赛。年内，开展森林防灭火宣传活动216场次，发放森林防灭火宣传资料13万份，悬挂横幅869条，刷贴标语2942条(处)，制作宣传牌(碑)80块，组织观看警示教育宣传片3万余人次，播放防火宣传短片382次。在自治区应急管理厅网站、《安全生产与监督》杂志发表专题报道25篇，在广西电视台、广西新闻网、南宁新闻网、南宁广播电视台、《南国早报》、《南宁日报》、《南宁晚报》等媒体播发、刊发报道207篇，在市应急局网站发布宣传报道284篇、“南宁应急”微信公众号发布725篇、“南宁应急”官方微博发布141篇。市应急局举办南宁市防汛行政首长培训班，培训250人；举办南宁市自然灾害救援业务培训班，培训190人。市消防救援支队依托“老南宁·三街两巷”历史文化街区、东盟商务区盛天地“消消小镇”等宣传阵地开展“消防安全总动员”及“119”消防宣传月等活动，专题宣传569次；采取政府购买服务方式，培训消防安全责任人、消防安全管理人、村(居)委工作人员、网格员、社区民警、消防控制室值班操作人员、微型消防站站长、物业服务企业人员、保安员、公众聚集场所从业人员等10类重点人员5万余人次。（李松民　黄铭珩）

【南宁应急消防科普教育基地开馆】2020年11月10日，南宁应急消防科普教育基地在广西(南宁)消防训练基地揭牌。教育基地由广西消防救援总队、南宁市消防救援支队规划建设，室内展示面积3780平方米、室外展示面积280平方米，设主题展项34个，有水炮灭火体验区、文创衍生体验区、消防小能手区、消防知识抢答区、紧急救护课堂等，利用国内先进互动体验技术，使参观者在沉浸式体验中学习消防知识。12月10日，在全国消防宣传工作会议上，南宁应急消防科普教育基地被应急管理部消防救援局授予首批“国家级应急消防科普教育基地”称号及牌匾。年内，教育基地接待参观1780人次。（黄铭珩）

外　事

【概　况】2020年，南宁市外事办公室(简称“市外事办”)组织做好涉外新冠肺炎疫情防控工作，参与全市涉外人员的信息摸排、风险处置、宣传教育、信息报送等，指导区县做好新冠肺炎疫情防控期间

境外媒体管理、外籍人士新冠肺炎相关信息报送和宣传等工作;参与国际抗疫合作,多渠道筹措、捐赠防疫物资,与国际友好城市、国外友好交往城市分享防疫经验和复工复产举措;探索"云交往"模式,通过线上论坛、视频会议、邮件交流等方式推动南宁与国际友好城市开展交流合作。南宁市新增国际友好城市1个,累计25个;新增海外引智工作站4个,累计21个。南宁国际友城馆正式开放运营。新修订《南宁市国际友好城市留学生奖学金管理办法》,增设专业培训类奖学金、汉语学习奖学金,优化奖学金申请、评审、发放、管理程序等。为泰国孔敬市、老挝万象市的7名留学生提供南宁市国际友好城市留学生奖学金。全年接待外国驻华使领馆到访团组7批24人次、外宾团组11批138人次,协助处理南宁市居民海外领事保护案件19起,向368人提供帮助。市外事办获外交部颁发地方外事最高嘉奖——全国地方外事工作优秀集体,为自治区唯一获奖单位。主要存在线下对外交往工作开展不便,部门间对外交流横向合力尚未完全形成,国际友好城市和领事馆资源有待进一步挖掘利用,部分合作事项需进一步跟进落实等问题。

【国际抗疫合作】 2020年1月至3月南宁市抗击新冠肺炎疫情的艰难时刻,澳大利亚班达伯格市、乌克兰伊万诺—弗兰科夫斯克市、冈比亚班珠尔市、越南海防市、意大利克雷马市、加拿大维多利亚市、菲律宾达沃市、泰国孔敬市、乌拉圭派桑杜市、意大利拉斯佩齐亚市、马来西亚霹雳州、马来西亚美里市、日本秋田市、加拿大桑德贝市等国际友好城市、国外友好交往城市第一时间向南宁市发送慰问函;马来西亚霹雳州向南宁市捐赠医用手套5万对,泰国孔敬市捐赠N95口罩1500个,日本秋田市、秋田—南宁友好协会捐赠医用口罩4000个、医用手套4000对、医用鞋套120对、医用护目镜100副,泰国孔敬24侨团捐赠100万泰铢(折合人民币22.3万元),北美南宁同乡总会捐赠8400美元(折合人民币5.8万元),并向南宁市对口支援的湖北十堰市捐赠价值约6.2万元人民币的防护服、N95口罩等医疗物资。按照"服务大局、分批分类、突出重点、有来有往"原则,南宁市筹集一次性医用口罩20.5万个、防护镜900副、防护服1150套、免洗消毒液100瓶,分别捐赠至意大利克雷马市、西班牙穆尔西亚市、泰国孔敬市、韩国果川市、乌克兰伊万诺—弗兰科夫斯克市、菲律宾达沃市、冈比亚班珠尔市、马拉维利隆圭市、意大利拉斯佩齐亚市、马来西亚霹雳州、英国韦克菲尔德市、日本秋田市、尼泊尔博卡拉市等国际友好城市、国外友好交往城市,以及中国驻津巴布韦大使馆、中国驻圣彼得堡总领事馆等驻外机构、在加纳务工的南宁籍人员。2月23日至24日,获南宁市国际友好城市留学生奖学金的19名留学生为南宁抗疫录制加油视频。3月,南宁市配合国家总体外交,向英国、西班牙、乌克兰等国介绍中国各阶段抗疫经验,分享"全球新冠肺炎实战共享平台"网站、《新冠肺炎疫情下的医院应对策略》《新冠肺炎诊疗方案》等防控文件,介绍隔离政策、方舱医院、健康码出行等举措,以及南宁市复工复产情况。

【国际友好城市交往】 2020年,南宁市与澳大利亚班达伯格市、柬埔寨西哈努克省、乌克兰伊万诺—弗兰科夫斯克市、乌拉圭派桑杜市等25个国际友好城市开展交流交往。5月5日,为乌克兰伊万诺—弗兰科夫斯克市2020城市日系列活动录制庆祝视频,恢复日常交流与合作;18日,向柬埔寨金边市、西哈努克省捐赠的清扫车、吸污车运抵当地,并通过"云教学"开展操作培训,帮助两地改善城市环境和复工复产。6月1日,与乌拉圭派桑杜市签订《建立友好城市关系协议书》,正式缔结友好城市关系,至此,南宁市国际友城有25个,居自治区首位;23日,乌拉圭派桑杜市政府及5家企业、乌拉圭驻广州总领事馆、南宁威宁集团举行连线视频会议,对接农牧产品进出口免税政策、物流方式、通关手续等经贸合作事宜,南宁威宁集团达成进口派桑杜市牛肉、柑橘、葡萄酒的初步意向;17日,澳大利亚班达伯格市市长杰克·邓普西致信向遭受汛情影响的南宁市表示慰问,市长周红波回信感谢,并祝贺杰克·邓普西在地方选举中连任班达伯格市市长。7月21日,泰国涓公学院、孔敬商会、孔敬工业院共同主办的"引领新规划:新冠疫情中振兴经济引擎"2020泰国孔敬视频论坛在泰国涓公学院举办,市外事办、市大数据发展局、市农业农村局、云宝宝大数据产业发展有限公司等10余家单位和企业代表参加。9月7日,乌拉圭派桑杜市、乌拉圭驻广州总领事馆、派桑杜市高校、南宁职业技术学院举行教育洽谈合作视频会议。11月25日,南宁市邀请意大利克雷马市市长斯蒂芬尼娅·博纳尔迪、泰国孔敬市市长陈伟坚、法国普罗旺斯地区副主席保罗·奥当远程参与录制《南宁朋友圈跨国云访谈》节目,展现南宁市与国际友城在疫情防控、经贸合作、人文交流等成果。

【世界城市和地方政府联合组织工作】 2020年4月23日,南宁市参加世界城市和地方政府联合组织亚太区"地方政府减轻新冠肺炎对亚太地区经济影响的行动"视频会议,与亚太地区各国交流分享新冠肺炎疫情防控经验。7月9日,市外事办参加第十二届世界城市和地方政府联合组织中国大陆会员工作视频会议暨广州国际城市创新奖案例视频交流会。8月20日,世界城市和地方政府联合组织"一带一路"地方合作委员会2020专题会议、21世纪海上合作委员会第六次专业会议以远程视频形式举行,南宁市作为创始会员应邀参会,与亚太地区城市代表分享社区防疫和促进消费方面的经验。11月30日,参加2020年世界大都市协会广州特别全体大会线上会议。

【中国—东盟博览会·商务与投资峰会外事服务】 2020年第17届中国—东盟博

2020年2月14日,市外事办向市红十字会移交泰国孔敬市捐赠的N95口罩

市外事办提供

表 17　　2020 年南宁市国际友好城市一览表

国家城市中文名称	英文名称	结好时间
冈比亚班珠尔市	Banjul, Gambia	1987 年 6 月 22 日
澳大利亚班达伯格市	Bundaberg, Australia	1998 年 5 月 12 日
美国普罗沃市	Provo, U.S.A.	2000 年 9 月 27 日
奥地利克拉根福市	Klagenfurt, Austria	2002 年 6 月 13 日
泰国孔敬市	KhonKaen, Thailand	2002 年 8 月 25 日
韩国果川市	Gwacheon, Korea	2005 年 4 月 18 日
英国诺斯利市	Knowsley, UK	2005 年 8 月 16 日
越南海防市	HaiPhong, Vietnam	2006 年 3 月 26 日
菲律宾达沃市	Davao, Philippines	2007 年 9 月 3 日
柬埔寨西哈努克省	PreahSihanouk, Cambodia	2007 年 10 月 30 日
智利伊基克市	Iquique, Chile	2008 年 2 月 20 日
法国马恩河谷省	Val-de-Marne, France	2008 年 10 月 23 日
印度尼西亚茂物县	BogorRegency, Indonesia	2008 年 12 月 17 日
缅甸仰光市	Yangon, Myanmar	2009 年 10 月 21 日
美国商业市	Commerce, U.S.A	2009 年 10 月 21 日
加拿大维多利亚市	Victoria, Canada	2010 年 7 月 9 日
老挝占巴塞省	Champasak, Laos	2010 年 10 月 21 日
马拉维利隆圭市	Lilongwe, Malawi	2011 年 10 月 22 日
波兰格鲁琼兹市	Grudziądz, Poland	2011 年 10 月 22 日
马达加斯加塔那那利佛市	Antananarivo, Madagascar	2015 年 1 月 21 日
意大利克雷马市	Crema, Italy	2017 年 9 月 19 日
乌克兰伊万诺-弗兰科夫斯克市	Ivano-Frankivsk, Ukraine	2019 年 5 月 3 日
西班牙穆尔西亚市	Murcia, Spain	2019 年 9 月 21 日
巴西费利斯港市	PortoFeliz, Brazil	2019 年 12 月 3 日
乌拉圭派桑杜市	Paysand ú , Uruguay	2020 年 6 月 1 日

览会、中国—东盟商务与投资峰会期间，南宁市举办“南宁国际友城进东博”活动，邀请乌拉圭派桑杜市、意大利克雷马市、法国普罗旺斯地区、菲律宾达沃市、泰国孔敬市、日本秋田市进驻中国—东盟博览会设展，并邀请乌拉圭驻广州总领事、优秀外语主播现场宣传和直播，展区现场成交额近 6 万元，乌拉圭派桑杜市、意大利克雷马市、法国普罗旺斯地区、菲律宾达沃市在苹果汁、葡萄酒等产品进出口方面与南宁市企业达成合作意向，活动获《新闻联播》报道 2 次，中央电视台、《中国日报》等 10 余家媒体播报 23 篇。11 月 24 日，市外事办与南宁市中小企业服务中心合作在南宁百货全球购体验馆（文化宫店）开设的南宁国际友城馆正式开放运营，延伸拓展“南宁国际友城进东博”活动。完成乌拉圭驻广州总领事一行和乌拉圭派桑杜市、菲律宾达沃市 4 名外宾的礼宾接待，以及“大地飞歌”晚会外文歌曲、节目背景图审核，配备英语、西班牙语翻译做好外宾会见、餐叙、座谈、参观考察、采访等活动口语翻译服务。

【涉领事务】 2020 年，南宁市接待英国、新加坡、以色列、法国、乌拉圭、加拿大驻广州总领事馆及德国驻华使领馆到访团组 7 批 24 人次，邀请外国驻南宁领事官员 86 人次出席“领事机构看南宁”参观考察活动、2020年南宁市新春音乐会、“春天的旋律·2020”跨国春节晚会、2020 年驻南宁领事机构新春招待会、第 16 届中国—东盟礼仪大赛广西赛区选拔赛、第二届世界茉莉花大会暨 2020 年中国（横县）茉莉花文化节、第八届中国—东盟（南宁）戏剧周等大型活动 8 场，拜访老挝、缅甸、越南、泰国、马来西亚驻南宁总领事馆 8 次，组织人员参加缅甸、越南、柬埔寨、马来西亚驻南宁总领事馆招待会 5 场。向越南、老挝、柬埔寨、缅甸、泰国、马来西亚驻南宁总领事馆赠送防疫物资，为老挝、柬埔寨、缅甸驻南宁总领事馆安排消杀 1 次，协助做好老挝、柬埔寨、泰国、越南驻南宁总领事馆人员及家属 6 批 13 人入境抵邕后新冠肺炎疫情防控工作。协助处理南宁市居民海外领事保护案件 19 起（涉及感染新冠肺炎案件 2 起、死亡案件 7 起、失联案件 2 起、绑架案件 1 起、电信诈骗案件 2 起、其他案件 5 起），向 368 人提供帮助。制作领事保护宣传动画视频、海报及周边产品，结合新冠肺炎疫情防控举办线上线下宣传活动，普及海外领事保护和安全知识。

【来访团组接待】 2020 年，南宁市接待外宾团组 11 批 138 人次。1 月 15 日，市长周红波在市政府会见新任柬埔寨驻南宁总领事辉蕾娜。7 月 17 日，新加坡驻广州总领事罗德杰一行到南宁座谈交流；18 日，韩国大邱广域市驻上海代表处首席代表一行到南宁参观青秀山，交流环境治理经验。9 月 28 日，各国驻南宁总领事馆考察五象新区规划展示厅、中国—东盟北斗（南宁）中心、广西桂贸天下企业管理服务有限公司，并就推动相关领域合作举行座谈。11 月 3 日，副市长朱会东会见法国驻广州总领事周丽君及法国交通发展集团一行，交流探讨轨道交通业务合作事宜；26 日、28 日，缅甸驻华大使吴苗丹佩一行到南宁参观青秀山、园博园；30 日，泰国政府代表团阿塔育·习萨目一行到南宁参观青秀山。

【首届中国—东盟外语主播大赛】 2020 年 9 月 22 日，首届中国—东盟外语主播大赛在南宁启动，11 月底闭幕。市外事办、南宁对外友好协会主办，东南亚领航电商平台虾皮（Shopee）跨境团队与腾讯云团队承办。广西大学、广西民族大学、广西外国语大学、广西师范大学漓江学院、南宁学院、南宁职业技术学院等 11 所高校，逾 500 名外语专业学生、留学生及国内外小语种人才参与，经过 3 轮 155 场比赛，多名选手获奖并有 8 名选手成为虾皮网签约主播。

【首届中国—以色列全球创新合作发展南宁论坛】 2020 年 12 月 20 日至 21 日，

首届中国—以色列全球创新合作发展南宁论坛暨中国(广西)—以色列科技创新合作高峰论坛在南宁·中关村创新示范基地举办。以色列全球领导人联合会(GIL)、海法创新中心、"海智基地"中国(广西)—以色列技术转移促进中心共同主办,以"线上线下相结合、两地远程互动"方式举行。主题为"创新中以科技合作,助力科创中国·南宁建设",主要包括高层论坛、主题研讨会、项目推介及科技成果展等,中以双方20多位专家学者、企业家、特邀政府官员就推进创新创业、现代农业、医疗健康、生态环保、互联网、物联网、智能制造、新材料、金融、教育等领域的创新合作进行交流。 (唐若溪)

医疗保障

【概　况】 2020年,南宁市医疗保障局(简称"市医保局")创新医保精细化管理和支付方式改革,以市第二人民医院为试点开展日间手术按病种付费工作,重点推进按疾病诊断相关分组(DRG)付费改革,出台南宁市DRG付费实施细则。组织开展打击欺诈骗保专项治理,对全市2589家定点医药机构全覆盖现场检查,对检查稽核发现违规违约的317家定点医药机构进行协议处理。面向社会公开选聘首批25名社会监督员,参与医保政策宣传与基金监管。做好公立医疗机构医疗服务项目价格管理,落实自治区取消医用耗材加成调整部分医疗服务项目价格政策。完成自治区医疗保障信息系统(南宁市)切换上线。12月21日,南宁市医疗保障事业管理中心、南宁市医疗救助和医药招采中心挂牌成立,均为市医保局管理的公益一类全额拨款事业单位。南宁市医疗保障事业管理中心设办公室、参保管理科、待遇审核管理科、费用结算管理科、基金管理科、定点服务管理科、稽核风控管理科、目录管理科、权益记录和退休待遇审核管理科、信息系统管理科、公共服务管理科、护理保险管理科,事业编制68名、在编61人,后勤服务人员控制数5名、在编5人。南宁市医疗救助和医药招采中心事业编制15名,在编8人。主要存在医疗保障信息化建设跟不上提高医保治理体系治理能力的要求,医疗保障经办工作队伍职能转变和履职能力建设亟须改善等问题。

【医保支付方式改革】 2020年,市医保局聚焦"看病难、看病贵"的问题,创新医保精细化管理和支付方式改革,落实基本医疗保险基金预算管理制度,实行以总额控制方式为主,推行按病种付费及按人头、按项目付费、按床日付费等多元复合式医保支付方式。以市第二人民医院为试点开展日间手术按病种付费工作,将14个日间手术病种纳入按病种付费范围,结算33人次,涉及医疗费用24.47万元,统筹基金支付15.48万元;以上林县为试点,推进紧密型医疗联合体医保支付方式改革,按照"总额控制、月度拨付、年度考核清算"的方式,建立"结余留用、超支合理分担"的激励和风险分担机制,县域医共体参与支付方式改革较前显著提高,按病种付费结算病种范围和数量大幅提升,县域内住院率、县域内基层就诊率"双提升",向"小病不出乡镇、大病不出县"的目标更进一步。重点推进DRG付费改革,完成三轮病案数据补充和DRG分组反馈工作,涉及医院65家,匹配病例数122.89万条、总体匹配率100%,入组病例数122.84万例、总体病例入组率99.96%、规范病例入组率99.97%。组建由各定点医疗机构临床医学、医保、质控等39个专业科室权威专家组成的本地DRG改革专家库,组织定点医疗机构开展DRG付费相关业务培训和DRG医院端系统改造;出台南宁市DRG付费实施细则,12月1日起对26家三级定点医疗机构实行DRG付费。

【医疗保障基金监管】 2020年,市医保局组织开展打击欺诈骗保专项治理,联合市卫健部门开展医保定点医疗机构规范使用医保基金行为专项治理及2020年广西医疗卫生领域突出问题专项整治行动等,开展以定点医疗机构自查自纠为重点的专项治理,组织对全市2589家定点医药机构全覆盖现场检查,对检查稽核发现违规违约的317家定点医药机构进行协议处理,暂停协议9家、解除协议4家,拒付(追回)违规违约金额1.48亿元;公开曝光医保违规违约典型案件23件次。贯彻落实《广西欺诈骗取医疗保障基金行为举报奖励暂行办法实施细则》,办结举报案件23件次,对存在违规行为的18家定点医药机构进行协议处理,拒付或追回违规费用266.03万元,暂停协议6家,解除协议2家,移交司法1件,举报奖励8件、奖励金6.08万元。5月,制定《南宁市医疗保障基金社会监督员制度》并面向社会公开选聘社会监督员;7月,包括人大代表、政协委员等在内的首批25名医保基金社会监督员接受聘书,参与医保政策宣传与基金监管。

【医疗服务价格改革】 2020年,市医保局鼓励医疗技术创新和及时进入临床使用,做好公立医疗机构新增医疗服务项目价格管理,为市第一人民医院、市第二人民医院、市第四人民医院、市中医医院4家医疗机构发放临时收费代码。7月1日起,执行调整595个医疗服务项目价格,其中降低检查、检验类项目45项,提高体现医疗服务价值的手术、病理类等项目550项,对价格调升的项目中涉及儿科手术类的提高20%。年内,落实自治区调整部分医疗服务项目价格政策《广西医疗服务价格》,2月1日起调整公立医疗机构开展的109项医疗服务项目的内涵、计价单位、除外内容、计价说明等规范。3月12日起落实调整新冠状肺炎诊疗项目价格政策,调整南宁市公立医疗机构呼吸、护理、病理、麻醉、中医等100项医疗服务项目价格,医保支付标准同步进行相应调整。批复同意南宁眼视光眼科医院等4家医疗机构参照南宁市城市公立医院进行综合改革,取消药品加成,实行药品零差率,调整医疗服务价格,进行医保支付方式改革。

2020年4月17日,市医保局在马山县加方乡开展"医疗保障进万家"健康扶贫宣传暨民族团结进步宣传月活动　　市医保局提供

【医疗保障信息化】 2020年，市医保局落实建设全国、自治区统一的医疗保障信息平台。5月25日，医疗保障信息化项目通过市政府第114次常务会议审定；10月17日，召开市医疗保障信息系统切换工作专题会议。牵头开展自治区医疗保障信息系统（南宁市）切换上线。

（磨 嘉）

政务服务

【概 况】 2020年，南宁市各级政务服务部门通过线上、线下形式受理政务服务申请569.95万件、办结535.30万件，平均每日受理1.71万件、办结1.61万件。依托市政府门户网站推进政府信息公开、政务公开，主动公开政府信息2.60万条，网站总点击量734.18万次，访问用户381.77万人，互动平台收到咨询、投诉等问题1.26万个，按时答复1.21万件，答复率96.11%，解读热门政策91个，回应群众关切问题60个。南宁市12345政府服务热线接听群众有效来电21.90万个，总有效接电量比上年增长88.34%；热线通过电话、门户网站、微信、主席信箱、国家投诉平台等渠道生成有效工单25.16万件（转派成员单位办理10.70万件），直接答复办结14.46万件，直接答复办结率57.47%。完成申请项目的联合审查或现场勘验核查3522件，其中聘请专家评审项目421项，邀请专家1338人次。8月28日，南宁市工程建设项目审批制度改革在住建部委托开展的第三方评估中，在全国36个省会城市、直辖市等样本城市中位居第九，首次跻身全国十强。12月，在2020年度数字政务服务博览会评选活动中，"探索'拿地即开工'改革，破解工程项目建设审批冗长难题"获2020年度政务服务改革创新奖，"企业开办'来邕办'电子印章智慧办"获智慧政务奖，获评"2020年政务服务十大人物"1人。12月22日，南宁市12345政府服务热线在2020年全国政务热线发展年会上获中国客户联络中心奖（CCCCA）"最佳政务服务示范单位"称号、全国最佳政务热线评选"2020年度卓越百姓服务奖"。主要存在运用大数据推进政务服务信息化、智慧化工作投入不足，可全程网办事项比例不高；线下可提供的"一件事"政务套餐、"一窗受理"等服务，因缺乏相应的系统及数据支撑制约线上服务能力提升等问题。

【行政审批】 2020年，南宁市行政审批局（简称"市行政审批局"）落实强首府战略，服务全市中心工作。牵头组织市直各职能部门梳理需自治区授权或委托的权力事项79项，自治区拟同意下放首批29项行政许可事项支持强首府战略实施。优化户外促销活动审批，11月起商贸企业在本项目用地红线内实施户外促销等活动的，不需要再提交户外场地使用权证明材料和缴纳占道费，可网上办理。对黑臭水体治理攻坚战项目实施特事特办和集成服务，受理审批黑臭水体治理项目60项。为重点项目提供上门服务，发放轨道交通2号线、4号线特种设备使用登记证386份、公共场所卫生许可证21张，确保11月23日如期开通试运行。提升自贸区南宁片区综合服务功能。放宽市场准入，贯彻落实外商投资准入前国民待遇加负面清单管理制度、"多证合一"改革及CEPA（内地与港澳关于建立更紧密经贸关系的安排）有关政策，提升投资自由便利化水平。新设立企业5.19万户，比上年增长10.75%，企业存量30.72万户，增长10.21%。推动自贸区南宁片区的自治区、市、城区三级审批权限逐步下放至南宁片区综合服务大厅，承接自治区下放事项148项，市、县级涉及行政权力、公共服务管理事项216项，49项行政权力、公共服务管理事项由相应部门派员进驻自贸区南宁片区管委会办理，做到"审批不出自贸区"。推出重大项目审批代办服务，无偿协助自贸区南宁片区项目单位办理从项目筹建、立项（备案）到建成正式运营前所涉及的依法所需要办理的政务服务事项，先后为腾讯云计算（广西）有限责任公司、蚂蚁（广西）数字科技有限公司、阿里巴巴（广西）有限公司等22家知名企业提供帮办代办服务。自贸区南宁片区新增企业8418家（外资企业64家）；助力世界500强企业德国邮政敦豪集团、中国太平保险集团、绿地集团及中国500强企业浪潮集团等企业在自贸区南宁片区成立公司。精简程序，助力疫情防控和复工复产。对与新冠肺炎疫情防控相关的政务服务事项，按照"提前介入、主动服务、重点帮扶"的原则使医院尽快开展新冠肺炎诊疗业务，1个工作日完成自治区人民医院邕武医院增加传染科和放射诊疗设备审批（办结时限为20个工作日），1个工作日为市第一人民医院青秀分院办理"放射诊疗许可证"（办结时限为10个工作日）。全市531项依申请政务服务事项可试行承诺审批，市本级整合完成126个套餐，各区县（开发区）均编制100个以上套餐事项，实行"一套材料、一表登记、一次采集"，企业或群众按需申请，实现"一窗一次即办成"。通过属地和异地相互委托或"授权+免费邮政寄递"方式，允许企业或群众自行选择就近的政务服务大厅办理相关业务，实现市、县两级事项之间和县级事项之间696项政务服务事项"同城通办"。由审批人员组建代办团队，"一对一"免费为企业项目审批提供"无条件接件、无障碍协调、全天候跟踪、无缝隙对接"的政务服务。推行政务专递，提供政务事项申请、审批结果快递到家服务。"网厅快办"依托广西数字政务一体化平台、"广西政务"APP开展"网上办、移动办"，最大限度实现办事"只需跑一次"甚至"一次不用跑"。加强事中事后监管，拓展审管联动格局。修订《南宁市相对集中行政许可和事中事后监督管理暂行办法》。配合公安部门开展打击电信网络诈骗犯罪"断卡"行动，严把企业设立源头关，对公安机关推送的656条涉案信息进行摸查，报送公安机关可疑信息829条。为在清退名单中的13家金融企业办理变更或注销登记，形成信用监管合力。对外公示行政许可信息8.65万条，44项事项在行政许可环节和申报材料审核环节使用信用记录、信用报告，在企业设立登记和建筑企业资质许可等事项进行联合惩戒35例，协助司法部门办理冻结股权、强制转让股权385份，对186家冒用他人身份信息骗取企业登记的企业进行撤销立案处理。建立"僵尸企业"破产办理营业执照注销"绿色通道"制度。

【政务服务改革】 2020年，市行政审批局创新推行涉企政策兑现"一窗申办"服务，被自治区党委全面深化改革委员会办公室、自治区优化营商环境工作领导小组办公室列入2020年第一批改革典型经验（优化营商环境）推广清单向自治区复制推广。推动各级政务服务大厅设立政策兑现专窗，建设线上"南宁市政策兑现综合服务平台"，实现"人找政策"向"政策找人"办事方式的新转变。市本级涉及减税降费、财税优惠、政策奖补等首批62项事项实现"一窗申办"，办理时限平均压缩30%以上，部分事项审批时限从50个工作日减少至10个，受理政策兑现申请5.14万件，奖补类政策兑现约29亿元，良庆区作为区县试点，为企业兑现政策补贴5300多万元。依托南宁市工程建设项目审批系统，实现建筑工程施工许可"网上申报、审批、出证"全程网办的办理模式，12月7日广西奥瀚房地产开发有限公司取得广西第一张建筑工程施工许可电子证书，实现电子签章、电子证书等在施工许可审批中的应用。工程建设项目审批制度改革排名进入全国前十位，出台全国首个省会城市"提前介入监督+分阶段办理施工许可证"的"拿地即开工"政策。企业开办0.5个工作日办结，自贸区南宁片区企业开办提速至2小时内完成，推行印章刻制、税控设备"政府买单"，实现企业开办“零成本”。在自治区率先实现“电子营业执照＋电子印章”同步发放，做到“物电同源、同章同模”，11月20日在自贸区南宁片区政务服务大厅，广西国惠企业管理服务集团有限公司法定代表人成为自治区同时领取到电子营业执照和电子印章的第一人。探索推行“住所承诺制”，允许自贸区内市场主体在登记注册时，由申请人自行对住所（经营场所）的真实性、安全性、合法性作出承诺，即可免于提交住所（经营场所）相关证明材料。开展“一证一业”试点，优化行业准入业务流程，将一个行业准入涉及的多张许可证整合为一张“行业综合许可证”，实现“一证准营”“一码覆盖”，12月24日在自贸区南宁片区综合服务大厅发放第一本行业综合许可证。

【营商环境优化】 2020年，市行政审批局持续优化首府营商环境，紧扣国家、自治区营商环境评价指标体系，设置21个一级指标，细化为248项具体任务，配套制定29个专项实施方案，构建“1个总方案＋1个任务清单＋29个专项实施方案”的工作框架。“互联网＋不动产登记”改革获评2019年中国营商环境评价“登记财产”指标优化实践案例及典型经验。在全国率先推行办理二手房不动产登记变更与用电过户业务同步办理，不动产登记电子证照实现全市范围内推广并互认，颁发全国第一本“互联网＋不动产登记”农村房地一体确权证书。在全国率先推出高校毕业生就业、劳动维权等“一件事”打包服务，率先鼓励企业设置公益性岗位。创新建立新型城市信用管理体系，在全国首创电子诚信卡，对守信市民、企业实施激励措施。创新企业债券品种，拓宽企业融资渠道，扩大发行规模，给予发行债券企业资金奖励，获国务院通报表扬。打造全国首个集国际邮件、跨境电商、国际快件监管于一体的“三合一”式集约化通关新模式，日均通关能力由50万件增至100万件，通关时间缩短50%以上。建立入境展品通关现场风险评估和处置机制，允许东盟国家暂未获准入但风险水平可接受的动植物产品及动植物源性食品在中国—东盟博览会展示，创新试点获海关总署同意备案并在全国范围内复制推广。针对2019年国家、自治区及南宁市委托第三方开展的3次评估反馈的151个问题，开展逐一销号专项整改。召开工作例会41次，提请市政府召开专题研究会、协调会20余次，出台降低企业开办成本、工程建设项目系统整合等改革举措，协调解决一批难点问题。构建不定期督查、每月汇总、季度监测、半年问效、年度考评和第三方评估的全流程、多维度营商环境指标监测机制，将百日攻坚目标任务纳入绩效考评，确保百日攻坚216项任务落实落细。开展2020年中国营商环境评价参评，培育样本案例。举办《优化营商环境条例》和营商环境评价指标解读培训会及南宁市落实强首府战略优化营商环境专题培训班。召开南宁市优化营商环境新闻发布会。中国—东盟博览会期间，在《南宁日报》发行优化营商环境成果展示特刊，编发营商环境简报18期，刊发改革信息200余条。组织开展2019年度“优化营商环境攻坚突破年活动”先进集体和先进个人评比表彰。

【电子政务】 2020年，市行政审批局深化“简易办”改革，加强“互联网＋政务服务”建设，推进“一窗受理、集成服务”改革。市、县两级依申请政务服务事项“一窗”分类受理比例95%以上，水电气外线工程行政审批手续再提速，2个工作日可办结。开展“三集中、三到位”自查整改，市本级1315项依申请政务服务事项进驻服务大厅集中办理，进驻比例98.86%，区县（开发区）政务服务事项进驻服务大厅比例95%以上。推进区县、开发区、乡镇（街道）、村（社区）及市直各部门全面使用政务服务一体化平台办理业务，网上办理率92.66%，网上办事指南准确率98%以上，线上线下数据同步更新、同源一致。建设“邕易办”智能审批系统，依托自治区电子政务云平台资源，基于广西数字政务一体化平台南宁分平台进行个性化定制开发。“农药经营许可证变更”等12个政务服务事项，实现在自助服务终端智能审批。道路运输从业人员从业资格证补、换发等6项业务，实现“零材料”申办，惠及全市7万多名道路运输从业人员。完成南宁市10个自建专业业务系统1065项事项与广西数字政务一体化平台对接，34个自治区部门垂直业务办理系统1970项事项、国垂系统1697项事项对接测试。推进办事材料网上核验，市本级297项事项387项申请材料、县级1635项事项2763项申请材料可通过广西数字政务一体化平台电子证照库查询、核验、调用，减少材料提交。推行政务服务“好差评”，规范线下投诉机制，与自治区政务服务“好差评”系统完成线上技术对接。

【政务公开】 2020年，市行政审批局推进基层政务公开规范化标准化建设，将政务公开工作纳入全市绩效考评体系，依法依规代市政府办理依申请公开件83件，办理市民申请的19件。6月、9月、10月，举办政务公开业务培训会4期。提高政府热线服务水平，实现服务外包，来电接听队伍规模从30多人增至95人，人工接通率由30%提升至96%以上，来电接听能力大幅提升并做到工单100%回访。优化南宁市12345政府服务热线业务手册，服务参评率由不足1%提升至51.49%，服务满意率由78.95%提升至96.8%。建成占地1800平方米的新业务用房，新场地可容纳座席220个，含接电受理区、培训室、减压室、综合办公区等功能区，新增录入知识信息2484条，录入4874条。整合县（区）长热线、开发区主任公开电话、12369环保投诉热线等29条热线，将53个无热线市直单位纳入12345政府服务热线，配合建立公安110与12345政府服务热线联动机制，打造“一号对外”的政府总客服。印发《市长公开电话工作简报》13期，报送信息17篇，报送来电摘报2期；召开跨层级专项

2020年12月24日，中国（广西）自由贸易试验区南宁片区综合服务大厅发放自治区第一本行业综合许可证　　肖瑛　摄

协调会2次，组织现场协调会3次；每月为《向人民承诺——电视问政》栏目提供问题线索，推动解决青秀区某教育培训机构退费难等民生热点问题；开展“进社区、听民意、解民忧”主题宣传活动，多媒体渠道报道热线举办的重要活动及推动解决实际问题的典型案例。

【广西(南宁)民营小微企业首贷续贷中心成立】 2020年4月27日，广西(南宁)民营小微企业首贷续贷中心在南宁市民中心揭牌设立。为自治区首家进驻南宁市民中心的金融服务平台，实现在南宁市民中心企业开办的注册登记、公章刻制、发票申领、银行开户预约、金融相关业务“一条龙”审批服务。市行政审批局、南宁金融集团为行政管理和运营管理单位，共同推进金融生态环境和投资环境建设，支持民营小微企业健康发展。推进金融服务领域“最多跑一次”改革，构建金融服务信用信息共享平台，推动普惠型小微企业降本减负，实现普惠型小微企业贷款较年初增速高于各项贷款增速。

(滕宗良)

机关事务管理

【概　况】 2020年，南宁市机关事务管理局(简称“市机关事务管理局”)做好市委、市政府办公区和市委、市人大、市政府、市政协宿舍区的房屋、水电、食堂、绿化、环境卫生、社会综治、安全保卫管理与服务，调配使用市直属机关单位非经营性国有资产和办公用房，为12个单位调整办公用房1.09万平方米，指导51家单位规范使用办公用房。协调、推进南宁市公共机构节能，推广节能新产品、新技术，推进公共机构节能管理信息化建设。建立公共机构生活垃圾分类常态化、长效化机制，推进减量化、无害化、绿色化办公，促进资源回收利用。组织新能源汽车体验331辆，公共机构建设充电桩200个。做好全市公共资源交易监管，优化营商环境，创新智慧监管模式并组织社会监督员实地监督。推进市四家班子宿舍区危旧房改住房，完成5个宿舍区改造。代管市公共资源交易中心(市政府集中采购中心)，完善“互联网+公共资源交易”平台建设，实现房建市政、水利工程、交通公路工程项目全流程电子化招标投标。管理指导市机关车队工作，实现出车准点“零延误”、行车安全“零事故”。引导市本级机关事业单位及国有企业优先采购本地产车和新能源汽车作为公务用车，新增公务用车114辆、新能源汽车12辆。推进市直属机关保育院幼教标准化、制度化管理。主要存在机关事务专业化高层次人才缺乏，难以适应新形势发展需要，后勤保障服务满意度有待提高等问题。

【公共资源交易监管】 2020年，市机关事务管理局优化营商环境，构建以大数据分析系统为依托的平台动态监管系统，组织197名社会监督员对58期次232个交易项目进行现场监督，征集意见建议15条，发现围标串标等违法违规问题线索13起。完善“互联网+公共资源交易”平台建设，实现房建市政、水利工程、交通公路工程项目全流程电子化招标投标，以及国家、自治区公共资源交易平台两级贯通及“信用南宁”纵向对接，创新成果“做好改革加减法激发市场活力，助推优化南宁市营商环境”入选自治区公共资源交易平台优秀案例。停止收取政府投资房建市政工程、交通公路、水利工程项目投标保证金，实现投标人在南宁市进行政府投资建设工程项目投标“零费用”；敦促有关单位为2.77万家投标供应商免除投标保证金38.37亿元，为3592家中标供应商免除履约保证金9.48亿元。以政府购买服务方式，为在南宁市投标的企业免费办理电子投标CA数字证书。

【办公用房监管】 2020年，市机关事务管理局推进办公用房集约高效管理，加强数字化建设。为12个单位调整1.09万平方米办公用房；为市创城办等8个议事协调机构调剂1184.64平方米办公用房；指导51家单位规范使用办公用房。组织区县、开发区机关事务管理部门填报全国党政机关数据库，精细化管理办公用房；开展办公用房测绘，以图管房，搭建统一监管平台，准确掌握办公用房数据情况，堵塞资产分散管理漏洞；做好办公用房图形管理信息系统安全管理和技术防护，完成一级安全等级保护备案。

【公务用车监管】 2020年，市机关事务管理局保障市本级车辆综合保障服务平台运行平稳、管理规范，完成应急、调研、接待及行政执法用车保障任务6221辆次，车辆行驶总里程74.71万千米，出车准点零延误，行车安全零事故。受理400多家单位公务车辆的办理申请、349辆公务用车新购申请、367辆车定编及627辆车销编。引导市本级机关事业单位及国有企业优先采购地产车和新能源汽车作为公务用车，新增地产公务用车114辆、新能源汽车12辆。

【危旧房改住房】 2020年，南宁市淡村路4号小区、新民路8号和10号市政府宿舍、东葛路28号小区实现交付使用，为市直干部职工提供住房1198套；新民路65号小区完成基坑支护和土方开挖。

【后勤服务保障】 2020年，市机关事务管理局所辖6个机关食堂及供餐点严格食材采购管理、提高食材出成率和利用率、提升餐饮服务质量、强化公务会务接待管理，服务就餐约60万人次，服务保障会议1200多场次。在市委、市政府办公区处置群体上访33起，来访登记2.22万人次。新冠肺炎疫情期间，市直机关保育院坚持停课不停学，架起“家园”抗疫连心桥，推送“每日一课”89期，征集分享宅家游戏、才艺展示小视频，日均浏览量近6000人次；推进幼教标准化、制度化管理，维护“优教品牌”。通过办公区环境、会议服务、机关食堂、安全保卫、卫生保洁等后勤服务工作转型升级，推进智慧后勤

2020年11月11日，市机关事务管理局举办“双十一消费扶贫购物节”活动，助力脱贫攻坚

李雄杰　摄

建设和服务社会化改革。

【公共机构节能管理】 2020年，市机关事务管理局加快建立公共机构生活垃圾分类的常态化、长效化机制，促进资源回收利用。印发全市公共机构生活垃圾分类实施方案，分解下达相关任务指标。推行公共机构实行绿色办公，制定关于禁止和限制采购一次性办公用品目录，停止使用不可降解一次性塑料制品。组建万人志愿者队伍和1232位督导员引导垃圾分类，7个城区、3个开发区及79家市直单位配备2.13万组分类收集容器。向区县(开发区)、市直单位分解下达充电桩建设及新能源汽车推广应用任务，组织机关干部职工参与新能源汽车推广体验活动。在市人防办等8个市直单位投入1798万元实施节能改造，既有建筑改造面积25.13万平方米，综合节能率均10%以上。开展低碳日能源紧缺体验活动，鼓励公共机构通过抖音短视频制作，普及生活垃圾分类和新能源汽车推广等内容。全市3765家公共机构人均综合能耗51.65千克标准煤，单位建筑面积能耗每平方米3.40千克标准煤，人均用水量22.59立方米，比上年分别下降2.42%、5.14%、5.21%，完成自治区下达的节能目标。

(李雄杰)

公共资源交易

【概　况】 2020年，南宁市进入市公共资源交易平台交易项目6594宗，交易金额1398.87亿元，节约或溢价金额165.41亿元。市政府集中采购中心完成政府采购项目1611个，预算金额35.88亿元，成交金额31.70亿元，节约财政资金4.18亿元。在新冠肺炎疫情防控期间，市公共资源交易平台招标采购项目全面推行“不见面开标”、交易服务业务“一网通办”，保障疫情期间公共资源交易顺利开展，推动重大项目建设和企业复工复产。推行建设工程全流程电子化招投标、取消投标保证金、“不见面开标”等措施落地，实现南宁市招标采购零门槛、零费用、零跑腿。主要存在改革推动力度不够、公共资源交易领域营商环境需优化等问题。

【交易项目】 2020年，南宁市进入市公共资源交易平台交易项目6594宗，交易金额1398.87亿元，节约或溢价金额165.41亿元。其中：工程建设项目1581宗，交易金额608.59亿元，节约金额10.16亿元；政府采购项目4176宗、交易金额204.77亿元，政府和社会合作资本PPP项目2宗，交易金额2.88亿元，节约金额9.49亿元；土地及矿业权项目274宗，交易金额573.20亿元；国有产权(含资产租赁)交易项目562宗、交易金额12.27亿元，溢价金额0.87亿元；其他公共资源交易类项目1宗、交易金额0.04亿元；市政府集中采购中心完成政府采购项目1611个，预算金额35.88亿元，成交金额31.70亿元，节约财政资金4.18亿元，节约率11.66%。

【交易信息公开】 2020年，南宁市公共资源交易中心(南宁市政府集中采购中心)(简称“市公共资源交易中心”)网站公布工程建设项目招投标信息7455条、政府采购信息1.21万条、国有土地使用权和矿业权出让信息451条、国有产权交易信息804条；公布政府采购需求公示信息357条和公示回复379条、市本级委托项目采购信息1528条、定点采购项目公告信息271条、协议供货公告信息2846条、区县采购项目信息9901条、质疑答复66条。

【交易服务】 2020年，市公共资源交易中心对招标采购项目全面推行“不见面开标”，组织开展招标采购项目“不见面开标”4840个，交易金额1280.78亿元。全面推行交易账号注册、项目进场、信息发布、招标文件下载、合同网上备案、网上公示等交易事项网上办理，业务“一网通办”，24小时不打烊，交易业务网上办件量3.65万件。免费向中标供应商邮寄政府采购项目中标通知书、定点项目协议，交易服务“零跑腿”。9月，在自治区内首创以政府购买服务形式为投标人免费办理电子投标CA数字证书，至12月，共为96家投标人免费办理CA数字证书。

【交易信息化建设】 2020年，市公共资源交易中心配合财政部门推动“政采云”电子平台运用，6月启用电子卖场、网上超市。市公共资源交易中心网站与市政府集中采购中心网站整合，建成南宁市公共资源交易中心(南宁市政府集中采购中心)网站并纳入市政府集约化平台统一管理。网站设8个导航栏目、6个专题专栏、2个应用系统入口、8项业务系统链接。

【交易见证】 2020年，市公共资源交易平台现场见证公共资源交易活动6594场。交易过程中发现的违法违规行为及时报告市监管办、行业主管及监察部门；升级公共资源交易平台大数据分析系统，提取违法违规行为线索，发现围标串标等违法违规问题线索9起，涉及投标单位22家。与市信用信息平台实现交互共享，信用信息数据在公共资源交易平台系统实现自动识别、快速反应、自动应用。启用评标专家“一标一评”系统，对评标专家进行动态量化评议。

【招标采购领域营商环境优化】 2020年，南宁市在取消政府采购项目、房建市政工程类招标项目投标报名环节基础上，公共资源交易平台内交通、水利项目取消投标报名环节，实现招标采购全领域零门槛。取消公路交通、水利工程项目投标保证金，实现招标采购取消招标采购保证金全覆盖。推行政府采购项目履约保证金免收政策，为3.72万家投标人(供应商)减负资金46.56亿元；取消收取履约保证金，为5118家中标企业减负资金10.77亿元。在交易平台搭建政府采购中标供应商融资渠道推进“政采贷”，为中小微企业融资62笔，9350.79万元。全面推行免费为在南宁市参加建设工程类项目电子投标的投标人办理CA数字证书、免费网上下载

2020年9月26日，市公共资源交易中心通过政府购买服务方式为在南宁市投标的投标人免费办理电子投标CA数字证书，开创自治区先例　黄礼成　摄

招标文件、取消电子投标服务费、交易服务费，推动“不见面开标”和“远程异地评标”等措施落地，实现南宁市招标采购零门槛、零费用、零跑腿。（韦苡旭）

华侨事务

【概　况】南宁是广西主要侨乡之一。2020年，海外南宁籍华侨、华人有9万多人，主要分布在马来西亚、泰国、越南、印度尼西亚、美国、加拿大、日本、印度、巴西等35个国家和地区，从事商贸、教育、科研、文化等行业。南宁市有散居归侨、侨眷14.33万人，其中归侨2.51万人。全市有华侨农林场4个（广西国营武鸣华侨农场、武鸣区白合华侨农场、邕宁区五合华侨林场、隆安县浪湾华侨农场），总面积222平方千米，总人口4.30万人，其中归侨侨眷1.10万人。4个华侨农林场全部完成体制改革，实现华侨农林场体制融入地方、管理融入社会、经济融入市场。新冠肺炎疫情发生后，南宁市侨务部门协助做好疫情防控和复产复工工作，安抚慰问困难归侨侨眷，引导帮助海外侨胞科学防疫、就地防疫，结合线上线下方式拓展海外联谊，搭建合作平台。主要存在大统战侨务工作格局效能需提升，区县侨务工作发展不平衡，侨务干部队伍建设需加强等问题。

【为侨服务】2020年，市委统战部牵头，市侨办、市人大民族华侨外事委、市政协海外联谊委、致公党南宁市委会、市侨联等单位制定南宁市侨务工作联席会议机制，研究部署新形势下侨务工作。春节期间，各级党委、政府及侨务部门走访慰问困难归侨侨眷630人，发放慰问金31.50万元。市委统战部召开2020年南宁市“三侨生”（归侨学生、归侨子女、华侨学生）助学座谈会，向考上大学的“三侨生”41人发放助学金4.10万元。拨付年度华侨事业费110.80万元给相关区县及华侨农林场，为南侨机工（抗战时期东南亚各国华人子弟组成的“南洋华侨机工回国服务团”）遗孀林金屏发放生活补助费1.20万元。受理涉侨信访件5件、电话咨询26人次，办理归侨侨眷身份证明86份，审核“三侨生”高考加分资格110人，受理办理率100%。会同自治区党委统战部，邀请广西医科大学等10名医疗专家到广西—东盟经开区为350名群众义诊；牵线搭桥促成意大利侨商郑明增向隆安县都结乡荣朋小学捐赠爱心图书价值7.50万元；邀请自治区农业科学院、南宁职业技术学院专家教授到横县良圻农场、西乡塘区北湖南社区培训680名归侨侨眷葡萄、沃柑种植技术、中式特色面点制作。到广西—东盟经开区、武鸣区、上林县等地侨资企业了解新冠肺炎疫情防控和复工复产情况，鼓励帮助企业攻坚克难。组织开展为期3个月的庆祝《中华人民共和国归侨侨眷权益保护法》颁布30周年系列活动，开展侨法现场宣传、侨法咨询、侨法知识竞赛、文艺演出等活动45场次，1.74万人参与；开展捐资助学活动19场，资助侨界贫困生116人，发放助学金13.1万元；在《南宁日报》、《华声晨报》、南宁统战网等刊发文章29篇，点击阅读量1.34万人次。邀请《人民日报》记者到广西—东盟经开区、武鸣区等地采访侨乡民俗风情、归侨侨眷种植户创业经营情况，《人民日报》海外版以《“婴儿果园”结出幸福果》为题报道南宁归侨肖学兵、刘汉玉夫妇创业经历。

2020年11月21日，广西国营武鸣华侨农场成立60周年暨2020年广西—东盟经济技术开发区第四届“香从东盟来”东南亚主题美食制作大赛在广西华南烹饪技工学校举办

蓝必祠　摄

【海外侨务】2020年，南宁市侨务部门贯彻落实中央、自治区、南宁市新冠肺炎疫情防控决策部署，关注海外疫情，联系美国广西总商会主席乔立华、意大利威尼斯华侨华人总会副会长郑明增、英国广西华人华侨联合总会会长韦婴彩等侨商侨领，做好安抚工作，引导海外侨胞科学防疫、就地防疫，参与住在国抗疫行动，讲好中国抗疫故事。关心关爱外派教师，为5名外派教师办理延期手续，向在柬埔寨、老挝等国家从事华文教育的外派教师邮寄“暖心包裹”。8月20日，市委统战部举办海外侨界代表人士联谊座谈会，美国广西侨胞联合总会会长、广西华侨爱心基金会理事长韦家伟，南宁大西洋置业有限公司董事长郑泉等海外侨商侨领代表10人参加。10月，第二届“一带一路”侨商侨领交流合作云上洽谈会在南宁举办，市委统战部、市投促局、市工信局、市自贸办、市金融办等部门宣传推介南宁市投资环境及优惠政策等，南宁市直播间点击量3.79万人次；邀请文莱广西总商会会长郑作亮等到武鸣区考察广西起凤橘洲生态农业有限公司，签订《2020年至2023年3000亩优质沃柑示范基地产出沃柑出口东盟国家合作框架协议》，出口金额1.20亿元。

【广西国营武鸣华侨农场成立60周年活动】2020年10月23日在广西—东盟经开区管委会举办，参会代表为华侨农场发展建言献策。11月19日，举行广西国营武鸣华侨农场成立60周年新闻发布会，介绍武鸣华侨农场成立60周年发展历程和成就；11月21日，广西国营武鸣华侨农场成立60周年暨2020年广西—东盟经济技术开发区第四届“香从东盟来”东南亚主题美食制作大赛在广西华南烹饪技工学校举办，广西—东盟经开区归侨职工及来自上海、深圳、凭祥、来宾等地的50组选手参赛，同步网络直播，近10万网友在线观看。（刘学程）

港澳事务

【概　况】2020年，南宁市全面对接粤港澳大湾区建设，持续推进邕港澳在经贸、金融、人才、教育、医疗卫生等领域的交流合作。南宁市与中国香港地区贸易总额319.6亿元，比上年增长26.4%；与中国澳门地区贸易总额1515.1万元，增长73.3%。商务口径实际利用港澳资金4.20万美元。通过CEPA（内地与港澳关于建立更紧密经贸关系的安排）项目绿色通道新设港澳企业70家。广西首个专科层次的内地与港澳地区合作办学机构——

桂港现代职业教育发展中心(简称“桂港中心”)获教育部核准备案,广西首个香港青年(内地)创业服务中心在广西华润大厦成立并投入使用。全市累计申办居住证的香港居民 986 人、澳门居民 45 人。主要存在邕港澳线下开展工作不便,交流合作领域的广度和深度待拓展等问题。

【邕港澳交流交往】 2020 年,南宁市与中国香港、中国澳门地区开展经贸、金融、人才、教育、医疗卫生等领域交流交往。全市“湾企入桂”行动签约香港项目 13 个,总投资 402.16 亿元,其中瑞声科技(香港)有限公司千亿高端电子信息产业项目投资 300 亿元。全市有 19 家企业的 21 款产品获香港优质“正”印认证证书,3 家企业的 3 款产品获香港绿色标志认证证书。中银香港东南亚业务营运中心日均业务处理量 2 万笔;香港汇丰银行、香港东亚银行、南洋商业银行 3 家港资银行机构在南宁落户,其中香港汇丰银行南宁分行 2020 年资产总额比上年增长 118.66%,本年利润增长 32.65%,不良贷款率为零。香港青年科技人才邝嘉辉入选自治区科技厅“港澳台英才聚桂计划”项目,并到培力(南宁)药业有限公司开展中药配方颗粒现有生产线及药房管理系统的技术改造创新工作;广西中医药大学引进澳门大学萧建波博士开展壮瑶药质量标准现代化研究;组织绿色动力创新科技(香港)有限公司、多米索集团有限公司等港澳企业参加第三届中国·南宁海(境)外人才创新创业大赛。2 月,设在南宁职业技术学院(简称“南职院”)的桂港中心获教育部核准备案,成为广西首个专科层次的内地与港澳地区合作办学机构;9 月,南职院与香港高峰进修学院以桂港中心为平台开展学历教育合作,招收酒店管理、国际经济与贸易专业首届学历生 26 人;11 月 29 日至 12 月 18 日,第六届中国—东盟职业院校烹饪技能大赛以线上线下的方式在南职院举办,东盟国家、中国内地、中国香港地区等专业院校代表队 45 支、选手 76 人参赛;12 月 13 日至 14 日,南职院联合香港职业训练局在桂港中心举办广西中职职业学校师资培训班,以香港职业训练局专家线上讲授、广西高校专家线下助讲的形式开展,67 所学校 122 名教师参加。8 月 1 日起,市第五人民医院聘请澳门大学健康科学学院精神科教授团队就人才培养、科研立项、科技创新及学术影响力提升等进行技术指导;9 月 2 日至 15 日,市第一人民医院、市第二人民医院、市第四人民医院、市妇幼保健院、市疾病预防控制中心抽调 18 名医务人员加入内地核酸检测支援队广西组开展援港核酸检测工作;11 月 6 日至 8 日,市第五人民医院邀请香港中文大学精神科学系荣誉临床教授、香港精神科医学院院长吴文建参加第四届中国—东盟精神医学国际高峰论坛线上会议并作视频报告。接待香港游客 0.52 万人次,下降 95.1%;澳门游客 0.41 万人次,下降 94.1%。

【为港澳服务】 2020 年 1 月 15 日,中国(广西)自由贸易试验区南宁片区建设工作领导小组办公室、南宁市港澳事务办公室、香港特别行政区政府驻广西联络处联合举办在邕港澳企业政策推介会,宣传推介南宁片区发展情况和优惠政策。7 月 15 日、17 日,市港澳办、青秀区政府、江南区政府协助自治区港澳办,赴深圳转运 2 批 19 名香港企业家返回南宁复工复产。通过市政务服务中心 CEPA 项目绿色通道新设港澳企业 70 家。全市新办居住证的香港居民 208 人、澳门居民 8 人,累计申办居住证的香港居民 986 人、澳门居民 45 人。

【香港青年(内地)创业服务中心成立】 2020 年 11 月 3 日,香港青年(内地)创业服务中心成立暨中国香港(地区)商会-广西 × 润加速合作揭牌仪式在广西华润大厦前广场举行。广西首个香港青年(内地)创业服务中心在广西华润大厦成立并投入使用,打造以创业办公为核心,融合工作、社交、学习于一体的多功能复合型香港青年社区,目标引入企业逾 330 家、香港高端人才逾 6000 名,带动世界 500 强、中国 100 强企业落户广西,引领香港青年融入国家发展。 (唐若溪)

2020 年 11 月 3 日,香港青年(内地)创业服务中心成立暨中国香港(地区)商会-广西 × 润加速合作揭牌仪式在广西华润大厦前广场举行 青秀区委统战部提供

台湾事务

【概　况】 2020 年,中国共产党南宁市委员会台湾工作办公室(简称“市台办”)引导、协助台企做好新冠肺炎疫情防控和复工复产,依法维护台商台胞合法权益,走访慰问台商台胞 230 人次;推动惠台利民措施落实,印发《关于促进邕台经济文化交流合作的若干措施》,在自治区率先发布惠台措施操作指南,提振台商台胞在南宁发展的信心。南宁市 3 个台企农业合作基地获第一批桂台农业合作示范基地认定。开展线上邕台民俗文化交流活动,举办邕台青年就业创业交流活动等,深入宣传南宁市台商台企新冠肺炎疫情防控和全面复工复产工作成果。年内,市台办被中共中央台办宣传局评为 2020 年度中央台办“两刊”宣传工作先进单位。主要存在邕台经贸文化等领域交流内容不够丰富、对台工作干部队伍力量有待加强等问题。

【台商台胞合法权益维护】 2020 年,南宁市帮助台企协调防控物资,向防护物资短缺的台企赠送口罩 9700 个,协助市台商投资企业协会购买口罩 5.05 万个,筹集消毒液、酒精、护目镜等。以“服务台企、复工复产、稳定发展”为主题,开展“六个一”(走访一批台资企业、召开一批台商座谈会、兑现一批惠台政策、推进一批桂台合作项目、化解一批台胞投诉案件、解决一批台资企业发展问题)暨服务台胞台企大走访活动,走访台企近百家,走访慰问台商台胞 230 人次,协调处理涉台纠纷、求助 31 件,助推台资小微企业解决发展实际问题 2 个。自治区台办、市委统战部到市台商投资企业协会和南宁市嘉泰混凝土有限公司等 11 家台企开展现场调研指导。市台办向台胞台商推广普及健

2020 年 9 月 3 日，南宁市组织台商台胞参加在昆仑关战役旧址举行的纪念中国人民抗日战争暨世界反法西斯战争胜利 75 周年活动　　农晓岚提供

康码，与区县、市直部门协调推进重点台企、重大项目的骨干人员返南宁事宜及体检合格的台企工人复工；与市发展改革委联合印发《关于促进邕台经济文化交流合作的若干措施》，召开贯彻落实助力台企“11 条措施”座谈会和南宁市推进惠台利民措施座谈会，推动惠台利民措施落实。贯彻落实《桂台农业合作示范基地建设三年行动方案(2020—2022 年)》，广西南宁金之都农业发展有限公司、南宁市百香果农业投资有限公司、广西方寸间农业科技发展有限公司联合广西南宁泰萌农业有限公司 3 个农业合作基地被自治区农业农村厅、自治区台办认定为 2020 年第一批桂台农业合作示范基地。

【邕台交流交往】 2020 年 3 月，南宁市开展 2020 年“我眼中的‘壮族三月三’征文活动”，9 名台湾同胞以短视频或原创文章形式参与活动。8 月，南宁市组织开展线上“贝侬手牵手两岸心连心”——桂台(南宁·花莲)两地民俗文化交流活动，宾阳县、马山县群众 200 余人用宾阳游彩架、宾阳炮龙、马山壮族会鼓等特色表演，通过“云端”向台湾花莲县丰年节送祝福。10 月 30 日至 11 月 4 日，南宁市举办邕台青年就业创业交流活动，全国 12 个省、自治区和直辖市，20 个城市的台商、台湾青年 70 多人参加活动；承办第十六届桂台经贸文化合作论坛平行主题活动——桂台青年就业创业分享会，广西、四川、重庆、海南的 8 名台湾青年分享个人在电子科技、教育、餐饮业、建筑业等领域的就业创业经验。市台办协助南宁昆仑关旅游风景区管理委员会成立昆仑关战役旧址海峡两岸交流基地办公室；组织南宁市台胞台商参加在昆仑关战役旧址举行的纪念中国人民抗日战争暨世界反法西斯战争胜利 75 周年活动。

【对台宣传】 2020 年，市台办深入宣传南宁市统筹推进台商台企新冠肺炎疫情防控和推动台企全面复工复产工作成果，配合中央人民广播电台、新华社广西分社、福建海峡卫视《今日海峡》栏目、《广西日报》等媒体，对广西南宁嘉泰水泥制品有限公司、广西南宁宏彩照明科技有限公司、南宁中健包装有限公司等台资企业进行复工复产系列专题报道；在中国台湾网、“桂台之声”微信公众号等媒体发表防疫抗疫、复工复产信息(文章)9 条(篇)，编辑制作 8 个短视频宣传作品上报自治区台办，推荐文章《南国昆仑关海峡两岸情》在《两岸关系》杂志上刊登。南宁市与旺旺中时文化传媒(北京)有限公司联合制作的《魅力南宁》电子书 2020 版更新上线，把南宁市最新的经济社会发展情况和旅游人文信息传播到台湾，点击量 158 万次。录制“贝侬手牵手　两岸心连心”——桂台(南宁·花莲)两地民俗文化交流活动视频，在旺旺中时媒体集团旗下平台向台湾同胞播放，发布 1 个月获点击 27 万次、点赞 2 万次。邕台民俗文化交流活动视频《广西南宁壮乡同胞向台湾花莲县丰年节“云”送祝福》获自治区台办推送“两岸头条”抖音号发布。在中国台湾网发表文章 13 篇、“桂台之声”微信公众号发表文章 26 篇。

(伦俊芝)

民族事务

【概　况】 2020 年，南宁市民族宗教事务委员会(简称“市民宗委”)组织开展民族团结进步创建活动。全市新增自治区民族团结进步示范区示范单位 7 个、累计 24 个。深化提升民族事务服务体系，社区党员干部与各族群众结对子、市直机关单位与“民族之家”结对联建，成立南宁市少数民族流动人员法律援助中心。南宁市被国家民委确定为第四批全国少数民族流动人口服务管理示范城市，为广西唯一入选城市。在全国首次以一个基层社区为典型组织举办“铸牢中华民族共同体意识与南宁市中华中路社区实践”全国性理论研讨会，并打造全国首家青少年铸牢中华民族共同体意识研学实践教育基地。新冠肺炎疫情防控期间，动员组织少数民族群众落实联防联控措施，帮助企业复工复产。2020 年度壮族山歌、民间故事音像资料采集项目结题。依法完成公民民族成份变更审核 641 份。妥善处理涉及民族因素的矛盾纠纷，处理率 100%。全市有清真食品网点 200 家(户)，在西乡塘区白苍岭农贸市场、市清真饭店设立清真肉类供应点 2 个；实施清真标识牌管理，加强对清真牛肉屠宰点、供应点及清真饭店日常监管，向合格清真食品经营户发放“清真”标识牌 2 个。市民宗委获“南宁市服务自治区成立 60 周年庆祝活动先进集体”称号。主要存在民族团结进步创建工作不平衡，区县民宗部门统筹推进、上下协调配合不够顺畅，研究总结提升铸牢中华民族共同体意识工作不足等问题。

【民族团结进步创建】 2020 年 3 月 26 日至 4 月 26 日，南宁市组织开展“战疫情、奔小康、奋进新时代”民族团结进步宣传月活动。在南宁广播电视台、《广西民族报》开设“石榴花开美邕城——南宁市民族团结进步宣传月系列活动”专栏，播发专题 102 篇，刊登新闻报道 78 篇；在南宁广播电视台《新闻夜班》栏目展播《石榴花开美邕城——全国民族团结进步模范集体和个人先进事迹》6 集，收看群众超过 300 万人次；开展“2020 年我们的节日·三月三——唱支山歌给你听”民族团结主题网络视频征集和展播、“壮乡山歌一起唱　民族团结奥利给”云端山歌大赛、民族团结主题系列图书赠送等活动，参与群众超过 100 万人次；线上参与收看民族团结进步教育“空中课堂”的中小学生超过 120 万人次。年内，全市各级各部门悬挂使用壮汉双语宣传横幅 4215 条，制作宣传栏、墙报及板报 3122 张，举办网上主题教育学习活动 1120 场，利用机关单位、车站、码头、出租车、公交车、地铁等市区户外 LED 电子屏滚动播放民族团结公益广告 77 万次。组织 200 多所中小学校 120 万人开展“和美校园　同心筑梦”民族团结进步创建进校园活动。

开展第四批南宁市民族团结进步创建“五比五争”[比稳定发展,争当民族团结进步模范县(区)、模范乡(镇、街道);比重视支持,争当民族团结进步模范单位(企业);比团结和谐,争当民族团结进步模范村(社区);比文明守法,争当民族团结进步模范家庭;比互助友爱,争当民族团结进步模范个人]评比活动,命名横县那阳镇等35个乡镇(街道)、横县峦城镇方村村委会等24个村(社区)、横县教育局等156个单位、张永家庭等534个家庭、陆云等570人为“五比五争”模范。兴宁区民生街道望仙坡社区、横县校椅镇青桐村、隆安县那桐镇定江村定典屯、国家税务总局南宁经济技术开发区税务局、南宁市桂雅路小学、上林县城关中学、广西金壮锦文化艺术有限公司被自治区党委宣传部、自治区党委统战部、自治区民宗委命名为第四批自治区民族团结进步示范区示范单位;横县市场监督管理局、宾阳县财政局、马山县里当瑶族乡政府、隆安县城厢镇震东社区等77家单位被市委统战部、市民宗委命名为南宁市民族团结进步创建活动示范单位。全市累计有国家级民族团结进步示范单位9个、自治区级民族团结进步示范单位24个、市级民族团结进步示范单位261个。

【民族关系监测评价】 2020年,市民宗委有民族工作信息员200人,民族关系监测点53个。市、区县均成立民族关系群体性事件应急指挥部。依托“13456”民族事务服务体系建设平台,由南宁市少数民族流动人员服务中心统筹协调,少数民族协调员队伍、专家顾问队伍、信息员队伍、民族干部骨干、少数民族联谊会会员、社区“民族之家”成员、志愿者等组成服务队伍排查和化解涉及民族关系的不稳定因素,定期报告民族关系监测评价情况。市少数民族流动人员服务中心组织开展2020年“少数民族南宁行——品民居特色　学创新创业”主题活动,新疆维吾尔族、金秀瑶族、马山壮族等少数民族代表30余人到西乡塘区美丽南方忠良村、相思小镇参观学习。全年未发生涉及民族因素的矛盾纠纷。

【民族事务服务体系深化提升】 2020年,南宁市深入推进全国少数民族流动人口服务管理体系建设试点工作。各单位推进区域协作机制、信息共享应用、均等化公共服务、加强“民族之家”建设、创新宣传方式和载体等工作。开展社区党员干部与各族群众交朋友、结对子活动,建立民族团结联系卡,全市结对创建3060对;创新开展市直机关单位与22个“民族之家”示范点结对联建,开展活动38次,参与活动600多人次,为群众解决难题500多件。全市有“民族之家”362个,为群众提供优生优育服务5000多人次、就业帮助6000人次,帮助少数民族流动人员解决住房问题1.40万人次,安排就业经营2000多人次。7月,南宁市少数民族流动人员法律援助中心挂牌成立。11月,《南宁市少数民族流动人员政策法律手册》电子书上线。市少数民族流动人员服务中心举办民族团结主题交流联谊活动21场,参与群众超过1万人次。

【民族经济社会发展扶持】 2020年,南宁市落实中央、市本级少数民族发展资金4550万元(中央第一批资金3617万元、第二批资金573万元,市本级发展资金360万元),实施项目107个全部完成,解决少数民族聚居区行路难、饮水难问题。7月起,市民宗委聘请第三方机构对南宁市2019年度少数民族发展资金进行审计和基础设施建设项目核验,发现、纠正资金使用和项目实施中存在问题。市民宗委到皇氏集团华南乳品有限公司等11家企业了解新冠肺炎疫情防控、复工复产情况,上门送政策、办理贴息审核,编印《民族贸易和民族特需商品生产政策文件汇编》,为企业解读相关政策。全市民贸民品企业享受财政贷款贴息4550.60万元,居自治区首位;市本级安排260万元扶持广西维威制药有限公司等14家民品企业技术改造、产品研发、产品宣传推介等项目。有39家民贸民品企业为抗击新冠肺炎疫情捐赠款物474.77万元。开展民族乡村振兴试点工作调研,推荐2个民族乡、12个村屯申报全国民族乡村振兴试点。推荐8个村屯申报第四批中国少数民族特色村寨,全市累计有中国少数民族特色村寨15个。

【民族文化传承发展】 2020年,南宁市安排市级少数民族教育补助资金和民族文化“三进”活动经费212万元,实施民族文化“三进”(民族体育进机关、民族风情进校园、民族歌曲进酒店)项目17个、民族团结进校园项目7个、少数民族传统体育训练基地建设项目8个、壮汉双语教育项目1个。市直机关工委、市民宗委组织举办“强首府·爱南宁”2020年南宁市直属机关“民族团结”健身趣味运动会,68个单位1500多人参加民族传统体育竞技活动。做好首届壮美广西民族服饰展演组队工作,“邕容万象·锦绣南宁”节目在14个地市节目中压轴出场,广西金壮锦文化艺术有限公司设计的“绮”获设计征集与展演活动民族元素礼仪装银奖,南宁职业技术学院、谭湘光工作室的作品入围总评选,市民宗委、广西金壮锦文化艺术有限公司获优秀组织奖。

【民族语言文字工作】 2020年,南宁市少数民族语言文字服务中心组织实施的上林县大丰镇、明亮镇、三里镇壮族山歌、民间故事音像资料采集项目结题,采集劝世人歌、祝寿歌、敬酒歌、劝人报恩歌等山歌503首,超额完成计划任务;采集龙王造海、太阳星星和月亮等民间故事60篇,超额完成计划任务;完成壮语山歌录像62首、民间故事录像2首。南宁市少数民族语文研究与抢救保护工作累计采录壮语音视频6000多条(总容量58G),形成调查报告3篇15万字,收集整理壮族山歌503首3.23万字,民间故事60篇14.73万字。市民宗委会同市国家档案馆、市文广旅局做好壮族文化(南宁)档案陈列展展前调研活动。新冠肺炎疫情防控期间,南宁市结合壮语宣讲、壮语阐释、壮语山歌等方式动员组织壮族聚居地群众落实联防联控措施,兴宁区录制播放“普通话+白话+壮话”防疫知识广播,武鸣区发布壮汉双语的《致各位亲朋好友的一封信》,上林县、马山县民间艺术家用壮语创作《打赢病疫情过安宁生活》等防疫宣传山歌、顺口溜等,西乡塘区8名新疆维吾尔族群众用维吾尔族语言宣传防疫知识。市民宗委组织开展“跟我学壮文”微信群线上课堂活动,在上林县木山乡民族学校开展“跟我学壮文”公益培训暨中国民族语文翻译局赠送壮文书籍活动。通过市少数民族语言文字服务中心专业人员翻译、市场化购买服务方式,为450多家机关和企事业单位翻译牌匾、公章1457块(枚),会标、横幅、宣传海报等206条,地名、路牌等指示牌400块,网络安全知识课堂内容254条,壮族文化档案陈列展卷首语、结束语及版块内容58条,文字片段约3000字。

【南宁市少数民族流动人员法律援助中心挂牌成立】 2020年7月15日,南宁市少数民族流动人员法律援助中心在广西万益律师事务所挂牌成立,为自治区首个少数民族流动人员法律援助中心。中心设“万益红石榴法律工作室”,组建含20名律师的南宁市少数民族流动人员法律援助服务团,制定《南宁市少数民族流动人员法律援助中心工作规则》,发放《南宁市少数民族流动人员政策法律手册》3000本;与市少数民族流动人员服务中心、市伊斯兰教协会、西乡塘区中华中路社区签订合作协议,开展法治结对、法治宣传、法治服务、法治止争、法治共建进家门活动,为“民族之家”、少数民族流动人员提供法律援助。

2020年12月3日，南宁市青少年铸牢中华民族共同体意识研学实践教育基地、广西中华民族共同体意识研究院青少年研学实践教育基地在西乡塘区中华中路社区揭牌成立

市民宗委提供

【南宁市青少年铸牢中华民族共同体意识研学实践教育基地揭牌成立】 2020年12月3日，南宁市青少年铸牢中华民族共同体意识研学实践教育基地、广西中华民族共同体意识研究院青少年研学实践教育基地在西乡塘区中华中路社区揭牌成立，为全国首家青少年铸牢中华民族共同体意识研学实践教育基地、中华民族共同体意识研究院青少年研学实践教育基地。同日，"铸牢中华民族共同体意识与南宁市中华中路社区实践"理论研讨会举办，民族团结杂志社、自治区民宗委、广西民族大学广西中华民族共同体意识研究院与市委统战部主办，市民宗委、西乡塘区承办，自治区内外有关专家学者约50人参加。围绕"铸牢中华民族共同体意识与南宁市中华中路社区实践"主题提出意见和建议，为获奖征文颁奖。

宗教事务

【概　况】 2020年，市民宗委完善宗教工作服务平台信息，协调处理涉及宗教因素问题6起；组织做好宗教（民间信仰）活动场所新冠肺炎疫情防控和建档登记，全市建档登记的民间信仰活动场所369个；引导宗教界依法有序开展慈善捐助，募集防疫款物40多万元；组织开展宗教政策法规学习月活动、宗教慈善周活动，加强宗教团体建设和管理。市民宗委与广东省茂名市民宗局在茂名市签订宗教工作区域联动共建协议。宗教领域和谐稳定、安全有序。

【协调处理涉宗教问题】 2020年，市民宗委完善宗教工作服务平台信息，开展执法主体资格和执法人员数量统计，组织完善权责清单、政务服务平台、一体化平台等，指导中山路基督教堂做好异地重建申报。市、区县13个民宗部门全部具备执法主体资格，有执法人员26人。妥善处理涉及南宁市清真寺、康乐路天主堂网络舆情；核查处理某文化传播公司涉嫌发布虚假广告借教敛财、兴宁路某奶茶店使用涉宗教名称问题，以及亭子码头观景台疑涉及宗教元素问题。

【宗教（民间信仰）活动场所管理】 2020年，市民宗委组织宗教（民间信仰）活动场所落实"两个暂停"（暂停对外开放、暂停宗教活动）政策，不定期实地检查，做好有序恢复开放、常态化疫情防控。引导宗教界人士、信教群众正确看待新冠肺炎疫情、科学防控，依法有序开展慈善捐助，全市宗教团体和宗教活动场所为新冠肺炎疫情捐款捐物累计40多万元。3月至10月，组织开展全市民间信仰活动场所核查甄别，符合建档登记的民间信仰活动场所369个，比上年登记减少9个。5月29日，市民宗委在宾阳县召开全市民间信仰活动场所规范管理工作现场会，组织考察宾阳县南街二铺寺、炮龙老庙2个民间信仰场所，参加活动50多人。11月30日，举办全市宗教（民间信仰）活动场所消防安全知识培训会，培训80多人。

【宗教政策法规学习月活动】 2020年6月，市民宗委在全市组织开展宗教政策法规学习月活动，安排1.80万元支持全市性宗教团体开展系列学习宣传活动；召开全市性宗教团体学习座谈会，组织宗教团体观看《广西壮族自治区宗教事务办法》宣讲视频，组织人员到市伊斯兰教协会宣讲宗教政策法规，邀请自治区民宗委领导到市基督教协会、市基督教"三自"爱国运动委员会进行学习辅导；编印发放《宗教工作常用政策法规选编》1万册。全市实施宗教政策法规上墙690块，悬挂宣传横幅1285条，LED电子屏滚动播放宣传标语9000多条，摆放宣传台502张，设置宣传展板380块，发放宣传手册（宣传单）7.13万份，现场提供政策法规咨询627次；开展知识竞赛活动19次，参与6.50万人次；组织演讲会、专题宣讲等406次，参与6460人次；举办专题培训班71期，培训2470人；举行专题文艺演出5场。

【宗教慈善周活动】 2020年，市民宗委以"五教同行助力脱贫"为主题开展宗教慈善周活动。9月11日，南宁市宗教界扶贫济困慈善活动在隆安县南圩镇多林村举行，参加活动宗教团体教职人员、信教群众、多林村村民代表等70多人，南宁市宗教界人士帮助多林村购买并安装一批太阳能路灯，修建村公共活动中心厕所。活动周期间，宗教界募集捐款近8万元。

【宗教人士队伍建设】 2020年，市民宗委根据《宗教团体管理办法》，加强宗教团体建设，强化财务监督，安排补助资金支持市级宗教团体开展工作，督促宗教团体落实推进坚持宗教中国化方向工作。1月8日，市民宗委走访慰问市佛教协会、市伊斯兰教协会、市基督教"三自"爱国运动委员会、市基督教协会、市天主教爱国会的领导班子成员、老教职人员、困难教职人员代表30人。9月30日，在南宁市佛教观音禅寺广场举行迎国庆升国旗仪式。　　（韦雪妍）

编辑　覃涓铌　唐柯杰

中国人民政治协商会议南宁市委员会

综 述

【概 况】2020年，中国人民政治协商会议南宁市委员会(简称“市政协”)有政协委员485人，由31个界别构成；常务委员会组成人员76人。市政协落实以政协党组理论学习中心组学习为引领的学习制度，组织中心组专题学习4次、党组会议、主席会议集中学习20次；创建党建双线管理机制，全体委员分别编入提案委员会、经济委员会、农业和农村委员会、人口资源环境与城乡建设委员会、教科卫体委员会、社会法制委员会、海外联谊民族宗教委员会、文化文史和学习委员会8个专门委员会，实现“全员入委”“党员委员全部联系党外委员”。聚焦市委、市政府中心工作，贴近民生热点开展协商议政，召开协商会议64次；提交的调研报告、重点提案、大会发言中，有62篇(件)获自治区领导、市委领导批示，有3篇大会发言在自治区政协全体会议、常委会会议上被评为最佳大会发言。市政协领导班子成员到区县开展新冠肺炎疫情防控和复工复产督导，政协委员围绕统筹推进疫情防控和经济社会发展建言献策，参与疫情防控、救治病人、稳产稳岗、保障供应、纾解情绪等工作，捐款捐物价值1164万元；引导政协委员发挥自身、行业优势，为脱贫攻坚捐款捐物约830万元。做好全国政协、自治区政协视察团、调研组到南宁调研视察服务；修订完善制度13项，完成“智慧政协”平台(一期)建设，开发委员履职APP；强化委员履职管理，建立委员履职档案，落实委员履职考评制度。举办培训班2期，专题学习报告会、座谈会23期；落实政协领导班子与党派界别、常委，常委与委员，委员与群众谈心谈话制度，走访看望委员456人次；开展委员学习座谈2次、党外委员专题视察20次。编印《心桥》2期、《政协工作参考》6期，出版《如何更好发挥人民政协专门协商机构作用论文集》，编纂《南宁市政协志(2000—2021)》。市政协办公室被自治区政协评为全区政协履职提质增效先进集体，获2020年度政协报刊宣传工作先进单位特等奖。主要存在思想政治引领有待进一步强化，协商议政质量有待进一步提高，委员主体作用有待进一步发挥等问题。

【协商议政】2020年，市政协召开全体会议1次、专题议政性常委会议2次、专题协商会3次、双月协商座谈会6次、对口协商会8次、提案办理协商会28次、主席会议17次，形成多层次协商议政格局。聚焦决战决胜脱贫攻坚、统筹疫情防控和经济社会发展、全面落实强首府战略、中国(广西)自由贸易试验区南宁片区建设、乡村振兴、全国文明城市创建等建言献策，报送调研报告30份，提出对策建议153条。组织政协委员深入基层一线开展专项民主监督，形成5份专项民主监督情况报告报送市领导，提出意见建议33条，整改落实问题23个。在政协机关为各民主党派提供固定活动场所，在大会发言、专题协商中优先安排党派团体发表意见。党派团体提出集体提案80件，占集体提案总数96%；提交政协会议发言60篇、社情民意信息478条。市政协收到提案588件，审查立案460件，并案30件，立案率78.23%，其中涉及民生占31%，25件重点提案分别获市委、市政府、市政协领导领衔督办。90个承办单位加强提案办理沟通协商，采纳提案建议。立案提案按期办复率100%，其中所提建议已采纳或正在解决占93.69%，列入计划拟采纳和解决占4.78%，作为工作参考占1.53%，提案办理满意率100%。

2020年12月16日，市委党校现场教学基地、市政协委员培训基地揭牌仪式在南宁政协文史馆举行　　市政协办公室提供

【政协委员智库建立】 2020年4月23日，政协第十一届南宁市委员会常务委员会第二十四次会议上，市政协举行首批委员智库成员聘任仪式，为54名委员智库成员颁发聘任证书。政协委员智库以服务政协参政议政为根本宗旨，以资政建言为主要形式，聚焦市委市政府中心工作，在课题研究、建言献策、提供信息等方面出成果、精品。按照《政协南宁市委员会委员智库建设实施方案》，对智库成员实行动态管理，按所涉及的领域和工作职能分工，履职形式包括个别咨询、开展协商、调研视察、课题研究等。

【中共南宁市委党校现场教学基地与南宁市政协委员培训基地揭牌】 2020年12月16日，中共南宁市委党校（南宁市行政学院、南宁市经济干部学院、南宁市社会主义学院）现场教学基地、南宁市政协委员培训基地揭牌仪式在南宁政协文史馆举行。市政协秘书长李兵、副秘书长张培胜、市委党校常务副校长施日全、市政协文化文史和学习委主任赵伟波、市委党校副校长黄东耿出席，共同为南宁政协文史馆现场教学基地揭牌。市政协文化文史和学习委员会、市政协信息中心（文史馆）全体干部，部分政协委员及市委党校2020年第二期中青班全体学员90余人参加揭牌仪式并开展现场教学。

重要会议

【政协第十一届南宁市委员会第五次会议】 2020年5月8日至10日在南宁人民会堂召开，应出席委员488人，实到委员439人。听取和审议政协第十一届南宁市委员会常务委员会工作报告，常务委员会关于市政协十一届四次会议以来提案工作情况的报告；列席南宁市第十四届人民代表大会第五次会议，听取并讨论政府工作报告及其他有关报告；审议通过政协第十一届南宁市委员会第五次会议政治决议，常务委员会工作报告决议，政协第十一届南宁市委员会提案委员会关于提案审查情况的报告；补选邓娟娟、潘永钟为第十一届市政协副主席，李兵为第十一届市政协秘书长，刘文忠、赵伟波、费勇、薛文为第十一届市政协常务委员。其间，收到提案570件，立案451件，不予立案119件；立案提案中，经济建设类228件，政治建设类40件，文化建设类86件，生态文明建设类16件；收到大会发言材料55份；未编印简报。

【市政协常务委员会会议】 2020年，政协第十一届南宁市委员会召开常务委员会会议6次。4月23日，第24次会议在市政协多功能厅召开，传达学习习近平总书记关于统筹推进新冠肺炎疫情防控和经济社会发展工作等重要讲话精神，以及习近平总书记在决战决胜脱贫攻坚座谈会上的重要讲话精神，自治区"两会"精神，全区2020年决战脱贫攻坚大会精神，市委十二届九次全会精神，《中共南宁市委员会关于新时代加强和改进人民政协工作的实施意见》《南宁市全面落实强首府战略"6+1"专项实施方案》；审议政协第十一届南宁市委员会常务委员会关于授权主席会议审定政协第十一届南宁市委员会第五次会议有关事项的决定（草案），宣读《关于做好政协第十一届南宁市委员会委员智库工作的通知》，为首批智库成员颁发聘任证书；邀请专家围绕全面落实强首府战略"6+1"（强工业、强创新、强金融、强枢纽、强开放、强治理，强五象新区）政策开展专题辅导。5月7日，第25次会议在市政协会议室召开，审议通过市政协十一届五次会议日程（草案），听取市委组织部关于人事事项说明，审议通过人事事项。5月9日，第26次会议在市政协会议室召开，听取小组讨论情况综合汇报，通过市政协十一届五次会议关于常务委员会工作报告的决议（草案）、市政协提案委员会关于市政协十一届五次会议提案审查情况的报告（草案）、市政协十一届五次会议政治决议（草案），以及人事事项。6月16日至17日，第27次会议在市政协多功能厅召开，邀请专家开展全国"两会"精神专题辅导，围绕"盘活南宁闲置与低效工业用地，促进南宁市工业高质量发展"开展协商，通报南宁市2020年上半年经济社会发展情况及下半年重点工作计划、2020年上半年市政协常委会主要工作情况，听取2020年上半年市政协常委及部分委员视察情况，以及市政协办公室、专委会、研究室、选举联络工作办公室上半年工作情况及下半年工作计划。9月27日，第28次会议在市政协会议室和多功能厅召开，学习《习近平谈治国理政》第三卷，传达学习习近平总书记在全国抗击新冠肺炎疫情表彰大会上的重要讲话精神、自治区党委十一届八次全体（扩大）会议精神、市委十二届十次全体（扩大）会议精神；围绕"加快推进中国（广西）自由贸易试验区南宁片区跨境电子商务发展"开展协商；学习习近平总书记关于加强和改进人民政协工作的重要思想，邀请自治区政协办公厅研究室主任肖顺平围绕"发挥社会主义协商民主重要渠道和专门协商机构作用"开展专题辅导；审议通过人事事项。12月17日至18日，第29次会议在市政协多功能厅召开，传达学习中国共产党第十九届中央委员会第五次全体会议精神；听取南宁市2020年经济社会发展情况及2021年主要工作安排和市政府系统办理市政协十一届五次会议提案的工作情况，2020年党风廉政建设工作情况，2020年市中级法院、市检察院工作情况，2020年下半年市政协常委和部分委员视察工作情况，2020年重点课题完成情况，2020年下半年市政协常委会主要工作情况；审议《市政协办公室、各专委会、研究室、选联办2020年工作总结及2021年主要工作思路》，以及人事事项。

【市政协专题议政性常委会议】 2020年，政协第十一届南宁市委员会召开专题议政性常委会议2次。6月17日，第1次会议在市政协多功能厅召开，围绕"盘活南宁闲置与低效工业用地，促进南宁市工

2020年5月8日至10日，政协第十一届南宁市委员会第五次会议在南宁人民会堂召开
市政协办公室提供

南宁年鉴

业高质量发展”建言献策，针对南宁市工业用地开发利用方面存在的问题，提出加快消化批而未供土地，推动闲置土地开发利用，引导低效用地再开发，加强工业用地全程监管，适当延长闲置与低效工业用地盘活工作时限等对策建议；部分政协委员提出加快土地供给侧改革，优化闲置低效工业用地处置机制，通过司法途径解决闲置和低效用地事宜，提高工业用地比例等意见建议。9月27日，第2次会议在市政协多功能厅召开，围绕“加快推进中国(广西)自由贸易试验区南宁片区跨境电子商务发展”开展协商，针对南宁片区跨境电子商务发展存在的问题和困难，提出推进南宁综试区建设运营，培育跨境电商生态圈，加强基础配套设施建设，完善跨境物流配送体系，创新监管模式，提升跨境电商综合服务水平，加强复合型人才的引进和培养，为跨境电商发展提供支撑，推进金融工作创新，优化跨境支付体系等意见建议；部分政协委员提出利用区块链等新兴技术为双边跨境电子商务合作服务，做好跨境电商产业规划，打造航空物流专线等对策建议。

主要工作

【政治协商】 2020年，市政协落实党委会同政府、政协制定年度协商计划制度，在协商议题、时间、参会人员、大会发言等方面做好与党政协商的衔接，市政协年度协商计划经市委批准后组织实施，重要问题在决策之前、决策执行过程中进行协商，全年组织召开专题议政性常委会议2次、专题协商会3次、双月协商座谈会6次、对口协商会8次、提案办理协商会28次、主席会议17次，形成多层次协商议政格局；高标准提升协商质量，成立市政协委员智库，邀请党政领导、部门负责人与政协委员、智库成员、相关代表围绕“盘活南宁闲置与低效工业用地，促进南宁市工业高质量发展”“加快推进中国(广西)自由贸易试验区南宁片区跨境电子商务发展”“深化南宁市城建项目投融资改革”“科学有效应对新冠肺炎疫情造成的影响”“做大做强南宁市夜间经济以消费拉动疫后经济发展”“加快打造南宁市火车站经济圈”“弘扬民族传统文化，加强文化旅游融合”“实施品牌战略、促进产业高质量发展”等重要议题面对面协商交流。围绕“打造区域文旅融合品牌、推动全域旅游合作共赢”主题，开展昆明南宁贵阳与红河桂林黔南“3+3”政协跨区域协商，市委常委、宣传部部长、副市长邓亚平作题为《全力推进文旅整合、奋力谱写全域旅游发展新篇章》发言，市政协主席杜伟作《在践行“五个坚持”中凝聚共识》经验交流发言。推动政协协商与基层协商有效衔接，市政协召开全市政协建立健全政协委员协商服务平台工作经验交流会，与会人员到上林县政协澄泰乡联络室委员(党员)活动中心、马山县大同村广西祖昌门业公司界别联合小组委员活动中心、武鸣区政协城厢委员联络站、青秀区政协凤岭北社区委员联络站等基层委员活动阵地，进行现场观摩交流。

【民主监督】 2020年，市政协围绕乡村环境整治、《优化营商环境条例》政策落实、脱贫攻坚中涉农资金高效使用、市重点流域水环境综合治理、市扫黑除恶专项斗争工作等问题，组织政协委员深入基层一线开展专项民主监督，形成《关于开展农村“三清三拆”和精品示范带建设工作民主监督调研的报告》等5份专项民主监督情况报告报送市领导，提出意见建议33条，整改落实问题23个。助推打好创建全国文明城市攻坚战，市政协领导分别担任创城指挥部常务副总指挥长、副指挥长，深入街道社区实地督查文明城市创建工作，政协委员、市政协机关全体工作人员开展创城“啄木鸟”民主监督行动，向相关单位、部门反馈发现问题及整改建议。组织政协委员参加电视问政、脱贫攻坚、政府行政效能等监督活动233人次。

【参政议政】 2020年，市政协聚焦中心任务、贴近民生热点建言资政，收集社情民意信息645条，编发《社情民意信息》86期。市政协建立市政协党组成员联系市政协党外副主席、各民主党派市委会、市工商联班子中党外委员机制，深入各民主党派、工商联开展调研；在政协机关为各民主党派提供固定活动场所，在大会发言、专题协商中优先安排党派团体发表意见。党派团体提出集体提案80件，占集体提案总数96%；提交政协会议发言60篇、社情民意信息478条。市政协第十一届五次会议上，政协委员、各民主党派代表提出“加快建设广西南宁成为中国面向东盟跨境金融交易中心”“加快中国(广西)自由贸易试验区南宁片区智慧物流建设”“抢占生物医药产业制高点　助推实施强首府战略”“做大做强夜间经济，以消费拉动疫后经济发展”“推动电子产业集群发展”“实施农业品牌振兴计划、做大农产品精深加工”“加快农旅融合发展　助推脱贫攻坚和乡村振兴”“推进养老服务产业集聚和多业态融合发展”等意见建议。市政协组织港澳委员和特邀嘉宾到南宁考察、参加爱国主义学习教育活动，密切同党外知识分子、非公有制经济人士、新的社会阶层人士等沟通联络；邀请区县政协主席列席市政协常委会，联合区县政协开展重大课题调研。

【调研与视察】 2020年，市政协落实《南宁市政协加强和改进调研工作实施办法》，组织政协委员深入基层一线开展调研，围绕南宁市“四好农村路”建设情况、区县工业园区建设、农村耕地撂荒、垃圾分类试点工作、计生监督体系建设、农业品牌化发展、文化旅游重大项目建设、新兴服务业发展、乡村治理、老旧小区改造、职业教育特色发展、建筑工程现场管理、跨境金融服务创新等重点问题到现场视察，提出意见和建议；组织召开“深化南宁市城建项目筹融资改革”调研座谈会，

2020年7月30日，市政协提案委组织政协委员到南宁三塘生活垃圾中转站开展垃圾分类提案办理协商调研活动　市政协办公室提供

听取市直部门和各平台公司有关城建项目筹融资改革工作的开展情况；围绕“跨境金融服务创新”开展专项督查视察，到五象新区视察深圳交易所广西服务基地、太平保险东盟保险服务中心、广西（南宁）民营小微企业首贷续贷中心、企业融资服务中心和股权融资服务中心、中银香港东南亚营运服务中心等地，邀请专家现场指导。市政协围绕《关于在基层建立健全政协委员协商服务平台建设》开展重点课题调研，建立委员联络站（室）88个，发挥人民政协在基层治理中的作用。报送调研报告30份，提出对策建议153条。

【提案征集与办理】 2020年，市政协收到提案588件，审查立案460件，并案30件，立案率78.23%，其中涉及民生占31%，25件重点提案分别获市委、市政府、市政协领导领衔督办。90个承办单位加强提案办理沟通协商，采纳提案建议。全年立案提案按期办复率100%，其中所提建议已采纳或正在解决的占93.69%，列入计划拟采纳和解决的占4.78%，作为工作参考占1.53%，提案办理满意率100%。市政协委员围绕新冠肺炎疫情防控、复工复产、“六稳”、“六保”等方面提交提案立案30件，《关于此次疫情中健全我市应急预防和应急管理的建议》《关于新型冠状病毒疫情防控下中小企业生存扶持政策建议》等提案获市政府、市发展改革委、市卫健委、市财政局等部门采纳。《关于强化产业扶贫 巩固脱贫成果的建议》推动落实扶贫产业“以奖代补”政策，全市特色产业覆盖率90%以上，发放资金5.32亿元，惠及11.24万贫困户。市商务局采纳《加快农村“电商+垫商+店商”三位一体，巩固精准扶贫成果的建议》，并会同市农业农村局、市扶贫办、市人社局等部门培养贫困村新型电商模式，全市建成村级电商服务点（体验店）约2400个，其中贫困村电商服务点576个。《抢占生物医药产业制高点 助推实施强首府战略》的合理化意见获市工信局采纳。市金融办采纳《关于积极利用多层次资本市场，推动南宁市高新科技企业做大做强，落实强首府战略加快建设区域性科技创新中心的建议》，调整上市企业培育思路，提供专业上市培育服务。《关于加快中国（广西）自由贸易试验区南宁片区智慧物流建设的建议》被列入南宁市全面落实强首府战略强枢纽工作中推进，研究形成《南宁市物流公共信息平台工作方案》报市政府审定。市人社局采纳《关于解决稳定和扩大就业问题的建议》，出台《关于疫情期间鼓励建档立卡贫困劳动力在南宁市稳定就业的通知》等配套政策措施。《关于开展抓党建促营商环境优化，促民营企业发展的建议》有关内容纳入《关于聚焦全面落实强首府战略 进一步激励干部担当作为的若干措施》。《关于协力推进公益诉讼护航首府战略发展的建议》助推南宁市将公益诉讼开展情况纳入法治政府考核体系。《打造精品体育赛事，提升南宁体育产业水平的建议》被吸纳进南宁市《支持创办体育品牌赛事和承办重大体育赛事暂行办法（试行）》等文件中。

【文史活动与学习宣传】 2020年，市政协组织举办培训班2期，专题学习报告会、座谈会23期；组织编纂《南宁市政协志（2000—2021）》；从《人民政协报》《广西日报》《广西政协报》《南宁日报》等媒体中摘选2020年市政协重点新闻报道、理论研究文章69篇，编印《2020年南宁市政协履职报道集萃》。开展“书香政协”委员读书活动，举办“诵读红色经典 汲取奋斗力量”诗歌朗诵会和政协讲坛8期。南宁政协文史馆累计接待自治区内外有关单位、各民主党派、工商联、区县政协等100多批次、1万多人次。在《人民政协报》刊发稿件8篇、《广西政协报》63篇、《广西日报》5篇、《南国早报》3篇、《广西法治日报》5篇、《南宁日报》132篇，市级以上新闻媒体宣传报道市政协新闻420余篇次。市政协获2020年度全区政协报刊宣传工作先进单位特等奖；获2019年度《广西政协报》优秀通讯员一等奖1人，获2020年度全区政协报刊宣传工作先进个人2人。

【理论研究】 2020年，市政协继续完善以政协党组理论学习中心组学习为引领的学习制度，推进理论学习常态化、制度化，组织中心组专题学习4次，党组会议、主席会议集中学习20次。12月2日，市政协召开“如何更好发挥人民政协专门协商机构作用”理论研讨会，通报表彰“如何更好发挥人民政协专门协商机构作用”理论征文优秀论文和优秀组织奖，6名优秀论文作者代表作交流发言。在自治区级刊物上发表理论文章13篇，编印《心桥》2期、《政协工作参考》6期，出版《如何更好发挥人民政协专门协商机构作用论文集》。 （市政协办公室）

编辑 覃涓铌

中国共产党南宁市纪律检查委员会 南宁市监察委员会

综 述

【概 况】 2020年，中共南宁市纪律检查委员会机关、南宁市监察委员会合署办公，简称"市纪委监委"，一套机构、两个机关。市纪委监委运用"四种形态"（党内关系要正常化，批评和自我批评要经常开展，让咬耳扯袖、红脸出汗成为常态；党纪轻处分和组织处理要成为多数；对严重违纪的重处分、作出重大职务调整应当是少数；严重违纪涉嫌违法立案审查的只能是极少数）批评教育帮助、处理6161人次，第一、第二、第三、第四种形态占比67.7%、26%、4.2%、2.1%。市各级纪检监察机关处置问题线索5573件，立案1797件，给予党纪政务处分1930人，留置36人，涉嫌犯罪移送检察机关45人。排查扶贫资金项目，发现问题645个，移送问题线索76条。深挖彻查涉黑涉恶腐败和"保护伞"问题，查结涉黑涉恶腐败和"保护伞"问题93件，给予党纪政务处分75人，组织处理17人，移送司法机关3人。配合自治区党委第五巡视组对南宁市开展常规巡视，将反馈意见细化分解为249项整改任务，整改完成244项、基本完成5项，问责追责97人，建立完善制度36项。在中央级媒体刊发稿件30篇，在自治区级媒体刊发稿件1229篇。全市收集忏悔反思材料1023套，开展警示教育1250次，受教育5万余人。主要存在个别党组织落实主体责任还不够到位，政治站位、责任担当意识不够强，推动一些重大决策部署落实还不够到位，违反中央八项规定精神问题依然存在，形式主义、官僚主义问题时有发生等问题。

【"两个责任"落实】 2020年，市纪委监委以习近平新时代中国特色社会主义思想为指导，做好"六稳"工作、落实"六保"任务。自治区党委常委、市委书记王小东带头履行第一责任人职责，常委会班子其他成员对分管工作和部门党风廉政建设担负领导职责，推进"两个责任"落地落实。持续深化"书记引航担使命"主题活动，全面加强"一把手"和领导班子的监督，推动"10项制度"（日常管理监督、民主生活会、党内谈话、述责述廉、有关事项报告、负面权力清单、签字背书、决策权力监督、干部选拔任用、请示报告制度）落地、"10个带头从严"（政治建设、学习教育、主体责任、党内政治生活、作风建设、队伍建设、问责追责、问题整改、惩贪治腐、遵纪守法带头从严）成为常态。全市各级纪检监察机关增强"四个意识"、坚定"四个自信"、做到"两个维护"，推进党风廉政建设和反腐败斗争，以"抓党建、带队伍、促业务、出成效"为主线，以"八大工程"（"书记引航担使命"主题活动、"监督护航促担当"活动、"贯彻落实习近平总书记'三表率一模范'要求·建设'四型纪检监察机关'"主题活动、南宁市属国有企业"监督护航促发展"专项活动、"六专项常规监督"活动、"落实强首府战略强化不敢腐"活动、"正气清风强首府"活动、"厉兵秣马强素质 锻钢铸魂淬铁军"活动）10项重点工作为总抓手，聚焦"两个维护"强化政治监督，出台加强政治监督若干措施，完善六项工作制度，持续深化"一月一监督清单"模式，推进政治监督具体化、常态化。加强对中央脱贫攻坚专项巡视及"回头看"、自治区党委巡视反馈意见整改落实情况监督。统筹新冠肺炎疫情防控和经济社会发展监督，开展"每日一督"，推动"六稳""六保"等政策措施落实。专项整治领导干部利用名贵特产特殊资源谋取私利、人防系统腐败、违建别墅、农村违法占用耕地、餐饮浪费、冒名顶替上大学等突出问题。查处违反政治纪律、破坏政治规矩问题18起，处分22人，查处失职失责问题92个，问责18个党组织和121名履责不力的党员干部。运用"四种形态"批评教育帮助、处理6161人次，第一、第二、第三、第四种形态占比67.7%、26%、4.2%、2.1%。协助市委做好选人用人，出具廉政意见2118人次。

重要会议

【中共南宁市第十二届纪律检查委员会第六次全体会议】 2020年5月12日在市委、市政府会议中心召开。出席的市纪委委员36人，列席185人。自治区党委常委、市委书记王小东出席并讲话。深入学习贯彻习近平新时代中国特色社会主义思想，全面落实党的十九大和十九届二中、三中、四中全会精神，按照十九届中央纪委四次全会、自治区纪委十一届六次全会和市委十二届八次、九次全会部署，总结2019年全市纪检监察工作，研究部署2020年工作；审议通过《一体推进不敢腐、不能腐、不想腐为全面落实强首府战略提供坚强保障》工作报告、全会公报。

【深化扶贫领域腐败和作风问题专项治理工作会议】 2020年8月5日，南宁市召开2020年全市深化扶贫领域腐败和作风问题专项治理工作第二次例会。学习领会习近平总书记关于全面打赢脱贫攻坚战的重要讲话精神，贯彻落实七省区纪委书记座谈会、广西8个未摘帽贫困县纪委书记座谈会、2020年全区扶贫领域专项治理第二次工作例会精神及市委部署要求。

主要工作

【作风建设】 2020年，南宁市深入开展“书记引航强首府　正风肃纪转作风”主题党课巡讲活动，引导党员干部在推动强首府战略落实中担当作为。落实中央八项规定及其实施细则精神，持续纠治享乐主义、奢靡之风，紧盯重要节点常态化明察暗访，专项整治违规发放津补贴、违规吃喝等突出问题，查处享乐主义、奢靡之风问题182起，处分233人。破除形式主义、官僚主义，整治落实强首府战略、创建全国文明城市等重大决策部署中的不担当、不作为、乱作为、假作为及漠视群众利益诉求等问题，查处形式主义、官僚主义问题44起，处分39人；依托《电视问政》集中曝光、推动整治“昏庸懒散拖”等作风问题，处理有关责任人61人。

【审查调查】 2020年，南宁市各级纪检监察机关处置问题线索5573件，立案1797件，给予党纪政务处分1930人，留置36人，涉嫌犯罪移送检察机关45人。有84人主动交代问题、主动投案，一体推进追逃防逃追赃，追回潜逃22年的职务犯罪嫌疑人。建立案件质量评查“六个一”（一月一评查、一月一反馈、一月一例会、一月一研究、一月一通报、一月一约谈）工作机制，深入开展“案件质量提升年”活动，建立与法院、检察院联络员制度，案件质量大幅提升，2个案件获评自治区“双十佳”精品案件，编印《监督执纪执法“6+2”常用文书模板》得到自治区纪委监委肯定并在自治区推广使用。严格审查调查安全管理，公正文明执纪执法，实现审查调查“双安全”（谈话对象安全、审查调查人员安全）。开展“信访举报质量强化提升年”活动，持续推动纪法情理贯通融合。严格落实“三个区分开来”要求：把干部在推进改革中因缺乏经验、先行先试出现的失误和错误，同明知故犯的违纪违法行为区分开来；把上级尚无明确限制的探索性试验中的失误和错误，同上级明令禁止后依然我行我素的违纪违法行为区分开来；把为推动发展的无意过失，同为谋取私利的违纪违法行为区分开来。为38名干部容错免责，为146名受到不实举报的干部澄清正名，对711名受处分干部回访教育。

【扶贫领域腐败和作风问题专项治理】 2020年，南宁市深入贯彻习近平总书记对毛南族实现整族脱贫重要指示精神，持续深化扶贫领域腐败和作风问题专项治理。坚持“抓系统、系统抓”，督促扶贫责任单位以系统为单元，深入排查扶贫资金项目，发现问题645个，移送问题线索76条，一体推进主体责任、监管责任，巩固拓展“九项重点任务”（教育、医疗、住房“三保障”，残疾补助、民政补助、农业补助“三大政策”，易地扶贫搬迁、特色产业扶贫、基础设施建设“三大项目”）专项整治成果。坚持“抓基层、基层抓”，重点聚焦4个（邕宁区、上林县、马山县、隆安县）脱贫摘帽区县、脱贫攻坚重点村56个，实行市县纪委监委领导班子成员蹲点督导制度，组织人大代表、政协委员开展巡查调研。坚持严的主基调，高效办结中央脱贫攻坚专项巡视及“回头看”移交和本级受理的信访举报，深入开展违规办理残疾人证、社会救助领域腐败和作风问题集中整治，查处搞数字脱贫、虚假脱贫等作风问题，以及贪污侵占、吃拿卡要、优亲厚友等腐败问题182件，处分256人。深挖彻查涉黑涉恶腐败和“保护伞”问题，以“一十百千万”“百日会战”等行动为契机，查结涉黑涉恶腐败和“保护伞”问题93件，给予党纪政务处分75人，组织处理17人，移送司法机关3人。

【政治巡察】 2020年，南宁市全力配合自治区党委第五巡视组对南宁市开展常规巡视，协助市委做好巡视反馈意见整改，将反馈意见细化分解为249项整改任务，整改完成244项、基本完成5项，问责追责97人，建立完善制度36项，巡视整改经验做法在中央纪委国家监委网站刊登。实现市、区县巡察工作“量”的全覆盖，促进“质”的提升，发现问题3739个，移交问题线索308条，转立案108人。坚守政治巡察职能定位，实现对47家市扶贫开发领导小组成员单位、421个贫困村巡察全覆盖。规范巡察工作流程，建立巡察组与被巡察党组织主要负责人沟通工作机制、巡察组与巡察办会商制度、巡察报告质量评估和存在问题剖析制度。建设高素质专业化巡察队伍，举办“巡察大讲堂”9期，做到全面覆盖、全员培训。

【监督教育管理】 2020年，南宁市进一步完善一体推进不敢腐、不能腐、不想腐体制机制。协助市委在自治区率先出台一体推进“三不”（不敢腐、不能腐、不想腐）工作机制建设实施方案，细化“三不”工作任务、工作措施及任务分解。印发《做好案件查办“后半篇文章”深化以案促改工作实施方案》，制发纪检监察建议书266份，整改问题581个，建立完善制度352个。在国家级媒体刊发稿件30篇，在自治区级媒体刊发稿件1229篇，在南宁纪检监察网、南宁纪检监察微博、微信公众号等媒体发布信息5515条。全市收集忏悔反思材料1023套，开展警示教育1250次，受教育5万余人。打造廉洁文化特色品牌，重点打造青秀山廉洁文化主题园，加强党员干部廉政教育，传播廉洁文化正能量。组织新提拔处级干部参加廉政法规知识测试，印发违纪违法典型案例，组织党员干部旁听李庄浩、赵丽、陈立等案件庭审，开展廉洁家风建设系列活动9期、警示教育1250次。

【“两重两问”工作】 2020年，南宁市围绕贯彻落实党委政府重大决策部署不坚决不到位的问题、形式主义官僚主义问题、职能部门责任缺失、全面从严治党不力等问题，加大问责力度。市“两重两问”（重点工作重大项目监督检查问责问效）工作机构将脱贫攻坚、黑臭水体治理、控辍保学、新冠肺炎疫情防控、创建全国文明城市、农村饮水安全、农村危旧房改造、征地拆迁、舆情回访、电视问政承诺事项、“美丽南宁·乡村建设”舆情回访、服务“两会”工作等市委、市政府的重大部署落实情况列入“两重两问”监督检查问责问效工作范畴，开展督查625次，发现并督促问题整改8336个，发出督办（挂牌督办）函8份。

【电视问政】 2020年，南宁市通过南宁电视台直播《向人民承诺——电视问政》节目9期，督促解决问题120个，问责追究49人。 （林世才）

编辑　唐祯麟

中国国民党革命委员会南宁市委员会

【概　况】 2020年，中国国民党革命委员会南宁市委员会(简称“民革南宁市委会”)下设青秀区、江南区、兴宁区、西乡塘区4个总支部，邕宁区、良庆区等21个基层支部，党员482人(新发展27人)，其中具有高级、中级专业技术职务任职资格250人；经济界145人，科技、教育界108人，医卫界81人，行政机关106人，其他42人。党员中担任中国国民党革命委员会广西壮族自治区委员会(简称“民革广西区委会”)副主委1人，民革广西区委会常委1人；自治区人大代表1人，市人大代表5人(常委1人)，城区人大代表6人(常委1人)；自治区政协委员1人，市政协委员21人(常委3人)，城区政协委员35人(常委6人)；市政府参事1人，城区副区长2人；受聘担任各级特邀监察员、执法监督员、行风评议员14人。完成总支部换届4个。组织慰问抗战老兵50多人。建成“民革党员之家”5处。为防控新冠肺炎疫情和恢复生产提出社情民意，获市委领导批示，被中共中央统战部采用1篇、中共自治区党委统战部采用1篇、自治区政协采用2篇。主要存在履职能力需加强，干部队伍建设力度需加大等问题。

【思想建设】 2020年，民革南宁市委会深化“不忘合作初心，继续携手前进”主题教育，学习贯彻中共中央、自治区党委和中共南宁市委的重要会议精神和决策部署。组织150多人次慰问抗战老兵50多人；选派5名党员参加南宁市民主党派骨干培训班；组织4名党员参加民革自治区中青年干部培训；组织23名党员参加城区民主党派骨干党员培训；组织4名党员参加民革自治区青年党员代表座谈会；组织骨干党员及新党员60多人赴全州县红色爱国主义教育基地学习培训，参观良庆区缸瓦窑红八军林景云烈士故居，组织党员120多人次到昆仑关抗日烈士纪念塔敬献花篮、参观战役博物馆。建成“民革党员之家”5处。被评为市政协理论征文“优秀组织单位”，获2020年《团结报》发行征订工作先进集体(三等奖)，获市政协“诵读红色经典　汲取奋斗力量”诗歌朗诵会三等奖、优秀奖、优秀组织奖等。出版《南宁民革》报纸4期，在民革南宁市委会网站、微信公众号发表报道100多篇、图片200多张；被民革中央网站采用10多篇、民革广西区委会网站采用20多篇，被中共南宁市委统战部网站采用20多篇。

【参政议政】 2020年，民革南宁市委会组织召开“南宁民革2020年重点调研课题选题论证会”，撰写重点调研课题《关于进一步加强我市农村饮水安全保障的建议》。撰写提案《做大做强南宁市夜间经济，以消费拉动疫后经济发展》成为市政协双月协商座谈会议题。在市人大、政协“两会”期间，提交集体提案12件，立案12件。党支部、党员报送提案建议100余篇，报送社情民意、统战信息100余条，其中为防控新冠肺炎疫情和恢复生产提出社情民意，获市委领导批示，被中共中央统战部采用1篇、中共广西区委统战部采用1篇、自治区政协采用2篇。《关于加强散种户柑橘黄龙病防治工作的建议》《关于加快推进南宁市第四人民医院综合传染门诊住院楼项目的建议》获市长周红波批示，连续5年获民革广西区委会参政议政先进集体表彰。

【社会服务】 2020年，民革南宁市委会

2020年1月29日，民革南宁市委会协调广西百姓人家大药房有限责任公司向市红十字会捐赠医用物资价值15万元　　民革南宁市委会提供

开展社会服务活动10多次，受益约300人次。组织企业家赴马山县里当瑶族乡北屏村开展新春慰问暨游园活动，捐赠生活物资和游园活动奖品价值1.8万元；赴隆安县屏山乡上孟村、雅梨村开展“抗疫情、保春耕、送温暖”脱贫攻坚及慰问活动；向林景云烈士故居捐赠爱心修缮款2万元。组织企业家捐赠20多万元抗疫物资发往武汉，向市红十字会捐赠价值15万元的酒精、口罩、手套、药品等物资；捐赠价值34万元防疫物资支援防控一线。为防控疫情募集善款57.20万元，捐赠口罩、酒精、消毒液、探温仪等防疫物资及生活物资等价值69.20万元。

【祖国统一工作】 2020年，民革南宁市委会深入学习贯彻中共十九大精神和习近平总书记关于深化两岸经济文化交流合作的重要思想，组织党员学习习近平总书记在《告台湾同胞书》发表40周年纪念会上的讲话精神，学习国务院《关于促进两岸经济文化交流合作的若干措施》文件精神，做好祖国统一工作，推动两岸关系和平发展。参与昆仑关“同心·爱国主义教育”基地建设，通过撰写提案建议，推动昆仑关景区和周边设施升级改造，持续帮助昆仑关申报全国爱国主义教育基地和海峡两岸交流基地，支持举办昆仑关战役纪念活动，参与接待来自台湾的各界人士代表及嘉宾近50人，引导来自梧州、嘉兴、西安等地民革组织成员200多人前往昆仑关接受爱国主义教育，扩大昆仑关海峡两岸交流基地的影响力。

（何　鹰）

中国民主同盟南宁市委员会

【概　况】 2020年，中国民主同盟南宁市委员会（简称“民盟南宁市委”）下设兴宁区、江南区、青秀区、西乡塘区4个基层委员会，邕宁区、良庆区、武鸣区、横县4个总支部，34个支部。有盟员775人（新发展24人），其中具有高级、中级以上专业技术职务任职资格600人；教育界465人、医卫界87人、行政界106人、经济界46人、法律界11人、非公经济类56人、其他4人。盟员当选市人大代表7人，区县人大代表9人；担任自治区政协委员2人，市政协委员24人，区县政协委员46人。年内，完成基层组织换届，新成立青秀文化支部、红会医院支部、七医院支部。完成立项课题15项，提交集体提案10件，报送社情民意信息155条，思想宣传稿件165篇，开展社会活动20次。被评为民盟中央社会服务工作先进集体、民盟中央思想政治建设和宣传工作先进集体、民盟广西区委参政议政先进工作单位、民盟广西区委反映社情民意信息工作先进单位，1人获民盟中央社会服务工作先进个人、4人获民盟广西区委反映社情民意信息工作先进个人。主要存在建言献策水平及质量有待提高，基层组织活力有待加强，社会服务影响有限等问题。

【思想建设】 2020年，民盟南宁市委会学习贯彻习近平新时代中国特色社会主义思想，中共十九大及十九届二中、三中、四中、五中全会精神，深入开展“不忘合作初心，继续携手前进”主题教育活动，以及民族团结、平安南宁等专题学习活动，挂牌成立“广西统一战线民盟南宁市委会新时代讲习所”；举办新盟员培训班暨基层组织负责人培训班，培训30余人；组织盟员10余人参加民主党派政治学习、理想信念教育活动。组织盟员7人创作画作《我们要上前线》《生命重于泰山》，歌曲《把爱给你，把心给你》，诗歌《我不组织盟员知道你是谁》等助力新冠肺炎疫情防控，组织盟员参加市政协诗歌朗诵会、市统战系统“同心聚力时代行”演讲比赛、中国民主同盟广西壮族自治区委员会（简称“民盟广西区委”）迎新茶话会文艺演出，传达“民盟声音”，讲述“民盟故事”。对青秀基层委等11个先进基层组织、韦莹莹等113名先进个人予以表彰。对青秀基层委等11个先进期层组织、韦莹莹等113名先进个人予以表彰。开展理论研究，编印《南宁民盟》2期，组织盟员采写稿件165篇，撰写统战理论研究论文6篇；在民盟南宁市委会网站发布宣传报道112篇，微信公众号发布信息49篇。获民盟中央“思想政治建设和宣传工作先进集体”称号。

【参政议政】 2020年，民盟南宁市委会完成立项课题15项。抓好重点课题“中小学卫生工作存在问题及对策”调研，以及“加快推进大健康产业基地建设　助力全面落实强首府战略”等课题调研；协助民盟广西区委重点课题及桂林、防城港、赣州、西宁等地民盟在邕调研。完成市政协十一届五次会议、第二季度南宁市政党协商会发言，分别围绕“推进航运与金融融合”“大健康产业基地建设”等建言献策；参加市政协双月协商会，围绕“科学有效应对新冠肺炎疫情造成的影响”“加快打造南宁市火车站经济圈”“做大做强南宁市夜间经济，以消费拉动疫后经济发展”议题专题发言。报送社情民意信息155条，其中全国人大、政协“两会”信息素材36条。在市政协十一届五次会议上提交大会发言和集体提案10件，盟员政协委员提交提案28件，其中《协力推进公益诉讼护航首府战略发展》《打造精品体育赛事，提升体育产业水平的建议》获评优秀提案。在市十四届人大五次会议上，盟员人大代表提交建议案8件，其中《关于推进公益诉讼护航强首府战略的议案》获立案办理，《关于加强和完善小区公共卫生应急处置机制的建议》获2020年民盟法治论坛优秀论文。

【社会服务】 2020年，民盟南宁市委会开展“同心·农村教育烛光行动”，组织50余名优秀教师到横县百合中学、隆安县第二中学、西乡塘区金陵镇南岸村南岸小学开展支教调研、教研合作和扶贫宣传。开展“同心·关爱社会”活动，良庆总支部、邕宁总支部、西乡塘基层委、兴宁基层委、江南基层委等基层组织分别到玉洞街道五象社区、那楼镇那楼街、新江镇新江街、金陵镇南岸村、望州南社区、新锦社区开展迎新年送春联、义诊送药、法律咨询等社会服务

2020年9月24日，民盟南宁市委会赴隆安二中开展“农村教育烛光行动”活动　戴霖　摄

活动。推进“黄丝带”帮教活动,组织6名盟内人大代表、政协委员及法律界人士参加新康监狱开放日活动,帮助引导监狱服刑人员。参与新冠肺炎疫情防控,盟员企业家捐款捐物2万余元,提供技术支援,助力复工复产;盟员教师组织网络教学,奋战教学一线。助力南宁市创建全国文明城,到玉洞街道平乐村被征地农民临时安置点开展清洁活动,到金浦路垃圾转运站慰问创城一线环卫工人。组织盟员企业参与帮扶活动,赴马山县加方乡加乐村、隆安县城厢镇那可村等地调研,捐款捐物近3万元。

(刘雪莹)

中国民主建国会南宁市委员会

【概　况】 2020年,中国民主建国会南宁市委员会(简称“民建南宁市委会”)设直属、兴宁区、江南区、青秀区、西乡塘区、良庆区总支部6个,支部20个;有会员539人(新发展24人、转入3人),其中具有高级、中级专业技术职务任职资格246人;在职会员408人,其中公有经济界79人,新的社会阶层198人(含非公经济人士116人),其他131人。会员担任中国民主建国会广西壮族自治区委员会(简称“民建广西区委”)委员5人(常委1人);当选全国人大代表1人,市人大代表4人,城区人大代表6人(副主任1人);担任自治区政协委员5人(常委2人),市政协委员22人(常委5人),城区政协委员39人(副主席1人、常委9人);受聘担任各级特邀监察员、执法监督员、行风评议员15人。提交集体提案7件,其中获评市政协优秀提案2件。发动会员、会员企业为新冠肺炎疫情防控捐款264.9万元,减免租金91.19万元,支援抗疫项目建设1196万元;获“广西民建抗击新冠肺炎疫情先进集体”称号。主要存在领导班子思想政治建设需要进一步加强,主动深入联系基层组织还不够,年轻后备干部队伍建设需要加强,制度建设、机关作风建设有待提高等问题。

【思想建设】 2020年,民建南宁市委会学习贯彻中共十九大及十九届二中、三中、四中、五中全会精神,以及习近平总书记系列重要讲话精神;开展全面加强作风建设年活动。完成基层组织换届,新成立邕宁支部、西乡塘总支部高新支部、良庆总支部。召开庆祝中国民主建国会成立75周年大会,开展表彰先进活动,授予“南宁民建先进基层组织”称号4个、“南宁民建参政议政先进集体”称号6个、“南宁民建参政议政先进个人”称号55人、“南宁民建宣传信息先进集体”称号4个、“南宁民建宣传信息先进个人”称号23人、“南宁民建抗击新冠肺炎疫情先进集体”称号7个、“南宁民建抗击新冠肺炎疫情先进个人”称号35人、“南宁民建脱贫攻坚奖先进集体”称号7个、“南宁民建脱贫攻坚奖先进个人”称号26人。被评为全国优秀会员1人(黄超),广西民建先进基层组织2个(江南总支部、西乡塘总支部),广西民建优秀会员12人,广西民建抗击新冠肺炎疫情先进个人22人,广西民建脱贫攻坚奖先进个人6人。在百色学院举办“2020年新任基层组织领导班子培训班”,参加培训40多人;推荐20多名会员参加民建广西区委、中共南宁市委统战部等举办的培训班;组织1名会员参加南宁市统战系统“同心聚力时代行”演讲比赛获优胜奖;向民建中央、民建广西区委报送“民建在新时代如何更好地发挥作用”主题征文8篇,向中共自治区党委统战部报送“我为广西高质量发展建真言献良策”主题征文5篇,向中共南宁市委宣传部报送“我喜爱的学习金句”主题征文2篇,向中共南宁市委统战部报送统战理论研究和实践成果创新文章8篇,向市政协报送2020年度人民政协理论征文8篇,获市政协理论征文优秀组织奖,理论文章《浅谈新时代民建基层组织能力建设》获民建中央2020重点理论研究课题优秀成果奖,《民建在新时代如何更好地发挥作用》《浅论民主党派在政党协商中如何发挥作用——以民建为例》《在突发重大事件影响下民建如何发挥作用》获市政协理论征文优秀论文奖;报送信息90多篇,其中民建中央网站采用43篇、民建广西区委网站采用65篇、民建广西区委杂志采用33篇、市政协网站采用77篇、《南宁统战信息》刊物采用8篇。

【参政议政】 2020年,民建南宁市委会开展《强首府战略下盘活工业用地的对策研究》重点课题调研。参加南宁市政府工作报告征求意见、经济工作征求意见座谈会及市政协召开的专题调研协商、双月协商会议,分别围绕“加快破产保护纾困再生、拯救疫情重创企业”“提振疫情后旅游行业发展信心”“深化南宁市城建项目筹融资改革”“广西自贸区条例”“利用司法途径盘活闲置和低效工业用地”等议题提出意见建议。在市人大十四届五次会议上提交议案、建议5件;在市政协十一届五次会议上提交集体提案7件、委员提案62件,其中3件提案作为大会书面发言材料、2件集体提案获评市政协优秀提案;集体提案《关于在南宁市建立“中国东盟奥尔夫国际音乐教育大会永久会址”的建议》获市委市政府批示。向民建广西区委会投标议政调研课题9篇,其中《广西产业园区运营模式问题研究》《广西生猪健康生态养殖研究与对策》《强首府战略下盘活工业用地的对策研究》3篇中标民建广西区委课题。报送社情民意60条,被中共中央统战部《零讯》采用1条、被民建中央采用3条,获市政府领导批示1条、获市政协领导批示6条。

【社会服务】 2020年,民建南宁市委会联合青秀区检察院在民建会员之家设立“青秀区人民检察院检察官工作联络室”;协办“抢抓新机遇助推新格局——注册制改革下广西企业上市对策研讨”M20主题荟;策划中国—东盟奥尔夫音乐教育展、2020中国—东盟奥尔夫音乐教育论坛及云展会启动仪式列入南宁国际学生用品交易会暨中国·东盟(南宁)国际教

2020年8月20日,民建南宁市委会与青秀区检察院在民建会员之家联合设立“青秀区人民检察院检察官工作联络室” 梁勇 摄

育展览会内容,列入第17届中国—东盟博览会国际商贸活动,18位国内外奥尔夫音乐专家在论坛上作教学研讨及公益工作坊。新冠肺炎疫情发生后,民建会员和会员企业向中华思源工程扶贫基金会帮帮公益平台及各地红十字会、医院、基金会、慈善总会捐款264.9万元,减免租金91.19万元,支援抗疫项目建设1196万元;文艺界会员创作战疫国画、漫画、音乐作品等;携手南宁市红十字会、会员企业赴脱贫攻坚民主监督观测点马山县白山镇兴华村开展"同心"慰问活动,向20户贫困户赠送20箱价值6720元的暖心包;募捐医用防护口罩4050个、红外额温计20个,赠给马山县兴华村村委、兴华小学。协调政府部门与会员企业开展"加快疫情后南宁市餐饮业发展""加快大健康产业发展、创新建设医废处理循环产业园"交流座谈,为企业答疑解惑,推动复工复产。组织会员企业向创建全国文明城市一线工人捐赠藿香正气液、矿泉水等清凉物资3.17万元。　（邓　行）

中国民主促进会南宁市委员会

【概　况】 2020年,中国民主促进会南宁市委员会(简称"民进南宁市委会")设兴宁区、青秀区、江南区、西乡塘区、邕宁区、良庆区总支部6个,支部33个;有会员560人(新发展9人),其中具有高级、中级专业技术职务任职资格468人,教育界362人,科学技术、医药卫生、文化艺术、新闻出版等界别47人,经济界45人,新的社会阶层人士21人,人大、政府、政协、党派、司法、工商联等机关61人,团体3人,其他21人。会员中当选市人大代表6人、区县人大代表6人;担任自治区政协委员2人(常委1人)、市政协委员24人(副主席1人、常委3人)、城区政协委员48人(副主席1人,常委9人);有全国模范教师1人,全国优秀教师1人,全国维护妇女儿童权益先进个人1人,自治区特级教师8人,自治区劳动模范2人,自治区先进工作者1人,自治区"三八红旗手"1人,南宁市劳动模范2人,南宁市专业技术拔尖人才2人,南宁市巾帼建功标兵1人。担任处级以上领导干部8人,担任科级干部35人。完成6个总支部、32个支部换届选举。开展"抗击疫情南宁民进会员在行动"系列宣传报道,报送抗击新冠肺炎疫情宣传信息24篇。为抗击新冠肺炎疫情建言献策,报送《建议限制农村地区举办春节大型群体活动降低新冠肺炎超级传播风险》等社情民意信息51篇,其中获批示3篇;走访5家非公有制企业调研疫情防控和复工复产情况,报送"做好六稳　落实六保"建言材料33篇,其中获批示4篇。捐赠防疫物资价值300多万元,捐款4万多元。荣获"民进全国履职能力建设先进集体",民进广西区委社会服务工作先进单位、新闻宣传工作先进单位表彰。会员陈成荣获"民进全国抗击新冠肺炎疫情先进个人"称号。主要存在履职后备人才较为匮乏,围绕中心、服务大局各项工作实效性有待增强,基层组织活力有待激发等问题。

【思想建设】 2020年,民进南宁市委会学习贯彻中共十九大及十九届二中、三中、四中、五中全会精神及习近平总书记在党外人士座谈会等重要讲话精神,发挥《南宁民进》会刊、网站、微信公众号作用,开展学习交流。开展纪念民进成立75周年"品读经典·守正初心"读书学习系列活动,举办学习贯彻中共十九届五中全会精神暨纪念民进成立75周年气排球赛,"重温红色历史感受南宁新变化"暨南宁民进退休会员活动,参观红八军纪念广场和林景云烈士故居。参加市政协诗歌朗诵比赛、市委统战部"同心聚力时代行"演讲比赛,召开领导班子"不忘合作初心,继续携手前进"主题教育活动专题民主生活会,赴贵港开展"履职能力建设"暨宣传思想、理论研究学习交流活动,开展教师节走访慰问活动。举办为期5天的基层组织负责人履职能力培训班和基层组织负责人履职交流会,选送会员参加培训班24人次,组织79名骨干会员参加广西社会主义学院统一战线网络培训。编印《市委会"不忘合作初心,继续携手前进"主题教育活动纪实》,编制"纪实+汇编+板报",编纂《南宁民进》4期,实现总发刊100期。发布南宁民进2020年十大会务要闻;报送宣传信息稿件120篇,被民进中央、南宁统一战线信息、《南宁日报》等主流媒体刊物采用65篇;民进南宁市委会网站、微信公众号阅读量9000多人次。开展"抗击疫情·南宁民进会员在行动"系列宣传报道,报送抗击新冠肺炎疫情宣传信息24篇,宣传会员在抗击疫情中的感人事迹。组织会员开展统战理论研究,承担中国民主建国会广西壮族自治区委员会(简称"民进广西区委")参政党理论研究立项课题1项,提交会员理论文章8篇,1篇理论文章获广西社会主义学院和市政协表彰,4篇理论文章获市政协表彰。获民进广西区委2020年新闻宣传工作先进单位和南宁市政协理论研究工作表彰。

【参政议政】 2020年,民进南宁市委会开展履职能力建设主题年活动。开展议政调研课题立项申报,立项年度课题13项。向各级报送社情民意信息138篇,获采用58篇次,获批示14篇次。为抗击新冠肺炎疫情建言献策,报送《建议限制农村地区举办春节大型群体活动　降低新冠肺炎超级传播风险》等抗疫社情民意51篇,其中《关于疫情防控期间促进贫困劳动力就地就近就业的对策建议》等3篇获批示;走访非公有制企业5家调研疫情防控和复工复产情况,报送"做好六稳　落实六保"建言材料33篇,其中《发挥人口聚集作用,助推强首府战略》等4篇获批示。围绕促进脱贫攻坚与乡村振兴有效衔接,承担2020年政党调研协商重点课题《"十四五"我市农村电商物流业发展研究》。在各级协商会上,围绕发展农村集体经济、加快建设大健康产业发展基地、金融创新服务大健康产业发展、加快建设南宁成为中国

2020年9月19日,民进南宁市委会在当当书店举办纪念民进成立75周年"品读经典·守正初心"读书学习分享会　　黄兴灵　摄

南宁年鉴

面向东盟跨境金融交易中心、科学有效应对新冠肺炎疫情造成的影响等建言献策。在市政协十一届五次全会上,提交大会发言4篇、集体提案16件、委员提案27件,围绕乡村文化振兴和文旅深度融合、乡风文明建设、民族生态博物馆建设、"老字号"品牌发展、邕江文旅融合发展,以及历史文化街区、名人故居、抗战文化遗存的保护利用等,向市政协十一届五次全会提交大会发言1篇、提案4件、协商发言2篇、社情民意信息2篇,其中《关于以狠抓金融服务政策落实降低企业综合融资成本,激发微观主体活力的建议》获市政府重点督办,《关于推进"三月三"文旅品牌发展的建议》获自治区党委重点督办及自治区政府领导批示。编撰《民进南宁市委会参政议政成果汇编(2016—2020年)》(26万字)。

【社会服务】 2020年,民进南宁市委会围绕疫情防控和决战决胜脱贫攻坚开展社会服务。捐赠防疫物资价值300多万元,捐款4万多元。到贫困村横县马山乡新龙村开展兴修水利、植树、脱贫攻坚调研走访;到马山县加方乡龙头村慰问贫困户,与扶贫工作队共同研究贫困村产业发展问题;牵线企业家为贫困学子捐资助学2万元;到隆安县易地扶贫搬迁震东集中安置区开展"春联万家"活动,为群众送春联800副,到安置区中学开展"同心送教民进在行动"系列支教服务;到隆安县那桐镇下邓村开展《中华人民共和国民法典》普法宣讲;到民进中央定点帮扶贵州安龙县大峰湖镇初中开展感恩励志教育。到广西凯安电力股份有限公司、广西海晴物业服务集团有限公司、广西恒大企业集团有限公司等企业开展联系走访新的社会阶层人士和联系服务非公有制企业以及人士活动。助力南宁市创建全国文明城市,在青秀万达党群服务中心开展南宁民进"同心讲堂"——"助力创城工作,倡导健康文明"主题活动,普及创建全国文明城市及垃圾分类知识;参与官桥社区创城攻坚行动。 (黄子琳)

中国农工民主党南宁市委员会

【概　况】 2020年,中国农工民主党南宁市委员会(简称"农工党南宁市委会")下设青秀区、兴宁区、西乡塘区、江南区、邕宁区、良庆区总支6个,基层支部35个;党员732人(新发展19人),其中具有高级、中级专业技术职务任职资格504人;医卫界385人、生态环境界8人、人口资源界2人、教育界101人、法律界10人、金融界16人、国有经济34人、非公经济35人、机关130人、其他11人。党员任中国农工民主党广西壮族自治区委员会(简称"农工党广西区委")委员5人(常委1人);当选自治区人大代表1人,市人大代表8人,区县人大代表8人(副主任3人、常委2人);担任自治区政协委员2人,市政协委员24人(常委4人),城区政协委员46人(副主席1人、常委9人);担任南宁市政府参事1人,受聘任各级特邀监察员、执法监督员、行风评议员等9人。12月28日,农工党中央召开抗击新冠肺炎疫情表彰大会,农工党南宁市第四人民医院支部被农工党中央授予"农工党抗击新冠肺炎疫情先进集体"称号,党员中获"农工党抗击新冠肺炎疫情先进个人"称号2人,被评为南宁市2020年度优秀医务工作者4人。主要存在基层组织凝聚力有待加强、联络员服务意识有待提高、机关工作效能有待提高等问题。

【思想建设】 2020年,农工党南宁市委会以习近平新时代中国特色社会主义思想为指导,学习贯彻中共十九大及十九届二中、三中、四中、五中全会精神。开展庆祝中国农工民主党成立90周年系列活动,选送19篇征文参加农工党广西区委评比,获二等奖1篇、三等奖3篇;征集摄影作品312幅(抗击新冠肺炎疫情作品56幅)、书法美术作品12件参加农工党中央举办庆祝农工党成立90周年暨第二届"美丽中国"美术摄影作品展,获选入展作品9件(幅);举办"九十征程·百年梦想"专题座谈会,观看农工民主党成立90周年专题影片;参加农工党广西区委举办"砥砺奋进九十载,同心共圆复兴梦——纪念中国农工民主党成立90周年暨国庆书画摄影展",获选入展作品26件。参加南宁市政协举办"诵读红色经典汲取奋斗力量"书香政协诗歌朗诵会,选送小组朗诵《我有祖国,我有母语》、个人朗诵《在迎着阳光路上成长》均获优秀奖,获评优秀组织单位。围绕南宁市"十四五"规划编制开展调研,形成理论研究文章57篇,选送36篇参加南宁市、自治区政协理论研究征文评比,获南宁市优秀奖14篇、自治区优秀奖4篇。在农工党南宁市委会网站、微信公众号发布信息200多篇。举办"不忘合作初心,继续携手前进"主题教育活动暨基层组织、专委会负责人及骨干党员培训班,培训党员近50余名;组织15名新党员参加农工党广西区委举办新党员培训班;选派党员12人次参加农工党中央举办的基层组织负责人、中西部骨干党员培训班,南宁市党外科级干部专题培训班及民主党派骨干培训班。

【参政议政】 2020年,农工党南宁市委会围绕南宁市重大疫病防控体系建设、大健康产业发展、抓产业扶贫壮大村级集体经济、推进健康乡村建设等中心工作开展政党协商,提出《重视中小企业"二次创业"》《促进产城融合,加快规划建设广西(南宁)区域国际性大医药大健康产业集聚区》《通过建立更紧密的医联体强化区域公共卫生一体化建设》等建议。重点调研课题《南宁市重大疫情防控救治体系建设情况调查》获中共南宁市委批准。完成农工党广西区委课题《我区返贫防控机制建设情况有关问题研究》。党员中的各级人大代表、政协委员提交议案、提案、建议96件,其中自治区人大1件、自治区政协2件、市人大8件、市政协38件、城区人大3件、城区政协44件;提交集体

2020年12月8日,农工党南宁市委会组织党员参加中共南宁市委统战部在隆安县那桐镇下邓村开展"三下乡"活动暨民主党派"同心·扶贫助困工程"活动　　牙米娜　摄

提案9件，其中《关于进一步加快我市民营经济发展的建议》《关于提高防范“垃圾围城”风险能力的建议》被评为优秀集体提案；《抢占生物医药产业制高点助推实施强首府战略》获市领导批示、督办，《关于加大推进南宁市历史民俗文化传承保护与旅游业融合利用的建议》被评为优秀委员提案；集体提案《关于支持我市涉外律师服务“一带一路”建设的建议》获市领导督办。参加市政协第19次双月协商座谈会并作《关于在政府采购方面支持中小微企业企稳发展的建议》发言。调研报告《南宁市中医药健康旅游产业发展研究》《农村人居环境调查报告》《关于提高防范“垃圾围城”风险能力的建议》分获2019年自治区优秀调研报告评选一等奖、二等奖、三等奖。报送社情民意信息稿件172件，其中《建议进一步修改完善〈中国传染病防治法〉》《应加强疫情排查工作的针对性和科学性》、《关于加强对印度仿制版洛匹那韦/利托那韦流通使用监管的建议》《“十四五”规划编制应充分研究考虑中国—东盟开放合作战略新项目支撑》获农工党中央采用，《地域歧视和扭曲的网络价值观应予正确引导》《“创城”活动应尽快对小区内占用消防车道行为进行联合整治》《以数字广西建设为契机助推我市经济转型升级》获市政协领导批示，《“十里花卉长廊”路段事故频发应予重视》信息被市政协《社情民意》采用，转办市交警部门开展现场勘查；组建“南宁农工抗击新冠疫情信息群”及“南宁农工抗疫复工群”，采写疫情防控社情民意36篇，其中获中央级部门采用3篇、自治区级采用2篇、市级采用6篇。

【社会服务】 2020年，农工党南宁市委会组织党员到中尧路社区开展送春联活动，为社区群众现场写春联、送春联上百副；举办中国环境与健康宣传周活动，开展“饮水与环境”主题讲座并发放新冠肺炎疫情防控健康包50份。组织党员参加中共南宁市委统战部在隆安县那桐镇下邓村开展“三下乡”活动暨民主党派“同心·扶贫助困工程”活动。江南区总支部到西乡塘区坛洛镇下楞村开展新年慰问活动，向贫困户和村委送去慰问金、慰问品价值3万余元。党员助力抗疫捐款11.53万元，其中捐款广西光彩事业基金4.28万元，捐赠防疫物资价值25.87万元。组织开展“助力创城，同心同行”系列活动，参加南宁市创建全国文明城市党员325人，向江南区尧头岭社区、清川西社区捐赠手套、钳子、饮用水等用品价值1万多元；农工党南宁市委会机关组成结对工作组，深入北宁社区开展城市小广告清理、环境整治、文明劝导等创城工作；江南区总支部组织30多名党员到那洪大道南宁恒大城开展“同心同行”助力创城志愿服务活动，向奋战创城一线工作人员捐赠手套、钳子、饮用水等用品价值6000多元；良庆区总支部党员深入网格责任区开展卫生大清理活动；邕宁总支部党员到邕宁区新兴广场慰问一线执勤城管队员并参与文明交通劝导；西乡塘区总支部向西乡塘区雅里村捐赠环保分类垃圾桶32个；良庆区总支部联合中共建行大沙田支行党支部、建行南宁江南支行团总支部向良庆区环卫站赠送饮用水壶500个价值1万元。 （扈　倩）

中国致公党南宁市委员会

【概　况】 2020年，中国致公党南宁市委员会（简称“致公党南宁市委会”）设基层委员会1个，总支部9个，支部20个。党员446人，其中具有高级、中级专业技术职务任职资格320人；大学文化程度以上252人；归侨、侨眷、港澳台属及其他有海外关系人士361人；中上层人士375人。科技界别9人；教育界别110人；医药卫生界别62人；文艺及新闻出版界别7人；新社会阶层界别76人；司法及政府机关1人；公有制经济68人；党派机关、团体界别21人；其他92人。党员任致公党中央委员1人；任中国致公党广西壮族自治区委员会委员2人（副主委1人）；当选自治区人大代表1人，市人大代表9人，区县人大代表7人（副主任2人）；担任自治区政协委员3人，市政协委员19人（常委3人），区县政协委员39人（副主席2人、常委7人）；受聘担任自治区人民检察院特邀监察员1人。完成致公党南宁市委会及基层组织换届选举。发挥“侨”“海”优势，全力支援新冠肺炎疫情防控。举办2020年新党员和骨干党员培训班，培训35人。在市人大、政协“两会”期间，提交人大建议11件，政协提案21件，提交大会发言材料5件，集体提案9件。报送各类社情民意95篇，其中新冠肺炎疫情信息39篇，全国人大、政协“两会”信息23篇，向联系密切的海外侨领收集海外华人华侨对疫情和两会的看法、建议，整理出6条信息上报。全年信息中有3篇获中央统战部采用，2篇获致公党中央采用，3篇获自治区政协采用，33篇获中共自治区党委统战部采用，2篇获南宁市领导批示。基层组织和党员向广西光彩事业促进会、广西华侨爱心基金会等公益组织捐款15万余元，为新冠肺炎疫情防控捐赠价值130万元的医疗物资及6.8万元水果。开展“助力创城·送清凉送口罩”系列活动，筹集一批价值8.35万元的矿泉水、清凉饮料和一次性防护口罩开展慰问。开展民族团结帮扶活动，到壮族群众聚居的江南区延安镇延安社区捐赠价值6000元文娱用品，向44名建档立卡贫困留守儿童赠送书包、钢笔等学习用品，开展问诊、咨询等卫生下乡服务，为农民专业合作社、种养大户等提供科技服务。筹集一批FFP2欧洲标准口罩赠送南宁市抗击疫情定点医院一线医护工作者。发动党员认捐装有医用口罩、护目镜、中药等防疫物品的“致公爱心小包裹”，认捐金额5.34万元；向200多名海外侨领及2552名海外侨胞发送个人防护科普视频材料。主要存在新形势下宣传工作对党员教育引导的方式方法比较单一，思想政治建设方面需要加强；参政履职能力有待提高；

2020年8月31日，致公党南宁市委会机关干部及骨干党员到兴宁区人民东社区参与创建文明城市网格巡查　　李茜　摄

南宁年鉴

高质量发展党员的工作仍然做得不够等问题。

【思想建设】 2020年,致公党南宁市委会学习贯彻习近平新时代中国特色社会主义思想,学习贯彻中共十九大及十九届二中、三中、四中、五中全会精神,推进思想政治建设。加强宣传舆论导向,在致公党南宁市委会网站推出"打赢疫情阻击战,南宁致公在行动"专题和"致公科普"专栏,宣传致公党员防疫抗疫感人事迹和防疫抗疫科普知识;推出"创建全国文明城市"专栏,宣传致公党员参与南宁市创建全国文明城市的举措。举办2020年新党员和骨干党员培训班,培训35人。

【参政议政】 2020年,致公党南宁市委会围绕南宁临空经济示范区开发建设,组织开展重点课题调研,提出"南宁空港经济区应采取'双轮驱动、双向发力'的战略,同步提升吴圩机场航空港的引擎带动能力和空港经济区的承载支撑能力"的建议。围绕《政府工作报告》提出"在五象新区中国—东盟金融城试点飞地金融""深入实施引金入邕战略,采取多元对策路径来'强金融'""打造森林康养基地""提升新型经营主体带贫益贫成效""支持经营主体渡难关"等建议。在市政协专题协商会上提出"立足东盟,打好'侨'字牌,念'人才'经,用'数据'术推动我市跨境电商更好更快发展"建议。2018年重点课题所有转化成果落实。在市人大、政协"两会"期间,提交人大建议11件,政协提案21件,提交大会发言材料5件,集体提案9件,立案9件。报送社情民意95篇,其中新冠肺炎疫情期间报送信息39篇,全国人大、政协"两会"信息23篇,向联系密切的海外侨领收集海外华人华侨对疫情和两会的看法、建议,整理出6条信息上报。全年信息中有3篇获中央统战部采用,2篇获致公党中央采用,3篇获自治区政协采用,33篇获中共自治区党委统战部采用,2篇获南宁市领导批示。

【社会服务】 2020年,致公党南宁市委会号召基层组织和党员发扬"致力为公"的精神为新冠肺炎疫情防控做贡献。基层组织和党员向广西光彩事业促进会、广西华侨爱心基金会等公益组织捐款15万余元,为抗疫防控捐赠价值130万元的医疗物资及6.8万元水果。帮助协调解决党员企业复工复产面临的问题。组织党员为南宁市创建全国文明城市出力。开展"助力创城·送清凉送口罩"系列活动,筹集矿泉水、清凉饮料、一次性防护口罩等慰问品价值8.35万元,送到交警二大队东葛长湖路口执勤点、交警七大队民族双拥路口执勤点、南宁市青秀区环卫处清洗保洁二队和兴宁区人民东社区;到兴宁区人民东社区参与创城网格巡查。开展民族团结帮扶活动,到壮族群众聚居的江南区延安镇延安社区捐赠价值6000元文娱用品,为44名建档立卡贫困留守儿童赠送书包、钢笔等学习用品,开展问诊、咨询等卫生下乡服务,为农民专业合作社、种养大户等提供科技服务。

【海外联谊】 2020年,致公党南宁市委会联系海外华人华侨,将中法服装实业商会、加拿大广西总商会等多方筹集的一批FFP2欧洲标准口罩赠送南宁市抗击疫情定点医院一线医护工作者。发动党员认捐装有医用口罩、护目镜、中药等防疫物品的"致公爱心小包裹",送给国外的华侨特别是青年留学生,认捐金额5.34万元;通过微信、邮件等方式向200多名海外侨领及2552名海外侨胞发送个人防护科普视频材料,加强对侨胞心理疏导,告知中国取得的防控经验。配合做好第二届"一带一路"侨商侨领交流合作大会筹备和服务,邀请6名侨商侨领、5名致公党企业家参加开幕式、凤凰卫视专题论坛和投资项目云上洽谈会等活动。

(李 茜)

九三学社南宁市委员会

【概 况】 2020年,九三学社南宁市委员会(简称"九三学社南宁市委")下设基层委员会2个、支社12个,基层组织14个;在册社员410人(新发展20人),其中具有高级、中级以上专业技术职务任职资格350人;工程技术界150人、医药卫生界70人、政府机关70人、教育界36人、财政经济29人、农林15人、文化艺术1人、党派机关10人、科学研究11人、法律7人、其他11人。社员中当选市人大代表8人(专委会委员4人),城区人大代表9人(常委1人);担任自治区政协委员2人,市政协委员18人(副主席1人、常委3人),城区政协委员34人(常委8人);担任监督员6人,其中南宁市第一批市委督查专家库成员3人、市执法监督员1人、市检察院人民监督员1人、市政府督学1人。上报社情民意信息65条,被九三学社中央、中共自治区党委统战部、九三学社广西区委等采用35条。向九三学社中央、中共自治区党委统战部等单位报送信息104篇,获采用101篇。组织社员为新冠肺炎疫情防控捐款捐物价值46.2万元。被评为九三学社全国宣传思想工作先进单位、九三学社中央2016—2020年社会服务先进集体,获九三学社广西区委2020年度信息工作先进集体一等奖。主要存在人才培养力度较为薄弱,社会服务亮点仍稍显不足,专委会活力需进一步提升等问题。

【思想建设】 2020年,九三学社南宁市委组织社员学习贯彻习近平新时代中国特色社会主义思想,开展中共十九大及十九届二中、三中、四中、五中全会,中共南宁市委十二届九次全体会议精神等集中理论学习培训活动19次,利用九三学社南宁市委网站、微信公众号等开展网络学习30余次。开展九三学社创建75周年纪念活动,推荐新冠肺炎疫情防控先进个人、建社75周年纪念征文、九三学社广西书画院优秀社员,以及理论研究课题招标

2020年6月5日,九三学社南宁市委、中共南宁水利电力设计院委员会在邕宁区那楼镇中山村开展"奉献爱心 传递温情"捐赠活动 陈庚新 摄

等。组织社员参与市政协举办的“诵读红色经典汲取奋斗力量”书香政协诗歌朗诵会及南宁市统战系统“同心聚力时代行”演讲比赛。向九三学社中央、中共自治区党委统战部等单位报送信息104篇，获采用101篇。更新网站信息116篇，宣传报道社员先进事迹、人物风采13人次；撰写理论研究文章13篇，其中4篇获九三学社广西区委2020年理论征文二、三等奖，2篇入选南宁市政协优秀理论征文。被评为九三学社全国宣传思想工作先进单位，获九三学社广西区委2020年度信息工作先进集体一等奖、九三学社广西区委2020年度理论征文优秀组织奖、南宁市政协“诵读红色经典汲取奋斗力量”书香政协诗歌朗诵优秀奖及优秀组织奖、南宁市政协“如何更好发挥人民政协专门协商机构作用”理论征文优秀组织奖、南宁市统战系统“同心聚力时代行”演讲比赛三等奖。

【参政议政】 2020年，九三学社南宁市委参加中共南宁市委重点课题协商会、经济工作协商会和季度协商会，《政府工作报告》征求意见座谈会、市政协双月协商会等，提出打造电子信息产业集群发展、工业园区扩能提质增效、重视污泥处置能力等方面建议；为南宁市“十四五”规划纲要编制建言献策，提交南宁市“十四五”规划纲要建言建议15条。在市政协十一届五次会议上提交大会发言提案3件、集体提案12件，其中《关于推进我市电子信息产业集群发展的建议》大会发言获市长周红波批示。《关于黑臭水体治理需要建立长效机制的建议》《关于进一步推进南宁市科技型中小微企业发展的建议》获优秀提案奖。自治区、市、城区人大、政协“两会”期间，社员人大代表、政协委员提交议案、建议、提案63件。承接党委出题、党派调研重点课题《关于促进我市数字经济高质量发展的建议》，其中6条措施建议得到市大数据局、市工信局等部门采纳。各基层组织完成中标课题14个并召开课题成果宣讲会，组织社员完成九三学社广西区委参政议政招标课题2个。上报社情民意信息65条，被九三学社中央、中共自治区党委统战部、九三学社广西区委等采用35条，其中获市长周红波批示1条，获市政协主席杜伟批示12条。

【社会服务】 2020年新冠肺炎疫情发生后，九三学社南宁市社员响应国家号召，为疫情防控做贡献。社员郭晓光旗下餐饮企业为环卫工人赠送爱心午餐5000份，价值13万元；社员陈建财、潘桂权共同出资7.7万元购买14吨消毒液，分别捐赠给市第四人民医院、市第二人民医院，邕宁区卫健局、邕宁区中医院、桂林市平乐县；社员叶永格联系协调校友爱心捐款购买口罩、消毒液等紧缺物资捐赠南宁市交警支队、广西社会保险事业管理中心和青秀区环卫站等。社员累计向防疫工作捐款4.3万元，捐资价值20.7万元。参与南宁水利电力设计院定点帮扶村那楼镇中山村脱贫攻坚帮扶，向中山村村委捐赠一批分类垃圾桶、办公用品和清洁工具等；向那楼镇中山小学捐赠教师专用耳麦扩音器等教学用具和体育用品价值5000元；到中山村那蕾坡开展“美丽广西、清洁乡村”清扫活动，引导村民妥善处理生活垃圾。九三学社南宁市委机关组织2个工作队到长堽东社区参与创建全国文明城活动并向社区捐赠创城物资，各基层组织开展“振兴乡村助力创城”等调研活动，参与创建活动。被评为九三学社中央2016—2020年社会服务先进集体。

（刘潇潇）

南宁市工商业联合会

【概　况】 2020年，南宁市工商业联合会（总商会）简称“市工商联”，有区县工商联（商会）12个，所属商会269个，其中乡镇商会、街道商会113个，异地商会92个，行业商会41个，其他商会23个，会员1.48万人。会员当选自治区人大代表1人，市人大代表14人，区县人大代表42人；担任自治区政协委员12人，市政协委员61人，区县政协委员499人。主要职能与任务是加强和改进非公有制经济人士思想政治工作，参与政治协商，发挥民主监督作用，积极参政议政。协助政府管理和服务非公有制经济企业，参与协调劳动关系，协同社会治理，引导非公有制企业和非公有制经济人士依法诚信经营，帮助其依法维护合法权益，推动各种所有制经济依法平等使用生产要素、公开公平公正参与市场竞争、同等受到法律保护。主要存在为民营企业提供人才招聘、法律维权、融资贷款等服务不够，效果不明显等问题。

【参政议政】 2020年，市工商联组织所属民营企业参与全国工商联和自治区工商联问卷调查，被评为全国工商联2020年民营企业调查点工作先进基层工商联。组织企业参与全国工商联上规模民营企业调研，入围2020年广西民营企业100强企业34家；入围2020年广西民营企业制造业100强企业13家。开展中共南宁市委重点课题《关于南宁市民营企业参与中国（广西）自由贸易试验区南宁片区建设的调查》调研。与市发展改革委、市工信局、市市场监管局、市税务局等单位联合编制《2019年南宁市非公有制经济发展报告》。对江南区、南宁经开区、南宁高新区、青秀区优化营商环境特别是21项重点指标工作、“简易办”等“放管服”改革成效、企业复工复产政策落实进行调研暗访，形成调研报告报送市发展研究中心。向市政协十一届五次会议提交集体提案5件。参加自治区“强化法治支撑、高水平建设中国（广西）自由贸易试验区”协商座谈会，南宁市红十字事业发展情况专题调研座谈会，南宁市加快发展大健康产业专题协商会，南宁市脱贫攻坚和乡村振兴战略专题协商会。会员中人大代表提交议案31件，其中市人大代表5件、区县人大代表26件；政协委员提交提案341件，其中自治区政协委员17件、市政协委员84件、区县政协委员240件。

2020年3月9日，市工商联捐赠5万份老友粉驰援湖北省十堰市　　李照刚　摄

【会员服务】 2020年,市工商联为民营企业协调解决法律维权问题10余起,分别为广西平铝集团有限公司铝深加工生产基地及新材料轻量化铝合金研发中心项目建设问题、旺程汽修汽配市场拆除问题、西乡塘区返还拖欠广西鑫利华房地产开发有限公司垫付已征未利用地环境整治费问题、广西昭平县桂江一江两岸景观带基础设施建设PPP(政府和社会资本合作)项目工程款被拖欠问题、社会人员在南宁衡阳商会寻衅滋事事件、南宁市摩托车电动车配件商会反映电动三轮车上牌问题、江河百鱼庄花鳝鱼事件、雍雅山房与新兴村委会合约纠纷、南宁湘潭商会会员货物被扣押问题、南宁市餐洁仕餐洁配送中心被加价收取电费等。配合市政府做好清理拖欠民营企业中小企业账款工作。将民营企业复工复产所需8.97亿元融资需求反馈市金融办及金融机构。与市工信局、市中小企业服务中心、建行南宁园湖支行、中国银行南宁分行、柳州银行南宁分行、南宁市南方融资担保有限公司联合举办银企座谈会,为缓解企业融资压力提供资讯服务。举办南宁市工商联第27期助企工程培训班暨2020年中小企业综合能力提升班,参加线上培训2800多人;举办南宁市新时代非公经济创新发展培训班,培训50人;举办"不忘初心、牢记使命"党性教育专题培训班,培训40多人。

【招商引资】 2020年,南宁市"民企入桂"签约项目100个,总投资551.08亿元。协助上林县在南京举办2020年广西上林县(南京)招商推介会;与市科技局、市投促局组成招商小分队赴山东济南市、临沂市、潍坊市招商,赴嘉兴、义乌、上海等地开展精准招商活动。市工商联赴福建省福清市、宁德市、福州市、厦门市开展精准招商,拜访当地工商联,走访福耀玻璃工业集团股份有限公司、宏宇电子、冠捷电子、福州京东方光电科技有限公司、宁德时代新能源科技股份有限公司、福建新大陆科技集团、科华恒盛股份有限公司、厦门市美亚柏科信息股份有限公司等全国知名民营企业,推介南宁市投资环境和优惠政策,邀请企业到南宁考察。北京富唐航信投资管理有限公司、湖南省星月装饰件有限公司、中铁丝路投资有限公司、四川北新大弘置业集团、上海月星集团、上海广西商会考察团、广州番禺区南村总商会考察团等到南宁考察,调研南宁智慧物流设备项目、注塑件和膜材料组件项目、农村集中连片规模化供水工程PPP项目、蓝色小镇项目、文旅综合体项目等。

【光彩事业】 2020年,市工商联组织所属商会和民营企业结对帮扶南宁脱贫攻坚重点村。16家商会、会员企业与21个脱贫攻坚重点村签订结对帮扶协议,投入帮扶资金、物资折合110多万元。民营企业参与"万企帮万村"结对活动,2436家民营企业结对帮扶3071个村,其中帮扶南宁市901个村,实现南宁市421个贫困村民营企业结对帮扶全覆盖,实施帮扶项目5703个,投入总金额11.02亿元,帮扶贫困群众52.8万人,民营企业参与精准帮扶数量排自治区第一,4家企业被评为全国"万企帮万村"精准扶贫行动先进民营企业。民营企业开展消费扶贫,购买、代销扶贫农产品价值351.22万元。民营企业开展扶贫助学,参照国家二等助学金每生1500元的标准,为全市403名建档立卡贫困户中的大学生(含新生)捐款60.45万元。引导茂名市金陶电子商务有限公司"万讯七子"互联网农村电商平台落地马山县并在75个贫困村建立电商致富中心和致富站。组织23家民营企业参加市民营企业招聘周,提供岗位495个。

(李照刚)

编辑 唐柯杰

群众团体

南宁市总工会

【概　况】 2020年，南宁市有南宁市总工会（简称“市总工会”）及12个区县总工会、广西—东盟经开区总工会，工会工作委员会5个（南宁高新区工会工作委员会、南宁经开区工会工作委员会、市直机关工会工作委员会、南宁青秀山风景区工会工作委员会、广西南宁五象新区工会工作委员会），产业工会3个（市教育工会、市财贸工会、市建设工会），其中驻会产业工会2个（市教育工会、市财贸工会）；乡镇（街道）总工会56个，工会联合会53个，工会工作委员会16个；基层工会1.56万个，工会会员102.37万人。年内，新组建工会组织覆盖法人单位3353家，新发展工会会员4.28万人。深化思想政治引领，开展“中国梦·劳动美——决胜小康奋斗有我”主题教育活动、“砥砺奋进七十载，乘风破浪再起航”庆祝市总工会成立70周年系列活动等。市工人文化宫“益”课堂获评自治区、南宁市终身学习品牌。组织慰问新冠肺炎疫情防控一线职工3.19万人；开展“网聚职工正能量·争做中国好网民”主题活动，在抖音APP发起“我们终将战胜疫情”话题，点击量1800万人次；开展“抗疫情促消费助脱贫”活动，全市工会系统消费扶贫金额8815万元；开展决战决胜城镇困难职工解困脱困“百日攻坚行动”。市总工会获2020年度自治区市级工会工作先进单位二等奖。主要存在新的经济社会组织工会组建有盲点，基层工会组织的活力、号召力、影响力有待提升，活动阵地规范化建设需加强等问题。

【组织建设】 2020年，南宁市新建工会组织覆盖法人单位3353家，新发展工会会员4.28万人。建立自治区首家汽车维修行业联合工会，65家汽车维修公司加入，发展会员320人。符合条件的25个易地扶贫安置点全部建立工会，发展会员1504人。货车司机、快递员、网约送餐员、护工护理员、家政服务员、商场信息员、房产中介员、保安员“八大群体”发展会员2.83万人。抓好100人以上企业工会规范化建设，开展“三亮”（工会组织亮牌子、工会主席亮身份、职工之家亮品牌）及“六有”（有依法选举的工会主席、有独立健全的组织机构、有服务职工的活动载体、有健全完善的制度机制、有自主管理的工会经费、有会员满意的工作绩效）工会建设，推进“会、站、家”一体化，补助基层工会“职工之家”30家150万元。推进工会组织、工会会员实名制信息采集，完成录入基层工会组织1.03万家，工会会员38.46万人。

【技术创新】 2020年，市总工会开展职工“十大先进操作法”评比活动，广西南南铝加工有限公司超宽幅铝合金厚板轧制技术、横县农业技术推广站有机茉莉花种植、广西路桥工程集团有限公司道桥分公司装配式综合管廊预制安装施工法、广西金陵农牧集团有限公司鸡精液稀释液及其用于6日间隔种鸡人工授精、南宁中车轨道交通装备有限公司城轨车辆底架运输车结构设计及防火涂料应用、广西三维铁路轨道制造有限公司高性能混凝土掺加新型复合掺合料法、中建八局南方公司地铁侧墙三脚架单侧铝模施工法、南宁市王中压力容器制造有限责任公司负压补焊原理应用大型煮糖罐试水压验收、广西农垦永新畜牧集团有限公司良圻原种猪场养殖场实用型非洲猪瘟采样检测、广西南南铝加工有限公司航空航天用超大规格铝合金扁锭操作法被评为南宁市“十大先进操作法”。全市创新工作室组织开展活动633次，获专利223项，提出创新合理化建议249条，通过技术创新累计节约成本2412.20万元。

【就业服务】 2020年，市总工会围绕“六稳”“六保”，做好下岗职工、农民工、城市困难职工家庭高校毕业生等重点群体就业，推动援企稳岗政策落地。举办“春风行动暨就业援助月”、民营企业招聘周、“精准服务促就业助力企业复工复产”线上招聘月等专场招聘会42次，向1.95万名求职者提供免费服务；协调富士康等大型企业为困难职工、农民工提供就业岗位500多个。实施职工素质建设工程，开展在岗职工技能提升培训、职业技能等级培训、高技能人才培训、“送教到基层”等，培训职工近2万人次。

【民主管理】 2020年，市总工会健全以职工（代表）大会为基本形式的企事业民主管理制度，全市已建工会组织的公有制企业全部建立厂务公开和职代会制度，非公有制企业厂务公开建制率96.30%，职代会建制率96.60%。调整市推行厂务公开工作领导小组成员单位及办公室成员。开展“厂务公开巡察月”活动，构建厂务公开民主管理长效机制。督促指导市属企事业单位落实职代会报告制度，实现会前把关、会中指导、会后督促制度。选树厂务公开示范单位10个，补助每个示范单位经费5000元。举办职工代表师资业务培训班，参训职工代表4000人次。开展“‘聚合力、促发展’全国优秀职工代表提案征集推荐”“我为企业发展献一计”等主题活动，征集意见建议1100多条。

【职工权益维护】 2020年，市总工会开展《中华人民共和国民法典》普法宣传，引导职工知法守法，依法维权。推动平等协商和集体合同扩面提质增效，建会企业集体合同、工资专项集体合同、女职工专项集体合同签订率94%。试行"区块链+电子合同"，在自治区率先推广使用电子劳动合同。接待、协调处理职工来信来访、法律服务事项115件，涉及职工1470人，帮助职工追回拖欠工资、经济补偿金859.13万元。建立市工会劳动关系监测工作点26个。组织1250名劳模、一线职工疗休养，为351名全国、自治区、市级劳模进行体检，发放劳模慰问金96.10万元、劳模荣誉津贴272.57万元、困难劳模补助金48.66万元。考核认定市职工疗休养基地6家(美丽南宁紫薇庄园、永恒朗悦大酒店、合众优年南宁社区、武鸣纳天山庄、马山石丰渔庄、隆安金穗生态园)。开展"工会爱心驿站"星级创建评定，评出五星级驿站55家、四星级47家、三星级34家、二星级6家。投入经费70万元，推进园区"职工之家"建设，横县现代林业产业园区、南宁高新区南宁·中关村创新示范基地园区"职工之家"建成投入使用；建设"货车司机之家"7家。举办单身职工联谊活动8场，参加活动2000多人次。慰问受新冠肺炎疫情影响收入困难的职工185人、感染新冠肺炎的职工家庭5户，发放慰问金19万元。通过协商等方式，推动用人单位实行弹性工作制。

【职工帮扶】 2020年，市总工会深化工会"四季帮扶"品牌活动。元旦、春节"送温暖"慰问困难职工、农民工、一线职工6337人次，发放慰问款物206.34万元；开展"送清凉"活动，走访企业、工地174家，慰问农民工4.37万人次，发放防暑降温物品价值159.42万元；"金秋助学"活动资助困难职工子女171人，发放助学金83.40万元。推广职工医疗互助保障，全市参保职工17.80万人，补助6047例，补助金额968.38万元。开展决战决胜城镇困难职工解困脱困"百日攻坚行动"，在自治区率先实行工会干部与困难职工一对一结对帮扶；开展"关爱职工 快乐心情"心理健康服务，入户心理疏导困难职工家庭60户；打造困难职工创业孵化基地14家；全市1457户建档困难职工全部实现解困脱困(脱困1311户、解困146户)。开展"促消费、助扶贫、惠工会会员"专场活动，惠及职工1万多人次；开展"抗疫情促消费助脱贫"活动，全市工会系统消费扶贫金额8815万元。

【安全生产】 2020年，市总工会开展安全生产隐患排查2.79万次，查出隐患2.10万个，参与排查职工9.86万人次，参与事故调查处理26次。在市总工会网站、微信公众号宣传《中华人民共和国职业病防治法》等政策法规；以"生命至上，安全发展"为主题，开展《安全生产管理》讲座直播、"安全生产月""安全生产八桂行"等活动50多场次。开展"安康杯"竞赛活动，获2019年度全国"安康杯"竞赛优胜单位1个(南宁富桂精密工业有限公司)，优胜班组1个(南宁富桂精密工业有限公司MBD制造处)，优秀组织单位1个(南宁市建设工会)；获2019年度广西"安康杯"竞赛优胜单位3个(中国邮政集团公司南宁市分公司、南宁市三峰能源有限公司、横县江南发电有限公司)，优胜班组3个(中国邮政集团公司南宁市分公司坛洛支局、南宁市三峰能源有限公司生产运行部运行三值、横县江南发电有限公司水务观测班)，优秀组织单位1个(宾阳县总工会)，优秀组织个人1人(市建设工会李品丹)；通报表扬2019年度南宁市"安康杯"竞赛优胜单位40个，优胜班组40个，优秀组织单位12个，优秀组织个人20人。

【职工职业技能大赛】 2020年，市总工会开展"勇当主力军、建功新时代"主题劳动竞赛，全市企事业单位、职工参赛面90%以上。举办市职工职业技能大赛，以先进制造业、现代服务业、高新技术产业等领域为重点，设置竞赛工种34个、参赛职工25万多人、获奖248人，宾阳县总工会、宾阳县人力资源和社会保障局、武鸣区总工会等14个单位获先进承办单位一等奖。组织南宁市代表队参加自治区职工职业技能大赛，获西式面点师、数控车工、机电一体化、电子商务师4个工种单项冠军及团体总分第一名。

【职工文化】 2020年，市总工会发动450名党员志愿者、劳模志愿者、职工志愿者投入城乡清洁整治、爱绿护绿、文明礼让等活动。围绕市总工会成立70周年，开展"砥砺奋进七十载，乘风破浪再起航"系列庆祝活动，召开座谈会、新闻发布会，举办文艺晚会、书画摄影展等，引导干部职工群众传承历史、开创未来。开展"中国梦·劳动美"主题宣传教育、"时代新人说——决胜小康、奋斗有我"全市职工演讲比赛、"网聚职工正能量争做中国好网民"主题活动、"争创文明城·最美读书人"线上朗读、"送温暖·送文化·送欢乐"下基层慰问演出等，参加活动基层工会组织近5000个、人数逾60万人次。市工人文化宫举办、承办文化体育、教育培训活动746场次，惠及职工13万人次。新冠肺炎疫情期间，在抖音APP上发起"我们终将战胜疫情"话题讨论，收到基层工会、职工投稿短视频1634个，点击量1800万人次。在南宁广播电视台等媒体开设"时代风采人物"专题栏目，以宣传片、专题报道、人物录音采访等形式宣传28名劳动模范、五一劳动奖章获得者、南宁工匠事迹，浏览量超过15万人次。建成南宁劳动模范展示馆，宣传劳模、工匠先进事迹。

【评先活动】 2020年，市总工会推荐评选广西五一劳动奖状、奖章，工人先锋号。获广西五一劳动奖状5个：南宁轨道交通集团有限责任公司、广西顺丰速运有限公司、南南铝业股份有限公司、南宁园博园管理中心、南宁市第四人民医院。广西五一劳动奖章8人：南宁中关村信息谷科技服务有限责任公司副总经理、南宁中关村创新示范基地企业工会联合会主席李琦，广西申龙汽车制造有限公司车身装配工黄爱秋，西乡塘区环境卫生管理站清保综合服务队清扫工人覃颖诗，中建交通建

2020年12月8日，市总工会联合创维集团开展"促消费、助扶贫、惠工会会员"公益活动，慰问困难职工、劳模、工会会员　　市总工会提供

设集团有限公司广西分公司党委副书记肖范兵，南宁市秀田小学校长张萦，中共南宁市委员会宣传部办公室主任、驻马山县金钗镇龙印村第一书记温金华，南宁市第八人民医院护理部主任韦雪梅，广西慧云信息技术有限公司董事长王筱东。广西工人先锋号19个：广西申龙汽车制造有限公司调试动态班、广西南南铝加工有限公司熔铸制造中心、广西桂洁农业开发有限公司技术部、中国建筑第八工程局有限公司广西分公司南宁华润中心东写字楼项目部、南宁中车轨道交通装备有限公司调试班、南宁白马公共交通有限公司51路1176班组、广西南宁百会药业集团有限公司针剂车间公共系统管理、广西超大运输集团有限责任公司广西南宁超大公共交通有限责任公司803班线、南宁广播电视台全媒体新闻中心、南宁浮法玻璃有限责任公司设备保障部、南宁市第一人民医院呼吸内科、青秀区环境卫生管理站清扫保洁一队茶花班、中国邮政集团公司南宁市分公司寄递事业部、中建八局南方公司基础设施分公司南宁市轨道交通4号线01标土建2工区项目、国药控股广西有限公司国药控股广西物流有限公司仓运组、南宁侨虹新材料股份有限公司仓储部周转仓、广西建工集团第一建筑工程有限责任公司自治区人民医院邕武医院平战结合病房楼工程建设项目部、广西电网有限责任公司南宁供电局变电管理二所电气试验班、南宁北排水环境科技有限公司沙江河班组。选树命名2019年“南宁工匠”10人：广西南南铝加工有限公司粗轧工段长韦勇敏，南宁轨道交通集团有限责任公司车辆检修主办、工程师莫么矿，广西中建西部建设有限公司总工程师卢佳林，广西电网有限责任公司南宁供电局变电管理一所电气试验作业师唐小峰，广西华枫酒店管理有限公司技术总监黄中昕，宾阳县湘光织锦坊经理谭湘光，南宁市人民公园绿化工张朝晖，广西建工集团第一建筑工程有限责任公司第三分公司主任工程师周业强，南宁市剑州陶艺有限公司总经理黄剑，广西农垦明阳生化集团股份有限公司品管部科员卢慧英。命名2019年度南宁工人先锋号100个，南宁工人先锋岗100个。

（师　吕　赵振套）

共青团南宁市委员会

【概　况】 2020年，南宁市有中国共产主义青年团南宁市委员会（简称“团市委”）及12个区县团委，有南宁高新区团工委、南宁经开区团工委、广西—东盟经开区团工委、市直机关团工委、市教育团工委、青秀山风景区团工委、市卫健委团工委、小微企业个体工商户专业市场团工委8个团市委派出机构，有基层团组织6674个，其中团委401个、团工委49个、团总支部188个、团支部6036个。有团员16.28万人，占14周岁～28周岁青年总数13.57%；专职团干部475人。团市委推进“一专一站两联”工作（专门委员会、团代表联络站、团的委员会成员联系团代表、团代表联系团员青年），设立专门委员会5个，12个区县均挂牌成立团代表联络站，300名团委员、2025名团代表参与“两联”工作。新冠肺炎疫情发生后，组织青年志愿者、公益组织为企业、学校、医院等100多个企事业单位进行消毒，消杀总面积200多万平方米。开展抗疫先锋先进事迹分享会、学习青年榜样梁小霞座谈会等主题教育活动。在媒体报道信息125篇（条）。主要存在部分团组织“全团抓思想政治引领”意识不强，改革的整体协同效应没有充分展现，不同层级、不同领域团组织改革力度成效差异较大，服务青年的理念、手段和能力需提升，基层团组织软弱涣散需进一步整改等问题。

【青少年思想引领】 2020年，团市委利用“青年大学习”网上主题团课签到学习平台，推进习近平新时代中国特色社会主义思想等政治理论学习，团员青年参与签到学习512万人次。依托南宁青年讲师团，开展面对面宣讲交流活动251余场次，录制主题微团（队）课10个。“坚定制度自信五四主题线上宣讲”活动在线观看超220万人次。在南宁共青团新媒体平台推送文章912篇。南宁共青团微信公众号粉丝突破54万人，微信阅读总量488万人次。南宁共青团官方微博“强首府绽放青春”“南宁青少年助力抗疫”等话题阅读量62.10万人次。开展抗疫先锋先进事迹分享会、脱贫攻坚一线好青年宣讲、学习青年榜样梁小霞座谈会、观看电影《秀美人生》等主题教育活动20多场次，参与活动青少年超15万人次。

【基层组织建设】 2020年，南宁市录入“智慧团建”系统团组织6674个、团干部1.77万人、团员16.28万人。全市“学社衔接”率85%，建立非公领域团组织56个、比上年增加43.75%。召开共青团南宁市十九届二次全委会，审议通过《共青团南宁市第十九届委员会关于设立专门委员会的决定》，设置专门委员会5个（区县和基层团建工作委员会、机关事业单位工作委员会、社区和社会组织工作委员会、企业工作委员会、学校工作委员会），制定《共青团南宁市委员会专门委员会工作规则》。12个区县挂牌成立“团代表联络站”，300名团委员、2025名团代表参与“两联”工作。选好配强基层团组织“领头雁”，1746个村（社区）团组织完成换届选举。抓好青年马克思主义者培养工程试点工作，分别从脱贫攻坚、创新创业、乡村治理等方面表现突出的农村青年中选拔2个试点班20名学员，按照集体学习、调查研究、实践锻炼等要求分阶段、分步骤开展学习培训，打造一支“懂农业、爱农村、爱农民”的乡村振兴和乡村治理农村青年骨干队伍。

【助力脱贫攻坚】 2020年，团市委组织开展消费扶贫，帮助142户农户销售农产品价值103.41万元。为贫困村提供药品、鸡苗、生活用品、办公设备等物资价值11.90万余元。通过青春助力脱贫攻坚农产品展厅，免费为贫困村特色农产品提供展位，组织专人负责销售扶贫农产品价值45万余元。通过“夜市经济＋网红直播”模式搭建消费扶贫平台，销售农产品价值20.90万元。组织市青年企业家协会爱心会员认购上林县（“十三五”时期国家扶贫工作重点县）北林村滞销鸡蛋价值3万余元。

【希望工程】 2020年，南宁市希望工程办公室筹集捐赠款102.50万元。其中，希望工程“圆梦行动”筹集社会各界爱心助学款60.50万元，资助学业困难大学生121人；通过“资助贫困小学生”“六一的礼物”“希望书屋”“希望厨房”“温暖浴室”“青春助学”等活动筹集资金42万元，资助建档立卡贫困户家庭小学生100人，为贫困地区学校建设希望书屋1间，温暖浴室1间，送去厨房用品一批，送去爱心书包155个，实现“微心愿”108个，为贫困村小学生发放爱心学习用品216套，发放希望工程能量包500个。

【青年就业创业行动】 2020年，团市委举办“南宁市农村青年致富带头人联谊会走进青秀区”等活动9场次，参加青年近200人次。结合乡村振兴“领头雁”工作，924名学员完成“领头雁”线上培训课程3.46万学时。建立农村青年创业示范基地2个（隆安县丁当镇兆丰种养合作社、隆安县屏山乡伊品承种养专业合作社）。举办校企合作对接暨创业项目路演，为企业家、在校毕业生介绍社保补贴、就业及创业相关政策，43家企业、750名在校毕业生参与活动。联合广西银保监局召开加强农村青年创业金融服务工作推进会，向农村创业青年代表宣传贷款政策、辨别网贷等知识，受益青年117人。举办青年就业创业帮扶特别行动线上专场招聘会

2020 年 7 月 1 日,共青团南宁市委、南宁市 12355 青少年服务台、共青团江南区委在江南区五一西路学校联合开展“轻松备考·12355 伴你前行”中考减压活动　　邓丽萍　摄

和千校万岗就业创业帮扶行动南宁专场活动,1600 余家企业提供近 6000 个工作岗位,涉及公安、市场营销等 253 个工种,达成用工意向 400 余人。

【青年志愿者行动】 2020 年,团市委组织 224 名青年志愿者在车站、交通要道等开展乘车引导、购票引导、秩序维护、便民服务和应急卫生救护等服务,服务外出(返乡)青年约 2290 人次。全市各级团组织、各条战线青年志愿服务队发放学习雷锋精神宣传材料 3000 余份。联合各级团组织、社会组织、爱心企业发动超万名青年志愿者参与防控排查、值班值守、学业辅导、消杀灭害等新冠肺炎疫情防控工作。组织青年志愿者和公益组织为企业、学校、医院等 100 多个企事业单位进行消毒,消杀总面积 200 多万平方米。组织开展文明交通劝导、创城宣传教育、城乡环境整治等志愿服务 2500 余场次,服务时长超 13.20 万小时,上岗青年志愿者超 3.30 万人次。开展垃圾分类志愿服务活动 327 场次,垃圾分类知识小课堂 580 次,参与青少年超 4 万人次。

【青少年服务与维权】 2020 年,市政府投入 172.94 万元,购买青少年社会服务项目,开展主题活动 307 场次,直接服务青少年 7.20 万人,强化 1166 名社工人员专业服务水平。健全未成年人保护机制,区县成立未成年人保护委员会,落实 20 万专项经费,配备专职人员 2 人。招募未成年人保护专业志愿者 106 人。拓展 12355 青少年服务台服务站地,成立成长驿站 5 个,12345 热线接听来电 285 通,收集来电案例登记表 20 份,处理投诉工单 2 起。开展平安春节、平安校园、暑期自护等青春自护教育活动 200 余场,覆盖青少年及家长 2.50 万余人;开展“关爱未成年人,呵护祖国花朵”未成年人保护宣传月活动 36 场,受益 1.16 万余人;开展“TA 的毒白”等线上线下禁毒宣传活动 38 场,受益 2.58 万余人。新冠肺炎疫情防控期间,通过钉钉、QQ 群、“一直播”等平台,开展美食制作、家庭教育讲坛等直播课程 44 场,点击量 15 万人次。“青空间”通过 QQ 群、微信群传递疫情最新资讯及防疫心理疏导知识,开展活动 211 场,服务 4.41 万人次。开展每日一晒、每日一学线上打卡活动 206 场,服务 1.34 万人次,面向青少年征集防疫抗疫作品 480 份。开展“轻松备考·12355 伴你前行”减压活动 16 场次,服务考生约 1 万人。

(邓丽萍)

南宁市妇女联合会

【概　况】 2020 年,南宁市有南宁市妇女联合会(简称“市妇联”)及 15 个区县(开发区)妇联,有党政机关、科教文卫等事业单位妇委会 543 个,有直属管理女性联谊会、协会 4 个(市女企业家协会、市离退休女干部联谊会、市家庭教育协会、市巾帼志愿者协会),乡镇(街道)妇联 128 个,社区妇联 417 个、村妇联 1386 个。有市、区县(开发区)妇联主席 16 人,执委 367 人;乡镇(街道)妇联主席 128 人、专兼职副主席 434 人,执委 2034 人;村(社区)妇联主席 1769 人,专职副主席 1683 人,兼职副主席 6701 人,执委 1.62 万人。新冠肺炎疫情发生后,市妇联组织发动近万名妇联执委、基层妇联干部、巾帼志愿者等加入防控一线。各级妇联深入抗疫一线慰问女性医务人员、女民警、女环卫工人、巾帼志愿者及援鄂男性医务工作者家属 1800 人,慰问物资约 50 万元。发动市女企业家协会等为疫情地区捐赠物资价值约 532 万元。编发抗疫信息 500 多条,推出网上家教学堂、桂姐姐普法讲堂、《疫情期间遇到家暴怎么办》心理辅导、“同心抗疫　疫役生辉”线上展示等 40 多期,与广西婚姻家庭研究会和市心理咨询师合作设立心理公益热线,畅通 12338 妇女儿童维权热线。市妇联获全国家庭工作先进集体、自治区妇女儿童工作二等功先进集体、自治区未成年思想道德建设工作先进单位等荣誉。主要存在运用党的创新理论推动妇女儿童工作能力不足,妇女儿童群体和家庭服务精准度、实效性需进一步提升等问题。

【妇女思想引领行动】 2020 年,市妇联实施“邕城巾帼思想领航工程”,形成“学习革命伴侣·争做绿城先锋”微课堂+“建廉洁家风”网课专栏 + 两个基地(家风馆、女党员志愿服务中心)为一体的党的理论传播服务模式,开展专题活动 35 场,制作“周恩来邓颖超爱情书简解读”音视频 10 集。开设迎“三八”系列、巾帼展芳华、创建文明城、“守着家、抱着娃、挣着钱”壮乡巧娘等 5 个专栏系列宣传,制作抗击新冠肺炎疫情优秀女性专题电视栏目宣传视频、“迎三八做最美巾帼奋斗者”H5 微场景(5 期)、“爱南宁爱分类”宁宁姐动漫、“战疫情奔小康巾帼奋进新时代”宣传海报等,在网站、微信推送信息 3000 多条,被市级以上媒体采用 200 多篇(条)。《爱南宁、爱分类——跟着宁宁姐学习垃圾分类》获广西“金桂花”杯社会主义核心价值观动画创作大赛优秀作品奖。以“巾帼心向党奋进新时代”为主题,联合南宁新闻网推出“立足岗位争做巾帼最美奋斗者”访谈直播、联合南宁日报社召开巾帼展芳华座谈会,制作“逆行宁宁姐、志愿宁宁姐、硬核宁宁姐、奋斗宁宁姐、文艺宁宁姐”专题致敬巾帼英雄线上展示活动,推出广西三八红旗手代表——市第四人民医院护理部主任韦彩云,广西三八红旗集体代表——江南区市政环卫管理站,南宁市“最美巾帼奋斗者”代表——市公安局交警支队特勤大队民警汪阳等一批在疫情防控、脱贫攻坚、志愿服务等方面的新时代奋斗女性典型。在市第四人民医院设立广西首个“三八红旗手工作室”。

【巾帼脱贫行动】 2020 年,市妇联培育选树全国巾帼脱贫示范基地 1 个(马山县盛世生态种养专业合作社),自治区巾帼脱贫示范基地 5 个(南宁市心安家庭服务有限公司、邕宁区南宁金彝农牧发展有限公司、宾阳县聚丰米业有限公司、马山县覃氏生态种养专业合作社、隆安县亿品佳果蔬综合服务专业合作社),认定市巾帼脱贫示范基地15个,升级打造南宁市"壮乡巧娘"工作站7个。指导市女企业家协会、市巾帼家政服务协会结对帮扶横县高义村、竹莲村,为贫困村赠送物资21.50万元,15名女企业家与19名贫困学子长期结对帮扶,7家姐妹企业认助7名贫困户残疾人。指导家政培训机构到40个贫困村开展家政培训、宣传活动,服务贫困群众7000多人。在全市800人以上的12个易地扶贫搬迁安置点创建"儿童之家",在良庆区、上林县、马山县、隆安县建立易安点妇联组织27个。

【妇女就业创业服务】 2020年,市妇联投入专项经费396.80万元,开展女农民工职业技能培训,通过招投标方式委托4家定点职业培训机构深入区县、乡镇开展育婴、养老、手工编织、电商、特色小吃、小儿推拿、催乳师7个项目98期职业技能培训,培训女农民工4000人。举办"巧手织锦绣巾帼建新业"妇女手工创业创新大赛,报名203人,参赛20人。组队参加自治区职业技能比赛,获广西第二届"巾帼心向党建功新时代"妇女劳动技能竞赛优秀组织奖、第一届广西健康科普技能大赛优秀组织奖。举办"促进转移就业,助力脱贫攻坚"妇女创业就业招聘会105场次,以及妇女家政技能推介会,发放宣传资料31.50万份,跨地区组织劳务输出女性750人,提供劳动维权服务、法律援助2130人。

【妇女儿童权益维护】 2020年,市妇联接待来电、来信、来访728件,其中反映婚姻家庭类509件,比上年增加107件,信访调处率98%以上。到江南区富德村、西乡塘区下灵村等地开展"出嫁女"专题调研,形成《南宁市妇联关于解决"出嫁女"问题的调查与思考》调研报告。配合处置侵害妇女儿童权益舆情个案,参与家暴事件处置83件,帮助家暴受害者2人申请人身安全保护令,协调公安部门向2名施暴者出具家暴告诫书,帮助上访求助妇女8人申请困难妇女临时救助金3.20万元。联合检察部门建立保护妇女儿童权益工作合作机制,在横县成立南宁市首个未成年人"一站式"保护中心。在《南宁晚报》、《当代生活报》、广西电视台等媒体设立妇女维权专栏;在"南宁女性"平台开设"宁宁姐"普法讲堂23期,在18个乡镇(街道)、10所中小学举办"家家幸福安康·和谐邕城"公益巡讲32场,参与群众6000多人,发放宣传资料2万多份。到横县南乡镇高义村委小学、南乡镇竹莲村委小学,邕宁区新江镇新乐村小学等开展"防溺水宣传教育""未成年人预防犯罪——拒绝毒品""我身体我保护——预防性侵"等主题班会。组织开展扫黑除恶暨禁毒防艾知识宣传系列活动25场次,参与群众3000多人次,发放宣传资料和宣传物品5000多份,现场咨询78人次。委托专业机构编导《不让毒品进我家》《为"艾"行动》等禁毒防艾宣传文艺小品深入25个社区巡演。未成年人保护主题获广西妇女儿童维权项目成果评比一等奖。

【妇女儿童活动阵地建设】 2020年,市妇联推进南宁东盟妇女儿童活动中心项目设计方案、政府与社会资本合作(PPP)实施方案、工程项目可行性研究编制等前期工作。出台《南宁市妇联关于加强和规范县级妇女儿童活动中心管理的指导意见》,加快区县级妇女儿童活动中心建设,推动武鸣区、横县、宾阳县、隆安县妇女儿童活动中心正常运营。投入500万元,完成青秀区、上林县妇女儿童活动中心建设。投入268万元,完成自治区为民办实事134所(易地扶贫搬迁安置点12所、脱贫摘帽贫困村3所)村(社区)"儿童之家"项目创建,举办南宁市"儿童之家"管理员培训班,培训150人。

【家庭教育】 2020年,市妇联常态化开展家庭教育网上微课堂、"书香八桂 父母同行"亲子阅读等25期,受益家长13万人次。举办"父母成长计划大讲堂""让爱回家"主题亲子特训、父母提升班9期,130个家庭接受训练和辅导。在隆安县一小、一中、那桐中学,江南区高山塘小学、市友谊路小学开展"爸爸妈妈找优点"等活动。邀请自治区内外家庭教育专家学者开展线上线下家庭教育沙龙活动25期,线上亲子阅读活动7期,受益家长13万人次。开设特殊家庭家长学校,联合市检察院对已作不捕、不诉、附条件不起诉处理决定的涉案未成年人家长开展亲职教育培训2期。市妇女儿童活动中心开设校外教育班级405个,招生4053人次;开发公益研学活动,组织200名小学生到北海市、桂林市、柳州市等地开展体验式学习;举办公益儿童剧演出10场,参加活动2200多人。

【家庭文明建设】 2020年,市妇联通过购买服务方式,探索"市级妇联统筹+专业机构实施+基层妇联配合"的家风家教主题宣传活动新途径,在南宁孔庙、良庆区五象湖社区、南宁家风馆等地举办家风家教宣传活动8场。开展"传颂好家风·欢喜过大年"春联征集活动、"放下手机,陪妈妈聊聊天"线上公益签名活动、说家里的故事留最美的身影——"同心抗疫 疫役生辉"线上活动、"幸福家庭与法同行"法律知识竞赛活动4场次。温桂元、张月珍、吴香妹、余俊、雷齐震、覃桂新、黄凤梅、张波、何之樟、李美珍、郑磊、李凤玲、石珊13户家庭评为广西"五好家庭",杨露、蓝英连、吴晓霞、骆春利、何荣杨、黄礼、廖晋平、潘春兰、潘国凤、张海坚、施维11户家庭评为广西"最美家庭"。杨显婷、黄春英、韩秀清3户家庭评为广西抗疫"最美家庭",杨显婷、黄春英2户家庭评为全国抗疫"最美家庭"。依托市家风馆,开展"知书达理好家风"公益讲座活动25场次,服务2000多人次。

【"三留守"人员关爱】 2020年,市妇联组织爱心人士和团体开展"扶贫济困送温暖""家庭支持行动"公益项目等活动,慰问困难妇女、特困妇干、特困母亲、留守(孤残)儿童、空巢老人1200多人,发放慰问物资268.99万元。关心关爱留守妇女儿童和特殊困难妇女儿童家庭,举办首届阳光励志儿童、困难儿童关爱之星评选表彰活动,受表彰儿童44人。联合市检察院、市红十字会、市女企业家协会、市巾帼家政协会等到横县高义村委小学、竹莲村委小学,邕宁区新乐村小学开展六一慰问活动,赠送价值5万元的文体器材和书籍,慰问建档立卡贫困户孩子43人。征集5家社会组织到6个区县80所"儿童之家"开展志愿服务儿童活动300多场次。到12个区县免费筛查"两癌"(宫颈癌、乳腺癌),落实专项经费643万元救助贫困患病妇女643人,实现建档立卡贫困患癌妇女、低保户患癌妇女全覆盖。与中国人寿保险南宁分公司合作推出关爱女性健康"两癌"保险,购买"两癌"保险妇女23.55万人。联合广州宝洁公司实施"家庭支持行动"公益项目,为贫困妇女捐赠价值74.50万元电动牙刷5001支。

【妇联组织机构改革】 2020年,市妇联持续深化妇联组织改革,与广西石埠乳业、广西凯威、广西金花茶3家民营企业结对共建,开展"先锋引领·亲商强企"活动;探索巾帼心向党"公益+服务"党建与妇女儿童公益事业融合新模式,开展"巾帼心向党"线上线下公益讲座108场,主题活动35场,服务群众4.50万人。指导县级妇联全面深化改革,配齐配强县级妇联领导班子,扩大县级执委规模、优化人员结构。组织15个妇女代表团近1000名妇女代表定期调研、走访、联系结对妇女群众,畅通妇女参与妇联工作渠道。指导五象新区、卫生系统、教育系统等女性集中的机关事业单位拓展妇女组织。指导并督促开展村（社区）“两委”女性后备人才调研摸底，做好村（社区）妇联换届准备。指导广西金福农业有限公司、广西万益律师事务所、轩妈食品有限公司等80家“两新”（新经济组织、新社会组织）组织成立妇联。打造西乡塘区安吉华尔街工谷、爱帮之家工作室等“妇女微家”示范点10个。

【妇女干部培养】 2020年，市妇联实施绿城巾帼素质提升工程。落实自治区、南宁市干部培训配套资金54.33万元，轮训村（社区）“两委”（村党支部委员会、村民委员会）女干部3100多人；推荐妇联系统近50名妇女干部参加自治区各类专题培训班；开展干部选拔任用和机关干部全员培训及在线培训110人次。促进女干部、女企业家、女能人、女专业技术人才4支队伍学习交流，在朱槿女子书院举办花艺、美妆沙龙、风筝DIY等公益课10场，参加500多人次。

【巾帼志愿服务】 2020年，市妇联联合六城区（不含武鸣区）妇联组织巾帼志愿者180人，每天在南宁市90个人流密集、交通拥堵的公交站点开展文明礼让乘车劝导志愿服务活动，累计出动志愿者1.80万人次，志愿服务时长5.40万小时，劝导服务群众14.20万人次。联合南宁晚报“爱帮之家”在六城区（不含武鸣区）、开发区对巾帼志愿者进行垃圾分类知识培训，出动环保妈妈、垃圾分类志愿者5000多人次深入社区、学校开展环境卫生清理整治、烟头不落地、垃圾分类宣讲62场次。开展村屯环境整治和垃圾分类专题活动，成立“环保妈妈志愿服务队”1700支，打造广西“环保妈妈”志愿服务示范点5个。组织开展“新时代文明讲习巾帼志愿服务”“垃圾分类巾帼先行”“美丽南宁幸福乡村”“代理妈妈”等巾帼志愿服务项目约40个，组织巾帼志愿者和家庭投身抗疫爱卫“五大清洁行动”（企事业单位工作环境清洁行动、乡村环境清洁行动、社区环境清洁行动、农贸市场环境卫生清洁行动、重点场所环境清洁行动）近100场，出动志愿者超2万人次。

【巾帼建功创先活动】 2020年，市妇联推选一批在新冠肺炎疫情防控、脱贫攻坚、志愿服务等方面的新时代奋斗女性先进典型。评比表扬市级“巾帼文明岗”97个、“巾帼建功标兵”554人、“最美巾帼奋斗者”集体60个、“最美巾帼奋斗者”个人607人；创建市级“妇女儿童维权岗”19个。创建自治区巾帼文明岗8个（中国人寿隆安支公司客服部、青秀区新竹街道新竹社区居委会、邕宁区新兴产业园区管理委员会安置回建部、武鸣区人民法院未成年人案件审判庭、南宁市第四人民医院内科、南宁市公安局交警支队车管所所部中队、南宁威宁生态园有限责任公司客房部、广西天妃商务酒店有限公司客房部）。梁小霞被追授为全国三八红旗手、广西三八红旗手。获“广西三八红旗集体”称号4个（马山县融媒体中心、江南区市政环卫管理站、西乡塘区北湖街道办事处、南宁轨道交通集团有限责任公司客运中心会展中心站）。获“广西三八红旗手”称号21人（陆燕、利丽、施维、韦彩云、李玉环、韦雪梅、陆小卫、李小玲、潘利花、何秋玲、林健燕、兰卫华、肖彩、李桂香、吴雪华、杨冰、李莺、黄四妹、雷珍、黄如嫄、赵颖）。

【妇女儿童“两规划”实施】 2020年，市妇联推动实施妇女儿童发展规划。开展妇女儿童重难点问题课题调研4个，完成市第四期中国妇女社会地位调查6个区县480份样本调查。将南宁市妇女儿童工作委员会机构更名南宁市政府妇女儿童工作委员会，将南宁市妇女儿童工作委员会办公室更名南宁市政府妇女儿童工作委员会办公室，并更换公章；指导12个区县完成机构更名。组织召开市妇儿工委会议，举办南宁市实施两规划重点难点指标攻坚达标会议暨两规划业务培训班，培训80多人。 （黄家玉　周燕丽）

2020年10月19日，市妇联在青秀区南阳镇二田村下田坡开展“巾帼志愿阳光行动”护童服务活动　市妇联提供

南宁市科学技术协会

【概　况】 2020年，南宁市有南宁市科学技术协会（简称“市科协”）及12个区县科协，有乡镇（街道）科协127个、社区科协130个，市级学会、协会35个，企事业科协84个；科普示范社区91个（国家级15个、自治区级11个），农村专业技术协会56个，科普示范基地56个（国家级8个、自治区级7个）；建设“科普中国”校园e站51个、“科普中国”社区e站33个、“科普中国”乡村e站21个。南宁公民具备科学素质比例达11%，高于全国总体水平，超额完成“十三五”公民具备科学素质比例10%目标。市科协获全国科普日活动优秀组织单位、广西公民科学素质网络竞赛一等奖。主要存在“科创中国”工作成效有待提升，企业科技需求挖掘不够深、对接不够，基层科协组织不完善等问题。

【科普活动】 2020年，市科协依托南宁电视台、南宁地铁大型LED屏滚动播出《预防冠状病毒》《科学防护助力复工复产》等科普视频8万多次；通过市科技馆等科普教育基地LED屏、科普e站大屏推送科普中国疫情防控视频5万多次；联合市气象局等单位通过公众号平台发布疫情防护科普文章114篇；联合卫生健康部门利用全市1200余套乡、村气象预警大喇叭每日宣传防疫知识。依托“精准扶贫”科技专家服务团，组织产业扶贫大培训、“科普服务乡村振兴助力精准扶贫工程”“百名专家进百村（社区）”科普服务等现场技术培训323场，服务贫困户2.10万人次。全国科普日期间，组织开展科普活动126场，科普讲座、报告会81场，适用技术培训班106期，专家咨询服务550人次，发放科普读物、资料54.84万份（册），张贴或悬挂宣传标语672幅，制作宣传展板244块，开放科普基地37个，科普网站、微信公众号发文1845篇、阅读量313.71万次，公众参与41.51万人。

【学术交流】 2020年，市科协组织企业

2020 年 8 月 13 日，科普志愿者在市科技馆与 40 名进城务工人员子女开展“心手相牵，快乐成长”系列科普主题活动　　市科协提供

参加中国创新方法大赛广西区域赛，广西南南铝加工有限公司《基于 TRIZ 理论的汽车用高品质铝合金板材开发与应用》《航空航天用第四代超高强铝合金超厚板的开发》项目获广西赛区一等奖，分获全国大赛一等奖、二等奖。9 月 25 日，在市科技馆举办以“科技创新与高质量发展”为主题的市第十届学术年会开幕式暨专题研讨会，邀请自治区内外专家学者 80 人参加交流、研讨。新冠肺炎疫情期间南宁市生态环境要素监控与污染防控技术论坛、加强水环境治理助力强首府战略实施论坛、南宁—东盟国际医护人员职业卫生防护学习班等 5 项活动列入年会活动。论坛采用“线上 + 线下”双线交流，会议座谈、实地调研、主题论文征集评选、专题报告等形式，搭建多层次学术交流平台。以课题研究形式支持学会、协会围绕党委、政府中心工作建言献策，形成《补短板，降成本，惠民生——实施强首府战略之提升南宁智慧快递物流服务对策研究》《围绕实施乡村振兴和强首府战略、提高农村供水保障能力——关于南宁市城乡一体化供水工程建设情况调查》《中国（广西）自由贸易试验区建设背景下南宁市与东盟旅游产业合作及对策研究》等 5 项高质量决策咨询成果，其中列入市政协提案咨政报告 3 项。

【自然科学优秀论文评选】 2020 年，南宁市自然科学优秀论文评选收到参评论文 122 篇，涉及预防医学与卫生学、土木建筑工程、通信与自动控制技术等 17 个学科。9 月 17 日，经市自然科学优秀论文评审委员会审定，评出获奖论文 33 篇，其中《STAT3 通过 lncRNA-MEG3/miR-361-5p/HDAC9 轴调控心肌肥厚的发生》《不同坡位对格木生长影响与嫁接成活的相关性分析》《分数阶模糊自抗扰的机器人手臂跟踪控制》3 篇论文获一等奖，《饲料脂肪水平对红罗非鱼稚鱼生长及肌肉脂肪酸组成的影响》《肺结核行机械通气患者序贯排痰方案的构建及应用》《随机波动率与跳扩散组合模型的双币种期权定价》等 10 篇论文获二等奖，《南宁市城市供水水源系统布局与思考》《南宁市城市污泥资源化与能源化处理处置研究》《IncidenceandtypesofHIV-1drug resistancemutationamongpatients failingfirst-lineantiretrovialtherapy（一线抗逆转录病毒治疗失败患者 HIV-1 耐药突变的发生率和类型）》等 20 篇论文获三等奖。

表 18　　2020 年南宁市自然科学优秀论文评选结果情况一览表

奖项	论文题目	作者	单位
一等奖	STAT3-induced upregulation of lncRNA MEG3 regulates the growth of cardiac hypertrophy through miR-361-5p/HDAC9 axis（STAT3 通过 lncRNA-MEG3/miR-361-5p/HDAC9 轴调控心肌肥厚的发生）	张景昌、梁艺、黄学成	南宁市第二人民医院
一等奖	不同坡位对格木生长影响与嫁接成活的相关性分析	蒙兰杨、唐国强、唐武	南宁市林业科学研究所
	分数阶模糊自抗扰的机器人手臂跟踪控制	刘红艳、周彦、毋三民	南宁职业技术学院
二等奖	To reveal pharmacological targets and molecular mechanisms of curcumol against interstitial cystitis（基于网络药理学揭示莪术醇治疗间质性膀胱炎的药理学靶点和分子机制）	吴咖、韦平原、刘美珍	南宁市第二人民医院
	Comparative study of striatum GABA concentrations and magnetic resonance spectroscopic imaging in Parkinson's disease monkeys（帕金森病猴纹状体 γ-氨基丁酸实验及活体波谱定量的对比研究）	黄丽轩、任延德、曾自三	南宁市第一人民医院
	Identification of molecular corvelation s of RBM8A with autophagy in Alzheimer's disease（阿尔茨海默病中与 RBM8A 相关的自噬分子鉴定）	邹东华、李荣杰、黄晓华	南宁市第一人民医院
	饲料脂肪水平对红罗非鱼稚鱼生长及肌肉脂肪酸组成的影响	陈涛、黄福标、沈艺敏	南宁学院
	肺结核行机械通气患者序贯排痰方案的构建及应用	龚贝贝、韦彩云、陈跃华	南宁市第四人民医院
	随机波动率与跳扩散组合模型的双币种期权定价	韦铸娥、奚欢、何家文	南宁学院

续表 18

奖项	论文题目	作者	单位
二等奖	基于熵权 TOPSIS 分析法的南宁市基本公共卫生服务综合评价	徐斌、韦雪、黄夏萍	南宁市卫生和计划生育宣传信息中心
	考虑节点域影响的钢框架节点变形机理分析	陈艳艳、邹传龙、黄美玲	南宁学院
	Prognosis of clear cell renal cell carcinoma (ccRCC) based on a six-lncRNA-based risk score:an investigation based on RNA-sequencing data[基于肾透明细胞癌(ccRCC)测序数据构建长链非编码 RNA(lncRNA)分子风险评分预后模型的研究]	曾江辉、陆伟、梁良	南宁市第二人民医院
	南宁城市内涝分布特征及其监测预警系统应用分析	黄丹萍、白龙	南宁市气象局
三等奖	南宁市城市供水水源系统布局与思考	贝德光、罗莹、许谦	广西绿城水务股份有限公司
	南宁市城市污泥资源化与能源化处理处置研究	黄星发、黄宇钊、何顺	南宁建宁水务集团广西金水建设开发有限公司
	Incidence and types of HIV-1 drug resistance mutation among patients failing first-line antiretrovial therapy(一线抗逆转录病毒治疗失败患者 HIV-1 耐药突变的发生率和类型)	罗晓璐、磨立达、苏国生	南宁市第四人民医院
	穴位埋线与盐酸安非他酮缓释片治疗烟草依赖对照研究	黎宏颖、何玮	南宁市第七人民医院
	基于中智模糊关联规则生成的大数据挖掘分析算法	梁凡、赵丽	南宁职业技术学院
	南宁市南湖浮游动物生物多样性分析及水质评价	吴延志、陈宗永	南宁市南湖公园
	蒸腾抑制剂对扁桃水分利用效率及茎流速率的影响	黄旭光、陆炎松、李金华	南宁市园林科研所
	The application of IL-10 and TNF-α in expressedprostatic secretions and prostatic exosomalprotein in urine in the diagnosis of patients withchronic prostatitis(前列腺液中 IL-10、TNF-α 与尿液前列腺外泌蛋白水平在慢性前列腺炎中的诊断作用研究)	银联立、唐映华、潘爱萍	南宁市第二人民医院
	单细胞转录组测序分析人类胚胎发育阻滞的潜在机制	许常龙、李春苑、杨华	南宁市第二人民医院
	固溶处理对 6xxx/7xxx 铝合金复合板材组织和性能的影响	莫肇月、刘莹、朱玉涛	广西南南铝加工有限公司
	7 种大型丛生竹容器扦插苗造林效果分析	罗筱娥、蒙兰杨、李立杰	南宁市林业科学研究所
	南宁市 5 县农村地区 HIV/AIDS 患者合并结核病、结核病患者感染 HIV 的现状及其影响因素	何波、农丽萍、黎舒	南宁市疾病预防控制中心
	苍白球与壳核 T1WI 信号比值在足月儿急性高胆红素相关脑病的临床研究	尹家瑜、申炜、许梅海	南宁市第一人民医院
	草型生态系统构建技术在南湖富营养化防治中的应用	陈宗永、马海霞、韦兰英	南宁市南湖公园
	2018 年南宁市手足口病疫情预测模型研究	曾毅、汤洪洋、潘利花	南宁市疾病预防控制中心
	典型喀斯特区植被变化及其与气象因子的关系——以广西百色市为例	叶骏菲、陈燕丽、莫伟华	南宁市邕宁区气象局
	术前控制营养状况评分与根治性切除术加辅助化疗胃癌患者预后的关系	谢桂生、韦皓棠、陈丰	南宁市第二人民医院
	HIV/AIDS 相关性肾脏疾病患者免疫功能变化及预后分析	兰玲鲜、苏春雄	南宁市第四人民医院
	马凡氏综合征继发脑血管疾病的临床分析	苏育琳、陈子怡	南宁市第二人民医院
	南宁市 2015—2016 年疟疾媒介监测结果分析	石健、凌峰、屈志强	南宁市疾病预防控制中心

【科技创新与服务】 2020年,南宁市入选中国科协"科创中国"22个首批试点城市(园区),印发《南宁市建设"科创中国"试点城市实施方案》,对接中国有色金属学会、中国汽车工程学会等全国学会到南宁开展服务活动3次,促成中国有色金属学会与广西南南铝加工有限公司签署共建学会专家工作站合作协议、中华护理学会内科专业委员会与市第二人民医院签署全国学会南宁专家工作站建站协议。组织南宁华数轻量化电动汽车股份有限公司、南南铝业股份有限公司等6家企业参加2020(第十四届)国际汽车轻量化大会暨展览会。承接中国科协院士专家暑期休假活动,22名中国科学院、中国工程院院士和7位高层次专家为南宁市高质量发展提出意见建议,编制《关于中国科协2020年院士专家暑期考察休假(广西)在邕系列活动成果的报告》获市领导批示。南宁市"科创中国"建设经验入选2020年"科创中国"典型案例汇编。在广西金穗农业集团有限公司成立中国农村专业技术协会广西隆安火龙果科技小院,在广西南宁市武鸣嘉沃农业专业合作社成立中国农村专业技术协会广西武鸣沃柑科技小院,在广西时宜农业科技有限公司成立中国农村专业技术协会广西邕宁桑蚕科技小院,在广西九龙腾农业科技有限公司成立中国农村专业技术协会广西宾阳水稻科技小院等4个科技小院。各科技小院依托建设单位完善专家教授和入驻研究生的食宿、办公、科研实验等基础设施,助力南宁沃柑、大米、桑蚕、火龙果等特色品牌产业发展。南宁·中关村天合科技成果转化促进中心建设项目通过中国科协验收,6月开展首次企业线上创新成果发布,广西博世科环保科技股份有限公司发布MCO点源污水处理系统、MCI生物反应器等创新项目,8月起常态化开馆。

【国际交流与合作】 2020年,市科协向中国科协申报创建国家海外人才离岸创新创业基地,6月18日获批复。引进"跨境直播一站式服务""卵黄免疫球蛋白抗技术""高速信号连接器中国市场化项目"等15个项目入驻,海外项目入驻南宁市离岸基地累计20个。在马来西亚、英国、意大利、德国新建海外引智工作站4个,在13个国家和地区累计建立海外引智工作站21个。联合市委组织部、市财政局出台《南宁市高层次学术交流活动资助办法(试行)》,通过给予最高100万元补贴,鼓励知名学术组织在南宁举办高水平学术活动。支持市相关单位与以色列全球领导人联合会、中华护理学会、中国心理卫生学会、亚洲食学论坛组委会等学术机构、科技机构联合举办"中国—以色列全球创新发展合作南宁论坛""南宁—东盟国际男护士专业能力提升与职业发展高峰论坛""第四届中国—东盟精神医学国际高峰论坛""第十届亚洲食学论坛"等高层次学术交流活动,通过"线上+线下"方式,吸引国内外专家学者7万多人参与。9月至11月,与市科技局、市外事办联合举办第三届南宁市海(境)外人才创新创业大赛,693个海外项目参赛,比上年增长56.78%,21个项目获奖。决赛一等奖项目"复杂曲面的高效高质磨粒流超精密加工技术与装备"、优秀奖项目"中国蓝节能减排汽柴油添加剂"赛后落户南宁,入驻八桂海外人才离岸创新创业基地。11月12日,承办南宁·东盟人才交流活动月开幕暨第七届南宁市海内外高层次人才与项目对接会,邀请在外广西籍杰出人才代表、第三届南宁海创大赛决赛人才代表、2019年度"邕江计划"创新创业领军人才(团队)代表等70多人参加。俄罗斯、德国、意大利、马来西亚、新加坡5个国家及北京、广东等国内城市的14个人才项目,通过"线上+线下"方式与市相关单位、企业签约,包括院士2人、全球知名科技机构3个、海创大赛获奖项目6个。12月18日,主办"技贸通"南宁海外项目路演活动,美国、加拿大、芬兰等国家的10个海外生物医药创新创业团队进行线上路演,40多家企业代表参加,海内外在线收看并参与交流人员1.40万人,促成"侵入式医疗器材低温灭菌技术"项目加速签约落地。

【青少年科技教育】 2020年,南宁市选送109个参赛项目参加第35届广西青少年科技创新大赛,获奖103个(一等奖36个、二等奖27个、三等奖40个),获奖数量居各参赛城市首位。11月4日至15日,市科技馆举办以"创新·体验·成长"为主题的市青少年科技创新大赛评比、展览活动,参赛作品915件,评选获奖作品537件(一等奖93件,二等奖183件,三等奖261件),优秀科技辅导员13人,科技教育创新优秀学校8所。联合开展广西"大手拉小手——科普报告希望行"南宁市活动,组织广西未成年人科普演讲团专家到横县、马山县、隆安县等区县开展专题讲座24场,受益师生近1万人;联合市青年志愿者协会开展"六一儿童节快乐志愿者"主题活动、"科普小使者在行动"国庆志愿讲解活动,参与活动136人;协办市第二届"气象小主播"大赛,联合自治区住建厅、广西电视台移动数字电视频道开展"心手相牵快乐成长关爱进城务工人员子女"暖心活动。依托青少年科学工作室,研发"未来科学+"科学公益课,涵盖机器人、科学制作、创意木工坊、科漫达人、生命科学等课程,免费面向社会开课165次、340个课时,参与学生1814人次。举办市青少年科技辅导员培训班,培训270人。

【组织与阵地建设】 2020年,市科协持续加强科协基层组织建设,12个区县科协"三长"(学校校长、医院院长、农技站站长)兼职全覆盖,127个乡镇(街道)全部成立科协组织。组建市新时代文明实践科技志愿服务总队,依托市科技馆展厅特色资源,开展"南宁援鄂医务工作者先进事迹展""你礼让,我点赞""你我携手文明同行"创城主题等品牌志愿服务活动47场;开展"弘扬科学精神,共筑新时代科学梦"科普活动进校园10场,推动科普大篷车、科普主题展览、科普剧、科学实验秀等优质科普资源走近基层、服务基层,受益师生5.16万人。引进市第五人民医院和市心理咨询师协会心理专家在市科技馆设立志愿服务点,专题开展心理咨询志愿服务44场次,服务907人次。实施"基层科普行动计划",全市科普示范基地(兴宁区三塘镇金花茶产业科普示范基地)、农村专业技术协会(马山县黑山羊农旅融合发展协会)、科普示范村(隆安县乔建镇培正村)、科普示范社区(宾阳县宾州镇商贸城社区),分别获国家级奖补资金10万元;科普示范学校(南宁市逸夫小学、南宁市位子渌小学、南宁市大联小学、邕宁区第四小学)分别获自治区级奖补资金10万元;农村专业技术协会2个、农村科普示范基地7个、科普示范村6个、科普示范社区10个获市级表彰,获奖补资金52万元。成立市科协所属科技社团2家(南宁市计算机学会、南宁市知识产权协会),市级企业科协2家(广西四野牧业有限公司科协、南宁弗纳姆智能科技有限公司科协)。培育新建农村专业技术协会2个(邕宁区时宜桑蚕产业技术协会、隆安金穗火龙果产业技术协会)。新建科普中国乡村e站7个,科普中国社区e站6个,科普中国校园e站15个,累计建成科普中国e站105个。

【南宁市科技馆】 位于青秀区铜鼓岭路10号。场馆占地3.33公顷,建筑总面积3.60万平方米,含科技主馆、科学会堂两部分。常设展区面积1.22万平方米。以"人与未来"为主题,设有专题展厅7个、功能区2个、4D特效影院1个,展项展品305件(套)。获批中国科协国家海外人才离岸创新创业基地、中国发明协会"燎原计划"中小学创新创造教育科创研学基地、广西第二批中小学生研学实践教育基地、南宁市首批中小学生研学实践教育基地。受新冠肺炎疫情影响，2020 年 1 月 24 日(除夕)起闭馆，4 月 30 日起部分恢复对外开放，恢复开放初期日最大观众接待量 1000 人，采取网上实名制预约参观，10 月 1 日接待观众总量增至 2000 人。全年接待观众约 15 万人次，其中未成年观众约 5 万人次；接待各类团体 29 个，其中学校团体 1 个。开展科普活动 731 场次，受益 12 万人次。策划开展《坚决革除滥食野生动物陋习》《南宁市援鄂优秀医务工作者先进事迹展》等科普主题展览，接待观众约 10 万人次。

（蒙蓓禹）

南宁市归国华侨联合会

【概　况】 2020 年，南宁市有南宁市归国华侨联合会(简称“市侨联”)及 13 个区县(开发区)侨联，13 个社区、华侨农林场(含分场)、厂矿企业侨联，168 个侨联小组；直属团体会员 17 个，辖华侨农林场 4 个(广西—东盟经开区、邕宁区五合华侨林场、隆安华侨管理区、武鸣白合华侨农场)。全市有南宁籍及与南宁有渊源的海外华侨华人等近 100 万人，分布于世界五大洲 80 多个国家和地区。有归侨侨眷 14 万多人，其中新老归侨 2 万多人。市侨联发挥桥梁与纽带作用，发动海内外侨胞支援国内抗击新冠肺炎疫情，海内外侨胞、华商企业家捐款 9.30 万元、捐赠抗疫物资价值 11.30 万元。向医院、学校、华商企业捐赠一次性口罩 6.40 万个，助力复学复工复产。为市疫情防控指挥部采购组提供泰国、越南、巴西、印度尼西亚等国购买防疫物资渠道，委托泰国广西总会等海外侨社团协助采购。“正培·侨胞之家”获“全国侨联系统优秀侨胞之家”称号。主要存在基层党组织建设力度需加强，党建与侨联工作需进一步融合，部分区县侨联组织架构不完善等问题。

【侨界人才服务】 2020 年，市侨联加强海外引智工作站建设，发挥首家海外引智工作站美东广西青年学友会海外引智工作站作用，宣传南宁市创新创业环境、人才政策；筹备在柬埔寨成立第二家海外引智工作站。向市高层次人才服务中心推荐海外桂籍杰出人才 14 人。举办第七期华商人才暨新侨人才培训班，培训 58 人。举办“新侨菁英创享南宁”人才沙龙活动，组织 20 多名新侨人才与海外高端人才走访企业及联谊交流。与美东广西青年学友会海外引智工作站联合开展“留学生前程规划交流会”，向海外留学生推荐贸易区南宁片区投资环境及南宁市海外人才引进政策，哥伦比亚大学、南加州大学、纽约大学、南安普顿大学、约克大学、悉尼大学等 26 家国外知名高校留学生、侨商侨领 100 多人参加。中新网、《华声晨报》、《南宁日报》等多家媒体宣传报道。

【深化侨联改革】 2020 年，市侨联推动区县基层侨联组织架构完善。青秀区召开第一次归侨侨眷代表大会，选举产生青秀区侨联第一届委员会及领导班子。加强侨胞之家创建，与兴宁区联合打造邕武东社区“侨胞之家”侨文化建设升级工程。青秀区侨联与广西知仁乐易企业管理有限公司成立首家“新侨驿站”。组织部分市侨联委员、基层侨联负责人、华商会成员与市社科院组成联合调研组，分别到安徽省合肥市、江苏省南京市、河北省石家庄市、河南省郑州市等地调研，学习侨联基层组织建设及新侨“双创”(创新、创业)先进经验。

【为侨服务】 2020 年，南宁市各级侨联组织走访慰问困难归侨侨眷、侨界代表人士、侨界困难党员、留守儿童、贫困生 1763 人次，发放慰问金及慰问品价值 108.97 万元。开展就业、教育帮扶。西乡塘区利用侨资企业资源，推介 30 名贫困归侨侨眷到民营企业或侨资企业就业；邕宁区举办技能培训班 6 期，培训困难归侨侨眷 180 人次，举办侨界知识文化讲堂 20 期，受益侨界群众 500 多人次。开展困难、患重大疾病归侨侨眷救助，江南区、西乡塘区、邕宁区等为 113 户归侨侨眷家庭提供生活救济(助)金 13.35 万元。市侨联拨付 7.30 万元支持团体会员联谊(校友)会、侨心艺术团、华商会、基金会开展联谊交流。各级侨联组织以《中华人民共和国归侨侨眷权益保护法》颁布 30 周年、创建全国文明城市为契机，开展侨法宣传、知识竞赛活动 37 场次，发放宣传资料 5 万多份，参加群众 6000 多人次。9 月 1 日，市侨联与青秀区侨联在津头街道南湖小区社区广场举办庆祝侨法颁布 30 周年暨南宁市创建全国文明城市宣传活动，参与活动 150 多人。市侨联与南宁日报社合作，打造“邕江侨韵”宣传活动品牌，开辟《侨的一天》《我的中国心》《邕江·侨音》、侨法宣传活动现场直播 4 个主题宣传专栏；与“正培·侨胞之家”联合举办“祖国在我心中”国画作品网络展，组织海内外侨界画家、国画爱好者在“今日头条”网络平台展出作品 80 多幅；联合南洋华侨机工眷属南宁联谊会配合南宁电视台拍摄“赤子足迹”历史文献纪录片，讴歌南侨机工爱国主义精神。

【侨心慈善基金会公益事业】 2020 年，市侨心慈善基金会拨付 3 万元购买鸡苗，支持宾阳县恩陇镇马岭村贫困户发展产业。发动华商企业与贫困村委对接代销农副产品，拨付帮扶资金 3 万元用于公益性岗位薪酬支出、修缮贫困户厕所、特困户产业扶贫等。会员企业广西人人想食品有限公司、广西桂柑果业有限责任公司捐款捐物 10 余万元参与邕宁区精准扶贫。市侨心慈善基金会第一届理事会任期五年累计收到 316 个爱心团体(企业)、爱心人士捐款捐物价值 1282 万元，在医疗扶贫、产业扶贫、助学帮困、侨胞之家建设及支持侨界群众开展活动等方面贡献力量，基金会被评为“5A 社会组织”。

（廖嗣松）

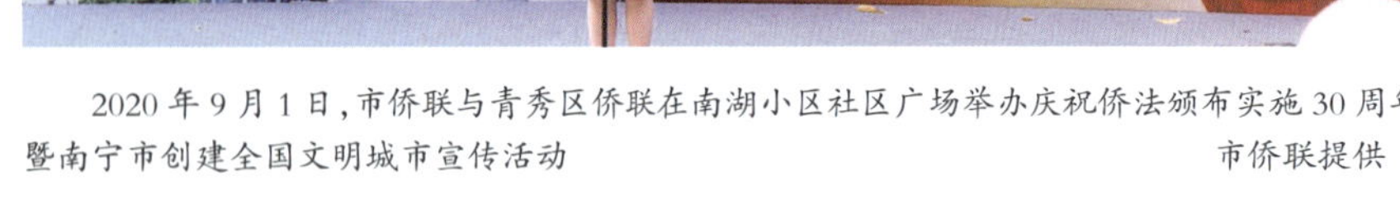

2020 年 9 月 1 日，市侨联与青秀区侨联在南湖小区社区广场举办庆祝侨法颁布实施 30 周年暨南宁市创建全国文明城市宣传活动　　市侨联提供

南宁市青年联合会

【概　况】 2020年，南宁市青年联合会（简称"南宁青联"）第九届委员会有委员240人，由会员团体推荐、协商产生的代表和特别邀请的各族各界青年代表出任。有界别11个（教育、农业、文艺、社会科学、经济与金融、医药卫生、律师、科学技术、社会组织和社会中介、技能人才、特邀团体）。年内，南宁青联组织青联委员60余人次，到贫困村开展爱心帮扶活动，捐赠文具、科普图书等学习用品价值6.50万元；筹集善款22万余元，捐赠广西青少年发展基金会用于新冠肺炎疫情防控。举办南宁青联九届三次常委（扩大）会议暨青联委员履职培训交流会，参会青联委员100多人。主要存在受新冠肺炎疫情影响，委员活动不够丰富，外出学习交流少等问题。

【爱心帮扶】 2020年，南宁青联开展"新青年·艺起来"——南宁"筑梦计划"街舞公益课堂进学校（乡村）活动，组织新兴青年群体中的街舞青年到7个贫困村开展"街舞公益进校园"活动，受益学生1500多人。组织青联委员到学校开展"开学第一课""青春自护"课程培训，提高学生自我保护、防溺水意识，受益学生600多人。5月29日，"八桂青联在行动——南宁青联·爱心助学"活动在马山县古棠小学、加显小学举行，自治区、市两级青联委员组织动员中建八局二公司、广西强东建设工程有限公司、苏明眼镜SUMI等爱心企业为留守儿童捐赠校服、文具、科普图书等学习用品价值6.50万元，苏明眼镜店免费为学生检查视力、配镜。依托青联平台资源，开展"圆梦微心愿""冬暖童心""宝贝出村""青力扶贫联创梦想""街舞公益课堂"等品牌活动，惠及贫困村留守儿童5000多人次。

（廖敏楸）

南宁市文学艺术界联合会

【概　况】 2020年，南宁市有南宁市文学艺术界联合会（简称"市文联"）及12个区县文联，11个市属文艺家协会（市作家协会、市戏剧曲艺家协会、市音乐家协会、市美术家协会、市舞蹈家协会、市摄影家协会、市书法家协会、市电视艺术家协会、市民间艺术家协会、市文艺评论家协会、市文艺志愿者协会），1个产业文联（市公安文联），会员4265人。有广西文联命名文艺村238个、文艺户488户。征集抗击新冠肺炎疫情文艺作品超1600件，涉及文学、戏曲、音乐等文艺门类10个，入选自治区党委宣传部"防控抗击新型冠状病毒肺炎疫情"主题艺术作品征集活动第三批推荐作品展播22件，被学习强国、中国文艺网、《广西日报》、广西电视台、喜马拉雅等媒体和平台转载40多件。《红豆》专号刊发市作协集体创作长篇报告文学作品《提灯天使——援鄂医疗队员梁小霞》。主要存在文艺事业与经济社会发展的要求、人民群众的期待仍有差距，缺乏在自治区、全国有影响的文艺精品，文艺领军人才匮乏，对文艺精品激励和扶持力度不足，会员数量庞大、分散，会员思想管理和登记需进一步增强等问题。

【文艺家协会换届】 2020年12月5日，市文联在市委党校举行全市性文艺家协会换届大会，市属10个文艺家协会完成选举、换届。丘晓兰当选市作家协会第八届主席团主席，方宁当选市戏剧曲艺家协会第八届主席团主席，何镇国当选市音乐家协会第八届主席团主席，李紫君当选市舞蹈家协会第八届主席团主席，宋忠阳当选市美术家协会主席团主席，潘继坦当选市书法家协会第八届主席团主席，陈卓凡当选市摄影家协会第八届主席团主席，龙颜悦当选市广播电影电视艺术家协会第六届主席团主席，郑天雄当选市民间文艺家协会第四届主席团主席，曹正文当选市文艺评论家协会第二届主席团主席。

【文艺品牌创建】 2020年，市文联落实"绿城玫瑰""邕州才子"新阶层作家统战创新示范基地建设，组织新阶层作家赴西乡塘区刚德村参加石鉴文化节采风。推动绿城公益文学讲堂升级改版，举办南宁·钦州两地历史文化名人题材创作交流暨《北部湾名人》系列创作研讨会，组织作家到西乡塘区金陵镇大石坡参加石鉴文化节采风，到江南区华南城开展企业采访并举行文学创作基地挂牌仪式。开展文学进校园、进军营活动，四丫头在广西机电职业技术学院举行"让文学牵引你的青春"主题讲座，吴烜在青秀区新新家园幼儿园举行"牛角梳的故事"非遗经典进校园主题讲座，宾阳在南宁师范大学进行"媒体融合下的新闻写作、编辑技巧和平台渠道"讲座，谭小萍携新作《西非时间——中国第五支赴利比里亚维和警察防暴队纪实》走进军营。11月6日，南宁文学院（红豆杂志社）主办的第四届《红豆》文学奖颁奖典礼暨南宁文学院第七期培训班举办，评出小说奖、散文奖、诗歌奖、新人奖、优秀作品奖、《红豆》新芽奖20件。《红豆》专号刊发市作协集体创作长篇报告文学作品《提灯天使——援鄂医疗队员梁小霞》。

【文艺特色主题活动】 2020年1月3日，市文联联合市委宣传部、市文广旅局等单位在隆安县易地扶贫搬迁震东集中安置区举办决胜建成小康社会奏响强首府最强音——南宁市"我们的中国梦"文化进万家活动启动仪式和慰问演出，参与群众约1000人，市文联文艺小分队为群众写春联，画年画，拍摄全家福等。组织3个文艺小分队30人分赴上林县、马山县、隆安县等地采风创作，用美术、摄影艺术形式展现脱贫攻坚一线和背后的故事。市作协新的社会阶层人士实践创新基地成果展示区在市文联一楼大厅建成，展示近年来作家们出版的书籍报刊、获奖证书、艺术作品及代表画册。8月1日，市摄协

2020年12月25日，团市委、南宁青联在马山县古棠小学举办"南宁青联·2020冬暖童心"活动　　南宁青联提供

参与主办的“经典的回响”——两广银盐影像作品联展南宁站活动在良庆区朗玥湖山楼盘开幕,有东莞市、南宁市、柳州市、贵港市摄影家协会会员及自由摄影家创作的100多幅作品参展,参加开幕展约200人。9月5日,“丹青绘八桂,墨彩描绿城”南宁市百位画家画展在市文化宫开幕,展出作品135件,参加开幕展约300人。6日,首府南宁创建全国文明城市摄影大赛获奖作品巡展在民族广场揭幕,随后在朝阳广场、南湖公园、市第三中学(青山校区)、望仙坡小区等展出,展出作品59件(组)、85张。9月30日至10月30日,南宁市“决胜全面小康·决战脱贫攻坚”美术书法摄影作品展在市博物馆举办,展出作品216件,观展2000多人。11月10日至25日,南宁市“百里秀美邕江”美术书法精品展在市群众艺术馆一楼大厅举办,观展2000多人。12月27日,“小康画韵”市美术小品展在市群众艺术馆开展,展出作品120幅,参加开幕展200多人。

【文艺志愿服务活动】 2020年,市文联参与组织广西文艺志愿服务团到南宁火车东站开展“我们的中国梦”——文化进万家“春运”送文化活动,为旅客送春联、送“福”字、送年画、送挂历、送优秀书刊,拍摄“全家福”,开展文艺演出等。在市华西路小学举行“我们的中国梦”文化进万家——南宁市中小学“我家春联我书写”启动仪式暨书法家进校园活动。市书协组织12个区县书协举办“书法家送万福进万家”下基层志愿服务公益活动。市文联系统组织书法家、书法志愿者600多人次,到乡镇、村屯、企业、单位书写赠送春联3万多对、送出“福”字1万多张。市美协与市摄协运用社交网络平台,开展“文艺进万家健康你我他”——到人民中去文艺志愿服务辅导讲座和直播活动。市剧协排演《熊出没之朋友》《成语猜猜看》《垃圾分类我最行》等全新剧目,排练儿童剧《得过且过》及优势剧目《帝女花》《洞天福地》《七夕盟誓》《邕城戏韵》。市剧协、市舞协开展送戏进校园活动近400场。市舞协组织艺教联盟机构策划开展线上录制《抗疫情传温暖》公益MV并入选全国魅力校园精选视频展播。12月25日,市文联主办,市群众艺术馆、市文艺志愿者协会及各区县文联承办“到人民中去”——南宁市“千村万户文艺惠民工程”文艺村文艺户展演在民歌湖大舞台举行,演出节目14个,观看群众约1000人。

【文艺创作成果】 2020年,市文联及所属10个文艺家协会创作成果丰硕。市文联征集抗击新冠肺炎疫情文艺作品超1600件,涉及文学、戏曲、音乐等文艺门类10个,入选自治区党委宣传部“防控抗击新型冠状病毒肺炎疫情”主题艺术作品征集活动第三批推荐作品展播22件,被学习强国、中国文艺网、《广西日报》、广西电视台、喜马拉雅等媒体和平台转载40多件。市作协侯珏长篇小说《一厘米国境线》、谭小萍长篇报告文学《西非时间——中国第五支赴利比里亚维和警察防暴队纪实》、朱千华长篇报告文学《英雄虎胆:缉毒警察甘科伟》、谢青夏长篇报告文学《农星之路——广西农业创业案例》、徐向群长篇报告文学《山那边,有光》、韦武康诗集《一些简单的树叶和鸟鸣》、王勇英报告文学《黄文秀:青春之花》、吴炬系列儿童绘本《春山布谷》《仙草青蒿》等12部专著出版。市剧协丝弦戏《平贵别窑》参加戏曲百戏(昆山)盛典活动,是继2019年邕剧、师公戏之后,南宁地方戏曲连续两年入选盛典。市音协创作抗疫歌曲36首,歌曲《相信中国》《心的长城》《坚决打赢疫情防控阻击战》获自治区党委宣传部、自治区卫健委主办的广西健康文化宣传服务月健康文化作品征集活动一等奖。市舞协创作舞蹈作品《呼吸》及缅怀白衣天使梁小霞的情景舞蹈,推出“云观影”活动,在线上发布《妈勒访天边》《刘三姐》《百鸟衣》等剧目;在首届中南六省(区)“十佳青年领军舞者’展演活动”中,市青年舞蹈家覃雨、王雨竹获“十佳青年优秀舞者”称号。市美协画家刘喜德水彩作品《织》在广西艺术作品展中获优秀奖(最高奖)。市书协潘继坦书法作品入选第十四届国际书法展,潘文志书法作品入选“中国力量——全国扶贫书法大展”,卢培钊、杨嘉寿、吕捷3人书法篆刻作品在广西艺术作品展中获优秀奖(最高奖)。市摄协刘绵宁摄影作品《火龙果之光》、潘永摄影作品《光伏鸭司令》在广西艺术作品展中获优秀奖(最高奖),陈卓凡摄影组照《抗“疫”脸谱》网络点击量超过30万。市民协会员创作500多个(首)文艺作品,山歌剧《立志扶智慧》入选“中华颂”第十一届全国小戏小品曲艺大赛。市视协《我们在一起》(叙事篇)、《春天·无恙》等作品分获“影像万千纪‘疫’有你”——广西战疫纪实影像征集暨防控疫情专项法治宣传行动优秀作品二类、三类扶持资金。跨国春节晚会《春天的旋律·2020》在春节期间覆盖全球约5亿收视人群。4月30日,南宁广播电视台制作的自治区首部高清纪录片《邕江》开播。 (李 雁)

2020年1月3日,“我们的中国梦”文化进万家活动南宁启动仪式暨首场慰问演出在隆安县城厢镇震东安置区举办 李雁 摄

中国国际贸易促进委员会南宁市支会

【概 况】 2020年,中国国际贸易促进委员会南宁市支会(简称“市贸促会”)接待越南商务代表团及客商1批2人,举办、参加经贸洽谈及展览会27场,为会员企业举办自贸试验区政策解读、侵犯专利权法律风险防范及应对、经贸摩擦预警等专业知识培训30场。新发展企业会员3家,累计86家。编印《南宁贸促信息》12期1200多份,报送经贸信息19条,获市委、市政府采用9条。主要存在区县、开发区没有设立基层贸促机构(国际商会);缺乏外贸、涉外法律、外语人才;受新冠肺炎疫情影响开展对外交流受限,无法满足企业要求等问题。

【会员管理与服务】 2020年，市贸促会通过组织企业出访、参展、培训、投融资洽谈会等渠道发展南宁国际商会会员3家。2月，通过微信群向企业介绍由南宁国际商会意大利顾问提供的口罩、防护服和卫生用品等信息，帮助政府有关部门、企业抗击新冠肺炎疫情。3月，以问卷调查方式调研会员企业在新冠肺炎疫情下广西企业上下游产业链存在的问题，了解企业复工复产情况；向企业推介南宁市"抗疫惠企政策服务指南"。3月7日，广西盛伟达国际贸易有限公司在缅甸驻南宁总领事馆商务联络处举办进口缅甸碎米（网上）签约仪式；5月，从缅甸进口第一批碎米运抵南宁并制作成品米粉投入市场。举办"国际疫情引发的国际贸易合同法律风险防范及应对"线上培训班，培训会员企业及市属企业代表2062人；举办"侵犯专利权法律风险防范及应对"线上培训班，培训708人次。组织企业参加中国贸促会举办的中小企业国际经营能力提升系列线上培训、"特朗普政府对中美经贸关系的重构"网上直播课、"中俄跨境电商贸易存在的风险分析及防范措施"线上培训、（欧亚地区）经贸政策和贸易投资法律风险形势分析报告会等12次。组织企业参加南宁市"自贸试验区政策解读"线上培训，观看直播1500人次。带领企业代表拜访钦州贸促会，帮助会员推广业务。12月30日，在线举办南宁国际商会会长办公会暨南宁国际商会第三届理事会四次会议、南宁国际商会会员企业产品信息交流会。

【经贸交流活动】 2020年，市贸促会推荐有经营资质的2家南宁医疗防疫物资企业加入广西防疫物资出口联盟，组织5家企业入驻"一部手机购桂品（爱桂品）"网上购物平台、观看桂品网上交易会开幕式直播并参与广西外贸企业产品出口转内销线上展销会，组织境内外企业和商协会代表46人参加中国（广西）自由贸易试验区云推介云招商签约活动。组织市相关部门及企业参加市政府承办的第十六届（CEFCO2020）中国会展经济国际合作论坛。组织企业参加中国贸促会商事认证中心、中国贸促会商业行业委员会举办的"出口商品品牌交流论坛"。组织企业参加自治区商务厅与越南工贸部贸易促进局举办的中国（广西）—越南进出口商品网上交易会、"中国广西—越南商品网上交易会（建材及家居产品专场）"。组织企业参加广西贸促会在南宁举办的广西外贸企业银企对接会；参加广西贸促会与大韩贸易振兴公社（KOTRA）广州办事处共同主办韩国汽车售后服务市场商品暨视频洽谈会，汽车零部件采购商与韩国对口供应商线上一对一视频洽谈；参加广西贸促会联合全球跨境电商平台 Global Trade Week（展贸通）线上共同举办的中国（广西）—中东、非洲国家数字贸易周活动；参加在广西贸促会举办的中德智能制造与工业4.0高端论坛暨德国企业先进技术及成果展示会。组织企业参加大韩贸易投资振兴公社（KOTRA）广州贸易馆主办的中韩优秀环保企业线上交流会等。

【对外交流与合作】 2020年，市贸促会参加第十二届中国（无锡）国际新能源大会暨展览会及"一带一路"地市贸促会新能源项目推介会，赴深圳参加第二届"全国上市公司共建'一带一路'国际合作论坛"。在市政府参加与到访的新加坡新驻任广州总领事罗德杰一行座谈。组织企业参加泰国湄公研究所、孔敬商会和孔敬工业院在泰国湄公学院总部共同主办的题为"引领新规划：新冠疫情中振兴经济引擎"首届视频论坛，在深圳举办的中国（深圳）国际医疗防疫物资展览会，在南宁国际会展中心举办的中阿博览会暨宁夏优势产业推介对接会，在南宁举办的"中国—东盟商事法律合作研讨会"论坛，在上海举办的第三届中国国际进口博览会，在南宁国际会展中心主办的中国—东盟汇商聚智高峰论坛、第二届中国—东盟人工智能峰会、世界500强企业首席科学家大会（全球高精新特展览会、海内外高端人才创新创业博览会），开展洽谈合作。接待参加第17届中国—东盟博览会、中国—东盟商务与投资峰会的比利时王国驻广州总领事馆法兰德斯大区商务处商务领事 Eva Verstraelen（费夏娃）等。组织大理石、棉花、毛线、皮革、服装、大米等行业的进口商，以及旅游等行业的投资商参加巴基斯坦商业部在南宁国际会展中心举办巴基斯坦贸易与投资机遇推介会。广西盛伟达国际贸易有限公司与缅甸联邦共和国 Kaung Ya Nant International Trading Company Limited 公司在第17届中国—东盟博览会东盟国家馆——缅甸馆进行进口5000吨缅甸花生米签约仪式。9月30日，南宁国际商会驻智利联络处挂牌仪式在智利瓦尔迪维亚服务与旅游商会办公室举行。（王颖谊）

2020年1月9日至11日，第十六届（CEFCO2020）中国会展经济国际合作论坛在南宁市荔园山庄举办　王颖谊　摄

南宁市残疾人联合会

【概　况】 2020年，南宁市有南宁市残疾人联合会（简称"市残联"）及12个区县残联，有区县（开发区）残联组织15个、乡镇（街道）残联组织127个、村（社区）残疾人协会1705个，有乡镇（街道）兼职理事长127人，选聘残疾人专职委员1785人。全市有残疾人53.60万人，占总人口7.23%，其中持有"中华人民共和国残疾人证"18.32万人。聚焦精准扶贫，开展残疾人康复、就业、培训、教育、扶贫等工作，维护残疾人合法权益，开展残疾人宣传文化体育活动。主要存在残疾人工作委员会单位安置残疾人就业有难度，机关单位不能用财政资金聘用工作人员等问题。

【残疾人权益维护】 2020年，南宁市接待残疾人及其亲属来电来信来访26件37人次，集体访2件10人次，办结广西信访综合系统交办件2件次、自治区残联转办件6件次、广西12345便民服务热线转交工单6件次，办结率100%。7月，完成12385热线与广西12345政府服务热线整合，实现12385热线与12345热线“双号并存、统一接听”，统一由12345政府服务热线接听，进行工单流转和绩效管理，拓展12385热线服务范围。市残联聘请广西谦行律师事务所担任法律顾问，建立健全律师定期值班、律师参与公开大接访活动等制度，为残疾人提供法律咨询和法律援助6件次。

【残疾人康复服务】 2020年，南宁市完成基本康复服务2.66万人，基本辅具适配服务9434人。市残联督查调研残疾儿童康复定点机构20家，开展残疾儿童康复定点机构第三方评估，培育残疾儿童康复定点机构7家。开展0岁~17岁残疾儿童康复救助，安排1456名残疾儿童到定点机构入训。开展精神病患者服药救助4146人，住院救助936人。8月25日，在广西中医药大学瑞康医院开展第四次全国残疾预防日宣传活动，现场指导康复训练，普及残疾预防知识。

【残疾人教育资助】 2020年，南宁市资助2014名残疾学生及贫困残疾人子女教育资金233.95万元。其中：中央彩票公益金资助学前残疾儿童264人79.20万元；“阳光助学计划”项目资助特殊学校义务教育阶段残疾学生1400人87.30万元；残疾人教育专项补助资金资助残疾学生接受中等、高等教育68人13.30万元，资助特殊教育高中阶段34人5.10万元，资助贫困残疾人子女接受中等、高等教育248人49.05万元。

【残疾人就业】 2020年，市残联依托中国残疾人就业创业网络服务平台，开发用工单位18家，为残疾人提供就业岗位20个；开展残疾人专场招聘会2场，达成就业意向28人；与广西智乾劳务服务有限公司等第三方劳务公司合作，推进市残疾人就业504人。全市就业年龄段残疾人7.50万人，就业残疾人3.92万人，就业率52.30%，其中新增残疾人就业1087人，超额完成自治区下达新增残疾人就业813人、133%任务。残疾人辅助性就业机构13家，安排重度肢体或智力、精神残疾人开展辅助性就业233人。

【残疾人脱贫成果巩固】 2020年，南宁市开展阳光助残扶贫基地、阳光家园计划、党员扶残温暖同行、精准康复、残疾人家庭无障碍改造和残疾人职业技能培训“六大扶贫工程”，拨付资金2571.70万元，惠及贫困残疾人1.58万人。“阳光家园计划”为7096名智力、精神和重度肢体残疾人提供托养服务，补助资金1064.40万元。“阳光助残扶贫基地”投入资金330万元，扶持15个基地发展养殖，受益残疾人1632人，人均增收3000元以上。“党员扶残温暖同行”投入资金351.70万元，扶持残疾人发展生产3517人。开展贫困成人残障者康复工程，完成假肢和助听器装配303例。为贫困残疾人家庭配备无障碍设施及无障碍改造1813户。协助组织残疾人参加汽车驾驶培训，申领自治区、市级补贴41人6.15万元；为残疾人车主发放机动轮椅车燃油补贴890人；培训农村残疾人实用技术1540人。通过粤桂残疾人扶贫协作项目，获茂名市、高州市援建南宁市贫困县“阳光助残扶贫基地”项目资金55万元，扶持残疾人发展生产360多人。至年末，全市农村建档立卡贫困残疾人4.82万人全部脱贫，享受低保残疾人57.27万人次，享受残疾人“两项补贴”（困难残疾人生活补贴和重度残疾人护理补贴）150.59万人次，建档立卡残疾人基本医疗保险参保率100%，参加城乡居民基本养老保险的重度和贫困残疾人4.39万人，享受危房改造残疾人185户。

【残疾人文化体育】 2020年，市残联与南宁广播电台“990新闻台”联合制作残疾人公益节目《共圆人生梦》，每周播一期，全年播出50期，把新闻资讯、残疾人政策解读、扶残助残与残疾人励志感人故事融合，展示残疾人发愤图强为社会做贡献的精神风貌。5月17日，广西第三十次全国助残日首府系列活动启动仪式在邕宁区阳光助残扶贫基地举行，参加活动100多人。其间，市残联与南宁电视台合作，开展南宁市“助残脱贫，决胜小康”公益宣传活动，选取10名典型人物，在《金牌帮女郎》《南宁正能量》栏目宣传报道。7月至9月，组织49名运动员参加田径、游泳、乒乓球、羽毛球四个项目集训，备战自治区第十届残疾人运动会。

【残疾人综合服务设施建设】 2020年，受新冠肺炎疫情影响，南宁市残疾人活动中心1月底封闭场馆。6月10日起对外开放室内羽毛球场、乒乓球场、康复训练室3个场馆。8月起陆续开展电钢琴、轮椅太极拳、乒乓球、羽毛球、手工发饰等残疾人训练班13个类别16期次，参加人数1241人次，其中残疾人1032人次。全年为残疾人和群众提供服务1.12万人次，其中残疾人4846人次。因疫情影响取消手语学习班、笛子班、葫芦丝班、非洲鼓班、二胡班、儿童画班、声乐班、国画班、坐式排球、盲人乒乓球、盲人按摩体验活动等训练班(活动)。（张晓秋）

2020年7月至8月，南宁市残疾人田径集训队在市体育场训练　　陆金寿　摄

南宁市法学会

【概　况】 2020年，南宁市法学会(简称“市法学会”)管理中国法学会个人会员2300多人，团体会员31个。自治区、南宁市、青秀区三级法学会“会员之家”，兴宁区、江南区、武鸣区、上林县法学会“会员之家”建成使用。推动《南宁市法学会改革实施方案》出台落地，全部落实专职副会长担任党委政法委委员；举办“双百”暨“法治南宁讲堂”研讨会，开展法律服务；出版《南宁政法》内刊4期；开展“法商助企”活动10场次。中国法学会召开“2020年青年普法志愿者法治文化基层行”南宁现场会，宣传推广法治文化基层行南宁做法。主要存在组织全市政法调

2020 年 11 月 20 日，“法商助企”法治文化基层行活动走进广西机动车辆牌证制作有限公司开展《中华人民共和国民法典》知识讲座　　蒙献平　摄

研工作力度有待进一步加强等问题。

【课题调研】 2020 年，市法学会聚焦市域社会治理现代化、平安南宁、法治南宁建设重点课题，组织开展调查研究。征集全市政法调研成果近 200 篇，组织专家评审，通报表扬优秀成果 65 篇。牵头组织、指导形成《坚持发展新时代“枫桥经验”提升南宁市社区治理现代化》《南宁反暴恐标准化建设研究》《南宁市严重不良行为未成年人集中管教研究》《南宁市青少年禁毒宣传教育调研报告》等重点研究成果，促进成果转化。开展南宁市社区网格公共应急管理问题深度研究，形成《新形势下加强南宁市社区网格公共应急管理对策研究》课题报告。组织会员、理事单位选送法学论文、调研成果 100 多篇，参加全国性、区域性法治论坛主题征文活动，获奖 20 多篇，市法学会获“西部法治论坛”“泛珠三角合作与发展法治论坛”优秀组织单位奖。组织会员深入乡村、社区宣讲新冠肺炎疫情防控法律法规 30 场，受益 4000 人；联合市委政法委、广西东盟法商促进会、人民法治杂志社，以法律、金融、财税、评估、企业管理等 12 个法商团队为依托，深入 15 家重点民营企业开展“法商助企”活动 10 场次，解答企业职工在新冠肺炎疫情防控期间劳动关系、工伤保险、权益保障等法律问题，受益 300 人。

【法治宣传教育】 2020 年，市法学会深化校园法治教育实践基地建设，组织市第五十四中学、兴宁区第一中学、良庆区五象湖初级中学、横县职业教育中心、宾阳中学、上林县中学等学校在法治教育基地加强毒品预防教育专区建设，增加建设模拟法庭，打造校园法治教育、禁毒教育“双基地”。联合青秀区法学会指导并拨款 4 万元支持市第五十四中学，配置一批 VR（虚拟现实）模拟设备、人体电子模具，提升毒品预防教育科技化水平。组织 20 名青年普法志愿者参与未成年人“励志专门学校”法治教育、心理辅导，加强对不良未成年人的矫治教育，形成部门联动与志愿者主动参与的共建共治机制。市两级法学会联合相关部门举办“双百”暨“法治南宁讲堂”专场报告会 62 场，其中市级 5 场、县级 18 场、乡镇级 39 场，参加听讲领导干部 2.20 万人次。两级法学会联合政法各部门、团委等，开展法治文化基层行宣传活动 826 次，普法志愿者参加活动 2289 人次，受众近 30 万人。11 月 30 日，中国法学会召开“青年普法志愿者法治文化基层行”南宁现场会，全国 10 个省（自治区）法学会代表参加，中央电视台、《民主与法制》《人民法治》《广西法治日报》《南宁日报》等报刊媒体网站报道、宣传推广法治文化基层行南宁做法。

【信访积案化解】 2020 年，市法学会开展会员包案化解“三重”（重复来信、重复来访、重复网投）信访积案活动，组织 130 名法学会会员包案，集中攻坚化解自治区交办“三重”信访积案 20 件，全部结案，当事人签订息诉息访承诺书或协议书，出具法律专家意见书，为依法解决问题提供参考。　　（韦云高）

南宁市红十字会

【概　况】 2020 年，南宁市有南宁市红十字会（简称“市红十字会”）及 12 个区县红十字会，专兼职干部 82 人，其中市级专职干部 26 人、兼职干部 9 人，区县专职干部 35 人、兼职干部 12 人。乡镇（街道）、村（社区）、大中专院校和中小学基层红十字会组织 736 个，红十字会医院等团体会员单位 121 个，会员 9380 人。红十字会志愿者 8243 人。市红十字系统接收新冠肺炎疫情社会捐赠款物 4649 万元，支出 4649 万元。利用“博爱家园”生计金和自治区援助，实施隆安县屏山乡群力村贫困户肉鸡代养项目，为 81 户建档立卡贫困户发放项目生计金入股及肉鸡代养收益分红 3.72 万元。打造红十字文化传播基地，提升打造吉祥路小学为市级示范校，新增红十字基层组织规范化社区金浦社区；落实香港红十字会在隆安县援建项目，完成隆安县宝塔社区居委会和宝塔实验小学红十字文化传播基地建设。主要存在治理结构不完善，区县红十字会监事会未建立，各项制度和监督体系不够健全；红十字会救助实力与人道需求之间存在差距，动员和凝聚社会力量不够广泛和深入，人道救助能力、服务能力需增强等问题。

【红十字会深化改革】 2020 年，市红十字会实施深化改革，涉及 7 个方面 20 项改革任务，制定 46 项改革措施并明确任务时限。加强红十字会公信力建设，做好“网上红十字会”建设、完善公开透明机制，推动传统募捐方式向现代化募捐方式转型；第七次会员代表大会代表、理事、监事候选人推荐落实社会各领域和基层一线人员比例分别达 50%、60%、70% 的要求，选举增加挂职副会长 1 名。依法设立监事会并选举产生监事长、专职副监事长，建立理事会决策、执委会执行、监事会监督的新型治理结构；指导区县红十字会制定改革实施方案。

【南宁市红十字会第七次会员代表大会】 2020 年 10 月 22 日在市委、市政府会议中心召开。市红十字会第七届理事会理事候选人、区县红十字会、市直单位代表及特邀代表、爱心人士和志愿者等代表 256 人参加。自治区党委常委、市委书记王小东出席并讲话。审议通过市红十字会第六届理事会工作报告，选举产生市红十字会新一届理事会理事 71 人和第一届监事会监事 7 人。聘请自治区党委常委、市委书记王小东为第七届理事会名誉会长，聘请市人大常委会副主任黎琳、市政协副主席潘永钟为第七届理事会名誉副会长。选举新一届常务理事会，邓亚平担任会长、桂文志当选常务副会长，韦武、韦茵、边作新、李忠南、汪述斌、周斌、黄建霞、黄菊如、谢宗务、蔡志忠当选副会长。

根据会长提名,黄建霞为秘书长,同时选举黄芳担任第一届监事会监事长、杨朝东担任副监事长。

【红十字志愿服务】 2020年,市红十字会组织志愿者100多人次开展学雷锋邕江环保清洁志愿服务活动,助力全国文明城市创建。结合红十字"博爱送万家"品牌创建,以"我们的节日·春节元宵节"为主题,开展系列志愿服务送温暖活动12场。春节期间,在市直属应急救援志愿服务队、学雷锋志愿服务队、心理救援服务队中抽调40多名骨干组成红十字志愿服务小分队,进学校、社区、医院、乡村开展文艺演出、道德讲座、防灾减灾宣传、健康义诊、送医送药下乡、春节慰问等活动近50场,慰问困难家庭69户,赠送米、面、油等慰问物品价值5万多元。组织应急志愿服务队水上分队100名志愿者参加元旦冬泳邕江活动,传播红十字志愿服务精神。重视对志愿者的日常关怀,为应急救护水上分队配备救生圈、救生衣、救生绳索等安全防护装备,在元旦冬泳渡江等水上大型活动和其他户外活动中,为志愿者购买人身意外险等。举办志愿者骨干技能培训班3期,培训110人。

【人道救助】 2020年,市红十字会在春节期间围绕"博爱送万家"开展送温暖活动,筹集款物价值103.70万元,慰问困难家庭2400户。实施"小天使基金"专项救助项目,帮助33名白血病贫困患儿申请救助金103万元。关爱器官捐献家庭,向10户器官捐献家庭提供救助金3万元。

【社会募捐】 2020年新冠肺炎疫情发生后,1月28日市红十字会在市属新闻媒体发布接收社会捐赠公告,开通24小时热线;至10月31日,全市红十字系统累计接收社会捐赠款物4649万元,其中捐款2021万元、捐物价值2628万元,支出4649万元。按照市疫情防控指挥部统一部署,向市第四人民医院拨付599.93万元,用于新冠肺炎确诊和疑似病例收治、建设应急门诊用房及购置设备;向南宁中心血站拨付274万元用于采购相关设备;向市第六人民医院护士梁小霞捐款1.97万元。配合市委统战部、市卫健委、市工商联实施"霞光天使同心计划",收到捐款37.50万元。经医疗卫生单位、区县卫生健康局推荐,市卫健委审核,市委统战部批准,向市第四人民医院重症医学科主任林艳荣、市第一人民医院呼吸内科护师杨显婷、市第二人民医院心血管内科二病区护师李福莲等医务人员21人拨付首批"霞光天使同心计划"慰问金21万元。

【红十字"三献"】 2020年,市红十字会做好"三献"(无偿献血、造血干细胞捐献、人体器官捐献)工作。社会各界参加无偿献血14.73万人次,献血量4.70万毫升。完成造血干细胞志愿者采集录入600人,征求926名初配成功的志愿者捐献意愿,对148名志愿捐献者进行再动员,为30名捐献者采集血样进行高分辨比对,安排17名捐献者进行捐献前体检、11名捐献者成功捐献造血干细胞,电话回访造血干细胞捐献志愿者6000多人。开展人体器官捐献工作十周年暨广西红十字"三献"公益宣传,完成人体器官捐献110例、遗体捐献24例、眼角膜捐献3例。与市卫健委、市文明办联合举办市首届无偿献血奖励活动,颁发无偿献血终身成就奖、市"献血之星"奖、无偿献血志愿服务奖、无偿献血促进奖,81个单位、1.46万人获奖。开展新冠肺炎康复者血浆采集,由于收治的患者无人达到捐献标准,未能采集。

2020年5月28日,市红十字会在市明天学校开展应急救护培训　　市红十字会提供

【应急救护培训】 2020年,南宁市投入232.80万元推动应急救护培训进社区、农村、学校、机关、企业。开展应急救护培训415场,培训2.08万人。举办新录入公务员选调生任前应急救护培训2期,培训460人;开展市直机关工作人员应急救护培训班13期,培训1000人;举办应急救护师资培训班3期,培训141人;开展区县万人应急救护培训487场,培训5.28万人。利用"5·8世界红十字日""5·12防灾减灾日"开展线上、线下应急救护普及活动5场,发放宣传资料2000多份。组织红十字水上志愿分队200人次,在邕江边人群聚集游泳、戏水区域及周边学校社区开展防溺水安全宣传。

【应急救援】 2020年,市红十字会争取自治区财政15万元,用于采购专业救援装备,开展培训和演练。5月12日至14日,举办市红十字搜救救援队防溺水救援演练,组织30名队员在邕江南宁段水域开展无人机搜索救援、救援冲锋舟的组装下水、冲锋舟定点绕标等8个项目的救援演练。12月5日至6日,组织红十字救援队骨干40人开展高空救援演练。年内,市红十字搜救救援队参与救援10次,出动队员92人次。

【公益宣传】 2020年,市红十字会打造电视、广播、网络、报刊、地铁"五位一体"的宣传格局。在南宁电视台、区县电视台播放应急救护培训暨防溺水宣传教育片。通过市红十字会官网开展"助力疫情防控·红十字救在身边"线上有奖知识竞赛、红十字博爱周等线上宣传活动,参与1857人。在南宁地铁1号线投放社会各界捐赠款物、红十字志愿者参与联防联控、捐款留言信息等新冠肺炎疫情防控专题公益宣传广告和"三献"公益宣传广告,委托南宁新闻网开展有奖知识竞赛;在《南宁日报》、南宁电视台、南宁电台、南宁新闻网等报道文章70余篇。

(韦江华)

南宁市计划生育协会

【概　况】 2020年,南宁市计划生育协会(简称"市计生协会")设群众工作部、项目合作部,机关事业编制8名、在编8人,工勤编制1名、在编1人。12个区县计生协会参公编制48名。乡级以上配备专兼职工作人员181人，村级以上专兼职工作人员1916人。村（居）计生协会1738个。年内，全市各级计生协会协助政府开展新冠肺炎疫情防控工作，成立志愿者队伍250多支，参与协会会员、志愿者近2万人；开展计生家庭系列保险项目，各级财政投入518万元，为6万多户独生子女家庭、3600多户特殊计生家庭、40多万户计生家庭购买保险，获理赔9751件1200多万元；开展医疗帮扶活动35场，参加体检育龄群众5000多人，援助治疗不孕不育患者160对，每对援助1万元，65名患者怀孕；到学校开展青春健康教育培训37场次，受益青少年7500多人。主要存在基层计生协会工作人员业务能力、服务水平有待提升，部分基层干部工作手段简单，服务意识、创新能力不足等问题。

【计生宣传服务】 2020年，市计生协会以“壮阔40年、奋进新时代”为主题，开展送知识、送服务、送关怀宣传服务活动2场次，受益群众1000多人。区县计生协会组织开展文艺表演、趣味体育比赛、现场义诊等宣传服务活动55场次，参与群众1.62万人，其中青秀区计生协会到长塘镇、南湖街道、仙葫开发区等10个单位开展文艺宣传晚会及抛圈、敲锣、吹球、包粽子等主题趣味活动，免费发放卫生计生用品及政策宣传资料3000多份。“5·29计生协会会员日”活动期间，投入经费35.32万元，慰问计生失独、伤残家庭198户，计生协会困难会员、计生困难户、留守儿童、留守老人、协会工作者600多人。开展青春健康教育宣传，发放宣传手册及小礼品3500份，举办青春健康教育培训37场次，到兴宁区第二中学、市第四十七中学、广西国际商务职业技术学院、宾阳县古辣中学、横县六景镇民族中学等学校开展青春健康教育，受益青少年约7500人。

【生殖健康咨询服务】 2020年，市计生协会投入经费30多万元，开展“生育关怀·医疗帮扶”系列活动60多场次。到村（社区）为1万多名育龄群众免费体检子宫附件彩色阴道B超、高频乳腺彩超、宫颈液基细胞学检查、阴道镜、妇检、妇科咨询等生殖健康项目，给予治疗帮助、指导200多人。开展发放避孕药具、宣传资料、生殖保健咨询、优生优育咨询、计划生育政策咨询等活动，发放避孕药具约1万份、宣传资料2万份。

【优生优育指导】 2020年，市计生协会开展“生育关怀·圆梦工程”主题活动。投入经费160万元，举办不孕不育免费筛查、优生优育咨询活动10场次；从650对报名的农村不孕不育家庭患者中筛选160对进行援助治疗，每对援助1万元，65名患者怀孕。投入经费15万元，在武鸣区创建优生优育指导中心，通过线上线下方式开展优生优育宣传，孕妇学校开课66场，受益群众4973人，为3429对新婚夫妇免费婚前医学检查，为2457对夫妇免费孕前优生健康检查、指导。组织73户农村贫困家庭唇腭裂患者参加“微笑行动”项目，免费治疗患者30多人。

2020年9月，广西计生协家庭健康主题推进活动暨青秀区创建全国计生基层群众自治示范县（区）项目启动仪式在金花茶公园举行　　黎程婧　摄

【计划生育家庭帮扶】 2020年，市计生协会投入经费292.49万元，为6.21万户独生子女家庭、农村双女家庭购买爱心保险，697户计生家庭获理赔金额323.42万元。投入经费145.88万元，为3647名失独家庭父母、独生子女伤残家庭父母及子女购买综合保险，985人获理赔金额264.73万元。建立计生家庭社会商业保险保障制度，实行“三个一点”（政府补贴一点、保险机构让利一点、个人出资一点）模式，为18周岁～80周岁独生子女、双女户家庭、建档立卡贫困计生家庭购买关爱保险，提供财政保费补贴或保险责任补助16万份80万元，其他计生家庭自费购买24万多份，结案1.12万件，获理赔金额1011.43万元。投入经费20万元，在宾阳县实施计划生育家庭帮扶活动，帮助20个计划生育贫困家庭发展种桑养蚕项目，每个贫困计生家庭增加收入1.50万元。投入经费20万元，在邕宁区实施“计划生育基层群众自治及权益维护”项目，在邕宁区那楼镇那盘村设立计划生育家庭产业发展带动示范基地，扶持15户计生家庭种植蜜柚。

【流动人口服务】 2020年，市计生协会投入经费20万元，在南宁高新区实施流动人口计生协会示范点建设，在广西宝顺汽车运输有限责任公司、恒安社区北湖苑、南宁锦虹棉纺织有限责任公司成立3个流动人口计划生育协会，组织会员开展免费健康体检活动5场次，参加体检流动人口近300人。

【老龄服务】 2020年，市计生协会接管老龄服务工作。结合老龄工作融入卫生健康工作的新格局，开展信息交流、咨询服务、慰问帮扶等老龄服务活动35场次，服务老年人1万多人次。新增老龄健康保险、孝心保险，购买年龄上限由60周岁提高至99周岁，购买两种保险3137份，市财政补助保费1.57万元。（黎程婧）

编辑　郑小娟

综 述

【概 况】 2020年，南宁市设有市、区县两级党委政法委机关13个(市级1个、区县级12个)。有公安机关19个(市公安局、公安分局13个、县公安局5个)，监管场所9个，人民警察训练学校1所，派出所206个。检察机关14个(市检察院、区县检察院12个、茅桥地区检察院)。审判机关13个(市中级法院、区县法院12个)，基层法院派出法庭32个。司法行政机关16个(市司法局、区县司法局12个、开发区司法局3个)，基层司法所127个。全市政法系统在职人员1.15万人。市政法系统贯彻中央全面依法治国工作会议精神，健全全面依法治市工作机制，印发《2020年全市法治政府建设要点》。中共南宁市委出台《中共南宁市委员会关于加强新时代首府公安工作的实施意见》。审议通过地方性法规3件，颁布实施3件，颁布实施政府规章3件，完成立法调研4件。中共中央政治局常委、全国人大常委会委员长栗战书在南宁调研时对人大代表联络站和基层立法联系点深度融合建设给予高度评价。南宁市获批为全国第一批市域社会治理现代化试点城市，被命名为第一批全国法治政府建设示范市。

(傅荣华)

【依法治市】 2020年，市委全面依法治市委员会科学谋划全面依法治市工作。3月5日，召开市委全面依法治市委员会第二次会议，审议《南宁市人大常委会2020年立法工作计划》《南宁市人民政府2020年立法工作计划》等。印发年度全面依法治市工作要点、年度法治政府建设工作要点。起草《南宁市2019年法治政府建设工作情况报告》。5月20日，组织召开南宁市法治政府建设情况通报新闻发布会，向社会发布2019年南宁市法治政府建设成效。在《法治日报》《广西法治日报》《南宁晚报》和人民网、新华网、广西电视台、广西电台、南宁电视台、南宁电台等新闻媒体、网络平台开展法治政府建设示范创建系列宣传。8月10日至14日，举办2020年全面依法治市专题培训班。9月15日，市委全面依法治市委员会办公室印发《南宁市贯彻落实自治区关于加强法治乡村建设的实施方案任务清单》。11月6日，印发《中共南宁市委员会全面依法治市委员会协调小组联络员工作细则》。南宁市被中央全面依法治国委员会办公室评为全国法治政府建设示范市，法治政府建设走在全国前列。

【法治调研与督察】 2020年，南宁市司法行政系统撰写法治理论研究文章30篇。举办全市司法行政系统2020年法治理论研讨交流会；组织调研考察团赴获第一批法治政府建设示范地区(重庆市渝中区、贵州省黔东南自治州、贵州省贵阳市)调研；赴横县、江南区、南宁经济技术开发区调研民主法治示范村建设情况。组织2020年度法治政府建设情况督察暨验收。迎接中央全面依法治国委员会办公室到南宁开展党政主要负责人履行法治建设第一责任人职责及法治落府建设实地督察。 (梁海婷)

【法治营商环境优化】 2020年，市委政法委制定《南宁市政法机关联系服务重点企业和重大项目制度》，依法维护公平有序市场秩序，保护企业合法权益。联合市法学会、广西东盟法商促进会，制定《法商助企暨政法机关联系服务重点企业和重大项目活动方案》，开展系列活动服务企业。市公安局做好市疫情防控指挥部联防联控组南宁机场转运专班安保，协助列管单位开展新冠肺炎疫情防控，促进企业复工复产。维护社会市场经济秩序、国家经济安全，立经济犯罪案件2064起，破案675起，刑事拘留1605人，逮捕745人，移送起诉881人，涉案金额48.64亿元。开展打击涉税犯罪"百城会战"，破获公安部、公安厅督办大要案，"8·18"特大走私、骗税、洗钱专案获公安部嘉奖。打击地下钱庄犯罪活动，侦破"415""425""10·1"非法经营等大案要案，查处金额上亿元。立非法集资案件45起，破案28起，刑事拘留57人，逮捕43人，移送审查起诉55人。市两级检察院构建"亲清"检商关系，推进"法律进企业、进商会、进工商联"活动，设立民营企业工作站9个，建立沟通联系机制9项；出台《南宁市人民检察院关于服务保障中国(广西)自由贸易试验区南宁片区建设的实施意见》，制定举措17条。市检察院与海南省海口市检察院、广东省湛江市检察院会签《关于建立琼桂粤地区三市检察院反走私司法协作机制的意见》，服务保障琼桂粤地区的经济发展、海南自贸港建设。开展涉非公经济案件立案监督和羁押必要性审查专项活动、涉非公经济申诉案件清理和监督专项活动、检察服务民营企业"十百千万"专项活动。惩治侵犯企业财产、损害企业利益犯罪，批捕破坏金融管理秩序犯罪63件、79人，起诉61件、87人；逮捕非法吸收公众存款、集资诈骗、组织领导传销活动等涉众型经济犯罪187件、452人，起诉164件、509人。参与整顿和规范市场经济秩序，批准逮捕合同诈骗、串通投标、强迫交易等危害经济发展环境犯罪67件、77人，起诉84件、116人。市两级法院受理民商事案件12.87万件，审结10.86万件；受理一审涉企业纠纷案件3.28万件，结案2.80万件；受理破产案件178件，审结135件。建立南宁市不动产网络司法查控平台，实现在线办理司法业务，创造不动产司法查控协作的“南宁速度”，突破平台跨市级法院司法查控限制，为全国法院推动执行联动、提升执行工作信息化水平提供“南宁模式”。8月31日，兴宁区法院集约送达中心挂牌成立，打造诉讼服务“兴宁模式”。承办广西法院首期“网络司法拍卖节”第二场直播“带货”活动；举办“机动车拍卖专场”；通过淘宝网、京东网等五大平台推送拍品，成交金额25.41亿元，为当事人节省拍卖佣金8554.30万元。司法网拍工作在自治区排名前列。市司法局为中国（广西）自由贸易试验区南宁片区建设工作领导小组法制保障组组长单位，推动出台《南宁市人民政府关于委托中国（广西）自由贸易试验区南宁片区管理委员会行使有关行政管理权的决定》，出具涉南宁片区政策文件、协议措施法律意见12件。南宁国际仲裁院挂牌成立，推动北部湾公证处、律师事务所10家进驻自贸区。开展优化营商环境百日攻坚活动，建立律师收费监测统计制度。推动民商事纠纷多元化解，全市涉企民商事仲裁案件适用先行调解率96.84%。梳理强制登报公告事项，取消强制登报公告1项。

（傅荣华　黄静洁　韦景春
潘伟坚　梁海婷）

社会治安防控

【概　况】2020年，市委政法委履行职责，战疫情、防风险、保平安、护稳定、促发展，确保社会大局稳定。立足首府城市定位，在自治区率先出台推进市域社会治理现代化若干意见，制定《南宁市市域社会治理现代化试点工作实施方案》，将41个市直单位纳入平安南宁建设协调小组，形成横向治理体系和纵向治理链条。聚焦破解社会矛盾外溢突出难题，将市域社会治理17项重点试点任务，细化成具体项目265个，实行目标化管理、项目化推进、责任化考核。坚持和发展新时代“枫桥经验”，以南宁南安商会为试点，推动专业调解组织多元化解矛盾纠纷；引导公证机构参与法院诉前调解，形成“多元调解＋速裁＋公证”诉调一体化工作模式，在自治区推广；围绕“推进市域试点项目＋推动南宁特色指引”“精准防范个人极端行为＋精细化解重大矛盾纠纷”“防范社会治安风险＋防范公共安全风险”“基层综治中心规范运行＋执法力量整合运用”“网格化服务管理＋群防群治工作”“法治服务保障＋心理危机干预”6个重点板块内容，抓好南宁市励志专门学校二期、南宁市社会治理学院、全国社会治安防控体系建设示范城市创建等试点工作“十大项目”建设。10月28日，全区市域社会治理现代化试点工作现场会在南宁召开，南宁市作经验介绍。南宁市获批为全国第一批市域社会治理现代化试点城市。

【社会治安防控体系建设】2020年，市委政法委健全重大事项请示报告制度，完善平安建设协调机制及其办公室及8个专项组工作机制，构建科学完善平安建设体系。贯彻落实《中国共产党政法工作条例》《中共广西壮族自治区委员会贯彻中国共产党政法工作条例实施办法》，实现市、区县、乡镇（街道）、村（社区）四级1951个综治中心“实体化、实战化、实效化”建设，在自治区率先完成全市127个乡镇（街道）政法委员配备，健全党领导政法工作体系。

【见义勇为】2020年，南宁市在自治区率先推进见义勇为工作机制提升优化，完善见义勇为工作制度。印发见义勇为确认、奖励、慰问、困难补助文件3份，规范工作标准及工作流程。将见义勇为工作纳入网格化服务管理范畴，构建有南宁特色见义勇为工作机制。走访、慰问见义勇为人员200余人次，发放慰问金及慰问品60万余元，为英模争取助学、助困扶助金37万元。8月，在自治区率先启动“弘扬正气　逝有所安”公益活动，为见义勇为牺牲、去世人员免费提供公墓墓位、免费安葬、免收维护管理费。8月至10月，开展2020年度南宁市见义勇为表扬奖励活动，表扬“邕城勇士”4人、“邕城勇士群体”2个、“见义勇为模范”4人、“见义勇为模范群体”2个；表扬“见义勇为先进个人”7人、“见义勇为先进群体”3个，发放奖励金65万元。

【禁　毒】2020年，南宁市构建社会禁毒管控体系，将吸毒人员管控融入社区戒毒、社区康复、精准扶贫、社区综治。查处吸毒人员4390人，新发现吸毒人员1346人，强制隔离戒毒1700人。全市127个乡镇（街道）建成社区戒毒（康复）工作站130个，配备禁毒工作人员1516人，未发生重大吸毒人员肇事、肇祸事件。落实涉毒贫困人口帮扶政策，帮扶资金2397.8万元，全市2039名涉毒贫困人员全部脱贫，脱贫率100%。发动成功戒毒和维持治疗人员参加“同伴教育”，以自身经历感召吸毒人员回归社会；培养成熟同伴教员25人，开展戒毒帮扶活动15场，禁毒宣传活动37场次，帮扶社区戒毒康复人员1030人。采取线上线下相结合、融媒体宣传、文艺会演、趣味游戏、“快闪”活动等方式，发动社会各界参加集中禁毒宣传活动，线上禁毒宣传参加人数19万人。发送禁毒短信100多万条，在500辆网约车张贴禁毒标语，在公交、地铁站投放禁毒广告。11月8日，举行毒品焚烧活动，焚烧毒品516千克，案值9300多万元。市公安局开展“吸毒人员管控年”专项行动，筛查检测4万人，查处隐性吸毒人员2289人。开展“收戒收治攻坚战”行动，建立出所衔接机制，强制隔离戒毒2146人，收治病残吸毒人员1002人次。开展“毒驾”专项治理行动130余次，排查重点驾驶人员2万余人，查处“毒驾”7人，拒绝申领驾驶证235人，注销驾驶证199人。南宁市禁毒破案、移送起诉、打击毒品犯罪团伙、缴毒四项工作绩效排在自治区前列。市公安局连续4年获广西禁毒执法效能考评第一名，全市外流贩毒人数比上年下降50%。建成全国第一个毒品监测治理体系及信息化平台。

【流动人口与特殊人群管理】2020年，市公安局为流动人口办理居住登记22.16万人（通过网络平台办理2.46万人），申领居住证9.67万张（通过互联网络平台办理2350张），签注居住证17.49万张。加大治安风险人员管理，录入在库精神障碍患者8551人，其中肇祸类559人、肇事类825人、其他高风险类7167人。加强与出入境管理部门协作，查处非法入境399人、非法居留132人、非法就业2人，遣送出境154人。完善法定不准出境人员通报备案制度，不准出境人员5917人，其中电信诈骗嫌疑人3488人，宣布证件作废1346本次。新冠肺炎疫情防控期间，依托信息数据平台，加强在邕外国人管理，掌握是否有在疫区经停留、返回或被隔离等情况；在机场口岸做好境外到邕外国人员落地防疫政策宣传和隔离人员分流；协查新冠肺炎疫情联防联控数据3.89万条，接收南宁机场口岸外国人入境有效信息3128条，接收异地入境外国人有效信息7263条。南宁市有常住外国人4333人，新冠肺炎疫情防控期间，在邕隔离观察外国人321人，全部解除隔离。办理境外人员临时住宿登记1.97万人次。社区安置和帮教刑满释放人员1714人，设置过渡性安置基地13个、市级安置帮教基地2个，安置有临时困难、特殊困难刑满释放人员，重点管理在册刑满释放人员重新犯罪率0.2%。

【城乡综治网格化管理】2020年，市委政法委联合市委组织部、市委编办、市财政局、市人社局制定《南宁市加强和推进各级综治中心实体化建设的实施方案》，推进全市各级综治中心配套升级。制定《南宁市域网格化服务管理规范实施办法(试行)的通知》，规范全市网格化管理。建立以各综治中心为依托的工作基础平台，全市划分市级综治中心1个、区县(开发区)综治中心15个、乡镇(街道)综治中心127个、村(社区)综治中心1808个。街道综治中心全部实现实体化，落实编制490名，场地全部落实。各级综治中心因地制宜整合警务室、司法所等合署办公，发挥综治中心与部门联调联动功能，协调处理社会治理问题。

2020年7月13日，市江南区司法局“宜来调解室”为群众劳务纠纷案进行调解

梁海婷提供

【矛盾纠纷排查化解】 2020年，市委、市政府出台《关于坚持和发展新时代“枫桥经验”推进首府市域社会治理现代化的若干意见》，推广访调对接，人民调解、行政调解、司法调解“三调联动”和“党建+网格化”精细调解、网络调解、法学专家调解、“仲裁+公证联调”等多元化解矛盾纠纷模式。15名市领导分别率14个工作指导组到基层一线开展常态化督导，累计走访1000多人次，防范化解多起赴邕集体上访事件。新冠肺炎疫情防控期间，编印工作简报30期，精准排查涉疫矛盾972个；督促属地属事部门加强政策支持、分类指导，减免商铺租户租金2.15亿元，受益企业及个体户1.42万户；处置人工繁育野生动物37.1万只(条)，支付补偿费2.15亿元；减免出租车驾驶员租金8364万元，消除涉疫问题隐患。5月，自治区党委政法委印发简报推广南宁做法。全市群体性事件比上年下降37.2%；进京到非接待场所上访5批、7人、7人次，分别下降77.2%、80.5%、81%，发生在邕到非接待场所上访9批、48人、48人次，分别下降18.1%、79.4%、80%。市公安局推行“警民联调”工作机制，成立“警民联合人民调解委员会”171个，78个派出所设立独立调解室，调解矛盾纠纷1.32万起，调解成功1.21万起，调解成功率91.67%。

【青少年犯罪预防】 2020年，南宁市推进关爱乡村“三留守”人员工作，建立“儿童家园”134家、累计1784家，建立儿童课外娱乐场所7个(市级1个、县级6个)，建立“妇女之家”1769个，建立婚姻家庭纠纷调解机构25个，家暴庇护所5个，开展婚姻家庭纠纷调解6500多人次，开展心理咨询、心理疏导2100多人次。分类统计全市6岁～25岁青少年基础数据，登记在册不良问题青少年939人，纳入网格重点管理社区服刑人员，关注重点人员做到“静知位置、行知去向”。12月25日，南宁市励志专门学校第二期开工建设，投资1.7亿元，标配教学楼7栋，接纳学员500人，助推青少年规范矫治。全市25岁以下青少年犯罪率下降6.87%，未成年人犯罪率下降1.21%，逐年递减。

【校园环境治理】 2020年，市公安局加强校园及周边环境安全治安管控，开展“护苗行动”专项整治行动，排查化解涉校矛盾纠纷，清查无证照幼儿园和校园“黑保安”等安全隐患，梳理排查校园安全防范措施和问题隐患，严厉打击涉校违法犯罪。在校园周边安装视频监控系统2600套，安装摄像探头5000个，基本实现校园及周边重点区域全覆盖。推进“平安智慧校园”建设，运用“一键式报警系统”“校门防冲撞系统”“人脸识别闸机”等现代安防科技，构建物防技防安全体系。出动警力2.62万人次，车辆1.01万辆次，打击涉校违法犯罪44起(刑事案件32起、治安案件12起)，抓获违法犯罪嫌疑人106人。排查无证照幼儿园648家，排查化解涉校矛盾纠纷47起，排查高危人员811人次，选派校园法制辅导员1520人，指导学校开展演练289次，设立校园警务室1914个、“护学岗”3191个、校园治安岗亭614个。中小学和城镇幼儿园专职保安配备率100%、封闭化管理100%，一键式报警和视频监控系统达标率100%，城镇“护学岗”配置率100%。

(傅荣华)

2020年7月16日，市公安局地铁公交分局西乡塘站派出所在龙腾路小学开展“公民警校”“少年警校”活动。图为安全教育课互动场景

黄静洁提供

地方立法

【人大立法】 2020年，南宁市人大常委会审议地方性法规案10件，通过7件，颁布施行3件；开展立法后评估2项，立

法调研13项；开展地方性法规专项清理3次；开展立法研究，推进立法创新，推动法规实施。围绕强首府战略，开展5个（自贸试验区南宁片区建设配套立法及适用、五象新区管理立法、3个国家级开发区法规修改问题、污染防治攻坚战、实施乡村振兴战略、做大做强首府会展业）重要领域专项立法研究。加强生态领域立法，颁布施行《南宁市大王滩国家湿地公园保护条例》《南宁市生活垃圾分类管理条例》；审议《南宁市扬尘污染防治条例（草案）》《南宁市城镇排水与污水处理条例（草案）》等法规草案，开展邕江保护等立法调研，强化城镇生态安全和宜居城市建设制度供给。加强城乡建设与管理领域立法，颁布施行《南宁市电动自行车管理条例》，审议通过《南宁市停车场管理条例》，修订通过《南宁市特种行业治安管理条例（修订草案）》，开展社会信用条例、《南宁市市政设施管理条例（修改）》等立法调研。加强民生领域立法，审议《南宁市献血条例（修改草案）》，开展公共文化服务促进条例、居家养老服务条例等立法调研。探索建立法规起草"双组长"工作机制，在制定《南宁市扬尘污染防治条例（草案）》过程中，由市人大常委会和市政府分管领导共同担任组长，协调解决重点难点问题。在高校和律师事务所设立地方立法咨询服务基地3个，借力拓宽立法智力支撑。推动区县人大参与立法，指导横县、江南区人大常委会相关法规起草。将《南宁市特种行业治安管理条例（修订草案）》《南宁市扬尘污染防治条例（草案）》等7件法规案通过基层立法联系点征求意见，征集意见建议2500多条。坚持立改废并举，开展专项清理3次，打包修改地方性法规15件、废止5件，推动立法和改革决策相衔接。履行法律实施监督职能，作出关于全面推动地方性法规进入执法融入司法列入普法工作的决定，构建党委领导，人大推动，行政机关、监察机关、审判机关、检察机关实施和全社会参与的地方性法规实施工作格局。首次听取法规贯彻实施情况专项报告，对实施满2年的《南宁市道路交通安全条例》《南宁市大明山保护管理条例》《南宁市昆仑关保护管理条例》执行情况开展专项检查，听取政府专项报告，推动地方性法规"立一件、行一件"。开展行政机关普及和执行地方性法规情况专题调研，针对存在问题提出加强地方性法规实施监督的建议。开展《南宁市消防条例》《南宁市历史街区保护管理条例》立法后评估，为条例有效实施和修改完善提供参考。组织新闻媒体、执法机关、基层立法联系点加大立法宣传，提高法规知晓度。（韦杉娜）

【政府立法】2020年3月，市政府办公室印发《南宁市人民政府办公室关于印发2020年立法工作计划的通知》。市司法局报请市政府提请市人大常委会审议《南宁市扬尘污染防治条例（草案）》《南宁市横县茉莉花保护和发展条例（草案）》《南宁市献血条例（修改草案）》《南宁市城镇排水与污水处理条例（草案）》4件地方性法规草案；报请市政府出台《南宁市人民政府关于修改〈南宁市经济适用住房管理办法〉的决定》《南宁市人民政府关于委托中国（广西）自由贸易试验区南宁片区管理委员会行使有关行政管理权的决定》《南宁市重大行政决策程序规定》《南宁市人民政府关于废止部分政府规章的决定》4件政府规章；审议《南宁市居民住宅生活饮用水二次供水管理办法》规章草案。坚持立改废并举，开展涉及野生动物保护、民法典等法规规章和规范性文件专项清理，废止《南宁市人民政府顾问聘任暂行办法》《南宁市机动车排气污染监督管理暂行规定》《南宁市城市园林绿化条例实施细则》《南宁市贷款道路桥梁机动车辆通行费收费管理办法》《南宁市政府信息资源管理办法》《南宁市实施城市管理委托执法暂行规定》6件规章。落实科学民主依法立法工作制度，听取各方面意见，立法草案一律书面征求人大代表、政协委员及36个政府立法基层联系点意见，通过新闻媒体、"南宁市行政立法和决策公开征求意见平台"、门户网站等向社会公开征求意见建议，邀请人大代表、政协委员参加立法座谈论证，组织召开立法工作会议52次，市政协召开立法协商会议1次。加强立法后评估，完成规章立法后评估9件。加强立法宣传，在《南宁政报》《南宁日报》及市政府网站登载新出台规章文本4件，召开立法新闻通气会2次。（梁海婷）

公 安

【概 况】2020年，南宁市有公安机关19个，其中南宁市公安局（简称"市公安局"）1个，公安分局13个（兴宁分局、青秀分局、江南分局、西乡塘分局、邕宁分局、良庆分局、武鸣分局、南湖分局、高新分局、青秀山分局、东盟分局、地铁公交分局、森林公安分局），县公安局5个（横县公安局、宾阳县公安局、上林县公安局、马山县公安局、隆安县公安局）；监管场所9个（市第一看守所、市第二看守所、市第三看守所、市第四看守所、市拘留所、市第一强制隔离戒毒所、市第二强制隔离戒毒所、收容教育所、市强制医疗所）；人民警察训练学校1所。派出所206个，其中市区派出所115个（新增东盟公安分局永和派出所、地铁公交分局科园东站派出所、地铁公交分局新村站派出所），五县派出所91个。全市各级公安机关防控新冠肺炎疫情维护社会大局安全稳定，刑事案件、治安案件及交通事故4项指标比上年下降，现行命案全部告破，连续四年获广西禁毒执法效能考评第一名，全市外流贩毒人数下降50%。建成全国第一个毒品监测治理体系及信息化平台。创新手段服务民生需求，协调8家单位办公场所向社会开放共享车位；精准服务"马路市场"等经济活动，推进公安户籍"放管服"改革，全面实施"民意警务"。在邕维吾尔族群众服务管理先进经验得到国家推广。推行便民措施，启用自治区首个"外国人工作、居留服务窗"，实现"一个窗口受理、联审发证"功能。获国家级先进集体2项（中山派出所获公安部记集体一等功，南宁市公安局疫情防控重点人群管控组获公安部记集体一等功），全国先进性模范个人4人，自治区模范个人8人。获公安部记集体二等功9个，个人一等功1人，个人二等功23人。群众安全感满意度98.09%，上升1.19%。主要存在案件总量仍属高位，盗抢骗案件多发，重大道路交通事故时有发生，疫情防控风险隐患较多，公安机关基层基础建设、信息化应用能力和执法规范化水平仍有待提升等问题。

【接警处警】2020年，市公安局指挥中心接到应急求助来电181.43万个，比上年上升1.88%。有效受理和处置警情74.95万起，上升20.87%，其中受理刑事警情3.91万起、下降26.11%，受理治安警情6.61万起、下降19.26%，处置交通警情30.46万起、上升42.89%，接受群众求助17.75万起，解决纠纷5.65万起，处置社会、应急联动警情6.12万起。全年未出现重大责任投诉事件。启用自治区公安厅警情分类标准，推进非警务类警情分流，对紧急类非警务警情，与市应急管理局建立三方互联交流机制，确保紧急类非警务警情及时流动并妥善处置。制定《南宁市公安局指挥中心与"12345"对接实施方案》，与12345政府服务热线建立分流处置机制，实现非警务类报警电话一键转接相应政府职能部门。建立网上督查、岗位交叉、不定期抽查等方式，规范受、处警。新冠肺炎疫情期间，坚持"每日研判、每日调度、每日会商"动态信息研判工作机制，指挥调度疫情及社会治安状况防控。进行维稳研判会商60余次，参加自治区公安厅视频调度50余次，主持对分局、县局视频防控调度300多次，编发《每日疫情防控和社会面动态情况》254期，核查相关数据993批10万多条，重点数据落地核查率100%。上报《境外来邕经中转离邕区内(外)人员情况报告》117期。报送信息1.44万条，流转指令5.60万条次，落实上级批示146件次。

2020年11月28日，市公安局民警在第17届中国—东盟博览会上给参展客商发放安全手册　黄静洁提供

【治安管理】 2020年，市公安局开展“风雷一号”“风雷二号”、服务全国“两会”暨扫黑除恶专项斗争等社会治安综合整治行动，组织冬春社会治安严打整治、打击食药环违法犯罪“昆仑”行动、打击黄赌攻坚战、保安行业整治、成品油专项整治、娱乐场所整治等治安专项行动，扫除社会治安不良隐患。受理治安案件7.10万起，比上年下降10.69%。查处治安案件6.55万起，下降11.96%。查处治安违法人员2万人，下降15.38%。治安处罚1.56万人，其中罚款4944人、行政拘留1.48万人。严格大型活动审批许可和安全管理，完成大型安保任务607场1926次，其中5000人以上大型群众性活动及其他安保任务18场96次。加强行业及治安风险人员管理，落实监管责任，录入在库精神障碍患者8551人。加强行业场所疫情防控检查，检查旅馆业238家次、娱乐场所169家次、寄递企业网点101家次，整改隐患38处；核查重点地区人员到邕住宿人员6847人次，处罚酒店3家。严格寄递监管和检查，督促企业落实“三项制度”(收寄实名制、开包验视、过机安检)，登记寄递品牌16个、寄递法人企业190家、寄递分支机构网点345家、末端网点1147个，采集寄递从业人员信息4569人。出动警力2397人次，检查寄递物流企业网点2560家次，发出整改通知书257份，整改安全隐患102处，向邮政管理部门函告涉嫌违法企业网点76家，配合邮管局行政处罚寄递企业28家次，处罚金额23.6万元，约谈企业10家，停业整顿2家。整治娱乐场所违法行为，查处娱乐场所74家，下降5.13%。其中，查处营利性陪侍违法行为为30家，依法停业整顿27家、取缔3家；查处未按规定配备保安人员29家，下降40.82%，依法停业整顿5家、行政警告24家；查处其他违规行为15家，停业整顿3家、取缔2家、行政警告10家。从严保安服务监管，受理初核申请成立保安培训机构4家，注销保安公司1家，受理初核申请成立保安服务公司11家，受理初核申请变更保安服务许可事项20家。组织1.16万人参加保安员证考试，合格发证1.08万本。整治保安服务业违法违规行为，刑事拘留24人，行政处罚59家，限期整改220家，转办保安服务违规违法线索9条。严格养犬管理，开展集中执法整治116次，查处违法养犬行为1612起，新增登记犬只4132只、增长25%，办理年审6560条、增长25%，处理涉犬投诉99起、下降27%。开展打击枪支爆炸物品违法犯罪专项行动，收缴枪支335把、仿真枪710把、雷管153枚、索类496.7米、子弹1.84万发、铅弹2.01万发、黑火药7.2千克、易制爆化学品20.67千克。检查爆破作业单位18家，发出整改通知书3份；组织开展民爆物品安全管理交叉检查，检查爆破作业单位10家、爆破作业现场22个、民爆物品储存仓库6个，发出整改通知书18份，立案7起，处罚单位6家，罚款45万元。查处烟花爆竹案件246起，行政处罚257人。排查涉剧毒化学品、易制爆危险化学品从业单位285家。立食药环案件126起，破案41起，刑拘109人，逮捕103人，直诉11人，取保48人。加强与市场监管部门协作，发放宣传资料1650余份，出动警力753人次，车辆222辆次，排查食品药品生产加工企业104家次、出租屋131家次，菜市场、农贸市场、交易场及私宰窝点100个。打击涉疫物品违法犯罪，梳理线索1.77万条，核查涉疫物品案件线索40条，立刑事案件4起，查处违法窝点7个，抓获嫌疑人9人，取保候审3人。侦破烟草打假案件146起，依法刑事拘留119人，逮捕(直诉)91人，取保候审21人，涉案金额5312万元。立成品油案件217起，依法刑事拘留37人，逮捕(直诉)41人，取保候审21人，行政拘留194人，查扣非法成品油350吨、非法改装油罐车37辆。立拒不支付劳动报酬案件75起，刑事拘留13人，逮捕9人，取保候审12人，涉案人数1837人，涉案金额2406.4万元。

【治安巡防】 2020年，市公安局坚持立体管控，公共安全管理能力有效提升。建成智慧安防小区26个，市、县(分局)、派出所三级警力开展24小时视频巡查，

2020年6月25日，市公安局地铁公交分局民警执行端午假期巡逻任务　黄静洁提供

完善全市重点要害部位的三级视频巡查工作机制。对城市要害部位、公安武警联控点、应急处突快速反应区、巡防责任区等实施智能化管理，形成南宁特色新型社会治安防控体系，全市基础防范、动态管控水平有效提升。推广“超警APP”，实现自动分类派警，缩短警情流转时间2分钟以上，提高出警效率。新冠肺炎疫情暴发至2月22日，出动警力8842人次，在入邕各大高速路口及主干道设立检查点17处，核查车辆51.06万辆（日均核查2.1万辆）、人员113.72万人（日均核查4.7万人）。

【刑事案件侦查】 2020年，市公安局以公安部、公安厅“亮剑2020”等专项打击行动为基础，严打违法犯罪，构建打击违法犯罪新机制。刑事案件立案5.53万起，比上年下降14.55%；破案1.95万起，下降15.63%；逮捕7550人，下降16.07%；刑事拘留9761人，下降14.96%。开展扫黑除恶专项，打掉黑恶团伙90个（黑社会性质组织18个、恶势力犯罪集团32个、恶势力团伙40个），抓获涉黑涉恶犯罪嫌疑人1430人，破获涉黑涉恶案件835起，查封、冻结、扣押涉案资产22.50亿元。打击传统盗抢骗犯罪，推广“小案快侦、抢案必破、盗案多破、有赃即追”工作机制，盗窃类刑事案件破案率50%，“两抢”（抢夺、抢劫）现案全破，“两电”（盗窃两轮电动车、两轮电动车电瓶）案件快侦快破，立盗抢骗案件4.45万起、破案1.49万起，其中“两抢一盗”（抢劫、抢夺、盗窃）案件立案2.42万起、破案1.25万起。打击走私制贩武器弹药犯罪，立涉枪涉爆案件59起（涉枪56起、涉爆3起），其中网络贩枪案7起；破案59起，抓获涉枪涉爆犯罪人员61人，缴获枪支55支、枪支配件一批，其中破“9·29”公安部专案，抓获犯罪嫌疑人34人，缴获枪支40支、弹药3200余发。组建“绿城反诈联盟”，构建“全警反诈、全社会反诈”新格局，推进涉诈线索“快查快打”和“断卡”（冻结涉案金融卡）行动，追查幕后“卡头卡贩”；推进缅甸北“5·10”打击跨境诈骗团伙等专项集群战役。破获全国首例利用自制软件作案的“3·26侵犯公民个人信息案”。

【毒品犯罪案件侦查】 2020年，市公安局全力打击毒品犯罪，连续四年获广西禁毒执法效能考评第一名，全市外流贩毒人数比上年下降50%。建成全国第一个毒品监测治理体系及信息化平台。开展娱乐场所清查整治行动463次，出动警力8794人次，清查娱乐场所715家次，取缔1家，发出整改通知2份，铲除室外隐蔽吸毒聚点2处。尿检从业人员、消费人群2.05万人次，毛发检测5542人次，呈阳性79人。召开易制毒化学品管理会议6次，开展专项整治行动12次，整治企业9家，查处易制毒化学品案件2起13人，缴获易制毒化学品29.45吨。重点整治单位上林县由“挂牌整治”降为“通报警示”，西乡塘区摘掉自治区级“重点关注”帽子。开展“邕江2号”专项行动，抓获毒品刑事犯罪嫌疑人438人，逮捕499人，移诉人数465人，人案比1:1.51，达到历史最高水平。查处吸毒人员2336人，强制隔离戒毒900人。开展“净边2020”和打团伙、破大案、催网络专项行动。破获公安部“450”目标专案，抓获贩毒嫌疑人20人，缴获毒品82.06千克。联合侦破公安部“210”目标案件，抓获犯罪嫌疑人32人，缴获毒品海洛因128块44.89千克。破获“6·14”特大制毒贩毒案件，抓获犯罪嫌疑人2人，缴获冰毒101.8千克。联合贵州黔西南州禁毒支队破获特大贩毒案件，抓获贩毒嫌疑人2人，缴获毒品海洛因21块7350克。破获公安部“2019—233”跨国走私制毒物品案，抓获团伙成员14人，缴获管制物品30吨。拓展“挖团伙、挖分销网络”，零星案件与专案侦查、集中整治相结合，办理公安部“247”、公安厅“102”目标案件中抓获涉毒人员184人，延伸破获刑事案件5起，刑事拘留29人，行政处罚72人，强制戒毒1人。开展路查和物流寄递企业检查行动282次，破获特大邮包贩毒案件2起，抓获贩毒人员5人，缴获毒品2.70千克。

【经济犯罪案件侦查】 2020年，市公安局利用信息科技手段，维护社会市场经济秩序、国家经济安全，打击新常态下各领域经济犯罪经验和技术战法获自治区推广。经济犯罪案件立案2064起，破案675起，刑事拘留1605人，逮捕745人，移送起诉881人，涉案金额48.64亿元。破获公安部督办案件2起、公安厅督办案件26起，获公安部嘉奖令1次、公安部经侦局贺电3次，获评全国经侦精品案例1起、自治区经侦精品案例1起。开展集中打击和清查整治传销专项行动16次，立传销犯罪案件429起，破案341起，刑事拘留1022人，逮捕422人，移送起诉483人。开展打击涉税犯罪“百城会战”，破获公安部、公安厅督办大要案，“8·18”特大走私、骗税、洗钱专案获公安部嘉奖。打击地下钱庄犯罪活动，侦破“415”“425”“10·1”非法经营等大案要案，查处金额上亿元。查处“燕儿岛”、广西南天投资公司非法吸收公众存款案等非法集资大要案。立非法集资案件45起，破案28起，刑事拘留57人，逮捕43人，移送审查起诉55人。办结处置非法集资陈案积案73起，办结率63%，超额完成自治区公安厅积案处置任务。

【黄赌犯罪案件侦查】 2020年，市公安局采集涉黄赌警情2897条，比上年下降5%，其中涉黄571条、下降28.8%，涉赌2326条、上升3.6%。打击整治黄赌违法犯罪活动，侦办黄赌刑事案件404起，刑事拘留1835人，逮捕1026人，起诉892人；查处黄赌治安案件3135起，行政拘留6393人。其中，查处农村地区卖淫嫖娼违法犯罪刑事案件44起，刑事拘留105人；治安案件583起，行政拘留821人，罚款401人。对卖淫嫖娼嫌疑人100%进行艾滋病检测，破获故意传播艾滋病案件13起。跨辖区打击黄赌工作常态化，跨辖区查处黄赌案件110起。加大跨境网络赌博的打击力度，侦办跨境赌博刑事案件68起，打掉涉案团伙30个，抓获跨境赌博刑事案件犯罪嫌疑人324人，依法刑事拘留356人，逮捕189人，抓获在逃人员9人，打击在境外赌场和网络赌博从事经营管理中国籍人员、境内招赌人员12人。

【道路交通管理】 2020年，市公安局受理交通报警27.76万余起（事故类报警18.02万起、秩序类报警7698起、举报与求助8.77万起），拦截嫌疑车辆3.7万辆，查处失驾行为873起、假牌套牌2162起、“涉飙”违法52起。全市新增汽车18.9万辆，机动车保有量249.6万辆；驾驶人新增16.79万人，持有驾驶证人数299.1万人；电动自行车新增15.4万辆，电动自行车保有量358.9万辆。发生适用一般程序处理的道路交通事故2946起，死亡519人、受伤2934人、直接财产损失1235万元，比上年分别下降13.61%、18.4%、17.19%、26.62%。查处城市道路交通违法161.4万起，其中“泥头车”违法12.96万起，机动车违停33.9万起，拖移违停车辆8.8万辆，非机动车违法35.2万起，不礼让斑马线1.44万起，行人违法2.4万人次。查处机动车交通违法153.8万起、电动自行车违法36.8万起。其中，酒驾1.15万起、醉驾2146起、疲劳驾驶311起、无证驾驶3.63万起；公路“两客一危一货”（公路和旅游客运、危化品运输车、货运车）交通违法19.46万起、农村面包车违法3.09万起。排查清理“僵尸车”、未报废车辆473辆。推进公路安全生命防护“一灯一带”（信号灯、减速带）工程建设，整改提升隐患路口路段50处。完善超限超载常态执法机制，查处货车超限超载违法1.11万起、查获“百吨王”372辆；指导混凝土搅拌车、建筑垃圾运输车安装右转盲区监控系统及蜂鸣器装置2500余辆。在农村乡镇地区建成“警保合作劝导站”102

个,电动自行车驾乘人员佩戴头盔率超过90%。加强城市交通精细管理,优化路口信号配时方案412次;城区交通平均拥堵指数1.48,下降3.6%。创新手段服务民生需求,协调8家单位办公场所向社会开放共享车位;精准服务"马路市场"等经济活动,增设停车泊位1715个、限时停车带2610米、专用停车区域570平方米;新增交通指标标志牌1889处,清除、更新路面标志、标线40.6万平方米,校正、增设隔离护栏1.99万米。南宁市交警互联网服务平台注册用户595.5万人、"南宁微交管"微信小程序注册用户347万人、"12123"APP注册用户248.5万人。群众网上办理交管业务515.3万笔,其中交通违法处理60.4万笔;网上申请审验教育和满分教育5.29万人次,申请学法减分网上学习27.37万人,通过学习考试实现减分12.05万人。

【人口管理】 2020年,市公安局推进公安户籍"放管服"改革,全面实施"民意警务",实施《南宁市深化户籍改革户口迁移实施办法》。受理市外迁入8.46万人,比上年增长370%。实施"智慧警务",设居住证制证点16处,实现本地制证。办理居住登记22.16万人,其中通过网络平台办理2.46万人;申领居住证9.67万张,其中通过网络平台办理2350张;签注居住证17.49万张。部署"公安警邮"自助设备78台,实现交管、出入境、户政业务集成平台功能,设备访问量48万次,提供查询服务19.5万次,打印证明11.3万张,办理证件3074张。为广西户籍人口异地办理临时居民身份证6015张,市内异所办证4587张。设置城区派出所居民身份证全天自助办理点60处,受理居民身份证5.18万张,自助发证12.86万张。由市大数据局统筹规划建设"四标四实"(标准地址库、标准作业图、标准建筑物编码、标准基础网格,实有人口、实有房屋、实有单位、实有设施)数据资料库项目稳步推进,汇聚标准地址、人口信息、房屋单位、设施信息等4类信息数据1500万条。

【出入境管理】 2020年,市公安局出入境管理部门打击妨害国(边)境管理犯罪,加强与边防检查等部门协作,解决羁押、遣返难题。查处非法入境399人、非法居留132人、非法就业2人,遣送出境154人。立案侦办妨害国(边)境管理类刑事案件39起,逮捕犯罪嫌疑人95人。完善法定不准出境人员通报备案制度,不准出境人员5917人,其中电信诈骗嫌疑人3488人,宣布证件作废1346本次。完善国家工作人员登记备案,接待报备单位530多个次,接收单位信息变更82个,新增国家工作人员备案单位10个,新增涉密企业67个,重新录入单位43个;新增备案人员4545人,修改备案人员5222人,撤销备案人员2402人。新冠肺炎疫情期间,依托信息数据平台,加强在邕外国人管理,掌握是否有在疫区经停留、返回或被隔离等情况;在机场口岸做好境外到邕外国人员落地防疫政策宣传和隔离人员分流;协查疫情联防联控数据3.89万条,接收南宁机场口岸外国人入境有效信息3128条,接收异地入境外国人有效信息7263条。南宁市有常住外国人4333人,疫情防控期间,在邕隔离观察外国人321人,全部解除隔离。办理境外人员临时住宿登记1.97万人次。深化出入境"放管服"改革,推行便民措施,启用自治区首个"外国人工作、居留服务窗",实现"一个窗口受理、联审发证"功能。受理审批中国公民出国(境)证件申请6.03万证次,受理审批境外人员证件4415证次,群众满意率99.95%。

【经文保管理】 2020年,市公安局经文保支队安全保卫南宁市新型冠状病毒感染的肺炎疫情防控工作领导小组指挥部联防联控组南宁机场转运专班,开展入境航班和国内疫情中高风险地区航班旅客转运。协助列管单位开展新冠肺炎疫情防控,促进企业复工复产。推进"平安医院"建设,督促配备医院专职安保人员1569人,三级医院警务室建设率100%;处置扰乱医院秩序、伤医违法犯罪案7起,破治安案件5起、刑事案件2起。推进"平安高校"建设,校警双方建立安全风险责任清单、不稳定因素联合研判调处机制。推进"平安考务"建设,细化考务方案,加强考场周边区域巡逻力度,组织实施考试安全保卫40次。推进"平安客运"建设,协调化解出租车行业收入下降引发群体不稳定因素,收集报送涉稳信息12条,约谈教育编造不稳定信息或煽动聚集挑头者10人,处置出租车公司驾驶员聚集事件4起。推进"平安公交"建设,协调召开公交车"3+N"(驾驶区域安装隔离设施、一键报警设备、车载视频监控设备,加装其他防护设施)安全防范专项工作会议,公交车"3+N"安全防范设施配备546辆。推进"平安商场"建设,巡查大型商场、超市23家。推进"平安三电"建设,开展"三电"(电力、电信、广播电视)设施安全保护宣传月活动。推进"平安油站"建设,加强散装购销汽油管控,开展用油(储油)站点治安隐患排查整治专项行动,排查储油单位73家,打击销售假劣成品油、非法运输成品油及成品油非法经营等问题。推进"平安金融"建设,应急处置中国银行"原油宝"期货产品"负数"事件,提升银行内部安全防范等级。 (黄静洁)

检 察

【概 况】 2020年,南宁市检察机关设南宁市人民检察院(简称"市检察院")1个、区县检察院12个,茅桥地区检察院(县级、负责监所检察)1个。全市检察机关完成185名聘用制书记员转任。加强法律监督职能,服务保障经济社会发展大局,推动检察工作改革创新和发展。推行"案－件比"(指发生在人民群众身边的案与案进入司法程序后所经历的有关诉讼环节统计出来的件相比形成的一组对比关系)办案质量评价指标体系,全年"案－件比"为1.1539。广西政法机关跨部门大数据办案平台在市两级检察院正式部署应用;市检察院联合市公安局制定《关于羁押犯罪嫌疑人、被告人实行网上换押和羁押期限变更通知的规定》,打通政法机关各部门信息"壁垒",解决推进政法机关智能化工作水平。成立市检察院驻中国(广西)自由贸易试验区南宁片区检察室。开展走访人大代表活动、举办"检察开放日"活动87次。接受人民监督员参与监督64次169人。通过网络系统对外公开发布案件信息2.94万条。听取律师当事人提出辩护意见374次,为律师提供电子阅卷、预约会见、诉讼信息推送等服务2294次。市检察院第四检察部获最高人民检察院表彰特赦检察工作表现突出集体。江南区检察院获最高人民检察院授予第七届"全国先进基层检察院"称号;被检察日报社评为2020年度全国检察宣传先进单位;被国家卫生健康委员会评为2018—2019年度全国平安医院工作表现突出集体。存在参与社会治理的程度不够深、范围不够广,检察队伍正规化、专业化水平不够高,各项检察业务发展不平衡,信息系统跨领域共享共用不充分等问题。

【刑事检察】 2020年,市两级检察院受理审查逮捕案件5871件9367人,批准逮捕4517件6752人,不批准逮捕2600人。提前介入引导侦查取证1386件,要求公安机关说明刑事不立案理由236件,要求公安机关说明刑事立案理由359件,监督立案485人,监督撤案446人。纠正公安机关遗漏提请批准逮捕248人。纠正侦查机关遗漏移送审查起诉255人,纠正遗漏罪行217人。审查逮捕环节,发出纠正侦查活动违法通知书428件。审查起诉环节,发出纠正侦查活动违法通知书21件。公安机关撤回移送审查起诉25件28人。受理审查起诉案件8102件1.15万人，审结7488件1.04万人（含上年积存），提起公诉6581件9075人，不起诉1297人，撤回起诉11件14人。提出刑事抗诉26件，法院审结作出裁判15件39人，采纳抗诉意见12件15人，其中改判10件13人，发回重审2件2人。检察长列席或者检察长委托副检察长列席法院审判委员会会议42人次。批准和决定逮捕黑恶犯罪23件39人，起诉36件212人。办理全国扫黑办督办、自治区公检法联合督办的“4·10”重大涉黑团伙犯罪案件，32名被告人全部获有罪判决，处置涉案及个人财产逾6.50亿元。发现“保护伞”线索19条，分别移送纪检监察部门、自治区检察院相关单位，向公安机关移送黑恶势力犯罪线索8条。提前介入引导取证涉新冠肺炎疫情案件56件，批准和决定逮捕21件24人，起诉29件37人。审查监察委员会移送职务犯罪案件，决定逮捕7件9人，起诉37件51人。起诉职务犯罪案件37件51人，正确起诉破坏金融管理秩序等侵害企业合法权益犯罪84件116人，起诉非法吸收公众存款、集资诈骗、组织领导传销活动等涉众型经济犯罪164件509人，起诉利用电信、网络实施诈骗案件235件468人，起诉组织、领导传销活动犯罪128件456人，起诉破坏环境资源保护类犯罪292件361人，起诉涉及扶贫资金和其他影响扶贫工作犯罪4人。审查起诉拒不支付劳动报酬案件3件。适用认罪认罚从宽程序办理6518件8554人，适用率85.06%，比上年提升32.14%。推行“案－件比”办案质量评价指标体系，全年“案－件比”为1.1539。

【刑事执行检察】 2020年，市两级检察院开展羁押必要性审查，办理羁押必要性审查案件636人，提出变更强制措施、释放建议223人，办案部门采纳199人。审查执行机关提请罪犯减刑、假释、暂予监外执行3148人，其中减刑3037人、假释110人、暂予监外执行1人。审查法院裁定罪犯3145人，其中减刑3052人、假释93人。出席减刑、假释案件开庭审理189人。检察发现不当，书面提出纠正意见603人，比上年上升229.51%，采纳纠正600件，上升246.82%。刑执执行活动违法提出纠正198件，其中交付执行活动违法77件，其他监管活动违法121件，上升33.78%，监督意见采纳率100%。加强社区矫正检察监督，检察接收社区矫正对象执行1262人，解除社区矫正1133人，在册检察监外执行罪犯2136人，其中管制37人、缓刑2017人、假释55人、暂予监外执行27人。纠正监外执行和社区矫正交付执行、监管活动、教育矫治、变更执行等违法案件535人，上升186.10%，监督意见采纳率100%。开展社区矫正联合执法检查，向司法行政部门提出口头或者书面检察建议或纠正违法意见23件次。核查财产刑执行324人，涉及金额758.10万元，发现财产刑执行履职不当53件，其中审判部门移送立案履职不当18件、执行活动履职不当29件，书面提出纠正意见53件，上升178.95%，监督意见采纳率100%。开展重大案件侦查终结前讯问合法性核查41件86人，制发《核查意见书》47份，向捕诉部门发送《初步核查意见函》6份。疫情严峻时期，向监管场所提出口头检察建议10件，督促落实相关防控措施11项，采纳率100%。受理司法工作人员相关职务犯罪案件线索6件，立案侦查2件4人，移送起诉司法工作人员相关职务犯罪案件2件4人，法院有罪判决1件1人。

【控告申诉检察】 2020年，市两级检察院受理信访2110件，比上年下降9.98%。审查受理民事行政审判监督案件1485件，上升30.49%。受理不服检察机关处理决定刑事申诉案件28件，下降24.32%，办结维持原决定22件，变更原决定1件。受理不服法院生效刑事判决裁定申诉案24件，下降55.56%，审结7件。落实群众信访件件有回复制度，有效联系到件到期回复100%。检察长接待来访群众250件318人。办理阻碍辩护人、诉讼代理人依法行使诉讼权利案件3件。办理自治区检察院、市委政法委、市人大交办案件11件。受理国家赔偿申请28件，其中立案审查21件，决定赔偿15件，支付赔偿金21.84万元。受理国家司法救助343件，救助326件357人，件数、人数分别上升176.27%、130.32%，发放救助金额413.2万元，上升177.47%，救助件数、人数、金额位居自治区第一，救助力度创新高。救助贫困户、残疾人、军人军属、未成年人4类被害人260人，救助金额310.25万元。温某某合同诈骗立案监督案入选最高人民检察院第二十四批指导性案例。

【民事检察】 2020年，市两级检察院受理民事生效裁判、调解监督案件482件，提出再审检察建议21件，法院裁定再审24件（含积案），采纳率114.29%。提请抗诉39件，提出抗诉23件，法院再审后改判、发回重审10件，抗诉改变率90.91%。受理民事审判程序违法监督案件205件，审结182件，发出民事审判活动违法监督检察建议71件，法院采纳73件（含积案），采纳率102.82%。受理民事执行监督案件525件，审结422件，发出民事执行监督检察建议254件，比上年增长234.20%，法院采纳261件（含积案），采纳率102.76%。审查涉嫌虚假诉讼案件45件，作出监督决定24件，其中提请抗诉4件，提出抗诉4件，提出再审检察建议4件，发出民事审判活动违法监督检察建议8件，发出民事执行活动监督检察建议4件，涉案金额1400万元。西乡塘区检察院通过检察监督为承建邕武医院（专门收治新冠肺炎患者医院）的广西建工集团第一建筑工程有限责任公司第二分公司解除被他人恶意冻结财产533万元，保证其在新冠肺炎疫情期间正常经营，如期完成承建广西版“小汤山”医院任务。桂林安杰房地产公司被错列为执行担保人执行监督案入选2020年广西检察机关服务民营经济典型案例。

【行政检察】 2020年，市两级检察院受理行政生效判决、裁定、调解书监督案件63件，比上年上升34.04%，审结66件（含积案），审结率100%，在自治区排名第一，提出再审检察建议1件。受理审判活动中审判人员违法监督案件3件，下降25%。审结3件，提出检察建议1件，法院采纳1件，终结审查1件；不支持监督申请1件。受理行政执行活动监督案件86件，上升473.33%，审结84件，提出检察建议73件，上升386.7%，均在自治区排名第一；法院或行政机关采纳72件，采纳率98.60%。受理行政机关不当履职案件1件，推动行政机关纠正行政行为1件，促成当事人和解2件，督促行政机关纠正行政行为1件。与行政机关、法院等建立协助配合机制，获得多条非诉执行监督案件线索。

【公益诉讼检察】 2020年，市两级检察院受理公益诉讼案件线索704件，比上年上升127.10%。立案618件，上升121.51%，其中民事公益诉讼案件71件、行政公益诉讼547件。发出民事公益诉讼公告61件，增长56.40%，发出行政公益诉讼诉前检察建议372件，增长74.60%。通过磋商程序督促行政机关履职149件。提起刑事附带民事公益诉讼33件，法院提出判决支持22件，支持率100%。办理医疗废弃物处置、野生动物保护等涉疫领域公益诉讼案件71件。与南宁军事检察院联合开展专项监督活动，办理军人优先权益保护领域公益诉讼案件25件。办理涉疫公益诉讼案件71件。开展“公益诉讼守护美好生活”专项监督活动，办理生态环境和资源领域案件280件，督促治理损毁林地、草地8.53公顷，督促治理被污染损毁耕地25.20公顷、土壤1.67公顷，督促关停和整治违法排放废气和其他空气污染物企业8家，对生态环境和资源保护领域提起

2020年12月4日，市检察院在老南宁·三街两巷历史文化街区开展《中华人民共和国民法典》宣传　　韦景春提供

公益诉讼16件。加大国有财产领域公益诉讼监督，挽回国有财产损失，上林县检察院通过诉前检察建议，督促行政机关追缴国有土地出让违约金和利息439万余元。市两级检察院配置无人机办案11家，配置公益诉讼取证勘查箱7家。

【未成年人检察】 2020年，市两级检察院受理审查批捕涉未成年人刑事案件466件756人，批捕320件492人，不批捕144件260人，不批捕率34.57%。受理逮捕未成年人犯罪嫌疑人252件425人，批准逮捕143件229人，不批准逮捕105件190人，不批捕率45.35%。受理审查逮捕侵害未成年人犯罪214件332人，批准逮捕177件264人。审查起诉涉未成年人刑事案件438件607人，起诉323件443人，不起诉55人，生效判决358人，其中判处有期徒刑三年以下、拘役等案件287人，轻缓率80.20%。受理起诉未成年人犯罪嫌疑人案件262件389人，起诉170件255人，不起诉31件48人，附条件不起诉56人，附条件不起诉率15.70%。受理起诉侵害未成年人案件176件221人，起诉153件191人。向公安机关书面提出纠正违法37件，受理监督立案8件，发出立案理由7件，公安机关主动立案7件，纠正漏捕11人，纠正遗漏罪行21人，纠正遗漏同案犯6人。制发检察建议5份。落实未成年人特殊检察，为未委托辩护人的未成年犯罪嫌疑人提供法律援助218人次，全部安排法定代理人或合适成年人到场参与讯问，开展亲职教育199次，帮助教育246次，引入社会力量213次，开展社会调查564人次，开展心理测评50人次，心理疏导63人次，适用犯罪记录封存137人。受理撤销监护权5人，对未成年人开展救助76件，发放金额94.40万元，开展预防法治教育受众474次15.63万人。

【检察技术】 2020年，市两级检察院技术部门办理案件3670件，其中检验鉴定34件、技术性证据审查1257件、技术协助2377件，3项办案数量均排在自治区第一。出具技术性证据审查意见书1257份，其中同意原鉴定意见1247份、不同意6份、其他意见4份。拓展公益诉讼技术办案新领域，为公益诉讼部门、民事行政部门提供技术支持214件次，全市两级院技术人员取得使用无人机资格证10人，使用无人机办案118次；上林县检察院建成广西检察机关首个公益诉讼快速检测实验室。5月，广西政法机关跨部门大数据办案平台在市两级检察院正式部署应用；市两级检察机关通过政法跨部门大数据办案平台受理批捕案件3876件，受理审查起诉3961件。市检察院、市公安局联合制定《关于羁押犯罪嫌疑人、被告人实行网上换押和羁押期限变更通知的规定》，明确应当在广西政法数据大平台办理换押手续的案件类型，检察院与公安机关在办理网上换押、变更羁押期限的操作方式和期限，打通政法机关各部门信息"壁垒"，实现办案数据互联互通。

【案件选介】 2020年，市两级检察院办理李某某贩卖毒品案立案监督案、余某某组织领导传销活动案抗诉案、余某某诈骗案纠正漏捕案、良庆区检察院督促整治废弃农资包装物污染行政公益诉讼案等案件。

李某某贩卖毒品案立案监督案 2017年10月28日，赵某某为获利欲助人代购"K粉"毒品，找杨某某协助寻找毒品卖家，杨某某联系武鸣籍女子李某某。29日，确认李某某有"K粉"后，杨某某搭载赵某某到武鸣区武鸣大酒店附近，与李某某商定交易事宜。30日，赵某某到武鸣大酒店附近付给李某某13万元毒资，再由李某某带路、杨某某驾车，到武鸣区一乡村路边从一男子处拿到"K粉"一包。交易后，赵某某与杨某某携带"K粉"行至市安吉高速路收费站入口时，被追踪赶到的公安民警当场查获。经称量和检验，涉案毒品可疑物净重493.82克，从取样样本中检出氯胺酮。武鸣区检察院认定李某某在本案中负责联系上下家进行毒品交易，发挥关键作用，涉嫌贩卖毒品罪，应监督公安机关立案。2019年7月22日，武鸣区检察院向市公安局武鸣分局发出《要求说明不立案理由说明书》监督公安机关立案。市公安局武鸣分局采纳监督意见，29日主动立案侦查，10月

2020年6月11日，市检察院在市英华学校开展"民有所呼　我有所应"法治进校园活动　　韦景春提供

23日移送检察机关审查起诉。11月22日，检察机关对李某某涉嫌贩卖毒品罪提起公诉。2020年6月8日，武鸣区法院判决李某某犯贩卖毒品罪，处有期徒刑10年，并处罚金5万元；一审判决后，李某某未上诉。案件被评为2020年度广西检察机关精品立案监督案件。

余某某组织领导传销活动案抗诉案 2012年起，余某某在南宁市以交钱申购虚拟份额的形式组织他人参加"自愿连锁经营业""纯资本运作"；要求参加者通过拉人头发展下线并按照"五级三晋制"进行管理，形成上下线传销网络关系；上线人员依照其层级排位、级别和发展下线的人数及申购份额数瓜分获得的非法收益。2019年9月10日，青秀区检察院将被告人余某某涉嫌组织、领导传销活动一案起诉至青秀区法院。12月20日，青秀区法院以组织、领导传销活动罪对被告人判处有期徒刑2年，并处罚金20万元。2020年1月2日，青秀区检察院以一审判决认定事实错误，适用法律不当，导致量刑畸轻提起抗诉。6月17日，市中级法院撤销原判决，以组织、领导传销活动罪对被告人判处有期徒刑5年，并处罚金20万元。案件被评为2020年度广西检察机关精品刑事抗诉案件。

余某某诈骗案纠正漏捕案 2014年5月14日，被害人曹某某向犯罪嫌疑人谢某某借款，谢某某同意以其妻黄某某的名义借给曹某某280万元，要求曹某某签订160万元、120万元的两张借条。5月15日谢某某、廖某某、曹某某3人相约到银行转账交付借款，谢某某指使廖某某转入曹某某账户358.8万元后，又将其中265万元转出，制造虚假给付痕迹，造成曹某某实际得款93.8万元。12月，谢某某以黄某某的名义向法院起诉曹某某借款280万元未还，通过向法院提供280万元借条及相应虚假给付银行流水，否认曹某某还款事实等手段获得胜诉，造成曹某某于2017年1月19日被法院强制执行290万元并转入黄某某账户。2016年9月，横县公安局对曹某某被诈骗案立案侦查期间，廖某某、淡某、余某某受谢某某指使在横县公安局问话时作伪证，称曹某某打入其本人账户的款项为曹某某归还本人的借款，隐瞒曹某某归还谢某某借款事实。2019年2月18日，江南区检察院在审查批捕谢某某、廖某某、淡某诈骗案件中发现市公安局江南分局提请逮捕书未列明的犯罪嫌疑人余某某涉嫌诈骗罪共犯。2月25日，江南区检察院向市公安局江南分局发出《应当逮捕犯罪嫌疑人建议书》。后市公安局江南分局逮捕犯罪犯罪嫌疑人余某某，在侦查终结后向江南区检察院移送审查起诉。2020年2月20日，江南区检察院以余某某涉嫌诈骗罪向江南区法院提起公诉。7月28日，江南区法院判决余某某犯诈骗罪，判处有期徒刑5年，并处罚金15万元；检察机关未抗诉，犯罪嫌疑人未上诉，一审判决生效。案件被评为2020年广西检察机关精品纠正漏捕漏诉案件。

良庆区检察院督促整治废弃农资包装物污染行政公益诉讼案 2020年3月，良庆区检察院在履职中发现良庆区相关政府部门对废弃农资包装物回收责任落实不到位、工作体系不健全、行政协同不足等造成环境污染问题，经现场核实，于4月8日成立专案组立案调查。经查明，良庆区农业农村局、各镇政府未全面履行监管职责，在已有专项公共资金保障下，废弃农资包装物回收处置工作未落到实处；大量内含毒性的废弃农资包装物随意丢弃在田间或与其他垃圾混同处理，农村土壤、水源持续存在受污染风险，农村人居环境遭破坏，社会公众利益受侵害。4月24日至30日，良庆区检察院依法向良庆区农业农村局和有关镇政府发出检察建议，建议良庆区农业农村局依法加大行政执法力度，压实生产、经营者对售出农药追踪溯源、农药包装废弃物回收的法定义务，督促城区供销联社立即整改增建废弃物防渗漏凹槽和消毒池，保证废弃物集中存贮标准规范；各镇政府加强与回收公司对接，督促村委干部发动农户主动回收废弃物；各部门协同共治，加大政策法规宣传，推动完善城区废弃农资包装物回收处置体系建设，引导各责任主体主动参与废弃农资包装物污染防治工作。检察建议发出后，良庆区党委、政府要求相关部门认领责任，合力整治，邀请检察机关同步监督落实。良庆区政府召开专题会议督促相关部门加快推进检察建议落实。至12月，良庆区投入40多万元在4个回收中转站增建防渗漏凹槽、消毒池，累计回收废弃农资包装物300余万件，总重量75.94吨，全部交专业机构外运处置，回收处置率100%。案件被评为2020年度广西检察机关精品公益诉讼案件，入选最高人民检察院公益诉讼检察服务乡村振兴助力脱贫攻坚典型案例。 （韦景春）

法 院

【概 况】 2020年，南宁市审判机关设南宁市中级人民法院（简称"市中级法院"）1个，区县基层法院12个、基层法院派出法庭32个。市两级法院受理民商事案件12.87万件，审结10.86万件，分别比上年上升2.91%、26.72%，结案率84.35%。受理一审涉企业纠纷案件3.28万件，结案2.80万件，结案率85.36%。受理破产案件178件，审结135件，破产案件回收率71.15%。建立南宁市不动产网络司法查控平台，实现在线办理司法业务，创造不动产司法查控协作的"南宁速度"。突破平台跨市级法院司法查控限制，推动南宁不动产登记与司法合作模式新突破，为全国法院推动执行联动、提升执行工作信息化水平提供"南宁模式"。自治区高级法院信息化工作试点法院兴宁区法院集约送达中心挂牌成立，推动法院信息化、辅助事务集约化管理上新台阶。坚持审慎善意文明司法，促进企业复工复产，科学合理处理劳资关系，鼓励劳动者与企业共渡难关。市两级法院承办广西法院首期"网络司法拍卖节"第二场直播"带货"活动；举办"机动车拍卖专场"；通过淘宝网、京东网等五大平台推送拍品，成交金额25.41亿元，为当事人节省拍卖佣金8554.3万元。市两级法院获国家级表彰集体10个，获自治区级表彰集体9个，获地市级表彰集体43个。主要存在智慧法院建设还需进一步提升，一站式多元解纷和诉讼服务体系有待进一步强化等问题。

【审判管理与司法改革】 2020年，市两级法院利用科技创新办案模式，采用"互联网＋诉讼"方式，推行网上立案、跨域立案、网上调解、网上开庭，确保新冠肺炎疫情期间审判执行不停摆、公平正义不止步。跨域立案465件，网上立案5.02万件，网上开庭1229次，在线调解7770件，电子送达63.77万次，建成看守所远程讯问室13个，确保审判执行。推行VR（虚拟现实）看房、云看样、直播带货等新模式，破解新冠肺炎疫情期间执行困境。促进复工复产复学，发布《关于疫情防控期间调整相关诉讼活动事宜的通告》《疫情期间企业的法律风险及应对措施》等司法工作指引50份。市中级法院联系重点企业8家、重点项目1个，走访调研企业10次、提供法律服务52次，帮助企业挽回损失13.70亿元。强化调解，推进审判方式改革，案件繁简分流，受理案件总数比上年上升8.03%，一审服判息诉率80.93%，简案率64.89%。其中，适用简易程序5.59万件，适用小额诉讼程序1.52万件，适用小额诉讼程序案件均无申请再审。推进司法责任制改革，压实院庭长审判监督管理职责，院庭长带头办案，院庭长收案10.61万件，结案9.53万件，占结案总数48.47%、结案率89.82%。开展员额法官入额遴选与晋升、选升工作，选升三级高级法官19名、四级高级法官47名，实施综合管理类公务员职级套转与晋升，落实履职保障政策。理顺专业法官会议和审判委员会职责关系，完善陪审员参审机制。出台《先行示范诉讼案件管理暂行规定》，推行类案与关联案检索，统一裁判标准。

【刑事审判】 2020年，市两级法院受理刑事案件8768件，比上年上升2.37%，审结8049件，结案率91.80%。市中级法院制定《关于依法严厉打击疫情防控期间违法犯罪行为的通告》《关于依法严惩新冠肺炎疫情防控期间涉医犯罪的实施意见》《关于依法严惩新冠肺炎疫情期间刑事犯罪的若干意见》，统一打击涉疫犯罪的执法尺度；发挥司法对社会行为的引领作用，快速审结编造、传播虚假信息等涉疫犯罪案件15件16人。市中级法院推进扫黑除恶专项斗争，制定《关于进一步规范办理涉黑涉恶刑事案件的若干规定》，受理一审涉黑恶案件130件864人，全部审结，认定黑恶势力犯罪106件683人。审结全国、自治区扫黑办挂牌督办案件8件142人。判处财产刑、追缴、没收违法所得5.91亿元，没收38名组织领导者、骨干成员个人全部财产；立案执行已生效涉黑恶案件67件，涉案标的2019.33万元，执结61件，结案率91.04%，执行到位1182.7万元。审结包庇、纵容黑社会性质组织罪等案件7件7人。受理毒品犯罪案件1037件1428人，审结971件1301人，结案率93.64%，判处五年以上有期徒刑213人，重刑率18.62%。在国际禁毒日集中宣判毒品犯罪案件40件66人，形成强大震慑。严惩涉众型经济犯罪，受理集资诈骗、传销、非法吸收公众存款案件341件，审结263件。保持打击电信网络诈骗的高压态势，受理案件204件423人，审结166件284人，均不适用缓刑。宾阳县法院作为全国唯一一家法院在国务院相关部际联席会议上作经验介绍。审结职务犯罪案件59件91人，其中厅局级2人，县处级7人。坚持罪刑法定、疑罪从无，宣告无罪2人，准予检察机关撤诉19件28人。坚持宽严相济刑事政策，判处非监禁刑或免予处罚1356人，办理减刑假释案件3058件，结案率100%。

【民(商)事审判】 2020年，市两级法院受理民商事案件12.87万件，审结10.86万件，比上年上升2.91%、26.72%，结案率84.35%。受理民事案件8.20万件，审结7.02万件，分别上升14.70%、13.29%，结案率85.64%；受理商事案件4.67万件，审结3.84万件。畅通商事纠纷立案绿色通道，当场立案率98.25%。制定《关于移送案件有关问题的暂行规定》，启用云柜系统，严控案件流转周期。加大涉企纠纷调解力度，涉企纠纷调解结案4986件，调解率17.79%。加强调解、适用简易程序和小额诉讼程序，为当事人节约诉讼费9128.4万元。开展解决民营经济突出问题攻坚年暨涉民营企业执行专项活动，执结773件，执行到位7.11亿元。深化供给侧结构性改革，受理破产案件247件，审结129件。简化破产案件审理程序，审理破产案件平均用时0.5年，最快73天。完善破产管理人制度，公开竞选与摇号选任管理人成常态化。优化财产变现机制，降低破产成本，债权回收率71.15%。完成自治区、市政府交办的58件“僵尸企业”处置任务。挽救企业与盘活资产，市中级法院重整广西富满地农资集团股份有限公司，妥善处置23亿元债务。化解重大金融风险，审结保险、证券期货、金融借款纠纷8082件、民间借贷纠纷1.69万件。开展涉农村中小金融机构执行案件专项清理活动，执行到位3.32亿元。加大保护创新驱动发展力度，受理知识产权纠纷2213件，审结1666件。市中级法院发布2019年度知识产权司法保护白皮书。吴某与永福县供水公司滥用市场支配地位纠纷案入选2019年中国法院50件典型知识产权案例。审结涉外民商事案件1403件，上升216%，办结涉外司法协助送达73件。挂牌成立市中级法院自贸区巡回法庭，服务自贸区南宁片区建设。

【行政审判】 2020年，市两级法院一审、二审受理行政案件2210件，比上年下降2.86%；审结1909件，增长11.12%。一审1507件，判决873件、不予立案84件、驳回起诉319件、撤诉139件、调解2件、裁定移送其他法院管辖54件、被指定其他法院管辖28件、与本院其他案件并案审理8件；二审402件，维持346件、改判25件、发回重审2件、撤诉17件、撤销原判并驳回起诉6件、撤销原裁定并指令审理5件、调解1件。审查非诉行政行为申请执行案件964件，准予强制执行484件，不准予强制执行12件，不予受理57件，撤回申请386件，其他25件。市中级法院受理行政案件1180件，审结1057件。一审655件，判决368件、不予立案1件、驳回起诉165件、撤诉61件、调解2件、裁定移送其他法院管辖50件、与本院其他案件并案审理8件；二审402件，维持346件、改判25件、发回重审2件、撤诉17件、撤销原判并驳回起诉6件、撤销原裁定并指令审理5件、调解1件。

【未成年人(刑事)案件审判】 2020年，市两级法院受理未成年人刑事案件183件，结案161件。一审案件受理152件(市中级法院受理一审5件、基层法院受理一审147件)，结案133件(市中级法院一审结案4件、基层法院一审结案129件)；二审受理31件，结案28件。参与南宁市励志专门学校建设，呵护未成年人成长。开展“法治进校园，普法助成长”等普法活动281次，推动未成年人法治宣传教育。

【申诉复查与再审】 2020年，市中级法院立案庭申诉接待厅接待来访人员1113批次1097人次。每月10日举行院长接待日及配合开展全市联合大接访活动安排接访10次，接待来访群众45批次116人。接听电话5174次；拆阅转办信件2381件，其中申诉、再审信件79件，市纪律检查委员会、市信访局、自治区高院转中级法院信件352件，上诉信件254件，起诉信件456件，申请执行信件321件，缓交诉讼费信件192件，立案补充材料信件286件，司法鉴定材料153件，自治区高院调

2020年4月23日，市中级法院在第20个“世界知识产权日”前召开新闻发布会，向社会发布2019年度知识产权司法保护白皮书。图为发布会现场　潘伟坚提供

卷函信件102件,基层法院信件186件。基层法院立案庭接待来访人员2474人次,来信324件。市两级法院受理再审案件442件,审结361件,维持122件、改判125件、发回重审11件、调解16件、撤诉17件、撤销原判并驳回起诉25件、其他45件;其中市中级法院受理再审案件265件,审结217件(维持112件、改判25件、发回重审11件、调解14件、撤诉13件、撤销原判并驳回起诉18件、其他24件)。

【国家赔偿与司法救助】 2020年,市中级法院受理国家赔偿案件17件(法赔3件、委赔14件),审结8件(法赔2件、委赔6件),结案率47%,其中决定赔偿1件(法赔案件)44.04万元执结完毕。基层法院受理国家赔偿案件10件,办结9件,中止审理1件,其中决定赔偿3件91.46万元执结完毕。市中级法院办结司法救助案件10件,实际发放司法救助金86.04万元,救助26人。基层法院办结司法救助案件545件,发放司法救助金627.76万元,救助629人,其中隆安县法院办结司法救助案件195件,发放司法救助金126.05万元,救助195人。市中级法院办理免交、减交、缓交诉讼费案件87件,其中办理免交诉讼费案件25件金额19.54万元,减交案件5件金额4.16万元,缓交案件57件金额370.70万元;办理公民代理手续2977件。基层法院办理免交、减交、缓交诉讼费案件434件,其中办理免交诉讼费案件39件金额23.82万元,减交案件2件金额4259元,缓交案件393件金额278.35万元;办理公民代理手续4786件,降低当事人诉讼门槛,为当事人提供诉讼便利。

【案件执行】 2020年,市两级法院受理执行案件7.51万件,执结7万件,结案率93.14%,执行到位62.06亿元。法院执行工作"3+1"("3"是指三个90%,即有财产可供执行的案件90%以上在法定期限内执结、无财产可供执行的案件90%以上终结本次执行程序要符合规范要求、执行信访案件90%以上要得到化解或者办结;"1"是指一个80%,即"基本解决执行难"三年间执行案件的整体执结率要超过80%)核心指标全部达标并优于全国平均水平。精准适用失信惩戒和制裁措施,建立完善信用惩戒修复机制,严防过渡适用惩戒措施。强化执行指挥中心实体化运行,深化"互联网+查控+拍卖",引入北部湾公证处等机构辅助执行,江南区法院在自治区首创"电子封条",解决"查而不封"问题;面向自治区内各中级法院和专门法院开通南宁市不动产司法查控中心权限,实现90%查控业务自助办理;推进网络拍卖,承办广西法院首期"网络司法拍卖节"活动,拍卖7548次,成交28.31亿元,成交率70.54%,节省佣金9591万元。协办全国法院"正在执行之绿城执行出击"全媒体直播活动2场,在线观看2000多万人。

【阳光司法】 2020年,市两级法院健全阳光司法机制,严格执行庭审公开制度,开庭案件100%同步录音录像,文书上网16.54万份,公开案件流程信息22.31万件,直播庭审1.32万场,与媒体多维度互动,回应社会关切。

【司法监督】 2020年,市两级法院依法接受各级人民代表大会监督,落实十四届市人大第五次会议决议和代表提出的意见建议,向市人大常委会专题报告审判监督管理工作,办理代表建议7件,邀请旁听审判、执行现场监督166次。接受民主监督,完善政协委员联络沟通机制,办理提案17件,走访委员67人次。依法接受各级检察监督,邀请检察长列席审委会讨论案件16次26件,依法办理检察建议。

【便民利民诉讼机制建设】 2020年,市两级法院加强民生司法保障,给困难当事人655人发放救助金713.8万元,依法减免缓诉讼费688万元。加大执行拖欠农民工薪酬案件力度,受理案件5606件,结案4250件,执行到位7299万元;横县法院实行欠薪案"三优先"机制,执结涉农民工工资案201件,执行到位711万元,被国务院农民工工作领导小组授予"全国农民工工作先进集体"称号。推进一站式多元解纷和诉讼服务体系建设,强化诉源治理,促进将万人成讼率纳入综合治理考评体系;健全"走出去+请进来"多元解纷体系,分别与市工商联、广西银行业协会等会签诉调对接文件,把"1+6解纷体系""壮语调解"等非诉机制挺在前。多元解纷收案3.14万件,调解成功1.56万件,司法确认826件。兴宁区法院被评为全国法院一站式建设先进单位,其"族老调解"参加全国法院第七期全媒体直播活动。马山县法院打造"贝侬+调解"特色司法服务品牌。上林县法院搭建"人民法院调解平台+乡镇多元解纷平台"解纷模式,诉前联调成功率100%。良庆区法院深化"道交一体化"试点,诉前调解结案3280件,成功率98%,平均赔付周期1.5天。武鸣区法院在诉服中心设立物业纠纷等调解工作室,民商事案件受理数下降10%。推进智慧法院建设,完善立案、审判、执行系统,推进电子卷宗随案同步生成,打造集约送达中心等辅助平台,为审判执行现代化提供技术支撑。优化网上立案、调解、缴费、开庭等服务能力,实现全市法院诉讼服务"一站通办、一号通办、一网通办"。

【案件选介】 2019年,市两级法院受理、审结张某等7人涉黑案,李某某等9人贩卖、运输、制造、窝藏、转移毒品案,赵某某以危险方法危害公共安全案,覃某某口罩诈骗案,广西南宁市丰登化工有限公司破产重整案等案件。

张某等7人涉黑案(全国扫黑办挂牌督办案件) 2009年起,被告人张某通过笼络纠集亲友、同乡,逐步建立以其为组织、领导者,被告人黄某、李某为心腹,被告人李某某、张某某、冯某某等人为下属的黑社会性质组织。该组织通过诈骗、敲诈勒索、寻衅滋事、开设赌场等违法犯罪行为在当地房地产建筑领域内造成重大影响,严重干扰破坏正常生产、生活秩序。2020年10月7日至10日,市中级法院开庭审理该案;10月30日,对该案进行宣判,以组织领导参加黑社会性质组织等罪名判处张某等人有期徒刑5年至无期徒刑不等刑罚,并处部分被告人没收个人全部财产、罚金。经自治区高级法院二审后,已发生法律效力。

李某某等9人贩卖、运输、制造毒品,窝藏、转移毒品案 2017年12月,被告人李某某、韦某某、黄某某出资,纠集被告人韦某某、唐某某前往江苏、浙江购买制毒原料9袋约180千克,用3袋原料试制氯胺酮。2018年1月,李某某、韦某某、黄某某出资,由被告人李某某、韦某某等人前往福建购买甲基苯丙胺79.35千克;同月,李某某、韦某某出资,由李某某、韦某某等人从福建购买氯胺酮14千克运回广西宾阳县。被告人蒙某某为李某某保管12千克氯胺酮交他人存放。李某某等人被抓获后,被告人屈某某、韦某某将剩余毒品转移藏匿。4月,公安机关从屈某某姐夫文某处查获前述藏匿氯胺酮7.90千克。2019年6月18日、2020年5月29日,市中级法院2次开庭审理;6月18日,对该案进行宣判,以贩卖、运输、制造以及窝藏、转移毒品等罪名对李某某、韦某某、黄某某判处死刑,剥夺政治权利终身,并处没收个人全部财产;对韦某某判处死刑,缓期2年执行,剥夺政治权利终身,并处没收个人全部财产;对韦某某等5人判处有期徒刑5年至无期徒刑不等刑罚,并处财产刑。案件进入自治区高级法院二审审理。

赵某某以危险方法危害公共安全案 2019年8月,被告人赵某某于南宁市东葛葛村路口附近,酒后驾驶小轿车与出租车发生追尾后,因协商赔偿事宜未果强行驾车驶离现场,遭出租车司机阻拦后仍

南宁年鉴

2020年10月30日,市中级法院依法公开宣判被告人张某等7人组织、领导、参加黑社会性质组织案,主犯张某一审被判处无期徒刑。图为庭审现场　　潘伟坚提供

加速行驶,一路上冲撞多名行人、多辆电动车及小轿车,最终造成2人死亡、1人重伤、1人轻伤、多人不同程度受伤以及车辆受损的严重后果。经鉴定,赵某某驾驶的小轿车案发时速每小时54千米,超过案发路段限速每小时40千米;赵某某血液乙醇含量为每百毫升173.2毫克。2020年7月21日,市中级法院开庭审理该案,12月22日对该案进行宣判,以危险方法危害公共安全罪判处赵某某无期徒刑,剥夺政治权利终身。案件进入自治区高级法院二审审理。

覃某某口罩诈骗案(南宁市首例口罩诈骗案)　2020年2月新冠肺炎疫情防控期间,被告人覃某某在微信朋友圈散布有越南产一次性医用口罩出售的虚假信息。2月8日,被害人陈某通过微信支付,转账给覃某某1万元定金,用于向覃某某购买2.50万个一次性医用口罩。被告人覃某某于当日将上述款项转走用于网络赌博,并与被害人陈某断开联系。3月18日,西乡塘区法院公开开庭审理此案,并当庭宣判,以诈骗罪判处被告人覃某某有期徒刑10个月,并处罚金1万元。一审宣判后,被告人覃某某未上诉,案件判决已发生法律效力。

广西南宁市丰登化工有限公司破产重整案　2019年5月22日,广西南宁市丰登化工有限责任公司(简称“丰登公司”)因经营不善陷入困境,向法院提出破产重整申请。8月26日,隆安县法院根据债务人的申请,受理丰登公司重整一案,指定广西同望律师事务所为丰登公司管理人。经审查,职工债权人数436人,债权额712.35万元;社保债权2431.25万元(本金1235.31万元、滞纳金789.37万元);涉及其他债权人169人,债权申报183笔,金额8.7亿元。隆安县法院召开三次债权人会议对《重整计划草案》进行审议,重整计划获高票通过。2020年8月11日,隆安县法院根据管理人申请,裁定批准重整计划并终止重整程序。前两期投资款7000万元已到位,2020年9月23日,隆安县法院举行债权款发放仪式,职工债权、社保债权(本金部分)、担保债权(以抵押物价值为限)全额清偿,依法确认20万元以下无异议普通债权全额清偿,完成第一阶段债权清偿工作。2020年11月1日,管理人将丰登公司资产移交重整投资方,接管公司基本保留原有职工,恢复生产经营。　(潘伟坚)

司法行政

【概　况】 2020年,南宁市司法行政系统有南宁市司法局(简称“市司法局”)1个,区县司法局12个,开发区司法局3个,基层司法所127个。市司法局完成地方性法规草案审改4件,报请市政府出台政府规章4件,出具规范性文件法律意见128件,向市政府及部门涉法事务提出法律意见637件次。全面推行行政执法公示制度、执法全过程记录制度、重大执法决定法制审核制度,聚焦民生热点开展行政执法专项监督,纠正执法问题69个,查办行政执法投诉案件10件。实施行政复议体制改革,试行集中办理行政复议案件。完成南宁市新一届70名人民监督员、首届1789名人民陪审员选任管理。强化新冠肺炎疫情防控法治保障,做好刑满释放人员隔离观察和安置;开展涉疫情矛盾纠纷集中排查化解专项行动,防范化解“疫后综合征”。落实安置帮教任务,重点对象接送率、安置率、帮教率100%。深化合作制公证机构改革,成立合作制公证处2家(华强公证处、北部湾公证处)。接收自治区司法厅下放司法鉴定机构11家;指导成立广西壮族自治区环境保护科学研究院司法鉴定中心,为广西首家综合性环境损害类司法鉴定机构。完成“七五”普法检查验收和组织2020年国家统一法律职业资格考试南宁考区考试工作。市、区县两级均成立社区矫正委员会,设立社区矫正管理局,依法开展社区矫正工作。坚持和发展新时代“枫桥经验”,建立健全人民调解、行政调解、行业性专业性人民调解、司法调解衔接联动工作机制。南宁市被中央依法治国办命名为第一批全国法治政府建设示范市。市司法局公共法律服务管理科被司法部评为全国公共法律服务工作先进集体、行政执法协调监督科被评为全国法治政府建设工作先进单位,市医疗纠纷人民调解委员会被司法部评为全国模范人民调解委员会,武鸣区司法局、青秀区司法局被中华全国人民调解员协会评为组织宣传人民调解工作先进集体。主要存在司法行政队伍结构不合理等问题。

【行政规范性文件审查】 2020年,市政府出台行政规范性文件38件,其中涉及新冠肺炎疫情防控、确保经济社会平稳运行的行政规范性文件4件。备案审查区县政府、市政府工作部门、开发区管委会制定的行政规范性文件150件,书面纠正备案的规范性文件合法性问题2件。

【行政复议与应诉】 2020年,市政府行政复议办公室接待来电、来信、来访群众1790人次,处理复议申请564件,不予受理14件,告知其他途径解决89件,作出行政复议决定345件(含上期结转);案件类型主要涉及政府信息公开、征收拆迁补偿、山林土地确权、投诉举报、行政强制、行政处罚等。市司法局代理市政府行政应诉、应复案件289件;办理市政府参与法院、检察院监督案件17件。

【行政执法协调监督】 2020年,南宁市全面推行行政执法公示制度、执法全过程记录制度、重大执法决定法制审核制度。市司法局与市委编办、市行政审批局联合印发《关于开展权责清单调整工作的通知》,梳理市直各执法部门权力事项3444项,责任事项2.54万项。协调解决市生态环境局、市城管综合执法局等执法部门关于执法权限、执法程序等行政执法存在问题15件。开展新冠肺炎疫情防控、野生动物保护领域、生态环境保护领域专项执法监督,推进严格公正规范文明执法。印发《南宁市司法局关

2020年3月18日，市司法局开展野生动物保护行政执法专项监督检查。图为监督检查小组在水街市场监督检查　　梁海婷提供

于做好建立完善行政裁量权基准制度工作的通知》，组织相关执法单位建立2017年以后实施的20部南宁市地方性法规规章的行政裁量权基准制度。通过自治区行政执法综合管理监督信息系统利用信息化手段开展监督，实时监督行政执法机关行政处罚案件2.42万件、行政强制案件1945件。开展2020年行政执法案卷集中评查活动，纠正执法行为不规范、自由裁量权不完善、全过程记录不足、法制审核不到位等问题69个。7月18日、11月7日，组织全市行政执法人员开展2020年执法资格（续职）培训考试2次，参加考试2509人，及格率92.87%，居自治区地级市首位。

【政府法律事务】 2020年，市司法局向市政府及有关部门提出重大决策、拟订重大合同及其他政策性文件合法性审查意见、一般征求反馈意见、建议637件次。派员参加城建业务会、PPP项目会及重大疑难行政复议、行政诉讼及民事合同纠纷等会议145次。组织修订《南宁市重大行政决策程序规定》，8月17日经市十四届政府第124次常务会议审议通过，10月1日起施行。12月，出台《南宁市人民政府外聘法律顾问管理服务规定》《南宁市人民政府外聘法律顾问经费管理办法》《南宁市人民政府外聘法律顾问考核评价制度》，市、县、乡镇三级党委政府法律顾问、公职律师制度实现全覆盖。

【普法宣传教育】 2020年，南宁市落实“七五”普法任务目标，完成自治区“七五”普法检查验收。市司法局举办“法治南宁讲堂”暨“双百”法治宣讲活动和普法骨干培训班，组织1295名新提拔领导干部进行任职前法律考试，组织国家工作人员学法用法培训考试14.61万人。举办2020年南宁市“宪法宣传周”启动仪式和地方性法规宣传南宁全网论坛，在老友网和南宁头条APP网络直播观看量23万人次。落实“谁执法谁普法”责任制，要求区县各单位制定、公示年度普法任务措施清单。推进农村“法律明白人”培养工程，在全市1820个村（社区）培养和发展“法律明白人”1955人，组织指导区县开展第八批“全国民主法治示范村”命名推荐。开展“法治三月三”“防控疫情法治同行”“民法典宣传月”等主题活动，组建民法典“百人”宣讲团。创作《疫情防控齐参与》作品在自治区“普法山歌DOU来唱”活动中获第四名。增强以案释法，制作“阿洛”“小智”系列普法公益片8部、宣传折页7套，在地铁和公交电视、商业广场LED屏等公共场所播放公益广告1.34万次，播出总时长72.67万秒。组织微信法律知识有奖竞赛7次，参赛7.14万人次。

【社区矫正】 2020年新冠肺炎疫情期间，2月至4月南宁市社区矫正暂停集中点验、集中报到、集中学习、集中劳动等集中性监管教育活动，通过网上巡查、电话抽查、视频点名等开展监管教育；疫情防控转为常态化形势下，社区矫正实行差异化审批机制，分批开展集中教育、公益活动，降低人员聚集密度。7月1日《中华人民共和国社区矫正法》实施后，市司法局开展宣传，制作公益宣传广告、抖音视频，在电视台、广播电台、地铁和公交LED屏播放。举办社区矫正网络教育培训，培训社区矫正工作人员500人，合格率99.23%。采取政府购买服务方式，由专业服务机构团队提供法治教育、培训讲座、团体辅导、心理评估和矫治等教育帮扶服务。南宁市社区矫正工作领导小组更名南宁市社区矫正委员会，区县参照成立区县社区矫正委员会，依法规范开展社区矫正；市司法局增挂“南宁市社区矫正管理局”牌子，依法承担本级政府社区矫正工作职责。年内，社区矫正新接收矫正对象2303人，解除矫正1938人，在册社区矫正对象2181人，累计接收社区矫正对象1.32万人，累计解除矫正1.10万人，矫正对象在矫正期间累计再犯罪12人，累计再犯罪率0.09%，无重大恶性案件发生。

【司法鉴定】 2020年，市司法局监督管理司法鉴定机构17家（广西金桂司法鉴定中心、广西公明司法鉴定中心、广西科桂司法鉴定中心、广西公众司法鉴定中心、广西公仆司法鉴定中心、广西天宏司法鉴定中心、广西正廉司法鉴定中心、广西众邦司法鉴定中心、广西壮族自治区妇幼保健院司法鉴定所、广西华森林业司法鉴定中心、广西壮族自治区林业科学研究院司法鉴定中心、南宁市第五人民医院司法鉴定所、南宁市金盾司法鉴定所、南宁市社会福利医院司法鉴定所、南宁狮山机动车检测有限公司、南宁市中一司法鉴定所、广西壮族自治区环境保护科学研究院司法鉴定中心），执业司法鉴定人员262人。完成司法鉴定业务2.44万件。完成司法鉴定机构信用评级及能力验证，5家司法鉴定机构被评为AAA级，其余为AA级；符合信用等级评定条件鉴定人240人，其中53人被评为AAA级。开展司法鉴定机构和鉴定人清理整顿第三阶段全面核查，限期整改存在问题。在自治区率先组织全市司法鉴定机构召开警示教育会议。市司法局接到司法鉴定投诉32件，司法鉴定有关行政复议案件7件。

【公证事务】 2020年，南宁市有执业公证机构11家（桂南公证处、西乡塘公证处、武鸣公证处、邕江公证处、横县公证处、宾阳县公证处、上林县公证处、马山县公证处、隆安县公证处、华强公证处、北部湾公证处），其中事业编制公证机构9家（桂南公证处、西乡塘公证处、武鸣公证处、邕江公证处、横县公证处、宾阳县公证处、上林县公证处、马山县公证处、隆安县公证处），合作制公证机构2家（华强公证处、北部湾公证处）。办理公证案件1.96万件，其中国内公证1.61万件（涉港澳台公证281件）、涉外公证3569件，公证收费1122.17万元。南宁市公证机构完善网上预约、网上办理公证功能，实现让群众“最多跑一次”承诺。

【律师事务】 2020年，市司法局主管律师事务所221家、公职律师办公室4家，有律师2560人(公职律师119人、法律援助律师31人、公司律师36人、社会律师2374人);有基层法律服务机构46家、基层法律服务工作者405人。律师代理刑事案件2073件、民事案件1.44万件、行政案件897件,办理非诉讼法律事务3859件,办理法律援助案件4987件。

【人民调解】 2020年,市司法局建设推广“信息员—村民小组—村委会—乡镇(街道)司法所”四级矛盾预警网络,成立以个人名义命名的“个人调解工作室”9间。落实易地扶贫搬迁集中安置区法律服务,指导13个易地扶贫安置点建设人民调解工作室。推动完善人民调解、行政调解、行业性专业性人民调解、司法调解衔接联动工作机制,成立警民联调人民调解委员会171个,调解案件2098件。加强司法行政部门、供电部门的协调配合,成立进驻中国(广西)自由贸易试验区南宁片区的电力行业调解组织——南宁市电力行业纠纷人民调解委员会,国内进驻自贸试验区首家;推动形成“商人纠纷商人解”工作机制,指导成立商会人民调解委员会66个。开展矛盾纠纷排查2.99万次,预防矛盾纠纷8471起,调解矛盾纠纷2.13万起,成功调解2.07万起件,调解率100%,调解成功率97%,涉及协议金额3.77亿元,办理人民调解协议司法确认182件。武鸣区城厢镇人民调解委员会获司法部评为“大排查、早调解、护稳定、迎国庆”专项活动表现突出集体,市医疗纠纷人民调解委员会获司法部评为全国模范人民调解委员会;获司法部评为“大排查、早调解、护稳定、迎国庆”专项活动表现突出个人2人,评为全国模范人民调解员2人。

【基层法律服务】 2020年,南宁市完成2019年度基层法律服务机构、基层法律服务工作者考核,加强基层法律服务所、基层法律服务工作者执业行为监管和投诉查处。全市46家基层法律服务所、405名基层法律服务工作者办理案件1.22万件,其中免费办理8577件。

【法律援助】 2020年,南宁市法律援助中心组建2020—2022年度南宁市法律援助值班律师库,推进法律援助值班律师和认罪认罚从宽案件工作,加强法律援助工作站建设;推行“公民法律援助申请的审批”事项同城通办;全市所有村(社区)建立法律援助联络员制度,实现村级法律援助联络员100%全覆盖。受理法律援助案件7517件,受援人7554人。受理新冠肺炎疫情防控和复工复产法律援助案件40件,建档立卡贫困户申请法律援助案件196件,农村留守妇女、儿童、老人法律援助案件40件。法律进农村宣传活动383场次,参与农民工公益宣传活动68场次,开展法律援助联络员培训39次。解答群众来电来访法律咨询1.67万人次,为群众挽回经济损失2580.15万元。

【国家统一法律职业资格考试】 2020年,南宁市国家统一法律职业资格考试实现计算机化考试“十个百分之百”总目标,完成2020年国家统一法律职业资格考试任务。客观题报名应试7314人,创历史新高,占自治区客观题考试应试人数37%;主观题考试报名应试人员3355人,占自治区报名应试人数41%。审核发放2019年法律职业资格证书751本(A类证书707本、C类证书44本),审核发放2020年应届毕业生2019年法律职业资格证书249本(A类证书213本、C类证书36本)。

【人民陪审员选任与人民监督员管理】 2020年,市司法局成立南宁市人民陪审员选任工作领导小组;联合市中级法院、市公安局印发《南宁市人民陪审员选任工作实施方案》,建立人民陪审员候选人信息库和拟任命人民陪审员信息库,指导各区县采取组织推荐、个人申请、随机抽选相结合方式,按程序完成资格审查、随机抽选、候选人公示、提请人大任命、宣誓、培训等工作;选任人民陪审员1789人,新一届人民陪审员到岗。开展2019年度市级人民检察院人民监督员年度履职、参加学习培训、遵纪守法严格自律情况考核,考核70人;举行新一届人民监督员任命仪式暨业务培训班,完成70名人民监督员选任;人民监督员参加案件公开听证、公开审查及其他办案工作26次、54人。

【安置帮教】 2020年,市司法局加强与监狱、公安部门等沟通协作,完善刑满释放人员无缝对接。协调民政部门和街道办事处、乡镇政府妥善安置,保障重点人员民政救助和低保。衔接刑满释放人员4252人,帮教刑满释放人员3096人,其中重点帮教对象371人,重点对象安置率、帮教率均为100%。建成过渡性安置帮教基地15个,其中市级安置帮教基地2个,各区县建立安置帮教基地1个以上,安置临时性困难、“三无”人员(无家可归、无亲可投、无业可就的人员)等特殊困难刑满释放人员。招募大学生志愿者569人,开展“青年志愿者彩虹桥行动”寒假、暑假服务活动,提供帮教服务1.93万次。

【村(居)法律顾问】 2020年,市司法局加强指导村(居)法律顾问工作,推动村(居)法律顾问利用微信、QQ等新媒体开展线上法律服务,保证新冠肺炎疫情期间村(居)法律顾问工作不间断、服务不停止。结合自治区司法厅对南宁市自治区级村(居)法律顾问示范点督查、市本级业务检查,监督指导区县开展村(居)法律顾问工作,加大培训力度,提升村(居)法律顾问服务水平。督促村(居)法律顾问每月按时到村开展服务工作,不定期通报履职情况。组织律师556人、基层法律服务工作者171人担任全市1808个村(居)法律顾问,化解矛盾纠纷2678起,为村(社区)提供法律意见2577件,其中提供重大项目、决策等法律意见589件,为群众起草、修改法律文书1395份,为群众提供法律咨询2.35万人次,开展法制宣传4133场次。 (梁海婷)

2020年10月31日,2020年国家统一法律职业资格考试(客观题)开考。图为广西广播电视大学校区考点现场 梁海婷提供

仲 裁

【概　况】2020年，南宁仲裁委员会推行民商事仲裁案件适用先行调解，受理案件1536件，总标的额16.85亿元，仲裁费1326万元，审结仲裁案件1185件（含上年未结案件）。加强“互联网＋仲裁”工作，仲裁案件管理服务平台3.0上线运行，全面实施仲裁案件在线办理。建立完善微信服务平台、案件查询码系统、短信平台、仲裁员协同办公平台等服务平台。安装仲裁庭庭审语音录入系统，开发远程视频开庭系统，实现仲裁案件当事人异地同时开庭。7月，报请市政府批准成立南宁国际仲裁院，专业开展国际商事仲裁，直接服务自贸区内国内外民商事主体。聘有在册仲裁员548名，其中含马来西亚和中国香港、中国澳门籍仲裁员26名。市劳动人事争议仲裁院加强仲裁机制建设，成立劳动人事争议案件“百日攻坚”工作领导小组，组建快审速裁组，推进案件繁简分流试点。畅通农民工维权“绿色通道”建设，保障《农民工工资支付条例》落实。市劳动人事争议仲裁院与北京市鼎业（南宁）律师事务所、广西道森律师事务所、广西八桂律师事务所、广西南宁甘露法律事务所合作，在自治区率先建立“一院四所”劳动争议多元化调解机制，获“中国劳动人事争议调解仲裁”公众微信号等媒体推广报道。市劳动人事争议仲裁院加强与市司法局衔接，法律援助工作站法律援助服务值班律师增至20名。落实劳动维权“打包一件事”，将劳动、工伤维权2类10项事项整合，简化程序、手续。依托南宁“智慧人社”APP，打造“微仲裁”“阳光仲裁”品牌。新冠肺炎疫情期间，出台《疫情防控期间仲裁庭审活动管理“十严格”》，2月至3月取消线下庭审、接待，推进南宁“智慧人社”平台发挥仲裁案前调解效能，通过网上案前调解化解纠纷，利用“腾讯会议”平台进行网络庭审。主要存在民商事仲裁案件数量增幅不高，案件审理效率、仲裁宣传推广措施不足；劳动人事争议仲裁多元调解力量调动有限和激励机制不足等问题。

（梁海婷　廖书恒）

2020年3月3日，市劳动人事争议仲裁院通过“腾讯会议”视频开庭　　廖书恒提供

【民商事仲裁】2020年，南宁仲裁委员会受理案件1536件，总标的额16.85亿元，实收仲裁费1326万元；审结仲裁案件1185件（含上年未结案件）。裁决结案810件，占审结案件68.35%；和解、调解结案375件，其中调解结案139件、占11.73%，撤诉方式结案236件、占19.92%。金融仲裁受理金融案件305件，占受理案件19.86%，其中线下金融类案件269件、标的额2.7亿元，线上网络仲裁案件36件、标的额136.7万元；审结金融案件339件（含上年未结案件）。

（梁海婷）

【劳动人事争议仲裁】2020年，南宁市劳动争议调解组织、各级仲裁机构处理劳动人事争议案件1.97万件，总标的额2.56亿元，其中仲裁机构立案受理9384件（含2019年转527件），不予受理911件；仲裁机构结案8863件，其中裁决结案5552件、调解结案2790件、撤诉等方式结案521件。工会、部分大中型企业、乡镇街道、商会（协会）劳动争议调解组织调解争议案件1.03万件。当期仲裁结案率94.4%，调解成功率68.3%。在自治区率先开展“云仲裁”视频开庭。

（廖书恒）

编辑　卢景林

军事

中国人民解放军广西南宁警备区

【概 况】 2020年，中国人民解放军广西南宁警备区（简称“警备区”）坚决贯彻党中央、中央军委、习近平主席和上级党委决策部署，坚定举旗、聚力打赢，戮力同心、乘势而上，完成年度任务，部队全面建设保持向上向好发展势头。隆安县、兴宁区人武部被广西军区评为全面建设先进单位；广西军区南宁第三干休所被广西军区评为“四铁”（铁一般的信仰、铁一般的信念、铁一般的纪律、铁一般的担当）先进单位。受军以上单位表彰6人，立三等功4人，获嘉奖55人，被评为“四有”（有灵魂、有本事、有血性、有品德）优秀军官6人、“四有”优秀文职人员2人、优秀士兵10人，机关服务基层优秀个人4人，优秀职工13人。

【思想政治建设】 2020年，警备区强化理论武装，组织4个专题18次党委中心组理论学习，学好中共十九届五中全会等重要会议精神和习近平主席重要讲话、最新指示。按照“有大有小、有统有分、资源共享、紧贴形势”原则，利用视频授大课，观看爱国主义、廉政警示教育片，增强教育“一感三性”（时代感，主动性、针对性、实效性）。围绕新冠肺炎疫情防控取得的阶段性成果，组织专题讨论，进一步增强中国特色社会主义的文化自信、理论自信、道路自信和制度自信，广大官兵“三个绝对”（绝对忠诚、绝对纯洁、绝对可靠）思想根基更加牢固。重视做好“四反”（反渗透、反心战、反策反、反窃密）和经常性思想工作，坚持严管与厚爱相统一，确保部队纯洁巩固。

【战备训练】 2020年，警备区着眼应对风险挑战，落实二级加强部署和专项值班。组织开展首长机关、防空民兵、民兵教练员、冲锋舟操作等集训。完成基干民兵和学生军训任务，高标准完成广西军区赋予的民兵专业分队在岗训练试点任务，经验做法在自治区推广。组织区县民兵参加疫情防控执勤、防汛抢险演练等重大活动。参加广西军区国防动员指挥演练考核成绩“优秀”，获军区首长和考核组肯定。深化民兵调整改革，新质力量居自治区第一，年度检查考评成绩排自治区第三。参加广西军区战法创新活动，被国家核心期刊收录论文1篇、被广西军区表彰4篇。

【部队管理】 2020年，警备区完成广西军区赋予的“四个秩序”（战备、训练、工作、生活秩序）规范抓建试点任务，6个人武部完成原址升级改造，6个调整部署方案获军委批复同意。高度关注网络安全，扎实开展“固网·2020”专项行动，安全基础得到巩固。坚决贯彻习近平主席和军委号令指示，把疫情防控作为头等大事，做到先知先觉，制定应对预案和自启动机制，严格落实各项防疫措施。

【国防动员】 2020年，警备区高标准完成兵员征集任务，其中大学生、大学毕业生占比分别为90.1%、50.3%，分别超指标5个百分点、20个百分点，“五率”量化排名自治区第二。加强中心血站、军械装备、仓储物流、医药仓储、特种用油5个动员中心建设，开展重点动员潜力核查。基本完成国防动员智慧系统一期建设。开发“退役军人作战型骨干人才数据库”，分类汇总各类作战骨干，做到“若有战、能召回”，为作战部队打造“第二人才方阵”。推进人工智能机器翻译等民用科技成果向军事应用转化，社会生产力与军队战斗力的耦合更加紧密。全市基层武装部规

2020年7月，警备区组织民兵冲锋舟操作集训　　警备区提供

范化建设全面达标，专武干部资格认证试点经验在自治区推广。

【综合保障】 2020年，警备区贯彻落实习近平主席和中央军委、国防动员部、广西军区的指示精神，紧紧围绕使命任务，严格经费物资、车辆油料、武器装备、服装供应、疫情防控管理，推进经济适用住房清理整治、市国防教育训练基地建设等工作落实。协调办理停止有偿服务项目的土地权属、消防验收、工商登记等手续，与融通公司沟通协调处理13个停止有偿服务项目遗留问题。

【拥政爱民】 2020年，警备区参与脱贫攻坚战，先后投入405万元、协调1019万元，修建村委、村路、桥梁、饮水工程，资助贫困学生，8个帮扶贫困村全部脱贫摘帽。

（凌才弢　朱英杰）

中国人民武装警察部队南宁支队

【概　况】 2020年，中国人民武装警察部队南宁支队（简称"武警南宁支队"）党委以习近平新时代中国特色社会主义思想为指导，坚决贯彻习近平强军思想，加强思想政治建设，基层建设更加稳固，部队建设向上向好。完成第17届中国—东盟博览会、中国—东盟商务与投资峰会开幕式、展览、公众开放日警卫安保任务。武警南宁支队被武警部队、武警广西总队评为安全工作先进单位，执勤二大队被表彰为"四铁"先进大队，执勤二、执勤八、执勤十一、十六中队和上林中队、机动一、机动二中队被表彰为"四铁"先进中队。

【思想政治建设】 2020年，武警南宁支队突出政治能力训练，深入学习习近平强军思想、中共十九届五中全会精神、《习近平谈治国理政》第三卷，统筹抓好党委中心组理论学习、专题教育和理论服务走基层活动，党委常委为部队授课辅导18次，推动理论武装入心入脑。探索"集中+自主"学习教育，规范思想政治教育组织与实施"六个环节"，融合推进主题教育、经常性思想教育和"人生四课"教育，举行向党旗宣誓、先进典型事迹报告会、晋升军衔和退役仪式，以网络直播形式开展文艺汇演暨最美军嫂评选表彰，邀请共和国勋章获得者李延年讲述革命优良传统，提高政治教育质效。贯彻《军队党的建设条例》，做好三级党建会议精神贯彻落实，组织"七一"推荐表彰、党委（支部）书记培训、党员发展对象培训考核和"五个在前"实践活动，强化阵地意识，党的领导和党的建设得到加强。开展政治领域官僚主义专题清除纠治，组织"重温初心担使命、彻纠彻改作表率"主题党日活动，召开专题组织生活会，规范部分行文提法和宣传标语表述，政治整训走深走实。端正选人用人导向，"有为才有位、挑好担子才能坐好位子、凭素质立身，靠实绩进步"的理念逐渐深入人心。开展党规党纪、廉政党课教育，推进基层风气监察联系点建设，组织风气监督员培训2批次93人，纠治官兵身边"微腐败"和不正之风，部队的新风正气持续好转。被评为武警广西总队十佳"四会"政治教员2人。打好意识形态领域斗争主动仗，邀请南宁市国安局领导作隐蔽斗争形势辅导，把握正确舆论导向，武警南宁支队被武警广西总队评为新闻舆论工作先进单位。

【练兵备战】 2020年，武警南宁支队坚决贯彻习近平训词训令精神，落实党委议战议训制度，以"四考四带"（考主官带班子、考班子带机关、考机关带基层、考干部带战士）为抓手，组织各类集训、比武竞赛和"两官"（军官、士官）队伍季度考核、演习，抓好实战化训练。探索新冠肺炎疫情防控下组训抓训方法，组织军事训练网上教学、网上会操、网上推演，激发官兵训练热情。不断规范工作运行，发挥值班室总控作用，深化执勤隐患治理，推进老旧看守所迁建，纠治执勤常见病多发病，固定目标实现安全无事故。抓好军事职业教育，统筹推进战备体系建设、开展"修、学、推"方案活动，组织扑灭山火、抢险救援、处置个人极端行为授课辅导。完成决胜攻坚、"智慧磐石"工程建设任务，第17届中国—东盟博览会、中国—东盟商务与投资峰会警卫安保任务。

【基层建设】 2020年，武警南宁支队加强三级基层建设，开展《军队基层建设纲要》网上培训和蹲点调研帮建，落实季度考评和部队建设形势分析、双向讲评制度，抓好"六跟五帮"，制定"一队一策"措施，推广正规化管理试点经验。坚持统思想、正导向、补短板、解难题，支队加强干部队伍建设经验做法被《人民武警报》头版头条刊载。注重激活载体抓建设，用好中队长之家、指导员之家、司务长之家和政工例会，把"三互"融入"四个秩序"，探索开展前沿指挥所"三帮"活动规范基层党建"四个一"，倡导党员队伍保持"六种状态"，让新老载体焕发活力动力。坚持党委议安全、主官抓安全、官兵创安全，落实日纪要报告、周督查通报、月专题分析、季安全讲评机制，结合"条令年"推进安全活动，纠治"三个不放心"（不放心的人、不放心的事、不放心的部位）问题，夯实部队安全基础。

【后勤保障】 2020年，武警南宁支队紧贴"三个服务"，抓实后勤专业培训，规范战勤编组和编携配装，与地方军民融合保障单位签订代储代运协议，强化任务全程伴随保障。推进枪弹安全管理、军械库室和车辆机械入库整治。落实新冠肺炎疫情防控措施，抓好舆论宣传引导，加强人员管控、心理疏导、一线服务，实现"零感染"目标。办好利军惠兵实事，投入资金用于执勤训练、军事职业教育、后勤战备物资等建设，组织官兵被装发放、体检、评残等事项。

（武警南宁支队）

2020年8月27日，武警南宁支队特战队员在进行多种姿势下滑训练　董亚涛　摄

国防教育

【国防教育基地】 2020年，南宁市加强爱国主义教育、国防教育，制定《南宁市贯彻落实〈新时代爱国主义教育实施纲要〉工作方案》，为开展国防宣传教育提供有力支撑、制度保障，厘清责任。从2019年新命名的10个爱国主义教育基地中，遴选马山县那马革命老区、上林县南陔革命旧址、横县平马镇中心学校、武鸣区狮子山公园、南宁市第五中学5个教育基地，每个教育基地经费补助38万元，用于其建设完善基础设施。组织、指导南宁市昆仑关管委会创建全国爱国主义教育示范基地。

【国防教育活动】 2020年，南宁市围绕“奋进新时代·聚力强军梦”主题，持续开展“国防万映”（在全国城乡投放1万套高清数字电影放映设备，采用统一形式，通过固定、流动放映场所，播放国防和军事题材影片，加映国防教育专题片、宣传片，普及国防知识、灌输国防观念、培养国防精神）活动，更新新民路国防教育一条街宣传展板、电子屏、板报长廊宣传内容。在九洲国际、名都大酒店（南湖名都）、广西金融广场、三祺广场等30座楼宇开启灯光标语，滚动播放“热烈祝贺首府南宁荣获‘全国双拥模范城’七连冠”的公益宣传，营造国防教育宣传氛围。

（李勇锋）

人民防空

【概　况】 2020年，南宁市人民防空办公室（简称“市人防办”）有市人防指挥信息保障中心、市人防平战管理处、市人防监察所、市人防基地管理所4个事业单位，管理市人防新华经营公司、广西南宁人防科研设计院有限公司2个企业。8月20日，广西南宁人防科研设计院改制为国有独资有限公司。市人防办履行“战时防空、平时服务、应急支援”使命和任务，推动人防军事斗争准备，完成人民防空方案修订，二代应急机动指挥系统建成投入使用。主要存在人防干部忧患意识需进一步加强，区县人防机构力量薄弱等问题。

【人防工程建设】 2020年，南宁市继续推进人防工程建设，人防防护体系建设更加完备。市人防工程人均建筑面积在自治区排名第一。推进市国防教育基地项目和人防疏散体系建设试点，做好人防工程质量监督和人防专项验收备案；配合完成结建防空地下室设计条件审批、施工图备案、易地建设审批，收缴易地建设费等业务。组织公共人防工程安全检查8次，消防演练3次，防洪防内涝检查3次，防汛演练1次，全市公共人防工程安全管理得到加强。

【人防战备训练】 2020年，市人防办加强人防指挥通信保障和警报管理。坚持24小时战备值班和重大节假日值班，完成人民防空方案修订，在新冠肺炎疫情全国性哀悼活动和南宁市“9·18”防空警报试鸣活动中，警报鸣响率100%。市人防二代应急机动指挥系统投入使用并开展跨区域拉动训练，通过实战检验系统性能。11月，组织人防专业人员在市人防训练基地开展人防专业培训和军事日活动，人防专业队伍完成整组训练。组织南宁人防志愿队伍开展人防工程平战转换和人员疏散隐蔽演练。

【人防宣传教育】 2020年，市人防办推进人防宣传教育进机关、进院校、进企业、进社区、进媒体。在全市274所初级中学开设人防知识教育课，在《中国国防报》、《中国人民防空》、广西人防边海防办网站刊发宣传报道文章30余篇，完成人防“十三五”宣教片和文化长廊制作及2020年防空警报试鸣宣传，委托法律顾问单位推进应缴未缴人防异地建设费列入法院追缴。

【人防执法监察】 2020年，市人防办通过广西“双随机、一公开”监管平台开展“双随机”检查任务9个批次。完成人防工程线上线下监督检查，人防工程竣工项目现场核查，人防工程拆除办结5项。开展易地建设未缴费追缴核查，发出《关于缴纳人防工程易地建设费的通知》。

（乐清林）

退役军人事务

【概　况】 2020年，南宁市退役军人事务局（简称“市退役军人局”）有事业单位7个（南宁市退役军人服务中心、南宁军用供应站、南宁市军队离休退休干部福建园休养所、南宁市军队离休退休干部植物路休养所、南宁市军队离休退休干部望州路休养所、南宁市军队离退休干部服务管理中心、南宁军供服务大厦），区县退役军人事务局12个，开发区社会事务（业）局3个。推进退役军人服务保障体系建设，严格按照“123456”标准（打造一个“退役军人之家”、落实两间办公用房、配备三名工作人员、服务要求四统一、实现五有办公设施、做到六个一服务）建成退役军人服务中心15个，128个乡镇（街道）均单设退役军人服务站，1794个村（社区）退役军人服务站全部挂牌成立，92个示范型退役军人服务中心（站）通过国家达标验收。完成年度军转干部、退役士兵、军休干部等接收安置任务，举办首届退役军人就业创业大赛，在自治区率先开展老年重点优抚对象免费体检。南宁市获“全国双拥模范城”七连冠。主要存在就业创业扶持力度有待加强，优抚优待水平有待提升等问题。

【权益维护】 2020年，市退役军人局为困难企业军转干部发放困难补助金，组织困难企业军转干部健康体检。投入初始引导资金成立自治区首个市级退

2020年11月5日，市人防专业培训和军事日活动在市人防训练基地举办

市人防办提供

役军人关爱基金会，提高退役军人服务保障水平。

【移交安置】 2020年，市退役军人局在“供需见面、双向选择、政府保底”安置办法的基础上，创新完善营职以下及专业技术军转干部安置办法。举办“2020年南宁市团职军转干部安置选岗大会”“2020年南宁市营职以下及专业技术军转干部双向选择洽谈会”“2020年度(2019年冬)南宁市符合政府安排工作条件退役士兵量化评分自主选岗大会”等活动，接收安置计划分配军转干部，接收符合政府安排工作条件退役士兵，随调家属；其中符合政府安排工作条件退役士兵安置到机关事业单位、国有企业占比94%。区县完成接收2020年夏秋季、冬季自主就业退役士兵。退役军人安置任务完成数排名自治区第一。

【就业创业】 2020年，南宁市出台《关于做好疫情防控期间退役军人就业工作的通知》《关于进一步做好疫情防控期间退役军人就业创业工作的通知》等文件，推动“稳就业”措施落地。搭建网上对接平台，组织开展线上线下招聘活动20余场。推动事业单位岗位定向招考随军家属；提高随军家属未就业期间生活补助费。举办全市首届退役军人创业创新大赛，35家企业报名参赛，6家获奖企业代表南宁市参加广西退役军人创业创新大赛，分别获一等奖、二等奖、三等奖和优秀奖，选送广西梯度科技有限公司、广西群接龙网络科技有限公司代表广西参加首届全国退役军人创业创新大赛决赛，分别获二等奖、三等奖。举办退役士兵创业指导培训班2期、退役军人就业创业培训班2期。

【军休服务】 2020年，南宁市接收移交政府安置军队离退休干部、退休士官，完成年度军休干部接收安置任务。福建园休养所军休服务管理标准化建设经验获自治区推广；望州路休养所新建2000多平方米服务管理综合楼投入使用；植物路休养所推进老旧小区改造，加装电梯解决老干部上下楼难题；军休服务中心探索多点服务模式，实现军休服务全覆盖；“互联网＋智慧养老”智能居家养老服务模式在军休服务机构推广。

【优抚褒扬】 2020年，南宁市走访慰问优抚对象，发放慰问金(品)。拓宽优抚医疗保障渠道，在自治区率先开展老年重点优抚对象免费体检；组织重点优抚对象短期疗养，为优抚对象提供上门巡诊服务。指导各地运用网上祭扫、代为祭扫等方式，做好新冠肺炎疫情期间清明烈士祭扫服务保障；举办2020年烈士公祭活动暨向抗战烈士敬献花篮仪式。走访慰问923医院赴鄂抗疫医疗队家属、31665任务部队官兵，向驻邕部队赠送慰问品。解决军人子女入学入托问题。

【南宁市获“全国双拥模范城”七连冠】 2020年10月20日，全国双拥模范城(县)命名暨双拥模范单位和个人表彰大会举行，南宁市以自治区第一名的成绩再次被命名为“全国双拥模范城”，实现“全国双拥模范城”七连冠。10月23日上午，南宁市举行“首府南宁荣获‘全国双拥模范城’七连冠迎匾仪式”，自治区党委常委，市委书记、市双拥工作领导小组组长王小东，南宁警备区政委辜协辉参加迎匾仪式并共同揭匾。随后举行“首府南宁荣获‘全国双拥模范城’七连冠新闻发布会”，《人民日报》、新华社、《中国日报》等参与发布会并报道。 (李维全)

编辑 李敬江

教 育

综 述

【概 况】 2020年,南宁市有幼儿园、普通中小学、特殊教育学校3352所,在校学生166.13万人,专任教师9.44万人。其中:幼儿园1886所,在校生32.61万人,专任教师1.67万人;小学1085所,在校生76.48万人,专任教师4.27万人;普通初中263所,在校生31.03万人,专任教师2.18万人;普通高中80所,在校生15.96万人,专任教师1.05万人;中等职业技术学校28所,在校生9.90万人,专任教师0.24万人;特殊教育学校10所,在校生0.14万人,专任教师0.03万人。有专门学校1所,在校生40人,专任教师11人。幼儿园、小学、普通初中、普通高中、特殊教育的少数民族在校生比例分别为55.6%、55.56%、57.42%、54.64%、51.91%。学前三年毛入园率97.26%,九年义务教育巩固率102%,高中阶段教育毛入学率98.8%。主要存在城乡、校级间发展不平衡,普惠性学前教育体系仍需完善,中小学基层党建工作仍需加强,义务教育优质均衡发展需加快推进等问题。

【思政课建设】 2020年,市委、市政府出台《关于建立南宁市领导同志联系学校制度的通知》,明确每名市级党员领导联系1所学校,指导学校开展思政课建设。在中小学开展思想政治教育、社会主义核心价值观学习宣传。开展南宁市思政课建设大调研,举办南宁市学习贯彻党的十九大精神建设中小学优秀教师"特色示范课堂"比赛。推进"一校一品"党建品牌建设,重点打造"九德琢玉""涌泉文化""润实"等学校党建品牌36个。调研课题《党建示范促教学立德树人促发展——南宁市中小学"党建促教"现状分析及策略探索》获广西党的建设研究会2019年度调研课题自选课题调研报告二等奖、全市组织系统调研成果一等奖。

【教育经费投入】 2020年,南宁市教育经费总收入221.77亿元,比上年增长14.54%。其中,公共财政预算教育经费180.49亿元,增长10.57%;教育经费总支出223.62亿元,增长12.85%。国家、自治区下达城乡义务教育阶段专项补助资金23.20亿元;全市义务教育阶段学校学生享受"两免一补"(免学杂费、免教科书费,补助寄宿生生活费)政策,103.31万名城乡义务教育阶段学生享受国家免除学杂费政策和免费教科书,核拨义务教育生均免杂公用经费8.54亿元。市本级预算内生均学生公用经费定额为幼儿园每生每年500元,小学每生每年360元,初中每生每年400元,高中每生每年500元,中等职业学校每生每年600元。新建成投入使用南宁市那考河小学等公办中小学校18所,新增公办学位2.73万个;新开办青秀区百花岭路幼儿园等公办幼儿园35所,新增公办学位1.89万个。投入资金12.58亿元推进学校基建项目443个,其中开工项目443个、竣工项目334个,开工率100%、竣工率75.4%。

【教育政策研究与安全法治建设】 2020年,《南宁市关于深化新时代教育督导体制机制改革的实施意见》《南宁市全面加强新时代大中小学劳动教育的实施方案》出台。南宁市举办"学宪法讲宪法"演讲比赛等系列活动,组织学生参加全国、广西第五届"学宪法讲宪法"活动,其中市江南小学学生黄鼎浩获全国演讲比赛小学组一等奖及广西小学组知识竞赛一等奖、演讲比赛二等奖,市第二中学学生唐彬嘉获广西初中组演讲比赛一等奖、知识

2020年秋季学期,良庆区第三实验幼儿园正式投入使用。图为幼儿园全景

市教育局提供

竞赛二等奖，市第二十八中学学生段佳鹏获广西高中组知识竞赛和演讲比赛三等奖。南宁市教育局(简称“市教育局”)组织全市中小学生70万人线上参加全国“宪法小卫士”活动，首次通过“互联网+现场”形式开展“开学第一课”法治教育宣传教育活动；与市检察院到区县开展“法治进校园”巡讲活动；联合政法、公安部门开展南宁市“护校安园”行动，完成市直属学校平安智慧校园“4+N”(4为校园封闭管理、视频监控和一键音视频报警系统、校门防冲撞系统、专职保安派驻，N为各地结合实际自行建设的防控设施)安全防范建设；出台《南宁市防范未成年人溺水“压实三线责任完善四项机制落实五个全面”工作方案》，开展中小学生溺水突发事件应急处置演练；组织开展“安全教育月”“安全生产月”“安全生产八桂行”“5·12防灾减灾日”“全民禁毒宣传月”等安全教育活动。

【促进教育公平】 2020年，南宁市组织边远农村学校、贫困村学校开展机器人、航模、消防、交通安全、应急救护等体验活动。选派57名教师分别到上林县、马山县、隆安县支教，实现国定贫困县均派驻支教教师。开展“推普脱贫攻坚计划·学前学会普通话”行动，在上林县、马山县、隆安县、邕宁区举办青壮年普通话培训班，培训460人。劝返辍学学生99人(含复辍)，无建档立卡贫困家庭学生失学辍学，实现控辍保学工作“双清零”(建档立卡贫困家庭适龄儿童少年失学辍学动态清零，非建档立卡贫困家庭适龄儿童少年零辍学)目标；创新开展控辍保学工作临时性补偿式教育，获自治区教育厅认可并在全区推广。隆安县第五中学、马山县里当瑶族中心小学分校等22所义务教育保障战役学校的基建项目均建成并投入使用；全市义务教育保障战役补充义务教育学校专任教师7317人，区县义务教育阶段教师缺额率降至5%以下。推进粤桂扶贫协作，与茂名市互派交流教师191人次。下达义务教育农村营养改善计划专项资金3.48亿元，惠及武鸣区、横县、宾阳县、上林县、马山县、隆安县农村义务教育学校(含教学点)1364所、45.12万人。资助受新冠肺炎疫情影响的家庭经济困难学生3452人次、197.85万元。协同通信运营商向2.51万名家庭经济困难学生免费赠送网络流量，确保疫情期间贫困学生“停课不停学不停教”。推进生源地信用助学贷款申办改革，首贷学生线上预约办理业务2.02万人，续贷学生线上完成续贷手续3.23万人。投入助学(奖、贷)资金9.75亿元，惠及学生83.73万人次，其中资助建档立卡贫困家庭学生34.85万人次、2.48亿元。

【教师队伍建设】 2020年，南宁市招聘教师2828人。市本级拨付乡村教师生活补助专项配套资金372.30万元，受益教师6205人。2019—2020学年中小学教师支教考核期满304人、走教考核期满292人。组织全市校级领导364人、专任教师3599人参与交流轮岗，其中骨干教师1118人。实行职称证书线上线下互相审核评审模式，试行职称电子证书，副高级专业技术职务任职资格评审组织工作首次下放至教育系列职改办开展。全市中小学教师系列评审通过正高级教师19人、副高级教师3418人、一级教师3388人、二级教师2003人、三级教师15人；中等职业学校教师系列评审通过正高级讲师2人、高级讲师35人、讲师35人、助理讲师31人。出台《南宁市中小学“名师、名班主任、名校长”工程实施方案》，参加第二期卓越校长培养156人，参加教坛精英领航工程、教学骨干育秀工程和“扬帆计划”培养198人。中小学音乐、体育、美术学科分别遴选5名特级教师、15名优秀教师参加艺体学科骨干教师培养。参加“国培计划”(中小学教师国家级培训计划)培训3.72万人次，参加“区培计划”(中小学教师自治区级培训计划)培训0.97万人次，参加市级培训8.83万人次。开展“敬业立学，崇德尚美”师德宣讲团巡讲活动，举办宣讲报告会16场。选派教师20人赴贵阳市开展跨区域交流学习。教师入选全国乡村优秀青年教师培养奖励计划1人，获“南宁市教坛明星”称号36人、“南宁市学科带头人”称号302人，“南宁市教学骨干”称号3386人。新成立特级教师工作室21个。

【学生综合素质提升】 2020年，南宁市创建文明校园参与率100%。市第十四中学、市桂雅路小学、市秀田小学获评第二届全国文明校园，累计5所；新增自治区文明校园34所，累计59所；市级文明校园352所，数量位居自治区首位。开通中小学生心理咨询热线电话，接听咨询电话800余次。与广西大学、广西民族大学、南宁师范大学3所高校开展心理健康教育“对口支援”。搭建心理健康教育云资源，上传心理微系列作品218个。推荐心理微课5节、心理危机干预案例5例参加自治区优秀心理健康教育微课和优秀心理危机干预案例评选，其中心理健康教育微课获一等奖1个、二等奖4个，心理危机干预案例获一等奖1例、二等奖3例、三等奖1例。出台《南宁市全面加强新时代大中小学劳动教育实施方案》。举办校外教育公益培训讲座50期，培训约20万人次。开展科技进校园活动31次，参与学生10万人次。市中小学校外教育活动中心组队参加2020年VEX机器人世界锦标赛线上挑战赛，获VEX机器人世界锦标赛冠军。市第一中学学生李鑫锐获首届广西青少年科技创新自治区主席奖，广西大学附属中学学生洪量、劳善源获主席提名奖。参加第五届广西青少年科技运动会，南宁市获一等奖2个、二等奖2个、三等奖12个。参加自治区首届戏曲展演，南宁市获金奖1项，一等奖、二等奖、三等奖各3项。宾阳县新桥中学、广西—东盟经济技术开发区第二小学入选教育部“传承的力量——学校体育艺术教育弘扬中华优秀传统文化成果展示活动”成果展示。市教育局在第二十七届全国青少年爱国主义读书教育活动中获组织特等奖。全市新增入选全国“足球特色幼儿园”幼儿园7所，入选全国青少年校园“足球特色学校”中小学校1所。完成高中阶段96所学校8.3万名学生军训；市第二中学等11所学校入选教育部第三批国防教育特色学校。组织宾阳县、良庆区中小学生参加2020年全国学生体质与健康调研，参与学生1911人。全市完成体质健康监测学生125.13万人。在中小学组织开展《红色传奇》进校园、“文明校园”创建、“绽放战疫青春·坚定制度自信”“迎接少代会争做好队员”等系列主题教育活动。开展国家、自治区、南宁市普通话及经典诵写讲培训，参加师生5200人次。

【教育督导】 2020年，南宁市印发《关于深化新时代教育督导体制机制改革的实施意见》；开展市、区县政府履行教育职责评价。对隆安县开展监测数据未达标问题整改，区县(开发区)义务教育基本均衡发展迎接国家检查准备工作开展专项督查。组织开展新冠肺炎疫情防控、防溺水、心理健康教育、义务教育教师工资收入落实情况、教育改革发展重点任务、普及高中阶段教育自治区评估验收反馈问题整改等督导检查。向区县政府、开发区管委会反馈评价意见15份、整改意见7份、任务清单15份，发出督办函、督办通知5份。委托第三方评估机构开展幼儿园办园行为督导评估市级复核，抽查邕宁区等4个区县24所幼儿园(点)。横县、西乡塘区、青秀区完成2020年国家义务教育质量监测，获教育部基础教育质量监测中心授予“县级优秀组织单位”称号。首次考核市教育局直属中小学校(幼儿园)责任督学开展履职情况。

【教育科研】 2020年，南宁市完成国家级课题“新课改视野下壮族地区开展儿童快乐阅读的策略研究”结题。申报2020年度广西职业教育教学改革研究项目,获重点项目立项8项、一般项目立项31项。南宁市获批全国基础教育国家级优秀教学成果推广应用示范区。推荐64项教学成果参加2019年广西基础教育教学成果等次评定,获评二等以上等次44项(特等5项、一等15项、二等24项)。修订出台《南宁市教学成果等次评定办法》。申报自治区2021年度课题,获立项A类经费资助重点课题7项、B类重点课题43项、C类一般课题72项;申报自治区专项课题,获立项党建专项课题8项,中小学语文学习质量研究专项课题6项。“南宁市教师网络研修社区”项目获评“国培计划”“区培计划”优秀案例。市优秀课例《天鹅》入选广西学习强国平台。天桃实验学校教师巫晨雨参加第二届全国统编小学语文教科书优质课推荐活动,获“优质课”奖;民乐路小学教师雷蕾参加全国小学英语自然拼读与绘本阅读示范课展评,获一等奖。组织教师参加“万叶杯”微课比赛获全国一等奖1人、二等奖3人、三等奖1人、优秀奖2人,获广西一等奖6人、二等奖6人、三等奖3人;参加2020年自治区中小学幼儿园教师教学技能大赛,获一等奖6个、二等奖2个;参加2020年广西中小学幼儿园教师课堂教学技能竞赛,获一等奖2人;参加2020年自治区中小学信息技术与学科教学深度融合优秀课例展示观摩评选活动,获一等奖10人、二等奖5人、三等奖1人;参加2020年第九届自治区优秀自制教具展评活动和全区中小学实验教学说课,自制教具获一等奖6人、二等奖1人、三等奖2人,实验教学说课获一等奖12人、二等奖21人、三等奖18人;参加自治区中小学德育教学“精彩一课”比赛,获小学组一等奖2人、三等奖1人;参加广西中小学音乐教师五项技能比赛,获综合奖一等奖4人、单项奖一等奖5人次;参加2020年广西小学美术教师录像课评比活动,获一等奖;参加广西第28届中小学美术教师优质课评比,获一等奖3人、二等奖4人;参加2020年广西小学体育学科主题教研活动优质课评比,获一等奖。组织南宁中小学青年教师技能比赛,参赛3137人。

【教育信息化建设】 2020年1月3日,南宁教育云平台正式上线。全市覆盖数字教育资源教学点653个,市教育局直属学校实现互联网带宽双千兆入校。上林县、马山县、隆安县开展“粤桂扶贫”远程同步互动课堂教学交流。完成南宁市“为民办实事”项目2个(中小学校信息化建设、中小学平安智慧校园)。投入资金3541.74万元,为400所中小学校安装、升级外来人员身份核验识别、一键式音视频报警等设备,建立与公安专门平台联网的应用管理系统;为60所中小学校安装升降防冲撞柱、人脸识别出入闸机;为中小学校配备自动化录播室24间、同步课堂设备400套。出台《南宁市加快推进中等职业教育信息化发展实施方案》,开展全市中等职业学校数字化教学资源建设、中等职业学校教师信息技术应用能力培训情况调研。组织符合条件的中等职业学校建设2020年自治区级职业教育专业教学资源库。市第六职业技术学校计算机网络技术专业入选2020年自治区级职业教育专业教学资源库立项建设项目名单。

2020年1月3日,南宁教育云平台正式上线　　市教育局提供

【教育交流与合作】 2020年,南宁市第一职业技术学校配合自治区教育厅做好ADB(亚洲开发银行)、KFW(德国复兴信贷银行)联合融资广西现代职业教育发展示范项目“校企合作专业建设和课程开发试点”调研。5月,泰国班颂德皇家师范大学到市第六职业技术学校开展招生宣讲,学校开设泰语选修课。马耳他国立旅游学院向市第四职业技术学校抗击新冠肺炎疫情致慰问函。组织申报第五批中美“千校携手”项目学校,遴选市第八中学、市第四职业技术学校作为项目候选学校。市第二中学、市第三中学参与由中国人民对外友好协会、中国对外友好合作服务中心与教育部留学基金委东方国际交流中心联合开展的“一带一路翱翔计划”,申报“一带一路人才培养计划”示范校。

【招生考试】 2020年,南宁市义务教育阶段招生24.38万人,其中小学招生13.74万人、初中招生10.64万人,义务教育免试就近入学比例100%。义务教育学校接收进城务工人员随迁子女入学16.79万人,约占自治区接收总数三分之一。普通高中招生5.58万人,完成自治区普通高中招生任务比例109%。接受考生报考30多万人次,其中报名全国普通高考8.93万人,参加统考5.18万人;报名成人高考2.30万人,报考高中起点升本科464人、高中起点升专科9485人,专科起点升本科1.30万人;报名并参加中考9.16万人;报考高等教育自学考试1.09万人,报考科目2.63万科。报考高中学业水平考试,上半年报考25.58万科、下半年报考27.20万科;参加2021年硕士研究生招生考试4409人。市中职学校升高职、本科院校学生超毕业生总数60%,升学人数1.22万人,升学率由2019年51%升至64%。参加中职对口升本科考试学生1059人,上线人数487人、上线率46%,录取人数517人(含对口本科考试和普通高考),约占自治区总录取人数25%。报名全国中小学教师资格考试笔试1.31万人。

【社区教育】 2020年,南宁市开展全民终身学习活动周活动次,举办公益培训活动80多种,培训近2万人次,宣传发动群众近10万人次。开展社区教育活动898次、参加36.28万人次。推荐江南区、良庆区、南宁高新区申报自治区第四批社区教育实验区,组织区县、开发区申报南宁市第四批社区教育学校、基地,社区教育延伸至乡镇。完成广西职业教育教学改革课题《壮乡文化特色社区教育课程建设的研究》。市职教中心挂牌成立“社区志愿者之家”,联合中医药教育协会广西工作站、市红十字会开展应急救护公益培训活动。青秀区津头街道秀山社区“我与青秀山齐名同美”社区教育活动项目获评2020年全国“终身学习品牌项目”;市第三职业技术学校“善知学堂”等4个项目获评2020年度广西“终身学习品牌项目”；高新区创新社区“社企联建五星向学”等12个项目获评2020年度市级“终身学习品牌项目”。青秀区容爱雯、朱锡春获评2020年度全国“百姓学习之星”；市社区教育学院学员黄自强等4人获评2020年度广西“百姓学习之星”。

【民办教育】 2020年，南宁市有民办中小学、幼儿园1694所，在校生32.35万人，专任教师1.69万人。其中：幼儿园1549所、在园人数15.54万人、专任教师9162人；小学49所、在校生7.70万人、专任教师3361人；初中61所、在校生3.24万人、专任教师1958人；普通高中21所、在校生2.83万人、专任教师1711人；中等职业学校14所，在校生3.05万人，专任教师702人。办理民办学校审批6件。开展2020年南宁市民办教育发展资金分配专题调研，安排606万元用于民办学校采购教育教学设备。开展民办学校年检，对经市教育局审批设立且2019年在册的民办中等职业学校、民办普通高中进行2019—2020学年年度检查，检查学校28所，合格21所、基本合格5所、不合格2所。区县（开发区）教育局对辖区内的民办学校及校外培训机构进行年度检查。

【校外培训】 2020年，南宁市有校外培训机构836所。出台《南宁市校外培训机构专项治理工作联席会议制度》。梳理区县（开发区）现存文化教育培训机构情况，与县区（开发区）教育行政部门审批行为关联。公布南宁市校外培训机构黑白名单2个批次，第一批次公布白名单535家、黑名单123家，第二批次公布白名单752家、黑名单84家。开展校外培训机构联合执法检查114次，出动检查人员150人次。处理违规办学或疫情期间擅自恢复线下培训等投诉28件，发出整改通知12份。

2020年4月7日，自治区高三、初三年级正式复课开学。图为市五一西路学校初三年级开学第一课场景

市教育局提供

基础教育

【学前教育】 2020年，南宁市有幼儿园1886所，在校生32.61万人，专任教师1.67万人。出台《南宁市公办园在园幼儿占比达标工作方案》，公办园在园幼儿占比52.36%；印发《南宁市城镇小区配套幼儿园2020年治理工作方案》，完成183所小区配套幼儿园治理销号任务，向教育行政部门移交住宅小区配套幼儿园43所。通过市级示范幼儿园验收评估幼儿园5所、市级示范乡镇（街道）幼儿园验收评估幼儿园1所；通过市级示范幼儿园复查评估幼儿园13所、市级示范乡镇（街道）幼儿园复查评估幼儿园19所。新增自治区多元普惠幼儿园74所，在园幼儿1.58万人，普惠性幼儿园覆盖率90.30%。印发《南宁市无证幼儿园专项整治工作方案》，治理无证幼儿园976所。获批自治区幼儿园课程基地6所。

【义务教育】 2020年，南宁市有小学1085所，在校生76.48万人，专任教师4.27万人；普通初中263所，在校生31.03万人，专任教师2.18万人。制定《南宁市天桃实验学校集团化办学试点工作方案》，试点推进集团化办学模式改革。开展基础教育改革试点，高新区获评自治区基础教育教学改革示范区、青秀区获评自治区义务教育学区制管理改革示范区。全市义务教育学校大班额比例1.73%。印发《南宁市中小学生减负工作实施方案》；开展中小学校课后服务工作调研。扩大教学视导调研范围和学科，首次开展小学教学视导。组织开展2020年中考质量分析会暨2020年直属公办初中毕业班评估工作总结会。制定初中三年备考指导意见。

【普通高中教育】 2020年，南宁市有普通高中80所，在校生15.96万人，专任教师1.05万人。出台《南宁市消除普通高中学校大班额专项规划（2020—2022年）》，制订《南宁市高品质高中建设指导意见》《南宁市推进高品质高中建设实施方案》，启动实施常规管理建设行动计划。全市一本上线人数突破9000人，本科以上上线人数比2019年大幅增加。南宁市获评广西唯一普通高中新课程新教材实施国家级示范区，市第二中学、市第三中学、武鸣高中获评普通高中新课程新教材实施国家级示范校。有6个学科11个基地获批自治区普通高中学科课程基地，数量超自治区五分之一。开展高中学科核心素养评价技术高级研修班，编印《2020届普通高中毕业班学科备考工作计划暨近5年高考试题分析》。推荐市第十中学申报自治区示范性普通高中立项建设学校；市第四中学通过自治区示范性普通高中验收评估；市第二十六中学通过自治区示范性普通高中复查评估；横县横州中学通过自治区星级特色普通高中验收评估。

【特殊教育】 2020年，南宁市有特殊教育学校10所，在校生0.14万人，专任教师0.03万人。实施《南宁市第二期特殊教育提升计划实施方案（2017—2020年）》，开展适龄残疾儿童少年入学排查，做好全国适龄残疾儿童少年入学情况监测系统填报。组织开展南宁市特殊教育课堂教学比赛活动，评出一等奖7人、二等奖12人、三等奖17人，优秀组织奖10个。组织特殊教育专家开展特殊教育送教下乡活动，参训教师1000多人，推动横县、马山县创建自治区示范性特殊教育学校。市励志专门学校矫治学生2批次80人，第3批40名学生入校学习。制定《南宁市励志专门学校学生离校后教育帮扶工作机制》。

【民族教育】 2020年，南宁市在兴宁区、青秀区、邕宁区、武鸣区、横县、宾阳县、上林县、马山县、隆安县9个区县126所学校开展壮汉双语教育教学。组织学生参加第五届自治区小学生讲壮语故事比赛、第二届自治区中小学生民族团结进步知识竞赛，获奖学生467人，3个区县教育局、54个学校获优秀组织奖。列入广西民族双语学校名师名校长培养工程培养对象教师、校长24人。推荐85个案例参加全国首届民族教育优秀教学成果评比及展示。市师范学校附属小学获评广西中小学铸牢中华民族共同体意识试点学校;市桂雅路小学获评第四批自治区民族团结进步示范学校。组织开展市级"壮族三月三秀出家乡味"线上主题征集活动评选,评出"最佳组织奖"学校10所,获单项奖学生90人。

中等职业教育

【概 况】2020年,南宁市有中等职业技术学校28所,在校生9.90万人,专任教师0.24万人。有国家中等职业教育改革发展示范校5所(市第一职业技术学校、市卫生学校、市第六职业技术学校、市第四职业技术学校、横县职业教育中心),广西中等职业教育示范特色学校8所。批准14所学校新增设专业17个,15所学校撤销专业20个。中等职业学校开设加工制造、交通运输、信息技术、财经商贸、旅游服务、文化艺术、公共管理与服务等专业大类14个、专业81个,重点培养电子信息、先进装备制造、生物医药、金融服务、现代物流、大健康、文旅、建材等重点产业领域和新材料、新能源、节能环保等新兴产业领域的技术技能型人才,推动"产业—专业"集群式发展。

【技能比赛】2020年,南宁市组织学生参加2020年广西职业院校技能大赛,获奖294项,获奖成绩连续10年保持自治区首位。参加2020年全国职业院校技能大赛改革试点赛中职组比赛,市第四职业技术学校获车身修复项目一等奖(南宁市连续两年获国赛一等奖);市第一职业技术学校获酒店服务项目(团体项目)三等奖。参加2020年全国职业院校技能大赛教学能力比赛,横县职业教育中心参赛作品《传承·创新——戏曲广播体操》获公共基础课程组一等奖,《特色农产品推介会花艺设计与制作》获二等奖。组织教师参加第二届全国技工院校教师职业能力大赛,教师温梦诗获三等奖;参加广西选拔赛,广西南宁技师学院获一等奖1项、二等奖4项、三等奖4项。组织参加2020年全国职业院校技能大赛中等职业学校班主任能力比赛,市第四职业技术学校教师阮玉立获二等奖,市第六职业技术学校教师温柔获三等奖。

【招生与就业】2020年,南宁市举办2020年职业教育活动周,编制《中等职业学校招生宣传册》《职业教育宣传片》。中等职业学校完成全日制招生2.99万人,完成率120%;完成非全日制招生1.01万人,完成率111%;送生3.28万人,完成率116%。毕业1.89万人,就业1.86万人(直接就业0.64万人、直接升学1.22万人),就业率98.22%、比上年提高3.75%,毕业生升学率64.32%。就业分布最多在第三产业,占直接就业学生人数84.92%;其次是第二产业。就业专业类型按人数从多到少排列依次为医药卫生类、旅游服务类、信息技术类、财经商贸类、教育类、交通运输类、加工制造类等。直接就业学生中,对口就业0.46万人,对口就业率71.68%,提高24.38%;直接就业学生平均起薪2423元。在自治区率先组织安排市级中职升学文化素质统一测试,全市10所中等职业学校0.12万名学生参加测试。市属中等职业学校升入高职、本科院校毕业生人数1.22万人,占毕业生总数64%,增加2765人。

【校企合作】2020年,南宁市印发《南宁工匠后备人才培育工程实施方案》。市第一职业技术学校、市第三职业技术学校、市第四职业技术学校、市第六职业技术学校、市卫生学校、市商贸学校、武鸣职业技术学校7所中等职业学校列入国家"1+X"(在获得学历证书的同时取得多类职业技能等级证书)证书制度试点单位(广西),有汽车运用与维修职业技能等级证书、工业机器人集成应用职业技能等级证书、建筑工程识图职业技能等级证书等"1+X"试点证书项目39个。有市第一职业技术学校、市第四职业技术学校、市第六职业技术学校3所自治区级现代学徒制试点学校。指导商贸旅游专业集团申报国家示范性职教集团,其他专业集团申报第三批自治区级示范性职教集团。出台《南宁市中职、高职、企业三方联合贯通培养应用型人才试点工作实施方案》,安排专项经费700万元,用于市第一职业技术学校、市第三职业技术学校、市第四职业技术学校、市第六职业技术学校、横县职业教育中心、市卫生学校、广西南宁技师学院7所"校校企合作"试点学校中高职衔接、校企合作、产教融合,提高人才培养质量。市属中等职业学校新签约广西瑶王府餐饮有限公司、南宁冷辉空调冷冻技术服务有限责任公司等合作企业,开展订单办学;与华为通信技术有限公司、华中数控有限公司等企业共同建立人才培养基地;与哈工大机器人集团、厦门中海航集团等企业共建考证基地。

【职校诊改】2020年,南宁市开展2020年度中职学校诊改样本校市级复核,通过复核学校22所,待改进学校4所。举办市级中等职业学校教学诊断与改进工作样本校交流活动5场次。市第三职业技术学校、横县职业教育中心、宾阳县职业技术学校在样本校项目展示交流活动中完成校企合作签约。成立南宁市市级教学诊断与改进工作专家库,入库专家成员119人。市第六职业技术学校《以诊改为抓手,提升学生综合素养》获评全国职业院校教学工作诊断与改进制度建设优秀案例。(叶 康)

高等教育

南宁学院

【概 况】南宁学院是市政府、中国国民党革命委员会广西壮族自治区委员会合作共办的国有民办本科高校,是国家应用技术大学试点高校,首批广西新建本科学校转型发展试点学校,自治区首批深化创新创业教育改革示范高校,全国非营利性民办高等学校联盟盟员,经教育部批准可向中国港澳台地区招收本科生。位于市龙亭路8号,为国家AAA级景区;占地84.65万平方米,建筑面积43.02万平方米,其中教学行政用房23.09万平方米。2020年,学院有专任教师524人,外聘教师302人;专任教师中具有副高级及以上专业技术职务任职资格228人,硕士及以上学位331人,"双师双能型"(有较高教育教学水平和较强专业操作示范技能,具备教师专业技术职务任职资格证书和相应职业资格证书或技术等级资格证书的复合型专业人才)教师165人。全日制在校生1.43万人,其中本科生1.30万人、专科生1315人。2020届本科毕业生2890人,初次就业率82.64%;专科毕业生815人,初次就业率89.94%。学院设教学与教辅机构14个,分别为机电与质量技术工程学院、土木与建筑工程学院、交通学院、信息工程学院、管理学院、艺术设计学院、会计与审计学院、高博软件学院、马克思主义学院、通识教育学院、创新创业学院、继续教育学院、网络信息中心和图书馆;开办本科专业29个,覆盖工学、管理学、艺术学、经济学4大学科门类。教学科研仪器设备总值1.76亿元,有馆藏纸质图书134.40万册、电子图书259.78万册、数据库26个。获评"广西2020年普通高校招生录取工作表现突出单位""2020年度广西高校毕业生就业创业工作突出单位"、自治区"优秀组织奖"(六连冠)。有自治区高校基层党组织五星级党支部5个、四星级党支部6个、三星级党支部9

个。主要存在人才培养仍需加强，专业建设质量有待全面提升，专创融合、课程思政、应用型课程改革有待深化，领军型人才、重大科研平台、国家级项目有待突破等问题。

【教育教学】 2020年，学院获批新增数字经济、人工智能本科专业2个；组织申报新媒体艺术、金融科技、机器人工程3个2021年本科新专业；完成学士学位授权专业申报并通过审核15个；遴选会计学、交通运输、软件工程、环境设计4个专业作为第三批专业认证试点建设；立项建设第二批本科专业核心课程项目23个、第二批"课程思政"示范课程项目27个、第二批专创融合课程教改项目10个；修订完成2020级专业人才培养方案。获批自治区级教改项目16个（本科教改项目15个、职业教改项目1个），校级教改项目29个；自治区级一流本科课程5门，其中参评国家级一流本科课程3门；教育部"1+X"证书制度试点项目6个。编辑出版学院第七部论文集《实践教学改革新体验——南宁学院走应用技术大学之路论文集2019》，收录论文77篇。获批大学生创新创业训练计划项目国家级项目38个、自治区级项目93个；创业实践项目《红爱1979》首次入选第十三届全国大学生创新创业训练计划年会优秀项目。开展"互联网+"大赛、"来创吧"系列线上直播培训讲座15期；举办"创业营""特训营"3期；组织学生参加第六届中国国际"互联网+"大学生创新创业大赛获国家级银奖1项、铜奖1项，自治区级金奖3项、银奖8项、铜奖30项。

【思想政治教育】 2020年，学院推出首批广西历史与区情教育系列课程；通过"厚德微讲堂·战疫小课堂"推出系列微课11讲，其中登上"学习强国"广西学习平台、全国思想政治理论课集体备课会平台3讲，点击率10万余次；作品《奋斗映初心》在"信仰伴我成长"第三届广西党史微视频大赛中获校园组银奖第一名。建立辅导员工作室5个，举办南宁学院辅导员思想政治工作能力提升培训班、南宁学院第七届辅导员素质能力大赛。修订《南宁学院马克思主义学院教学质量管理及监督办法》《南宁学院马克思主义学院教师听课评课制度》《南宁学院马克思主义学院教师集体备课制度》；开展以"战疫情铸国魂，为报国勇担当"为主题的大学生讲思政公开课线上展示、"寻访百名党员传承红色基因"主题实践教学活动。

【科研与社会服务】 2020年，学院教师发表论文465篇，其中核心期刊论文79篇［SCI（科学引文索引）收录5篇、EI（工程索引）收录20篇、CSSCI（中文社会科学引文索引）收录7篇、CSCD（中国科学引文数据库）收录9篇、北大中文核心论文38篇］。授权专利446件，其中新增授权发明专利51件、授权实用新型273件、授权外观122件，科技成果转化2项。获校外科研项目立项48项，进校科研经费675.48万元；立项教授培育工程项目12项、科研项目41项、思政专项27项、社会服务培育项目19项，资助经费117.3万元。《变道超车——新型应用技术大学建设探索》获广西第十六次社会科学优秀成果奖（著作类成果）二等奖。在《2020中国民办本科院校及独立学院科研竞争力评价研究报告》中，南宁学院位居2020中国民办本科院校科研竞争力排行榜第24位，比上年提升14位。新设立"南宁学院社会服务培育项目"，组织教师走访调研30个区县55个乡镇；政策咨询报告获省部级单位采纳4篇；"中国—东盟综合交通国际联合实验室"参与南宁至玉林铁路三跨郁江主桥技术攻关。高等学历继续教育通过"青书学堂"平台开展远程教学，在线开设课程389科，学员考试通过率91.2%；承接社会培训班25期，培训学员3827人次。

2020年11月20日，南宁学院参加第六届中国国际"互联网+"大学生创新创业大赛获1银1铜　　南宁学院提供

【产教融合】 2020年，学院有智能交通实训室、VBSE（虚拟商业社会环境）跨专业综合实训室等实验实训室207个，自治区级示范性实验实训中心1个；教育部—中兴通讯ICT（信息和通信技术）产教融合创新基地、原国家质检总局中国质量研究与教育（南宁）基地等高端协同育人平台；自治区级大学生校外实践教学基地1个、校外实习基地130个。"中国—东盟综合交通国际联合实验室"建设项目获批2020年南宁市级层面统筹推进（预备）重大项目，实验室联合西南交通大学申请广西、四川科技厅项目，获四川省科技厅项目立项1项。获批教育部2019年第二批产学合作协同育人项目立项5项、教育部中外人文交流中心容艺短视频工厂项目；走访调研广西鸿基电力科技有限公司、思屋电气集团有限公司南宁制造工厂等企业及协会7家，签订校企合作协议28项。

【师资队伍建设】 2020年，学院引进北斗卫星导航系统黄文德专家团队3人，浙江大学、上海交通大学、西南交通大学等双一流高校计算机、土建、经济等领域高层次人才11人，金炜东获批广西高层次人才（D级）。教师晋升高级职称41人；新聘教职工53人，副高级及以上职称18人，硕士及以上学位39人；组织教师赴国内外高校攻读博士、硕士学位47人；组织教师申请认定高校教师资格并取得证书53人。组织开展ISW（教学技能工作坊）7期，获国际认证证书105人；开展线上教学培训活动30余期，参加教师2454人次；为桂林医学院等院校教师开展输出培训2期。

【交流与合作】 2020年，学院获批智能制造领域中外人文交流人才培养基地项目2020年第二批筹建合作院校，获建中国·泰国轨道交通高技术人才培养基地。与泰国班派职业教育学院就联合培养泰国轨道交通专业留学生达成"1+1""1+3"专升本合作项目；推荐教师攻读泰国先皇理工大学博士学位16人。推进广西大学对口支援项目，到广西大学访学教师7人，23名教师获广西大学硕士研究生导师资格，招生12人。

（邝天宇）

南宁职业技术学院

【概　况】南宁职业技术学院是市政府举办，自治区政府、市政府共建的全日制综合性高等职业院校。前身是1984年创建的南宁职业大学，2009年成为全国首批、自治区首家国家示范性高等职业院校，2019年入选国家“双高”（中国特色高水平高职学校和专业建设）计划名单，是广西唯一入选高水平学校建设单位的高职院校。占地109.80公顷，建筑面积52.15万平方米。2020年，学院在职教职工888人；其中，专任教师772人，外聘教师482人。专任教师中，具有高级专业技术职务任职资格占30.05%，硕士以上学位占65.29%；“双师型”（同时具备理论教学和实践教学能力）教师654人，占84.72%。有市级以上高层次人才305人，其中享受国务院特殊津贴、国家教学名师、全国优秀教师等国家级高层次人才8人，自治区教学名师、广西高层次人才、广西技术能手等自治区级高层次人才21人，南宁市特聘专家、南宁市首席技师等市级高层次人才276人。有国家级教学团队1个、省级教学创新团队9个，自治区技能大师工作室1个、南宁市技能大师工作室3个，南宁市人才小高地1个。全日制在校生1.99万人，招生6994人，毕业5338人；推荐到自治区内本科院校读本科的优秀毕业生1322人，升本比例占毕业生总数24.7%；就业5122人，就业率95.95%。有智能制造学院、建筑工程学院、健康与旅游学院、商学院、财经学院、国际学院、人工智能学院、艺术设计学院、传媒学院、高等职业技能培训学院（南宁市社区教育学院）、马克思主义学院、人文教育学院12个教学部门，实业开发中心、广西南职教育科技有限公司2个校办企业。设招生专业59个，比上年增加6个。学院获评全国五四红旗团委、2020年度广西高校毕业生就业创业工作突出单位、第二届自治区文明校园。主要存在科技研发与服务的引领力不够强等问题。

【教育教学】2020年，学院设招生专业59个，涵盖建筑室内设计、软件技术、智能制造、新能源汽车、智慧金融（智慧财经）、现代物流、传媒、健康旅游（酒店管理）、国际服务、艺术设计10个专业群，其中建筑室内设计专业群、软件技术专业群为国家级、自治区级高水平专业群建设项目。获全国1+X证书试点项目41个，国家级现代学徒制试点专业4个、自治区级现代学徒制试点专业7个，校级立项现代学徒制试点专业7个。有国家精品专业2个、国家示范重点建设专业6个，中央财政支持建设专业2个，自治区职业教育示范特色专业及实训基地建设6个、自治区职业教育专业发展研究基地3个。建有国家级精品课程9门、国家级精品共享课7门、自治区级精品课程25门，自治区级职业教育在线精品课程2门。《基于少数民族优秀传统文化传承创新的“非遗工坊”模式探索与实践》《高职校企合作、工学结合的课程体系改革与实践》《室内设计技术专业“工教结合先导工学结合”人才培养模式的创新与实践》《服务欠发达地区产业升级的高职重点专业建设》4个教学成果获国家级教学成果二等奖。组织教师参加2020年广西职业院校教师教学能力大赛，获一等奖3项、二等奖8项、三等奖5项；参加第十九届广西高校教育教学信息化大赛，获一等奖2项、二等奖4项、三等奖2项。组织师生参加2020年全国职业院校技能大赛改革试点赛，获二等奖1项；参加2020年世界技能大赛全国赛，获优胜奖3项，广西选拔赛获一等奖4项；参加广西高职院校技能大赛，获一等奖12项、二等奖24项、三等奖18项。“新一代切削液——国内首创制造切削液新技术工艺服务商”项目获第六届中国国际互联网+大学生创新创业大赛广西区赛金奖，代表广西参加国赛获铜奖。教师黄小钊获“第十二届高校辅导员年度人物”称号，为全国20名年度人物中唯一高职院校辅导员。组织学生参加自治区“挑战杯”创业计划大赛，获金奖4项、银奖6项、铜奖9项，获优胜杯、优秀组织奖；参加广西第六届大学生艺术展演活动，获优秀创作奖1项、一等奖11项、二等奖10项、三等奖6项，获优秀组织奖。

【思想政治教育】2020年，学院构建“4（必修课）+1（限定选修课）”思想政治理论课课程体系，开设以“四史教育”（学习中共党史、新中国史、改革开放史、社会主义发展史）为核心的选修课10门，选修学生5000多人。有2020年自治区高校学习习近平新时代中国特色社会主义思想示范课堂6个，2020年广西高校思想政治工作质量提升工程项目1个。组织学生参加高校习近平新时代中国特色社会主义思想大学习领航计划系列主题活动——大学生讲思政课公开课展示活动，获全国三等奖、自治区一等奖。组织教师参加广西高校思想政治理论课教师教学基本功比赛暨“精彩一课”比赛，获一等奖1项；参加粤桂琼滇赣五省（区）思想政治理论课教师教学基本功比赛暨“精彩一课”比赛决赛，获一等奖1项；参加2020年自治区高校理论宣讲大赛，获一等奖1项、二等奖1项；参加2020年自治区师德师风演讲比赛（高校师范生组），获二等奖2项。遴选广西思想政治教育杰出人才计划骨干教师2人，获共青团广西区委评为优秀青年讲师1人，入选广西高等学校千名中青年骨干教师培育计划教师1人，获聘南宁市“深入学习贯彻习近平新时代中国特色社会主义思想”宣讲团成员教师3人。累计开发校级“课程思政”示范课51门。

【科研与社会服务】2020年，学院获外来资助科研经费14.7万元。教职工获市厅级以上课题立项96项（省部级课题6项），结题40项；校级课题立项35项，结题107项；出版学术专著12部，发表学术论文226篇（核心期刊23篇），获专利授权395项。技术服务产生经济效益1.5亿元。科研成果获广西第十六次社会科学优秀成果二等奖1项，获南宁市自然科学优秀论文奖一等奖1项、三等奖1项。学院获评“广西科技创新券创新服务提供机构”“南宁市科技创新券创新服务提供机构”“南宁市国际科技合作基地”；申报的南宁市物联网安全信息工程技术研究中心获批“南宁市工程技术中心”。《南宁职业技术学院学报》获评全国高职院校“十佳学报”、入选“RCCSE中国高职高专成高院校核心学术期刊(A)”，学报编辑部获评“广西高校学报2020年度优秀团队”。学院获评2020年全国职业院校精准扶贫协作联盟脱贫攻坚先进集体。年职业培训人次超全日制在校生规模2倍，非学历培训服务65万人日。开展线上培训18个类别100个课时。举办社区教育培训班696期，培训3.24万人次。打造南职特色社区教育课程5门，开发建设社区教育信息网，与企业合作挂牌成立示范社区教育教学基地1个。社区教育项目获广西职业教育自治区级教学成果一等奖；获自治区终身学习品牌项目1个、南宁市终身学习品牌项目2个。学院运营管理的广西职业技能公共实训基地与多所学校、企业合作开展项目培训，培训15.35万人日。与市退役军人事务局、企业共同成立退役军人教育学院，帮助退役军人进入社会创业就业。组织志愿服务活动200次，参与1.50万人次，“圆梦使者”关爱留守儿童项目获全国、自治区志愿服务项目大赛银奖。

【校企合作】2020年，学院制订《南宁职业技术学院“百日冲刺百企行”促进毕业生就业暨深化校企合作行动方案》，实施“十五一”（10家紧密联系企业、5家校外实践基地企业、1家产教深度融合合作龙

2020 年 7 月 17 日，南宁职业技术学院与云宝宝大数据产业发展有限责任公司校企合作签约揭牌仪式在中国—东盟新型智慧城市协同创新中心举行。图为签约仪式现场

南宁职业技术学院提供

头企业）校企合作计划，推进“一专一企、一群一色、一院一品”建设，即每个专业至少有一个优质合作企业，每个专业群与龙头企业共建一个特色项目，每个学院与优质龙头企业至少建成一个优质品牌或产教融合体。新增合作企业 171 家，全校 59 个专业“一专一企”完成率 100%，与中国东信、云宝宝大数据、华为公司、奇安信公司、万豪集团、华强方特、广西电视台等龙头企业合作。建立“国家—自治区—校级”三级现代学徒制培养体系，建设国家试点专业 4 个、自治区试点专业 7 个、校级试点专业 7 个，国家级现代学徒制试点专业通过验收。建成广西民族技艺职教集团、广西人工智能职教集团、南宁职业教育集团，其中广西民族技艺职教集团获评自治区第二批示范性职教集团。通过校企合作共建校外实习实训基地 189 个，与企业合作开发课程 194 门、编写教材 121 部。

【交流与合作】 2020 年，学院推进与德国 FESTO（费斯托）共建的中德双主体行业学院建设；新增与马来西亚跨境电商协会共建国际实习基地，与柬埔寨国立技术大学共建海外办学点，与广州赛拾国际货运有限公司共建非洲国际商务人才培训基地等合作项目。组建跨国专业指导委员会，为老挝巴巴萨技术学院建设专业标准 6 个、专业课程标准 15 门。与乌拉圭、泰国、德国、柬埔寨、南非、老挝等国家和中国香港地区召开网络会议，推进双方合作。完成桂港现代职业教育发展中心中外合作办学机构在教育部备案，获准在艺术设计、酒店管理、国际经济与贸易 3 个专业开展专科学历教育合作，首批招收酒店管理、国际经济与贸易专业“双学历班”学生 26 人。举办广西职业院校师资培训班，培训 66 所院校 122 名教师。举办中国东盟学生技能竞赛暨青年厨师大赛，网络覆盖人群 190 万人。来自全球 30 多个国家近 400 名国际学生在校或在线参加学院“汉语＋技术”学历和非学历教育项目学习，留学生规模居广西高职院校前列。在线举办 2020 年中老国际专业师资培训及研讨班；举办“邕有爱，桂友来”——2020 年中国传统技艺体验交流活动，在邕高校留学生代表及国内师生代表 400 多人参加活动。在非洲卢旺达建设非洲国际商务人才培训基地，为合作企业以及驻非洲中国企业员工开展“语言＋技术”培训服务。为柬埔寨、美国等国家和中国澳门地区开展汉语言、网络安全、建筑室内设计等专题培训，培训 5600 多人次。 （苏婷婷）

广西南宁技师学院

【概 况】 广西南宁技师学院是南宁市人力资源和社会保障局管理的唯一一所国家级重点技工院校。占地 27.26 公顷，建筑面积 25.63 万平方米。2020 年，有教职工 710 人，其中具有中级及以上专业技术职务任职资格 228 人，“双师型”专任教师 250 多人；有全国优秀教师 1 人，全国技术能手 2 人，自治区技工院校学科带头人、教师带头人 7 人，自治区技术能手 7 人，南宁市技术能手 25 人，南宁市首席技师 10 人，南宁市教学骨干 7 人，“南宁市五一劳动奖章”获得者 1 人。有在校生 1.20 万人（年内招录新生 4156 人），2020 届毕业生 5171 人，就业率 98.5%。设机械制造加工系、汽车技术与运用系、医药化工系、机电工程系、商贸服务系、信息技术系、非学历培训管理科等教学机构 7 个，专业 40 多个；获自治区人社厅批准院校评价职业 59 个（101 个工种）、社会评价职业 53 个（103 个工种）。建有实训车间 176 间，实训设备 1.70 万台（套），教学仪器设备总值 1.53 亿元；培训设备 213 台（套），总价值 520.52 万元。有国家级高技能人才培训基地 1 个、自治区级高技能人才培训基地 2 个、自治区中等职业教育示范特色专业及实训基地 3 个，国家级技能大师工作室 1 个、自治区级技能大师工作室 1 个、南宁市技能大师工作室 3 个。

【教育教学】 2020 年，学院设机械制造加工系、汽车技术与运用系、医药化工系、机电工程系、商贸服务系、信息技术系、非学历培训管理科等 7 个教学机构，专业 40 多个。启用“学会学广西南宁技师学院云课堂”，在线教学 11 周，完成在线课堂 1.33 万节，参与教师 327 人、学生 1.02 万人，课堂平均到课率 95.5%，课堂平均参与度 93%，作业平均完成率 88.6%。组织 3 名专业骨干教师参加南宁市城乡职业学校合作帮扶活动，分别到隆安县中等职业技术学校、马山县中等职业技术学校、上林县中等职业技术学校上教学示范课。通过自治区 2020 年度职业院校内部质量保证体系诊断与改进抽样复核，承办 2020 年秋季学期南宁市中职学校教学诊断与改进工作样本项目展示交流活动——课程诊改经验交流活动。承办 2020 年南宁市中等职业学校专业技能比赛、2020 年南宁・东盟人才交流活动月南宁市高技能人才技能大赛。组织教师参加第二届全国技工院校教师教学能力大赛，获三等奖 1 项；参加广西职业院校教学能力大赛，获二等奖 4 项、三等奖 1 项；参加第二届全国技工院校教师职业能力大赛广西选拔赛，获一等奖 1 项、二等奖 4 项、三等奖 4 项；参加自治区中职学校教师职业技能大赛，获一等奖 5 项、二等奖 3 项、三等奖 3 项。组织学生参加广西中等职业学校学生技能比赛，获一等奖 7 项、二等奖 24 项、三等奖 18 项；参加全国扶贫职业技能大赛广西选拔赛，获一等奖 1 项、二等奖 2 项。

【思想政治教育】 2020 年，学院组织“职业教育活动周”活动、“民族团结从我做起”及“爱国爱家爱校”主题班会活动；开展开学第一课主题活动 2 次。组织 2020 级学生军事技能训练、国防教育和入学教育。开展第二课堂活动；建立心理健康教育家庭、学校、教师“三线联动机制”，引导学生“走出宿舍、走出网络、走向球场、

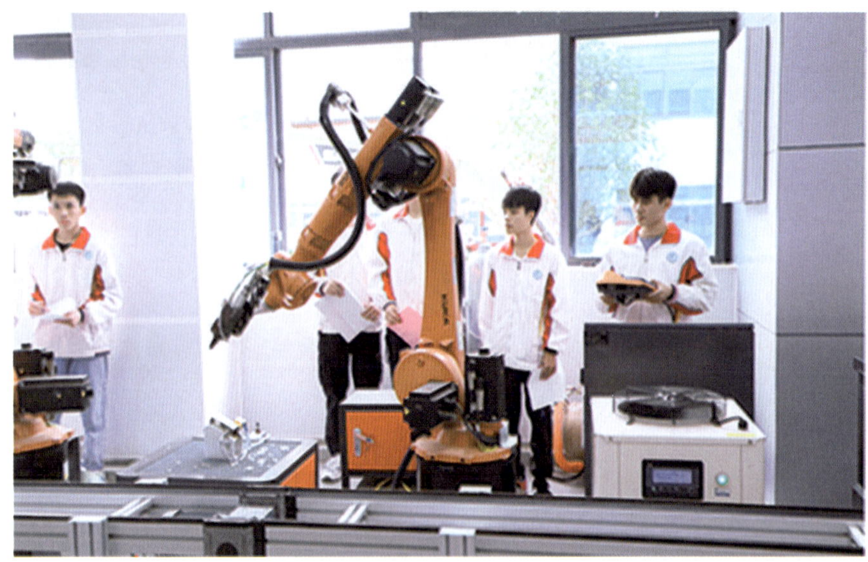

2020 年 11 月 17 日,广西南宁技师学院学生进行工业机器人应用与维护操作演示

广西南宁技师学院提供

走向书籍、走向教室”。开展文明校园、文明班级、文明宿舍评比活动;评选表彰 2019—2020 学年度优秀班主任、优秀德育工作者、先进班集体、“三好学生”“新型冠状肺炎防控优秀学生”。

【科研与社会服务】 2020 年,学院获外来资助科研经费 4 万元,学院配套科研经费 19 万元。教职工获校外课题立项 10 项,结题 1 项;校内课题立项 12 项,结题 12 项;发表论文 20 篇,获专利授权 3 项。获批 2020 年度自治区专业技术人才知识更新工程急需紧缺人才培养——智能制造产业急需紧缺人才培训项目、南宁市工业机器人应用与维护专业“双师型”教师培训基地、南宁市第三批中等职业教育计算机应用专业名师成长工作室、2020 年度自治区级高技能人才培训基地建设项目、自治区“技工教育科研实验学校”。开展非学历技能培训 9562 人次。其中:开展高校毕业生就业创业培训 46 个班次,培训 1316 人次;开展高技能人才培训、“双师型”技能提升培训等等级考证培训 38 个班次,培训 2069 人次;承办高新区工会在岗农民工技能提升和“送培创”(针对下岗人员、外来务工人员、低学历等人员提供免费职业技能培训及创业指导)培训,培训 180 人次;为企业职工提供技能提升培训 89 个班次,培训 3850 人次;与南宁饭店、南南铝业股份有限公司举办新型学徒制培训班,参训“两后生”(广西建档立卡贫困家庭中 15 周岁~22 周岁未婚初中、高中毕业生)学员 94 人。

【校企合作】 2020 年,学院与广西柯瑞机械设备有限公司、广西蓝水星智能科技有限公司、广西京东信成供应链科技有限公司、广西财多多财税集团有限责任公司、广西哈腾网络科技有限公司、广西江山如画投资集团有限公司、浪潮(南宁)计算机科技有限公司、广西明电建设有限公司等企业建立校企合作关系。8 月,学院技能大师罗启典、李明琨、李文伟驻南南铝业股份有限公司成立工作室。学院与南南铝业股份有限公司、广西柯瑞机械设备有限公司、浪潮(南宁)计算机科技有限公司、上海泸华酒店管理有限责任公司、北京东方慧人酒店管理有限公司、广西南宁饭店等企业实行订单式培养,培养 2020 级数控专业班 120 人、2020 级酒店管理专业班 130 人。对来自马山县、平果县、靖西市的 2020 级 77 名“两后生”开展职业技能培训,安置 2019 级 105 名“两后生”到南南铝业股份有限公司、南宁饭店、南宁恒馨物业服务有限公司等企业就业。 (邱思琳)

老年教育

【概　况】 2020 年,南宁市有老年大学 1 所,为多学科、多层次、多功能的市级老年教育中心。校园为园林式庭院,占地 1.83 万平方米,总建筑面积 8765 平方米,教学场所面积 3000 多平方米,有专用教室 18 间、多功能厅 1 间;每个教室均按照教学功能配备教学设备,实现老年教学设施现代化。校园设教学区、活动区、休闲区、餐厅、诊疗中心。聘用教师 70 人。有校学联会、系学联会、班委会,艺术团、书画研究会、诗词研究会、摄影协会等社团。

【教育教学】 2020 年,受新冠肺炎疫情影响,市老年大学暂停对外开放和线下教学。开通“空中课堂”,共享全国老年大学网络课程资源,点击率 1.42 万人次;组织 29 名教师开展直播、录播课堂教学,线上视频教学 826 个课时;组织 6 名教师录制“金秋优课·智慧云播”免费网络公开课,录制课程 56 节,点击量超 2.30 万次。联合市老龄委开展“敬老月”健康知识讲座 5 场,培训 200 余人;联合北京微播视界科技有限公司举办“银龄时代抖音专题培训班”,开展抖音课程培训 5 期,培训 500 多人。

【校园文化建设】 2020 年,市老年大学利用“南宁市老年大学”微信公众号刊载学员活动信息 10 篇。围绕“众志成城·共同抗疫——我们在后方坚守”主题,在微信公众号发布书法、绘画、山歌、诗歌、摄影等抗击新冠肺炎疫情艺术作品 12 期,阅读量 6000 余次。 (市老年大学)

编辑　温燕聪

科学技术

综 述

【概 况】2020年,南宁市聚焦实施强首府战略,围绕产业高质量发展,加大研发投入,建设新型产业技术研究机构,推动科技创新取得新成效。引进新型产业技术研究机构6家,高新技术企业保有量1151家;新增瞪羚企业(银行对成长性好、具有跳跃式发展态势的高新技术企业的通称)31家,累计37家;新增国家科技型中小企业入库853家、自治区独角兽企业1家(广西梯度科技有限公司)。在深圳市建设广西首家"飞地孵化器"南宁市—中关村深圳协同创新中心;新增国家级创新创业平台5个,累计32个;南宁国家农业科技园区被科技部批准为第九批国家农业科技园区,为本批次广西唯一入选的园区。完成重大科技成果转化项目148项。实施市本级科学研究与技术开发计划项目140项,其中重大计划专项16项、重点研发计划项目34项、技术创新引导专项54项、科技基地专项36项,总投资2.70亿元,其中财政科技经费投入1.30亿元。项目实施年增产值12.80亿元,年增利税1.77亿元,节约创汇500多万美元。出台"十条"疫情防控科技帮扶政策为科技型企业解难纾困,引导科技企业孵化器、众创空间为277家在孵企业减免租金620.39万元。主要存在创新企业梯队培育不够完备,制约高新技术企业、瞪羚企业的培育和发展;新型产业技术研究机构管理和考评机制需完善,落地效果需加强评估;企业研发经费投入待加强等问题。

【科技体制改革】2020年,南宁市推进南宁·中关村创新示范基地建设,加快创新创业要素聚集。培育和引进科技型中小企业57家、国家高新技术企业30家、规模以上企业8家、广西瞪羚企业3家和新三板挂牌企业3家;推动南宁—中关村协同创新中心落户深圳,在粤港澳大湾区设立"飞地孵化器",打造集科技招商、人才引进、政策展示、项目孵化等于一体的综合服务平台。引进建设新型产业技术研究机构,支持以企业化方式组建新型产业技术研究机构,探索政府作为"天使投资人"的融资新模式,鼓励科技人员持股创业。新增引进广西桂华智能制造研究院、西南交通大学广西轨道交通产业研究院等6家新型产业技术研究机构,累计引进知名高校分支机构和新型产业技术研究机构12家,引进国家级人才6人(累计14人),实现全国"双一流大学"分支机构、两院院士在南宁市持股创业两个零的突破。强化科技创新人才智力支撑,制定《南宁市"人才飞地"管理暂行办法》,在国内外创新能力强的城市建设"人才飞地";举办2020年第五届南宁市创新创业大赛和第三届中国·南宁海(境)外人才创新创业大赛,开创国内和海(境)外人才引进新通道。深化科技经费管理改革,彻底转变财政科技经费投入方式,建立以重大科技专项和普惠性研发费用补贴为主的财政科技经费制度,出台《南宁市激励企业加大研发经费投入财政奖补实施办法》,单个企业奖补金额最高450万元,企业研发投入等普惠性奖励后补助经费占全年科技项目经费预算72%。为避免撒"胡椒面"现象,大幅减少项目下达数,仅立项90项,比2018年减少160项,单个项目支持经费由最高200万元提高至300万元。制定《南宁市本级财政科研项目经费"包干制"试点管理办法》,实行定额包干资助,由项目负责人及研究团队根据实际需要自主决定使用,赋予项目负责人更大经费支配权。

【科技支撑产业高质量发展】2020年,南宁市强化科技创新对产业发展的引领带动作用,加大科技创新与产业高质量发展支持度,支持和鼓励行业龙头企业建设和提升一批国家级和自治区级企业创新创业平台,拥有国家级创新创业平台32个、自治区级众创空间22家、市级孵化器13家。建立后备案制度和后补助奖励激励机制支持科技企业孵化器发展,对获国家级、自治区级和市级认定的科技企业孵化载体给予奖励补助,落实后补助奖励资金350万元。清华大学深圳研究生院南宁力合科创中心正式揭牌,签约入驻企业11家;华中科技大学科技园南宁基地孵化器12月份试运营。建强科技创新人才队伍,在广州、深圳分别建设"人才飞地"工作站,柔性引进南宁市急需紧缺高层次人才。加速科技成果转化与产业化,落实重大科技成果转移转化项目148项,发放科技成果转移转化应用后补助、技术转移服务机构促成技术交易奖励性后补助701.08万元。兑现高新技术企业认定、研发创新平台奖励、重大科技成果转化、科技创新券等资金2909万元,占全年财政科技经费24%。资金支持技术转移中介机构建设提升,新增自治区级技术转移示范机构3家。推动电子信息、先进装备制造、生物医药三大重点产业,战略性新兴产业和传统优势产业重大技术研发。实施"工业级碳酸锂降钙镁提纯研发与应用"等产业技术攻关重大项目16项,科技经费支持1480万元;实施传统产业、现代农业、生物医药、节能环保、扶贫助农等一批重点产业创新研发项目67项,支持科技经费1483万元。

科技创新体系建设

【概　况】2020年3月26日,南宁市召开全面落实强首府战略强创新专项工作组会议暨2020年全市科技创新工作会议。年内,抓创新载体平台建设,设立南宁·中关村创新示范基地特色重大科技专项,支持科技项目11项,新增瑞声科技等行业重点企业28家,新入孵创新企业85家,通过南宁·中关村投融资平台累计为企业提供融资4.5亿元;引进建设广西桂华智能制造研究院、西南交通大学广西轨道交通产业研究院等新型产业技术研发机构6个;支持行业龙头企业建设和提升一批国家级和自治区级企业创新创业平台,新增国家级创新创业平台5个、自治区级27个。抓创新型企业培育,通过高新技术企业认定备案企业375家,新增瞪羚企业31家,国家科技型中小企业入库853家。抓创新人才培育引进,探索在国内外创新能力强的城市建设"人才飞地",在深圳市建设广西首家"飞地孵化器"南宁市—中关村深圳协同创新中心,5家企业签订意向入驻协议。抓区域协同创新,加强与知名高校产学研合作,实施产学研科技项目37项。

【南宁·中关村创新示范基地建设】2020年,南宁市推进南宁·中关村创新示范基地建设,培育和引进科技型中小企业57家、国家高新技术企业30家、规模以上企业8家、广西瞪羚企业3家、新三板挂牌企业3家,聚集以色列纳安丹吉、东软、东华、滴滴出行、众册生物等325个创新主体,营业收入63.57亿元,比上年同期增长46%。通过设立南宁·中关村创新示范基地特色重大科技专项,支持科技项目11项,科技经费投入815万元。发挥南宁·中关村示范溢出效应,引进培育高科技企业30家,累计339家;取得知识产权150项,累计650余项。新增瑞声科技等行业重点企业28家,累计112家;新入孵创新企业85家,累计227家。通过南宁·中关村投融资平台累计为企业提供融资4.50亿元。入驻企业的26个项目获各类支持经费3500万元。南宁·中关村科技园引进浪潮集团等产业化项目17个,上海欣巴自动化科技公司等高科技项目10个。南宁·中关村入驻企业整体营收110亿元,综合税收1.85亿元。

【科技创新企业培育】2020年,南宁市持续开展高新技术企业再倍增行动,遴选培育一批瞪羚企业和瞪羚培育入库企业。通过高新技术企业认定备案375家,高新技术企业保有量1151家,比上年同期增长16.26%,占自治区高新技术企业保有量41.06%;新增自治区瞪羚企业31家、累计37家,占自治区34.58%;国家科技型中小企业入库853家,占自治区32.46%;南宁市企业广西梯度科技有限公司成为自治区首批3家独角兽企业培育库入库企业之一,累计获批广西瞪羚企业50家次,进入南宁瞪羚企业培育库企业20家。落实2019年度高新技术企业认定后补助奖励1820万元,惠及企业364家。

【创新创业平台建设】2020年,南宁市支持和鼓励行业龙头企业建设和提升一批国家级和自治区级企业创新创业平台。新增国家级小型微型企业创业创新示范基地1个、累计6个;国家海外人才离岸创新创业基地1个;新增国家级科技企业孵化器1家、累计7家,新增自治区级科技企业孵化器2家、累计8家,新增市级科技企业孵化器6家、累计13家;新增国家级众创空间1家、累计5家,新增自治区级众创空间2家、累计22家,市级众创空间累计5家;新增国家级企业技术中心1家、累计5家,11家自治区级工程技术研究中心通过认定、累计14家。拥有国家级创新创业平台32个。投入350万元进行孵化平台补助奖励。支持科技型企业依托高校院所资源建设星创天地,10个建设单位被认定为自治区级星创天地,累计32个,通过科技部备案7个。

【新型产业技术研发机构建设】2020年,南宁市加快以产业创新为主导的新型产业技术研发机构建设,引进广西桂华智能制造研究院、西南交通大学广西轨道交通产业研究院、南宁市长寿科技新型产业技术研究院、单原子催化产业技术研究院、桂林理工大学南宁产教融合基地、武汉理工大学东盟研究院6家新型产业技术研究机构,财政经费投入7000万元,总投资超1.40亿元。新增5家企业被认定为自治区级新型研发机构,5家研究机构入选广西产业技术研究院首批加盟所。已落地东北大学广西先进铝加工创新中心在研项目获批首个"国家重大短板装备专项工程",研发首条国产自主高端高精铝合金板材辊底式固溶淬火生产线;绿色功能分子产业南宁研究院重点研发绿色高效农药新药,与广西田园生化股份有限公司、广西化工研究院有限公司签订2项重大科技成果转化合作项目合同,项目总投资近1亿元。

【农业科技平台创新】2002年,南宁市整合武鸣区和广西—东盟经开区两个自治区级农业科技园区优势资源,以沃柑为主导产业,以亚热带优质水果为辅助产业申报创建国家级农业科技园区,12月获批第九批国家农业科技园区。鼓励和支持科研院所和科技型企业建设农业良种培育中心、星创天地等科技创新平台,推动区县创建农业科技园区,构建以企业为主体、以市场为导向、产学研用相结合的农业科技创新平台,有自治区认定农业科技园区7个、农业领域自治区级工程技术研究中心12个、自治区级良种培育中心12个、自治区农业标准化生产技术示范基地17个。

【科技金融创新】2020年,南宁市实施科技创新券政策,支持科技型中小企业发展。市科技创新券兑现补贴103.87万元,自治区科技创新券兑现补贴207.69万元,发放科技保险保费补贴168.37万元。信贷风险资金池规模2600万元,为46家科技企业提供贷款增信,获贷款3.23亿元,累计为94家科技型企业提供贷款增信,获贷款10.63亿元,缓解创新创业融资难题。补助南宁高新区南宁力合天使基金1000万元,重点支持种子期、初创期和早中期科技创新型企业发展。成立南宁科技创新投资有限责任公司,培育和支持符合市产业发展方向的科研创新机构和企业。

科学研究与技术开发

【概　况】2020年,南宁市实施市级科学研究与技术开发计划项目140项(重大专项16项、重点研发计划项目34项、技术创新引导专项54项、科技基地专项36项),总投资2.70亿元,财政科技经费投入1.30亿元;年增产值12.80亿元,年增利税1.77亿元,年节创汇500多万美元。社会民生类项目立项15项。其中,重大项目4项、重点项目11项。立项支持健康南宁重大专项"基于'质—效'相关模式的九味补血口服液质量提升研究""基于宏基因组测序技术在HIV患者合并肺部感染中的应用研究""牡蛎多肽复合植物营养素功能性食品研究开发与产业化"项目3个,总投资1145万元,财政科技经费支持210万元;立项支持重点领域生态环境治理保护"基于移动物联网、卫星通信和虚拟仿真技术的一体化综合环保监控分析平台研发及应用"重大项目1项、重点项目5项,总投资815万元,财政科技经费支持200万元;立项支持"超百米满管碾压混凝土输送系统的开发与应用""基于GPU碎片化虚拟化异构资源调度的人脸识别平台研发"重点项目2项;支持公共安全、消防减灾、交通安全等关键技术研究。12家市属单位和科技企业参与新冠肺炎疫情防控科研，研发课题超48项。

【科技重大专项】 2020年，南宁市围绕电子信息制造、生物医药、农业特色、生态环保等创新发展名片，组织实施科技重大专项16项，总投资1.33亿元，下达财政科技经费1860万元，拨付1480万元。其中：新型产业技术研究机构建设专项4项，总投资6865万元，下达科技经费570万元，拨付450万元；产业技术攻关重大科技项目12项，总投资6455.60万元，下达科技经费1290万元，拨付1030万元。现代农业方面，广西农垦明阳生化集团股份有限公司和广西大学承担的“木薯淀粉固相改性关键技术攻关和产业化示范”项目，开发机械活化固相法制备淀粉新工艺，解决固相干法工艺的温度波动、受力和混合不均匀等缺陷及控制技术，实现规模化工业生产及市场应用。项目产品产销量2.54万吨，销售收入1.04亿元。环保方面，广西博世科环保科技股份有限公司承担的“污染场地土壤修复关键技术装备——通用低耗型热脱附系统开发及产业化应用”项目，针对中国典型行业有机污染场地治理存在复合治理难、能耗高、核心技术欠缺、系统集成低等问题，集中攻关土壤热脱附关键技术，优化工艺条件并研发相关自动化成套装备，形成具有自主知识产权的通用低耗型热脱附系统。相关技术成果应用于南宁化工集团有限公司污染地块治理与修复工程、福建邵武三嘉钢铁无机—有机复合污染场地工程，直接经济效益2.06亿元、利税2000万元，推动热解吸设备及配套装备国产化。

【重点研发计划】 2020年，南宁市实施重点研发计划项目34项，总投入7615.83万元，下达科技经费970万元，拨付805万元。其中：组织实施“粉体全自动套装式内外袋包装机器人研发及应用”等工业科技创新项目17项，总投入5605.83万元，财政科技经费投入540万元；组织实施“支持轻简化栽培的西瓜新品种繁育”等农业科技研究项目6项，总投入622万元，财政科技经费投入130万元；围绕医疗卫生、中药民族药、生态环境等民生领域科技创新实施重点研发计划项目10项，总投入1148万元，财政科技经费投入280万元；其他1项，总投入240万元，财政科技经费投入20万元。

【技术创新引导专项】 2020年，南宁市实施技术创新引导专项54项，财政科技经费投入9310.92万元。其中：实施高新技术企业认定后补助1项，奖励新认定企业364家，财政科技经费投入1820万元；实施激励企业加大研发投入财政奖补1项，享受财政奖补企业641家，财政科技经费投入6769.84万元；实施科技成果转移转化应用后补助项目46项，财政科技经费投入694.28万元；实施技术转移示范机构服务能力建设项目1项，财政科技经费投入20万元；实施技术转移服务机构促成技术交易奖励性后补助项目5项，财政科技经费投入6.80万元。

【科技基地专项】 2020年，南宁市组织实施科技基地专项36项，财政科技经费投入1174万元。补助国家级科技企业孵化器1家、自治区级众创空间2家，财政科技经费投入350万元。对6家自治区级工程技术研究中心予以认定后补助，投入资金180万元。支持建设“南宁高新区现代生物萃取技术一站式公共服务平台”等项目，举办2020年“邕城创客行”科创企业(项目)路演系列活动10场。组织实施星创天地建设示范、科技特派员创新创业与科技服务、贫困地区农业产业转型增效关键技术研究与应用示范、科普能力建设与示范等科技基地专项16项，总投入1122万元，财政科技经费投入310万元。支持“周顺来”茉莉花茶经营星创天地开展技术培训、销售指导、产品回收、创业指导等全方位服务，为周边农户在茶叶及茉莉花种植、茉莉花茶加工销售及“互联网+”等方面筛选经营项目；支持科技特派员深入贫困村开展新品种、新技术示范推广；扶持贫困村发展黑山羊、桑蚕、水稻、柑橘等脱贫产业；扶持大数据科技服务公共平台等创新创业平台建设。

【农业科技研究】 2020年，南宁市科技局(简称“市科技局”)组织科研力量开展优质杂交水稻新品种繁育、粮饲兼用型玉米新品种、沃柑保鲜工艺关键技术、香蕉枯萎病综合防控技术等优势产业技术研究，开展黑皮花生高效种植、努比黑山羊选育、意大利地中海水牛改良本地水牛等特色种养产业研发，共研发、引进、示范推广农业新品种26个、新技术41项、新产品14个。香蕉枯萎病防控技术攻关取得重大突破，培育出抗(耐)香蕉枯萎病新品种“桂蕉9号”，7月通过农业农村部植物新品种审定。创新集成多项“桂蕉9号”配套栽培技术，形成“以桂蕉9号为核心，以土壤调理为主线”的广西香蕉枯萎病综合防控技术体系。该技术体系在枯萎病蕉园应用，病区种植“桂蕉9号”第一代枯萎病发生率可控制在5%以下，第二代起可控制在1%左右。“桂蕉9号”进入全面推广阶段，种植面积1334公顷。

2020年4月24日，由广西明阳生化科技股份有限公司和广西科学院共同承担的市工业重大科技项目“木薯淀粉固相改性关键技术攻关和产业化示范”通过验收。图为阳明生化变性淀粉生产现场 市科技局提供

科技人才引育

【概 况】 2020年，南宁市贯彻落实深化人才发展体制机制改革“1+6”政策和强首府人才新政18条，牵头实施顶尖人才“突破计划”、优秀青年科技创新创业人才培育项目，举办第三届中国·南宁海(境)外人才创新创业大赛，吸引项目、人才落地；创新机制引进外国A类高层次人才到邕工作，创立工作许可和居留许可“一窗”办理服务；出台《南宁市“人才飞地”管理暂行办法》，在广州、深圳分别建设人才飞地工作站。

【国内科技人才引育】 2020年，市科技局、市委组织部联合制定《2020年南宁

2020 年 11 月 11 日,第三届中国・南宁海(境)外人才创新创业大赛决赛在南宁・中关村创新示范基地举行　　市科技局提供

市顶尖人才"突破计划"项目申报评审指南》,为欧阳平凯院士"食品加工废弃物高值转化技术研发及示范工程"项目实施提供服务,项目完成新产品前期技术研发 3 个,申请专利 8 件,项目承担单位拜欧生物公司和南宁 5 家上下游产业企业建立益生菌应用衔接。组织 2020 年度市优秀青年科技创新创业人才培育项目申报,将一类人才申报年龄从 38 岁放宽到 40 岁,落实举荐制,指导推荐南南铝加工公司等高层次人才。有 69 名青年人才申报项目,给予"东风凯普特纯电动物流车轻量化全铝车厢研发"等 8 个一类项目、"中国东信云原生微服务应用平台"等 6 个二类项目立项,资助经费 550 万元。

【外国专家引进】 2020 年,南宁市组织实施引进国(境)外技术、管理人才项目,支持 A 类外国人才牵头实施科研项目,给予立项 2 项,资助经费 20 万元。给予 1 名 B 类高层次海外人才薪酬补贴,与德国海德堡中德科技园控股有限公司共建海外引智工作站,评审推荐广西"金绣球友谊奖"候选人 2 人。在自治区率先实现外籍人才工作许可和居留许可"一窗"办理,在中国(广西)自贸区南宁片区试点外国高端人才服务"一卡通"、科技创新引才引智计点积分制度,鼓励自贸区用人单位引进国(境)外人才。

【中国·南宁海(境)外人才创新创业大赛】 2020 年,南宁市举办第三届中国・南宁海(境)外人才创新创业大赛。聚焦电子信息、先进制造、生物医药大健康、能源化工材料四大重点行业领域,在英国、德国、美国、新加坡等 8 个国家,以及北京、上海等 5 个城市设立推广站点,在全球对接超过 160 个协会、高校,有 693 个海外人才项目报名参赛。经北京、深圳线上线下预赛、南宁决赛,"云平台与边缘终端协同的计算机视觉技术"等 21 个项目获奖(一等奖 4 个、二等奖 6 个、三等奖 11 个),其中 8 个项目在南宁注册落地。线上观众 16 万人次。大赛结束后,南宁市首次启动常态化海(境)外人才项目申报和遴选,提高项目引进时效性。

科技合作与交流

【国际科技合作与交流】 2020 年,南宁市加强国际科技合作基地建设,新增认定国际科技合作基地 7 家:广西—东盟稀土资源开发国际科技合作示范基地、中以(广西)现代农业国际科技合作示范基地、中韩(广西)医疗器械国际科技合作示范基地、中国—东盟离岸创新国际科技合作示范基地、中欧(广西)先进制造技术国际科技合作示范基地、中欧(广西)先进制造技术国际科技合作示范基地、华尔街工谷(南宁)国际技术转移中心。新增基地分别与东盟、欧洲、美国、韩国等国家和地区开展现代农业、先进制造、互联网应用等领域的科技交流合作。市级国际科技合作基地 36 家。

【区域科技合作与交流】 2020 年,市科技局、南宁高新区、南宁经开区、南宁中关村信息谷科技发展有限公司共同投资 6000 万元,在深圳市南山区建设广西首家"飞地孵化器"(南宁市—中关村深圳协同创新中心),建设集科技招商、人才引进、政策展示、项目预孵化、创业服务等于一体的综合性科技招商服务平台,5 家企业签订意向入驻协议。开展科技成果转化对接活动,组织企业参加广西创新驱动发展成果展、北京国际科技产业博览会、深圳高交会等科技展会;推进河北、山东、河南三省"民企入桂",达成合作意向 4 个,总投资 113 亿元;开展"湾企入桂"招商活动,引进湾企 1 家(广西桂华智能制造研究院)。

【产学研合作】 2020 年,南宁市加强与知名高校开展产学研合作,引进桂林电子科技大学南宁产教研融合基地、桂林理工大学产教研融合基地,与清华大学深圳国际研究生院签署战略合作协议,组建智能制造研究院、智能制造研究中心、科技合作基地等平台。清华大学深圳国际研究生院南宁力合科创中心正式揭牌,签约入驻企业 11 家;华中科技大学科技园南宁基地孵化器 12 月试运营。引导企业与北京大学、厦门大学、东北大学、广西大学、南宁学院、南宁职业技术学院等在电子信息、生物医药、装备制造三大重点产业领域实施产学研合作项目 37 项,投入科技经费 1338 万元。

表 19　　2020 年南宁市产学研合作项目(37 项)情况一览表

项目名称	承担单位
航空航天用铝合金中厚板辊底式连续固溶淬火技术及装备研发	广西先进铝加工创新中心有限责任公司、东北大学
乘用车铝合金电池托盘产品及生产技术研发	南南铝业股份有限公司、广西大学
"富凤麻鸡"配套系培育、推广关键技术研究与集成示范	广西大学、广西富凤农牧集团有限公司
广西南宁国家农业科技园区人才培训服务中心建设	广西南宁双创科技有限公司、广西大学、广西南职教育科技有限公司

续表 19

项目名称	承担单位
基于宏基因组测序技术在 HIV 患者合并肺部感染中的应用研究	南宁市第一人民医院、南宁市第四人民医院、广西赛哲生物科技股份有限公司
基于"质－效"相关模式的九味补血口服液质量提升研究	广西白云山盈康药业有限公司、广西壮族自治区中医药研究院
亚热带特色精酿啤酒产业化关键技术的研究与国际合作	广西轻工业科学技术研究院有限公司、广西大学
增强型木质素－聚乙烯复合给水管的关键技术研发与应用示范	广西雄塑科技发展有限公司、广西科学院
氧化石墨烯改性沥青及其混合料关键技术研究	广西路建工程集团有限公司、广西交通职业技术学院、广西交建工程检测咨询有限公司
易腐垃圾环保处理与资源化智能装备研制与示范应用	广西力源宝科技有限公司、南宁职业技术学院(南宁职业技术学院源创智造众创空间)
基于 RAA 技术的甘蔗病原物检测试剂盒研发及应用	广西大学、南宁众册生物科技有限公司
企业创新服务平台研发和应用示范	广西国信云服科技有限公司、北京大学软件与微电子学院
南宁高新区现代生物萃取技术一站式公共服务平台	南宁新技术创业者中心、南宁厚新生物科技有限公司
适宜轻简化栽培西瓜新品种选育与应用示范	广西壮族自治区农业科学院园艺研究所、南宁市江南区延安镇碧玉西瓜农民专业合作社
牛粪等废弃物发酵活化酸性土壤中硒的肥料研发与应用	广西田立方生物科技有限公司、南宁市博发科技有限公司、广西壮族自治区农业科学院农业资源与环境研究所
构树药用价值在家禽养殖中应用的关键技术研发与示范	广西大学、广西大富华农牧饲料有限公司
非洲猪瘟环境下规模猪场生猪养殖生物安全体系的构建及创新示范应用	广西农垦永新畜牧集团金光有限公司、广西壮族自治区兽医研究所
国审新品种罗非鱼"壮罗 1 号"规模化繁育与健康养殖示范	广西壮族自治区水产科学研究院、宾阳县鑫源罗非鱼农民专业合作社
马山古棠黑山羊扶贫示范基地建设与示范	马山县古棠金碧生态养殖专业合作社、广西壮族自治区畜牧研究所
食用蝗虫人工规范化养殖技术研究与示范	马山县誉原生态蝗虫养殖专业合作社、广西壮族自治区药用植物园
马山县乔利乡柑橘产业脱贫攻坚科技示范区建设	广西马山县华锐生态农业开发有限公司、广西壮族自治区亚热带作物研究所
上林辣椒—水稻轮作模式示范与推广	上林县达之顺种植农民专业合作社、广西大学
马山县肉鸽养殖产业脱贫攻坚科技示范区建设	马山县逸达牧业有限公司、马山县里当瑶族乡盈利养鸽专业合作社、广西壮族自治区兽医研究所
白木香规范化种植示范及(沉香)结香关键技术研究与应用	马山县丰华沉香专业合作社、广西壮族自治区药用植物园
马山县周水村流动水"虾－鱼"混养示范基地建设研究	广西农业职业技术学院、广西南宁市马山县虹桥湾养殖专业合作社
木本香料广林香樟系列良种高效栽培技术集成示范	南宁市和丰农业投资有限责任公司、广西壮族自治区林业科学研究院
吴茱萸——榆黄蘑高值化关键技术研究与示范	南宁盈高农牧有限公司、广西壮族自治区农业科学院微生物研究所
肉鸭笼养关键技术集成与应用示范	广西华兴食品集团有限公司、广西壮族自治区畜牧研究所
台湾"黄金"百香果引进栽培关键技术推广应用与扶贫示范基地建设	南宁市畔生园果蔬种植专业合作社、广西壮族自治区亚热带作物研究所
治疗风热感冒方剂"加味消毒饮颗粒"的研制	广西药用植物园、广西壮要方医院有限公司
铁皮石斛全光照生态种植及石斛果酒加工技术体系研究	广西那佰峰庄园酒业有限公司、南宁市圣亿隆生物技术有限责任公司、广西石斛产业协会
基于 U3D 技术壮锦图案的数字化体感互动平台建设研究应用	广西机电职业技术学院、广西南宁海韵文化传播有限公司
基于 GPU 碎片化虚拟化异构资源调度的人脸识别平台研发	广西联锦科技有限公司、广西机电职业技术学院

续表 19

项目名称	承担单位
基于产教融合的物流数字化教学资源云平台研发	广西瀚云科技有限公司、广西机电职业技术学院
标准化与质量科普能力建设与示范	广西壮族自治区标准技术研究院、南宁学院
3D 打印功能梯度食管支架力学性能及生物相容性研究	广西大学、中山大学附属第一医院、广西南宁锐锋医疗器械有限公司
新型丙烷脱氢制丙烯 Ga 系催化剂的研发	广西化工研究院有限公司、厦门大学

科技成果与应用

【科技成果登记】 2020 年，南宁市获自治区科技成果登记814项(工业类201项、农业类 57 项、社会发展类 556 项)。吸纳类技术合同登记 3015 项，合同成交金额 258.99 亿元，其中技术交易额 185.62 亿元，占自治区总数 47.78%；输出类技术合同登记 1727 项，合同成交金额 38.45 亿元，其中技术交易额 28.70 亿元，占自治区总数 61.97%。

【科技成果转化与宣传推广】 2020 年，南宁市完成重大科技成果转化项目 148 项，技术交易额 19.44 亿元。其中，100 万元以上重大项目 76 项，技术交易额 19.12 亿元。国家科技成果转化(南宁)示范基地微信公众号推送汽车机电相关科技成果 2910 条，发布资讯 582 篇。开展企业技术需求征集 3 批次，收集技术需求 30 家 37 项，促成校企合作项目 6 项，合同金额 77 万元。开展线上线下科技政策培训、宣讲活动 14 场，培训 4.67 万人次，在地铁 6 个站点灯箱进行科技型中小企业、高新技术企业、瞪羚、独角兽企业专题宣传 1 个月，印发科技型中小企业评价简明手册、科技创新券、研发奖补等宣传资料 2000 余册，印制专题宣传环保袋 5000 个。

科学技术普及

【概　况】 2020 年，市科技局开展科技下乡、科普宣传培训教育活动 599 场次，参与活动 8.69 万人次，其中线上 3.97 万人次。科技特派员开展服务 7674 人次，举办农村实用技术培训 469 场次，指导服务科技种养基地 1697 个，服务农村合作组织 54 个，服务农民 3.50 万人次。

【科技下乡活动】 2020 年，市科技局选聘 315 名科技特派员深入贫困地区开展科技服务春耕生产等科技下乡活动，确保新冠肺炎疫情防控和农业生产两不误，举办科技培训 80 多场次，培训农民 2200 人次，解决实际问题 56 个次。开展科技下乡服务“三农”(农业、农村、农民)活动，组织专家、科技特派员 5135 人次举办蔬菜种植、西红柿与水稻轮作、沃柑种植等农村实用技术培训 357 场次，服务农民 1.77 万人次。

【科技培训】 2020 年，市科技局围绕粮食、糖料蔗、水果、蔬菜、茶叶、桑蚕、食用菌、罗非鱼、肉牛肉羊、生猪十大种养产业和富硒农业、有机循环农业、休闲农业三大新兴产业“10+3”特色农业产业，联合区县科技部门及相关单位开展“产业扶贫科技大培训活动”359 场次，组织科技特派员、农业专家 229 人深入贫困村开展科技指导服务、实用技术培训、农业新品种先进技术推广培训，培训农民 1.38 万人。组织马山县、上林县、隆安县等区县电视台结合农时需求集中开展电视科技培训，播放《农村科技新视界》80 多期。

【科普活动】 2020 年，市科技局以市科普联席会议为平台，联合高等院校、青少年科技教育基地、科普教育基地、科研机构以全国科技活动周为契机开展科普活动，活动以图文、实物、互动相融方式展示南宁市自主创新“智造”能力和科技创新成果。装备制造、电子信息、环保与新材料、科技服务平台 4 大领域 10 家企业 12 个项目参展。科技活动周期间，开展科普活动 25 场次，展出科普展板 150 多块，发放农业实用栽培技术书籍和科普宣传小册子 1 万册、受益群众 2 万多人次。

(董玉洁)

气　象

【概　况】 2020 年，南宁市气象局(简称“市气象局”)辖横县、宾阳县、上林县、马山县、隆安县气象局及武鸣区、邕宁区气象局。开创“5G+ 气象”业务新格局，建成自治区首个地市级短时临近预警中心，首次实现广西气象预警信息“靶向”发布，在自治区率先建成 5G 车载气象应急指挥系统。24 小时暴雨及低温预报准确率排名自治区第三。对 120 家易燃易爆企业进行防雷安全专项执法检查。南宁国家基本气象站酸雨自动观测试点运行，上林国家气象观测站被中国气象局认定为第二批中国百年气象站(五十年认定)。市气象局获第六届全国文明单位、全国气象部门创建模范机关先进单位；自治区重大气象服务先进集体，第二届自治区气象服务创新大赛一等奖。主要存在气象现代化建设与全国先进省会城市有差距，对优秀人才吸引力不够，人才培养和技术创新不足；新一代天气雷达站搬迁等重点项目建设仍需加快进度；基层台站发展不平衡等问题。

【气象设施建设】 2020 年，南宁市有国家地面观测站 8 个、区域自动气象站 314 个、国家高空气象观测站 1 个、国家天气雷达站 1 个、L 波段风廓线雷达站 1 个、国家农业气象试验站 1 个、国家应用气象观测站 1 个、酸雨观测站 2 个、辐射观测站 1 个、雷电观测站 1 个、卫星接收站 8 个、地基导航卫星水汽探测系统基准站(GNSS/MET)1 个、国家空间天气观测站 1 个、自动土壤水分观测站 4 个、大明山生态立体观测站 1 个、大气负氧离子观测站 4 个、石漠化监测站 1 个、农田小气候站 6 个、回南天观测站 8 个。年内，市气象局雷达站搬迁项目完成可研报告批复、征地工作，人工影响天气基地完成场地平整工程建设，市气象局智慧图书会议室正式启用，武鸣区、横县、邕宁区气象局新业务楼投入使用，配合自治区气象局装备中心完成风洞实验楼建设竣工验收。

【5G+ 气象业务拓展】 2020 年，南宁市开拓“5G+ 气象”业务新格局，建成自治区首个地市级短临预警中心。建设气象预警信息“靶向”发布平台，首次实现广西气象预警信息“靶向”发布。完成自治区首届“5G+ 防灾减灾”应用征集大赛，获《人民日报》《中国气象报》《广西日报》等媒体关注和报道。在自治区率先建成 5G 车载气象应急指挥系统，在第 17 届中国—东盟博览会气象服务保障中，首次运行以 5G 网络为核心的气象防灾减灾应急

2020 年 6 月 29 日，"5G+ 防灾减灾"应用征集大赛启动仪式在南宁·启迪东盟创新中心举行　市气象局提供

指挥系统，实现全方位统一通信，全视角立体指挥。在自治区首创"警务 + 气象"和八桂应急先锋社区响应队伍预警信息传播模式，实现预警信息到村到户到人。

【决策气象服务】 2020 年，市气象局准确预报重大天气过程，启动应急响应 9 次。做好新冠肺炎疫情防控阻击战气象保障服务，为广西"小汤山"医院建设指挥部提供疫情防控专项气象服务信息 134 期。完成南宁市人大、政协"两会"，中国—东盟博览会等气象保障服务。发布决策气象服务信息 317 期，提供决策气象短信 151 条，接收近 84 万人次。

【公众气象服务】 2020 年，市气象局通过电视、电台、手机短信、气象微博、微信公众号、网站、电子显示屏、农村预警大喇叭等向社会公众发布预警信号 1222 次，其中暴雨红色预警 43 次、冰雹预警信号 15 次、大风预警信号 189 次，公众预警短信接收超 1000 万人次。首席预报员接受新闻媒体采访近百人次，与南宁广播电台进行专家连线 18 次。南宁气象微信公众号关注量突破 70 万人，南宁气象官方微博关注量 39 万人。推送气象微信文章 110 篇，累计阅读量 250 万次，单篇最高阅读量 8.70 万次。

【乡村振兴气象服务】 2020 年，市气象局在横县、上林县、马山县、武鸣区实施乡村振兴气象服务专项计划，新增天气网眼实景观测站 2 个及智慧气象柱 3 个，打造 5 个特色农产品"气候好产品"服务品牌。自治区、南宁市、武鸣区三级气象部门联动，在广西起凤橘洲生态农业有限公司共同建设智慧气象服务示范农场，建立农业气象观测站，设立滴灌气象服务试验区、气象服务效益评估区，为开展农业智慧直通式气象服务、制定沃柑生产气象指标等基础研究提供科学原始数据。经过认证，广西起凤橘洲生态农业公司出产的沃柑获南宁市首张"特优"气候品质证书。

【人工影响天气作业】 2020 年，南宁市开展增雨防雹、除尘降霾、蓄水抗旱、改善江河水质人工影响天气作业 71 次，发射人工增雨火箭弹 250 枚，新增流动作业点 7 个。人工影响天气护卫"南宁蓝"有成效。加强人工影响天气安全管理，市政府分别与自治区人工影响天气办公室、设有气象局的 7 个区县政府签订《2020 年人工影响天气工作安全责任书》。

【气象科普宣传】 2020 年，市气象局利用"互联网 + 科普"模式，开展世界气象日科普宣传活动。在《南宁晚报》开辟专栏《风雨气象人》，多篇文章获学习强国转载。联合多部门及媒体、企业打造三大气象科普品牌：与市住建局联合开展预防一氧化碳中毒有奖问答，参与竞答 3.50 万人；与市卫健委、青秀区文明办、市科协、《南宁晚报》联合开展南宁市第二届气象小主播网络选拔赛，参加选拔 348 人；与市教育局、市科协、《南宁晚报》联合举办"珍爱生命、远离溺水"防溺水气象防灾知识有奖问答，参与竞答 40.70 万人。第二届"气象小主播"大赛获评 2020 年"八桂科普大行动"优秀特色活动，《千里眼探天机》获"广西十佳科普视频"大赛二等奖。　（谭容梅）

水　文

【概　况】 2020 年，南宁水文中心（南宁水环境监测中心）辖南宁、隆安、武鸣、上林、宾阳、横县、马山 7 个水文中心站，南宁、隆安等 21 个水文站，邕宁、峦城等 19 个水位站，232 个雨量站，3 个泥沙站，2 个墒情站，4 个地下水站和 7 个蒸发站。南宁水文中心水文监测备汛完成率 100%，启动Ⅳ级水文应急响应 7 次，发布水情服务短信 17.1 万条，洪水预警 22 次，日常化、台风水情、洪峰预报 119 次，高洪以上洪峰预报合格率 100%，水情预警发布率 100%，合格率 96.8%，预警预报质量属于甲级。报送水情信息专报 232 份，水情快报 26 份，水情信息 232 份；向自治区水文中心、市防汛办等单位报送雨水情信息 133.4 万条，大型、中型水库站水情报汛信息 7900 份。联合调度应对邕江流域年度最大洪水通过老口、邕宁和西津 3 座水利枢纽，削减邕江南宁段洪峰水位 1 米左右，确保邕江南宁段沿江景观带不被淹没。在邕江北大桥中央桥墩上设立大型防洪水文预警标尺；完成清水河洪水水面线勘绘及成果应用，将原来水文站断面水情预警预报服务深化拓展至邕江、右江、清水河沿线 30 多个重要断面。主要存在水文测报、预警机制和能力仍有待提升，水文服务意识、广度和深度还不够等问题。

【水文与汛期洪水特点】 2020 年 1 月至 3 月，南宁市辖区降水量比历年均值偏多 86.5%。4 月至 9 月汛期，区县降水量 782.2 毫米～1083.8 毫米，比历年均值偏少 13.1%。10 月至 12 月，南宁市辖区降水量比历年均值偏少 20.4%。年内，主要江河没有发生大洪水，过境主干流郁江最大洪水发生在 10 月中旬，郁江控制站南宁水文站 10 月 16 日 8 时开始起涨，水位 66.95 米，相应流量每秒 2240 立方米，10 月 17 日 22 时出现洪峰水位 69.01 米，相应流量每秒 5540 立方米，次洪涨幅 2.06 米，为常遇洪水。中小河流涨幅最大的河段为武鸣区武鸣河城厢镇濑琶村河段，起涨水位 94.99 米，洪峰水位 103.49 米，涨幅 8.50 米，6 小时最大涨幅 2.33 米，洪水相当于 10 年一遇。洪水出现时间较早，结束时间延后，部分中小河流 3 月下旬开始出现洪水，其中宾阳县清水河、大桥河，青秀区青龙江，兴宁区五塘河、沙江，良庆区八尺江等 11 条中小河流出现涨幅 1 米～3 米的洪水过程；辖区主干流郁江 10 月中旬出现年内唯一一场涨幅超 1 米的洪水过程，洪水场次之少，属历史罕见。洪水场次较少，时空分布不均，主要江河涨幅超 1 米的有右江隆安县城河段 4 场、武鸣河武鸣区河段 1 场、清水河上林县城河段 3 场、清水河宾阳县邹圩镇河段 10 场、东班江宾阳县露圩镇河段 5 场、郁江横县县城河段 1 场、镇龙江横县镇龙乡河段1场、郁江南宁市城区河段1场。出现超警洪水的河流少、主要江河没有出现全流域性大洪水，局部小流域发生较大洪水。6月下旬，受局部强降雨影响，武鸣区香山河、府城河、武鸣河、双桥河、锣圩河等河流出现超警戒水位洪水，其中武鸣河城区段超警戒水位2米，部分城区受淹。全年没有发生台风暴雨洪水。郁江洪水受水利工程调节影响大，郁江南宁城区河段出现小于每秒5000立方米洪峰流量时，水位控制在设防水位69.40米以下。

【水文监测】 2020年，南宁水文中心做好水文常态监测和应急监测。开展水位流量、泥沙、地下水、墒情等监测，其中7个基本水文站施测流量234次，南宁水文站施测输沙率18次，南宁、隆安、邹圩水文站施测单沙997次，30个专用水文(位)站施测流量122次，宾阳帽子泉、武鸣灵水、武鸣甲泉、马山弄逼4个地下水站水位遥测正常，丁当、都结2个墒情站实现全自动监测，监测数据传输正常。启动水文测报Ⅳ级应急响应7次，派出应急监测组30个，监测29条河流33站点371站次；8个超警戒水位水文站实测流量27次；30个站完成警戒水位以上水位流量关系定线。中小河流水文站点流量巡测504站次，为洪水预报积累率定水位流量关系数据。监测备汛、水情备汛、安全生产等25个大项142个子项工作在自治区水文系统交叉检查中获优秀等级。

2020年6月25日，南宁水文中心应急队员在武鸣区府城河使用声学多普勒流速剖面仪(走航式ADCP)进行水文监测 阮川平 摄

【水文资料整编】 2020年，南宁水文中心利用"广西水文云"平台，在线整编水文资料，在线整编率99.6%，向自治区水文中心提交完整基本站水文资料成果，其中有7个站年水位资料、8个站年流量资料、3个站年泥沙资料、46个站年降水量资料、3个站年水温资料，6个站年蒸发量资料，3个站年岸温资料。审查水文数据整编项目17项238站次，资料错情率低于万分之一，资料质量达优秀等级，排名自治区水文系统第二。完成中小河流30个专用水文(位)站、182个雨量站资料整编成果录入广西水文数据库，完成年度水资源公报、河流泥沙公报资料统计。

【水文情报预报】 2020年，南宁水文中心水文监测备汛完成率100%。汛期执行24小时值班制度，采取"一键式"短信快报、"一张纸"专报、通过12379预警平台发布水情预警预报短信等方式，启动水文应急响应7次，发布水情服务短信17.1万条，洪水预警22次，日常化、台风水情、洪峰预报119次，高洪以上洪峰预报合格率100%，水情预警发布率100%，合格率96.80%，预警预报质量属于甲级。报送水情信息专报232份，水情快报26份，发布汛期汛情会商报告185期(汛期每天1期)。向自治区水文中心、市防汛办等单位发送雨水情信息133.4万条，其中30分钟内到报129.16万条，到报率96.82%。大型、中型水库站水情报汛信息7900份，30分钟到报7300份，到报率92.41%。

【水文科研】 2020年，南宁水文中心开展邕江河库联合调度预报研究。10月中旬，邕江出现年度最大洪水，开展邕江河库联合调度，根据上游来水准确预报老口水利枢纽入库流量，在邕江开展多断面联合实测，为水利枢纽联合调度提供翔实数据和动态调度方案，削减洪峰水位约1米，邕江南宁水文站出现69.01米的洪峰水位，亲水平台未受淹，维持沿河景观带正常游览秩序，减少南宁市水毁经济损失约5000万元。

【水文基础设施建设】 2020年，南宁水文中心固定资产投资268万元。用于南宁水文科技示范与研究基地一期工程观测场扩建、围墙改建、生产业务用房改造，四塘、五塘、濑琶、狮螺等站点的挡土墙、观测码头、水尺、水准点、标志杆等水毁修复，以及广西水文防汛应急仓库变压器增容配电工程、屋顶消防系统供水工程，南宁、隆安等7个水文中心站水文设施设备维修维护。 (黄兰清)

表20 2020年南宁市江河主要控制站汛期(4月至9月)最高水位统计表 单位：米

江河	站名称	月份 4	5	6	7	8	9	年度最高水位	年最高水位多年均值	2019年最高水位	警戒水位
镇龙江	镇龙	126.44	126.56	127.07	126.74	127.27	126.69	127.27	127.96	127.39	129.0
东班江	露圩	70.74	70.21	73.16	70.34	71.95	70.44	73.16	72.99	72.86	73.9
武鸣河	武鸣(四)	99.30	99.18	105.10	99.44	99.37	99.27	105.10	101.78	100.76	103.1
右江	隆安	76.82	76.97	80.62	77.11	76.87	77.67	80.62	84.06	84.11	85.0
郁江	横县	45.33	45.37	46.62	44.90	45.22	45.29	48.73		51.34	54.0
郁江	南宁(三)	67.65	67.55	67.77	67.47	67.45	67.50	69.01	72.37	72.09	73.0

续表 20

江 河	站名称	月 份						年度最高水位	年最高水位多年均值	2019 年最高水位	警戒水位
		4	5	6	7	8	9				
姑娘江	马 山	162.57	162.06	162.95	163.61	162.57	162.67	163.61		163.36	164.5
清水河	邹 圩	86.32	85.17	87.69	85.38	87.26	84.53	87.69	88.94	89.12	88.0
清水河	上林(二)	106.85	106.28	107.72	106.71	107.12	106.14	107.72	108.56	108.04	108.3

社会科学

综 述

【社会科学发展】 2020 年，南宁市社会科学院、南宁市社会科学界联合会聚焦常态化新冠肺炎疫情防控、打赢打好决胜全面小康三大攻坚战、推动经济发展势头持续向好、大力增进民生福祉、强化党的全面领导等内容，加强课题研究、信息报送、编书办刊等重点工作。南宁市社会科学院完成年度市级社科研究重点课题7项、院级课题8项；出版期刊《创新》6 期，刊登文章 70 篇（有基金项目支持 53 篇），被评为 RCCSE 中国核心学术期刊；出版《南宁蓝皮书·经济发展报告(2020)》《南宁蓝皮书·社会发展报告(2020)》，收录研究报告 46 篇、50 多万字。南宁市社会科学界联合会立项研究课题 63 项，获广西哲学社会科学规划课题获立项课题 7 项。组织南宁市优秀社会科学成果参加自治区第十六次社会科学研究优秀成果评选获二等奖 5 项、三等奖 4 项。南宁市社会科学院被评为全国城市社科院先进单位。

【经济社会研究】 2020 年，南宁市人民政府发展研究中心聚集打造面向东盟的金融开放门户核心区、乡村振兴战略下南宁市农村土地利用，打造区域性国际消费中心城市、广西边贸口岸出现的新问题新挑战、南宁空港经济区开发建设等内容，开展调查研究，形成经济与社会研究课题成果 10 项，其中市政府确定重大课题 2 项、重点课题 5 项、一般性课题 1 项，自治区党委确定重点课题 1 项，市委重点课题 1 项。刊发《调研参阅》17 期，获市领导批示 14 人次；刊发《南宁市专家咨询委员会专报》28 期，获市领导批示 35 人次；刊发《南宁市专家咨询委员会简报》13 期，获市领导批示 6 人次。

【中共地方史事业发展】 2020 年，中国共产党南宁市委员会党史研究室推进党史基本著作编纂和党史宣传。编纂出版《南宁市大事记》2018 年卷、《南宁市改革开放纪实》(第二卷)，做好延续性课题《中国共产党南宁历史(1949—1978)》1 个，启动新课题《中国共产党南宁历史(1978—2012)》《中共南宁市委执政纪事·2021》2 个。以党史教育基地、党史国史宣讲、党史微视频大赛等形式打造“大党史”宣传教育矩阵。确定第一批南宁市中共党史教育基地 12 个；举办“四史”（中国共产党史、新中国史、改革开放史、社会主义发展史）宣讲活动 35 场，受教育党员、群众 6000 多人；《南宁兵变的时代意义》党史微视频课程入选 2020 年广西干部网络学院必修课。

【地方志事业发展】 2020 年，南宁市人民政府地方志编纂办公室推进地方志事业“十业并举”（志、鉴、库、馆、网、用、会、刊、研、史）取得新成果。《南宁市志(1991—2005)》获广西第十六次社会科学优秀成果奖著作类成果二等奖；《南宁年鉴 2019》获评第七届全国地方志优秀成果(年鉴类)特等年鉴，《青秀年鉴 2019》获评一等年鉴，《隆安年鉴 2019》列入广西精品年鉴工程。自治区首部以地方志机构组织编修的《南宁通史》进入出版社(中华书局)二审后修改完善环节。试点开展第三轮修志顶层设计研究，进一步完善第三轮志书篇目框架。编纂出版《南宁年鉴 2020》；优化南宁地情网，年点击量 3.56 万次，累计点击量 1164.16 万次。协助市政府办公室法规科开展地方志行政执法检查，推进依法治志。

（方 明）

社会科学研究

【概 况】 2020 年，南宁市社会科学院(简称“市社科院”)完成年度市级社科研究重点课题 7 项、院级课题 8 项；出版期刊《创新》6 期，刊发文章 70 篇；编辑出版《南宁蓝皮书·经济发展报告(2020)》《南宁蓝皮书·社会发展报告(2020)》。被全国城市社科院第三十次院长联席会议评为全国城市社科院先进单位。主要存在科研管理体制、机制不够活，有较大社会影响力的精品力作不多，服务决策针对性、时效性有待增强等问题。

南宁市社会科学界联合会(简称“市社科联”)有会员单位 31 个，其中区县社科联 12 个、市级学会 19 个(学会 8 个、协会 2 个、研究会 9 个)，会员 2.30 万人。印发《关于加强南宁市哲学社会科学学术社团建设的实施意见》，完善市哲学社会科学学术社团管理制度。学会年检合格率 78.94%。立项研究课题 63 项，获广西哲学社会科学研究规划课题立项 7 项。组织市优秀社会科学成果参加广西第十六次社会科学优秀成果评选，申报 101 项，获二等奖 5 项、三等奖 4 项。开展社科普及宣传活动 5 次、调研 8 次，新建兴宁区望仙坡社区社会科学普及基地 1 个。开展学术研讨活动 1 次，参加学术研讨活动 6 次。投入 3 万多元帮扶贫困村 1 个，开展慰问 5 次，慰问困难党员、群众 60 户，发放慰问金 1.4 万元、物资价值 1.1 万元，发动南宁市人大工作研究会、南宁高等职业技术教育研究会、南宁市残疾人康复研究会参与帮扶贫困村。主要存在科研成果转化应用不多、学会工作活力不够、工作创新不够等问题。

表 21　　2020 年南宁市获评广西第十六次社会科学优秀成果一览表

成果名称	获奖等次	获奖级别	主办单位	作 者	作者工作单位
《变道超车：新型应用技术大学建设探索》(著作)	二等	省部级	广西壮族自治区人民政府	陈雄章	南宁学院

续表 21

成果名称	获奖等次	获奖级别	主办单位	作　者	作者工作单位
《一位民族地区校长在学校文化重塑中成长》(著作)	二等	省部级	广西壮族自治区人民政府	蓝日模	南宁市第三十三中学
《南宁市志(1991—2005)》(工具书)	二等	省部级	广西壮族自治区人民政府	南宁市人民政府地方志编纂办公室	南宁市人民政府地方志编纂办公室
《广西粤剧百年图史》(研究报告)	二等	省部级	广西壮族自治区人民政府	梁肇佐等	南宁市民族文化艺术研究院
《政策语境下职业教育产教融合的逻辑及启示》(论文)	二等	省部级	广西壮族自治区人民政府	方绪军	南宁职业技术学院
《东南亚戏剧概观》(著作)	三等	省部级	广西壮族自治区人民政府	方宁 等	南宁市民族文化艺术研究院
中国刑事预审制度研究(著作)	三等	省部级	广西壮族自治区人民政府	罗晖	南宁市中级人民法院
《西部民族地区生态治理路径探析》(论文)	三等	省部级	广西壮族自治区人民政府	王恒	中共南宁市委党校
《变“套作”为“真写作”作文课程的构建与实施》(论文)	三等	省部级	广西壮族自治区人民政府	彭俊姣	南宁市第二中学

【课题研究】 2020年,市政府确定市社科院2020年度社科研究重点课题7项,分别为《推动南宁市体育产业发展对策研究》《南宁市平台经济发展对策研究》《南宁市建设区域性国际会展城市问题研究》《城市地上地下一体化管控模式创新与制度机制研究》《乡村振兴战略下南宁市新型农业经营主体发展对策研究》《强首府战略下南宁市向海经济问题研究》《强首府战略用地保障问题研究》,形成课题成果并通过专家评审,结项课题获评优秀等次1项,良好等次4项,合格等次2项。立项院级课题8个,分别为《2019年南宁市经济运行分析与2020年预测》《2019—2020年南宁市社会发展形势分析与展望》《南宁市文化产业发展报告》《强首府战略背景下南宁市民宿业的发展与提升对策研究》《南宁市发展定制农业研究》《强化南宁作为面向东盟市场的企业区域总部基地建设研究》《提升南宁市城市治理公众参与水平对策研究》《我国社科院学术期刊新媒体传播平台研究》,年内全部结项,获评优秀等级2项,良好等级6项。课题研究成果刊发《领导参阅》,获市领导批示11项。5月和10月,两次抽调科研骨干到区县、开发区开展优化营商环境调研问效,形成调研报告2份。市社科联立项2020年度研究课题63项,资助金额19万元;组织申报广西哲学社会科学研究规划课题,获立项7项,分别为《桂滇沿边地区跨境流动人口治理研究》《可视化在广西特色节庆“云”传播中的体验设计研究》《全媒体时代高校网络意识形态新动向及应对策略研究》《“三全育人”视野下广西高职院校大学生政治素养强化提升研究》《广西林业系统基层干部的职业心态研究》《人口老龄化背景下广西农村社区养老困局与破解路径研究》《壮族曲种民俗生态与文化旅游发展研究》;结题2019年度研究课题36项。

【编书办刊】 2020年,市社科院出版《创新》期刊6期,刊登文章70篇,其中国家级基金项目23篇、省部级基金项目14篇、其他基金项目16篇。《创新》期刊被《中国学术期刊评价研究报告》(第6版)评为RCCSE中国核心学术期刊,复合影响因子为0.583,为创刊以来新高。9月,出版《南宁蓝皮书·经济发展报告(2020)》《南宁蓝皮书·社会发展报告(2020)》,收录研究报告46篇,50多万字。

【理论宣传】 2020年,市社科院在《新媒体研究》《农村经济与科技》《当代广西》《南宁日报》等报刊发表理论文章42篇,其中在核心期刊刊发3篇,在《南宁日报》发表全面落实强首府战略理论文章7篇。市社科联与市委党校、市党的建设研究会联合主办“发挥党建引领作用·确保强首府战略全面落实”理论研讨会,社科界专家、学者、社科工作者120多人参加,收到论文83篇,评出一等奖3篇、二等奖6篇、三等奖9篇、优秀奖12篇。

【社会科学普及】 2020年,市社科联开展大型广场社科普及宣传活动1次、科普进社区(农村)活动2次、科普报告会2次,参加活动500多人。5月18日至

2020年12月16日,市社科联组织会员到宾阳县韦曰坚纪念馆开展社科普及活动

李国燕　摄

24 日，举办主题为“科学精准防疫·统筹推进疫情防控和经济社会发展”2020年南宁市社会科学普及活动周，开展活动100多场次，参与部门、组织190个，受益群众10多万人次。5月18日，在南宁博物馆举办社科普及活动周启动仪式；5月21日，在兴宁区望仙坡社区开展社科普及共建活动；在南宁博物馆社会科学普及基地举办“文物系荆楚·祝福颂祖国”——文博抗疫祝福接力海报科普展。年内，邀请专家为市属社科类学会、协会、研究会业务骨干作党的十九届四中全会精神、全面贯彻落实强首府战略专题科普报告会。组织市属学会、协会、研究会专家学者到社会科学普及基地宾阳县中华镇韦曰坚纪念馆开展社科宣传普及，宣讲党的十九届五中全会精神，受教育群众230多人。

【学术交流】 2020年，市社科联外出参加学术交流活动6次。6月23日，参加自治区市县社科联智库建设工作交流会并作经验发言；10月28日至30日，参加全国社科联联席会议开展对外学术交流；12月2日至4日，到广州、深圳开展学术交流；12月3日至4日，参加自治区社科联、广西民族大学、桂林市政府主办的第五届中国—东盟民族文化论坛；12月7日至8日，参加自治区社科联、梧州市委、梧州市政府、梧州学院、广州大学主办的第八届广府文化论坛；12月19日至22日，到武汉、石家庄、北京等地开展学术交流。防城港市社科联到访交流课题研究、学会管理、社科普及、换届工作等。

（宁春同　李国燕）

党史工作

【概　况】 2020年，中共南宁市委党史研究室（简称“市委党史研究室”）编纂出版《南宁市大事记（2018年）》《南宁市改革开放纪实（第二卷）》；做好延续性课题《中国共产党南宁历史（1949—1978）》1项，启动新课题《中国共产党南宁历史（1978—2012）》《中共南宁市委执政纪事·2021》2项；开展党史资料征编，对“改革开放以来的南宁”口述历史等7个课题进行资料征集，深化资政研究；打造“大党史”宣传教育格局，评审确定第一批12个南宁市中共党史教育基地，以党史教育基地、党史国史宣讲、党史微视频大赛，以及红色文化入脑入心工程系列活动等构建党史宣教矩阵。主要存在业务骨干不足，工作发展不平衡等问题。

【党史资料征集】 2020年，市委党史研究室出版发行《南宁市大事记（2018年）》，编辑、送审《南宁市大事记（2019年）》，征集《南宁市大事记（2020年）》资料19万字、图片30多张。与市退役军人事务局联合征集“一切为了前线，一切为了胜利”专题资料，指导区县同步征集资料。征集《南宁市新冠肺炎疫情防控大事记》资料3.30万字、图片16张，编写条目227个。征集“改革开放以来的南宁”口述历史资料，完成2位老干部的口述史视频录制及3位老干部的口述史文字资料征集。修改完成《中国共产党广西历史（第三卷）》南宁改革开放专题综述材料7.40万字，报送自治区党委党史研究室。

【课题研究】 2020年，市委党史研究室编纂出版《南宁市改革开放纪实（第二卷）》，全书56万字，收录专题18篇，记录南宁市各项事业的改革历程、主要成就及重要经验。启动编纂《南宁市改革开放纪实（第三卷）》，甄选专题20多篇。启动《中共南宁市委执政纪事》课题编撰，记录年度内重要决策、重要文献、领导关怀、工作纪事及党建经验等；12月4日，举办《中共南宁市委执政纪事·2021》编撰工作培训会，邀请自治区党委党史研究室副主任黄志勇博士主讲，全市121个部门150人参加培训。撰写《中共广西区委执政纪事（2020年）》南宁市委年度工作纪事，选报南宁市武鸣区党建“云屏惠农”、南宁市兴宁区民生街道时代茗城小区、南宁娃哈哈恒枫饮料有限公司3个党建工作经验。审读区县报送《革命老区县发展史》书稿，指导区县做好编纂出版工作。

【《中国共产党南宁历史》丛书编纂】 2020年，市委党史研究室推进《中国共产党南宁历史》丛书编纂。完成《中国共产党南宁历史（1949—1978）》（征求意见稿）。5月13日，举办《中国共产党南宁历史（1949—1978）》编写培训会，参加培训11人；按照老同志审读意见，进一步校核数据，完善注解和出处。启动编纂《中国共产党南宁历史（1978—2012）》，成立课题编纂组梳理115个专题资料，拟定编纂大纲。

【资政服务】 2020年，市委党史研究室参与审读《程思远故居陈列馆平面设计稿》《红色旅游经典景区服务规范（修订版征求意见稿）》《南宁市可移动革命文物名录》、广播剧《少年黄大年》剧本、津头村三处文物（中共广西省一大旧址、雷沛鸿故居、雷经天故居）和林景云故居保护利用等内容并提出意见建议。统计完善南宁市不可移动革命文物，调查核实桂南抗战高峰坳阻击战国军烈士墓。组织审读《中国共产党上林历史（第二卷）》编写大纲、《马山县积极探索脱贫攻坚与红色资源保护开发利用融合新路子》《关于邕宁区部分革命遗址和革命宣传阵地存在问题及整改的建议》等。

【党史国史宣传教育】 2020年，市委党史研究室成立市党史国史宣讲团，开展“四史”主题宣讲35场，受教育党员6000多人。开展纪念抗日战争暨世界反法西斯战争胜利75周年宣讲7场，受教育党员3000多人。市委党史研究室制作的《南宁兵变的时代意义》党史微视频课程入选2020年广西干部网络学院必修课。订阅党史书籍《大道行思：如何看中国共产党的历史和现实》《中华人民共和国简史（1949—2019）》《中国共产党如何改变中国》《中国共产党广西历史（第二卷）》280套，分送在职正处级及以上党员

2020年11月10日，第一批南宁市中共党史教育基地授牌仪式在南宁博物馆举行

李乾　摄

领导干部、副厅以上离退休干部。组织参加“迎接中国共产党成立100周年”广西党史知识竞赛,市直单位参赛2.80万人;开展“我是党员·发现扶贫路上100张ZUI美笑脸”征集活动,精选18张笑脸报送自治区党委党史研究室;组织全市党员干部观看红色爱国主义题材电影《大会师》;组织参加第三届广西党史微视频大赛,选送参赛作品60个,市委党史研究室获优秀组织奖。组织推荐第三批国家级抗战纪念设施、遗址和著名抗日英烈、英雄群体,报送“革命旧址和纪念场馆建设”9个。

【第一批南宁市中共党史教育基地授牌】2020年11月10日,市委党史研究室评审确定第一批南宁市中共党史教育基地12个,并在南宁博物馆举行授牌仪式。12个中共党史教育基地分别是邓颖超纪念馆、南宁市南湖公园李明瑞韦拔群等革命烈士纪念馆、中共广西省工委横县会议纪念馆、中共广西省工委横县会议旧址、南宁市人民公园南宁革命烈士纪念碑、南宁市反腐倡廉警示教育馆、南宁警察博物馆、马山县那马革命老区、徐汉林烈士陵园、南宁市人民公园南宁市近现代国防历史文化陈列馆、南宁市人民公园毛主席接见广西各族人民纪念馆、南宁博物馆。

(余朝霞　杨茜　赵艳玲)

地方志

【概　况】2020年,南宁市人民政府地方志编纂办公室(简称“市方志办”)编纂出版《南宁年鉴2020》,收集地方志资料年报127份,出版内部期刊《南宁方志》5期。《南宁通史》编写组修改完善出版社二审稿,第三轮修志顶层设计试点取得新进展。《南宁市志(1991—2005)》获广西第十六次社会科学优秀成果奖著作类成果二等奖,《南宁年鉴2019》获第七届全国地方志优秀成果(年鉴类)特等年鉴,《青秀年鉴2019》获第七届全国地方志优秀成果(年鉴类)一等年鉴。主要存在部分区县志书未完成出版,区县年鉴质量参差不齐,地方志队伍专业水平不够高等问题。

【县区志书编纂出版】2020年,南宁市推进第二轮修志攻坚工作。市方志办重点督促未出版第二轮地方志书的兴宁区、横县、上林县、马山县加快编修进度;强化质量意识,先后6次到兴宁区、横县、上林县、马山县指导志书编修。年内,兴宁区首部地方志书——《南宁市兴宁区志》出版发行;《横县志(1986—2005)》《上林县志(1986—2005)》《马山县志(1986—2005)》获出版书号。

【地方志资料年报收集】2020年,市方志办结合南宁市机构改革及各项事业发展,调整承报单位编写提纲,举办全市地方志资料年报培训班1期,承报单位参加培训人员129人。收集地方志资料年报127份,文字410万字,图片2000多张。完成地方志资料年报审查,提升资料系统性、丰富性、规范性。

【第三轮修志顶层设计试点】2020年,南宁市推进第三轮修志顶层设计试点工作。市方志办组织编辑人员再次修改完善重修、续修《南宁市志》篇目框架,邀请民族学专家进行民族民俗篇编修专题授课,邀请南宁市工业、农业、商业、发展改革、深化改革、社会科学等方面专家审查续修《南宁市志》篇目,10月将续修篇目反馈承编单位征求意见。指导试点单位良庆区、隆安县方志办搭建第三轮修志篇目框架。

【地方综合年鉴编纂出版】2020年9月,市方志办完成《南宁年鉴2020》编纂,线装书局出版;12月,印刷发行800册。全书176.10万字,设部类41个,有图片246幅、表格43个,从经济建设、政治建设、文化建设、社会建设、生态文明建设五个方面记述2019年度南宁市自然、政治、经济、文化、社会、生态等领域的发展情况、重大成就和深刻变化。拓展“南宁网络年鉴2020”条目征集渠道,实时编纂、实时发送。打造“南宁精品年鉴群”,继续开展区县年鉴篇目框架审查,提升12个区县年鉴质量;实地指导、检查区县年鉴业务20多次。《隆安年鉴2019》获列入广西精品年鉴工程项目,武鸣区、横县、上林县、马山县完成历年年鉴积压印刷任务。市本级、区县年鉴实现“一年一鉴、年内公开出版”。

【方志馆建设】2020年,市方志办推进南宁市方志馆建设。成立方志馆展陈大纲编写小组,研究南宁发展主题主线,落实专人负责展陈内容编写,形成展陈大纲初稿;对接设计公司商洽展陈初步设计;对接市发展改革委申请展陈立项。完成馆藏书库归类整理、图书上架。完善书库借阅手续,整理、开放电子阅览室和馆藏书籍阅览室。

【“智慧方志”优化】2020年,市方志办优化“智慧方志”运行。优化南宁地情网栏目,更新信息850条(篇),其中志鉴动态信息29条、其他信息607条、一周大事214条,年点击量3.56万次。优化智能志鉴编纂平台功能,在线实时编纂“南宁网络年鉴2020”。更新区县虚拟方志馆中区县概貌、自然、经济、文化、社会、生态、特色、景区景点等8个板块内容。“方志南宁”微信公众号每个工作日推介南宁地情资讯1条。扩充地情全文数据库,新增全国获奖年鉴、全国省会城市及直辖市年鉴、全国地方志第二轮志书、广

2020年11月,《南宁市志(1991—2005)》获广西第十六次社会科学优秀成果奖著作类成果二等奖　李康　摄

西地级市年鉴电子版1118册，总收录近5000册。

【地方志行政执法检查】 2020年6月4日至5日，市政府办公室、市方志办组成检查指导组赴横县、上林县、马山县，开展志鉴编修“两全目标”完成情况行政检查与业务指导。12月，市政府办公室开展全市地方志行政执法检查，区县（开发区）、市直有关部门完成自查自纠；其间，市政府办公室会同市方志办组成地方志行政执法检查组到江南区、良庆区实地检查志鉴编修。 （钟婉悦）

经济与社会发展研究

【概　况】 2020年，南宁市人民政府发展研究中心（简称“市发展研究中心”）完成经济与社会发展研究重大课题2项、重点课题5项、一般性课题1项；完成自治区党委重点课题1项，市委交办重点课题1个；编印《调研参阅》17期、《南宁市专家咨询委员会专报》28期、《南宁市专家咨询委员会简报》13期，获市领导批示55人次；报送政务信息18条，获采用18条，其中《南宁市建议以整机制造引领广西通用航空产业发展》获自治区领导批示。主要存在围绕市委、市政府中心工作紧密度有待提高，研究成果转化率有待提升，对区县、开发区、市直部门的指导服务有待加强等问题。

【课题研究】 2020年，市发展研究中心完成重大课题“打造面向东盟的金融开放门户核心区，服务中国（广西）自贸区南宁片区建设的对策研究”“南宁市与东盟三国（文莱、老挝、缅甸）国别经贸合作系列分析”2项，重点课题“中国（广西）自由贸易试验区南宁片区争创RCEP先行先试区对策研究”“乡村振兴战略下南宁市农村土地利用问题对策研究”“南宁市利用自贸区、强首府等政策叠加优势，壮大数字经济研究”“南宁促进消费升级，打造区域性国际消费中心城市路径研究”“国家级开发区体制机制改革创新和高质量发展路径研究”5项，一般性课题“乡村振兴战略下南宁市农村土地利用问题对策研究（侧重实操）”1项。完成自治区党委重点课题“广西边贸口岸出现的新问题新挑战及应对策略研究”1项，市委交办重点课题“关于加快南宁空港经济区开发建设的调研报告”1项。

【决策咨询与文稿服务】 2020年，市发展研究中心围绕南宁市发展热点难点问题撰写《精准供给　靶向施策——中小微企业应对疫情支持政策的评估及建议》《保市场主体是稳就业的有力支撑——基于218家企业经济运行形势的问卷调查》《以注意力经济思维开辟“强首府”新路径的建议》等决策咨询文章17篇，在《调研参阅》刊发，获自治区副主席、市长周红波等领导批示14次。调研文章《发展注意力经济、助力广西“强首府”》获国务院发展研究中心内刊《经济要参》、中国新闻社、中国新闻网采用。做好重要文稿服务，牵头或参与起草南宁市建设特色新型智库体系实施方案、关于深入贯彻落实党的十九届四中全会精神奋力推进南宁治理现代化的实施方案、南宁市落实中央环保督查黑臭水体治理工作整改情况报告等文稿6篇，其中《推动“水清岸绿、鱼翔浅底”由蓝图蜕变成实景——广西壮族自治区南宁市黑臭水体治理典型案例》入选生态环境部典型案例并在生态环境部网站刊登，南宁市竹排江黑臭水体系统治理典型案例入选生态环境部通报表扬典型案例，南宁市黑臭水体治理典型案例在《中国建设报》刊登。参与撰写国家专项基金项目《南方城市黑臭水体综合治理——以南宁市竹排江e段（那考河）为例》在《环境工程技术学报》刊登。

【专家咨询】 2020年，南宁市专家咨询委员会专家向南宁市提出决策咨询意见28件，获市领导批示35次，助推南宁市实施重大项目2个。市咨询专家颜永年提出加快3D金属打印项目落地的建议；4月2日，南宁产投集团与江苏永年公司签订《3D金属打印设备租赁协议》《股权质押协议》。市咨询专家秦建文提出建设中以创新科技园的建议。市咨询专家沈玉龙提出用好金融工具，创新开发区运营模式的建议，以及《关于以整机制造引领南宁通航产业发展·为强首府注入新兴制造业的建议》《加快发展通航产业，实现后发地区换道超车——建议以整机制造引领广西通用航空产业发展》书面建议，获自治区副主席、市长周红波批示；市咨询专家倪峰提出对标上海自贸区，建设广西自贸区南宁片区“东盟跨境投资服务平台”的建议；6月11日至13日，倪峰应邀到邕调研并为广西自贸试验区南宁片区管委会作题为《自贸区制度创新和平台招商（外资企业）》的专题报告。12月18日，市咨询专家任尔伟、战复东在“自贸区南宁片区争创RCEP先行先试区”专题讲座上授课。

【优化营商环境调研】 2020年，市发展研究中心开展优化营商环境调研暗访行动。5月、10月分别组织市营商环境建设局、市投促局等部门组成7个调研问效小组，通过查阅台账样本、组织企业座谈，随访窗口工作人员、办事群众等方式开展调研暗访，汇总分析15个区县、开发区和21个指标的自查报告，并形成报告上报市政府，分管市领导对报告作出具体批示，召集专题会议部署整改。6月底至7月初，组织3个调研问效小组，围绕第三方评估反馈151个问题整改落实情况开展调研问效，促进问题整改。10月，参与核改报送2020年中国营商环境评价的18个指标工作总结。

（林绍贤）

编辑　方　明

文化

综 述

【概 况】 2020年，南宁市文化广电和旅游局（简称"市文广旅局"）有局属事业单位10个（南宁市文化市场综合行政执法支队、南宁市群众艺术馆、南宁市图书馆、南宁市民族文化艺术研究院、南宁市博物馆、南宁市少年儿童图书馆、南宁孔庙管理所、南宁市顶蛳山遗址博物馆、南宁市旅游发展服务中心、南宁市艺术剧院有限责任公司）。有市级广播电视台1家、县级广播电视台（融媒体中心）6家。有公共图书馆14个（市级公共图书馆2个、区县公共图书馆12个），市级群众艺术馆1个，新建馆外流通服务点14个（分馆7个、图书流通站6个、图书小站1个），累计馆外流通服务点228个（联合分馆35个、图书流通站129个、图书小站15个、村级中心12个、社区24小时自助图书馆服务站11个、经典书房1个、阅读换书中心1个）。全市登记有不可移动文物592处，其中全国重点文物保护单位6处、自治区级42处、市（县）级241处、未定级不可移动文物303处。有国家级非物质文化遗产代表性项目7项，代表性传承人5人；自治区级非物质文化遗产代表性项目159项，代表性传承人77人；市级非物质文化遗产代表性项目211项，代表性传承人181人。有文化产业示范基地114个（国家级2个、自治区级36个、市级72个，自治区级文化示范园区4个）。有互联网上网服务营业场所（网吧）334家，歌舞娱乐场所153家，游戏游艺场所17家。举办南宁市2020年"壮族三月三·八桂嘉年华"文化旅游活动，第22届南宁国际民歌艺术节"大地飞歌·2020"、中国—东盟（南宁）戏剧周等活动。举办文化惠民活动3500余场，扶持乡村社区文艺队演出2522场，"送戏下基层"演出300场，"送戏进校园"演出149场。话剧《大山壮歌》获第七届武汉国际戏剧展优秀展演剧目，丝弦戏《平贵别窑》入选文化和旅游部举办的2020年戏曲百戏（昆山）盛典，舞剧《刘三姐》入选第十三届全国舞蹈展演，其香港及内地演出项目获第二届广西对外传播奖。完成周家坡古民居建筑群修缮工程和5处不可移动文物公布认定，新增自治区级非遗代表性项目名录20项，加快壮族歌圩文化（南宁）生态保护区和南宁市非物质文化遗产展示中心建设。出动检查人员19.29万人次，检查经营单位9.08万家次，统筹抓好新冠肺炎疫情防控及保障文化和旅游市场稳定繁荣，全市文化广电和旅游业实现复苏回暖。纳入国家统计局统计的其他营利性、非营利性服务业企业45家，18家文化艺术娱乐企业营业收入6.72亿元，恢复至上年同期80.74%，规上入统27家旅行社营业收入4.42亿元，恢复16.6%，文化艺术娱乐及新闻出版印刷业，广播、电视、电影和音像业及其服务业增速恢复84.7%，完成新增规上营利性服务业企业上规入统数量9家。市文广旅局被评为全国新闻出版广播影视系统先进集体，并通过全国文明单位复核。主要存在受新冠肺炎疫情影响，国内线下文化活动受到较大限制，文化消费明显下降；国外疫情防控形势严峻，对外文化交流未能实现"走出去""请进来"，对外交流影响弱化等问题。

（李小华 樊 璐）

【文化惠民工程】 2020年，南宁市以文化惠民工程"送戏下基层进校园"为载体，推动专业文艺院团组织"红色文艺轻骑兵"，开展送戏下基层演出300场，送戏进校园儿童剧、卡通剧、地方戏曲演出129场，送戏进校园"传统戏曲、精品剧目进高校"演出20场。送戏下基层节目聚焦脱贫攻坚、全面建成小康社会主题，弘扬主旋律，突出正能量，主要演出歌曲《小康时光》《我的祖国》、小邕剧《一张表》、小品《懒汉脱贫》、舞蹈《最好的舞台》《和·鞋》等节目。送戏进校园儿童剧、卡通剧、地方戏曲演出从儿童及青少年视角出发，编创教导儿童戒骄戒惰、知行合一的四幕儿童邕剧《骄傲的画眉鸟》，关爱野生动物的人偶剧《熊出没之朋友》，倡导垃圾分类的音乐儿童剧《垃圾分类我最行》等作品。送戏进校园"传统戏曲、精品剧目进高校"节目选取原创扶贫题材话剧《大山壮歌》、粤剧《江姐》等大型舞台作品，宣传奋斗精神、红色精神，加强精神文明、爱国主义等宣传教育。

（宋良慧）

【承办自治区为民办实事项目】 2020年，南宁市竣工村级公共服务中心示范项目224个。免费开放公共文化基础设施场所。扶持乡村社区业余文艺队203支演出2522场，观众175.20万人次。

（黄红婷）

【重大文化项目建设】 2020年，南宁市8个重大文化项目有万有（南宁）国际旅游度假区、南宁牛湾文化旅游岛、上林县大庙江生态旅游景区项目、上林县鼓鸣寨养生旅游度假基地项目（一期）、南宁水锦·顺庄旅游综合开发项目、南宁市国际文化旅游休闲聚集区项目一期（南区）、南国乡村·农村综合旅游景区项目（一期）、南宁·桃李春风·健康颐养文旅项目，年度投资约31亿元。（黄小芸）

【文化产业建设】 2020年，南宁市入选首批国家文化和旅游消费试点城市，老南宁·三街两巷历史文化街区获命名为2020年度自治区级文化产业示范园区，方特东盟神画、广西南宁臻锦绣产业示范基地获命名为2020年自治区文化产业示范基地。全市有文化产业示范基地(园区)120家，其中国家级基地2家、自治区级基地38家、市级基地72家，自治区级文化产业示范园区5家，市级文化创意和设计服务业集聚区3家。（黄小芸）

【对外及中国港澳台地区文化交流】2020年12月7日至14日，首届中国—东盟文化艺术周展演暨第八届中国—东盟(南宁)戏剧周举办，来自上海、河南、浙江、云南、湖南等11个省份，以及菲律宾、新加坡、泰国等8个东盟国家33个艺术团体，采取“演、展、赛+闭幕演出”模式，通过“线上+线下”方式举办粤剧大赛、艺术展览、非遗传艺坊等活动36场，涵盖越剧、昆剧、花鼓戏、滇剧、莆仙戏、嵏剧、粤剧等戏剧，观众近2万人。自治区、市领导，以及老挝、柬埔寨驻南宁总领事，泰国驻南宁副总领事等外宾出席相关活动。活动首次启用“线上戏剧周”专栏，网络点击量220万次，其中海外点击量37.60万次。中央广播电视总台、新华社、光明网、《广西日报》等中央、自治区主流媒体对戏剧周进行报道。开展境外线上文化旅游宣传推广，加强与港澳文化旅游交流合作，推动桂港澳旅游在航空、线路设计、产品开发等方面合作，组织南宁20余家旅游企业参加文化和旅游部举办的“2020港澳‘美丽中国·心睇验’”线上系列推广活动高铁之旅广西分会场活动，与港澳旅游企业视频互动。（覃娜）

【工艺美术作品与行业管理】2020年，南宁市二轻集体工业联社获批自治区级工艺美术大师精品创作工程创作组38个；组建南宁市工艺美术精品创作组29个，拨付精品创作补助经费27.6万元；指导完成5家大师工作室与精品创作融合重点扶持项目申报；完成2家大师工作室扶持项目验收。吸收3家工艺美术企业成为服务成员单位，给予补助经费3万元。全市取得工艺美术中级专业技术资格2人；被授予“广西工艺美术大师”称号2人；复评通过保留“广西工艺美术大师”称号6人。举办市级工艺美术培训班2期、县(区)级二轻行业人员培训班3期，指导3名广西工艺美术大师举办工艺美术培训班3期，培训200多人。重点培育“南宁红陶”品牌，扶持南宁红陶生产研发项目4个，投入资金20万元；组织开展6个区县、20多家企业红陶调研，提出打造“南宁红陶特色工艺美术产业基地”设想，3名广西工艺美术大师获自治区专项扶持经费6万元，用于南宁红陶传统技艺传承传授。组织126家工艺美术大师(精品创作组)、工艺美术企业、驻邕高等院校等参加全国、自治区工艺美术专业展会，获第55届全国工艺品交易会“2020中国工艺美术‘金凤凰’创新产品设计大奖赛”专业奖项76项，其中金奖7项、银奖10项、铜奖16项、优秀奖43项。金奖分别为中国工艺美术大师谭湘光及团队刺绣作品《壮锦服装四件套——八桂锦缘》，自治区工艺美术大师黄剑坭兴陶作品《一鹭祥和》，邓剑锋、周天一艺术陶瓷作品《金凤一鸣天下和》，李思源、李卉子刻陶装饰画《国泰民安》，吕姗鸿刺绣作品《盛世繁华》，李凤、崔爽、罗小莹、谢雨珍小叶紫檀首饰作品《喜事莲莲》，卢威、韦绍甲、侯秋华漆器作品《繁花似锦》。获2020广西工艺美术作品旅游工艺品暨大师精品展览“大师精品奖”金奖3项、银奖8项、铜奖7项；获工艺美术作品“八桂天工奖”金奖16项、银奖17项、铜奖23项；获旅游工艺品“八桂天工奖”金奖9项、银奖9项、铜奖12项；被展览组委会授予展览组织奖二等奖；入选“2020年广西艺术展览”获奖作品46件，其中获评优秀作品7件；选送3件(套)作品参加第十届广西发明创造成果展览交易会。（张夏芸）

群众文化

【概况】2020年，南宁市文化馆有市群众艺术馆(国家一级文化馆)1个，区县文化馆12个，从业人员267人；乡镇文化站102个，从业人员278人，其中专职人员175人，在编264人，专业技术人才135人；年均培训群众641人次。新建村级公共服务中心224个，累计建成1352个。扶持乡村社区文艺队累计完成演出2522场。举办“我们的中国梦”——文化进万家活动南宁启动仪式暨首场慰问演出等活动。新冠肺炎疫情防控期间，以“文化战疫”“圆梦小康”为主题组织开展群众文化活动，开启“互联网+群众文化”服务模式，推出文艺战“疫”微活动、微课堂、微展厅、艺术慕课等线上公益课程67期，累计回播大型群众活动6期；推出壮族“三月三”云端歌圩、音乐剧赏析等线上微活动33期；开展线上“同心抗疫·共克时艰”广西南宁——湖北十堰群众文化交流“好歌声”展演、“云游非遗”公益展播和美术摄影作品展览活动13期；点击量200多万人次。创作抗疫歌曲《日出云开》，入选全国“战疫”声援抗疫优秀文艺作品。主要存在受新冠肺炎疫情影响，活动参与人数比往年减少，阵地培训及其他群众文化活动也相应减少，数字化建设还比较落后等问题。（樊璐 彭知之）

【第22届南宁国际民歌艺术节】2020年11月下旬至12月上旬在南宁举办。南宁国际民歌艺术节组委会主办，集中展示南宁优秀民族文化，推动中国与东盟文化旅游融合发展，搭建世界优秀文化交流大舞台。其间，举办第22届南宁国际民歌艺术节“大地飞歌·2020”晚会、“绿城歌台”群众文化活动、中国—东盟(马来西亚)电影展映等活动。11月28日，南宁国际民歌艺术节组委会主办，南宁威宁投资集团有限责任公司、南宁大地飞歌文化产业集团有限责任公司承办，南宁大地飞歌文化传播有限责任公司协办的第22届南宁国际民歌艺术节“大地飞歌·2020”晚会通过广播电视、网络和新媒体平台

2020年11月28日，第22届南宁国际民歌艺术节“大地飞歌·2020”晚会通过电视、广播、网络等平台播出 陈峰 摄

播出。晚会主打"云上民歌节,网红打卡地"概念,创新运用"云"传播的艺术表现形式,现场设置弹幕屏,增加观众线上互动。晚会主会场与在南宁标志性地点设置的分会场进行"云"合唱、"云"共舞,来自东盟各国的表演者与晚会实现"云"互动,"云"传播让世界知道绿城美;晚会分为"幸福小康年""红色新乐章""海上听潮音"3大篇章,将人民幸福生活、多元民族文化、南宁故事、抗疫精神、中国与东盟国家友好情谊等元素以原创、改编等形式表达,涵盖民歌、流行音乐、网络直播、舞蹈、器乐、走秀等多样化的作品种类,演绎中国与东盟国家、"一带一路"沿线国家的友好情谊。中国网、国际在线、央视频、腾讯新闻、新浪微博、人民网广西频道、广西新闻网、南宁新闻网等中央、自治区、南宁市主流网络媒体和所属客户端、头条号、抖音号等新媒体平台,以及北京、广东、广州、武汉等地22家主流媒体下属新媒体平台同步播出,网络总播放量超过1200万次。其中,中央广播电视总台ChinaNews多语种客户端对晚会进行中英文同步推广;人民网、新华网、中新网、国际在线、新浪网、腾讯新闻等主流网络媒体对晚会进行报道,发布、转载《为美好歌唱"大地飞歌·2020"晚会精彩纷呈》《"大地飞歌·2020"晚会精彩亮相》《歌唱时代感恩曲歌颂奋斗正能量——第22届南宁国际民歌艺术节"大地飞歌·2020"晚会在广播电视、网络和新媒体播出》等重点稿件120多篇;南宁新闻网开设抖音话题"云上民歌节",话题播放量2200多万次,民歌节相关微博话题累计阅读量400多万次。2020年"绿城歌台"在青秀区伶俐镇·卡拉奇遇童话小镇线下录制,并通过青秀区融媒体等平台线上展播。12月9日,自治区电影局、市委宣传部、市外事办作为指导单位,南宁国际民歌艺术节组委会主办,南宁威宁投资集团有限责任公司、南宁大地飞歌文化产业集团有限责任公司、南宁民族影业文化娱乐有限责任公司承办的"2020年中国—东盟(马来西亚)电影展映"活动在南宁民族影城开幕;展映活动以"光影作伴,互鉴共赏"为主题,入选广西壮族自治区首届"中国—东盟文化艺术周"项目,列入第17届中国—东盟博览会、中国—东盟商务与投资峰会系列文化活动,精选中国、马来西亚5部电影,安排放映参展电影20场次,场均上座率80%以上。 (宋良慧)

【大型民歌专场演出活动】 2020年11月至12月,"相约民歌湖畔·共春天下民歌"2020大型民歌专场以"讴歌抗疫精神""决胜脱贫攻坚""壮剧专场""瑶族专场"为主题,依托南宁民歌湖大舞台举办演出4场,歌颂抗疫精神,讲好中国故事、展示壮美家乡、传播民族经典,提升品牌效应。

【民歌湖大舞台周周演群众文化活动】 2020年,南宁市群众艺术馆以"决胜小康奋斗有我""圆梦小康"为主题,开展南宁市夕阳秀系列文化活动、青春艺术节特别策划、社区文化艺术节、农民文艺会演、第十一届乡村社区和谐文艺大展演暨第八届全区基层群众文艺会演、区县专场等文化活动演出56场。通过南宁广播电视、广西云、南国早报客户端、市群众艺术馆微信公众号、门户网站、抖音号全方位宣传报道,巩固民歌湖大舞台周周演品牌效应。

【"老南宁·三街两巷"周周演音乐角】 2020年7月,南宁市群众艺术馆依托"老南宁·三街两巷"历史文化街区,策划"老南宁·三街两巷"文化广场音乐角项目,是继南宁民歌湖大舞台品牌之后又一个群众文化惠民活动项目。至年末,累计演出42场。初步形成以文化品牌引领、历史街区做支撑、文化活动强推手、文化惠民夯基础的首府夜间经济文化发展格局,成为广西文化和旅游深度融合的活动标杆及夜间经济的示范街区。

【"文化志愿春风行"培训】 2020年,南宁市群众艺术馆持续推进"南宁市文化志愿春风行"培训服务活动,在横县横州镇、那阳镇、莲塘镇、石塘镇、校椅镇、六景镇等地建立文化培训服务点15个,培训群众1500人次,组建舞蹈队9支、合唱团3个、曲艺队1个、粤剧表演队1支、民乐队1支。12月9日,2020年为民办实事工程文化惠民项目推进会暨乡村和美活动文化志愿服务观摩会、南宁市"文化幸福列车"志愿服务启动仪式暨2020年南宁市"文化志愿春风行"培训成果汇报演出在横县举行。受新冠肺炎疫情影响,线下阵地公益培训6月起恢复。组织开展免费开放艺术培训班2期,涵盖声乐、器乐、舞蹈、时装、化妆、美术、书法等,开设班级95个,培训群众2400人次。在中山路小学、新屋村2个培训示范基地开展公益性艺术培训,开设东方舞、舞台剧等培训班8期,培训群众300人次。推出"邕城百姓讲堂"5期、群文讲坛1期,培训群众近3000人次。组织举办系列主题书画展览16期。持续打造"与明星同唱"南宁百姓歌圩千人合唱艺术普及活动,举办"与明星同唱"南宁百姓歌圩活动10场,培训群众1.30万人次。 (彭知之)

专业文艺

【概　况】 2020年,南宁市有市属专业艺术团体2家(南宁市民族文化艺术研究院、南宁市艺术剧院有限责任公司)。市民族文化艺术研究院(南宁市戏剧院、南宁市非物质文化遗产保护中心)有职工84人;市艺术剧院有限责任公司有职工174人。开展演出活动671场次,创排话剧《大山壮歌》、邕剧《龙象塔奇缘》、粤剧《绣襦记》等精品剧目;举办第22届南宁国际民歌艺术节"大地飞歌·2020"晚会等大型文化文艺精品演出活动;参加2020年戏曲百戏(昆山)盛典,以及国家级、自治区级艺术赛事,获奖项25个。创作疫情防控主题歌曲、曲艺、快板、书法、美术等8个艺术门类文艺作品131件。主要存在专业人才匮乏,受新冠肺炎疫情影响,市场萎缩等问题。

【艺术创作】 2020年,南宁市抓实重点精品艺术创作项目,打造原创扶贫题材话剧《大山壮歌》等精品剧目;抢救性复排大型邕剧《龙象塔奇缘》、大型古装粤剧《绣襦记》等传统经典剧目,改编移植折子戏《追夫》《三击掌》《挂画》《夜奔》《武松打虎》《穆桂英大战洪州》,创作排演四幕邕剧《骄傲的画眉鸟》等,推动传统剧目的保护与传承;创作歌曲《幸福在祖国大地上》《家书》《驻村日记》,舞蹈《和谐大家园》《希望的田野》,曲艺《船夫·老师》等小型作品助力脱贫攻坚;创作歌曲《相信中国》《日出云开》《一片红霞》《我,快递小哥》,舞蹈《呼吸》,粤曲《万众一心保家园》,诗朗诵《同舟共济,打赢阻击战》等小型作品,以"艺"战疫;完成新春音乐会、第22届南宁国际民歌艺术节"大地飞歌·2020"晚会等大型精品文化文艺演出活动;强化文旅融合品牌拓展文艺服务功能,南宁孔庙博物馆、市艺术剧院有限责任公司等联合打造"文旅+演艺"跨界融合演艺项目——《大成礼乐》。

【艺术成果】 2020年,南宁市组织市属文艺院团参加国家、自治区级艺术赛事,获奖项25个。舞剧《刘三姐》入选第十三届全国舞蹈展演;丝弦戏《平贵别窑》入选2020年戏曲百戏(昆山)盛典;话剧《大山壮歌》获评第七届武汉国际戏剧演出季"优秀剧目奖"、入选首届中国—东盟文化艺术周参演剧目;歌曲《相信中国》《日出云开》、粤曲《万众一心保家园》、诗朗诵《同舟共济,打赢阻击战》等入选自治区党委宣传部"防控抗击新型冠状病毒肺炎疫情"主题艺术作品征集活动推荐作品；歌曲《相信中国》《我，快递小哥》《你的背影如此美丽》等入选"广西统一战线同心战'疫'网络文艺作品展"；青年演员王雨竹、覃雨获首届中南六省（区）"十佳青年优秀舞者"称号；南宁市组织青年演员参加第五届广西青年舞蹈演员比赛，获一等奖1人、二等奖1人、三等奖2人、优秀奖4人；课题《东南亚戏剧概观》《广西粤剧百年图史》获广西第十六届社会科学优秀成果奖，课题《合作共赢下中国—东盟（南宁）戏剧周品牌效能研究》获2020年度自治区文化和旅游厅立项。组织编写《南宁市非遗大典》（中英版）、《邕城戏评》等著作并由北京学苑出版社出版；开展《中国—东盟戏剧剧本互译》（第一期）编写，完成中国和泰国、越南、缅甸之间的剧本互译及相关舞台剧本实践。以广西少数民族山区精准脱贫为背景创作排演原创扶贫题材话剧《大山壮歌》，入选广西当代文学艺术创作工程三年规划扶持项目、南宁市宣传文化事业发展专项资金重点扶持项目，9月10日在广西文化艺术中心大剧院首演；11月24日至25日，应中国话剧协会邀请，参加"戏剧温暖人生·第七届武汉国际戏剧演出季"，获武汉市文化和旅游局、中国话剧协会等颁发"优秀展演剧目"；入选首届中国—东盟文化艺术周精品剧目展演，12月10日在邕州剧场上演，12月7日赴贵港市，12月14日赴柳州市等地巡演。

【演出活动】 2020年，市艺术剧院有限责任公司、市民族文化艺术研究院组织开展或参加演出671场。举办"全面建成小康社会全面落实强首府战略"2020南宁市新春音乐会、2020南宁市新春团拜会文艺演出、2020年南宁市新年戏曲晚会、2020年"我们的中国梦"——文化进万家活动南宁启动仪式暨首场慰问演出等活动。3月27日至29日，打造《壮乡歌海春潮涌——南宁市2020年"壮族三月三·八桂嘉年华"文艺节目集锦》，在市广播电视各频道播出5次。3月26日至4月26日，开展"故事里的'壮族三月三'"活动，在市艺术剧院有限责任公司微信公众号、南宁发布、南宁旅游等平台发布，展播以壮族民间传说故事为题材创作舞剧《妈勒访天边》《刘三姐》《百鸟衣》，其中舞剧《刘三姐》片段被学习强国平台转载。新冠肺炎疫情防控期间，开展"云观剧"系列活动，传播壮民族文化，扩大南宁市文化艺术精品影响力。12月，举办南宁国际民歌艺术节系列文化活动，涵盖第22届南宁国际民歌艺术节"大地飞歌·2020"晚会、中国—东盟（南宁）戏剧周等20余场演出活动。组织开展为民办实事工程"送戏下基层"演出300场次，"儿童剧目进校园"演出活动129场次，"传统戏曲、精品剧目进高校"演出活动20场次。开展"邕州剧场地方戏曲月月演"活动12场次、新会书院"邕州神韵"地方戏曲周周演驻场演出37场次。参加首届中国—东盟文化艺术周闭幕演出、南宁市抗击新冠肺炎疫情主题戏剧曲艺晚会、2020年南宁市中秋戏剧曲艺晚会、"彩霞绚烂·茉莉芬芳"梁小霞同志先进事迹情景报告会、"至上的使命无悔的青春"及"热血后浪青春报国"南宁市国防教育主题文艺晚会等演出。

【艺术人才培养】 2020年，南宁市选送方宁、梁素梅、何梦苓、吴振家等35人次参加全国戏曲作曲人才培训班、全国文艺院团党史专题培训班、全国旅游演艺项目策划设计人才培训班、第16期全国文艺院团长培训班、广西文化名家暨"四个一批"人才高级研修班等国家、自治区级研究班，开拓艺术人才视野。开展戏曲人才定向委培，南宁市邕剧、粤剧表演人才委培项目13人，考取中国戏曲学院、山西戏剧职业学院。12月13日，中国戏曲学院教学实践基地落户南宁。市民族文化艺术研究院院长、国家一级演员方宁获评2020年度文化和旅游部优秀专家。

（宋良慧）

非物质文化遗产保护

【概　况】 2020年，南宁市坚持"保护为主、抢救第一、合理利用、传承发展"的指导方针，以"保护"为龙头，以"传承"为根本，以"发展"为目标，把非物质文化遗产保护推向新的高度。新增自治区级非物质文化遗产代表性项目20个。有国家级非物质文化遗产代表性项目7个（壮族百鸟衣故事、壮族三声部民歌、邕剧、粤剧、壮族歌圩、宾阳炮龙节、壮族三月三），自治区级159个，市级211个；国家级代表性传承人5人，自治区级77人，市级181人。市级非物质文化遗产代表性项目基本同步建立传承基地或传承示范户，给予传承基地、传承人经费扶持，鼓励传承人开展传习活动，培养后继人才。推进南宁市非物质文化遗产展示中心、壮族歌圩文化（南宁）生态保护区建设。举办"壮族三月三""文化和自然遗产日"等特色节庆活动及对外交流活动。

【非物质文化遗产代表性项目名录申报】 2020年3月，南宁市组织开展第八批自治区级非物质文化遗产代表性项目名录申报。按照评审程序组织专家论证会，报市政府审核通过，选出横县壮族民间故事"灵竹一枝花"等31个项目进行申报。12月27日，自治区政府公布评审结果，横县壮族民间故事"灵竹一枝花"等20个项目进入第八批自治区级非物质文化遗产代表性项目名录，入选数量排自治区第一。

【传承保护基地建设】 2020年，南宁市推进非物质文化遗产（粤剧、邕剧）传承基地建设，重点推进软件建设，包括文化元素呈现、新媒体技术运用建设、实物布展等。推进南宁市非物质文化遗产展示中心建设，将周家坡古民居群及其周边建成南宁市历史文化街区，以非遗展示为核心，引入高端文化业态的文旅项目。与广西海吉星农产品国际物流有限公司沟通，共同谋划周家坡古民居建筑群保护修缮及其周边地块连片开发建设方案。推进壮族歌圩文化（南宁）生态保护区建设，组织规划编制单位完成《壮族歌圩文化（南宁）生态保护区总体规划》文本，进入政府审批流程。加强示范性传承基地建设，扶持传承基地8个，每个基地拨付扶持经费2万元，指导基地按照自治区"五个有"（有活动场地、有实物陈列、有传承人、有传承队伍、有传承发展规划）进行建设。挂牌成立南宁米粉制作技艺传承基地、滴水观音艾灸疗法传承基地、南宁制陶技艺传承基地等一批非物质文化遗产示范性传承基地，指导壮族五色糯米饭、宾阳织锦、壮族会鼓等一批非遗传承基地参与乡村振兴、扶贫、文化旅游、研学等活动，加强示范性带动，探索非遗保护和传承发展的新途径。

【"文化和自然遗产日"活动】 2020年6月9日，南宁市2020年"文化和自然遗产日"非物质文化遗产宣传展示活动线上线下同时举办。开展非遗法规普及宣传、非遗成果展示传播、非遗融入生活、非遗传承人行动等线上活动，在南宁广播电视台、老友网、南宁头条APP、南宁手机台，以及南宁微信公众号、抖音、快手等平台播出；线下活动以"非遗传承健康生活"为主题，邀请资深老中医进机关，针对长时间坐班、电脑办公等人员传授健康知识，现场教学保健运动为主。

【"壮族三月三"活动】 2020年3月25日至4月26日，南宁市2020年"壮族三月三·八桂嘉年华"文化旅游消费品牌活动在线上举办。活动包含精彩回顾"壮族三月三"、非遗传承"壮族三月三"、民族服饰"壮族三月三"、民歌湖畔"壮族三月三"、故事里的"壮族三月三"、公共服务“壮族三月三”、丽人行汉服雅集“壮族三月三”、云遇“壮族三月三”遥思骆越情、“壮族三月三·相约游南宁”9大板块;推送电视宣传片3600条次、新闻217条次、电视文艺晚会1台、专题片29条次、微信微博推文300条次、短视频100个、VR(虚拟现实)云游1场、网络直播50次,短视频播放量超1300万次。

(梁　敏)

公共图书服务 图书经营

【概　况】 2020年,南宁市有公共图书馆14家,其中市级2家(南宁市图书馆、南宁市少年儿童图书馆)、区县图书馆12家。馆外流通服务点228个,包括联合分馆35个、图书流通站129个、图书小站15个、村级公共服务中心图书室12个、社区24小时自助图书馆服务站11个、经典书房1个、阅读换书中心1个,基本实现公共文化基础设施全覆盖。全市公共图书馆图书藏量325万册(新增藏量11.6万册),总流通194.7万人次,书刊文献外借113万册次。县级以上图书馆有从业人员196人,其中具有高级专业技术职务任职资格14人、中级80人,接受培训413人次。实施“北部湾经济区公共图书馆服务联盟”项目,实现南宁市、北海市、钦州市、防城港市、玉林市、崇左市6市21家公共图书馆的互联互通“一卡通用”。市图书馆购书专项经费263.82万元,其中普通图书150万元、报刊37.99万元、地方文献16万元、电子资源59.83万元。新增纸质图书3.50万册、纸质期刊1373册、报纸343份、电子图书13万册,累计总藏量117万册。新办借书证7797张,累计有效借书证10.26万张;接待借阅读者40.81万人次,文献借阅册次27.35万册,外借4.32万人次,总流通60.51万人次。开展活动425场,其中线上活动302场,线下活动123场,参与人数157万人次。市图书馆获“书香战疫”全国百家图书馆馆员慰问武汉同仁书信大赛“活动纪念奖”、2020年广西公共图书馆业务技能大赛信息检索项目优秀奖、2020年广西公共图书馆业务技能大赛信息技术项目优秀奖、2020年广西公共图书馆业务技能大赛图书编目项目三等奖、2020年全国科普日活动优秀组织单位等。市少年儿童图书馆学雷锋志愿服务队获评2020年广西最佳志愿服务组织,被自治区文明办推选参评全国学雷锋志愿服务“四个100”先进典型宣传推选活动,获2020年广西公共图书馆参考咨询联盟优秀服务三等奖。青秀区图书馆入选文化和旅游公共服务机构功能融合国家级试点单位。主要存在馆藏供应跟不上,影响服务效益的发挥;基层公共文化场馆馆藏资源更新频率较低,服务供给单一,辐射半径小等问题。

(黄红婷　梁艺华　周　明)

【公共图书阅读服务】 2020年,南宁市建立以市馆为总馆(中心馆),社区24小时自助图书馆、机关单位、中小学校、企业、军警营、社区图书室和社会公益书院为分馆的公共文化服务体系基本架构,形成“人员互通、优势互补、设施成网、资源共享、服务联动”的服务体系。市级馆建设流通点6个,分馆23个,高铁驿站1个,投放图书2.68万册。实施“北部湾经济区公共图书馆服务联盟”项目,实现南宁市、北海市等6市21家公共图书馆的借书证“一卡通用”,联合自治区内联盟图书馆开展系列阅读推广活动,举办活动6场,参与1万多人次。做好“广西高铁读书驿站”(南宁站)建设、运营管理,配置自助借阅机1台、电子图书阅读机1台,少儿阅读体验机1台,地方特色书籍840余册。持续打造“绿城讲坛”“童阅森林”“爱薇园”等阅读品牌,推进“你选书我买单”活动,满足读者个性化需求;打造“书香传城”网借图书活动,满足读者足不出户畅享阅读。市级图书馆全年办出借书证9860张,接待读者81.13万人次,图书外借49.75万册,外借10.62万人次。开展线上线下阅读推广活动757场,参与160万人次。

(黄红婷)

【农家书屋出版物配送】 2020年,南宁市补充更新1052个农家书屋出版物,总配送11.89万册,价值412.69万元。为每家农家书屋补充更新图书113种,涉及政治类、经济类、农业类、科技类、文化类、医卫生活类、少儿类等领域,有《习近平谈治国理政》(第三卷)、《黄文秀》《红色家书》等热门图书。深入区县(开发区)调研,加强农家书屋规范化建设。建成异地扶贫搬迁安置点农家书屋2批13个。依托农家书屋平台,组织开展2020年“我的书屋·我的梦”主题征文、书法、绘画(手抄报)等系列活动,评选出优秀小学组征文19篇、中学组征文12篇、幼儿组绘画作品3篇、小学组绘画作品10篇、小学组书法作品10篇、优秀指导老师5人、优秀农家书屋管理员2人,推荐参加自治区评选。

(市委宣传部)

【图书经营】 南宁市从事图书经营的企业主要是南宁市新华书店有限责任公司;部分个体工商户聚集南宁文化综合市场等专业市场从事图书经营。2020年,南宁市新华书店有限责任公司主营业务有图书、报刊、教材、电子出版物及音像制品零售等,有员工202人,经营总面积2万多平方米,下辖南宁书城新华店、南宁书城金湖店、南宁书城邕宁分店3个经营网点,实现主业销售总额约1亿元,国有资产保值增值率109.30%。南宁书城新华店是全国首家由企业自筹资金兴建的大型书城,在全国新华书店系统中率先使用BIMS图书营销管理系统进行图书进、销、存、调、退管理;经营面积约6000平方米,经营出版物8.9万多种;销售图书7.56万种、138.07万册,其中社科类图书0.86万种、9.44万册,文学类图书0.71万种、14.16万册,科技类图书0.58万种、2.25万册,少儿类图书1.30万种、25.78万册,文教类图书1.66万种、46.35万册,其他类图书2.45万种、40.09万册。南宁书城金湖店是南宁市新华书店有限责任公司自筹资金投资建设的第二座大型书城,经营

2020年8月,南宁书城设置《习近平谈治国理政》第三卷中英文版图书专台　市新华书店提供

面积1.1万平方米，经营出版物8.8万多种；销售图书7.76万种、111.74万册，其中社科类图书0.91万种、12.37万册，文学类图书0.75万种、10.64万册，科技类图书0.53万种、2.58万册，少儿类图书1.55万种、23.16万册，文教类图书1.59万种、32.50万册，其他类图书2.44万种、30.48万册。为应对新冠肺炎疫情对实体书店冲击，开通南宁书城微商城，做好线上线下营销。南宁书城新华店、南宁书城金湖店邀请人民文学、人民邮电、中信、化学工业、童趣、磨铁、华语教学、果麦、海豚传媒、接力、长江少儿、四川少儿、荣信教育、中国书籍、中国科技、中国地图等20多家出版单位参加主题展销活动。设置“旗帜领航　初心如磐”“厉害了我的国”“社会生活的百科全书——《民法典》”“榜样的力量——抗疫英雄图书”“中华先锋·榜样力量”“追寻红色足迹　重温红色记忆”“‘六稳’‘六保’促经济——经济图书”“举国同庆、情满中秋”“领阅世界、健康出行”“大国兵器　扬我国威——军事主题专台”“绘声绘色绘童年”“双节同庆·分享阅读”“国学经典·分享悦读”等20多个展区、展台，重点陈列精品图书2万种。举办“书香家庭·亲子共读”摄影比赛、“书香校园·分享阅读”手抄报比赛、“最美校服我来秀”“我爱我的祖国”“榜样的力量”“欢乐中秋节——手工月饼DIY”“中国人的脊梁——中华先锋故事会”“小小图书导购员”免费体验等读书沙龙活动20余场，参加读者3000多人次。邀请中国作家协会会员、著名儿童文学作家李秋沅进入新兴民族小学、银杉小学、秀灵小学、五象小学等校园，举办“感受医者风骨　汲取成长力量”主题公益讲座8场次；邀请广西作协副主席、著名儿童文学作家王勇英携新书在南宁书城金湖店举办《黄文秀——青春之花》读者见面会暨公益讲座，参加师生2万多人次。倡导推广全民阅读，举办“书香好礼迎新年”“阅读圆梦·决胜小康”全民阅读月、“快乐暑期·分享阅读”“开学季·悦读吧”“祝福祖国·畅享悦读”，以及“桂娃故事之花山岩画传说系列”儿童绘本《黑龙洞》《灯笼山》阅读分享签售会等读书活动；在“书香校园　分享阅读”活动中，向贫困村小学和贫困户大学生捐赠价值5000元图书及3000元助学金。全年销售《新华字典(第12版)》6238册、《现代汉语词典(第7版)》3980册；销售《习近平谈治国理政第三卷》《中国制度面对面》，以及十三届全国人大、政协三次会议等重要文件、文献200多种、35.19万册。销量图书9.69万种、249.81万册，其中销售量100册～300册的图书3084种、48.85万册，300册～500册的图书485种、18.25万册，500册～1000册的图书418种、28.96万册，1000册以上的图书169种、52.47万册。（李滨成）

文物　博物馆

【概　况】2020年，南宁市有综合性博物馆、专题性博物馆(纪念馆、陈列馆)20家。其中：国有博物馆17家，分别是南宁市博物馆，南宁孔庙博物馆，南宁顶蛳山遗址博物馆，南宁邓颖超纪念馆，南宁建制博物馆，南宁市共青团纪念馆，南宁市昆仑关战役旧址博物馆，南宁市近现代国防历史陈列馆，韦拔群、李明瑞烈士纪念馆，毛主席接见广西各族人民纪念馆，南宁警察博物馆，邕宁区历史文化展示馆，横县博物馆，宾阳县传统工艺陈列馆，隆安县那文化展示馆，宾阳县中国好人韦曰坚纪念馆，横县会议纪念馆(含中共广西省工委横县会议旧址)；非国有博物馆3家，分别是广西建林博物馆、南宁市霁霖阁金丝楠乌木博物馆、瓯骆汉风陶瓷博物馆。接待观众85.56万人次。全市有不可移动文物592处，其中全国重点文物保护单位6处，自治区级文物保护单位42处，市、县级文物保护单位241处、未定级不可移动文物303处。被自治区文化和旅游厅列入广西第一批不可移动革命文物名录不可移动文物35处。（张　伟　房诗琪）

【文物调查】2020年，南宁市登记有不可移动文物592处，其中全国重点文物保护单位6处，自治区级文物保护单位42处，市、县级文物保护单位241处、未定级不可移动文物303处。组织专业人员开展文物调查，收到线索9条，可用线索8条，黄奇观进士屋、民国侧砖巷、石鑑学祠、石鑑祠、大石坡石氏祖屋5处被认定为南宁市不可移动文物。组织开展江南区的浩鑫仓储片区、西园饭店片区、南宁糖业亭洪片区、五一中路片区，西乡塘区的雅际片区、中尧路片区、燕州路—东州路(燕子岭北)片区、昆仑大道合坡路邕宾路金仑路围合片区、五菱桂花生产区片区、广发重工机械厂片区、安吉路南宁水利电力工程处原水泵厂及周边零星地块片区等20个旧城改建项目文物调查。组织开展220千伏罗文变电站配套110千伏送出工程线路路径走向，市城市轨道交通第三轮建设规划(2021—2026)环境影响报告书，南宁新江经吴圩至崇左公路(南宁段)项目，南宁南过境线(六景至大塘段、吴圩机场至隆安延长线段)公路工程，500千伏新江输变电工程站址方案及配套线路路径等8个重大工程文物调查，出具文物调查意见28份。

【文物维修与保护】2020年，市文广旅局组织完成周家坡古民居建筑群修缮工程，投入市财政资金635万元。配合“三街两巷”核心片区改造(二期)项目策划，参加“三街两巷”核心区(二期)项目技术组方案专业评审会议14次，提出“三街两巷”核心片区改造(二期)文化内涵挖掘及文物保护的意见；配合市住建局开展中山路片区更新改造及蒲庙老街片区更新改造工作，参与中山路片区前期概念方案的讨论。组织专业人员实地查看南宁古城墙及周边存在的安全隐患问题，并给出处理意见。组织广西文物保护研究设计中心对津头村中共广西省第二次代表大会旧址、中共广西省委机关秘书处旧址(雷经天故居)、雷沛鸿故居3处文物保护单位进行保护利用工作勘察，提出保护利用工作建议书，并向自治区文化和旅游厅申报文物保护单位保护利用项目扶持经费。组织开展南宁市革命文物保护工程前期勘察测绘，提出修缮原则、措施及经费概算。（房诗琪）

【文物捐赠与征集】2020年，南宁市博物馆通过捐赠、征集方式征集到藏品167件(套)，其中木质篆刻工艺品4件(套)、清代麻江型铜鼓4件(套)、玉石器24件(套)、“家和万事兴——家教家风书画展”参展书画家捐赠书画作品80件(套)，以及市民捐赠电视机等老物件55件(套)。南宁孔庙博物馆从广西文物商店征集瓷器文物57件(套)。南宁市顶蛳山遗址博物馆征集到新石器时代藏品90件(套)。（胡章华　梅晓光　梁　芬）

【物质文化遗产宣传】2020年，南宁市博物馆通过微信、网站、微博、报刊媒体、单位共建等方式开展线上线下文化遗产教育活动140余次，其中在重要节假日开展系列主题宣传活动70余场，临时展览50余次，线上活动20余场。开展进校园、进社区教育活动，分别开展“我们的中国梦——文化进万家”春节活动、“端午知多少”系列活动、南宁历史文化进校园活动3次。与广西职业技术学院、南宁职业技术学院共建思想政治理论课实践基地；与广西大明山国家级自然保护区管理局共建南宁市山歌文化传承基地，共同举办“壮乡山歌会”14期，观看演出2000人，直播累计点击量2万人次。通过自媒体发布、宣传展览及活动，其中微信平台发布活动信息200余期，中新社、广西电视台、南宁电视台、《南宁日报》、《南宁晚报》等25家媒体平台发布或转载宣传报道近

南宁年鉴

100 余次。“5·18 国际博物馆日”“6·13 文化和自然遗产日”期间,南宁市博物馆、南宁孔庙博物馆、南宁市顶蛳山遗址博物馆开展系列主题宣传活动 25 场,其中南宁市博物馆与广西广播电视台教育广播私家车 930、广西视听推出“云游博物馆”融媒体直播节目——“邕州知否”系列广播节目、“传承——让文物活起来”、“云游博物馆”直播活动等,传播与南宁相关的历史人物、馆藏文物等知识,通过广西视听移动客户端、广西网络广播电视台网站、广西 IPTV(交互式网络电视)、新浪新闻客户端、“930 老友记”融媒体直播平台同步直播,累计点击量 100 万人次。

(谢燕玲　吴晓杰)

【南宁市博物馆】 2020 年,南宁市博物馆开馆 260 天,参观人数约 18 万人次。举办主题展览 16 个,开展线上线下社会教育活动 140 余次。其中,周末及传统假日线下活动 70 余次,临展活动 50 余次,参与观众约 4 万人;线上活动 20 余场,点击率近 300 万次。邓颖超纪念馆开放 256 天,参观人数约 17 万人次。开展线上线下社会教育活动 28 次。新冠肺炎疫情防控期间,南宁市博物馆和邓颖超纪念馆严格做好疫情防控,实现限量、预约、错峰入馆,保障场馆平稳安全有序开放。南宁市博物馆被自治区教育厅、市委党史研究室分别授予“广西中小学生研学实践教育基地”“南宁市中共党史教育基地”称号,“小小讲解员”研学课程被评为广西优秀文博研学课程。 (谢燕玲)

【南宁孔庙】 2020 年,南宁孔庙管理所、南宁孔庙博物馆接待游客 7.60 万人次,其中未成年人 1.50 万人次。为团体参观、考察调研团体、党员主题活动日活动等提供讲解服务(含活动)44 场,服务约 1600 人次。作为“5·18 国际博物馆日”南宁主会场,策划举办百鼓演奏和古筝表演,推出南宁孔庙瓷器展、中华嘉礼——婚冠礼展、南宁历史碑刻展。举办“三月三”丽人行汉服云上雅集、端午节民俗体验、中秋拜月、汉服嘉年华、古筝公益培训班等活动。9 月 28 日,举办纪念孔子诞辰 2571 周年祭孔仪式。南宁孔庙博物馆被评为广西中小学生研学实践教育基地、国家 AAA 级旅游景区。南宁建制博物馆对外开放、日常管理由南宁孔庙管理所负责,接待观众 3.53 万人次,其中未成年人 4825 人次,为 39 个团体提供讲解服务。

(黄祥值)

【顶蛳山遗址博物馆】 2020 年,南宁市顶蛳山遗址博物馆举办“5·18 国际博物馆日”、“6·13 文化遗产日”、中秋国庆等系列宣传教育活动 20 余场。接待参观游客 4.60 万人次,团体 74 个,其中社会团体 53 个、学校中小学生 21 个。通过博物馆微信、抖音、快手等平台开展宣传报道 200 多次。设计推出模拟考古体验、陶艺制作、博物拼图、文物剪纸、采集印染、彩绘风筝、仿真动物狩猎、采集花艺、解谜寻宝、手作灯笼、稻作体验、博物馆职业体验营等研学实践教育活动。征集新石器时代藏品 90 件(套)。自主设计帆布袋、新石器时代螺壳摆件、陆宝釉粗陶小茶盏、文物主题书签、胶装笔记本、鱼头型开箱神器、“探秘顶蛳山”纪念邮折、“起源·顶蛳山”系列坭兴陶茶具 8 款文创产品。

(梁　芬)

【昆仑关战役博物馆】 2020 年,昆仑关战役博物馆建筑面积 4890.45 平方米,陈列展示抗战时期的文物史料及图片 1000 多件。接待团队及社会团体 359 个,公益讲解 708 场,游客约 15 万人次。招募志愿者 67 人。策划引进“纪念中国人民抗日战争暨世界反法西斯战争胜利图片展——我们赢了”“我们胜利了——纪念中国人民抗日战争暨世界反法西斯战争胜利 75 周年图片展”“赤子功勋　民族忠魂——抗战时期南洋华侨机工回国服务团图片展”3 个专题展览;首次利用微信公众号等网上平台举办昆仑关大捷 80 周年活动展览;外借文物 2 件参与广西革命文物展巡展;加强与广东东江纵队纪念馆、南洋华侨机工眷属南宁联谊会等单位交流,为后续研究及展览做准备。全面梳理馆藏文物藏品 1902 件(套),其中 2008 年—2014 年文物藏品 1655 件(套),2015 年—2019 年文物藏品 247 件(套);征集文物藏品及资料 71 件(套)。复制画报 13 件。完成可移动文物预防性保护项目资金申报,申请到国家文物保护专项资金 200 万元。和市内各学校、公共文化场所等合作举办“中国人民抗日战争大事记展”“烽火时代　热血青年——广西学生军的战火青春”巡展宣讲活动 10 场。继续开展小小志愿者讲解员选拔活动,在兴宁区五塘镇中心学校举办背诵昆仑关诗词主题比赛,选拔小小志愿者讲解员 6 人。策划端午节、劳动节、抗战胜利纪念日、国庆节、昆仑关大捷等节庆、纪念日活动 6 场次,参加活动近 1000 人。与桂林理工大学达成课题合作协议共同开展昆仑关战役战场遗址遗迹研究,对昆仑馆旅游风景区附近 5 个片区、19 个昆仑关战役战场遗址遗迹进行定点测量。开发研学课程《寻找抗战时期的南宁记忆》《永远的勋章——抗战英雄人物事迹》,完成研学公益课堂授课 10 场。研学课程《广西学生军的战火青春》在“广西十佳文博研学案例评选推介活动”中被评为广西优秀文博研学课程;文化创意产品“昆仑关研学主题套装”、隔热雷杯垫、钥匙扣等入选 2020 年“5·18 国际博物馆日”自治区博物馆红色文化暨特色文化产品展。

(农华霞)

档　案

【概　况】 2020 年,南宁市有综合档案馆(含区县)13 个,专业档案馆 1 个(南宁市城市建设档案馆),部门档案馆 1 个(南宁市国土资源档案馆)。江南区、西乡塘区、邕宁区、良庆区、武鸣区、横县、宾阳县、上林县、马山县、隆安县新馆建成并投入使用,兴宁区、青秀区新馆进入项目用地选址阶段。房地产档案馆因机构改革归入南宁市不动产登记中心,不再单设为部门档案馆。开展档案系列职称评定,获档案系列中级、初级专业技术职务任职资格 51 人。(市档案局　市国家档案馆)

【档案接收征集】 2020 年,南宁市档案部门接收到期档案 4.81 万卷、71.58 万件,征集档案 2 卷、5078 件。南宁市国家档案馆(简称“市国家档案馆”)制定进馆档案接收标准、规范流程及接收工作方案,依法接收到期纸质档案 2398 卷又 10.96 万件(折合 1.34 万卷),涉及立档单位 22 个。馆藏全宗 216 个、8.61 万卷又 20.30 万件(折合 10.64 万卷)纸质档案,馆藏资料 7991 册。征集新冠肺炎疫情防控、知青档案、脱贫攻坚档案、邕江老照片、老物件等专题档案资料 4000 多件。

(市国家档案馆)

【档案安全管理】 2020 年,南宁市推进档案安全保管基地建设,盘点馆藏档案数据;加强人防、物防、技防“三位一体”综合防范体系,13 个市、区县级国家档案馆建设、完善消防系统、监控系统、温湿度监控系统;按照库房“八防”(防盗、防光、防高温、防火、防潮、防尘、防鼠、防虫)标准,节假日实行 24 小时值班制度和封库管理,登记出入库人员;开展档案安全风险评估和排查整治、保密安全检查、硬件设备和操作系统等,加强档案防护,全年无档案安全事故发生。执行信息保密审查机制和信息公开机制,加强物理隔离和档案外包服务监管。市国家档案馆对电子政务网络安全与系统开展安全检查整改;签订中心机房设备维保服务合同和保密协议,定期检查维修;完善中心机房管理、系统管理、档案数字化工作管理等制度,定期开展机房巡检、信息化设备、网络及管理系统安全检查；完成民国档案修裱101卷、8962页。开展档案数据异地异质备份，区县国家档案馆按时完成数据采集、报送，全市备份目录158.03万条，画幅661.82万页，容量5.01太字节。

（市档案局　市国家档案馆）

【档案服务利用】 2020年，南宁市国家档案馆（简称“市国家档案馆”）实现查阅窗口计算机分屏显示，新增、修订档案查阅利用、展览8项工作制度及服务承诺。接待查档2407人次，提供档案1.87万件次，复制档案资料1.14万页，接收78个单位政府信息主动公开文件5892件并提供查阅。对馆藏1990年以前（含1990年）形成的档案进行开放鉴定，正式向社会开放符合开放条件的66个全宗单位、364卷4965件档案。编写、上报《南宁年鉴2020》《2019年度南宁市地方志资料年报》档案部分材料及市国家档案馆工作大事记；建立档案馆口述历史采集室，采购口述历史档案采集设备；报送《南宁档案资政（邕江治理）》《南宁档案资政（扶贫工作）》《南宁档案资政（高校招考期间疫情防控工作）》3期档案信息参考。

（市国家档案馆）

【机关和企事业档案管理】 2020年，南宁市档案局（简称“市档案局”）印发《南宁市档案局关于做好新冠肺炎疫情防控档案工作的通知》，召开疫情档案收集工作座谈会。开展机关、企事业单位档案工作年度检查，104个市直机关单位参加年检，优秀63个，合格41个；195个市直事业单位、69个市直企业单位参加年检，优秀60个，合格196个。开展档案管理定升级工作，邕宁区新江镇人民政府被认定为县直机关一级档案室，7个科技事业单位档案管理获自治区级达标认定。

【农业农村与社区档案管理】 2020年，市档案局会同市扶贫开发领导小组综合协调专责小组对12个区县及其部分乡镇、村的精准扶贫档案工作情况开展实地督查，并对各专责小组及有关单位开展精准扶贫档案业务指导及培训；会同市新冠肺炎疫情防控指挥部综合协调组对12个区县的疫情防控档案工作进行监督指导；会同市农村土地承包经营权确权登记颁证工作领导小组办公室对12个区县进行农村土地承包经营权确权登记颁证档案工作监督指导。

（市档案局）

【城建档案】 2020年，南宁市城市建设档案馆（简称“市城建档案馆”）接收纸质档案31.82万卷。其中：接收房屋建筑类竣工档案230个项目、1.34万卷；市政基础设施竣工档案109个项目、7773卷；南宁五象新区、南宁高新区规划审批档案1.55万卷；接收保障性住房资格审核档案27.57万卷（份），市住建局业务档案9756厘米，邕宁区自然资源局2019年4月以前审批档案1300厘米。围绕市重点项目和城市记忆点跟踪拍摄市政建设项目204次、城市记忆点16次、无人机航拍11次、会议及活动78次，接收市政项目声像档案80个、房屋建筑项目声像档案200个。继续开展市政工程档案验收，加强档案的检查与监督，参加南宁市机场快速路、五象新区蟠龙片区19条道路、南宁轨道交通4号线和2号线东延长线等市政工程档案验收175次，参加市政工程联合验收66次、房屋建筑项目联合验收122次。在助力企业复工复产复学、老旧小区改造、公检法部门办案取证、企事业单位及个人产权办理、公积金贷款等方面提供档案信息资源服务；编撰《南宁城建档案》2期（总第29期、第30期）。全年接待查档4000多批次、5277人，调阅档案1.14万卷，利用文件4.33万份。落实档案库房“八防”要求，坚持巡查登记制度，完成档案消毒5.69万卷，完成馆藏20世纪30年代至70年代的珍贵老档案修复整理，修复图纸5000余张，文件300余张。赴合肥开展2020年度（总第10次）档案异地备份，备份数据总量54.34太字节。依托城建大数据平台管理系统，完成南湖、金湖片区8平方千米试验区的档案数据全生命周期挖掘，与BIM（建筑信息模型）和三维地质数据库实现挂接。

（市住建局）

【重大项目档案】 2020年，市档案局指导南宁市邕江综合整治和开发利用工程等建设项目立卷归档和管理；配合轨道交通4号线一期工程首通段、2号线东延工程初期运营前安全评估等，确保重大建设项目档案收集整理规范、符合项目竣工档案专项验收要求。

（市档案局）

【档案信息化建设】 2020年，市国家档案馆调整完善市国家档案馆网站栏目，新增“创建全国文明城市专题公益广告”“网上专题展厅”等栏目、内容，更新信息140条，网站点击量230万人次。市国家档案馆、市城建档案馆、良庆区国家档案馆和市勘察测绘地理信息院4家单位向自治区档案局申报并列入自治区数字档案馆第二期试点单位；市国家档案馆申报南宁市2021年及“十四五”期间智慧城市项目建设投资计划。验收2019年度馆藏档案数字化扫描项目207万页，开展2020年度馆藏档案数字化扫描项目扫描53.50万页。校对修正南宁市电子文件（档案）备份中心系统问题数据，开展系统整改、安全整改，修改完善信息化相关制度。南宁市电子文件（档案）备份中心有全文数据767.40万画幅，折合A4幅面887.36万页，容量5276.41吉字节。

（市档案局　市国家档案馆）

【档案法制宣传】 2020年，南宁市开展“6·9”国际档案日宣传活动，以“档案见证小康路、聚焦扶贫决胜期”为主题，通过地铁宣传专列、展板、电子显示屏、宣传资料等方式展示南宁市脱贫攻坚成效。举办“先锋引领共战‘疫’·担当作为强首府”第五届南宁机关“公仆杯”书法美术摄影比赛获奖作品暨档案专题展、“治水、建城、为民·寻找邕江记忆之江南故事”档案专题展等专题展览19次，观展1.23万人次。开展档案行政执法和专项检查10次，抽检单位314个，重点检查档案业务建设、档案安全管理等情况，推动

2020年6月20日，“先锋引领共战‘疫’·担当作为强首府”第五届南宁机关“公仆杯”书法美术摄影比赛获奖作品暨档案专题展览在市国家档案馆举办　　邓宇　摄

新修订《中华人民共和国档案法》的贯彻落实。（市档案局）

【档案馆爱国主义教育基地】 2020年，市国家档案馆爱国主义教育基地举办专题展览4个，接待参观单位249个、6775人。举办“不忘初心、牢记使命，加强地方特色档案开发”专题讲座1次。6月9日，市国家档案馆新馆首次主办以馆藏档案为主体的大型档案专题展览“难忘岁月——知青档案专题展”正式开幕，展出馆藏史料30多份、照片300多张、实物40多件。6月20日，联合市委市直机关工委、市档案局共同举办“先锋引领共战‘疫’·担当作为强首府”第五届南宁机关“公仆杯”书法美术摄影比赛获奖作品暨档案专题展，展出图片107张、实物42件、视频10部，展出书法美术摄影比赛获奖书法作品89件、美术作品39件、摄影作品80件；接待参观单位224个、6143人，讲解190场次。9月26日，联合市档案局、市文广旅局、南宁日报社、广西文化产业集团有限责任公司在星光万科里共同主办“治水、建城、为民·寻找邕江记忆之江南故事展”，展出图片47张、实物10件、视频1部。开展市国家档案馆旧馆实物档案收集、清理，建立老物件档案陈列室，展出旧馆老物件档案409件。

【壮族文化(南宁)档案采集】 2020年，市国家档案馆联合广西民族语文研究中心、市民宗委到12个区县40多个乡镇山村、基层单位，采访18位壮族山歌歌手和3位壮族文化专家。利用档案采集成果制作壮族文化档案采集专题宣传片1部(约8分钟)、《壮族文化(南宁)档案采集汇编》1册、壮族文化(南宁)档案采集视频21个(约113分钟)。（市国家档案馆）

报　刊

【概　况】 2020年，南宁日报社旗下有纸媒《南宁日报》《南宁晚报》和网络平台南宁新闻网，及新媒体平台“南宁云”“南宁宝”(1月9日上线)官方微博和APP。《南宁日报》每周7刊，对开8版，彩色印刷，平均日发行量7万份，年总印张4654.7万印张；《南宁晚报》每周7刊，4开16版，彩色印刷，平均日发行量3万份，年总印张2233.4万印张。南宁日报社印刷厂主打产品《南宁日报》被中国报业协会印刷工作委员会评为“精品级报纸”，被自治区新闻出版广电局评为优等品，是自治区唯一连续7年获此荣誉的报业印刷企业。

【南宁日报社重要宣传报道】 2020年，《南宁日报》《南宁晚报》南宁新闻网继续在重要版面开设“在习近平新时代中国特色社会主义思想指引下——新时代新作为新篇章”“深入学习宣传贯彻党的十九届五中全会精神”等相关专版专栏，其中：4月21日至26日《南宁日报》连续推出习近平总书记视察广西三周年系列报道；《南宁晚报》开设“在习近平新时代中国特色社会主义思想指引下——新时代新作为新篇章”专题专栏，日均1个版，发稿256多篇；南宁新闻网策划、开设、推出50多个专题专栏报道和一批符合网络传播规律、具有南宁本土特色的现象级融媒体产品。南宁日报社“两报一网”及各微端围绕“决战脱贫攻坚、决胜全面小康”主题做好宣传报道。其中：《南宁日报》在重要版面和“决胜脱贫攻坚　推动乡村振兴”“决胜全面小康　决战脱贫攻坚”等专栏专版刊发脱贫攻坚宣传稿件近600篇、图片近300张；5月18日，《南宁晚报》推出《南宁市脱贫攻坚成就展特刊》108版。围绕新冠肺炎疫情防控和经济社会发展，《南宁日报》开设“坚决打赢疫情防控阻击战”“疫情防控权威发布”“战‘疫’一线党旗红”“统筹推进疫情防控和经济社会发展”等专栏专版，刊发稿件近3000篇，利用新媒体“两微一端”及抖音号推送稿件2800余篇；《南宁晚报》开设“全力以赴　防控新型冠状病毒感染肺炎疫情”“疫情就是命令　防控就是责任——战‘疫’最前线”等专栏，参与报道记者超1000人次，发稿1800多篇(含图片)；南宁新闻网、南宁云新媒体产品生产小组策划制作反映抗击疫情系列短视频、动漫小科普短视频、原创条漫180多条，通过新媒体平台推送。围绕强首府战略，南宁日报社“两报一网”及各微端开设“全面落实强首府战略”“抓‘六保’促‘六稳’育新机　开新局”“大力推进面向东盟的金融开放门户建设”“中国(广西)自由贸易试验区南宁片区挂牌一周年”等专栏，其中《南宁晚报》刊发《南宁高新技术企业保有量全区第一》《实施“一企一策”　激发企业发展动力》等稿件50多篇。南宁市“两会”期间，《南宁日报》开设“全面落实强首府战略　打造引领全区高质量发展核心增长极——聚焦2020南宁两会”专栏专版，分设“代表委员谈两会”“两会聚焦”等版块进行专题报道，《南宁日报》采写刊登(发)消息、评论、报告摘录、访谈摘登等80多篇，图文专版15个；南宁日报新媒体开设“聚焦2020南宁两会”网络专题，上传稿件近60篇(幅)，制作访谈视频、图解、海报等作品30余件；《南宁晚报》推出13个整版、近30篇报道；“南宁宝”APP设“晓靖看两会”“小宝看两会”2个栏目；南宁新闻网上传原创、转载稿件200多篇，访谈人大代表及政协委员21人。围绕第17届中国—东盟博览会、中国—东盟商务与投资峰会，南宁日报社“两报一网”及各微端开设“共建‘一带一路’共兴数字经济”专栏专版，推出“投资南宁”特刊。围绕“十三五”规划成果，南宁日报社“两报一网”及各微端推出“精彩‘十三五’南宁新发展”专栏。围绕全国文明城市创建，南宁日报社“两报一网”及各微端开设“践行社会主义核心价值观”“弘扬雷锋精神”“诚信建设万里行”等专栏专版。《南宁日报》开设“创文明城市　做文明市民”“拒绝陋习　文明旅游”“践行社会主义核心价值观”等专题专栏；《南宁晚报》开设专栏“创建全国文明城市”，重点打造“浪费可耻　节约为荣”“共建文明城市　共享文明校园”等栏目。组织记者30多人次到住宅小区、农贸市场、城中村等地采访。全年《南宁日报》《南宁晚报》刊发公益广告210个版(次)，南宁新闻网更新公益广告近300幅(条)。（南宁日报社）

【《红豆》杂志发行】 2020年，南宁市文学艺术界联合会主办的《红豆》杂志设主编荐读、小说长廊、发轫、特约专栏、文化随笔、散文空间、诗歌部落、翰墨丹青等主要栏目，发行12期，每期刊发原创文学作品约5万字，刊出作品约60万字。南宁文学院组织10余名作家到南宁市第六人民医院、广西医科大学、横县、邕宁区等地，采访抗疫英雄梁小霞先进事迹，集体创作长篇报告文学作品《提灯天使》年底以《红豆》专号刊发。第四届《红豆》文学奖评出小说奖、散文奖、诗歌奖、新人奖、优秀作品奖和《红豆》新芽奖20件。其中，次仁罗布的《那片白云处是你的故乡》获年度小说奖，胡竹峰的《人物卷子》获年度散文奖，黄金明的《生活九记》获年度诗歌奖，田舒萍的诗歌《田舒萍的诗》、丁墨的中篇小说《楼兰黄昏》、史玥琦的短篇小说《史玥琦短篇小说二题》、房永明的短篇小说《老甘》获年度新人奖，石箫鹏的散文诗《石箫鹏的小世界》获新芽奖，欧式林、朱山坡、张子影、文珍、胡玲、田耳、凌鼎年、牛依河、张映勤、索南才让、林超俊、胡弦等作家的作品获年度优秀作品奖。11月6日，南宁文学院《红豆》

杂志社主办的第四届《红豆》文学奖颁奖典礼暨南宁文学院第七期培训班在南宁举行，培训120多人。（李 雁）

广播电影电视

【概 况】2020年，南宁广播电视台有广播频率4套，电视频道4套，《南宁广播电视报》1份，以及涵盖手机客户端(APP)、微博、微信、抖音、网站等网络新媒体平台、账号100多个；5县和武鸣区分别开通县级电视频道1套，其中3家分别开通广播频率1套。广播节目覆盖人口1500多万人，电视节目覆盖人口800多万人，全台融媒体矩阵平台总用户量1000多万人。南宁广播电视台推出专栏50余个，策划主题70项，举办大型全媒体直播3场。向中央广播电视总台报送电视稿1190条，获采用129条，其中获《新闻联播》采用22条；报送广播稿1125篇，获采用66篇。向自治区级媒体报送电视稿1932条，获采用720条，其中获《广西新闻》采用139条；报送广播稿1486篇，获采用219篇。向全国城市电视台新闻交换平台（广州台）、CPTN新闻交换平台（上海台）送稿1958条，被"中国城市报道"栏目采用186条。8月26日，《走向我们的小康生活 广西南宁：水清岸绿生活美》在《新闻联播》播出。推送作品550余件次参加自治区及全国优秀作品评选，获奖（入围）作品近90件次。其中新闻专栏"微问政"等9件作品获2019年度广西新闻奖；广播剧《黄大年》等7个项目入库自治区2020—2022年广播电视三年规划重点选题；31件作品入选2019年度广西广播电视和网络视听优秀作品，获一等奖2项、二等奖9项、三等奖19项、优秀奖1项；7件作品入选2019年度广西电视文艺作品评选，其中《平凡岗位人共筑中国梦》获2019年广西广播电视公益广告大赛视频类优秀作品；《四十城四十年》获2017—2018年度中国广播电视大奖·广播电视节目奖电视专题类大奖；微视频《带上妈妈和孩子去扶贫》《贝侬书记的十二时辰》获自治区广播电视局推荐，登陆国家广电总局"我们的小康"栏目，在全网17个视频平台向全国展播；《以春晚为媒，促文明互鉴——跨国春节晚会的实践与启示》入选中宣部2020年《宣传思想文化工作案例选编》篇目；《春天的旋律·2019》《春天的旋律·2020》跨国春节晚会入围中国—东盟优秀传播案例，《春天的旋律》跨国春节晚会第5次入选国家广电总局"丝绸之路影视桥工程"项目，获"丝绸之路影视桥工程"项目扶持资金500万元；《春天的旋律·2019》跨国春节晚会获第九届广西文艺创作铜鼓奖。

【广播频率】2020年，南宁广播电视台有FM99.0综合广播（990新闻台）、FM107.4交通音乐广播（1074交通台）、FM104.9乡村生活广播（经典1049）、FM89.5故事广播（动感895）4套广播频率，播出自办栏目2.50万小时，安全播出时间2.77万小时。本地平均收听率2.46%，市场份额38.60%、上升0.78%，听众规模比上年增长52.10%。播出稿件1.07万篇，其中录音新闻1802篇，播出公益广告13.24万次。制作广播剧《少年黄大年》在中央广播电视总台文艺之声首播。FM107.4交通音乐广播平均收听率超1.00%，收听表现和市场表现在南宁地区广播市场排名第二；FM99.0综合广播环比上年平均收听率和市场占有率在南宁地区新闻类频率中居首位。首次以声音记录形式开设融媒体专题《2020南宁声音志》。FM107.4交通音乐广播在抗击新冠肺炎疫情时期，作为应急广播率先策划"云活动"助力餐饮等行业复工复产，创作广播剧《生如"霞"花》《飞虎日记——金盾卫士与白衣天使》等展现抗疫精神；美食节目《吃香喝辣》实现广播节目与网络视听同步互动直播，最高峰时1小时内吸引5万人次观看；频率收听表现在南宁地区广播市场居第二名，平均收听率超1.00%。FM104.9乡村生活广播推出防疫科普专题4条，《致敬战"疫"红人》人物故事专题节目10期，与自治区文化和旅游厅联合发起"山水聚益，传媒战疫"展播，推出"你免门票，我免广告"公益倡议，为响应免门票政策的景区提供广告资源。9月起，FM89.5故事广播推出《九妹当家》《卡拉永远OK》《895动感车生活》等新版节目；策划《老友笑8》等娱乐节目，为喜剧创作者提供平台。

【电视频道】2020年，南宁广播电视台有新闻综合频道、都市生活频道、影视娱乐频道和公共频道4套电视频道，播出电视自制节目2.26万小时，安全播出时间2.64万小时。本地总收视率2.42%，比上年上升34.09%；市场份额11.66%，上升20.51%。主办、承办大型活动20余场。与13个国家和地区的21家媒体机构合作录制"春天的旋律·2020"跨国春节晚会；完成节目《向人民承诺——电视问政》直播9期，播放周播节目《问政观察室》31期；开展2020"南宁渠道"持续升级采访行动，制作播出"服务东博会 助力强首府 乘风破浪新通道——2020南宁渠道持续升级大型采访行动"系列报道9集；推出脱贫攻坚大型纪实节目《奋斗》23期；开展《行走在希望的田野》大型融媒体新闻采访行动，制作播出系列报道23集；制作广西首部4K大型纪录片《邕江》；创作推出《小霞姑娘》等主旋律原创歌曲20余首；保障第22届南宁国际民歌艺术节"大地飞歌·2020"晚会录制及"云"播出；与南宁市劳动就业服务管理中心共同承办《点燃梦想 创"邕"未来——2020年南宁市创业大赛》，12月26日、27日在新闻综合频道播出。4月20日零时起，新闻综合频道实现高标清同播，是自治区首个实现高标清同播的地面频道；综合收视率1.20%，增长40.16%；平均市场份额增长25.97%，平均收视率在南宁地区电视市场排名第一。其中，《南宁新闻》栏目综合收视率1.42%，增长83%；《新闻夜班》栏目综合收视率2.15%，增长34%。12月1日，都市生活频道改版升级，栏目《第一房产》《我们去哪儿》整合为《看南宁》，《老友倾计》调整为《生活大白话》；《4月4日在南宁街头》等短视频播放量超过1000万。影视娱乐频道打造《春天的旋律·2020》跨国春节晚会；推出沉浸式抗疫主题"彩霞绚烂 茉莉芬芳"梁小霞同志先进事迹报告会；联合国内外媒体创作播发《命运与共》等音乐作品10余件。公共频道创新"云节目"生产模式，开发"为你加油"网络才艺大赛等新媒体项目，拓展节目源；推出"全民小剧星""全能好少年"等产业项目，融合少儿产业发展与节目内容生产。

【重大项目与大型活动宣传】2020年，南宁广播电视台实施"头条工程"，围绕学习宣传贯彻党的十九届五中全会精神、习近平总书记视察广西三周年、赢取新冠肺炎疫情防控和经济社会发展双胜利、决胜全面小康决战脱贫攻坚、落实"六稳""六保"要求、全面落实强首府战略、创建全国文明城市、"两会"宣传等主题，推出专栏50余个，策划主题70项，播发稿件4575篇；举办大型全媒体直播3场。与13个国家和地区的21家媒体和机构联合制作"春天的旋律·2020"跨国春节晚会；首次邀请印度尼西亚、菲律宾、泰国、新西兰等国家和中国澳门地区少年儿童到"老南宁·三街两巷"历史文化街区开展交流活动，组成"快乐童伴"国际合唱团在晚会上表演歌曲《和睦吉祥》；跨国春晚摄制组走访印度尼西亚、柬埔寨等国家，拍摄海外华人创业故事，制作短视频在晚会中播出。开展2020"南宁渠道 丝路交响"采访行动，推出"乘风破浪新通道——2020'南宁渠道'持续升级大型采访行动"和"南宁朋友圈"跨国云访谈2个子项目，到凭祥市、钦州市、防城港市、北海市及贵阳市、重庆市、兰州市7个城市采访报道；相关内容被新华社、中国国际电视台(CGTN)、中新社等中央级媒体关注和采用；在南宁新闻综合频道微信公众号、南宁头条APP、南宁手机台APP等平台同步推送，在《南宁日报》发布报道31篇。中国—东盟博览会、中国—东盟商务与投资峰会期间，南宁广播电视台《南宁新闻》《新闻夜班》《政法在线》《990今早报》栏目开设《关注第17届东博会》《共建"一带一路" 共兴数字经济》《服务东博会 助力强首府 乘风破浪新通道——2020"南宁渠道"持续升级大型采访行动》《盛会大看台》《厉兵秣马迎盛会》等专栏，播发电视稿件235篇、广播稿件86篇。在《南宁新闻》《990今早报》栏目开设《全面落实强首府战略 打造引领全区高质量发展核心增长极》《全面落实强首府战略调研行》系列报道专栏，播出稿件960条。排播公益广告800多款(电视430余款、广播450款)，电视播出6.64万条次、1160小时48分钟；广播播出13.24万条次、2006小时43分钟。创作《文明是最美的风景》《核心价值观》《阅读与人生相伴，文明与城市同行》《调节心理健康，收获幸福阳光》《拒绝野味，文明健康》等公益宣传片81条；联合爱心企业，策划推出"武汉加油"大型公益活动。播出防疫类宣传片超8万次，创作推出抗疫主题作品40部，采写29篇复工复产报道被中央广播电视总台各频率、栏目采用，其中被《新闻联播》采用9篇。《新闻夜班》制作2期广西援鄂医疗队凯旋特别报道，收视率分别为3.74%、3.41%，在南宁本地节目收视率排名第一；在南宁头条APP、南宁手机台APP等移动客户端设战"疫"专题专栏10个，自制融媒产品50个、短视频301条，编发稿件1.20万篇，总点击量超4亿；南宁广播电视台抖音号开设"战胜疫情我们在行动"合集，发布疫情相关视频344条，总播发量4亿；《新闻夜班》抖音号开设《全民一心战胜疫情》专辑，总播放量近15亿。《南宁新闻》采制播出3个贫困县摘帽退出贫困县序列4集系列报道；制作脱贫攻坚纪实节目《奋斗》；在《南宁新闻》《新闻夜班》等栏目推出《在习近平新时代中国特色社会主义思想指引下——新时代新作为新篇章 决战决胜走基层总攻之势大采访千名记者一线行》《行走在希望的田野上》《决胜全面小康决战脱贫攻坚》专栏，播发电视稿件462篇。在《南宁新闻》《新闻夜班》《政法在线》栏目播发创建全国文明城市公益广告稿件875条。

2020年1月12日，"春天的旋律·2020"跨国春节晚会在南宁邕州剧场录制

谢江波 摄

【影视剧生产】 2020年，南宁广播电视台投资影视、广播剧500万元，销售电视剧版权收入556.19万元。投资拍摄电视剧《蓝色火焰》《双重任务》和广播剧《少年黄大年》。9月27日，投资拍摄的45集电视剧《创业年代》在CCTV-1(央视综合频道)黄金档播出；10月9日，42集电视剧《幸福里的故事》在北京卫视、广东卫视播出。10月15日《光明日报》发表《创业年代》剧评《记录时代的中国创业故事激奋人心》。

(南宁广播电视台)

【电影管理】 2020年，南宁市有影院73家，银幕463块，票房收入1.73亿元。制定《2020年南宁市公益电影放映工作方案》，印发《关于开展2020年南宁市公益电影放映的通知》《关于2020年南宁市公益电影放映的补充通知》，推进公益电影放映。农村公益电影放映1.67万场，观影人数超179万人次；社区公益电影放映4993场，观影人数超61万人次。新冠肺炎疫情防控期间，指导全市影院制定疫情防控方案和应急预案，落实防控具体措施，明确应急处置流程，全面消杀营业环境，加强员工健康管理。制定促进企业复工复产政策措施，印发《中共南宁市委宣传部关于在疫情防控常态化条件下有序推进电影院恢复开放的通知》；7月下旬，南宁市民族影城、广西南宁市万达影城江南店、广西南宁市中影环球国际影城、南宁市盛天上影国际影城、南宁市兴宁区星轶影城、横县电影院、南宁万海里建影院7家影院作为全市首批复工影院复工营业。8月底，全市影院严格按照疫情防控要求全面复工。

(市委宣传部)

【媒体融合发展】 2020年，南宁广播电视台"老友云"信息系统平均每日抵御网络攻击40多万次，安全播出9.46万小时。完成南宁头条APP、南宁手机台APP等应用程序及"老友云"融媒体综合应用平台建设，开设微信、微博、抖音账号100多个，总用户超千万人。南宁头条APP下载用户180万，南宁手机台APP总访问量超3400万，更新新闻资讯7.70万条，图文、视频直播629场。开设战"疫"专题专栏10个，自制融媒产品50个、短视频301条，编发稿件9000多篇，总点击量超2亿。老友网原创作品获2019年度广西新闻奖三等奖1件，被评为广西广播电视和网络视听优秀作品一等奖2件、三等奖2件。建设南宁广电融合数据中心、"老友云"用户分析平台，融入百度云数据接口，为老友网、南宁头条APP、"南宁问政"微信公众号等自有产品的注册用户统计提供数据支持；实现"一次采集、多介质生成、多平台播发"融合采编目标。建立融媒体工作室制度，18个工作室挂牌成立，其中南宁广播电视台抖音号粉丝数163.80万人，新闻夜班抖音号粉丝数360万人；开辟24小时在线融媒直播频道，观看量突破700万次；打造专业化网红IP及直播带货账号。

【技术应用创新】 2020年4月20日，南宁新闻综合频道正式实现高标清同播，是自治区首个高标清同播的地面频道和地市级电视频道。完成都市生活频道、影视娱乐频道、公共频道3个频道高清化升级改造，12月1日，国家广电总局批复同意3个频道高标清同播。对全媒体广播车进行超高清“4K+5G”（第五代移动通信技术）传输技术升级改造；对全景演播室4个讯道摄像机进行4K超高清（UHD）化升级改造，是自治区第一个应用超高清摄像机的演播室。

（南宁广播电视台）

新闻出版

【版权管理】 2020年，南宁市推进软件正版化，组织市直机关单位、区县（开发区）使用正版操作系统及办公软件。组织全市各级机关单位开展自查自纠，提高正版软件使用率，市、区县两级政府机关投入财政资金151.63万元，采购操作系统、办公软件、杀毒软件等1.38万套。

【印刷发行】 2020年，南宁市有规模以上重点印刷企业（年印刷工业总产值超过5000万元）20家，其中超亿元企业9家；资产总额29.78亿元，销售收入28.06亿元，利润1.73亿元，工业总产值25.73亿元。组织开展2020年印刷企业年度报告，提交2020年度报告印刷企业482家，未提交年度报告30家，通过报告年审印刷企业447家。其中：出版物印刷企业70家；内部资料性出版物印刷企业5家、排版制版装订专项企业8家、数字印刷企业22家；包装装潢印刷企业193家；其他印刷品印刷企业149家。通过2020年年度核验出版物发行单位1080家，其中出版物批发单位249家、零售单位831家，不予通过年度核验18家。出版物发行单位资产总额341.34亿元，出版物销售总额121.99亿元，营业收入180.32亿元，利润总额14.91亿元。印刷企业资产总额60.46亿元，销售收入49.13亿元，利润总额2.16亿元，工业总产值48.08亿元，其中出版物印刷企业11.66亿元，包装装潢印刷企业29.01亿元，其他印刷品印刷企业3.53亿元，排版、制版、装订专项企业1177.33万元，专营数字印刷企业4926.73万元。工业增加值10.05亿元，从业人员1.25万人。

【中小学教辅教材印刷发行监管】 2020年，南宁市打击损害未成年人身心健康的非法出版物，对印刷复制、出版物发行活动监管保持高压态势，开展校园周边文化市场整治、印刷复制企业执法检查等行动，查处印刷、销售侵权盗版出版物违法违规行为，查办一批销售盗版《新华字典》《新概念英语》等教辅图书案件55起，查处侵权盗版出版物3685件，其中盗版教材教辅1990件。

【少儿出版物有害信息专项整治】 2020年，南宁市组织网信、公安、教育等部门联合开展清缴宣扬自杀少儿出版物及有害信息整治行动，检查图书批发市场、书城、书店、报刊亭和校园周边文具店、日杂店等场所，查获《装在口袋里的爸爸》《淘气包马小跳（漫画升级版）· 天真妈妈》等有害少儿出版物270册。组织全市中小学校、图书馆、少儿图书馆开展自查，清理下架有害少儿出版物、图书747册。

（市委宣传部）

【公益广告监管】 2020年，南宁市开展公益广告创作展播活动，累计制作公益广告81条，播出公益广告5.22万条次，播出时长6.48万分钟，获广西广播电视优秀作品库扶持资金公益广告1部，广播电视公益广告创作生产、播出数量较上年提升。正月初一至“五一”国际劳动节，每天滚动播出新冠肺炎疫情防控知识公益广告、政府有关疫情防控通告等，制作防疫公益广告169条次，播出17万多条次、超16万分钟，发布政府通知公告、倡议书等5万多条次，游底字幕100多万次。

（樊 璐）

【内部资料性出版物监管】 2020年，南宁市新闻出版局严格执行内部资料性出版物审读制度，规范内部资料性出版物监管，确保内部资料性出版物不出现原则性问题。完成内部资料性出版物复审46种、149期（批）、168份（册）。

（市委宣传部）

文化市场与管理

【概 况】 2020年，南宁市文化市场经营场所数量规模位居自治区前列，其中互联网上网服务营业场所（网吧）334家，歌舞娱乐场所153家，游戏游艺场所17家。出动执法人员19.70万人次，检查经营单位9.28家次，立案调查115起，警告80家次，责令停业整顿6家次，罚款金额61.24万元。

【文化市场】 2020年，南宁市有文化娱乐经营场所504家，其中互联网上网服务营业场所（网吧）334家、歌舞娱乐场所153家、游戏游艺场所17家。有电影院73家，电影票房1.73亿元。有印刷企业447家；出版物发行单位1080家（出版物批发单位249家、零售单位831家），出版物发行网点3709个。有文化产业示范基地120家。其中，国家级文化产业示范基地2家、自治区级文化产业示范基地（园区）43家、市级文化产业示范基地72家，南宁市文化创意集聚区3家。各级文化市场综合行政执法机构出动检查人员19.70万人次，检查经营单位9.28家次，立案调查115起，警告80家次，责令停业整顿6家次，罚款金额61.24万元。查办南宁市武鸣区晓森餐吧非演出场所经营单位擅自举办营业性演出案被评为2019—2020年度自治区文化市场综合执法重大案件。指导广西魔十网咖网络科技有限公司、武鸣区战旗网咖、南宁市星辰网吧3家上网服务营业场所，南宁市麦加密娱乐城、南宁市欢唱娱乐有限公司2家娱乐场所完成转型升级，通过自治区文化和旅游厅验收。

（刘秋园）

【“扫黄打非”专项整治】 2020年，南宁市组织开展“扫黄打非·新风”集中行动，集中整治网络淫秽色情信息、非法有害少儿出版物及信息、新闻敲诈和假媒体假记者站假记者、侵权盗版行为4类问题。组织开展全国“两会”、元旦、春节、中秋国庆“扫黄打非”专项保障行动，对出版物印刷企业、出版物集中交易市场、繁华街区出版物经营单位和问题多发场所等点位开展执法检查。查办案件138起，收缴违法出版物10.47万余件，网络巡查发现并妥善清理处置不良信息127条，取缔关闭非法网站13个，核查侵权盗版案件线索8条。利用市属媒体、新闻网站、户外LED显示屏和“扫黄打非”基层站点，加强“扫黄打非”普法宣传，播放宣传片1.53万次，张贴公益宣传海报3172张，宣传横幅3132条。（市委宣传部）

【文化市场监管】 2020年，南宁市整顿和规范文化市场秩序，开展净化社会文化环境、文化市场“健康暑期”、歌舞娱乐场所无证经营等专项整治行动，加强上网服务营业场所、娱乐场所、营业性演出市场等监管。通过加大日常监管和执法力度，重点加大元旦、春节、“五一”国际劳动节、国庆等节假日，以及全国、自治区、南宁市“两会”等重要节点对文化市场的执法检查力度，保持文化市场整治的高压态势，维护文化市场平稳有序。各级文化市场综合执法机构检查娱乐场所2.55万家次，立案调查13起；检查互联网上网服务营业场所2.20万家次，立案调查74起。

（刘秋园）

编辑 李敬江 班 铭

综 述

【概 况】2020年，南宁市统筹推动群众体育、竞技体育、体育产业全面协调发展。马山县攀岩特色体育小镇泛户外运动体育休闲线路获评2020中国体育旅游精品线路、十佳体育旅游精品项目；南宁市、马山县、兴宁区、青秀区被确定为广西体育旅游示范试点市、县(区)；南湖公园、青秀区壮族芭蕉香火龙、兴宁区体育旅游休闲大会获评广西全民健身和全民健康深度融合示范项目；南宁市乔老河片区休闲体育旅游精品线路获评2020年国庆黄金周体育旅游精品线路；南宁市体育局获评2020年度广西全民健身和全民健康深度融合示范单位。

【主要工作成效及存在问题】2020年，南宁市克服新冠肺炎疫情影响，通过抓好全民健身公共体育服务、竞技体育发展、服务体育企业等工作，不断助力健康南宁建设、增强体育综合实力、推动经济社会发展。建设更加亲民、普及的体育设施，组织开展形式多样、群众喜闻乐见的全民健身活动，完善基本公共服务体系，完成国家第五次国民体质监测任务；推进第三届全国青年运动会、自治区第十五届运动会的筹备和备战，加强基层体校、南宁市体育运动学校新校区建设，充实体育人才队伍；抓好体育产业重点项目建设，拓展产业融合多元发展，开展产业大招商，做好体育彩票销售。主要存在结构性失衡导致公共体育服务供不应求，体育赛事活动无法正常开展，体育行业规上营利性服务业增速出现负增长等问题。

（黄永铁　张宗千）

竞技体育

【概 况】2020年，南宁市完成南宁市籍运动员首次注册1263人，年度确认3361人，教练员首次注册110人，年度确认261人；审批国家二级运动员173人，审批二级裁判员996人、三级裁判员814人。南宁市籍运动员参加全国体育比赛获金牌27枚、银牌19枚、铜牌17枚；参加广西壮族自治区各单项青少年锦标赛获金牌166枚、银牌176枚、铜牌133枚。

【参加全国女子举重锦标赛】2020年10月16日至19日，2020年全国女子举重锦标赛在湖南省邵阳市举行。南宁市籍运动员王玲珑获55公斤级抓举、总成绩金牌，并3次打破全国青年纪录。

【举办南宁国际马拉松赛】2020年12月4日至18日，2020南宁国际马拉松暨解放日长跑线上赛举行。南宁市体育局、南宁市体育总会主办。设全程马拉松、半程马拉松、10公里跑、4公里健康跑、健身走(2公里)5个项目。有全国31个省(自治区、直辖市)及港澳台地区共182042名选手报名参赛。报名人数是2019年线下赛报名人数的4.8倍，参赛人群覆盖全国，是报名人数最多、覆盖面最广、规模最大的一届赛事。经确认，有62%的参赛选手完成比赛，获颁发纪念奖牌。

【承办全国男子水球锦标赛】2020年12月17日至22日，全国男子水球锦标赛在广西体育局江南训练基地举行。中国橄榄球协会、广西壮族自治区体育局、南宁市人民政府主办，广西水上运动发展中心、南宁市体育局承办。广东、湖南、陕西、上海、广西的9支国内顶尖男子水球队参赛。广东队获冠军，湖南浩沙男子水球一队获亚军，上海浩沙男子水球一队获季军。

（潘建辉　羊婷婷）

群众体育

【概 况】2020年，南宁市以构建全民健身公共服务体系为核心，以满足市民健身需求、提高市民健康水平为目标，以“六边六感”(完善群众身边的健身组织、让群众有归属感，建设群众身边的健身设施、让群众有获得感，组织群众身边的健身活动、让群众有满足感，举办群众身边的健身赛事、让群众有成就感，提供群众身边的健身指导、让群众有安全感，讲好群众身边的健身故事、让群众有荣誉感)工程为主线，围绕《“健康中国2030”规划纲要》《体育强国建设纲要》，强首府战略、全民健身和全民健康深度融合等工作要求，通过增加公共体育设施供给、丰富全民健身活动形式和内涵、完善社会体育组织建设、深化科学健身指导与服务、弘扬体育健身文化等举措，构建更为完善的全民健身公共服务体系，不断提升市民获得感、幸福感。

【群众体育活动】2020年，南宁市将群众体育融入市民日常生活，以群众喜闻乐见的赛事活动引导市民参与全民健身。举办冬泳邕江活动、全民健身网络运动会、社区全民健身运动会等赛事活动，让体育运动覆盖全市各类人群。克服新冠肺炎疫情影响，转变思路，推动“互联网+居家健身”运动健身模式，举办“酷动

2020 年 1 月 1 日，南宁冬泳邕江活动在邕江大桥水域举行，南宁、柳州、钦州、百色等地的 3000 多名冬泳爱好者参加。图为横渡活动现场　　市体育局提供

先锋·跃动绿城”全民健身网运动会，满足疫情防控常态化下的市民群众健身需求。举办线上线下县级以上赛事活动约 300 项次。

【民族体育】 2020 年 3 月 26 日至 4 月 26 日，2020 年“壮族三月三·民族体育炫”系列线上活动举办。设客厅马拉松、中国象棋、围棋、国际象棋、国际跳棋、桥牌、电子竞技(王者荣耀)等活动。南宁市通过南宁市体育局官网、“互联网＋运动绿城”、微信客户端、新媒体等平台广泛宣传推广 2020 年“壮族三月三·民族体育炫”系列线上活动；同时，组织发动县区(开发区)体育部门、有关协会、俱乐部和项目爱好者参加线上体育综合运动会，众多市民积极参与，感受民族体育与互联网结合的魅力，丰富群众精神文化生活。

【老年人体育】 2020 年，南宁市在做好新冠肺炎疫情防控措施前提下，组织老年人参加丰富多彩的体育健身活动，科学锻炼身体，提高健身素养，改善老年人体质状况，丰富老年人的晚年生活。举办第十九届南宁市中老年人秧歌(网络)比赛、第十一届南宁市老年人门球甲级队比赛、第二十一届南宁市老年人棋牌交流活动、第二十届南宁市老年人乒乓球交流活动、第三届南宁市老年人健身养生嘉年华启动仪式暨第十一届南宁市长者健身展示活动、第三十六届南宁市老年人太极拳(器械)和柔力球交流活动、第十六届南宁市老年人门球交流活动 7 项市级老年人“线上＋线下”体育赛事活动，参加活动老年健身爱好者 2310 人次。活动涵盖太极拳(器械)、柔力球、门球、乒乓球、中国象棋、围棋、秧歌等。

【社团活动】 2020 年，南宁市健全各级各类体育协会，壮大基层全民健身组织，有注册的市级体育社会组织 240 个(单项体育协会 46 个、单项俱乐部 194 个)。鼓励体育社会组织兴办全民健身活动，成为开展全民健身活动的主力军。注重培养体育社会组织管理人才队伍、健身指导专业队伍，提高体育社会组织承接公共体育服务职能的水平和比例。举办广播体操、羽毛球等二级社会体育指导员培训班，培训 913 人。

【社区体育】 2020 年 9 月至 12 月，南宁市在隆安县、兴宁区、西乡塘区、武鸣区举办第五届南宁市社区全民健身运动会。市体育局、市体育总会主办。设轮滑、抛绣球、定点投篮、托乒乓球竞速、足式保龄球、发球入桶等项目。年内，利用周末时间将运动会办到群众家门口，营造全民健身氛围，培养群众健身兴趣，增强体质，科学运动。项目为竞技性与娱乐性相结合，上至 70 岁的老年人，下至 13 岁的青少年都可参与其中，发挥群众体育简便易行、小型多样的特点。

【全民健身与全民健康深度融合试点建设】 2020 年，南宁市将全民健身和全民健康深度融合试点工作任务指标分解到各区县、各有关单位，构建“一盘棋”推进试点建设的工作格局，确保深度融合工作与推进健康南宁建设、强首府战略各项工作相衔接，同部署、同落实。围绕理念、机制、政策、规划、组织、设施、队伍、活动、信息技术 9 个方面，将部门工作融入到全民健身、全民健康中，形成合力，共同推动全民健身和全民健康深度融合取得实效，获评自治区级全民健身和全民健康深度融合示范项目 6 个。

【城乡体育设施建设】 2020 年，南宁市继续加大公共体育设施建设的投入力度，中央、自治区、南宁市投入资金 1581.33 万元，建设体育场地和设施项目 64 个。其中，国家安排中央集中彩票公益金 960 万元建设 2 个全民健身活动中心(横县云表镇全民活动中心、马山县城区合作扶贫移民小区全民健身活中心)，90 万元建设 3 个多功能运动场(马山县周鹿镇妙圩村班造屯多功能运动场、周鹿镇爱旗村三陈屯多功能运动场，横县莲塘镇多功能运动场)；自治区财政安排 80 万元建设村屯篮球场 16 个；市财政和体彩公益金投入 435.73 万元，在全市范围内建设 40 套健身路径器材(一代室外健身路径器材 30 套，二代室外智能健身路径器材 10 套)。继续建设公共体育设施，加快构建城市社区“10 分钟健身圈”。助推大型体育场馆

2020 年 9 月至 12 月，南宁市举办第五届社区全民健身运动会。图为少年篮球比赛场景
市体育局提供

免费或低收费开放,申请到中央大型体育场馆免费低收费开放补助资金及奖励资金1486万元,惠及李宁体育园、广西体育中心、武鸣体育馆、横县体育馆、宾阳县体育馆、马山县体育馆等场馆。全市人均体育场地面积2.02平方米。

【科学健身指导】 2020年10月27日至11月1日,南宁市举办以医生为主体的"体医"融合培训班,培养可以开医疗处方、运动处方的复合型人才。年内,南宁市全民健身和全民健康指导中心与广西体育高等专科学校、广西幼儿师范高等专科学校合作,建立学校校外实习实训基地,发挥政校合力,推进幼儿体质健康领域的建设,为推动高校增设相关"体医"融合专业、培养医学和体育运动知识的复合型人才奠定基础。南宁市全民健身和全民健康指导中心以政府购买服务的方式聘请专家团队定期为市民提供身体体质健康状况评估、运动和饮食建议、指导及慢性病干预等服务,邀请专家定期到指导中心坐诊,为有需求的市民提供运动医学康复服务,由运动康复专家出具运动处方及提供专业指导。印发《南宁市促进"体医融合、资源共享"实施方案》,结合首府城市功能定位,深化改革创新,全力推动全民健身和全民健康深度融合,发挥体育锻炼提高市民身体素质和健康水平的作用,加快推进健康南宁建设。

【国民体质监测】 2020年8月至9月,南宁市开展并完成国家第五次国民体质监测数据采集。监测抽样人群覆盖市辖5县7区,测试人数3128人。年内,组织开展国民体质监测"进机关、进企业、进学校、进社区"等活动,结合体检活动,对体检人群进行体质检测;结合广西体育节全民健身日在自治区游泳馆开展体质测试;利用"平安好车主"APP回馈车主活动在南宁国际会展中心开展体质测试活动;利用南宁市铁路集团公司开展"送体育、送健康"活动在南宁铁路局文化宫开展体质检测活动;结合国家体育锻炼标准达标测验活动进校园开展国民体质测试活动,测试人数3200人。

(王一冰　黄宝菊)

体育交流

【外出活动与交流】 2020年1月13日至17日,南宁市组织人员赴山西省太原市、湖北省武汉市考察学习全国第二届青年运动会、第七届世界军人运动会的组织管理、基础建设、赛事运行、后勤保障和资源开发等方面经验做法。6月9日至12日,市政协组织人员到百色市、河池市等地开展"推进南宁市健康运动产业发展"课题调研。6月15日至19日,组织第三届全国青年运动会青运村项目建设工作领导小组成员单位赴第十九届亚洲运动会举办地杭州市、第二届全国青年运动会举办地太原市学习考察大型运动会的筹办经验及运动员村的规划建设运营。9月21日至24日,市委常委、副市长杨鸿率队赴福建省莆田市、天津市、山西省阳泉市和太原市考察射击、射箭、飞碟场馆建设和运营情况。11月27日至29日,市体育局组织人员赴成都市观摩学习2020东风日产成都马拉松赛。12月6日至9日,市体育局组织人员赴云南省昆明市考察体育健康产业、体育培训产业情况。12月19日,2020中国—东盟体育旅游活力月开幕式暨中国体育产业高质量发展大会在防城港举办,市委常委、副市长杨鸿率队参加并领奖[南宁市及马山县、兴宁区、青秀区分别被授予广西体育旅游示范市、示范县(区)试点荣誉]。

【到访活动与交流】 2020年9月12日至13日,国家体育总局登山运动管理中心副主任、中国登山协会副主席王勇峰,八一男篮主教练王治郅等一行10人到南宁市考察调研攀岩项目开展情况,并进行体育公益扶贫工作助力活动。10月13日,四川省德阳市政协一行到南宁市考察体育产业发展工作的先进经验及做法。10月21日至22日,国家体育总局直属机关团委调研组到南宁市的广西体育中心、南宁市体育运动学校新校区、柳沙足球公园、青秀山户外运动基地等开展"根在基层"青年调研实践活动。10月21日,自治区体育局副局长卢意文一行3人到南宁市调研体育重点工作。实地调研广西体育中心体育馆、广西体育中心体育场、武鸣区体育馆、马山县体育馆、横县体育馆、横县游泳馆、宾阳县体育馆等7家大型场馆免费低收费开放情况;宾阳县全民健身中心建设情况,隆安县民族中学与隆安县宝塔实验小学、马山县民族中学与马山县白山镇城北小学等"双百计划"(至2020年年末在自治区范围内实现100所体校与100所小学、100所初中的有机结合)体校共建情况;宾阳县体育学校、上林县业余体育学校等2个"乡村振兴计划"体校建设项目情况;县级标准体校建设情况等。

(覃春苗　赵兰梅)

体育产业

【体育产业培育】 2020年,南宁市稳步推进体育产业重点项目建设,培育产业示范品牌。融合商圈资源,打造商业体育综合体,在南宁国际会展中心推出会展城体育汇项目;组织市体育产业协会与青秀山管委会、南宁交投集团对接洽谈,推进园博园户外运动中心、柳沙公园户外营地、国家青少年足球训练中心等项目规划、建设,打造百里秀美邕江体育旅游经济带,推进世界智力运动城的三塘智力运动综合体项目建设。

【"体育+"融合多元发展】 2020年,南宁市继续推进"体育+"发展,加强体育与旅游、健康、教育、科技、会展等方面的融合。持续打造大明山体育旅游精品线路、兴宁区昆仑大道体育旅游精品线路、园博园、百里秀美邕江等体育旅游项目;培育青秀山、昆仑关、花雨湖、芦仙山、邕宁田园风光区等户外运动营地;不断丰富"邕江课堂""大明山青少年成长课程"等研学活动,发展青少年运动培训业态;创新"体育+会展"发展模式,线上举办2020南宁体育产业博览会。创新体育产业发展路径,开展夜跑、夜骑等潮流运动,打造"夜健"消费场景,建设邕江两岸、南湖公园、广西体育中心、李宁体育园等标志性夜间运动集聚区,鼓励体育场馆通过延长夜间营业时间、发放消费券等形式,吸引市民参与。广西体育中心推出"夜健"活动,发放体育运动消费券4.3万元,吸引约6万名市民参加,体育消费额256万元;李宁体育园每周举办不同主题活动,接待市民超过180万人次,比上年同期增长约10%。

【体彩销售】 2020年,南宁市体育彩票累计销量6.5亿元,累计产生公益金约7900万元。

【体育产业大招商】 2020年,南宁市结合自贸区南宁片区建设及"三企入桂"的工作部署,制定年度体育产业招商计划、"湾企入桂"招商工作方案,做好体育产业招大引强工作。组织团队分别到广东、云南等地学习考察,探索发展商机、搭建合作平台。同时,推进安踏集团销售总部、特步集团跑步俱乐部和东南亚总部、舒华集团智慧健身设施进公园等一批重大项目。

(黄永铁　张宗千)

编辑　李志楠

卫生健康

综　述

【概　况】 2020年1月25日，南宁市卫生健康委员会(简称"市卫健委")成立抗击新型冠状病毒(简称"新冠病毒")引发的重大疫情前线指挥部，先后抽调1164名医务骨干分批组建医疗救治队、预备梯队，组建专家组全力开展医疗救治，27天实现本土确诊病例"零增加"，55例确诊病例治愈出院。选派119名医务人员支援湖北、中国香港等地抗击疫情。投入200多万元，修缮村委卫生室188个；建档立卡贫困人口大病救治1.74万人，救治率99.60%。确立健康南宁行动"1+19"政策框架体系，成立健康南宁行动推进委员会和专家咨询委员会。全市居民健康素养水平21%，位居自治区首位。持续推进"健康细胞"建设，创建健康家庭9.94万户、健康社区131个、健康村170个、健康促进医院(二级及以上)37家；编制大健康医疗产业专项规划和全市大健康医疗产业工作方案，加快社会办医进程。统筹推进卫生健康项目18个，投入5269万元，加大社区卫生服务中心建设；投入1.62亿元，推进147个发热门诊和发热诊室"哨点"规范化建设；推进核酸检测实验室建设，检测能力每天4.70万人份。加强公共卫生和重大疾病防治，法定传染病发病率比上年同期下降50.71%、报告突发公共卫生事件下降47.88%。加强"一老一小"照护服务和妇幼健康工作，3个医养结合案例被评为全国医养结合典型经验，申报获批国家普惠性托育服务专项行动项目7个，实施免费婚前医学检查等妇幼健康免费项目20项。完成乡镇卫生院中医馆建设105个。全市卫生高层次人才(学科带头人)培养项目录取农村订单定向医学生92人。推进"信用+综合监管"国家级试点工作。开展医疗美容、疫苗流通和预防接种等专项整治，立案处罚443件。现代医院管理制度建设和公立医院综合改革获自治区卫健委肯定，医疗集团建设被自治区党委改革办评为优秀改革案例。市第四人民医院被评为全国先进基层党组织、全国抗击新冠肺炎疫情先进集体，获"全国抗击新冠肺炎疫情先进个人"称号2人。主要存在基层医疗卫生人才短缺，医疗设施设备较差，核酸检测实验室建设存在资金紧缺、场地缺乏等问题。

医疗卫生机构总量　市辖区有医疗卫生机构4872个，其中医院148家(公立医院68家、民营医院80家)，基层医疗卫生机构4651家(乡镇卫生院120家、社区卫生服务中心57个、社区卫生服务站70个、诊所和医务室2973个、村卫生室1431个)，专业公共卫生机构52个(疾病预防控制中心17个、专科疾病防治所1个、健康教育所1个、妇幼保健院9家、急救中心1个、采供血机构5个、卫生监督所16个、计划生育技术服务机构2个)，其他卫生机构21个。市属医疗卫生机构4837家，其中医院129家，乡镇卫生院120家，疾病预防控制机构16个，卫生监督所15个，妇幼保健机构8个，社区卫生服务中心(站)127个，专科疾病防治所1个，急救中心1个，采供血机构5个，门诊部、诊所、卫生所、医务室2973个，村卫生室1431个，计划生育技术服务机构1个，其他卫生机构10个。

医疗卫生机构床位数　市辖区医疗卫生机构有床位5.68万张，比上年增加2404张，增长4.42%。每千常住人口有医疗卫生机构床位7.64张，增长3.14%。医院床位4.27万张，增加1613张，增长3.93%。其中，中医民族医医院床位9325张，增加191张，增长2.09%；民营医院床位7412张，增加1148张，增长18.33%。乡镇卫生院床位1.00万张，增加436张，增长4.54%。市属医疗卫生机构床位3.89万张，其中医院2.60万张、卫生院1.00万张、社区卫生服务中心694张，增加1772张，增长4.78%。

医疗卫生人力总量　市辖区有医疗卫生人员9.69万人，比上年增加6128人，增长6.75%；卫生技术人员8.01万人，增加5515人，增长6.88%；执业医师和执业助理医师2.89万人(中医类别5827人)，增加1886人，增长6.99%。每千常住人口卫生人员、卫生技术人员、执业医师和执业助理医师分别为13.04人、10.79人、3.89人，分别增加0.69人、0.63人、0.21人。全科医生2369人，增加243人，增长11.43%；每万常住人口有全科医生3.19人，增加0.30人。注册护士3.70万人，增加3044人，增长8.96%；每千常住人口有注册护士4.99人，增加0.36人。乡镇卫生院卫生人员1.05万人，增加473人，增长4.71%；乡镇卫生院卫生技术人员8929人，增加396人，增长4.64%；乡镇卫生院执业医师和执业助理医师2685人，增加42人，增长1.59%；乡镇卫生院注册护士3381人，增加146人，增长4.51%。市属医疗卫生机构卫生人员7.27万人，卫生技术人员5.60万人，其中执业(助理)医师2.06万人、注册护士2.48万人；卫生人员、卫生技术人员、执业(助理)医师、护师分别增加15.74%、8.48%、6.99%、10.11%。

【医疗卫生体制改革】 2020年，南宁市成立医改领导小组秘书处，强化对医改工作的组织领导。授予城市医疗集团、县域医共体等医联体单位内部人员、设备、业务统一调配、统一管理权限。推动落实医保基金“总额付费、结余留用、合理超支分担”的约束和激励机制，推进按病种、按人头、按床日付费等多元复合式医保支付方式改革，激励医疗机构合理检查、治疗、用药；实施药品耗材集中带量采购，降低药品耗材成本，减少民众用药经济负担。10月，医联体上级医院指导基层开展新技术新项目401项，向基层派驻人员1911人次，基层诊疗量占比43.70%，全市区域内就诊率90.30%。开展远程心电诊断6.96万例、远程影像诊断3.70万例，比上年同期分别增长55.30%、26.10%，实现“基层检查、上级诊断”。

【国家基本药物制度实施与药品集中采购】 2020年，南宁市落实国家2018版基本药物在各级医疗卫生机构的配备使用政策，推进医疗机构全面落实基本药物制度，完成配备使用指标任务。全市三级、二级、一级医疗机构基本药物配备使用采购金额分别为32.25%、44.50%、85.36%，超额完成指标(25%、40%、65%)要求。推进药品分类采购，组织医疗机构做好自治区招标入围品种的规范采购和配备使用和带量采购。完成短缺药品信息直报系统迁移调整，医疗机构上报短缺药品信息87条，涉及药品68种。其中，区县级解决48条，上报39条；市级解决24条(涉及药品20种)，驳回10条(涉及药品10种)，上报自治区卫健委5条(涉及药品3种)。

【卫生项目建设】 2020年，南宁市级层面统筹推进卫生项目18个(新开工3个、续建4个、投产4个、储备项目7个)。其中新开工项目有市第四人民医院综合传染病门诊住院楼、南宁急救医疗中心南区急救分中心项目、市卫生计生监督所业务综合楼项目，续建项目有市第二人民医院门急诊内科综合楼主体施工、兴宁区人民医院新建项目(市中西医结合医院新建、市第七人民医院迁建)、市儿童医院主体工程、市第二人民医院江南医院二期住院楼装修，竣工投产项目有市第一人民医院医技综合楼、市第一人民医院全科医生规范化临床培养基地、市第五人民医院精神卫生综合大楼、市妇幼保健院保健综合楼项目，市级储备项目为市中西医结合医院(市第七人民医院)二期项目、市第一人民医院老干部医疗保健中心、市第一人民医院青秀养老院、南宁中心血站五象分站、南宁急救医疗中心西区急救分中心项目、南宁急救医疗中心东区急救分中心项目、市第九人民医院医养结合项目。县级医院项目中，上林县人民医院儿科综合楼竣工，马山县妇幼保健院、武鸣区第一人民医院等开工建设。市第一人民医院、市第二人民医院、市第六人民医院、市红十字会医院、市疾控中心，以及区县二级以上公立医疗卫生机构、疾控中心等13家单位的PCR核酸检测实验室全部建成投入使用。南宁市获抗疫特别国债资金9772.26万元支持建设发热门诊(哨点诊室)147个。申请中央计划资金7900万元，提升横县、宾阳县、上林县、马山县、隆安县县级医疗水平。

【公共卫生服务】 2020年，南宁市基本公共卫生服务项目按照人均补助74元标准，筹措资金5.37亿元，累计为664.26万居民建立电子健康档案，电子档案建档率91.57%；适龄儿童国家免疫规划疫苗接种98.83%，0岁～6岁儿童健康管理率94.81%，孕产妇系统管理率94.84%；老年人健康管理率72.11%；高血压规范管理率86.28%，糖尿病规范管理率85.72%。通过建档、随访、干预、体检、监测、指导、宣教和治疗等手段，引导群众预防重大疾病，形成健康生活方式。

【卫生保障】 2020年，市卫健委在南宁市区新规划2个急救分站(市第一人民医院青秀急救分站、市第四人民医院急救分站)，提升南宁市急救快速响应能力和卫生应急核心能力。完成市人大、政协“两会”，自治区巡视组巡视，中国—东盟博览会、中国—东盟商务与投资峰会及南宁国际民歌艺术节的医疗卫生保障。协调保障考场400余个，派出医务人员410余人。保障高考、中考、公务员招考、研究生考试等20余场考试，保障100多万名考生健康安全。处置Ⅳ级及以上级别突发事件紧急医学救援72起，派出救护车、指挥车100余次，救治伤病员204人。新冠肺炎疫情期间，市卫健委收集掌握南宁市疫情数据，保持与公安、海关、边检、疾控部门对接，实时掌握疫情动态信息，组织120急救中心成立特勤转运组，转运确诊病例、疑似病例、密切接触者1030车次、1697人。做好登革热、流行性感冒、手足口病、肺结核等疫情防控。

【医疗质量控制】 2020年，南宁市推进医疗质量控制体系建设，制定《南宁市医疗质量控制中心遴选工作方案》，启动医疗质量控制中心遴选工作，调整护理、病案2个医疗质量控制中心，新增设置消化内科、耳鼻咽喉头颈外科、超声诊断、脑卒中、胸痛中心、院前急救医疗、急救医学、手术室8个专业医疗质量控制中心，全市医疗质量控制中心增至22个。各质控中心累计完成理论及实操培训31期，对市、县医院全覆盖培训，线下培训7000多人，线上培训超14万人次。组织进行医疗机构、医师、护士电子化信息注册，开展医师定期考核，完成执业医师资格考试。开展新冠肺炎疫情、流行性感冒、手足口病等传染病防控监督，督查指导全市医疗机构预检分诊、发热门诊、医院感染管理、医疗救治。

【卫生采购项目】 2020年，市卫健委组织采购项目80个(货物类52个、服务类28个)，完成80个，签订合同80个，采购医疗设备1494台。预算资金8381.16万元，实际中标7998.49万元，节省财政资金382.67万元。 (市卫健委)

抗击新冠肺炎疫情

【概 况】 2020年新冠肺炎疫情发生后，南宁市启动应急响应机制，迅速全面动员部署。1月25日，南宁市新冠肺炎疫情防控工作领导小组成立，自治区党委常委、市委书记王小东，市委副书记、市长周红波担任组长。领导小组下设指挥部，指挥部下设12个工作组(综合协调组、医护物资保障组、联防联控组、疫情防控医疗救治组、宣传组、交通组、社会维稳组、生活物资保障组、组织纪律督查组、学校开学工作组、应急联络组、市场监管组)，组长全部由市领导担任；抽调150多名干部组成专门工作机构，做到有组织强统筹、有人员抓落实。健全疫情防控机制体制，成立机场转运、疫苗接种、春运工作、区域协查、交通管控、核酸检测调度、流调溯源、集中隔离、发热门诊和医院感染防控等工作专班9个；完善调度会议、工作报告、督查检查、信息收集、值班值守等工作制度。仅用27天实现本土确诊病例“零新增”，1个多月时间实现55例确诊患者全部治愈出院，专业救治医院医务人员“零感染”。年内，境外输入、进口冷链食品引发疫情“零发生”，胜利完成援鄂援港任务。统筹推进疫情防控和经济社会发展，扎实做好“六稳”工作、全面落实“六保”任务，制定系列纾困惠企政策，出台强化就业优先、促进投资消费、稳定外贸外资、稳定产业链供应链等措施，促进新业态发展，推动交通运输、餐饮商超、文化旅游等行业有序恢复，分批分次复学复课，不断巩固疫情防控和经济社会发展成果。南宁市坚持党建引领，各级党组织、广大党员干部响应号召投身新冠肺炎疫情防控阻击战，党员志愿者3.57万人参与群防群控；在疫情防控期间递交入党申请书1292人，在抗疫一线发展党员168人；27万名党员捐款1700多万元支持疫情防控；市卫生健康系统开展“白衣战疫情·党旗一线红”主题活动，成立“党员先锋队”35支，党员医务工作者 2600 人带头战“疫”。

【疫情防控】 2020 年，南宁市多部门联合发挥协同作用，抓好监测流行病学调查。加强主动监测，建立实行实时监测、零报告工作机制，组建市级流行病学综合调查组，提高流调速度及精度，控制疫情播散。累计报告本地确诊病例 55 例、境外输入确诊病例 9 例、无症状感染者 30 例(武汉 2 例、境外输入 28 例)。对 612 例疑似病例进行流调，累计排查密切接触人员 3804 人；收发协查函 464 份，发出预警信息 757 条、疫情分析报告 58 份；采集外环境监测样本 3.35 万份，排查入境及国内中高风险地区到邕返邕航班 792 班、4.70 万人。突出联防联控，抓好点面结合防控疫情，印发《南宁市境外疫情防控机场输入全闭环管理工作规范》，采取“市管干部 + 辖区领导”双组长管理模式，组建境外疫情防控机场全闭环管理工作组 12 支，严格境外人员闭环管理；制定落实《南宁市集中隔离医学观察点标准化建设工作指南(试行)》，对集中隔离点进行全封闭物理阻隔，科学划分“三区两通道”(清洁区、半污染区、污染区，医务人员通道、病人通道)，做好环境消杀、预防性消毒；集中隔离点累计集中隔离观察 1.93 万人；推进群防群控、联防联控“一盘棋”，把全市划分为 7148 个网格，组织网格员 7000 多人成立排查专班，发动基层工作人员、网格员入户排查 66.99 万人次。筹措医用防护物资，安排专人常驻 4 家防护品生产企业，协调解决复工复产问题，落实企业补助资金，增强物资保障能力；市政府出台《应对新冠肺炎疫情支持工业企业发展若干政策措施》，鼓励企业新建、扩建、转产紧缺防疫物资项目，全市有口罩生产企业 31 家，日产能 400 万只；整合全市采购平台，面向国内外采购医用物资，协调海内外多家企业捐赠，保障全市疫情防控医疗防护物资供应。坚持“人”“物”同防，抓好进口冷链食品监管，制定《2020 年南宁市境外及国内高中风险地区冷链食品新冠病毒专项监测工作方案》，科学开展冷链食品风险监测，全年检测冷链食品外包装、环境、从业人员样品 2 万份(食品样品及包装样品 8991 份、环境样品 4607 份、从业人员样品 6474 份)，核酸检测结果均为阴性；妥善处置厄瓜多尔进口冷冻南美白虾、巴西进口冷冻鸡翅等流入南宁的多起突发事件；境外输入、进口冷链食品引发疫情“零发生”。抓好应急处置准备工作，在自治区率先印发《南宁市新冠肺炎突发疫情应急处置工作方案》《南宁市大规模人群核酸采样检测工作实施方案》，开发大规模核酸采样检测信息管理系统，绘制全市核酸检测采样布点电子图；推进核酸检测实验室建设，市本级二级以上综合医院、各区县人民医院及 6 家区县级疾控中心核酸检测实验室建成，组建流调队伍 78 支 234 人、核酸采样队伍 15 支 1.33 万人，3 日内可完成 700 万居民的采样检测。

【病例救治】 2020 年，南宁市把住早治疗关口，落实市、县两级新冠肺炎定点救治医院 9 家，腾出隔离病房 297 间、床位 644 张，满足救治诊疗需求；分批组建医疗救治队、预备梯队，抽调专家 35 人组成市级医疗救治专家组，对确诊病例实行“一人一案”“一日一讨论”“一日一评估”精细化管理；组织医护人员 2000 多人全力救治新冠肺炎患者。1 月 25 日，南宁市收治第一例确诊病例；累计收治新冠肺炎本地病例 55 例、境外输入病例 9 例、无症状感染者 30 例，患者收治率、治愈率均 100%。探索中西医结合，参与确诊病例治疗，研制预防新冠肺炎中药方，向全市易感人群免费发放预防中药 2.30 万人次。在自治区首创愈后康养模式，建立确诊病例治愈集中康养点，免费提供 14 天定点集中康养服务。在 119 家医疗机构开设发热门诊，排查有发热、咳嗽等临床表现的疑似患者，至 12 月 31 日全市发热门诊累计就诊 52.04 万人次，门急诊发热留观 1.48 万人次。把住急救转运关口，整合全市院前急救转运资源，组建新冠肺炎患者转运特勤站，负责全市所有新冠肺炎确诊病例、疑似病例、发热病例、密切接触者等相关人员的院前急救转运，降低交叉感染风险；组建新冠肺炎特勤转运队 22 批次、233 人，特勤转运队出车 1030 辆次，转运确诊、疑似和密切接触等人员 1697 人次。把住院感防控关口，加强全市医疗机构发热门诊建设，重新改造布局，优化预检分诊流程；推进 147 个发热门诊和发热哨点诊室项目建设；加大医院预检分诊点、发热门诊、隔离病房(区)、核酸检测实验室工作人员、救护车转运工作人员等重点人员院感防控培训力度，提高防护意识；设立岗位安全监督员督查个人防护、手卫生等情况，保证工作人员上岗前防护措施落实到位；采取“督查 + 暗访”双轨并行，对南宁市 62 家医疗机构督导 10 次、暗访 4 次，对发现的问题现场下发卫生监督意见书，督促整改落实；专业救治医院医务人员实现“零感染”。全市仅用 27 天实现本土确诊病例“零新增”；2 月 6 日，首例新冠肺炎患者康复出院；3 月 15 日 18 时 20 分，最后 1 例新冠肺炎确诊患者从自治区人民医院邕武医院治愈出院，累计确诊新冠肺炎病例 55 例全部治愈出院，实现本土新冠肺炎确诊病例、疑似病例“双清零”。

【支援抗疫】 2020 年，南宁市按照中共中央、自治区党委、市委的决策部署，支援湖北、中国香港地区抗疫，支持边境口岸疫情防控，以及参与国际抗疫合作。2 月 4 日，派出首批援鄂医疗队 34 人驰援抗疫一线，累计选派医疗救治骨干 5 批、105 人组成援鄂医疗队驰援湖北，大部分为呼吸、感染性疾病、重症医学等专业的中坚力量。各批医疗队成立临时党支部，将党建工作与医疗工作有机融合，构建起综合协调、医疗救治、护理管理、院感防控、后勤保障、医疗专家组、宣传报道等工作架构；创新提出由医护人员和患者中的党员组建病区医患临时党支部，让患者参与方舱医院管理的工作思路；运用独具特色的“广西疗法”开展治疗，每周定期在方舱医院开展壮医三气养身操、八段锦、呼吸操、穴位按摩等以壮医为主导的中医传统特色疗法。南宁市支援湖北抗疫医疗队队员中有 56 人提交入党申请书，均已发展为中共党员。3 月 20 日，首批援鄂抗疫医疗队队员返回南宁；至 4 月 3 日，支援湖北抗疫医疗队队员全部返回南宁。7 月初，中国香港地区暴发第三波新冠肺炎疫情，南宁市落实中央支持香港抗击新冠肺炎疫情指示要求，配合中国香港特区政府实施“普及社区检测计划”，选派医疗队员 18 人组成新冠病毒核酸检测队支援香港，检测近 180 万样本；9 月 16 日，完成任务返回南宁。3 月、8 月，分别派出 4 批医疗卫生工作队 8 人定点支援东兴市边境口岸疫情防控。年内，全市组织参与捐赠湖北果蔬活动 4 批次，广西金穗农业集团、南宁天达农业有限责任公司、广西南宁金起桦农副产品加工有限公司等 20 余家农业企业、合作社、种养大户捐赠水果、蔬菜、大米 400 多吨、价值 225 万元，其中沃柑、茂谷柑、砂糖橘、橙子 125 吨，火龙果 10 吨，包菜 100 吨，冬瓜 49 吨，毛节瓜 20 吨，大玉芥菜 62 吨，胡萝卜 20 吨，辣椒 5 吨，大米 11 吨。南宁市贯彻落实国家总体外交政策，参与国际抗疫合作，按照“服务大局、分批分类、突出重点、有来有往”原则，筹集一次性医用口罩 20.50 万个、防护镜 900 副、防护服 1150 套、免洗消毒液 100 瓶，分别捐赠至意大利克雷马市、西班牙穆尔西亚市、泰国孔敬市、韩国果川市、乌克兰伊万诺—弗兰科夫斯克市、菲律宾达沃市、马来西亚霹雳州、英国韦克菲尔德市、日本秋田市等国际友好城市、国外友好交往城市，以及中国驻津巴布韦大使馆、中国驻圣彼得堡总领事馆等驻外机构、在加纳务工的南宁籍人员，并分享中国各阶段抗疫经验和复工复产举措。

【复工复产复课】 2020 年 2 月下旬，南宁市将疫情防控工作重心从严防死守转向统筹疫情防控与经济社会发展,推动生产生活秩序加快恢复。市疫情防控指挥部成立复工复产工作专班,对企业融资、用工、政策落实、交通运输等问题实施定向服务;融资需求保障组保障企业生产经营所需资金,劳动用工保障组着力解决用工难问题,最大限度发挥电子信息企业产能;政策落实保障组确保政策"红利"及时落实到企业,交通运输保障组确保企业原材料进得来、产成品出得去。市政府出台支持工业发展若干政策措施,建立市、区县(开发区)联系服务工业企业机制,对实体企业实行"一企一策"精准扶持,帮助企业渡过难关。南宁市在自治区率先出台应对新冠肺炎疫情支持中小企业保经营稳发展措施16条,从助企稳岗、降本减负、融资支持、审批服务等4个方面减轻疫情对中小企业造成的负面影响;出台稳工业8条、稳投资6条、促消费12条等援企稳岗、刺激增长的政策举措。南宁市采取"政策找人、补助找企业"的办法,依托全国首创的南宁智慧人社"免办"发放平台,在全国率先落地疫情期间援企稳岗返还政策。2月24日,南宁市成为全国首个政策惠及超1万家企业的城市。采取"企业网上申报,部门主动核实"做法,兑现市本级16条措施,对在疫情期间实际发生的贷款利息进行50%的贴息补偿;全年下达信贷风向补偿基金3241.03万元,支持企业356家。市政府印发《南宁市应对新型冠状病毒感染的肺炎疫情支持中小企业保经营稳发展若干措施》,开展小微企业经营贡献奖励,政策惠及小微企业近20万家;纳入国家疫情防控重点保障企业名单49家,其中35家企业获专项再贷款6.55亿元;进入自治区重点支持工业企业清单97家,列入南宁市复工贷款重点支持工业企业名单155家,拨付第一批、第二批复工贷款财政贴息资金1767.46万元,拨付稳企贷财政贴息资金632.9万元。2月10日起,南宁市工业企业、服务业企业和建设工程实行分类分时段安全有序复工。3月初,全市"四上"企业(规模以上工业企业、资质等级建筑业企业、限额以上批零住餐企业、国家重点服务业企业)、农业龙头企业基本实现复工复产。根据常态化疫情防控最新要求和各批次学生年龄特点,抓实抓细抓好各批次学校错时开学,南宁市教育、卫健、公安、交通、市场监管等部门选派专业人员组成驻校指导工作组,指导学校做好校园疫情防控、食品安全管理、校园及周边治安、交通秩序维护、开学复课等工作;5月中旬,3290所学校近170万师生实现有序安全复课,无聚集性疫情发生。

【抗疫先进典型】 2020年,南宁市广大医务工作者、基层干部、公安民警、志愿者等不惧艰险、坚守一线,全市人民凝聚战"疫"强大合力,涌现一批抗疫先进典型。5月15日,在全国妇联举办的"最美我的家 抗疫家力量"全国抗疫最美家庭云发布活动上,南宁市的杨显婷家庭、黄春英家庭获全国抗疫"最美家庭"称号。7月27日,自治区激励干部担当作为专项奖励颁奖大会表彰在统筹新冠肺炎疫情防控和经济社会发展中做出突出贡献的先进个人,南宁市获奖励124人(一等奖2人、二等奖4人、三等奖118人)。9月8日,在全国抗击新冠肺炎疫情表彰大会上,梁小霞(女,广西第七批援湖北省抗疫医疗队员、市第六人民医院内一科护士)、韦球(市第一人民医院副院长、主任医师,广西医科大学副教授)被中共中央、国务院、中央军委授予"全国抗击新冠肺炎疫情先进个人"称号,市第四人民医院党委被授予"全国抗击新冠肺炎疫情先进集体""全国先进基层党组织"称号。梁小霞被自治区党委追认为中共党员,被自治区党委、自治区政府追授"先进工作者"称号、评定为激励干部担当作为一等奖,自治区党委宣传部追授"八桂楷模"称号,自治区党委组织部、自治区人力资源和社会保障厅给予追记大功奖励;被共青团中央、全国青联追授中国青年五四奖章,共青团广西区委、广西青年联合会追授广西青年五四奖章,共青团南宁市委、南宁市青年联合会追授南宁市青年五四奖章(新冠肺炎疫情防控专项);被全国妇联追授"全国三八红旗手"称号,自治区妇联追授"广西三八红旗手"称号,市妇联追授"南宁市最美巾帼奋斗者"称号;被中国医师协会追授"白求恩式好护士"称号,广西护理学会追授"广西优秀'战疫'护士"称号。自治区党委书记、自治区人大常委会主任鹿心社,时任自治区党委副书记、自治区主席陈武分别作出批示,要大力学习宣传梁小霞奋不顾身、勇于奉献的精神和感人事迹。12月29日在全国工业和信息化工作会议上,汪东明(中共党员,市工业和信息化局党组书记、局长、一级调研员)被工业和信息化部授予"全国工业和信息化系统抗击新冠肺炎疫情先进个人"称号。2021年1月18日在全国市场监管工作会议上,刘国石(中共党员,南宁市市场监管局药品流通监管科科长)被国家市场监督管理总局、国家药监局、国家知识产权局联合授予"全国市场监管系统抗击新冠肺炎疫情先进个人"称号。 (市疫情防控指挥部)

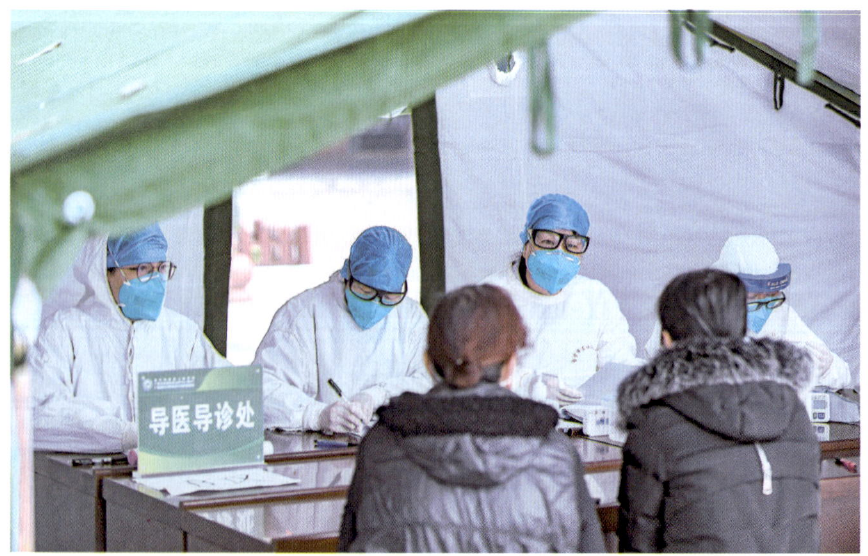

2020年1月,市第四人民医院设置新冠肺炎预检分诊点。图为医护人员在预检分诊点接受咨询 潘浩 摄

医政管理

【概 况】 2020年,市卫健委针对新冠肺炎疫情防控组建督查组对市区二级及以上医疗机构进行常态化督导10次。创建"平安医院",36家二级以上公立医疗机构有34家建立警务室,157家基层医疗机构有146家参加医疗责任保险。市三级公立医院临床路径管理率44.46%,二级公立医院临床路径管理率50.71%。定期追踪了解医疗机构抗菌药物临床应用管理情况及指标完成情况,重点监控药品使用情况、麻醉药品管理情况。审核交通事故受害人社会救助申请材料23份,涉及道路应急救助垫付金额55.57万元。举办护理培训班4次,线上线下培训6600余人。

【医疗机构新冠肺炎防控管理】 2020年,

南宁市医疗机构均成立抗击新型冠状病毒感染的肺炎疫情工作领导小组，制定新型冠状病毒感染病例医院感染预防与控制技术指引（试行）、防护服穿脱流程，印制《南宁市新冠肺炎疫情常态化防控与医疗救治“六严格”手册》供医务人员学习，进行防疫培训。抽调医院感染、医务、护理等专家组成督查组对市区二级及以上医疗机构进行全覆盖常态化督导10次，对定点医院进行医院感染管理等专项检查。区县（开发区）组建80人的专家组督导辖区医疗机构。开展药政、麻醉、输血、产科质量、病案等专项督查1次。

【医疗安全管理】 2020年，南宁市开展“平安医院”创建，在医疗卫生系统开展职业医闹暨行业乱象专项整治行动。36家二级以上公立医疗机构有34家建立警务室，33家在院内重点部门安装应急报警装置，三级医院警务室建设率100%，二级医院警务室建设率94.44%。完善医疗风险分担机制，36家二级以上公立医疗机构参加医疗责任保险、覆盖率100%，157家基层医疗机构有146家参加医疗责任保险、覆盖率92.99%。市卫健委对委属医院开展“进一步改善医疗服务行动计划”绩效考核，检查13家公立医疗机构医疗服务质量与医疗安全、执业安全情况。各医疗机构均设有医疗纠纷医患沟通办公室，有专职或兼职人员负责接受医疗服务投诉和处理。

【医院临床路径管理】 2020年，南宁市加强公立医疗机构以电子病历为核心的医院信息化建设，完善医院临床路径信息系统，将临床路径管理信息化纳入医疗机构信息化整体建设。各医疗机构加强临床路径培训，把医疗机构临床路径管理情况纳入医疗机构考核指标体系，引导医疗机构和医务人员规范诊疗行为，控制不合理医疗费用。市三级公立医院临床路径管理均率44.46%，二级公立医院临床路径管理均率50.71%。

【医院感染管理】 2020年，市卫健委协助调查和处理辖区内医院感染事件，完成1起精神病院肺结核事件的调查和指导。新冠肺炎疫情期间，督导医院感染防护。组织举办全市院感管理培训班4期，培训500多人次，采用线上直播方式扩大受众面，线上学习人员超过10万人次，组织院感专家到各医疗机构进行新冠院感防控知识培训。8月至9月，在“2020年中央财政医疗服务与保障能力提升（公立医院综合改革）补助资金—质控中心人才培养”项目支持下，举办全市院感骨干轮训班3期，培训约350人。

【医疗机构药事管理】 2020年，市卫健委定期追踪医疗机构抗菌药物临床应用管理情况及指标完成情况，重点监控药品使用、麻醉药品管理情况。开展全市二级及以上医疗机构（包括公立、民营医院35家）抗菌药物临床应用管理专项督查。组织全市197家医疗机构进行抗菌药物供应目录备案。组织全市二级以上医疗机构加入抗菌药物临床应用监测网，除5家医院（市社会福利医院、市福利中医院、市茅桥中心医院、上林县中医医院、隆安县妇幼保健院）因为病例数不足无法加入监测网外，其余35家二级以上医疗机构均加入监测网。组织卫健部门、卫监所、医疗机构参加国家卫健委举办的加强医疗机构药事管理和合理用药工作视频会议、全区药物政策视频培训会。市卫健委举办南宁市基层医疗机构抗微生物药物合理应用暨中药合理应用培训班1期，安全合理用药培训班1期。

【护理管理】 2020年，南宁市护理质控中心完成换届遴选，联合南宁护理学会举办护理培训班4期，二级及以上医疗机构护理人员线上培训4000余人、线下培训2600人次。在“2020年南宁市‘5·12’国际护士节庆祝大会”上，表彰2019年南宁市临床护理职业技能大赛获奖团体和个人，授予10家定点医疗机构、14家援鄂医疗机构“抗疫先进护理集体”牌匾，表彰先进护理个人5人。开展“互联网+护理服务”的居家护理试点服务，举办延续护理“十佳”护士评选活动，评选出来自市第一人民医院、市第二人民医院、宾阳县人民医院等10家单位的10名优秀护士予以表彰。组织质控中心专家在全市开展新冠肺炎医院感染防控工作护理专项督查，抽调护理质控专家32人组成12个督查小组，对37家二级及以上公立医疗机构发热门诊、医务人员个人防护和护工防疫管理等进行现场督查。

【“服务百姓健康行动”义诊】 2020年9月21日至27日，市卫健委组织三级医院10家、二级医院27家、其他医疗机构72家参与“服务百姓健康行动”大型义诊活动周活动。参加义诊的医务人员1623人，其中院士3人、主任医师19人、副主任医师162人、主治医师394人、住院医师336人、药（剂）师101人、护士553人；义诊群众1.11万人次（建档立卡贫困人口7830人次），线上义诊4866人次；健康宣教2.25万人次，收住院268人次，减免患者费用24.73万元，发放宣传资料4.31万份，发放义诊药品数万元。（市卫健委）

疾病预防控制

【概　况】 2020年，南宁市有传染病诊疗机构285家，传染病诊疗机构网络正常运行率100%。无甲类传染病疫情。乙类传染病报告发病率299.41/10万，死亡率8.40/10万，病死率2.81%（发病2.20万例、死亡617人），无传染性非典型肺炎、脊髓灰质炎、人感染高致病性禽流感、麻疹、狂犬病、乙脑、炭疽、流行性脑脊髓膜炎、白喉、钩体病、血吸虫病和人感染H7N9禽流感的发病和死亡报告。乙类传染病报告发病率比上年下降16.43%，但布鲁氏菌病（简称“布病”）报告发病率上升39.96%；死亡率上升3.81%，主要是艾滋病报告死亡率上升。乙类传染病发病率居前五位的病种依次为病毒性肝炎、肺结核、梅毒、淋病、艾滋病；病死率前三位的病种依次为艾滋病、肺结核、病毒性肝炎。丙类传染病报告发病率397.83%，无死亡病例（发病2.92万例）。丙类传染病占法定传染病总数57.06%，手足口病（发病8891例）占法定传染病总数17.36%。报告传染病卡片8.26万张，及时报告8.25万张，及时报告率99.98%；审核卡片8.27万张，及时审核率100%。报告突发公共卫生事件55起，其中一般事件34起、未分级事件21起。接收预警信号3747条，排除3217条，疑似事件530条，均及时通知相关业务部门处置。

【免疫规划】 2020年，南宁市常规免疫冷链运转12次以上。适龄儿童建卡10.86万人，出生上卡率14.09‰。基础免疫接种情况：卡介苗接种率99.39%，乙肝疫苗接种率99.36%，乙肝疫苗首针及时接种率95.76%，脊灰疫苗接种率99.02%，百白破疫苗接种率98.93%，麻疹类疫苗（含麻疹、麻风、麻腮风疫苗）接种率98.82%，A群流脑接种率98.00%，“A+C群”流脑接种率98.53%，甲肝疫苗接种率98.48%，乙脑疫苗接种率98.71%，白破疫苗接种率98.40%。无麻疹病例，无脊灰野毒株引起的脊灰病例；报告AFP（急性弛缓性软瘫）病例28例，报告率2.01/10万；完成预防接种有异常反应的调查处理471人次。

【新冠肺炎病例收治】 2020年，南宁市报告由新冠肺炎本地病例55例，输入性病例9例，无症状感染者30例。新冠肺炎患者收治率100%，治愈率100%，病死率为零。1月24日，广西中医药大学第一附属医院报告3例新冠肺炎疑似病人，其中1人为武汉到邕人员，2人为其家属。

25日,经南宁市疾病预防控制中心检测、广西壮族自治区疾病预防控制中心复核,确诊为新冠肺炎病例,为南宁市首例病例。该家庭8人确诊新冠肺炎,为南宁市首起聚集性疫情。1月25日至2月21日,全市报告本地病例55例,其中轻型7人,普通型45人,重症2人,危重症1人,无死亡病例。病例涉及8个区县,其中青秀区30例、马山县9例、西乡塘区6例、隆安县3例、邕宁区3例、良庆区2例、江南区1例、横县1例。5月20日,所有病例均治愈出院。2月21日至12月31日,南宁市313天无本地病例报告。年内,进行疑似病例流行病学调查612例,排查密切接触人员3804人,发出预警信息757条、疫情分析报告58份,全市疾控机构采集外环境样本3.35万份,核酸检测结果均为阴性,完成核酸检测样本超8万人份,排查数万人次,处理协查通报函件近千份,消毒重点场所面积近20万平方米。

【传染病与地方病防治】 2020年,南宁市以乡镇为单位实施现代结核病控制策略(DOTS策略)覆盖率100%,登记活动性肺结核病人6417例,其中病原学阳性病人3401例,初治涂阳病人1894例;筛查利福平耐药肺结核可疑者3162例,确诊病人157人,纳入治疗136人;将生活困难肺结核患者提供免费治疗纳入为民办实事项目,免费治疗生活困难肺结核患者1197人,累计治愈上年纳入为民办实事项目肺结核病人1134人,成功治疗率95.21%。报告手足口病发病8817例(实验室确诊病例901例、临床诊断病例7916例),其中重症18例,无死亡病例,手足口病重病例的病原以CA10为主;发生突发疫情1起。艾滋病抗体筛查231.16万人次,筛查人次数比上年同期下降0.30%,筛查率下降0.49%,新发现报告艾滋病感染者/病人1707例。社会救助1956人,救助率100%;救助艾滋病致孤儿童和艾滋病病毒感染儿童46人,救助率100%。获民政各项救助19.98万人次,救助支出802.06万元。经性传播途径是南宁市艾滋病传播的首要途径,其中以异性传播为主,经母婴、经注射吸毒传播得到有效控制,经同性性传播比例逐年上升,无经输血(血制品)传播病例。完成碘盐监测4012份,碘盐覆盖率99.73%,非碘盐率0.27%,碘盐合格率98.20%,合格碘盐食用率97.93%;开展“众志成城战疫情,科学补碘保健康”主题宣传活动,发放宣传资料7.14万份,发送短信宣传信息2.24万条,接受咨询2.13万人次。无狂犬病发病病例;举办狂犬病防控技术培训班1期,培训医务人员120人;第14个“世界狂犬病日”发送宣传短信16万条,地铁移动电视频道滚动播放宣传内容,覆盖南宁市地铁1号线、2号线、3号线,覆盖群众300多万人。连续32年无本地血吸虫病报告。武鸣区、横县、宾阳县本地人群和流动人群感染监测3375人,未发现血吸虫病患者。武鸣区、横县、宾阳县查螺面积255.32万平方米,宾阳县、武鸣区未发现钉螺、残存螺点及新螺点,横县遗留钉螺面积3.18万平方米,未发现阳性钉螺;实施药物灭螺,灭螺面积9.40万平方米。

【精神疾病防治】 2020年,南宁市登记在册严重精神障碍患者3.29万人,在册患者检出率4.53‰;在管患者3.03万人,管理率92%。评估报送危险性评估3级以上高风险患者信息累计7939例(新增579例),配合开展社区严重精神障碍患者网格化管理和落实患者监护责任以奖代补政策。开通南宁市首条专业免费心理援助热线“0771-3290001”。市第五人民医院牵头组建由19家医疗机构组成的南宁精神卫生专科医疗联合体,统筹整合精神卫生资源,提升精神卫生服务能力。建立全市精神疾病对口联系工作制度,实行分片管理,落实每个区县都有1所或多所精神卫生医疗机构对口帮扶。国家基本公共卫生服务项目和中央补助地方严重精神障碍管理治疗项目在全市范围覆盖,各基层医疗机构均成立公共卫生科,设专(兼)职精防工作人员开展严重精神障碍患者管理服务,建立基层精神卫生防治网络。

【职业病防治】 2020年,南宁市报告尘肺病7例、职业病2例、疑似职业病52例。完成年度南宁市重点职业病监测及风险评估报告,实现区县监测工作覆盖率100%,监测企业1001家,收集职业健康检查个案2.17万例;完成240家企业粉尘、噪声、苯、锰、铅等职业病危害因素监测;开展职业病防治宣传,受众4.50万人,培训企业负责人、劳动者412人。

【疾病监测】 2020年,市疾控中心采集鼠血402份,鼠疫F1抗体检测结果均为阴性。指示动物(狗)监测50份,结果均为阴性。鼠类内脏鼠疫杆菌培养200份,未培养出鼠疫杆菌。疟疾完成末外出居民血检8885人次,未检出疟原虫阳性者;流动人口血检1719人次,检出疟原虫阳性59例,均及时全程治疗,无继发二代病例和死亡病例。霍乱监测标本3370份,其中重点人群506份、医院腹泻病人2204份、外环境660份,其余标本均没有检出霍乱弧菌。流感监测采集标本2351份,检出阳性57份。监测手足口病轻症病例1083例,检出阳性917例(阳性率84.67%)。人禽流感采集标本396份,其中外环境标本366份、职业暴露人群血清标本30份,外环境标本监测结果阳性111份。全市报告布病病例16例,采集职业人群血清标本227份,布病抗体检测结果阳性4例,阳性率1.76%。报告登革热病例2例,均为输入性病例,输入来源分别为老挝和泰国。监测发热病人血清标本596份,检出阳性8例。

【放射卫生监测】 2020年,南宁市监测放射诊断设备12台,性能检测128项次,合格率100%;检测12个医疗放射工作场所的131个放射防护点,合格率100%;检测14个非医疗放射工作场所的161个放射防护点,合格率100%。职业性放射性疾病监测区县覆盖率100%。

【学校卫生监测】 2020年,南宁市儿童口腔疾病综合干预项目完成第一恒磨牙的免费窝沟封闭8512颗,完成率106%。

2020年2月26日,南宁市感染新冠病毒肺炎的3个月婴儿、90岁老人与其他4位新冠肺炎患者治愈出院 市卫健委提供

全市儿童、青少年近视眼筛查人数 1.93 万人，总体近视率 56.08%，其中幼儿园近视率 21.29%、小学生近视率 40.33%、初中生近视率 71.42%、高中生近视率 87.12%、职高生近视率 64.42%。

【轨道交通工程卫生学监测与评价】 2020 年，南宁市开展轨道交通 4 号线一期工程竣工验收卫生学评价，重点对 12 个车站选址、环境、建筑与建筑卫生学，站厅台室内环境空气质量，车厢环境空气质量，车站公共区域集中空气通风系统卫生质量，车站消声防震设施及卫生质量，车站照明设施及卫生质量，车站卫生防护及卫生管理公共应急预案进行验收和卫生学评价，通过专家组评审。 （市卫健委）

卫生监督

【概　况】 2020 年，南宁市组织开展新冠肺炎定点收治医院真空泵排气口、消毒产品，医疗机构预检分诊、发热门诊及医疗废物处置、新冠病毒核酸检测实验室生物安全、校外培训机构和校外托管机构等专项卫生监督检查，开展生活饮用水质、医疗废水、医疗废物等监督检查及医疗美容、疫苗流通和预防接种等专项整治。开展卫生监督 2.43 万家次，其中医疗机构 5555 家次，公共场所 1.31 万家次，生活饮用水单位 923 家次，学校、托幼机构 2034 家次，餐饮具集中消毒单位 81 家次，消毒产品生产经营单位 185 家次，放射诊疗机构 476 家次，职业健康检查机构、职业病诊断机构、放射卫生技术机构 25 家次，存在职业危害因素的用人单位 1176 家次，采供血机构 51 家次，母婴保健、计划生育服务机构 178 家次。立案处罚 711 起，罚款 321.44 万元，没收违法所得 20.74 万元，警告 352 家，吊销执业证 2 家，给予不良执业行为记分 13 家，投诉举报规范处理率 100%。

【卫生行政处罚】 2020 年，南宁市卫生行政处罚立案 711 起，其中公共场所卫生 309 起，医疗卫生 211 起，学校卫生 30 起，消毒卫生 13 起，饮用水卫生 32 起，传染病卫生 45 起，放射卫生 14 起，职业卫生 52 起，计划生育 5 起。罚款 321.44 万元，没收违法所得 20.74 万元，警告 352 起，责令停产停业 3 起，吊销许可证 2 起，吊销执业证 1 起。《某精神病医院发生肺结核暴发疫情等案》获评为 2019 年度卫生健康执法优秀典型案例。

【医疗机构监督】 2020 年，南宁市监督检查医疗卫生机构 5555 家次，发出卫生监督意见书 1024 份，立案处罚 261 起，罚款 245.64 万元，没收违法所得 19.98 万元。依照《广西医疗机构不良执业行为记分管理办法》给予 13 家医疗机构不良执业记分。

【放射卫生监督】 2020 年，南宁市对放射卫生机构建设项目管理情况、放射诊疗场所管理及其防护措施、放射诊疗设备管理情况等进行监督检查。监督检查放射卫生机构 476 家次，发出卫生监督意见书 146 份，立案处罚 14 起，罚款 2.10 万元。

【公共场所卫生监督】 2020 年，南宁市实施公共场所卫生监督量化分级管理，开展量化公共场所 739 家，量化率 100%。监督检查公共场所 1.31 万家次，发出卫生监督意见书 3867 份，立案处罚 309 起，罚款 41.82 万元，没收违法所得 0.76 万元。创新公共场所卫生监管模式及方法，选取 20 家酒店、宾馆，在布草间、洗消间等重点场所安装摄像头，实行全过程在线监控。

【生活饮用水卫生监督】 2020 年，南宁市设置水质监测点 112 个。抽检水样 512 份，合格 509 份，合格率 99.41%，对水质检测不合格的供水单位，责令对水质消毒处理达标后方可供水。监督检查生活饮用水供水单位 923 家次，发出卫生监督意见书 257 份，立案处罚 32 起，罚款 7.34 万元。

【学校卫生监督】 2020 年，南宁市开展学校肺结核、手足口病等重点传染病防控措施落实情况专项监督检查。监督检查学校卫生 2034 家次，发出卫生监督意见书 548 份，立案处罚 30 起。

【职业卫生监督】 2020 年，南宁市监督检查职业健康检查机构、职业病诊断机构、放射卫生技术服务机构 25 家次，监督检查存在职业病危害因素的用人单位 1176 家次，发出卫生监督意见书 877 份，立案处罚 52 起，罚款 6.80 万元。

【消毒卫生监督】 2020 年，南宁市抽检市辖监督餐饮具集中消毒服务单位 22 家，抽检包装消毒餐饮具成品样品 1203 份，合格 1196 份，合格率 99.42%，责令抽检样品不合格的 2 家单位整改并予以行政处罚。在新冠肺炎疫情防控期间，开展对紧急上市的部分消毒剂及不合格“次氯酸钠”等消毒产品专项整治行动，检查消毒产品生产企业 24 家，药店、超市等消毒产品经营单位 817 家，对南宁市某洗涤用品加工厂未取得消毒产品生产企业卫生许可证进行立案查处，对部分超市销售无消毒产品卫生许可证的消毒液等问题，责令立即下架。专项监督检查全市 11 家接收隔离点布草清洗消毒业务的第三方公共用品清洗消毒服务机构，责令立即整改消毒剂外包装标识不清、未能提供消毒剂生产厂家产品检验监测报告等问题。监督检查餐饮具集中消毒服务单位 81 家次、发出卫生监督意见书 22 份，监督检查消毒产品生产单位 185 家次、发出卫生监督意见书 52 份，立案处罚 13 起、罚款 6.18 万元。

【传染病卫生监督】 2020 年，南宁市加强全市建成区医疗卫生机构污水处理及排放整改工作的督促指导，开展“小散乱污”专项整治，发现有医疗污水排放的医疗机构 161 家（独立排水户 116 家、非独立排水户 45 家），3 家直排单位完成整改，44 个错混接点完成改造，移交城建单位随市政管网改造的错混接点 5 个。联合生态环境部门开展新冠肺炎疫情定点救治医院污水处置专项行动，11 家医院污水均进入污水处理系统，经消毒处理后达标排放。开展入境人员隔离酒店和密切接触者隔离酒店规范化设置、闭环管理及卫生监督，确定乡村大世界、银林山庄和菩提山庄等作为集中隔离医学观察点，在隔离点推行标准化建设，建立“集中隔离点库”“应急队员库”，对隔离点启用前中后关键环节精细化风险防控监督指导。开展医疗机构发热门诊及预检分诊专项监督检查，实行全覆盖监督，针对部分医院发热门诊或隔离留观室存在布局流程不合理等问题，发出卫生监督意见。开展病原微生物实验室生物安全管理监督检查，各机构均通过自治区临检中心的考评验收，完成生物安全实验室备案、新冠病毒核酸检测备案登记。

【卫生监督应急保障】 2020 年，南宁市卫生监督部门做好南宁市人大、政协“两会”，南宁—东盟国际人才交流活动月，中国—东盟博览会、中国—东盟商务与投资峰会，南宁国际民歌艺术节，广西汽车旅游大会等重大活动保障。开展重大活动卫生监督保障知识、新冠肺炎疫情防控技能培训，安排卫生监督员进驻酒店监督指导，全程指导重点接待酒店应对突发事件，加强卫生监督巡查暗访，增强医疗卫生机构疫情防控力度，主要检查发热门诊、医疗废物、实验室生物安全及医务人员个人防护等情况，发现问题立即责令整改。

【环境卫生监测】 2020 年，南宁市监测市区饮用水 288 份水样，合格率 98.96%；监测市辖 5 县水样 224 份，合格率 100%。

市区农村监测生活饮用水样300份,合格率77.67%;5县农村监测水样496份,合格率70.97%。开展公共场所环境空气质量、公共用品、集中空调等类别卫生监测74家次。

【食品安全风险监测】 2020年,南宁市计划监测食品样品20大类3860份,完成监测3870份,完成率100.26%,其中有现行国家标准的1685份,合格1584份,合格率94.01%。 (市卫健委)

基层卫生

【概　况】 2020年,南宁市基层卫生围绕"保基本、强基层、建机制"工作思路,开展基层卫生服务能力建设行动计划、优质服务基层行活动、县域医共体和对口支援等工作,重点抓好网络布局、基础设施和人才队伍建设。有基层卫生院(卫生服务机构)248家,其中乡镇卫生院120家、社区卫生服务机构128个。培训基层卫生骨干100人,组织在岗乡村医生900人参加基层中医药服务能力提升培训。组织二级以上医院33家对口支援乡镇卫生院46家。

【农村卫生】 2020年,南宁市有乡镇卫生院120家,床位1万张,医务人员职工编制(含后勤控制数)7051名,职工1.05万人;有标准化村卫生室1384个,乡村医生2399人。实施国家基本公共卫生服务项目和基本药物制度,推进家庭医生签约服务,开展县域医共体建设,落实乡村医生"乡聘村用"政策,开展对口支援、健康扶贫和"优质服务基层行"活动,实行县乡村卫生服务一体化管理,基本实现"县强、乡活、村稳"农村卫生就医格局。

【社区卫生】 2020年,南宁市有社区卫生服务机构128个,其中社区卫生服务中心59个(政府承办17个、公立医院承办32个、社会办10个)、社区卫生服务站69个(政府承办3个、公立医院承办19个、社会办47个),社区卫生服务中心覆盖全市所有街道办事处。构建城市社区卫生服务网络,社区卫生服务中心标准化建设纳入市级为民办实事项目,投入5269万元,新建6个、改扩建2个社区卫生服务中心,为17个社区卫生服务中心购置基本医疗设备。社区卫生服务机构开展基本医疗、基本公共卫生和家庭医生签约服务,实行基本药物制度、医保结算,推进分级诊疗制度,开展"优质服务基层行"活动。

【基层医疗卫生人员培训】 2020年,南宁市实施基层卫生人才能力提升培训,培训基层卫生人员100人,其中全科医生17人、临床医生35人、乡村医生48人。开展市级在岗乡村医生轮训,组织在岗乡村医生900人参加基层中医药服务能力提升培训班。开展村卫生室订单定向医学生培养,招录230名新生到市卫生学校参加医学中专学历教育,免除学生学费,按照每生每年补助9个月、每月补助300元的标准进行定额补助。

【卫生对口支援】 2020年,南宁市组织二级以上医院33家对口支援乡镇卫生院46家,拨付对口支援补助资金138万元,派出217人到对口支援乡镇卫生院工作,其中副高以上专业技术职务任职资格9人、中级132人、初级66人,42人挂职副院长;赠送仪器设备76件、药品32种,药品价值36.50万元;开展培训735次;派出进修人员45人;教学查房1713次,门诊22.08万人次,急诊2.04万人次,住院诊疗4.07万人次;建设特色科室8个,开展适宜新技术79项;投入卫生院环境改造21万元,美化环境面积1000平方米。未发生二级及以上医疗事故。

(市卫健委)

妇幼保健

【概　况】 2020年,南宁市推进"母婴安康工程",加大出生缺陷干预力度,对贫困危重孕产妇实行医疗救助,强化妇女儿童保健服务。妇幼健康主要指标持续向好,户籍孕产妇死亡率15.15/10万,婚检率99.81%,住院分娩率99.99%;5岁以下儿童死亡率3.14‰,婴儿死亡率2.12‰,新生儿代谢性疾病筛查率99.18%,新生儿听力筛查率99.52%,重症地中海贫血胎儿干预率99.42%,地贫基因诊断补助率100%,地贫产前诊断补助率100%。

【孕产妇保健】 2020年,南宁市户籍分娩产妇7.18万人,活产7.26万人,住院分娩活产7.26万人,住院分娩率99.99%,建册7.18万人,建册率98.87%,早孕建册7.10万人,早孕建册率97.81%,产前健康检查5次以上7.15万人,产前健康管理率98.43%,产后访视7.02万人,产后访视率96.72%,孕产妇系统管理691万人,系统管理率95.21%。早孕建册率、产后访视率、系统管理率3个指标比上年提升。

【儿童卫生保健】 2020年,南宁市户籍活产7.26万人,新生儿访视6.95万人,访视率95.72%。0岁～6岁儿童74.91万人,健康管理71.03万人,管理率94.81%。0岁～3岁儿童人数28.31万人,系统管理26.46万人,管理率93.45%,其中城市儿童15.01万人,系统管理14.01万人,管理率93.34%;农村儿童13.31万人,系统管理12.45万人,管理率93.57%。婴儿死亡154人,死亡率2.12‰;5岁以下儿童死亡228人,死亡率3.14‰。

【危重孕产妇救助】 2020年,南宁市抢救危重孕产妇2227人,死亡19人(户籍11人),抢救成功率99.15%,孕产妇死亡率15.15/10万,控制在自治区孕产妇死亡率低于18/10万的目标要求。累计救助贫困危重孕产妇53人,救助金额58.79万元。

【增补叶酸项目】 2020年,南宁市医疗保健机构给予13.20万名育龄妇女免费发放叶酸,完成自治区下达任务数107.33%,新增服用叶酸13.20万人,应服用叶酸9.98万人,服用率100%,比上年上升0.01%;叶酸服用依从人数11.10万人,结案人数11.17万人,依从率99.33%,上升0.80%;增补叶酸知识调查13.20万人,知晓13.19万人,目标人群知晓率99.98%。出生缺陷医院监测发现神经管缺陷儿37例,其中胎龄大于或等于28周的神经管缺陷儿3例,围产儿神经管缺陷发生率0.30/万,下降14.29%。

【农村妇女"两癌"检查】 2020年,南宁市宫颈癌筛查任务数11.05万人,其中12个区县宫颈癌延续项目任务10.55万人,马山县宫颈癌检查HPV检测试点项目任务5000人。宫颈癌延续项目实际检查10.84万人,完成率102.70%,结案10.80万人;马山县宫颈癌检查HPV检测试点项目检测5027人,完成率100.54%,结案5027人。宫颈癌延续项目单位组织病理学检查应查862人,实查778人,确诊宫颈癌前病变160人,确诊宫颈微小浸润癌和浸润癌18人。马山县宫颈癌检查HPV检测试点项目HPV检测阳性574人,阳性率11.42%,组织病理学检查应查11人,实查10人,确诊宫颈癌前病变6人,微小浸润癌0人。乳腺癌筛查任务11.05万人,乳腺癌项目实际检查11.39万人,完成率103.08%,乳腺癌检查结案11.39万人,组织病理学检查应查851人,实查350人、确诊乳腺癌80人。

【婚前医学检查】 2020年,南宁市结婚登记6.42万人,免费婚检6.40万人,免费婚检率99.82%;区县免费婚检率均达自治区97%以上考核要求。检查项目包括地中海贫血、HIV、梅毒筛查,对检查中发现的54例HIV阳性、174例梅毒阳性、2928对地贫初筛双阳夫妇等患病人群给予个性保健指导、治疗建议和优生咨询。

【产前筛查与新生儿疾病筛查补助】 2020年，南宁市小于35岁农业户籍产妇4.54万人，产前筛查3.93万人，产前筛查率86.44%；区县产前筛查率均达考核指标要求，其中横县、宾阳县、上林县、马山县、隆安县产前筛查指标超过85%。市户籍活产7.26万人，新生儿疾病筛查7.20万人，新生儿代谢性疾病筛查率99.18%，新生儿听力初筛7.23万人，新生儿听力初筛率99.52%。

【地中海贫血防控】 2020年，南宁市婚前检查地中海贫血筛查6.72万人，孕妇孕期地中海贫血筛查10.87万人。7834对已孕双阳夫妇中，有7650对进行地贫基因诊断，需地贫产前诊断孕妇1854人，实际进行地贫产前诊断1768人，确诊为中间型或重型地贫胎儿275例，有274例进行终止妊娠，干预率99.64%。2797对夫妇获血红蛋白分析复筛补助27.97万元；5754对夫妇获地贫基因诊断补助575.40万元；177例获地贫罕见型基因诊断补助13.26万元；2943例获地贫产前诊断补助544.46万元；175例孕妇获重型地中海贫血胎儿终止妊娠补助75.26万元。

【孕前优生健康检查】 2020年，南宁市继续实行免费孕前优生检查的惠民政策，开展孕前优生检查。孕前优生健康检查任务数2.22万对，完成2.26万对，完成率101.83%，对检出妊娠风险的夫妇重点跟踪、指导。

【贫困地区儿童营养改善】 2020年，南宁市邕宁区、上林县、马山县、隆安县继续实施贫困地区儿童营养改善项目。6月龄～24月龄应领取营养包23.26万人(新增1.50万人)，实际领取22.08万人，营养包发放率94.94%。领取营养包的儿童实际服用21.96万人，其中每周食服营养包大于或等于4袋的儿童20.76万人，有效服用率94.57%。6月龄～24月龄贫血患病率6.30%、生长迟缓率2.26%。

【预防艾滋病、梅毒和乙肝母婴传播】 2020年，南宁市发现HIV感染孕妇79人，HIV感染率0.08%。孕产妇艾滋病检测率100%，发现HIV感染产妇88人，接受抗病毒治疗87人，抗病毒用药率98.86%，所生儿童均接受抗病毒治疗；出生满3月龄的HIV暴露儿童早期诊断率98.89%，发现1例早期诊断阳性；满18月龄的HIV暴露儿童HIV抗体检测率95.88%，筛查阳性1例(产妇拒绝进一步确诊试验)，死亡2例，艾滋病母婴传播率1.88%。梅毒感染产妇301例，接受驱梅治疗287例，治疗率95.35%，所生儿童306例，接受预防性治疗304例，预防性治疗率99.35%；满12月龄儿童随访率86.44%。乙肝表面抗原阳性产妇所生儿童乙肝免疫球蛋白注射率99.96%。

（市卫健委）

血液采供

【概　况】 2020年，南宁市13.30万人次捐献全血21.15万个单位。南宁中心血站制备48.52万袋血液产品，测常规血液标本14.77万份，印制、发放无偿献血宣传资料26万余份(册)，宣传海报2.50万张，在媒体刊发、播放无偿献血新闻报道1052篇次，利用网站、微信等媒体平台宣传无偿献血，网站点击2500万次，微信关注14.60万余人。南宁市与国内唯一的国家级输血医学研究机构——中国医学科学院输血研究所合作，建成“中国医学科学院输血研究所—南宁中心血站输血传播疾病联合实验室”，引进国内顶尖的输血传播疾病实验室研究团队，为自治区血液安全研究奠定基础。南宁市获“2018—2019年度无偿献血先进市”称号。南宁市中心血站获“全国无偿献血促进奖”单位奖，获ISO15189医学实验室认可证书，获第四届南宁市市长质量奖提名奖。

【血液采集与临床供血】 2020年，南宁市13.30万人次捐献全血21.15万个单位，比上年增长1.24%、2.11%；1.43万人次捐献血小板2.59万个治疗量，增长15.97%、18.15%；血小板采集双份率81.54%，增长20.93%。街头献血7.70万人次，占52.28%，增长2.32%；团体献血7.03万人次，占47.72%，增长2.70%；团体献血单位716场次，增长0.14%，团体献血量9.83万个单位，增长2.42%；全血固定献血者比例34.86%，下降0.05%。采集400毫升率46.75%，增长4.91%。市中心血站向临床供应红细胞20.56万U(1U由200毫升全血制备而成)，增长0.21%；机采血小板2.58万个治疗量，增长18.09%；血浆2235.14万毫升，增长6.41%；冷沉淀8.44万个单位，增长3.26%；没有进行血液辐照。

【血液制备与检验】 2020年，南宁市中心血站制备48.52万袋血液产品，其中去白悬红细胞14.20万袋、新鲜冰冻血浆11.04万袋、冰冻血浆7.01万袋、冷沉淀4.56万袋。检测常规血液标本14.77万份，检测项目包括HBV(乙型肝炎病毒)、HCV(丙型肝炎病毒)、HIV(人类免疫缺陷病毒)、TP(梅毒螺旋体)、ALT(丙氨酸氨基转移酶)，检测数量比上年增加4189份、上升2.92%，合格14.60万份、合格率98.84%，不合格1707份、不合格率1.16%。核酸标本检测16.61万份，阳性197例；HIV初筛阳性标本149份。

【无偿献血宣传】 2020年，南宁市中心血站在媒体刊发、播放无偿献血新闻报道1052篇次；利用网站、微信等媒体平台宣传无偿献血，网站点击2500万次，微信累计关注14.60万余人，阅读量88.90万人次；微博粉丝1.29万人，阅读量超1100万次；抖音粉丝1250人，点赞9869次。新冠肺炎疫情初期，通过“爱南宁APP”首页宣传开展“热血抗疫、守卫邕城”无偿献血宣传，7天时间获得点击阅读量超10.50万次，展示量350万次以上；在出租车顶灯播放“热血逆行、守护邕城”宣传标语900多万次；在南宁地铁1号线、2号线、3号线地

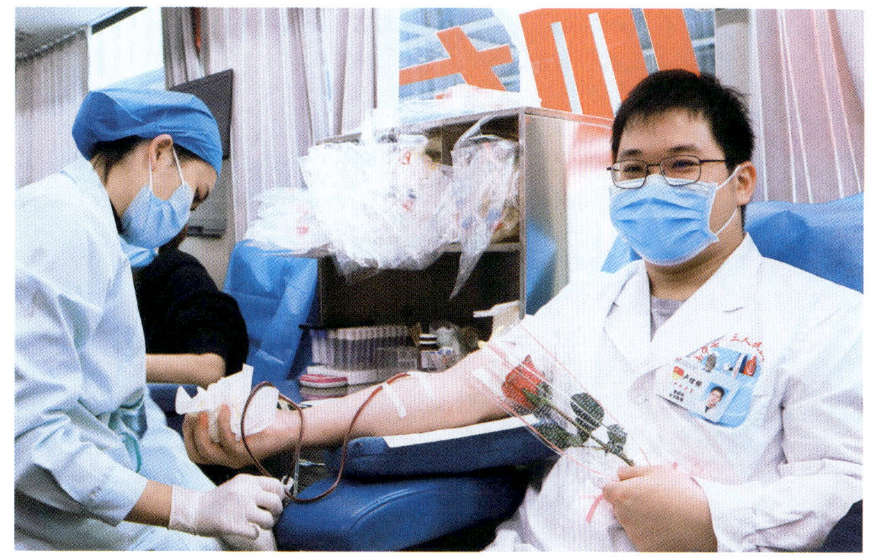

2020年“医务人员献血月”启动仪式医务工作者献血现场　　市卫健委提供

铁车厢内联播电视、广西广电网络机顶盒(IPTV)13频道滚动播放“热血逆行、守卫邕城”宣传片；向市民发送爱心献血倡议短信520万条，通过自治区新冠肺炎疫情防控指挥部发送无偿献血倡议短信1072.80万条；与深圳雪莲花公司联合推出“热血蒙面侠、共同战‘疫’活动”，发送疫情期间招募热血英雄的朋友圈广告15万条；到100多个社区和写字楼开展无偿献血宣传，通过社区灯箱、写字楼电梯广告开展无偿献血公益性宣传。印制、发放无偿献血宣传资料26万余份(册)，宣传海报2.50万多张；14.73万人次参与献血。依托“医务人员献血月”“公务员献血月活动”“志愿者献血月”“青年文明号献血活动”等系列献血活动开展无偿献血宣传。联合血之缘基金会开展“血之缘热血跑”活动；举办2020年南宁市第二届“童心闪耀·生命色彩”无偿献血主题儿童绘画大赛；举办南宁市首届无偿献血奖励暨2020年“世界献血者日”专场晚会，表彰81家单位、1.46万名个人。依托广西首个专业血液科普宣传教育基地“血液的奥秘”智慧科普馆开展无偿献血宣传教育，科普馆接待参观团体80多批次、3000余人。南宁中心血站朝阳捐血屋获“全国最美捐血点”称号。

【献血服务】 2020年，南宁市中心血站为1811名献血者办理优先调血手续，办理用血费用报销970人次86万元。办理献血者无偿献血荣誉卡600人次；966614热线接听电话咨询7640人次，接待现场咨询约2500人次；献血者电话回访1.10万人次。开展献血者满意度调查，接受调查的献血者覆盖范围50%以上，献血者满意率99.89%。

【血液质量管理】 2020年，南宁市中心血站检查血液质量420袋次，合格率96.92%，比上年下降2.78%，主要为新鲜冰冻血浆FVIII因子不合格和机采血小板中血小板含量不合格。检查血袋、试剂、机采耗材、消毒物品等质量292批次；检查冷链设备、高压灭菌器等关键设备质量781台次，比对校准采血计量器具218台次，审核强制检定和校准的结论报告。监测采血车、捐血点、成分制备室、储血冰箱、血液运输箱、工作人员、献血者等染菌数和消毒效果850频次。（市卫健委）

中医中药

【概　况】 2020年，南宁市100%的社区卫生服务中心、乡镇卫生院、社区卫生服务站和97.25%的村卫生室能提供中医药服务。105个社区卫生服务中心、乡镇卫生院建成中医馆。启动为民办实事提升基层中医药服务能力项目，组织900名乡村医生和40名乡镇卫生院中医骨干开展中医药基础理论知识和临床实践技能培训，投入40万元，为400个政府办村卫生室配备中医诊疗设备。宾阳县中医医院完成新院搬迁，横县、马山县中医医院新院及市中西医结合医院(门诊业务楼)进入装修阶段，邕宁区中医医院新院建设项目动工，市中医医院江南分院、武鸣区中医医院新院建设项目获立项。

【中医医院改革与管理创新】 2020年，南宁市以医联体、医疗集团建设探索中医医改新路。加强中医医院医联体建设，以市中医医院牵头、23家医疗单位参与的中医专科医联体，与6家乡镇卫生院建立紧密型中医专科联盟，指导基层开展颈腰椎牵引、中药烫熨治疗、穴位注射、小针刀治疗等中医外治新技术项目10多项；累计指导开展骨科、普外手术60余台；成员单位上转患者141人次，下转患者43人次；协助成员单位开展检验检查941人次。武鸣区中医医院联合牵头成立城区医疗集团，基层业务比上年增长38.32%。派驻21名医务人员到乡镇卫生院驻点、专家带教、授课培训，指导基层医务人员熟练掌握和运用中医药壮医药适宜技术，8家集团分院成员单位均能开展壮医药特色技法3项以上。

【中医科研】 2020年，南宁市有《髓内钉闭合置钉导向器的临床应用研究》《复方利多乳膏联合倍他米松乳膏对全麻气管插管患者围拔罐期应激反应影响的研究》《南宁市西乡塘区社区护士科研能力及影响因素调查研究》《朱琏针法对肥胖型多囊卵巢综合征的干预作用及规范研究》《益气养阴汤对2型糖尿病血清(IGF-1)胰岛素抵抗因子表达的影响》5项中医科研项目结题；13项中医药科研项目获立项，其中获自治区中医药管理局立项8项、获自治区卫生健康委员会立项5项。获国家专利证书11项。市第四人民医院获推荐国家中医药防治新型冠状病毒感染的肺炎应急研究专项。

【中医药文化科普】 2020年，南宁市开展“中医中药中国行——南宁市中医药健康文化推进行动”，配合自治区中医药管理局在青秀区长塘镇天堂村举办中医中药中国行——2020广西(南宁)中医药健康文化大型主题活动。结合“壮族三月三”“百场中医药科普义诊”等活动开展中医药文化宣传，开展中医义诊、宣传活动18场，发放中医健康知识手册等宣传册、宣传单300余份，受益群众1500余人。开展“三伏贴”进机关活动，提供中医药治未病体验。

【中医药壮瑶医药产业发展】 2020年，南宁市生物医药产业有规模以上工业企业51家，其中中药工业企业25家(中药饮片加工企业6家、中成药生产企业19家)，中药工业产值占生物医药工业产值58.46%(中药饮片加工占19.77%、中成药生产占38.69%)。全市种植常见中药材1.31万公顷，主要是铁皮石斛、八角、佛手、莪术、郁金、牛大力、金银花、吴茱萸、鸡血藤等，总产量4.23万吨，总销售额4.22亿元。带动农户1.19万户，其中建档立卡贫困户6243户。遴选南宁经济技术开发区吴圩镇茶柳坡两面针种植示范基地、七坡林场鸡血藤种植示范基地、广西医大仁爱养老服务中心医养结合，隆安县广西砂仁生态种植示范基地申报自治区中药材种植示范基地，青秀区美好家园养老院，兴宁区家丽怡康馨园，广西—东盟经济技术开发区太和自在城申报自治区医养结合示范基地；大明山、兴宁区九曲湾申报自治区健康旅游示范基地。

【中医药服务能力建设】 2020年，南宁市启动为民办实事提升基层中医药服务能力项目(3年)，每年投入500余万元，开展中医药基础知识和适宜技术培训，提升乡村医生和乡镇卫生院中医骨干的中医药服务能力。连续3年每年投入40万元，为400个政府办村卫生室配备中医诊疗设备，使每个村卫生室都能提供推拿、艾灸、拔罐、穴位贴敷等四类以上中医药技术。15所乡镇卫生院和社区卫生服务中心新建成中医馆。65岁及以上老年人中医药健康管理服务率66.84%，36个月以内儿童中医药健康管理服务率71.92%。横县完成全国基层中医药工作先进单位省级评审及国家级复核。

【中医重点专科建设】 2020年，南宁市加强国家中医药局重点专科针灸康复科、壮医推拿科、脑病科建设。重点支持市中西医结合医院中医针灸科、市中医医院妇科2个特色优势专科建设。复审8所中医医院等级，保持88.80%的中医类别医院等级在二级甲等以上。脾胃病科、妇产科2个重点专科建设通过自治区评审验收。

（市卫健委）

医学科研与医学教育

【概　况】 2020年，南宁市获自治区自筹课题立项132项，医疗卫生单位发表论文748篇，其中SCI(美国《科学引文索引》的英文简称)33篇，核心期刊152篇。市级医疗机构同时承担科研机构的职责，获广西科技进步奖2项、广西医药卫生适宜技术推广奖23项、市自然科学优秀论文18篇，自治区卫生健康委重点培育实验室2个。医学教育主要有市卫生学校承担的卫生职业教育，国家住院医师规范化培训基地(市第一人民医院、市第二人民医院、市中医医院)和自治区助理全科医生培训基地(市第八人民医院、市第九人民医院、横县人民医院、宾阳中医医院)承担住院医师规范化培训(助理全科医生培训)。通过“互联网+医学教育”，开展远程继续医学教育及电子学分授予。

【医学科研】 2020年，南宁市组织开展第三周期市级医学重点学科验收，评选市级优秀重点学科5个。组织开展自筹经费科研课题和适宜技术入库项目申报，获自治区自筹课题立项132项；支持市第四人民医院新冠肺炎防控科研攻关项目获自治区立项。全市医疗卫生单位发表论文748篇，其中SCI33篇、核心期刊152篇；获广西医学高层次中青年学科骨干培养人选2人、广西科技进步奖2项、广西医药卫生适宜技术推广奖23项、市自然科学优秀论文18篇、自治区卫生健康委重点培育实验室2个。落实《关于涉及人的生物医学研究伦理审查办法》，完善医疗卫生机构伦理委员会，推进伦理委员会备案，加强对医疗机构伦理委员会及伦理审查工作监督。

【卫生学校教育】 2020年，南宁市卫生学校有护理、助产、口腔修复工艺、药剂(药品营销)、中药、中医康复保健、康复技术、医学检验技术、医学影像技术、农村医学定向培养10个专业、7个专业方向、3个校企合作订单班。有正高级专业技术职务任职资格教师3人、市级新世纪学术和技术带头人3人、市级学科带头人5人、骨干教师33人。“双师型”教师108人，占比71%。有全日制中职和高职在校生1.23万人，其中中职学生8420人，与广西医科大学、广西卫生职业技术学院等院校联合办学的高职学生3864人。有实训基地12个，实践教学工位3000个，生均教学设备值0.81万元，在广西中职学校中建成首个现代化医学标准化考试基地。护理、口腔修复工艺、中医康复3个专业完成南宁市现代职业教育“双师型”教师培养基地和名师工作室建设。承担南宁市为民办实事乡村医生轮训和提升基层中医药服务能力培训，培训3500多人次。服务南宁辖区卫生医技人员执业资格和职称晋升考试，以及北海市、钦州市、防城港市、崇左市、百色市的医师资格操作技能考试，考生5万多人次。

【医学生毕业后教育】 2020年，南宁市投入资金566万元，提升住院医师培训基地、助理全科医生培训基地规范化管理。培训住院医师850人、助理全科医生109人，住院医师结业通过率86.62%，助理全科医生结业通过率97.72%。举办第三届广西住院医师规范化培训临床技能竞赛，市第一人民医院获手术组三等奖、非手术组二等奖、综合组二等奖，市第二人民医院获手术组和非手术组三等奖。

【继续医学教育】 2020年，南宁市开展推广适宜技术继续医学教育，依托广西科技教育网络管理平台，拓宽继续医学教育的覆盖面，提高继续教育质量。医疗卫生机构继续医学教育覆盖率100%，卫生技术人员继续医学教育覆盖率100%，全市承办继续教育项目100项，惠及学员超2万人。 (市卫健委)

健康南宁

【概　况】 2020年，南宁市爱国卫生运动委员会办公室(简称“市爱卫办”)结合新冠肺炎疫情防控、登革热防控、健康扶贫工作要求组织开展爱国卫生运动。新冠肺炎疫情期间，加大防控新冠肺炎疫情爱国卫生工作力度，编印《致市民朋友的一封信》《致市场经营户的告知书》《致全市学生家长的一封信》《文明南宁科学防疫“十倡议”》等宣传资料，通过爱国卫生工作网络将防控知识发放给群众。开展以预防控制急性呼吸道传染病为重点的冬春季爱国卫生运动，整治冬春季爱国卫生运动薄弱环节。组织开展全市第32个爱国卫生月“防疫有我，爱卫同行”主题活动；与自治区爱国卫生运动委员会办公室在南湖公园联合开展首府南宁第33个以“保护青少年远离传统烟草产品和电子烟”为主题的宣传教育活动；在马山县会鼓广场举行健康中国行暨健康八桂行“健康促进助力脱贫攻坚”主题宣传服务活动启动仪式。

【健康南宁行动】 2020年，南宁市确立健康南宁行动“1+19”政策框架体系。制定实施健康南宁行动实施方案和考核办法，成立健康南宁行动推进委员会；成立健康南宁行动推进委员会办公室、专家咨询委员会，制定实施健康南宁行动推进委员会工作规则，组织迎接2020年健康广西行动考核督查。开展“把健康融入所有政策”课题研究。探索推进健康城市健康村镇建设“6+X”模式，开展健康细胞工程建设，58个社区、24个村屯、129所学校、19家医院、15家企业、3个公园、76家党政机关通过自治区或南宁市考核验收并命名。68家党政机关申报无烟党政机关创建，通过考核验收54家。自治区人民医院戒烟门诊服务3239人次，首诊12人，戒烟热线接听580次，随访57人次；广西医科大学第一附属医院戒烟门诊首诊200余人，咨询并建档130人，病人随访次数及末次随访的应答率大于90%；市第一人民医院戒烟门诊首诊干预人数89例，随诊干预人数78例。推进大健康医疗产业，编制大健康医疗产业专项规划，建立完善全市医疗产业项目库，做好健康医疗产业顶层设计。根据新冠肺炎疫情形势，做好大健康医疗产业招商引资专项优惠政策、简化项目审批流程政策宣传，引进健康医疗大数据中心、医学检验实验室、润颐康复专科医院等项目，总投资7.15亿元。协调解决前海人寿广西医院、华润广西水电医院和东盟生物样本库等项目落地；12月30日，投资20亿元的前海人寿广西医院建成启用。

【健康教育与健康促进】 2020年，南宁市本级健康教育经费投入178.84万元，中央补助地方健康素养促进项目经费39.50万元、自治区补助60万元。市爱卫办与市文广旅局合作创作《邕抱健康》《防线》《我把自己照顾好》《向幸福出发》4个文艺作品，选取兴宁区燕子岭社区等29个居民健康素养监测点、上林县三里镇云姚村等37个贫困村及34个人群聚集场所开展健康科普宣传活动100场，在群众舞台、新会书院、邕州剧场等平台开展线上宣传。举办广西第一届健康科普技能大赛南宁市初赛活动，征集初赛作品43部，评选出市级一等奖作品4部、二等奖作品5部、三等奖作品7部、优秀奖作品10部，优秀组织奖5个；推荐4部作品参加自治区复赛，3部作品进入自治区级决赛，获三等奖1部、优秀奖2部。利用LED户外宣传电子屏滚动播放健康知识、创建全国文明城市宣传标语3万余条，张贴宣传海报3万余张，发放宣传单(折页)约40余万份，播放公益广告视频1万余次，利用电视、广播、微信、短信等方式宣传10万条次，推出卫生健康周刊60期、刊发114篇，推出新冠肺炎疫情专刊41期、刊发81篇。开展第五次全国国民体质监测、体医融合培训班1期、“无烟有氧健步走”宣传活动活动1场。结合“5·31世界无烟日”、健康中国行、世界艾滋病日等开展健康主题宣传活动8场，区县开展近150

场。发放控烟知识宣传材料8000余份，设计控烟知识宣传展板30块，制作和发放禁烟标识3万余张，受众3万余人。5月，多部门联合开展市内21个公共场所（工作场所）控烟环境建设、禁烟场所吸烟人员劝阻、禁止烟草广告等控烟执法检查。市爱卫办组织无烟党政机关培训班2期、专题讲座5场，制作发放禁烟标识约3000张。开展健康教育进乡村、进家庭、进学校活动，在贫困村举办健康讲座1883场次，给2.54万户贫困患者家庭发放健康教育宣传材料、健康实用工具，实现贫困患者家庭全覆盖；建设贫困地区健康促进学校258所，贫困县健康促进学校覆盖率41.35%；在电视台、网站、微信等媒体平台发布健康教育内容6536次；培养贫困村健康教育村级骨干1148人，覆盖率100%。制定印发《南宁市2020年中央补助地方健康素养促进行动项目实施方案》《2020年南宁市居民健康素养水平监测实施方案》，将健康促进区县建设等7项列为2020年健康素养促进行动工作任务。宾阳县、马山县、青秀区被评为自治区健康促进区县；10月，马山县通过国家级健康促进县区考核评估；横县、武鸣区启动健康促进县区创建。年内，南宁市创建自治区级健康促进区县4个，其中国家级2个。在全市15个区县(开发区)开展居民健康素养水平监测，监测居民6850人，居民健康素养水平为21.60%，比上年提高2.62%，完成国家级监测点1个和市级监测点14个监测任务。

【病媒生物防制】 2020年，南宁市应对新冠肺炎疫情，规范开展公共场所、交通工具和特定场所消杀；全面开展抗疫爱卫“五大清洁行动”（企事业单位工作环境清洁行动、乡村环境清洁行动、社区环境清洁行动、农贸市场环境卫生清洁行动、重点场所环境清洁行动)。开展环境卫生清扫1.50万次，出动30余万人次，清理卫生死角5.20万余处，除“四害”（苍蝇、蚊子、老鼠、蟑螂)4700余次、面积37万平方米，整治农贸市场4000余个次，“四害”密度得到控制。

【基层卫生创建】 2020年，南宁市12个乡镇、229个村、258个单位被重新确认为自治区卫生乡镇、卫生村、卫生先进单位；6个乡镇、127个村、45个单位被命名为自治区卫生乡镇、卫生村、卫生先进单位。4个乡镇、96个村、57个单位被命名为南宁市卫生乡镇、卫生村、卫生先进单位。8月中旬，全国爱国卫生运动委员会公布2017—2019周期国家卫生县城、乡镇名单，宾阳县城、横县县城，马山县古零镇、良庆区大塘镇、邕宁区那楼镇入选，其中马山县古零镇、良庆区大塘镇、邕宁区那楼镇位列广西首批9个国家卫生乡镇。马山县城、上林县城通过全国爱国卫生运动委员会办公室复审，实现“国家卫生县城”两连冠。

【国家卫生城市巩固提升】 2020年，南宁市创建国家卫生城市办公室(简称“市创卫办”)继续开展首府南宁国家卫生城市每月考评，每月在市属主要媒体定期通报各城区(开发区)测评结果及排名情况，并督促问题整改。市创卫办组织对建成区范围内40个农贸市场专项督查，召开点评通报会；结合国家卫生城市“每月一评”工作，暗访督查65个农贸市场、20个社区单位、25个城中村、66条主次干道、40条背街小巷的市容市貌及12个建筑工地等场所创城情况。做好日常考评目标和叠加考评项目数据采集、数据处理、审核认定、报送，出动850多人次，报送创建国家卫生城市案例800余件。12月，正式启动南宁市国家卫生城市复审工作。

（市卫健委）

编辑　方　明

社会生活

综 述

【概 况】 2020年,南宁市出生人口性别比115.97,人口自然增长率5.35‰,出生政策符合率93.57%。居民人均可支配收入30114元,城镇居民人均可支配收入38542元,城镇居民生活消费支出19237元,农村居民人均可支配收入16130元,农村居民生活消费支出12804元。发放孤儿保障金9977人次998.35万元。发放残疾人两项补贴150.61万人次1.25亿元。发放水库移民后期扶持补助资金2.45亿元,安排大中型水库移民后期扶持资金基础设施项目及增收项目198个,总投资2.21亿元。市慈善总会接收社会各界捐赠款2309.84万元。全市发放80周岁以上老人高龄补助17.67万人1.84亿元。市"五老"志愿者进学校、进社区宣讲红色故事、抗疫英雄故事活动及社会主义核心价值观教育755场,受教育22万人,其中市关工委开展活动11场次,受教育5300人。 (钟婉悦)

【创业就业促进】 2020年,南宁市创新建立"企业缺工登记平台""个人求职登记平台""南宁(企业)空中招聘站"等平台,实现南宁人社"公共服务不打烊,网上招聘不停歇"。开展"线上春风行动暨就业援助月""春季网络招聘会""百日千万网络招聘专项行动""民营企业招聘周"等招聘活动,举办线上招聘会289场,发布企业招聘岗位42万个。认定2个批次7家创业孵化基地,开展"邕城创业行"系列活动,举行投融资项目路演活动、新媒体直播创业研讨会、校企对接研讨会、校企资源融合研讨会、创业大赛5场主题系列活动;实施"扶持创业促就业项目",全市发放创业担保贷款886笔,发放贷款1.05亿元;补贴类职业技能培训31.24万人次,发放补贴2.55亿元,助推劳动者就业技能再提升;加强就业资金监管,调整支出结构,规范就业资金支出。在全国率先探索29项就业服务"即申秒办",通过在全国首创的"免申即办"服务模式,率先落地新冠肺炎疫情期间援企稳岗政策,推出高校毕业生就业等10个就业场景"打包快办",在自治区率先打造招工找工一体化平台、搭建"宅家学技能"线上培训平台、推进"共享用工"多形式灵活就业。新冠肺炎疫情发生后,市人社局第一时间成立重点企业重点项目用工服务小组、24小时重点企业用工调度保障工作领导小组、就业用工工作专班,建立24小时用工调度保障机制,农民工返岗复工"点对点"服务保障机制,确保疫情期间民生行业、企业正常运营,保障群众正常生活、劳动者及时就业。通过政府包车、包餐、包口罩等方式,发送返岗爱心专车491辆,帮助1.03万名农民工"点对点"返岗复工就业。出台《关于疫情期间鼓励建档立卡贫困劳动力在南宁市稳定就业的通知》《南宁市2020年促进高校毕业生就业创业十条措施》等配套政策,给予城乡劳动者更多就业优惠。在事业单位和国企公开招聘中加大对应届毕业生招聘力度,出台政策支持师范类考生先上岗、再考证;对毕业生精准"一对一"回访推荐就业岗位。为87家防疫应急物资生产、商贸配送企业发放一次性吸纳就业补贴3359.40万元;发放23项稳就业奖补8.48亿元,惠及企业6.30万家次、群众101万人次。

【全民参保推进】 2020年,南宁市针对未参保人员开展分类宣传、精准施策,将符合条件的法定人群纳入参保范围,重点发动未参保的特殊困难、中老年群体参保缴费。全市7.03万家单位、1450.58万人参保,其中基本养老保险参保467.44万人、基本医疗保险参保717.07万人、失业保险参保85.66万人、工伤保险参保95.54万人、生育保险参保84.87万人。

【南宁人社"一门式"服务改革】 2020年,南宁市持续深化"线上一网通、线下一门办"人社服务改革,通过南宁"智慧人社"系统,实现网上办理人社经办业务240项,上网率99%,224项窗口业务全部纳入"一门式"服务,通过"线上一网通"平台查询、办事2989万人次。整合布设全市统一的人社"一门式"大厅和"一网一微一端一体机"平台,实施全业务"受审分离",100%窗口业务一门服务,99%对外业务网上办理。新冠肺炎疫情期间利用南宁"智慧人社"系统为企业、群众提供招工、就业、补贴等"数字抗疫"服务,支持企业复工复产。在全国首创援企惠企补贴"免申即办"兑现服务模式,通过智能比对、实时跟踪,精准筛选合规对象、精准复核服务信息、精准兑现服务结果、精准守护资金安全,实现"零申报""零材料""零跑腿""零见面"的主动服务。2月,在全国率先落地疫情期间稳岗返还政策,在国家政策出台36小时内完成首批资金拨付,为全国首个政策惠及企业超1万家的城市。2018年至2020年,推出稳岗返还、"以工代训"等"免申即办"服务23项,发放补贴近10亿元。打造全国首个"区块链+人社"综合应用平台,推出区块链电子劳动合同、区块链人社信用授权、区块链民生档案袋、区块链社保卡挂失、区块链人社资金监管5项应用,上链单位涉及市人社局、市大数据局、市司法局、市总工会、市信用办,以及建行、中行、工行、交行等25个法人单位,构建链上民生服务

2020 年 1 月,南宁市在全国率先搭建“区块链 + 人社”应用平台并推出多项应用

市人社局提供

新生态。推进“人社服务快办行动”,通过南宁“智慧人社”系统平台,在全国首创高校毕业生就业、劳动维权服务、个人补贴申请、单位补贴申请 4 个“打包一件事”;上线 16 个“打包办”服务,推动 25 个高频事项“提速办”50% 以上,为企业、群众提供“打包办”“提速办”服务 66 万次。至年末,推出 100 多项在自治区乃至全国领先的“微改革”“微创新”应用。

（廖书恒）

【救助实施】 2020 年,南宁市创新“互联网 + 救助”模式,实现救助申请“足不出户”“24 小时不打烊”目标;创新居住地申办救助,南宁市被民政部确定为居住地申办低保等社会救助试点地区;建立困难群众联系帮扶机制。发放低保、特困人员供养资金 159.43 万户次、366.22 万人次、11.71 亿元;临时救助 8228 人次,救助资金支出 1798.35 万元;医疗救助 65.55 万人次,救助资金支出 1.98 亿元;发放养老服务机构新冠肺炎疫情防控补助 432 万元;救助生活无着流浪乞讨人员 8900 人次,救助未成年人 166 人次,救助精神障碍、危重病人 368 人。

（梁　敏　李群峰）

民政事务

【概　况】 2020 年,南宁市民政局(简称“市民政局”)坚持兜底线、惠民生、强保障。加强区划地名规范管理,完成部分区县区划调整审核申报和乡镇区划调整调研工作,排查整改政府驻地管理问题;开展行政区域界线联检和平安边界建设;加强地名文化传承保护和命名规划研究,做好第二次全国地名普查成果转化工作。推进 7 个新成立基层群众性自治组织的易地扶贫搬迁安置区社区治理,按每个社区 20 万元标准安排社区惠民资金。创新“老友议事会”协商机制,实现小区改造与基层治理相融合,开展“三社联动”(以社区为平台、社会组织为载体、专业社会工作为支撑的“三社”互相融合、互相协同、互相促进的运行机制)试点示范项目建设,探索“三社联动”社区治理和“党建引领 + 社区治理 + 民生服务”社会治理模式。获“第六届全国文明单位”“2020 年度南宁市脱贫攻坚先进集体”称号。主要存在基层民政工作人手不足、基层民政服务能力不强等问题。

（黄彦霞）

【区划地名管理】 2020 年,南宁市完成横县撤县设市区划调整的调研、评估、审核、申报工作;指导青秀区、邕宁区、良庆区、武鸣区研究驻地镇撤镇设街及乡镇区划调整思路,优化乡镇行政区划布局与管理;排查整改政府驻地管理问题,摸清 1 个镇政府、9 个街道办事处的驻地变更管理问题,指导各级政府做好政府驻地迁移和办公地址变更整改报批工作;开展行政区域界线联检和平安边界建设,完成与百色市 3 条县界以及市内 6 个区县 5 条县界 389.53 千米的市内外县界联检任务;指导西乡塘区与高新区开展毗邻街道勘界工作并完成全程 37.35 千米的核界任务;推进不规范地名排查整治,排查“大、洋、怪、重”不规范地名 129 个;加强地名文化传承保护和命名规划研究,规范整理第二次全国地名普查数据档案并移交自治区民政厅地名档案馆,完成《南宁市地名图集》《南宁市城区地名录》编纂,报市政府命名新建及规划的市政道路 51 条,市区增设路名标志牌 369 块,更新路名标志牌 341 块。

（彭佳富）

【基层政权建设】 2020 年,南宁市辖 102 个乡镇(10 个乡、3 个民族乡、89 个镇)、25 个街道(办事处),有村民委员会 1386 个,社区居民委员会 434 个。整合社区建设领导小组和村务公开民主管理工作领导小组职能,成立市城乡社区治理和村务公开民主管理工作领导小组,撤销原市社区建设工作领导小组和市村务公开协调小组。开展村“两委”班子配备情况排查,依法依规补齐村民委员会成员空缺。市民政局与市委组织部、市委农村工作领导小组办公室联合印发《关于进一步加强村务监督委员会标准化规范化建设的实施方案》,规范目标任务、组织设置、职责权限、监督机制、管理考核、实施步骤、健全完善保障 7 个方面,推动村民自治规范化发展。摸底并编制形成南宁市拟保留的基层群众性自治组织出具证明事项清单 11 项。推进隆安县易地扶贫搬迁震东集中安置区,马山县城区板伏安置点、金钗镇安置点、城区合作安置点、苏博片区安置点,上林县明亮安置点、象山安置点 7 个新成立基层群众性自治组织的易地扶贫搬迁安置区社区治理,按每个社区 20 万元标准安排社区惠民资金;分别安排 20 万元在马山县白山镇合诚社区、合福社区开展政府购买“三留守”(留守老人、留守儿童、留守妇女)人员社会工作服务项目。关心关爱社区干部,推荐青秀区建政街道长湖社区党委书记雷新卫获评全国抗击新冠肺炎疫情优秀城乡社区工作者,为在抗疫一线病逝的西乡塘区新阳街道龙腾社区工作人员麻保宁申请并落实民政部、中国慈善联合会补助金 25 万元、市社保工伤赔偿 88 万元。

【社区治理】 2020 年,南宁市推进城乡社区协商和社区治理能力提升。在西乡塘区新阳街道中尧路社区、高新区心圩街道江东社区和 4 个老旧小区(江南区福建园街道淡村路东社区市皮鞋厂第二生活区、青秀区建政街道金花茶社区市内河管理处宿舍、青秀区建政街道广园社区市财政局宿舍、西乡塘区新阳街道新阳路社区永和小区)开展城乡社区治理能力提升项目,引进议事规则专家开展社区协商议事规则人才培养和试点示范建设,推动“老友议事会”协商制度建设。推进街道、易地扶贫集中安置区社区协商机制建设,在青秀区津头街道、易地扶贫搬迁集中安置区震东社区实施社区治理和议事协商能力提升试点示范项目。指导社区惠民资金使用与管理,在 260 个社区按每个社区 20 万元标准实施社区惠民资金项目，进一步规范社区惠民资金用于购买服务等问题。加强城乡社区基础设施建设，补助区县资金1040万元开展14个社区居民委员会服务用房项目建设；2020年自治区福利彩票公益金151.80万元补助7个城乡社区服务设施示范项目建设，其中补助江南区沙井街道华南社区26.65万元、良庆区良庆镇五象湖社区34.80万元用于城市社区服务设施提档升级改造，补助邕宁区那楼镇屯六村屯料坡20.80万元、宾阳县思陇镇六岑村20.75万元、隆安县南圩镇古信村良信屯2.80万元、丁当镇保湾村40万元、丁当镇俭安村6万元用于农村社区服务设施建设。在青秀区津头街道南湖小区社区、江南区江南街道五一中路社区开展"三社联动"试点示范项目建设，探索"三社联动"社区治理和"党建引领+社区治理+民生服务"社会治理模式。安排300万元在15个农村社区开展政府购买"三留守"人员社会工作服务项目。

（谭钞文）

计划生育

【概　况】 2020年，南宁市出生人口性别比115.97，人口自然增长率5.35‰，出生政策符合率93.57%。全员人口覆盖率、全员人口信息准确率均为90%。计划生育家庭奖励扶助金兑现率100%，计划生育特殊家庭"双岗"联系人［为每户计生特殊家庭确定一名乡镇（街道）领导干部和一名村（居）委会干部为帮扶"双岗"联系人］、就医绿色通道、家庭医生签约服务覆盖率100%，母婴设施场所配置率100%。推进婴幼儿照护服务发展，规范、简化生育服务证办理流程。横县、青秀区获"2020年全区计划生育优质服务先进单位"称号。主要存在基层计划生育工作队伍分流严重、工作人员服务能力不强等问题。

【人口信息管理】 2020年，南宁市区间出生人口76777人，其中男婴41227人、女婴35550人，出生人口性别比115.97（女性=100）。加强人口监测和形势分析，组织区县（开发区）进一步完善全员人口信息，提高全员人口信息质量和安全管理水平。全市清理独生子女及家庭信息5.10万条、死亡人口信息7679条、重复人口信息5.20万条、户口迁移信息7527条、信息补登纠错34.59万条。推进卫生健康、发展改革、公安、民政、人力资源社会保障、统计等相关部门信息资源互通共享，实现信息交换、比对和审核，将部门人口信息共享工作纳入市政府政务信息共享工作统一规划、整体推进，实现市、县、乡镇三级人口信息共享交流。根据人口监测开展半年、全年人口形势分析，跟踪评估全市全面"二孩"政策实施效果。加强医疗机构管理，深入开展医疗机构B超和妇产科从业人员自觉抵制"两非"（非医学需要的胎儿性别鉴定、非医学需要的选择性别的人工终止妊娠）承诺活动；建立孕产期全程跟踪服务管理制度，落实出生实名登记和终止妊娠审查制度，倒查孕情消失案件，强化"两非"源头管理。建立有奖举报制度，加强社会监督力度。将"两非"案件查处列入年度健康南宁建设考核加分项，推进打击"两非"常态化。

【"二孩"政策实施】 2020年，南宁市推进公共场所、娱乐场所、机关单位和医疗机构的母婴设施建设，全市经常有母婴逗留且建筑面积超过1万平方米或日客流量超过1万人的应配置母婴设施的交通枢纽、商业中心、医院、旅游景区及游览娱乐等公共场所384个，配置母婴设施的公共场所401个，配置率104%。推进广西计划生育业务信息系统网上办证服务，可网上办理生育登记及申请再生育证、独生子女父母光荣证。全市办理生育登记4.50万份，审批发放再生育证0.25万本，一孩二孩登记5.76万份，一孩二孩生育数7.31万人（政策内），生育登记覆盖率90%。

【计生家庭奖励扶助】 2020年，南宁市落实计划生育奖扶特扶政策，计划生育奖励扶助对象3.73万人次、奖扶金8393.69万元，兑现率100%。其中：符合国家部分农村计划生育家庭奖励扶助政策对象1.02万人、奖扶金1467.50万元，国家计划生育家庭特别扶助制度对象2957人、特扶金3390.84万元；自治区农村部分计划生育家庭扩面扶助政策对象1.25万人、奖扶金841.03万元，自治区农村计划生育家庭奖励扶助政策对象2429人、奖扶金283.07万元，自治区城镇居民独生子女父母年老奖励政策对象2092人、奖励金412.95万元；南宁市农村计划生育奖励扶助对象3424人、奖扶金269.82万元，南宁市计划生育特别扶助对象3698人、特扶金1728.48万元。符合高考加分的农村计划生育家庭子女1317人、符合中考加分的计划生育家庭子女988人。计划生育各项利益导向政策兑现率100%。

【计划生育特殊家庭关怀扶助】 2020年，南宁市新增计划生育特别扶助对象362人。推进计划生育特殊家庭联系人制度、开设就医绿色通道、家庭医生签约服务"三个全覆盖"工作。全市2961名纳入国家特扶的对象全部配备"双岗"联系人，计生特殊家庭成员凭广西壮族自治区计划生育特殊家庭成员就诊服务卡到定点医疗机构就诊，可享受绿色通道服务，定点救助医疗机构包括市属二级以上公立医疗机构、县级1家公立综合医疗机构及所有乡镇卫生院和社区服务中心，实现计划生育特殊家庭家庭医生签约服务全覆盖。为2961名计生特殊家庭老年人提供养老照护服务，建立健康档案率、家庭医生签约服务率均100%。其中：获医疗优先优待服务819人；获住院医疗补贴245人，补贴金额7.51万元；享受惠民病房政策73人，减免诊疗费用4.32万元；获住院护理补贴17人，补贴金额5.10万元；获政府给予居家或入住机构养老补贴1646人，补贴金额131.20万元。

【3岁以下婴幼儿照护服务】 2020年，南宁市把婴幼儿照护服务工作纳入市委、市政府重点工作内容，列入全市深改重点工作和全面落实强首府战略强治理一项任务推进。全市有0岁～3岁婴幼儿约35万人（新增出生人口9.98万人）。5月、9月，组织区县（开发区）摸底调研3岁以下婴幼儿照护服务供给现状。8月26日，印发《南宁市促进3岁以下婴幼儿照护服务发展工作联席会议制度的通知》，细化明确各联席会议成员单位目标任务，加强对3岁以下婴幼儿照护服务机构的监督与管理，指导区县（开发区）加快发展多种形式的3岁以下婴幼儿照护服务机构。指导区县开展托育机构备案，全市16家托育机构在国家托育机构信息管理系统备案。投入专项资金100万元重点打造兴宁区五村岭婴幼儿照护服务中心、兴宁区三塘镇卫生院婴幼儿照护服务中心、横县妇幼保健院婴幼儿照护服务中心3个示范性公办托育机构。开展支持社会力量发展普惠托育服务专项行动，首批项目7个，获国家普惠托育专项补助资金760万元。市妇幼保健院婴幼儿照护服务指导中心、横县妇幼保健院婴幼儿照护服务中心、青秀区白贝壳婴幼儿托育园3个项目获自治区财政试点项目资金69万元。

（龚可奉）

就业创业

【概　况】 2020年，南宁市城镇新增就业6.70万人，城镇失业人员再就业1.57万人，就业困难人员实现就业0.74万人，农村新增劳动力转移就业6.38万人。城镇登记失业率3.12%。建档立卡贫困劳动力外出务工26.69万人，其中赴东部9

省市务工 8.95 万人、赴广东省务工 8.51 万人。农村贫困劳动力新增转移就业 3.29 万人,其中转移广东 1.42 万人。抓好高校毕业生、贫困劳动力、就业困难人员等重点群体就业,举办专场招聘会 289 场,提供就业岗位 42 万个。新增认定就业扶贫车间 80 家(累计 351 家),召开贫困劳动力专场招聘会 114 场,扶持创业 936 人,扶贫公益性岗位新增安置贫困劳动力 1220 人,建档立卡贫困劳动力职业技能培训 8383 人。鼓励企业公益性岗位吸纳就业困难人员就业,67 家企业开发公益性岗位 6600 个,开发村级临时性公益岗位、扶贫公益性岗位 1.79 万个。开展职业技能提升行动,全国首创"以工代训"补贴"免申即办"。发挥就业补助资金促进就业创业作用,支出就业补助资金 4.58 亿元。依托南宁"智慧人社"系统"免申即办"方式,发放企业新增岗位社保补贴 1.77 万家次 7747.54 万元,涉及 29.04 万人;发放灵活就业社会保险补贴 9796 人 5335.78 万元。发放农民工防疫补贴 6.40 万人 385.79 万元。加强就业资金监管,实施劳动合同、集体合同制度,做好劳动保障行政和刑事衔接,治理拖欠农民工工资支付。主要存在受新冠肺炎疫情影响,全市就业创业压力增大,劳动力供需矛盾突出的问题。

【创业扶持】 2020 年,南宁市实施扶持创业促就业项目,促进和扶持高校毕业生、城镇登记失业人员、就业困难人员、复员转业退役军人、刑满释放人员和返乡创业农民工、自主创业农民等群体就业创业。扶持创业 0.24 万家(含个人、家庭、企业),发放创业担保贷款 886 笔 1.05 亿元。新增创业孵化基地 7 家、市级创业孵化示范基地 2 家、自治区级创业孵化示范基地 3 家,全市 48 家创业孵化基地进驻企业 2647 家,创业带动就业近 2 万人。补贴 2 家众创空间型创业孵化基地房租和宽带接入费 89.96 万元,补助 4 家创业孵化基地创业管理服务资金 76.60 万元,奖补 3 家自治区级创业孵化示范基地创业资金 300 万元,奖补 2 家市级创业孵化示范基地创业资金 100 万元;发放符合条件的孵化企业水电补贴 598.80 万元、社会保险补贴 500.27 万元、一次性创业补贴 4 万元。通过"南宁人社"微信公众号、市人社局网站等进行政策宣传。新增认定 14 家创业实体为市优秀农民工创业实体,累计 20 家。

【人力资源市场管理】 2020 年,南宁市办理经营性人力资源服务机构备案 85 家,办理人力资源许可证的人力资源服务机构 205 家,人力资源服务业机构(已办许可证)382 家。新增上规入统人力资源服务机构 18 家,上规入统在库人力资源服务机构 30 家。对新认定为自治区级诚信企业的 6 家人力资源服务企业给予诚信企业奖励 12 万元。

【劳动合同管理】 2020 年,南宁市劳动合同签订率 96%,涉及职工 33.54 万人;集体合同签订 5734 份,涉及企业 2.62 万家、职工 38.01 万人,集体合同备案企业 33 家。在全国率先推行"区块链 + 电子劳动合同"在市重点行业、企业的应用,350 家企业签订区块链电子劳动合同 6000 份。

【劳动保障监察】 2020 年,南宁市劳动保障监察机构审查用人单位书面材料 1.93 万户,涉及劳动者 30.70 万人;检查用人单位 2.28 万户,涉及劳动者 36.09 万人。立案查处案件 43 起,结案 42 起,劳动保障监察群众举报投诉案件按期结案率 100%;督促补签劳动合同 654 人;给予 16 家严重违反劳动法律法规的用人单位行政处理、处罚,将 4 起涉嫌恶意欠薪案件移送公安机关处理;将 8 家用人单位、1 名自然人列入拖欠农民工工资"黑名单"。人社部门通过与法院建立联合调解机制、诉调对接机制,探索"绿色支付令"劳动维权联合工作;法院在案件锁定欠薪事实的情况下开启绿色通道进入小额速裁程序,依法向欠薪者发出工资支付令,解决拖欠工人工资问题;劳动监察机构与基层法院通过支付令方式和手段解决案件 6 起,为 117 名农民工追回工资 168.40 万元。

【职业技能培训】 2020 年,南宁市开展职业技能提升行动。全市补贴类职业技能培训 31.24 万人次、2.55 亿元,重点推进"以工代训""企业职工线上职业技能培训""双千结对"等培训项目。全面落实"以工代训"补贴政策,核发补贴 1.25 亿元,其中全国首创"以工代训"补贴"免申即办",核发"免申即办"企业 1.40 万家、9620 万元,涉及员工 8.30 万人,支持企业复工复产。依托南宁"智慧人社"系统,创新"宅家学技能"平台推出企业职工线上职业技能培训,培训 7.70 万人次。实施职业技能提升行动,面向贫困家庭劳动力、农村转移就业劳动者、应届毕业生、登记失业人员、未继续升学应届初高中毕业生等就业重点群体及企业职工开展职业技能培训 31.24 万人次,其中建档立卡贫困劳动力职业技能培训 8383 人,贫困家庭"两后生"中期就业技能培训 499 人。开展"双千结对"岗位培训活动,1310 家企业与 77 家培训机构签订校企结对协议。推进职业技能等级制度改革,持续推动 3 家试点企业(南宁轨道交通集团有限责任公司、广西南南铝加工有限公司、广西绿城水务股份有限公司)实施职业技能等级考核认定。职业技能鉴定 6.69 万人,核发职业资格证书 5.74 万人(初级 2.08 万人、中级 2.89 万人、高技能人才 7760 人)。

【高技能人才队伍建设】 2020 年,南宁市推进高技能人才队伍建设,评定市第五批首席技师 16 人(广西南南铝加工有限公司齐林、南宁糖业股份有限公司廖玉、南宁轨道交通集团有限责任公司龚聪聪、南宁轨道交通集团有限责任公司经海兵、南宁市建工建筑安装有限公司张智勇、广西绿城水务股份有限公司谭立中、广西农垦明阳生化集团股份有限公司卢慧英、南宁市多益达机械模具厂刘均勇、中国铁路南宁局集团有限公司南宁机务段

2020 年 11 月 7 日,广西民族大学联合南宁市人才服务管理办公室举办"2021 届毕业生秋季大型校园双选会"网络直播　　市人社局提供

李桂平、中国铁路南宁局集团有限公司南宁车辆段陈岗、南宁市毅尚美发造型店罗毅、广西华枫酒店管理有限公司黄中昕、广西南宁技师学院何凤萍、南宁市第一职业技术学校苏莉、南宁市第四职业技术学校贾旭、南宁市绿城南方职业培训学校刘翠芳),技能大师工作室4个(南宁轨道交通集团有限责任公司的孟秀锦技能大师工作室、广西南南铝加工有限公司的雷翊君技能大师工作室、广西华枫酒店管理有限公司的黄中昕技能大师工作室、南宁市人民公园的张朝晖技能大师工作室)。新增高技能人才7760人,其中高级工7320人、技师322人、高级技师118人。实施高技能人才"支撑计划"奖励高技能人才,发放18名"广西技术能手"高技能人才奖励资金10万元、41名技师高级技师社保补助23.52万元。开展2020年南宁·东盟人才交流活动月南宁市高技能人才技能大赛,77家单位193名高技能人才参赛,获一等奖3人、二等奖15人、三等奖30人,获"南宁市技术能手"称号15人、高级工职业资格52人、"优秀选手"称号113人,广西中保华安保安服务有限公司、华信中安(北京)保安服务有限公司南宁分公司、广西顺景茶艺服务有限公司、广西南宁技师学院、南宁市职业技能培训和鉴定指导中心5家单位获"优秀组织单位"称号。

【劳动能力鉴定】 2020年,南宁市受理劳动能力鉴定申请2000人次,开展劳动能力鉴定13期,作出鉴定结论2000人,其中工伤致残与职业病致残等级鉴定1646人,非因工伤残或因病丧失劳动能力程度鉴定354人。 (廖书恒)

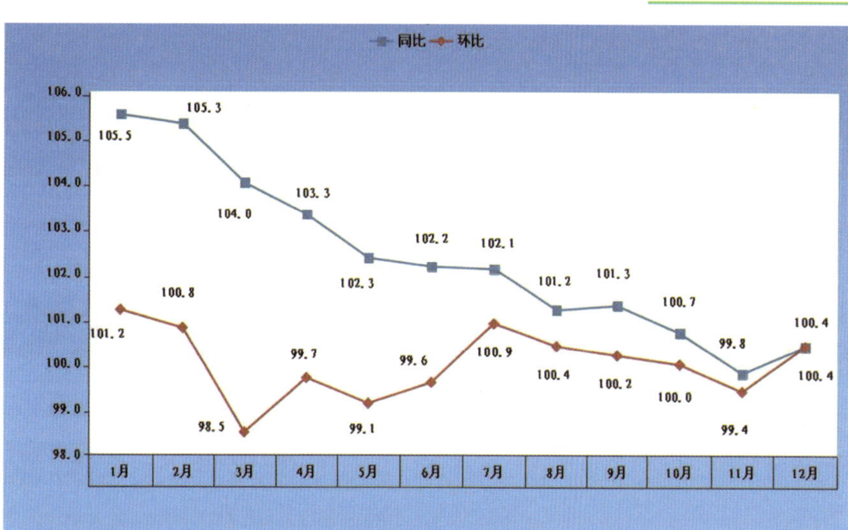

说明:上年同期=100;数据由南宁调查队提供

图4 2020年南宁市居民消费价格指数走势图

收入与消费

【概 况】 2020年,南宁市居民人均可支配收入30114元,比上年增长4.1%。全市城镇居民人均可支配收入38542元,增长2.3%;兴宁区41940元、增长1.9%,江南区37823元、增长1.5%,青秀区49638元、增长2.8%,西乡塘区36731元、增长2.2%,邕宁区35206元、增长1.6%,良庆区33442元、增长2.4%,武鸣区37071元、增长2.1%,横县36684元、增长2.7%,宾阳县36255元、增长2.0%,上林县29241元、增长2.5%,马山县29960元、增长3.2%,隆安县30044元、增长2.9%。全市城镇居民生活消费支出19237元,增长-4.5%;兴宁区20506元、增长-3.6%,江南区23935元、增长-7.1%,青秀区32938元、增长-6.4%,西乡塘区22286元、增长-4.0%,邕宁区19013元、增长-4.9%,良庆区15813元、增长-7.1%,武鸣区14541元、增长-2.4%,横县14685元、增长-4.4%,宾阳县11109元、增长-2.2%,上林县16468元、增长-7.7%,马山县16427元、增长-2.5%,隆安县17334元、增长-1.3%。全市农村居民人均可支配收入16130元,增长7.2%;兴宁区17280元、增长6.3%,江南区17562元、增长6.1%,青秀区17803元、增长5.9%,西乡塘区16026元、增长5.8%,邕宁区16790元、增长8.6%,良庆区17598元、增长8.4%,武鸣区18777元、增长7.4%,横县16253元、增长7.7%,宾阳县16321元、增长5.5%,上林县13268元、增长8.3%,马山县12851元、增长8.5%,隆安县13958元、增长8.4%。全市农村居民生活消费支出12804元,增长2.2%;兴宁区12208元、增长1.9%,江南区10777元、增长2.4%,青秀区16712元、增长1.9%,西乡塘区15215元、增长2.0%,邕宁区12009元、增长2.4%,良庆区10247元、增长2.5%,武鸣区12403元、增长1.9%,横县11729元、增长2.2%,宾阳县13776元、增长1.1%,上林县14304元、增长2.8%,马山县13347元、增长2.5%,隆安县11416元、增长2.7%。 (施杨勇)

【居民消费价格指数】 2020年,南宁市居民消费价格指数(CPI)比上年同期上涨2.3%,涨幅降低0.9个百分点,比全国指数低0.2个百分点,比自治区指数低0.5个百分点,涨幅在全国36个大中城市中排名第十九,在西南地区省会城市中排名第五,在自治区14个地级市中排名第十一。各月同比涨幅分别为5.5%、5.3%、4.0%、3.3%、2.3%、2.2%、2.1%、1.2%、1.3%、0.7%、-0.2%、0.4%,环比涨幅分别为1.2%、0.8%、-1.5%、-0.3%、-0.9%、

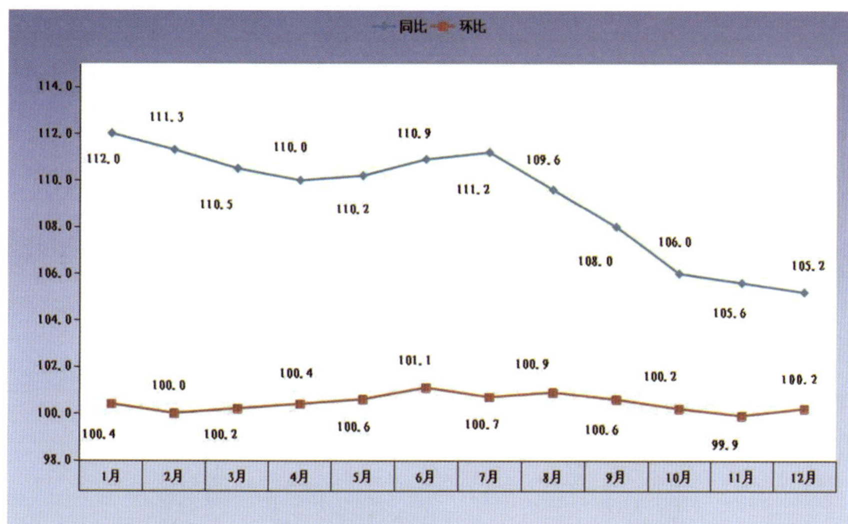

说明:上年同期=100;数据由南宁调查队提供

图5 2020年南宁市新建商品住宅销售价格指数走势图

-0.4%、0.9%、0.4%、0.2%、0.0%、-0.6%、0.4%。八大类商品及服务价格中食品烟酒类、医疗保健类、其他用品和服务类价格分别上涨 9.1%、4.4%、2.5%，交通和通信类、居住类、衣着类、生活用品及服务类价格分别下降 4.8%、1.3%、1.1%、0.2%，教育文化和娱乐类价格持平。

（李泉麟　江　峰）

【新建商品住宅销售价格指数】 2020 年，南宁市新建商品住宅价格各月同比涨幅分别为 12.0%、11.3%、10.5%、10.0%、10.2%、10.9%、11.2%、9.6%、8.0%、6.0%、5.6%、5.2%；环比涨幅分别为 0.4%、0.0%、0.2%、0.4%、0.6%、1.1%、0.7%、0.9%、0.6%、0.2%、-0.1%、0.2%。（胡　清）

社会保险

【概　况】 2020 年，南宁市推动社会保险精准扩面，开展基本养老保险扩面专项行动，新增 2.51 万家单位、37.24 万人次参保“城镇三险”（基本养老保险、失业保险、工伤保险），“城镇三险”征缴收入 105.18 亿元（基本养老保险 100.73 亿元、失业保险 3.42 亿元、工伤保险 1.03 亿元）。企业职工基本养老保险、失业保险、工伤保险当期收支结余赤字，城乡居民基本养老保险和机关事业单位基本养老保险实现当期收支结余。全市社保基金累计滚存结余 226.64 亿元，比上年同期减少 115.59 亿元，下降 33.77%。其中：基本养老保险、失业保险、工伤保险基金滚存结余 75.86 亿元；城镇职工基本医疗保险（含生育保险）基金滚存结余 106.26 亿元；城乡居民基本医疗保险基金滚存结余 44.52 亿元。实施“全民参保登记计划”，7.03 万家单位、1450.58 万人参保。2 月至 12 月，减免 6.45 万家企业养老、失业、工伤 3 项社保费 50.73 亿元（基本养老保险 48.18 亿元、失业保险 1.51 亿元、工伤保险 1.04 亿元），通过降费率减轻企业社保人工成本 18.14 亿元。为全市 5.68 万家符合条件的参保单位减征医保费 2.92 亿元；审核通过 2039 家企业缓缴社保费申请，涉及缓缴金额 3.35 亿元。发放“城镇三险”待遇 175.03 亿元（基本养老保险 170.29 亿元、失业保险 2.89 亿元、工伤保险 1.85 亿元），惠及群众 111.65 万人。深化南宁人社“一门式”服务改革，完善“线上一网通、线下一门办”的公共服务体系，落实人力资源和社会保障部“人社服务快办行动”；9 月，实现首批 47 个社保事项“异地通办”。通过南宁“智慧人社”系统实时提醒、跟踪服务未参保缴费单位和个人，核查大数据，加强基金监管风险智能监管。主要存在受新冠肺炎疫情影响，社会保险筹资能力下降，城乡居民基本医疗保险基金运行压力持续加大、医疗保障信息化建设落后和医疗保障经办工作队伍履职能力不强的问题。

【基本养老保险】 2020 年，南宁市参加基本养老保险 467.44 万人。其中：参加城乡居民基本养老保险 279.42 万人，参保率 98.74%；参加城镇职工基本养老保险 188.02 万人（企业 167.75 万人、机关事业单位 20.27 万人）。城镇企业职工基本养老保险费征缴收入 65.69 亿元，机关事业单位养老保险费征缴收入 30.89 亿元，居民基本养老保险费征缴收入 4.15 亿元。发放基本养老保险待遇 170.29 亿元。为 67.80 万名符合条件的居民按时足额发放基础养老保险金 8908.09 万元，发放率 100%。为 38.90 万名符合条件的困难参保群众代缴保费 3769.54 万元。为 2.15 万名符合条件的人员发放居民基本保险丧葬补助金 1821.87 万元。为 8199 人发放企业职工基本养老保险丧葬补助金 3.73 亿元。为全市 42.01 万名退休人员（企业退休人员 35.33 万人、机关事业单位退休人员 6.68 万人）调整基本养老金，企业退休人员基本养老金实现连续 16 年增长，人均每月 2649.54 元；机关事业单位退休人员基本养老金第 5 次调整，人均每月 5303.01 元。全市企业职工基本养老保险基金、机关事业单位基本养老保险基金、城乡居民基本养老保险基金分别支出 112.33 亿元、47.45 亿元、11.74 亿元。

（廖书恒）

【基本医疗保险】 2020 年，南宁市基本医疗保险参保 717.07 万人，其中城镇职工基本医疗保险参保 125.71 万人、城乡居民基本医疗保险参保 591.36 万人。全市城镇职工基本医疗保险基金总收入（含生育保险）58.33 亿元、总支出（含生育保险）42.63 亿元；城乡居民基本医疗基金总收入 49.30 亿元、总支出 52 亿元。城乡居民医保就医结算 693.34 万人次，涉及医疗费用 78.43 亿元，其中统筹基金支出 45.35 亿元、大病保险支出 7.48 亿元、二次报销支出 3001.07 万元、医疗救助支出 1.40 亿元、兜底保障支出 1705.80 万元。职工就医结算 321.09 万人次，涉及医疗费用 38.05 亿元，其中统筹基金支出 22.66 亿元、职工大额医疗费用统筹支出 1.51 亿元。城乡居民基本医疗保险财政补助标准由年人均 520 元调至 550 元。职工医保、城乡居民医保统筹基金年度最高支付限额分别提高至 40.16 万元、19.46 万元。

（磨　嘉）

【失业保险】 2020 年，南宁市失业保险参保 85.66 万人，失业保险费征缴收入 3.42 亿元。全市享受失业保险待遇 2.82 万人，发放失业保险待遇 2.89 亿元。为参保单位减负 1.10 亿元。发放 3.40 万家企业失业保险稳岗返还 1.39 亿元，惠及 64.45 万人。发放 868 家企业应急返还 2 亿元，惠及职工 5.53 万人。新冠肺炎疫情期间，落实扩大失业保险保障范围政策，全市审核发放 9.76 万人失业补助金 1.51 亿元。发放失业保险提升职业技能补贴 745.34 万元，惠及企业职工 4511 人。

【工伤保险】 2020 年，南宁市工伤保险参保 95.54 万人，工伤保险基金收入 1.19 亿元，其中工伤保险费征缴收入 1.03 亿元。全年享受工伤保险待遇 3392 人，支付工

2020 年 7 月 6 日，横县百合镇罗凤村工作人员上门为村民通过手机“刷脸”进行城乡居民养老保险待遇资格认证　　吴彩冰　摄

伤保险待遇1.85亿元。受理工伤认定申请3958件,办结3593件,其中认定工伤总数3352件,通过简易程序办结2675件,占工伤认定办结总数79.80%。工伤保险管理、经办、服务一体化,互联共享工伤认定、劳动能力鉴定等信息。 (廖书恒)

【生育保险】 2020年,南宁市生育保险参保84.87万人,比上年同期增加17.19万人,增长25.40%。生育保险就医结算5.10万人次,生育医疗费用支出1.16亿元,生育津贴支出2.63亿元。(磨 嘉)

【社会保险经办服务】 2020年,南宁市开展"人脸识别"养老保险待遇资格认证。应参加资格认证退休人员和供养人员42.68万人,认证35.93万人,认证率84.19%,其中市本级应认证26.41万人,已认证24.67万人,认证率93.44%。通过手机APP"刷脸"认证,申领失业保险待遇4780人、占当期申报人数25%,申领失业补助金3.98万人、占当期申报人数38.60%,申领失业保险提升职业技能补贴458人、占当期申报人数10%。发放社保卡27.97万张,累计发放702.55万张。签发电子社保卡102.87万张,累计签发224.13万张。

【社保基金监管】 2020年,南宁市开展失业保险基金管理风险内控专项检查和企业职工基本养老保险提前退休专项核查,做好基金风险管理的督查管控;推进社会保险风险防控"进制度、进规程、进系统";开展非现场监督检查,核查重复参保、重复领取待遇、疑似死亡冒领等疑点信息数据7863人次,追回社保基金损失363.84万元。

【社保费率调整】 2020年,南宁市落实社保降费率政策调整。1月起,职工基本养老保险(包括企业和机关事业单位基本养老保险)单位缴费比例调整为16%,失业保险费率继续降至0.5%,工伤保险费平均费率继续降至0.375%,与上一阶段(2018年5月至2019年4月"三险"总费率为20.2%)相比,总体再降低3.325个百分点。为企业降低职工基本养老、失业、工伤3项社会保险费人工成本18.14亿元(职工基本养老保险13.68亿元、失业保险3.36亿元、工伤保险1.10亿元)。2月1日至12月30日,免征中小微企业和以用人单位身份参保缴费的个体工商户养老、失业、工伤三项社会保险单位缴费部分。2月1日至6月30日,减半征收大型企业、民办非企业单位、社会团体等社会组织及其他类型单位的养老、失业、工伤三项社会保险单位缴费部分。2月至6月,减半征收1921家大型企业、民办非企业及社会团体养老、失业、工伤三项社保费1.56亿元。2月至12月,为6.25万家中小微企业(包括个体工商户)免征养老、失业、工伤三项社保费49.17亿元。全年减免社保费50.73亿元。(廖书恒)

社会救助

【概 况】 2020年,南宁市印发《南宁市2020年社会救助兜底脱贫行动实施方案》,实施社会救助兜底脱贫行动。开展民政系统深化扶贫领域腐败和作风问题专项治理暨农村低保专项治理和社会救助专项排查,委托第三方机构对困难家庭入户核查。创新"互联网+救助"模式,实现救助申请"足不出户""24小时不打烊";拓宽低保网上自助申请渠道,将自助申请平台嵌入"爱南宁APP",增加临时救助自助申请功能。南宁市被民政部列为居住地申办低保等社会救助试点地区。发放低保、特困人员供养资金159.43万户次、366.22万人次、11.71亿元,低保对象、特困人员、孤儿、事实无人抚养儿童临时价格补贴144.70万户次、331.95万人次、1.40亿元。获医疗救助65.55万人次,救助资金支出1.98亿元;临时救助8228人次、救助资金支出1798.35万元。全市流浪乞讨人员救助量突破1.03万人次。

2020年5月18日,市民政局社会救助党员先锋队队员到隆安县城厢镇震东村开展社会救助脱贫攻坚兜底保障专项检查 农旺才 摄

【城乡低保】 2020年1月1日起,各级财政对南宁市城市低保资金补助标准由平均每人每月370元提高至390元,农村低保资金补助标准由平均每人每月230元提高至235元。4月1日起,城市居民最低生活保障标准由每人每月690元提高至790元,农村居民最低生活保障标准由每人每年4600元提高至5500元。调整农村低保三个档次补助标准,一档特别困难家庭从每人每月320元提高至340元,二档比较困难家庭从每人每月220元提高至230元,三档一般困难家庭从每人每月150元提高至155元。年内,发放城乡低保134.77万户次、340.94万人次、9.89亿元。其中:城市低保33.56万户次、73.08万人次、3.29亿元,月人均补助451元;农村低保101.21万户次、267.86万人次、6.60亿元,月人均补助246元。12月,有城市低保对象2.96万户、6.44万人,城市低保覆盖率2.19%;农村低保对象8.56万户、22.55万人,农村低保覆盖率5.17%。农村低保对象建档立卡贫困户13.95万人,占农村低保总人口61.86%。

【特困供养】 2020年5月,南宁市修订出台《南宁市特困人员救助供养办法》。年内,发放特困人员救助供养金24.66万户次、25.28万人次、1.82亿元。其中:城市特困人员救助供养金1.41万户次、1.44万人次、0.40亿元;农村特困人员救助供养金23.25万户次、23.84万人次、1.42亿元。农村特困人员供养机构90个,均与医疗机构签订《共建医养结合合作协议书》。 (梁 敏)

【医疗救助】 2020年,南宁市财政安排(含彩票公益投入资金)医疗救助资金1.63亿元,其中中央转移支付补助9975.52万元、自治区补助548.73万元、市本级安排2144.25万元、区县配套3585.41万元。获医疗救助65.55万人次,救助资金支出1.98亿元。其中:住院救助15.07万人次,支出1.16亿元;门诊救助20.23万人次,支出810.84万元;资助参保30.25万人次,

支出7410.96万元。 （磨　嘉）

【临时救助】 2020年5月，南宁市修订出台《南宁市临时救助办法》，扩大临时救助范围，提高乡镇政府、街道办事处审批额度，建立乡镇政府、街道办事处临时救助备用金制度。年内，发放临时救助资金8228人次、1798.35万元。 （梁　敏）

【流浪乞讨人员救助】 2020年，南宁市救助生活无着流浪乞讨人员8900人次。救助未成年人166人次，跨省护送230人次，救助精神障碍、危重病人368人，成功寻亲211人。完成南宁儿童康复中心89名流浪特困人员转移安置。结合创建全国文明城市实地检查街面流浪乞讨人员救助情况，出动救助专用车301辆次、工作人员1029人次，联合公安、城管部门及社会组织、志愿者上街综合治理67次，在南宁市电视台、报刊等媒体宣传3次，劝导救助1052人次，治理不文明行为67人次，接回站内救助45人次，送至医院救治14人次，发放救治联系卡210张、衣服53件、方便面233盒。 （李群峰）

住房保障

【概　况】 2020年，南宁市市本级基本建成公共租赁住房（简称“公租房”）438套，新开工（筹集）公租房4663套，解决1.60万户群众住房困难问题。新增公租房资格审核1.49万户，新增分配政府投资公租房2488套，发放公租房租赁补贴1.35万户。市本级公租房轮候家庭累计5.10万户，分配入住累计4.20万套，公租房保障工作重心逐渐从建设分配转向运营管理。全市新增归集住房公积金105.89亿元，比上年增长10.67%，为自治区首家年度归集额破百亿元的城市。提取住房公积金83.47亿元，增长12.40%。发放个人住房公积金贷款40.29亿元，增长85.07%。住房保障方面存在轮候量大、可供房源少，公租房房屋质量管理、后续动态管理、社会管理等工作力度不足等问题；住房公积金管理存在“商转公”顺位抵押贷款业务覆盖面不广、业务类别待优化，受新冠肺炎疫情影响，住房公积金贷款逾期率较高，催收难度大，服务渠道管理制度未建立健全，功能不完善及住房公积金业务网点服务标准不统一等问题。

【保障房建设】 2020年，南宁市新开工建设公租房4663套，建成公租房438套，新增分配公租房2488套，发放公租房租赁补贴1.35万户，超额完成自治区下达年度目标任务。新增公租房资格审核1.49万户，其中低收入住房困难家庭2419户、非低收入住房困难家庭1.25万户。出台新冠肺炎疫情期间住房保障阶段性政策调整文件，给予参与疫情防控一线工作的医护、环卫、公交、物业、社区等住房保障家庭优先选房或减免租金3个月或一次性增发3个月租赁补贴等。享受优先选房家庭387户，享受租金核减1676户、涉及金额134.20万元。落实公租房非住宅租户租金减免，惠及租户119户，减免182万元，帮助经营户渡难关；协调帮助南宁国人通信公司、广西申龙汽车公司等企业解决公租房申请及租金缓缴问题，涉及住房28套，缓缴租金54万元，支持企业复工复产。做好人才安居保障，启动高坡岭人才公寓普通人才住房分配3批次、2370套。销售经济适用房422套，审核经济适用房转全产权、上市交易1997套。 （潘　欣）

【住房公积金管理】 2020年，南宁住房公积金管理中心（简称“南宁公积金管理中心”）有市级管理中心1个，兴宁区、江南区、青秀区、西乡塘区、邕宁区、良庆区6个营业部，武鸣区、横县、宾阳县、上林县、马山县、隆安县6个管理部，铁路分中心1个，贷款服务部1个，咨询服务部1个。全市新增归集住房公积金105.89亿元，比上年增长10.67%，完成年度任务122.95%；提取住房公积金83.47亿元，增长12.40%；发放个人住房公积金贷款40.29亿元，增长85.07%，完成年度任务145.99%；实现住房公积金增值收益3.37亿元，完成年度计划102.08%。住房公积金贷款逾期率0.07%，控制在自治区住建厅考核要求范围内。推进网上业务大厅、微信公众号线上办理业务，线上办理个人业务16.02万笔、住房公积金归集业务6.83万笔、住房公积金贷款预审417笔，办理约定提取转款2.92万笔、对冲还贷业务2260笔。关注南宁住房公积金管理中心微信公众号人数突破57万，市县业务办理离柜率62.40%，城区业务办理离柜率80%以上。

住房公积金归集　制定、落实住房公积金阶段性缓缴政策，允许受新冠肺炎疫情影响企业缓缴或延期缴存，放宽企业阶段性缓缴申报条件，简化办理程序，缩短审批时限。缓缴企业496家、职工9.29万人、金额4.61亿元。恢复正常缴存的企业479家，恢复正常汇缴及补缴金额13.60亿元。开发系统自动办理程序，实现企业开办0.5个工作日内完成住房公积金缴存登记，实现单点登录、“一表填报”、一次身份验证、并联办理。新开办企业同步通办住房公积金缴存登记5.24万家。实行全城“通缴通取”，市、县通办住房公积金归集、提取业务。采取全程网办或代收代办方式实现住房公积金三项业务“跨省通办”：申请人可异地查询个人住房公积金缴存贷款等信息；申请人在非缴存地贷款购房，可向购房地住房公积金管理部门申请出具住房公积金缴存使用证明；申请人正常退休可异地提取住房公积金。缴存业务全程网上办理，6217家单位实现与社保数字证书共享，节约成本150万余元。

住房公积金提取　建设银行、农业银行、交通银行、工商银行、中国银行、招商银行、广西北部湾银行7家银行开通商业还贷提取住房公积金业务，当天受理审核，资金24小时内到账。开放条件成熟的县管理部办理约定提取业务权限，办理约定提取业务2.92万笔，提取金额5.53亿元。做好异地转移接续平台工作，办理异地转入3333笔、8147.64万元，异地转出3418笔、9717.11万元。

住房公积金贷款　开展“商转公”顺位抵押贷款业务，职工从商业贷款直接转公积金贷款无须先自筹资金结清解押，享受比商业贷款更低的住房公积金贷款利率。全市受理审批“商转公”顺位抵押贷款2004笔，审批金额8.31亿元，发放“商转公”贷款1833笔、金额7.50亿元。为加快集聚人才资源全面落实强首府战略，南宁住房公积金管理委员会印发《关于高层次人才使用住房公积金贷款有关政策的通知》，全市受理高层次人才住房公积金贷款9笔、746.40万元，其中发放贷款6笔、479.20万元。

住房公积金缴存额度设定　6月30日，调整2020年度（2020年7月1日至12月31日）住房公积金月缴存基数上下限。月缴存基数上限2.27万元，比上年增加2679元，单位和职工月缴存额最高均为2730元，月缴存下限1810元。落实为企业降成本减负担政策，企业可在5%～12%范围内自主确定住房公积金缴存比例。 （覃雨冰）

社会福利

【概　况】 2020年，南宁市有养老机构179家，其中社会福利院9家、乡镇敬老院92家、民办养老机构78家。建成公办示范性养老福利机构10家，其中运营7家、未运营3家。全市新增备案养老机构15家、备案床位1894张。全市每千名老年人拥有床位数从2013年15张增至28.30张，建设城市社区日间照料中心161个。推进泰康之家桂园、前海人

2020 年 4 月 23 日，南宁市第二社会福利院（南宁市五象养老服务中心）开业

市民政局提供

寿幸福之家、华润悦年华等一批重点养老项目建设。全市发放 80 周岁以上老人高龄补助 17.67 万人、1.84 亿元。开展儿童关爱服务，12 个区县推广实施“社区 + 社工 + 志愿者”农村留守儿童关爱保护服务模式；发放孤儿保障金 9977 人次 998.35 万元。发放残疾人两项补贴 150.61 万人次 1.25 亿元。全市慈善组织（含红十字会）接收并支出新冠肺炎疫情防控捐赠资金 2484.76 万元，接收并发放新冠肺炎疫情防控捐赠物资 202.21 万件。西乡塘区美丽南方养生养老小镇获评 2020 年广西养生养老小镇。主要存在养老服务城乡发展不平衡，农村养老服务体系薄弱，农村养老服务专业人才不足等问题。

【养老服务】 2020 年新冠肺炎疫情期间，南宁市给各养老服务机构发放 11 批次 20 万余只口罩及一批防护服、消毒液等物资，发放疫情防控补助 432 万元。推进区县（开发区）各新建 1 家能容纳 300 张～500 张床位的公办示范性养老福利机构，建成 10 家、在建 5 家；投入 691 万元开展 23 个居家和社区养老服务设施项目建设；市本级采用 PPP 模式（公私合作模式）建设 2000 张床位的市第二福利院一期投入试运营，二期完成主体建设；建设 750 张养老床位的市社会福利院提升改造工程纳入亚洲开发银行贷款项目，开展前期工作。全市 85 个新供应居住用地配建社区居家养老服务用房，最大配建面积 4000 平方米。举办养老机构从业人员培训班 6 期，培训 400 人次；举办养老服务从业人员表彰大会，表彰优秀养老院院长 10 人、护理员之星 10 人、优秀助老员 5 人。随机抽查 41 家养老机构，针对查出问题责令整改。发放市民办养老机构建设补贴和运营补贴资金 92.34 万元。实施等级示范养老机构培育工程，获自治区民政厅评定四级养老机构 4 家，市民政局评定三级养老机构 11 家、二级 4 家。

（韦丽娟）

【老年人福利】 2020 年，南宁市发放 80 周岁以上老人高龄补助 17.67 万人 1.84 亿元。其中：发放 80 周岁～89 周岁老人高龄补助 15.26 万人 1.42 亿元，发放 90 周岁～99 周岁老人高龄补助 2.32 万人 3831.55 万元，发放 100 周岁以上老人高龄补助 859 人 377.94 万元。春节前慰问百岁老人 661 人，发放慰问品及慰问金价值 33.05 万元。（龚可奉　韦丽娟）

【儿童福利】 2020 年，南宁市投入资金 460 万元，开展政府购买“三留守”人员和农村留守儿童社会工作服务试点示范项目 17 个。投入 160 万元，在 12 个区县推广实施“社区 + 社工 + 志愿者”农村留守儿童关爱保护服务模式，在兴宁区西龙村成立第一个村级儿童服务站。继续在宾阳县中华镇实施留守儿童社会工作服务项目，通过“社工”带动“义工”，提升“代理妈妈”服务农村留守儿童工作专业性，培训“代理妈妈”志愿服务队 60 多场 3000 多人次，组建 8 支志愿服务小组，在册登记“代理妈妈”138 人，与 400 多名留守儿童结对开展关爱帮扶服务。录入全国农村留守儿童和困境儿童信息系统留守儿童 3.55 万人、困境儿童 21.98 万人。有乡镇（街道）民政办儿童督导员 155 人、村（居）委儿童主任 1846 人，开展未成年人保护业务培训 1 次。提高孤儿基本生活最低养育标准，7 月 1 日起，集中供养、散居孤儿基本生活最低养育标准分别提高至每人每月 1400 元、1000 元。投资约 2300 万元，建成市社会福利院大龄孤儿公寓楼，为 101 名院内成年孤儿提供保障住房。保障孤弃儿童 873 人，其中机构抚养孤弃儿童 330 人、社会散居孤儿 543 人；发放孤儿保障金 9977 人次 998.35 万元；保障事实无人抚养儿童 1092 人，发放保障金 7949 人次 484.53 万元。实施“福彩圆梦孤儿助学工程”，为 151 名在读中专、大专、本科、硕士研究生孤儿发放助学金 156.25 万元。

（张　鹏）

【残疾人两项补贴】 2020 年，南宁市开展残疾人两项补贴核查，对符合条件的持证残疾人自愿放弃补贴及外迁户、空挂户、死亡、失踪超 1 年、残疾证过期超 1 年等情况，工作人员复核填写《南宁市困难残疾人生活补贴、重度残疾人护理补贴入户核查情况说明书》；对符合条件不愿申领的，向当事人或家属发放《南宁市困难残疾人生活补贴、重度残疾人护理补贴政策告知书》《南宁市自愿放弃困难残疾人生活补贴、重度残疾人护理补贴声明书》并签字等，做到应补尽补、应退尽退，精准发放。落实自治区和市本级补助资金 1.25 亿元，其中自治区级 8323.43 万元，市本级和区县（开发区）4206.67 万元。发放残疾人两项补贴 150.61 万人次 1.25 亿元。其中：发放困难残疾人生活补贴 67.42 万人次 5393.60 万元，覆盖率 99.73%；发放重度残疾人护理补贴 83.19 万人次 6655.20 万元，覆盖率 99.51%；武鸣区另发给建档立卡残疾人补贴 406.80 万元（每人每月 70 元）。（李群峰）

【福利彩票发行】 2020 年，南宁市福利彩票发行中心销售福利彩票 1.60 亿元，完成全年任务 106.19%，比上年同期下降 57.68%，为国家筹集福彩公益金 3276.65 万元。其中：即开型彩票刮刮乐销售 1.18 亿元，完成任务 122.37%，下降 4.16%；视频型彩票中福在线全年对外营业 82 天，销售 0.42 亿元，完成任务 77.43%，下降 83.56%。（徐辉龙）

【慈善捐助】 2020 年，南宁市有社会捐助站和慈善超市 16 家，建成乡镇（街道）社工站 12 个。规范慈善组织开展新冠肺炎疫情防控社会慈善募捐行为，全市慈善组织（含红十字会）接收并支出防疫捐赠资金 2484.76 万元，接收并发放疫情防控捐赠物资 202.21 万件。开展 2020 年中华慈善日“助力脱贫攻坚、巩固脱贫成果”活动，发放宣传材料 6 万份，接收社会各界捐赠款 2309.84 万元，为历年中华慈善日捐赠之最，为“南宁市精准防贫专项保障基金”提供资金保障。助困等项目支出 55.83 万元。在自治区政府举办的首

届“八桂慈善奖”评选表彰活动中，南宁市冯可波获评慈善楷模奖项，林谋悦、陈政陪获评捐赠个人奖项。（钟一菡）

水库移民

【概　况】2020年，南宁市涉及移民搬迁的大中型水利水电工程52座(处)，大中型水库移民12.65万户56.76万人，分布在12个区县及南宁高新区、南宁经开区，涉及乡镇97个、村民委员会525个、村民小组3510个。市水利局开展水库移民后期扶持人口减员情况核查，自然减员4994人，核定登记大中型水库移民后期扶持人口指标40.84万人。推进老口航运枢纽、邕宁水利枢纽等在建水库建设征地移民安置规划实施，抓好马山县六朝水库扩容工程、南宁抽水蓄能电站工程等建设征地移民安置规划前期工作，做好马山乐滩水电站工程、宾阳清平水库补水工程等水库建设征地移民安置工程验收。安排大中型水库移民后期扶持资金基础设施项目及增收项目198个，资金2.21亿元。主要存在项目实施总体滞后等问题。

【水库移民安置】2020年，南宁市水库移民管理部门协调解决老口航运枢纽及邕宁水利枢纽工程库区淹没土地后续征地工作，完成那平江支流被淹区域12.80公顷土地签约并支付补偿款2160万元，协调解决西乡塘区金陵镇东南村大滩坡三队、坛洛镇马伦村马村坡0.75公顷淹没影响土地遗留问题，良庆区那马镇团良3队桥复改建工程涉及跨区征地问题及征地补偿资金滞留问题。推进老口航运枢纽及邕宁水利枢纽工程项目复改建及一次性补偿工作，完成老口航运枢纽工程隆安县丁当镇白马村人行道复改建，协调解决坛洛镇那坛村增朗坡人饮工程取水口受淹没补偿问题，补偿权属人31.87万元，核查并督促整改西乡塘区那龙小学坍岸防护工程项目建设，完成邕宁水利枢纽工程电力设施项目一次性补偿1处、补偿款30万元，完成专项设施复改建和设计变更审批10处。完成邕宁水利枢纽工程江南区某部消防泵站改建工程、邕宁区蒲庙镇那莲街头至上坡路涵坍塌修复工程设计报告审批。监督检查老口航运枢纽和邕宁水利枢纽工程库区建设征地移民安置专项设施31处、防护工程3处。

【库区移民维稳】2020年，由于机构改革，问题归属调整，南宁市水库移民管理部门接待群众来信来访154件，比上年同期上升1825%，其中来信67件、来访87批199人，办结率100%。处理自治区水库和扶贫易地安置中心转办信访件1件，办结率100%。开展水库移民政策法规宣传和领导接访，走访移民290户460人。

【水库移民后期扶持】2020年，南宁市发放水库移民后期扶持补助资金2.45亿元，受益移民40.84万人。安排大中型水库移民后期扶持资金基础设施项目及增收项目198个，总投资2.21亿元，受益人口14.49万人(受益水库移民12.94万人)。其中：基础设施项目83个，投资6360.47万元；整村提升项目67个，投资1.25亿元；乡村振兴(产业开发)项目48个，投资3193.34万元。安排库区移民发展专项资金项目14个(村屯道路硬化项目7个、其他项目7个)，总投资1041.13万元(区县整合388万元)，改建硬化村屯道路7.68千米，受益人口1293户5622人，其中水库移民696户4342人。安排小型水库移民扶助资金项目6个，总投资289万元。其中：硬化道路2条、2.14千米，其他项目4个，受益移民1598人。安排市本级财政水库移民基础设施建设项目56个。其中：交通建设项目49个、硬化道路77.10千米，其他项目7个；完工项目56个，完成年度投资4453.40万元(市财政4000万元、区县自筹453.40万元)，完成投资率100%，受益5.73万人。

【水库移民教育培训】2020年，南宁市依托学校、移民培训基地、社会培训开展水库移民农村实用技术和创业就业技能培训，开设种养技术和低压电工、焊接工、汽车修理、月嫂等工种培训，促进移民生活生产和就业，增加水库移民收入。培训水库移民14批次3488人，其中学校培训983人、社会培训2505人，学校培训均获就业技能证书。开展老口航运枢纽工程涉及库区移民干部培训，组织60人到宜昌市三峡大学培训。（卢明发）

关心下一代工作

【概　况】2020年，南宁市有关心下一代工作委员会(简称“市关工委”)组织4910个。其中：市级关工委1个，区县(开发区)关工委15个，乡镇(街道)关工委124个，村(社区)关工委1708个，学校关工委963个，直属机关关工委106个，企业关工委10个，村民小组、居民楼栋、社区网格等关工组织1983个，成员1.45万人。全市参加关心下一代工作活动的“五老”志愿者3.42万人。印发《绿城新蕾》6期3000多册，征订《中国火炬》3414本。开展领导班子建设好、“五老”作用发挥好、制度健全执行好、活动经常效果好、积极探索创新好关工委评审，获评“五好”关工委14个。主要存在以党建带关建的工作还没有全面铺开，市关工委工作条件待改善，部分区县关工委建设和“五老”队伍建设须加强等问题。

【青少年思想道德建设】2020年，南宁市继续深化“传承红色基因，争做时代新人”主题教育活动。清明节期间，组织“五老”志愿者和青少年开展“云”祭英烈、抗疫烈士和逝世同胞活动，参加活动65万人次。开展“五老”进学校、进社区宣讲红色故事、抗疫英雄故事活动及社会主义核心价值观教育755场，受教育22万人，其中市

2020年5月18日，市关工委、马山县关工委、马山县教育局、合众人寿广西分公司到马山县里当瑶族乡龙琴小学开展“防控疫情　助力复学”合众助学马山龙琴小学“六一”公益活动

市关工委提供

关工委开展活动 11 场次，受教育 5300 人。

【青少年普法教育】 2020 年，南宁市深入校园、社区开展法治宣传教育。开展“不让毒品进我校园”活动 32 场，受教育学生 6 万多人；法治进校园活动 34 场，受教育学生 3000 多人；学校通过主题班会等活动宣传《中华人民共和国未成年人保护法》《中华人民共和国预防未成年人犯罪法》《中华人民共和国义务教育法》《中华人民共和国治安管理处罚法》等法律法规；开展《民法典》及安全常识宣传教育 93 场，开设社区“法制课堂”900 多场。组织青少年到禁毒、法治宣传等教育基地参观学习 4 次，参加活动 3820 人；组织青少年参加法院、检察院、消防队的开放日活动 3 次，参加活动 105 人。全市开展青少年法治教育活动 1955 场，受益学生 53 万人。

【“三结合”教育网络建设】 2020 年，南宁市开展社会、学校、家庭“三结合”教育活动 469 场次。通过“南宁空中家长学校”、家庭教育专题讲座、“专家与家长面对面”交流、微课推送等方式开展教育活动 455 场次，参与家长 104 万人；与南宁日报社联合开展“南宁家庭教育百校公益行”系列活动，通过微信公众号线上课堂和邀请家庭教育专家深入学校线下巡讲等方式开展活动 14 场，参与家长 3000 多人。编著家庭教育教材 120 册，参加学习家长 2.89 万人次。针对中考、高考学生，留守、流动儿童心理压力大开展学生心理教育，受教育 3700 多人。

【扶困助学】 2020 年，南宁市各级关工委发动爱心人士、爱心企业、社会团体捐资助学，筹措资金、物资价值 27.60 万元，资助家庭贫困学生 685 人。其中：上林县关工委组织爱心企业、社会团体筹措资金 9 万元资助贫困学生 250 人；武鸣区关工委开展“扶苗行动”，发动爱心企业筹措资金 8.70 万元，资助贫困学生 29 人；邕宁区关工委筹措资金 3.60 万元，资助贫困学生 320 人；市关工委与合众人寿保险广西分公司到马山县开展“能帮就帮·合众助学”活动，现场捐款 1.75 万元，帮助贫困学生 35 人；市关工委联合广西红十字民族教育助学协会筹措资金 4.55 万元，资助贫困学生 51 人，帮助武鸣区城厢镇第三中学购买学生饭堂餐桌椅 35 套。举办首届“阳光儿童励志奖”“困境儿童关爱之星”表彰大会，26 名学生被授予“阳光儿童励志奖”，南宁女企业家协会奖励每位“阳光儿童”1000 元，18 名村（居）委儿童主任获评“困境儿童关爱之星”，南宁北海商会奖励每位“困境儿童关爱之星”2000 元。协助广西红十字民族教育助学协会开展“祥梦园丁奖”活动，表彰长期驻扎山村教师 67 人。春节、“六一”儿童节期间，走访慰问留守儿童、单亲家庭子女、抗击新冠肺炎疫情医务人员子女及贫困学生 335 人，发放慰问金、慰问品价值 7.49 万元。 （潘美玉）

2020 年 1 月 11 日，市民政局主办、市家元社会工作服务中心承办的“幸福婚姻·美满家庭”婚姻家庭辅导系列主题讲座在市老年人活动中心举办　　市民政局提供

社会事务

【概　况】 2020 年，南宁市新登记成立社会组织 231 家，其中市本级新登记成立社会组织 90 家；全市社会组织 4849 家，其中市本级社会组织 1105 家。全市办理婚姻登记 7.37 万件，合格率 100%，其中办理结婚登记 4.27 万对、离婚登记 1.95 万对、补领婚姻登记证 1.16 万件。创新收养登记“全城通办”，办理收养登记 172 例。全市新登记成立社会工作服务机构 10 家，累计 60 家。全市 60 岁及以上老年人口 126.59 万人，占全市人口 15.98%。出台《南宁市关于建立完善老年健康服务体系的实施方案》，构建覆盖城乡的老年健康服务体系。完成 11 个社区医养结合为民办实事项目；建成医养结合机构 50 所，其中养老机构 29 所（养中有医）、医疗机构 18 所（医中有养）、嵌入式医养结合机构 3 所，数量居自治区首位。免除城乡困难对象基本殡葬服务费约 600 万元。主要存在殡葬服务基础设施薄弱、有效供给不足，城市公益性公墓和经营性公墓较少等问题。

【婚姻登记】 2020 年，南宁市办理结婚登记 4.27 万对（内地居民登记 4.25 万对、涉外登记 205 对）、离婚登记 1.95 万对（内地居民登记 1.94 万对、涉外登记 32 对）、补领婚姻登记证 1.16 万件（内地居民登记 1.15 万件、涉外 19 件）。新冠肺炎疫情发生后，2 月 2 日至 9 日取消结婚登记办理，2 月 10 日起以预约方式恢复婚姻登记。“5·20”办理结婚登记 1783 对，比上年同期增加 202 对。举办全市婚姻登记业务培训班 1 期，培训 47 人；组织 30 人参加自治区婚姻登记员、颁证员培训。举办“幸福婚姻·美满家庭”婚姻家庭辅导系列主题讲座 12 次，听讲座 1200 多人；开展婚姻家庭辅导，服务对象 500 多人。 （李群峰）

【收养登记】 2020 年，南宁市首次开展异地办理收养登记，深化政务服务“简易办”改革，优化政务服务环境。12 月 1 日起，在全市范围内试行收养登记“全城通办”，群众办理收养登记不受户籍限制，无须再回户籍所在区域申请。全市 13 个收养登记处办理收养业务 172 例，其中收养登记 168 例、解除收养登记 3 例，出具收养登记证明 1 例，无撤销收养登记，未办理涉华侨、涉港澳台收养登记。 （张　鹏）

【社会工作】 2020 年，南宁市开展乡镇（街道）社会工作服务站建设试点工作，在武鸣区、宾阳县、上林县建成乡镇社工站 12 个，在妇女儿童、养老助残、扶贫济困等领域提供专业社工服务。全市新登记成立社会工作服务机构 10 家，累计 60 家。其中：市本级新登记成立社会工作服务机构 8 家，累计 53 家；区县新登记成立社会工作服务机构 2 家，累计 7 家。向全市符合条件的 103 名社会工作人员发放社会工作专业人才奖励资金 29.80 万元。举办社会工作人才综合能力提升培训班

1 期,培训 180 余人。(钟一菡)

【社会组织登记管理】 2020 年,南宁市新登记成立社会组织 231 家,其中市本级新登记成立社会组织 90 家(社团 19 家、民办非企业单位 71 家),全市社会组织 4849 家,其中市本级社会组织 1105 家。注销社会组织 97 家,其中注销市本级社会组织13家、注销区县级社会组织84家。加强社会组织规范管理,取缔非法社会组织 1 家——“新天地教会”。创新异地商会登记制度改革,允许区县级异地商会到市级审批机关登记,市级登记审批异地商会 7 家,其中登记审批区县级异地商会 3 家。采取购买服务方式委托第三方机构抽审 50 家社会组织年度财务情况。开展 2019 年度市本级社会组织检查,参检 642 家,合格 598 家、基本合格 38 家、不合格 6 家,下达整改通知书 50 份。入驻市社会组织孵化基地社会组织 22 家,其中社团 3 家、民办非企业单位 19 家,采取壳内孵化 16 家、壳外孵化 6 家。举办社会组织登记管理业务培训班 1 期,培训 80 人。开展全市行业协会商会收费专项治理,责令会费超过 4 级标准的 3 家单位整改。4 家市本级行业协会商会完成与行政机关脱钩,13 家社会组织完成等级评估,评出 AAAAA 等级社会组织 11 家、AAAA 等级社会组织 2 家。(邓小莉)

【老龄事务】 2020 年,南宁市 60 岁及以上老年人口 126.59 万人,占全市人口 15.98%,80 岁及以上老年人口 22.42 万人,占全市人口 2.83%。全市百岁老人 745 人,比上年增加 110 人,增长 17.32%,其中男性 113 人,比上年增加 19 人,增长 20.21%,女性 632 人,比上年增加 91 人,增长 16.82%。兴宁区百岁老人 30 人,江南区百岁老人 21 人,青秀区百岁老人 60 人,西乡塘区百岁老人 43 人,邕宁区百岁老人 27 人,良庆区百岁老人 30 人,武鸣区百岁老人 84 人,横县百岁老人 114 人,宾阳县百岁老人 108 人,上林县百岁老人 65 人,马山县百岁老人 102 人,隆安县百岁老人 48 人,南宁高新区百岁老人 4 人,南宁经开区百岁老人 2 人,广西—东盟经开区百岁老人 7 人。1 月 1 日起,正式办理和使用广西敬老卡,停止办理广西壮族自治区老年人优待证。开展敬老爱老助老主题活动。全市投入 203.06 万元开展“敬老月”主题活动。制作印发老年健康宣传画 3.60 万份、老年健康宣传环保袋 3000 个、老年健康宣传折扇 1000 把、老年健康宣传围裙 1000 条等;到横县百合镇妙门村、马山县百龙滩镇大龙村开展“银龄行动”走访慰问及科普服务活动,服务老人 210 人。各区县(开发区)及市老龄委成员单位走访慰问老年人 4944 人次,参与服务老年人志愿者 4476 人次;开展健康教育和国情教育 162 场次,受教育 1.31 万人次;开展义诊 142 场次,受益 1.49 万人次;制作宣传板报、横幅 396 块(条),发放宣传资料 11.11 万份。做好全市养老机构新冠肺炎疫情防控工作,联合爱心企业慰问南宁市援鄂、援港一线抗疫医护人员老年亲属 123 人。促进老年健康服务发展。利用世界卫生日、老年健康宣传周等专题宣传活动普及老年健康科普知识,开展“百场老年健康教育进村(居)”活动 106 场次;在 65 岁及以上老年人群体中实施老年人健康管理项目,老年人健康管理率 72.11%;落实老年人医疗服务优待政策,在市第一人民医院打造老年人优先挂号、优先就医绿色通道示范点 3 个(埌东医院、三塘卫生院、南湖社区卫生服务中心)。申报市卫生健康委、市第八人民医院、南宁广济高峰医院 3 个单位医养结合案例入选全国典型案例。建设 11 个社区医养结合为民办实事项目,全部完工并投入使用。建成医疗机构执业许可证、养老机构设立许可证“两证齐全”医养结合机构 50 所,其中养老机构 29 所(养中有医)、医疗机构 18 所(医中有养)、嵌入式医养结合机构 3 所,数量居自治区首位。市第一人民医院、市第五人民医院、市第八人民医院参与健康养老模式,开设养老床位。建立完善老年健康服务体系,构建包括健康教育、预防保健、疾病诊治、康复护理、长期照护、安宁疗护的综合连续、覆盖城乡的老年健康服务体系。市公交公司 B206 路、市江南区江南街道二桥西社区、市第八人民医院、市市民卡信息服务有限责任公司客户服务部、市第十四中学、市军队离休退休干部福建园休养所 6 个单位入选“第三届全国敬老文明号”,10 人入选全国敬老爱老助老模范人物。(龚可奉　韦丽娟)

【殡葬服务】 2020 年,南宁市各殡仪馆火化遗体 2.73 万具,其中市殡仪馆 1.66 万具、武鸣区殡仪馆 0.46 万具、横县殡仪馆 0.26 万具、宾阳县殡仪馆 0.35 万具。全市免除城乡困难对象基本殡葬服务费用约 600 万元。市殡葬服务管理处在媒体公示无人认领遗体 126 具,完成 124 具疑难遗体处置。清明节期间,做好新冠肺炎疫情防控和安全祭扫管理,5 个殡葬服务单位(市殡仪馆、青龙岗长安墓园、横县殡仪馆、宾阳县殡仪馆、武鸣区殡仪馆)和广西四厦岭墓园不对外开放祭扫;各殡葬服务机构通过网站、移动客服端、微信公众号等形式建立网络祭祀平台,提供网上祭扫服务。4 月 4 日,各殡葬服务机构同步举行清明代祭扫公益活动。举办市 2020 年公益花坛葬安葬仪式,安葬骨灰 144 具。5 月 18 日,市政府投资兴建的第一家城市公益性公墓——马岭公墓启用运营,首期销售墓穴 1328 个;12 月 29 日,二期工程开工建设。武鸣区第一家城市公益性公墓——凤凰山陵园建成墓穴 1.20 万个,销售 1500 个。(李群峰)

编辑　钟婉悦

生态文明建设

综 述

【概 况】 2020年，南宁市AQI优良率(空气质量达标天数比例)97.5%，比2015年提高6.5个百分点，超额完成自治区95%的“十三五”目标任务，环境空气质量连续5年稳定达标；空气质量综合指数3.12。主要流域水质优良比例连续5年100%，连续2年二类水质占比100%。连续5年实现“二类水入境、二类水出境”，地表水监测断面均达到或优于水质目标。市级在用饮用水水源水质、县级饮用水水源水质达标率100%。建成区内河河段38个黑臭水体黑臭消除比率100%。市区污水处理能力为每日183万吨。南宁大王滩国家湿地公园通过国家湿地公园试点验收。全市农用地安全利用工作推进完成率、污染地块安全利用率均为100%。已建成农村生活污水设施正常运行率93.94%；集中式农村生活污水处理设施覆盖率42%(以村民委员会计)，处于自治区领先。纳入环境监督执法“正面清单”管理企业499家，对新冠肺炎疫情防控、生猪养殖类45个项目实施简化审批或备案管理。完成377个加油站1266个埋地油罐防渗改造、6家危化品企业搬迁改造。无较大以上突发环境事件。竹排江黑臭水体治理项目入选2020年生态环境部通报表扬典型案例。南宁市“水清岸绿生活美”的生态文明建设成效在中央电视台《新闻联播》播出。(张 心 曾 宇)

【邕江综合整治与开发利用】 2020年，南宁市“美丽南宁·整洁畅通有序大行动”指挥部办公室与市政和园林管理局联合印发实施《深入推进邕江综合整治和开发利用实施方案》。市自然资源局编制完成《邕江综合整治工程亮化技术导则及动画》《南宁市重要景观节点设施图集》；市“大行动”办牵头组织各城区(风景区)、市直有关部门划定邕江沿岸公园中心城区段禁钓区域，各城区、风景区每周巡查违规垂钓2次以上，劝离违规钓鱼7470人次；整治劝导乱停放车辆和不按指定线路行驶车辆9170次；做好绿化养护的除杂、补植、日常淋水、施肥、苗木修剪和病虫害防治；每周开展邕江沿岸公园交叉检查指导1次。开展邕江沿岸公园服务专项提升，在公园内增设学雷锋志愿服务站点，为游客免费提供饮用水、一次性雨具、综合服务咨询、充电服务、便民药箱、游园手册等。市市政和园林管理局到邕江沿岸公园开展调研2次，对植物养护不到位问题发出督办函2份。7月1日，邕江综合整治和开发利用工程PPP(政府和社会资本合作)项目正式全线运营。制定《南宁市邕江综合整治和开发利用工程PPP项目运营维护期绩效考核方案(试行)》，成立邕江综合整治和开发利用工程PPP项目运营维护期绩效考核工作小组，负责项目日常考核、绩效考核。

【“中国绿城”建设】 2020年，南宁市民族大道北侧绿地山体公园(埌东公园)二期项目完工并完成绿化验收，完成投资2393万元，累计投资7093万元；亭子滨江公园配套服务设施及游客服务中心项目完成建筑主体及装修、室外石材铺装，绿化完成95%；花卉公园枫林路后排绿化工程(一期)完工，投资787.90万元。推动南宁市左右江流域山水林田湖草生态保护修复试点工程，其中隆安县宝塔新区点灯山矿山生态修复任务项目通过验收。邕江综合整治和开发利用工程累计建成邕江绿道148千米、主题公园15个。海绵城市建设项目累计完成287项，总投资107.52亿元。全市建成区(含武鸣区)绿

2020年7月25日，南宁市生物多样性保护宣传教育活动在广西药用植物园举办

市生态环境局提供

地率35.74%、绿化覆盖率41.42%、人均公园绿地面积12.23平方米，符合国家生态园林城市的要求。（易贝贝）

【生态环境教育实践基地】 2020年，南宁市有国家级生态环境教育基地4个：南宁青秀山风景名胜旅游区、美丽南方、广西药用植物园、南宁市三峰能源有限公司(新增)。入选第一批广西生态环境宣传教育实践基地名单单位15个：青秀山风景名胜旅游区、南宁园林博览园、邕江南岸公园、那考河湿地公园、美丽忠良旅游投资有限公司、青秀区花雨湖生态休闲旅游区、武鸣区大明山风景区、武鸣区花花大世界景区、马山县小都百综合示范村、宾阳县古辣稻花香里旅游区、宾阳县水生态环境教育馆、上林县大龙湖景区、上林县鼓鸣寨景区、隆安县龙虎山自然保护区、横县西津国家湿地公园。南宁市生态环境教育实践基地开展活动50场次，接待6000人次；组织开展环保设施线上"云开放"活动6期，市民参与活动点击量、阅读量超210万次。

（张心 曾宇）

自然资源管理与规划

自然资源管理

【概　况】 2020年，南宁市自然资源局(简称"市自然资源局")有南宁高新技术产业开发区分局、南宁经济技术开发区分局、广西—东盟经济技术开发区分局、五象新区分局、南宁青秀山风景名胜旅游区分局、南宁龙象谷国际旅游度假区分局6个分局，管理南宁市国土资源执法监察支队、南宁市土地储备中心、南宁市国土资源出让服务中心、南宁市土地开垦整理中心、南宁市国土资源档案馆、南宁市不动产登记中心、南宁市城市规划编制研究中心、南宁市城市规划展示馆8个直属事业单位，代管南宁市建筑设计研究院有限公司、南宁市城乡规划设计研究院有限公司、南宁市自然资源信息集团有限公司，指导区县自然资源管理业务。全市落实新增建设用地计划指标1829.12公顷。完成集体土地征收3302.25公顷，拆迁279.97万平方米。盘活存量土地5053.41公顷。兴宁区、江南区、青秀区、西乡塘区、邕宁区、良庆区、南宁高新技术产业开发区、南宁经济技术开发区、广西—东盟经济技术开发区"招拍挂"出让活动成交134期、174宗地，成交面积730.60公顷，成交金额533.95亿元。主要存在近五年平均供地率偏低、耕地提质改造承诺兑现难度大等问题。

【自然资源调查与监测】 2020年，南宁市第三次国土调查成果上报自然资源部复核，按照核查意见组织整改，12个区县完成整改并通过国家级内业复核及数据库质检，配合国家完成统一时点更新成果"互联网+"在线和外业实地核查。

【建设项目用地管理】 2020年，南宁市审查上报批次和单独选址项目124个，涉及总用地面积2297.91公顷、新增建设用地2185.92公顷，获用地批复75个，涉及总用地面积1657.09公顷、新增建设用地1565.89公顷(以上数据均不含五象新区)。办结建设项目用地预审与选址意见书615宗(南宁高新区34宗、南宁经开区26宗、广西—东盟经开区10宗、五象新区分局165宗)，核发《建设用地规划许可证》673份(南宁高新区80份、南宁经开区96份、广西—东盟经开区60区、五象新区分局164份)、规划设计条件115份，出让用地蓝线图60份、储备用地蓝线图54份、一般用地蓝线图40份。

【国土空间用途管制】 2020年，南宁市落实新增建设用地计划指标1829.12公顷，其中自治区预安排南宁市新增建设用地计划指标706.19公顷、重大项目核销指标1122.93公顷(申请核销国家指标469.98公顷)。在自治区自然资源交易中心交易出让邕宁区、上林县、马山县、隆安县贫困区县增减挂钩节余周转指标11宗、277.4公顷，指标交易10.74亿元；将增减挂钩节余指标纳入兴宁区、江南区、青秀区、西乡塘区、邕宁区、良庆区、南宁高新技术产业开发区、南宁经济技术开发区商服商品住宅项目用地公开出让条件的土地出让交易9宗，涉及需购买增减挂钩周转指标195.47公顷，贫困县区获指标交易收入7.62亿元。开展土地利用整体规划和城市(镇)总体规划(简称"两规")一致性处理，上林县、宾阳县、武鸣区"两规"一致性处理方案上报自治区，其余区县"两规"一致性处理方案获南宁市批准，为南宁现代工业产业园、伶俐工业区、吴圩空港经济区、六景工业园、黎塘工业园各提供规划建设用地333.33公顷以上。全市开展涉及土地利用总体规划修改(调整、局部调整、更新数据库)项目210个，保障南宁万有国际旅游度假区项目、广西建设职业技术学院新校区项目等重大项目用地。纳入自治区层面统筹推进重大项目291个，涉及新增建设用地1.40万公顷。保障用地指标(含部分保障)项目159个，占项目总数54.64%，涉及新增建设用地指标3987.51公顷。

【矿产资源管理】 2020年，南宁市新立采矿权挂牌出让5宗，采矿权出让收益1.06亿元；采矿权延续登记13宗，新增资源部分出让收益1223.43万元。通过自治区级绿色矿山考核7座、市级考核32座，推进西乡塘区、武鸣区绿色矿业发展示范区建设。实地检查城区采石场67家次，出动检查人员178人次，重点监督检查扬尘治理措施落实不力的采石场，限期整改。5月21日，制定《采矿权人信用"红黑名单"管理制度》，7月1日施行。

【地质灾害防治】 2020年，南宁市接到造成财产损失的突发性地质灾害灾情报告15起，造成直接经济损失93.30万元，未造成人员伤亡。地质灾害发生数量比上年增加6起，直接经济损失增加43.90万元。地质灾害隐患呈现点多面广、隐蔽性强的特点。划定地质灾害易发区462个、地质灾害隐患点765处，均纳入地质灾害群测群防体系，落实监测人员及防灾责任人。开展地质灾害汛前排查，全市自然资源系统出动巡查排查组421组次，巡查排查地质灾害隐患点3231处、新发现12处。新冠肺炎疫情期间，采取线上为主、线下为辅的地质灾害防灾减灾宣传方式，制作地质灾害防治宣传二维动画短片，在"学习强国"APP发布地质灾害科普长图等。全市自然资源系统开展地质灾害防灾避险知识宣传44场次，受众1919人次，发放宣传资料2万多份；开展地质灾害防治培训39场次，培训1567人次。提前启动汛期24小时领导带班地质灾害应急值班值守，做好受地质灾害隐患威胁人员的临灾避险。处置突发地质灾害灾情(险情)22次，出动市地质环境专家和专业技术人员44人次，转移避让受威胁群众136人次，所有处置灾害(隐患)点未发生二次灾害事故。

【自然资源开发利用】 2020年，南宁市盘活存量土地5053.41公顷(自治区下达任务3500公顷)。近五年(2015年至2019年)平均供地率70.80%(自治区下达任务68.50%)。完成"增存挂钩"(新增建设用地计划指标分配与存量建设用地消化相挂钩)任务中盘活批而未供土地1583.50公顷(自治区下达任务1094公顷)，消化闲置土地103.95公顷(自治区下达任务119公顷)。至年末，闲置土地面积495.46公顷，超出控制任务95.46公顷。《南宁市人民政府关于提高工业用地利用综合效益的若干意见》《南宁市创新型产业项目用地管理暂行办法》《南宁市安置留用地开发利用管理暂行办法》出台实施，提高工业用地综合效益，规范全市创新型产业项目用地管理、留用地开发利用管理。

【耕地保护】 2020年3月20日，南宁市完成2035年永久基本农田保护任务测算并上报自治区自然资源厅。4月20日，完成永久基本农田整改补划内业核实。10月，摸底调查全市永久基本农田补划潜力。保障114个批次及单独选址用地耕地占补指标，补充耕地数量1167.31公顷、水田面积275.43公顷，粮食产能1.20万吨。非农业建设占用耕地项目均以"先补后占""占一补一、占优补优、占水田补水田"形式履行补充耕地义务。获批自治区补充耕地指标调剂水田规模109.10公顷，落实用于新建贵阳至南宁铁路客运专线（南宁段）、南宁新江经吴圩至崇左扶绥公路（南宁段）（吴圩至扶绥段）、南宁新江经吴圩至崇左扶绥公路（南宁段）（那马至吴圩段）、邕宁区蒲庙经新江至百济二级公路4个项目耕地占补平衡。新增入库补充耕地项目37个，其中土地开垦项目8个、耕地提质改造（旱改水）项目29个。新增补充耕地数量指标232.24公顷、水田指标1244.61公顷、粮食产能指标737.53万千克，全部超额完成任务。全市涉及核查项目645个、地块图斑6.20万个。兴宁区、武鸣区、隆安县95个项目报备拟整改非耕地面积3499.28公顷，其中水田面积14.10公顷；12月，隆安县3个项目305.14公顷完成整改并通过自治区审核。构建市级补充耕地指标交易平台，出台《南宁市补充耕地指标交易管理实施细则》，实现全市补充耕地指标跨区县（开发区）使用，富余的补充耕地指标通过交易平台实现有偿出让获取，完成补充耕地指标协议出让2宗、挂牌出让交易8宗，涉及耕地指标128.23公顷、水田指标168.15公顷、粮食产能指标234.82万千克，交易金额5.23亿元，解决南宁高新技术产业开发区、兴宁区及广西北部湾投资集团有限公司等耕地占补指标需求。10月22日，南宁市开展第三次国土调查耕地资源质量分类。12月12日，出台《南宁市关于坚决制止耕地"非农化"行为的工作方案》；29日，印发实施《南宁市补充耕地指标交易管理实施细则》。

【土地征收】 2020年，南宁市完成集体土地征收3302.25公顷，拆迁279.97万平方米，比上年增长22.21%。其中，兴宁区、江南区、青秀区、西乡塘区、邕宁区、良庆区、南宁高新技术产业开发区、南宁经济技术开发区征地1630.12公顷，拆迁265.38万平方米，增长21.30%；横县、宾阳县、上林县、马山县、隆安县、武鸣区、广西—东盟经济技术开发区征地1672.13公顷，拆迁20.58万平方米，增长56.60%。制定征地区片综合地价标准，出台《南宁市人民政府关于实施区片综合地价的通知》。印发实施《南宁市征地报批前期工作指南（试行）》，开展征地拆迁和用地报批。市自然资源局办理涉及征地拆迁事务行政复议案件4件、行政诉讼案件57件，受理征地听证申请6件，办理信访7件。在市自然资源局门户网站主动公开征地拆迁信息51条，办理依申请公开38件。

【土地储备与供应】 2020年，兴宁区、江南区、青秀区、西乡塘区、邕宁区、良庆区、南宁高新技术产业开发区、南宁经济技术开发区计划收储入库储备土地672.33公顷，计划供应储备土地701公顷。完成入库储备土地923.73公顷，比上年增长38.3%；移交并完成供地753.46公顷，其中通过划拨方式供应储备土地148.53公顷，通过"招拍挂"方式出让储备土地604.93公顷、成交地价款430.47亿元。

【土地市场交易】 2020年，市自然资源局编制《南宁市2020年国有建设用地使用权"招拍挂"公开出让计划》，兴宁区、江南区、青秀区、西乡塘区、邕宁区、良庆区、南宁高新技术产业开发区、南宁经济技术开发区"招拍挂"出让活动成交134期、174宗地，成交面积730.60公顷，其中住宅用地成交347.27公顷、工业用地成交238.93公顷，成交金额533.95亿元，创历史最高。通过土地"招拍挂"出让筹集公租房3.69万平方米，产权移交住房1.13万平方米，产权移交安置住房1.65万平方米，移交标准厂房3.76万平方米；成交增减挂钩节余指标195.47公顷，折合金额7.62亿元。

【不动产登记】 2020年，南宁市实现96%的不动产登记业务24小时网上全自助办理，网上全自助办理业务实现即时办结，线下业务全面实行现场"1小时办结"。全年办理不动产登记业务84万宗，其中自助办理业务登簿量76万宗，占登簿总量91%，日均业务处理能力超3000宗，为平台上线前2.5倍。全业务不动产登记电子证照在市直各部门实现互认，不动产登记与交易、缴税等政务服务事项，以及水、电、气、网络、电视等公共服务业务实现集成办理。在市区内设置受理点4个、自助服务点4个。不动产登记改革成效获国务院办公厅通报表扬，获自治区激励干部担当作为奖励集体通令嘉奖，入选《中国营商环境报告2020》"登记财产"指标优化实践案例及典型经验，获2020银川国际智慧城市博览会"智慧成果奖"。

【国土综合整治与生态修复】 2020年，南宁市开展全域土地综合整治试点工程。10月，出台《南宁市开展全域土地综合整治助推乡村振兴实施方案》。西乡塘区石埠半岛水域生态修复国土空间综合整治项目列为2020年度自治区全域土地综合整治试点项目，8月通过批复立项，9月完成规划设计批复；申报上林县白圩镇爱长村等9个村全域土地综合整治项目作为国家全域土地综合整治试点项目。在青秀区、横县改革集成试点村启动全域土地综合整治，完成横县校椅镇石井村、六凤村全域土地综合整治项目及青秀区南阳镇施厚村全域土地综合整治项目整体立项批复。推动南宁市左右江流域山水林田湖草生态保护修复试点工程，市自然资源局完成涉及3个任务。隆安县宝塔新区点灯山矿山生态修复任务项目通过验收，完成危岩治理约9.5万平方米，拨付奖

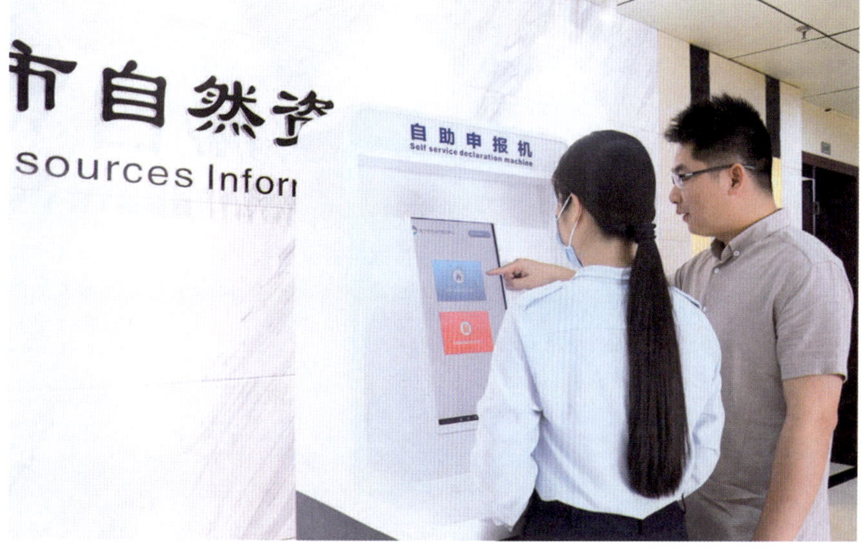

2020年6月，南宁市自然资源信息中心推出第一代不动产登记自助终端，实现不动产登记、房产抵押、房产交易等业务一站式服务。图为工作人员指导市民办理业务

市自然资源局提供

补资金1061万元,打造隆安县市民悠闲公园。完成隆安县、江南区蔗区耕地整治任务,其中隆安县计划实施2000公顷、完工2080公顷,江南区计划实施400公顷、完工400公顷,拨付奖补资金958.86万。竣工验收耕地提质改造项目15个,新增水田261.82公顷。市自然资源局立项批复耕地提质改造(旱改水)项目54个(西乡塘区10个、邕宁区12个、良庆区1个、横县3个、上林县6个、马山县18个、隆安县4个),面积3226.86公顷,竣工验收41个(西乡塘区3个、宾阳县12个、上林县3个、马山县17个、隆安县6个),面积2120.83公顷。审查通过临时用地土地复垦方案41个。已供土地中应剥离耕地面积57.87公顷,实际剥离耕地面积57.81公顷。6月10日、6月15日,马山县林圩镇大塘片锰矿区矿山地质环境治理项目、上林县明亮镇塘马锰矿区矿山地质环境治理项目的矿山地质环境治理工程竣工验收。

【自然资源权益】 2020年,南宁市制订《2020年度南宁市国有建设用地供应计划》,加强对土地市场调控管理。出台《南宁市城市轨道交通综合开发建设用地使用权作价出资管理办法》,赋予南宁市作价出资审批权,促进轨道建设资金回收、投资建设。开展2019年度南宁市自然资源国有资产报告编制及专题调研,试编2020年南宁市自然资源资产负债表。

(市自然资源局)

国土空间规划

【国土空间总体规划】 2020年9月1日,南宁市成立国土空间总体规划编制工作专班,工作专班领导小组办公室设工作组12个。年内,召开专班主任会议15次,工作组会议近100次。12月8日,市自然资源局完成南宁市国土空间总体规划(2020—2035年)初步方案专家评审。统筹开展专题研究25个,其中基本完成《南宁2020—2035年经济发展战略研究》等专题8个,完成初步方案汇报或通过专家评审专题12个,开展项目采购程序或前期准备5个;统筹推进专项规划39个,其中基本完成《南宁港总体规划》等规划9个,形成规划初步方案2个,处于推进阶段28个。初步构建数据资源体系,编制南宁市国土空间规划"一张图"数据目录标准,收集、梳理和整理空间数据,系统累计接入图层数据249项,数据资源体系建设阶段性成果通过专家评审。推进生态保护红线划定,应划尽划,应保尽保,南宁整体生态保护红线占全市面积比例达14.26%。10月30日,南宁市被自然资源部选取作为优秀案例,在现行国审城市国土空间规划城市体检评估技术培训交流视频会上做经验介绍。

【国土空间控制性详细规划】 2020年,市自然资源局加快编制三年攻坚计划剩余单元的控制性详细规划,推动实现规划精细化管理。9个单元控制性详细规划获市政府批复,5个单元控规通过南宁市城市规划委员会审议。

【国土空间专项规划】 2020年,南宁市开展专项规划14个。1月,市自然资源局完成《邕江综合整治工程亮化技术导则及动画》《南宁市重要景观节点设施图集》编制并验收批复。12月,《南宁市城市修补总体规划》上报市政府审批;《南宁市三江口周边区域战略发展规划》获市城市规划委员会专家咨询委员会评审通过;《南宁昆仑关风景区总体规划》提交市城市规划委员会会议审议。市自然资源局统筹推进南宁教育园区景观(含景观设计导则)、西片区城市家具设计导则(含设计图集)项目。

【市政交通规划】 2020年,市自然资源局编制新一轮南宁市综合交通规划,目标是将南宁市建成区域性国际综合交通枢纽,构建高效畅通的城市交通网络体系。开展市政交通专项类规划16项,其中交通专项类规划10项、市政专项类规划6项,包括《南宁市综合交通规划(修编)》《南宁吴圩国际空港综合交通枢纽周边交通专项规划[南宁吴圩国际机场综合交通换乘中心(GTC)周边交通专项规划]》《南宁市城市智能交通系统建设工程"十三五"规划》《南宁市行人过街设施专项规划》《南宁市交通年度报告(2019)》《广西东盟经开区及武鸣区综合交通规划》《南宁北站交通概念规划》《昆仑大道沿线立交一体化设计规划方案研究》《广西—东盟经开区及武鸣区污水工程专项规划》《南宁教育园区管廊及专项规划(编修)(含燃气、通信管线综合内容)》《竹溪大道、民族大道沿线以及凤岭南北片区非机动车连接通道方案研究》《南宁教育园区环卫设施专项规划》《广西—东盟经开区及武鸣区排水及防洪排涝工程专项规划》《城市地下管线跟踪测量更新》《南宁市主要道路交叉口优化设计详细规划及设计指引》《佛子岭路—凤凰岭路节点及周边区域交通改善研究》,形成《南宁市综合交通规划(修编)》最终成果、《竹溪大道、民族大道沿线以及凤岭南北片区非机动车连接通道方案研究》中期成果。编制《南宁市城市轨道交通线网规划(2020—2035)》、《南宁北站交通概念规划》《南宁市城市智能交通系统建设工程"十三五"规划》,打造便捷高效综合交通枢纽体系。编制中心城重要干道、主要道路节点优化和交叉口改善等方案,优化提升中心城路网。编制朝阳溪、沙江河、八尺江、那平江等系列水环境改善规划,推进城市水环境和黑臭水体治理。

【村庄规划】 2020年,南宁市推进"多规合一"(城乡规划、土地利用规划等多个规划融合)村庄规划,指导有条件、有需求的区县编制村庄规划。编制村庄规划70个,规划成果均通过专家审查,超额完成自治区自然资源厅下达30个编制任务。落实村庄规划奖补资金580万元,其中自治区奖补资金480万元、南宁市调剂100万元,支持贫困地区村庄规划编制。9月30日,印发实施《南宁市乡村规划师挂点服务办法实施细则(试行)》《南宁市乡村规划师挂点服务工作方案》,细化落实自治区乡村规划师挂点服务办法。

【测绘地理信息】 2020年,南宁市推进"多测合一、一码通办"改革,建设项目审批流程涉及测绘业务由16项精简整合为4项,审批时间从135个工作日减至33个工作日。通过"一个测绘基准""一个不动产单元码""一张不动产单元表""一个多源地籍数据库""三维立体自然资源一张图""一个应用平台"实现全程网上办理,同时支撑住建、园林、人防等部门业务办理的测绘数据需求,实现数据共享。出台《南宁市建设项目"多测合一"管理暂行办法》《南宁市建设项目"多测合一"技术规程》《南宁市建设项目"多测合一"信用管理办法(试行)》等系列改革文件。在自治区首创"多测合一"信息化管理系统上线运行,支持和推动联合验收,完成天地图省市节点数据融合,平台政务版和公众版电子地图更新,示范应用增加3个,累计38个。与江南区、青秀区签订地理信息共享协议,汇交测绘地理信息成果单位99家。开展测绘资质检查工作和测绘安全生产检查,实地核查广西建工集团海河水利建设有限责任公司等34家单位,其中丙级单位32家、丁级2家;开展测绘地理信息成果质量监督检查,实地检查广西天图数字测绘有限公司等38家单位;开展地图监管,实地抽查单位11家,检定处理互联网地理信息系统推送地图122幅,撤换网站登载问题地图。受理丙级、丁级测绘资质申报、变更及注销等初审100宗。核发测绘作业证503本,延续127本,注销97本。核发地图审核批准书48份。在广西海吉星批发市场开展南宁市2020年"8·29"测绘法宣传日暨国家版图意识宣传活动,在南宁市月湾路小

学开展国家版图意识宣传教育进校园主题活动。 （市自然资源局）

勘 测

【概 况】 2020年，南宁市勘察测绘地理信息院（简称“市勘测院”）承接工程6145项，生产收入超1亿元。勘测成果合格率100%，勘测资料归档率100%，勘测产品数字化成图率100%。承接测绘工程项目4148项，其中建筑规划核实完成751项、市政规划核实完成187项。完成倾斜摄影实景三维437.54平方千米，正射影像518.53平方千米，全景影像制作496个，其他定点全景影像911个。开展《高精度城市内涝预警预测关键技术研发及集成化应用示范》《基于InfoworksICM的南宁市典型区域污水管网地下水入渗模型研究》《智慧城市理念下城市更新（旧改）关键技术、模式研究与示范》等科研立项。获广西优秀工程勘察设计成果工程勘察与岩土工程奖10项。主要存在人才储备不足、对外宣传力度不够等问题。

【城市测量】 2020年，市勘测院承接测绘工程项目4148项，其中建筑规划核实完成751项、市政规划核实完成187项，包括控制测量、地形测量、地下管线测量等。完成南宁市轨道交通2号、3号、4号线和南宁市园博园园林景观工程竣工规划条件核实；完成五象总部大厦、自治区重大公益性项目片区民族风情街、五象新区核心区商务街等五象新区重大或标志性项目测量；完成南宁吴圩机场第二高速公路工程（城市快速路段）二期临近既有轨道交通2号线地铁保护区监测、邕江综合整治和开发利用工程PPP项目护岸工程定甲村段岸坡滑坡处理监测、伶俐镇控制测量、那马镇控制测量；完成园湖南路污水管网监测。

【地理信息数据生产】 2020年，市勘测院完成倾斜摄影实景三维437.54平方千米，正射影像518.53平方千米，全景影像制作496个，其他定点全景影像911个；建设、维护、更新视频航拍邕江各桥梁及经济“网红地标”24个点位等城市数据资源。11月6日，南宁市城市排水设施地理信息系统（厂网河湖一体化管控平台）项目完成初步验收，实现南宁市排水设施“一张图、一个平台”建设运营维护管理；推进南宁市城市地上地下一体化管控信息化建设。完成南宁六景工业园区地形图测绘项目，地形图10.32平方千米；完成吴圩机场线地铁选线地形图测量项目，地形图28.16平方千米；完成南宁市双定循环经济产业园区（一期）地形图项目，地形图1.32平方千米，完成实景三维模型、正射影像各6.12平方千米；完成青秀区2020年村庄空间规划编制设计服务项目地形图测量，地形图17平方千米，正射影像58.66平方千米，实景三维模型20.30平方千米；完成64个老旧小区的航拍立面照片及32个地面全景，提供实景三维模型；参与完成宾阳县思陇镇六岑村（扶贫）项目，正射影像图32平方千米。

【测绘地理信息】 2020年，市勘测院完成地形图测量302.53平方千米，市政道路排水管网排查5860.30千米，排水口溯源调查3228个，发现市政道路范围内错混接点8545个，梳理建成区市政道路排水管道断头点645个、淤堵点303个；地块内部排水管网探测1.38万千米；出具3969千米管道的检测与初步评估报告；错混接点复核跟测销号2624个；制作黑臭水体治理专题地图25幅；管线覆土前跟测250.14千米；城市地理信息部件普查15万个。完成专题系列图82项（黑臭水体系列专题图等）、专题图35幅（南宁市楼盘分布图等），涵盖环境整治、脱贫攻坚、城市更新、市政建设、工程监测、旅游、新媒体宣传等领域。

【工程地质勘察】 2020年，市勘测院承接工程项目221项，其中岩土工程勘察项目191项（重点工程24项），地质灾害危险性评估项目20项，压覆矿产评估10项。项目包括南宁市朝阳溪河道综合整治工程（秀厢大道—罗伞岭水库），万有（南宁）国际旅游度假区项目一期配套路网工程，南宁产投汽车邕宁产业园、南宁现代工业产业园启动区道路工程，南宁市国际物流基地西片区路网（二）工程—英岭路（原3号路），石埠水厂一期工程，南宁市庆华路延长线工程及三岸大桥改造工程。

（黄 克）

环境质量

【概 况】 2020年，南宁市区AQI优良率97.5%，比上年上升2.7%；空气质量综合指数3.12，环境空气中二氧化硫、二氧化氮、可吸入颗粒物、一氧化碳、臭氧、细颗粒物6项污染物浓度均达国家二级标准，各项指标浓度值均有所下降。区县（开发区）空气质量优良率为96.2%～100%。主要河流水质全优，被考核的4个国控断面及2个区控断面均为二类水质；5个市级在用饮用水水源、8个县级在用饮用水水源达标率100%；主要湖库水质优良。城市区域环境昼间噪声平均等效声级53.3分贝，比上年下降0.7分贝，城市区域声环境质量总体属较好水平。城市道路交通声环境昼间平均等效声级68.5分贝，下降0.5分贝，道路交通声环境质量达国家考核指标要求，属较好水平。市区各类功能区昼间总点次达标率96.4%，夜间总点次达标率75%、上升28.6%。市区辐射环境质量良好，环境电离辐射保持在天然本底涨落范围内。全市有监测土壤点位19个，其中畜禽养殖场土壤监测点位13个（属于安全利用类8个）、饮用水源地土壤监测点位6个（属于安全利用类2个）。主要存在流域个别断面水质不稳定，地表水环境质量保持稳定压力较大等问题。

【环境空气质量】 2020年，南宁市空气质量优222天，比上年增加33天；良135天，减少22天；轻度污染8天，减少10天；中度污染1天，与上年持平。市区AQI优良率97.5%，超额完成自治区95%考核

2020年11月19日，市勘测院工作人员进行三岸大桥改造工程勘察 覃家锋 摄

目标。市区环境空气中二氧化硫、二氧化氮、可吸入颗粒物、一氧化碳、臭氧、细颗粒物年均浓度分别为每立方米 8 微克、24 微克、46 微克、1 毫克、118 微克、26 微克,均达到《环境空气质量标准》(GB3095—2012)二级标准限值,超额完成自治区下达的细颗粒物每立方米 31 微克考核目标;二氧化硫、二氧化氮、可吸入颗粒物、一氧化碳、臭氧、细颗粒物分别下降 11.1%、17.2%、13.2%、23.1%、6.3%、13.3%。区县 AQI 优良率 96.2%~100%,其中马山县 AQI 优良率 100%。市区酸雨频率 28.20%,上升 20.1 个百分点,降水平均 pH 值 5.41。远郊监测点邕宁区新江镇降水酸雨频率 26.8%,降水平均 pH 值 5.32。宾阳县酸雨频率 1.04%,上升 1.04 个百分点。武鸣区、横县、上林县、马山县、隆安县均未监测到酸雨。南宁市空气质量在全国 168 个重点城市中排名第十七,在省会城市(含直辖市)中排名第六。

【水环境质量】 2020 年,南宁市的 4 个国控断面、2 个区控断面水质按年均值评价三类水质达标率 100%,二类水质占比 100%。上游入境交界断面继续实现“二类水入境、二类水出境”,优于国家“二类水入境、三类水出境”目标要求。境内主要流域监测断面均为二类水质。市区邕江三津、陈村、西郊、中尧、河南 5 个地表水集中式饮用水水源地及 8 个县级(含武鸣区)饮用水水源地水质达标率 100%。监测 18 条主要城市内河,纳入南宁市黑臭水体整治的 13 条内河主要污染指标总体好转。市重点湖库大王滩水库、西津水库水质均为二类,优于自治区三类水质考核目标要求。市级备用饮用水水源

表 22　　2020 年南宁市区空气质量情况统计表

质量级别	质量状况	空气质量指数(AQI)范围	出现天数(天)		
			2019 年	2020 年	增　减
一　级	优	0~50	189	222	33
二　级	良	51~100	157	135	-22
三　级	轻度污染	101~150	18	8	-10
四　级	中度污染	151~200	1	1	0
五　级	重度污染	201~300	0	0	0
六　级	严重污染	>300	0	0	0
优良率(%)			94.8	97.5	2.7

说明:统计去除无效天数;按相关要求,2020 年起空气质量数据采用实况数据,故 2019 年数据为实况数据

表 23　　2020 年全国 168 个城市空气质量排名前 20 位情况一览表

排　名	城　市	排　名	城　市
1	海口市	11	珠海市
2	拉萨市	12	雅安市
3	舟山市	13	台州市
4	厦门市	14	中山市
5	黄山市	15	肇庆市
6	深圳市	16	昆明市
7	丽水市	17	南宁市
8	福州市	18	遂宁市
9	惠州市	19	张家口市
10	贵阳市	20	东莞市

表 24　　2020 年南宁市主要江河断面年均水质评价结果情况一览表

断面类型	断面名称	考核城市	河流名称	水质考核目标	年均水质类别	水质评价	上年水质类别
国控断面	叮　当	南宁市	武鸣河	二　类	二　类	优	二　类
	老　口	南宁市	邕　江	二　类	二　类	优	二　类
	六　景	南宁市	郁　江	三　类	二　类	优	二　类
	南岸(南宁→贵港)	南宁市	郁　江	三　类	二　类	优	二　类
区控断面	蒲　庙	南宁市	邕　江	三　类	二　类	优	二　类
区控/“十四五”新增国控断面	廖平桥(南宁→来宾)	南宁市	清水河	二　类	二　类	优	二　类
“十四五”新增国控断面	白　马	南宁市	右　江	–	二　类	优	–
	莲　山	南宁市	八尺江	–	三　类	良	–
	都安(南宁/河池)	南宁市/河池市	红水河	–	二　类	优	–
上游交界断面	上中(崇左—南宁)	崇左市	左　江	二　类	一　类	优	二　类
	雁江(百色—南宁)	百色市	右　江	二　类	二　类	优	二　类

续表 24

断面类型	断面名称	考核城市	河流名称	水质考核目标	年均水质类别	水质评价	上年水质类别
区控断面	水塘江	–	邕　江	三　类	二　类	优	二　类

说明：1. 水塘江断面所处水功能区划为四类，水质按三类参考评价，不作考核目标；2. 新增“十四五”国控监测断面未设定考核目标，廖平桥按原区控考核目标；3. 都安断面所处位置为界河，拟同时考核南宁市、河池市；4. 廖平桥“十三五”是区控断面，“十四五”为国控断面

表 25　　2020 年南宁市主要湖泊水库年均水质及综合营养状态指数情况一览表

类　别	点位名称	2020 年			2019 年		
		水质类别	综合营养状态指数	级　别	水质类别	综合营养状态指数	级　别
专项湖库	大王滩水库	二　类	35.6	中营养	三　类	47.9	中营养
	西津水库	二　类	36.8	中营养	三　类	46.1	中营养
备用、规划水源	龙潭水库	三　类	44.1	中营养	三　类	43.0	中营养
	天雹水库	二　类	34.1	中营养	二　类	30.1	中营养
	老虎岭水库	三　类	44.1	中营养	三　类	45.5	中营养
	峙村河水库	二　类	41.9	中营养	二　类	39.3	中营养
	西云江水库	三　类	45.8	中营养	二　类	33.9	中营养
	东山水库	三　类	44.3	中营养	二　类	32.9	中营养
	凤亭河水库	二　类	36.4	中营养	二　类	41.7	中营养
	大王滩水库（取水口）	三　类	35.3	中营养	二　类	45.1	中营养
城市内湖	南　湖	三　类	40.8	中营养	劣五类	38.9	中营养
	五象湖	四　类	56.2	轻度富营养	四　类	57.9	轻度富营养
	民歌湖	劣五类	63.9	中度富营养	劣五类	62.1	中度富营养

说明：1. 西津水库根据《环境保护厅关于同意南宁市人民政府调整西津水库水质目标考核目标的函》，按河流型评价标准进行评价。2. 大王滩水库既列为南宁市专项湖库又为南宁市备用水源，专项湖库监测点位包括二叉口、坛蝉、库中心、坝首，备用水源监测点位为取水口

天雹水库、峙村河水库、老虎岭水库、龙潭水库、西云江水库、东山水库、大王滩水库 7 个水库三类水质达标率 100%，均达到或优于三类水质考核目标要求。其中，天雹水库、峙村河水库水质为二类，占比 28.6%，老虎岭水库、龙潭水库、大王滩水库、西云江水库、东山水库水质为三类，占比 71.4%。市规划水源凤亭河水库水质二类，优于三类水质考核目标要求。与上年相比，大王滩水库、西津水库湖库水质均由三类好转为二类，西云江水库、东山水库、大王滩水库等饮用水水源水质均由二类下降为三类，其余均与上年持平；按综合营养状态评价，南宁市重点湖库及备用、规划水源水库均处于正常的中营养状态，与上年持平。

【声环境质量】 2020 年，南宁城市区域声环境昼间平均等效声级 53.3 分贝，比上年下降 0.7 分贝，城市区域声环境质量等级二级，处于较好水平。城市声源构成以社会生活噪声、交通噪声为主，分别占比 64.9%、27.2%。隆安县区域声环境质量等级二级，处于较好水平；横县、宾阳县、上林县、马山县均为三级，处于一般水平。城市道路交通声环境昼间平均等效声级 68.5 分贝，下降 0.5 分贝；监测路段超标率 32%，下降 2.5 个百分点。城市道路交通声环境质量等级二级，属较好水平，达到国家考核要求。横县、宾阳县、上林县、隆安县昼间道路交通声环境强度等级一级，处于好水平；马山县为二级，处于较好水平。南宁市功能区声环境监测 1 类、2 类、3 类、4 类功能区测点 7 个；昼间总点次达标率 96.4%，与上年持平；夜间总点次达标率 75%，上升 28.6 个百分点。从年均等效声级看，1 类、2 类、3 类功能区昼间、夜间均达标，4 类功能区昼间达标、夜间超标。横县、宾阳县、上林县、隆安县功能区声环境昼间总点次达标率与上年持平，其中横县、宾阳县、隆安县昼间总点次达标率均 100%，马山县昼间总点次达标率上升 17.9 个百分点；5 个县夜间总点次达标率较上年均有不同程度下降。

【辐射环境质量】 2020 年，南宁市区 γ（伽马）辐射空气吸收剂量率监测值（扣除宇宙射线响应值）无异常变化，平均值每小时 43 纳戈瑞；市内 29 个监测点均值范围为每小时 15 纳戈瑞～82 纳戈瑞。市区环境电磁辐射年平均值每米电场强度 1 伏，功率密度每平方米 0.004 瓦；市内 10 个监测点电场强度每米 0.29 伏～2.59 伏，功率密度每平方米 0.0004 瓦～0.0208 瓦。市区 10 个监测点位的环境电磁辐射综合场强监测值均低于公众暴露控制限值（30 兆赫兹～3000 兆赫兹）。

生态保护

【概　况】 2020 年，南宁市投入农村生活

污水处理设施建设经费1.41亿元,建成并投入使用设施151套,在建23套;印发实施《县域农村生活污水治理专项规划》;完成1044个行政村黑臭水体排查,排查水体4456个,识别农村黑臭水体51个。实施中小河流治理项目7个,完成堤岸治理13.94千米,完成投资4728.95万元,保护人口3.85万人,保护耕地3258公顷。完成新增水土流失治理面积182.13平方千米。全市23个山水林田湖草生态保护修复工程项目基本完成22个。乡镇水源地水源保护区获批复96个,提前3个月完成全市"千吨万人"(日供水在1000吨或供水人口在1万人以上)饮用水水源保护区划定工作。"绿盾"自然保护区监督检查专项行动发现的20个问题全部完成整改销号。南宁市江南区获自治区级"生态县"称号。大王滩国家湿地公园试点建设通过国家验收。主要存在农村生态环保工作基础薄弱,畜禽养殖污染及农业面源污染等未得到根本解决等问题。

2020年9月,南宁市实施山水林田湖草生态保护修复工程试点之一——隆安县宝塔新区点灯山生态修复综合治理项目完成施工。图为5月施工现场　　市生态环境局提供

【自然生态保护】 2020年,南宁市组织第三方公司开展2020年国家生态文明建设示范市建设指标调查统计,对南宁市一次性消费品人均使用量、公众对生态文明建设的满意度、公众对生态文明建设的参与度开展公众调查。全市23个山水林田湖草生态保护修复工程项目基本完成22个,在建1个;累计完成中央奖补资金支出3.53亿元,中央奖补资金执行率99.80%。7月,生态环境部到南宁市开展广西国家级自然保护区重点问题整改情况核查调研;8月,2017年以来"绿盾"自然保护区监督检查专项行动发现的20个问题全部完成整改销号;11月,开展"绿盾2020"自然保护地强化监督巡查。

(张　心　曾　宇)

【农村环境保护】 2020年,南宁市获中央农村环境整治、自治区乡村振兴计划及农村环境综合整治专项资金4591万元,分别在宾阳县、上林县、江南区、良庆区、武鸣区实施农村生活污水整治项目建设。整合400万元用于马山县建设乔老河片区农村生活污水治理项目。2019年开工的102个"美丽南宁"乡村建设农村生活污水处理项目,除宾阳县3套设施正在建设外,其余项目均建成并投产运行。完成2019年中央、自治区农村生活污水整治项目,建设集中式污水处理设施36套、分散式污水处理设施10套。全市乡镇水源地水源保护区获批复96个,提前3个月完成全市"千吨万人"饮用水水源保护区划定;开展"千吨万人"乡镇级及以下农村集中式饮用水水源地环境问题排查整治,推进27个"千吨万人"饮用水水源地环境问题排查整治,完成率100%。组织区县、开发区开展农村黑臭水体排查识别,指导有条件的区县申报农村黑臭水体治理试点示范,分类推进农村黑臭水体综合治理;排查行政村1044个,培训1266人次,排查水体4456个,识别农村黑臭水体51个,涉及区县9个,无农村黑臭水体的区县、开发区6个。水源地禁养区减少22个,面积减少6110.96平方千米。财政部通过土地指标跨省调剂收入下达南宁市2019年农村"厕所革命"奖补资金7327.17万元,在全市15个区县、开发区开展农村"厕所革命"整村推进财政奖补资金项目,确定横县为整村推进示范县,宾阳县、兴宁区、青秀区、西乡塘区、良庆区为整乡推进示范县;完成户厕无害化改造9655座,"厕所革命"整村推进示范村建设93个。

(覃舒婕　张　心　曾　宇)

【农业生态保护】 2020年,南宁市推广节水技术558.2万亩次,其中推广水肥一体化技术126.5万亩,实施测土配方施肥880.6万亩次。发布病虫情报158期,其中市本级11期,对乡镇覆盖率100%,平均测报准确率87.7%;农作物病虫发生、防治面积分别为2596.6万亩次、2558.2万亩次,处置率98.5%。完成主要粮食作物统防统治271万亩,覆盖率45.2%,对主要农作物病虫害绿色防控覆盖率37.98%。农药使用量0.14万吨,比上年减少3.29%。安排财政资金2000万元用于秸秆综合利用,利用率95.3%。开展养殖场直联直报平台建设,做好辖区畜禽规模养殖场摸底调查、登记造册等备案工作,布局建设养殖废弃物社会化处理和服务组织,鼓励支持畜禽养殖户委托第三方进行粪污处理,鼓励支持畜禽养殖业主与周边种植业主就近就地资源化利用畜禽粪污。开展畜禽养殖废弃物资源化利用整县推进工作;10月,全市畜禽规模养殖场粪污处理设施装备配套率94.72%,大型规模养殖场粪污处理设施装备配套率100%,全市畜禽粪污综合利用率84.52%。完成2020年国家、自治区下达给南宁市农用地安全利用任务。　　(梁克非)

【水资源管理】 2020年,南宁市年度用水总量33.27亿立方米,比年度用水总量控制目标低5.87亿立方米;万元地区生产总值用水量指标74.91立方米,比2015年用水量指标110.74立方米下降32.36%;万元工业增加值用水量指标16.9立方米,比2015年用水量指标每万元45.61立方米下降62.95%。农田灌溉用水有效利用系数0.505。纳入国家级、自治区级水功能区近期达标评价名录30个,河长692.1千米,全年水功能区达标29个,达标率96.7%。把全市城市公共供水管网供水且月均用水量1000立方米以上的用水单位纳入计划管理范围,编制、下达5016家计划用水单位年度用水计划;建立由公共供水企业供水且工业企业年用水量50万立方米及以上,或居民生活、服务业年用水量达70万立方米及以上的用水单位重点监控名录,其中工业企业用水户6个、居民生活或服务业用水户17个。全市核发取水许可证取水户208个,公共供水管网内下达用水计划用水大户5016个。完成广西水利电力职业技术学院高校合同节水示范项目,武鸣区水利局试行完成节水型机关合同节水项目签订和节水机关验收,宾阳县、上林县、马山县、隆安县、武鸣区5个县级水利局完成水利行业节水机关建设和验收。全市组织开展2020年工业重点用水行业节水型企业创建,认定广西糖业集团良圻制糖有限公司为2020年南宁市节水型企业。市住建局、市教育局、市水利局、市机关事务管理局联合印发《关于组织开展2020—2022年公共机构节水型单位建设工作的通知》;11月,江南区富宁小学启动节水教育基地建设。综合利用污水处理厂尾水、再生水及雨水等非常规水源利用量1.72亿立方米,比上年增加410.22万立方米。市水利局组织开展节水宣传教育进校园活动,征集节水宣传作品4809份,其中8名作者入选自治区级“节水大使”。配合自治区完成涉及南宁市的左江、右江、郁江、清水河、八尺江等流域面积1000平方千米以上跨市河流水量分配;完成市辖区15条流域面积500平方千米以上跨县(城区)河流水量分配。全市办理延续、变更取水许可项目15项和新发取水许可项目审批12项,完成建设项目水资源论证技术审查21项。完成珠江流域及西南诸河取水工程(设施)对象名录审核,其中符合条件的核查对象5449个。征收水资源费1589.87万元,其中市本级370.85万元。城区以邕江河流型地表水为主要供水水源,以大王滩水库、天雹水库、峙村河水库等城市周边水库型地表水及良庆区那马镇那扭村地下水为次要和备用水源,各水源供水管网基本实现联网。南宁市邕江饮用水水源地取水口上移(至老口)项目(一期)基本建设完成。市水利局组织开展县级饮用水水源地水质监测,监测县级以上集中式饮用水水源地15个,其中县级集中式饮用水水源地7个;制定《南宁市生态流量保障工作方案》并公布第一批15条跨县(城区)市级生态水量保障重点河湖名录。

【中小河流治理】 2020年,南宁市实施中小河流治理项目7个,完成堤岸治理13.94千米,完成投资4728.95万元,保护人口3.85万人,保护耕地3258公顷。其中,横县大埠江百合大炉口至吉岭河段治理工程完成堤岸治理5.90千米,完成投资1600万元,保护人口0.78万人,保护耕地473公顷;横县蒙江河治理二期木祥、辘轭河段护岸工程完成堤岸治理3.30千米,完成投资440万元,保护人口0.40万人,保护耕地600公顷;宾阳县新桥河宝水江新模河段整治工程完成堤岸治理1.95千米,完成投资1070万元,保护人口0.37万人,保护耕地277公顷;宾阳县新桥河勒马河段整治工程完成堤岸治理0.60千米,完成投资288.15万元,保护人口0.68万人,保护耕地307公顷;宾阳县南河新埠河段整治工程完成堤岸治理0.30千米,完成投资110.80万元,保护人口0.24万人,保护耕地267公顷;兴宁区五塘镇沙江两山村、沙平村河段整治工程完成堤岸治理0.89千米,完成投资320万元,保护人口0.98万人,保护耕地800公顷;武鸣区两江镇剑江河道治理工程完成堤岸治理1千米,完成投资900万元,保护人口0.40万人,保护耕地534公顷。

【水土保持管理】 2020年,南宁市选取良庆区、兴宁区开展水行政部门水土保持监管履职督查,督查水土保持方案审批、自主验收、监督执法、水土保持补偿费征收、信息化等工作。受理审批生产建设项目水土保持方案400件,完成149个生产建设项目水土保持设施自主验收报备,开展水土保持监督检查586次,立案查处水土保持违法案件52起,挂牌督办生产建设项目1个,征收水土保持补偿费5830.13万元。完成水利部和自治区水利厅下发的疑似违法项目图斑查处1622个,完成率100%。完成新增治理水土流失面积182.13平方千米,占年度任务168平方千米的108.41%;水土流失面积3883.83平方千米,占全市总面积17.38%,比上年减少43.05平方千米,减少率1.1%。隆安县乔建镇龙弟村龙弟小流域水土保持综合治理工程列入2020年国家水土保持重点工程投资计划,总投资1164万元(中央投资698万元、自治区投资466万元),完成治理水土流失面积24.22平方千米。

(卢明发)

【自然保护地】 2020年,南宁市有自然保护区8个,总面积6.26万公顷。森林和野生动物类型自然保护区7个,总面积6.26万公顷。分别为广西大明山国家级自然保护区,面积1.70万公顷,主要保护对象为多样性山地森林生态系统及珍稀濒危特有动植物资源;广西龙虎山自治区级自然保护区,面积2255.70公顷,主要保护对象为以猕猴、石山苏铁、毛瓣金花茶、珍贵药用植物为主的野生动植物及石灰岩生态系统;广西龙山自治区级自然保护区,面积1.08万公顷,主要保护对象为大明山南亚热带山地森林生态系统和珍稀濒危动植物资源;广西三十六弄—陇均自治区级自然保护区,面积1.28万公顷,主要保护对象为蚬木、南亚热带石灰岩森林生态系统;广西弄拉自治区级自然保护区,面积8481公顷,主要保护对象为南亚热带岩溶森林生态系统、珍稀濒危野生动植物及其生境、喀斯特地貌;广西西大明山自治区级自然保护区,南宁辖区面积1.09万公顷,主要保护对象为冠斑犀鸟及其生境;南宁市良庆区那兰鹭鸟市级自然保护区,面积346.67公顷,主要保护对象为白鹭、夜鹭、绿鹭、池鹭。地质遗迹自然保护区1个,为横县六景泥盆系地层标准剖面自治区级自然保护区,面积20.99公顷,主要保护对象为泥盆纪地层剖面。有国家湿地公园2处,分别为横县西津国家湿地公园,总面积1855.69公顷,其中湿地面积1619.93公顷;广西南宁大王滩国家湿地公园,总面积5520公顷,其中湿地面积3800公顷。有森林公园8处,分别为广西九龙瀑布群国家森林公园(批复面积1639.9公顷)、良凤江国家森林公园(批复面积1321.3公顷)、五象岭森林公园(批复面积650公顷)、广西朝燕自治区级森林公园(批复面积340公顷)、南宁老虎岭森林公园(批复面积306.67公顷)、金鸡山自治区级森林公园(批复面积610.53公顷)、广西七坡自治区级森林公园(批复面积495.20公顷)、广西高峰自治区级森林公园(批复面积1237.07公顷)。有石漠公园1处(广西宾阳八仙岩国家石漠公园,批复面积620公顷)。3月起,全市启动自然保护地整合优化工作,加快解决自然保护地中存在的重叠设置、边界不清等问题,建立以国家公园为主体的自然保护地体系。

【野生动植物保护与疫源病源监测】 2020年,南宁市接收救护野生动物68宗,总计181头(只、条)。其中,附录保护动物4头(只、条),国家一级保护动物37头(只、条),国家二级保护动物17头(只、条),广西重点保护动物114头(只、条),“三有”(有益、有重要经济价值、有科学研究价值)保护动物6头(只、条)。全市出动执法人员1万余人次,清查陆生野生动物养殖、经营交易场所6000余处,立野生动物刑事案件18起、破13起,受理野生动物行政案件3起、查处3起。收缴野生动物445头(只、条),其中国家级保护动物200头(只、条),其余为广西重点保护及“三有”动物;收缴国家级保护动物制品169件,穿山甲鳞片29.90千克。全市有陆生野生动物疫源疫病监测站5个、陆生野生动物疫源疫病监测点4个。其中,国家级陆生野生动物监测站1个,设在广西大明山国家级自然保护区内;自治区级陆生野生动物疫源疫病监测站4个,分别设在南宁市野生动植物保护站、南宁市动物园、上林龙山自治区级自然保护区、广西龙虎山自治区级自然保护区内。市区设监测路线5条(南湖线、青秀湖线、凤岭儿童公园线、金花茶公园线、长堽线),重要监测区域2个(西津水鸟监测区域、青秀湖监测区域),监测站观察点2个(西津水鸟监测点、青秀湖监测点),重要监测物种为鸟类。全市上报主动监测信息1652条,其中大明山国家级监测站344条、龙山自治区级监测站334条、南宁市动物园监测站329条、龙虎山自治区级监测站284条、南宁市自治区级监测管

理站361条。1月23日至8月25日新冠肺炎疫情防控期间,派出8853人次对5553条路线开展监测。（梁惠萍）

【大王滩国家湿地公园试点建设与综合整治】 2020年5月,《南宁市大王滩国家湿地公园保护条例》正式施行;12月,大王滩国家湿地公园试点建设通过国家验收。年内,做好公园鸳鸯岛鸟类栖息地植被恢复,种植乔木、小乔木、大灌木并做好后续养护,清理公园范围内水葫芦2.80万平方米。开展2019年至2020年度水质监测和生物多样性资源监测,监测分析水库水质每月1次。出动巡查监控船900余艘次,清理水面及库岸垃圾357处,清除捕鱼网袋111个、地笼186个,处理违规养鸭512起。加强库区生产生活自用船舶监管,制止非法载客110余次,无安全事故发生。在水库增殖放流鲢鳙鱼苗16万尾,制止园区捕捞作业。大王滩国家湿地公园及水环境一期(湿地公园验收必建)项目开工建设,完成投资846万元,完成湿地科普宣教中心主体、那花饮用水源监测保护站二楼楼面砼浇和明阳湿地恢复工程一期土方开挖及回填等;签订湿地公园及水环境工程PPP项目社会资本采购和PPP合同。完成那备村明阳新坡集体土地签约48户,落实土地面积31.53公顷,支付补偿费及工作经费324万元;完成国有土地使用权出让合同签订30公顷(广西农垦明阳生化集团股份有限公司28.47公顷、广西农垦明阳农场有限公司1.53公顷)。拆除库岸建构筑物11处、面积7163.07平方米。（卢明发　梁惠萍）

污染防治

【概　况】 2020年,南宁市将扬尘污染防治、秸秆露天禁烧等工作纳入城市治理体系、乡村建设体系;扩大扬尘治理视频综合管理系统监控覆盖面。对18家企业开展清洁生产审核评估或验收,其中通过清洁生产审核评估企业5家、通过清洁生产审核验收企业9家、因故未能开展评估或验收企业4家。邕江上游引水工程一期工程基本完工,邕江上游饮水一期老口水源保护区规范化建设工作初步完成饮用水水源保护区规范化建设设计方案。消除建成区13条内河河段38个黑臭水体,消除率100%。农用地安全利用率100%,污染地块安全利用率100%;重点行业重点重金属污染物减排任务、工业固体废物综合利用率超额完成;无重大农产品质量安全事件发生,无疑似污染地块或污染地块再开发利用不当造成不良社会影响事件发生。市生态环境局组织申报"2020年中央水污染防治资金项目""2020年中央大气污染防治专项资金项目""右江流域上下游横向生态补偿试点奖励资金项目""2019—2020年度秸秆禁烧奖补资金项目"等中央及自治区环保专项资金项目,获自治区下达四类项目资金2.27亿元、中央下达五类项目资金6123万元。全年下达市本级环境保护专项资金1700万元,安排项目29个。其中,能力建设类项目14个,1058.46万元;前期课题类项目13个,555.57万元;污染防治类项目1个、65.97万元;其他类项目1个、20万元。下达2020年马山县乔老河流域农村生活污水整治、2020年大王滩水库环境综合整治等五类项目资金4314.08万元。主要存在土壤污染治理工作底子薄、资金缺口巨大,完成受污染耕地安全利用率目标任务存在较大压力等问题。（张　心　曾　宇）

【大气污染防治】 2020年,南宁市印发《南宁市2020年决胜污染防治攻坚战工作方案》《南宁市2020年夏季大气污染防治百日攻坚行动方案》《南宁市2020年冬季—2021年春季大气污染综合治理攻坚行动方案》《南宁市污染天气应急预案》。累计完成675家"散乱污"(不符合产业政策,不符合当地产业布局规划,未办理工信、发改、土地、规划、环保、工商、质监、安监、电力等相关审批手续,不能稳定达标排放的企业)企业清理整治任务。进入国家级绿色工厂名单企业6家,进入自治区级绿色工厂名单企业13家;南宁经开区、广西—东盟经开区进入国家级和自治区级绿色园区名单。广西—东盟经开区循环化改造项目开工35个,累计完成投资15.40亿元;南宁经开区循环化改造项目开工16个,累计完成投资19.99亿元。禁止外地黄标车辆转入;划定"国三"(国家第三阶段机动车污染物排放标准)及以下柴油货车禁止通行区域;建成机动车"冒黑烟"及尾气超标排放实时监控网络系统3套,自动拍照捕捉行驶超标排放的机动车。划定高排放非道路移动机械禁止使用区,非道路移动机械登记备案累计9062台,发放环保标牌6485台。鼓励淘汰使用20年以上的内河航运船舶,依法强制报废超过使用年限的航运船舶。开展规范成品油市场秩序专项整治联合执法行动505次,查处非法加油点85个,查处非法储油车196辆,查处油品514.30吨。通过国家级绿色矿山考核1座、自治区级考核12座、市级考核34座。出台《南宁市农作物秸秆和垃圾露天禁烧管理工作方案》,建立秸秆禁烧有奖举报制度;区县、开发区建成秸秆禁烧智能化视频监控点139个;安排鼓励秸秆收储运和综合利用财政资金3000万元。控制农业源氨排放,实现化肥农药使用量负增长。（黄　玲　张　心　曾　宇）

【扬尘污染治理】 2020年,南宁市印发《建设工程施工现场网格化管理工作手册》《关于加强建筑垃圾消纳场行业监督管理工作制度(试行)》《南宁市建筑垃圾消纳场设置管理标准(试行)》。要求建设单位将防治扬尘污染费用列入工程造价,保证防治扬尘费用专款专用。加强道路清扫保洁及洒水抑尘,污染天气应对期间增加雾炮车、洒水车等机械作业频次,对工地较集中区域及渣土车运行线路等范围道路加大冲洗降尘力度。建筑垃圾消纳场安装喷淋、雾炮等降尘设备,做好场内湿法作业及洒水降尘。对因扬尘污染治理措施落实不到位的在建项目施工单位进行信用扣分,对严重违法行为采取停水、停电强制措施。秋冬季和初春期间,每月开展道路积尘负荷走航监测,年内走航2739千米。运输建筑垃圾的渣土运输车辆需依法取得运输证且符合"五个统一"(运输车辆必须统一安装顶灯、统一安装定位系统、统一放大字号、统一车身标识及统一密闭标准)标准。推广新型智能密闭车。在市区入城路口设置卡点9个,由城管、交通、交警部门联合执法。开展混凝土搅拌站扬尘排查整治,依法取缔手续不全、不具备整改条件的搅拌站。扬尘治理"慧眼"系统接入有土方建筑工地718个、消纳场78个、搅拌站52个、采石场16个、联合执法卡点9个;通过视频监控发现并推送案件1185起,办结1153起,处置率97.30%。

【水污染防治】 2020年,南宁市境内23个水质自动监测站均建设完成,基本构成主要流域断面水质自动监测网。对武鸣河(影响南宁市水质指数最大的叮当断面所在流域)开展大检查2次,对干流沿岸3千米范围内工业源、养殖源进行拉网式现场排查,检查存在环境问题工业企业18家、养殖户21户,向属地交办问题清单2批。争取中央水污染防治专项资金3000万元,重点用于武鸣河、大王滩等重点流域、良好水体污染防治项目,完成武鸣河流域污水直排口整治、大王滩周边村屯生活污水处理设施建设项目。邕江上游引水工程一期工程基本完成建设,邕江上游引水工程一期老口水源保护区规范化建设初步完成饮用水水源保护区规范化建设设计方案。对饮用水水源地环境问题"回头看"开展复查复核。修复邕江在用饮用水水源地一级保护区隔离设施。消除建成区13条内河河段38个黑臭水体，消除率100%。内河沿线村庄39个小型污水处理设施建设项目通过验收。监督性监测村庄小型污水处理设施；在线联网监控市县级污水处理厂，每日形成污水处理厂出水水质自动监测数据日报。对埌东污水处理厂等大型污水处理厂12家、在用黑臭水体一体化污水处理设施开展执法检查；整治“小散乱污”企业199家，整治率100%。

【噪声污染防治】 2020年，南宁市修订《南宁市城市区域声环境功能区划》，城市区域声环境功能区噪声监测点位由7个调整为20个，市区道路交通干线噪声监测点位由93个调整为100个，市区环境噪声监测点位114个。发布《2020年高考中考期间严格控制环境噪声污染的通告》；组织生态环境、公安、城管综合执法、交通运输、市政园林等部门及城区政府、开发区管委会对建筑施工噪声、工业噪声、社会生活噪声、交通噪声开展专项整治。受理环境噪声投诉2.64万起次，其中建筑施工噪声2.39万起次、社会生活噪声2061起次、工业噪声411起次、交通噪声41起次，噪声投诉案件处理率、办结率均100%。

【土壤及重金属污染防治】 2020年，南宁市重点行业重金属排放量比2013年下降26.6%，完成自治区重金属污染综合防治“十三五”规划提出减排12%以上目标。再开发利用污染地块面积5.72万平方米，土壤环境质量符合相应规划用地要求，污染地块安全利用率100%。建立农用地安全利用面上推进区63个、集中推进区197个、集中推进示范区23个、联合攻关示范区8个；完成农用地安全利用工作推进面积12.87万公顷，任务完成率124%。全市重大农产品质量安全事件、疑似污染地块或污染地块再开发利用不当造成不良社会影响事件零发生，土壤环境质量总体安全稳定。广西马山县红祥锰砂滤材厂、马山县林圩镇塘马锰砂滤料厂列入广西第三批涉镉排查污染源整治清单，马山生态环境局责令停产整改，依法查处企业违法行为。横县南宁衍庆纸浆有限公司遗留白泥堆场问题、隆安县广西福斯银新材料有限公司除铁渣堆场问题整改销号；广西福斯银新材料有限公司浸银渣危废堆场问题尚在整治。试点项目宾阳县制革重金属污染土壤修复与安全利用项目通过自治区生态环境厅验收并完成实施。

【重点行业污染防治】 2020年，南宁市具备改造条件的燃煤电厂均完成超低排放改造。建立挥发性有机物治理企业清单，明确塑料制品、包装印刷、工业涂装、人造板、农药、医药、橡胶等重点行业治理标准。完成重点企业挥发性有机物治理25家。开展油气回收设施专项检查，核查210家加油站和储油库油气回收设施。督促汽修企业将喷漆、流平和烘干工业操作置于喷烤漆房内，集中收集产生的挥发性有机物并导入治理设施，杜绝露天喷涂行为。列入管理清单工业炉窑261个，因不符合要求被列入整治清单的19家企业、88个工业炉窑，完成整治17家企业、85个工业炉窑。淘汰县级及以上城市建成区每小时10蒸吨及以下燃煤锅炉26台，完成任务92.80%。印发《南宁市机制砂行业企业环境问题专项整治工作方案》，排查有环境问题制砂生产加工企业283家，发出整改通知书64份，由属地政府实施关停取缔和动员企业自行拆除生产设备41家，立案处罚2家，罚款8万元。未发生因非法转移倾倒、处置危险废物引发的突发环境事件。

【污染排放许可】 2020年，南宁市一阶段固定污染源清理整顿行业33个、应发证登记企业2472家(应发证企业94家、应登记企业2378家)，发证率、登记率均100%。二阶段排污许可发证登记工作涉及行业91个、应发证登记企业3803家(应发证企业642家、应登记企业3161家)，发证率、登记率均为100%。超额完成国家下达阶段性目标任务，发证登记总体完成率居全国前列。（张心 曾宇）

节能减排

【概况】 2020年，南宁市万元地区生产总值能耗每万元0.32吨标准煤，为全国万元国内生产总值能耗的57.8%，完成“十三五”时期下降14%目标任务。完成建筑节能20.44万吨标准煤，超额完成自治区住建厅下达19万吨标准煤任务。全市绿色出行分担率80.72%，新增并投入运营新能源公交车242辆，淘汰老旧柴油公共汽车162辆。全市3765家公共机构人均综合能耗每人51.65千克标准煤、单位建筑面积能耗每平方米3.40千克标准煤、人均用水量每人22.59立方米，比上年分别下降2.42%、5.14%、5.21%，完成自治区下达节能目标。主要存在工业占比偏低、刚性用能需求强劲，产业结构偏重、拖累总体能效提升，指标基数绩效、持续下降面临压力等问题。（喻昶鑫）

【工业节能】 2020年，南宁市无淘汰落后产能计划项目。印发《南宁市2020年加快绿色制造体系建设工作方案》；南南铝业股份有限公司、皇氏集团华南乳品有限公司、广西力源宝科技有限公司、广西太古可口可乐饮料有限公司、广西伊利冷冻食品有限公司、广西彩星科技有限公司、广西阳工电线电缆有限公司、广西瑞熙特种票证印务有限公司、广西柏景地板有限公司9家企业进入自治区级绿色工厂名单，其中南南铝业股份有限公司、皇氏集团华南乳品有限公司2家企业进入国家级绿色工厂名单；广西—东盟经开区进入国家级、自治区级绿色园区名单；安排财政资金250万元奖励进入国家、自治区级绿色制造体系名单的企业、园区。列入清洁化改造项目计划的横县万力隆皮革皮业异地搬迁技改项目竣工。广西糖业集团良圻制糖有限公司被认定为2020年度南宁市级节水型企业。对使用清洁能源的116家工业企业给予燃气入网费、燃气锅炉购置费、燃料费及使用天然气分布式能源站供冷、供热费补助4860.38万元。（戴晓敏）

【建筑节能】 2020年，南宁市完成建筑节能20.44万吨标准煤，超额完成自治区住建厅下达19万吨标准煤任务。新建建筑执行建筑节能强制性标准比率100%，建筑节能施工环节执行建筑节能标准保持98%以上。累计获绿色建筑设计评价标识的民用建筑项目228个、总建筑面积3099.13万平方米，其中一星级绿色建筑项目93个、建筑面积1290.37万平方米，二星级绿色建筑项目123个、建筑面积1648.65万平方米，三星级绿色建筑项目12个、建筑面积160.11万平方米。累计获绿色建筑运行评价标识的民用建筑项目17个、总建筑面积245.99万平方米，其中一星级绿色建筑项目3个、建筑面积55.15万平方米，二星级绿色建筑项目12个、建筑面积166.59万平方米，三星级绿色建筑项目2个、建筑面积24.25万平方米。（潘欣）

【交通运输节能减排】 2020年，南宁市完成公交都市示范城市创建，印发《南宁市绿色出行创建行动方案(2020—2022)》，申报创建国家绿色出行示范市。绿色出行分担率80.72%，新增并投入运营新能源公交车242辆，淘汰老旧柴油公共汽车162辆；市区有新能源和清洁能源公交车3347辆，占市区在营公交车91.3%。建设公交充电桩164个，完成率117%。有巡游出租车6950辆，其中新能源车350辆、清洁能源车6620辆，实现清洁化100%。有网约车1.42万辆，其中新能源车1046辆。南宁机场建设新能源汽车充电桩50个，改造车辆尾气排放160台；汽柴油用量 78610 升,电力用量 269.29 万千瓦时,水用量 12.13 万立方米,三项指标比上年均有下降。引导企业对高能耗船舶、装卸设备等进行技术改造,推进设备专业化、现代化、节能化,逐步实现绿色港口、环保港口。交通运输行业节能减排累计完成 4.3 万吨标准煤,超额完成 3 万吨标准煤年度目标任务。 (黄小川 陈 雄)

【公共机构节能管理】 2020 年,南宁市推行公共机构实行绿色办公,制定《关于禁止和限制采购一次性办公用品目录》,停止使用不可降解一次性塑料制品。印发《南宁市 2020 年公共机构生活垃圾分类工作实施方案》;组建万人志愿者队伍,安排 1232 名督导员引导垃圾分类,7 个城区、3 个开发区、79 家市直单位配备分类收集容器 2.13 万组。向区县、开发区、市直单位分解下达充电桩建设和新能源汽车推广应用任务,组织机关干部职工参与新能源汽车推广体验。在市人防办等 8 家市直单位投入节能改造专项资金 1798 万元,既有建筑改造面积 25.13 万平方米,综合节能率均 10% 以上。开展低碳日能源紧缺体验活动,普及生活垃圾分类、新能源汽车推广等内容。全市 3765 家公共机构人均综合能耗每人 51.65 千克标准煤、单位建筑面积能耗每平方米 3.40 千克标准煤、人均用水量每人 22.59 立方米,比上年分别下降 2.42%、5.14%、5.21%,完成自治区下达节能目标。 (李雄杰)

环境监管

【概 况】 2020 年,南宁市生态环境部门印发《南宁市生态环境局重大执法决定法制审核制度(试行)》。组织开展水源地、黑臭水体治理、移动污染源、冬春季雾霾、夏季臭氧、重点企业土壤污染等执法检查 40 余项,出动执法人员 1.50 万人次,检查企业 7000 多家次,受理环境信访投诉案件 3.08 万起次。立案查处环境违法行为 250 起,处罚金额 958 万余元,其中实施新环保法配套办法查处 24 起(查封扣押 19 起、限产停产 2 起、移送公安机关 3 起)。启动环境应急预警应对处置涉突发环境事件 12 起,全市未发生突发环境事件。主要存在污染防治监管手段较为传统、单一,环境监管能力仍然不足等问题。

【环境应急管理】 2020 年,南宁市启动环境应急预警应对处置涉突发环境事件 12 起,分别为 1 月 20 日横县横州白沙渡码头浮油事件、2 月 28 日广西—东盟经济技术开发区西江河水质异常事件、3 月 12 日隆安县水泥罐车翻车事件、4 月 15 日武鸣区伊岭收费站交通事件导致柴油泄漏事件、4 月 28 日大王滩水库死鱼事件、5 月 23 日江南区旱塘路广西双胞胎饲料厂旁一铁皮厂房火灾事件、5 月 27 日青秀区那平江鱼浮头事件、6 月 1 日经开区广丰肥业公司硫酸泄漏事件、8 月 1 日兴宁区五塘镇坛棍村坛皮某非法危化品分装点碳酸二甲酯装卸疑似泄漏事件、9 月 24 日青秀区竹排江死鱼事件、12 月 1 日隆安县右江水质受上游百色来水影响氨氮指标异常事件、12 月 10 日武鸣区南武大道一油罐车侧翻事件,均及时妥善处置,事件影响控制在有限范围,无事件达到一般突发环境事件等级。全市重点环境风险源目录清单企业 296 家。

【环境监察执法】 2020 年,南宁市排查整治 38 个黑臭水体河段、7 个新增疑似黑臭段、40 家公众投诉工业企业污染源;排查整治"散乱污"企业 675 家。开展工业企业挥发性有机物整治、扬尘污染整治、移动源环境违法案件查处,开出机动车维修服务行业自治区首张罚单。污染天气预警期间强化每日督导巡查和对重点排污企业实时监控。联合公安、检察部门查处苏圩镇仁德村废铅蓄电池非法加工点。开展武鸣河流域养殖、工业污染源专项执法,大明山自然保护区环境问题专项排查。实施南宁市建筑施工噪声专项整治行动,开展"迎国庆环境噪声整治周"活动,联合住建、城管、交警等部门,查处建筑工地违法违规施工行为。中考、高考期间,市区建筑施工噪声投诉量比上年下降 31.25%。市生态环境部门出动执法人员 1.50 万人次,检查企业 7000 多家次,开展或参与环境专项执法 40 余项,随机抽查日常污染源企业、建设项目 1012 家次;发出行政处罚决定书 250 份、处罚金额 958 万余元,其中实施新环保法配套办法查处 24 起(查封扣押 19 起、限产停产 2 起、移送公安机关 3 起)。

【环境信访】 2020 年,市环境信访受理渠道并入自治区 12345 政府服务热线。南宁市 12345 政府服务热线、微信、直接来电等受理环境信访案件 3.07 万件,案件处理率、办结率均 100%,12345 政府服务热线绩效考核群众回访满意率 94.44%(90% 以上获满分)。

【核与辐射安全监督管理】 2020 年,南宁市有核技术利用单位 393 家,数量居自治区首位。其中,涉源单位 52 家(不含生态环境部直管单位 1 家及部队直管检查单位 1 家),持有密封放射源 200 枚,非密封放射性物质许可 46 项(实际在用 17 项);纯射线装置使用单位 260 多家,射线装置 700 多台(套)。组织开展年度辐射安全监督检查、辐射隐患排查等专项检查,检查核技术利用单位 131 家(配合自治区生态环境厅检查核技术利用单位 40 家)。辐射环境质量保持良好水平,未发生放射源丢失、被盗、失控等辐射事故。区县(开发区)、核技术利用单位编制修订辐射事故应急预案。

【环保督察问题整改】 2020 年,中央环保督察"回头看"反馈涉及南宁市问题 6 个,均完成整改。自治区生态环保督察反馈问题 17 个,完成整改 15 个,立行立改并持续推进整改问题 2 个(建筑施工噪声扰民和夜间烧烤油烟、社会生活噪声扰民)。自治区生态环保督察现场发现问题 54 个,完成整改 53 个。 (张 心 曾 宇)

2020 年 1 月 17 日,南宁市民主路小学五象校区开展 2019 年秋季学期散学典礼暨 2020 年春节不燃放烟花爆竹倡议活动 市生态环境局提供

城市水环境治理

【概　况】 2020年，南宁市推进城市水环境综合治理，原普查发现建成区38段99.40千米黑臭水体均消除黑臭，全面打赢城市黑臭水体治理攻坚战。全市完成增加海绵城市目标达标面积20.24平方千米，实现海绵城市目标达标面积74.84平方千米，占建成区面积的23.41%。河长湖长开展巡河巡湖16.30万人次，现场督查102次，发出市级整改通知200次；累计清理岸线垃圾及水面漂浮物0.29万吨、菜地21.28万平方米，拆违面积3.21万平方米。南宁市亭子冲流域治理工程（一期）、南宁市那平江流域治理工程（一期）、南宁市朝阳溪河道综合整治工程（秀厢大道—罗伞岭水库）等10个流域项目涉及黑臭水体治理主体工程基本完工，实现内河沿岸污水收集并输送至污水厂处理。主要存在排水基础设施系统尚未完善，需进一步研究解决大雨天气防内涝与稳定水质问题，水环境治理距离群众期待仍有差距等问题。

【黑臭水体治理】 2020年，南宁市原普查发现建成区38段99.40千米黑臭水体均消除黑臭，全面打赢城市黑臭水体治理攻坚战。实施污水厂建设、污水泵站建设、管网建设改造、流域治理等水环境项目83个，完成年度投资77.24亿元，年度计划投资107%。2018年至2020年，城市黑臭水体治理攻坚战累计完成污水管网建设645千米、改造雨污管网错混接点8362个、整治断头点295处、管网清淤修复296千米，建成区7片污水管网空白区已消除或基本消除。完成内河流域河段影响水质的控源截污工程，朝阳溪、亭子冲、心圩江等内河从根本上解决水体黑臭问题。南宁市竹排江黑臭水体全流域全要素系统治理案例、开展黑臭水体系统治理案例入选生态环境部通报表扬典型案例。央视《新闻联播》《朝闻天下》等栏目、《工人日报》《中国环境报》《中国建设报》等媒体对南宁市黑臭水体治理成效进行报道。

【海绵城市建设】 2020年，南宁市将海绵城市建设从试点区推向全市建成区。完成增加海绵城市目标达标面积20.24平方千米，实现海绵城市目标达标面积74.84平方千米，占建成区面积23.41%。有试点区外海绵城市建设项目929个，涉及试点区外排水分区95个、筛选排水分区5个，重点推进朝阳溪、水塘江等流域综合治理项目建设。那考河海绵城市建设项目入围迪拜国际可持续发展最佳范例奖，南宁推进海绵城市建设获《人民日报》头版头条点赞。

【城市内河管理】 2020年，南宁市城市内河管理处出动人员1462人次、车辆766辆次，重点巡查内河两岸乱搭乱盖、乱倒乱排等违法违规行为，跟踪督办，限期整改。接收办理市长热线案件268件、数字城管涉河案件92起，发出整改通知、提醒函、整改函13份。实施《南宁市市区"小散乱污"企业整治工作方案》，内河流域范围内排查出"小散乱污"企业199家，9月完成整治。（潘　欣）

【河长制湖长制推行】 2020年，南宁市重点流域地表水水质优良比例100%。在2019年度设区市河长制湖长制工作综合评价中，南宁市排名自治区第四，获自治区专项资金200万元。开展河长湖长巡河巡湖16.30万人次，现场督查102次，发出市级整改通知200次；自查自纠"四乱"（乱占、乱采、乱堆、乱建）问题328个，整治销号328个，销号率100%。累计清理岸线垃圾及水面漂浮物0.29万吨、清理菜地21.28万平方米、拆违面积3.21万平方米。完成列入全市2020年河湖管理范围划定任务的171条（段）河流划界成果公告；11月27日，流域面积1000平方千米以上的左江（南宁段）、清水河、武鸣河、八尺江河流和南湖的规划成果通过专家审查。邕江、那考河、南湖、凤凰塘水库列入2020年广西美丽幸福河湖建设名录。运用"互联网+河长制"促进河长制湖长制工作管理智慧化。对基层河长使用"河长通"APP的数据流量进行补贴。全年"河长通"平台接收河道漂浮垃圾、水体颜色异常等问题14类952个。探索建立"河长+检察长"协作机制，督促河长湖长和有关责任单位履职尽责，打击涉水违法行为。联合广西日报社，组织团市委、市青年志愿者协会等开展"民间河长"日常巡河活动4次；新闻媒体发布报道1243篇（次），"南宁河长"微信公众号发布信息动态507篇，发放宣传资料3万余份。（卢明发）

【污水处理设施建设】 2020年，南宁市实现心圩江上游污水处理厂、朝阳溪污水处理厂一期、五象污水处理厂水质提标及一期扩建工程、那平江污水处理厂、南宁物流园污水处理厂一期、南宁市茅桥水质净化厂等6座污水处理厂通水试运行，新增污水处理能力每日40万吨，全市污水处理能力提升至每日183万吨。污水处理厂制定"一厂一策"实施方案，市区污水处理厂平均进水BOD（生化需氧量）浓度逐年稳步提升。（潘　欣）

2020年9月，亭子冲流域治理工程（一期）完工。图为治理后的亭子冲

市排水公司提供

园林绿化

【概　况】 2020年7月，南宁市市政和园林管理局（简称"市市政园林局"）二层机构南宁市大桥管理处撤销并入南宁市市政工程管理处，南宁市城市广场管理处调整设立为南宁市市容管理中心，南宁市市政工程管理处、南宁市环境卫生管理处、南宁市城市照明管理处完成单位职能、机构编制调整。8月，撤销南宁市园林规划设计院事业单位建制。12月，南宁市体育休闲公园整建制划由青秀区城市管理局管理。《市政道路设施及园林绿地普查》数据采集完成；《南宁市市政园林"十四五"规划》大纲、《南宁市城市绿地系统规划（2021—2035）》规划目标及指标、《南宁教育园区景观专项规划（含景观设计导则）》初步成果编制完成。新引进木槿属植物品种74种，发表科技论文2篇；申请实用新型专利3项。杂交培育朱槿新品种

1600 种,在国际朱槿协会上收录在册新培育优良朱槿品种 12 种。修剪乔木、孤植灌木 36.45 万株、片植灌木 983.98 万平方米,乔灌木施肥 30.39 万株、片植灌木和地被施肥 328.52 万平方米,清除杂草 1811.82 万平方米,补种乔木 919 株、灌木 5469 株,补种地被、片植灌木 28.09 万平方米,路树积尘清洗 2.32 万车次,种植鲜花 151 万盆、设置花卉景观小品 45 处。道路绿化管护面积 1263 万平方米、1076 条道路,接收 107 个项目并进行养护服务招标。民族大道北侧绿地山体公园(埌东公园)、南湖公园、动物园、花卉公园、金花茶公园、人民公园、体育公园等公园的建设、改造、维修工程完工。市南湖公园被评为第六届全国文明单位;市金花茶公园金花茶高效培育与利用人才小高地列为第七批南宁市人才小高地,展品《金花茶"冬月"》《金花茶"金背丹心"》获第一届广西花卉苗木交易会盆栽盆花类"金奖",《南宁市"两会"优异花卉新品种引种及配套栽培技术研究》成果准予登记为自治区科学技术成果。主要存在市政园林精细化管理有待进一步加强,园林绿化工程存在局部质监职能缺失,监管难以有效实施等问题。

【园林规划】 2020 年,南宁市《市政道路设施及园林绿地普查》数据采集完成;《南宁市市政园林"十四五"规划》大纲、《南宁市城市绿地系统规划(2021—2035)》规划目标及指标、《南宁教育园区景观专项规划(含景观设计导则)》初步成果编制完成。南湖公园总规修编完成听证会相关材料。

【园林科研】 2020 年,市市政园林局新引进木槿属植物品种 74 种,其中朱槿 43 种、木槿 23 种、大花芙蓉葵 8 种,建立木槿属种质资源苗圃及新品种繁育苗圃,开展木槿属属间杂交授粉试验;发表科技论文 2 篇;申请实用新型专利 3 项。杂交培育朱槿新品种 1600 种,在国际朱槿协会上收录在册新培育出的优良朱槿品种 12 种;朱槿杂交授粉 240 多个组合,收获种子 6000 多粒。朱槿新品种"邕韵""邕粉佳丽""火凤凰"获植物新品种保护权。科技论文《干旱胁迫及复水对朱槿幼苗生理特性的影响》在《安徽农业科学》期刊发表,《朱槿茎腐病病原鉴定》获《植物病理学》期刊录用并在中国知网发表,《南宁新建城市绿地土壤质量评价》获《湖北农业科学》期刊录用。研究园林植物废弃物的资源化利用,推进《南宁市绿化植物废弃物资源化处理关键技术研究和应用示范》项目。"一种翻抛机配套的喷淋装置"和"一种可调式翻抛机"2 项实用新型专利获授权;"一种高温条件下朱槿扦插基质和朱槿的扦插方法"发明专利获受理;《南宁新建城市绿地土壤质量评价》《绿化植物废弃物堆肥改良高速公路绿地土壤效果研究》获录用发表。组织召开市花朱槿品种培育技术交流会暨园林技术培训会,培训 60 人。

【街道绿化与养护】 2020 年,市市政园林局提升道路绿化精细化水平,加强绿地黄土裸露综合治理。对重要道路植物开展春季大修剪,对民族大道大王椰、木棉等树木的支撑及护栏进行除锈、喷涂。强化污染天气预警信息相应机制,加强绿地黄土裸露整治、过高土清理、植物积尘冲洗等,防治园林绿化用地扬尘污染。投入人工 20.73 万工日,修剪乔木、孤植灌木 36.45 万株和片植灌木 983.98 万平方米,乔、灌木施肥 30.39 万株,片植灌木和地被施肥 328.52 万平方米,清除杂草 1811.82 万平方米,补种乔木 919 株、灌木 5469 株,补种地被、片植灌木 28.09 万平方米,路树积尘清洗 2.32 万车次。在民族大道、荔滨大道、壮锦大道等重要道路及节点累计种植鲜花 151 万盆、设置花卉景观小品 45 处。对葫芦鼎大桥、平乐—玉洞立交、五象—平乐立交、竹溪立交等桥梁三角梅进行花期调控;打造一批"网红"景点,五象—平乐立交被网友评为南宁最美立交桥。推进道路绿化养护市场化,南宁市道路绿化管护面积 1263 万平方米、1076 条道路,其中市管道路已经全部实现市场化,城区、开发区管养的道路绿化面积 79.30% 实现市场化。开展绿化工程移交攻坚战行动,接收 107 个项目并进行养护服务招标。

【公园建设】 2020,南宁市民族大道北侧绿地山体公园(埌东公园)二期项目完工,建设面积约 9 万平方米,12 月 22 日完成绿化验收,完成投资 2393 万元,占年度任务 100%,2021 年 1 月 1 日移交青秀区政府运营管理。邕江南岸公园—亭子滨江公园配套服务设施及游客服务中心项目完成建筑主体及装修、室外石材铺装,绿化完成 95%,累计完成投资 5350 万元(不含前期费用)。南湖公园环湖路透水沥青路面维修工程 1 月完工,投资 341 万元;混错接污水管道改造工程 5 月完工,投资 367.21 万元;应急避难场所及基础设施维修提升工程 9 月完工,投资 69 万元。动物园园区基础设施维修工程 12 月完工,投资 371.22 万元;野生动物疫源疫病监测站工程 12 月完工,投资 767 万元;水环境综合治理工程 12 月完工,投资 1975.89 万元。花卉公园设施维修完善工程 12 月完工,投资 89.31 万元;公园改造提升工程 12 月完成工程部分开标、监控部分采购。金花茶公园应急避险场所二期建设项目总投资 603.59 万元,完成初设批复、施工图备案、招标工作;环园沥青路及排水改造工程 12 月完工,投资 244.69 万元。人民公园基础设施改造维修工程 12 月竣工,投资 208.79 万元,修复面积约 2800 平方米。体育公园设施改造及维修工程 11 月完工,投资 94 万元。 (易贝贝)

2020 年,南宁市民族大道北侧绿地山体公园(埌东公园)俯瞰 市市政园林局提供

幸福乡村建设

【概 况】 2020 年,南宁市开展"美丽南宁·幸福乡村"活动,以乡村振兴"五个总要求"(产业兴旺、生态宜居、乡风文明、治理有效、生活富裕)为指导,目标是建设生态宜居的美丽乡村,重点打造"宜居、宜业、宜游"的农村人居环境,开展"环境秀美""生活甜美""乡村和美"3 个专

项活动，深化农村人居环境整治和乡村风貌提升三年行动。主要存在乡村环境卫生“脏乱差”时有反弹、农村基础设施运维管护严重滞后、公共服务存在短板弱项、乡村特色尚未充分发掘、基层环境治理体系不够完善、群众主体作用发挥不够充分等问题。

【“环境秀美”专项活动】 2020年，南宁市住房和城乡建设局组织开展“环境秀美”专项活动，抓好农村垃圾治理、农村污水治理、乡村风貌治理“三治理”，推进农村人居环境整治三年行动、乡村风貌提升三年行动、生态环境保护基础设施建设三年作战、城市内河沿河村庄河段生态恢复攻坚战等重大工作，开展环境卫生综合整治，改善农村人居环境。9个非正规垃圾堆放点治理年度任务全部完工。44座镇级污水处理设施建成通水，实现镇级污水处理设施全覆盖；村级污水处理设施项目开工38个，竣工29个。屯内道路硬化项目竣工17个，竣工率100%；村屯公共照明项目竣工159个，竣工率109.66%；农村公厕项目开工41个，竣工41个，竣工率100%；村级垃圾转运设施开工20个，竣工20个，竣工率100%。

【“生活甜美”专项活动】 2020年，南宁市农业农村局组织开展“生活甜美”专项活动，以增强农村集体经济发展活力和增加农民收入为目标，发展多种形式的合作与联合，通过市场化运作方式，推动“三变”（农村资源变资产、资金变股金、农民变股东）改革试点，盘活农村“三资”（资源、资产、资金），激活农民“三权”（土地承包经营权、住房财产权、集体收益分配权），构建新型农业经营体系，推进农村第一、第二、第三产业融合发展，发展壮大农村集体经济。全市14个区县、开发区（除广西—东盟经开区无集体经济组织外）清产核资，完成盘点3.44万个单位的资产、负债、所有者权益等，核实农村集体资产237.52亿元，其中经营性资产总额102.54亿元、非经营性资产总额134.98亿元，全市所有行政村集体经济收入均达5万元以上。

【“乡村和美”专项活动】 2020年，南宁市文化广电和旅游局组织开展“乡村和美”专项活动，重点开展文明村镇、公共文化、平安乡村“三创建”。实施“千镇万村”文明创建行动，加强村级综合文化服务中心建设，配齐文化专管员，按照“六个一”（一栋文化综合楼、一个篮球场、一个戏台、一个宣传栏，组建一支文艺队、一支体育队）标准完善提升服务，完善村民自治章程、村规民约，开展民主法治示范村创建，加强乡村普法和法治文化宣传教育。推动教育、医疗、养老等基础公共服务向农村延伸，组织实施“送戏进基层”300场，扶持600支乡村（社区）文艺队演出4万场，惠及观众2400万人次；完成224个村级公共服务中心项目建设，竣工综合楼项目224个、篮球场224个、戏台224个、宣传栏224个，组建文艺队224支、体育队224支。全市127个乡镇（街道）、1808个村（社区）成立综治中心，实现综治中心全覆盖。

【农村人居环境整治三年行动】 2020年，南宁市重点开展“六大行动”（“清洁乡村”巩固行动、“厕所革命”推进行动、污水治理推进行动、乡村风貌提升行动、规划管控提升行动、长效机制提升行动），实施“六个一”工程（一支骨干力量、一支管理队伍、一个参与平台、一套村规民约、一批建筑工匠、一个服务团队），推进生活垃圾、污水治理和“厕所革命”。出台《南宁市乡镇镇区公共厕所建设及完善提升工作实施方案》，推进乡镇镇区公共厕所建设及提升，改善农村人居环境，农村公厕项目竣工41个。村级垃圾收集转运处理设施竣工20个，推进农业生产废弃物的资源化利用。镇级污水处理设施开工30个，竣工1个；村级污水处理设施开工38个，竣工14个。

【乡村风貌提升三年行动】 2020年，南宁市印发《南宁市乡村风貌提升三年行动2020年工作要点》，推动南宁市乡村风貌提升实施全域整治。按照“基本整治＋示范带”模式，推进马山县环弄拉等6条乡村风貌提升示范带建设。基本整治型村庄竣工1270个（年度任务项目1254个），竣工率101.28%，完成投资8570.83万元，超计划投资26.57%。设施完善型村庄开工62个，竣工62个，完成投资4045.3万元，超计划投资8.75%。精品示范型村庄开工12个，完工10个，完工率83.33%，完成投资7521万元，完成投资率104.46%。开展“三清三拆”，房前屋后清理6.59万户，清理池塘、沟渠淤泥0.62万处；拆除乱搭乱盖0.48万处、11.22万平方米，拆除农村危旧房、废弃猪牛栏及露天茅厕、断壁残垣等1.25万处、46.68万平方米；实施景观改造、“三微”（微花园、微菜园、微果园）整治1.05万处、23.83万平方米。

【乡村特色品牌创建】 2020年，南宁市因地制宜、突出特色、打造亮点，提升美丽乡村人居品质。认定2019年“美丽南宁”乡村建设活动工作目标专项考评特色加分项目，宾阳县中华镇新塘村委大庄村等10个村屯为市级生态宜居（乡村振兴）综合示范村，横县那阳镇东安村委东安村等58个村屯为市级生态宜居提质升级村屯；10个村庄为南宁市十佳整村推进“美丽民居村庄”，100户民居为南宁市百佳农户“美丽民居”，100名热心参与家乡建设的“乡贤”为南宁市美丽乡村建设“百佳乡贤”，10个市场为2020年度南宁市“十佳”乡镇农贸市场，10条“风光线”为南宁市乡村道路“十大最美风光线”。横县入围首批国家数字乡村试点地区，武鸣区双桥镇入选第十批全国“一村一品”示范村镇推荐名单，青秀区刘圩镇“刘圩市民农庄”打造国内新型城镇化模范试点，青秀区南阳镇施厚村被评为2020年中国美丽休闲乡村。 （何雪丹）

编辑 温燕聪 梁富鑫 唐柯杰

2020年，武鸣区双桥镇大伍屯风光　　阮晓杰 摄

南宁年鉴

区

【兴宁区】 位于南宁市东北部。土地面积751平方千米。2020年,辖镇3个、街道3个,有村民委员会37个、社区居民委员会38个。年末户籍总人口37.90万人,人口自然增长率6.2‰。耕地面积1.01万公顷,林地面积4.02万公顷,森林覆盖率57.35%。有三塘工业园区、五塘工业基地。河流主要有竹排冲、三塘河、沙江河等。有湘(湖南)桂(广西)铁路、南(宁)昆(明)铁路、国道322线,以及南宁火车站、金桥汽车客运站。旅游景区(点)主要有国家AAAA级旅游景区7家(广西高峰森林公园、人民公园、昆仑关风景区、广西药用植物园、嘉和城温泉谷、九曲湾温泉度假村、乡村大世界),国家AAA级旅游景区3家(海底世界、狮山公园、凤凰谷景区)。矿产资源主要有褐煤、石英砂矿、砂砾石矿、磷矿、金矿、钨矿、高岭土、花岗岩、水晶、黄铁矿等。地方特产主要有罗非鱼、甘蔗、苦瓜、茄子、淮山等。获评"四好农村路"自治区示范县(区),列入全国深化农村公路管养体制改革试点县(区)。富凤集团黄羽肉鸡屠宰深加工基地项目获批广西三黄鸡优势特色产业集群项目。百果苑生态园获评自治区休闲农业与乡村旅游示范点。南国紫薇园获评广西四星级乡村旅游区、广西花卉苗木观光基地,三姐故事周末生活文化园获评广西五星级农家乐。围村村获中国美丽休闲乡村、全国文明村镇、全国乡村治理示范村等称号。金牛桥社区法律顾问联系点被确定为自治区级示范点。民生街道望仙坡社区被评为自治区第四批民族团结进步创建活动示范单位。西牛皮防水科技有限公司、白云山盈康药业有限公司分别获评国家级、自治区级技术创新示范企业。那考河生态综合整治项目成为全国城市内河综合治理典范,获"中国人居环境奖"。三塘镇卫生院防疫工作经验列入国务院联防联控机制典型经验做法清单。"三街两巷"历史文化街区获评自治区文化产业示范园区、广西十佳夜游文化街区。国悦九曲湾温泉度假村获评广西十佳夜游景区。漓江书院金狮巷店获评广西十佳夜读书店。获评自治区体育旅游示范试点县区。新冠肺炎疫情发生后,兴宁区调拨专项经费2883万元,保障防疫物资和生活必需品供应。主要存在产业结构不优,高新技术产业占比小,现代服务业总体不强,产业发展质量效益有待提高;项目谋划不足,大项目、好项目储备少,要素保障水平有待加强;营商环境有待优化,金融支持实体经济力度不大,部门"信息孤岛"影响政务服务信息化水平提升,服务企业、服务项目不及时、不到位;财务管理、项目管理仍存在风险点,内部管控有待加强等问题。

地区生产总值366.44亿元,比上年下降0.6%。财政收入47.54亿元,下降1.0%(一般公共预算收入10.18亿元),一般公共预算支出22.52亿元。固定资产投资下降4.0%。居民人均可支配收入38592元,增长2.9%。城镇居民人均可支配收入41940元,增长1.9%。农村居民人均可支配收入17280元,增长6.3%。农林牧渔业总产值24.13亿元,增长8.2%,其中农业13.64亿元、林业5.34亿元、牧业3.96亿元、渔业0.65亿元、农林牧渔服务业0.54亿元。第一产业增加值14.67亿元,增长8.1%。规模以上工业总产值增长2.30%;规模以上工业企业26家,其中产值超亿元企业13家。第二产业增加值58.39亿元,增长12.3%;规模以上工业增加值增长0.10%。社会消费品零售总额486.72亿元,下降6.30%。第三产业增加值293.38亿元,下降3.3%。区外境内实际到位资金76.14亿元,商务口径实际利用外资1276万美元。接待国内外游客1835.76万人次,恢复到上年同期80.25%,旅游总消费214.66亿元,恢复73.64%。投入扶贫资金7108.10万元;脱贫摘帽6户13人,累计6个贫困村脱贫摘帽1374户2841人,贫困发生率清零。

科研经费投入494万元,获重大科技成果转化5项,新增高新技术企业18家,新增工程技术研究中心25家。有效发明专利拥有量798件,每万人口发明专利拥有量17.11件以上。有幼儿园64所,在园幼儿1.65万人,教师(园长、保育员、教师)2041人;小学52所、教学点7个,在校生4.63万人,教师2133人;初中15所,在校生1.18万人,教师1052人;兴宁区第二初级中学金桥校区、那考河小学、朝阳路小学玉蟾校区投入使用。兴宁区第一幼儿园、三塘镇中心幼儿园、五塘镇中心幼儿园等15所公办幼儿园(含公办园分园、委托管理公办园)建成开园,幼儿在公办园在园率51.82%,普惠园覆盖率94.43%。交流教师83人,其中支教33人;新增教师320人,其中乡村教师89人,招聘退休支教教师2人。新增中小学校6所,公办幼儿园增加至35所(含公办园分园、委托管理公办园),新增中小幼学位1.72万个。举办文艺演出11场,观演群众1.50万人次,发放宣传资料1万多份,发放环保袋、抽纸等宣传小礼品3000多份。在"5·18国际博物馆日"线上推出辖区文物介绍,点击量3000人次。电影进村放映444场次、社区公益电影放映456场。图书馆服务人数5.60万人次,文化馆(站)服务人数约8万人次。完成7个村民委员会"广电云"联网,新发展"广电云"用户5427户,建设乡镇服务站1个。有医

2020 年 8 月 8 日，“全民健身日”暨第十二届广西体育节兴宁分会场开幕式在吾悦广场举办
兴宁区志办提供

疗卫生机构 235 家，卫生技术人员 7278 人，医疗病床 5100 张。投入 7581 万元，推进 11 个医疗服务项目建设。举办第三届兴宁体育旅游休闲大会暨彰泰全民购物季活动；举办兴宁区自行车有氧健康行比赛，参赛选手 300 余人。自治区体育局服务“2023 年全国学生（青年）运动会”三塘体育训练比赛基地及博盟体育等产业项目落户兴宁区。发放城乡低保金 2.26 万人次、735.81 万元。发放优抚对象抚恤金 3314 人、1834.28 万元，定补金 1209 人、711.43 万元。发放 80 周岁以上高龄补助 2.39 万人次、635.58 万元。城镇新增就业人数超 4.70 万人，城镇登记失业率控制在 3.5% 以内；农村劳动力转移就业 2383 人。城乡居民基本养老保险参保 8.53 万人，参保率 89.99%；发放养老金 23.77 万人、3739.55 万元；城乡居民基本医疗保险参保 19.42 万人，征缴 5311.87 万元，支出 5.00 亿元。　　　　（黄肖靖）

【江南区】 位于南宁市西南部。土地面积 1183 平方千米。2020 年，辖镇 4 个（吴圩镇由南宁经开区代管）、街道 5 个（那洪街道、金凯街道由南宁经开区托管），有村民委员会 68 个（南宁经开区 22 个）、社区居民委员会 48 个（南宁经开区 19 个）。年末户籍总人口 57.92 万人（南宁经开区 19.13 万人）；人口自然增长率 7.7‰（含南宁经开区）。耕地面积 4.41 万公顷，林地总面积 4.24 万公顷（含南宁经开区），森林覆盖率 42.01%。有湘桂铁路、黔（贵州）桂（广西）铁路、南（宁）防（城港）铁路、吴圩机场至大塘高速公路、吴圩机场第二高速公路、南宁至友谊关高速公路、邕江河道过境，以及南宁吴圩国际机场、南宁铁路南站。有邕江大桥、中兴大桥、白沙大桥、清川大桥、永和大桥、葫芦鼎大桥、北大桥、桃源桥、凌铁大桥、英华大桥横跨邕江两岸。旅游景区（点）主要有国家 AAAA 级旅游景区 3 家（良凤江国家森林公园、融晟天河海悦城、百益・上河城），国家 AAA 级旅游景区 7 家（扬美古镇、华南城、江南公园、亭子码头、大王滩、南宁海王生命与健康科普馆、向阳红现代农业庄园），国家历史文化名村 2 家（江西镇扬美村、江西镇同江村三江坡）。广西五星级乡村旅游区 2 家（四季那廊生态园、大王滩旅游区），广西四星级乡村旅游区 1 家（南宁岜博山康养旅游景区），四星级旅游饭店 1 家（南宁荣荣大酒店）。矿产资源主要有煤、石灰石等。地方特产主要有“扬美三宝”（豆豉、梅菜、沙糕）、扬美木瓜丁，特色农产品有甜糯玉米、辣椒、西瓜、沃柑、豆角、金菠萝等。获评广西高质量发展进步城区、自治区级生态县（区），广西全域旅游示范区、“四好农村路”自治区示范县（区），获认定自治区第四批达到水利部县域节水型社会评价标准县（区），“打通致富最后一公里”获评全国 2020 民生示范工程奖，百益・上河城、南宁剧场驻场演出品牌分别入选广西十佳夜游景区、广西十佳夜间演艺（项目），《瑶族壁和骨伤疗法》《扬美老人节》入选第八批自治区级非物质文化遗产代表性项目。新冠肺炎疫情发生后，江南区安排本级防疫支出 1768 万元及抗疫国债支出 1.48 亿元，保障防疫物资和生活必需品供应；建成发热门诊 4 家、建设哨点诊室 1 家。主要存在工业回升缓慢、产业链延伸不足、重大项目储备不足、项目建设瓶颈、城乡基本公共服务与人民收入水平差距较大、“三农”工作还有不少短板；个别干部担当实干精气神不够；就业、教育、医疗卫生等与群众期盼有差距等问题。

地区生产总值 522.85 亿元，比上年增长 2.7%。财政收入 31.16 亿元（一般公共预算收入 7.25 亿元），一般公共预算支出 25.22 亿元。固定资产投资 180.27 亿元，增长 6.6%。居民人均可支配收入 33928 元，增长 2.5%；城镇居民人均可支配收入 37823 元，增长 1.5%；农村居民人均可支配收入 17562 元，增长 6.1%。农林牧渔业总产值 38.19 亿元，其中农业 29.51 亿元、林业 1.30 亿元、牧业 4.29 亿元、渔业 1.55 亿元、农林牧渔服务业 1.54 亿元。第一产业增加值 29 亿元，增长 4.4%。工业总产值 465.05 亿元、下降 9.9%，其中规模以上工业总产值 457.67 亿元，下降 10.0%；规模以上工业企业 41 家，其中产值超过亿元企业 14 家。第二产业增加值 171.76 亿元，增长 5.8%，其中工业增加值

2020 年 11 月 3 日，“决胜小康　奋斗有我”2020 年江南区“百姓小舞台和谐大社会”第十一届乡村社区和谐文艺大展演总决赛在江南万达举办　　　　江南区文广体旅局提供

101.23 亿元，下降 4.1%；规模以上工业增加值 44.24 亿元，下降 13.4%。第三产业增加值 322.09 亿元，增长 1.0%，社会消费品零售总额 227.38 亿元，下降 4.7%。区外境内实际到位资金 58.95 亿元，商务口径实际利用外资 2680 万美元。接待国内外游客 887.13 万人次、恢复到上年同期 87.61%，旅游总消费 98.38 亿元、恢复 77.68%。投入扶贫资金 4451.29 万元；脱贫摘帽 20 户 49 人，累计 9 个贫困村脱贫摘帽 1575 户 4901 人，贫困发生率清零。

科研经费投入 526.60 万元，获市级科技立项 2 项，认定科技成果 3 项；发明专利拥有量 255 件，每万人口发明专利拥有量 9.22 件。高新技术企业保有量 35 家，泉港江南企业总部被认定为自治区小型微型企业创业创新示范基地、南宁市级科技企业孵化器；百益·上河城被认定为自治区级创业孵化基地。有公办幼儿园 9 所，有证(民办)幼儿园 37 所，在园幼儿 1.78 万人，教师 917 人，幼儿在公办园在园率 50.15%；小学 59 所，在校生 5.33 万人，教师 3126 人；初中 23 所，在校生 1.44 万人，教师 1092 人。农村公益电影放映 552 场，社区放映 348 场。图书馆、文化馆(站)服务人数约 7 万人次；举办"百姓小舞台·和谐大社会"第十一届乡村社区和谐文艺大展演、江南区"我们的中国梦"文化进万家、"江南读书人"读书会、首届江南公园暖冬跑等线上线下活动 109 场次。扶持 31 支乡村社区业余文艺队开展文艺演出 433 场次；创作战疫歌曲《最美守护者》、江南区旅游推广曲《歌声里的江南》、脱贫攻坚题材小品《三宝书记》。黄奇观进士屋、民国侧砖巷被认定为市级不可移动文物。有医疗卫生机构 507 个，卫生技术人员 5377 人，医疗病床 2899 张。组队参加 2020 年南宁冬泳邕江活动、广西青少年男子篮球锦标赛、全国武术套路网络大赛等比赛。完成 5 个村民委员会"广电云"联网，新发展"广电云"用户 0.49 万户，建设乡镇服务站 1 个、乡镇机房 1 个。发放城乡低保金 11.85 万人次、3814.09 万元；发放拥军优属资金、定补金 1.55 万人次、826.58 万元；发放高龄补贴 8625 人、873.49 万元。城镇新增就业 8700 人，城镇登记失业率控制在 3.61% 以内；农村劳动力转移就业 3147 人。城乡居民基本养老保险参保 9.29 万人，参保率 94.47%，发放养老金 45.83 亿元。城乡居民基本医疗保险参保 22.95 万人，征缴 1.89 亿元，支出 1.71 亿元。

（苏杨漪堤）

【青秀区】 位于南宁市东南部。土地面积 872 平方千米。2020 年，辖镇 4 个、街道 5 个，有村民委员会 47 个、社区居民委员会 71 个(街道社区 68 个、乡镇社区 3 个)、园艺场 3 个，自治区级经济开发区 1 个(仙葫经济开发区)。年末户籍人口 83.20 万人；人口自然增长率 11.08‰。耕地面积 1.79 万公顷，林地面积 4.34 万公顷，森林覆盖率 49.39%。有湘桂铁路、邕江航道和南宁境内高速铁路，以及南宁东站、凤岭客运站、埌东客运站。有南宁东、伶俐、长塘互通 3 个高速公路出入口。旅游景区(点)主要有国家 AAAAA 级旅游景区 1 家(青秀山风景旅游区)，国家 AAAA 级旅游景区 7 家(广西民族博物馆、广西科技馆、凤岭儿童公园、民歌湖风景区、金花茶公园、花雨湖生态休闲旅游区、青秀区百里秀美邕江)，国家 AAA 级旅游景区 4 家(地王·云顶观光旅游景区、卡拉奇遇工业旅游景区、南宁 289 上海天地、南宁孔庙博物馆)。矿产资源主要有页岩、重晶石、石英砂、灰岩、砖瓦用黏土等。地方特产主要有富硒米、花生、甘蔗、竹笋、火龙果、香芋、甜瓜、龙眼等。南阳镇施厚村获评"2020 年中国美丽休闲乡村""第六届全国文明村镇"，古岳坡获评"中国少数民族特色村寨"，刘圩镇"那僚庙会"入选南宁市第八批非遗名录。"手上青秀"APP 受理服务事项 1.30 万次，获评"2020 年全区政府网站十佳政务新媒体"。新冠肺炎疫情发生后，青秀区安排防控资金 3578.08 万元，保障防疫物资和生活必需品供应；建设哨点诊室 17 家。主要存在新兴产业不足以支撑高质量发展，城乡区域发展不平衡不充分，医疗、养老等民生领域存在短板弱项等问题。

地区生产总值 1255.26 亿元，比上年增长 5%。财政收入 203.09 亿元(一般公共预算收入 36.13 亿元)，一般公共预算支出 44.80 亿元。固定资产投资下降 9.8%。居民人均可支配收入 47219 元，增长 3.4%。城镇居民人均可支配收入 49638 元，增长 2.8%；农村人均可支配收入 17803 元，增长 5.9%。农林牧渔业总产值 38.93 亿元，其中农业 17.40 亿元、林业 3.52 亿元、牧业 10.85 亿元、渔业 1.03 亿元、农林牧渔服务业 6.13 亿元。第一产业增加值 20.08 亿元，增长 1%。工业总产值 52.87 亿元，增长 45.79%；规模以上工业总产值 47.55 亿元，增长 53.4%；规模以上工业企业 30 家，其中产值超过亿元企业 6 家。第二产业增加值 114.55 亿元，增长 11.5%(工业增加值增长 49.90%)；规模以上工业增加值增长 64.8%。社会消费品零售总额 497.57 亿元，下降 3.6%。第三产业增加值 1120.62 亿元，增长 4.4%。区外境内实际到位资金 146.56 亿元，商务口径实际利用外资 5524 万美元，增长 128.26%。接待旅游总人数 3054.24 万人次、国内游客恢复到上年同期 67.33%，旅游总消费 330.46 亿元、国内旅游消费恢复 65.16%。投入扶贫资金 3533.81 万元；脱贫摘帽 13 户 27 人，累计 7 个贫困村脱贫摘帽 1030 户 3064 人，贫困发生率清零。

科研经费投入 1271 万元，比上年增长 36%，科技立项 73 项；发明专利拥有量 1023 件，每万人口发明专利拥有量 12.66 件，增长 6.07%。有幼儿园 148 所(公办 16 所，企事业办 15 所，民办 117 所)，在园幼儿 3.65 万人，在编教师 147 人；小学 92 所(公办 79 所、企事业办 2 所、民办 11 所)，在校生 7.74 万人，在编教师 3407 人；中学 15 所(普通初中 7 所)，九年一贯制 8 所(民办 3 所)，在校生 1.85 万人，在编教师 1039 人；创建特殊教育资源教室 3 个。开展社区公益电影放映 852 场、农村公益电影放映 552 场次，戏曲进乡村活动 30 场；开展系列阅读活动 200 场次，接待读者 1 万人次，受众 2 万人次；《从照片

2020 年，青秀区新增国家 AAA 级旅游景区 4 家。图为卡拉奇遇工业旅游景区

青秀区文广体旅局提供

中遇见时代的变迁》在第26届读书活动主题征文活动中获全国一等奖。有医疗机构794个(含自治区直及市直医疗卫生机构),卫生技术人员2.51万人,医疗床位1.43万个。开展文体活动810余场,惠及群众30万人次。举办“三月三”国际传统舞龙邀请赛,邀请国内外龙队350余人参加;主办、承办老年体育赛事活动6场,组织开展“快乐迎春”主题系列文体活动,4个镇、5个街道、仙葫开发区开展体育赛事活动360余场,惠及居民10万人。累计完成37个村民委员会“广电云”联网,新发展“广电云”用户4200户,建设乡镇服务站1个、乡镇机房3个。发放城乡低保金17.44万人次、6055.71万元。发放抚恤金、生活补助金2.75万人次、2034.50万元,发放义务兵优待金609人次、878.93万元;发放高龄补助7.08万人次、1878.31万元。城镇新增就业8958人,城镇登记失业率3.61%;农村劳动力转移就业3697人。城乡居民基本养老保险参保6.84万人,参保率100%,发放养老金5069.92万元;城乡居民基本医疗保险参保30.05万人,征缴7089.63万元、支出907.75万元。(熊雅琴　庞春玲)

【西乡塘区】 位于南宁市中西部。土地总面积1298平方千米。2020年,辖镇3个、街道10个(心圩和安宁街道由南宁高新区托管),有村民委员会65个、社区居民委员会65个。年末,户籍总人口84.13万人,人口自然增长率4.23‰。耕地面积2.93万公顷,林地面积1.69万公顷,森林覆盖率30.36%。南宁高新区驻城区内。有湘桂铁路、南昆铁路贯穿境域,以及南宁火车站、南宁西站、武康站。南宁至昆明、兰州至海口高速公路,南宁外环高速公路、快速环城路贯通辖区,高速公路设安吉、安吉东、石埠、坛洛出入口。邕江、左江、右江航道过境,广西郁江老口航运枢纽位于邕江上游。有“南宁开埠第一街”之称的百年老街——水街;有“南宁开埠商贸会所”之称的百年会馆——粤东会馆;有“南宁原住民居建筑群代表”之称的黄氏家族民居、陈东老村。旅游景区(点)主要有国家AAAA级旅游景区4家(南宁市动物园、广西八桂田园、龙门水都、秀美邕江·邕州古韵),国家AAA级旅游景区4家(老木棉·匠园、芦仙山休闲体育公园、南宁市花卉公园、新秀公园),以及石埠“美丽南方”景区(广西五星级乡村旅游区)、金沙湖风景区(广西三星级乡村旅游区)、青瓦房古村落(广西五星级农家乐)、相思湖湿地公园、明月湖湿地公园、南宁希望田野(广西现代农业科技示范园)、坛洛金满园(广西甘蔗果树良种繁育中心)、心圩天雹水库、下楞民俗文化村、心圩越南育才学校总部遗址等。林业示范点(基地)“国家森林乡村”3个(石埠街道忠良村、老口村、坛洛镇富庶村),广西森林康养基地1个(龙门水都),广西森林体验基地1个(老木棉匠园)。石埠街道忠良村获“全国乡村旅游重点村”称号;万力社区被评为AAA级广西老年人家居社区;“美丽南方”参与评选广西养生养老小镇创建。新冠肺炎疫情发生后,西乡塘区调拨专项经费5858.20万元,保障防疫物资和生活必需品供应;建设哨点诊室10家。主要存在受新冠肺炎疫情冲击,经济下行压力加大,一些主要经济指标出现下滑;工业经济的支撑力不强,产业转型升级面临“量”的突破和“质”的提升双重任务,支撑发展的大企业大项目较少;服务业优势不突出,文化旅游资源开发利用不充分,大健康产业发展水平不高,新产业新业态发展较慢;生态环境、城市交通、教育医疗、社会治理等领域存在短板弱项等问题。

地区生产总值816.05亿元,比上年增长2.2%。财政收入45.83亿元(一般公共预算收入11.74亿元),下降3.45%,一般公共预算支出39.52亿元。固定资产投资增长19.5%。城镇居民人均可支配收入36731元,增长2.2%;农村居民人均可支配收入16026元,增长5.8%。农林牧渔业产值61.03亿元,增长11.55%。其中农业37.75亿元、林业0.66亿元、牧业19.03亿元、渔业1.59亿元、农林牧渔服务业2亿元。第一产业增加值37.6亿元,增长11.3%。工业总产值(在地)下降2.4%,其中规模以上工业总产值增长4.4%;规模以上工业企业40家,其中产值超过亿元企业17家。第二产业增加值230.82亿元,下降0.3%,其中规模以上工业增加值增长7.5%。社会消费品零售总额260.43亿元,下降12.2%。第三产业增加值547.63亿元,增长2.9%。区外境内实际到位资金90.75亿元,商务口径实际利用外资334万美元。接待国内游客1380.59万人次、下降22.25%,实现旅游综合收入157.4亿元、下降27.98%。投入扶贫资金4448.54万元,脱贫摘帽24户60人,累计12个贫困村脱贫摘帽2181户7112人,贫困发生率清零。

科研经费投入1138万元,获市级科技立项4项;发明专利拥有量40.87件(含高新区),每万人口发明专利拥有量增长10.9%。有幼儿园141所,其中公办48所、企业办8所、民办85所,在园幼儿3.28万人,教师2120人;小学80所(不含市直属学校和高新区学校、社会办8所),在校生10.09万人,教师5445人;中学36所(普通初中11所、九年一贯制学校25所),在校生2.78万人,教师2078人。储备建立自治区级以上人才小高地20多个、博士科研站及博士后企业工作站68个,有大中专院校26所、科研院所13所。图书馆有藏书5.6万册,地方文献370多种,报刊200多种,馆藏图书以社会科学、自然科学类图书为主,社会科学文献占75%,自然科学文献占23%,其他文献占2%。设有外借书库、报刊阅览室、少儿阅览室、读者活动室、自修室及公共文化电子阅览室,阅览座位近300个。新建村级公共服务中心1个。组织开展农民文艺会演暨西乡塘区第十一届乡村社区和谐文艺大展演、“城西古韵·乐享中秋”非遗文化节主题活动、“石鉴文化节”祭典主题活动、西乡塘区第八届平话山歌歌王争霸赛等文化活动10场次,观众2.30万人。发展“广电云”联网新用户6500户,建设乡镇服务站2个、乡镇机房1个。有医疗卫生机构717个,卫生技术人员14724人,

2020年11月14日至15日,广西青少年速度轮滑锦标赛在西乡塘区芦仙山景区广西轮滑运动训练基地举行。图为比赛现场　韦峭　摄

医疗病床 9266 张。“福彩杯”2020“奔跑吧广西”预热赛暨秀美邕江乐跑挑战赛在南宁市民生码头举行，总赛程 10 千米，男子组施扬合、女子组杨谨凤分别以 33 分 57 秒、42 分 37 秒的成绩夺得男、女组别冠军。广西青少年速度轮滑锦标赛在西乡塘区芦仙山景区广西轮滑运动训练基地举行，设 1000 米、500 米、300 米速度轮滑计时赛和 5000 米淘汰赛 4 个项目，47 支速滑队 600 名轮滑小将参加。发放城乡低保金(含二次发放)11.02 万户次、24.82 万人次。发放优待抚恤金、定补金 1999 人、1291.16 万元；发放高龄补助 7.71 万人次、2008.18 万元。城镇新增就业 1.06 万人，城镇登记失业率 3.26%；新增农村劳动力转移就业 2768 人。城乡居民基本养老保险参保 9.75 万人，参保率 99.07%，发放养老金 5991.15 万元。城乡居民基本医疗保险参保 36.13 万人，征缴 9033.92 万元，支出 2.83 亿元。

（罗海贤　刘　云）

【邕宁区】 位于南宁市东南部。土地面积 1231 平方千米。2020 年，辖镇 5 个，村民委员会 65 个、社区居民委员会 16 个(新成立 6 个)。年末户籍总人口 38.52 万人，人口自然增长率 6.7‰。耕地面积 3.30 万公顷，森林面积 3.99 万公顷，森林覆盖率 46.50%。有湘桂线黎(塘)南(宁)铁路南环线、南宁至北海高速公路、省道 101 线和邕江河道过境；邕宁至浦北二级公路过境。南宁外环高速公路经过蒲庙镇、新江镇；途经城区的 2 条高速公路设蒲庙、八鲤、新江 3 个出入口；年内，开通优化公交线路 4 条(36 路、59 路、D28 路、7 路)；那楼至百济三级公路建成通车，建制村全部通客车。新建邕宁水利枢纽工程、广西最大内河港口——南宁中心城港区牛湾作业区位于邕宁邕江河段。旅游景区(点)主要有国家 AAAA 级旅游景区 4 家(南宁园博园、南宁万达茂、那贵坡樱花园、蒲津公园)，国家 AAA 级旅游景区 4 家(顶蛳山田园风光区、南宁不孤湖景区、徐汉林红色教育基地示范点、广西香流溪谷农业综合旅游区)，以及清水泉、灵龟山、雷婆岭摩崖石刻、那莲街古建筑等。矿产资源主要有石灰石、泥岩、河砂等。地方特产主要有芝麻鸭、淮山、火龙果、沃柑、富硒大米、桑蚕茧等。邕宁生榨米粉被评为广西名小吃。有铝精深加工、新能源汽车、高端交通装备制造等优势工业产业。是第十二届中国(南宁)国际园林博览会举办地。获评全国信访“三无”(无重复上访、无集体上访、无信访积案)县区，自治区 2019 年度平安县(市、区)，连续 12 年被评为自治区平安县(市、区)；那楼镇获“国家级卫生乡镇”“全国农机安全示范镇”称号，蒲庙镇获“自治区级生态乡镇”称号。有全国、自治区、南宁市级文明村镇、单位 33 个，城区级文明村镇、单位 111 个，文明村镇创建率 65%，红星社区获评全国文明单位；邕宁区人民医院韦姗姗被评为全国优秀共青团员。新冠肺炎疫情发生后，邕宁区安排防控保障资金 3080 万元，保障防疫物资和生活必需品供应；推进邕宁区人民医院、邕宁区中医医院及 6 家乡镇卫生院发热门诊改造，组建核酸采样点 31 个。主要存在经济总量偏小、产业链尚未形成，基础设施不够完善，承接国家、自治区重大项目土地储备不足等问题。

地区生产总值 160.81 亿元，比上年增长 5.0%。财政收入 18.94 亿元(一般公共预算收入 5.04 亿元)，一般公共预算支出 33.31 亿元。固定资产投资下降 45.5%。居民人均可支配收入 24129 元，增长 5.5%；城镇居民人均可支配收入 35206 元，增长 1.6%；农村居民人均可支配收入 16790 元，增长 8.6%。农林牧渔业总产值 53.69 亿元，其中农业 31.45 亿元、林业 2.37 亿元、牧业 17.77 亿元、渔业 1.45 亿元、农林牧渔服务业 0.65 亿元；第一产业增加值 33.40 亿元，增长 3.5%。工业总产值增长 1.91%，规模以上工业总产值增长 1.93%；规模以上工业企业 32 家，其中产值超过亿元企业 22 家；第二产业增加值 42.11 亿元，增长 5.9%(工业增加值增长 10.8%)，其中规模以上工业增加值增长 11.7%。第三产业增加值 85.30 亿元，增长 5.1%，社会消费品零售总额 31.45 亿元，增长 4.0%。接待游客 802.85 万人次，旅游总消费 82.47 亿元。区外境内实际到位资金 58.50 亿元，商务口径实际利用外资 2222.70 万美元。投入扶贫资金 2.10 亿元，脱贫摘帽 101 户 263 人，累计 30 个贫困村脱贫摘帽 1.03 万户 4.10 万人，贫困发生率清零。

科研经费投入 2150 万元，获立项 11 项、结题 19 项；发明专利拥有量 154 件，每万人口发明专利拥有量 5.26 件。有幼儿园 73 所(含私立幼儿园)，在园幼儿 1.29 万人，教职工 1330 人；小学 73 所，在校生 2.62 万人，教职工 2151 人；初中 13 所，在校生 1.45 万人，教职工 1374 人；特殊教育学校 1 所，在校生 123 人，教职工 50 人；建成投入使用学校 3 所(邕宁区第二小学龙岗分校、清泉小学、蒲庙镇中心幼儿园)，发放城乡义务教育补助 4121.74 万元、受益学生 1.87 万人次，开设营养改善计划试点学校 73 所。邕宁图书馆藏书量 18.98 万册(新增册图书 8894 册)，接待读者 14.25 万人次；放映公益电影 900 场，其中农村 780 场、社区 120 场，受益人数 5.56 万人次；举办群众文化活动 20 场次、组织文艺巡演 12 场次，徐汉林烈士陵园被评为第一批南宁市中共党史教育基地。新建自治区级为民办实事村级篮球场 2 个、健身路径 20 条、灯光篮球场 10 个。有医院 3 家(南宁市第二妇幼保健院、邕宁区人民医院、邕宁区中医医院)，乡镇卫生院 6 家、社区卫生服务机构 3 家，医疗卫生机构编制床位 1429 张(开放床位 1942 张)，卫生技术人员 2202 人；养老机构 8 家，老人床位 2982 张，其中护理型床位 673 张，护理员 252 名；前海人寿广西医院建成试运营。举办体育竞赛活动 14 次(项)、参与人数 1400 人次；完成国家第五次国民体质监测。完成 7 个(累计 18 个)村民委员会、58 个(累计 101 个)自然村“广电云”联网；发展“广电云”用户 6600 户(累计 9800 户)；新建或改造乡镇广播电视综合服务站 2 个(累计 5 个)；累计建设乡镇机房 5 个；建设数字电视农家

2020 年 3 月 25 日，邕宁区八鲤高速公路出口防疫检查站党员对车辆人员进行新冠肺炎疫情防控检查　　谢明佑　摄

书屋 24 个(累计 75 个),实现邕宁区所有村民委员会联网、安装数字电视、配有农家书屋。发放城乡低保金 18.63 万人次、4454 万元,发放 80 周岁以上高龄补助 8.73 万人次、789.54 万元;发放优抚金、抚恤金 2312 人次、1124.55 万元;发放临时价格补贴 985.02 万元,降低新冠肺炎疫情对低保户等困难群众正常生活的影响,惠及 20.8 万人次。城镇新增就业 1576 人,城镇登记失业率 2.85%;农村劳动力转移就业 2780 人。城乡居民基本养老保险参保 16.06 万人,参保率 92%,发放养老金 6214.46 万元;城乡居民基本医疗保险参保 28.85 万人,参保率 98.13%,征缴 2.31 亿元,支出 2.26 亿元。(覃燕萍)

2020 年 6 月 28 日,良庆区“战疫情稳发展,多措并举争创一流高地”新闻发布会在南宁日报社新闻发布厅举行　　宋延康　摄

【良庆区】 位于南宁市南部。土地面积 1369 平方千米。2020 年,辖镇 5 个、街道 2 个,有村民委员会 57 个、社区居民委员会 21 个,自治区级经济开发区 1 个(良庆经济开发区)。年末户籍总人口 34.76 万人(乡村人口 15.57 万人);人口自然增长率 9.6‰。耕地面积 3.66 万公顷,林业面积 7.04 万公顷,森林覆盖率 57.84%。有南宁至北海高速公路、南宁外环高速公路、南宁至北海二级公路、南防铁路、湘桂铁路过境,以及良庆、那马、玉洞 3 个高速公路出入口,宁村、那铺、大拟、百浪 4 个火车站。旅游景区(点)主要有国家 AAAA 级旅游景区 1 家(广西规划馆景区),国家 AAA 级旅游景区 2 家(大王滩风景区、南宁博物馆),以及五象岭森林公园、凤亭湖、绿温泉、竹泉岛、那兰生态自然村(白鹭村)、蕾帽岭摩崖石刻等。矿产资源主要有铁、铅、锌、铜、钛、重晶石、花岗岩、石灰石。地方特产有南晓土鸡、芝麻鸭、小龙虾、水库鱼、龙眼、荔枝、杧果、西瓜、火龙果、沃柑、菠萝、柠檬、澳洲坚果、淮山、彩色蚕茧等。良庆区获评 2020 年度人民网网民留言办理工作活力奋进单位,在“十三五”时期广西易地扶贫搬迁工作综合情况排名第一。那陈镇邕乐村获“第六届全国文明村镇”称号;大塘镇获“全国卫生镇”称号;良庆区人民法院获“全区优秀法院”称号。“广西云”良庆分端连续两年获“广西十佳县级分端”称号。新冠肺炎疫情发生后,良庆区安排防控资金 1.24 亿元,其中疫情防控人员补助 2863.18 万元,设备和防控物资 1864.65 万元,公共体系建设、宣传费等 7687.60 万元。建成核酸检测实验室 1 个、发热门诊 2 家、哨点诊室 5 家。主要存在经济总量偏低,工业产能不高,三产增速放缓;重大项目储备不够,项目投资支撑不足,利用外资有待加强;乡村振兴任务艰巨,基础设施欠账较多;一些民生工作仍存在短板,社会治理仍需加强等问题。

地区生产总值 406.04 亿元,比上年增长 13.7%。财政收入 71.96 亿元(一般公共预算收入 14.60 亿元),一般公共预算支出 31.07 亿元。固定资产投资下降 3.0%。居民人均可支配收入 29064 元,增长 4.00%;城镇居民人均可支配收入 33442 元,增长 2.4%;农村居民人均可支配收入 17598 元,增长 8.4%。农林牧渔业总产值 44.73 亿元,其中农业 30.22 亿元、林业 4.46 亿元、牧业 8.10 亿元、渔业 1.46 亿元、农林牧渔服务业 0.49 亿元。第一产业增加值 28.04 亿元,增长 6.0%。工业总产值 74.82 亿元、增长 7.9%,其中规模以上工业总产值 74.82 亿元、增长 7.9%;规模以上工业企业 65 家,其中产值超亿元企业 18 家。第二产业增加值 150.57 亿元,增长 25.7%(工业增加值增长 40.0%);规模以上工业增加值 19.61 亿元。社会消费品零售总额 71.67 亿元、增长 0.6%。第三产业增加值 227.43 亿元、增长 7.4%。区外境内实际到位资金 139.40 亿元,商务口径实际利用外资 1.47 亿美元。接待国内外游客 631.63 万人次、比上年减少 20.07%,旅游总消费 71.12 亿元、减少 29.44%。投入扶贫资金 1.26 万元,脱贫摘帽 16 户 38 人,累计 10 个贫困村脱贫摘帽 3340 户 1.09 万人,贫困发生率清零。

科研经费投入 4570 万元,获市级科技项目立项 7 项,获补助 125 万元,重大科技成果转化项目通过认定 16 项;发明专利拥有量 200 件,每万人口发明专利拥有量 5.75 件。新增科技型中小企业 52 家,高新技术企业保有量 80 家,有瞪羚企业 6 家。南宁五象科技企业孵化器开业运营,入驻企业 30 家,注册 261 家。主办 2020 年第九届中国创新创业大赛广西赛区南宁市选拔赛暨第五届南宁市创新创业大赛决赛。有幼儿园 86 所,在园幼儿 1.84 万人,教师 1076 人;小学 53 所,在校生 4.29 万人,教师 2882 人;中学 31 所,在校生 2.95 万人,教师 2707 人。图书馆开架图书 7.17 万册,订阅期刊 112 种,接待读者 7866 人,外借图书 2523 册,社区 24 小时自助图书馆正常开放,新设图书流通站 3 个。文化馆开通 100 期空中小课堂免费在线培训。投资 212 万元,新建村级公共服务中心 4 个。组织专业戏曲演出团队到 31 个村委开展戏曲进乡村活动。举办 2020 年南宁民歌湖大舞台周周演群众文化活动良庆专场文艺演出、庆祝中国人民抗日战争暨反法西斯战争胜利 75 周年文艺宣传活动、庆祝“中国农民丰收节”等 9 场大型群众文化活动。举办三月三云上嘹啰,良庆“疫”声有你线上“云对歌”及线下民族特色美食活动,4 支歌队通过网络连线直播,累计直播连线 90 多万人次。完成 13 个村民委员会“广电云”联网,发展“壮美广西·智慧广电”新用户 2163 户,建设乡镇服务站 2 个、乡镇机房 2 个。有医疗卫生机构 320 个(含个体),卫生专业技术人员(含个体)4276 人,医疗床位 3055 张(卫生院 275 张)。举办“全民健身日”暨第十二届广西体育节(良庆分会场)活动、中老年杯篮球比赛、良庆区排球健身友谊赛、南宁希望之星围棋教学比赛(升学赛)、“良超四季·疫然盛开”良庆区第四届足球超级联赛等赛事活动、良庆区第一届篮球联赛;获市级体育比赛金牌 2 枚、银牌 1 枚。发放城乡低保金 4755 人、3696.33 万元;发放优抚金 1740 人、1340 万元,义务兵家庭优待金 189 人、580 万元;发放高龄补助 4855 人、521.75 万元。城镇新增就业 4192 人,城镇登记失业率 1.22%;农村劳动力转移就业 1577 人。城乡居民基本养老保险参保

6.98 万人，参保率 99%，发放养老金 2.22 万人、4509.87 万元；城乡居民基本医疗保险参保 23.50 万人，征缴 6381.01 万元，支出 2.27 亿元。（潘艳明）

【武鸣区】 位于南宁市北部。土地面积 3388.99 平方千米。2020 年，辖镇 13 个，有村民委员会 198 个、社区居民委员会 27 个。年末户籍总人口 72.90 万人，壮族等少数民族人口 62.05 万人；人口自然增长率 5.17‰。耕地面积 11.69 万公顷，林地面积 15.14 万公顷，森林覆盖率 51.65%。有伊岭工业园区。广西—东盟经开区、国营广西农垦东风农场驻城区内。河道主要有武鸣河。有都安至南宁高速公路、贵港至隆安高速公路、国道 210 线、省道 20321 线过境，南宁至武鸣城市大道一级公路。旅游景区(点)主要有国家 AAAA 级旅游景区 4 家(伊岭岩景区、大明山景区、花花大世界、江宇梦想小镇)，国家 AAA 级景区 3 家(大明山汉江欢乐谷、明秀园、雪松灵水壮乡文化小镇)。纳天山庄获广西五星级乡村旅游景区、广西休闲农业与乡村旅游示范点。广西四星级乡村旅游景区 2 家(武鸣嘉沃农庄、武鸣邑旺·楠木水乡)，以及灵水、明秀园、春霞园、黄道山、起凤山、三十六弄自然保护区等。矿产资源主要有铜、锰、钨、金、铁、铅、锌、煤、磷等 20 多种，其中探明铜矿储量 2600 万吨，占自治区蕴藏总量 30%。地方特产主要有沙糖橘、武鸣沃柑、茂谷柑、那羊香米、石牛干笋、旋力威辣椒、大明山白砂糖、古府白砂糖、玉泉土鸡、骆越山鸡、灵马鲶鱼等。国内第一张沃柑果树数字化地图获央视宣传报道，沃柑种植面积 3.07 万公顷，挂果投产 2.67 万公顷、产量 120 万吨、产值 100 亿元。获农业农村部推介为第三批全国农村创业创新典型县(区)，武鸣沃柑特色农产品优势区获农业农村部认定为中国特色农产品优势区，以武鸣沃柑产业为核心的广西南宁农业科技园区获科技部认定为第九批国家农业科技园区。武鸣高中获评普通高中新课程新教材实施国家级示范校。双桥镇获评全国"一村一品"示范村镇。"环大明山乡村振兴全域旅游"示范线入选南宁市乡村道路"十大最美风光线"。武鸣区获南宁市乡村风貌提升三年行动工作考评第一名。新冠肺炎疫情发生后，武鸣区投入 1812 万元，建成核酸检测实验室 4 个、发热门诊 7 家、哨点诊室 7 家；收到社会捐款 154.88 万元、捐物价值 406.35 万元。主要存在缺乏大项目、大平台及新动能支撑；土地利用率不高与发展用地不足；城市品质内涵有待提升，城市管理不够精细；安全生产、生态环保、突发公共卫生事件应急管理基础薄弱；文化、教育、卫生等方面的均衡化优质化供给不高；营商环境建设存在短板；少数干部服务企业和群众不够主动，办事拖拉等问题。

2020 年 12 月 1 日，武鸣沃柑获农业农村部等 7 部委认定为中国特色农产品优势区。图为沃柑分选流水线现场　　广西鸣鸣果业有限公司提供

地区生产总值 319.34 亿元，比上年增长 5.9%，其中城区本级地区生产总值 276.93 亿元，增长 5.6%。财政收入(城区本级)20.11 亿元(一般公共预算收入 13.20 亿元)，增长 6.8%；一般公共预算支出(城区本级)45.47 亿元。固定资产投资(城区本级)132.46 亿元，增长 14.1%。居民人均可支配收入 26977 元，增长 4.7%。城镇居民人均可支配收入 37071 元，增长 2.1%；农村居民人均可支配收入 18777 元，增长 7.4%。农林牧渔业总产值 194.86 亿，其中农业 155.65 亿元、林业 8.07 亿元、牧业 21.65 亿元、渔业 4.66 亿元、农林牧渔服务业 4.83 亿元。第一产业增加值 128.58 亿元，增长 5.8%。城区本级工业总产值 102.73 亿元，增长 5.3%；规模以上工业总产值 88.49 亿元，增长 6%；规模以上工业企业 96 家，其中产值超过亿元企业 26 家。第二产业增加值 73.93 亿元，增长 8.8%。城区本级社会消费品零售总额 34.45 亿元，下降 7.9%。第三产业增加值 116.83 亿元，增长 4.2%。完成区外境内实际到位资金 57.86 亿元，商务口径实际利用外资 1030 万美元。接待国内外游客 703.41 万人次、恢复到上年同期 77.2%，旅游总消费 56.05 亿元、恢复 70.27%。投入扶贫资金 1.16 亿元，脱贫摘帽 521 户 1233 人，累计 40 个贫困村脱贫摘帽 6054 户 1.86 万人，贫困发生率清零。

科研经费投入 1760.39 万元，申报市级科技项目 8 项；发明专利拥有量 137 件，每万人口(按常住人口 58.48 万计算)发明专利拥有量 2.34 件；完成自治区级科技成果转化 4 项，授权发明专利新增 15 件，广西佳年农业有限公司被确定为自治区知识产权优势企业培育单位。有幼儿园 239 所，在园幼儿 2.80 万人，教师 1907 人，幼儿在公办园在园率 51.50%；小学 190 所，在校生 4.18 万人，教师 2644 人；初中(中学)19 所，在校生 1.90 万人，教师 1493 人。九年义务教育巩固率 109.70%。南宁教育园区(东片区)在校师生 3.60 万人。农村公益电影放映 2640 场次；武鸣图书馆接待读者 19.45 万人次，外借图书 8.05 万册次。武鸣壮族抛绣球、灵马草席编织技艺、武鸣壮族抢花炮、大明山茶制作技艺、武鸣灰水粽制作技艺、武鸣壮族刘氏"药仙翁"药茶制作技艺 6 个项目列入自治区级非物质文化遗产代表性项目名录。新建成村级公共服务中心 36 个。完成 3 个村民委员会"广电云"联网，新发展"广电云"用户 1.05 万户，建设乡镇服务站 4 个、乡镇机房 6 个。有医疗卫生机构 33 个，在岗卫生技术人员 2282 人，实际开放医疗病床 4285 张。城区第一人民医院开工建设，总投资 4.48 亿元。组队参加自治区、市运动会，获 5 金、6 银、10 铜；审批城乡低保对象、特困对象 34.56 万人次，发放补助资金 1.01 亿元；审批发放(城区级)高龄补助 5 万多人次、1331 万元；城镇新增就业、再就业、转移就业 1.40 万人，城镇登记失业率 3.17%；农村劳动力转移就业 8959 人。城乡居民基本养老保险参保 31.30 万人，完成南宁市下达任务的 100.64%，发放城乡基础养老金 8.29 万人、1.30 亿元；城乡居民基本医疗保险参保 59.27 万人，征缴 1.48 亿元，支出 4.77 亿元。减免企业社保费用 1117 家 1.03 亿元。城区公立医院全部纳入医疗集团管理，县域就诊率 87.60%。（廖振培）

县

【横　县】 位于南宁市东部。土地面积3464平方千米;县政府驻横州镇。2020年,辖镇16个、乡1个,有村民委员会276个、社区居民委员会32个。年末户籍总人口127.25万人,其中少数民族人口50.64万人;人口自然增长率3.7‰。耕地面积11万公顷;林地面积16.84万公顷,森林覆盖率49.65%。有六景工业园区(自治区级)。国有广西农垦良圻农场驻县境内。郁江上通南宁、百色,下通广东、中国香港、中国澳门。桂林至北海、六景至钦州高速公路及国道209线、湘桂铁路、南广铁路等要道过境。港口主要有六景港口。旅游景区(点)主要有国家AAAA级旅游景区1家(九龙瀑布群国家森林公园),国家AAA级旅游景区6家(横县西津湖旅游景区、中华茉莉园景区、横县莲塘圣茶谷景区、广西金花茶业工业旅游园、横县西津国家湿地公园沙埠景区、横县顺来茉莉花茶展览馆),广西五星级乡村旅游区1家(圣种茶博园),以及宝华山旅游风景区、伏波庙(国家级文物保护单位)、六景泥盆系标准剖面保护区等。矿产资源主要有金、铜、芒硝、膨润土、石灰石、三水铝等。优势农业产业主要有茉莉花、优质稻、糖料蔗、桑蚕、蘑菇、甜玉米、水产畜牧、商品林等,是世界茉莉花和茉莉花茶生产中心、世界茉莉花都、中国茉莉之乡、中国甜玉米之乡、中国大粽美食之乡;"横县甜玉米"获国家农产品地理标志登记认证,"横县茉莉花茶"成功注册马德里国际商标,"横县茉莉花""横县茉莉花茶"蝉联广西最具价值农产品品牌,"好一朵横县茉莉花"品牌冠名高铁列车,"横县·茉莉花号"遥感卫星成功发射,横县被认定为茉莉花产业国家外贸转型升级基地,获中国茶叶流通协会授予"2020茶业最佳投资县域"牌匾。入选2020年度全国电子商务进农村综合示范县、全国县城新型城镇化建设示范名单、首批国家数字乡村试点地区、广西第一批改革集成试点;被评为国家卫生县城、第八轮自治区县级文明城市,入选全国文明城市提名城市名单。新冠肺炎疫情发生后,横县投入687.94万元,建成核酸检测实验室2个、发热门诊18家、哨点诊室5家;派出4名优秀医务工作者支援湖北省疫情防控;收到社会捐款捐物价值1106.62万元。主要存在传统产业升级和结构调整任务依然较重;民生保障和社会治理仍存在短板弱项,普惠性、均等化公共服务亟须加强;政府治理能力仍需提高等问题。

地区生产总值320.44亿元,比上年下降5.1%。财政收入16.78亿元(一般公共预算收入9.49亿元),一般公共预算支出57.88亿元。固定资产投资增长2.8%。城镇居民人均可支配收入36684元、增长2.7%,农村居民人均可支配收入16253元、增长7.7%。农林牧渔业总产值147.51亿元,其中农业91亿元、林业6.04亿元、牧业40.33亿元、渔业5.57亿元、农林牧渔服务业4.57亿元。第一产业增加值86.26亿元,增长1.8%。工业总产值下降18.4%(规模以上工业总产值下降19.3%);规模以上工业企业133家(新增24家),其中产值超亿元企业55家。第二产业增加值99.92亿元,规模以上工业增加值下降16.10%。有国有企业70家、私营企业4922家(新增1227家),从业人员1.87万人;个体工商户3.36万户(新增5673户),从业人员6.63万人;小微企业294家;农民专业合作社668家(新增41家)。社会消费品零售总额82.81亿元、下降11.7%。第三产业增加值134.26亿元、增长2.5%。区外境内实际到位资金83.30亿元,增长12.57%,商务口径实际利用外资314万美元。接待国内外游客434.66万人次、下降18.49%,旅游总消费38.95亿元,下降25.56%。投入专项扶贫资金1.89亿元,脱贫摘帽975户2878人,累计56个贫困村脱贫摘帽1.41万户4.96万人,贫困发生率清零。

科技经费投入5816万元,实施科技项目3项(自治区级2项、市级1项);申报自治区级、市级科技项目11项,立项3项;发明专利申请量96件,实用新型专利申请量183件,外观设计专利申请量82件,每万人口发明专利拥有量3.29件。有幼儿园351所(公办园224所、民办幼儿园127所),在园幼儿4.41万人,教师1957人;小学206所,另有小学教学点146个,在校生9.64万人,教师5073人;初中31所(含县体校1所、九年一贯制学校1所),在校生4.16万人,教师2646人;普通高(完)中6所,在校生2.15万人,教师1355人;职业教育中心1所,在校生5300人,教师226人;特殊教育学校1所,在校生172人,教师41人;民办学校5所(小学2所、九年一贯制学校2所,初中1所),教师343人。举办第二届世界茉莉花大会暨2020年中国(横县)茉莉花文化节,接待游客5.26万人。投入2325万元,完成村级公共服务中心93个,村级公共服务中心覆盖率100%;完成6个文化馆、22个图书馆总分馆制建设。扶持16支农村业余文艺团队演出172场,观众13万多人;电影进村放映3326场次、社区公益电影放映387场;推出"书香横县·爱尚阅读"线上全民阅读活动,"八桂烽火·涅槃新生"——广西革命历史展展览和云讲解视频等线下线上活动。列入市级以上非物质文化遗产保护名录42项。国家级非物质文化遗产代表性项目《壮族百鸟衣故事》为创作背景的电影《凤凰的微笑》在横县取景拍摄。完成46个村民委员会"广电云"联网,新发展"广电云"用户1.88万户,建设乡镇服务站5个、乡镇机房11个。有医疗卫生机构621个,卫生技术人员4725人(县属卫生技术人员2043人),医疗病床4451张(县级医院1978张、乡镇卫生院1332张)。横县人民医院晋升为国家三级综合医院,新成立横县第二人民医院。横县获评全国计划生育优质服务先进单位。建设体育健身工程项目89个;开展全民健身系列体育活动18场次;举办、组织体育赛事16场次;获自治区级奖牌7枚。审批城乡最低生活保障对象58.64万人次,发放保障金1.54亿元;发放高龄补助10.67万人次、2850.27万元。发放抚恤金、定补

2020年4月14日,横县举行驰援武汉医疗队凯旋欢迎仪式　　黄汝德　摄

金4327.43万元，退伍义务兵家属优待金2010.88万元。新增城镇就业3161人，城镇登记失业率2.37%；新增农村劳动力转移就业9263人。城乡居民基本养老保险参保62.95万人，参保率87.16%，发放养老金183.39万人次、2.40亿元；城乡居民基本医疗保险参保111.44万人，参保率96.48%，征缴2.79亿元、支出5.43亿元。

（韦斯步）

【宾阳县】 位于南宁市东北部。土地面积2298平方千米；县政府驻宾州镇。2020年，辖镇16个，有村民委员会192个、社区居民委员会45个。年末户籍总人口105.39万人(农村人口72万人)，人口自然增长率4.2‰。耕地面积9.20万公顷，林地面积9.50万公顷，森林覆盖率46.01%。有黎塘工业园区。湘桂铁路、黎(塘)湛(江)铁路、黎(塘)钦(州)铁路在县内黎塘镇交汇，南柳、南广高速铁路在县境内并轨；桂海、贵(港)隆(安)两条高速公路、国道322线、358线、242线过境；有宾阳至上林、宾阳至横县2条省县道二级公路。旅游景区(点)主要有国家AAAA级旅游景区2家(昆仑关战役旧址、古辣稻花香里旅游景区)，国家AAA级旅游景区1家(武陵白鹤观旅游度假区)，以及宾州古城、大桥程思远故居、陈平名山等。矿产资源主要有铅、锌、三水铝、建筑石料用灰岩、建筑用砂、高岭土、膨润土、页岩矿等。地方特产主要有瓷器、小五金、壮锦、莲藕、香米等。是全国商品粮生产基地县、广西“小五金之乡”。获评2019年度广西科学发展先进县、全国“平安农机”示范县、全国第五批率先基本实现主要农作物生产全程机械化示范县、“2017—2019周期国家卫生县城”，县域投资潜力进入全国200强。新冠肺炎疫情发生后，宾阳县安排防控保障资金4.48亿元，保障防疫物资和生活必需品供应；建成核酸检测实验室5个、发热门诊5家、建设哨点诊室20家。主要存在经济增长内生动力不足，工业短板突出；城市功能布局有待完善，基础设施仍然薄弱；民生领域工作与群众期盼存在一定差距等问题。

地区生产总值279.96亿元，比上年增长3.4%。财政收入15.55亿元，下降22.7%(一般公共预算收入9.82亿元)，一般公共预算支出55.5亿元。固定资产投资增长1.5%。城镇居民人均可支配收入36255元，增长2.0%；农村居民人均可支配收入16321元，增长5.5%。农林牧渔业总产值99.38亿元，其中农业61.89亿元、林业4.24亿元、牧业27.39亿元、渔业4.38亿元、农林牧渔服务业1.48亿元；第一产业增加值60.95亿元。规模以上工业总产值增长11.2%；规模以上工业企业98家，其中产值超过亿元企业52家。第二产业增加值83.19亿元，增长7.3%，其中工业增加值增长8.0%。有国有企业671家，私营企业6681家(新增1418家)，从业人员3.72万人；个体工商户3.24万户(新增4814户)，从业人员6.97万人；小微企业3924家(新增682家)，农民专业合作社986家(新增62家)，限额以上商贸企业(单位)103家(新增14家)。社会消费品零售总额99.96亿元，下降5.5%。第三产业增加值135.81亿元，增长0.6%。区外境内实际到位资金66.23亿元，商务口径实际利用外资453万美元。接待国内外游客418.36万人次，减少139.81万人次，旅游总消费41.02亿元，减少15.25亿元。投入财政专项扶贫资金1.52亿元，脱贫摘帽贫困村1个、974户、2430人，累计48个贫困村脱贫摘帽1.53万户、5.82万人，贫困发生率清零。

科研经费投入690.69万元，实施科技项目11项(自治区级5项、市级6项)；发明专利拥有量86件，每万人口发明专利拥有量1.04件。有幼儿园354所，在园幼儿4.15万人，教师1686人；小学121所(社会办4所)，在校生7.79万人，教师3922人；初级中学24所(九年一贯制4所、社会办4所)，在校生3.19万人，教师2244人；高中7所(社会办2所)，在校生1.98万人，教师1211人；特殊教育学校1所，在校生152人，教师35人；中等职业技术学校1所，在校生5067人(全日制1704人)，教师99人。实施文化“双百”工程、送戏下乡文化惠民项目，县群众艺术馆、县体育学校运动场项目竣工验收并投入使用，完成全民健身中心投资3698.13万元，开展送戏下基层、进校园活动30场，扶持村社区文艺队116支。“宾阳县制秤技艺”项目列入县级非遗名录，“甘棠彩凤”申报自治区级非遗名录。新建村级公共服务中心189个、篮球场28个、健身路径12条。新发展“广电云”联网用户6834户，建设乡镇服务站4个、乡镇机房3个。有卫生医疗机构426家(含自治区、市属医疗机构及农村卫生室)，有卫生技术人员5118人，医疗卫生机构病床4389张。审批城乡最低生活保障对象4.02万人，发放城乡低保金46.79万人次、9061.68万元；发放高龄补助2.34万人；发放抚恤金7328人、3580.63万元；发放优待金737人、1614.47万元；审批特困人员4.01万户次、4.01万人次，发放生活补助金2381.17万元。新增城镇就业人员1263人，下岗失业人员再就业57人，农村劳动力转移就业1000人，城镇登记失业率控制3.31%以内。参加城乡居民基本养老保险52.43万人，参保率98%，支出1.86亿元；参加城乡居民基本医疗保险8.92亿人，参保率99.16%，征缴2.55亿元，支出5.36亿元。

（卓家林）

【上林县】 位于南宁市东北部。土地面积1871平方千米；县政府驻大丰镇。2020年，辖镇7个、乡4个(瑶族乡1个)，有村民委员会115个、社区居民委员会19个。年末户籍总人口50.10万人，其中壮族人口38.45万人；人口自然增长率4.1‰。耕地面积4.79万公顷(基本农田面积3.74万公顷)；林地面积10.91万公顷，森林覆盖率57.56%。有平果至梧州高速公路，忻城至宾阳、迁江至古零、宾阳至马山3条二级公路过境。旅游景区(点)主要有国家AAAA级旅游景区3个(大明山景区、大龙湖景区、金莲湖综合旅游景区)，国家AAA级旅游景区6个(鼓鸣寨养生旅游度假区、霞客桃源壮乡旅游

2020年1月27日，宾阳县高速路口防疫检查站医护工作者、交警对车辆人员进行新冠肺炎疫情防控检查　　宾阳县史志办提供

度假区、禾田农耕文化园、万古茶园景区、振林·澳益渔耕新韵扶贫庄园、福人湖生态旅游区),以及三里·洋渡风景区、石门龙母圣殿、不孤村人文景区、唐智城垌古城垌遗址、东红湿地公园、大庙江景区等。矿产资源主要有黄金、煤炭、钒矿、石煤、滑石、锰矿、水晶石、石英石、大理石、花岗岩、铁、铅、铜、锌等31种,其中钒矿探明储量2.70亿吨,属全国较大钒矿矿床之一。地方特产主要有优质米、茶叶、果蔗、八角、小龙虾等;“上林大米”“上林八角”为国家地理标志保护产品;“上林大米”“杰乐菌”干香菇入选广西农业品牌目录。经联合国老龄所积极老龄化专家委员会认证为世界长寿乡。5月,经自治区政府批准上林县脱贫摘帽,退出贫困县序列。获全国农村承包地确权登记颁证工作先进典型地区、全国“平安农机”示范县、广西旅游标准化示范县称号,获评国家级水产健康养殖示范场3家(上林县珠玥农业有限责任公司、广西三超农业投资有限公司、广西桂之渔农业科技有限公司)。新冠肺炎疫情发生后,上林县组建党员突击队1245个、党员先锋示范岗2597个,参与抗疫一线党员9600多人;参与疫情防控人员1.16万人,其中县乡村联防联控9683人、一线医务人员138人;投资766万元,建成2个核酸实验室和发热门诊部,以及上林明神山医院(25天建成)、医疗物资设备厂(42天建成);投资680万元用于医疗物资存储;实现疫情防控“零输入”“零感染”。主要存在经济总量小、财政增收难、支出压力大;实体经济不强,产业链条短、发展层次低,“三产”融合不够;城乡协调发展、民生保障、社会治理等领域仍存在短板,巩固拓展脱贫攻坚成果和推进乡村振兴任务重,禁毒重点整治工作形势依然严峻等问题。

2020年12月24日,上林县学习党的十九届五中全会精神山歌宣讲报告会(三里歌圩专场)在三里镇三里歌圩活动中心举办　　上林县志办提供

地区生产总值90.57亿元,比上年增长9.6%。财政收入5.23亿元(一般公共预算收入2.98亿元),一般公共预算支出41.48亿元。固定资产投资增长19.40%。城镇居民人均可支配收入29241元、增长2.51%,农村居民人均可支配收入13268元,增长8.30%。农林牧渔业总产值44.42亿元,其中农业27.52亿元、林业2亿元、牧业12.26亿元、渔业2.48亿元、农林牧渔服务业0.16亿元。第一产业增加值27.62亿元,增长3.9%。有工业企业371家、从业人员2341人,个体工商户1.97万家、从业人员3.81万人,农民专业合作社783家(新增36家),从业人员4500人;规模以上工业企业23家,其中产值超亿元企业6家;工业总产值下降2.20%(规模以上工业总产值下降2.20%)。第二产业增加值16.73亿元,增长29.3%(工业增加值下降4.80%)。社会消费品零售总额23.19亿元,下降13.1%。第三产业增加值46.22亿元,增长6.8%。区外境内实际到位资金12.20亿元,商务口径实际利用外资0美元。接待国内外游客615.29万人次、恢复到上年同期77.44%,旅游总消费62.91亿元、恢复70.98%。

扶贫资金投入4.30亿元,脱贫摘帽1646户、4636人,累计65个贫困村脱贫摘帽2.13万户、8.39万人,贫困发生率清零。县直单位挂点帮扶134个村(社区),机关企事业单位6996名干部职工与贫困户结对帮扶。实施扶贫项目834个,其中实施产业扶贫开发项目300个,受益15.30万户、61.19万人。有农民专业合作社178个、产业基地42个,“5+2”“3+1”特色产业覆盖率97.03%,134个贫困村(社区)集体经济收入均5万元以上。投资1.53亿元实施基础设施项目420个,受益9.81万户、39.32万人;投资7660.48万元,实施教育培训、金融扶贫、公益性岗位等项目114个,受益4.86万户、23.87万人。持续聚焦打好义务教育保障、基本医疗保障、住房安全保障、饮水安全“四大战役”。实现控辍保学“双清零”,义务教育巩固率104.35%;资助建档立卡贫困学生9.72万人、8433.54万元。建档立卡贫困人口参加城乡基本医疗保险12.38万人,参保率100%;家庭医生签约率100%,未脱贫及两年扶贫期内农村建档立卡贫困人口在县城内门诊长特殊慢性病治疗费用、住院医疗费用平均实际报销比例分别为93.71%、94.08%。新增建档立卡贫困人口住房建设和搬迁入住1.60万人,住房安全保障农户11.53万户,保障率100%。新建农村人饮项目90个,有大型集中供水站1个、农村人饮集中供水点1038个,集中供水覆盖率92%。持续实施粤桂扶贫协作,实施“两培两带两促”(培育创业致富带头人、培育壮大扶贫产业、带动贫困户增收脱贫、带动贫困村致富、促进本土人才回引创业、促进农村基层党建)行动,有创业致富带头人600人,带动1.11万户贫困户参与产业发展,占贫困户总数53.72%。发放贫困劳动力稳岗补贴2539人、112.95万元;开发非固定性村级扶贫公益岗位,安置贫困劳动力1713人,投入资金857.97万元。推广中国社会扶贫网应用,注册管理员155人;社会爱心人士注册1166人,贫困户注册3.11万人,贫困户注册率100%。扶贫小额信贷收回到期贷款2.90亿元,收回率99.31%;新增贷款2.57亿元。

科研经费投入210万元,获市级科技项目立项4项;发明专利拥有量70件,每万人口发明专利拥有量1.40件。有幼儿园109所,在园幼儿1.89万人,教师784人;小学66所,在校生3.46万人,教师2118人;初中12所(含九年一贯制学校),在校生1.46万人,教师958人;高中3所,在校生8457人,教师715人;特殊教育学校1所,在校生91人,教师20人。实现全县“两馆十一站”(体育馆、图书馆、11个乡镇文化站)规范免费开放,县图书馆接待读者10.88万人次,图书借阅量10.04万人次。举办“中国旅游日”南宁主会场暨上林生态旅游养生节·电商创业大赛开幕式文艺演出、全民禁毒宣传文艺演出、“脱贫感党恩·奋进新起点”主题文艺宣传巡回演出等190场次,观众45万人次。开展“戏曲进乡村”活动83场次。文化共享和文化惠民工程投资528.90万元,新建村级公共服务中心18个;投资2万元,建成上林县图书馆白圩分馆、良水分馆;投资354.18万元,推进“壮美广西·智慧广电”工程建设,完成15个村(社区)光纤联网,新建广播电视服务站3个、乡镇机房2个,发展“广电云”用户9023户。投资8.90万元,修缮“巷贤抗日阵亡将士公墓”、澄泰乡“大中华民国抗日阵亡将士墓”;申报自治区非遗代表性项目3个(糯米酒酿造技艺、壮族古香制作技艺、壮医针挑);公布第三批县级非物质文化遗产项目代表性传承人5人。有医疗卫生机构242家,卫生技术人员2567人,医疗病床2614张。投资19万元,实施全民健身工程村(屯)级篮球场1个,安装室外健身路径2套;投资229.10万元,新建篮球场26个,安装健身路径26套;投资150万元,建成大龙湖龙舟体育传统基地;投资411万元,建成县体校综合楼。完成国民体质监测214人,完成率111.46%;举办群众体育赛事11场次,观众1.65万人次。举重代表队参加广西青少年举重锦标赛获金牌8枚、银牌4枚、铜牌2枚;向自治区女子手球队集训班输送运动员3人。审批城乡最低生活保障对象17.77万户次、36.74万人次,发放城乡低保金36.74万人次、9578.01万元,发放价格临时补贴14.68万户次35.95万人次、1436.80万元;发放优抚、优待金4063人次、502.09万元;发放高龄补助4.70万人次、1266.60万元。新增城镇就业1869人,城镇登记失业率3.28%;农村劳动力转移就业7228人。城乡居民基本养老保险参保25.55万人、参保率100%,征缴1.10亿元,发放养老金77.10万人次、1.04亿元;城乡居民基本医疗保险参保45.18万人、参保率98.82%,征缴1.50亿元、支出2.95亿元。

（樊守辉）

【马山县】 位于南宁市北部。土地面积2340.76平方千米;县政府驻白山镇。2020年,辖镇7个、乡4个(瑶族乡2个),有村民委员会134个、社区居民委员会22个。年末户籍总人口57.13万人,其中壮族人口41.60万人、瑶族人口4.83万人;人口自然增长率5.2‰。耕地面积4.62万公顷,林地面积16.37万公顷,森林面积15.84万公顷,森林覆盖率67.70%。有苏博工业集中区。有水任(河池)至南宁、来宾至马山、马山至平果高速公路,马山至大化、马山至上林至宾阳二级公路,国道210线过境。主要河道有一级河红水河,二级河清波河、乔利河、周鹿河、兴科河、姑娘江、府城河、仙湖河、杨圩河、小明山河9条。旅游景区(点)主要有国家AAAA级旅游景区3家(金伦洞、水锦·顺庄、弄拉生态自然风景区)、国家AAA级旅游景区4家(三甲攀岩小镇、小都百旅游景区、灵阳寺旅游景区、古朗瑶乡金银花公园),广西四星级乡村旅游区1家(小都百乡村旅游区),广西三星级乡村旅游区4家(古朗瑶乡金银花公园、三甲乡村旅游区、思恩园乡村旅游区、桃李乡村旅游区),以及红水河百里画廊、中国玄河(永州暗河)、金钗石林城堡等。矿产资源主要有煤、锰、铁、钨、铜、滑石、重晶石、方解石、叶蜡石、石灰石、高岭土等23种。地方特产主要有黑山羊、金银花、旱藕粉、八角、黑豆、里当鸡等。有“中国黑山羊之乡”“中国民间文化艺术之乡”“中国长寿之乡”“中国会鼓之乡”之称。5月11日,自治区政府批准马山县脱贫摘帽,退出贫困县序列;12月,获评2019年度“广西高质量发展进步县”、广西体育旅游示范试点县。新冠肺炎疫情发生后,马山县投入511.47万元,建成核酸检测实验室2个;投入580万元,建成发热门诊1家、建设哨点诊室10家;收到社会捐款152.50万元、捐物价值303.51万元。主要存在经济持续回升的基础还不够牢固;乡村振兴任重道远,优质教育、医疗、养老、文化等公共服务供给,与群众对美好生活的期盼还有差距;干部作风建设仍需持续发力等问题。

地区生产总值90.13亿元,比上年增长3.0%。财政收入3.61亿元(一般公共预算收入2.01亿元),一般公共预算支出41.27亿元。固定资产投资增长10.2%。城镇居民人均可支配收入29960元、增长3.2%,农村居民人均可支配收入12851元,增长8.5%。农林牧渔业总产值41.58亿元,其中农业21.23亿元、林业3.33亿元、牧业15.64亿元、渔业1.26亿元、农林牧渔服务业0.12亿元。第一产业增加值26.09亿元,增长6.7%。规模以上工业总产值15.90亿元,增长9.6%;规模以上工业企业19家,其中产值超亿元企业5家。第二产业增加值19.95亿元,增长3.79%;规模以上工业增加值5.08亿元。有企业2448家(新增339家),从业人员8361人(新增2340人);个体工商户1.77万户(新增2213户),从业人员3.60万人(新增4999人);农民专业合作社970户(新增117户),从业人员1326人(新增525人);农民专业合作社成员1.08万人(新增842人)。社会消费品零售总额19.65亿元,下降21.2%。第三产业增加值44.11亿元、增长0.5%。区外境内实际到位资金6.30亿元,商务口径实际利用外资0美元。接待国内外游客451.55万人次,恢复到去年同期74.78%,旅游消费31.28亿元,恢复70.42%。

扶贫资金投入7.84亿元;脱贫摘帽1194户3939人,累计75个贫困村脱贫摘帽2.37万户、9.44万人,贫困发生率清零。发放教育补助资金3011.55万元,减免费用1539.15万元,发放生源地信用助学贷款4411.60万元,惠及学生8.78万人次(惠及建档立卡学生5.64万人次、享受资助金3195.11万元)。发放贫困户以奖代补项目资金1.51亿元,惠及贫困户、边缘户2.80万户。县域内定点医疗机构住院及门诊慢性病一站式结算15.29万人次,医疗总费用3.12亿元,基本医保基金支付2.25亿元,大病保险支付835.16万元,基本医保二次报销支付412.24万元,医疗救助支付572.83万元,财政兜底保障支付148.85万元。贫困人口家庭医生“应签尽签”。累计创建就业扶贫车间85家(已认定56家),带动就业6000余人(建档立卡贫困劳动力1500多人)。其中,易地扶贫搬迁安置点建成就业扶贫车间11个,累计吸纳就业1720人(贫困劳动力591人)。发布招聘岗位1.6万个,直接促进农村劳动力转移就业6173人;开发乡村公益性岗位安置532人、护林员1466人、临时性扶贫岗位人员5148人、非固定性扶贫岗位水域巡查员1387人、市场检测员238人。开展职业技能培训64期,培训2656人(贫困劳动力2071人)。给予348家企业一次性创业扶持补贴222万元(给予易地扶贫安置贫困户创业60家40.80万元)。新冠肺炎疫情防控期间,采取“点对点、一站式”直达运输服务,包长途客运车(“爱心专车”)91辆次免费集中运送农民工2034人(贫困劳动力820人)前往广东返岗复工就业。修建贫困村屯级道路70.62千米、砂石路56.32千米,解决1.62万户、6.21万人行路难问题;巩固提升人饮项目132个,总投资3465.87万元,解决1.20万户、54.07万人(贫困户2358户1.02万人)饮水安全,饮水安全达标率100%,自来水普及率100%;发展电商扶贫,推送贫困村农产品销售,交易额2557万元;组织网络直播带货,助力农产品销售2830万元。筹措资金597.98万元,完成扶贫四类重点对象住房改善提升453户,受益5436人。开展易地扶贫搬迁群众安置房产权登记5143户,登记率98.5%。全县应拆户2722户,已拆除旧房2526户,拆旧面积27.77万平方米,拆旧率92.8%,完成旧房宅基地复垦1682户,面积17.94万平方米,复垦率69.01%。

科研经费投入91.19万元,实施市级科技项目3项,通过上级验收科技项目10项,推广应用新技术项目3项,建立科技基地18个;发明专利拥有量52件,每万人口发明专利拥有量1.26件。有幼儿园233所,在园幼儿2.06万人,教师906人(在编85人、聘用821人);小学101所、教学点39个,在校生3.76万人,教师2150人;初中17所,在校生1.79万人,教师1273人;高中3所,在校生8092人,教师569人;特殊教育学校1所,在校生145人,教师35人;中等职业学校1所,

2020年12月19日至20日，中国攀岩自然岩壁精英挑战赛（广西马山站）在马山县三甲攀岩特色体育小镇举行。图为攀岩赛颁奖仪式　　马山县融媒体中心提供

在校生567人，教师41人。完成村级公共服务中心4个及文广站提升改造项目建设1个；开展送戏曲进乡村活动66场，配合市级开展送戏进乡村25场、儿童剧目进校园10场、文化进万家3场；放映公益电影2007场；扶持农村社区文艺队26个，演出150场，观众4000多人。古零草凳龙、里当酒壶歌入选第八批自治区级非物质文化遗产代表性项目名录，壮族会鼓申报国家级非物质文化遗产项目通过文化和旅游部评审。完成1个村民委员会“广电云”联网，新发展“广电云”用户1.16万户，建设乡镇服务站4个、乡镇机房3个。有医疗卫生机构234个，卫生技术人员2211人，医疗病床2113张。举办全民健身体育赛事51场次，972个队、1.13万名运动员参加，观众7.50万人次。组织攀岩运动员参加国家级赛事5场，自治区级比赛2场，获金牌38枚、银牌31枚、铜牌26枚。审批城乡最低生活保障对象39.01万人次，发放保障金1.09亿元。发放优抚资金3048人、1462.09万元，发放高龄补助14.97万人次、1359.62万元。城镇新增就业1952人，城镇登记失业率2.80%以内。城乡居民基本养老保险参保29.74万人，完成目标任务25.50万人的116.62%；发放基础养老金6.49万人、1亿元，发放率100%；城乡居民基本医疗保险参保55.02万人，参保率98.39%，征缴1.54万元、支出5.16亿元。　（陆惠华）

【隆安县】 位于南宁市西北部。土地面积2305.59平方千米；县政府驻城厢镇。2020年，辖镇6个、乡4个，有村民委员会118个、社区居民委员会14个。年末户籍总人口42.19万人，其中壮族人口40.08万人；人口自然增长率3.2‰。耕地面积6.23万公顷，林地面积13.51万公顷，森林覆盖率58.60%。有宝塔医药产业园区、华侨管理区2个工业园区。南昆客运专线、南宁至昆明铁路、南宁至百色二级公路、南宁至百色高速公路、国道324线、省道316线及右江水路过境。旅游景区（点）主要有国家AAAA级旅游景区1家（龙虎山自然保护区），以及渌水江、布泉河景区、雁江古镇、金穗生态园乡村旅游区。矿产资源主要有金、银、煤、水晶石，其中凤凰山银矿藏量居全国第三、自治区第一。地方特产主要有板栗、荔枝、龙眼、香蕉、火龙果、叮当鸡等。有“中国板栗之乡”“那文化之乡”之称。5月，自治区政府批准隆安县脱贫摘帽，退出贫困县序列。隆安县作为代表广西接受国家“十三五”易地扶贫搬迁评估核查工作的4个县之一，获国家第六核查组肯定，并作为典型经验报国家发改委；入选首批全国脱贫攻坚交流基地；隆安县易地扶贫搬迁震东集中安置区和广西金福农业有限公司入选首批全国脱贫攻坚考察点。11月16日，第二届“中国品牌农业神农论坛”在北京市京东总部举行，隆安火龙果获“中国品牌农业神农奖”。新冠肺炎疫情发生后，隆安县投入1.43亿元，建设县人民医院核酸检测实验室、传染病综合楼，建设县疾控中心核酸检测实验室，建设县中医院、妇幼保健院和乡镇卫生院发热门诊、发热哨点诊室，建设震东集中安置区应急医院。主要存在经济社会发展不平衡不充分，巩固脱贫成果任务重；震东集中安置区可持续发展任重道远；营商环境需进一步改善等问题。

地区生产总值99.39亿元，比上年增长3.0%。财政收入5.36亿元（一般公共预算收入2.96亿元）。一般公共预算支出44亿元。固定资产投资34.62万元，增长1.8%。城镇居民人均可支配收入30044元、增长2.9%，农村居民人均可支配收入13958元、增长8.4%。农林牧渔业总产值67.81亿元，其中农业51.34亿元、林业2.68亿元、牧业10.04亿元、渔业2.08亿元、农林牧渔服务业1.67亿元；第一产业增加值42.05亿元，增长3.7%。工业总产值增长3.5%；规模以上工业总产值66.21亿元，增长4.12%；规模以上工业企业56家，其中产值超亿元企业19家。第二产业增加值22.46亿元，增长5.3%（工业增加值增长7.2%）；规模以上工业增加值13.24万元、增长8.0%。有企业2681家（新增251家），从业人员8296人；个体工商户14589户（新增1012户），从业人员2.53万人；农民专业合作社339家（新增30家），从业人员4791人。社会消费品零售总额12.34亿元、下降27.6%。第三产业增加值34.87亿元、增长0.5%。区外境内实际到位资金12.57亿元，商务口径实际利用外资752万美元。外贸进出口完成总量9443万元，增速6.0%。接待国内外游客371.50万人次、恢复至疫情前79.16%，旅游总消费42.22亿元、恢复74.21%。

扶贫资金投入4.27亿元，脱贫摘帽1240户、3231人，累计63个贫困村脱贫摘帽1.87万户、7.11万人，贫困发生率清零。扶持1.71万户次发展“一户一增收”项目，发放产业奖补资金8371.91万元。“5+2”特色产业覆盖贫困户比例96.74%。投入1060万元，扶持20个村与广西金福农业有限公司等5家公司合作发展，增加村集体经济收入；全县村级集体经济总收入2730.08万元，所有村（社区）均达5万元以上。扶持贫困劳动力外出务工就业4093人，发放2019年度转移就业补贴750.15万元；发放外出务工稳岗补贴1.94万人、1354.68万元，交通补贴1.94万人、2052.95万元。发放小额贷款4665笔、1.84亿元，小额信贷贴息559.97万元。资助家庭经济困难学生6.95万人次、4123.08万元，其中建档立卡贫困家庭学生4.12万人次、2621.81万元，全县义务教育巩固率107.90%。简化29种门诊特殊慢性病卡认定办理流程，办卡窗口前移到乡镇卫生院，全年为建档立卡贫困慢性病人办卡1863张，累计1.03万张。20家定点公立医疗机构、医保经办机构开通“一站式”系统和落实“先诊疗后付费”结算机制。贫困患者住院医疗报销比例93.74%、特殊慢性病门诊医疗报销比例94.51%。实施粤桂扶贫协作，获广东省财政援助4680万元（化州市财政330万元），用于实施震东集中安置区配套中学工程建设、后续产业扶持基地建设等4个项目。援建扶贫车间5个，吸纳贫困劳动力188人。推进消费扶贫，促成农特产品销往广东，销售金额

2020 年 11 月 16 日,第二届"中国品牌农业神农论坛"在北京市京东总部举行,隆安火龙果获"中国品牌农业神农奖" 陆大酋 摄

1.80 亿元,带动贫困户 1604 人。举办劳动力技能培训班 9 期,培训贫困劳动力 358 人次,帮助贫困人口实现就业 712 人。新冠肺炎疫情防控期间,采取"点对点"免费输送农民工 323 人(贫困劳动力 133 人)到广东返岗复工,累计在东部省份稳定就业贫困人口 9367 人。联合举办创业致富带头人培训班,培训 72 人次,成功创业 57 人,带动贫困人口 232 人。安排 601.87 万元,建成农村饮水安全巩固提升项目 201 个。投资 5424.73 万元,实施通村通屯道路(含桥梁)183 个。投资 2109.42 万元,实施村路、桥梁、非贫困村通屯路项目 90 个;投资 3315.31 万元,实施贫困村通屯路项目 93 个。拆除易地扶贫安置搬迁户的旧房 1624 户,复垦复绿 518 户、4.39 万平方米。

科研经费投入 169 万元,申报市级科技计划项目 6 项,获立项 6 项,获项目资金 125 万元。重大科技成果转化项目通过认定 2 项。发明专利拥有量 66 件,每万人口发明专利拥有量 1.57 件。组织动员 6 家企业(合作社)创建自治区级星创天地,其中 2 家(广西金穗农业集团有限公司、广西华夏本草医药有限公司)获自治区科技厅认定。有幼儿园 148 所,在园幼儿 1.76 万人,教师 723 人;小学 42 所、教学点 69 个,在校生 3.21 万人,教师 1695 人;初中 13 所,在校生 1.59 万人,教师 1015 人;普通高中 4 所,在校生 6706 人,教师 389 人;中等职业技术学校 1 所,全日制在校生 606 人,教师 45 人;特殊教育学校 1 所,在校生 113 人,教师 14 人。在职在编教职工 2698 人,其中幼儿园 82 人,小学 1271 人,中学 1228 人,其他教育机构 117 人。教育经费支出 5.56 亿元,学前三年毛入园率 96.50%,九年义务教育巩固率 107.90%。完成县第五中学建设,高考一本上线人数 132 人,上清华大学 2 人;减免、发放资助资金 4123.09 万元,资助学生 6.95 万人次;投入 3886.85 万元,用于义务教育学生营养改善;补充教师 447 人。完成 13 个村级公共服务中心建设,完成"壮美广西·智慧广电"工程建设 7389 户,建设乡镇机房 5 个、乡镇服务站 2 个。开展"送戏进乡村"演出 25 场、"戏曲进乡村"文艺演出 60 场、送书进乡村进小区 7 场、儿童剧目进校园文艺演出 10 场,建成数字农家书屋 20 个。传统技艺"隆安壮族织锦技艺"、民间文学《影容山的故事》列为第八批自治区级非物质文化遗产代表性项目名录。卫生健康支出 4.09 亿元。有医疗卫生机构 19 家,卫生技术人员 1679 人,医疗病床 1927 张。全县签约的农村订单定向医学生 71 人(本科生 40 人、大专生 31 人),其中 29 名定向毕业生就业安排到乡镇卫生院。落实 2020 年中央补助(686 项目)居家贫困严重精神障碍患者抗精神病药物门诊治疗补助 29 人;完成南宁市为民办实事贫困救助严重精神障碍患者免费救助项目 230 人,规律服药 229 人;审核通过隆安县为民办实事项目贫困救助严重精神障碍患者免费服药救助 396 人,规律服药率 100%。建设全民健身工程村(屯)级篮球场 3 个,服务群众健身项目 2 个。1 月 18 日,在广西钦州市举办的第六届"丰庆杯"全国青少年足球邀请赛,隆安县丁当镇俭安村小学足球队俭安 B 队(U10)、俭安 A 队(U9)分别获第二、第三名。社会保障、就业支出 5.87 亿元。发放城镇低保金 3.15 万人次、1234.97 万元;农村低保金 25.57 万人次、6168.98 万元。发放优待抚恤金、定补金 4.37 万人次、1857.83 万元。发放高龄补助 11.04 万人次、883.56 万元。城镇新增就业 2150 人,城镇登记失业率 2.65%;农村劳动力新增转移就业 5145 人次。城乡居民基本养老保险参保 18.62 万人、参保率 101.03%;城乡居民基本医疗保险参保 40.75 万人、参保率 96.58%,征缴 2.97 亿元,支出 2.31 亿元。

(黄东明)

编辑 郑小娟

人物

模范(先进)人物

全国抗击新冠肺炎疫情先进个人

梁小霞 女，1992年1月生，中共党员，生前系广西第七批援湖北省抗疫医疗队员、南宁市第六人民医院内一科护士。2015年6月，广西医科大学毕业后从事医护工作。2016年至2019年，从未请假，夜班量全科室最多。利用空闲时间自学临床检查、诊断、治疗和护理方法，成为科室业务骨干。2020年初，武汉暴发新冠肺炎疫情，梁小霞第一时间主动报名要求成为广西第二批援鄂队员，但因名额有限未能成行。2月18日，写下入党申请书，表达入党初心和请战武汉的决心。2月19日晚，再次主动请缨奔赴抗疫前线，成为广西第七批援鄂医疗队队员。2月28日经多日奋战后，累倒在武汉抗疫一线。5月26日，经全力救治无效后逝世，年仅28岁。梁小霞被自治区党委追认为中共党员，被授予(追授、追记)中国青年五四奖章、广西青年五四奖章、自治区激励干部担当作为一等奖、记大功，获全国三八红旗手、白求恩式好护士、“中国好医生、中国好护士”抗疫特别人物、自治区先进工作者、八桂楷模、广西三八红旗手、广西优秀战“疫”护士等称号，上榜中国好人榜——敬业奉献好人。2020年9月，中共中央、国务院、中央军委授予“全国抗击新冠肺炎疫情先进个人”称号。

韦球 壮族，1981年3月生，中共党员，广西都安人，现任南宁市第一人民医院副院长、主任医师，临床医学博士。2020年初，韦球第一时间报名参加广西第二批支援湖北抗疫医疗队，担任市第一人民医院支援湖北抗疫医疗队队长、医疗队临时党支部书记。2月4日，广西第二批支援湖北抗疫医疗队抵达武汉，进入江汉方舱医院，韦球担任所在医疗小组组长，身先士卒、决不退缩，冲锋在抗击新冠肺炎疫情一线。获全国卫生健康系统新冠肺炎疫情防控工作先进个人、广西壮族自治区先进工作者、南宁市直机关新冠肺炎疫情防控工作优秀共产党员等称号。2020年9月，中共中央、国务院、中央军委授予“全国抗击新冠肺炎疫情先进个人”称号。 (市卫健委)

全国劳动模范

玉燕玲 女，1970年1月生，中共党员，广西扶绥人，现任南宁市西乡塘区环境卫生管理站清保综合服务队片区副区队长。

玉燕玲长期奋战在环卫工作一线，践行“宁脏我一人，换来万家洁”的环卫精神，爱岗敬业，乐于助人。工作中，严格要求自己和团队，制定“以克论净”环卫工作标准。在南宁市开展“蓝天保卫战”“黑臭水体治理”“污染防治攻坚战”等大行动中，展现劳动者风采，实现人生价值。被授予全国五一劳动奖章、广西五一劳动奖章，获全国优秀农民工、广西劳动模范、南宁市劳动模范、南宁市十大杰出青年等称号。2020年11月，中共中央、国务院授予“全国劳动模范”称号。

梁树华 1964年9月生，中共党员，广西梧州人，硕士研究生，现任南宁邦尔克生物技术有限责任公司副总经理、技术中心主任。梁树华利用热带真菌优质菌种、高温型食用菌，驯化和杂交选育出适合广西夏秋季生产的高温型、产量高、抗逆性强的食用菌品种，研发和管理“利用枯草芽孢杆菌整合表达系统重组生产多种酶制剂”“工业酶制剂性能改良及高效制备的技术创新与产业化应用”项目，

被南宁市立项为“国际科技合作重大专项”。主持“α－乙酰乳酸脱羧酶的科技合作与示范”国际科技合作项目,打破国外公司多年的垄断;“热带大型真菌基因资源的引进和开发研究”项目成为中国—东盟科技合作典范。领衔创建“梁树华劳模创新工作室”,获国家发明专利授权7件、省(部)级科技成果登记3项。先后出版《怎样科学办好蜈蚣养殖场》等31本农业科普书籍,全部被推荐为“农村书屋”系列科普图书。曾获国家、自治区和南宁市科技进步奖、技术发明奖17次,被授予全国五一劳动奖章,被评为广西劳动模范。2020年11月,中共中央、国务院授予“全国劳动模范”称号。

舒　燕　女,1980年11月生,中共党员,湖南怀化人,现任中国建筑第五工程局有限公司广西分公司党委副书记、工会主席。舒燕创新开展“攻坚党建”,打造攻坚型党建组织,南宁水塘江“绿水青山”攻坚党支部在南宁市三大攻坚战中实现污水处理厂提前5天通水,被南宁市攻坚进度红榜通报表扬。从事工会工作13年,探索出基层工会“五心”(热心、诚心、贴心、恒心、决心)工作法,创建舒姐“五心”工作室,竭诚为职工服务。2013年以来,舒燕带领中建五局广西公司工会走进桂西北大石山区30次,推行央企“山区教育扶贫”的“广西模式”,成为山区孩子的“贴心大姐”。把中建五局广西公司打造成为广西“劳模基地”“活动基地”“竞赛基地”“观摩基地”。曾获全国五一劳动奖章,被评为中建五局劳动模范。2020年11月,中共中央、国务院授予“全国劳动模范”称号。

全国先进工作者

徐　华　1969年1月生,中共党员,四川万源人,现任南宁市第二中学党委书记、副校长。徐华率先提出组建“南宁二中教科研联合体”,通过徐华劳动模范工作室、名师工作室,先后在广西平南、天等、东兴、灵山等地挂牌南宁二中教科研联合体合作学校,帮扶推动革命老区、民族贫困地区教育发展。践行教师使命与初心,曾连续10年同时担任2个班的班主任和教学工作,注重引导学生立志报效国家,深受师生家长尊敬。所带7届班级均被评为市、区优秀班集体,60多人被清华大学、北京大学录取。指导4名教师获全国数学青年教师优质课比赛一等奖,多篇论文发表在《数学通报》《中国教师》《数学通讯》等期刊,出版专著《守望成长》。担任市第二中学党委书记期间,提出培养全人的“魅力教育”主张,独创魅力课程图谱,构建涵盖科技创新7类课程模块,浸润式德育课程成为全国德育先进经验案例。曾被评为南宁市道德模范、全国师德标兵,获全国五一劳动奖章。2020年11月,中共中央、国务院授予“全国先进工作者”称号。

潘少锋　壮族,1974年12月生,中共党员,广西南宁市人,现任南宁市公安局出入境管理支队副支队长,共青团广西区委兼职副书记。2004年10月至2005年5月,潘少锋作为中国首批、广西首名联合国维和警察防暴队员赴海地维和。2005年至2008年身患“重症肌无力”期间,坚持将《联合国维和警察手册》翻译成中文。不断创新工作机制,建立外语人才库,借力社区组建外管联络员队伍,扩大外事民警团队。在广西首创“外国人高校服务站”,定期上门为师生们提供帮助。开发“绿城外管通”系统,实现外国人信息掌上查询、重点外国人分析和预警等功能。分管大型活动涉外安保工作,不断完善“涉外安保前置”模式,建立涉外警务志愿者队伍、涉外突发事件处置演练、涉外情报信息研判、加强国际警务合作等大量前期备战工作模式。曾获联合国荣誉勋章、广西青年五四奖章,立个人一等功2次,被评为全国公安机关二级英雄模范、广西公安机关首届最美警察、广西壮族自治区先进工作者、国家移管理局安保维稳工作成绩突出个人等。2020年11月,中共中央、国务院授予“全国先进工作者”称号。

(市总工会)

全国法律援助工作先进个人

(1人,2020年1月司法部授予)

韦　薇　女,壮族,青秀区法律援助中心主任

全国公共法律服务工作先进个人

(2人,2020年1月司法部授予)

陈孝才　中共党员,市司法局公共法律服务管理科科长

刘冬冬　女,壮族,南宁仲裁委员会委员、秘书处副秘书长

全国法治政府建设工作先进个人

(1人,2020年1月司法部授予)

杨　姝　女,侗族,中共党员,市司法局立法二科科长

全国新时代司法为民好榜样——仲裁为民好榜样

(1人,2020年1月司法部授予)

刘冬冬　女,壮族,南宁仲裁委员会委员、秘书处副秘书长

“大排查　早调解　护稳定　迎国庆”专项活动表现突出个人

(3人,2020年1月司法部授予)

施锦渊　中共党员,宾阳县司法局新桥司法所所长

谈宜来　中共党员,江南区司法局二级主任科员

莫荣陆　中共党员,上林县司法局白圩司法所所长

全国检察机关信息工作表现突出个人

（1 人，2020 年 2 月最高人民检察院授予）

彭　力　中共党员，市检察院办公室四级主任科员

全国检察机关检务保障工作表现突出个人

（1 人，2020 年 2 月最高人民检察院授予）

龙锦华　中共党员，市检察院党组成员、副检察长、二级高级检察官

2019 年特赦检察工作表现突出个人

（1 人，2020 年 4 月最高人民检察院授予）

黄　伟　中共党员，市检察院第四检察部四级高级检察官

全国法院在特赦实施工作中表现突出个人

（1 人，2020 年 5 月最高人民法院授予）

韦　欣　女，壮族，市中级法院未成年人案件审判庭审判员

“法治进校园”全国巡讲活动表现突出个人

（1 人，2020 年 7 月最高人民检察院授予）

韩姗姗　女，中共党员，市检察院第八检察部一级检察官

全国优秀公诉人

（1 人，2020 年 9 月最高人民检察院授予）

谭　莹　女，中共党员，西乡塘区检察院第一检察部主任

2019 年全国“最美公交司机”

（1 人，2020 年 10 月交通运输部、中华全国总工会授予）

蒋超鹉　苗族，中共党员，南宁轨道交通集团有限责任公司运营分公司车辆中心乘务副经理、第四党支部副书记

个人二等功

（1 人，2020 年 12 月部队授予）

苏世庭　中共党员，中国人民解放军某部队机械工程师

第二届全国检察院机关案件管理业务能手

（2 人，2020 年 12 月最高人民检察院授予）

唐智峰　中共党员，市检察院案件管理室一级检察官

华冰霜　女，中共党员，青秀区检察院综合业务部主任

全国模范人民调解员

（3 人，2020 年 12 月司法部授予）

陈学艺　壮族，中共党员，良庆区司法局大沙田司法所所长

潘忠昌　壮族，中共党员，隆安县丁当司法所所长

孙登欧　壮族，中共党员，邕宁区中和司法所所长、中和镇人民调解委员会调解员

全国优秀法官

（1 人，2020 年 12 月最高人民法院授予）

赵　会　女，中共党员，青秀区法院党组成员、执行局局长

全国法院人民法庭工作先进个人

（1 人，2020 年 12 月最高人民法院授予）

李　伟　壮族，中共党员，马山县法院古零人民法庭庭长

广西壮族自治区劳动模范

（30 人，2020 年 12 月自治区党委、自治区政府授予）

朱　英　女，南宁公共交通集团有限公司邕城公交洪运车队驾驶员

邓艳芬　女，壮族，中国邮政集团有限公司南宁市分公司金象营业部经理

何位经　壮族，中共党员，广西电网有限责任公司南宁供电局变电管理二所变电检修二班班长

蒋超鹉　苗族，中共党员，南宁轨道交通集团有限责任公司运营分公司车辆中心乘务副经理、第四党支部副书记

林　蔚　中共党员，南宁富桂精密工业有限公司研发课长

陈仁桂　中共党员，广西南南铝加工有限公司熔铸制造中心副经理

张智勇　南宁市德泰电梯制造有限公司技术部长

张　娟　女，中共党员，中国石化销售股份有限公司广西南宁石油分公司业务部经理

潘普力　壮族，中共党员，广西益普环境工程有限公司副总经理

刘　华　中共党员，南宁富莱欣生物科技有限公司研发部经理

彭小武　中共党员，广西送变电建设有限责任公司运检公司副经理

廖环武　中共党员，广西三维铁路轨道制造有限公司总工程师

何新际　中国移动通信集团广西有限公司南宁分公司动力运行维护岗员工

郑玉林　中共党员，南南铝业股份有限公司党委书记、董事长

黄东海　中共党员，南宁建宁水务投资集团有限责任公司党委书记、董事长

李　华　女，中共党员，广西南宁百会药业集团有限公司生产经理、南宁康诺生化制药有限责任公司生产总监

杨燕珊　女，中共党员，广西八桂女子就业服务中心教研室主任

龚雪梅　女，中共党员，中国建筑第二工程局有限公司广西分公司党总支副书记、工会主席、综合办公室主任

覃燕灵　女，壮族，中共党员，广西农垦永新畜牧集团有限公司良圻原种猪场常务副总经理

隆美红　女，壮族，中共党员，隆安县都结乡陇割村党支部书记、村委会主任

杨万廷　中共党员，横县莲塘镇山柏村党支部书记

苏达谋　壮族，中共党员，上林县澄泰乡达谋生态种养农民专业合作社负责人

罗文记　壮族，中共党员，马山县百龙滩镇龙昌杜东母猪专业合作社负责人

苏秀清　女，广西金福农业有限公司总裁

陆志高　壮族，广西叶茂机电自动化有限责任公司焊接班班长

莫永芸　女，南宁市绿城南方职业培训学校培训师

潘利建　中共党员，江南区市政环卫工作站车队副队长

陆坚邦　壮族，中共党员，南宁市国翠农业专业合作社总经理

梁大鹏　壮族，中共党员，南宁市大鹏养殖专业合作社负责人

梁彩丽　女，中共党员，江南区江西镇扬美村农民

广西壮族自治区先进工作者

（11人，2020年12月自治区党委、自治区政府授予）

韦　球　壮族，中共党员，市第一人民医院副院长

丁　可　壮族，中共党员，市第二人民医院放射科主任、医技第一党支部书记

陈铭建　中共党员，市纪委监委驻南宁市农业农村局纪检监察组组长，市农业农村局党组成员，驻隆安县都结乡平养村第一书记

陆治江　中共党员，壮族，市公安局青秀分局副分局长，驻马山县加方乡龙岗村第一书记

闭国础　中共党员，市工业和信息化局党组成员、总工程师(副处长级，试用期1年)，驻上林县塘红乡弄陈村第一书记

施　明　中共党员，市第十八中学校长、党支部副书记

戚克杰　中共党员，南宁五象新区(自贸试验区南宁片区)管委会自然资源局正科长级干部

陈　健　中共党员，南宁园博园管理中心副主任

陈春燕　女，瑶族，市群众艺术馆副馆长

吴锋耀　仫佬族，中共党员，市第四人民医院院长、党委书记

黄海保　中共党员，市生态环境局党组成员、市生态环境保护综合行政执法支队支队长(试用期1年)

第四届全区“人民满意的公务员”

（3人，2020年12月自治区党委、自治区政府授予）

毛　鑫　女，瑶族，中共党员，南宁五象新区(自贸试验区南宁片区)管委会协调指导局副局长，驻马山县加方乡龙开村第一书记

曾　浩　中共党员，市公安局特警支队副支队长、一级警长

汪东明　中共党员，市工业和信息化局党组书记、局长、一级调研员

记一等功公务员

（6人，2020年12月自治区党委、自治区政府授予）

黄　诚　宾阳县司法局古辣司法所所长

罗建明　中共党员，兴宁区民生街道党工委书记、人大工委主任(兼)

廖春红　女，中共党员，市军队离退休干部服务管理中心党委书记、主任

杨　亮　市检察院第一检察部主任、一级检察官

杨　懿　市应急管理局综合协调科科长

韦　维　壮族，市无线电监测中心一级主任科员

新闻人物

梁小霞　女，1992年1月生，中共党员，生前系广西第七批援湖北省抗疫医疗队员、市第六人民医院内一科护士。2020年2月19日，主动请缨奔赴抗疫前线，成为广西第七批援鄂医疗队队员。2月28日经多日奋战后，累倒在武汉抗疫一线。5月26日，经全力救治无效逝世，年仅28岁。梁小霞被自治区党委追认为中共党员，被授予(追授、追记)中国青年五四奖章、广西青年五四奖章、自治区激励干部担当作为一等奖、记大功，获全国三八红旗手、白求恩式好护士、“中国好医生、中国好护士”抗疫特别人物、自治区先进工作者、八桂楷模、广西三八红旗手、广西优秀战“疫”护士等称号。2020年9月，中共中央、国务院、中央军委授予“全国抗击新冠肺炎疫情先进个人”称号，上榜中央精神文明建设指导委员会主办的中国好人榜——敬业奉献好人。

李秋妹　女，1962年8月生，广西南宁东博国际五金机电城有限公司总经理、南宁女企业家商会会长、西乡塘区政协常委。李秋妹遵守“诚信经营，诚信纳税”的做人经商准则。1985年至2020年，从个体经营到承包五金大楼，再到建立南宁东博国际五金机电城，使东博机电城市场从年销售额几百万发展成为年销售额15.2亿元、纳税3000万元以上、为社会提供3000多个就业岗位的广西最大的五金专业机电市场之一、全国工商联五金机电商会流中心。南宁东博国际五金机电城有限公司获“诚信经销商”“诚信企业”“守合同重信用企业”“文化建设示范企业”“南宁市先进单位”等称号。李秋妹先后获“全国杰出创业女杰”“广西十大创业女杰”等称号。2020年1月，上榜中央精神文明建设指导委员会主办的中国好人榜——诚实守信好人。

吕小天　女，1981年8月生，南宁市天沐白丝带社会工作服务中心(广西白丝带工作站)主任，国家二级心理咨询师、红十字应急救护讲师、广西应急救援教官，从事心理工作10年、志愿者工作8年。2020年新冠肺炎疫情暴发后，吕小天以丰富的心理救援与危机应对临场经验，筹备组建由16名心理咨询师、医师、应急救护师组成的热线工作团队，面向自治区开通公益热线，提供线上心理援助、家庭应急救护、家庭安全防护等援助服务。热线开通后广西930电台、自治区妇联微信公众号平台对热线进行推广，市公安局在内部网发布吕小天团队热线，为广大抗疫民警、辅警及其家属提供热线服务。疫情期间持续参与湖北武汉心理援助热线工作，以热情、周到、细心、专业的态度服务求助者，给予求助者心理支持，帮助解决问题。2020年8月，

被中共中央宣传部、中央精神文明建设指导委员会办公室授予“全国疫情防控最美志愿者”称号。

王芳家庭　王芳和丈夫李绿江创办“安琪之家”，为脑瘫儿童及其家庭提供康复、教育、日常护理、心理辅导、社交培训、生活资助等服务。在社会各界爱心机构和人士的帮助下，夫妻两人克服资金短缺、专业人员匮乏等困难，将“安琪之家”从创办初期的一间两居室、3名员工，发展到有校区2个、近千平方米，有康复教育老师和员工40多名，可同时为80名以上特殊儿童服务的规模。“安琪之家”创办18年，为国内12个省市的数千名脑瘫儿童提供康复、教育、生活护理等体系化服务，为300多位康复师及护理员提供专业技术培训，成为民办脑瘫康复机构中的佼佼者。许多单位在“安琪之家”组织爱心活动，小小的“家”成为社会精神文明建设的缩影和爱心汇聚的地方。2020年11月，被中央精神文明建设指导委员会授予第二届“全国文明家庭”称号。

蓝淋家庭　蓝淋家庭融合壮族、汉族、瑶族、布依族4个民族，五代人匠心接棒，让濒临失传的千年壮绣技艺重获生机。1998年，蓝淋在马山县城成立壮美坊壮绣工厂，是马山壮绣非物质文化遗产唯一传承基地。2008年，马山壮绣手工艺品成为中国—东盟博览会和广西壮族自治区成立50周年政府指定礼品。2011年，80幅马山壮绣作为中国最美的民族手工艺品在德国国家博物馆展出。壮绣手工艺品在东南亚、欧美、南美等20多个国家和地区销售。在蓝淋的带领下，马山越来越多的妇女开始学习壮绣，1000多名妇女成为壮美坊壮绣工厂的绣娘，绣娘们通过壮绣技艺，增加家庭收入，实现脱贫。2013年，壮绣作品《吉祥九福娃》获“八桂天工奖”铜奖，入选2013年广西壮族自治区艺术作品展览。2014年，获“广西工艺美术大师”称号，当代壮族刺绣作品《绽放》获“八桂天工奖”金奖，入选2014年广西壮族自治区艺术作品展览优秀作品奖。2020年11月，被中央精神文明建设指导委员会授予第二届“全国文明家庭”称号。

钟日胜家庭　钟日胜是市第二人民医院麻醉科副主任医师，妻子郑茜是兴宁区民生街道办事处工作人员。2004年，钟日胜赴尼日尔开展为期2年的医疗援助，凭借高超的医术赢得非洲民众广泛赞誉，受到时任联合国秘书长安南接见。在儿子未满2岁时，钟日胜再次赴科摩罗开展援非医疗，照顾儿子和两家老人的担子全落在妻子郑茜肩上。郑茜非常理解丈夫，将家里打理得井井有条，悉心照顾患有糖尿病、高血压的婆婆，建立和谐的婆媳和邻里关系。注重家庭家风宣扬，使孩子在潜移默化中受到良好熏陶。回国后，钟日胜编写30万字的纪实文学《非洲小城的中国医生》，获少数民族文学最高荣誉——骏马奖。创作39万字的长篇小说《卢旺达往事》。曾获全国先进工作者、全国五一劳动奖章、全国援外医疗工作先进个人、全国最美职工、全国医德楷模、全国幸福家庭、第二批全国岗位学雷锋标兵、自治区第二批岗位学雷锋标兵等。2020年11月，被中央精神文明建设指导委员会授予第二届“全国文明家庭”称号。

（市委宣传部）

2020年组织机构负责人

中共南宁市委员会

书　记：王小东　2015年5月—
副书记：周红波　2009年11月—
　　　　杨维超　2018年2月—
常　委：顾成祥　2018年2月—2020年7月
　　　　张文军　2015年10月—
　　　　韦力平（挂职）　2016年9月—2020年3月
　　　　严丽萍（女）　2020年3月—
　　　　谭向光　2015年12月—
　　　　缪佃江　2019年7月—
　　　　黄　宁　2014年11月—
　　　　邓亚平　2018年2月—
　　　　邱明宏　2019年4月—
　　　　茹　雷　2020年7月—
　　　　赵红明　2016年5月—2020年3月
　　　　何　颖（女，挂职）　2018年2月—2020年2月
　　　　周　中（挂职）　2018年4月—2020年4月
　　　　杨　鸿（挂职）　2020年6月
秘书长：黄　宁　2014年11月—

南宁市人民代表大会常务委员会

主　任：束　华　2016年10月—2020年4月
　　　　（空缺）　2020年4月—2020年5月
　　　　冯学军　2020年5月—
副主任：阮兆丰　2011年10月—
　　　　黎　琳（女）　2016年2月—
　　　　周如斯　2016年10月—
　　　　刘志烈　2016年10月—
　　　　吴朝晖　2019年2月—
　　　　陈　尧（女）　2020年5月—
秘书长：陈　尧（女）　2018年1月—2020年4月
　　　　（空缺）　2020年4月—2020年5月
　　　　范卫东　2020年5月—

南宁市人民政府

市　长：周红波　2011年10月—
副市长：张文军　2015年11月—
　　　　邓亚平　2018年2月—
　　　　何　颖（女，挂职）　2018年3月—2020年3月
　　　　周　中（挂职）　2018年5月—2020年5月
　　　　李建文　2018年2月—
　　　　刘为民　2014年12月—
　　　　朱会东　2017年3月—
　　　　秦运彪　2018年5月—
　　　　伍　娟（女）　2016年2月—2020年10月
　　　　张自英（女）　2020年10月—
秘书长：黄宗成　2016年7月—

政协南宁市委员会

主　席:杜　伟　2016年10月—

副主席:黎四龙　2009年2月—

魏凤君　2016年10月—

黄均宁　2011年10月—

陈世平　2016年10月—

梁　鸿　2016年10月—

唐咸兴　2019年2月—

邓娟娟(女)　2020年5月—

潘永钟　2020年5月—

秘书长:(空缺)　2019年12月—2020年5月

李　兵　2020年5月—

中共南宁市纪律检查委员会

书　记:缪佃江　2019年7月—

南宁市监察委员会

主　任:(空缺)　2019年8月—2020年5月

缪佃江　2020年5月—

中共南宁市委办公室

主　任:黄　宁　2019年2月—

中共南宁市委组织部

部　长:谭向光　2015年12月—

中共南宁市委宣传部

部　长:邓亚平　2018年2月—

中共南宁市委统一战线工作部

部　长:赵红明　2016年6月—2020年3月

严丽萍(女)　2020年3月—

中共南宁市委政法委员会

书　记:邱明宏　2019年4月—

中共南宁市委政策研究室

主　任:梁国禄　2017年11月—

中共南宁市委网络安全和信息化委员会办公室

主　任:冯　力(女)　2019年2月—

中共南宁市委机构编制委员会办公室

主　任:黄振生　2019年2月—

原南宁市直属机关工作委员会

书　记:黄　宁　2014年11月—2021年2月

中共南宁市委市直属机关工作委员会

书　记:黄　宁　2021年2月—

中共南宁市委巡察工作办公室(市委巡察工作领导小组办公室)

主　任:邱卫新　2019年10月—

中共南宁市委、市人民政府信访局

局　长:黄威铭　2016年4月—

中共南宁市委老干部局

局　长:邝　涤　2019年2月—

中共南宁市委机要保密办公室

主　任:杨宇鹏　2019年10月—

市人大常委会办公室

主　任:范卫东　2019年12月—

市人大常委会调查研究室

主　任:严景平　2015年3月—

市人大常委会选举联络工作委员会

主　任:徐晓光　2012年5月—

市人大常委会法制工作委员会

主　任:陆沾鹏　2013年7月—

市人大法制委员会

主任委员:钟建国　2010年2月—

市人大监察和司法委员会

主任委员:周向华　2019年2月—

市人大财政经济委员会

主任委员:张　彬　2011年10月—

市人大农业委员会

主任委员:顾安家　2016年10月—

市人大城乡建设环境保护委员会

主任委员:陆彦明　2016年10月—

市人大教育科学文化卫生委员会

主任委员:黄孝林　2016年10月—

市人大民族华侨外事宗教委员会

主任委员:梁新莲(女)　2016年2月—

市人大社会建设委员会

主任委员:魏永泉　2019年2月—

市人民政府办公室

主　任:黄宗成　2019年3月—

市发展和改革委员会

党组书记:丁　伟　2016年5月—

主　任:丁　伟　2016年5月—

市教育局

党组书记:汪述斌　2017年7月—

局　长:潘永钟　2012年3月—2020年6月

汪述斌　2020年6月—

市科学技术局

党组书记:王亚楠　2019年2月—

局　长:梁　展　2014年7月—

市工业和信息化局

党组书记:汪东明　2019年2月—

局　长:汪东明　2019年3月—

市民族宗教事务委员会

党组书记:苏志刚　2016年7月—

主　任:苏志刚　2016年9月—

市公安局

党委书记:秦运彪　2018年4月—2020年12月

陈荣茂　2020年12月—

局　长:秦运彪　2018年5月—

政治委员:(空缺)　2020年8月(增核职数)—2020年12月

农　健　2020年12月—

市民政局

党组书记:黄菊如(女)　2013年6月—

局　长:黄菊如(女)　2013年7月—

市司法局

党组书记:黄有光　2015年2月—

局　长:黄有光　2019年12月—

市财政局

党组书记:边作新　2016年5月—

局　长:边作新　2016年5月—

市人力资源和社会保障局

党组书记:刘德宁　2016年6月—

局　长:刘德宁　2016年7月—

市自然资源局

党组书记:赵志萍(女)　2019年2月—2020年4月

林　兢　2020年4月—

局　长:郭维宁　2019年3月—2020年4月

林　兢　2020年4月—

市生态环境局

党组书记:韦好鹏　2019年3月—

局　长:韦好鹏　2019年3月—

市住房和城乡建设局
党组书记:林　兢　2019 年 7 月—
2020 年 3 月
（空缺）2020 年 3 月—
2020 年 4 月
宁世朝　2020 年 4 月—
局　　长:林　兢　2019 年 3 月—
2020 年 4 月
宁世朝　2020 年 4 月—

市交通运输局
党组书记:蔡友清　2016 年 5 月—
局　　长:蔡友清　2016 年 5 月—

市水利局
党组书记:李伟进　2014 年 10 月—
局　　长:李伟进　2014 年 11 月—

市农业农村局
党组书记:杨　敏(女)　2019 年 2 月—
局　　长:杨　敏(女)　2019 年 3 月—

市商务局
党组书记:梁培正　2012 年 5 月—
局　　长:梁培正　2012 年 5 月—

市文化广电和旅游局
党组书记:黄永久　2019 年 2 月—
局　　长:黄永久　2019 年 12 月—

市卫生健康委员会
党组书记:谢宗务　2019 年 2 月—
主　　任:谢宗务　2019 年 3 月—

市退役军人事务局
党组书记:陈欣善　2019 年 2 月—
局　　长:陈欣善　2019 年 3 月—

市应急管理局
党组书记:黄展邦　2019 年 2 月—
2020 年 5 月
（党组改党委）
党委书记:黄展邦　2020 年 5 月—
局　　长:黄展邦　2019 年 3 月—

市审计局
党组书记:徐铭斯　2016 年 6 月—
局　　长:徐铭斯　2016 年 7 月—

市外事办公室
党组书记:彭　健(女)　2019 年 2 月—
主　　任:彭　健(女)　2019 年 3 月—

市市场监督管理局
党组书记:李善钦　2019 年 12 月—
局　　长:李善钦　2019 年 3 月—

市体育局
党组书记:杨雪敏(女)　2019 年 2 月—
局　　长:杨雪敏(女)　2019 年 3 月—

市统计局
党组书记:黄南方　2010 年 12 月—
局　　长:黄南方　2010 年 12 月—

市林业局
党组书记:许强初　2019 年 12 月—
局　　长:(空缺)　2019 年 12 月—
2020 年 4 月
许强初　2020 年 4 月—

市金融工作办公室
党组书记:曾肄业(女)　2019 年 2 月—
主　　任:曾肄业(女)　2019 年 3 月—

市人民防空办公室
党组书记:董红兵　2012 年 5 月—
主　　任:董红兵　2012 年 3 月—

市扶贫开发办公室
党组书记:刘宗晓　2016 年 6 月—
主　　任:刘宗晓　2016 年 7 月—

市医疗保障局
党组书记:陆　勤(女)　2019 年 2 月—
局　　长:陆　勤(女)　2019 年 3 月—

市市政和园林管理局
党组书记:蓝　岚(女)　2019 年 2 月—
局　　长:蓝　岚(女)　2019 年 3 月—

市城市管理综合行政执法局
党组书记:梁　勇　2019 年 2 月—
局　　长:梁　勇　2019 年 3 月—

市投资促进局
党组书记:梁　枫(女)　2013 年 9 月—
局　　长:梁　枫(女)　2013 年 9 月—

市行政审批局
党组书记:黄　定　2016 年 9 月—
局　　长:黄　定　2016 年 12 月—

市北部湾经济区规划建设管理办公室
党组书记:张文军　2019 年 2 月—
主　　任:张文军(兼)　2019 年 3 月—

市粮食和物资储备局
党组书记:肖　宁　2019 年 2 月—
局　　长:肖　宁　2019 年 3 月—

市机关事务管理局
党组书记:文华寿　2019 年 2 月—
局　　长:文华寿　2019 年 3 月—

市大数据发展局
局　　长:尹　平　2019 年 3 月—

市人民政府国有资产监督管理委员会
党委书记:宋日正　2015 年 4 月—
主　　任:宋日正　2015 年 4 月—

广西南宁五象新区规划建设管理委员会
党工委书记:周红波(兼)　2013 年 8 月—
主　　任:周红波(兼)　2013 年 9 月—

南宁高新技术产业开发区管理委员会
党工委书记:(原书记)　2016 年 4 月—
2020 年 9 月
（空缺）　2020 年 9 月—
2020 年 11 月
李　耕　2020 年 11 月—
主　　任:李　耕　2016 年 5 月—

南宁经济技术开发区管理委员会
党工委书记:何尚汉　2016 年 6 月—
主　　任:何尚汉　2016 年 6 月—

广西—东盟经济开发区管理委员会（南宁华侨投资区管理委员会）
党工委书记:熊瑞光　2016 年 6 月—
主　　任:熊瑞光　2016 年 6 月—

南宁青秀山风景名胜旅游区管理委员会
党工委书记:蓝　飞　2014 年 10 月—
2020 年 7 月
张振宁　2020 年 7 月—
主　　任:蓝　飞　2014 年 11 月—
2020 年 7 月
张振宇　2020 年 7 月—

市政协办公室
主　任:李　兵　2019 年 11 月—

市政协研究室
主　任:江振华　2015 年 3 月—

市政协选举联络工作办公室
主　任:韩艳斌(女)　2010 年 10 月—

市政协提案委员会
主　　任:杨　利　2011 年 11 月—
2020 年 9 月
（空缺）　2020 年 9 月—

市政协经济委员会
主　任:古培康　2006 年 9 月—
2020 年 12 月
（空缺）　2020 年 12 月—

市政协农业和农村委员会
主　任:叶　盛　2019 年 2 月—

市政协文化文史和学习委员会
主　任:赵伟波　2019 年 3 月—

市政协教科卫体委员会
主　任:陆益斌　2019 年 2 月—

市政协海外联谊民族宗教委员会
主　任:杨晓钊　2017 年 9 月—

市政协人口资源环境与城乡建设委员会
主　任:韦杰鹏　2019 年 2 月—

市政协社会法制委员会
主　任:黄　芳(女)　2016 年 11 月—

市中级人民法院
党组书记:张培健　2016 年 6 月—
院　　长:张培健　2016 年 10 月—

市人民检察院
党组书记:黄建波　2009 年 12 月—
检 察 长:黄建波　2010 年 2 月—

中国国民党革命委员会南宁市委员会
主任委员:黎　琳(女)　2011 年 5 月—

中国民主同盟南宁市委员会
主任委员:潘永钟　2016 年 5 月—

中国民主建国会南宁市委员会
主任委员:卢秋凌(女)　2009 年 8 月—

中国民主促进会南宁市委员会
主任委员:黄均宁　2009 年 8 月—

中国农工民主党南宁市委员会
主任委员:黄玉燕(女)　2016 年 5 月—

中国致公党南宁市委员会
主任委员:蒋晓筠(女)　2016 年 5 月—

九三学社南宁市委员会
主任委员:梁　鸿　2012 年 12 月—

市工商业联合会
党组书记:李忠南　2016 年 9 月—
主　　席:黎四龙　2007 年 12 月—

市总工会
党组书记:伦　建　2009 年 7 月—
主　　席:陈世平　2019 年 9 月—

共青团南宁市委员会
党组书记:文　瑞　2019 年 11 月—2020 年 10 月(党组撤销)
书　　记:文　瑞　2019 年 7 月—

市妇女联合会
党组书记:李　伟(女)　2017 年 7 月—
主　　席:李　伟(女)　2017 年 8 月—

市文学艺术界联合会
党组书记:程小华　2019 年 11 月—
主　　席:程小华　2019 年 12 月—

市科学技术协会
党组书记:王　洲　2010 年 4 月—
主　　席:王　洲　2010 年 6 月—

市归国华侨联合会
党组书记:陈章雄　2015 年 3 月—
主　　席:杨　隽(女)　2018 年 9 月—

中国国际贸易促进委员会南宁市支会
党组书记:谭　漓(女)　2010 年 7 月—
会　　长:谭　漓(女)　2010 年 2 月—

市残疾人联合会
党组书记:田家全　2018 年 5 月—
理 事 长:田家全　2018 年 6 月—

市红十字会
党组书记:桂文志　2015 年 3 月—
会　　长:邓亚平　2018 年 3 月—

市社会科学界联合会
党组书记:谭耀武　2013 年 6 月—
主　　席:谭耀武　2013 年 7 月—

市法学会
党组书记:邱明宏　2019 年 4 月—
会　　长:邱明宏　2019 年 6 月—

市委党校(市经济干部学院、市行政学院、市社会主义学院)
市委党校校长:
杨维超(兼)　2018 年 3 月—
市经济干部学院院长:
施日全　2012 年 2 月—
市行政学院院长:
张文军(兼)　2015 年 11 月—
市社会主义学院院长:
黎　琳(女,兼)　2017 年 2 月—
市社会主义学院党组书记:
李海光　2020 年 7 月—

市国家档案馆
馆　长:廖茂隆　2019 年 2 月—2020 年 2 月
(空缺)　2020 年 2 月—2020 年 4 月
张清亮　2020 年 4 月—

市委党史研究室
主　任:李刘科　2010 年 10 月—

南宁日报社
党组书记:刘　复　2019 年 2 月—2020 年 10 月(党组撤销)
社　　长:刘　复　2019 年 2 月—
总 编 辑:刘　复　2016 年 9 月—

市委、市人民政府接待办公室
主　任:王合新　2016 年 8 月—

市人民政府发展研究中心
党组书记:李望尘　2013 年 6 月—2020 年 9 月
(空缺)　2020 年 9 月—2020 年 12 月
梁智忠　2020 年 12 月—
主　　任:李望尘　2013 年 6 月—2020 年 9 月
(空缺)　2020 年 9 月—2020 年 12 月
梁智忠　2020 年 12 月—

南宁住房公积金管理中心
党组书记:王林一　2011 年 2 月—2020 年 8 月
(空缺)　2020 年 8 月—
主　　任:王林一　2011 年 3 月—2020 年 8 月
(空缺)　2020 年 8 月—

市人民政府地方志编纂办公室
党组书记:王德宾　2010 年 10 月—
主　　任:王德宾　2010 年 11 月—

市二轻集体工业联社
党组书记:司马平　2013 年 7 月—
主　　任:司马平　2013 年 8 月—

市社会科学院
党组书记:韦振豪　2010 年 10 月—
院　　长:胡建华　2010 年 12 月—

南宁昆仑关战役遗址保护管理委员会(南宁昆仑关旅游风景区管理委员会)
党组书记:蒋宁华　2015 年 3 月—
主　　任:蒋宁华　2015 年 4 月—

市社会保险事业局
党委书记:唐　明　2017 年 2 月—
局　　长:唐　明　2017 年 3 月—

市公共资源交易中心
党组书记:卢绍宁　2019 年 2 月—

主　　任:卢绍宁　2019年3月—

市城市管理监督评价中心(市城市管理指挥中心)

党组书记:(空缺)　2016年4月—
主　　任:(空缺)　2016年4月—

市城市应急联动中心

党组书记:黄展邦　2019年2月—
主　　任:黄展邦　2019年3月—

南宁广播电视台

党委书记:程弘帅　2019年2月—
台　　长:程弘帅　2019年3月—

南宁职业技术学院

党委书记:黄明瑞　2016年9月—
院　　长:周　旺　2019年7月—

广西大明山国家级自然保护区管理局(南宁大明山风景旅游区管理委员会)

党组书记:黄　宁　2017年7月—
局长(主任):黄　宁　2015年4月—

市城市内河管理处

党组书记:杨　涟　2018年12月—2020年1月
(空缺)　2020年1月—2020年4月
吴　智　2020年4月—
主　　任:(空缺)　2018年7月—

市供销合作联社

党组书记:李孔全　2015年3月—
理事会主任:李孔全　2015年5月—
监事会主任:杜　成　2017年3月—

中共横县委员会

书　记:黄海韬　2018年2月—

横县人大常委会

主　任:蒋小旗　2011年8月—

横县人民政府

县　长:曾鹏鑫　2016年8月—

政协横县委员会

主　席:薛　文　2016年8月—

中共宾阳县委员会

书　记:朱亚明　2016年4月—

宾阳县人大常委会

主　任:罗宏周　2016年8月—

宾阳县人民政府

县　长:穆贤清　2016年8月—

政协宾阳县委员会

主　席:张昭平　2011年8月—

中共上林县委员会

书　记:梁平江　2016年4月—

上林县人大常委会

主　任:李玉辉　2017年2月—

上林县人民政府

县　长:蓝宗耿　2014年1月—

政协上林县委员会

主　席:覃祯威　2014年1月—

中共马山县委员会

书　记:唐咸兴　2015年3月—

马山县人大常委会

主　任:谢显术　2011年8月—

马山县人民政府

县　长:张自英(女)　2016年8月—

政协马山县委员会

主　席:韦　佳　2018年7月—

中共隆安县委员会

书　记:吴朝晖　2012年12月—

隆安县人大常委会

主　任:刘文式　2011年8月—

隆安县人民政府

县　长:甘　诚　2016年8月—

政协隆安县委员会

主　席:许扬卫　2019年9月—

中共南宁市兴宁区委员会

书　记:舒善隆　2016年4月—

南宁市兴宁区人大常委会

主　任:霍镇兴　2013年7月—

南宁市兴宁区人民政府

区　长:林　涛　2019年9月—

政协南宁市兴宁区委员会

主　席:黄敏丽(女)　2019年9月—

中共南宁市江南区委员会

书　记:梁开景　2016年2月—

南宁市江南区人大常委会

主　任:黄　英(女)　2010年3月—

南宁市江南区人民政府

区　长:谢文华　2018年7月—

政协南宁市江南区委员会

主　席:潘长能　2009年3月—

中共南宁市青秀区委员会

书　记:唐小若　2018年2月—

南宁市青秀区人大常委会

主　任:李柏林　2011年8月—

南宁市青秀区人民政府

区　长:李建华(女)　2016年8月—2020年2月
(空缺)　2020年2月—2020年5月
黄　瑜　2020年5月—

政协南宁市青秀区委员会

主　席:岳风军(女)　2011年8月—

中共南宁市西乡塘区委员会

书　记:廖伟福　2016年2月—

南宁市西乡塘区人大常委会

主　任:周少剑　2016年8月—

南宁市西乡塘区人民政府

区　长:陆广平(女)　2016年3月—

政协南宁市西乡塘区委员会

主　席:费　勇　2011年8月—

中共南宁市邕宁区委员会

书　记:邓娟娟(女)　2015年4月—

南宁市邕宁区人大常委会

主　任:黄壮章　2016年8月—

南宁市邕宁区人民政府

区　长:许强初　2015年7月—2020年1月
(空缺)　2020年1月—2020年5月
何　翔　2020年5月—

政协南宁市邕宁区委员会

主　席:陈增强　2016年8月—

中共南宁市良庆区委员会

书　记:施　杰　2016年6月—

南宁市良庆区人大常委会

主　任:阮冠三　2016年8月—

南宁市良庆区人民政府

区　长:王　川　2016年8月—

政协南宁市良庆区委员会

主　席:覃良川　2018 年 7 月—

中共南宁市武鸣区委员会

书　记:黄伟光　2019 年 7 月—

南宁市武鸣区人大常委会

主　任:黄国录　2016 年 8 月—

南宁市武鸣区人民政府

区　长:陈文胜　2019 年 9 月—

政协南宁市武鸣区委员会

主　席:赵祖明　2016 年 8 月—

逝世人物

（副厅级、享受副厅级以上待遇）

董天增　(1930 年 12 月至 2020 年 4 月)中共党员,河北丰南人。1948 年 12 月,参加工作。1949 年 9 月,加入中国共产党。历任唐山铁路工厂通讯员、党委人事干事,北京铁道部工厂管理局人事干事、机关党委组织干事,广西宜山县整风整社工作队队员、队长,广西区党委组织部组织处科长、副处长,南宁市郊区党委代理书记、革委会副主任、革委会保卫组副组长,市委组织部副部长、部长,市委常委、组织部部长,中共南宁市委副厅级调研员。1991 年 12 月离休。

马祚文　(1944 年 8 月至 2020 年 9 月)中共党员,广西桂林人。1962 年 8 月,参加工作。1975 年 9 月,加入中国共产党。历任广西桂林市中华路小学教师,桂林地区“四清”工作队队员,桂林市中华路小学初中部教师,桂林市委文教组工作人员,南宁市天桃路小学教师,南宁市教师进修学校教师,南宁市教育局教研室教研员、副主任,南宁市教育局副局长、局长、党委副书记,市教委党委副书记,南宁市教育局局长,南宁市人大常委会副主任。2006 年 10 月退休。　(市委组织部)

编辑　梁富鑫

2020 年南宁市国民经济和社会发展统计公报

2020 年，南宁市面对新冠疫情的严重冲击和错综复杂的国内外宏观经济环境，在市委、市政府的坚强领导下，坚持以习近平新时代中国特色社会主义思想为指导，统筹推进疫情防控和经济社会发展，扎实做好"六稳"工作，全面落实"六保"任务，经济社会发展呈现稳步复苏、稳中向好态势。

一、综合

经济增长：初步核算，全年地区生产总值 4726.34 亿元，按可比价格计算，比上年增长 3.7%。三次产业中，第一产业增加值 534.36 亿元，增长 4.7%；第二产业增加值 1084.32 亿元，增长 5.3%；第三产业增加值 3107.67 亿元，增长 2.9%。

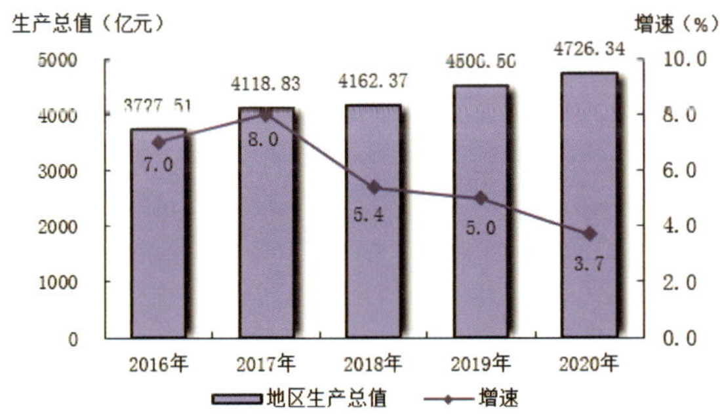

2016 年至 2020 年全市地区生产总值增长速度

三次产业的比重为 11.3∶22.9∶65.8。与 2019 年比较，第一产业比重提高 0.1 个百分点，第二产业比重下降 0.3 个百分点，第三产业比重提高 0.2 个百分点。

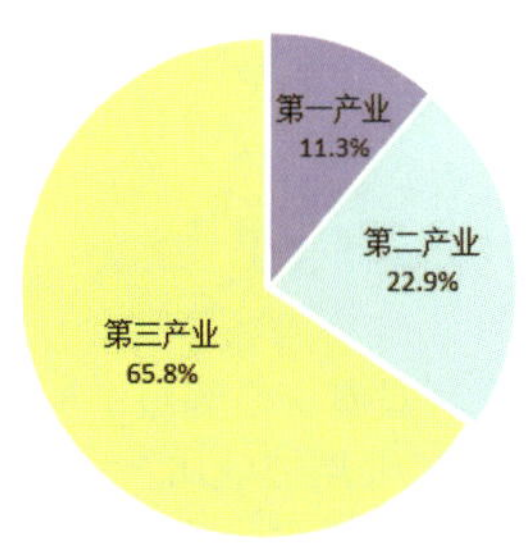

2020 年三次产业增加值占全市地区生产总值比重

价格：全年居民消费价格比上年上涨 2.3%，分类别看，八大类消费价格指数"三升一平四降"。

2020 年居民消费价格指数

指　标	2020 年	比上年涨跌(%)
居民消费价格总指数	102.3	2.3
食品烟酒	109.1	9.1
衣着	98.9	-1.1
居住	98.7	-1.3
生活用品及服务	99.8	-0.2
交通和通信	95.2	-4.8
教育文化和娱乐	100.0	0.0
医疗保健	104.4	4.4
其他用品和服务	102.5	2.5

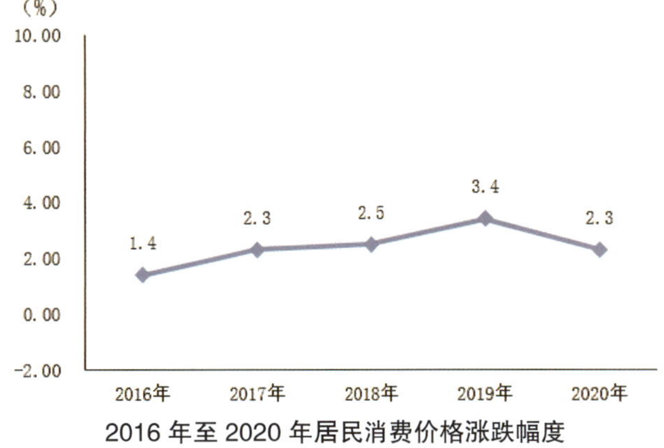

2016 年至 2020 年居民消费价格涨跌幅度

二、农业

产值：全年全市实现农林牧渔及服务业总产值 868.84 亿元，

比上年增长4.8%。其中,农业产值577.44亿元,比上年增长6.1%;林业产值46.73亿元,比上年增长16%;畜牧业产值191.36亿元,比上年下降1.2%;渔业产值28.60亿元,比上年增长1.3%;农林牧渔服务业产值24.71亿元,比上年增长5.6%。占农林牧渔及服务业产值的比重分别为:农业66.5%,比上年上升1.9个百分点;林业5.4%,比上年上升0.4个百分点;畜牧业22.0%,比上年下降2.2个百分点;渔业3.3%,比上年下降0.2个百分点;农林牧渔服务业2.8%,比上年上升0.1个百分点。

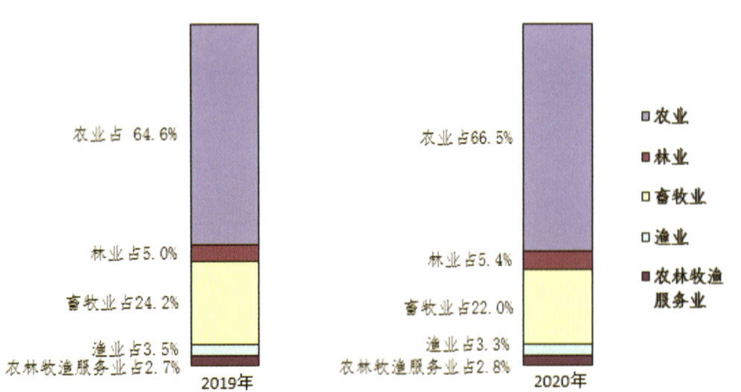

2019年至2020年农林牧渔及服务业总产值构成(%)

农作物种植面积:全年农作物播种面积1464.25万亩,比上年下降0.1%。其中,粮食种植面积636.66万亩,比上年上升1.2%。经济作物种植面积827.59万亩,比上年下降1.1%,其中,甘蔗种植面积195.53万亩,比上年下降6.2%;油料种植面积75.61万亩,比上年下降0.9%;蔬菜种植面积409.55万亩,比上年增长2.2%。各类经济作物种植面积占农作物总播种面积的比重为56.5%,全年粮食作物和各类经济作物的种植面积比例为1∶1.3。

农作物产品产量:全年粮食总产量209.28万吨,比上年增长1.9%;蔬菜产量657.02万吨,比上年增长3.6%;水果产量401.22万吨,比上年增长19.1%;甘蔗产量1091.94万吨,比上年下降7.6%;花生产量15.14万吨,比上年下降1.9%;木薯产量21.24万吨,比上年下降3.3%。

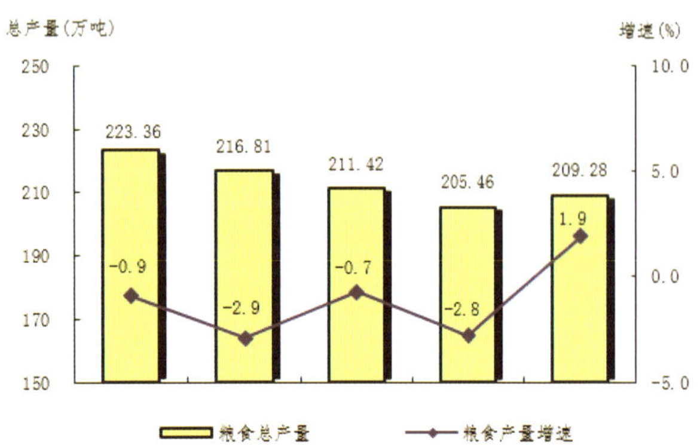

2016年至2020年全市粮食总产量及增长速度

养殖业产品产量:全年肉类产量57.02万吨,比上年下降1.1%,其中,猪肉产量24.22万吨,比上年下降10.5%;全年生猪出栏319.48万头,比上年下降9.3%;生猪存栏229.03万头,比上年增长18.7%;禽蛋产量2.80万吨,比上年增长8.1%;牛奶产量1.46万吨,比上年增长15.4%;水产品产量22.49万吨,比上年增长2.2%。

林业生产:全社会木材采伐量629.73万立方米,比上年增长16.5%。

农村基础设施:全年农村用电量18.48亿千瓦时,比上年增长30.9%。化肥使用量(折纯)47.17万吨,比上年增长2.2%。有效灌溉面积334.81万亩,比上年增长3.3%。

三、工业和建筑业

工业:全年全部工业增加值比上年增长2.6%。规模以上工业增加值比上年增长3%。在规模以上工业增加值中,分经济类型看,国有企业比上年下降23.5%,集体企业比上年增长6.1%,股份制企业比上年增长10.3%,外商及港澳台投资企业比上年下降6.1%;分轻重工业看,轻工业比上年下降5.4%,重工业比上年增长10.0%,重工业增速快于轻工业15.4个百分点。

2016年至2020年全市规模以上工业总产值增长速度

全年全市规模以上工业中,烟草制品业增加值比上年增长3.4%;计算机、通信和其他电子设备制造业增加值比上年增长24.4%;非金属矿物制品业增加值比上年增长2%;农副食品加工业增加值比上年下降11.4%;电力、热力生产和供应业产值比上年增长3.2%;木材加工和木、竹、藤、棕、草制品业增加值比上年增长5.5%。

全市规模以上工业企业营业收入2418.68亿元,比上年增长1.2%;利润123.19亿元,比上年增长3.5%。全年规模以上工业产销率97.3%,比上年回落0.8个百分点。

年末全市拥有规模以上工业企业1096家,比上年增加52家。其中工业产值超亿元的企业392家。

2020年主要工业产品产量及增长速度

产品名称	单　位	产　量	比上年增长(%)
配混合饲料	万吨	474.64	7.4
成品糖	万吨	96.44	−24.8
饮料	万吨	182.57	5.6
啤酒	千升	279240	−5.0
卷烟	亿支	353.40	0.9
人造板	万立方米	658.74	4.7
纸浆	万吨	19.03	−38.3
机制纸及纸板	万吨	22.74	−34.1
硅酸盐水泥熟料	万吨	959.06	0.4
水泥	万吨	1662.74	5.4
铝材	万吨	28.34	32.8
钢材	万吨	131.20	98.0
电力电缆	千米	312603	−0.1
乳制品	万吨	10.19	14.2
合成复合肥	万吨	80.07	25.5
塑料制品料	万吨	24.59	−0.8

建筑业:年末,全市具有资质等级的建筑企业497个,比上年增加48个。全年建筑业增加值比上年增长8.8%。全市建筑施工企业(资质企业)完成施工产值2237.4亿元,比上年增长15.4%。

四、固定资产投资

2020年，全市固定资产投资比上年下降2.5%。其中，第一产业投资比上年增长27%；第二产业投资比上年增长14.6%，其中工业投资比上年增长8.1%；第三产业投资比上年下降5.1%。民间投资比上年下降13.5%

分投资主体看，国有经济投资比上年同比增长9.3%，集体经济投资比上年下降30%，私营个体投资比上年下降7.2%，港澳台商投资比上年增长23.7%，外商投资比上年增长35.6%，其他经济投资比上年下降44.5%。

2016年至2020年固定资产投资增长速度

2020年分行业固定资产投资增长速度

行　业	比上年增长(%)
固定资产投资	-2.5
农、林、牧、渔业	19.2
采矿业	-57.6
制造业	8.0
电力、燃气及水的生产和供应业	16.2
建筑业	971.9
批发和零售业	-20.1
交通运输、仓储和邮政业	10.2
住宿和餐饮业	1.8
信息传输、软件和信息技术服务业	62.2
金融业	6.0
房地产业	-7.3
租赁和商务服务业	28.1
科学研究和技术服务业	-13.5
水利、环境和公共设施管理业	-19.1
居民服务、修理和其他服务业	15.3
教育	3.9
卫生和社会工作	26.2
文化、体育和娱乐业	-47.4
公共管理、社会保障和社会组织	-57.0

全年全市房地产开发投资1378.2亿元，比上年下降5.7%。其中，商品住宅投资988.63亿元，比上年下降4.4%；办公楼投资50.33亿元，比上年下降39.2%；商业营业用房投资95.76亿元，比上年下降17%。商品房施工面积10712.49万平方米，比上年增长10.4%；商品房竣工面积799.91万平方米，比上年增长12.5%；商品房销售面积1837.59万平方米，比上年增长1.8%；商品房销售额1581.21亿元，比上年增长4.2%。

2020年房地产开发和销售主要指标及增长速度

指　标	单　位	绝对数	比上年增长(%)
房地产开发投资	亿元	1378.20	-5.7
其中：住宅	亿元	988.63	-4.4
商品房施工面积	万平方米	10712.49	10.4
其中：住宅	万平方米	6919.21	9.6
商品房新开工面积	万平方米	2079.58	-3.6
其中：住宅	万平方米	1343.00	-12.4
商品房竣工面积	万平方米	799.91	12.5
其中：住宅	万平方米	500.85	7.3
商品房销售面积	万平方米	1837.59	1.8
其中：住宅	万平方米	1486.19	-4.1
商品房销售额	亿元	1581.21	4.2
其中：住宅	亿元	1367.28	2.9
本年实际到位资金小计	亿元	2070.60	3.1
其中：国内贷款	亿元	393.40	8.4
自筹资金	亿元	458.97	13.9
定金及预付款	亿元	770.29	0.1
个人按揭贷款	亿元	363.50	-2.6

五、交通和邮电通信业

交通运输：全年货物运输总量36769.07万吨，比上年增长1.1%，其中，铁路货物运输量178.87万吨，比上年下降15.1%；公路货物运输量32500万吨，比上年增长1.8%；水路货物运输量4079.5万吨，比上年下降3.4%；航空货邮发送量10.7万吨，比上年下降12.3%。旅客运输总量6892.74万人，比上年下降27.6%，其中，铁路旅客运输量2440.38万人，比上年下降34.6%；公路旅客运输量3902万人，比上年下降21.5%；水路旅客运输量7.96万人，比上年下降11.5%；民航旅客发送量542.4万人，比上年下降32.8%。

邮电通信：全年邮电业务总量877.42亿元，比上年增长12.3%，其中电信业务总量863.63亿元，比上年增长12.4%；邮政业务总量13.79亿元，比上年增长5%。

六、国内贸易

全年全市社会消费品零售总额2180.36亿元，比上年下降6.3%。按经营单位所在地统计，城镇消费品零售额1982.96亿元，比上年下降6.4%；乡村消费品零售额197.4亿元，比上年下降5.6%。按消费形态统计，商品零售额1992.19亿元，比上年下降6%；餐饮收入188.17亿元，比上年下降10%。

2016年至2020年社会消费品零售总额增长速度

在限额以上企业商品零售额中，汽车类零售额比上年下降

4.9%,家用电器和音像器材类比上年下降15.7%,通信器材类比上年增长4.8%,体育娱乐用品类比上年下降9.2%,文化办公用品类比上年下降10.8%,家具类比上年下降26%,建筑及装潢材料类比上年增长5%,日用品类比上年下降7%,粮油、食品类比上年增长15.9%,饮料类比上年增长14.1%,烟酒类比上年增长10.1%,服装、鞋帽、针纺织品类比上年下降22%,化妆品类比上年下降12.8%,金银珠宝类比上年下降42.5%,中西药品类比上年增长6.9%。

七、对外开放和旅游业

对外贸易:全年外贸进出口总值986亿元,比上年增长31.8%。其中,出口总值470.82亿元,比上年增长29.2%;进口总值515.19亿元,比上年增长34.2%。

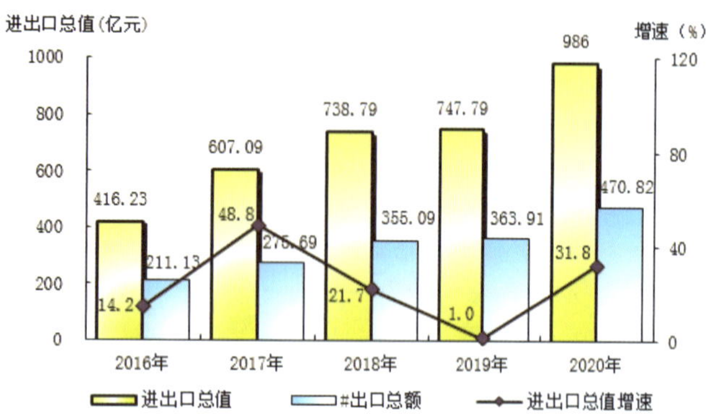

2016年至2020年全市进出口总值及增长速度

招商引资:2020年实际到位资金1162.81亿元,比上年增长13.3%。全年实际利用外资4.4亿美元,比上年增长41.9%。

开发区:南宁高新技术产业开发区、南宁经济技术开发区和广西—东盟经济技术开发区年末累计入园企业37120家,比上年末增加8409家;财政收入102.14亿元,比上年下降3.4%;规模以上工业总产值比上年增长13.8%;固定资产投资比上年增长13%。

旅游:全年共接待国内游客11584.60万人次,比上年下降23.8%;接待入境过夜游客4.28万人次,比上年下降93.8%。其中,外国游客2.82万人次,比上年下降93.3%;香港游客0.52万人次,比上年下降95.1%;澳门游客0.41万人次,比上年下降94.1%;台湾同胞0.52万人次,比上年下降94.3%。国内旅游消费1215.49亿元,比上年下降28.5%。国际旅游(外汇)消费0.14亿美元,比上年下降96.4%。年末全市实有星级宾馆50家。拥有AAAA级旅游景区37家,AAAAA级旅游景区1家。拥有旅行社158家,其中出境旅行社39家。

八、财政、金融和保险

财政收入:全年财政收入796.09亿元,比上年下降0.6%。其中一般公共预算收入372.25亿元,比上年增长0.4%。一般公共预算收入中,税收收入263.61亿元,比上年下降2.8%。全年一般公共预算支出819.86亿元,比上年增长3.9%。财政支出中,科学技术、社会保障和就业、卫生健康支出增长较快,其中,科学技术支出13.22亿元,比上年增长23.9%;社会保障和就业支出104.43亿元,比上年增长12.9%;卫生健康支出85.88亿元,比上年增长11.6%。

金融:年末全市金融机构人民币各项存款余额11498.25亿元,比上年增长7.3%。其中,住户存款余额4415.35亿元,比上年增长11.5%。金融机构人民币贷款余额15868.84亿元,比上年增长13.6%。

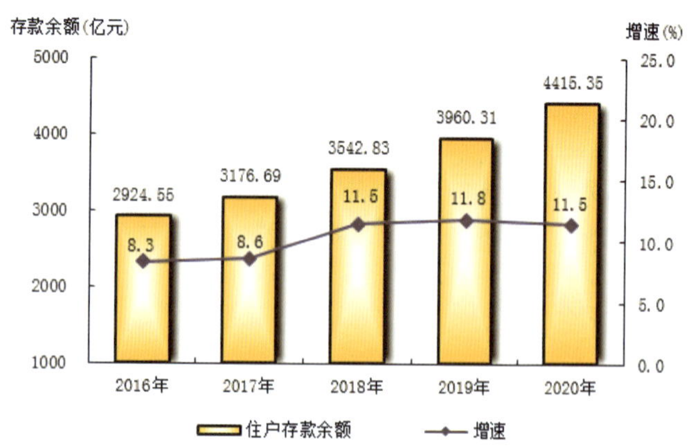

2016年至2020年住户存款余额及增长速度

保险:全年保费收入246.44亿元,比上年增长16.5%。其中,财产险保费收入106.77亿元,比上年增长16.7%;寿险、健康险和意外伤害险保费收入139.67亿元,比上年增长16.4%。全年各项保险赔款及给付81.07亿元,其中财产险业务赔款及给付61.33亿元;寿险、健康险和意外伤害险赔款及给付20.5亿元。

九、人口和人民生活

人口:年末全市户籍人口791.38万人,比上年增加9.4万人,增长1.2%,其中市区人口409.32万人,比上年增加11.54万人,增长2.9%。全市人口出生率11.6‰,比上年提高1.1个千分点;人口死亡率5.4‰,比上年提高0.3个千分点;人口自然增长率6.1‰,比上年提高0.7个千分点。

城乡居民生活:全年全市居民人均可支配收入30114元,比上年增加1185元,增长4.1%。按常住地分,城镇居民人均可支配收入38542元,比上年增加867元,增长2.3%;农村居民人均可支配收入16130元,比上年增加1083元,增长7.2%。

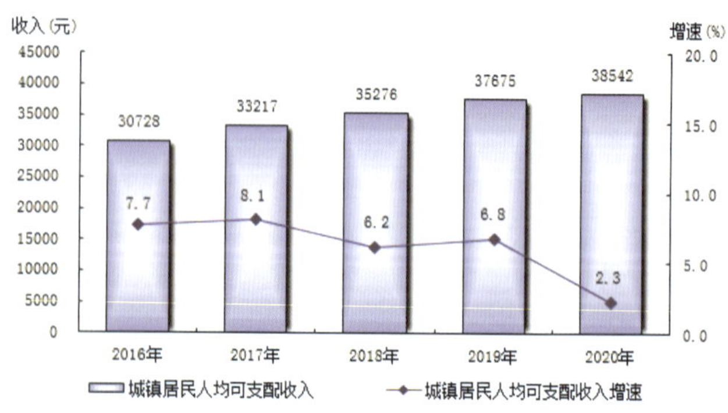

2016年至2020年城镇居民人均可支配收入及增长速度

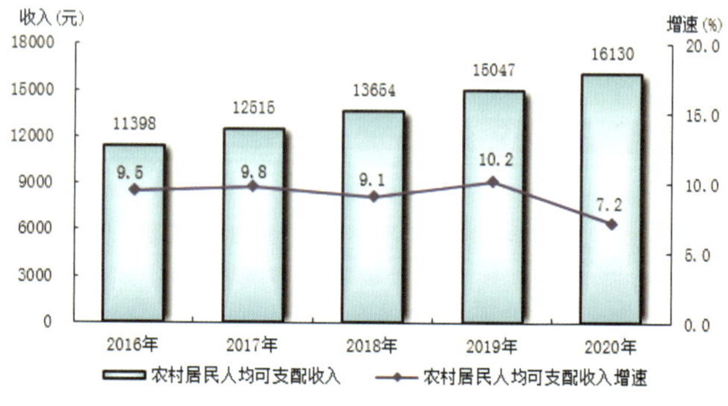

2016年至2020年农村居民人均可支配收入及增长速度

说明:1. 本公报中数据均为初步统计数。

2. 地区生产总值、三次产业增加值、工业增加值、农业产值增速按可比价格计算;工业总产值增速按现行价格计算。

3. 规模以上工业企业是指年主营业务收入 2000 万元及以上的全部法人工业企业;限额以上批发零售企业是指年主营业务收入 2000 万元及以上批发企业和年主营业务收入 500 万元及以上零售企业。

4. 部分数据因四舍五入的原因,存在着总项与分项合计不等的情况。

5. 资料来源:本公报中户籍总人口数据来自南宁市公安局;财政数据来自南宁市财政局;物价、居民收入数据来自国家统计局南宁调查队;进出口数据来自南宁海关;招商引资数据来自南宁市投资促进局;金融数据来自中国人民银行南宁中心支行;保险数据来自中国银行保险监督委员会广西监管局;旅游数据来自南宁市文化广电和旅游局;旅客、货物运输量数据来自南宁市交通运输局、南宁铁路局、广西沿海铁路公司和广西机场管理集团有限责任公司南宁吴圩国际机场;邮政业务数据来自广西邮政公司南宁市分公司、广西邮政速递物流有限公司南宁分公司;电信业务数据来自中国移动广西有限公司南宁分公司、中国联合网络通信有限公司南宁分公司、铁通公司南宁分公司和中国电信股份有限公司南宁分公司;人口出生率、人口死亡率、人口自然增长率数据来自南宁市卫生健康委员会;开发区数据来自南宁高新技术产业开发区、南宁经济技术开发区和广西—东盟经济技术开发区;其他数据均来自南宁市统计局。

统计资料

说明

1.《统计资料》中收集的 2020 年全国、全区及各市、县(区)数据,均为初步统计数(或快报数),最终以《南宁统计年鉴》为准。

2.《统计资料》中地区生产总值、工业增加值及农林牧渔业总产值绝对数按当年价格计算,其增长速度按可比价格计算。

3. 统计数据中使用“#”表示“其中”数,“…”表示数据不足计量单位,指数的对比,均把上年数定为 100。空缺处为截稿时尚无法取得(或暂不公布)的数据。

4. 统计数据中留空表示这部分没有数据,指数的对比均把上年数定为 100。“—”表示数据没公布。

表 26

南宁市历年主要指标

年 份	年末总人口(万人)	GDP(亿元)	GDP 指数(%)	财政收入(亿元)	农林牧渔业总产值(亿元)	全部工业总产值(亿元)	社会消费品零售总额(亿元)	固定资产投资(亿元)
1950	228.55	1.43	100.00	0.08	1.47	0.12	0.58	0.03
1965	329.84	5.34	116.80	0.63	3.18	3.26	2.56	0.46
1978	451.77	14.74	111.50	2.32	8.16	13.68	5.44	1.69
1980	470.05	18.01	105.50	2.75	9.70	15.71	7.69	1.61
1985	519.06	30.93	112.70	4.26	17.25	26.08	16.73	3.84
1990	558.20	70.88	109.60	8.25	36.17	67.17	35.65	6.00
1995	594.92	235.81	114.50	21.96	99.52	198.44	108.85	43.21
2000	625.27	377.94	107.70	37.54	137.79	241.73	212.43	87.81
2001	629.75	418.17	108.80	45.29	140.72	260.81	231.35	97.45
2002	634.68	463.18	110.90	52.53	145.57	291.19	256.78	122.36
2003	641.67	521.78	110.90	61.06	151.93	334.20	288.45	169.92
2004	648.85	619.12	113.20	74.63	179.29	404.07	332.05	240.11
2005	659.54	727.90	113.40	100.22	207.10	490.92	378.00	346.24
2006	671.89	880.10	116.80	120.36	241.51	639.28	435.51	407.75
2007	683.51	1089.07	117.40	150.84	294.46	830.21	515.62	517.92
2008	691.69	1320.43	114.70	191.17	338.07	1050.62	631.68	650.02

续表 26

年　份	年末总人口（万人）	GDP（亿元）	GDP 指数（%）	财政收入（亿元）	农林牧渔业总产值（亿元）	全部工业总产值（亿元）	社会消费品零售总额（亿元）	固定资产投资（亿元）
2009	697.90	1527.71	115.10	231.37	351.20	1175.76	757.01	977.24
2010	707.37	1800.26	114.20	300.88	403.24	1501.18	905.93	1389.30
2011	711.49	2211.44	113.50	363.52	507.16	2000.23	1073.15	1966.13
2012	713.50	2503.18	112.30	421.99	536.41	2287.90	1255.59	2517.61
2013	724.43	2803.54	110.30	473.66	578.15	2661.97	1450.84	2432.69
2014	729.66	3148.30	108.50	526.59	609.33	2984.23	1616.90	2886.68
2015	740.23	3410.09	108.60	572.48	638.81	3323.82	1786.68	3366.89
2016	751.74	3703.39	107.00	613.83	689.03	3628.07	1980.36	3824.73
2017	756.87	4118.83	108.00	687.98	704.72	3794.14	2204.16	4307.95
2018	770.82	4026.91	105.40	753.20	725.27		2214.69	
2019	781.97	4506.56	105.00	800.69	825.58		2307.41	
2020	791.38	4726.34	103.70	796.09	868.84		2180.36	

说明：1. 2011 年起以“固定资产投资”口径取代原“城镇固定资产投资”口径；2. 2013 年起，固定资产投资起报点从计划总投资 50 万起报调整为计划总投资 500 万元起报

表 27　　南宁市社会经济主要指标(2016—2020)

指标名称	单　位	人口　土地面积					
		2016 年	2017 年	2018 年	2019 年	2020 年	
		总　量	总　量	总　量	总　量	总　量	比上年增长(%)
土地面积	平方千米	22099	22099	22099	22099	22099	持平
常住总人口	万人	706.22	715.33	725.41	734.48	874.16	
常住人口城镇化率	%	60.23	61.35	62.40	63.70	68.91	68.9
年末户籍总人口	人	751.74	756.86	770.82	781.97	791.38	1.2
#城镇人口	人	327.23	332.48	343.08	353.11	368.45	4.3
乡村人口	人	424.50	424.37	427.75	428.86	422.93	-1.4
#市区人口	人	370.08	375.37	387.13	397.77	409.32	2.9
市辖县人口	人	381.66	381.48	383.69	384.19	382.06	-0.6
#男性	人	392.99	394.48	401.11	406.23	410.47	1.0
女性	人	358.74	362.38	369.72	375.74	380.91	1.4
# 18 岁以下人口	人	167.78	176.47	182.36	186.74	191.70	2.7
18-59 岁人口	人	462.99	463.35	466.05	470.78	473.15	0.5

续表 27

指标名称	单　位	人口　土地面积					
		2016 年	2017 年	2018 年	2019 年	2020 年	
		总　量	总　量	总　量	总　量	总　量	比上年增长(%)
60 岁以上人口	人	120.96	117.04	122.42	124.45	126.53	1.7
人口密度	人 / 平方千米	340.00	342.00	349.00	354.00	358.00	1.2
年出生人数	万人	12.12	15.32	12.73	10.04	11.09	10.5
年死亡人数	万人	3.39	14.36	3.14	3.51	5.51	57.0
年末总户数	万户	224.95	225.36	230.68	236.02	242.46	2.7
年平均人口	万人	743.34	754.30	763.84	776.39	783.89	1.0

说明：1. 人口数据由市公安局提供；2. 自 2016 年起，市区口径调整为兴宁区、青秀区、西乡塘区、江南区、良庆区、邕宁区和武鸣区

指标名称	单　位	地区生产总值					
		2016 年	2017 年	2018 年	2019 年	2020 年	
		总　量	总　量	总　量	总　量	总　量	比上年增长(%)
地区生产总值(当年价)	亿元	3703.38	4118.82	—	4506.56	4726.34	3.7
第一产业	亿元	400.66	404.18	—	507.27	534.36	4.7
第二产业	亿元	1427.15	1599.49	—	1044.97	1084.32	5.3
工业	亿元	1063.14	1189.88	—	—	—	2.6
建筑业	亿元	364.01	409.60	—	—	—	8.8
第三产业	亿元	1875.56	2115.14	—	2954.32	3107.67	2.9
交通运输仓储邮政业	亿元	160.96	174.49	—	253.40	255.47	-2.0
批发和零售业	亿元	299.04	310.30	—	359.02	373.71	2.2
住宿和餐饮业	亿元	95.91	103.06	—	132.71	121.05	-11.3
金融业	亿元	405.79	450.57	—	533.63	574.48	5.8
房地产业	亿元	182.64	237.72	—	551.61	573.84	1.3
营利性服务业	亿元	299.2	355.23	—	416.71	549.53	6.5
非营利性服务业	亿元	417.04	4623439	—	696.23	647.63	4.1
人均地区生产总值(当年价)	元	52724	57948		61738		
地区生产总值构成	%	100	100	100	100	100	—
第一产业	%	10.82	9.81	10.46	11.26	11.31	0.05★
第二产业	%	38.54	38.83	30.44	23.19	22.94	-0.25★
第三产业	%	50.64	51.35	59.1	65.56	65.75	0.2★

说明：1. 地区生产总产值增长速度按可比价计算；2. 人均生产总值按常住人口计算；3. “★”为增减百分点

南宁年鉴

续表 27

指标名称	单位	农业					
		2016 年	2017 年	2018 年	2019 年	2020 年	
		总量	总量	总量	总量	总量	比上年增长(%)
农林牧渔业总产值(当年价)	亿元	689.03	704.72	725.27	825.58	868.84	4.8
农业	亿元	382.80	393.70	422.77	533.00	577.44	6.1
林业	亿元	30.16	39.29	40.41	41.22	46.73	16.0
牧业	亿元	212.69	198.98	188.02	199.94	191.36	−1.2
渔业	亿元	28.25	29.35	33.40	29.04	28.60	1.3
服务业	亿元	35.11	43.38	40.67	23.38	24.71	5.6
农林牧渔业总产值(构成)	%	100	100	100	100.00	100.00	
农业	%	55.55	55.87	58.29	64.56	66.50	1.9★
林业	%	4.38	5.58	5.57	4.99	5.40	0.4★
牧业	%	30.87	28.24	25.92	24.22	22.00	−2.2★
渔业	%	4.10	4.17	4.60	3.52	3.30	−0.2★
服务业	%	5.10	6.16	5.61	2.71	2.80	0.1★
播种面积							
粮食	万公顷	43.67	43.04	42.58	41.94	42.44	1.2
甘蔗	万公顷	14.01	14.13	14.23	13.90	13.04	−6.2
油料	万公顷	5.25	5.33	5.33	5.09	5.04	−0.9
蔬菜	万公顷	23.23	24.12	24.82	26.73	27.30	2.2
蔬菜产量	万吨	517.69	545.39	596.76	633.95	657.02	3.6
水果产量	万吨	233.80	248.32	274.37	336.96	401.23	19.1
肉类总产量	万吨	65.04	65.80	65.74	58.80	57.02	−1.1
#猪肉产量	万吨	37.16	38.10	38.57	26.87	24.22	−10.5
禽蛋产量	万吨	3.95	4.11	2.93	3.73	2.80	8.1
牛奶产量	万吨	5.05	4.85	1.25	1.48	1.46	15.4
水产品产量	万吨	26.11	27.45	21.91	22.00	22.35	1.6
生猪出栏数	万头				352.18	319.50	−9.3
生猪存栏数	万头	417.50	411.43	315.10	140.81	229.02	18.7
家禽出栏数	万羽				16203.93	18240.35	14.5

说明：1. 农林牧渔业总产值增长速度按可比价计算；2. “★”为增减百分点

指标名称	单位	工业					
		2016 年	2017 年	2018 年	2019 年	2020 年	
		总量	总量	总量	总量	总量	比上年增长(%)
全部工业总产值(当年价)	万元	36280744	37941377				1.9
#规模以上工业总产值	万元	35370531	37130696				1.9

续表 27

指标名称	单 位	工 业					
		2016 年	2017 年	2018 年	2019 年	2020 年	
		总 量	总 量	总 量	总 量	总 量	比上年增长(%)
规模以下工业总产值	万元	910213	810681				0.6
规模以上工业							
按等级注册类型分:							
#国有企业	万元	3125321	1587043				2.0
集体企业	万元	52071	60450				-7.6
股份制企业	万元	24210172	29238221				6.3
外商及港澳台	万元	7034638	7982987				-4.1
其他经济类型企业	万元	948329	1029465				-40.8
按轻重工业分:							
轻工业	万元	14133784	15596779				-6.5
重工业	万元	21236747	24301387				6.3
按企业规模分:							
大中型企业	万元	17408947	20404381				-9.4
小微型企业	万元	17961584	19493785				18.2
规模以上工业企业							
主要经济指标							
企业单位数	个	954	946	1005	1044	1096	5.0
#产值超亿元企业	个	633	660	456	361	392	8.6
亏损企业	个	104	90	209	242	277	13.5
工业总产值(现价)	亿元	3537.05	3989.81				1.9
工业增加值(现价)	亿元	1028.55	1159.08				3.0
资产总计	亿元	2285.96	2567.26	2669.58	2788.48	3037.35	11.4
负债总计	亿元	1320.53	1491.14	1704.43	1816.93	1977.20	17.0
应收账款	亿元	343.85	383.54	504.91	659.58	794.01	40.0
存货	亿元	248.25	302.21	299.15	287.23	298.41	6.4
#产成品	亿元	86.68	97.02	95.55	94.19	99.77	22.3
流动资产合计	亿元	1069.80	1242.42	1421.39	1577.37	1785.77	17.0
主营业务收入	亿元	3280.55	3702.25	2503.11	2309.56	2127.34	1.8
主营业务成本	亿元	2743.44	3103.94	2081.27	1890.09	1752.86	1.7
利润总额	亿元	211.19	227.91	125.41	125.83	102.36	7.8

续表 27

指标名称	单　位	工　业					
		2016 年	2017 年	2018 年	2019 年	2020 年	
		总　量	总　量	总　量	总　量	总　量	比上年增长(%)
亏损企业亏损额	亿元	5.23	7.48	17.54	16.31	18.01	−24.8
销售费用	亿元	66.18	73.11	56.13	50.79	42.63	−2.4
管理费用	亿元	109.41	120.46	94.88	82.52	58.24	−1.1
财务费用	亿元	18.05	20.18	23.08	22.47	24.07	14.0
主要工业产品产量							
配混合饲料	万吨	619.33	653.91	508.12	439.02	476.64	7.4
成品糖	万吨	92.87	91.08	109.35	128.28	96.44	−24.8
饮料	吨	366854	324806	285441	294041	279240	5.6
啤酒	千升	2123323	2354029	1685576	1728758	1825768	−5.0
卷烟	万支	3623500	3606305	3530049	3502797	353	0.9
人造板	万立方米	926.32	1049.09	552.05	598.80	658.74	4.7
纸浆	万吨	25.03	24.77	27.61	21.87	19.03	−38.3
机制纸及纸板	万吨	21.69	17.67	26.12	34.49	22.74	−34.1
硅酸盐水泥熟料	万吨	1255.01	1225.20	1181.72	955.60	959.06	0.4
水泥	万吨	1578.20	1488.28	1513.29	1577.31	1662.74	5.4
平板玻璃	万重量箱	520.06	280.75	4588.72	1135.98	1252.92	10.3
铝材	万吨	38.29	40.65	41.17	21.34	28.34	32.8
小型拖拉机	万台	11.94	10.92	0.96	0.14	0.12	10.5
电力电缆	千米	24104.89	21090.94	20515.30	31026.50	312603	−0.1
乳制品	万吨	19.18	21.88	11.23	8.92	10.19	14.2
合成复合肥料	万吨		129.72	54.56	76.97	80.07	25.5
化学试剂	万吨		6.25	1.91	4.38	3.95	−1.8
塑料制品	万吨	92.67	103.51	40.85	24.99	24.59	−0.8
卫生陶瓷制品	万件	387.91	423.94	335.15	314.98	324.16	2.9
钢材	万吨	88.69	93.56	51.69	59.53	131.20	98.0
配电或电器控制设备(11 万伏以下)	万台		38.57	60.59	14.24	10.95	−21.5
家用电风扇	万台	32.22	43.58	31.37	12.51	14.53	16.2
家用电风扇							

说明：1. 规模以上工业是指年主营业务收入达 2000 万元及以上的工业企业；2. 工业增加值增长速度按价格指数缩减法计算；3. 表格中 2016—2017 年饮料含软饮料

续表 27

指标名称	单 位	固定资产投资、房地产开发投资					
		2016 年	2017 年	2018 年	2019 年	2020 年	
		总 量	总 量	总 量	总 量	总 量	比上年增长(%)
固定资产投资	亿元	3824.72	4307.94	—	—	—	-2.5
#项目投资	亿元	2970.72	3349.85	—	—	—	1.0
房地产开发投资	亿元	853.99	958.08	—	—	—	-5.7
#民间投资	亿元	2460.96	2801.79	—	—	—	-13.5
#建筑安装工程	亿元	2238.04	2556.70	—	—	—	0.9
设备工器具购置	亿元	793.63	776.31	—	—	—	11.9
#第一产业	亿元			—	—	—	27.0
第二产业	亿元			—	—	—	14.6
#工业	亿元			—	—	—	8.1
第三产业	亿元			—	—	—	-5.1
本年施工项目个数(个)	个				3567	3062	-14.2
# 5000 万元及以上项目	个				1316	1493	13.4
#亿元及以上项目	个				949	1062	11.9
本年新开工项目个数(个)	个				1696	1190	-29.8
# 5000 万元及以上项目	个				299	395	32.1
#亿元及以上项目	个				180	245	36.1
竣工投资项目个数(个)	个				1548	923	-40.4
# 5000 万元及以上项目	个				216	253	17.1
#亿元及以上项目	个				107	119	11.2
房地产开发投资	亿元				1461.08	1378.2	-5.7
#住宅	亿元				1034.06	988.63	-4.4
商品房施工面积	万平方米	6191.24	7171.62	1709.74	9704.05	10712.49	10.4
#住宅	万平方米	4034.47	4704.22	1200.76	6310.69	6919.21	9.6
商品房新开工面积	万平方米	1494.73	1486.21	1709.74	2156.19	2079.58	-3.6
#住宅	万平方米	952.99	1021.72	1200.76	1532.44	1343.00	-12.4
商品房竣工面积	万平方米	471.61	578.22	792.21	710.77	799.91	12.5
#住宅	万平方米	338.10	440.47	584.23	466.90	500.85	7.3
商品房销售面积	万平方米	1327.53	1544.13	1745.19	1805.23	1837.59	1.8
#住宅	万平方米	1150.15	1307.68	1438.25	1550.33	1486.19	-4.1
商品房销售额	亿元	914.23	1200.77	1358.14	1517.49	1581.21	4.2
#住宅	亿元	778.34	1006.96	1107.06	1329.23	1367.28	2.9

说明：固定资产投资统计起点为计划总投资 500 万元及以上

续表 27

指标名称	单位	国内商业					
		2016 年	2017 年	2018 年	2019 年	2020 年	
		总量	总量	总量	总量	总量	比上年增长(%)
商品销售总额	亿元	4923.18	5518.49		6144.52		
#批发业商品销售总额	亿元	2936.05	3258.14		3500.11		
零售业商品销售总额	亿元	1987.12	2260.35		2644.40	1992.19	-6.0
住宿和餐饮业营业额					355.15		
#住宿业营业额	亿元	45.11	51.97		61.60		
餐饮业营业额	亿元	201.75	234.94		293.55	188.17	-10.0
社会消费品零售总额	亿元	1980.36	2204.15		2307.41	2180.36	-6.3
按销售地域分							
城镇消费品零售额	亿元	1829.55	2030.84		2100.76	1982.96	-6.4
乡村消费品零售额	亿元	150.8	173.31		206.64	197.4	-5.6

指标名称	单位	居民收入　物价					
		2016 年	2017 年	2018 年	2019 年	2020 年	
		总量	总量	总量	总量	总量	比上年增长(%)
城镇居民人均可支配收入	元	30728	33217	35276	37675	38542	2.3
农村居民人均可支配收入	元	11398	12515	13654	15047	16130	7.2
居民消费价格指数	%	101.4	102.3	102.5	103.4	102.3	2.3
食品烟酒	%		100	101.4	109.5	109.1	9.1
衣着	%	102.9	104.2	102.6	101.8	98.9	-1.1
居住	%	100.5	103.8	104.4	100.7	98.7	-1.3
生活用品及服务	%	99.6	100.1	100.9	99.9	99.8	-0.2
交通和通信	%	98.2	101.2	100.1	98.1	95.2	-4.5
教育文化和娱乐	%	102.6	100.9	103.3	103.3	100.0	0.0
医疗保健	%	101.6	110.6	105.1	100.9	104.4	4.4
其他用品和服务	%	104.2	101.5	102.3	102.3	102.5	2.5

指标名称	单位	财　政					
		2016 年	2017 年	2018 年	2019 年	2020 年	
		总量	总量	总量	总量	总量	比上年增长(%)
财政收入	亿元	613.82	687.98	753.20	800.69	796.09	-0.6
#上划中央税收收入	亿元	234.93	280.74	310.31	342.11	339.94	-0.6
上划自治区税收收入	亿元	66.13	75.08	83.94	87.64	83.89	-4.3

续表 27

指标名称	单 位	财 政					
		2016 年	2017 年	2018 年	2019 年	2020 年	
		总 量	总 量	总 量	总 量	总 量	比上年增长(%)
一般公共预算收入	亿元	312.76	332.15	358.96	370.93	372.25	0.4
#税收收入	亿元					263.61	-2.8
#国内增值税	亿元	47.83	68.88	74.70	79.79	72.30	-9.4
企业所得税	亿元	34.70	34.65	40.28	50.03	53.03	6.0
个人所得税	亿元	9.84	12.57	14.96	10.01	10.82	8.1
一般公共预算支出	亿元	587.06	646.31	697.93	787.71	819.86	3.9
#重点支出合计	亿元					571.25	-6.6

指标名称	单 位	金融 保险					
		2016 年	2017 年	2018 年	2019 年	2020 年	
		总 量	总 量	总 量	总 量	总 量	比上年增长(%)
金融机构存款余额	亿元	8901.72	9367.53	10093.13	10718.32	11498.25	7.3
境内存款	亿元	8884.77	9350.78	10076.64	10700.34	11479.18	7.3
住户存款	亿元	2924.54	3176.68	3542.83	3960.31	4415.35	11.5
非金融企业存款	亿元	3639.65	3967.66	3972.91	3762.02	4069.51	8.2
机关团体存款	亿元	1547.21	1559.79	1763.14	2079.33	2017.05	-3.0
财政性存款	亿元	236.93	369.24	327.61	362.56	313.35	-13.6
非银行业金融机构存款	亿元	536.42	277.39	470.14	536.12	663.92	23.8
境外存款	亿元	16.94	16.74	16.48	17.97	19.07	6.1
金融机构贷款余额	亿元	9423.79	10470.44	12052.13	13964.35	15868.84	13.6
境内贷款	亿元	9420.01	10457.38	12018.00	13918.31	15820.33	13.7
住户贷款	亿元	2297.26	2816.32	3616.53	4373.25	5105.47	16.7
非金融企业及机关团体贷款	亿元	7122.74	7641.06	8401.47	9545.06	10714.86	12.3
境外贷款	亿元	3.78	13.06	34.13	46.04	48.51	5.4
保险保费收入(亿元)	亿元	147.90	184.58	204.29	212.36	246.87	16.3
#财产险保费收入	亿元	57.78	68.90	77.82	78.83	87.98	11.6
人身险保费收入	亿元	90.11	115.66	126.47	133.53	158.89	19.0

表 28　　南宁市区县统计资料(2016 年至 2020 年)

区域名称	年末户籍人口数					
	2016 年	2017 年	2018 年	2019 年	2020 年	
	总量(万人)	总量(万人)	总量(万人)	总量(万人)	总量(万人)	比上年增长(%)
全　市	751.74	756.86	770.82	781.97	791.38	1.2
兴宁区	32.70	33.41	34.94	36.47	37.90	3.9
江南区	51.41	52.42	54.21	55.96	57.92	3.5
青秀区	71.23	73.34	76.69	79.63	83.20	4.5
西乡塘区	79.20	79.59	81.33	82.75	84.13	1.7
邕宁区	35.97	36.17	37.13	37.92	38.52	1.5
良庆区	27.96	28.84	30.52	32.32	34.76	7.6
武鸣区	71.59	71.57	72.31	72.70	72.90	0.3
横　县	126.92	126.56	127.46	127.82	127.25	−0.4
宾阳县	105.78	105.59	106.06	106.22	105.39	−0.8
上林县	49.88	49.97	20.21	50.26	50.10	−0.3
马山县	56.85	57.12	57.52	57.44	57.13	−0.5
隆安县	42.20	42.23	42.45	42.45	42.19	−0.6

区域名称	人口自然增长率					
	2016 年	2017 年	2018 年	2019 年	2020 年	
	(‰)	(‰)	(‰)	(‰)	(‰)	比上年增减(‰)
全　市	6.2	7.4	7.7	6.7	5.4	−1.4
兴宁区	8.5	8.8	7.5	9.6	6.2	−3.3
江南区	9.4	10.1	9.6	9.1	7.7	−1.4
青秀区	8.8	9.8	10.2	12.1	8.2	−3.9
西乡塘区	7.8	8.9	7.1	8.1	4.7	−3.3
邕宁区	6.6	7.5	8.2	8.3	6.7	−1.6
良庆区	9.2	10.1	10.2	10.9	9.6	−1.3
武鸣区	6.5	8.7	8.3	6.3	4.3	−2.0
横　县	4.8	5.6	6.4	4.8	3.7	−1.1
宾阳县	4.5	4.4	6.4	4.0	4.2	0.2
上林县	3.9	6.8	7.5	4.6	4.1	−0.6
马山县	4.6	6.7	8.0	4.2	5.2	1.0
隆安县	4.2	6.9	5.4	3.5	3.2	−0.4

续表 28

区域名称	年末常住人口数						
	2016 年	2017 年	2018 年	2019 年	2020 年		
	总人数(万人)	总人数(万人)	总人数(万人)	总人数(万人)	总人数(万人)	城镇人口(万人)	城镇化率
全　市	787.05	811.50	833.27	853.83	875.25	603.10	68.91
兴宁区	51.85	54.70	56.77	59.23	61.63	54.13	87.84
江南区	80.30	85.28	90.18	94.67	99.11	82.64	83.38
青秀区	95.10	100.12	104.27	108.25	112.58	105.23	93.47
西乡塘区	144.50	150.37	155.15	159.60	164.57	149.24	90.68
邕宁区	30.15	90.91	31.95	32.64	33.27	18.45	55.44
良庆区	48.35	50.72	53.57	56.23	58.84	49.16	83.54
武鸣区	62.55	64.10	65.49	66.90	68.47	35.73	52.18
横　县	88.92	89.33	89.51	89.64	89.72	37.27	41.54
宾阳县	79.78	79.91	80.02	80.16	80.24	36.32	45.27
上林县	35.58	35.78	35.86	35.92	35.98	12.26	34.07
马山县	38.57	38.57	38.50	38.40	38.29	11.63	30.38
隆安县	31.40	31.71	32.00	32.19	32.55	11.04	33.93

区域名称	地区生产总值					
	2016 年	2017 年	2018 年	2019 年	2020 年	
	总量(亿元)	总量(亿元)	总量(亿元)	总量(亿元)	总量(亿元)	比上年增长(%)
全　市	3703.39	4118.83	3289.72	4506.56	4726.34	3.7
兴宁区	371.49	413.55	455.46	390.31	366.44	−0.6
江南区	536.17	602.97	475.18	505.94	522.85	2.7
青秀区	829.52	913.96	986.74	1188.58	1255.26	5.0
西乡塘区	802.63	888.41	775.21	789.12	816.05	2.2
邕宁区	77.12	90.88	100.27	154.70	160.81	5.0
良庆区	134.25	156.21	174.02	336.42	406.04	13.7
武鸣区	324.30	353.20	302.37	303.33	319.34	5.9
横　县	278.47	304.58	315.99	328.90	320.44	−5.1
宾阳县	203.33	218.39	230.30	271.96	279.96	3.4
上林县	53.26	56.75	58.79	81.09	90.57	9.6
马山县	50.81	55.18	5550	85.84	90.13	3.0
隆安县	66.23	73.18	76.59	94.27	99.39	3.0

续表 28

区域名称	第一产业增加值					
	2016 年	20167 年	2018 年	2019 年	2020 年	
	总量(亿元)	总量(亿元)	总量(亿元)	总量(亿元)	总量(亿元)	比上年增长(%)
全　市	400.67	404.18	225.31	507.27	534.36	4.7
兴宁区	11.23	10.98	11.43	13.46	14.67	8.1
江南区	27.55	30.02	25.29	29.07	29.00	4.4
青秀区	17.58	17.88	17.92	20.27	20.08	1.0
西乡塘区	21.58	19.94	22.81	32.64	37.60	11.3
邕宁区	27.13	27.65	28.09	33.65	33.40	3.5
良庆区	22.30	23.05	24.09	27.23	28.04	6.0
武鸣区	81.36	81.17	87.69	124.11	128.58	5.8
横　县	68.38	72.87	74.82	77.09	86.26	1.8
宾阳县	47.76	50.24	52.94	58.79	60.95	4.3
上林县	21.08	21.99	22.60	26.17	27.62	3.9
马山县	17.64	20.26	18.22	22.84	26.09	6.7
隆安县	25.67	27.95	27.39	38.27	42.05	3.7

说明：2018 年，第一产业增加值不含农林牧渔服务业

名　称	第二产业增加值					
	2016 年	2017 年	2018 年	2019 年	2020 年	
	总量(亿元)	总量(亿元)	总量(亿元)	总量(亿元)	总量(亿元)	比上年增长(%)
全　市	1427.16	1599.50	992.66	1044.97	1084.32	5.3
兴宁区	63.57	70.19	79.94	77.15	58.39	12.3
江南区	374.19	422.89	269.38	163.85	171.76	5.8
青秀区	95.43	104.78	102.99	106.63	114.55	11.5
西乡塘区	437.53	496.39	338.21	236.27	230.82	-0.3
邕宁区	17.33	22.71	23.87	40.65	42.11	5.9
良庆区	71.41	86.36	83.04	97.83	150.57	25.7
武鸣区	148.66	162.36	93.04	69.95	73.93	8.8
横　县	112.27	120.89	119.72	124.98	99.92	-17.6
宾阳县	66.39	68.18	70.20	80.37	83.19	7.3
上林县	10.40	10.73	9.56	12.23	16.73	29.3
马山县	10.35	10.35	12.18	19.87	19.93	3.7
隆安县	18.44	19.77	21.43	22.13	22.46	5.3

说明：2018 年，第二产业增加值不含服务业

续表 28

区域名称	第三产业增加值						
	2016 年	2017 年	2018 年	2019 年		2020 年	
	总量(亿元)	总量(亿元)	总量(亿元)	总量(亿元)	比上年增长(%)	总量(亿元)	比上年增长(%)
全 市	1875.57	2115.15	2071.73	2954.32	5.2	3107.67	2.9
兴宁区	296.69	332.37	354.08	299.7	1.4	293.38	−3.3
江南区	134.43	150.06	180.50	313.03	5.7	322.09	1.0
青秀区	716.51	791.30	865.82	1061.68	5.8	1120.62	4.4
西乡塘区	343.52	372.08	414.18	520.21	4.5	547.63	2.9
邕宁区	32.66	40.51	48.30	80.4	7.6	85.30	5.1
良庆区	40.54	46.80	66.88	211.36	10.6	227.47	7.4
武鸣区	94.28	109.67	121.63	109.26	5.9	116.83	4.2
横 县	97.82	110.82	121.43	126.83	4.4	134.26	2.5
宾阳县	89.18	99.97	107.14	132.79	5.1	135.81	0.6
上林县	21.78	24.03	26.63	42.69	6.1	46.22	6.8
马山县	22.83	24.57	25.10	43.13	5.1	44.11	0.5
隆安县	22.12	25.46	27.75	33.87	3.9	34.87	·0.5

说明：2018 年，第三产业增加值含农林牧渔服务业和工业产业

区域名称	财政收入					
	2016 年	2017 年	2018 年	2019 年	2020 年	
	总量(亿元)	总量(亿元)	总量(亿元)	总量(亿元)	总量(亿元)	比上年增长(%)
全 市	613.83	687.98	753.20	800.69	796.09	−0.6
兴宁区	38.61	41.16	44.52	48.02	47.54	−1.0
江南区	20.25	22.33	19.62	31.83	31.16	−2.1
青秀区	147.66	184.14	200.10	209.17	203.09	−2.9
西乡塘区	31.79	36.03	44.67	47.47	45.83	−3.5
邕宁区	12.84	14.35	17.17	22.76	18.94	−16.8
良庆区	32.12	38.19	50.17	69.21	71.96	4.0
武鸣区	10.50	27.23	17.44	18.83	20.11	6.8
横 县	18.38	19.07	20.34	19.54	16.78	−14.1
宾阳县	17.44	18.43	19.76	20.13	15.55	−22.7
上林县	4.05	4.31	4.56	4.84	5.23	8.1
马山县	3.34	3.42	3.56	3.67	3.61	−1.8
隆安县	4.58	5.00	5.37	5.27	5.36	1.8

续表 28

区域名称	一般公共预算收入					
	2016 年	2017 年	2018 年	2019 年	2020 年	
	总量(亿元)	总量(亿元)	总量(亿元)	总量(亿元)	总量(亿元)	比上年增长(%)
全　市	312.76	332.15	358.96	370.93	372.25	0.4
兴宁区	9.11	9.15	9.14	10.35	10.18	−1.6
江南区	4.45	5.15	4.55	6.78	7.25	7.0
青秀区	31.92	31.05	34.81	36.33	36.13	−0.6
西乡塘区	7.83	8.02	9.71	11.79	11.74	−0.4
邕宁区	3.06	2.99	3.73	5.21	5.04	−3.4
良庆区	7.52	7.89	9.83	13.97	14.60	4.5
武鸣区	5.46	14.88	9.43	10.45	13.20	26.4
横　县	13.03	13.43	12.62	11.60	9.49	−18.2
宾阳县	12.29	12.60	13.04	13.75	9.82	−28.5
上林县	2.54	2.53	2.59	3.00	2.98	−0.6
马山县	2.21	1.95	1.96	2.00	2.01	0.6
隆安县	2.55	2.71	2.66	2.89	2.96	2.5

区域名称	一般公共预算支出					
	2016 年	2017 年	2018 年	2019 年	2020 年	
	总量(亿元)	总量(亿元)	总量(亿元)	总量(亿元)	总量(亿元)	比上年增长(%)
全　市	587.07	646.31	697.93			
兴宁区	16.80	17.99	21.10			
江南区	16.11	19.78	18.34			
青秀区	34.14	37.12	40.67			
西乡塘区	25.53	28.86	31.10			
邕宁区	17.69	23.45	24.34			
良庆区	16.38	19.22	22.64			
武鸣区	43.26	46.05	36.58			
横　县	48.03	53.71	52.80			
宾阳县	44.79	47.96	53.06			
上林县	26.25	31.36	31.58			
马山县	28.01	33.93	33.88			
隆安县	23.55	25.91	26.94			

NANNING YEARBOOK

续表 28

区域名称	农林牧渔业总产值					
	2016 年	2017 年	2018 年	2019 年	2020 年	
	总量(亿元)	总量(亿元)	总量(亿元)	总量(亿元)	总量(亿元)	比上年增长(%)
全　市	689.03	704.72	725.27	825.58	868.84	4.8
兴宁区	18.54	17.96	18.75	22.25	24.13	8.2
江南区	44.59	47.88	40.63	45.37	45.71	4.3
青秀区	34.54	34.86	34.95	38.86	38.06	0.8
西乡塘区	36.64	33.89	38.46	53.55	61.57	11.3
邕宁区	45.66	46.10	46.90	55.50	53.69	3.5
良庆区	36.13	36.98	38.42	43.70	44.73	6.0
武鸣区	137.29	136.34	146.73	197.55	202.95	5.8
横　县	113.87	123.26	126.90	133.53	147.51	2.0
宾阳县	78.89	83.15	87.12	94.43	96.68	4.3
上林县	35.97	37.43	38.14	42.84	44.42	3.9
马山县	29.73	33.45	30.35	37.01	41.58	6.7
隆安县	42.95	46.13	45.51	60.97	67.81	3.6

说明：增速按可比价计算

区域名称	规模以上工业增加值					
	2016 年	2017 年	2018 年	2019 年	2020 年	
	总量(亿元)	总量(亿元)	总量(亿元)	总量(亿元)	总量(亿元)	比上年增长(%)
全　市	1028.55	1159.08				3.00
兴宁区	9.04	9.92				0.10
江南区	318.68	370.71				−4.91
青秀区	12.76	11.62				64.80
西乡塘区	262.49	315.47				14.21
邕宁区	7.22	13.00				11.70
良庆区	40.76	48.93				2.60
武鸣区	120.56	131.99				8.21
横　县	79.76	85.41				−16.10
宾阳县	36.45	37.14				9.00
上林县	4.87	4.76				−4.80
马山县	2.78	2.44				14.10
隆安县	9.39	9.91				8.00

说明：增速按价格指数缩减法计算

续表 28

区域名称	规模以上工业总产值					
	2016 年	2017 年	2018 年	2019 年	2020 年	
	总量(亿元)	总量(亿元)	总量(亿元)	总量(亿元)	总量(亿元)	比上年增长(%)
全　市	3537.05	3989.82				1.9
兴宁区	33.04	35.26				2.3
江南区	1162.45	1339.10				-5.4
青秀区	48.34	50.06				53.4
西乡塘区	950.17	1111.86				17.6
邕宁区	33.00	55.12				1.9
良庆区	142.96	158.43				7.9
武鸣区	446.82	489.31				9.9
横　县	263.11	283.36				-19.3
宾阳县	150.02	165.65				11.2
上林县	19.85	19.20				-2.2
马山县	9.03	8.16				9.6
隆安县	45.91	50.31				3.6

说明：增速按现价计算

区域名称	规模以上工业综合能源消费量					
	2016 年	2017 年	2018 年	2019 年	2020 年	
	总量(万吨标准煤)	总量(万吨标准煤)	总量(万吨标准煤)	总量(万吨标准煤)	总量(万吨标准煤)	比上年增长(%)
全　市	470.61	469.23	438.96	456.83	451.14	-2.3
兴宁区	9.65	12.76	13.07	12.63	12.59	-0.5
江南区	60.47	59.76	41.42	25.03	27.71	13.3
青秀区	0.81	0.82	0.61	0.86	0.88	7.7
西乡塘区	71.22	74.95	70.36	58.25	55.28	-6.2
邕宁区	5.94	3.94	1.66	2.44	2.94	-10.1
良庆区	8.62	7.34	6.19	5.33	5.57	3.5
武鸣区	67.91	66.02	48.89	48.43	51.68	7.0
横　县	160.92	154.64	158.21	162.86	166.60	0.1
宾阳县	45.15	44.96	47.72	58.26	49.20	-15.7
上林县	5.34	4.48	4.09	4.47	3.74	-18.6
马山县	3.21	4.98	12.12	10.89	12.31	13.2
隆安县	31.36	33.54	33.61	38.85	36.42	-6.4

续表 28

区域名称	万元工业增加值能耗				
	2016 年	2017 年	2018 年	2019 年	2020 年
	上升或下降(+-,%)				
全 市	-5.76	-10.00	-1.64	1.43	-5.1
兴宁区	501.73	34.20	12.82	-11.7	-0.6
江南区	-13.32	-15.30	-8.70	9.69	19.2
青秀区	-6.07	-1.40	-20.74	-11.88	-34.6
西乡塘区	-10.19	-8.90	0.97	0.83	-17.8
邕宁区	-22.58	-54.30	-67.26	-25.62	-19.5
良庆区	-14.59	-6.00	-15.47	-0.37	0.9
武鸣区	-8.96	-8.80	-12.50	3.83	-1.1
横 县	7.77	-7.70	5.78	-4.25	19.3
宾阳县	-11.96	-7.90	-12.40	6.74	-22.7
上林县	-21.70	-16.80	5.71	-4.65	-14.4
马山县	-6.76	66.00	66.45	-19.86	-0.8
隆安县	4.57	-2.60	2.01	-3.22	-13.3

区域名称	固定资产投资					
	2016 年	2017 年	2018 年	2019 年	2020 年	
	总量(亿元)	总量(亿元)	总量(亿元)	总量(亿元)	总量(亿元)	比上年增长(%)
全 市	3824.73	4307.95				-2.5
兴宁区	251.41	274.62				-4.0
江南区	440.50	507.68				9.3
青秀区	789.65	885.21				-9.8
西乡塘区	608.44	677.81				15.2
邕宁区	176.18	219.01				-45.5
良庆区	333.35	428.39				-3.0
武鸣区	355.98	386.49				15.6
横 县	245.77	270.52				2.8
宾阳县	244.23	276.10				1.5
上林县	41.66	46.25				19.4
马山县	38.10	42.19				10.2
隆安县	53.48	57.81				1.8

说明：固定资产投资统计起点为计划总投资 500 万元及以上

续表 28

区域名称	社会消费品零售总额					
	2016 年	2017 年	2018 年	2019 年	2020 年	
	总量(亿元)	总量(亿元)	总量(亿元)	总量(亿元)	总量(亿元)	比上年增长(%)
全　市	1980.36	2204.16		2307.41	2180.36	-6.3
兴宁区	415.79	464.93		491.55	486.72	-6.3
江南区	318.80	357.28		311.81	361.38	-6.1
青秀区	406.88	448.64		460.56	497.57	-3.6
西乡塘区	447.29	496.75		541.49	451.51	-8.3
邕宁区	20.56	23.21		29.92	31.45	4.0
良庆区	33.33	37.14		42.84	71.67	0.6
武鸣区	79.52	87.84		90.83	42.10	-7.4
横　县	92.94	104.02		129.29	82.81	-11.7
宾阳县	103.04	115.82		134.07	99.96	-5.5
上林县	19.99	21.97		24.24	23.19	-13.1
马山县	23.04	25.34		27.72	19.65	-21.2
隆安县	19.18	21.22		23.08	12.34	-27.6

区域名称	城镇居民人均可支配收入					
	2016 年	2017 年	2018 年	2019 年	2020 年	
	总量(元)	总量(元)	总量(元)	总量(元)	总量(元)	比上年增长(%)
全　市	30728	33217	35276	37675	38542	2.3
兴宁区	33725	36322	38465	41158	41940	1.9
江南区	29610	32156	34664	37264	37823	1.5
青秀区	38873	42138	45467	48286	49638	2.8
西乡塘区	28905	31188	33683	35940	36731	2.2
邕宁区	28133	30609	32507	34652	35206	1.6
良庆区	26885	28901	30780	32658	33442	2.4
武鸣区	29398	32014	33839	36309	37071	2.1
横　县	29574	31762	33414	35720	36684	2.7
宾阳县	29103	31489	33095	35544	36255	2.0
上林县	23249	25225	26612	28528	29241	2.5
马山县	24016	25889	27183	29031	29960	3.2
隆安县	23970	25912	27415	29197	30044	2.9

续表 28

区域名称	农村居民人均可支配收入					
	2016 年	2017 年	2018 年	2019 年	2020 年	
	总量（元）	总量（元）	总量（元）	总量（元）	总量（元）	比上年增长(%)
全　市	11398	12515	13654	15047	16130	7.2
兴宁区	12406	13585	14685	16256	17280	6.3
江南区	12655	13819	14925	16552	17562	6.1
青秀区	12712	14021	15423	16811	17803	5.9
西乡塘区	11537	12679	13820	15147	16026	5.8
邕宁区	11459	12559	13953	15460	16790	8.6
良庆区	12065	13356	14678	16234	17598	8.4
武鸣区	13304	14594	15937	17483	18777	7.4
横　县	11538	12703	13719	15091	16253	7.7
宾阳县	11644	12867	14038	15470	16321	5.5
上林县	9289	10199	11097	12251	13268	8.3
马山县	8973	9807	10719	11844	12851	8.5
隆安县	9799	10720	11674	12876	13958	8.4

表 29　“十三五”时期南宁市经济社会发展主要指标完成情况表

主要指标	2015 年完成	“十三五”规划目标			“十三五”完成情况		
		2020 年目标	年均增长(%)	五年累计	2020 年完成	年均增长(%)	五年累计
地区生产总值(亿元)	3430.49	—	8	—	4726.34	5.8	—
常住人口人均地区生产总值(元)	49360	—	7	—	—	前 4 年年均 4.9	—
财政收入(亿元)	572.48	—	8	—	796.09	6.82	—
固定资产投资(亿元)	3366.89	—	11	—	—	8.9	—
社会消费品零售总额(亿元)	1673.36	—	9	—	—	5.4	—
进出口总额(亿元)	364.47	—	10	—	986	22	—
外商直接投资(亿美元)	7.01	10.3	8	—	13.69 (2018 年)	—	—
实际到位内资(亿元)	600	966	10	—	1162.81	—	—
工业增加值占地区生产总值比重(%)	29.6	33 以上	—	—	28.89 (2017 年)	—	—
第三产业增加值(亿元)	1699.06	—	9	—	—	6.6	—
常住人口城镇化率(%)	59.31	65 左右	—	—	68.9	—	—
户籍人口城镇化率(%)	44.08	48 左右	—	—	46.56	—	—
研究与试验发展经费支出占地区生产总值比重(%)	0.94	2.2	—	—	1.17(2019 年)	—	—
每万人口发明专利拥有量(件 / 万人)	4.71	8	—	—	12.05	—	—

续表 29

主要指标	2015 年完成	"十三五"规划目标			"十三五"完成情况		
		2020 年目标	年均增长(%)	五年累计	2020 年完成	年均增长(%)	五年累计
科技进步贡献率(%)	55	60	—	—	58.8(2019 年)	—	—
家庭宽带普及率(%)	51.8	80	—	—	114.6(2019 年)	—	—
常住人口(万人)	698.61	740	—	—	874.16	—	—
居民人均可支配收入(元)	—	—	8	—	—	7.5	—
城镇新增就业人数(万人)	8.14	—	—	32	—	—	36.75
农村贫困人口脱贫(万人)	9	—	—	40.6	—	—	41.3706
基本养老保险参保率(%)	80	90 以上	—	—	90.3	—	—
城镇保障性住房建设和棚户区改造(万套)	1.47	—	—	5	—	—	7.02 (开工数)
每千常住人口执业(助理)医师数(人)	2.87	3	—	—	3.53	—	—
每千名老人养老床位数(张)	18.2	35 以上	—	—	28.3	—	—
每万人拥有公共汽(电)车辆(标车)	14	16	—	—	15	—	—
行政村客运班线通达率(%)	75	95	—	—	100	—	—
耕地保有量(万公顷)	68.2	67.76	—	—	67.77(2018 年)	—	
新增建设用地规模(万公顷)	—	—	—	2.12	—	—	前 3 年累计 0.9
万元生产总值用水量(吨)	130	100	—	—	71.3	—	—
万元生产总值能源消耗降低(%)	5.82	14	—	—	14	—	—
万元生产总值二氧化碳排放降低(%)	"十二五"累计降低 16.83%	较 2015 年累计降低 17%	—	—	较 2015 年累计下降 17%	—	—
化学需氧量排放量(万吨)	10.72	较 2015 年下降 1%	—	—	较 2015 年累计下降 7.92%	—	—
氨氮排放量(万吨)	1.21	较 2015 年下降 1.1%	—	—	较 2015 年累计下降 10.91%	—	—
二氧化硫排放量(万吨)	3.94	较 2015 年下降 8%	—	—	较 2015 年下降 8%	—	—
氮氧化物排放量(万吨)	6.29	较 2015 年下降 7.6%	—	—	较 2015 年下降 7.6%	—	—
森林覆盖率(%)	47.66	47.7	—	—	48.78	—	—
森林蓄积量(万立方米)	4553	4700	—	—	6246	—	—
城市环境空气质量优良率(%)	88.8	85 以上	—	—	97.5	—	—
PM2.5 浓度下降(%)	41 微克/立方米	—	—	14.6%	26 微克/立方米	—	31.6%
主要江河地表水质量达到或好于Ⅲ类水体比例(%)	100	100	—	—	100	—	—
主要江河地表水质量劣Ⅴ类水体比例(%)	0	0	—	保持	0	—	保持

说明：1. 统计部门从 2018 年开始不公布工业增加值；2. 2018 年南宁市全口径实际利用外资 13.69 亿美元，已超过 2020 年规划目标值；2019 年外资统计口径调整为商务口径实际利用外资，2019 年、2020 年分别完成 3.1 亿美元、4.4 亿美元；3. 由于自治区相关数据尚未反馈，耕地保有量、新增建设用地规模指标完成情况采用 2018 年数据；研究与试验发展经费支出占地区生产总值比重、科技进步贡献率、家庭宽带普及率指标采用 2019 年数据

表 30　　全国、广西、南宁市主要指标及南宁市占广西比重(2016 年至 2020 年)

区域	年末常住总人口												
	2016 年		2017 年		2018 年			2019 年			2020 年		
	绝对数(万人)	南宁占广西的比重(%)	绝对数(万人)	南宁占广西的比重(%)	绝对数(万人)	增长(%)	南宁占广西的比重(%)	绝对数(万人)	增长(%)	南宁占广西的比重(%)	绝对数(万人)	增长(%)	南宁占广西的比重(%)
全　国			139008		139538	0.02		140005	0.3		141178	0.8	
广　西	4838	14.6	4885	14.64	4926	0.8	14.7	4960	0.7	14.8	5013	1.1	17.4
南　宁	706		715		725.41	1.4		734.48	1.3		874.16	19.0	

区　域	城镇化率					
	2019 年			2020 年		
	绝对数(%)	增长(%)	南宁占广西的比重(%)	绝对数(%)	增长(%)	南宁占广西的比重(%)
全　国	60.6	1.02★		63.89	3.29★	
广　西	51.1	0.87★	—	54.20	3.11★	—
南　宁	63.7	1.31★		68.91	5.21★	

说明：带“★”数据是增长点数

区　域	国内生产总值												
	2016 年		2017 年		2018 年			2019 年			2020 年		
	绝对数(亿元)	南宁占广西的比重(%)	绝对数(亿元)	南宁占广西的比重(%)	绝对数(亿元)	增长(%)	南宁占广西的比重(%)	绝对数(亿元)	增长(%)	南宁占广西的比重(%)	绝对数(%)	增长(%)	南宁占广西的比重(%)
全　国	744127		827122			6.6		990865	6.1		1015986	2.3	
广　西	18245	20.3	20396.25	20.19		6.8		21237.14	6.0	21.2	22156.69	3.7	21.3
南　宁	3703		4118.83			5.4		4506.56	5.0		4726.34	3.7	

区　域	第一产业												
	2016 年		2017 年		2018 年			2019 年			2020 年		
	绝对数(亿元)	南宁占广西的比重(%)	绝对数(亿元)	南宁占广西的比重(%)	绝对数(亿元)	增长(%)	南宁占广西的比重(%)	绝对数(亿元)	增长(%)	南宁占广西的比重(%)	绝对数(%)	增长(%)	南宁占广西的比重(%)
全　国	63671		65468			3.5		70467	3.1		77754	3.0	
广　西	2798.6	14.32	2906.87	13.9		5.6		3387.74	5.6	15.0	3555.82	5.0	15.0
南　宁	400.66		404.18			4.3		507.27	5.3		534.36	4.7	

区　域	第二产业												
	2016 年		2017 年		2018 年			2019 年			2020 年		
	绝对数(亿元)	南宁占广西的比重(%)	绝对数(亿元)	南宁占广西的比重(%)	绝对数(亿元)	增长(%)	南宁占广西的比重(%)	绝对数(亿元)	增长(%)	南宁占广西的比重(%)	绝对数(%)	增长(%)	南宁占广西的比重(%)
全　国	296236		336423			5.8		386165	5.7		384255	2.6	
广　西	8219.9	17.36	9297.84	17.2		4.3		7077.43	5.7	14.8	7108.49	2.2	15.3
南　宁	1427.15		1599.49			2.2		1044.97	4.4		1084.32	5.3	

续表 30

区域	工业生产总值												
	2016 年		2017 年		2018 年			2019 年			2020 年		
	绝对数(亿元)	南宁占广西的比重(%)	绝对数(亿元)	南宁占广西的比重(%)	绝对数(亿元)	增长(%)	南宁占广西的比重(%)	绝对数(亿元)	增长(%)	南宁占广西的比重(%)	绝对数(%)	增长(%)	南宁占广西的比重(%)
全 国	247860		279997			6.1		317109			313071	2.4	
广 西	6764.1	15.72	7663.71	15.53		4.7		—		—	5221.24	1.2	—
南 宁	1063		1189.89			1.6		—	1.0		—	2.6	

区域	第三产业生产总值												
	2016 年		2017 年		2018 年			2019 年			2020 年		
	绝对数(亿元)	南宁占广西的比重(%)	绝对数(亿元)	南宁占广西的比重(%)	绝对数(亿元)	增长(%)	南宁占广西的比重(%)	绝对数(亿元)	增长(%)	南宁占广西的比重(%)	绝对数(%)	增长(%)	南宁占广西的比重(%)
全 国	384221		427032			7.6		534233	6.9		553977	2.1	
广 西	7226.6	25.95	8191.54	25.82		9.4		10771.97	6.2	27.4	11492.38	4.2	27.0
南 宁	1876		2115.15			7.8		2954.32	5.2		3107.67	2.9	

区域	固定资产投资												
	2016 年		2017 年		2018 年			2019 年			2020 年		
	绝对数(亿元)	南宁占广西的比重(%)	绝对数(亿元)	南宁占广西的比重(%)	绝对数(亿元)	增长(%)	南宁占广西的比重(%)	绝对数(亿元)	增长(%)	南宁占广西的比重(%)	绝对数(%)	增长(%)	南宁占广西的比重(%)
全 国	596501		631684			5.9		551478	5.4		518907	2.9	
广 西	17653	21.67	19908.27	21.64		10.8		—	9.5	—	—	4.2	—
南 宁	3825		4307.95			11.8		—	9.9		—	−2.5	

区域	规模以上工业增加值					
	2019 年			2020 年		
	绝对数(亿元)	增长(%)	南宁占广西的比重(%)	绝对数(亿元)	增长(%)	南宁占广西的比重(%)
全国	—	5.7		—	2.8	
广西	—	4.5	—	—	1.2	—
南宁	—	1.0		—	3.0	

区域	社会消费品零售总额												
	2016 年		2017 年		2018 年			2019 年			2020 年		
	绝对数(亿元)	南宁占广西的比重(%)	绝对数(亿元)	南宁占广西的比重(%)	绝对数(亿元)	增长(%)	南宁占广西的比重(%)	绝对数(亿元)	增长(%)	南宁占广西的比重(%)	绝对数(%)	增长(%)	南宁占广西的比重(%)
全 国	332316		366262			9.0		411649	8.0		391981	−3.9	
广 西	7023.31	28.18	7813.03	28.21		9.3		—	7.0	—	7831.01	−4.5	27.8
南 宁	1980.36		2204.16			9.0		2307.41	4.2		2180.36	−6.3	

续表 30

区域	进出口总额												
	2016年		2017年		2018年			2019年			2020年		
	绝对数（亿元）	南宁占广西的比重(%)	绝对数（亿元）	南宁占广西的比重(%)	绝对数（亿元）	增长(%)	南宁占广西的比重(%)	绝对数（亿元）	增长(%)	南宁占广西的比重(%)	绝对数(%)	增长(%)	南宁占广西的比重(%)
全 国	243344		277923		305050	9.7		315505	3.4		321557	1.9	
广 西	3170.42	13.13	3866.34	15.7	4107	5.0	18.0	4694.70	14.4	15.9	4861.34	3.5	20.3
南 宁	416.23		607.09		738.79	21.7		747.79	1.0		986.00	31.8	

区域	出口总额												
	2016年		2017年		2018年			2019年			2020年		
	绝对数（亿元）	南宁占广西的比重(%)	绝对数（亿元）	南宁占广西的比重(%)	绝对数（亿元）	增长(%)	南宁占广西的比重(%)	绝对数（亿元）	增长(%)	南宁占广西的比重(%)	绝对数(%)	增长(%)	南宁占广西的比重(%)
全 国	138409		153321		164177	7.1		172342	5.0		179326	4.0	
广 西	1523.83	13.86	1855.2	14.86	2176	14.6	16.3	2597.10	19.4	14.0	2708.21	4.3	17.4
南 宁	211.13		275.69		355.09	28.8		363.91	2.5		470.82	29.2	

区域	财政收入												
	2016年		2017年		2018年			2019年			2020年		
	绝对数（亿元）	南宁占广西的比重(%)	绝对数（亿元）	南宁占广西的比重(%)	绝对数（亿元）	增长(%)	南宁占广西的比重(%)	绝对数（亿元）	增长(%)	南宁占广西的比重(%)	绝对数(%)	增长(%)	南宁占广西的比重(%)
全 国											—	—	
广 西	2454.05	25.01	2604.21	26.42	2790	7.1	27.0	2969.22	6.4	2.7	2800.61	−5.7	28.4
南 宁	613.83		687.98		753.20	9.5		800.69	6.3		796.09	−0.6	

区域	般公共预算收入												
	2016年		2017年		2018年			2019年			2020年		
	绝对数（亿元）	南宁占广西的比重(%)	绝对数（亿元）	南宁占广西的比重(%)	绝对数（亿元）	增长(%)	南宁占广西的比重(%)	绝对数（亿元）	增长(%)	南宁占广西的比重(%)	绝对数(%)	增长(%)	南宁占广西的比重(%)
全 国	159552		172567		183352	6.2		190382	3.8		182895	−3.9	
广 西	1556.24	20.1	1615.03	20.57	1681	4.1	21.3	1811.89	7.8	20.5	1716.94	−5.2	21.7
南 宁	3.12.76		332.15		358.96	8.1		370.93	3.3		372.25	0.4	

区域	一般公共预算支出												
	2016年		2017年		2018年			2019年			2020年		
	绝对数（亿元）	南宁占广西的比重(%)	绝对数（亿元）	南宁占广西的比重(%)	绝对数（亿元）	增长(%)	南宁占广西的比重(%)	绝对数（亿元）	增长(%)	南宁占广西的比重(%)	绝对数(%)	增长(%)	南宁占广西的比重(%)
全 国	187841		203330		156401	8.3		238874	8.1		245588	2.8	
广 西	4472.48	13.13	4912.89	13.16	5311	8.2	13.1	5849.02	10.1	13.5	6155.42	5.2	13.3
南 宁	587.07		646.31		697.93	8.0		787.71	12.9		819.86	3.9	

续表 30

区域	金融机构存款余额												
	2016年		2017年		2018年			2019年			2020年		
	绝对数(亿元)	南宁占广西的比重(%)	绝对数(亿元)	南宁占广西的比重(%)	绝对数(亿元)	增长(%)	南宁占广西的比重(%)	绝对数(亿元)	增长(%)	南宁占广西的比重(%)	绝对数(亿元)	增长(%)	南宁占广西的比重(%)
全国	1505900		1641000		1775000	8.2		1981643	8.6		2183744	10.2	
广西	25478	34.94	27900	33.58	29620	6.9	34.1	31504.98	6.4	34.0	34665.55	9.5	33.2
南宁	8902		9368		10093	7.8		10718.32	6.2		11498.25	7.3	

区域	金融机构贷款余额												
	2016年		2017年		2018年			2019年			2020年		
	绝对数(亿元)	南宁占广西的比重(%)	绝对数(亿元)	南宁占广西的比重(%)	绝对数(亿元)	增长(%)	南宁占广西的比重(%)	绝对数(亿元)	增长(%)	南宁占广西的比重(%)	绝对数(亿元)	增长(%)	南宁占广西的比重(%)
全国	1066000		1201000		1363000	13.5		1586021	11.9		1784034	12.5	
广西	20641	45.66	23226	45.08	26143	14.8	46.1	29988.52	14.7	46.6	35196.77	15.4	45.1
南宁	9424		10470		12052	15.1		13964.35	15.9		15868.84	13.6	

区域	城镇居民人均可支配收入					
	2019年			2020年		
	绝对数(元)	增长(%)	南宁占广西的比重(%)	绝对数(元)	增长(%)	南宁占广西的比重(%)
全国	42359	7.9		43834	3.5	
广西	34745	7.1	—	35859	3.2	—
南宁	37675	6.8		38542	2.3	

区域	农村居民人均可支配收入												
	2016年		2017年		2018年			2019年			2020年		
	绝对数(元)	南宁占广西的比重(%)	绝对数(元)	南宁占广西的比重(%)	绝对数(元)	增长(%)	南宁占广西的比重(%)	绝对数(元)	增长(%)	南宁占广西的比重(%)	绝对数(元)	增长(%)	南宁占广西的比重(%)
全国	12363		13432		14617	8.8		16021	9.6		17131	6.9	
广西	10359		11325		12435	9.8		13676	10.0	—	14815	8.3	—
南宁	11398		12515		13654	9.1		15047	10.2		16130	7.2	

区域	居民消费价格指数(上年=100)												
	2016年		2017年		2018年			2019年			2020年		
	绝对数(%)	南宁占广西的比重(%)	绝对数(%)	南宁占广西的比重(%)	绝对数(%)	增长(%)	南宁占广西的比重(%)	绝对数(%)	增长(%)	南宁占广西的比重(%)	绝对数(%)	增长(%)	南宁占广西的比重(%)
全国	102		101.6		102.1	2.1		102.9	2.9		102.5	2.5	
广西	101.6	—	101.6	—	102.3	2.3	—	103.7	3.7	—	102.8	2.8	—
南宁	101.4		102.3		102.5	2.5		103.4	3.4		102.3	2.3	

表 31　　27 个省会城市主要经济指标及排位(2016 年至 2020 年)

城　市	地区生产总值											
	2016 年		2017 年				2018 年		2019 年		2020 年	
	总量(亿元)	位次	总量(亿元)	位次	比上年增长(%)	位次	比上年增长(%)	位次	比上年增长(%)	位次	比上年增长(%)	位次
★南　宁	3703.39	17	4118.83	18	8.0	13	5.4	24	5.0	24	3.7	13
太　原	2955.60	20	3382.18	20	7.5	20	9.2	3	6.6	17	2.6	19
合　肥	6274.30	9	7213.45	9	8.5	8	8.5	7	7.6	7	4.3	8
福　州	6197.77	11	7104.02	11	8.7	7	8.6	6	7.9	4	5.1	4
南　昌	4354.99	15	5003.19	16	9.0	5	8.9	5	8.0	2	3.6	14
郑　州	7994.16	7	9130.20	7	8.2	9	8.1	11	6.5	18	3.0	17
长　沙	9323.70	6	10535.51	6	9.0	5	8.5	7	8.1	1	4.0	9
石家庄	5857.80	14	6460.90	13	7.3	22	7.4	17	6.7	16	3.9	11
海　口	1257.67	23	1390.48	25	7.5	20	7.6	15	7.5	8	5.3	2
★西　宁	1248.16	24	1284.91	26	9.5	4	9.0	4	7.5	8	1.8	22
★银　川	1617.28	22	1803.17	24	8.0	13	7.2	19	6.3	21	3.2	16
★乌鲁木齐			2743.82	21	8.1	10	7.6	15	6.5	18	0.3	25
★兰　州	2264.23	21	2523.54	23	5.7	25	6.5	22	6.0	22	2.4	20
★贵　阳	3157.70	19	3537.96	19	11.3	1	9.9	1	7.4	10	5.0	5
★昆　明	4300.43	16	4857.64	17	9.7	3	8.4	9	6.5	18	2.3	21
★呼和浩特	3173.59	18	2743.72	22	5.0	26	3.9	27	5.5	23	0.2	26
沈　阳			5865.00	15	3.5	27	5.4	24	4.2	26	0.8	23
长　春	5928.50	13	6530.00	12	8.0	13	7.2	19	3.0	27	3.6	14
哈尔滨	6101.60	12	6355.00	14	6.7	24	5.1	26	4.4	25	0.6	24
南　京	10503.02	5	11715.10	5	8.1	10	8.0	12	7.8	5	4.6	7
杭　州	11050.49	4	12556.16	4	8.0	13	6.7	21	6.8	14	3.9	11
济　南	6536.12	8	7201.96	10	8.0	13	7.4	17	7.0	12	4.9	6
武　汉	11912.61	3	13410.34	3	8.0	13	8.0	12	7.4	10	−4.7	27
广　州	19610.94	1	21503.15	1	7.0	23	6.2	23	6.8	14	2.7	18
★成　都	12170.23	2	13889.39	2	8.1	10	8.0	12	7.8	5	4.0	9
★西　安	6257.18	10	7469.85	8	7.7	19	8.2	10	7.0	12	5.2	3
★拉　萨	424.95	25	479.25	27	10.0	2	9.3	2	8.0	2	7.8	1
南宁在 11 个西部省会城市排位		4		4		7		10		11		5
南宁在 5 个自治区首府城市排位		1		1		3		4		5		2

说明：带“★”城市为西部省会城市

续表 31

城　市	第一产业增加值											
	2016 年		2017 年				2018 年		2019 年		2020 年	
	总量(亿元)	位次	总量(亿元)	位次	比上年增长(%)	位次	比上年增长(%)	位次	比上年增长(%)	位次	比上年增长(%)	位次
★南　宁	400.67	5	404.18	6	4.1	8	4.3	5	5.3	5	4.7	6
太　原	38.22	24	40.82	24	3.0	17	0.7	24	2.1	16	3.7	11
合　肥	270.20	11	272.75	11	3.7	12	2.2	18	1.7	21	1.2	20
福　州	492.65	2	519.49	2	3.7	12	4.3	5	3.8	9	4.0	8
南　昌	181.77	16	192.13	16	4.0	9	3.2	11	2.9	13	2.2	16
郑　州	156.35	17	158.60	17	2.6	22	2.1	20	−4.9	27	0.9	22
长　沙	370.95	7	379.45	7	3.0	17	3.2	12	3.2	11	4.0	8
石家庄	480.90	3	480.50	4	2.4	23	3.2	11	1.6	22	3.5	12
海　口	67.68	20	63.72	20	3.7	12	4.5	4	−1.4	26	3.8	10
★西　宁	39.15	23	41.80	23	5.1	4	4.2	7	4.2	7	4.3	7
★银　川	58.61	22	61.38	22	4.2	7	3.6	8	2.0	19	0.7	24
★乌鲁木齐			29.62	25	2.7	21	2.2	18	2.1	16	1.4	19
★兰　州	60.36	21	61.47	21	5.9	3	6.0	3	5.5	3	5.0	5
★贵　阳	137.14	18	147.33	18	6.3	1	6.6	1	5.6	2	6.4	3
★昆　明	200.51	15	210.13	15	6.0	2	6.3	2	5.5	3	5.6	4
★呼和浩特	113.49	19	107.74	19	2.8	19	2.1	20	1.2	24	1.2	20
沈　阳			268.20	12	3.6	16	3.2	11	3.8	9	2.9	15
长　春	323.50	8	315.10	8	3.8	11	1.7	23	2.1	16	−2.4	26
哈尔滨	691.20	1	688.80	1	3.7	12	−0.1	26	2.6	14	2.1	18
南　京	252.51	12	263.01	13	1.2	25	0.6	25	0.7	25	0.9	22
杭　州	304.84	10	311.67	9	1.9	24	1.8	22	1.9	20	−1.4	25
济　南	317.31	9					2.5	16	1.3	23	2.2	16
武　汉	390.62	6	408.20	5	2.8	19	2.9	15	3.0	12	−3.8	27
广　州	240.04	13	233.49	14	−1.0	27	2.5	16	3.9	8	9.8	2
★成　都	474.94	4	500.90	3	3.9	10	3.6	8	2.5	15	3.3	13
★西　安	232.01	14	281.12	10	4.6	5	3.3	10	4.3	6	3.0	14
★拉　萨	15.12	25	17.54	26	4.5	6	3.0	14	8.2	1	11.2	1
南宁在 11 个西部省会城市排位		2		2		8		4		5		5
南宁在 5 个自治区首府城市排位		1		1		3		1		2		2

续表 31

城　市	第二产业增加值											
	2016 年		2017 年				2018 年		2019 年		2020 年	
	总量(亿元)	位次	总量(亿元)	位次	比上年增长(%)	位次	比上年增长(%)	位次	比上年增长(%)	位次	比上年增长(%)	位次
*南　宁	1427.15	17	1599.49	17	8.6	5	2.2	27	4.4	20	5.3	11
太　原	1068.04	19	1271.42	19	7.0	14	10.3	2	5.9	15	3.0	19
合　肥	3189.20	8	3643.08	8	8.6	5	9.5	4	7.7	6	6.4	6
福　州	2598.31	11	2962.94	10	6.9	15	8.4	8	7.8	4	6.2	7
南　昌	2307.24	13	2666.10	12	8.4	7	8.5	6	8.0	2	3.8	15
郑　州	3780.68	7	4247.50	7	7.6	9	8.1	9	6.2	13	4.5	14
长　沙	4513.23	4	4998.26	4	7.7	8	6.8	14	8.0	2	5.0	12
石家庄	2638.00	10	2913.90	11	3.7	22	4.8	24	2.1	25	3.1	18
海　口	233.56	24	252.22	25	5.0	20	6.0	16	3.6	21	0.6	26
*西　宁	595.64	23	556.44	24	10.6	1	8.8	5	6.1	14	6.1	8
*银　川	825.46	21	908.60	20	6.5	16	5.5	20	6.4	12	2.8	21
*乌鲁木齐			827.63	22	7.4	12	5.4	21	1.1	27	8.1	2
*兰　州	790.09	22	881.74	21	3.1	24	4.9	23	1.9	26	3.7	16
*贵　阳	1218.79	18	1375.18	18	10.0	3	7.9	10	8.2	1	5.5	10
*昆　明	1660.46	16	1865.97	15	9.0	4	10.0	3	4.6	19	1.4	24
*呼和浩特	884.43	20	755.75	23	2.6	26	2.4	26	2.2	24	1.4	24
沈　阳			2261.40	14	2.7	25	5.7	18	2.4	23	2.9	20
长　春	2926.20	9	3175.20	9	7.5	10	7.3	12	5.3	17	8.0	3
哈尔滨	1896.70	15	1820.70	16	3.6	23	2.7	25	3.1	22	2.3	22
南　京	4117.20	5	4454.87	5	5.1	19	6.5	15	6.7	10	5.6	9
杭　州	3977.39	6	4387.19	6	5.3	18	5.8	17	5.0	18	2.3	22
济　南	2368.90	12					7.8	11	7.8	4	7.0	5
武　汉	5227.05	3	5861.35	3	7.1	13	5.7	18	6.5	11	−7.3	27
广　州	5925.87	1	6015.29	1	4.7	21	5.4	21	5.5	16	3.3	17
*成　都	5232.02	2	5998.20	2	7.5	10	7.0	13	7.0	9	4.8	13
*西　安	2197.81	14	2596.08	13	5.5	17	8.5	6	7.6	7	7.4	4
*拉　萨	162.80	25	189.38	26	10.4	2	17.4	1	7.4	8	16.5	1
南宁在 11 个西部省会城市排位		4		4		5		11		8		6
南宁在 5 个自治区首府城市排位		1		1		2		5		3		3

续表 31

城市	第三产业增加值										
	2016 年		2017 年				2018 年		2019 年		2020 年	
	总量(亿元)	位次	总量(亿元)	位次	比上年增长(%)	位次	比上年增长(%)	位次	比上年增长(%)	位次	比上年增长(%)	位次
★南宁	1875.57	17	2115.15	17	8.4	19	7.8	17	5.2	24	2.9	14
太原	1849.34	19	2069.94	18	7.9	23	8.8	11	7.1	18	2.3	16
合肥	2814.80	12	3297.62	12	8.9	16	8.0	16	7.8	14	3.0	13
福州	3106.81	11	3621.60	10	11.0	3	9.2	7	8.3	11	4.4	3
南昌	1865.98	18	2144.96	16	10.2	7	10.1	4	8.4	6	3.4	11
郑州	4057.14	7	4724.10	7	9.0	13	8.3	13	7.1	18	1.7	19
长沙	4439.52	6	5157.80	6	10.9	4	10.7	2	9.4	6	3.3	12
石家庄	2738.90	13	3066.40	13	11.6	2	10.2	3	9.8	1	4.3	5
海口	956.43	22	1074.54	23	8.4	19	8.1	15	8.8	3	6.4	1
★西宁	613.37	24	686.67	25	8.7	18	9.4	6	9.3	2	−0.2	22
★银川	733.21	23	833.18	24	10.1	8	9.2	7	6.5	23	3.8	8
★乌鲁木齐			1886.56	20	8.4	17	8.6	12	8.4	6	−2.2	26
★兰州	1413.78	21	1580.34	22	7.2	24	7.4	22	8.4	6	1.5	20
★贵阳	1801.77	20	2015.45	19	12.6	1	11.3	1	7.0	20	4.4	3
★昆明	2439.46	15	2781.54	15	10.5	5	7.3	23	7.7	15	2.5	15
★呼和浩特	2175.67	16	1880.23	21	6.1	25	4.6	26	7.3	17	−0.5	24
沈阳			3335.40	11	4.0	26	5.4	25	5.2	24	−0.6	25
长春	2678.80	14	3039.70	14	9.0	13	7.8	17	1.0	27	0.3	21
哈尔滨	3513.80	10	3845.50	9	9.0	13	7.5	19	5.2	24	−0.4	23
南京	6133.31	5	6997.22	5	10.3	6	9.1	9	8.6	4	4.1	7
杭州	6768.26	2	7857.30	2	10.0	9	7.5	19	8.0	13	5.0	2
济南	3849.91	8					7.5	19	7.0	20	3.7	9
武汉	6294.94	4	7140.79	4	9.2	11	10.1	4	8.2	12	−3.1	27
广州	13445.03	1	15254.37	1	8.2	22	6.6	24	7.5	16	2.3	16
★成都	6463.27	3	7390.30	3	8.9	16	9.0	10	8.6	4	3.6	10
★西安	3827.36	9	4592.65	8	9.2	11	8.3	13	6.8	22	4.2	6
★拉萨	247.04	25	272.33	26	10.0	9	4.6	26	8.4	6	2.1	18
南宁在 11 个西部省会城市排位		5		4		8		7		11		5
南宁在 5 个自治区首府城市排位		2		1		3		3		5		2

续表 31

城　市	一般公共预算收入																	
	2016 年		2017 年				2018 年				2019 年				2020 年			
	总量（亿元）	位次	总量（亿元）	位次	比上年增长(%)	位次	总量（亿元）	位次	比上年增长(%)	位次	总量（亿元）	位次	比上年增长(%)	位次	总量（亿元）	位次	比上年增长(%)	位次
★南　宁	312.76	20	332.15	20	6.2	24	358.96	21	8.1	20	370.93	20	3.3	15	263.61	21	−2.8	22
太　原	282.69	21	311.85	21	10.3	15	373.23	20	19.7	2	386.62	19	3.6	14	378.44	19	−2.1	21
合　肥	614.85	11	655.90	10	12.8	4	712.49	10	8.6	19	745.99	9	4.7	12	762.90	9	2.3	13
福　州	598.91	12	634.16	12	10.4	14	680.38	12	7.3	21	668.08	12	−1.8	24	675.61	12	1.1	18
南　昌	402.18	16	417.08	16	3.7	26	461.75	16	10.7	12	476.08	15	3.1	16	483.86	15	1.4	16
郑　州	1011.20	7	1056.67	6	9.6	17	1152.05	6	9.0	16	1222.53	6	6.1	10	1259.21	5	3.0	10
长　沙	1231.02	4	800.35	7	11.5	9	879.71	7	9.9	14	952.23	7	8.0	4	1100.09	7	3.0	10
石家庄	410.70	15	460.70	14	12.2	6	519.70	14	12.8	7	569.10	14	9.5	1	632.20	14	11.1	2
海　口	115.51	25	125.36	25	12.8	4	169.88	25	13.9	6	185.34	24	9.1	3	186.05	24	0.4	20
★西　宁	75.22	26	79.20	27	18.2	2	92.94	27	17.4	3	101.79	27	9.5	1	133.51	26	31.2	1
★银　川	173.13	24	177.46	24	9.2	18	181.17	24	2.1	26	154.70	25	−10.7	26	157.25	25	1.6	14
★乌鲁木齐	369.67	18	400.78	17	8.4	19	458.28	17	14.3	5	472.46	16	3.1	16	392.64	18	−16.9	26
★兰　州	215.50	23	234.20	22	11.9	7	253.32	22	8.9	17	233.23	22	−0.1	22	247.13	22	6.0	5
★贵　阳	366.32	19	377.77	18	8.0	23	411.30	18	8.9	17	417.26	18	1.4	20	398.13	17	−4.6	23
★昆　明	530.00	13	560.86	13	8.2	22	595.63	13	6.2	23	630.03	13	5.8	11	650.47	13	3.2	8
★呼和浩特	269.70	22	201.63	23	−23.0	27	204.70	23	1.5	27	203.12	23	−0.8	23	217.10	23	6.9	3
沈　阳	620.90	10	656.20	9	5.7	25	720.60	9	10.0	13	730.30	10	1.3	21	736.08	10	0.8	19
长　春	415.50	14	450.10	15	8.3	21	478.00	15	6.2	23	420.00	17	−12.1	27	440.40	16	1.5	15
哈尔滨	376.20	17	368.10	19	8.4	19	384.40	19	4.4	25	370.90	21	−3.5	25	339.60	20	−8.4	24
南　京	1142.60	6	1271.91	5	11.9	7	1470.02	4	15.6	4	1580.03	3	7.5	7	1637.70	3	3.7	6
杭　州	1402.38	1	1567.42	1	17.4	3	1825.10	1	12.5	8	1966.00	1	7.7	6	2093.00	1	6.5	4
济　南	641.20	8	677.20	8	10.5	13	752.80	8	11.2	9	874.20	8	7.2	8	906.10	8	3.6	7
武　汉	1322.10	3	1402.93	3	11.2	11	1528.70	3	11.0	10	1564.12	4	2.3	19	1230.29	6	−21.3	27
广　州	1393.85	2	1533.06	2	10.9	12	1632.30	2	6.5	22	1697.21	2	4.0	13	1721.59	2	1.4	16
★成　都	1175.40	5	1275.50	4	11.3	10	1424.20	5	9.4	15	1483.00	5	7.9	5	1520.40	4	2.5	12
★西　安	641.10	9	654.50	11	9.8	16	684.71	11	10.8	11	702.55	11	0.6	18	724.13	11	3.1	9
★拉　萨	70.79	27	89.63	26	26.0	1	110.10	26	22.8	1	117.04	26	6.30	9	107.26	27	−8.40	24
南宁在 11 个西部省会城市排位		6		6		10		6		8		6		5		6		8
南宁在 5 个自治区首府城市排位		2		2		4		2		3		2		2		2		3

续表 31

城市	规模以上工业增加值									
	2016 年		2017 年		2018 年		2019 年		2020 年	
	总量(亿元)	位次	比上年增长(%)	位次	比上年增长(%)	位次	比上年增长(%)	位次	比上年增长(%)	位次
⋆南宁	1028.55		9.9	3	1.5	27	1.0	26	3.0	20
太原	571.81		9.0	10	10.8	2	4.5	16	3.2	18
合肥	2269.13		9.4	9	11.3	1	8.6	3	8.3	4
福州	1983.02		8.2	15	9.0	5	8.7	2	5.3	10
南昌	1611.50		9.5	7	9.5	3	8.5	4	4.7	13
郑州	3215.40		7.8	16	6.8	18	6.1	11	6.1	8
长沙	3253.03		8.5	13	8.2	10	9.1	1	5.1	11
石家庄	2190.30		3.6	25	5.4	24	1.3	25	2.2	23
海口	124.17		4.5	24	8.0	11	3.2	19	−3.3	26
⋆西宁			9.7	5	8.0	11	6.5	8	3.5	17
⋆银川	533.06		8.5	13	7.5	15	6.0	12	1.6	24
⋆乌鲁木齐			9.5	7	2.4	26	1.7	24	8.0	5
⋆兰州	502.00		4.8	23	6.0	20	2.0	23	3.2	18
⋆贵阳	780.82		9.7	5	7.4	16	6.3	9	6.1	8
⋆昆明			10.4	2	8.4	9	2.3	15	0.9	25
⋆呼和浩特			6.1	19	3.1	25	2.8	22	4.6	14
沈阳	1208.30		2.8	26	7.6	14	6.2	20	2.8	21
长春	2332.20		9.0	10	8.5	6	2.5	10	10.4	3
哈尔滨	1001.60		5.0	22	5.8	21	7.0	21	4.2	15
南京	3050.55		6.0	20	7.8	13	5.1	6	6.5	7
杭州	2983.91		7.0	18	6.3	19	4.2	13	3.8	16
济南			9.8	4	7.1	17	4.4	18	12.2	1
武汉			7.7	17	5.7	22	5.1	177	−6.9	27
广州	4877.85				5.5	23	7.8	13	2.5	22
⋆成都			9.0	10	8.5	6	6.9	5	5.0	12
⋆西安	1178.39		5.8	21	9.4	4	0.1	7	7.0	6
⋆拉萨	45.20		14.5	1	8.5	6		27	11.3	2
南宁在 11 个西部省会城市排位				3		11		10		9
南宁在 5 个自治区首府城市排位				2		5		4		4

说明：因 2016 年较多城市规模以上工业增加值总量不公布，故对总量指标不予排位

续表 31

城 市	固定资产投资											
	2016 年		2017 年				2018 年		2019 年		2020 年	
	总量（亿元）	位次	总量（亿元）	位次	比上年增长(%)	位次	比上年增长(%)	位次	比上年增长(%)	位次	比上年增长(%)	位次
★南 宁	3824.73	17	4307.95	16	12.6	8	11.8	6	9.9	9	−2.5	23
太 原	2027.71	19	964.86	26	6.8	18	26.2	1	10.2	5	11.3	2
合 肥	6501.17	5	6351.43	6	5.0	22	7.1	20	9.0	11	4.7	14
福 州	5184.36	11	5823.39	11	12.3	9	11.7	7	9.0	11	9.6	6
南 昌	4540.26	14	5115.18	14	12.7	7	10.9	9	10.2	5	8.8	7
郑 州	6998.60	3	7573.44	3	8.2	15	10.9	9	2.8	17	3.6	17
长 沙	6693.32	4	7567.77	4	13.1	5	11.5	8	10.1	7	6.2	12
石家庄	5916.00	6	6310.10	7	6.7	19	6.4	22	6.2	15	−18.8	26
海 口	1271.73	24	1415.50	24	11.3	13	−6.2	24	−15.4	26	9.9	4
★西 宁	1399.30	23	1600.03	21	14.3	3	9.0	17	2.6	19	−25.9	27
★银 川	1723.31	21	1719.05	20	1.4	23	−21.9	26	−6.2	25	1.1	21
★乌鲁木齐			2020.00	19	25.7	1	10.0	13	2.0	20	0.3	22
★兰 州	1990.95	20	1315.35	25	−33.9	27	12.1	5	−4.7	24	3.4	18
★贵 阳	3380.73	18	3850.60	18	18.1	2	15.0	3	1.5	21	2.7	20
★昆 明	3920.07	16	4217.90	17	7.6	16	5.5	23	2.8	17	8.1	9
★呼和浩特			1490.80	22	−19.4	26	−26.5	27	5.2	16	−8.5	24
沈 阳	1631.60	22	1484.00	23	−9.0	25	15.3	2	13.2	2	4.1	15
长 春	4659.00	13	5194.80	13	11.5	12	6.7	21	−19.0	27	8.8	7
哈尔滨	5040.10	12	5395.50	12	7.1	17	−7.2	25	7.3	14	2.8	19
南 京	5533.56	9	6215.20	8	12.3	9	9.4	16	8.0	13	6.6	11
杭 州	5842.42	7	5856.65	10	1.4	23	10.8	11	11.6	4	6.8	10
济 南	3974.30	15	4363.60	15	13.5	4	9.6	15	12.6	3	4.0	16
武 汉	7093.17	2	7871.66	2	11.0	14	10.6	12	9.8	10	−11.8	25
广 州	5703.59	8	5919.83	9	5.7	20	8.2	19	16.5	1	10.0	3
★成 都	8370.50	1	9404.20	1	12.3	9	10.0	13	10.0	8	9.9	4
★西 安	5191.36	10	7556.47	5	12.9	6	8.5	18	1.1	22	12.8	1
★拉 萨	582.27	25	611.73	27	5.1	21	13.1	4	−3.1	23	5.3	13
南宁在 11 个西部省会城市排位		4		3		5		4		2		9
南宁在 5 个自治区首府城市排位		1		1		2		2		1		4

续表 31

城市	居民消费价格总指数															
	2016年		2017年				2018年				2019年				2020年	
	指数	位次	指数	位次	比上年涨(跌)(%)	位次	指数	位次	比上年涨(跌)(%)	位次	指数	位次	比上年涨(跌)(%)	位次	比上年增长(%)	位次
*南　宁	101.4	21	102.3	5	2.3	5	102.5	5	2.5	5	103.4	1	3.4	1	102.3	12
太　原	101.2	24	101.8	13	1.8	13	101.8	21	1.8	21	102.7	14	2.7	14	102.6	3
合　肥	102.6	5	101.4	17	1.4	17	102	16	2.0	16	102.9	9	2.9	9	102.3	12
福　州	102.3	9	101.1	25	1.1	25	101.5	25	1.5	25	102.5	20	2.5	20	102.4	7
南　昌	102.1	12	102.1	7	2.1	7	102.3	10	2.3	10	102.8	12	2.8	12	102.5	5
郑　州	102.3	9	101.8	13	1.8	13	102.4	6	2.4	6	103.1	5	3.1	5	102.3	12
长　沙	101.9	14	101.3	23	1.3	23	102	16	2.0	16	102.9	9	2.9	9	101.8	23
石家庄	101.6	19	101.4	17	1.4	17	102.3	10	2.3	10	102.7	14	2.7	14	102.3	12
海　口	103	1	103.3	2	3.3	2	102.4	6	2.4	6	103.3	2	3.3	2	101.3	25
*西　宁	102.1	12	101.4	17	1.4	17	102.7	3	2.7	3	102.5	20	2.5	20	102.7	2
*银　川	101.7	16	101.7	15	1.7	15	102.2	13	2.2	13	102.2	24	2.2	24	101.8	23
*乌鲁木齐	101.5	20	102.8	3	2.8	3	102.2	13	2.2	13	102.0	27	2.0	27	100.9	27
*兰　州	100.8	27	101.5	16	1.5	16	101.7	22	1.7	22	102.2	24	2.2	24	102.0	19
*贵　阳	101.1	25	101	26	1.0	26	101.7	22	1.7	22	102.7	14	2.7	14	102.4	7
*昆　明	101.7	16	100.5	27	0.5	27	102.1	22	1.7	22	102.3	23	2.3	23	103.1	1
*呼和浩特	101.4	21	101.4	17	1.4	17	103	15	2.1	15	102.6	18	2.6	18	102.0	19
沈　阳	101.7	16	101.4	17	1.4	17	102	2	3.0	2	102.4	22	2.4	22	102.3	12
长　春	101.4	21	101.3	23	1.3	23	103.5	16	2.0	16	102.9	9	2.9	9	101.9	22
哈尔滨	101.8	15	103.5	1	3.5	1	102.4	1	3.5	1	102.6	18	2.6	18	101.4	26
南　京	102.7	2	101.9	11	1.9	11	102.3	6	2.4	6	103.1	5	3.1	5	102.4	7
杭　州	102.6	5	102.5	4	2.5	4	102.6	10	2.3	10	103.1	5	3.1	5	102.1	17
济　南	102.7	2	102	8	2.0	8	101.9	4	2.6	4	103.3	2	3.3	2	102.4	7
武　汉	102.4	8	101.9	11	1.9	11	102.4	19	1.9	19	103.2	4	3.2	4	102.4	7
广　州	102.7	2	102.3	5	2.3	5	101.4	6	2.4	6	103.0	8	3.0	8	102.6	3
*成　都	102.2	11	102	8	2.0	8	101.9	26	1.4	26	102.8	12	2.8	12	102.5	5
*西　安	100.9	26	102	8	2.0	8	101.1	19	1.9	19	102.7	14	2.7	14	102.1	17
*拉　萨	102.6	5	101.4	22	1.4	22		27	1.1	27	102.2	24	2.2	24	102.0	19
南宁在11个西部省会城市排位		7		2		2		2		2		1		1		5
南宁在5个自治区首府城市排位		4		2		2		1		1		1		1		1

续表 31

城 市	海关进出口总额														
	2016 年		2017 年			2018 年			2019 年			2020 年		
	总量	单位	总量	单位	增速(%)	总量	单位	增速(%)	总量	单位	增速(%)	总量	单位	增速(%)
★南 宁	416.23	亿元	607.09	亿元	48.8	738.79	亿元	21.7	747.79	亿元	1.0	986.00	亿元	31.8
太 原	879.38	亿元	915.25	亿元	4.1	1086.29	亿元	18.7	1119.56	亿元	3.1	1211.47	亿元	8.1
合 肥	186.87	亿美元	249.59	亿美元	33.6	308.13	亿美元	23.5	2221.20	亿元	9.5	2597.25	亿元	16.9
福 州	2082.20	亿元	2336.06	亿元	12.0	2452.75	亿元	5.0	1061.77	亿元		2504.80	亿美元	−1.0
南 昌	619.70	亿元	669.20	亿元	8.3	787.55	亿元	18.2	4129.91	亿元	34.8	1151.46	亿元	8.4
郑 州	3645.66	亿元	4015.65	亿元	10.1	4105.00	亿元	2.2	2002.03	亿元	0.6	4946.40	亿元	19.7
长 沙	746.75	亿元	938.02	亿元	29.0	1283.34	亿元	36.8	1178.80	亿元	56.4	2350.46	亿元	17.4
石家庄	116.10	亿美元	862.20	亿元	12.3	915.50	亿元	6.1	331.38	亿元	28.4	1341.11	亿元	14.0
海 口	258.18	亿元	210.22	亿元	−18.5	341.17	亿元	62.3		亿元	−2.9	368.32	亿元	11.2
★西 宁	85.08	亿元	32.91	亿元	−61.4	31.28	亿元	−5.0	157.60			16.81	亿元	−37.0
★银 川	163.47	亿元	270.62	亿元	65.6	168.83	亿元	−37.6	512.64	亿元	−6.4	62.96	亿元	−60.0
★乌鲁木齐	323.73	亿元	460.34	亿元	45.2	513.50	亿元	12.4		亿元	−0.1	455.87	亿元	−11.0
★兰 州												102.50	亿元	−14.2
★贵 阳	39.04	亿美元				34.94	亿美元	15.2	41.51	亿美元	18.8	60.00	亿美元	44.7
★昆 明	66.81	亿美元	78.18	亿美元	18.2	131.20	亿美元	67.6	131.87	亿美元	0.3	160.59	亿美元	21.8
★呼和浩特	13.09	亿美元	15.99	亿美元	22.2		亿美元		124.30		6.5	147.00	亿元	18.3
沈 阳	113.30	亿美元	128.50	亿美元	13.4	149.50	亿美元	16.4	1072.80	亿元	9.0	1028.10	亿元	−4.2
长 春	141.60	亿美元				1054.60	亿元	10.7	995.80	亿元	−5.6	1027.60	亿元	3.0
哈尔滨	39.70	亿美元	33.50	亿美元	−15.8	209.70	亿美元	−8.0	251.50	亿元	19.9	255.90	亿元	1.5
南 京	3315.33	亿元	4143.00	亿元	24.8	4317.20	亿元	4.7	4828.15	亿元	11.8	5340.21	亿元	10.6
杭 州	4485.97	亿元	5085.08	亿元	13.3	5245.30	亿元	3.1	5597.00	亿元	6.7	5934.20	亿元	5.9
济 南	639.70	亿元	708.10	亿元	10.5	825.00	亿元	16.2	1103.30	亿元	17.9	1382.70	亿元	23.0
武 汉	1570.10	亿元	1936.20	亿元	23.2	2146.00	亿元	10.9	2440.20	亿元	13.7	2704.30	亿元	10.8
广 州	8566.92	亿元	9714.36	亿元	13.7	9810.15	亿元	1.0	9995.81	亿元	1.9	9530.06	亿元	−4.8
★成 都	2713.40	亿元	3941.80	亿元	45.4	4983.20	亿元	26.4	5822.70	亿元	16.9	7154.21	亿元	22.4
★西 安	1828.46	亿元	2545.41	亿元	39.1	3303.87	亿元	29.6	3243.06	亿元	−1.8	3473.84	亿元	7.2
★拉 萨	41.21	亿元	44.27	亿元	7.4	40.96	亿元	−7.1	41.08	亿元	0.3	15.95	亿元	−61.2

说明：海关进出口数因各市计量单位不同，故不予排位

续表 31

城市	社会消费品零售总额											
	2016 年		2017 年				2018 年		2019 年		2020 年	
	总量(亿元)	位次	总量(亿元)	位次	比上年增长(%)	位次	比上年增长(%)	位次	比上年增长(%)	位次	比上年增长(%)	位次
*南　宁	1980	17	2204.16	17	11.3	8	9.0	14	4.2	24	−6.3	20
太　原	1666	19	1767.82	19	6.1	25	8.1	17	7.8	14	−6.4	21
合　肥	2446	15	2728.51	15	11.6	5	9.1	12	8.7	11	3.1	2
福　州	3763	9	4193.87	8	11.4	7	11.3	2	9.6	6	0.6	7
南　昌	1868	18	2096.96	18	12.3	2	11.1	3	11.2	1	3.0	3
郑　州	3666	12	4057.22	10	10.7	11	9.7	9	9.5	7	−4.7	18
长　沙	4117	6	4547.68	6	10.5	12	9.9	8	10.1	3	−2.6	10
石家庄	2975	13	3296.00	13	10.8	10	9.1	12	8.3	12	−3.3	12
海　口	654	23	726.12	24	11.0	9	5.9	23	4.7	23	1.5	4
*西　宁	513	25	560.79	26	9.3	20	6.7	21	5.0	22	−9.3	24
*银　川	514	24	562.31	25	9.4	19	4.8	26	6.2	17	−7.1	23
*乌鲁木齐			1317.00	23	6.5	24	5.0	25	2.6	27	−19.8	26
*兰　州	1263	21	1358.72	21	7.6	23	7.4	20	7.6	16	−1.8	8
*贵　阳	1195	22	1335.28	22	11.7	4	8.0	18	6.2	17	6.6	1
*昆　明	2310	16	2590.95	16	12.2	3	10.0	5	9.7	5	−3.6	15
*呼和浩特	1481	20	1570.95	20	6.0	26	5.6	24	2.7	26	−4.0	17
沈　阳	3986	7	3989.80	12	0.1	27	9.2	11	10.6	2	−5.4	19
长　春	2650	14	2922.80	14	10.3	16	6.2	22	3.9	25	−6.5	22
哈尔滨	3744	10	4044.80	11	8.0	21	4.2	27	5.6	20	−11.3	25
南　京	5088	5	5604.66	5	10.2	17	8.4	16	5.2	21	0.9	6
杭　州	5176	4	5717.43	4	10.5	12	9.0	14	8.8	10	−3.5	13
济　南	3765	8	4146.10	9	10.1	18	10.0	5	8.1	13	1.1	5
武　汉	5611	3	6196.30	3	10.4	15	10.5	4	8.9	9	−20.9	27
广　州	8706	1	9402.59	1	8.0	21	7.6	19	7.8	14	−3.5	13
*成　都	5647	2	6403.59	2	11.5	6	10.0	5	9.9	4	−2.3	9
*西　安	3731	11	4329.51	7	10.5	12	9.6	10	6.0	19	−2.9	11
*拉　萨	230	26	258.76	27	12.7	1	14.2	1	9.1	8	−3.8	16
南宁在 11 个西部省会城市排位		4		4		5		5		9		8
南宁在 5 个自治区首府城市排位		1		1		2		2		3		3

续表 31

城　市	城镇居民人均可支配收入																	
	2016 年		2017 年				2018 年				2019 年				2020 年			
	总量（元）	位次	总量（元）	位次	比上年增长（%）	位次	总量（元）	位次	比上年增长（%）	位次	总量（元）	位次	比上年增长（%）	位次	总量（元）	位次	比上年增长（%）	位次
★南　宁	30728	20	33217	19	8.1	21	35276	23	6.2	27	37675	24	6.8	23	38542	25	2.3	21
太　原	29632	24	31469	25	6.2	25	33672	26	7.0	22	36362	25	8.0	13	38329	26	5.4	7
合　肥	34852	13	37972	13	9.0	6	41484	12	9.3	2	45404	12	9.5	2	48283	10	6.3	2
福　州	37833	9	40973	9	8.3	13	44457	8	8.5	7	47920	8	7.8	16	49300	8	2.9	18
南　昌	34619	14	37675	14	8.8	8	40844	13	8.4	9	44136	13	8.1	11	16796	13	6.0	4
郑　州	33214	16	36050	16	8.5	10	39042	15	8.3	10	42087	15	7.8	16	42887	16	1.9	22
长　沙	43294	4	46948	4	8.4	11	50792	4	8.2	14	55211	4	8.7	7	57971	4	5.0	10
石家庄	30459	22	32929	21	8.1	21	35563	21	8.0	18	38550	19	8.4	10	40247	19	4.4	14
海　口	30775	19	33320	18	8.3	13	36137	18	8.5	7	38977	18	7.9	15	40049	21	2.8	19
★西　宁	27539	27	30043	26	9.1	3	32500	27	8.2	14	34846	26	7.4	19	36959	27	6.1	3
★银　川	30478	21	32981	20	8.2	18	35586	20	7.9	20	38217	21	7.4	19	39416	24	3.1	17
★乌鲁木齐	34200	15	37028	15	8.3	13	40101	14	8.3	10	42667	14	6.4	24	42769	17	0.2	25
★兰　州	29661	23	32331	23	9.0	6	35014	25	8.3	10	38095	22	8.8	6	40152	20	5.4	7
★贵　阳	29502	25	32186	24	9.1	3	35115	24	9.1	3	38240	20	8.9	4	40305	18	5.4	7
★昆　明	36739	10	39788	10	8.3	13	42988	10	8.0	18	46289	10	7.7	18	48018	11	3.7	16
★呼和浩特	40220	6	43518	6	8.2	18	46565	7	7.0	22	49397	7	6.1	26	49789	7	0.8	24
沈　阳	39135	8	41359	8	6.1	26	44054	9	6.5	24	46786	9	6.2	25	47413	12	1.3	23
长　春	31069	18					35332	22	6.5	24	37844	23	7.0	22	40001	22	5.7	6
哈尔滨	33190	17	35546	17	7.1	24	37828	17	6.4	26					39791		−0.5	
南　京	49997	3	54538	3	9.1	3	59308	3	8.7	5	64372	3	8.5	8	67553	3	4.9	12
杭　州	52185	1	56276	1	7.8	23	61172	1	8.7	5	66068	1	8.0	13	68666	1	3.9	15
济　南	43052	5	46642	5	8.3	13	50146	5	7.5	21	51913	5	7.3	21	53329	5	2.7	20
武　汉	39737	7	43405	7	9.2	2	47359	6	9.1	3	51706	6	9.2	3	50362	6	−2.6	27
广　州	50941	2	55400	2	8.8	8	59982	2	8.3	10	65052	2	8.5	8	68304	2	5.0	10
★成　都	35902	11	38918	11	8.4	11	42128	11	8.2	14	45878	11	8.9	4	48593	9	5.9	5
★西　安	35630	12	38536	12	8.2	18	38729	16	8.1	17	41850	16	8.1	11	43713	14	4.5	13
★拉　萨	29383	26	32408	22	10.3	1	35842	19	10.6	1	39686	17	10.7	1	43640	15	10.0	1
南宁在 11 个西部省会城市排位		6		6		11		8		11		10		9		10		9
南宁在 5 个自治区首府城市排位		3		3		5		5		5		5		3		5		3

续表 31

城市	农村居民人均可支配收入																	
	2016 年		2017 年				2018 年				2019 年				2020 年			
	总量（亿元）	位次	总量（元）	位次	比上年增长（%）	位次	总量（元）	位次	比上年增长（%）	位次	总量（元）	位次	比上年增长（%）	位次	总量（元）	位次	比上年增长（%）	位次
★南　宁	11398	25	12515	24	9.8	3	13654	24	9.1	11	15047	23	10.2	5	16130	24	7.2	17
太　原	14591	14	15595	16	6.9	26	16860	15	8.1	24	18377	14	9	21	19655	14	7.0	20
合　肥	17059	8	18694	8	9.0	12	20389	8	9.7	4	22462	8	10.2	5	24282	7	8.1	5
福　州	16347	10	17865	9	9.3	6	19419	10	8.7	17	21320	10	9.8	9	22669	10	6.3	24
南　昌	14952	13	16364	13	9.4	5	17866	12	9.2	8	19498	11	9.1	19	20921	11	7.3	16
郑　州	18426	7	19974	7	8.4	19	21652	7	8.4	21	23536	7	8.7	23	24783	6	5.3	25
长　沙	25448	2	27360	2	7.5	24	29714	2	8.6	19	32329	2	8.8	22	34754	2	7.5	14
石家庄	12345	22	13345	21	8.1	21	14518	20	8.8	16	15853	20	9.2	17	16947	21	6.9	21
海　口	12679	19	13763	19	8.6	18	14886	19	8.2	22	16116	19	8.3	25	17405	20	8.0	8
★西　宁	9678	27	10548	26	9.0	12	11504	27	9.1	11	12577	26	9.4	13	13487	27	7.2	17
★银　川	12037	23	13087	22	8.7	17	14160	23	8.2	22	15282	22	7.9	26	16428	23	7.5	14
★乌鲁木齐	16400	9	17839	10	9.1	8	19623	9	10.0	3	21448	9	9.3	16	22827	9	6.4	23
★兰　州	10391	26	11305	25	8.8	15	12368	26	9.4	6	13605	25	10.0	7	14652	26	7.7	11
★贵　阳	12967	18	14264	18	10.0	2	15648	17	9.7	4	17275	16	10.4	3	18674	17	8.1	5
★昆　明	12555	21	13698	20	9.1	8	14895	18	8.7	17	16356	17	9.8	9	17719	19	8.3	3
★呼和浩特	14517	15	15710	14	8.2	20	17190	13	9.4	6	18974	13	10.4	3	20489	12	8.0	8
沈　阳	14445	16	15461	17	7.5	24	16530	16	6.9	26	18124	15	9.6	12	19598	16	8.1	5
长　春	12576	20					14237	22	6.0	27	15455	21	8.6	24	16636	22	7.6	12
哈尔滨	14439	17	15614	15	8.1	21	16934	14	8.9	15					19631	15	7.6	12
南　京	21156	4	23133	4	9.3	6	25263	4	9.2	8	27636	4	9.4	13	29621	4	7.2	17
杭　州	27908	1	30397	1	8.9	14	33193	1	9.2	8	36255	1	9.2	17	38700	1	6.7	22
济　南	15346	11	16594	11	8.1	21	17924	11	8.0	25	19454	12	9.1	19	20432	13	5.0	26
武　汉	19152	5	20887	5	9.1	8	22652	5	8.5	20	24776	5	9.4	13	24057	8	−2.9	27
广　州	21449	3	23484	3	9.5	4	26020	3	10.8	1	28868	3	10.9	2	31266	3	8.3	3
★成　都	18605	6	20298	6	9.1	8	22135	6	9.0	13	24357	6	10.0	7	26432	5	8.5	2
★西　安	15191	12	16522	12	8.8	15	13286	25	9.0	13	14588	24	9.8	9	15749	25	8.0	8
★拉　萨	11448	24	12994	23	13.5	1	14369	21	10.6	2	16216	18	12.9	1	18268	18	12.7	1
南宁在11个西部省会城市排位		9		9		3		8		6		8		4		8		9
南宁在5个自治区首府城市排位		5		5		2		5		4		5		3		5		4

表 32　　广西 14 个城市主要指标及排位(2016 年至 2020 年)

城 市	地区生产总值															
	2016 年		2017 年				2018 年		2019 年				2020 年			
	总量(亿元)	位次	总量(亿元)	位次	比上年增长(%)	位次	比上年增长(%)	位次	总量(亿元)	位次	比上年增长(%)	位次	总量(亿元)	位次	比上年增长(%)	位次
全 区	18245.07		20396.25	–	7.3	–	6.8	–	21237.14	–	6.0	–	22156.69	–	3.7	–
南 宁	3703.39	1	4118.83	1	8.0	6	5.4	13	4506.56	1	5.0	11	4726.34	1	3.7	9
柳 州	2476.94	2	2755.67	2	7.1	10	6.4	10	3128.35	2	2.4	14	3176.94	2	1.5	13
桂 林	2075.89	3	2045.18	3	3.9	14	6.9	9			6.5	8	2130.41	3	2.1	12
梧 州	1175.65	5	1338.11	6	6.7	11	1.8	14	991.40	6	4.2	13	1081.34	9	8.0	1
北 海	1007.28	8	1229.84	8	10.2	1	8.3	4	1300.80	5	8.1	5	1276.91	8	−1.3	14
防城港	676.12	11	741.62	11	6.7	11	7.4	5	701.23	9	5.4	10	732.81	13	5.1	7
钦 州	1102.05	7	1309.82	7	8.8	4	6.0	12	1356.27	4	7.8	6	1387.96	5	2.6	11
贵 港	958.76	9	1082.18	9	9.0	3	10.0	2			9.0	2	1352.73	6	7.0	2
玉 林	1553.91	4	1699.54	4	7.6	8	7.2	6	1679.77	3	7.2	7	1761.08	4	3.3	10
百 色	1114.31	6	1361.76	5	8.8	4	7.1	8			9.0	2	1333.73	7	6.3	4
贺 州	518.22	14	548.83	14	5.3	13	8.9	3	700.11	10	11.8	1	753.95	12	7.0	2
河 池	657.18	12	734.60	12	7.8	7	6.4	10	878.10	7	6.0	9	927.71	10	5.1	7
来 宾	589.11	13	663.69	13	7.4	9	7.2	6			4.3	12	705.72	14	6.3	4
崇 左	766.20	10	907.62	10	9.3	2	11.3	1	760.46	8	8.5	4	809.00	11	6.1	6

城 市	第一产业增加值															
	2016 年		2017 年				2018 年		2019 年				2020 年			
	总量(亿元)	位次	总量(亿元)	位次	比上年增长(%)	位次	比上年增长(%)	位次	总量(亿元)	位次	比上年增长(%)	位次	总量(亿元)	位次	比上年增长(%)	位次
全 区	2798.61		2906.87	–	4.1	–	5.6	–	3387.74	–	5.6	–	3555.82	–	5.0	–
南 宁	400.67	1	404.18	1	4.1	8	4.3	14	507.27	1	5.3	5	534.36	1	4.7	10
柳 州	180.15	7	189.54	7	3.7	12	4.9	12	223.47	4	5.1	7	231.37	6	4.0	12
桂 林	356.18	2	381.83	2	4.3	5	5.5	5			6.0	3	484.46	2	6.2	2
梧 州	131.30	12	136.41	12	4.4	3	5.9	2	162.03	8	5.4	4	173.84	12	5.5	4
北 海	175.09	8	190.54	6	3.7	12	5.7	4	211.7	5	4.1	13	206.6	8	2.1	14
防城港	80.88	14	89.27	14	3.9	9	6.0	1	109.42	10	5.1	7	111.08	14	3.9	13
钦 州	221.12	4	234.95	4	3.9	9	5.5	5	279.78	3	5.3	5	282.82	4	4.3	11
贵 港	190.21	5	193.65	5	4.2	7	5.4	7			4.9	9	226.56	7	5.0	7
玉 林	278.07	3	276.91	3	3.2	14	5.3	8	323	2	3.6	14	345.42	3	5.0	7
百 色	182.25	6	189.24	8	4.5	2	5.2	10			7.1	2	259.37	5	6.9	1
贺 州	111.77	13	115.76	13	4.3	5	5.2	10	134.28	9	4.4	12	144.17	13	5.6	3
河 池	150.83	10	158.96	11	3.8	11	5.3	8	188.99	6	7.8	1	198.71	9	5.2	6
来 宾	147.51	11	159.96	10	4.6	1	5.8	3			4.5	11	176.65	11	5.5	4
崇 左	167.69	9	181.25	9	4.4	3	4.4	13	170.2	7	4.9	9	180.41	10	5.0	7

南宁年鉴

续表 32

城市	第二产业增加值															
	2016年		2017年				2018年		2019年				2020年			
	总量(亿元)	位次	总量(亿元)	位次	比上年增长(%)	位次	比上年增长(%)	位次	总量(亿元)	位次	比上年增长(%)	位次	总量(亿元)	位次	比上年增长(%)	位次
全区	8219.86		9297.84	–	6.6	–	4.2	–	7077.43	–	5.7	–	7108.49	–	2.2	–
南宁	1427.16	1	1599.50	1	8.6	7	2.2	12	1044.97	1.0	4.4	12	1084.32	2	5.3	9
柳州	1361.80	2	1487.08	2	4.4	12	2.6	11	1551.91	−1.8	−0.7	14	1501.13	1	−1.3	12
桂林	939.48	3	791.94	3	−0.5	14	4.9	10		5.5	7.2	7	486.48	5	4.6	10
梧州	681.52	4	785.71	5	5.2	11	−7.6	14	341.56	−3.1	−0.3	13	383.29	9	14.0	1
北海	516.14	7	668.66	7	10.5	4	6.5	7	557.82	9.3	9.2	5	485.66	6	−11.5	13
防城港	386.26	10	421.23	10	6.4	9	7.2	6	330.83	5.2	5.9	10	348.07	10	6.8	7
钦州	481.89	8	625.01	8	11.2	2	1.4	13	451.77	7.2	7.2	7	390.13	8	−12.3	14
贵港	393.20	9	465.86	9	11.3	1	11.7	2		15.0	14.2	2	491.66	4	8.9	3
玉林	665.11	5	734.14	6	8.1	8	5.6	8	569.29	8.5	9.0	6	460.85	7	−0.3	11
百色	594.74	6	789.33	4	9.5	5	9.1	4		10.1	10.6	4	531.11	3	6.5	8
贺州	211.55	13	210.91	14	1.6	13	9.4	3	244.88	15.6	19.7	1	257.59	12	6.9	6
河池	199.82	14	231.49	13	9.4	6	7.4	5	247.32	5.6	6.6	9	263.98	11	7.6	4
来宾	219.95	12	250.08	12	5.3	10	5.2	9		0.8	4.7	11	191.63	14	7.1	5
崇左	310.69	11	398.20	11	10.8	3	14.6	1	213.70	13.9	14.1	3	232.61	13	12.6	2

城市	全部工业增加值											
	2016年		2017年				2018年		2019年		2020年	
	总量(亿元)	位次	总量(亿元)	位次	比上年增长(%)	位次	比上年增长(%)	位次	比上年增长(%)	位次	比上年增长(%)	位次
全区	6764.13		8191.54	–	9.2	–	4.7	–	–	–	1.2	–
南宁	1063.14	2	1189.89	2	9.5	6	1.6	13	1.0	11	2.6	10
柳州	1232.52	1	1345.13	1	4.5	12	2.4	11	−1.8	13	−1.9	11
桂林	772.81	3	609.71	6	−1.3	13	5.2	9	5.5	9	5.2	9
梧州	629.19	4	729.57	3	5.5	10	−9.4	14	−3.1	14	11.9	2
北海	464.42	7	612.00	5	11.3	2	7.0	7	9.3	5	−13.4	14
防城港	340.88	9	369.45	10	6.3	9	8.4	5	5.2	10	6.5	6
钦州	363.22	8	487.18	8	11.9	1	2.3	12	7.2	7	−12.8	13
贵港	319.38	10	378.53	9	11.3	2	12.9	3	15.0	2	9.5	4
玉林	521.11	5	564.86	7	7.4	8	5.6	8	8.5	6	−2.2	12
百色	508.74	6	690.07	4	9.6	5	10.9	4	10.1	4	6.3	7
贺州	144.67	14	132.15	14	−2.9	14	15.2	2	15.6	1	10.5	3
河池	147.09	13	168.58	13	8.4	7	8.2	6	5.6	8	7.6	5
来宾	160.92	12	183.98	12	5.4	11	4.6	10	0.8	12	6.3	7
崇左	257.13	11	334.52	11	10.5	4	17.1	1	13.9	3	16.3	1

续表 32

城市	第三产业增加值															
	2016 年		2017 年				2018 年		2019 年				2020 年			
	总量（亿元）	位次	总量（亿元）	位次	比上年增长(%)	位次	比上年增长(%)	位次	总量（亿元）	位次	比上年增长(%)	位次	总量（亿元）	位次	比上年增长(%)	位次
全　区	7226.60		8191.54	–	9.2	–	9.4	–	110771.97	–	6.2	–	11492.38	–	4.2	–
南　宁	1875.57	1	2115.15	1	8.4	13	7.8	12	2954.32	1	5.2	11	3107.67	1	2.9	12
柳　州	934.99	2	1079.05	2	11.6	2	11.9	1	1352.96	2	5.8	10	1444.43	2	4.2	9
桂　林	780.23	3	871.41	3	8.5	12	8.9	10			6.5	9	1159.47	3	−0.7	14
梧　州	362.82	7	415.98	7	10.4	5	9.2	9	487.82	6	7.2	6	524.21	9	4.5	7
北　海	316.05	9	370.64	9	13.3	1	11.7	2	531.28	5	8.6	3	584.66	7	8.1	2
防城港	208.98	13	231.12	13	8.3	14	8.2	11	260.98	10	4.8	13	273.66	14	3.2	11
钦　州	399.04	5	449.86	5	8.9	9	10.2	6	624.72	4	9.3	2	715.01	5	12.7	1
贵　港	375.34	6	422.68	6	8.8	10	10.5	4			6.6	8	634.51	6	6.1	5
玉　林	610.73	4	688.49	4	9.1	8	10.0	7	887.48	3	7.7	5	954.81	4	4.5	7
百　色	337.32	8	383.20	8	9.8	7	5.3	14			8.3	4	543.25	8	5.7	6
贺　州	194.89	14	222.16	14	9.9	6	10.4	5	320.95	9	9.5	1	352.19	12	7.6	3
河　池	306.53	10	344.15	10	8.7	11	6.2	13	441.78	7	4.9	12	465.02	10	3.5	10
来　宾	221.66	12	253.65	12	11.5	3	9.9	8			4.0	14	337.45	13	6.3	4
崇　左	287.82	11	328.17	11	10.6	4	11.7	2	376.56	8	7.2	6	395.98	11	2.9	12

城市	农林牧渔业总产值																	
	2016 年		2017 年				2018 年				2019 年				2020 年			
	总量（亿元）	位次	总量（亿元）	位次	比上年增长(%)	位次	比上年增长(%)	位次	比上年增长(%)	位次	总量（亿元）	位次	比上年增长(%)	位次	总量（亿元）	位次	比上年增长(%)	位次
全　区			–	–	–	–		–	–	–	–	–	–	–	–	–	–	–
南　宁	689.03	1	704.72	1	4.1	9	725.27	1	4.5	14	825.58	1	4.2	13	868.84	1	4.8	10
柳　州	310.29	6	324.67	6	4.1	11	334.01	3	5.1	12	371.94	4	5.1	7	378.47	7	4.1	12
桂　林	577.40	2	609.44	2	4.4	6			5.5	7			6.1	3	735.94	2	6.2	2
梧　州	225.90	12	231.98	12	4.6	4	234.00	10	5.8	3	264.47	8	5.4	4	280.81	12	5.5	5
北　海	280.20	8	302.46	8	3.9	13	319.10	4	5.7	4	334.58	6	4.4	11	323.16	10	2.2	14
防城港	136.25	14	149.33	14	4.1	8	162.60	12	6.3	1	172.37	9	5.2	6	174.01	14	4.0	13
钦　州	360.14	4	377.75	4	4.1	9	248.68	9	5.5	7	461.53	3	5.4	4	454.48	4	4.4	11
贵　港	331.42	5	334.75	5	4.4	7	341.67	2	5.5	9			4.9	9	379.96	6	5.0	8
玉　林	483.72	3	475.97	3	3.5	14			5.6	5	570.34	2	4.1	14	599.80	3	5.1	7
百　色	298.22	7	307.56	7	4.9	1	316.17	5	5.2	11			7.1	2	407.66	5	7.0	1
贺　州	181.29	13	186.38	13	4.5	5	190.93	11	5.4	10			4.3	12	236.17	13	5.8	3
河　池	257.36	10	271.75	10	4.1	12	275.47	7	5.6	6	318.10	7	7.9	1	332.03	9	5.3	6
来　宾	243.05	11	263.16	11	4.9	1	271037.00	8	6.1	2	169.95	10	4.5	10	294.64	11	5.6	4
崇　左	275.60	9	295.81	9	4.9	1	310.86	6	5.0	13	338.93	5	4.9	8	355.62	8	5.0	9

续表 32

城市	规模以上工业总产值											
	2016 年		2017 年				2018 年		2019 年		2020 年	
	总量(亿元)	位次	总量(亿元)	位次	比上年增长(%)	位次	比上年增长(%)	位次	比上年增长(%)	位次	比上年增长(%)	位次
全区	24524.33		27138.43	–	13.9	–	7.8	–	–	–	–	–
南宁	3537.05	2	3989.82	2	13.9	10	5.2	11	1.4	9	1.9	10
柳州	4685.11	1	5025.22	1	7.5	12	2.1	13	−3.9	13	−2.3	12
桂林	2521.04	3	1980.39	5	0.2	13	4.7	12	2	8	10.1	5
梧州	2310.03	4	2659.65	3	14.9	9	−4.3	14	−12.7	14	14.0	2
北海	2180.74	5	2537.29	4	16.4	8	14.5	5	4.1	7	−7.4	13
防城港	1501.24	8	1770.10	9	20.1	5	9.7	7	−0.8	11	7.2	8
钦州	1524.14	7	1846.31	7	24.8	2	8.6	8	4.7	6	−18.7	14
贵港	985.66	10	1182.25	10	19.5	6	22.6	2	12.4	3	11.6	3
玉林	1675.97	6	1901.38	6	13.6	11	7.3	10	7.5	5	0.1	11
百色	1480.63	9	1824.91	8	23.5	3	13.8	6	9.5	4	4.0	9
贺州	483.60	13	431.64	13	−11.1	14	31.9	1	17.6	1	10.5	4
河池	340.80	14	403.05	14	20.4	4	14.8	4	0.8	10	8.0	7
来宾	526.81	12	611.11	12	17	7	8.6	8	−2.3	12	8.6	6
崇左	747.06	11	938.86	11	25.7	1	18.3	3	12.8	2	17.8	1

城市	规模以上工业增加值											
	2016 年		2017 年				2018 年		2019 年		2020 年	
	总量(亿元)	位次	总量(亿元)	位次	比上年增长(%)	位次	比上年增长(%)	位次	比上年增长(%)	位次	比上年增长(%)	位次
全区			–	–	7.1	–	4.7	–	4.5	–	1.2	–
南宁	1028.55	2	1159.08	2	9.9	6	1.5	13	1.0	11	3.0	10
柳州	1193.72	1	1310.58	1	4.7	12	2.4	11	−1.9	13	−2.2	12
桂林	724.10	3	566.32	6	−1.5	13	5.4	9	6.4	8	6.7	7
梧州	610.31	4	712.76	3	5.8	11	−10	14	−3.3	14	13.9	2
北海	448.59	7	597.91	5	11.9	3	7.1	7	9.7	6	−13.5	13
防城港	332.81	9	362.27	9	6.5	9	8.5	5	5.4	10	6.5	8
钦州	355.51	8	480.32	8	12.8	1	2.3	12	7.6	7	−14.3	14
贵港	299.36	10	360.70	10	12.2	2	13.5	3	16.7	2	11.2	4
玉林	470.06	6	519.39	7	8.3	8	5.8	8	10.0	5	−1.8	11
百色	482.91	5	667.07	4	10.1	5	11.3	4	11.1	4	6.5	8
贺州	121.73	14	111.71	14	−3.8	14	17.7	1	18.5	1	11.9	3
河池	134.99	13	157.80	13	9.2	7	8.5	5	6.2	9	9.3	5
来宾	148.68	12	173.08	12	5.9	10	4.7	10	0.8	12	7.8	6
崇左	251.97	11	329.93	11	10.8	4	17.4	2	15.2	3	17.9	1

续表 32

城 市	固定资产投资												
	2016 年		2017 年				2018 年		2019 年		2020 年		
	总量(亿元)	位次	总量(亿元)	位次	比上年增长(%)	位次	比上年增长(%)	位次	比上年增长(%)	位次	比上年增长(%)	位次
全 区	17652.95	–	19908.27	–	12.8	–	10.8	–	9.5	–	4.2	–
南 宁	3824.73	1	4307.95	1	12.6	9	11.8	8	9.9	8	−2.5	14
柳 州	2338.61	2	2697.20	2	15.3	5	15.4	5	9.6	10	−1.0	13
桂 林	2131.62	3	2234.24	3	4.8	14	14.6	7	9.3	11	4.0	10
梧 州	1168.51	5	1330.15	5	13.8	8	9.8	10	11.0	5	13.2	4
北 海	1011.10	7	1099.68	7	8.8	13	8.0	11	9.0	12	16.9	1
防城港	600.14	12	672.77	12	12.1	11	−0.9	13	8.0	14	8.8	8
钦 州	950.89	8	1088.85	8	14.5	7	11.7	9	12.0	2	11.8	5
贵 港	841.69	9	983.81	9	16.9	1	19.8	1	110.5	6	3.7	11
玉 林	1467.10	4	1689.33	4	15.1	6	14.7	6	11.5	4	2.2	12
百 色	1061.40	6	1226.41	6	15.6	4	−16.4	14	10.0	7	8.9	7
贺 州	650.83	11	722.02	11	10.9	12	0.8	12	8.2	13	8.1	9
河 池	404.02	13	453.20	13	12.2	10	15.4	4	12.1	1	13.8	3
来 宾	370.91	14	432.16	14	16.5	3	18.2	3	9.9	8	16.5	2
崇 左	831.41	10	970.50	10	16.7	2	18.3	2	12.0	2	10.0	6

城 市	房地产开发投资			
	2019 年		2020 年	
	比上年增长(%)	位 次	比上年增长(%)	位 次
全 区	27.0	–	0.8	–
南 宁	32.1	8	−5.7	11
柳 州	5.8	13	−0.3	10
桂 林	11.8	12	8.4	7
梧 州	55.1	4	15.6	4
北 海	0.8	14	−18.1	13
防城港	50.9	5	−14.3	12
钦 州	38.9	6	6.8	8
贵 港	60.7	3	5.8	9
玉 林	29.4	9	9.0	5
百 色	21.0	10	39.8	1
贺 州	70.3	1	8.7	6
河 池	15.2	11	30.7	2
来 宾	65.1	2	−24.9	14
崇 左	38.5	7	30.4	3

续表 32

城市	社会消费品零售总额															
	2016 年		2017 年				2018 年		2019 年				2020 年			
	总量（亿元）	位次	总量（亿元）	位次	比上年增长(%)	位次	比上年增长(%)	位次	总量（亿元）	位次	比上年增长(%)	位次	总量（亿元）	位次	比上年增长(%)	位次
全区	7027.31		7813.03	–	11.2	–	9.3	–		–	7.0		7831.01	–	−4.5	–
南宁	1980.36	1	2204.16	1	11.3	6	9.0	10	2307.41	1	4.2	13	2180.36	1	−6.3	9
柳州	1045.13	2	1155.64	2	10.6	12	9.6	4	1355.62	2	7.0	10	1270.19	2	−4.7	7
桂林	836.45	3	928.12	3	11	10	9.5	7	1095.20	3	10.0	1	888.91	3	−8.7	11
梧州	395.95	6	445.87	6	12.6	2	9.5	9	526.34	6	8.6	3	284.01	8	−5.6	8
北海	225.34	10	250.13	10	11	9	7.0	14	284.16	8	7.1	9	314.23	7	−8.8	12
防城港	111.89	14	124.02	14	10.8	11	8.8	11	140.11	10	3.8	14			−13.1	14
钦州	373.63	7	411.75	7	10.2	14	9.5	7	480.98	7	8.5	4	402.51	6	0.3	3
贵港	431.89	5	480.70	5	11.3	5	7.6	13	564.96	5	9.7	2	411.47	5	−0.2	5
玉林	660.43	4	728.86	4	10.4	13	10.6	2	849.11	4	7.7	7	753.48	4	2.4	2
百色	246.84	9	277.35	9	12.4	4	8.2	12			7.8	6			−1.7	6
贺州	160.98	11	178.85	12	11.1	8	9.7	3			7.1	8	181.50	10	4.9	1
河池	267.96	8	301.20	8	12.4	3	9.6	5			6.8	12			−6.4	10
来宾	159.11	12	180.29	11	13.3	1	9.6	5			7.0	11	129.77	11	−10.9	13
崇左	131.34	13	146.09	13	11.2	7	10.8	1	174.48	9	8.0	5	227.44	9	0.3	4

城市	进出口总额																	
	2016 年		2017 年				2018 年				2019 年				2020 年			
	总量	单位	总量（万元）	位次	比上年增长(%)	位次	总量（万元）	位次	比上年增长(%)	位次	总量（万元）	位次	比上年增长(%)	位次	总量（万元）	位次	比上年增长(%)	位次
全区	31704215	万元	38663400	–	22.6	–	41067094	–	5.0	–	46947028	–	14.4	–	48613446	–	3.5	–
南宁	4162345	万元	6070900	3	48.8	2	7387917	2	21.7	4	7477891	3	1.0	11	9860038	2	31.8	2
柳州	1353756	万元	1722399	7	26.7	7	1730927	7	0.6	11	2191028	6	26.4	5	2281161	6	3.8	7
桂林	590191	万元	704009	8	19.2	9	727554	8	3.9	9	705771	8	−2.6	12	721448	8	2.2	8
梧州	405743	万元	602406	9	48.9	1	508292	9	−15.6	13	658527	9	29.7	3	632661	9	−3.9	10
北海	2047465	万元	2308562	5	12.5	11	3207537	4	38.9	3	2941002	4	−8.3	13	2681352	5	−8.9	11
防城港	5789124	万元	7685445	2	32.4	4	7214933	3	−0.6	12	8049484	2	12.0	8	7096386	3	−11.8	13
钦州	442813	万美元	3404683	4	16.6	10	2273090	5	−33.2	14	2042392	7	−10.2	14	2176508	7	6.5	6
贵港	187879	万元	238816	11	26.6	8	276015	12	15.3	6	389127	11	40.8	2	354182	11	−9.2	12
玉林	267161	万元	339935	10	27.2	6	348593	10	3.1	10	401653	10	15.3	7	313229	12	−22.8	14
百色	1380719	万元	1890278	6	35.4	3	2179662	6	16.3	5	2618062	5	20.5	6	3331389	4	27.2	3
贺州	51915	万元	48443	14	−6.3	14	98973	13	104.3	1	1437773	13	45.3	1	173506	13	20.7	5
河池	181096	万元	195498	12	8.0	13	279816	11	43.1	2	303147	12	8.3	10	449992	10	51.0	1
来宾	58873	万元	77312	13	31.3	5	84037	14	8.7	7	91259	14	9.0	9	110600	14	21.2	4
崇左	1856300	万美元	13394020	1	10.0	12	14756902	1	6.4	8	18933912	1	28.3	4	18431713	1	−2.7	9

说明：2016 年海关进出口数因各市计量单位不同，故不予排位。崇左市与防城港市外贸进出口额自 2015 年起含互市贸易额

续表 32

城　市	金融机构存款余额																	
	2016 年		2017 年				2018 年				2019 年				2020 年			
	总量（亿元）	位次	总量（亿元）	位次	比上年增长(%)	位次	总量（亿元）	位次	比上年增长(%)	位次	总量（亿元）	位次	比上年增长(%)	位次	总量（亿元）	位次	比上年增长(%)	位次
全　区	25477.80		27899.64	–	9.5	–	29620.03	–	6.9	–	31504.98	–	6.4	–	34515.57	–	9.6	–
南　宁	8901.72	1	9367.53	1	5.2	14	10093.13	1	7.8	6	10718.32	1	6.2	9	11498.25	1	7.3	11
柳　州	3305.14	2	3700.55	2	12.0	8	3784.66	2	2.3	14	3890.77	2	2.8	13	4370.58	2	12.3	4
桂　林	2979.80	3	3284.51	3	10.2	10	3470.12	3	6.3	9	3603.49	3	3.8	10	3995.53	3	10.9	6
梧　州	1044.91	7	1133.48	7	8.5	12	1218.21	7	7.5	7	1361.17	6	11.7	2	1500.72	6	10.3	9
北　海	815.63	10	938.84	10	15.1	4	1092.06	9	16.3	1	1238.83	8	13.4	1	1298.64	9	4.8	14
防城港	562.31	14	618.88	14	10.1	11	700.44	14	13.2	2	775.53	13	10.7	5	880.50	12	13.5	2
钦　州	906.42	9	976.54	9	7.7	13	1066.51	10	9.2	4	1182.14	10	10.8	4	1306.37	8	10.5	7
贵　港	1089.92	6	1262.28	5	15.8	2	1371.06	5	8.6	5	1497.76	5	9.2	6	1670.01	5	11.5	5
玉　林	1636.12	4	1876.23	4	14.7	5	2059.52	4	9.8	3	2204.61	4	7.0	7	2492.24	4	13.0	3
百　色	1111.76	5	1235.81	6	11.2	9	1273.24	6	3.0	13	1360.91	7	6.9	8	1499.54	7	10.2	10
贺　州	615.07	12	724.80	12	17.8	1	771.43	12	6.4	8	792.72	12	2.8	14	840.48	13	6.0	13
河　池	1001.37	8	1126.69	8	12.5	6	1170.04	8	3.8	11	1212.73	9	3.6	12	1294.84	10	6.8	12
来　宾	606.68	13	702.47	13	15.8	3	724.20	13	3.1	12	750.65	14	3.7	11	827.86	14	10.3	8
崇　左	699.48	11	784.81	11	12.2	7	825.41	11	5.2	10	915.35	11	10.9	3	1040.01	11	13.6	1

城　市	住户存款余额																	
	2016 年		2017 年				2018 年				2019 年				2020 年			
	总量（亿元）	位次	总量（亿元）	位次	比上年增长(%)	位次	总量（亿元）	位次	比上年增长(%)	位次	总量（亿元）	位次	比上年增长(%)	位次	总量（亿元）	位次	比上年增长(%)	位次
全　区		–		–		–		–		–		–		–	18936.2	–	11.8	–
南　宁	2924.55	1	3176.69	1	8.6	12	3542.83	1	11.5	7	3960.31	1	11.8	4	4415.35	1	11.5	9
柳　州	1313.64	3	1447.92	3	10.2	9	1621.01	3	12.0	5	1827.00	3	12.7	1	2092.28	3	14.5	1
桂　林	1699.98	2	1820.69	2	7.1	13	2026.53	2	12.0	4	2237.57	2	10.4	8	2505.88	2	12.0	8
梧　州	658.14	7	729.86	6	10.9	6	801.11	6	9.8	11	885.85	6	10.6	6	985.31	7	11.2	10
北　海	524.15	10	578.55	10	10.4	8	653.75	10	13.0	2	727.96	9	11.4	5	789.46	10	8.4	13
防城港	320.34	14	341.84	14	6.7	14	387.53	14	13.4	1	433.94	13	12.0	3	467.54	14	7.7	14
钦　州	586.01	9	652.17	9	11.3	4	722.82	9	10.8	8	95.60	14	10.1	9	900.63	9	13.2	2
贵　港	817.33	5	912.82	5	11.7	3	1004.24	5	10.0	10	1101.89	5	9.7	11	1235.71	5	12.1	6
玉　林	1253.03	4	1379.83	4	10.1	10	1494.37	4	8.3	14	1636.07	4	9.5	12	1833.04	4	12.0	7
百　色	659.95	6	729.01	7	10.5	7	799.00	7	9.6	13	882.66	7	10.5	7	993.50	6	12.6	5
贺　州	378.75	12	424.11	12	12.0	2	477.56	12	12.6	3	517.19	11	8.3	14	583.86	12	12.9	4
河　池	624.90	8	694.33	8	11.1	5	775.72	8	11.7	6	851.61	8	9.8	10	937.95	8	10.1	11
来　宾	346.75	13	389.49	13	12.3	1	427.36	13	9.7	12	466.81	12	9.2	13	527.52	13	13.0	3
崇　左	453.17	11	495.12	11	9.3	11	548.25	11	10.7	9	614.70	10	12.1	2	668.18	11	8.7	12

续表 32

城市	金融机构贷款余额																	
	2016 年		2017 年				2018 年				2019 年				2020 年			
	总量（亿元）	位次	总量（亿元）	位次	比上年增长(%)	位次	总量（亿元）	位次	比上年增长(%)	位次	总量（亿元）	位次	比上年增长(%)	位次	总量（亿元）	位次	比上年增长(%)	位次
全区	20640.54		23226.14	–	12.5	–	26143.38	–	14.8	–	29988.52	–	14.7	–	34738.99	–	15.8	–
南宁	9423.79	1	10470.44	1	11.1	11	12052.13	1	15.1	6	13964.35	1	15.9	6	15868.84	1	13.6	13
柳州	2273.90	2	2459.49	2	8.2	14	2938.16	2	19.5	1	3218.76	2	9.6	14	3719.31	2	15.6	10
桂林	1862.14	3	2149.77	3	15.4	6	2485.14	3	15.8	4	2829.19	3	13.8	8	3254.58	3	15.0	11
梧州	721.92	6	787.52	7	9.1	13	869.29	7	10.4	11	1038.55	7	19.5	1	1244.47	7	19.8	5
北海	535.15	10	654.52	10	22.3	3	735.77	8	15.2	5	841.84	9	11.7	11	946.73	9	12.5	14
防城港	511.47	11	629.76	11	23.1	1	639.92	11	1.6	14	705.31	11	10.2	13	819.13	11	16.1	9
钦州	594.98	8	661.13	8	11.1	11	739.49	9	11.9	10	857.75	8	16.0	5	1076.43	8	25.5	2
贵港	683.85	7	814.51	6	19.1	4	958.93	6	17.7	2	1134.74	6	18.3	2	1390.52	5	22.5	3
玉林	1014.94	4	1205.05	4	18.7	5	1412.20	4	17.2	3	1658.40	4	17.4	4	1964.32	4	18.4	7
百色	815.08	5	922.29	5	13.2	10	1013.37	5	9.9	12	1148.10	5	13.3	10	1342.95	6	17.0	8
贺州	370.36	14	454.68	13	22.8	2	521.07	13	14.6	7	591.47	14	13.5	9	719.47	14	21.6	4
河池	575.04	9	660.19	9	14.8	9	722.05	10	9.4	13	597.50	10	10.4	12	911.43	10	14.3	12
来宾	405.46	12	467.14	12	15.2	7	534.29	12	14.4	8	609.11	12	14.0	7	722.76	13	18.7	6
崇左	390.23	13	449.33	14	15.1	8	503.58	14	12.1	9	593.45	13	17.9	3	758.05	12	27.7	1

城市	财政收入																	
	2016 年		2017 年				2018 年				2019 年				2020 年			
	总量（亿元）	位次	总量（亿元）	位次	比上年增长(%)	位次	总量（亿元）	位次	比上年增长(%)	位次	总量（亿元）	位次	比上年增长(%)	位次	总量（亿元）	位次	比上年增长(%)	位次
全区	2454.05		2604.21	–	6.1	–	2790.35	–	7.1	–	2969.22	–	6.4	–	2800.61	–	−5.7	–
南宁	613.83	1	687.98	1	12.0	3	753.20	1	9.5	6	800.69	1	6.3	9	796.09	1	−0.6	7
柳州	370.16	2	403.82	2	9.1	5	436.22	2	8.0	7	436.31	2	0.0	14	382.68	2	−12.3	12
桂林	223.76	3	239.54	3	5.5	8	257.01	3	7.3	9	258.79	3	0.7	13	207.87	3	−19.7	13
梧州	127.59	7	121.09	8	−5.8	12	121.77	8	0.6	14	131.88	8	8.3	4	123.28	9	−6.5	10
北海	166.31	4	200.67	4	20.1	1	225.19	4	12.2	2	242.27	4	7.6	7	192.04	4	−20.7	14
防城港	75.61	10	74.51	10	−2.3	10	82.76	10	11.1	4	87.86	10	6.2	10	82.54	11	−6.1	9
钦州	154.08	5	145.08	6	−6.4	14	148.01	6	2.0	13	160.04	6	8.1	6	171.73	5	7.3	4
贵港	78.96	9	90.03	9	12.7	2	106.57	9	18.4	1	126.10	9	18.3	1	143.82	8	14.0	1
玉林	148.95	6	160.18	5	6.6	7	171.25	5	6.9	10	178.23	5	4.1	12	164.04	6	−8.0	11
百色	123.22	8	135.05	7	8.6	6	145.87	7	8.0	8	152.54	7	4.6	11	145.85	7	−4.4	8
贺州	50.90	13	53.11	13	3.3	9	58.16	12	9.5	5	68.31	12	17.5	2	74.04	12	8.4	3
河池	62.24	11	69.45	11	10.5	4	77.54	11	11.7	3	83.91	11	8.2	5	87.52	10	4.3	6
来宾	49.60	14	48.25	14	−3.4	11	50.73	14	5.2	11	57.74	14	14.4	3	65.18	13	12.9	2
崇左	58.20	12	55.25	12	−5.9	13	57.58	13	4.2	12	61.25	13	6.4	8	64.60	14	5.5	5

续表 32

城市	一般公共预算收入																	
	2016 年		2017 年				2018 年				2019 年				2020 年			
	总量（亿元）	位次	总量（亿元）	位次	比上年增长(%)	位次	总量（亿元）	位次	比上年增长(%)	位次	总量（亿元）	位次	比上年增长(%)	位次	总量（亿元）	位次	比上年增长(%)	位次
全 区	1556.24		1615.03		3.8		1681.48		4.1		1811.89		7.8		1716.94		−5.2	
南 宁	312.76	1	332.15	1	6.2	5	358.96	1	8.1	4	370.93	1	3.3	13	372.25	1	0.4	9
柳 州	159.16	2	179.79	2	13.0	2	193.78	2	7.8	5	221.45	2	14.3	3	173.12	2	−21.8	13
桂 林	145.33	3	144.16	3	−0.8	9	150.85	3	4.6	7	152.79	3	1.3	14	111.49	3	−27.0	14
梧 州	95.61	5	84.55	5	−11.6	12	79.96	6	−5.4	12	84.62	6	5.8	11	76.00	7	−10.2	12
北 海	50.07	8	64.34	7	28.5	1	71.64	7	11.3	2	78.09	7	9.0	7	79.41	6	1.7	7
防城港	55.65	7	47.60	10	−14.5	13	43.98	10	−7.6	13	47.41	10	7.8	9	53.69	10	13.3	4
钦 州	49.50	9	52.81	8	6.7	4	54.10	9	2.5	9	57.38	9	6.1	10	65.04	9	13.3	3
贵 港	47.62	10	50.41	9	5.9	6	57.22	8	13.5	1	62.69	8	9.5	6	75.27	8	20.1	1
玉 林	104.81	4	105.55	4	0.7	8	106.13	4	0.5	11	111.09	4	4.7	12	101.77	4	−8.4	11
百 色	79.48	6	82.50	6	3.8	7	84.72	5	2.7	8	94.01	5	11.0	5	94.46	5	0.5	8
贺 州	32.42	13	30.89	13	−4.7	10	32.50	12	5.2	6	36.16	12	11.3	4	40.87	12	13.0	5
河 池	33.36	12	36.22	11	8.6	3	39.93	11	10.2	3	45.98	11	15.2	2	50.78	11	10.4	6
来 宾	30.32	14	27.64	14	−8.9	11	28.04	14	1.5	10	34.35	13	23.6	1	39.41	13	14.7	2
崇 左	40.76	11	34.07	12	−16.4	14	31.05	13	−8.8	14	33.74	14	8.6	8	33.82	14	0.2	10

城市	一般公共预算支出																	
	2016 年		2017 年				2018 年				2019 年				2020 年			
	总量（亿元）	位次	总量（亿元）	位次	比上年增长(%)	位次	总量（亿元）	位次	比上年增长(%)	位次	总量（亿元）	位次	比上年增长(%)	位次	总量（亿元）	位次	比上年增长(%)	位次
全 区	4472.48		4912.89		10.6		5310.89		8.2		5849.02		10.1		6155.42		5.2	
南 宁	587.07	1	646.31	1	10.1	7	697.93	1	8.0	8	787.71	1	12.9	6	819.86	1	3.9	9
柳 州	339.62	4	374.28	4	10.2	6	424.38	3	13.4	2	498.87	2	17.5	2	468.25	4	−6.2	14
桂 林	399.70	2	434.71	2	8.9	10	455.72	2	5.0	11	496.03	3	8.8	12	471.93	3	−4.8	12
梧 州	228.26	7	242.15	7	6.2	11	261.82	8	8.1	7	293.66	7	12.2	8	288.09	8	−2.1	11
北 海	150.06	13	157.54	13	5.0	13	175.55	13	11.4	4	200.53	12	14.2	3	212.69	13	6.0	4
防城港	127.07	14	122.16	14	−4.3	14	127.20	14	5.6	10	139.75	14	9.7	11	154.66	14	10.8	3
钦 州	200.08	10	205.94	10	6.1	12	222.08	10	8.2	6	225.09	10	1.1	14	237.58	10	5.9	5
贵 港	212.12	8	233.82	8	10.0	8	263.92	7	12.8	3	292.98	8	11.1	9	306.53	7	4.6	7
玉 林	318.09	5	351.63	5	10.7	4	367.96	5	4.9	12	418.98	5	13.5	5	421.19	6	0.5	10
百 色	340.28	3	376.52	3	10.4	5	393.33	4	3.6	13	478.93	4	21.6	1	501.54	2	4.8	6
贺 州	163.88	11	181.60	11	12.7	2	194.77	11	8.2	5	220.12	11	14.2	4	229.22	11	4.5	8
河 池	290.68	6	328.92	6	13.2	1	352.09	6	7.0	9	3990.64	6	10.9	10	451.98	5	15.8	2
来 宾	159.61	12	179.78	12	12.7	2	183.33	12	2.9	14	186.19	13	1.3	13	220.51	12	16.4	1
崇 左	204.88	9	221.62	9	9.2	9	258.12	9	16.5	1	290.05	9	12.6	7	272.65	9	−5.7	13

续表 32

城市	居民消费价格总指数																	
	2016年		2017年				2018年				2019年				2020年			
	指数	位次	指数	位次	比上年涨(跌)(%)	位次	指数	位次	比上年涨(跌)(%)	位次	指数	位次	比上年涨(跌)(%)	位次	指数	位次	比上年涨(跌)(%)	位次
全区	101.6		101.6		1.6		102.3		2.3		103.7		3.7		102.8		2.8	
南宁	101.4	7	102.3	3	2.3	3	102.5	4	2.5	4	103.4	10	3.4	10	102.3	11	2.3	11
柳州	101.8	4	101.3	14	1.3	14	102.5	3	2.5	3	103.1	13	3.1	13	102.4	8	2.4	8
桂林	102.3	2	101.6	8	1.6	8	102.2	9	2.2	9	103.4	9	3.4	9	102.6	4	2.6	4
梧州	101.2	10	102.3	3	2.3	3	102.3	8	2.3	8	103.9	3	3.9	3	103.0	1	3.0	1
北海	101.1	11	102.9	1	2.9	1	101.4	14	1.4	14	103.1	12	3.1	12	1027.0	3	2.7	3
防城港	101.1	11	102.7	2	2.7	2	103.4	1	3.4	1	103.6	7	3.6	7	102.6	4	2.6	4
钦州	101.6	5	102.1	6	2.1	6	102.2	9	2.2	9	103.8	5	3.7	5	102.5	7	2.5	7
贵港	101.2	9	101.6	7	1.6	7	103.0	2	3.0	2	104.1	2	4.1	2	102.8	2	2.8	2
玉林	102.4	1	102.2	5	2.2	5	102.2	9	2.2	9	103.6	7	3.6	7	102.4	9	2.4	9
百色	101.1	11	101.4	10	1.4	10	102.5	4	2.5	4	103.4	10	3.4	10	102.1	12	2.1	12
贺州	101.4	7	101.4	10	1.4	10	102.5	4	2.5	4	103.0	14	3.0	14	102.6	4	2.6	4
河池	101.0	14	101.4	10	1.4	10	102.5	4	2.5	4	103.7	5	3.7	5	101.9	14	1.9	14
来宾	102.0	3	101.4	10	1.4	10	101.9	12	1.9	12	104.2	1	4.2	1	102.0	13	2.0	13
崇左	101.6	5	101.6	8	1.6	8	101.7	13	1.7	13	103.8	4	3.8	4	102.4	9	2.4	9

城市	城镇居民人均可支配收入																	
	2016年		2017年				2018年				2019年				2020年			
	总量(元)	位次	总量(元)	位次	比上年增长(%)	位次	总量(元)	位次	比上年增长(%)	位次	总量(元)	位次	比上年增长(%)	位次	总量(元)	位次	比上年增长(%)	位次
全区	28234		30502		7.7		32436		6.3		34745		7.1		35859		3.2	
南宁	30728	1	33217	1	8.1	5	35276	1	6.2	10	37675	1	6.8	10	38542	1	2.3	13
柳州	30270	2	32661	2	7.9	7	34849	2	6.7	5	37358	2	7.2	8	38479	2	3.0	10
桂林	30124	3	32534	3	8.0	6	34649	3	6.5	7	37178	3	7.3	7	38145	3	2.6	12
梧州	27260	9	29359	9	7.7	9	31209	9	6.3	9	33518	9	7.4	6	34591	9	3.2	9
北海	29412	6	31912	6	8.5	1	33954	6	6.4	8	36602	4	7.8	3	37956	4	3.7	4
防城港	29758	5	32079	5	7.8	8	34325	4	7.0	3	36385	5	6.0	14	37185	6	2.2	14
钦州	29360	7	31415	7	7.0	13	33488	7	6.6	6	35732	7	6.7	11	37126	7	3.9	2
贵港	26771	12	28806	13	7.6	10	30506	13	5.9	12	32916	12	7.9	2	34002	12	3.3	8
玉林	30083	4	32159	4	6.9	14	33960	5	5.6	13	36133	6	6.4	12	37362	5	3.4	7
百色	26919	10	29126	10	8.2	4	30611	12	5.1	14	32784	13	7.1	9	33964	13	3.6	5
贺州	26883	11	28899	11	7.5	11	30864	11	6.8	4	33179	11	7.5	5	34075	11	2.7	11
河池	23660	14	25647	14	8.4	2	27468	14	7.1	2	29665	14	8.0	1	30881	14	4.1	1
来宾	28962	8	31047	8	7.2	12	32910	8	6.0	11	34950	8	6.2	13	36173	8	3.5	6
崇左	26605	13	28813	12	8.3	3	30916	10	7.3	1	33297	10	7.7	4	34562	10	3.8	3

续表 32

城　市	农村居民人均可支配收入																	
	2016 年		2017 年				2018 年				2019 年				2020 年			
	总量(元)	位次	总量(元)	位次	比上年增长(%)	位次	总量(元)	位次	比上年增长(%)	位次	总量(元)	位次	比上年增长(%)	位次	总量(元)	位次	比上年增长(%)	位次
全　区	10359		11325		9.3		12435		9.8		13676		10.0		14815		8.3	
南　宁	11398	6	12515	6	9.8	5	13654	6	9.1	12	15047	6	10.2	7	16130	6	7.2	14
柳　州	11107	7	12151	7	9.4	8	13451	7	10.7	2	14715	7	9.4	11	15848	7	7.7	12
桂　林	12176	2	13345	3	9.6	7	14626	2	9.6	10	16045	2	9.7	10	17345	2	8.1	10
梧　州	10142	9	11085	9	9.3	9	12238	9	10.4	4	13474	9	10.1	8	14660	9	8.8	4
北　海	11622	4	12749	4	9.7	6	13998	4	9.8	9	15510	4	10.8	3	16797	4	8.3	9
防城港	12113	3	13373	2	10.4	2	14617	3	9.3	11	15962	3	9.2	12	17223	3	7.9	11
钦　州	10947	8	11801	8	7.8	14	12816	8	8.6	14	14149	8	104.0	5	15352	8	8.5	7
贵　港	11572	5	12544	5	8.4	12	13786	5	9.9	8	15289	5	10.9	2	16619	5	8.7	5
玉　林	12590	1	13597	1	8.0	13	14984	1	10.2	5	16348	1	9.1	13	17721	1	8.4	8
百　色	9348	13	10171	13	8.8	10	11086	13	9.0	13	12195	13	10.0	9	13305	13	9.1	2
贺　州	9552	12	10498	14	9.9	4	11548	12	10.0	7	12737	12	10.3	6	13832	12	8.6	6
河　池	7509	14	8260	14	10.0	3	9177	14	11.1	1	10141	14	10.5	4	11074	14	9.2	1
来　宾	9820	10	10674	11	8.7	11	11752	11	10.1	6	12810	11	9.0	14	13950	11	8.9	3
崇　左	9801	11	10860	10	10.8	1	12000	10	10.5	3	13320	10	11.0	1	14306	10	7.4	13

表 33　《南宁政报》2020 年总目录

类　型	文　件	发文字号	期　数	页　码
政府工作报告	政府工作报告——2020 年 5 月 9 日在南宁市第十四届人民代表大会第五次会议上市长周红波		9	1
政府令	南宁市人民政府关于修改《南宁市经济适用住房管理办法》的决定	第 16 号	5	1
	南宁市人民政府关于委托中国(广西)自由贸易试验区南宁片区管理委员会行使有关行政管理权的决定	第 17 号	14	1
	南宁市重大行政决策程序规定	第 18 号	18	1
南府规	南宁市人民政府关于进一步加强市区排水设施规划建设管理的通知	南府规〔2019〕34 号	1、2	1
	南宁市人民政府关于印发南宁市政府信息公开相关配套制度的通知	南府规〔2020〕1 号	1、2	3
	南宁市人民政府关于印发南宁市应对新型冠状病毒感染的肺炎疫情支持中小企业保经营稳发展若干措施的通知	南府规〔2020〕2 号	3	1
	南宁市人民政府关于印发南宁市兑现落实利用外资有关政策措施实施细则的通知	南府规〔2020〕3 号	3	3
	南宁市人民政府关于培育瞪羚企业的实施意见	南府规〔2020〕4 号	3	5
	南宁市人民政府关于重新划定畜禽养殖禁养区和限养区的通告	南府规〔2020〕5 号	4	1
	南宁市人民政府关于印发应对新冠肺炎疫情支持工业企业发展若干政策措施的通知	南府规〔2020〕6 号	4	2
	南宁市人民政府关于印发南宁市相对集中行政许可和事中事后监督管理暂行办法的通知	南府规〔2020〕7 号	5	8
	南宁市人民政府关于废止南宁市商品房预售资金监管办法的通知	南府规〔2020〕8 号	5	12

续表 33

类型	文件	发文字号	期数	页码
南府规	南宁市人民政府关于印发应对新冠肺炎疫情促进消费稳增长若干措施的通知	南府规〔2020〕9号	6	1
	南宁市人民政府关于印发应对新冠肺炎疫情促进外贸稳发展若干措施的通知	南府规〔2020〕10号	6	3
	南宁市人民政府关于废止重大项目审批绿色通道工作制度的通知	南府规〔2020〕11号	6	4
	南宁市人民政府关于实施征地区片综合地价的通知	南府规〔2020〕12号	7	1
	南宁市人民政府关于提高城乡居民最低生活保障标准的通知	南府规〔2020〕13号	8	1
	南宁市人民政府关于农村饮水安全工程运行管理的指导意见	南府规〔2020〕14号	9	15
	南宁市人民政府关于印发南宁市深化户籍制度改革户口迁移实施办法的通知	南府规〔2020〕15号	9	19
	南宁市人民政府关于印发南宁市诚信卡管理办法(试行)的通知	南府规〔2020〕16号	9	20
	南宁市人民政府关于进一步促进会展业高质量发展的实施意见	南府规〔2020〕17号	10	1
	南宁市人民政府关于印发南宁市建设项目"多测合一"管理暂行办法的通知	南府规〔2020〕18号	10	4
	南宁市人民政府关于调整南宁市市区城镇土地使用税年税额标准的通告	南府规〔2020〕19号	10	6
	南宁市人民政府关于印发南宁市特困人员救助供养办法的通知	南府规〔2020〕20号	11	1
	南宁市人民政府关于印发南宁市临时救助办法的通知	南府规〔2020〕21号	11	5
	南宁市人民政府关于规范房屋租赁行为有关事项的通知	南府规〔2020〕22号	11	11
	南宁市人民政府关于印发南宁市重大项目建设管理办法的通知	南府规〔2020〕23号	12	1
	南宁市人民政府关于2020年高考中考期间严格控制环境噪声污染的通告	南府规〔2020〕24号	12	6
	南宁市人民政府关于划定高排放非道路移动机械禁止使用区域的通告	南府规〔2020〕25号	13	1
	南宁市人民政府关于加强工业用地管理提高综合效益的若干意见	南府规〔2020〕26号	15	1
	南宁市人民政府关于印发南宁市创新型产业项目用地管理暂行办法的通知	南府规〔2020〕27号	15	2
	南宁市人民政府关于印发南宁市促进2020年高校毕业生就业创业十条措施的通知	南府规〔2020〕28号	16	1
	南宁市人民政府关于印发南宁市机制砂石行业管理暂行办法的通知	南府规〔2020〕29号	20	1
	南宁市人民政府关于印发南宁市生活垃圾分类奖励暂行办法的通知	南府规〔2020〕30号	21	1
	南宁市人民政府关于划定国三及以下柴油货车禁止通行区域的通告	南府规〔2020〕31号	21	3
	南宁市人民政府关于印发南宁市促进建筑业持续健康发展若干措施的通知	南府规〔2020〕32号	22	1
	南宁市人民政府关于非住宅用房改建为租赁住房有关问题的通知	南府规〔2020〕33号	24	1
	南宁市人民政府关于印发南宁市国有土地上房屋征收与补偿办法的通知	南府规〔2020〕34号	24	4
	南宁市人民政府关于印发南宁市国有土地上房屋征收补偿安置实施细则的通知	南府规〔2020〕35号	24	9
	南宁市人民政府关于阶段性降低南宁市职工基本医疗保险和生育保险费率的通知	南府规〔2020〕36号	24	17
南府发	南宁市人民政府关于公布南宁市第十五批农业产业化重点龙头企业名单的通知	南府发〔2019〕16号	1、2	24
	南宁市人民政府关于做好我市第七次全国人口普查工作的通知	南府发〔2020〕1号	3	7
	南宁市人民政府关于陈超同志工作分工的通知	南府发〔2020〕2号	4	3
	南宁市人民政府关于印发南宁市城市防洪应急预案的通知	南府发〔2020〕4号	10	7
	南宁市人民政府关于印发南宁市防台风应急预案的通知	南府发〔2020〕5号	11	12
	南宁市人民政府关于印发南宁市干旱灾害应急预案的通知	南府发〔2020〕6号	11	24
	南宁市人民政府关于印发南宁市洪涝灾害应急预案的通知	南府发〔2020〕7号	11	39
	南宁市人民政府关于公布第十一批南宁市新世纪学术和技术带头人第一、二、三层次培养人选名单的通知	南府发〔2020〕8号	8	1
	南宁市人民政府关于表扬南宁市首届无偿献血奖励获奖单位的通报	南府发〔2020〕11号	12	7

续表 33

类 型	文 件	发文字号	期 数	页 码
南府发	南宁市人民政府关于市政府领导工作分工调整的通知	南府发〔2020〕13 号	13	3
	南宁市人民政府关于明确大气污染防治有关监督管理职责的通知	南府发〔2020〕14 号	18	7
	南宁市人民政府关于印发健康南宁行动实施方案的通知	南府发〔2020〕16 号	19	1
	南宁市人民政府关于公布南宁市第一批历史建筑保护名录的通知	南府发〔2020〕17 号	20	7
	南宁市人民政府关于公布第十六批农业产业化重点龙头企业的通知	南府发〔2020〕18 号	23	1
	南宁市人民政府关于授予南宁轨道交通集团有限责任公司等单位第四届南宁市市长质量奖的决定	南府发〔2020〕19 号	23	2
	南宁市人民政府关于公布南宁市第二批历史建筑保护名录的通知	南府发〔2020〕20 号	24	17
南府办	南宁市人民政府办公室关于印发南宁市养殖水域滩涂规划(2019—2030 年)(2019 年修订版)的通知	南府办〔2019〕60 号	1、2	24
	南宁市人民政府办公室关于印发南宁市食品安全事故应急预案(简本)的通知	南府办〔2019〕61 号	1、2	106
	南宁市人民政府办公室关于印发南宁市进一步调整优化结构提高教育经费使用效益实施方案的通知	南府办〔2019〕62 号	1、2	117
	南宁市人民政府办公室关于印发南宁市网络安全事件应急预案的通知	南府办〔2020〕1 号	1、2	120
	南宁市人民政府办公室关于印发南宁市农业重大有害生物及外来生物入侵突发事件应急预案(修订)的通知	南府办〔2020〕3 号	3	11
	南宁市人民政府办公室关于印发南宁市辐射事故应急预案的通知	南府办〔2020〕6 号	3	25
	南宁市人民政府办公室关于印发南宁市城市轨道交通运营突发事件应急预案的通知	南府办〔2020〕7 号	3	33
	南宁市人民政府办公室关于印发南宁市涉外突发事件应急预案的通知	南府办〔2020〕8 号	3	42
	南宁市人民政府办公室关于谢秀珍同志工作分工的通知	南府办〔2020〕9 号	4	4
	南宁市人民政府办公室关于印发南宁市通信保障应急预案的通知	南府办〔2020〕10 号	5	12
	南宁市人民政府办公室关于印发南宁市市区内涝抢险工作预案的通知	南府办〔2020〕11 号	6	4
	南宁市人民政府办公室关于印发 2020 年政府立法工作计划的通知	南府办〔2020〕12 号	6	16
	南宁市人民政府办公室关于印发南宁市重大涉环保项目建设群体性事件应急应对工作预案的通知	南府办〔2020〕13 号	6	18
	南宁市人民政府办公室关于印发南宁市突发环境事件应急预案的通知	南府办〔2020〕14 号	6	23
	南宁市人民政府办公室关于印发南宁市污染天气应急预案的通知	南府办〔2020〕16 号	6	30
	南宁市人民政府办公室关于印发南宁市城市桥梁事故应急预案的通知	南府办〔2020〕17 号	7	10
	南宁市人民政府办公室关于印发南宁市气象灾害应急预案的通知	南府办〔2020〕18 号	7	16
	南宁市人民政府办公室关于印发南宁市政府性债务风险应急处置预案的通知	南府办〔2020〕19 号	8	4
	南宁市人民政府办公室关于推进乡村医生"乡聘村用"的实施意见(试行)	南府办〔2020〕20 号	7	27
	南宁市人民政府办公室关于印发南宁市低温雨雪冰冻灾害应急预案的通知	南府办〔2020〕21 号	8	12
	南宁市人民政府办公室关于印发南宁市地震应急预案的通知	南府办〔2020〕22 号	8	23
	南宁市人民政府办公室关于印发南宁市矿山生产安全事故应急预案的通知	南府办〔2020〕23 号	12	8
	南宁市人民政府办公室关于印发南宁市森林火灾应急预案的通知	南府办〔2020〕24 号	12	20
	南宁市人民政府办公室关于印发南宁市突发性地质灾害应急预案的通知	南府办〔2020〕25 号	12	35
	南宁市人民政府办公室关于印发南宁市危险化学品生产安全事故应急预案的通知	南府办〔2020〕26 号	13	4
	南宁市人民政府办公室关于印发南宁市烟花爆竹生产安全事故应急预案的通知	南府办〔2020〕27 号	13	22

续表 33

类　型	文　件	发文字号	期　数	页　码
南府办	南宁市人民政府办公室关于印发南宁市自然灾害救助应急预案的通知	南府办〔2020〕28号	14	2
	南宁市人民政府办公室关于印发南宁市生产安全事故灾难应急预案的通知	南府办〔2020〕29号	14	11
	南宁市人民政府办公室关于刘桂发同志工作分工的通知	南府办〔2020〕31号	8	41
	南宁市人民政府办公室关于印发南宁市西江黄金水道通航突发事件应急预案的通知	南府办〔2020〕34号	14	20
	南宁市人民政府办公室关于印发南宁市科技领域市以下财政事权和支出责任划分改革方案的通知	南府办〔2020〕35号	14	29
	南宁市人民政府办公室关于聘任齐林等16名同志为第五批南宁市首席技师的通知	南府办〔2020〕37号	15	7
	南宁市人民政府办公室关于印发南宁市划转部分国有资本充实社保基金实施方案的通知	南府办〔2020〕38号	15	8
	南宁市人民政府办公室关于印发南宁市政务新媒体管理实施细则的通知	南府办〔2020〕39号	15	10
	南宁市人民政府办公室关于印发南宁市粮食应急预案的通知	南府办〔2020〕40号	15	15
	南宁市人民政府办公室关于公布实施南宁市城镇公共管理与公共服务用地定级与基准地价成果的通知	南府办〔2020〕41号	15	23
	南宁市人民政府办公室关于调整南宁市政务公开工作领导小组组成人员的通知	南府办〔2020〕42号	15	27
	南宁市人民政府办公室关于印发南宁市涉外突发事件应急预案的通知	南府办〔2020〕45号	16	3
	南宁市人民政府办公室关于印发南宁市创业投资引导基金管理办法的通知	南府办〔2020〕46号	16	9
	南宁市人民政府办公室关于印发南宁市城市供水突发事件应急预案的通知	南府办〔2020〕47号	16	14
	南宁市人民政府办公室关于印发南宁市城市超标洪水防御预案的通知	南府办〔2020〕48号	17	1
	南宁市人民政府办公室关于加快发展夜间经济的实施意见	南府办〔2020〕50号	18	7
	南宁市人民政府办公室关于印发南宁市重要生活必需品市场供应突发事件应急预案的通知	南府办〔2020〕51号	18	15
	南宁市人民政府办公室关于印发南宁市教育领域市以下财政事权和支出责任划分改革实施方案的通知	南府办〔2020〕52号	19	22
	南宁市人民政府办公室关于印发委托和派驻中国(广西)自由贸易试验区南宁片区管理委员会实施市、县级行政权力和公共服务事项清单的通知	南府办〔2020〕53号	19	25
	南宁市人民政府办公室关于印发南宁市城镇燃气突发事件应急预案的通知	南府办〔2020〕54号	20	10
	南宁市人民政府办公室关于印发南宁市机制砂石行业布局规划(2021—2025年)的通知	南府办〔2020〕55号	20	21
	南宁市人民政府办公室关于表扬2020年南宁市自然科学优秀论文奖获奖论文及作者的通报	南府办〔2020〕56号	22	3
	南宁市人民政府办公室关于印发《南宁市人民政府行政复议员任命办法》和《南宁市人民政府行政复议办公室行政复议咨询委员会工作规则》的通知	南府办〔2020〕59号	23	2
南府办函	南宁市人民政府办公室关于转发南宁市审计局2020年1月至6月市本级审计项目计划的通知	南府办函〔2020〕12号	4	4
	南宁市人民政府办公室关于印发南宁市建立工业企业、服务业企业和建设工程安全有序复工复产协调机制工作方案的通知	南府办函〔2020〕14号	4	6
	南宁市人民政府办公室关于印发有效应对疫情促项目复工达产稳投资若干措施的通知	南府办函〔2020〕21号	5	18
	南宁市人民政府办公室关于成立南宁市脱贫攻坚普查领导小组的通知	南府办函〔2020〕26号	5	19
	南宁市人民政府办公室关于印发南宁市交通运输领域市以下财政事权和支出责任划分改革实施方案的通知	南府办函〔2020〕59号	8	41
	南宁市人民政府办公室关于印发南宁市生活垃圾分类投放、收运操作规程(试行)的通知	南府办函〔2020〕89号	9	27

续表 33

类 型	文 件	发文字号	期 数	页 码
南府办函	南宁市人民政府办公室关于印发2020年南宁市食品安全重点工作安排的通知	南府办函〔2020〕93号	9	33
	南宁市人民政府办公室关于印发南宁市家政服务业提质扩容“领跑者”行动试点工作方案的通知	南府办函〔2020〕113号	15	28
	南宁市人民政府办公室关于印发南宁市农用地安全利用工作实施方案的通知	南府办函〔2020〕127号	15	32
	南宁市人民政府办公室关于印发南宁市改革完善医疗卫生行业综合监管制度实施方案的通知	南府办函〔2020〕153号	16	25
	南宁市人民政府办公室关于印发南宁市全面推进基层政务公开标准化规范化工作实施方案的通知	南府办函〔2020〕163号	16	30
	南宁市人民政府办公室关于转发南宁市审计局2020审计年度(2020年7月—2021年6月)南宁市本级统一组织审计项目计划的通知	南府办函〔2020〕166号	16	34
	南宁市人民政府办公室关于印发南宁市深化消防执法改革工作实施方案的通知	南府办函〔2020〕169号	18	21
	南宁市人民政府办公室关于做好我市第一次全国自然灾害综合风险普查工作的通知	南府办函〔2020〕186号	19	39
	南宁市人民政府办公室关于印发南宁市开展全域土地综合整治助推乡村振兴实施方案的通知	南府办函〔2020〕204号	21	5
	南宁市人民政府办公室关于印发南宁市深化公共资源交易平台整合共享实施方案的通知	南府办函〔2020〕217号	23	4
	南宁市人民政府办公室关于转发广西贯彻落实依法统计依法治统“十严禁”、“十不准”、“十不得”规定的通知	南府办函〔2020〕228号	23	11
	南宁市人民政府办公室关于印发南宁市全面加强新时代大中小学劳动教育实施方案的通知	南府办函〔2020〕238号	24	24
南府干	南宁市人民政府关于何家军等同志任免职的通知	南府干〔2019〕32号	3	49
	南宁市人民政府关于何翔、许强初同志任免职的通知	南府干〔2020〕1号	3	49
	南宁市人民政府关于唐茂义等同志退休的通知	南府干〔2020〕2号	3	50
	南宁市人民政府关于田祖业等同志免职的通知	南府干〔2020〕3号	3	50
	南宁市人民政府关于杨涟、黄瑜同志任免职的通知	南府干〔2020〕4号	3	50
	南宁市人民政府关于张振宇、黄启年同志任免职的通知	南府干〔2020〕5号	3	48
	南宁市人民政府关于黄瑜同志任职的通知	南府干〔2020〕6号	3	48
	南宁市人民政府关于谢秀珍同志挂职的通知	南府干〔2020〕7号	4	8
	南宁市人民政府关于王永忠、钟柳红同志退休的通知	南府干〔2020〕8号	4	8
	南宁市人民政府关于黄勤民等同志任免职的通知	南府干〔2020〕11号	4	8
	南宁市人民政府关于李建华同志免职的通知	南府干〔2020〕12号	4	9
	南宁市人民政府关于程弘帅、龙颜悦同志试用期满正式任用的通知	南府干〔2020〕13号	5	21
	南宁市人民政府关于苏华清等同志任免职的通知	南府干〔2020〕14号	5	21
	南宁市人民政府关于李建平、吴曙粤同志退休的通知	南府干〔2020〕15号	5	22
	南宁市人民政府关于刘桂发等同志任免职的通知	南府干〔2020〕16号	8	45
	南宁市人民政府关于吴保民等同志任免职的通知	南府干〔2020〕17号	8	45

续表 33

类　型	文　件	发文字号	期　数	页　码
南府干	南宁市人民政府关于钱宏同志提前退休的通知	南府干〔2020〕18号	8	46
	南宁市人民政府关于李庚生、罗民昌同志退休的通知	南府干〔2020〕19号	8	46
	南宁市人民政府关于林向阳同志提前退休的通知	南府干〔2020〕20号	11	57
	南宁市人民政府关于蔡沛同志退休的通知	南府干〔2020〕21号	11	58
	南宁市人民政府关于韦金儒等同志任免职的通知	南府干〔2020〕22号	11	58
	南宁市人民政府关于吕曦等同志任职的通知	南府干〔2020〕23号	13	52
	南宁市人民政府关于吕雄伟同志挂职的通知	南府干〔2020〕24号	13	53
	南宁市人民政府关于韦火清等同志任免职的通知	南府干〔2020〕25号	13	53
	南宁市人民政府关于梁纬同志任职的通知	南府干〔2020〕26号	13	54
	南宁市人民政府关于彭汉荣、蒙显标同志退休的通知	南府干〔2020〕27号	15	50
	南宁市人民政府关于张振宇等同志任免职的通知	南府干〔2020〕28号	15	50
	南宁市人民政府关于张乐群等同志任职的通知	南府干〔2020〕29号	15	50
	南宁市人民政府关于赵彧等同志退休的通知	南府干〔2020〕30号	16	42
	南宁市人民政府关于黄克同志免职的通知	南府干〔2020〕31号	16	42
	南宁市人民政府关于侯康顺、邓琼冬同志任免职的通知	南府干〔2020〕32号	18	36
	南宁市人民政府关于万江明等同志退休的通知	南府干〔2020〕33号	18	36
	南宁市人民政府关于梁小东同志免职的通知	南府干〔2020〕34号	18	36
	南宁市人民政府关于梁兆强、黄荣新同志免职的通知	南府干〔2020〕35号	19	42
	南宁市人民政府关于李志明同志免职的通知	南府干〔2020〕36号	19	42
	南宁市人民政府关于何富全等同志任职的通知	南府干〔2020〕37号	21	50
	南宁市人民政府关于何宁东、王敦同志试用期满正式任用的通知	南府干〔2020〕38号	21	50
	南宁市人民政府关于湛星等同志退休的通知	南府干〔2020〕39号	21	50
	南宁市人民政府关于罗龙、闫钢同志退休的通知	南府干〔2020〕40号	22	25
	南宁市人民政府关于胡少华同志试用期满正式任用的通知	南府干〔2020〕41号	22	25
	南宁市人民政府关于韦力平同志免职的通知	南府干〔2020〕42号	24	28
	南宁市人民政府关于莫林兴同志任职的通知	南府干〔2020〕43号	23	14
	南宁市人民政府关于农健同志任职的通知	南府干〔2020〕44号	23	14
	南宁市人民政府关于陈立枢同志免职的通知	南府干〔2020〕45号	24	28
	南宁市人民政府关于蒙树枝同志任职的通知	南府干〔2020〕46号	24	28
	南宁市人民政府关于樊丽娟、刘跃生同志退休的通知	南府干〔2020〕47号	24	29
	南宁市人民政府关于梁智忠等同志任职的通知	南府干〔2020〕48号	24	29

表 34 **2020年南宁市重点项目建设情况表**

建设阶段	名 称	总投资（万元）	建设规模和内容	年计划投资（万元）	项目业主
新开工	中新南宁国际物流园(二期)	120000	建设高标仓储、标准厂房、综合办公楼、科研大楼等，总建筑面积约58万平方米（含J、K1、K2、L及后续出让地块建设）	5000	广西新中产业投资有限公司
	南宁市双定循环经济产业园生活垃圾清洁焚烧发电厂工程	177300	建设一座总处理规模为每天3000吨的生活垃圾清洁焚烧发电厂，有每天750吨的焚烧炉4台，分两期实施；配套新建一座处理能力每天1700吨园区污水处理厂；配套建设园区取水工程，取水量按每天12000吨考虑；配套园区进场道路及环卫停车场；配套应急填埋处置场，总库容约500万立方	55000	南宁建宁水务投资集团有限责任公司
	南宁市双定循环经济产业园有机垃圾处理厂工程	40346	总建设规模为每天1200吨，分两期实施：一期建设规模为每天600吨；二期建设规模为每天600吨及其配套设施	10000	南宁建宁水务投资集团有限责任公司
	南宁市双定循环经济产业园污泥处置厂工程	17547	日处理每天500吨脱水污泥，另接纳园区脱水沼渣每天50吨，以及园区污水处理厂产生的脱水污泥每天70吨	5000	南宁建宁水务投资集团有限责任公司
	南宁农产品交易中心(二期)	100000	建设仓储交易区、仓储分拣区、仓储加工配送区、冻品、水产品交易区、仓储综合楼、电子商务综合楼、展销综合服务中心、冷库、地下车库、物业用房及配套设施，总建筑面积约27万平方米	3000	南宁农产品交易中心有限责任公司
	横县健康特色农产品加工产业园基础设施项目(一期)	77500	建设园区道路2.5千米，地下管网2千米，建设污水处理厂等基础设施，建设标准厂房及配套附属设施30万平方米	10000	广西横县华鑫基础设施投资发展有限公司
	南宁市铝合金整体挤压壁板展平关键技术研究及产业化能力建设项目	13125	年产3000吨铝合金整体挤压壁板	2800	广西南南铝加工有限公司
	南宁市伶俐大桥	66204	总长1.969千米，其中：大桥总长1696米(含桥台)，引道长273米，宽30.5米	10000	南宁市青秀区交通运输局
	柳州至南宁高速公路长塘互通式立交项目	15090	在柳州至南宁高速公路上(南宁市青秀区长塘镇)增设互通式立交，为出口互通，收费车道为"3进6出"，高速公路等级，设计行车时速120千米，主线为宽42米	7000	广西桂海高速公路有限公司
	广西华胥水牛生态循环农业示范区(一期)项目	15000	建设水牛纯繁场、种公牛站、生物有机肥厂、饲料加工厂等，建筑面积9.15万平方米，水牛存栏量2000头，年产生物有机肥8万吨、水牛饲料5万吨、冻精100万剂、水牛奶4000吨	3000	广西华胥水牛生物科技有限公司
	G322/358南宁至宾阳至黎塘公路	705000	一级公路，总长约89千米，设计时速80千米	20000	南宁交通投资集团（南宁高速公路建设发展有限公司）
	张村至六景公路(一期)	48845	二级公路，全长24.6千米，路基宽度12米	10000	南宁交通投资集团（南宁高速公路建设发展有限公司）
	南宁万有国际旅游度假区	5000000	项目占地面积2200万平方米，建设内容由狂野世界、山海奇幻、熊猫乐园、海洋王国、科幻乐园、万有水世界等六大文化特色景区，与万有文旅生态城融为一体的世界级文化旅游综合体	100000	万有文化旅游发展有限公司
	南宁国际铁路港二期	250000	包括海关监管作业场所占地4.73万平方米，设海关办公大楼、门式钢架查验库，卡口雨棚、作业区硬化，预留检疫区及保税区；农产品物流区占地44.5万平方米，新建大跨度仓储10座，糖业存储仓库7座；电商物流区占地面积27.33万平方米，总建筑面积为14.61万平方米；钢材物流区占地46.93万平方米，建设仓库7座、商铺及其他房屋	35000	中国铁路南宁局集团有限公司

续表 34

建设阶段	名　称	总投资（万元）	建设规模和内容	年计划投资（万元）	项目业主
新开工	合众新能源汽车年产能10万辆新能源乘用车项目	350000	年产10万辆新能源乘用车，规划用地面积约53.22万平方米，总建筑面积约24.5万平方米，建设冲压、焊装、涂装、总装及PACK（组合电池）五大工艺厂房，配套建设研发中心、试验试制中心等	30000	浙江合众新能源汽车有限公司、南宁产业投资集团有限责任公司
	天际新能源汽车年产10万辆新能源乘用车项目	580000	年产10万辆新能源乘用车，主要生产高端车型。规划用地面积约47万平方米，总建筑面积约20万平方米，建设冲压、焊装、涂装、总装和PACK五大工艺齐全工厂	30000	天际汽车科技集团有限公司、南宁产业投资集团有限责任公司
	泰康之家桂园养老社区（原名：泰康医养综合社区项目）	250000	拟建养老床位数不少于1800床，二级超体床位数不少于100床，总建筑面积约30.13万平方米。建设符合持续照护退休社区（CCRC）标准的高品质医养结合养老社区，业态包括独立生活区、协助生活区、专业护理区及记忆障碍照护区等养老单元，以及老年大学等	10000	泰康之家桂园（南宁）置业有限公司
	自主安全可控计算机整机系统及上下游生态生产研发基地项目	200000	主要开展国产化芯片服务器、安全可靠PC终端及整机周边配套产品的研发和生产。项目分期建设，其中一期租用6000平方米标准厂房，预计年产25万台PC及4万台服务器；二、三期根据发展需求租用标准厂房以及自建匹配销售规模的生产基地、创新研发基地、总部基地	8000	广西数广宝德信息科技有限公司
	五象云谷云计算中心	109810	总建筑面积约14.99万平方米，其中数据中心楼约52800平方米（机架数不少于6000个），动力中心楼约3200平方米，其他生产厂房及生产配套楼9.39万平方米	12000	五象云谷有限公司
	马山县易地扶贫搬迁后续产业农产品交易中心	50000	项目占地13.23万平方米，总建筑面积约19.8万平方米。主要建设内容包括农产品展示、培训中心、电子商务中心、农产品交易、仓储加工、冷链物流、冷链城配、中央厨房、配套产业、道路建设、绿化及其他附属工程，建设集农产品交易、冷链物流、仓储、配套产业等一体化的产业园区	5000	南宁交投凯达投资有限公司
	新希望南宁市生猪养殖聚落全产业链生态循环农业投资项目	500000	建设种猪场5个、育肥场8个、饲料厂2个、屠宰场和食品深加工厂1个，共16个子项目。一期（3个子项目），总投资额15.85亿元；二期（12个子项目），总投资额29.08亿元；三期（1个子项目），总投资额5.07亿元	50000	新希望六和股份有限公司
	良庆壜清岭风电场工程	52600	建设15台单机容量3.2兆瓦和4台单机容量3兆瓦风电机组，一座110千瓦升压站，总装机容量60兆瓦，新建场内道路约15公里；配套建设一条110千瓦送出线路42千米	20000	南宁华电福新风力发电有限公司
	农利来绿色农业科教产学研用一体化项目	18000	建设产蛋鸡舍27栋，年存栏种鸡70万套；配套育雏鸡舍5栋、育成鸡舍8栋；两个标准化孵化厂房，年孵化商品种鸡苗1亿羽；1个年处理3万吨鸡粪有机肥生产车间；与广西大学合作共同建设农利来绿色农业新模式研究院，包括科研楼和生活楼，面积4500平方米，设置黄鸡品种研发中心、动物营养研发中心、蔗料双高研发中心和健康食品研发中心等	4000	南宁农利来种禽科技有限公司
	宾阳县黎塘工业园区宾州电子信息产业园项目	113778	项目包含宾州电子信息产业园标准厂房、道路、电力、给排水、排污、通信、绿化、停车场等内容。标准厂房建设项目占地约21.33万平方米，其中总建筑面积40.72万平方米，标准厂房建筑面积约40万平方米，地下室建筑面积7200平方米，计划建设标准厂房20栋。宾州产业园兴园北路建设工程，总长886米，宽30米，属城市次干道。宾州产业园龙归东路延长线工程，总长766米，宽18米～30米，属城市次干道	2000	广西宾阳县兴园投资发展有限公司
	恒大新能源汽车广西基地项目（一期）	500000	项目一期新建车间（冲压、车身、涂装）等、附属用房及相关辅助生产设施	12000	恒大新能源汽车投资控股集团有限公司
	五象投资创新型信息产业基地一期	107176	建设10栋楼，其中9栋丙类厂房，1栋综合楼。开展信息网络、信息技术、新型电子元器件、封装测试、集成电路、网络信息安全、人工智能等产业领域相关产品的制造和生产	10000	南宁五象新区建设投资有限责任公司

续表 34

建设阶段	名　称	总投资（万元）	建设规模和内容	年计划投资（万元）	项目业主
新开工	广西宾阳双桥门头岭风电场工程	41990	拟安装25台单机容量2000千瓦风电机组，装机容量50兆瓦，年上网发电量约1.06亿千瓦时。本风电场拟与一期风电场共用一座升压站以220千瓦一级电压等级接入系统	8000	国家电投广西宾阳新能源发电有限责任公司
新开工	洪运路（海城路—国凯大道）	65533	道路长度1050米，红线宽度40米，包括道路、排水、交通、照明及绿化工程	10000	南宁市万町工程项目管理有限责任公司
新开工	温氏股份宾阳肉鸡全产业链项目	80000	新建饲料厂、销售中心、技术检测中心、办公楼和配套用房及配套辅助工程等	15000	宾阳温氏畜牧有限公司
新开工	五象投资大数据产业园2期	27566	主要建设土建工程、装饰装修工程、安装工程及室外工程	20000	南宁五象金众投资有限责任公司
新开工	南宁空港经济区现代服务业配套基础设施工程项目	36226	开展吴圩镇7号路北段、10号路、23号路、28号路、32号路、35号路、36号路、39号路建设	2000	广西航港投资集团有限公司
新开工	空港科技产业园开发建设工程	277105	建设8栋5层标准厂房、1栋11层倒班楼以及吴圩镇光明路、光明路南段、1号路、2号路、3号路、5号路、7号路、9号路、14号路、17号路、20号路	10000	南宁绿港建设投资集团有限公司
新开工	云创谷	75000	建设面向东盟的大数据产业园，围绕发展云服务、云计算、大数据研发、工业互联网等业务，建设安全可靠技术中心，组建新型产业技术研究机构，打造国家级科技企业孵化器	20000	南宁市恒汇科技有限公司
新开工	五象投资创新型信息产业基地二期	133186	建设10栋楼，其中9栋丙类厂房，1栋行政办公及生活服务用房。开展信息网络、信息技术、新型电子元器件、封装测试、集成电路、网络信息安全、人工智能等产业领域相关产品的制造和生产	50000	南宁五象新区建设投资有限责任公司
新开工	上林县南丹卫城文旅项目	59300	建设核心区古城公共基础设施建设工程、南丹卫遗址公园、文体（市民）中心以及配套公共服务设施等	5000	上林卫城建设投资有限公司
新开工	亭洪路延长线（规划一路—规划四路）	63396	道路全长1470米，红线宽度50米，包含道路、桥梁、排水、交通、照明、绿化、电力管沟等工程	10000	南宁市万町工程项目管理有限责任公司
竣　工	南宁轨道交通2号线东延工程（玉洞—坛兴村）	489776	全长6.3千米；设车站5座，均为地下站，其中换乘站1座（平乐大道站），与3号线换乘；设停车场1处，主变1座	85000	南宁轨道交通集团有限责任公司
竣　工	南宁市陈村水厂三期工程	39613	陈村水厂三期净水工程、三期原水输水管及对原有一、二期工程的更新改造工程；新建规模为每天20万立方米，新建后陈村水厂规模每天60万立方米	5000	广西绿城水务股份有限公司
竣　工	朝阳溪污水处理厂一期工程	67819	拟建污水处理厂1座，规模每天10万立方米处理构筑物，出水标准一级A	10600	广西绿城水务股份有限公司
竣　工	南宁市茅桥水质净化厂	69800	建设污水处理厂1座，规模每天10万立方米	12000	广西绿城水务股份有限公司
竣　工	南宁教育园区基础设施建设项目（二期）	150335	主干路网含经二路、经四路、经六路支路、经七路、经十一路、纬一路及长庆路西段7条，道路总长约13千米	10000	广西武鸣乾鸣投资发展有限责任公司、广西武鸣东输投资发展有限责任公司
竣　工	宾阳双桥风力发电场	45030	总装机容量5万千瓦时	2330	国家电投广西宾阳新能源发电有限责任公司
竣　工	南宁·肉禽集散中心项目	54300	建设市场交易中心、冷链仓储、展示楼（电子交易结算平台）等，总建筑面积13.4万平方米	4000	广西清川农贸市场开发有限公司

续表 34

建设阶段	名　称	总投资（万元）	建设规模和内容	年计划投资（万元）	项目业主
竣　工	中新南宁国际物流园(一期)	120000	建设GSP(药品经济质量管理规范)医药高标仓储、医药冷链仓储、保税加工仓储、智慧物流仓储等，总建筑面积约30万平方米	20000	广西新中产业投资有限公司
	南宁市羁押中心项目	118388.4	建设第二、三、四看守所，武警中队营房，安康医院，预审监管支队业务技术用房，警犬训练基地等，总建筑面积14.4万平方米	38000	南宁市公安局
续　建	南宁市哈罗礼德国际学校	95042	建设包含南宁市哈罗小狮幼儿园、哈罗礼德学校、哈罗礼德高中，规模为在校生3000人、共66个班(幼儿园12个班、小学24个班、初中15个班、高中15个班)	35000	南宁市平德房地产开发有限公司
	东盟国际生物科技谷	81000	建设全细胞储存库、基因数据库、生物样本库、科研中心、临床医疗、康复中心、健康产业化中心、综合性生物医药和干细胞产业中心；建设可储存100万人份的干细胞储存库，用于自体储存和慈善储存；总建筑面积约10.2万平方米	6000	广西康久生物科技有限公司
	南宁启迪东盟科技城－科技研孵中心、高科技企业总部	230000	建设科技总部港、科技研孵中心；总建筑面积约35万平方米，其中，科技研孵中心面积12万平方米、高科技企业总部面积23万平方米	40000	南宁启迪创新科技投资有限公司
	广西民华跨境电商科技产业园	50000	建设15栋单体，其中14栋标准厂房，1栋配套服务楼，总建筑面积约13.74万平方米	10000	广西民华达科技有限公司
	南宁市朝阳溪河道综合整治工程(秀厢大道—罗伞岭水库)	255810	对长约5千米河道进行综合整治、控源截污、河道清淤、生态修复等	60000	南宁建宁水务投资集团有限责任公司(排水公司)
	南宁市朝阳溪暗涵(十三中—二十八中)改造工程	166802	2.8千米暗涵改造、实施清污分流	60000	南宁建宁水务投资集团有限责任公司(排水公司)
	南宁市亭子冲流域治理工程(一期)	75009	对河道两岸进行截污、雨污分流改造、雨污水管清淤、内源治理、生态修复、河道补水等	10000	南宁建宁水务投资集团有限责任公司(排水公司)
	南宁市那平江流域治理工程(一期)	221758	80千米长河道清淤、62千米两岸截污、生态修复等	50000	南宁建宁水务投资集团有限责任公司(排水公司)
	南宁市江北片内河生态基流补水工程	21859	建设心圩江至朝阳溪、朝阳溪至罗伞岭水库输水管及配套泵房等	6000	南宁建宁水务投资集团有限责任公司(排水公司)
	南宁市物流园污水处理厂(一期)工程	40439	污水处理厂1座，土建规模为每天4万立方米，污水处理(近期)规模每天2万立方米	8000	广西绿城水务股份有限公司
	南宁市银海大道(K8+080—平乐大道)污水管工程	30935	建设污水管直径1000毫米～1500毫米，总长9569米	7000	广西绿城水务股份有限公司
	高新区污水干管完善工程	36362	建设科园东十二路、科兴路、科德路、高华路、高新大道、高科路、滨河路、高新大道等8条道路污水管道	12000	广西绿城水务股份有限公司
	那平江污水处理厂	67576	建设污水处理厂1座，规模每天10万立方米	10000	广西绿城水务股份有限公司
	宾阳县亿联建材家居五金城项目	120000	建设建材家居五金市场，休闲美食街区，仓储，办公用房等，总建筑面积15万平方米	24000	宾阳县亿联建材家居五金城有限公司
	广西正邦存栏4.8万头母猪繁殖场“种养结合”基地建设项目(宾阳)	78254	建设各类猪舍33栋、总场综合楼、宿舍楼6栋、食堂3栋、消毒室等附属用房，总建筑面积约30.76万平方米，存栏母猪4.8万头	10000	广西正邦畜牧发展有限公司

续表 34

建设阶段	名 称	总投资（万元）	建设规模和内容	年计划投资（万元）	项目业主
续 建	宾阳县城东环路改扩建工程(美食街至宾州镇政府)改扩建工程	58534	包含东环路(美食街至宾州镇政府)改扩建工程、东环路连接贵隆高速公路道路工程,道路长约5770米,道路红线宽度为60米,道路级别为城市主干路	20000	宾阳县住房和城乡建设局
	G324横县南绕城线(含横州大桥)	117000	一级公路,全长20.3千米,其中公路工程18.2千米,桥梁及引道工程2.1千米	10000	横县交通运输局
	自治区社会化养老服务试点项目——广西和正康乐城二期项目(颐养公寓及部分配套)	82800	建设信息中心大楼、颐乐中心大楼、老年公寓、护理中心及公共服务配套设施,建筑面积约11.83万平方米	2000	太和自在城股份有限公司
	广西科天水性科技产业园项目	288953	主要建设每年5万吨水性聚氨酯、每年500万平方米水性地板、20万立方米水性密度板、4000万米水性合成革、每年30万立方米水性刨花板、每年400万张水性板材贴面、每年20万吨水性涂料、每年30万套无毒全屋定制家具、每年15万套无毒家具、每年500万张木香板以及与该项目相配套的生产车间、实验室、仓库、办公楼、员工宿舍等	5000	南宁科天水性科技有限责任公司
	广西路远智能自动装备项目	120000	建设自动化生产车间、零部件生产车间、外协生产车间、大型仓库调配中心、技术研发中心、园区多层生产车间、员工生活服务等相关产业配套中心,年产贴片机(S米T)1200台以上	10000	广西路远智能科技有限公司
	南宁红星美凯龙家居博览中心	100000	拟建设16万平方米家居博览中心及配套仓储物流	20000	南宁红星美凯龙环球家居博览中心有限责任公司
	高端高精铝材首台套重大短板装备及配套建设项目	64226	拟利用广西南南铝加工有限公司现有厂房,通过填平补齐的方式新增气垫炉、辊底式淬火炉等重大短板装备,形成年产8万吨铝合金热处理产品	20000	广西南南铝加工有限公司
	南宁教育园区基础设施建设项目(三期)	216375	东片区市政道路共7条,全长14.3千米,包括纬二路、纬三路、经五路北段、经九路、经十路、安平路及伏波大道东延长线;西片区市政道路6条,全长11.5千米,包括思源南路、联杰路、百威荧博大道、发展大道、长岗人道东延长线、永和北路	27000	广西武鸣东翰投资发展有限责任公司、广西武鸣乾鸣投资发展有限责任公司、南宁华强产业投资有限公司
	广西壮乡美境文旅项目(一期)	180000	建设民族农业休闲观光度假区、骆越文化展示区、创意文化多功能区、户外营地区、研学教育体验区、游客综合信息服务中心、文化旅游活动配套设施、休闲养生旅游配套区等,总建筑面积52万平方米	50000	南宁市千艺大观投资有限责任公司
	南国乡村·农村综合旅游景区项目(一期)	60000	建设农村建筑科技博览、现代农业观光、农家乐体验、生态养老等设施,总建筑面积28万平方米	15000	广西那园旅游投资有限公司
	五塘工业集中区基础设施项目	72000	建设7条道路,道路总长约15千米,红线宽15米~36米;15个地块的土地平整	16000	南宁市兴工基础设施开发管理有限公司
	京东南宁电子商务产业园及运营结算中心项目(一期)	27000	建设3栋单层仓库及1栋附属用房,总建筑面积6.8万平方米,主要定位为大件仓及分拣中心,存储空调、冰箱、家具等商品,日处理订单将达1万单	10000	北京京东世纪贸易有限公司
	南宁首创奥特莱斯项目	120000	建设奥特莱斯(Outlets)模式的大型品牌折扣商业综合体,总建筑面积约15.29万平方米,其中:奥特莱斯约6.8万平方米;茂(米ALL)约4.8万平方米;自销商铺约1.5万平方米;停车楼约2.1万平方米	40000	南宁首创钜大奥特莱斯置业有限公司
	青秀兴宁区长堽片区棚户区改造项目(煤矿社区棚户区住户安置房项目)	40700	总用地面积11.73万平方米,总建筑面积12.49万平方米	6000	南宁市东沟岭经济发展有限责任公司

续表 34

建设阶段	名　称	总投资（万元）	建设规模和内容	年计划投资（万元）	项目业主
续　建	南宁市青秀区生态养殖示范基地建设项目	70720	建设肉牛标准化生态养殖基地、饲草饲料种植处理基地、刘圩镇那床村标准化养殖小区一期、刘圩镇那度村标准化养殖小区一期、刘圩镇谭村标准化养殖小区、刘圩镇农村电子商务服务中心等，总建筑面积约 10 万平方米	5000	广西四野牧业有限公司
	广西建工集团南宁装配式建筑产业基地	105000	分为 3 个生产板块，分别为混凝土预制构件(PC)、钢结构生产项目、蒸压加气板(ALC 板)生产项目。其中，混凝土预制构件(PC)年产量为 15 万立方米，钢结构年产量为 4 万吨，蒸压加气板(ALC 板)年产 30 万立方米	20000	广西建工集团建筑产业投资有限公司
	美斯达数字化智能工厂项目	60000	规划总建设面积 8.20 平方米，主要建设生产车间、展示中心、研发中心、生产设备购置安装及室外附属工程等，形成履带式移动破碎筛分设备每年 2000 台的生产能力	10000	广西美斯达工程机械设备有限公司
	南宁空港经济区产业配套基础设施工程	58800	包含空港物流园 A 区纵四路、空港物流园 A 区横一路、吴圩镇 6 号路、吴圩镇 8 号路、吴圩镇 18 号路、吴圩镇 6 号路西延长线、空港物流园 A 区水系改造（东面水系）等 7 条道路建设以及空港物流园管线迁改工程，道路总长约 9830 米，宽 24 米～50 米	4000	广西航港投资集团有限公司
	南宁生物医药产业园二期基础设施建设工程	59051	道路总长 10.02 千米，包括铁山港西路、高岭西路、那历路南延长线、留村路南延长线，铁山港一、二、三支路及海城路	6000	南宁绿港建设投资集团有限公司
	瑞声科技南宁产业园项目	800000	租用神冠厂区约 12 万平方米标准厂房进行生产扬声器、受话器、精密结构件的生产；租用中恒厂房约 7 万平方米，用于光学模组生产；新建光学技术产学研用创新应用研究院及成果转化基地、光学产业人才孵化培养基地、光学技术研究与应用发展展示中心、瑞声科技东盟研发中心等高标准生产厂房	20000	瑞声精密（南宁）科技有限公司、瑞声光学（南宁）科技有限公司
	苏宁广西智慧电商产业园（一期）	130000	建成集电商结算、智慧云仓示范、智能分拣示范、智能快递示范、产业与扶贫于一体的智慧电商物流产业园区，建筑面积约 30 万平方米	10000	广西苏宁易达物流投资有限公司
	南宁华润水泥投资有限公司装配式建筑构件厂项目	106000	新建预制混凝土构件生产线六条；配套建设商品混凝土搅拌站、研发楼、创意工厂、综合办公楼等，年产混凝土构件 40 万立方米	10000	华润水泥投资有限公司
	南宁市邕宁区蒲庙经新江至百济二级公路	72095	二级公路，全长 37.2 千米，设计速度每小时 80 千米，路基宽 12 米，路面宽 7.5 米	20000	邕宁区交通运输局
	南宁产投创新产业园	53304	总建筑面积 9.81 万平方米，其中厂房建筑面积 7.79 万平方米，办公及生活服务楼建筑面积 1.37 万平方米，地下停车场建筑面积约 6480 平方米	10000	南宁产投工业园区开发有限责任公司
	南宁公路枢纽物流基地牛湾物流园区（一期）	180000	建设物流信息交易、城际快运、城市配送、电子商务、智能停车、甩挂运输、仓储物流、后勤配套、展示展销、物流商务和加工等设施，总建筑面积 30 万平方米	15000	南宁港开发投资有限公司
	广西申龙汽车制造有限公司新能源客车及物流车生产项目	295507	年产 1 万辆新能源客车、3 万辆新能源物流车	30000	广西申龙汽车制造有限公司
	南南电子汽车新材料精深加工技术改造项目	214180	分三期建设：一期建设智能制造精深加工中心（年产 20 万套新能源汽车轻质合金车身及零部件项目）；二期建设汽车新材料制造中心，年产 6 万吨汽车新材料系列产品；三期建设电子新材料制造中心，年产 4 万吨电子新材料系列产品	10000	南南铝业股份有限公司
	南宁综保区汇通产业园项目	28705	主要建设厂房、技术服务中心，总建筑面积 9.80 万平方米	7000	南宁市相思湖新区投资建设发展有限公司

续表 34

建设阶段	名 称	总投资（万元）	建设规模和内容	年计划投资（万元）	项目业主
续 建	绿色智能制造环保设备生产项目	29450	总建筑面积 6.91 万平方米，包括 5# 车间、6# 车间、7# 车间、8# 车间、9# 仓库、综合楼及附属配套设施生产线规模：MCO 净化模块智能化生产线 2 条，新增 MCO 净化槽产能 1.80 万套，配套智能化生产管理系统	5000	广西博世科环保科技股份有限公司
	南宁中关村电子信息产业园	386800	新建标准厂房、倒班宿舍楼及相关配套设施等，分两期建设：一期建筑面积约 30.46 万平方米；二期建筑面积约 64.26 万平方米	70000	广西南宁当代丰耘投资管理有限公司
	南宁综合保税区商务中心	64600	总建筑面积 9.06 万平方米，新建研发楼及配套设施	4000	广西南宁当代丰耘投资管理有限公司
	上林旅游集散中心	35517	总建筑面积约为 8.99 万平方米，其中游客服务中心综合楼 1.20 万平方米、旅游配套商业 2.14 万平方米、精品民宿 5862.96 平方米、旅游养生度假村 5.05 万平方米、其他配套管理用房 296.14 平方米	5000	广西福瑞房地产开发有限公司
	上林县鼓鸣寨养生旅游度假基地项目（一期）	30000	建设生态农业、生态林业示范区和休闲养生度假区等，总建筑面积约 5 万平方米	2000	上林县鼓鸣寨旅游开发有限公司
	上林县大庙江生态旅游景区项目	76100	建设张鹏展“忠孝廉节”文化园、峡谷漂流、玻璃栈道、溯溪踏水观瀑、户外拓展活动、星空帐篷营地、休闲养生度假村、乡村旅游和现代农业观光体验区等，总建筑面积 40 万平方米	2000	广西上林县大庙江旅游投资有限公司
	五象智谷园一期——高新技术产业化工程（中药民族药大品种培育）	85700	建设符合 G 米 P 标准的双花草珊瑚含片、冠心丹参片、乳结泰胶囊、仙黄颗粒、珍凤口服液等国内独家类药品的生产车间、检测实验室，集原材料、成品运输及储存为一体的智能立体仓库；总建筑面积约 9 万平方米	3000	广西昌弘制药有限公司
	钜荣汽车园	22000	汽车展示、销售、仓储、物流和检测维修等，总建筑面积 7.56 万平方米	4000	广西钜荣投资有限公司
	南宁水锦·顺庄旅游综合开发项目	31000	主要建设水锦度假庄园及酒店、现代休闲农业开发示范区、水锦峡谷旅游景区及观光栈道、停车场、游客中心等基础配套设施和餐饮、住宅、购物、娱乐、养老等商业服务设施，总建筑面积 18.56 万平方米	3000	广西顺庄房地产开发有限责任公司
	马山状元风电场工程	65420	总装机容量约 7 万千瓦	20000	华能南宁清洁能源有限责任公司
	南宁市长堽路延长线工程（高环至新外高环）	248421	城市主干道，长 13.2 千米，路基宽 60 米	7000	南宁城投集团（南宁纵横时代建设投资有限公司）
	南宁市现有高速公路东环改快速路一期工程	513249	对现东环高速路进行路面维修，道路全长约 45 千米；建设安吉大道连接线约 1.8 千米、8 座立交桥及相关配套工程等	20500	南宁城投集团（南宁纵横时代建设投资有限公司）
	广西主要支流郁江南宁市那平江堤工程	50405	新建堤防长度 2.483 千米，新建护岸 0.307 千米，连通渠 1.025 千米，排涝泵站 1 座，总装机规模 9600 千瓦，防洪排涝闸 2 座	12000	南宁交通投资集团（南宁高速公路建设发展有限公司）
	桂林至钦州港公路（南宁六景至宾阳段）	756000	全长 43.3 千米，宽 26.5 米	70000	广西六宾高速公路建设发展有限公司
	南宁新江镇至崇左扶绥县一级公路（南宁段）	208373	一级公路，全长 47.6 千米，路基宽 24.5 米	30000	葛洲坝新扶（南宁）公路建设投资有限公司
	隆安县震东扶贫移民与城镇化结合示范工程一期	450160	建设安居、公共服务、市政基础设施等，总建筑面积约 148 万平方米，计划安置 5847 户，共 2.44 万人	20000	广西隆安公共投资有限公司

续表 34

建设阶段	名　称	总投资（万元）	建设规模和内容	年计划投资（万元）	项目业主
续　建	南宁市体育运动学校建设工程	109203	建设18个班级中等专科学校、24个小学班级和10个幼儿园班级以及一个南宁市公共健身活动中心(配套运动场馆),总建筑面积约13.8万平方米	2000	南宁市体育局
	南向电子信息产业园项目	39875	总建筑面积约10.6万平方米,建设电子信息产业园、员工宿舍及其他配套工程等,建成后将引进华为、浪潮、宝德等高新技术企业开展PC终端及整机周边配套等产品的研发和生产	20000	广西庆海建设发展有限公司
	马山苏仅风电场工程	48151	总装机容量60兆瓦,安装2.5兆瓦风机24台;配套建设一座110千瓦升压站,接入周鹿110千瓦电站,外送线路长度约13千米,新建场内道路约26.1千米	20000	华电福新能源股份有限公司
	广西拓康医疗用品物流中心	20160	项目占地4万平方米,建设规模为5.47万平方米,建设现代化、智能化的一栋医疗用品物流商务综合大楼、大型智慧药品物流仓库、多功能需要特别储存仓库和严管仓库	7000	广西英特康药业有限公司
预　备	宾阳县芳雷水库工程	63645	总库容2336万立方米,最大坝高30米,坝顶长438米		宾阳县水利局
	广西浩源再生资源利用有限公司废钢铁加工仓储配送中心项目	180000	建设废钢回收区、分拣区、仓储配送区、交易中心、办公楼等配套设施,年回收分拣处理各类废钢铁800万吨,其中年加工仓储配送废钢精选料400万吨,其他废钢加工仓储配送400万吨		广西浩源再生资源利用有限公司
	广西鼎诚汇顺投资有限公司茉莉花国际文化旅游康养项目(一期)	100700	建设壮乡文化中心广场6000平方米,停车场1200平方米,儿童娱乐中心2400平方米,生态游泳池1000平方米,风情商业街1.20万平方米,文旅酒店12万平方米,康养酒店60万平方米,老年活动中心3000平方米		广西鼎诚汇顺投资有限公司
	周顺来·中国茉莉花文化产业园一期项目	18000	一、茉莉花产品加工区: 1. 扩建15000平方米茉莉花茶现代化加工示范区; 2. 新建约6000平方米茉莉花创意产品商场车间; 3. 建设5000平方米茉莉花产品物流仓储基库; 4. 建设1800平方米企业技术研发中心; 5. 提供约120个生态停车场 二、茉莉花休闲体验区: 1. 建设面积100平方米游客服务中心; 2. 建设面积2000平方米茉莉餐厅; 3. 建设面积20000平方米茉莉民宿; 4. 建设造型独特,别具风情的茉莉产品体验中心		广西顺来茶业有限公司
	武鸣区流域水环境综合整治项目	263186	1. 污水处理厂:新建宁武镇、陆斡镇、府城镇等9个乡镇污水处理厂,规模总计每天0.76万立方米、管网长度67.04千米,建成后厂站出水达到一级A标准的要求;南宁市教育园区污水处理厂及配套管网工程规模为每天1万立方米,管网长度28.3千米; 2. 三河两岸整治:新建香山河3.8千米、东门河1.8千米、西江河5.9千米、武鸣河4.6千米等主要内河河道清淤,满足50年一遇的防洪标准建设		武鸣区住建局(PPP业主待定)
	南宁抽水蓄能电站	720000	规划装机容量120万千瓦,安装4台30万千瓦水泵水轮机组,枢纽建筑物由上水库、下水库、输水发电系统及地下厂房等组成,额定水头460米,上水库有效库容561万立方米,下水库有效库容565万立方米		南方电网调峰调频发电有限公司
	南宁·桃李春风·健康颐养文旅项目	400000	建设养老养生社区、全龄颐养服务中心、智慧颐养体验中心、健康颐养公寓、文化体验步行街、休闲健身区、游客服务中心、商业综合体等,总建筑面积85万平方米		广西云天绿城文化旅游有限公司
	武鸣·禅茶谷健康颐养文旅项目(一期)	90000	建设健康养生、智慧颐养社区及养生颐养公寓等宜居社区、智慧田园生活区、配套教育及文化中心、城市体育中心、游客接待中心等,建筑面积46.54万平方米		南宁电建兴国旅游发展文化有限公司

续表 34

建设阶段	名　称	总投资（万元）	建设规模和内容	年计划投资（万元）	项目业主
预　备	武鸣灵水国际青年新创客公社一期项目	100000	建设国际人工智能研发交流中心、孵化中心办公楼、路德体育中心、芒果功夫传媒基地、青年创客博览中心广场，总建筑面积112.87万平方米		广西青年创客产业有限公司
	南宁刘圩市民农庄项目（一期）	55000	建设市民体验农场、鲜美稀特果林、庭院共享果林、农业科技实验和培训中心、农业展示中心、农业创客和孵化基地、手工陶艺坊、农业博物馆、水稻主题乐园、体验区和稻田景观带等配套设施建设，总建筑面积约6万平方米		广西邻里乡村投资有限公司
	南宁三燃液化气有限公司储灌容检厂搬迁项目	15000	建设罐区、实瓶间、空瓶间、消防泵房及发配电室等配套设施，建设广西区供应零售终端客户规模最大的储存、灌装、运输配送、钢瓶检测等功能为一体的液化气综合气库，厂区液化气储灌容量总量2400立方米，周转液化气约每年7.5万吨		南宁三燃液化气有限公司
	空港经济区重点产业发展区域（C区）水系改造工程	12000	项目北起友谊路沿明阳一级路方向，南至机场高速，总长约1850米，宽度约15米～30米，通过对河道改造、河床疏挖、修坡护岸，提高河道的防洪排涝能力，提升人文景观，主要建设内容包括土方开挖、浆砌石、边坡护理、箱涵建设、管线迁改、植被改造、配套服务设施等相关配套工程		广西航港投资集团有限公司
	东南现代电商产业园	57000	打造国际化大型现代化电商产业园，建筑面积约17万平方米		南宁万昂投资有限公司
	南宁西乡塘区坛洛镇智慧物流园（A区）	105000	建设大型现代化物流分拨中心，现代化恒温仓储分拨中心，办公大楼及结算中心，辅助设备、设施，道路及绿化工程；配套购置办公设备、结算中心设备以及运营中心配套设施设备以及电子商务与物流网平台设备		上海宇培（集团）有限公司（意向业主）
	南宁西乡塘区坛洛镇智慧物流园（B区）	120000	建设国际物流作业区，电商物流作业区，智能仓储区，绿色配送区，产品检测区，自动化冷链作业区，供应链金融服务中心及物流信息中心等		南宁宝湾智慧物流发展有限公司（意向业主）
	广西金陵右江康养小镇项目	150000	总建筑面积45.50万平方米，主要建设休闲商旅民宿区、金陵旧街文化商旅区、古街生态民宿区、生态康养民宿区（包括汽车站、净水厂）、商旅码头服务区、文化影视示范基地、农民新村商旅示范区、农贸市场、垃圾处理中心、乡村生态农业综合产业休闲旅游示范区		广西金陵河岸树香园投资有限公司
	南宁市良庆区固废处理资源化处置中心项目	23856	主要建设有机废物暂存库、无机废物暂存库、甲类废物暂存库、焚烧车间、固化车间及污水处理站、安全填埋场等，日处理处置固废能力为3.45万吨，填埋场有效库容约23万立方米，总建筑面积1.59万平方米		南宁市良庆区城市管理局
	华润南宁年产千万吨级新型优质建筑骨料与30万吨干混砂浆项目（一期）	17000	建设内容主要包括石灰石原料矿山开采，建筑骨料、人工机制砂及干混砂浆产品加工厂，装船码头，运输皮带廊道，配套安全环保工程、物流交通公路及办公、生活设施等其中，一期用地面积约4万平方米（不含矿区），建设每年350万吨建筑骨料和30万吨干混砂浆生产线		华润水泥（南宁）有限公司
	高端运动装备制造	150000	总建筑面积约40万平方米，建设生产厂房、行政综合楼、研发中心及其他行政配套建筑，购置智能裁切机器人、裁断机、电脑机车、电脑花样机车、直通流水线、打帮机、自动上胶锤平机、冲孔机、削皮机、自动预缩机等设备，项目建成达产后，预计实现年产高端运动鞋1500万双、运动服装1000万套。		李宁体育（广西）有限公司
	金蓉颗粒生产基地项目	50000	项目占地面积10万平方米，建筑面积约10万平方米，建设符合G米P标准的创新药大生产基地、饮片加工基地、新药研发中心、乳腺肿瘤研究院等		广州奇绩医药科技有限公司

续表 34

建设阶段	名　称	总投资（万元）	建设规模和内容	年计划投资（万元）	项目业主
预　备	中国－东盟国际生命科学城项目(一期)	140500	以“农业科技”为核心,打造为集现代农业生产、农业科研试验、休闲农业观光、农业产品博览、农业科技科普、田园康养于一体的都市现代农业先导区。项目分三期建设,其中第一期约233.33公顷(建设用地28公顷),主要建设包括先正达科研试验基地、先正达中化农业技术应用基地、中化农业米AP技术服务中心等农业研发项目;柑橘示范推广基地、米AP甘蔗双高示范园、虾稻共生模式推广基地、东盟新奇特色果品推广基地,水培蔬菜基地等农业种植项目;先正达人才基地配套设施		广西南宁逸合旅游投资有限责任公司
	马山县龙河沐心谷康养旅游项目	42960	建筑总面积15.17万平方米,建设生态康养、民俗民居集市、汽车营地三个版块及相应道路、停车场、绿化等配套工程		广西马山县龙之河旅游开发有限公司
	宾阳马王风电场二期工程	82572	安装40台单机容量2.5兆瓦风力发电机组,总装机容量100兆瓦		广西大唐桂冠新能源有限公司
	南宁右江湾水乡康养旅游项目	323236	总建筑面积约100万平方米,打造六大分区的总体规划结构,即巴马长寿康养综合体、温泉度假酒店、东南亚特色文化酒店、商务会议会展中心、滨湖光影艺术街区、袁家村·东盟印象民俗街		广西汉恒文化旅游投资有限公司(意向业主)
	东南智慧电商产业园B地块	115000	该地块收储总面积32.13万平方米,主要建设内容为智慧仓储物流示范中心、智能快递示范中心、冷链物流中心、数据管理及控制中心(综合办公楼)		苏宁易购集团有限公司
	兴贤资源循环利用产业园	150000	项目新增用地面积40公顷,建筑物总建筑面积约6万平方米,建设内容包括每年40万吨工业用精油生产线,每年80万吨生物柴油生产线,30万吨甲醇柴油生产线,40万吨高品质燃料油生产线和8万润滑油生产线。建设脱胶车间、脱臭车间、过滤车间、调和车间、灌装车间、罐区等生产设施,以及锅炉房、配电间、消防泵房、消防循环水池、事故水池、污水处理池、办公楼、员工宿舍、资源综合利用产品交易厅、技术研发中心、原料仓库、成品仓库等辅助设施,形成生产、研发、贸易一体化模式,实现资源的综合利用		广西南宁高斯特科贸有限公司
	广西桂台现代农机产业服务园(广西农业机械研究院有限公司高新技术产业化基地)	31700	总建筑面积为11.40万平方米,建设厂房、科研大楼、职工食堂和宿舍等工程的现代农机产业服务园,新增设备457台,主要生产甘蔗搜割机、人防门、输送设备、垃圾处理设备等产品		广西农业机械研究院有限公司
	宾阳县黎塘工业园区石鼓岭新型建材产业园建设项目	12391	道路工程、涵洞工程、给水工程、排水工程、交通工程、照明工程、电力工程、电信工程、绿化工程等		宾阳县黎塘工业园区管理委员会
	武鸣骆越文化园项目(一期)工程	228900	占地面积149.67万平方米(其中建设用地约62.51万平方米),主要建设文旅工程、配套设施、艺术社区等三大功能区和市政配套工程,总建筑面积83.79万平方米		南宁天誉新景置业有限公司
	南宁牛湾文化旅游岛	3500000	项目定位以中华玉文化为主题,融合海丝文化、养生文化,涵盖玉文化博览、文化演艺、休闲度假、高端康养、生态居住等功能于一体的文化休闲岛。项目总用地面积约120万平方米,项目总体建设规模约200万平方米,规划有玉文化博览园、海丝文化公园、2千米滨水生态活力公园;五星级度假酒店区和特色度假民宿群;高端康养基地、国际学校及生态居住区。其中,玉文化博览园,以中华玉文化为主题,主要建设玉文化博物馆、玉文化诗词园、玉石玉雕大师工坊、玉石文化交流中心、玉石拍卖场、玉文化演艺中心等内容		青秀区土储分中心

续表 34

建设阶段	名　称	总投资（万元）	建设规模和内容	年计划投资（万元）	项目业主
预　备	南宁蓝地球田园文旅项目	400000	规划用地 125.33 万平方米，其中建设用地 40.80 万平方米，建筑面积约 115 万平方米。建设内容包含项目周边新农村改造、艺术田园、亲子营地、温顺动物萌宠乐园、农耕体验区、农业科普设施、田园农旅休闲设施、主题酒店和部分田园居养社区等		广西蓝地球文化旅游开发有限公司
	南宁市兴宁区坛勒昆仑镇 50 兆瓦风电项目	45000	建设装机规模为 50 兆瓦的风力发电机组及其配套附属设施		特变电工新疆新能源股份有限公司
	博世科东盟环保科技产业园（三期）	38000	项目拟建设标准厂房 3 座，综合楼 1 座		广西博世科环保科技股份有限公司
	江南 39 号路（江南 7 号路—9 号路）	26300	主要建设道路工程、排水工程、路灯工程、绿化工程、海绵工程、交通工程等		南宁仙葫经济开发区工业园区管理办公室
	江南 41 号路（江南 6 号路—9 号路）	12900	主要建设道路工程、排水工程、路灯工程、绿化工程、海绵工程、交通工程		南宁仙葫经济开发区工业园区管理办公室
	上林县畅通高速公路进城大道工程	84000	建设上林东收费站至大丰进城两条道路、上林县北归大道三期（澄州路尾—莲花山御府小区）改扩建工程（一期）		上林县住房和城乡建设局
	上林县城乡一体化供水网工程	58000	建设白圩镇、澄泰乡、巷贤镇、明亮镇、西燕镇、镇圩乡集中连片供水工程		上林县水利局
	海天调味品生产基地建设项目	200000	项目新建 21 个车间，同时建设制曲机、发酵罐、包装线等生产设备，同时配套 1 台 35 吨燃煤锅炉，2 台 75 吨燃煤锅炉，以及办公楼等配套设施。项目分二期建设，第一期 2021 年建成产 37 万吨调味品，第二期 2022 年建成投产 58 万吨		佛山市海天（南宁）调味食品有限公司
	柳州至南宁高速公路甘棠互通式立交项目	19000	项目位于南宁市宾阳县甘棠镇西南约 4.0 千米处，项目建成后实现柳州至南宁高速公路与宾阳县甘棠镇周边片区地方公路网之间的交通转换		广西桂海高速公路有限责任公司
	南宁零公里空港产业园项目	117000	西区地块为国内一级货运设施区，包含 1 号、2 号货运仓库、3 号定制货运仓库、4 号冷链货运仓库以及国内快件中心共 5 个单体，总建筑面积约 5.80 万平方米；东区地块为南宁空港保税物流中心 B 型和分拨中心		广西临空投资发展有限公司
	仙葫大道（蓉茉大道以东）、五合大道污水管工程	50266	仙葫大道（蓉茉大道以东）、五合大道、长福路（仙葫大道至那平江段）以及彩虹路的污水管道建设，管径为 d400～d1500，管道总长度 2.75 万米		广西绿城水务股份有限公司
	桂民投总部基地	150000	拟建设 3 栋商业办公楼及 1 栋酒店，总建筑面积 368.23 万平方米		广西桂民投新材料科技有限公司
	中欧一带一路广西蓝莓加工产业园项目	95000	项目建设生产车间、仓库、办公生活区等。配套给排水、变配电、消防、环卫、绿化、围墙大门等辅助设施		广西一号线食品科技有限公司
	横县健康特色农产品加工产业园（二期）工程项目	214617	项目包含建设用地范围内场地土方平整，排水渠工程，市政道路工程（含道路、给排水、交通、照明及管线、绿化等内容），标准厂房建设工程以及停车场、绿地景观、垃圾转运站		广西横县华鑫基础设施投资发展有限公司
	邕宁老城区控源截污改造工程	20596	主要建设内容包括新建邕高污水提升泵站 1 座，设计提升规模每米 1.58 立方米，在浦津路、彩虹路、彩虹南路、新兴街、八尺江路、八鲤路等 6 条道路新建污水管道		南宁市排水有限责任公司
	佳园小区旁道路（原五合片区 25 号路）	22984	长 1540 米、宽 20 米，包括道路、排水、照明、交通、绿化、电力管道等		广西南宁晟宁资产经营投资有限公司
	江南 40 号路（江南 6 号路 –9 号路）	17500	主要建设道路工程、排水工程、路灯工程、绿化工程、海绵工程、交通工程		南宁仙葫经济开发区工业园区管理办公室

续表 34

建设阶段	名称	总投资(万元)	建设规模和内容	年计划投资(万元)	项目业主
预备	南宁都市里	1500000	项目建设医院、商业古镇、购物中心、度假型酒店、康养小镇、大马戏多功能剧院、游乐设施等板块目		广西东方航洋实业集团有限公司
	南宁丽山丽水文旅项目	80000	项目主要建设美梦田园休闲观光度假区、观光生态农业园、民俗手作街区、民族文化彩绘园、游客综合接待中心,以及相关配套设施等		南宁市千艺大观投资有限责任公司
	瑞声科技精密制造项目一期厂区建设	71000	项目主要建设 PCB1# 厂房(丙 2 类)、电镀 1# 厂房(丙 2 类)、配套 1#～2# 厂房(丁类)、1# 仓库(丙 2 类)、2# 仓库(丙类)、3# 仓库(甲 1 类)以及配套 10 千瓦变电站、地下消防水池、厂区道路等配套设施		南宁交投六景园区开发有限责任公司
	兴宁联讯智谷科技企业孵化器	25000	新建用作以生产性服务业为基地的科技企业孵化器。主要集科研中心、商务办公区、公共技术服务区、众创空间区、产品展示区、企业服务中心、信息中心于一体的科技企业孵化器项目		广西联讯智谷投资有限公司
	江南 7 号路南段(二期)(江南 39 号路—45 号路)	11200	主要建设道路工程、排水工程、路灯工程、绿化工程、海绵工程、交通工程		南宁仙葫经济开发区工业园区管理办公室
	南宁大健康小镇项目	1300000	项目主要建设医药、医疗器械及健康食品科研孵化中心、科技企业总部及标准生产厂房、综合性康复医院、基因检测与健康管理中心、抗衰老中心、睡眠中心以及相关产业配套等		广西达和投资有限公司
	广西南宁市宾阳县武陵镇、大桥镇、中华镇、古辣镇及王灵镇农村饮水安全巩固提升集中连片供水工程	23420	新建 1 座供水规模每日 3.62 万立方米给水处理厂(配水楼 1 座,澄清池 2 座,U 型虹吸滤池 2 座,清水池 2 座,新建、改造配水泵房各 1 座等),敷设输水管线 1.86 千米、配水管线 37.28 千米、管线维修改造 40.21 千米、管网延伸工程 89.41 千米、入户水表安装 6.70 万块,建设安装机电设备及配套的附属设施等		宾阳县水利局
	中国东盟金属材料产业园	260000	建设金属材料研发中心、国际贸易、金属循环利用、钢材贸易、金融结算、智能制造、现代物流、健康养老和酒店商贸等为一体的产业园		广西柳州钢铁集团有限公司
	德颐众鑫车用新能源产业配套项目	26000	项目占地 6 公顷,建筑面积约 12 万平方米,进行研发新能源汽车的零部件生产及整车改装,预计年产物流车类、市政环卫工程车类和警护车类新能源汽车 3000 台,新能源电池组 1 万套		广西德颐众鑫投资有限公司
	江南 37 号路二期(江南 9 号路—14 号路)	27300	主要建设道路工程、排水工程、路灯工程、绿化工程、海绵工程、交通工程等		南宁仙葫经济开发区工业园区管理办公室
	广西南宁市桂牧食品有限公司年屠宰 200 万头生猪及精深加工项目	52000	新建屠宰分割车间、高温肉制品车间、低温肉制品车间、万吨冷库以及辅助生产车间和公用配套工程、职工生活设施等,厂房总建筑面积 9 万平方米		广西南宁市桂牧食品有限公司
	广西民族大学相思湖学院转设投资项目	500000	项目总建筑面积约 100 万平方米,首期按照 1.50 万人规模、建筑面积约 50 万平方米建设,二期按照 5000 人规模、建筑面积约 15 万平方米建设,三期按照 1 万人规模、建筑面积约 35 万平方米建设		吉利人才发展集团有限公司
	欣阳玻璃精深加工项目	42900	项目计划安装 56 台套设备,年产 Low-E 镀膜玻璃 240 万平方米、双钢化 Low-E 中空玻璃 360 万平方米、平弯钢化玻璃(家电玻璃、汽车玻璃)615 万平方米、双钢化夹层玻璃 40 万平方米		广西欣阳玻璃科技有限公司
	南宁六景工业园区景州产城开发及配套建设项目	45390	建设园区道路建设(包括景州大道扩建工程(高速出口至纬八路),纬四路(景州大道至北经二路),纬五路(北经一路至北经三路),商住服务用地平整,综合型科技企业孵化基地		南宁交投六景园区开发有限责任公司
	南宁市市郊铁路武鸣线	1650000	南起安吉客运站,北至玩美世界站。建设内容包括区间、车站、车辆段、主变电站等		南宁轨道交通集团有限责任公司

续表 34

建设阶段	名 称	总投资（万元）	建设规模和内容	年计划投资（万元）	项目业主
预 备	南宁六景工业园区景江产城开发及配套建设项目	35724	建设园区道路建设包括景江大道(纬四路至纬八路)、纬九路(经五路至经六路),商住服务用地和工业用地平整		南宁交投六景园区开发有限责任公司
	南宁六景工业园区承朴产城开发及配套建设项目	31907	园区道路建设包括纬十一路(经五路至景江大道)、纬十路(经五路至经六路),包括道路工程、排水工程、交通工程、绿化工程、照明工程、电力管沟工程、通信预埋套管工程。工业用地场地平整:对纬十一路、经五路、纬十二路、经六路围合的工业用地进行场地平整		南宁交投六景园区开发有限责任公司
	南宁六景工业园区八联产城开发及配套建设项目	32138	建设园区道路包括北经一路(纬三路至纬八路)、北经二路(纬三路至纬八路)、纬六路(景州大道至北经三路),商住服务用地场地平整		南宁交投六景园区开发有限责任公司
	宾阳县古辣100兆瓦渔光互补光伏发电综合利用项目	50000	装机容量100兆瓦,主要建设内容包括光伏组件、汇流箱、升压站、运行管理中心及相关配套		宾阳县天晴新能源科技有限公司
	宾阳县露圩经泉南高速甘棠互通至石塘公路工程项目	26893	全长19.11千米(主干道17.48千米,甘棠支线1.63千米),拟采用二级公路标准建设,路基宽12米,水泥混凝土路面宽10.5米,设计时速每小时60千米		宾阳县交通运输局
	上林国际马术运动康养小镇项目	340000	项目包含国家马术队冬训基地、比赛基地、马术教育培训基地、五星级度假酒店、康养小镇、康养医院以及配套的运动员／教练员公寓、文化风情街、“德保矮马”推广中心、马术文化展示与推广中心、马医院、停车场等		广西骏琦体育文化有限公司
	南宁市市郊铁路机场线	1026811	连接吴圩机场至南宁市区,建设内容包括线路、车站、场段、主变电站等		南宁轨道交通集团有限责任公司
	南宁·拈花湾	120000	主要建设健康养生、智慧颐养社区、养生颐养公寓等宜居社区、智慧田园生活区、商业街区、商务特色酒店及国际学校等配套教育、康养中心等		南宁电建兴国旅游文化发展有限公司
	上林至横县公路	1384000	项目主线全长约141千米(新建里程约115千米,完全利用段约26千米),采用双向四车道,设计速度每小时120千米、路基宽26.5米		南宁高速公路建设发展有限公司
	上林县振林(粤桂)扶贫庄园	34900	主要建设现代特色农业示范基地,包括彩韵迎宾服务区、渔耕唱晚文化体验区、稻香花海旅游区、生态观光游览区等		上林县振林农村投资发展有限公司
	威宁青运村	598170	规划建设包括抵离中心、运动员公寓、运动员餐厅、医疗中心、安保中心、访客接待中心、文创展示中心、商业中心、反兴奋剂中心、文化活动广场、村委会、志愿者服务中心等配套功能设施		南宁市国立房地产开发有限公司
	南宁六景工业园区景春产城开发及配套建设项目	53251	建设园区道路建设包括经一路(纬七路至纬十二路),纬八路工程(景州大道至北经二路),商住服务和工业用地进行场地平整		南宁交投六景园区开发有限责任公司
	南宁“花花大世界”生态度假区项目	2000000	将现有AAAA景区进行全面升级改造,建设一个集影视、文旅、康养、生态度假于一体的大型综合型旅游度假区		广西地产集团有限公司
	南宁农工商集团生态农业养殖项目	50000	建设饲养5万头能繁母猪、年出栏断奶仔猪超过100万头标准化生态繁育基地		南宁市罗文实业有限责任公司

表 35 2020 年南宁市市区道路命名情况表

序号	标准名称	起止	走向	长(米)	宽(米)	城区
1	民悦路	南起仙葫大道,北至原柳南高速	南北	900	30	青秀区
2	三青岭路	东起临仙路,西至民悦路	东西	2800	30	青秀区
3	乐山路	南起仙葫大道,北至原柳南高速路	南北	1000	30	青秀区
4	民葫路	南起上洲路,北至民悦路	南北	1700	22	青秀区
5	合众路	东起三青岭路,西至民葫路	东西	600	30	青秀区
6	葫青路	东起柳青路,西至民葫路	东西	1000	22	青秀区
7	正义路	南起下洲路,北至韶青路	南北	700	22	青秀区
8	尚德路	南起上洲路,北至葫青路	南北	260	22	青秀区
9	柳青路	南起下洲路,北至原柳南高速路	南北	1200	38	青秀区
10	春兰路	南起上洲路,北至柳南高速路	南北	700	30	青秀区
11	文飞路	南起傍岭路,北至青环路	东西	300	38	青秀区
12	乌竹里	南起傍岭路,往北穿过青山大桥底至傍岭路	东西	630	12	青秀区
13	凌铁路	北起唐城路,南至江北大道	东西	350	25	青秀区
14	洪运路(新命名段)	北起国凯大道,南至港运路	南北	1800	36	江南区
15	弄塘街	北起海城路,南至港运路,东临洪运路	南北	600	22	江南区
16	杨信街	北起海城路,南至港运路,东临弄塘街	南北	600	22	江南区
17	头房街	北起海城路,南至港运路,东临杨信街	南北	550	22	江南区
18	大井街	北起海城路,南至港运路,东临头房街	南北	470	36	江南区
19	三房街	北起海城路,南至港运路,东临大井街	南北	420	22	江南区
20	五房街	北起海城路,南至港运路,东临三房街	南北	350	22	江南区
21	围口街	北起海城路,南至港运路,东临五房街	南北	530	20	江南区
22	五杨街	南起围口街,北至南站大道	南北	200	20	江南区
23	海城路	东起壮锦大道,西至南站大道,南临兴杨路	东西	5500	30	江南区
24	兴杨路	东起同兴路,西至围口街	东西	3800	22	江南区
25	港运路	东起壮锦大道,西至南站大道,北临兴杨路	东西	6000	30	江南区
26	洞平街	北起定秋路,南至石牌路	南北	300	20	江南区
27	南站一巷	北起南宁火车南站货场,南至南站大道	南北	220	10	江南区
28	福良巷	南起福建路,北至平西村有缘公寓	南北	255	4.5	江南区
29	育新街	东起福德路,西至翠新街	东西	3500	14	江南区
30	新天街	南起港运路,北至海城路,东临新历街	南北	540	20	经开区
31	新历街	南起港运路,北至海城路,东临同兴路	南北	540	20	经开区
32	同兴路	北起国凯大道,南至南宁绕城高速路,东临南岭街	东西	1700	30	经开区
33	南岭街	南起港运路,北至海城路,东临龙树街	东西	470	20	经开区
34	龙树街	南起港运路,北至海城路,东临花坪街	东西	330	20	经开区

续表 35

序　号	标准名称	起　止	走　向	长(米)	宽(米)	城　区
35	花坪街	南起港运路,北至海城路,东临白石岭路	南北	730	20	经开区
36	白石岭街	南起港运路,北至海城路,东临那历路	东西	300	25	经开区
37	那历路	北起国凯大道,南至南宁绕城高速路,西临白石岭街	东西	1700	30	经开区
38	石灵路	西起托洲路,东止江洲路	东西	2200	40	西乡塘区
39	石埠三街	西起石灵路,东止江洲路	南北	662	15	西乡塘区
40	大学西路南一里	北起鹏飞路罗文市场路口,往西至广西第三戒毒所,转南至昌泰清华园北侧围墙	南北	620	10	西乡塘区
41	家安里	东起安吉大道,西止家乐路	东西	270	12	西乡塘区
42	树人路(新命名段)	南起原树人路,北止老木棉匠园大门	南北	400	25	西乡塘区
43	腾鲤路(新命名段)	北起八鲤路,南至广良大道(西临龙门路)	南北	5200	45	邕宁区
44	龙门路(新命名段)	北起八鲤路,南至广良大道(西临那美大道)	南北	5300	30	邕宁区
45	平良路(新命名段)	北起良信路,南至至茶泉大道	南北	3000	30	邕宁区

表 36　2020 年南宁市文物保护单位名录

级　别	名　称	类　别	时间(年代、时期)	地　点
国家级	昆仑关战役旧址	近现代重要史迹及代表性建筑	中华民国	兴宁区昆仑镇九塘社区欧廖村的昆仑山和领兵山之间的山隘中
	南宁育才学校旧址	近现代重要史迹及代表性建筑	中华人民共和国	西乡塘区心圩镇和德村九冬坡
	顶蛳山遗址	古遗址	新石器时代	邕宁区蒲庙镇新新村九碗坡东面
	伏波庙	古建筑	东汉	横县云表镇六河村委龙门塘村西南郁江乌蛮滩北岸
	智城城址	古遗址	唐	上林县覃排乡爱长村下石检屯西北 450 米处
	娅怀洞遗址	古遗址	旧石器时代	隆安县乔建镇博浪村大苍头山
自治区级	南宁会议旧址	近现代重要史迹及代表性建筑	中华人民共和国	兴宁区新民路 38 号明园饭店内
	共青团南宁地委旧址	近现代重要史迹及代表性建筑	中华民国	兴宁区北宁街 47 号
	革命烈士纪念碑	近现代重要史迹及代表性建筑	中华人民共和国	兴宁区人民公园内
	新会书院	古建筑	清	兴宁区解放路 42 号
	镇宁炮台	近现代重要史迹及代表性建筑	中华民国	兴宁区公园路人民公园望仙坡西南
	广西高等法院办公楼旧址	近现代重要史迹及代表性建筑	中华民国	兴宁区朝阳路 3−5 号
	邕州知州苏缄殉难遗址	古遗址	北宋	兴宁区民生街道兴宁社区兴宁路西一里
	广西民族大学礼堂	近现代重要史迹及代表性建筑	中华人民共和国	西乡塘区大学东路 118 号广西民族大学校园内
	冬泳亭	近现代重要史迹及代表性建筑	中华人民共和国	青秀区中山街道中山社区邕江大桥北端西侧
	梁烈亚故居	近现代重要史迹及代表性建筑	清	江南区江西镇扬美村解放路 35 号
	南宁魁星楼	古建筑	清	江南区江西镇扬美村希望小学内
	广西省土改工作团第二团团部旧址	近现代重要史迹及代表性建筑	中华人民共和国	江南区江西镇锦江村麻子畲坡

续表 36

级 别	名 称	类 别	时间(年代、时期)	地 点
自治区级	三江坡汉城址	古遗址	汉	江南区江西镇同江村三江坡东面约 200 米那城顶上
	桂南战役阵亡将士纪念亭	近现代重要史迹及代表性建筑	中华民国	青秀区植物路区第一幼儿院内(原中山公园旧址)
	南宁古城墙	古建筑	清	青秀区邕江一桥北端东段
	斑峰书院	古建筑	清	青秀区刘圩镇新兴社区刘圩街
	邕江防洪古堤	古建筑	清	青秀区邕江北岸距邕江大桥以东约 300 米处
	豹子头遗址	古遗址	新石器时代	青秀区柳沙园艺场内那贝村西南约 2000 米的邕江北岸河流拐弯处的一级台地上
	灰窑田遗址	古遗址	新石器时代	青秀区长塘镇金湖社区邕江北岸的灰窑田岭上
	中共广西省第二次代表大会旧址	近现代重要史迹及代表性建筑	中华民国	青秀区河堤路雷屋 77-1
	青龙江口遗址	古遗址	新石器时代	青秀区长塘镇定西村北面的青龙江口
	天窝遗址	古遗址	新石器时代	青秀区长塘镇天窝村东面的邕江南岸
	徐汉林烈士陵园	近现代重要史迹及代表性建筑	中华人民共和国	邕宁区新江镇汉林村西南约 400 米的盘古山顶
	雷婆岭摩崖石刻	石窟寺及石刻	清	邕宁区那楼镇那良村那蒙坡雷婆岭
	新江桥(皇赐桥)	古建筑	清	邕宁区新江镇新江街北端
	邕宁五圣宫	古建筑	清	邕宁区蒲庙镇蒲津路 63 号
	石船头遗址	古遗址	新石器时代	良庆区良庆镇那黄村北面邕江南岸
	元龙坡、安等秧坡古墓群	古墓葬	西周、战国	武鸣区马头镇马头社区木托屯东南面 100 米处
	明秀园	近现代重要史迹及代表性建筑	中华民国	武鸣区城西郊蒙村附近
	思恩府试院	古建筑	清	宾阳县卢圩镇宾阳职业中专内
	宾州南桥	古建筑	明	宾阳县宾州镇南街与三联街交接处
	蔡氏古宅	古建筑	清	宾阳县古辣镇古辣社区蔡村
	施恒益大院	近现代重要史迹及代表性建筑	中华民国	横县横州镇城司街东二巷 394 号
	笔山花屋	古建筑	清	横县平朗乡笔山村委笔山村
	承露塔	古建筑	清	横县栾城镇高村村委高村东北 500 米金龟岭
	翰桥三昆堂	古建筑	清—中华民国	横县马山乡翰桥村中
	鲤鱼坡遗址	古遗址	新石器时代	隆安县丁当镇俭安村更也屯鲤鱼坡
	惠迪公祠	古建筑	清	隆安县南圩镇发立村积发屯
	大龙潭古遗址	古遗址	新石器时代	隆安县乔建镇博浪村大龙潭
	石塘北帝庙	古建筑	清	马山县周鹿镇石塘村石塘街
	汇水桥畔碑林	石窟寺及石刻	明—清	上林县三里镇三里街南汇水桥畔船山
	南陵革命旧址	近现代重要史迹及代表性建筑	中华民国	上林县巷贤镇卢柱村大卢庄
市 级	新华路水塔	近现代重要史迹及代表性建筑	中华民国	兴宁区新华路南段
	望火楼	近现代重要史迹及代表性建筑	中华人民共和国	兴宁区新华路 1 号
	西关路铁桥	近现代重要史迹及代表性建筑	中华民国	兴宁区西关路北段
	两湖会馆	古建筑	清	兴宁区解放路 38—40 号

续表 36

级 别	名 称	类 别	时间(年代、时期)	地 点
市 级	南宁商会旧址	古建筑	清	兴宁区解放路 54 号
	金狮巷民居群	古建筑	清—中华民国	兴宁路西二里 50、52、54、56、58、60、62、64、66、68 号
	滕甫墓	古墓葬	宋	兴宁区五塘镇沙平村
	广西壮族自治区展览馆	近现代重要史迹及代表性建筑	中华人民共和国	兴宁区民主路 12 号
	五塘耕读大学旧址	近现代重要史迹及代表性建筑	中华人民共和国	兴宁区五塘镇
	烽火台	古遗址	明	江南区烟墩烟脚村墩岭烽
	千人坟	近现代重要史迹及代表性建筑	中华民国	江南区沙井乡金鸡村马草坪坡黄章岭北面
	周家坡古建筑群	古建筑	清—民国	江南区江南街道东南村周家坡
	莫文骅故居	近现代重要史迹及代表性建筑	清	江南区亭子莫屋角 12 号
	皇姑坟	古墓葬	明	江南区江西镇同江村三江坡
	苏氏宗祠	古建筑	清	江南区苏圩镇苏保村
	扬美五叠堂	古建筑	清	江南区江西镇扬美村解放街西端
	扬美黄氏庄园	古建筑	清	江南区江西镇扬美村
	扬美举人屋	古建筑	清	江南区江西镇扬美村临江街 13 号
	扬美临江街明代民居	古建筑	明	江南区江西镇扬美村临江街 20 号
	扬美慕义门	古建筑	清	江南区江西镇扬美村中山街 40 号
	王氏祖祠	古建筑	清	江南区江西镇智信村坛仓坡
	镇海祠	古建筑	明	江南区五一路新屋三里
	慕村小学旧址	近现代重要史迹及代表性建筑	中华民国	江南区苏圩镇慕村小学
	黄旭初旧居	近现代重要史迹及代表性建筑	中华民国	青秀区中山街道中山社区明德街 53 号
	邕宁电报局旧址	近现代重要史迹及代表性建筑	中华民国	青秀区中山街道中山社区明德街 55 号
	雷沛鸿故居	近现代重要史迹及代表性建筑	清	青秀区中山街道津头社区河堤路雷屋 16 号
	中共广西省委机关秘书处旧址(雷经天故居)	近现代重要史迹及代表性建筑	中华民国	青秀区中山街道津头社区河堤路雷屋 17 号
	广西省体育场门楼	近现代重要史迹及代表性建筑	中华人民共和国	青秀区桃源路 62 号
	陶公馆	近现代重要史迹及代表性建筑	中华民国	青秀区中山街道河堤新街社区河堤一街 37 号
	那北咀贝丘遗址	古遗址	新石器时代	青秀区长塘镇五合村那窝坡南约 2 公里的邕江北岸
	凌屋贝丘遗址	古遗址	新石器时代	青秀区长塘镇五合村那窝坡南面邕江边
	青秀山摩崖石刻	石窟寺及石刻	明	青秀山管委会青秀山风景名胜旅游区内
	董 泉	古建筑	明	青秀山管委会青秀山风景名胜旅游区内
	凌铁水塔	近现代重要史迹及代表性建筑	中华民国	青秀区植物路 53 号凌铁水厂内
	刘圩大寨屋	近现代重要史迹及代表性建筑	中华人民共和国	青秀区刘圩镇麓阳村的新阳坡和启蒙坡
	宗圣源祠	古建筑	明	青秀区七星路一巷 25 号
	南宁孔庙	近现代重要史迹及代表性建筑	明清—现代	青秀区青环路 9 号
	钟德祥墓	古墓葬	清	青秀区刘圩镇东北的斑山脚下

续表 36

级 别	名 称	类 别	时间(年代、时期)	地 点
市 级	北府庙	古建筑	明—清	青秀区柳沙园艺场滕村
	林氏民居	近现代重要史迹及代表性建筑	中华民国	青秀区七星路97号
	三岸园艺场明清窑址群	古遗址	明—清	青秀区津头街道办三岸园艺场三队及五队
	广西学生军抗日烈士纪念碑	近现代重要史迹及代表性建筑	中华人民共和国	青秀区青秀山风景区
	粤东会馆	古建筑	清	西乡塘区壮志路22号
	恐龙化石出土点	其他	中生代晚白垩纪	西乡塘区金陵镇大石村石火岭
	董达庭商住楼	古建筑	清—中华民国	西乡塘区解放路35—1号、37号
	安徽会馆	古建筑	清	西乡塘区石巷口12号
	黄氏家族民居	古建筑	清	西乡塘区中尧南路东三里88号
	罗文村韦氏祖屋	古建筑	明—清	西乡塘区罗文村
	老口村覃氏民居和宗祠	古建筑	清	西乡塘区石埠街道老口村那告坡
	老口村李氏民居	古建筑	清	西乡塘区石埠街道老口村建宁坡
	驮罕码头	近现代重要史迹及代表性建筑	中华民国	西乡塘区金陵镇龙达村龙江街
	驮罕炮楼	近现代重要史迹及代表性建筑	中华民国	西乡塘区金陵镇龙达村龙江街
	邕宁县第十三区政府旧址	近现代重要史迹及代表性建筑	中华人民共和国	西乡塘区石埠街道老口村贤湾街19号
	老口村黄氏宗祠	古建筑	清	西乡塘区石埠街道老口村三民坡
	刚德村卢氏民居	古建筑	清	西乡塘区金陵镇刚德村大石坡154号
	义利酱园坊	近现代重要史迹及代表性建筑	中华民国—中华人民共和国	西乡塘区金陵镇邓圩村农乐坡
	潘氏宗祠	古建筑	清	西乡塘区安吉街道大塘村东坡
	周都和烈士纪念塔	近现代重要史迹及代表性建筑	中华人民共和国	西乡塘区双定镇兴平村兴隆街
	华强坡美伦四方井	古建筑	清	西乡塘区双定镇和强村华强坡
	定内坡定内宗祠	古建筑	清	西乡塘区坛洛镇朱湖村定内坡
	稔生坡九龙石桥	古建筑	清	西乡塘区坛洛镇合志村稔生坡
	楞增渡槽	近现代重要史迹及代表性建筑	中华人民共和国	西乡塘区坛洛镇中北村楞丁坡
	陈东村陈氏宗祠	古建筑	清	西乡塘区陈东村岭头坡1号
	陈东村陈氏祖屋	古建筑	清	西乡塘区陈东村
	陈东村陈氏老宅	古建筑	清	西乡塘区陈东村
	广西机电职业技术学院苏式建筑群	近现代重要史迹及代表性建筑	中华人民共和国	西乡塘区大学东路101号广西机电技术学院
	铜鼓陂水利	古建筑	清	西乡塘区安宁街道永宁村东北面
	林氏祖屋	古建筑	明—清	西乡塘区心圩街道四联村林屋
	刺勒圳桥	古建筑	清	高新区滨河路明月湖公园内
	那莲戏台	古建筑	清	邕宁区蒲庙镇孟莲村那莲街北端
	北帝庙	古建筑	清	邕宁区蒲庙镇孟莲村那莲街北端的孟莲小学后
	团阳杨宅	古建筑	清	邕宁区新江镇团阳村团阳坡160号

续表 36

级别	名称	类别	时间(年代、时期)	地点
市级	康浪平烈士纪念碑	近现代重要史迹及代表性建筑	中华人民共和国	邕宁区蒲庙镇孟莲村村西面约 200 米的村级道路旁
	那连正码头	古建筑	清	邕宁区蒲庙镇孟莲村那莲街北端
	北觥古民居	古建筑	清	邕宁区蒲庙镇仁福村北觥坡
	蕾帽岭摩崖石刻	石窟寺及石刻	清	良庆区那陈镇那徐村委和平丙坡之间的蕾帽岭顶峰
	良庆五帝庙	古建筑	清	良庆区良庆镇良庆街西二巷
	孔总桥	近现代重要史迹及代表性建筑	中华人民共和国	良庆区南晓镇团东村平朗坡
	雷殷故居	近现代重要史迹及代表性建筑	清	良庆区南晓镇晓元村达庄坡 32 号
	陵桂村钟氏民居	古建筑	清	良庆区南晓镇陵桂村大陵坡
	林景云烈士故居	近现代重要史迹及代表性建筑	清	良庆区良庆镇良庆社区缸瓦窑村
	黄氏炮楼	古建筑	明—清	良庆区那马镇那僚村天龙坡
	良庆粮仓群	近现代重要史迹及代表性建筑	中华人民共和国	良庆区良庆镇良庆社区
	水月庵塔林	古建筑	明—清	青龙岗墓园东侧五象岭

表 37 2020 年南宁市非物质文化遗产代表性项目名录

项目分类(代码)	名称	保护单位	批次	批准时间
民间文学(Ⅰ)	宾阳“老穷”故事	宾阳县文化馆	第三批自治区级名录	2010 年
	上林四六联民歌	上林县文化馆	第四批自治区级名录	2012 年
	隆安壮族排歌	隆安县文化馆	第四批自治区级名录	2012 年
	上林瑶族山歌	上林县文化馆	第四批自治区级名录	2012 年
	壮族百鸟衣故事	横县文化馆	第四批国家级名录	2014 年
	妈勒访天边传说	南宁市民族文化艺术研究院(市非遗保护中心)	第五批自治区级名录	2014 年
	壮族信歌	南宁市民族文化艺术研究院(市非遗保护中心)	第五批自治区级名录	2014 年
	南宁五象传说	南宁市民族文化艺术研究院(市非遗保护中心)	第五批自治区级名录	2014 年
	白话童谣	南宁市民族文化艺术研究院(市非遗保护中心)	第五批自治区级名录	2014 年
	南宁民谣	兴宁区文化馆	第五批自治区级名录	2014 年
	良庆壮族嘹啰山歌	良庆区文化馆	第五批自治区级名录	2014 年
	壮族传扬歌	马山县文化馆	第五批自治区级名录	2014 年
	起凤山传说	武鸣区文化馆	第六批自治区级名录	2016 年
	青秀山传说(青秀流米洞传说、青秀龙象塔传说)	青秀区文化馆	第七批自治区级名录	2018 年
	壮族特掘传说	武鸣区文化馆	第七批自治区级名录	2018 年
	影容山故事	隆安县文化馆	第八批市级名录	2019 年
	横县壮族民间故事“灵竹一枝花”	横县文化馆	第八批自治区级名录	2020 年
	马山瑶族酒壶歌	马山县文化馆	第八批自治区级名录	2020 年
传统音乐(Ⅱ)	广西八音	邕宁区文化馆	第一批自治区级名录	2007 年

续表 37

项目分类(代码)	名　称	保护单位	批　次	批准时间
传统音乐(Ⅱ)	壮族嘹啰山歌	邕宁区文化馆	第二批自治区级名录	2008 年
	壮族三声部民歌	马山县文化馆	第二批国家级名录	2008 年
	壮族会鼓	马山县文化馆	第二批自治区级名录	2008 年
	松柏汉族多声部平话山歌	兴宁区文化馆	第二批自治区级名录	2008 年
	南宁多声部民歌	南宁市民族文化艺术研究院(市非遗保护中心)	第三批自治区级名录	2010 年
	南宁平话民歌	南宁市民族文化艺术研究院(市非遗保护中心)	第三批自治区级名录	2010 年
	武鸣壮族山歌	武鸣区文化馆	第四批自治区级名录	2012 年
	南宁壮族哭嫁歌	兴宁区文化馆	第四批自治区级名录	2012 年
	上林壮族八音	上林县文化馆	第四批自治区级名录	2012 年
	三津八音	江南区文化馆	第六批市级名录	2015 年
	上林瑶族鼓乐	上林县文化馆	第六批市级名录	2015 年
	南宁壮族高腔民歌	南宁市民族文化艺术研究院(市非遗保护中心)	第六批自治区级名录	2016 年
	南宁江南平话民歌	江南区文化馆	第六批自治区级名录	2016 年
	瑶族剪刀歌	马山县文化馆	第七批自治区级名录	2018 年
	宾阳八音	宾阳县文化馆	第八批自治区级名录	2020 年
传统舞蹈(Ⅲ)	壮族骆垌舞	武鸣区文化馆	第三批自治区级名录	2010 年
	南宁香火龙舞(青秀区壮族芭蕉香火龙舞)	青秀区文化馆	第三批自治区级名录	2010 年
	南宁壮族春牛舞	江南区文化馆	第三批自治区级名录	2010 年
	良庆区香火龙舞	良庆区文化馆	第三批自治区级名录	2010 年
	壮族打扁担	马山县文化馆	第三批自治区级名录	2010 年
	壮族九莲灯	隆安县文化馆	第三批自治区级名录	2010 年
	壮族打砻(榔)舞	马山县文化馆	第三批自治区级名录	2010 年
	南宁傩舞	西乡塘区文化馆	第四批自治区级名录	2012 年
	壮族麒麟舞	青秀区文化馆	第四批自治区级名录	2012 年
	马山壮族踩花灯	马山县文化馆	第四批自治区级名录	2012 年
	上林壮族师公舞	上林县文化馆	第四批自治区级名录	2012 年
	上林瑶族猴鼓舞	上林县文化馆	第四批自治区级名录	2012 年
	横县百合茅山舞	横县文化馆	第五批自治区级名录	2014 年
	瑶族蚩尤舞	马山县文化馆	第五批自治区级名录	2014 年
	壮族竹竿舞	武鸣区文化馆	第六批市级名录	2015 年
	隆安壮族狮舞	隆安县文化馆	第七批自治区级名录	2018 年
	邕州狮舞	西乡塘区文化馆	第八批市级名录	2019 年
	壮族凤凰麒麟舞	横县文化馆	第八批自治区级名录	2020 年
	南晓钱鞭舞	良庆区文化馆	第八批自治区级名录	2020 年
	古零草凳龙舞	马山县文化馆	第八批自治区级名录	2020 年

续表 37

项目分类(代码)	名　称	保护单位	批　次	批准时间
传统戏剧(Ⅳ)	邕　剧	南宁市民族文化艺术研究院(市非遗保护中心)	第二批国家级名录	2008 年
	丝弦戏	宾阳县文化馆	第二批自治区级名录	2008 年
	宾阳师公戏	宾阳县文化馆	第三批自治区级名录	2010 年
	壮族采茶戏	横县文化馆	第三批自治区级名录	2010 年
	采茶戏	邕宁区文化馆	第三批自治区级名录	2010 年
	上林壮族师公戏	上林县文化馆	第四批自治区级名录	2012 年
	粤　剧	南宁市民族文化艺术研究院(市非遗保护中心)	第四批国家级名录	2014 年
	南宁平话师公戏	高新区文体局	第五批自治区级名录	2014 年
	古潭邕剧	隆安县文化馆	第六批自治区级名录	2016 年
	马山丝弦戏	马山县文化馆	第六批自治区级名录	2016 年
	上林傩戏	上林县文化馆	第七批自治区级名录	2018 年
曲艺(Ⅴ)	南宁粤曲	西乡塘区文化馆	第八批市级名录	2019 年
	校椅临江壮歌剧	横县文化馆	第八批自治区级名录	2020 年
传统体育、游艺与杂技(Ⅵ)	壮族香火球	良庆区文化馆	第二批自治区级名录	2008 年
	壮族斗竹马	青秀区文化馆	第三批自治区级名录	2010 年
	壮族迪尺	南宁市民族文化艺术研究院(市非遗保护中心)	第五批自治区级名录	2014 年
	壮族功夫	南宁市民族文化艺术研究院(市非遗保护中心)	第六批市级名录	2015 年
	马山加方上刀山下火海	马山县文化馆	第七批自治区级名录	2018 年
	宾阳露圩传统武术	露圩镇文化体育和广播影视站	第七批自治区级名录	2018 年
	壮族手镖技艺	西乡塘区文化馆	第八批市级名录	2019 年
	武鸣壮族抛绣球	武鸣区文化馆	第八批自治区级名录	2020 年
	武鸣壮族抢花炮	武鸣区文化馆	第八批自治区级名录	2020 年
传统美术(Ⅶ)	点米成画	邕宁区文化馆	第六批自治区级名录	2016 年
	壮族刺绣	马山县文化馆	第六批自治区级名录	2016 年
传统技艺(Ⅷ)	南宁老友粉	南宁市民族文化艺术研究院(市非遗保护中心)	第二批自治区级名录	2008 年
	壮族五色糯米饭制作技艺	武鸣区文化馆	第三批自治区级名录	2010 年
	红良打铁技艺	隆安县文化馆	第三批自治区级名录	2010 年
	扬美豆豉制作技艺	江南区文化馆	第三批自治区级名录	2010 年
	宾阳织锦技艺	宾阳县文化馆	第三批自治区级名录	2010 年
	宾阳酸粉制作技艺	宾阳县文化馆	第三批自治区级名录	2010 年
	横县鱼生制作技艺	横县文化馆	第三批自治区级名录	2010 年
	横县大粽制作技艺	横县文化馆	第三批自治区级名录	2010 年
	扬美梅菜制作技艺	江南区文化馆	第四批市级名录	2011 年
	扬美沙糕制作技艺	江南区文化馆	第四批自治区级名录	2012 年
	横县茉莉花茶制作技艺	横县文化馆	第四批自治区级名录	2012 年
	横县南山白毛茶制作技艺	横县文化馆	第四批自治区级名录	2012 年

续表 37

项目分类(代码)	名 称	保护单位	批 次	批准时间
传统技艺(Ⅷ)	南宁铁鸟酱料制作技艺	兴宁区文化馆	第四批自治区级名录	2012 年
	雁江粉利制作技艺	隆安县文化馆	第五批市级名录	2013 年
	灵马鲶鱼制作技艺	武鸣区文化馆	第五批市级名录	2013 年
	隆安构树造纸技艺	隆安县文化馆	第五批自治区级名录	2014 年
	宾阳油纸伞制作技艺	宾阳县文化馆	第五批自治区级名录	2014 年
	大罗毛笔制作技艺	宾阳县文化馆	第五批自治区级名录	2014 年
	横县鱼宴制作技艺	横县文化馆	第五批自治区级名录	2014 年
	壮族服饰制作技艺	南宁市民族文化艺术研究院(市非遗保护中心)	第五批自治区级名录	2014 年
	南宁壮族干栏建筑营造技艺	南宁市民族文化艺术研究院(市非遗保护中心)	第六批市级名录	2015 年
	化皮猪脚制作技艺	西乡塘区文化馆	第六批市级名录	2015 年
	武鸣壮酒制作技艺	武鸣区文化馆	第六批市级名录	2015 年
	宋家米酒酿造技艺	江南区文化馆	第六批市级名录	2015 年
	都结豆腐制作技艺	隆安县文化馆	第六批市级名录	2015 年
	南宁生榨米粉制作技艺	西乡塘区文化馆	第六批自治区级名录	2016 年
	宾阳邹圩陶器制作技艺	宾阳县文化馆	第六批自治区级名录	2016 年
	永州米酒制作技艺	马山县文化馆	第七批市级名录	2017 年
	永州鱼片制作技艺	马山县文化馆	第七批市级名录	2017 年
	永州豆腐制作技艺	马山县文化馆	第七批市级名录	2017 年
	横县红枣马蹄糕制作技艺	横县文化馆	第七批市级名录	2017 年
	横县青桐壮族织锦技艺	横县文化馆	第七批市级名录	2017 年
	武鸣柠檬鸭制作技艺	武鸣区文化馆	第七批自治区级名录	2018 年
	武鸣生榨米粉制作技艺	武鸣区文化馆	第七批自治区级名录	2018 年
	横县替僧簸箕粉制作技艺	横县文化馆	第七批自治区级名录	2018 年
	武鸣灵马旱藕粉制作技艺	武鸣区文化馆	第七批自治区级名录	2018 年
	武鸣府城红糖制作技艺	武鸣区文化馆	第七批自治区级名录	2018 年
	横县芝麻饼制作技艺	横县文化馆	第七批自治区级名录	2018 年
	隆安布泉壮族酸鱼制作技艺	隆安县文化馆	第七批自治区级名录	2018 年
	宾阳竹编技艺	宾阳县文化馆	第七批自治区级名录	2018 年
	宾阳草席制作技艺	宾阳县文化馆	第七批自治区级名录	2018 年
	南宁制陶技艺	南宁市民族文化艺术研究院(市非遗保护中心)	第七批自治区级名录	2018 年
	上林糯米酒酿造技艺	上林县文化馆	第八批市级名录	2019 年
	隆安壮族织锦技艺	隆安县文化馆	第八批市级名录	2019 年
	武鸣艾馍制作技艺	武鸣区文化馆	第八批市级名录	2019 年
	武鸣糯米甜酒酵酿技艺	武鸣区文化馆	第八批市级名录	2019 年
	武鸣壮族柃木舂粑制作技艺	武鸣区文化馆	第八批市级名录	2019 年
	宾阳榫卯木工技艺	宾阳县文化馆	第八批市级名录	2019 年

续表 37

项目分类(代码)	名 称	保护单位	批 次	批准时间
传统技艺(Ⅷ)	刘记石雕制作技艺	广西南宁市刘雪山影雕艺术有限公司	第八批市级名录	2019 年
	南宁竹刻制作技艺	西乡塘区文化馆	第八批市级名录	2019 年
	壮刀制作技艺	西乡塘区文化馆	第八批市级名录	2019 年
	南宁剪纸	西乡塘区文化馆	第八批市级名录	2019 年
	南宁米粉制作技艺	南宁市民族文化艺术研究院(市非遗保护中心)	第八批市级名录	2019 年
	南宁硬木制作技艺	南宁市凌铁王工艺雕刻有限公司	第八批市级名录	2019 年
	南宁木家具制作技艺	广西桂作家具有限公司	第八批市级名录	2019 年
	宾阳武陵牛角制品制作技艺	宾阳县文化馆	第八批自治区级名录	2020 年
	上林壮族古香制作技艺	上林县文化馆	第八批自治区级名录	2020 年
	金狮巷传统打金技艺	兴宁区文化馆	第八批自治区级名录	2020 年
	武鸣灵马草席编织技艺	武鸣区文化馆	第八批自治区级名录	2020 年
	大明山茶制作技艺	武鸣区文化馆	第八批自治区级名录	2020 年
	武鸣灰水粽制作技艺	武鸣区文化馆	第八批自治区级名录	2020 年
	武鸣壮族刘氏“药仙翁”药茶制作技艺	武鸣区文化馆	第八批自治区级名录	2020 年
传统医药(Ⅸ)	龚氏痛症疗法	江南区文化馆	第五批市级名录	2013 年
	宾阳封氏烧伤创疡治疗术	宾阳县文化馆	第五批自治区级名录	2014 年
	壮族谭氏草药疗骨法	隆安县文化馆	第五批自治区级名录	2014 年
	壮医经筋疗法	南宁市民族文化艺术研究院(市非遗保护中心)	第六批自治区级名录	2016 年
	壮医药物竹罐疗法	南宁市民族文化艺术研究院(市非遗保护中心)	第六批自治区级名录	2016 年
	壮医目诊	南宁市民族文化艺术研究院(市非遗保护中心)	第七批自治区级名录	2018 年
	上林壮医针挑	上林县文化馆	第八批市级名录	2019 年
	壮医香疗	南宁壮医草药堂	第八批市级名录	2019 年
	瑶族壁和骨伤疗法	江南区文化馆	第八批自治区级名录	2020 年
	滴水观音艾灸疗法	西乡塘区文化馆	第八批自治区级名录	2020 年
民俗(X)	壮族歌圩	南宁市民族文化艺术研究院(市非遗保护中心)	第一批国家级名录	2006 年
	壮族抢花炮	邕宁区文化馆	第一批自治区级名录	2007 年
	壮族伏波庙会	横县文化馆	第一批自治区级名录	2007 年
	那马龙狮	良庆区文化馆	第一批市级名录	2007 年
	宾阳炮龙节	宾阳县文化馆	第二批国家级名录	2008 年
	甘棠彩凤	宾阳县文化馆	第二批市级名录	2008 年
	宾阳关公诞	宾阳县文化馆	第二批市级名录	2008 年
	上林县渡河公	上林县文化馆	第二批自治区级名录	2008 年
	疍家婚礼	江南区文化馆	第二批自治区级名录	2008 年
	游彩架	宾阳县文化馆	第二批自治区级名录	2008 年
	横县炮会	横县文化馆	第三批自治区级名录	2010 年

续表 37

项目分类(代码)	名 称	保护单位	批 次	批准时间
民俗(X)	那桐农具节	隆安县文化馆	第三批自治区级名录	2010 年
	壮族亥日	隆安县文化馆	第三批自治区级名录	2010 年
	上林壮族灯酒节	上林县文化馆	第三批自治区级名录	2010 年
	壮族芒那节	隆安县文化馆	第三批自治区级名录	2010 年
	军山庙会	青秀区文化馆	第四批自治区级名录	2012 年
	上林壮族万寿节	上林县文化馆	第四批自治区级名录	2012 年
	横县云表壮族歌圩	横县文化馆	第四批自治区级名录	2012 年
	宾阳三娘乖习俗	宾阳县文化馆	第四批自治区级名录	2012 年
	壮族婚俗	隆安县文化馆	第五批市级名录	2013 年
	壮族三月三	武鸣区文化馆	第四批国家级名录	2014 年
	南宁花婆节	南宁市民族文化艺术研究院(市非遗保护中心)	第五批自治区级名录	2014 年
	南宁土地诞	南宁市民族文化艺术研究院(市非遗保护中心)	第五批自治区级名录	2014 年
	壮族毯丝歌会	良庆区文化馆	第五批自治区级名录	2014 年
	壮族罗波庙会	武鸣区文化馆	第五批自治区级名录	2014 年
	壮族“四月四”	武鸣区文化馆	第五批自治区级名录	2014 年
	横县壮族三相圩逢	横县文化馆	第五批自治区级名录	2014 年
	露圩壮族圩逢	宾阳县文化馆	第五批自治区级名录	2014 年
	上林壮族龙母节	上林县文化馆	第五批自治区级名录	2014 年
	更望湖壮族歌圩	隆安县文化馆	第五批自治区级名录	2014 年
	扬美龙舟上水节	江南区文化馆	第五批自治区级名录	2014 年
	南宁元宵花灯节	江南区文化馆	第五批自治区级名录	2014 年
	斑山庙会	青秀区文化馆	第五批自治区级名录	2014 年
	壮族安龙歌会	西乡塘区文化馆	第五批自治区级名录	2014 年
	那莲赛巧节	邕宁区文化馆	第五批自治区级名录	2014 年
	横县笔山人生礼仪	横县文化馆	第五批自治区级名录	2014 年
	武鸣壮族服饰	武鸣区文化馆	第六批市级名录	2015 年
	布泉天王庙会	隆安县文化馆	第六批市级名录	2015 年
	宾阳甘棠圩逢	宾阳县文化馆	第六批市级名录	2015 年
	吴门农氏婆祈福祭典	宾阳县文化馆	第六批市级名录	2015 年
	壮族添粮补寿习俗	兴宁区文化馆	第六批自治区级名录	2016 年
	南宁大王节	西乡塘区文化馆	第六批自治区级名录	2016 年
	南宁下楞龙舟节	西乡塘区文化馆	第六批自治区级名录	2016 年
	西乡塘歌圩	西乡塘区文化馆	第六批自治区级名录	2016 年
	灵水壮族歌圩	武鸣区文化馆	第六批自治区级名录	2016 年
	三里壮族歌圩	上林县文化馆	第六批自治区级名录	2016 年
	隆安稻草龙	隆安县文化馆	第六批自治区级名录	2016 年

续表 37

项目分类(代码)	名　称	保护单位	批　次	批准时间
民俗(X)	上林县祭冬民俗	上林县文化馆	第七批市级名录	2017 年
	南宁观音诞习俗	兴宁区文化馆	第七批市级名录	2017 年
	横县民间“无人售卖市场”习俗	横县文化馆	第七批市级名录	2017 年
	蒲庙花婆节	邕宁区文化馆	第七批自治区级名录	2018 年
	横县青桐壮族圩逢	横县文化馆	第七批自治区级名录	2018 年
	上林县二月二卢於春社	上林县文化馆	第七批自治区级名录	2018 年
	大明山歌圩	广西大明山国家级自然保护区管理局、南宁大明山风景旅游区管理委员会	第七批自治区级名录	2018 年
	南宁开年习俗	兴宁区文化馆	第七批自治区级名录	2018 年
	仙湖歌圩	武鸣区文化馆	第八批市级名录	2019 年
	二塘歌圩	武鸣区文化馆	第八批市级名录	2019 年
	南宁双忠节	西乡塘区文化馆	第八批市级名录	2019 年
	扬美老人节	江南区文化馆	第八批自治区级名录	2020 年
	那僚庙会	青秀区文化馆	第八批自治区级名录	2020 年

表 38　2020 年南宁市非物质文化遗产代表性传承人名录

等　级	名　称	姓　名	性　别	出生(年)	保护单位	批　次
国家级	壮族歌圩	刘正成	男	1935	南宁市民族文化艺术研究院(市非遗保护中心)	2008 年第二批
	邕　剧	洪　琪	女	1944	南宁市民族文化艺术研究院(市非遗保护中心)	2009 年第三批
	壮族三声部民歌	温桂元	男	1934	马山县文化馆	2009 年第三批
	粤　剧	冯杏元	男	1945	南宁市民族文化艺术研究院(市非遗保护中心)	2018 年第五批
	壮族三月三	卢超元	男	1948	武鸣区文化馆	2018 年第五批
自治区级	邕　剧	冯杏元	男	1945	南宁市民族文化艺术研究院(市非遗保护中心)	2008 年第一批
	壮族三声部民歌	莫花美	女	1957	马山县文化馆	2009 年第二批
	广西八音	黄才定	男	1954	邕宁区文化馆	2009 年第二批
	壮族会鼓	赖承辉	男	1949	马山县文化馆	2009 年第二批
	丝弦戏	磨长永	男	1943	宾阳县文化馆	2009 年第二批
	丝弦戏	关　艳	女	1978	宾阳县文化馆	2009 年第二批
	宾阳炮龙节	伍学规	男	1949	宾阳县文化馆	2009 年第二批
	宾阳炮龙节	邹玉特	男	1953	宾阳县文化馆	2009 年第二批
	扬美豆豉制作技艺	杜学芬	男	1969	江南区文化馆	2011 年第三批
	香火龙舞	罗新有	男	1966	良庆区文化馆	2011 年第三批
	壮族采茶戏	滕思队	男	1962	邕宁区文化馆	2011 年第三批
	宾阳师公戏	莫旭先	男	1951	宾阳县文化馆	2011 年第三批
	宾阳织锦技艺	谭湘光	女	1955	宾阳县文化馆	2011 年第三批

续表 38

等 级	名 称	姓 名	性 别	出生(年)	保护单位	批 次
自治区级	壮族“打扁担”	莫菊花	女	1954	马山县文化馆	2011 年第三批
	壮族会鼓	韦建廷	男	1953	马山县文化馆	2011 年第三批
	壮族九莲灯	何方仕	男	1948	隆安县文化馆	2011 年第三批
	壮族采茶戏	甘美芬	女	1945	横县文化馆	2011 年第三批
	上林县渡河公	黄福连	女	1946	上林县文化馆	2011 年第三批
	广西粤剧	梁素梅	女	1963	南宁市民族文化艺术研究院(市非遗保护中心)	2015 年第四批
	南宁平话民歌	莫若珍	女	1965	南宁市民族文化艺术研究院(市非遗保护中心)	2015 年第四批
	扬美沙糕制作技艺	杨文凯	男	1980	江南区文化馆	2015 年第四批
	马山壮族踩花灯	潘庆福	男	1959	马山县文化馆	2015 年第四批
	壮族打榔舞	蓝日志	男	1949	马山县文化馆	2015 年第四批
	横县炮会	黄道敬	男	1940	横县文化馆	2015 年第四批
	横县大粽制作技艺	彭金妹	女	1952	横县文化馆	2015 年第四批
	红良打铁技艺	林仁超	男	1964	隆安县文化馆	2015 年第四批
	隆安壮族排歌	林 碧	男	1953	隆安县文化馆	2015 年第四批
	邕 剧	宁 靖	男	1980	南宁市民族文化艺术研究院(市非遗保护中心)	2017 年第五批
	粤 剧	黄俊成	男	1975	南宁市民族文化艺术研究院(市非遗保护中心)	2017 年第五批
	壮族服饰制作技艺	蓝 轲	女	1978	南宁市民族文化艺术研究院(市非遗保护中心)	2017 年第五批
	壮医药物竹罐疗法	李凤珍	女	1967	南宁市民族文化艺术研究院(市非遗保护中心)	2017 年第五批
	武鸣壮族山歌	韦秋岑	女	1977	武鸣区文化馆	2017 年第五批
	壮族骆垌舞	潘家明	男	1948	武鸣区文化馆	2017 年第五批
	壮族罗波庙会	陆映春	男	1954	武鸣区文化馆	2017 年第五批
	壮族五色糯米饭制作技艺	黄硕英	女	1952	武鸣区文化馆	2017 年第五批
	南宁壮族哭嫁歌	黄翠荣	女	1951	兴宁区文化馆	2017 年第五批
	南宁元宵花灯节	黎炳生	男	1934	江南区文化馆	2017 年第五批
	那莲赛巧节	曹文碧	女	1964	邕宁区文化馆	2017 年第五批
	壮族抢花炮	孙子奇	男	1957	邕宁区文化馆	2017 年第五批
	大罗毛笔制作技艺	罗儒供	男	1952	宾阳县文化馆	2017 年第五批
	壮族刺绣	蓝 淋	女	1974	马山县文化馆	2017 年第五批
	壮族传扬歌	蓝日茂	男	1981	马山县文化馆	2017 年第五批
	壮族谭氏草药疗骨法	谭润丹	男	1976	隆安县文化馆	2017 年第五批
	粤 剧	钟晓俊	男	1971	南宁市民族文化艺术研究院(市非遗保护中心)	2019 年第六批
	邕 剧	张铁峰	男	1975	南宁市民族文化艺术研究院(市非遗保护中心)	2019 年第六批
	壮族迪尺	陆显通	男	1989	南宁市民族文化艺术研究院(市非遗保护中心)	2019 年第六批
	壮族香火球	班继联	男	1961	良庆区文化馆	2019 年第六批
	南宁生榨米粉制作技艺	黄天玲	女	1967	西乡塘区文化馆	2019 年第六批
	南宁傩舞	陈亚弟	男	1966	西乡塘区文化馆	2019 年第六批

续表 38

等 级	名 称	姓 名	性 别	出生(年)	保护单位	批 次
自治区级	南宁民谣	谢桂友	男	1953	兴宁区文化馆	2019 年第六批
	古潭邕剧	毕加良	男	1944	隆安县文化馆	2019 年第六批
	上林四六联民歌	韦有创	男	1959	上林县文化馆	2019 年第六批
	上林瑶族山歌	卢 成	男	1967	上林县文化馆	2019 年第六批
	上林瑶族猴鼓舞	罗延武	男	1961	上林县文化馆	2019 年第六批
	宾阳邹圩陶器制作技艺	颜长希	男	1962	宾阳县邹圩镇文化体育和广播影视站	2019 年第六批
	瑶族剪刀歌	陆建情	男	1969	马山县文化馆	2019 年第六批
	壮族三声部民歌(壮族嘹啰山歌)	苏兰育	男	1949	邕宁区文化馆	2019 年第六批
	壮族百鸟衣故事	韦其本	男	1941	横县文化馆	2019 年第六批
	横县茉莉花茶制作技艺	谢大高	男	1964	横县文化馆	2019 年第六批
	横县鱼生制作技艺	余 富	男	1976	横县文化馆	2019 年第六批
	灵水壮族歌圩	潘宝山	男	1958	武鸣区文化馆	2019 年第六批
	壮族三月三	黄天恒	男	1952	武鸣区文化馆	2019 年第六批
市 级	游彩架	周宏年	男	1946	宾阳县文化馆	2009 年第一批
	邕 剧	李传湘	女	1941	南宁市民族文化艺术研究院(市非遗保护中心)	2010 年第二批
	宾阳炮龙节	吴荣新	男	1956	宾阳县文化馆	2010 年第二批
	丝弦戏	熊兴亮	男	1949	宾阳县文化馆	2010 年第二批
	宾阳游彩架	何丹健	男	1953	宾阳县文化馆	2010 年第二批
	葛麻十六炮会	邓享朝	男	1959	横县文化馆	2010 年第二批
	百合茅山舞	李祖树	男	1950	横县文化馆	2011 年第三批
	邕 剧	黄学超	男	1941	南宁市民族文化艺术研究院(市非遗保护中心)	2011 年第三批
	宾阳织锦技艺	黄其梅	女	1964	宾阳县文化馆	2011 年第三批
	南宁平话民歌	梁世华	男	1931	南宁市民族文化艺术研究院(市非遗保护中心)	2011 年第三批
	壮族会鼓	王政勤	男	1954	马山县文化馆	2011 年第三批
	壮族打榔	陆荣艳	女	1965	马山县文化馆	2011 年第三批
	壮族打扁担	蒙雪凤	女	1942	马山县文化馆	2011 年第三批
	壮族芭蕉香火龙舞	李武康	男	1945	青秀区文化馆	2013 年第四批
	扬美梅菜制作技艺	梁彩丽	女	1963	江南区文化馆	2013 年第四批
	横县芝麻饼制作技艺	袁广武	男	1965	横县文化馆	2013 年第四批
	隆安壮族排歌	陆金席	男	1952	隆安县文化馆	2013 年第四批
	壮族三声部民歌	蓝海群	男	1972	马山县文化馆	2013 年第四批
	上林壮族八音	王志新	男	1938	上林县文化馆	2013 年第四批
	壮族师公戏	周宗美	男	1960	上林县文化馆	2013 年第四批
	邕 剧	梁素梅	女	1963	南宁市民族文化艺术研究院(市非遗保护中心)	2013 年第四批

续表 38

等级	名称	姓名	性别	出生(年)	保护单位	批次
市级	邕剧	何惠临	男	1980	南宁市民族文化艺术研究院(市非遗保护中心)	2013 年第四批
	南宁平话民歌	赖钟林	男	1950	南宁市民族文化艺术研究院(市非遗保护中心)	2013 年第四批
	白话童谣	刘子林	男	1942	南宁市民族文化艺术研究院(市非遗保护中心)	2015 年第五批
	白话童谣	万立仁	男	1942	南宁市民族文化艺术研究院(市非遗保护中心)	2015 年第五批
	广西粤剧	姚艳	女	1975	南宁市民族文化艺术研究院(市非遗保护中心)	2015 年第五批
	壮医经筋疗法	韦英才	男	1966	南宁市民族文化艺术研究院(市非遗保护中心)	2015 年第五批
	壮医目诊	李珪	女	1960	南宁市民族文化艺术研究院(市非遗保护中心)	2015 年第五批
	灵马鲶鱼制作技艺	朱宝书	男	1974	武鸣区文化馆	2015 年第五批
	横县南山白毛茶制作技艺	陈雄	男	1959	横县文化馆	2015 年第五批
	横县茉莉花茶制作技艺	徐炳奇	男	1962	横县文化馆	2015 年第五批
	宾阳油纸伞制作技艺	陆云岗	男	1986	宾阳县文化馆	2015 年第五批
	宾阳封氏烧伤创疡治疗术	封大为	男	1976	宾阳县文化馆	2015 年第五批
	露圩壮族圩逢节	黄桂梅	女	1963	宾阳县文化馆	2015 年第五批
	上林壮族师公舞	雷桂丰	男	1956	上林县文化馆	2015 年第五批
	上林壮族灯酒节	石二海	男	1978	上林县文化馆	2015 年第五批
	更望湖壮族歌圩	黄权海	男	1965	隆安县文化馆	2015 年第五批
	南宁铁鸟酱料制作技艺	杜瑜玲	女	1963	兴宁区文化馆	2015 年第五批
	龚氏痛症疗法	龚俭仪	男	1969	江南区文化馆	2015 年第五批
	起凤山传说	曾麒璋	男	1952	武鸣区文化馆	2017 年第六批
	壮族竹竿舞	何艺华	女	1973	武鸣区文化馆	2017 年第六批
	武鸣壮酒制作技艺	阮朝鑫	男	1972	武鸣区文化馆	2017 年第六批
	武鸣壮族刘氏“药仙翁”药茶制作技艺	刘力瑞	男	1977	武鸣区文化馆	2017 年第六批
	武鸣壮族服饰	陆兰珍	女	1952	武鸣区文化馆	2017 年第六批
	松柏汉族多声部平话山歌	潘英雄	女	1937	兴宁区文化馆	2017 年第六批
	妈勒访天边传说	罗世周	男	1964	南宁市民族文化艺术研究院(市非遗保护中心)	2017 年第六批
	南宁五象传说	莫炜	男	1974	南宁市民族文化艺术研究院(市非遗保护中心)	2017 年第六批
	南宁壮族高腔民歌	陆锦福	男	1962	南宁市民族文化艺术研究院(市非遗保护中心)	2017 年第六批
	邕剧	郝芸	女	1970	南宁市民族文化艺术研究院(市非遗保护中心)	2017 年第六批
	粤剧	颜怡	女	1942	南宁市民族文化艺术研究院(市非遗保护中心)	2017 年第六批
	南宁土地诞	黄焕金	男	1939	南宁市民族文化艺术研究院(市非遗保护中心)	2017 年第六批
	马山丝弦戏	廖玉兰	女	1968	马山县文化馆	2017 年第六批
	加方上刀山下火海	蒋智杰	男	1948	马山县文化馆	2017 年第六批
	三津八音	黄树华	男	1946	江南区文化馆	2017 年第六批
	都结豆腐制作技艺	梁丽卿	女	1972	隆安县文化馆	2017 年第六批
	上林傩戏	谭少玉	女	1969	上林县文化馆	2017 年第六批

续表 38

等级	名称	姓名	性别	出生(年)	保护单位	批次
市级	三里壮族歌圩	韦家林	男	1953	上林县文化馆	2017 年第六批
	化皮猪脚制作技艺	神华生	男	1966	西乡塘区文化馆	2017 年第六批
	永州鱼片制作技艺	黄汉春	男	1965	马山县文化馆	2019 年第七批
	永州米酒制作技艺	韦明铭	男	1991	马山县文化馆	2019 年第七批
	永州豆腐制作技艺	徐宝青	男	1960	马山县文化馆	2019 年第七批
	壮族会鼓	梁耀京	男	1967	马山县文化馆	2019 年第七批
	布泉酸鱼制作技艺	李天纯	男	1962	隆安县文化馆	2019 年第七批
	隆安壮族排歌	林卓丽	男	1955	隆安县文化馆	2019 年第七批
	隆安壮族狮舞	苏庆安	男	1991	隆安县文化馆	2019 年第七批
	壮族“九莲灯”	林义文	男	1965	隆安县文化馆	2019 年第七批
	隆安稻草龙	陆礼兴	男	1951	隆安县文化馆	2019 年第七批
	武鸣灵马旱藕粉制作技艺	何春连	女	1972	武鸣区文化馆	2019 年第七批
	武鸣榨粉制作技艺	罗启明	男	1952	武鸣区文化馆	2019 年第七批
	武鸣柠檬鸭制作技艺	甘保辉	男	1974	武鸣区文化馆	2019 年第七批
	武鸣府城土制红糖制作技艺	李桂青	女	1982	武鸣区文化馆	2019 年第七批
	壮族特掘传说	陆祖汉	男	1943	武鸣区文化馆	2019 年第七批
	壮族三月三	黄　丽	女	1970	武鸣区文化馆	2019 年第七批
	壮族四月四	韦定邦	男	1947	武鸣区文化馆	2019 年第七批
	五色糯米饭制作技艺	潘红华	女	1965	武鸣区文化馆	2019 年第七批
	横县云表壮族歌圩	李秀莲	女	1970	横县文化馆	2019 年第七批
	横县壮族三相圩逢	梁肇儒	男	1955	横县文化馆	2019 年第七批
	瑶族壁和骨伤疗法	李映浩	女	1978	江南区文化馆	2019 年第七批
	疍家婚礼	梁碧云	女	1956	江南区文化馆	2019 年第七批
	壮族芭蕉香火龙舞	周建孟	男	1960	青秀区文化馆	2019 年第七批
	青秀山传说	梁代竹	女	1945	青秀区文化馆	2019 年第七批
	壮族麒麟舞	谭景威	男	1968	青秀区文化馆	2019 年第七批
	壮族斗竹马	李青礼	男	1963	青秀区文化馆	2019 年第七批
	军山庙会	李春仪	男	1956	青秀区文化馆	2019 年第七批
	斑山庙会	李松伦	男	1956	青秀区文化馆	2019 年第七批
	广西八音	黄耀球	男	1949	邕宁区文化馆	2019 年第七批
	蒲庙花婆节	张月珍	女	1964	邕宁区文化馆	2019 年第七批
	粤　剧	刘希瑛	女	1977	南宁市民族文化艺术研究院(市非遗保护中心)	2019 年第七批
	南宁制陶技艺	覃永宣	男	1966	南宁市民族文化艺术研究院(市非遗保护中心)	2019 年第七批
	南宁制陶技艺	胡可可	男	1959	南宁市民族文化艺术研究院(市非遗保护中心)	2019 年第七批
	妈勒访天边传说	孙红梅	女	1967	南宁市民族文化艺术研究院(市非遗保护中心)	2019 年第七批

表39 2020年南宁市人民政府机构全称、简称表

全　称	简　称
(一)工作部门	
南宁市人民政府办公室	市政府办公室
南宁市发展和改革委员会	市发展改革委
南宁市教育局	市教育局
南宁市科学技术局	市科技局
南宁市工业和信息化局	市工信局
南宁市民族宗教事务委员会	市民宗委
南宁市公安局	市公安局
南宁市民政局	市民政局
南宁市司法局	市司法局
南宁市财政局	市财政局
南宁市人力资源和社会保障局	市人社局
南宁市自然资源局	市自然资源局
南宁市生态环境局	市生态环境局
南宁市住房和城乡建设局	市住建局
南宁市交通运输局	市交通运输局
南宁市水利局	市水利局
南宁市农业农村局	市农业农村局
南宁市商务局	市商务局
南宁市文化广电和旅游局	市文广旅局
南宁市卫生健康委员会	市卫健委
南宁市退役军人事务局	市退役军人局
南宁市应急管理局	市应急局
南宁市审计局	市审计局
南宁市外事办公室	市外事办
南宁市市场监督管理局	市市场监管局
南宁市体育局	市体育局
南宁市统计局	市统计局
南宁市林业局	市林业局
南宁市金融工作办公室	市金融办
南宁市人民防空办公室	市人防办
南宁市扶贫开发办公室	市扶贫办
南宁市医疗保障局	市医保局
南宁市市政和园林管理局	市市政园林局

续表 39

全　称	简　称
南宁市城市管理综合行政执法局	市城管综合执法局
南宁市投资促进局	市投促局
南宁市行政审批局	市行政审批局
南宁市北部湾经济区规划建设管理办公室	市北部湾办
南宁市粮食和物资储备局	市粮食和储备局
南宁市机关事务管理局	市机关事务管理局
南宁市大数据发展局	市大数据发展局
南宁市人民政府国有资产监督管理委员会	市国资委
(二)派出机构	
南宁高新技术产业开发区管理委员会	高新区管委会
南宁经济技术开发区管理委员会	经开区管委会
广西—东盟经济技术开发区管理委员会	广西—东盟经开区管委会
南宁青秀山风景名胜旅游区管理委员会	青秀山管委会
南宁龙象谷国际旅游度假区管理委员会	龙象谷管委会
(三)挂牌机构	
南宁市重点项目建设协调办公室	市重点办
南宁市外国专家局	市外国专家局
南宁市糖业发展局	市糖业发展局
南宁市少数民族语言文字工作委员会	市民语委
南宁市中医药管理局	市中医药局
南宁市港澳事务办公室	市港澳办
南宁市营商环境建设局	市营商环境建设局
南宁吴圩空港经济区管理委员会	南宁空港经济区管委会
南宁华侨投资区管理委员会	南宁华侨投资区管委会
(四)设在机构	
南宁市人民政府调解处理土地山林水利纠纷办公室	市调处办
珠江—西江经济带(南宁)规划建设管理办公室	南宁珠西办
南宁市现代产业发展办公室	市现代产业发展办
南宁市交通战备办公室	市交战办
南宁市河长制办公室	市河长办
南宁市禁毒委员会办公室	市禁毒办
(五)与党委工作部门合署办公(或挂牌)的行政机构	
南宁市公务员局(在市委组织部挂牌)	市公务员局
南宁市人民政府新闻办公室(在市委宣传部挂牌)	市政府新闻办
南宁市新闻出版局(在市委宣传部挂牌)	市新闻出版局
南宁市人民政府台湾事务办公室(在市委统一战线工作部挂牌)	市台办

续表 39

全 称	简 称
南宁市侨务办公室(在市委统一战线工作部挂牌)	市侨办
中共南宁市委员会南宁市人民政府信访局(列入市委工作机构序列)	市信访局
南宁市国家保密局(在市委机要保密办公室挂牌)	市保密局
南宁市国家密码管理局(在市委机要保密办公室挂牌)	市密码管理局
(六)直属事业单位	
南宁住房公积金管理中心	南宁公积金管理中心
南宁市人民政府地方志编纂办公室	市方志办
南宁市二轻集体工业联社	市二轻联社
南宁市社会科学院	市社科院
南宁昆仑关战役遗址保护管理委员会(南宁昆仑关旅游风景区管理委员会)	南宁昆仑关遗址保护管委会(南宁昆仑关管委会)
南宁市人民政府发展研究中心	市发展研究中心
南宁市公共资源交易中心(南宁市政府集中采购中心)	市公共资源交易中心(市政府采购中心)
南宁市城市管理监督评价中心	市城管监督评价中心
南宁市社会保险事业局	市社保局
南宁广播电视台	南宁广播电视台
南宁市城市应急联动中心	市应急联动中心
南宁职业技术学院	南职院
广西大明山国家级自然保护区管理局(南宁大明山风景旅游区管理委员会)	广西大明山管理局(南宁大明山管委会)
南宁市城市内河管理处	市城市内河处
(七)驻外办事机构	
南宁市人民政府驻北京联络处	市政府驻京处
(八)直属公司	
南宁城市建设投资集团有限责任公司	南宁城投集团
南宁威宁投资集团有限责任公司	南宁威宁集团
南宁建宁水务投资集团有限责任公司	南宁建宁水务集团
南宁交通投资集团有限责任公司	南宁交投集团
南宁轨道交通集团有限责任公司	南宁轨道交通集团
南宁产业投资集团有限责任公司	南宁产投集团
南宁大地飞歌文化产业集团有限责任公司	南宁大地飞歌集团
南宁农工商集团有限责任公司	南宁农工商集团
南宁金融投资集团有限责任公司	南宁金融集团
(九)其他	
南宁综合保税区管理委员会	南宁综保区管委会
南宁市供销合作联社	市供销社

编辑　唐祯麟　李燕燕

索　引

说　明

一、本索引是《南宁年鉴 2021》内容分析索引。正文（包括条目、文献、资料、图片和表格）中凡具有独立检索意义的完整资料，都可以通过本索引进行检索。

二、本索引按汉语拼音字母（同音字按声调）顺序排列。类目、分目、次分目作索引款目用黑体字排印，其余款目均用宋体字排印。表格、图片、小资料在其款目后分别注明“表”“图”或“小资料”。

三、索引款目后的数字表示内容所在的页码，数字后的拉丁字母（a、b、c）表示栏别（即版面的 1、2、3 栏）。空 2 字起排的款目为上一主题的“附见”。同一主题的“参见”，只标页码。内容有交叉的款目，为便于读者检索，在本索引中重复出现。

四、阿拉伯数字开头的款目排在索引的末尾。

A

B

C

D

E

F

G

H

J

K

L

M

N

P

Q

T

W

X

南宁年鉴

Y

Z

数字索引